朱隽 童心 編纂

常州文編

上

廣陵書社

圖書在版編目（ＣＩＰ）數據

常州文編 / 朱雋，童心編纂. -- 揚州 ：廣陵書社，
2023.12
ISBN 978-7-5554-2201-3

Ⅰ．①常… Ⅱ．①朱… ②童… Ⅲ．①地方文獻－彙
編－常州 Ⅳ．①K295.33

中國國家版本館CIP數據核字(2023)第229261號

書　　名	常州文編
編　　纂	朱　雋　童　心
責任編輯	李　佩　王　麗　白星飛
出版發行	廣陵書社

揚州市四望亭路 2-4 號　　　　郵編 225001
（0514）85228081（總編辦）　85228088（發行部）
http://www.yzglpub.com　　E-mail：yzglss@163.com

印　　刷	蘇州市越洋印刷有限公司
開　　本	718 毫米 ×1005 毫米　1/16
印　　張	52.5
字　　數	1000 千
版　　次	2023 年 12 月第 1 版
印　　次	2023 年 12 月第 1 次印刷
標準書號	ISBN 978-7-5554-2201-3
定　　價	280.00 圓（全貳册）

常州素有"中吴要輔、八邑名都"之稱，自隋開皇九年（589）設立常州，至清末一千三百餘年間，政區基本未變。作爲歷史文化名城，常州人文薈萃，歷史文獻相當豐富。與常州歷史相關之各類單篇文章數量衆多，對於研究常州歷史文化價值極大，可惜散落在方志、族譜、别集等各類文獻中，讀者不易見到，未能有效發揮其作用。常州市圖書館所藏地方歷史文獻頗爲豐富，歷年又購藏了大量新印古籍，並且正在逐步將館藏文獻數字化，文獻整理條件已大爲優化，由常州市圖書館從事此類文獻之收集整理，可謂名正言順，水到渠成。經過編者多年旁搜遠紹，各類文章已有數百篇，已經具備成書出版條件。

清代乾隆年間，盧文弨主持編修《常州府志》，因故未能成書，其藝文部分後來單獨印行，書名《常郡八邑藝文志》，共十二卷，選録常州府一府八縣之詩文。今所輯《常州文編》仿其例而稍變之，僅彙集文章，詩歌不再收入。又因篇幅關係，本書所云常州，僅指歷史上之常州、常州府城區，以及附郭之晋陵縣、武進縣、陽湖縣，不包括歷史上由常州、常州府管轄，有獨立縣城之無錫縣、宜興縣、江陰縣，以及現今常州市金壇區、常州市代管之溧陽市。

本書所收録者，大多爲唐代至清末之文，酌收少量民國之文，均具有一定文獻史料價值。全書按文體分類編排，首爲賦，收録駢體文八篇，文辭華美，可見常州作爲駢文創作重鎮之一斑；次爲疏；次爲説；次爲議；次爲論；次爲辯；次爲書；次爲碑記，數量較多，分爲山水、水利、橋閘、城郭、官署、善堂公所、田賦、學校、書院、祠廟、寺觀、宅廬、園林十三類，全面收録歷代常州方志中所載相關文章，并以别集、族譜和舊拓本等文獻所收作爲補充，如明吴亮《止園記》，洋洋灑灑近三千字，詳盡描述止園景觀，與流傳至今之《止園圖册》對讀，可爲復建止園提供可靠依據；次爲序跋，數量最多，分爲經部、史部、子部、集部、叢書五類，首次全面系統輯録與常州相關的古籍序跋，充分反映古代常州文化名人在哲學、史學、文學諸領域之成就，由此亦可見昔日常州藝文之繁盛。

　　全書施加新式標點，注明文獻出處，末附引用書目及版本。所收文章儘量採用較早版本，碑記一般採用收入方志者，因方志多録自原碑，較碑記作者文集所收者或有更改；序跋一般採用原書所有者，因其爲原書作者最後改定，與序跋作者文集所收者或有差異。方志録文間有無篇名者，今據相關文獻或文章内容增補篇名。異體字儘量改爲規範字，常見明顯誤字則徑改之，個別文字改動處出校記説明，不作繁瑣校勘。

　　希望此書的出版能對常州歷史文化研究起到一定的推動作用。

— 上　册 —

碑　記……………………………………………………………………………075

山　水

水　利

官 署

善堂公所

書　院

祠　廟

宅 廬

序　跋 ···333

經　部

—— 下　冊 ——

史　部

子　部

集　部

叢　書

賦

黃山賦

〔明〕徐　問

　　繫茲山之分野兮，應斗宿于維揚。肇洪濛以啓闢兮，根地軸而秘藏。浸大江以爲潤兮，雲物雜而爲章。環九龍山名。以蜿蜒兮，與孤塵山名。而相望。憶黃池之爭會兮，吳耀兵以怙强。日舟師以勤遠兮，或烽火于山陽。國民罷而政不恤兮，越得歲而吳亡。北望金焦於上游兮，橫海門以奠極。固天限其南北兮，六朝因恃而假息。謝劉將寡而擊衆兮，秦億萬而奔北。陳又恃險而忘覆兮，天將建夫有德。鬱金陵之王氣兮，山川盤帶而四塞。余將登是以縱覽兮，攀峰巒之危嶼。何風伯之不仁兮，輒鼓浪于陽侯。舟子辟易而返顧兮，神獨惠予以善謀。風景倏而改易兮，澶橫奔爲安流。感哀樂之倚伏兮，豈智慮之可籌！登層臺以延佇兮，瞰長江而銷憂。望三山與弱水兮，慌有遇于丹丘。于時顥氣氤氳，含霞吐氛。欲御風以八極兮，顧俗駕其猶幀。歌陽春與白雪兮，聲激石而遏雲。日晼晚以將入兮，憺逸興之繽紛。乃迴檣以欸乃兮，嘉風恬而水紋。山欲沒以含暝兮，鳥將栖而念群。于時天宇澄霽，商意漸瀝。指江漢以來奔兮，溯岷嶓之遯析。極萬派以歸壑兮，思神禹之故績。擬南嶽而紀勝兮，引高踪于赤壁。當其時乎景遇兮，又安知世之欣感！吾將委順于堪輿兮，放虛襟于濯鸖，奚不可者也！彼美山河以自寶兮，灑泪牛山之隅。或貽謀于銅雀兮，或慟哭于窮途。羈愁百年之迅兮，踽踽形骸之枯。其他炙手炎要，埴足泥塗。投危機以自縛兮，類藩羝而狼胡。豈明達人之大致，與造物而爲徒哉！復爲亂曰：爰鼓枻兮揚波，振高步兮山之阿。江流去兮日短，天風吹兮顏酡。嗟古今兮如此，往不盡兮來多，適今不樂兮奈老何！

——《山堂萃稿》卷一

馬迹山賦

〔明〕鈕　慶

　　客有挂席兮蘭舟，藉天風兮東遊。望震澤兮揚舲，倚桂棹兮夷猶。顧艮山而欲駐，睨巨武而相攸。仰峰巒兮軒豁，俯波瀾兮忘憂。於是艤舟停棹，惟類是求。踖予前而長揖，語未終而情投。察其志之可與，諗斯適之奚由。客乃告予曰：“歷湖山之勝處，獨斯境之最幽。茲非具區之澤，馬迹之山乎？曷不攄子宏思妍辭記之？以會晤之清談，爲贈答之良貽，庶不負吾之周爰咨諏也。”予乃奮然長嘯，携手坐石，呼童索楮，操管泚墨，而爲賦曰：

乾坤闔闢，陰陽凝流。元圖授而鼇極立，坤輿奠而兌澤浮。轇轕兮吳楚之墟，摩盪乎東南之州。賴是澤之爲瀦，免昏墊於龍湫。況丹崖之戟列，氣相接於蜃樓。若夫春日載陽，晴空醮碧。倒浸巑岏之影，橫吞崒嵂之壁。上有松杉檜柏之挺秀，下有蛟螭黿鼉之潛宅。鱗族乘暖兮變化，羽族鳴春兮嘽喈。滌俗慮兮訪漁樵，吊世情兮問商客。於斯時也，逸興優游，襟懷冲適。至若火鏡行空，流金爍石。厭溽暑兮憑陵，憚亢陽兮炎炙。坐林麓之清風，沐澗泉於朝夕。觀山澤之爽塏，儼清泠之濯滌。是時也，令人神怡氣爽，炎囂頓釋。又如蓐收行秋，金粟香清。月出皎兮雲淡，風撼竹兮球鳴。倦翼還兮晚集，漁火亂兮繁星。水天湛乎一色，嵐靄浸乎半泓。助無窮之逸思，脫有限之囂情。更若豐隆怒作，玄冥釀雪。萬鶴攪乎長空，滿地糝夫玉屑。漁練凍兮難纏，牧笛吹兮聲咽。寒梅吐萼兮綴鉛華，喬松撫韵兮鼓靈瑟。斯馬迹四時之景狀，雖禿中山之毫，涅南山之竹，未易以罄寫其毫末也。余嘗築衡廬於山隈，植松竹於林垓。既逍遥兮自逸，復瞻顧兮徘徊。於是慨嬴秦之何在，悟鞭石之已灰。野鹿游而西施莫返，芳草凄兮夫差不歸。把菊東籬，言賦《歸來》之興；濯風南浦，思集童冠之偕。是蓋亦有所感矣。矧夫湖滸山麓，神駒踏石。其大如斗，至今不泐。此所謂大禹疏鑿之後，秦始欲駕石橋渡海觀日出，使神人鞭驅而存其迹也。於是客作而謂余曰："噫嘻，嗟哉！波落石出，物異時移，盛衰相尋，於斯何極！古今人物之茫然，而此具區與神迹，乃萬世之不易，得非與天地相爲悠久者乎？"予復應之曰："不然。何古非今？曷今非昨？惟德是務，安斯可托。在天爲星辰，在地爲河嶽。理會心融，豁然自若。今吾與子面蒼巒而坐盤石，咏清風而把明月。恍然不啻瀛洲之仙境，而所以獲免於龍蛇之窟，以樂夫平成者，皆神禹罔極之恩也。昔秦嬴之術行，則後世不復知禹之恩如斯其大矣。觀山澤而思禹之功，山澤本無情，其思禹之恩，故即山澤猶見禹也。吾是以知禹之功，當與山澤同其壽於萬斯年也，信矣！彼適然之迭更，嬴秦之得失，奚足論哉！"客喜而笑，乃歌曰："波蕩潏兮水悠悠，駕輕刀兮事咨諏。思夫人之功德兮，誰克與儔？"予復賡而和之曰："駕蒼龍兮驂螭，寄遺迹兮神駒。嗟夫人兮安能，配神禹兮同歸。"歌音未竟，客揖而去。明日復來，不知其處。

——《重修馬迹山志》卷二

馬迹山賦

〔清〕陳履儼

丁卯，余客瀨上，永安令何惟澡謂予曰："曩者讀《尚書》《左史》，知有震澤夫椒久矣，其勝概可得聞與？"余曰諾，乃賦之曰：

維禹迹之托基兮，粵開闢於鴻濛。雖一拳石之多兮，實與天地而始終。上弗克與恒嵩比肩兮，下猶得與林屋爭雄。俯視七十二峰之巔兮，盤踞於三萬六千頃之中。波濤滌其塵囂兮，雲霞冠其巍峰。岩穴爲猿鶴之所巢兮，洞壑爲蛟鼉之所宫。其山則官長聳秀於青霄，秦履峥嵘於湖隩。桃塢春紅，藤灣夏綠。龜蛇脱鎖於天庭，獅象就擒於山麓。胥山沸伍子之濤，靈鷲愒高僧之足。晝山當午以融融，火石中宵而煜煜。錢堆米貯，夜開達旦之門；分水行宫，午聽陽春之曲。已交錢而山色不枯，遇熨斗而波文猶縐。夫椒風浪，尚聞鏖戰軍聲；盟頂烟雲，若見霸圖遺躅。漁磯弄落照於晴波，點岫醖酒香於茅屋。其水則天井瀦一泓之甘澤，龍泉挂百丈之飛流。洗耳流雲之澗，濯纓石塌之丘。曉渡分香於荷蕩，晚漁買酒於蓮兜。半月泉堪烹茗，咸河岸可垂鈎。隱君之清波異味，丹井之紫炁猶浮。其古迹則滆池君留馬迹於西青，蘆中人試劍鋒於盟頂。上梁文鑴學士之山莊，句漏砂沉葛仙之丹井。避暑宫六月三秋，望湖亭天光雲影。陸希聲題雪塢之梅，趙孟頫記南山之景。至若樹藝則椐榆合抱，松柏千尋；梧桐栖鳳，桑柘降鴍。竹擁淇園之綠，橘垂南國之金。蹲鴟似罋，宗果來禽。猴心披赤而纍纍，鴨脚綴實以鱗鱗。何先生奏功於田畝，李夫人獻味於園林。夭喬既難更僕而悉數，果蔬亦不能屈指以敷陳。若乃春日載陽，谷風來只。百卉爭妍，群芳競鬒。夭桃濃李，緋白千家；麥隴菜畦，青黄百里。風扶柳絮以輕颸，月映梨花而若洗。參差籬落者玉版禪師，睍睆枝頭者金衣公子。游人醉卧於花陰，詩客泛舟於春水。迨夫長嬴秉令，炎帝乘軒。新篁解籜於北牖，盧橘載酒於西園。芳茗茁而旗槍戰，時雨足而桔橰縣。啟雙扉而下榻，迎好風之泠然。寄午夢於槐柯，忘身世而欲仙。暨乎炎夏既徂，素商在御。稼披黄雲，桂飄玉露。湖光浸月以空明，山色凝烟而欲暮。蘆花别浦，響奏鳴榔；蘋蓼芳洲，歌驚宿鷺。楓葉紫而衆山酡，菊花黄而新釀具。載觀歲晚，霜隕兼葭。山容静而如卧，木葉脱而亦嘉。後彫者挺歲寒之節，凌冬者開幽谷之花。雪滿群山，如入梁王之苑；梅開千樹，若游鄧尉之家。更有禪宫道館，輝煌金碧。祥符肇造於唐宗，水平崇禋於宋室。仙院燒丹，栖雲卓錫。妙相莊嚴，諸天赫奕。高真控鶴以遥臨，開士浮盃而寄迹。梵唄音繞於篷臺，步虚聲聞於月夕。宛游衹樹之園，怳入蓬萊之闕。若覽夫人文則科名鵲起，冠蓋相望。文既騰蛟起鳳，武亦紫電青霜。許探花掇巍科於蕊榜，薛將軍樹偉績於戎行。或秉銓衡而著忠清之節，或參大政而垂藩服之光。兩方伯嘉猷有赫，三都護我武維揚。許開府握麟符於趙魏，陳中丞建節鉞於荆湘。中翰振鳳池之羽，綉衣除當道之狼。或司李於名郡，或種花於河陽。或以陵功而世司天之秩，或以文教而開鼓篋之堂。是皆彪炳於奕代，難計數而表彰者也。

敷詞既畢，主人曰："吾已神游是鄉矣，當置之座間，而結他日之緣。"

——《重修馬迹山志》卷二

青墩賦 董舜民蒼梧别業并序

〔清〕吴梅鼎

蒼梧先生，南蘭才子。溯厥家風，古稱良史。稽其世美，策著天人。髮始垂髫，聲早標於文苑；年才舞象，名已重於通侯。猶且性耆縹緗，情耽鉛槧。寓目則十行俱下，揮毫則七紙立成。霏珠翡翠之牀，吐綉珊瑚之几。齊秦燕趙，時成汗漫之遊；卉木山河，日涉詩歌之趣。乃復蕭然遠引，闃其幽居。孫子荆癖染青霞，仲長統心怡白水。爰築維摩之丈室，遂營巢父之枝栖。柳圍花鎖，江醴陵夢錦之川；桂粟松濤，李供奉含毫之地。不事塗丹之綺麗，自成石泉之清佳。賦詩其際，藻轡星馳；彈琴其中，雲韶暗度。亭果方乎西蜀，廬信比夫南陽。屬余爲文，因而作賦。

若夫人爲虞舜之民，墅曰蒼梧之野。地匪山而已深，流沿溪而自瀉。紅飛夾岸之桃，緑繫秦隄之馬。門拾級兮崇登，橋宛虹兮横跨。羅乾坤於草亭，眺山川之圖畫。聆春鳥兮能歌，瞻秋田兮問稼。顧盤坳之如繭，遂營室乎其下。内則曲房深檻，機杼月明；外則邃宇迴闌，咿唔午夜。諧琴瑟兮條理，謀燕貽兮整暇。爾乃室之西隅，地迥且恢。挺千尋之碧梧，蟠十樹之古梅。紛篔簹之羃歷，緑爲天兮無埃。鶴避人而逕轉，花迎蝶而門開。升其堂兮閑敞，藏萬卷兮霞堆。搜金籙於禹穴，披虬篆於秦碑。集姬廷之彝鼎，陳漢代之尊罍。香以衆而難辨，鷗不籠而恒來。庭種金鵝之樹，砌栽元鹿之荄。傲百城兮南面，恍遊仙兮蓬萊。至於堂後有軒，是爲容膝。臨曲磵兮觀文魚，倚蒼松兮捫怪石。梅照水兮多姿，月窺軒兮弄色。軒後有閣，是名櫻桃。窗玲瓏而四闢，枝蓊蔚而垂條。綴火齊兮碧栓，投瓊瑛兮詩瓢。柏自披夫瓔珞，藤亦字夫凌霄。閃波光兮珠箔，偷面色兮夭桃。爾其廊名環碧，亭署栝蒼。竹木薈薈，水石淙淙。立而望之，則緑雲翠烟參差冥迷，而莫際其陂塘也；坐而觀之，則飛甍畫棟聳峙迴旋，而莫測其陰陽也。珍木之所映帶，好鳥之所回翔。遠若縟綉，近而凝香。蒼梧之勝，蓋囊括於兹矣。乃其茂林叢薄，疏籬繚列。破苔痕兮右還，見危樓之傑出。面喬松兮成行，翩來鶴兮鼓翼。松以壽而爲龍，鶴好閑而近石。樓與岡兮對峙，花繞徑兮五色。彼其徑盡水隔，斬木爲梁。浮青蜺兮緑水，敷菡萏於金塘。彼陰森之叢桂，羌郁烈而流黄。結螺亭兮雲外，飄月窟兮天香。墜繽紛之黄雪，隕璀璨之璚霜。詎入廣寒之殿，將遊曠貫之鄉。若夫雲亭之後，磴道而升。矚晴光兮萬里，數遠樹而千名。巋然者木，鐵幹蒼鱗。枝結蔭兮如蓋，根踞地兮峥嶸。下構方屋，爰名栗亭。折亭之左，修竹連雲。剖之爲瓦，合之爲楹。織之爲簾，豎之爲檽。編之爲門，坐臥之爲几席，器用之爲盤盂。齋之內外，無非此君。以比黃岡之樓，更饒清致；將較青州之筏，獨擅蕭森。乃若竹陰數轉，曲沼九洄。隆然之坡，鬱有老梅。耆宿莫稽其年歲，虬龍若舞乎風雷。板橋流水之間，增其幽淡；亭樹樓臺之畔，借其清輝。當蕭辰而孤勁，時杖策以徘徊。以及湘帆是閣，遙臨花竹之坡；曲屋如舟，牽上松杉之岸。豈隨雁陣以乘風，亦倩柳絲而繫纜。加以春晴鳥影，盡入窗中；秋夜葉聲，都來枕上。農相杵而村歌，漁投罾而醉唱。負薪之叟，分攜藥籠之花；載酒之朋，偶破前溪之浪。思採菱而蕩舟，喜得魚而舉網。收芋栗兮未貧，搴秋芳兮湖上。知樂天兮任化，聊含哺以擊壤。藉非虞舜之民，誰識蒼梧之放曠也哉！按，"編之爲門"上，似有脫句。

——《常郡八邑藝文志》卷八

傷知己賦 并序

〔清〕洪亮吉

粵以仲秋之月，久疾乍痊；孟冬之辰，二毛甫擢。悲哉！無金石不流之質，有蒲柳始謝之姿。犬馬之齒，過齊太尉之生年；羈旅之期，逾晉文公之在外。接於晝者，希逢舊識；覯於夢者，懽若平生。以是而思，伊其戚矣。於時窮谷日短，關門雪深。清渭濁涇，共滔滔而東逝；太白太乙，與蒼蒼而齊色。駕言出遊，靡問所之。松柏合抱，云是含元之基；藜蒿尺深，言經端禮之闕。鳥飛反鄉，值弋者而登俎；獸窮走壙，遭野虞而裼革。戴日而出，炳燭以歸。萬事迫於窮冬，萬憂生於長夜。秦聲揚，不能激已阻之氣；魯酒薄，不能消未來之憂。叢臺有霜，殘月無影。鄰笛起於東西，鄰雞鳴乎子亥。嗟乎！回風美人之曲，楚臣殉之以身；鐘鳴落葉之操，帝子繼之以泣。大地搏搏，非以載愁；惟天穹穹，豈云可問？是知掘井九仞，冀可覯夫泉塗；載鬼一車，必當逢乎素識。復沛郡丈人之魄，或尚沉酣；起魯國男子之魂，猶應慷慨。生我者父母，知我者鮑子。嗚乎！於是綜其梗概，述其終始。虞山邵先生齊燾，大興朱先生筠，清苑李先生孔陽，尚書錢文敏公，博士全椒朱君沛，明經高郵賈君田祖，縣丞黃君景仁，舅氏大令琦，中表定安、定熙，凡十人，賦曰：

大化推遷，人居其裏，感乎通塞，遂有憂喜。非我所生，非我兄弟，情均誼共，是曰知己。是以元伯入夢，巨卿哦而恍然；罕生云亡，鄭僑呼曰已矣。夫迹不出乎四海，壽不逾乎百年，忽承顏而握手，乃同心而比肩。假以羽翼，寵之光顏，惟子之故，豈曰能賢？感茲逝者，云有十焉。我之降生，攝提之歲，靈均是同，兆乎憔悴。張儉至而全家傾，先大父以外姻株累，又爲大王父償大同城工核減帑項，貲產遂罄。令伯生而慈父背，予生六年，先君子見背。鬼瞰其室，地荒荒而出流；所居卑隘，又枕大池，五六間池水泛溢，室中恒積至尺許。

鳥焚其巢，天盤盤兮如蓋。予與太孺人同居一樓，樓爲鄰火延燒，毀其一角，旋葺旋圮，臥起恒見天日焉。仲寶嬰於數喪，先君子没後不數年，兩叔父相繼下世。鎣弘依於渭陽。予免喪後，貧不能自存，從太孺人及三姊一弟依於外家。感尊親之義顧，予最爲外王母龔太孺人鍾愛，所以撫恤之者無不至，大令舅氏亦時周給之。爰計日而分糧。南阮北阮，外家之西，即從舅氏啓宸先生所居，先生妻董安人與太孺人最善，昕夕來往無間。元方仲方。中表十數人，定安、定熙尤與予善，定熙以庚辰年卒於江西德興署中，年十五；定安以乙酉年卒，年二十三，皆未及娶。文杏碧桃之館，雨龍竹馬之場。啓遺經於別塾，壬申以後四年，皆讀書舅氏塾中。盻歸帆於豫章。舅氏官江西德興知縣，外王母就養署中凡六年，至壬午歲舅氏罷官始歸。太白守井而霖雨集，太歲在亥而喆人亡。外王母以丁亥十月晦日下世，年八十四，是秋大霖雨，宅前白雲溪中水溢出數尺。鼪鼠一庭，歸彥甫之子舍；太孺人以外王母没後貧無可依，始挈家歸興隆里宅中。鷄犬滿柵，別公房之壻鄉。余爲舅氏實君先生之壻，歲戊子因贅焉。二十餘年，奉親而處，草没衡門，霜飛甕户。鹺使臨而興嘆，先大父自歙遷陽湖，始居白雲溪東，後徙縣西大宅，遂以故居歸趙氏。及癸巳、甲午間頻遭事故，縣西宅復入官，時趙贋西先生官浙江鹺使，爲大母伯兄，代購興隆里宅十數椽，始定居焉。尚書來而徒步。尚書錢文敏公見予所製樂府百首及遊山詩，奇賞之，適以事歸，遂徒步訪焉。東里縞帶，投之而訂交；西華葛衫，泫然而道故。文敏公言與先君子有舊。團團如月，吳紈題五字之詩；公示以所執扇，即書予數詩。飄飄凌雲，蜀錦寫萬言之賦。鄰人塞徑，野叟騎危。訝孤童之抗禮，驚上客之頻來。風蘇蘇而振壁，星疏疏而點苔。被襟而檐日昃，語笑而林花開。於是中外之戚，高下之才，欣於投紵，樂與銜杯。五經無雙，爰升講堂，青門丈人，來於新昌。歲丁亥、戊子，邵先生主龍城書院講席，余偕黃君景仁受業焉，先生嘗呼之爲二俊。垂二俊之譽，共江夏之黃。作論盈篋，余時著論史數十篇，先生奇賞之。吟聲滿廊。快新篇之手録，播逸格於詞場。惟崇名之起俄頃，譬初日之出榑桑。昔者不樂，薄遊江干。歲辛卯，朱先生視學安徽，一時人士會集最盛，如張布衣鳳翔、王水部念孫、邵編修晉涵、章進士學誠、吳孝廉蘭庭、高孝廉文照、莊大令炘、瞿上舍華與余及黃君景仁皆在幕府，而戴吉士震兄弟、汪明經中亦時至。嚴徐枚馬，適館授餐。談經則大戴，著史則仲援。隽勃海之博帶，杜扶風之小冠。惟戴斗之碩望，彙人倫之偉觀。方千里而建節，歷八郡而盤桓。前灘後灘，孤月濯影；上嶺下嶺，異花成團。壬辰、癸巳兩遊黃山，外若齊雲、九華、敬亭、采石、天門、龍眠諸山，靡不歷焉。復飛箋於虎觀，喻得士於龍泉。先生致錢詹事大昕、程編修晉芳書，云甫莅江南，晤洪、黃二君，其才如龍泉太阿，皆萬人敵云云。長江天塹，淮海惟揚。乘長風而往來，逐飛隼而翱翔。挹賈生於江館，歲癸巳，余在姑熟與賈明經訂交，明經年六十餘，即席次王元之高齋韻三首見贈，後予遊維揚，又與明經爲焦山海門之遊。明經以丙申冬下世，著述甚多，惜不及見，然予交海內士流最衆，其質直好義未有如明經也。值朱游於建康。朱博士官句容訓導，年已七十餘，風貌甚古，愛人如不及。予乙未歲客句容，與相處甚久，茅山、赤湖間亦時同遊焉，以庚子春下世。百川助流，秋雨霽而泛海；十日并列，華鐙排而涉岡。高談則海若遁迹，縱飲則山神畏狂。裁報箋而盈案，叠吟篇而滿筐。天地運而成冬，日月窮而入夜。采薪於嚙指之辰，謂丙申冬奉太孺人憂。散髮於招魂之舍。皋魚免喪，列子遠嫁。竹箭貢於皇庭，羈禽遊於日下。迎門倒上公之屣，傾蓋枉名卿之駕。荀秘監四部之目，秘而得傳；歲己亥，入都，館於同歲生孫君溶寓，爲校四部書。阮孝緒七錄之編，聞而願借。都下借書惟翁詹事方綱、程編修晉芳數家，二君又同直秘閣，每爲予假館中本勘校。惟寂惟寞，實惟隴西。秉直德於雕鶚，相逸群於黃驪。房師李先生性清介，以御史屢與校士，出其門者人皆謂無私。以庚子十月下世，余與同門生視含斂焉。迨夫執贄之日，已鄰屬纊之期。枕孟喜之膝，勉之以《易》學；絕施讎之手，勖之以審幾。嗚呼！此知我者歸於九泉，不知我者謂我胡然。甲第則紛紛易主，丙舍則蕭蕭數椽。車輪經而腹痛，班馬過而鳴酸。山巨源七輩之遊，人皆有集；錢文敏公《茶山集》、邵先生《玉芝堂集》、朱先生《笥河集》、賈明經、黃縣丞詩集俱前後已刊行，李先生《清苑集》、大令舅氏《素園詩集》及朱博士詩皆藏於家。孟獻子五人之友，半已不傳。從表兄定安及表弟定熙均少慧，善詩文，夭没既蚤，不及有所著述。録其平生之語，邵先生已下并有贈言，皆緘藏篋中。感其臨命之談。文敏公常以識余不早爲恨，臨没猶爲公子中銑、中鈺言之，并屬訂交加禮焉。無十旬之杯酒，有百年之松杉。心飛過嶺之樹，大令舅氏以去年秋没於廣東嘉應州書院。目斷臨河之帆。錢公子中銑以己亥四月入都補官，病發卒於淮安舟中，公子中鈺亦於是年下世。鬼磷紅兮沙磧，縣丞黃君以去年夏扶病，自京師逾太行出雁門，始抵安邑，病益殆，乃卒於寓舍。神鐙白兮江潭。謂辛巳年迎表弟定熙江西之喪。思有窮兮萬古，愁無際兮終南。

——《卷施閣文乙集》卷二

過舊居賦 并序

〔清〕洪亮吉

縣南中河橋之側，洪子有舊居焉，蓋居之者三世矣，後主者以直賤轉貿他族，乃更徙焉，歲癸巳十一月也。室有樓上下各四楹，樓後有池寬可十步，霖潦既集，亦生黿魚，池側柔桑一株，桃實數樹，一箔之蠶春足於食，三尺之童秋足於果，倨倨焉，廣廣焉，不自知其室之陋也。然而夏水甫盛，則萍藻帶於周廬；秋霖乍淫，則莓苔生於陰牖。出戶之棟，鼪鼯與室鼠競馳；頹鄰之垣，枯株與薛荔交翳。室既荒陋，器亦敝敗。其木之刓而曲者，太夫人之織具也；其磚之方而折者，予童時之吟几也。過之者色不怡，居之者樂自若。蓋始生焉，少長焉，及授室焉，生子焉，歷二十八寒暑乃徙。前歲復過之，則平池積淤半已作道，鄰人以桑翳其室，斧其東枝，餘者隨墮岸而踣，周堤而視，則枯條朽蔓無有存者，而墻之釁北如昔也。復窺其室，則敗釜折几無有留者，而棟之欲落未葺也，里媼巷嫗集者數輩，則尚述太夫人之德不忘。因感而爲之賦曰：

惟吾祖之令德兮，冀樂土之是盤。吾祖居歙縣洪源，康熙戊子、己丑間始遷常州。遵過庭之雅訓兮，就婚媾於江干。遷家屯於癸甲兮，乃巢毀而不完。吾祖始卜居白雲溪東，後以其宅歸趙氏，始遷居縣西大宅。歲癸巳、甲午家事中落，乃更徙焉。駐征楫而陸處兮，爰構造之無端。借大地之尺咫兮，規周天以爲垣。逮予躬而三世兮，尚營葺之未安。詢東鄰之所業兮，云曲簿而纖筐。沸晨吹於西舍兮，職吹簫而給喪。連櫨椽於後巷兮，聞永晝之鍛聲。井泉清而倚户兮，喧朝夕之百鐺。紛吾廬之衆響兮，每夜起而傍徨。牖虛明而入月兮，瓦離披而漏霜。鳴蟲集於吟案兮，鼪鼠經其頹梁。羌吾居之何陋兮，實先世之此藏。桃離離而秋實兮，藤宛宛而春垂。風盈扉而自闔兮，雨積墻而不圍。水東西而十步兮，桑南北以數枝。每炎暑之蒸酷兮，披後户之涼颸。居陶陶而自適兮，雖屢空而不辭。昔先人之食力兮，乃終歲而在行也。暨慈親之厲節兮，勤日昃而不遑也。奉甘糗於尊章兮，爰夜紡而曉經也。惟鄰左之責言兮，泪汍汍而輟響也。嚚聲慚而自化兮，薄俗久而益貞。訓鄰姬以婦道兮，舍嫗集而傾聽。迨行之於數紀兮，消閨室之競聲。憶鄒舍之東遷兮，非垂教於三徙。念琴書之去此兮，亦豈炫乎仁里！惟居廬之易主兮，情紛悒而靡喜。犬周巡而不輟兮，雛悲鳴而四起。非儔類之是戀兮，情亦眷於鳴吠。遺縑巾於里媼兮，挂別箴於户裏。環車輪而遠送兮，盼百步而不已。別遙遙而六載兮，乃屢過乎里門。池涓涓而已竭兮，桑猗猗而靡存。紆蛇出於毁竇兮，宿莽抽其故萌。伊茲樓之虛敞兮，乃久處而習魂。紛一歲之百夢兮，每九十而是賁。荷鄰柯之曲蔭兮，感檐日之奇溫。思吾親之居此兮，亦撫子而抱孫。業去此而適彼兮，遂違泰而履屯。歲月盈虛，人生與俱。前負米而養志，茲銜戚而晝居。雖爰居而爰處，孰倚門而倚閭。昔居庳而亦樂，今室廣而增歔。悟卅年而成世，實一世而此居。既性與境而皆易，吾又何樂此一世之餘？

——《卷施閣文乙集》卷二

古藤賦 有序

〔清〕方履籛

東坡自嶺南歸，寄居毗陵顧塘橋孫氏宅，即余家四世寓廬也。其東楹有紫藤一株，傳爲先生手植，榦大十圍，夭矯如卧虬，層蔓飛霙，蔭庭院百武，蓋余猶及倚玩其下。至嘉慶乙亥，厥根朽蠹，遂俱傾落，所存僅纖條，大不盈握，而生氣猶茂，迄今十餘年，亦已蓊鬱檐杪，本枝徑尺矣。自宋至今幾七百載，膏脉未絕，爲世珍異，洵名德之所憑，有神物呵護之也。庭有嘉樹，古人識無忘焉，況此藤之奇古托於昔賢之手澤，又復爲吾家之故物者耶！余雖不敏，輒爲賦之。其辭曰：

爰有貞卉，崔錯凌虛。春條既擢，夏蕤以舒。蘊兩儀之菁采，綿千禩之榮蕚。非喬松之是托，倚磐石而不渝。爾其逸幹輪囷，孤槎蟠鬱。體同青銑，色欺蒼玉。風梢既引，霜皮暗蠡。擬潛螭之偃蹇，類尺蠖之蚑蟜。忽拏攫而欲舉，又宛潬而自伏。雨雪助其豐翳，曦陽斂其堅樸。若夫紫蕚初吐，絳藟始繁。亭亭高榭，猗猗曲欄。明霞朝覆，珠露夕團。羨濃芬之庵藹，耀菁影之叢駢。密葉搴以成幄，柔絲纚而爲藩。映新碧於綺疏，舞落英於玟筵。惜芳華兮易逝，忽荏苒兮歲年。閱榮寂兮既久，挺茂質兮莫攀。產不同於剡溪，幸永辭於剪伐。賴君子之末光，比甘棠之遺烈。謝絕澗之駊蔓，殊窮崖之萌苗。迤委蛇於庭館，保薈蔚之清樾。維南陔之雅郡，有通德之故閭。戀桐鄉之惠愛，師季彦之僑居。玩佳植於名賢，時徙倚於廣除。或移談而就講，亦假蔭而陳書。洎余身而四葉，又垂穎兮百載。嗟本實之先撥，喜紛紜之未改。念人事之代嬗，知化機之是宰。何獨鍾於茲榦，振芳菲於磈礧？物雖微而有值，澤雖遠而不忘。彼喬木之多壽，藉明德以克彰。感孤根之荏弱，含霧秀兮中藏。耿獨立之懼兮，恐隕墜於繁霜。何所憑以滋且永兮，庶仰承夫餘慶。撫庭柯而太息兮，展時序以彷徨。

——《萬善花室文藁》卷一

約園賦 并序
〔清〕李寶泴

約園者，趙中書于岡先生園也。先生里居不仕，奉母於是園。咸豐庚申，粵寇陷常州，率閨門三十餘人盡投園池中死之。嗚呼！石季倫之金谷，式愧芳貞；屈靈均之懷沙，乃罘婦豎。春秋佳日，余偕二三友人遊而弔焉。茹嘆染翰，遂作賦曰：

望平原之寥廓兮，步踟躕於城東。慨主人之既去兮，尋荒園之遺踪。古陌剗而有路，枯林童而無風。勁草緘愁而猶綠，冤花迸血以逾紅。池洄泊以激水，橋偃蹇以亘虹。但見夫荒烟沍雨，頹陽襲霽，幽鳥振響，孤燐耿空。菱娃浣女，容與躞蹀乎其内；樵蘇牧子，歌吟咿啞而來去躑躅泛濫乎其中。噫吁嘻！曾何年之荒池古樹，而荊榛莽蕪，月銷歲鑠，至於此極而焉窮。昔之雕欄繡栭，層臺累樹。棼橑絡接，甍宇重籍。疏寮綺錯，樓閣錦亞。迹比金張，人多王謝。佩鏗隨和，香橫蘭麝。委迤酣嬉，謳吟管吹。子晉吹笙，奕秋弄棋。投壺揚觶，傾肴飫酏。彈箏擊缶，屬文催詩。風明日嫣，綠楊霏烟。場開蹴鞠，林架鞦韆。幃裳雜遝，衫裙接連。墮簪遺珥，猗靡遷延。奇花名木，佳果珍蔬。雲葉虹幹，院宇扶疏。池沼晴明，禽魚畢呈。蘋藻映帶，鱣鯉游行。動植萬有，不可殫形。繁華瑰奇之處，衣冠文物之英。飛走卉木之類，嬉遊娛玩之精。莫不烟銷火滅，電謝波沉。嗟盛時之不再，徒慨想夫園林。陋梓澤之闃寂，無歲寒之貞心。從彭咸之居處，托餘命於幽深。已矣哉！烽烟恣兮浩干戈，園亭墟兮埋綺羅。風雲鬱兮氣憤，花鳥寂兮傷多。封衣冠兮丘隴，峙節義兮山河。爛褒榮兮華袞，巋祠廟兮巖阿。矢孤誠兮皦日，激清風兮頹波。亘千齡兮萬代，既不朽兮云何！

——《漢堂文鈔》

疏

開浚孟瀆河工疏 萬曆五年上

〔明〕林應訓

　　欽差巡按直隸巡視下江兼督水利監察御史臣林應訓謹題：爲河道異常淺阻，漕船遲誤數多，懇乞聖明嚴飭當事諸臣，以重國計事。臣奉命督理江南水利，節經案行蘇、松、常、鎮兵備道，即將按屬蘇、松等府地方大小河道，逐一查勘。去後隨據本道參政王叔杲呈稱，孟瀆河爲國家漕運之捷徑，而開浚之江必調停夫役之得宜。行據常州府通判王日東公同府縣掌印官丈勘得本河自萬緣橋起，至孟瀆河口止，共長九千九百五十丈，積方三萬九千九百六十方，細閱兩岸高峻，挑土安頓，陡而且遠，比之平地開土堆堤者不同，價若不平，夫無應募。合照舊例，每方深廣一丈，給工價銀四錢，今計方數共該銀一萬五千九百八十四兩；及本河壩邊立車六十一部，起集人夫車戽，計工三千一百工，共銀三十一兩，二項通共銀一萬六千一十五兩。查得前河原係浙直運道，永樂、宣德、弘治年間，議于蘇、松、常、鎮、杭、嘉、湖七府，協力并開，自正德時浚後至今，淤塞年久，是難獨坐常州一府等因報道。照得孟瀆河雖坐武進縣地方，實爲浙直運道捷徑，載在漕誌。且官民船隻經行尤便，非止一隅之利。今據覆勘合用前銀，查得原蒙題准修河米折銀，專聽修浚運河支用。萬曆元年起至四年止，浙江杭、嘉、湖三府欠解銀四千四百五十兩四錢八分八釐，并存留三府備用銀六千二百二兩五錢六分。合無將常州府見存導河夫銀，及該府并蘇州府見貯修河米銀，先行給發，立限興工挑浚，所少銀兩，暫於兵餉銀內借用。仍乞移文浙江撫院，嚴督杭、嘉、湖三府，將欠解并存留備用銀兩，速解該府補還，工可立就。此河既開，江口修完閘座，每遇運船通行之時，徑縣此河出江，誠爲官民兩便等因。呈蒙本院批允，遵依督行府縣掌印管河官，責令委官動支前銀，起夫興工挑浚。去後續據常州府申稱，照依通判王日東原勘丈方，議用前銀，募集人夫五萬四千四百名，照方開浚。委官照磨金承詔、縣丞崔言、典史吳仁，分段督率人夫，俱於三月初八等日興工。論方給直，務照原派深闊丈尺如式開浚，各報工完訖。除原議前銀外，又加增戽水人夫一千九百工，每工銀一分，該銀一十九兩，及委官省祭白訴等十二員，每員每日議給供給銀四分，該銀一十兩八錢八分，又犒賞塘長、里總花紅銀九兩，連原議通共銀一萬六千五十三兩八錢八分。隨將本府庫貯導河夫銀五千一百四兩二錢九釐六毫，又修河米銀一千二百六十三兩五錢二分六釐七毫二絲二忽，及蘇州府并武進等縣導河夫銀，并修河米銀共四千八百六十八兩五錢六分七釐三毫六忽四微，通共銀一萬一千二百三十六兩二錢九分七釐六毫二絲八忽四微，動支放給外，尚欠銀四千八百一十七兩五錢八分二釐三毫七絲一忽六微。即於本府庫貯兵餉銀內權借支給，俱經給發居民沈彩等，散給人夫收領訖。合候嚴催杭、嘉、湖三府前項欠解，并存留銀兩，補還兵餉之數。再照沿河兩岸率多泥沙，俱非固土，天時雨潦，未免倒塌，而江潮日至，浮沙涌進，淤塞之患，勢所不免。歷年以來，屢浚屢淤。蓋開浚工完，則人情俱懈，而不復議及經久之計。今雖挑浚完工，若不立法善後，不一二十年，淤塞之患又至矣。合於萬緣橋、黃蓮樹各建閘一座，每座用銀三百九十三兩三錢，共該銀七百八十六兩六錢。築壩椿木等料銀六十六兩二錢，孟河城南北西閘改造天關，修砌燕尾，并打壩等項，該用銀一千二十五兩五錢七分八釐。又議設三百料船二十隻，每隻約用銀四十兩，共該銀八百兩；鐵掃箒二十具，該銀二十二兩，專備夾取河中淤泥之用。以上共該銀二千七百兩三錢七分八釐，無從措處，合無仍於本府庫貯兵餉銀內借用，即行建造閘座築完。每歲冬月量加疏浚，使河泥輒至而不集，河水常裕而不涸，實爲運道萬全之利也，等因申道。該本道親勘開浚工程，委無虛冒，冊報到臣。該臣看得孟瀆河口徑渡江北入白塔河，至灣頭以達漕河，爲浙直運道捷徑。此河誠開，不直漕船出江之便已也，仍有三利焉。運船與民船分道而行，一也；商民船瓜洲而下，一潮可達，免風濤盜賊之虞，二也；地方灌溉之利，三也。先此武進之民憚於獨勞，倡爲險澀之說，故其議不果行。今銀兩取之導河夫銀、修河米折銀，不足則借支兵餉，不累常州，人夫則徵諸各屬，不累武進。蓋人人踴躍，率作興事矣。自三月初八日起至五月初七日止，募集人夫五萬四千四百名，開河九千九百五十丈，用銀一萬六千五十三兩八錢八分。蓋先於秋後數月，不必再行估計，而夫工錢糧因以附見焉。相應具題，伏乞敕下工部，將臣等造送文冊逐一稽查，除將導河夫銀、修河米折銀徑行支用外，其杭、嘉、湖三府應解修河備用銀兩，行令浙江巡撫，作速起解，補還兵餉。至於常州府官續議建閘改關，設船編夫等項，費不過二千餘金，容另便宜處發，委官責成，不煩內帑，不敢疏瀆。容臣造冊奏報，青冊送部查考。

——《吳中水利全書》卷十四

辨誣疏 萬曆十八年正月二十七日

〔明〕吳中行

奏爲懇乞聖明辨誣覈實，仍賜特加顯斥，以息人言，以全臣節事。臣自告病回籍，屏迹杜門已六年矣，殘喘僅延，舊疾愈痼，又自揣狂蒙，絕意仕進，臣固果于忘世,世亦當久于忘臣矣,不意姓名尚挂齒頰。臣與吏部員外趙南星、御史蔡系周俱無往來,俱無德怨。其稱臣爲君子也,臣愧不敢當;其詈臣爲小人也,臣耻不忍受。蓋邪正相指,徒以口吻求勝,則是非愈淆,正不宜辨也。系周謂臣與今南京禮部侍郎趙用賢抗疏受禍雖同,而賢不肖相去若江山黑白,此其藻鑑甚精,品評甚當,即臣自知亦甚明,實無容辨也。系周謂臣自爲舉人時,以至居家處鄉,故爲隱詞,猶存厚道,又謂臣欲藉寵力思躐公輔,當是意想之語,俱無可辨也。系周謂臣補講讀爲紊資序,夫講讀之補,不論資序,如今輔臣王錫爵科第官階在前,未爲講官,而許國爲之;又如今戊辰、辛未諸臣科第官階在前,多未爲講官,而馮琦、余繼登爲之,此則系周所未解者,更無足辨也。第以交通中宦,求補講官一節,行檢所關;又以假托山人捏造揭帖一節,禍患所關,萬萬不得已,輒不避斧鉞,從畎畝中披肝瀝血,一陳之君父之前。臣爲講官,與原任禮部侍郎張位同日奉旨,門客樂新聲,臣有生以來耳所未聞;金絲盒等器,臣有生以來目所未見。無論臣與司禮影響不通,若內閣曲徇私干之人,又惟司禮之帖是聽,則內閣何如人哉!豈系周曾詢之內閣口授者乎?筆示者乎?抑系周道聽之乎,意億之乎?今內閣當時題補臣者申時行等俱在,正望皇上召問,有則必不故爲臣隱,無則必不強爲系周證,此其所當辨者一也。原任少詹事黃洪憲與臣絕無纖芥,同官攻擊,遂致紛紜,與臣耕釣之軀絕無干涉,至今不知山人何事,不知鳴冤何語,系周何所據而指臣,臣茫然不知何故,第恐下流之居易爲歸惡之所,望風之輩借爲投石之謀,從此告密可開,大獄可起,莫須有可坐。萬一更有重大事情,匿名奸政,指而曰某曰某,則林下之人皆几上之肉。臣之身死亡何惜,而黨禍若成,世道攸繫,此其所當辨者一也。然臣竊思之,臣既跧伏山林,迹同麋鹿,而操戈挾矢者猶向之,此無他,止因餘生尚存,虛銜未削,謂臣爲賢者則疑其不用而稱之,謂臣爲不肖者則疑其復用而詈之,詈之者不過因人之稱而愈申其前論之憤,稱之者不意重人之怒而適貽以不測之辜,此臣雖在蒿萊,如負芒刺,所恨者不即死而與世長辭也。伏乞恩慈明示擯斥,既絕再起之望,庶安一日之生,賢不肖俱付之忘言,以俟蓋棺而後定論,臣之志願畢矣。臣不勝激切懇祈之至。

——《賜餘堂集》卷一

覆常州武進侵欠輕賫銀兩疏

〔明〕畢自嚴

題爲微臣離任四年,輕賫株連忽及,全疏兩月不傳,控籲萬不容已,謹據實剖陳,伏乞聖明敕部并行查明,以免牽累事。雲南清吏司案呈,奉本部送户科抄出該本部題前事，内開錢糧之侵匿創懲不肅，則無以儆積玩而清國課，然而處分之法惟平惟允可以服人。武進錢糧中飽巨猾，責當時府縣正官以防範之疏，夫亦何辭！第備查撫按原疏，各官如羅華袞等經手月日灼然難混，其在正印之任内者殊少，在署篆之府倅者居多。乃酆大禮業於崇禎四年大計以貪處矣，李魯士又于崇禎元年以致仕去，此二臣者果有侵染隱情，即行原籍提追，亦復何恤！惟罪止失于覺察，今已無級可降、無俸可停，似應褫其冠帶，革職爲民，以爲冥頑不靈之戒者也。若羅華袞經手原止操江健勇銀七百六十二兩，已經解府，衹以府委非人，未免李代桃僵。恭繹明旨森嚴，臣等未敢輕徇，似當降職二級，姑令照舊管事，以爲覺察不早之戒者也。若知府曾櫻者，綰錢糧出納之樞，而俾包棍得以冒領侵分，疏虞之咎所不能免，然亦止于健勇一項，其餘皆係署官經管。今已告病回籍，似當于題補日降職二級，以爲出納不慎之戒者也。乃若經承胥役池鳳岑、宣大成等暗侵公帑，用肥私囊，此其神通甚廣，家資必豐，迨至事敗，研審追比，輒復經年逾歲，左支右吾，非諉于無賴之銀匠，則卸于脱逃之奸棍，既遂延捱之計，愈長奸猾之膽，所當遵照明旨責成見任府縣各官盡法查比，即于見在各犯勘產搜抵，務求通完，仍將脱逃各犯嚴行緝捕正法。臣部再將此項錢糧載入考成，不分何項，原係侵蝕之餘，勒令完日一體解部。若再延捱不完，縱弛不捕，即將經管各官參罰住俸，要于大伸國法，震懾宵小，誠非可以姑息從事者也。等因。本年六月初六日，奉聖旨："錢糧考成例屬該部，至以侵欠議處，事關官評，應聽考功羅華袞等還，着同吏部確議奏奪，其侵没銀兩、脱逃各犯，依議責成見任各官勘追嚴緝，勒限完解，違者參治。曾櫻是否告病回籍，着該司官奏明。欽此欽遵。"抄出到部送司，又奉本部送准吏部咨同前事，内開知府曾櫻、知縣羅華袞雖奉有會同確議奏奪之旨，但係干錢糧，應户部主稿，煩爲主裁會題等因到部送司奉此。查得曾櫻是否告病回籍，已該本部再疏奏明雲南司郎中潘永圖自行回奏，俱蒙聖明鑒有矣。其侵没銀兩脱逃各犯，已經遵奉明旨，呈堂咨行，該撫按責成見任各官去訖。其議處羅華袞等，遵即咨會吏部覆咨前來，相應議覆，案呈到部，該臣等會同吏部署部事左侍郎兼翰林院侍讀學士加二品服俸曾楚卿等，會看得朝廷考成之法欲無弊不清，考功之法欲有懲必確，故議處一人，聖慮不厭詳慎焉。兹武進縣侵欠輕賫一事，臣等先經具覆，然恭繹明旨，深愧前疏之擬議于奉功令則加慫，于揆情理則近疏也。據撫按原疏所稱，羅華袞之經手者健勇一項也，曾櫻之發解者亦健勇一項也，其餘輕賫金甌，俱屬署印府倅酆大禮、李魯士之手，今若以侵欠多寡之數爲罰懲輕重之衡，則爲數無多者自應免議，但臣等仰遵聖明儆玩振弛之至意，故概議降級，不敢稍涉縱徇耳。然撫按原疏止分正印、署篆，不開經管起解月日，則詳核之中仍伏朦混之竇，若遽繩以吏議，不獨曾、羅之心未折，即酈、李之心亦未必折也，似當再行該撫按備查卷案，要見某項錢糧係某官經管，差委某人於某月日起解，于某月日到府轉文。其疏脫誨盜，的出某官之手，有不明者，細審各犯，務使纖悉開列，判若白黑，庶游移之端以杜而疏玩之咎有歸，臣等不難以考成考功之法參互而議其後矣。若奸胥池鳳岑、宣大成等始以官鏹爲侵牟之長物，今復以銀匠爲影射之詭途，臣前疏備請勘產搜抵，自是今日急着，更祈明旨再行嚴飭府縣見任接管各官勒限追完，庶侵欠一局不致延久難結，而受過諸臣亦不虞邀恩無日矣。爲此合詞覆請，恭候命下，臣部行文該撫按一體欽遵施行。

崇禎五年九月初二日具題。

本月初七日奉聖旨："這侵欠錢糧款項分數屢疏已明，前旨着會同吏部確議，何又推諉延卸？即着議處具奏，其奸胥追解仍行該撫按速報，不許玩稽。欽此。"

——《度支奏議·雲南司》卷之十六

清查武進錢糧疏

〔明〕張國維

題爲清查武進舊逋錢糧事。崇禎十一年二月十八日，據常鎮兵備道按察使曾化龍呈，奉臣憲牌內開案，據武進縣知縣馬嘉植詳報，前任無抵銀七萬九千七百三十兩四錢零，緣縣隨經批道逐項究明去後，今據覆詳前來。查得數萬錢糧，關係甚大，亟應會題，但其無抵之故未據覈實，合行確查。爲此會同巡按王御史牌行本道即便檄行常州府印官及松江府李推官、鎮江府雷推官，面同武進縣知縣馬嘉植，將該縣無抵錢糧七萬九千有奇按冊徹底查算，或係徵那，或係乾没，或係民欠，務要逐項明白。文到，限五日列款彙冊報院，以憑覆覈會奏等因奉此。案照先奉本院批該本道呈詳前事奉批錢糧缺額數萬，俱不可問，後來將何抵止，亟當會疏題請。第其間如何而那借，如何而無抵，詳文未見覈實，難以入告，仰道速覆查報。又奉本院批該本道呈，爲再申奉提代解過崇禎四、五年分凰逋錢糧伏候并詳定奪事，奉批仰道一并確議速報。蒙此俱該本道遵依轉行常州府會同查報去後。今據該府呈稱遵該陳知府弔集各年各項卷册在於公署，會同松江府理刑李推官、鎮江府理刑雷推官、武進縣知縣馬嘉植逐一細加查覈，得該縣於崇禎八年六月十二日到任，隨查前任內崇禎六、七、八年分缺額各項錢糧原詳十萬七千九百六十一兩四錢八分六釐三毫內，除存庫民欠止銀四萬七千四百七十九兩三錢六分五釐四毫，實缺額銀六萬四百八十二兩一錢二分九毫。又續詳崇禎四、五年分奉催缺解銀一萬八千七十三兩四錢八分六釐，共銀七萬八千五百五十五兩六錢六釐九毫無抵，行據該縣造送冊開查該知縣程九萬任內那借銀七萬六百一十二兩二錢五分八釐五毫，護印簡較蘇萬邦任內四千六百九兩四錢八分九釐六毫，署印通判胡士驤任內銀一千十兩二分，魯繩祖任內銀二千二百二十四兩二錢一分三釐八毫，同知蔡如葵任內銀九十九兩六錢二分五釐。再查前項數內有吏書侵冒銀六百二兩四錢一分五釐，紙贖未完銀三千三百三十三兩五錢二分二釐，各項借支銀三千二百三十兩二分七釐，額外透支銀三千三百八十六兩九錢五分八毫，俱係未經詳追，終無抵補。又查該縣陸續以見徵崇禎八、九兩年糧徭代解過各年缺額錢糧，內七年分五萬一千二百二十四兩六錢三分七釐，六年分銀一萬八百六十四兩四錢九釐六毫，八年分新餉銀六千四百一兩七錢四分四釐八毫，四、五兩年分銀四千五百七十九兩六錢三分七釐，共計代解過銀七萬三千七十兩四錢二分八釐四毫，獲有批迴附卷，俱經一一臚列造冊，見在該職等看得三年錢糧向奉各憲批查，本府與縣不啻再四研窮覆詳有據，第缺額在前，代解在後。總之攝借新糧抵完舊欠，在舊欠業已奉蠲，而新糧終難缺解。故該縣汲汲詳請職等會同覈明上呈憲臺，以冀主持定奪者也。等因。據此該本道看得武進錢糧歷有民欠額解款項，刻不敢遲，此那借之根因也。既借新糧以抵舊欠，而新糧終難缺解，又將何項補苴？此其所以無抵也。五年以前之欠業奉恩綸蠲免，向後拖欠難保必無，將使江河日下，何所抵止！事干錢糧重務，統祈主裁等因，呈詳到臣。該臣看得武進爲三吳劇邑，錢糧浩繁，徵解紛錯，向來遇有缺額，多那新完舊，以支吾目前，相沿非朝伊夕矣。自知縣馬嘉植蒞任之後，詳報前任那借纍纍，臣等即時批行嚴查，疊經覆詳。臣等復會檄常鎮道臣曾化龍轉行常州府知府陳琯、松江府推官李瑞和、鎮江府推官雷起劍，面同馬嘉植矢慎矢公，徹底清算。據詳，自崇禎四年至八年止，共無抵銀七萬八千五百五十五兩六錢六釐九毫，內前任知縣程九萬在任四年那借銀七萬六百一十二兩二錢五分八釐五毫，爲數最多。其餘署篆數月之官，或那數千兩，或那數十兩，皆開載歷歷，不容游移者也。今欲以前人之舊那督追於見任，而虛額實無可追，勢必以見徵之錢糧抵解乎前欠，而新糧又將誰抵！此馬嘉植三年以來將見徵銀代解過七萬三千七十兩四錢二分八釐四毫，誠出於事勢之不得不然，其遇誠艱而其情誠切也。臣思錢糧各有項款，例禁那移，間有徵解未前，部催甚急，不能不暫攝以應，然隨攝隨抵，是在追比之力，豈宜欠數空懸！至於遇蠲錢糧或經代解在先，固屬難抵，然其間保無積書猾吏乘蠲免之時陰爲乾沒，以飽奸腹者。即冊內所開蠲免一項，尚須覆覈，又何況自蠲免而外，如所開吏書之侵冒弊竇顯然，各項之未完借支透支成案見在，安得概稱無抵而委諸逝波乎！臣等已嚴檄道府通提各年經管吏書逐一嚴鞫，分別追補，務期一洗弊竇，以清國課，俟究擬成招，另疏上請。事關錢糧重務，相應先行奏聞。謹會同巡按蘇松等處監察御史王志舉，催督江南遺餉工科給事中加俸一級張元始合詞具題，除將道府所開那欠細數造冊送部查考外，伏乞敕下該部覆議行，臣等究追施行。

崇禎十一年三月十二日具題。

四月十四日奉聖旨："該部知道。"

——《撫吳疏草》

痛瀝奇冤疏

〔明〕鄭 鄤

奏爲痛瀝奇冤，叩天呼籲事。臣束髮受書，粗知忠孝大義。臣父原任禮部主事鄭振先，臣母安人吳氏，爲先臣簡討吳可行愛女。臣母篤好經史，方臣幼學，臣母自授臣書，臣父建言謫蜀，臣母命臣從父虎狼瘴癘之中，重繭經年，是以臣父母于子女中獨奇愛臣。十載公車，相依爲命。至臣中天啓二年進士，選改讀書，疏諫留中，觸魏忠賢逆燄，始而矯旨降調，繼而削奪除名，跧伏六年，流離萬死，臣父母至爲臣刺血告天，保佑生全。恭遇皇上再闢乾坤，臣于崇禎元年秋奉旨起用。至冬，臣父見背。四年服滿，臣母促臣赴補，臣以臣母壽屆六十，堅不成行。是年九月，母復見背。六年冬，服滿。臣父母易簀遺言，皆諄諄教臣世受國恩，捐軀圖報。臣憂患餘生，未衰而病，因循年餘。今來赴補，見朝未及一月，痛念臣父臣母祿養不逮，煢煢自視，鮮民之生，獨願一瞻天表，可以無負遺言。乃今十一月十一日，忽傳部差奉旨提問，臣隻身就繫，未知所繇，叩詢累日，始見邸報全抄。乃知首輔溫體仁特疏糾臣，以箕仙幻術惑父披剃，至于迫父杖母。臣讀之驚怖欲絕，以我皇上敬天率祖，孝治天下，四海同風，昆蟲草木皆有至性，不信人倫天壤之中而有此事，使人子忍視父之杖母，將禽獸不食其餘，豈雷霆竟無立報！此下愚所不出，窮兇所不爲，而謂士類爲之耶？若箕仙幻術，尤怪誕不經，世有名節之臣聽箕仙而披剃者乎？世有夫婦之間聽幻術而行杖者乎？婦受夫杖，既未有之人情；父爲子迫，豈滅絕之天性！臣鄉固道義之鄉，而臣家亦詩禮之家也。設有影響，臣之家鄉何以容臣至於今日，且此何情罪可以幻術構成也！臣觀古今不孝之行未有不發自其父母者，今臣父母生前曾無間言，即臣父既亡之後，臣母獨存之日，亦曾無間言。乃至父亡八年、母亡五年之後，而突發難於吳越隔省，與臣從無一面之交者，首輔豈爲人所誤而不察耶？至首輔所引舊輔宗達，與臣父生前宦途意見不同，臣父母向疏往來，此臣堂母舅也。臣母自有胞兄吳宗因，臣父亦自有胞兄鄭振元，皆近八十老人，見在家鄉。今本宗與親嫡俱無間言，而獨言於堂從之母族，不孝巨罪豈以耳語耳遂可砌成也！臣命生磨蝎，性成負俗，館員兩月，家居一十四年，荷皇上再生之恩，痛天下寇患日深，邊烽日熾，感懷發憤，每每信日信心，狂直無諱，將無輕言之過，挑激乘之以至於此？至若臣父於萬曆三十六年上直發古今第一權奸疏，糾劾輔臣沈一貫、朱賡等十二大罪，旋被放逐，更中考功，是以功名意淡，禪悅心長。在昔遷謫，道次峨嵋，曾願棄家入山，臣時年十五，相從逆旅，勸父還家。臣父晚年居臣祖、臣祖母兩喪，衣冠蹯踊，一宗家禮，然而終身蔬素，與臣母白首相莊，有同淨侶，此則其影響相傳在人目頰者也。臣猶記丙寅、丁卯年間，魏、崔肆毒，遍差番緝布滿東吳，搜求臣過，以入臣罪。設有此事，當時已不知如何羅織，何直待至今始行發覺！臣伏思皇上敕法明刑，哀矜慎重，必不將以耳傳耳之語，遂成莫須有之案。伏乞敕下該部從公勘究有無，水落石出，真假自見。臣具疏有日，止因大禮慶成，未敢冒瀆，圄囹幽禁，控達靡繇，疾痛呼天，一字一血，字忘溢格，臣無任激切叩籲之至！

崇禎八年十一月二十九日上。

——《蕶陽草堂文集》卷一

救鄭鄤疏 崇禎十年七月
〔明〕黃道周

右春坊右中允兼翰林院編修、今陞左春坊左諭德兼翰林院侍讀、管司經局事臣黃道周謹奏：臣於前六月十三日，力疾具本辭職，內稱臣有三罪、四恥、七不如，揣分自安，不敢以負乘致寇。又并附舊疏，粗陳道法治禦之略，非敢有一言干冒希榮，以殉流俗、撓國是也。席藁引辜，旁皇二旬，至二十九日驚聞聖旨："禮樂、征伐、名節，是朝廷治禦夷夏、扶植綱常最大關鍵。黃道周職在詞林，不圖報稱，一味偏拗好名。這所奏并舊牘附陳，語多含吐，且顛倒是非，甚至蔑倫杖母、名教罪人，猶云不如，是何肺腸？着回將話來！"臣惶恐萬死。臣處明時，濫清班，雍容緘默，可覬後福，雖窮愚極迂，豈不知守口之樂？所不得不如此者，以六載賜環，萬里赴難，不忍忿忿以苟偷自結。必不得已，亦攄片言以報陛下耳。臣觀□□□既二十年，流寇瀰漫又七八載，百姓瘡痍，橫屍相藉，臣私意以日中之市無游談，逾險之車無袖手，大小臣工宜悉捐其私慮以急公家，捨其細競以圖大計，即其無能，宜推分引身，以崇讓敦厚少補萬一。如爵祿是競，毛舉鷙擊，高自封樹，以誤蒼生，誠非所望於今日也。臣才具不逾中人，年過始衰，即欲奮其蛙頤以償馬骨，而四顧了然，不覺心冷，以視舉朝諸臣，無一不十倍臣者，顧影問形，每況愈下，又何怪乎？古人爲侍從不半載，章疏至百上，臣賜環七閱月，僅補兩牘，尚吃吃不能自暢。以臣遭明時，事聖主，仰受殊恩，尚闒蝺如此，令與諸臣并道後先，其不能追及，何啻倍蓰哉？臣前見科臣章正宸疏有云："諸臣或迂疏矯特，自潔其身，亦不過護一官耳。"臣爲此負愧，至終日不食。近見科臣馮元颷疏云："諸臣皆蓄縮便安，無裹革請纓之義。"臣亦爲負愧，累夕不寐。二臣皆知臣者，非爲臣發，然使臣聞之，如呼寐使醒。臣又病起，孑然鼠泣，是以決計欲自劾而去，非敢與大臣判其出處，盈廷争其是非也。至如鄭鄤者，天啓二年與臣同爲庶常。鄤與文震孟後先抗疏，臣以迎母且至，三疏三焚，鄭鄤嘗以爲怯，臣至今愧之。乙丑，臣奉母歸養，舟過毗陵，鄤母吳孺人送臣母出境，未嘗以爲不孝。今又十三年，距鄤發科時已二十六七載，時地遼邈，何由追剖其事？但時捉筆，不能明白，輒想鄭鄤以爲不如，真不如耳。宋臣韓琦在中書，每見章疏談人隱過，輒以手掩之，仁宗嘗稱爲忠。唐臣顔真卿嘗糾李何忌不孝，但云酒失詬誶，猶云此非盛事。今鄉黨聚談，好摘人曖昧以爲笑樂。四方訛棍，好造不根，詗赫攫錢，風俗薄惡，犯亂所生，挽之在上，不可不早也。臣百不如人，不孝不廉，不文不武，已見臣六年前之舊疏。今雖終日克治，了無所得，何敢復望古人？幸遇皇上仁覆閎下，有韜鐸芻蕘之思，是以載骨生肉，敢圖片言隻字之報。如臣自量廢棄巖穴，即狗馬不如，何況纍臣而上？臣少受《詩》，觀仲尼以神聽而定二《雅》，在《伐木》則曰"神之聽之，終和在平"，在《小明》則曰"好是正直，神之聽之"。天下未有不正直而能和平、不忠厚和平而能受福者也。朝廷必欲扶植綱常，治禦夷夏，自當取其顯著，略其微曖，收順而討逆，嚴大而略細，以至仁爲本，以明武爲用，勿使讒險小人得射形影而弄威福。唐臣李絳有言："人主聽言甚易，人臣進言甚難。方其懷疏欲上，已十失四五，至於上前，十不得二三。"臣亦六七謄疏，僅再達上前。雖筆性迂庸，亦恥爲摘發。前後含吐，不能明白，則誠有之；至於是非，天下萬世懸久自定，豈臣片言隻字所能顛倒？且如臣原疏以爲文章意氣，轗軻拓落，則臣不如錢謙益、鄭鄤。錢謙益爲臣前輩，與輔臣辨難，俱在上前，其由來亦久，臣不及知。鄭鄤攻魏忠賢，救文震孟，避難入山，臣所親見，雖學問不同，而文章意氣，大略可觀。古今人士，以文章意氣損壞福業者多矣，臣以是分規，亦以是自糾，非敢爲纍臣文過也。古人亦言："輔臣職業，視天下安危。天下安，雖訾輔臣，不以爲損；天下危，雖頌輔臣，不以爲貴。"臣生平未嘗訾人、未嘗頌人，但愧此生無一如人，自克自艾，不敢濫玷清班，自膺顯授而已。臣揣分疏賤，不敢呼籲皇上俯恤犬馬，然恃有賜環之恩，在詞林十六載，未嘗言禄，幸乞骸骨，得遂首丘，自甘没齒，惟陛下少垂察焉。爲此具本回話，親齎奏聞。

——《峚陽草堂文集》附録

請恤清忠疏

〔明〕李邦華

題爲請恤清忠憲臣事。臣看得人臣奉法修職，不幸而死官下，亦嘗事耳，在朝廷雖不靳帷蓋之施，在臣子何當有希覬之想！然而死亦殊途矣，或庸庸尸位，靡所表著；或履豐席盈，未嘗艱楚；或血胤有托，箕裘丕振。則一旦溘焉永逝，亦無以繫人深長之思，而草木同腐之輩，即上恩有所弗逮，傍觀亦以爲固然，無足異者。惟是生而伶仃，備歷寒儉之苦；長而奮銳，直懷聖賢之思。剛毅則壁立萬仞而退然恬修，廉潔則釜懸七日而充然道韵。建豎赫奕生前，譽望洋溢身後，如副都御史張瑋，真指不易屈者。本官數歲而孤，艱難險阻無所不經，故其器識堅凝，施爲挺達。筮仕樞曹，端介之聲蔚起。及出而衡文嶺南，公明無比；備兵江藩，訓飭有方。及晋丞南京兆，正臣邦華領匭留樞之日。其時旱蝗遍于南北，而流民盡集都城，衙門各有專職，而救荒無人仔肩，臣起而倡賑，本官即欣然相助。後臣艱去，本官終其事，萬種苦心，形勞神瘁，喪心者笑之，有心者憐之，百萬朝不及夕之人戴之祝之。本官汲汲皇皇，祇自了本願，雖抱疾漸深，無皇恤也。已晋僉院，又晋副院，歷任無幾，時而苫攝堂務，振揚風紀，面承天語，條奏巡方事宜，不啻嘔心鉥腎，顧已奄奄一息，皆從伏枕卧榻時料理。乞病得請，不及成行，殞于國門之外。敝篋故衣不足衾襝，本官庶幾一絲不挂，超然遠舉，上無負于朝家，下不負其學術。目且暝矣，皇顧去後！而秉彝在人，惻隱難昧。追念本官以凌霜傲雪之品，負擎天夾日之望，清節足以廉頑立懦，善氣足以渙群和衷，而年不配德，才未竟用，造物又靳其傳形之息。臣邦華于本官交二十餘年，深悉其生平本末，每一念至，不禁涕之無從也。今世風日澆，貪黷險狡，不可方物，本官如在，抒其醇誠修潔之學，以相感動，挽回必多，而不可復見。伏乞皇上敕部察例，隆以恤典，錫之美諡。豈惟逝者銜恩九原，于以風勵人材，使知立身行道之士不因存歿爲顯晦，所關世故亦大非淺渺矣。

奉聖旨："該部察例議恤。"

——《文水李忠肅先生集》卷六

代陳輿情疏

〔清〕湯　斌

總理糧儲、提督軍務、巡撫江寧等處地方、都察院右副都御史臣湯斌，題爲郡守因公降調，士民控籲迫切，謹代陳輿情，仰祈睿鑒事。據常州府武進縣紳鄉士民張祖留等具呈，該臣看得臣屬七府現缺知府者三，常州府降調知府祖進朝履任未及一載，素聞其操持廉介，莅事勤慎，臣私心重之。頃緣失察法寶一案，部議降四級調用，銷去加一級，仍降三級，奉有諭旨。乃常州五縣紳士商民不知朝廷功令，以爲進朝服官頗能潔己愛民，驚聞解任，輒搶地呼天，號泣罷市，若一旦頓失怙恃者，奔赴臣衙門，請爲題留，日不下數千人，街衢擁塞，哭聲震天。更有蒼顏皓髮年逾八十，平日杜門静修，足不履公門者，亦至臣公堂，叩首求達天聽。臣諭以朝廷自有定體，保留之例久已停止，爾等當静聽部選新官，毋得瀆擾。士民愈加哀痛，以爲常州四十年來未有愛民如知府祖進朝者，其減差輕耗、興學正俗、戢奸除暴、息訟安民種種善政，窮鄉僻壤盡沾惠澤，豪强蠹胥不敢作奸。皇上軫念東南，如江寧府知府于成龍，蒙特恩超擢，吏治丕變。今進朝操守才幹，實可與成龍頡頏，而獨以一眚被謫，萬民驚惶，殆不欲生。言畢泣下不能止，臣再三撫慰，許以代題，皆望闕叩頭而後去。又聞赴督臣衙門控愬者，亦不下數千人，臣不知進朝何以感人之深如此。臣查失察法寶一案，無錫縣知縣徐永言以協拿免議，進朝身爲郡守，失察之罪何辭？況部議察取督撫職名，臣受事四日，拿獲法寶，是受事之日已爲失察之日，自當静侯處分，何敢代人瀆奏！惟是常州爲江南巨郡，一月以來，士不安於庠，農不安於野，商賈不安於市，行旅不安於途。臣蒙皇上特恩，簡畀封疆重任，屬吏之敗檢者得而糾劾之，廉能者不能爲之一言，非公也；民情皇皇如此，而不爲之解慰安輯，非仁也；畏罪緘默，而使輿情不能上聞，非忠也。有一於此，皆負聖恩，無所逃罪。因與督臣熟計再三，敢不避斧鉞，爲之陳奏，實從通達民情起見，非敢違例題留。臣謹會同總督臣王新命，合詞具題，伏乞睿鑒裁察，敕部議覆施行。

——《湯子遺書》卷二

説

虎去説

〔清〕徐騰暐

吾山素無虎，相傳萬曆戊子有虎，渡湖爲患。山人告知，邑大夫命獵者縛之。順治戊子九月有虎來，何前後相侔也？在山凡百三十日，未傷人，於次年二月渡湖去。説者曰：「祥符寺僧慧刃，作驅虎文，率衆比丘日夕誦咒以驅之。虎之去，僧之力也。」然則僧咒術靈矣乎？鄆州追虎碑，謂虎自銜符。朱子謂識字，傳文謂虎善卜、識衝破。是虎之靈，非僧之靈也，然僧之意則誠嘉矣。得虎之去，而僧之事已驗，未嘗不可借以睨僧。而君子不許，謂夫靈異之説，恐其流而有妨於正道也。然則何以去也？昔漢光武時，崤澠驛道多虎，劉昆爲弘農太守，仁慈孝弟，虎負子渡河。和帝時王業爲荆州刺史，惠化大行，虎狼斂迹。意吾之郡邑執事，有能行仁政如劉昆、王業者乎？隱士劉牧居南山，有虎相護，不傷人，牧死，虎自去。後漢歐寶爲孝子，虎來助祭，境中有虎皆去。意吾鄉閭大夫士庶，有能相感如劉牧、歐寶者乎？説者曰：「虎逐鹿，鹿逃入水，虎追之去。」又説者曰：「虎月夜臨水見影，欲撲之，誤躍入水。虎性直，不能反顧，其去以此。」二説近理，乃強合其説而歸功於寺僧，所謂厚自誣也。君子之于世也，有美必揚，有惡必隱，人許而我否之，無乃以媢嫉自處也。然而毀譽之際，好惡存焉。好惡不可不公，則名實不可不核。如以其力歸于寺僧而寺僧受之，亦可以其力歸於郡邑執事受之，并可以其力歸於鄉閭大夫士庶皆受之矣。孔子曰：「斯民也，三代之所以直道而行也。」吾非斯民之徒與？或曰：「感應之事，理所必然，前説所稱謬邪。」是言也，惜不令吾郡邑執事、鄉閭大夫士庶聞之也。吾於寺僧拒之，而猶存其説，亦曰吾郡邑之尚有寺僧也云爾。

——《重修馬迹山志》卷四

恤役説

〔清〕陳履儼

作貢者任土宜然，往役者庶人之義，胡爲恤？而迎春又胡爲獨恤？蓋諸鄉入郡，水陸并通，惟迎春僻處湖心，洪波浩瀚，山多田寡，地瘠民貧。耕稼者以人代牛，勞苦更甚，斂穫不足給俯仰，過半餬口四方，即世宦之家，於里閭無圭田之業也。有事役於郡縣，非舟弗濟，以一葉艇受載多人，苦不勝任。儻遇石尤爲虐，則怒濤溯洑，多覆溺之虞。以故輸課者望洋裹足，每致後期。迨風恬波静，甫問津而追呼者已在户矣。正供之需費於胥隸者半，他鄉不爾也。若軍興，若浚河，一切芻束之供、刀槽之具，暨力役之徵，非不欲子來趨事，奈爲巨浸所阻，不能褰裳而涉，其苦於風波而有性命之憂者一。若逢亢旱，則湖之南北兩岸皆涸，僅湖心一綫水，舟楫無所施，而無水處又泥淖没股，捷足不能跬步。明季甲申之旱，河底坼裂，入郡者皆迂道於無錫，其苦於旱乾而不得達者二。迨時當寒沍，輸漕正亟，湖冰往往腹堅，坐待冰泮，動須浹旬，民恐愆期，步行冰上十餘里，始達下步，儻履薄則性命頃刻間，其苦於冰凌而有喪亡之虞者三。迎春之民有此三苦，爲民牧者亦知三吴沃土中有此苦壤哉！苟以他鄉之例繩之，求其納賦以時至，赴調以急公，勢斷有所不能矣。欲外徙則安土重遷，不肯棄其墳墓，故寧死守之。其間轉移調劑，惟賢有司是賴。明萬曆末，邑侯董懋中徇鄉人之請，上聞當道，特改迎春漕白二糧爲存留，以蘇吾鄉跋涉之困，士民德之，勒諸貞珉。其廢也，不知何年。迄今鄉人讀是碑者，唏噓感歎，不啻峴山也。皇朝定鼎之初，軍興旁午，調發孔亟，歷荷賢守令深知吾鄉之疲於供命也，格外垂恤，一概雜差盡行豁免，催科則兩限并爲一限，施恩於洪濤僻壤之民，至今遂爲定例。上臺批允，成案具在，可覆而稽也。用志弗諼，以告後來者。

——《重修馬迹山志》卷四

茶山説

〔清〕錢維城

武進無山也，聖果、秦望、西灣、馬迹、龍遊，去邑遠者八九十里，或在太湖巨浸之中，窮日不得到，而城南門外有堆阜纍纍相屬，高不盈尋，乃獨以茶山名。茶山無茶也，常郡茶之有名者曰陽羨，曰洞岕，生宜興山中，武進地平衍，宜稻麥，茶山之旁田隴芊綿彌望，其堆阜稍高處皆茅草榛莽，并無樹木。乃獨以茶名山，或曰當唐末修茶貢，常、湖二州之守會陽羨，往反由此，故名，然則其地固未嘗有茶也。天下固有名存而實亡者，非此謂也，將或古有山而今亡耶？余家在南門内不半里，所謂南園者，先高祖之故園也。百年以來，園久廢爲菜圃，僅有魚池數畝、竹數百竿、老屋數椽而已，而猶稱之曰“南園”，此則名存而實亡者也。余性鈍，不善讀書，即窮日讀亦不過數十行，然自發蒙以至握管爲文，塾師輒稱之曰循謹而慧。年十六七，侍家大人赴杭州，家大人自督課甚嚴，余時亦稍自勤力，家大人輒許爲不魯。十八赴京師，十九就京兆試得雋，又七年遂成進士。余素不工書，廷試謬得進呈，蒙聖明拔置第一，擢詞館，入内直，不十年而躋卿貳，待罪司寇。余最健忘，所讀書掩卷都不省記，然與同官論事，每謬許曰强記。其他雜伎藝，余稍粗知其大略者，人又許之曰多能。余始而愧，繼而恨，漸且安之，久而自悟曰："有是哉！世固有無其實而有其名者矣。"今夫茶山非山也，茶山無茶也，而邑人群稱之曰茶山，則亦茶山而已矣。茶山不能自明也，人之聞斯稱者不群以武進爲真有茶山也耶！即茶山者，稱之者久且多，不且自忘其非山而無茶也耶！吾不知其亦愧且恨，而漸且安之也？余居最與茶山近，余亦茶山也，因號茶山。

六月十日，下江營記。

——《茶山文鈔》卷八

議

故資政殿大學士左正議大夫張公謚議

〔宋〕綦 機

議曰：嘗謂真儒之用，至無敵於天下。自古撥亂反正，將大有爲也，未始不知兵。夾谷之會，夫子動容變色，遂使魯轉弱爲强，儒效何如哉！國家靖康之後，四郊多壘，國步未安。高宗皇帝撫艱難之運，念將圖回經理，擇所用人。爰有雄雋寶臣，以道德緝熙于初載，力挽中流共濟之舟，風雲一時，自然相感，天同神化，夫豈偶然？故資政殿大學士、左正議大夫張公，經世正君之學，淵源周、孔。自少策勳翰墨之場，輵轕三光，手織五雲，踐揚冰清，亦既極文章禮樂之選。上方愒日太平，責成輔佐。公雍容暇豫，以應天下之變。事物之幾，藏於眇綿，衆人甘寝於細娛，而公獨出千慮之表，前知如蓍與蔡。曰治軍旅，選將帥，嚴守禦，搜人才，專意政事之大者，凡細微不急之務，悉付都司六曹，俾廟堂惟防秋是圖。曰處宮室，享膳羞，服輕暖，對嬪御，以及視朝臨人之際，必思二聖母后。謂淮西兵政不可改，謂荆蜀駐蹕爲非宜，撫諭京城而料敵必入寇。初破淮南，以命帥非其人，所以盡忠竭節於干戈儌擾之際，惻怛懇到，用能輔成龍德，遂濟登兹，非有道德人所爲，能若是乎！博士綦機得其議，則閱讀銘志，證以所聞，考按謚法，且以文謚。吏輯官于寺者，以議白其長，合辭爲然，不可易也。然公以忠信誠實親結主知，寬洪之量不見涯涘。當言者論斥時相，上以章付公，倚公相矣。公極力爭辯，上稱嘆其賢，且以近世不相傾奪者爲無幾。蓋公惟務靖國，協和群辟，并包翕受，尺寸不棄。雖時相意所不快者，公悉調護，潛爲銷弭，上每有不盡用之嘆。閱十五年，王淮時在諫垣，上指似宰輔，以形貌肖公，嗟賞莫及。後亦以語阜陵，淮卒正鼎席。夫能使人主追記遐想於既没之後，眷眷不忘，顧何修而臻此耶？搢紳相傳爲美談。公未老即退就閒逸。視中興之佐，前後幾公，功名盛矣，鮮克全備。獨公優游里居，身名俱泰，生而望尊，没而禮崇，平生無一毫之玷，可謂善終如始者矣。按《謚法》，道德博聞曰文，寬樂令終曰靖。今加“靖”以儷“文”，尤爲當。衆從機爲議，機曰：“文且靖，議之盡也，其敢有異？”遂謚“文靖”。謹議。

——《毗陵集》卷十五

上耿提學請從祀荊川先生議

〔明〕王　升

謹按，《祭法》曰：法施於民則祀之，能捍大患則祀之，以死勤事則祀之。法施於民者，謂真知實踐，動爲世式者也；能捍大患者，謂捐身犯難，戡亂安民者也；以死勤事者，謂孜孜奉國，志決身殲者也。有一於此，皆祀典之所必録，聖世之所必褒，而況三者之兼備乎！竊照武進大儒故都御史唐某，夙禀異資，早尋墜緒，精詣絶識，卓爾不群，蹈義履仁，確然不舍。破俗學之迂曲，而性道之本原已探；養静中之端倪，而神明之妙用斯得。臭味色聲，不起一念，言語文字，俱爲前塵。有精金百練之剛，而鑠之者不見其變；有壁立萬仞之峻，而就之者祇覺其温。故一言之出，通國以爲蓍龜；而一行之成，天下視爲模楷。況纂述垂萬世之規，文章發千古之秘，其施法於民也不既大乎！迫乎南北多虞，痌瘝在己，應召而起，重委不辭。北使薊遼，則夙夜歷冰霜乎塞垣，而嚴蕘什伍，邊關爲之振飭；南視吳越，則赤日策戎馬於炎海，而矢竭謀力，妖氛爲之廓清。其爲國之光、爲民之福，亦已多矣，謂之能捍大患，不亦宜乎！若夫淮揚節制之命，正其尪羸抱病之晨。然且設振荒之奇策，活萬命於師旅倥偬之中；畫殄寇之遠謀，置一身於生死存亡之外。不幸事垂就緒，而營中之星已墜矣，此真所謂鞠躬盡瘁，死而後已者也，而以死勤事，誰能過之！夫由其法施於民也，則雖進而侑食於孔庭可也；由其捍患勤事也，則雖小而顓祀於一方亦可也。夫何督府之移文雖久，而有司之奉行未稱！廟宇則因陋就簡，不足以妥乎神靈；祠額則捨大取小，不足以副乎瞻仰。此有志聖學者之所深嗟，而當道崇儒者之所宜亟圖也。而好議論者又因其出處而訾之，曰先生早年抗疏辭榮，慕夫高尚之軌；中歲葆真繕性，幾于山澤之臞。而輕身一出，立躋膴顯，無乃誼考槃之永矢，取終南之捷徑歟？此疑先生以富貴爲事者也。使其誠以富貴爲事也，則委蛇翰林，優游歲月，自可以坐致乎卿相，何必蹈危履險而後僅得僉都之職也哉！夫不爲其易而爲其難，不慕乎大而慕其小，此豈近於人情乎！議者又謂先生懷材抱略，鬱鬱未伸，故求試盤錯，將以別利器也；求處囊中，將以昭穎脱也。此疑先生以功名爲念者也。使其誠以功名爲念也，則假令久處乎翰林，天下之文章復有能遏其光燄者乎；假令久處乎兵曹，天下之經濟復有能摧其鋒鍔者乎！夫士之以功名表見於斯世也，自文章經濟之外無多術矣，先生皆不得而讓焉，則雍容廟堂，勛望不憂其不隆，捨此不爲，而必欲崎嶇戎馬之間，以希冀不可必成之事，此豈近於人情乎！然則先生何爲而出也？爲道而出也。其爲道也奈何，仁義而已矣。一物不得其所，非仁也；天威違於咫尺，非義也。是故先生之出，其不能自已者時也，乃所以爲仁也；其不容直遂者勢也，乃所以爲義也。何也？蓋先生少年微近於狷，及林栖二十餘載，克復功深，充養完粹，剖藩籬，融人我，天地萬物通爲一體，疾痛疴癢舉切吾身，雖草衣木食之中，而國事之臧否、生民之休戚每惓惓焉，初非果哉之徒長往而不返者比也。故南倭北達，狺然內噬，心切隱憂，思一引手拯焉，而具又在我。是故苟有用我者，吾斯行矣，期以盡吾實心，展吾實材，以施諸天下之實事而已，其難易利鈍生死安危皆有所不計也，而況其他乎！此其觸於時而不能自己者，仁之至也，道之中也。雖然，其不待再三之召而往者，何也？夫聘而不起與屢聘而後應者，惟處士可也，若先生，則朝廷既復其官矣，天子以其官召之矣，猶欲偃蹇不行，其將不比於慢乎！而先生肯以爲安乎！況未起之先，先生方在制中，當軸者使人示以天子嚮用之意，申以金革無避之説，先生既涕泣而拒之矣，則夫服終而召也，其又何説之辭？此其限於勢而不容直遂者，義之盡也，道之中也。由是觀之，向使先生狷介之節未融則必不出，雖德已進而無南北之變則必不出，身爲處士而不以官召亦必不出，雖以官召而喪制未闋亦必不出，然則其出也而豈苟哉而可輕議哉！彼以富貴功名爲疑者，其尚足與之辨哉！或者又曰龜山先生，程門高弟也，非富貴功名者流也，一蒙蔡氏之召，未免貽自處太高之譏，唐公雖盛德也，得毋似之乎？曰此未易言也。龜山之出，當時疑者甚衆，其知之者惟胡文定公而已。文定之言曰：楊公非有求於人者，蔡氏焉能浼之。又曰：當時若能信用，決須救得一半，晦翁以爲此論最公。先生之於龜山，其所養固未可軒輊論也，而其經略之才似實過之。且聖天子在上，英明神武，而金甌完固，萬姓歸心，雖時有倭胡之擾，亦疥癬之疾而已，較之於宋，其事與時，皆有不可同日語者，而先生之出亦何嫌於自處之太高耶！縱令盡如或者之議，則康侯之論固不可易也，而又何疑耶！今龜山之可疑者是非已定，不特所居所寓之各有顓祠已也，而實俎豆於聖宮之側矣。則荆川先生毓秀之地，講道之鄉，祀典之崇，其容緩乎！伏惟文宗先生爲天子之耳目，掌南國之教化，不有表揚，焉攸激勸。乞查照陽明先生書院事例，移文本府，俾廟貌靚嚴，祠名稱實，庶乎四方學者有所依瞻而興起。他日有欲奏請從祀孔庭者，亦自此而權輿矣，其於世教實非小補。謹議。

——《唐荆川先生年譜》卷八

孟河議

〔明〕惲紹芳

　　竊照江南民命係於水利，而工役之興當權緩急。今開浚孟河一節，屢蒙水利道行催本縣，刻日興工，仰見爲民興利至意，職雖不敏，敢不夙夜奉以周旋！但詢諸輿論耆老士民，咸謂本縣錢糧重大，歲收淺薄，皆因支河湮塞，一遇亢旱，多至絕流，所以應該挑浚去處鄉鄉有之，而所急實不在孟河。蓋孟河界縣西北，止隸五鄉，地素墝瘠，多產麻豆。且河水隨潮上下，岸土疏散，易於珊塌，挑浚雖深，秋冬必涸，實不係運道利害。所據該鄉原呈，一曰通漕輓之運。漕河自蘇州府至本縣，西達京口，直抵瓜洲，不逾信宿。孟河自本縣奔牛壩入，北行將百里始達河莊，出江口百四十里始抵瓜洲，迂迴曲折，又多阻風停閣，每至旬日。父老言自有知識，聞人言皆曰京口閘通漕便利，不必孟河。二曰通商賈之航。本縣地方衝要，南北巨津，四方商賈通行已久，何必孟河？而該鄉每每具呈，意實在此。訪得本地土著居民歲收瘠薄，思欲通商興販覓利。私計以爲孟河全作運道，則船隻往來必多，故必假開浚運道以爲名，而陰以濟其壟斷之計。又曰兩岸膏腴萬頃，不思本縣尚有三十一鄉，腴田居半，賦稅所資。若通江等鄉糧額不多，當徵科之際競稱瘠土，及求開河道又曰膏腴，其詞自相矛盾。至於三曰免風濤之險，四曰免盜賊之害，此尤反理之評、罔上之言，不可不辨者。夫孟河閘與京口閘均過瓜洲，其遠近不同前已陳之，若乃由京口過瓜洲只頃刻，由孟河溯大江必百里，是以糧運犯風濤之險，而反曰免其險。河莊出江口，北接通泰，爲江海之門户，而圌山、狼山等處又盜賊之淵藪。先年倭患緊急，議塞其口，未果，故築爲城堡，設爲關柵，以戒不虞。若使大爲疏通，令四方船隻晝夜往來，其間奸宄叵測，是真以致寇，而反曰避寇，飾詞無實，莫過於此。原其所以，良由彼鄉有一等豪民陰主其事，鼓衆具呈，假公濟私。適遇鎮江盧二守因事至其地，未及親詢利病，遂據其言轉呈，以見奉職之一端。雖經奉有批發，連年議論不一，未及舉行。若使此舉果關糧運，便於彌盜，一勞久逸，誠如彼議，本職即當身任其事，安敢容喙，自干方命之譴哉！況今百姓自十餘年兵荒相繼，近甫蘇息，秋糧一完，閭閻已竭，欲止用本鄉人夫則難於成功，欲起概縣人夫則疲於奔命，欲盡用河夫銀兩，是又以有限之財興可已之役。又慮春中雨水將溢，農功已迫，若復驅以畚鍤之役，督以轉徙之勞，寢食無所，疾疫間作，竊恐役未興而民已病，利未溥而害已隨。閔子騫所謂仍舊貫何必改作，李沆所謂興一利不若除一害，邵康節所謂寬一分則民受一分之賜，正此之謂也。伏惟臺下軫念民瘼，孰知地方利弊，更乞轉達當道，暫停此役，徐議可否，權其緩急，次第舉行，庶使民得安堵，財不妄費，而於漕運實無所妨礙矣。

——《林居集》

浚城河議

〔清〕楊兆魯

毗陵昔稱沃野，外有文成壩障水於下流，内有八字橋鎖水於東隅，又有玉帶河環通府治，故多士鵲起，官斯土者多遷擢去。邇因江潮不通，城河梗噎，致科名寥寂，民生日蹙，賢士大夫頻遭參處，豈真不古若哉！亦人以地累耳。故今日最急者莫如疏浚城河。按郡城有水關四，西曰大西關、小西關，東曰東關，北曰小北關。西則受水，東北則泄水，其大較也。源從運河，其東行入大西關，經驛橋出東關者，則昔日之運河也。其北折過朝京橋，入小西關，歷覓渡、甘棠、惠民、浮橋者，則昔日之子城濠也。傍小西關北折至狀元橋，分派東行，歷府學橋府橋者，爲惠民橫河。北行歷板橋、倉後橋，折而東繞府學府治後，南至玉帶橋者，爲玉帶河。此爲太守施公觀民所鑿，鑿後即發鼎元孫繼皋，而公即超擢去。由玉帶河會惠民橫河，南過仁育橋，出小浮橋，與舊子城濠合者曰惠民直河。合流至白雲尖，分爲二派，向東北走者曰唐家灣，至迎春橋出北關；向東南走者曰後河，由顧塘橋至八字尖，以合於舊運河，裏虹橋則其合流處也。此爲太守穆公煒所改，鑿去八字尖，使水稍曲折，而公亦擢大名兵備去。其顯子橋東從滕公橋向北，過斜橋折而東，此縣學青龍沙，皆城內不可不浚者。外濠南則從龍舌尖起，歷廣化德安門繞至通吳門止，西北則從朝京橋起，至小西關，折而北，繞青山門，過和政門，至通吳橋止，向東則會龍橋、太平橋亦皆淺澀，此外城不可不浚者。至於先浚孟瀆，通江水以濟運，次第浚治烈塘諸港，以濟北河之水，則合一邑而言之矣。夫水貴通其源，源通則不竭；貴疏其流，流疏則不滯。如人身血脉貫通，自然無病矣，故曰今日之急務也。

——道光《武進陽湖合志》卷三

毗陵水利議
〔清〕邵長蘅

談吳中水利者，言人人殊。大較宋人亟議復五堰，復十四斗門，治吳江岸；明人亟議浚吳淞，浚瀏河，導白茆港，類皆祖郟氏、單諤諸書，然無係於毗陵利害，故略弗論也。夫水利之大曰轉漕、曰溉田，毗陵北枕江，東南憑太湖，有二浸之利而無其害。顧歲旱而旱，歲潦而潦，而漕渠之議浚、議灌，頻歲見告，得無當事者慮有未究，而經畫之未詳耶？愚聞按圖記，江自丹陽繞郡境一百八十餘里，西北支流道江者以十數，孟瀆最大。稍東則小河港，稍東則剩銀港，剩銀以東烈塘最大。益東迤邐而北，澡子港最大。桃花以東入暨陽界，則申港、利港最大，此渠皆可行舟。宋元迄明，舊置閘其上，引潮通漕，有餘則用溉。民往往益股引之，溉田數萬計，利至渥也。自明嘉靖初，築城禦倭，而孟瀆稍淤。萬曆以後，水政久弛，濁泥乘潮日積，而烈塘、澡子諸港次第淤。入我國家，懲己亥海孽之訌，瀕江列戍卒，起亭燧。支流通江者，稍稍楗木石塞之，自是潮絶不來矣。潮不來，則轉漕艱阻，小遇淺澀，輒議疏浚，人徒奮甬之勞，水衡之金錢費亡慮千萬計，而西北諸鄉時苦旱災。誠疏通孟瀆、烈塘諸港，修復舊閘，其利有三。父老言，潮來時，試以蕭葦留之，葦高一寸，潮留數寸。使濱江諸閘，潮至而啓，潮平悉閉，引水注之漕渠，巨艦通流，不復慮涸，一利也。孟瀆爲江浙餫餉捷徑，載在《漕誌》。秋冬餫船空回，脱遇京口阻滯，徑由大江抵常州，空回既速，則赴兑亦速，二利也。旁岸民田益得支引灌溉，高磽舄鹵之鄉變爲沃野，三利也。難者將曰：“國家廢閘障流，所以阻舟艦，備非常。又其上皆築馬道，功費久遠。使盡復舊閘，馬道必廢。”愚竊謂不然，孟瀆原宿有鎮兵，今距江置閘，設天關燕尾，令可通行巨艑。其他支河戽門，僅通小舟，下置柵欄，列戍之卒謹伺其啓閉。又於戽門上平布巨木，度可容數騎并驅，亡患二難矣。去二難，就三利，轉漕溉田兼資，最上策也。次議復餫閘。呂城、奔牛舊制三閘，宋陸游謂自創爲餫河時，兹閘已具矣。顧毗陵以東，又有五瀉上下閘。考《宋史·河渠志》，乾道二年，以兩浙轉運司及常州守臣言，填築五瀉上下二閘，修閘裏堤岸，防泄運水。令無錫知縣掌鑰匣，遇水深六尺方開，當日慎重如是。蓋毗陵地勢，西仰東傾，呂城、奔牛閘，僅可蓄奔牛以西之水濟丹陽運，五瀉閘乃可蓄無錫以西之水，濟毗陵運。今其迹雖久廢，宜於丁堰、戚墅間特置一閘，以時啓閉，常蓄水五六尺以上，則運河免灌注、挑浚之勞，此專主漕者也。次議疏百瀆。按舊志，百瀆在毗陵二十有六，在荆溪七十有四，所以泄西南衆流入震澤而歸於海者，然稍湮塞矣。宜鳩工於食利之民，開芟蘆，浚淤澱，令百瀆故道十疏其六七，澇則泄水入湖，旱則引水灌溉，而濱湖之地無凶年。單鍔所云百瀆之驗，歲水旱皆不可不開也。次議築圍田，次議浚溝渠陂塘。下地懼水噣之，圍田所以防也；高地利水瀦之，溝渠陂塘所以蓄也。故農諺曰：“種田先岸，種地先溝。”高鄉不登，以無溝故；低鄉不登，以無岸故。郡太常唐鶴徵有言：“高田多爲陂塘，厚儲深蓄，勿使泄而溢之外；低田多爲圩堰，渠穿股引，無使潰而入於内。”陂塘闊深，圩堰堅完，高下兩利，歲可常稔。三策皆專主溉者也。夫蘇、松地卑下，巨浸所匯，有利亦有害，故興利難；毗陵平壤，蓄泄易施，利多而害少，故興利易。昔西門豹治鄴，漳水在旁，豹不知用，史起譏其不知。今擅必興之利，操可濟之策，據易集之形，而懲羹吹韲，因循廢墜，重爲史起所譏，詎不惜哉！愚更有説焉，一邑猶一身然，四鄉其四肢也，邑治其腹心也，川渠流通則其榮衛血脉也。吾邑前後市河，惠明、玉帶諸河，所在填淤，舟楫梗澀。譬有人焉，四肢無恙而心腹痞結，其人必病，吾久憂夫吾邑之告病也。

武陽合志議

〔清〕李兆洛

縣本一也，至國朝雍正四年始析置，既須分而志之，不能不稽求故事以實之，即不得不張門別類以求其賅盡，而兩縣者壤地相同也，風俗相似也，著籍相牽也，必不能纖悉而分之千百年之前而一一析之，則渾合兩邑而約略舉之矣。既合兩邑而約略舉之，則不能偏歸諸一邑。若兩邑并載，則雷同重複，繁猥而無謂，不若稽考故事，比而合之。惟于分縣以後各詳其地域之所守、財賦之所課、占籍之所分而各著之，此繫一得二規連璧合之道也。前此無、金、宜、荆已有爲之嚆矢者，想亦牽于勢有所輵轕而爲此舉也，然史例固宜如此，以省冗沓，宜仍而仿之。此議。

——《養一齋文集續編》卷一

舜河建閘議

〔清〕胡景堂

昔范文正公興吳中水利，浚河特重置閘，俾潮沙不得停，後世講水利者多主之。聞之鄉老，潮之來也，渾入而清出，淀沙日厚一錢，匝歲之期厚幾二尺，河身有限，淤積無窮，旋浚之，旋塞之，民力幾何，能常有此水利乎！此潮河之所以必當置閘也。置閘而有時歲旱，則可啓之而接引江流，亦僅秋夏間苗長時耳。若歲潦啓之，則田水高於江面，內漲外傾，勢等建瓴，潮流亦遏之而退聽。縱遇風狂潮涌，晝夜兩至，不過歷三四時之久，不妨暫閉以避其鋒，迨勢衰而復啓之，不特沙終不能乘間侵入，即內水亦不加漲，中流而注江尤速。古稱置閘有水利而無水害，誠哉是言！康熙朝慕公天顏撫吳，興修劉河、吳淞、孟瀆諸閘，以節疏河之力，而河身永暢，歲不爲灾。乾隆三十五年，糧道某公拆除白茆舊壩，渾潮闌入，二年即淤，諸鄉土田世受其累，閘之有無利害顯然矣。吾常瀕江河港，在昔各置石閘，自元季張氏竊踞，民間日事兵革，廢棄水利，今舜河舊閘片石不存，遺老不能指其處，而申港故址僅留。咸豐間，粵逆東竄，閘梁傾毀，閘座亦將就廢，或亦俟當道君子建此百年不朽功乎！景堂河濱民也，將翹首跂足望之矣。

——《武陽志餘》卷一之三

論

孔子不貶季札論

〔元〕吳　萊

《春秋》：“吳子使札來聘。”吳，蠻夷之國也，君稱爵，大夫稱名而不氏，因其始通禮，蓋未同於中國也，是特楚椒、秦術一例而書耳。説者曰：“《春秋》責賢者備，吳子使札，《春秋》不稱其公子，是貶也。然則曷爲貶？札，賢者也。本其辭國以生亂，故聖人特托其來聘而貶之也。”是不然。夫吳子壽夢有子四人，長曰諸樊，次曰餘祭，次曰夷昧，季則札也。父知其賢，兄弟亦知其賢，嘗欲立以爲嗣矣，又且約以次傳而致國矣，然終不肯有其國，豈不曰立嫡者以長，傳國者以賢！苟不顧人道之大倫，以成其父兄之志，誠不若守匹夫之介節，而得其退耕于野之安也。何則？長幼之序不可紊，君臣之分不可奸。將已亂也，非生亂也。今則諸樊兄弟已死，夷昧之子僚乃立，吾將奉嗣君之命而歷聘乎上國，豈料魚劍之變驟起於肘腋之間哉！聖人固不得以是而豫貶之也。闔廬之謀，王僚之弑，且知季札必不受成國於賊手，僅以先君傳授之次第藉口於國人，雖常人之情，猶得之矣，況聖人乎！説者則曰：“太伯奔吳而不返，季歷嗣位而不辭，武王繼統而受命，亦不以配天之業讓伯邑考也。”是又不然。夫太伯之去，固古公之欲立其弟，季歷嗣位非不辭也，端委治吳而不返，豈可殞周家已成之業哉！若伯邑考，則且爲御於商，見殺於文王之世矣，使太伯返，則季歷不肯承西伯之任，伯邑考在，則武王亦不肯任天下之責。太伯之德，雖在於讓季歷之賢，武王之聖，非皆出於不讓也。父子世，常法也，兄弟及，則法之始變也。陽甲、盤庚之間，殷以是亂者九世，豈獨季子之辭國乃生亂哉！説者則曰：“叔齊之德不越伯夷，孤竹捨長而立幼，私意也。諸樊兄弟無及季札之賢者，父兄眷眷焉欲立札，公心也。”是又不然。夫伯夷以父命爲尊，叔齊以天倫爲重，彼此交致其讓而各盡其心，以故聖人賢之。然季札又何以知其爲公心哉？諸樊兄弟欲承父兄之志，使有其國，盍不於吾魯隱、桓之際觀之乎？惠公欲以桓爲嫡，禮之所不得爲也。惠公縱其邪心而爲之，隱公又探其邪志而成之，祇以自禍而已。壽夢其惠公也，諸樊兄弟其隱公也，吾見其邪，尚何公心之足云哉！且謂季札生亂於辭國，殊不知使有其國，亂益甚矣。説者則曰：“《春秋》多變例，聖筆有特書，荆楚無大夫而屈完書族，王朝下士以人通而子突書字，諸侯公子以名著而季友書子，母弟之無列者不登其姓名而叔肸書氏，皆以賢而特書也。若仲尼亦賢季札，必以此例而特書矣。”是又不然。夫齊桓召陵之師，楚人未有必盟之意也，而屈完請服。王人救衛之役，王室微矣，而又使子弟主兵，故子突不得有功。季子來歸，則我公請之於齊，而欲以靖魯國之亂。叔肸之卒，則又或以公弟之貴而世遂爲卿，聖人之特書者，特因四子以立義，豈得與季札例言之哉！然則《春秋》之旨主於吳之來聘，不主於季札之讓國。季子之來聘可見也，讓國不可見也。吳之始通禮，未同於中國。吳子之使札，是猶楚子之使椒、秦伯之使術也，聖人一以是書之。至若楚之自州而國，自國之有君，有大夫，而後漸同於中國。後日楚子之使薳，罷君以爵，大夫以名氏，楚殆盛矣。聖人果賢之乎？否也。今則《春秋》書之曰"札"而不稱"公子"者，吳之始通，猶未至於楚之寖盛故也。又況吳子之使聘者，一國之事；季札之讓國者，一家之事。《春秋》，魯史也，主於吳之聘我者耳。若季札之辭國生亂，非惟聖人不能於是貶之，雖聖人欲於是而稱其讓國之賢，亦所不能也。要之，爲此説者，《公羊》則曰"賢季子"，《穀梁》則曰"善使季子"。夫季子固賢者也，《春秋》亦不以其賢而不名也，《公羊》所謂"許夷狄者，不一而足"，是也。若以吳子之使札爲善札賢而名，所以成尊於上，楚秦椒術，名而非賢也，又將何以成其君乎？是蓋吳之始通，而後有聘，賢札貶札，聖人不暇論也。今又反因二《傳》之説強附他義，且貶爲非賢者，何哉？失聖人之本旨矣。

——《常郡八邑藝文志》卷一

季札論

〔明〕黄道周

　　延陵季子，不知何如人也。議論没於聖門，而夫子嘗表其墓矣。獨孤及曰："廢先君之命，匪孝；附子臧之義，非光；執禮全節，使國纂君弒，非仁；出能觀變，入不討亂，匪智。"若然，季子不得爲下人乎？宋儒深高其行，曰："季札之才近伯夷。"而王世貞駁之曰："季札，智人也，得老氏之精而用之，伯夷則不然。其爲夫差之叔父也，必爲比干。"夫宋儒惑於《公羊》，王惑於矇史，而獨孤氏深刻之論也。天下有未白之事、淆亂之詞，則酌其宜而權其實，設其軀而履其迹。左氏曰："吳師疲於楚，時季子在上國矣。光告鱄諸曰：'我王嗣也，吾欲求之，季子雖至，不吾廢也。'乃弒王。季子至，曰：'苟先君無廢主，社稷有奉，國家無傾，乃吾君也，吾誰敢怨？'復位哭墓，哀死事生，此亦委蛇無他之言矣。"公羊子云："季子弱而才，兄弟欲立之。夷昧死，授國於札，札不授。僚立焉，光遂弒僚而致其國，季子益不受，曰：'爾弒吾君，吾受爾國，是吾與爾爲纂也。爾殺其兄，吾又殺爾，是兄弟父子相殺也。'去之延陵，不入吳國。"若然，其卓乎其異之也，而季子將遂無兩可之人乎？聞之季子蓋賢而無後，云諸樊、夷祭、夷昧之季多傲枭者，而僚、光以貪婪

論
039

戾狼之性，羣豺狼，友鯨鯢，鱗甲肘腋，皆足以泣五湖而號東海。夫谿子距
來之發也，挽愈曲則發愈疾，鬱愈重則破愈格。諸樊之於夷昧，既數十年矣，
一世不王，再世不王，僚不殺光，則光殺僚，不兩立也。即季子者，以名尊
德厚，弭暴一時，而托位於杲危之上，未必不養亂於後日耳。夫當廢嫡遞及
之時，札已心議其非，而莫奪其父兄之說，心非而足蹈之，中人之腹且相訾也，
況乎其俗之好鬪！僚、光之狡悍，導之以讓，猶恐其爭，而季子者顧不終讓，
則是投器於冰人，未嘗無挂，何以令溝瀆之夫不趨潢水耶？季子之介然則不
利於推戴之餘，正使旁觀者激其遜讓而消其貪忍，則碎璧弭爭之見也。彼僚、
光者，猶且不改其性，而季子之意彌矣。迨夫奉使既還之日，豺虎已據其山，
鯨鯢已成其穴，而新反之叔父欲更其杲主，恐決河海未足以濺之也。於是伐
喪之讎，反授其間，疲弊之師又重之殘矣，其岌岌哉！自我生亂矣。城有狐，
社有鼠，屋有烏，尚可忍之，況憑其親而假寵於社稷者乎？夫季子爲善而不
逢其時，抱節而艱於勢者也，必爲之記曰："夷昧卒，國宜之季子，季不受，
僚乃立焉。僚伐楚喪，楚報之亟，吳師疲於奔命。時季子聘上國，公子光曰：
'此時也，不可失也。'乃告鱄諸曰：'上國有言，不索何獲？我王嗣也，將索之。
事若克，季子雖至，不吾廢也。'夏四月，光享王於堀室，伏甲焉，鱄諸弑之。
季子至，光詭致其位，季子曰：'爾弑吾君，吾受爾國，是吾與爾爲篡也；爾
殺其兄，吾又殺爾，是父子兄弟相殺終身無已也。'去之延陵，終身不入吳國。
卒且葬，夫子標之曰'延陵季子之墓'，則吾知其爲人矣。"

——《黃漳浦集》卷十三

武陽團練論

〔清〕楊金鑑

　　常州府治附郭武進、陽湖兩縣，東界無錫，南界宜興，北界江陰。爲京
口至蘇省水陸必由之孔道，距吳淞、福山諸海口纔三百餘里耳。民情懦弱，
風鶴可虞。雖經聖上命將遣師，蕩平在即，而逆夷兵敗遠竄，漢奸之解散者
無所得食，難保不煽誘逃兵土匪，擾累地方。欲求豫備之方，誠莫如團練。
夫團練與召募異：召募者，捐賞雇募，聚易而散難；團練者，各保身家，宜
靜不宜動。蓋團練即古守望相助之義，歷代用之皆著成效，而用之之法微有
不同。緩用之則爲具文，驟用之則又駭衆。且有宜古不宜今、宜此不宜彼者。
誠熟悉民俗，因勢而利導之，則禁暴詰奸之策莫善於此。今且以武、陽兩縣
之情形論之。夫武、陽地方百數十里，皆平原曠衍，無要隘可守，又無兵力
可恃，民雖庶而多貧，俗尚文而輕武，非特簡營伍、警塘汛、練民壯、繕城
堡凡事之在官者宜亟也。一旦有事，悉官兵民壯不過數百人，戰則不能守，

守則不能戰。若非城鄉自行團練，勢且岌岌不支。近奉諭旨，令沿海州郡居民自行團練，并奉常鎮道憲出示勸諭富户捐貲團練，而士民且遷延觀望，至今未見舉行者。何哉？蓋愚民無知，恐未見其利，先受其害，是以不顧後日之患，且紓目前之急也。夫團練之所以爲害者，事前則苦需索，事後則苦徵調，捐貲召募則累及富民，按丁科派則累及貧民。何以言之？團練則必編牌册、料丁壯、製器械、習技勇，事繁而費重，紳士素不能號召鄉里，則將以事權屬於官，官不能不假手於佐貳胥役。一經胥役之手，而編查有紙筆之費，下鄉有供應之繁，故事未成而民已困。所謂苦需索者，其患一。團練之在鄉者，以大村統小村，在城者以大廂統小廂。常郡城守單弱，一旦有故，知某村某廂有壯勇可用，且將按籍而稽，從權調撥。夫團練之所以足恃者，以其各保身家，故雖有良莠强弱之不齊，自能各出死力以相救護也。一經調遣，則無身家田産可戀，勝則悍而敗則逃，無事則獸畜，有事則鳥散，官與民兩無所利，而實交受其困。所謂苦徵調者，其患二。地方之有富户，所以養貧民、備緩急也。武、陽富户之極大者，家財不過十萬金，且皆田産而無財粟，而地方之遊手好閒者居十之三四。上年芙蓉圩偶有偏災，紳商竭力捐輸，築堤散賑，幸得安集灾黎，而其先尚不免有土棍煽誘饑民搶劫之案。今以團練之資責成富户，則富户少而貧民多，供億不勝，久長難計。稍有不遂，則聚衆而嘩，富民不安，而貧民更無所恃。所謂捐貲累富户者，其患三。武、陽民多而田少，壯丁多旅食四方，在城者爲尤甚。其無業者，類皆烟賭無行不可用。其可用者，如農工販豎皆有職事以供衣食，欲其人以習器械則妨其職業，勢不能枵腹以荷戈，欲贍其身家，而勢又不能遍給。所謂科派之累貧民者，其患四。誠除其患而興其利，則事不煩而民不擾，安見團練之必不可行哉！行之奈何？官總其大綱，而紳士之賢良者分任其事，則需索之患除；官行其激勸，而册籍總於紳士，則徵調之患除；富户捐貲，聽各紳士料量勸募，則富民之患除；鄉民練習，聽各人自願入册，則貧民之患亦除。除其患則利可興矣。夫事莫難於創始，非笑爲迂，即指爲害耳。迨害之既去，又慮無人無餉無器械也。苟當創始之時，於城之四隅、鄉之四周，各舉一二公正紳士爲衆所信服者，使之即所居之地，編查户籍，簡料丁壯，置備器械，演習武藝，即以其册存於本團，互相稽查，以爲衆倡。然後擇一二村坊之辦有成效者，官爲激勸，以勞其成。由是以達於附近村坊，約十餘家公議推一團長，十團長推一團總，十團總推一團董。各團有事，均由團董以達於官。其他船隻責成埠頭，僧道責成廟主，皆設四柱册循環簿，歸本處團總稽查，以杜容隱外奸之弊。如是則人足以各保身家，則各謀衣食，各備器械。其有不給者，或需刀銃火藥、金鼓油燭之類，就本團富户量力捐貲，存公給散。倘爲時稍久，捐項不敷，聽民體察情形，公同酌量。城則按丁，鄉則按田，均勻攤捐，仍嚴禁土豪惡棍藉端私派抑勒善良之弊。如是則餉足矣。人足餉足，而團之法行。又於本城設武舉學，專請教師，聽民學習。其各團中有曾經學過拳棒，及有膂力手足便捷者，由各團長保送到學，聽教師挑最優者留學演習。俟教演精熟，分教各團，擇適中公所，聽壯丁早晚自行習練，庶貧民無妨生業。俟練有成式，則由團董教師擇日合操，比試給獎。然後申以步伐之齊、守望戰攻之要，則練之法亦行。官以為吾欲為民謀身家，不若使民各謀其身家，則民不勞而易勸。其有益於團練者，官為力助之；其有妨於團練者，官為驅除之。已行者，官為給賞而行其不逮；未行者，官不苛責而勉其速成。於是民亦以為我有身家而官護之，固已父勸而兄勉，懦立而頑廉。而況官不責我以難能，反助我以不足，有不率教者，官為我助之，無慮鄉里結怨也。有敢擾累者，官亦為我治之，更無慮豪強侵抑也。其有不欣然感奮者，豈情也哉！其他節目之詳備，操縱之機宜，則以其繁瑣者聽之民而官總其大綱，以寬嚴者輔而行，而不苛其小節，因地制宜，隨時妙用，有兵皆寓於農，籌餉無累於國，豈獨武、陽為可行！特就武、陽行之，亦已可耳。其人存，其政舉，在今日庸可緩乎！

——《邁園文鈔》

辩

夫椒馬迹辯

〔明〕薛寀

夫椒馬迹之名，童而習之，白首而不能定其名，矧兹山之故實詭異奧博，不可縷析者乎？兹者回旋七十二峰者久，敢斷之曰："從樸則馬迹，遵古則夫椒。"何以言之？吳王敗越於夫椒，事之古、名之古者也。秦皇神馬，《毗陵志》載之，而《姑蘇志》援馬迹而屬之西洞庭，又不稱祖龍而稱西漢郁刺史，戴星盜驪，髣髴王喬鳧舄，誕不可信，不知夫椒雖有二山，確爲兹山之總稱，在毗陵境内，非姑蘇所能負之而趨者。嘗升花藏而視之，山近接軍將山，二洞庭左抱穹窿玄墓，出其腋下，及升西洞庭反是。總之兹山之有官長，猶西洞庭之有縹緲，東洞庭之有莫釐也。其有漁息磯、熨斗崖，則林屋、消夏也。人物若許、陳二中丞，李、吳兩方伯以下，則王震澤、施殿元之流亞也。考科目，紀勛閥，當歷歷臚列之。惟吾師錢慰吾先生之品行，吾友金斗崖之風雅，慮以位掩敬，別紙詳之。

——《重修馬迹山志》卷二

吳復庵爭館選辨

〔清〕湯修業

或問於修業曰："吳復庵與唐凝庵同成進士，將館選，凝庵不欲就，試商之復庵，深以爲是，遂約遊西山。凝庵駕車徑往，候復庵不至，獨遊數日，歸則館選已過，復庵改庶常矣。其説何如？"修業曰："此傳之者妄矣。"按吳嚴所自叙乃翁行狀，云隆慶辛未登進士第十五人，廷試二甲第十八名，選庶吉士時新鄭枋國，謂中秘妙選當採門望，諸有奧援及善賈譽者，業已根柢餘卷，庋之高閣。會謗議沸騰，新鄭不憚，乃盡出諸卷，錯綜緣手，探策而決，府君始得入選，非其望也，而覬望者不勝耽耽矣。據此則復庵館選與委巷流傳之説正復相反，信如世俗所傳，則爲子者且深諱不暇矣，尚敢哆口而談乎！考復庵生於嘉靖庚子，卒於萬曆甲午，年五十五，而其捐館之年距隆慶辛未僅三十餘載，其事彰彰在人耳目間，未可指鹿爲馬也。且亦知凝庵生卒否乎？吾嘗見唐氏家譜矣，凝庵生於嘉靖戊戌，卒於萬曆己未，長於復庵兩歲，後死又二十五年。嚴所刻行狀時，凝庵尚健也，若行狀變亂黑白，非特不可問世，亦何顏與唐氏相見乎！由此言之，復庵有賣友之事，則嚴所不可以談館選，嚴所明目張膽而談館選，則復庵決無賣友之事矣。此傳之者妄也。抑余更得一證焉。鄉先生好攻人短者莫如唐潔庵，潔庵，凝庵從孫也，今《續毗陵人品記》具在，其妄議復庵謂不宜劾江陵，其他指摘亦不過曰“先生氣雄萬夫，不容逼視，居鄉不無强大過人之行耳”，無所爲爭館選事也。若有此說，潔庵能爲復庵諱乎？此必無之事也。余向聞是說即知其誣，彼時見聞孤陋，更甚於今，初不過諒之以理耳。今核之以事，又粲然明白如此，世之信口而絶無攷據者，曷不取吾言而反覆思之耶！

——《賴古齋文集》卷一

鄭崒陽冤獄辨

〔清〕湯修業

世傳黃石齋清介拔俗，其是非好惡一歸於正，而不免爲杖母者所欺，蓋指吾鄉鄭庶常崒陽而言之也。愚謂石齋非可欺之人，崒陽亦決無杖母之事，人自爲成見所蒙耳，何以言之？天啓二年，崒陽與黃石齋、文湛持諸公，同讀中秘書，文疏刺客魏，留中不發，鄭即繼之，幾罹不測，賴福清、蒲州兩相力救而免，降級調用，旋奪職爲民。計其入館甫七十日耳，新進小臣本無言責，即從容養望，以待將來，當不咎其曠瘝也。且當日之奔走客魏，以全軀保妻子者，何可勝數！使崒陽而行止不端，則始進之時早已通內矣。夫客魏之鋒不可犯，則攻客魏之禍未可言，使非福清、蒲州力救，則文、鄭兩人之死呼吸間事耳。雖則薄譴還山，而緹騎四出，羅織百端，忠賢之心固未嘗一日而忘文、鄭也。夫慷慨不怖死，在端人正士猶或難之，而謂貪人敗類能之耶？由是言之，使崒陽而杖母，決不敢忤客魏，既忤客魏，決不至於杖母，此可斷之於理也。抑石齋之爲明季第一流，此不待哲者而後辨矣，生平立身行己可質鬼神，則其觀人取友決非漫然者。石齋疾惡若讐，落落難合，而與崒陽稱石交，則崒陽諒無愧尹公他之友矣。乃論世者不察，捨其立朝之直節而加以曖昧不明之事，不取信於石齋而取信於溫體仁、楊嗣昌、張至發諸奸邪，豈非大謬不通者乎！難者曰知人則哲，惟帝其難。世固有君子而爲小人所欺者，是大不然。事至杖母，爲極惡；刑至凌遲，爲極慘。方衆正之申救崒陽也，猶曰是非未明，勝負未分耳。至於繫獄數年，卒陷重典，則獄吏之鍛鍊再三，而朝野之議論亦蠭起，幾於水落石出矣。當是時，崒陽之隱事，豈無人傳播，海內之賢人君子豈絶無見聞！即使石齋袒護於初，而事久論定，將有不勝其追悔者，乃石齋堅持一說，與楊嗣昌廷辨於崇禎戊寅之夏，而復作墓誌於福王南渡之時，吾有以知其杖母之誣也。然則崒陽孰殺之？曰鄉人殺之也。鄉人獨無賢者乎？曰有，孫淇澳其領袖矣。淇澳杜門不出，不妄交遊，與黃石齋相仿佛，其所著《困思鈔》《慎獨義》諸書，義蘊精深，後學罕能領略，而獨與崒陽商推，至譽之曰邵堯夫，則崒陽之不見棄於鄉之賢者又一證矣。果如委巷流傳之說，則崒陽天理滅絕，行同禽獸，通國皆知，而比鄰而居之孫淇澳獨不知耶？難者又曰："淇澳既深知崒陽，何不申救？"此又癡人說夢矣。考孫公行狀志傳，乙亥秋力疾出山，至滕縣而病劇，遷延十二月，入國門未覲天顏，遽傷木壞，時丙子正月十三日也。又考崒陽下獄在乙亥十一月十二，則崒陽被逮之時正淇澳病篤之際，七十老臣呻吟牀席，君門咫尺，賫志告終，又何疑於其不救哉！嗟乎！天下有小人而顯攻君子，亦有小人而偽托君子，彼亦一是非，此亦一是非，事固未易知也。雖然，群言淆亂，折衷諸聖，昔端木氏問取士之法於夫子，夫子告以皆好未可，皆惡未可，而獨有取於鄉人之善者好之，其不善者惡之。淇澳先生固鄉之善者也，又況海內楷模爲之論救於生前而表揚於身後，如石齋輩者大有人在哉！學者因吾說而徐考諸說之異同，則杕母之冤不煩言而自解矣。崒陽無可訾議與？曰恃才傲物，見忌鄉里，容或有之，此外則未可厚誣也。

——《賴古齋文集》卷一

鄭崒陽冤獄辨二

〔清〕湯修業

國之存亡，君與相皆有責焉。自古奸相一脉相承，國無不亡者。君斷之愈獨，則奸相蒙之愈衆。迨其後一切刑賞與奪盡爲其所移而不之覺，則亡之尤速。若鄭崒陽杕母之獄，亦其一矣。首劾崒陽者誰？奸相溫體仁也。繼論崒陽者誰？張至發、楊嗣昌也。體仁胡爲劾崒陽也？次輔文湛持，鄭之好友而溫之仇讐也，欲傾湛持，勢不得不翦除其羽翼，以挫其氣，而鄭出言不遜，又有以逢彼之怒，於是乎殺鄭之計決矣。至發、嗣昌與鄭素無猜嫌，胡爲欲殺之也？曰傾黃也。宮僚黃石齋亦鄭之好友也，負天下重望，人多畏忌而無可指摘。適崒陽下獄，黃毅然救之，於是乎忌黃者有以藉口矣。非鍛鍊鄭之獄，不足以羅織黃之罪；非羅織黃之罪，不足以蓋藏己之罪而惟吾之所欲爲。此至發、嗣昌之奸謀不約而同者也。嗟乎！相臣之用心如此，國亦危矣，豈獨衆正之難免哉！至發何罪？不薦石齋爲講官，致令諸臣紛紛辭讓，此至發蔽賢之罪也。嗣昌何罪？不奔父喪而緋衣視事，致令諸臣紛紛攻擊，此嗣昌忘親之罪也。或曰莊烈帝亦好察主也，鄭獄雖發難於溫，而體仁既去，其事漸緩，使非張、楊之揚其波，則諸臣申救可乘間而入，帝亦何難轉圜，然則崒陽之獄，雖謂至發、嗣昌殺之也亦宜。

——《賴古齋文集》卷一

鄭崶陽冤獄辨三

〔清〕湯修業

鄭之獄，鄉人成之也。一鄉之中有善者，有不善者，善者少而不善者多，此古今所同也。善者與善者爲伍，不善者與不善者爲伍，亦古今所同也。善者揚一人，曰某賢士，某賢士，則不賢者愧矣；善者揚一人，曰某才士，某才士，則不才者詘矣。然而愧與詘猶是良心之發見也，而其間有不善之尤者，始而駭，繼而忌，終而憤，於是乎本心之明盡喪，殺機一發而不可收矣。間嘗論崶陽父子之爲人，口直取尤，名高得謗，此明眼人能辨之者也。雖然，予竊有説矣。大抵秉天下之異才者，必負天下之奇癖；有天下之盛名者，必召天下之奇禍。鄭氏父子聰明有餘而學問不足者也，能脱屣一官而不能忘情於田宅之去留，能觸忤權奸而不能不歸心於異教，斯固不善用其智而爲召禍之本矣。何以言之？崶陽之父太初與楊氏爭屋，遂舍宅爲寺，因而成隙，此召禍之道一也。太初盛名，被廢歸而逃禪，當時學仙學佛，與一切左道惑衆者輻輳其門，四海之謗亦紛紛而起，此召禍之道二也。《詩》云：“庶人之愚，亦職維疾。哲人之愚，亦維斯戾。”其是之謂矣。嗟乎！禍患常起於細微，而智勇俱困於所溺，伏於數十年之前而發於數十年之後，旁觀知之，當局昧焉。此孫淇澳、錢梅谷諸公所以苦口相勸，而太初弟明初亦以爲家門不祥而發憤感嘆，見諸筆墨者也。或曰與楊氏爭屋，見崶陽年譜，人猶知之，至於奉乩仙事，或以爲有，或以爲無，其説何如？曰有之。曰：“子既爲崶陽雪冤，何獨實此事，且子又何以知之？”曰：“吾觀鄭許州明初與孫、錢二公親筆手札而知之矣。”其略曰：家兄暨舍侄舍棄正路，崇祀乩仙，幸賴諸公匡救，曷勝感激！然而家門之禍自此起矣。亮哉斯言！抑何見之明而慮之遠也！然則崶陽之禍雖群小之喪心病狂，亦其父子之負奇好異有以招之也。而苟非鄉人之報復睚眥，何由文致其杖母之逆；苟非鄉人之助紂爲虐，何由污衊其帷薄之行！駕虛鑿空，日新月異，貝錦一成，不殺不止，并非温體仁意料之所及矣。吾故曰：“鄭之獄，鄉人成之也。”嗟乎！居鄉誠未易言也，後之君子無聰明材辨則已，人而有聰明才辨，在桑梓之邦可不慎而又慎哉！

——《賴古齋文集》卷一

鄭崶陽冤獄辨四

〔清〕湯修業

或曰昔之爲崶陽訟冤者，或廷辯於生前，或表揚於身後，固不乏人矣。杖母之冤，人多雪之，而從無一語辨其閨房隱事者，何也？曰不足辨也。杖母大逆也，亂倫大惡也，有則俱有，無則俱無，此不待智者而後知也。杖母之事或實，則亂倫之事尚有可疑；杖母之事既誣，則一切委巷猥褻之談不攻而自破矣，何須詞費耶！曰：「然則俗傳《放鄭小史》小説，誰爲之也？」曰即許曦輩爲之也。大抵當日之害鄭者實繁有徒，機局雖同而用心稍異。何以言之？崟陽官僅庶常，而建言起用，例當破格，且資望已深，交遊亦廣，倘無體仁之特紏，則異日官階正未可量。體仁見其英氣逼人，惟恐大用，故借杖母以阻之。許曦輩知原參無死法也，故添出帷薄不修，備極妝點，以聳動人主之聽，原不知天理良心爲何物也。曰：然則曦輩罪浮於體仁矣，子何咎奸相之甚也，無乃欠平與？曰：不然，此其説在漢之張綱矣。豺狼當道，安問狐狸！大奸，豺狼也；宵小，狐狸也。市井無賴三五成群，酬恩報怨，因人成事，雖揚揚得意，不過狐假虎威耳。若無大力者主持，雖百曦，烏能殺鄭！苟有大力者主持，雖無曦，豈能生鄭！是以君子罪溫體仁。

——《賴古齋文集》卷一

鄭崟陽冤獄辨五

〔清〕湯修業

天下事有絕可笑者，鄭崟陽姓氏，雖三尺童子皆能道之，至其得禍之本末，雖老師宿儒罕能知之矣。此無他，以先入爲之主也，而俗人偏喜談鄭案，津津樂道，若有餘味，而叩其由來，要不出《放鄭小史》諸説，則其學識可知矣。或曰：子何謂惡俗小説即許曦輩爲之也？曰：吾觀崟陽自譜而知之。其述劉元城語云：「論人須觀立朝大節，未有清平之世而可以曖昧殺人。」以曖昧殺人，自體仁始。曦等更深一步，則串成穢惡小説，嵌入姓名，此數語吾得其事矣，而黃黎洲表墓亦云體仁之黨遍募同鄉之市儈以證之，群小之造言生事，豈不彰明較著哉！總之一起殺機，則何言不可造，何事不可誣。永叔多帷房之謗，文山來匿服之譏，讒人高張，賢士無名，自昔然矣。程子論讀史云「今人見成者便以爲是，敗者便以爲非」，東坡亦云「甚矣世之以成敗爲是非也」，旨哉言乎！故同一帷房之謗也，於永叔則不信，於崟陽則信之。此無他，永叔無禍而崟陽得禍也，成敗爲之也。崟陽曖昧不明之事，市井小人皆能述之，至永叔之謗，不壹而足，雖老師宿儒呻唔終身，有絕不知其事者矣。此無他，窮鄉學究耳不聞長老之教，目不睹史冊之事，有先入則知之，無先入則不知，空疏寡學，其流弊必至於是。嗟乎！識見如此，與里巷小兒何異，尚可與之論古耶！

——《賴古齋文集》卷一

書

常州請顧臨秘校主學書

〔宋〕陳　襄

　　某竊以東南之學，廢而不振也已久。安定先生之去吳興，蓋十餘年矣。天下學者之興，較之當時，固已寖盛，而東南之士又常倍之。然而魁奇特起之才，禮樂愷悌之風，反不如吳興昔時之盛，何也？豈非庠序之教，所由廢興也歟？某之不肖，領郡於茲，雖不敢以斯道爲己任，然常患近世之士溺於章句之學，而不知先王禮義之大。上自王公，下逮士人，其取人也，莫不以善辭章者爲能，守經行者爲迂闊，而士之榮辱亦從而應之。以是天下之士習非捨是，固已塗聵其耳目，而莫之能正矣。某自莅事以來，惟日汲汲以興學養士爲先務，以明經篤行爲首選，其心如是，直將以待夫有志之士焉耳。彼州人之子弟，與夫四方之學者，輕千里而至，其亦有望於茲也。雖然，德薄任重，知不足以獨當其責，思得先生老成之士爲之表率而未能也。伏惟足下才足以宰制於人，義足以矯厲於時，其所爲文又有以驚動時人之耳目，今將表一學之生徒，而教之以德行道藝之術，所宜無讓也。謹遣諸生，躬詣門下以請。

——《古靈先生文集》卷八

上奉使宣撫書 <small>時爲歲荒而述也</small>

〔元〕謝應芳

　　某嘗觀孟子告鄒君之言曰：“凶年饑歲，君之民老弱轉乎溝壑，壯者散而之四方者，幾千人矣。而君之倉廩實、府庫充，有司莫以告，是上慢而殘下也。”夫鄒，小國也，孟子猶以是告之，況堂堂天朝，富有四海，倉廩府庫，比之鄒君相去萬萬。奈何有司者，遇凶荒之年而不思救荒之策，知出納之吝而不知時措之宜。其殘慢有甚于孟子之說者，責何可逭耶！伏惟大人奉聖天子明命，巡歷遐陬，詢民疾苦。其矜恤黎庶，慈如父母，糾正百官，凜如風霜。蓋能以聖上之心爲心，唯恐一夫之不得其所耳。然民之疾苦莫甚于饑。今常州屬邑曰武進、曰晉陵，其境土與鎮江相連，歲之凶荒，實相似也。今兩縣之民皇皇焉，嗷嗷焉，與鎮江之民何以異哉！然彼則有仰給官廩之喜，此則有餓死溝壑之憂。國家一視同仁，初無彼此厚薄之殊，特係有司之能告與否耳。嗟乎！常之民自冬徂春，訴饑郡邑，僅嘗得義倉之粟一二斗而已。斯人也，譬之久旱之苗，微雨斯須，豈能蘇息，必待優渥沾足而後免乎枯槁耳。當此之時，青黃不接，食草木之根者有之，鬻子女而食者有之，去父母離鄉井行乞道路者滔滔也。有司方且移文覈實，籍有田之家，計畝科數，以爲賑恤之政，其亦不思之甚矣。夫粟之爲物必産于田，歲凶則田不收矣。夫不收之田，雖累巨萬，粟何可得乎！況頻年不登，賦役重困，産去稅存者十之八九。一旦又加諸賦斂之毒，其狼狽爲何如哉！徒使皂隸之徒，家至戶到，叫囂之聲，雞犬弗寧，是以有田者亦多爲東西南北之人矣。其詣有司者，拘之、繫之、鞭之、撲之，刮龜毛于箠楚之下，剖鷺股于挫辱之餘，區區所得，民不足贍。假令能贍其民，何異奪烏鳶之食與之螻蟻耶？若是者，誠知大人君子之用心必不忍爲也，忍令有司爲之乎？夫常之爲郡，大郡也。官廥之蓄，陳陳相因，又有附餘之粟存焉。公帑之積，綽綽有餘，又有贓罰之金在焉。斯二者，非國經費，有司亦何靳而不以施諸民乎？苟能以是施之，亦可解倒懸之急，況能如汲黯發河內之粟乎！惟大人舉而行之。上推聖恩，下副民望，盛德之至。然民疾苦豈止于斯，如公田之重租宜減，官鹽之高價宜輕，田戶之酒課宜更，都水之冗員宜汰。凡如此類，未易枚舉，獨以賑饑一事，首瀆鈞聽，蓋民之顛連，命在朝夕，非若他事可少緩也。芻蕘之言，倘蒙採擇，餘者又當條具而細陳之，惟大人垂察焉。區區干瀆崇嚴，不勝悚息。

——《龜巢稿》卷十一

與陳郡公 諱實，號虛庵

〔明〕毛 憲

　　昨承教札下詢荒政，暨諸民隱，某愚陋，何足知之，然盛意不敢虛辱，請以今日最急者言之。一曰賑饑荒。自古荒政無出《周禮》十有二目，就其中最急者曰散利、曰薄徵、曰弛役、曰舍禁、曰去幾，顧權宜何如耳。昔周文襄公立法存積羨餘，名曰濟農，遇民缺食，賑給借納，秋成抵斗還官，凶歲則再賑之，便宜從事，此即《周禮》遺意。今餘米隱於侵匿，耗於那移，所積無幾，宜速查歷年出入之數，在官若干，在民若干，隨行徵補，尤可濟急。次若編剩徭銀、導河夫銀、里甲戶口等項，河泊、稅課等司，權移濟用，更宜斟酌通融，或高時估以招商，或出官錢以市糴，商米輻輳，市價自平。又文襄公兌法，豐年米賤，兌與加七五升；凶年米貴，兌與加六五升。每石減斗積而至於萬，則餘米千石矣。以至官布之類，搬運車脚亦照數遞減，積少成多，不惟可濟民饑，抑亦可補逋稅。若夫勸借以擾民，乃不得已之下策也。況連年饑歉，每事照田科索，大戶亦乏，必量其所積足穀一家一年之需，借其十一，官爲立券，豐年徵還，裁處得宜，激勸有道，庶可權宜從事。若一概逼借，貧富俱困，又非所以安民矣。二曰備畜積。何以聚人曰財，而生之之道不越厚本節用而已。昔文襄始至斗米百錢，逋欠亦多，後漸豐裕，穀粟狼戾。考其所爲，豈有他巧耶，亦曰輕賦節用，徵輸有常，兼採衆論，立法簡易。每銀一兩准米四石，每布一疋准正糧一石，量其豐凶，節損有道，修治水利，旱澇有備，不一二年羨餘之積日見充溢，民賴賑濟，歲凶無慮，至今蒙利。爲今之計，莫若遵行其法，講求水利，大而湖池澤蕩，小而溝澮陂塘，親行相度，隨宜疏浚。當浚者不以人言而或沮，不當浚者不以權要而或行，務益於民，非應故事，庶澇可以泄，旱可以畜，不能災矣。今聞下令欲每田千畝開一井塘，深五丈，廣一丈，是亦備旱一策。但當此時農事方殷，何暇開鑿，縱使爲之，徒勞無益，安得如是之長車，何所底止以取水乎！必如北方轆轤，庶或有濟，然南北異宜，費用太廣，反爲擾民。大抵事無大利害，不必更張，惟當循舊地勢高者開浚溝塘，使之深廣；地勢卑者修築圩岸，使足障蔽可矣，是亦厚本之一端。然先儒有曰豐財之道，去其害財者而已。今之害財者曰奢侈、曰冗費，二者相爲表裏，燕享賓客之往來，室廬輿服之華靡，婚喪食用之雜沓，習以成風，皆足耗財。宜躬示敦朴，隨宜節損，痛加禁約，變侈還淳，是亦節用之一端。此外若農民之參撥，吏胥之省考，均徭之編剩，詞訟之罰贖，與凡納粟納紙之類，多方處置，權其輕重而上下其數，量其貧富而勸賞有法，庶畜積有備。昔宋人立賞格以勸積粟之家，凡出米賑濟係崇尚義風，不與進納同，而丘文莊公又謂給與璽書，俾有司加禮優待，與見任同，雖有過犯，亦不追奪，以其救荒故耳。先是亦嘗有指揮、千户、典膳名目，未幾差役頻煩，彼亦何故出米以取勞役哉！苟本宋人之立格，行文莊之優禮，民亦樂輸粟矣，是亦畜積之一策也。三曰平賦稅。常之四縣，其地同，其賦異，蓋始於國初預借之弊，爲害已久，卒難更變。若欲總其糧數，均攤如一，非上聞不可。其次莫若酌量審處，銀布則多派於武進、宜興，加贈則多派於江陰、無錫，損有餘補不足，庶賦少均。至於收納之際，糧長實司其事，而屢至於蕩産者，何歟？蓋糧一入手，任意花費，重以差遣頻煩，累陪通負，此取敗之由也。今宜遵文襄之舊例，每區審定丁田相應者五人，一年一替，確然不易。更立糧頭囤户，兼收同貯，互相覺察，不容侵匿。豐年則如期督徵，專委里甲，違限抵罪；凶年則早示蠲免分數，毋容隱蔽。餘未免者亦如期徵足，恩例遲則虛惠無補，徵收遲則食用難完。且以今年論之，災害已極，初徵五分，苟如期催督，雖未盡完，要之費力省矣。百姓但見停徵文移屢至，意必盡蠲，遂致今日之紛紛，誰之過歟！當此農忙，隸卒成群下鄉，勾擾困窮之民，監禁無數，庚死日多。近聞太平倉一擁出而淹死四五人，一人含冤，猶致大旱，況怨恨如是，欲召和氣以免旱澇，得乎！且今歲免糧銀布折米數少，本色數多，免猶不免，僅及五分，亦足兑運，縱有不敷，亦宜別項補足，以救民命。頃聞明公力主此數，不肯復徵，誠斯民之父母也。至於糧長倚勢故勒多贈，歲凶如此，小民質鬻完官，如剝脂膏，尚堪此輩肆慘毒而不顧乎！尤宜禁約，以慰民心。四曰均徭役。蓋徭役以丁田爲差等，如武進四百八十餘里，每年大約五千餘户，舊制番役四百有奇，今增至一千二百有奇，而又那移作弊，有法莫禁。今莫若盡括一年丁田之數，定立事例，京官見任優免若干，致仕若干，外官若干，從宜上請，守爲成規。上中二户點爲正役，下户助役，其餘有丁無田貧者概以優之，庶田難飛寄而民無偏損。又有司公辦，舊制每里派銀五兩，更無別擾。正德以來又添照田出銀，每畝四五分，多爲里甲銀，似加一番均徭，深爲民害。舊歲五月間，巡撫周公題奉明旨，通行裁革，今仍照前徵派，甚非所宜。自古凶年一應事務停免，況此已革而可復行乎！此或吏胥爲奸，宜速查革，以安窮民。至於役之至難者，有如毗陵驛之館夫、太平倉之斗級、兩京之解户、輪編之民壯，皆足以破家，更宜斟酌消息而少寬焉可也。五曰恤刑。獄刑者民之司命，豈宜少有私曲！今之在獄者果皆真實而無可議乎？或輕罪而深入，或牽連而庚死，或人命疑似而罹非辜，或劫盜警迹而蒙曲宥。至於閭閻小民，坐受欺詐，冤抑莫伸，而奸姣之徒又誘人告訐，耽誤農業，皆足以傷和氣而召灾異。今宜詳審決斷，付之無心，因其所犯，考其實情，輕重厚薄一本至公，既不縱惡以長奸，亦不故入而深刻，庶免濫及姑息之弊，亦感召之一端也。六曰除奸慝。治民之道如牧羊，去其敗群者而已。頃年以來，當道剗奸革弊，亦已稍戢，然豈無橫行州郡、武斷鄉曲者乎！此輩雄視一方，脅強欺弱，作奸犯科，爲害不小，宜峻法治之，慎毋輕貸以害良善。至若師巫邪術之惑人，符籙齋咒之鼓衆，皆足以耗民財而召亂，尤當禁絕。更宜嚴令保伍，各相覺察，果有如前左道之徒，必報官懲治發遣，使閭里之間奸無所容，亦保安良善之一策也。七曰禁科擾。小民安於田里而無愁嘆者，以上無所撓也。誠於正糧正役之外別無科擾，不亦樂乎！但今小有興作，輒行坐派，如松椿土磚等類，所司派之里甲，里甲復派之甲首，率視原數而倍徵之，其害不細。又每遇公事，民壯快手相繼謀差下鄉，勢如狼虎，民何以堪！今宜嚴令所屬酌爲定規，除糧役之外更不科索。至於勾攝，一委鄉長，不許輕差民壯快手，以擾害鄉村人户。八曰崇風化。先儒有曰："教化國家之急務也，風俗天下之大事也，二者常相表裏。"數十年來教化不明，風俗頹壞，禮義日廢，廉恥日喪，而民僞日滋矣，安能善其俗以趨於厚哉！今宜躬行德化，布立條教，如《家禮》《教民榜》《洪武禮制》等書，朔望會集鄉長誦説，而鄉長復傳教其子弟，使之明人倫、識禮度、崇廉恥。其有敦行孝弟節義之人，躬行獎勵，背教者理以喻之，刑以禁之。毀淫祀以絶民惑，罪奢僭以警豪侈，風俗其少變乎！至於鄉賢祠，惟以功德爲主，必參考人品，以定去留，而行義無聞者，雖高爵不得以濫入。鄉飲酒惟以齒德爲主，必查校人數，以決可否，而禮法有虧者，雖有官，不得以輕與。是皆風勵一方，亦風化一助也。凡愚所陳，前七者乃今日之急務，先哲具有成法，酌古參今，庶或有補於時，而後風化一事則似非所急，然道德齊禮，教民向善，安可以爲緩而不加意乎！此非俗吏所能，故敢爲高明告焉。嘗竊論之天下之事，利害常相當，未有全利而無害者，古人立法精詳，惟區畫其利多害少者垂世以利民耳。率而行之則事易成，一議更張，必閧然紛擾，此李文靖所以一切報罷，而司馬公以爲非大壞不更造也。但行之既久，不能無弊，惟於其間揆度利害，稍加整頓，補其偏，塞其漏，規模森立而使人不敢犯，禁防周密而使人不敢逾，自足利民而不爲害矣。此迂儒之臆說也，伏望參酌時宜，隨事損益，轉達當道，建立成規，垂之永久，以利百姓，豈特一方之幸哉！然其本原又在一心廓然而太公，物來而順應，顧運用何如耳，而豈區區徒事乎法耶！昔朱子曰“臨民以寬，待士以禮，馭吏以嚴”，此固平時爲治之大要；邵子曰“寬一分則民受一分之賜”，此又今日愛民之切務。惟高明留意。

——《古庵毛先生文集》卷之一

與李龍岡邑令書

〔明〕唐順之

歲凶民莩，賢侯爲之心惻而百方圖之者深矣。輕齎一說，向已面白，兹復具之於書，以爲可以佐百姓之急而裨萬一於賢侯百方之圖，則不敢以出位爲嫌也。竊惟國家之賦，其水旱可得而減免者，兑運以外之數也；雖水旱必不可得而減免者，兑運以内之數也。水旱不可以不恤，而兑運又必不可減免，於是有輕齎之法。蓋米自江南而輸於京師，率二三石而致一石，則是國有一石之入而民有二三石之輸。若是以銀折米，則是民止須一石之輸，而國已不失一石之入。其在國也以米而易銀，一石猶一石也，於故額一無所損；其在民也以輕而易重，今之輸一石者，昔之輸二三石者也，於故額則大有所減矣。國家立爲此法，蓋於不可減免之中而寓可以通融之意，不必制其正賦之盈縮而但制其脚價之有無，不必裁之以豐凶之斂散而但裁之以本折之低昂，一無損於國而萬有利於民，此其法之盡善而可久者也。以武進一縣言之，歲該償運米五萬四千五百八十一石三斗四合，此其入於國之正額也；本色正耗水脚平米七萬九千六百八十三石七斗三合八勺四抄，折色銀九千一百五十一兩四錢六分五厘五毫二絲，此其費於民之羡數也。若以銀而權米，石以直五錢爲率，米七萬九千六百八十三石有奇，爲銀四萬九千八百四十兩有奇，與折色銀共五萬八千九百兩有奇。若得從輕齎之例，石折銀五錢，計銀二萬七千二百兩有奇而足。縱使加折至於六錢七錢，計三萬七千八百兩有奇而足，則是民每歲出五萬八千九百兩有奇之中，而今出其三萬七千餘兩之數，以不失國家之定額，而實私其二萬餘之羨以自潤也。夫五錢者江南之平價也，七錢者折色之極則也，若使江南米貴，自五錢以上而蒙恩折色，或減至七錢以下，則其所私之羨固當倍之且蓰矣。倍之爲四萬，則是十萬人凶年一月之食也，則是國家不出一粟不費一錢，而爲凶年十萬人續一月之命也，爲民父母者何憚而不以告乎？司國計者亦何靳而不爲乎？且夫國家漕運四百萬石之中，固嘗定有輕齎四十萬石，以待四方之以水旱來告者矣。蓋其歲之凶與否與歲凶所在之地不可知，而所謂輕齎歲四十萬之額，以待四方之以水旱來告者，將安用之？況自古經費，其本折之權率視緩急而爲之操縱，今國家所以遠輸於江南，不憚二三石而致一石者，正以江南米賤而京師米貴耳。近聞京師之米直自七錢而減至四錢，而江南米直自七錢而增至九錢，其爲貴賤特異常時，則是江南以二三石致一石而又不當一石之用也。今若取銀於江南，而用銀以給京軍之當給米者，江南無遠輸之費，京軍無賤糶之困，此正今日之便宜耳，然則非惟無損於國，蓋深有利於國，而得乎操縱緩急之權者也。夫損國以益民，猶且爲之，國家發內帑以賑災者往往有收之矣，又況無損於國而有利於民，而又況國與民并受其利者乎？此事在不疑而必可行者也。爲民父母者何憚而不以告乎？司國計者何所靳而不爲乎？嘉靖十數年間，江南屢告災，國家亦屢嘗以輕齎與之，此其近例，試求之故籍，可覆案也。查得嘉靖十四年蘇松等處災傷，巡撫侯都御史等奏戶部覆准，除蠲免外，兌運四百萬石，內準折銀糧一百五十萬石，兌運米每石折銀七錢，改兌米每石折銀六錢。其被災尤重者量準十萬石，於臨、德二倉支運，每石止徵腳價銀一錢五分。自此而上，嘉靖十二年折兌一百萬石，十年折兌二百一十萬石，八年折兌一百七十萬八千石，無歲不有災傷，則無歲不有折兌，此其因災傷而折兌者常例也。又伏讀嘉靖九年詔書，兌運米以十分爲率，量准五分，是時常州一府該得折兌八萬一千石，此其不因災傷而折兌者例外之恩也。由此言之，蓋有因災傷而行支運以大寬民力者矣，未有災傷而不行折兌以重困吾民者也；蓋有不因災傷而折兌以廣例外之恩者矣，未有災傷而不行折兌以嗇於例外之恩者也。此祖宗之良法美政，聖天子之深恩厚澤，於豐時足國之中而寓救災恤患之至意，雖旱乾水溢，而民免爲溝中瘠者，誠戴聖澤之厚於無窮也。

——《重刊荊川先生文集》卷九

答王北厓郡守論均徭

〔明〕唐順之

　　執事所病於均徭舊法之不可行者，其說大概有五：大戶之詭寄也，奸猾之那移也，花分也，賄買也，官戶之濫免也。大戶之詭寄起於官戶之濫免，則此二弊者其實一弊也。夫濫免詭寄之弊，謂某官例得免田千畝而自有田萬畝，或自無田而受詭寄田萬畝，則散萬畝於十甲而歲免千畝，實則萬畝皆不當差也，其說是矣。雖然，其以萬畝而散之各甲，以歲歲倖免千畝者，必非田甲，皆是本官真名與皆注本官者也，必將田甲詭爲之名。使其甲甲皆是本官真名而不詭爲之名，則一人而十甲，其爲奸固易破矣。若必是一甲爲真名而諸甲詭爲之名，遇其真名與注官之甲則免，其非真名與注官之甲不得免，即十年亦止免一年耳，安得歲歲倖免也？不然，均徭冊外別置一冊，注每歲所嘗蠲免之數，如其官例免田千畝，而一甲內已免過田七八百畝，縱或二甲三甲有田許撞足例免之數，數外則役。如此則雖甲甲免、歲歲免，亦止得一甲一歲該免之數，又安得以千畝影免萬畝也？此法在一強察吏執之，雖真是官戶之田亦不得覬額外濫免，況詭寄乎？至於移甲之弊，則執事所謂只據黃冊或十段冊足以革矣，而又病於黃冊與十段冊之不可據者，則固以爲與每歲推收之法相礙也。夫每歲推收宜於賦不宜於役，十年定冊宜於役不宜於賦。役主戶，賦主田，賦則隨田流轉，役則依戶擬注，是以賦法則既準之每歲旋造之徵冊，所以便民之灌輸；役法則宜準之十年并造之黃冊，所以便官之點差。即此兩法本不相紾，而執事又疑於據定冊編差，或有田既賣而差仍累者，則編差之際其人必且自言於官曰："吾田已賣之某人，而某人宜頂吾差。"於是官爲之按其實，而以某人頂某人差。如此則是以虛名編差者故賣主也，以實力頂差者新買主也。故賣主以虛名編差，可以無亂乎定差之籍；新買主以實力頂差，可以無累乎鬻田之人。且夫役法上下其戶以差其甲之錢，聚則稍重而散則稍輕。花分者，只可花分子戶，以移稍重而就稍輕，其實不得花分鬼名，以移絕有而就絕無也。且十年輪編不能禁人之花分，而一年一編又安能使人必不花分？欲使人必不花分，則在嚴之於攢籍之始，而非所以較於編差之際也。賄買一說，曩時輪歲編差則豪民以賄避力差而請銀差，今時歲歲編差則豪民以賄避差頭而請貼戶；曩時輪歲編差則戶胥之家一年而集一甲豪民之金，今時歲歲編差則戶胥之家一年而集一縣豪民之金。大抵論詭寄、賄買兩弊，則繫乎令長之強察與否，不繫乎輪年與不輪年也。論花分、移甲兩弊，則繫乎冊籍之精核與否，不繫乎輪年與不輪年也。法無全利，亦無全害。以輪年一編爲全害乎？而可使小民一歲忍苦出錢，九歲晏然坐食，以一年一編爲全利乎？縱可以盡革詭寄、賄買、花分、移甲之弊，而不能不使窮僻小民歲歲裹糧集錢，奔走城郭，此其利病亦自相準。古有之，利不百不變法。先時有司激於官户豪家之暗損小民，然却不就舊法中調停衰益而驟變之，以收一切之效，以爲此足以裁損官户豪民而已，不知小民亦竟受其病。今之萬口訛訛喧然稱不便者，未必盡出於官户豪民，而往往多出於窮僻困阨之小民矣。請試言小民之所最不便者，大概亦有數説。且如一邑丁田以十分爲率，往時一歲編審一分，其爲數則狹，令長耳目差易遍，持籌而算之，差易辦，縱有弊焉而差易以察。今一歲盡審十分，則其爲數頓闊於往時十倍，令長一人耳目籌算所缺漏處必益多，耳目籌算缺漏益多則户書里胥之權益以重，奸民益得以輸金於權之所重以爲規避。小民無金可輸，則歲受苦役，益無所訴，而長令則益不能覺察。若此者非曩之長令多精強，而後之長令多鶻突也，其繁簡闊狹之勢實然，而執事乃謂輪年則胥猾多得售奸，不輪年則胥猾多不得售奸，豈別有説耶？不然何其與吾所聞異耶？又如一力差約銀十兩爲率，往時十年一編正户約銀五兩，貼户約銀五兩，則貼户五而足矣，人數既寡，故其衰而斂之也不難。今一年一編，則曩率出銀一兩者，今減而出十分兩之一；曩用貼户五者，今必增而用貼户之爲五者十人。數既廣，其勢必散，有差頭終歲物色尚不能遍識貼户之門者，何況能盡斂其錢？是以往時所病正户饕餮貼户，今時所病貼户耗損正户，小民不幸被點正户，則破家矣。若此者非曩時之正户皆強梁，而今之正户皆懦弱也，其聚散零總之勢亦必至此而不足怪。又如銀差，曩之法歲總納銀一兩，則今之法歲零納銀一錢，納多者其倍稱之數稍輕，納少者其倍稱之數必重。納一兩縱倍之三兩而奇，足以納矣；納一錢非倍之四錢五錢，或至八九錢不足以納也。此其總納則費固輕，而零納則費固重也。不獨如是而已，以一兩總納之一年，則是爲一兩之銀一遍赴官守候交納，一遍往來盤費。設或交納不時，公人一遍下鄉需索而已。今以一兩而散納之十年，則是爲一錢之銀亦一遍赴官守候交納，一遍往來盤費。設或交納不時，公人亦一遍下鄉需索。是今日一錢之累并不減於一兩，而曩日一年之累乃浸淫於十年，其爲便耶，其爲不便耶？其最不便者，其爲坊郭之豪民耶，其爲窮僻之細民耶？此其爲病不可枚舉，恐不特如執事所謂似涉騷擾而已也，則今法之當變理在不疑。秋糧帶徵之説既格於復除之無定數而不可行矣，惟用十段册法，則可以革詭寄、移甲諸弊而無一歲一役之擾。然執事因黃册之不可行而疑於十段册之不可行者，則亦有説。夫黃册之不可行者，黃册之法敝也。黃册之法敝而邑之丁與田大半不登焉，故十段册者爲之括其欺隱以補黃册之不及，以均平力徵而已。使黃册果無弊乎，則逕用黃册編差可也；使黃册不能無弊乎，則爲之十段册以補黃册之不及而編差焉可也。因黃册之不可行而并疑於十段册之不可行，則過矣。執事又謂常州賦稍輕，蘇州賦稍重，則其法不可畫一，故常州自宜從舊法，蘇州自宜從新法。夫賦自重輕，而人情之好逸厭煩、好省厭費，則胡人度之越人，固有不甚相遠。執事其試察之，竊恐蘇之民之情不甚遠乎常之民之情，而法之可行於常者未必不可行於蘇也。

——《重刊荊川先生文集》卷九

議開文成壩上當事書
〔明〕唐鶴徵

聞錫山大夫庶士有請開敝城東門壩之說，未審果否，亦未審其所藉口者何語。素聞其說，以青烏家誑之，謂無錫二三大夫淪喪，士子鮮於入彀耳。夫青烏家言有識者所不道，其謬悠無當久矣，即令有驗，亦不其然，何者？其築塞甚微，道理甚遠也。且邑各有封，人各自爲，藉令所築在錫之封，苟利於錫，反不利於武，開塞聽之，吾其敢與錫爭乎！或在兩界，已當權其兩利通融爲計矣。乃今之壩於郡城一里而近，去無錫八十里而遙，譬之居者修其壺闥牀第，鄰家烏得與之奮臂而出，挺膺而呼，毀之而後已，人有不非其狂悖無禮者乎！且郡人原不知此壩之爲損益也。無錫以築之爲有損，郡人必疑築之爲有益，無錫以開之爲有益，郡人必疑開之爲有損。是倡損益之說者無錫也，既倡之使疑，又焉能令武進士夫甘心於死而讓無錫士夫之生，武進士子不第而讓無錫士子之第乎？乞執事一詢之，無錫大夫庶士易地而觀其能讓我否乎？倘不能，奈何責人之讓也！謂能讓焉，請讓之，不必爭矣。矧築壩之後，無錫亦嘗發解，亦嘗一榜而登五人，即今都顯要，握重權，能使人俯首聽令者，當數倍於武進也。且西家之東，東家之西，正昔人所以箴誤人青烏者之膏肓而樂之者，無錫諸君獨不聞乎？舉武進之人洶洶若致之死地，不敢不聞於執事，乞執事力爲之主，毋使人蹈鄰家狂悖無禮之愆，而俾武進毀其壺闥牀第之修也。不然則盡東其畝，強晉所不能得志於弱齊；不爲下水，東周之無可奈何於西周者也，無錫其獨如武進何！又不然，不恤假器之義，強邀鄰子之親，其昧我執事之明聽抑又甚矣，執事其能聽之？

——《武陽志餘》卷二之二

與龔琅霞陳椒峰論修邑乘書
〔清〕楊兆魯

僕衰朽無狀，荷當事不擯棄，命隨諸同人後纂修邑乘，深懼才疏識闇，不足以光大典，故止分任學校、仕進二者，他不敢過而問焉。學校止記興廢沿革，仕進亦不過録科名，前後既詳其終始，則某也邦之賢士，某也邦之賢大夫，庶幾詩書禮義之澤不泯於茲矣。足下司人物之柄，自能藻鑑不爽，何用僕贅一詞！但芻蕘之言格人不棄，僕苟有一得之見，又何敢不商諸足下以聽採擇耶！萬曆以前，唐凝庵先生曾評騭諸人物矣，然得毋有識見未到而湮沒不彰者乎？萬曆以後人才蔚起，首重者理學，豈無得正學之傳、窺聖賢之奧者乎？忠義世所罕有，豈無刀鋸在前而不懼從容就義、視死如歸者乎？次直言，次清介，豈無謇謇諤諤、不避權貴、取與不苟、清風卓越者乎？次勳業，次詞翰，豈無功捍社稷、澤被斯民或著書立言、可傳後世者乎？吾邑夙稱忠義，亦聲名文物之邦，足下曾一一鑑定之否耶？唐襄文公、孫文介公與錢啟心、薛方山、薛玄臺三先生皆學問淵博、品望素著者，應置何等？張二無先生赴懷宗之召，宜如何建白，乃畏政府而不敢言，僕用是不能無微詞，但清操絕俗，亦晉陵一人傑也。至一介不取，不又有陳午寰、何仲修先生在其前乎？劉忠毅、王節愍、金忠潔死忠矣，不又有蔡威函、吳霞舟可書而不敢即書者乎？若夫吳文端公之相業，與鳳臺陸公、梅谷錢公、惠風白公敭歷中外，卓有政績，他如高恕行之端方，沈湛源之氣節，張夢澤、蔣鷺洲之醇謹，陳伊庵、周樾林、鄒黍回之著述，薛堆山、吳魯于之超逸，皆不可不表揚者。至我皇清鼎元宰輔如呂蒼忱者，又當置何等？足下皆詳載而別白之否耶？若夫聞見所不及，與山林隱逸之士不敢越俎陳之，謹就仕進一途詳書呈覽。如列傳者，則注“有傳”二字，僕可不贅一詞；如無傳者，則附數語于其人之下，以志僕緇衣之好耳。自知狂瞽，敬候台命不宣。某再拜。

——《遂初堂文集》卷二

與駱太守論講學書

〔清〕陳玉璂

執事近創延陵書院講學，昨荷折柬相招，僕以先人忌辰，故未敢赴。計今又將開講，僕有欲達于執事者，乞裁可否。僕謂講學不必另立書院，應在學宮之明倫堂，其次無如楊龜山先生祠。敝郡理學之興實始龜山，方其學于程門，還自伊洛，至吾常留寓，以爲泰伯、延陵之墟也，而鄒忠公及周伯忱、伯溫兄弟又與公故，遂與諸生講學，十有八年始歸。竊聞之程子得周子之道而北，洛學于是有源；龜山得程子之道而南，閩學于是有委。蓋宋四子肇自濂溪，至朱子始集其成，要其間學術盛衰之故，殆難言之。當熙寧中異學盛行，毒流海內，卒召靖康之禍，龜山力排斥之于前，文士如蘇、黃諸公皆溺佛氏教，龜山惟兢兢守師說。一傳爲羅豫章，再傳爲李延平，三傳爲朱子。其時宋祚既南，自閩至吳，極一時聲教之盛，而窮源竟委，龜山所以聯屬于南北之學，實于吾常首被之，然則吾常之有志于學者不可不知所本也。嘗見毛古庵先生作《毗陵正學編》，首列龜山，次鄒道鄉，又次周伯忱、伯溫、唐彥思，又次鄒德久、喻子才、尤延之、李元德、蔣良貴，而以謝子蘭終。蓋以道鄉、周、唐四公與龜山同游程門而有得，若鄒、喻爲龜山高第弟子，喻授尤、尤授李、蔣，淵源皆可溯。至謝則聞風興起，有衛正闢邪之功，故爲吾常有明理學之冠。子蘭而後，迄無定論。先賢祠之祀既多濫觴，而郡志所載亦未盡愜人望。今日講學時必急爲釐正，以竟有明一代之學，此有功于先儒非小也。至于講學之任，不可濫屬，蓋今日講學之人必爲異日可繼先儒之人，當事必折節以請，隆其禮，重其事，而吾人自反亦必内無愧于心，外帖然于衆論，然後當之可不忝。昔張横渠已爲關中夫子，一聞二程講《易》，皋比永撤，況萬不及横渠者，乃燕然尸其位，可乎！此僕願執事慎重審擇，勿以縉紳韋布而有別，勿因其先世而遽及其後人，勿以附和者之私譽遽以爲實然，以至公揆于至正，是所望執事毅然行之也。昨聞某公講朱陸之學，尊朱而毀陸，此固前人之成説，僕謂尊朱固宜，而陸亦未可輕毀。大抵道學之傳，自程宋而後分而爲兩，朱子以格致爲主，祖周子而宗程、張；象山以頓悟爲宗，祗周子而兼排朱子。自是以後爲朱子之學者，有勉齋、西山其人，至明則薛文清、胡敬齋之屬；爲象山之學者有慈湖、草廬其人，至明則陳白沙、王陽明之屬。朱子得二程之學于李延平而大光之，陸子静生當其時，聰明議識過于朱子，躬行心得不及朱子，然而義利之辨朱子亦心服之。是故讀書窮理，躬行實踐，以至聖人者，朱之道問學也；涵養本心，六經皆我注脚者，陸之尊德性也。朱之學有本有末，下學上達，令内外有無隱，顯爲一致。陸則極高明而未盡夫道中庸，是故王文成做之，有良知之説；陳白沙祖之，有主静之説。白沙道未大行。文成理學事功冠絶一代，即“良知”二字亦本孟子，然而爲其徒者如敬仲、龍谿諸子，以良知附會養氣而入于空，又以良知印合玄虛而入于禪，論者往往以其流弊而致恨于其源，未免責備太過。夫聖人之道猶天地然，莫不在覆載之中，仁者見之謂之仁，智者見之謂之智。之數子者，雖所造或偏，要皆孔子之徒，豈可遂擯門墻之外！僕每嘆有宋以來諸儒立説過隘，尤笑今儒沿習其説，分門别户，如枘鑿之不相入，似有功聖賢，及叩其所學，求所爲磊落俊偉可與入道者而不可得。昔孔子之教，七十子之學，宜無不人人爲顔、曾，乃由、求、點、赤諸賢，或成其狂，或成其狷，即求中行者已不可多得，況生千百世之後，無聖人以爲之師，奈何不使分途競進，各因其天資所近，以爲入道之門哉！敢質之左右，惟執事垂教焉。某白。

——《學文堂文集》卷九

與駱太守論先賢祠書

〔清〕陳玉璂

執事將建延陵書院，或有告于執事者曰："先賢祠故講學地，何不踵而行之？"而執事不可，僕有以窺執事之微而未敢信也，故敢復奉書。嘗攷先賢祠故雜造局址，萬曆初，太守施公觀民改創龍城書院，旋奉旨毀，鬻其地民間。至太守歐陽公東鳳捐金，令民還其地，建祠祀延陵季子而下六十九人，皆吾郡忠臣孝子、理學鉅儒，斟酌進退，合乎祀典而當乎人人之心，至今日莫有敢竊議者。夫以一郡守之力，上下千百載，不使人撓以私，卓越之風豈不可敬！迨其後或爲子孫之貴顯，或官其地者爲薦紳之故吏門生，紛紛議入，甚有喪名失節之夫竟儼然并列諸賢，毋論爲歐陽公罪人，而人子欲揚顯其親，反使其親忸怩不安其位，豈得爲孝乎！郡先達孫淇澳先生有言，先賢祠之作爲學宮鄉賢祠濫也，鄉賢始非不嚴，後遂凌替不復防，烏知今之祠不浸假爲昔之學宮？嗚呼！前之人早慮及此，詎不可嘆也哉！夫祀既如此其濫，則先賢之名以僞亂真，必爲諸賢所震怒，揆諸賢之心，祠且可廢，乃更欲于此講學論道，固爲有識者所羞稱。今執事捨此創彼，得毋以是與？然執事地望并歐陽公，才識并歐陽公，不難于六十九人外毅然進退之，不以一時情面爲嫌，而以千百世是非爲準。昔程明道有聖人本天、佛氏本心之説，以爲儒與佛毫釐千里之辨，況同爲吾儒，其毫釐千里有不待辨而自明者乎！紀僧真得幸于齊世祖，請曰："臣本武吏，階榮至此，無所復須，惟就陛下乞作士大夫。"世祖曰："此由江斆、謝瀹，可自詣之。"僧真承旨詣斆，登榻坐定，斆顧左右曰："移吾牀遠客。"僧真喪氣退。世祖曰："士大夫故非天子所命。"彼僧真第乞作士大夫，以天子之命尚勿與，況未有天子之命，而所關又在忠孝理學之大，執事亦何所憚而不爲哉？祠旁爲歐陽公祠，我郡人立以報公者。近見某主簿假爲公署，敲撲之聲盈耳，糞土委積，甚非所以妥賢太守之靈。乞諭歸本署，或他移，幸甚。某再拜。

——《學文堂文集》卷九

與駱太守請修復忠義祠書

〔清〕陳玉璂

執事近于敝城忠義祠旁隙地創建延陵書院，振興理學，厥功匪小。僕思忠義祠諸賢大節懍懍，正談理學者所宜惕然，第其祠日就傾壞，恐無以作人觀感。按志，祠遞圮遞葺，皆一二賢太守主之，其名并諸賢不朽，今日捨執事誰屬！當宋室既衰，天下播遷。德祐間元兵再攻常州，朝廷起姚公訔知州事，命副統制王公安節將兵守之，又以陳公炤爲通判、胡公應炎爲節度判官以佐。

四人者誓以身徇城，調粟繕器械，募兵日夜訓厲。食且盡，元將諭降，堅不聽，截紙置盂中若湯餅狀，以示食。炤遣子應霆乞援平江督軍文丞相天祥，丞相遣將赴之。麻士龍戰虞橋死，尹玉戰五牧鎮亦死，城中益不可支。管轄徐道明，天慶觀道士也，亦決策姚公，公曰："守之不得，死而已。"道明出謂其徒曰："姚公欲與城俱亡，吾屬得爲義士矣。"城陷，崇縱火自焚死，炤、安節、應炎猶斂兵巷戰，被執，罵不屈死。武進尹包圭及道明俱死，而莫謙之者以宜興僧起兵，亦戰死。城既破，元將又諭降，舉城無一人從，遂屠。文丞相作詩哀常州，以常州比宋睢陽。危素作《元史》，自言分修忠義傳，常州事得備書，猶恨死者多逸其名。又曰天地有大經曰忠義，夫惟有道之朝不責其抗而錄其節。至于倒戈輸款者，雖爵賞之，未嘗不薄其行。僕嘗讀是言而偉之，執事素以忠孝自矢，表揚先哲之心無不至，一祠脩葺費亦無幾，況當書院創興之時，工用尤易爲力！僕嘗見忠臣孝子之祠，幸而有賢子孫守之，至不墮廢，否則假浮屠老子之徒，得僅存一二。兩者皆不可得，則望生其地好義者爲之，而好義者往往以貲費難辦，付之慨嘆，于事卒歸無補。必得賢大夫起而倡率，將見聞風樂善，自不乏人。昔孔北海表鄭公鄉，過者莫不起敬，則所望于執事豈小哉！某再拜。

——《學文堂文集》卷九

與張邑令議復濟農倉書

〔清〕陳玉璂

敝邑數年來水旱頻仍，饑民流離遍野。昨執事大召縉紳，議設粥廠數處，各蠲米穀，付司事者給散，僕雖貧，敢不悉索，仰遵執事命！第僕思古人有言，救荒無奇策，非無奇策也，以爲救之既荒，不若備之未荒之日。《周禮》大司徒以荒政十二聚萬民，未嘗不旱而以不瘠告，未嘗不饑而以不害聞。語云"三代而上有荒歲，無荒民"，此之謂也。敝邑向有濟農倉，明洪武間奉詔設豫備儲糧倉四所，在東西南北四鄉，其後則合并郡城濟農一倉。今太平倉旁故址猶在，僕十年來所交當道莫不激切言之，冀其修復，或以工用畏難而止，或以迂緩竊笑。今觀執事仁心爲質，不以僕言爲河漢，欣然以爲可行，故敢復奉書，并以古人已行成法向執事詳述之。僕觀唐宋以來雖有社倉義倉之不一，大率皆常平遺意，蓋莫善于常平，莫不善于義倉。義倉之法，凶年則散，豐年則斂。其初未嘗不善，然官與民償貸，其弊易生。況償貸必寄之里胥，詐冒之事必多，甚至與貧民通計爲詭詞，而斂散之粟無幾矣。且有借止一石，或償至數十石不足；借止一年，或徵至十數年不休。故細民有寧賣子女，甘流徙而不肯窺倉廩之門者。常平則不然，豐年穀賤則增價而糶以爲備，凶年穀貴則減價而糶以濟饑。願糴者予之，無所强；受糴者去之，無所追。其利常周而本不仆，故公私兩便。今濟農倉不能即復，太平倉尚有數椽，可因陋就簡爲之，以濟農之名而行常平之實。平時多方那融設法，遇豐而糴委之富民，以計其數，雖官有大役，亦不許借支。及時凶而糶立法，使糶不出一人，人不過一石，而又嚴爲之防，俾所糶皆貧民，而富者無敢侵焉。且執事亦知濟農倉之創而旋隳者何哉？奉法者營私自便而法不行也。今民之以貲賜爵及補吏胥者，有不以金錢乎？諸公田租税有升斗入乎？城旦者必以粟贖乎？則今日固未嘗貴粟矣，而郡縣官又不以贖鍰餘羨貯之，以備不虞，徒法外横加箕斂，投一訟牒，輒計有力無力耳，非大較曲直也。爰書已定，復加之罰，及所罰非穀，所入又非倉。民當豐歲而吏能凶之，況暇言備哉！僕尤有慮者，吾鄉賦役煩重，昔之民以有田爲樂，今以有田爲憂。是以庶民之家有中人之産者經營爲吏役，閭里莫不誇榮；務本而力農，則鄉黨笑以爲拙。將爲農者日寡而田畝之荒蕪必多。今日勸農之令似宜急行，毋曰錢糧考成日嚴，徒以鈎摘敲撲爲能，而昧所自出也。惟執事垂察焉。某白。

——《學文堂文集》卷九

重與吳子瑞書

〔清〕楊 椿

昨在館與足下言唐荆川、王思質事，會足下有他務，未竟所云，今爲足下畢陳之。世傳思質之死由於荆川，蓋以荆川曾劾思質故也。今考之實録，荆川之劾在嘉靖三十七年九月，思質僅降俸二級而已。明年二月，把都兒辛愛等自潘家口深入，御史王漸、方輅劾思質，并逮順天巡撫王輪以下，詔調輪外任，革總兵官歐陽安、參將高延齡、徐枝、提調李廷鎮職，俱逮問，思質尚停俸自劾，未逮問也。五月辛巳，輅再劾思質，遂詔逮下獄，而荆川在南討倭已逾七月。三十九年冬，思質死，而荆川先半載卒於泰州舟中，不及見其事矣。是思質死乃輅所爲，於荆川何涉！薊鎮兩關十區軍九萬一千有奇，逃亡者三萬三千有奇，見守邊者五萬七千有奇。軍額既曠，練習又疏，荆川奉命查閱，安敢不奏！其劾辭云"積弊之極，勢不得不出於此"，蓋深爲思質解也。思質孫士騏《馭倭録》云九邊練兵總尋常套數，順之胸中素具甲兵，未免求全薊鎮。是荆川劾思質，雖思質子孫不能爲思質諱，亦不能咎荆川也。使思質死果由荆川，士騏肯以其祖練兵爲尋常套數，反頌荆川爲胸中素具甲兵也哉！李于鱗《思質傳》云御史方輅受草都御史鄢懋卿，言思質病悸不任事，當罷，遂下獄論殺。僕幼聞鄞縣萬季野云，思質以潘家口之役恐把都兒等入寇無已時，欲請歸又不敢，念帝素遇己厚，有劾罷之者，帝未必從，以懋卿同年相契，力懇之。懋卿云上於邊事嚴，喜怒叵測，不可劫，遂止。輅者思質門人，年少喜事，思質屬草付之，首言思質失策者三，繼言可罪者四，以順帝之指，冀息帝之怒，末言宜亟罷爲民，別選才望代之。夫失策至三，可罪至四，不請行誅戮而乃言宜亟罷爲民，非思質自草而何！疏上，帝果大怒，如懋卿言，是帝之殺思質，雖輅所爲而實思質之自殺之也。傳云輅受草懋卿，蓋懋卿爲嚴氏客，思質或以草示之，怨其不先爲之地，後又不力援，故遷怒及之耳。不知懋卿此時不敢援，亦實不能援，又何從爲思質地乎！議者又云思質獻古畫於分宜，荊川以閉口喝六證其爲僞，分宜因切齒思質，實之極典。又云荊川死，弇州兄弟實遣客刺之。夫閉口喝六，東坡、公麟故事，無預荊川，荊川死在思質前，弇州兄弟豈忍揣其父必死而先爲此報復哉！小人之好議論，詆誣先達，類如此。足下毋爲所惑，幸甚。椿頓首。

——《孟鄰堂文鈔》卷二

救荒投當事書

〔清〕蔣汾功

伏以荒政，國之大事也。某愚生未任民社之責，詎足以知當世之務！竊觀今日所行，多與古人異者，敢率其管窺，以具論當世之得失，惟仁人君子擇處其中，幸甚。蓋今之法有三而已。一曰禁糶。其法曰凡境內之民粟無與外邑，違者罰。愚竊非之。天地生財，共相流轉，境內之粟有盡而外邑之來者無窮。境內既不往，則外邑亦不來，是自蹙其生路也。一曰平糶。凡境內之粟，酌其價每石若干，多者罰。愚又非之。諺曰"價高來遠客"，言四方聞者衆也，聞者畢來，物將自賤。今務抑其價，則聞風必無來者矣。直相視於境內之民，彼富民非盡無良也。人情莫不先己而後人，彼亦豈能常自保，惟堅閉不出而已。一曰勸分。二者令既不行，縱行無益，於是量其家計，科某戶若干，違者呵之，曰："爲富不仁。"愚又非之。彼誠不仁耶，長民者自治之，無庸假手於勸分也。富民亦有二，其不肖者或因以爲利，若賢者未始不願施，而恩自上出，則其心不服。且富室貧之母，而游惰者先王所禁也。既用勸分，則游民愈得志，而富人反若有陰事爲其所持。推其心，直欲使偕貧而後己，此豈爲民父母之意哉！今貧民既已生心，而富民又偃蹇不服，其勢相持，將必有攘臂揭竿以禦人於鄉曲者。長奸誨盜，非細故也。竊以謂今日之患，惟在無誠心任事之人。平時積貯，既與吏胥相侵漁，一遇天災，拱手無策。又見富民少而貧民至多，富民常自愛，而貧民一無顧忌，輿情洶洶，勢難驟回，聊以嫁禍而苟免吾責耳，豈真有愛於貧民也哉！且執事近日屠禁甚厲，果如所禁，亦足干天地之和。何者？禁屠則必私鬻。聞之私鬻者，必閉其口而屠，則豕之死愈酷矣。或不幸爲利胥所獲，則攘其肉而屠者予杖。夫傷人不問馬，聖有明徵。今以殺畜之故而傷人，無乃與此異乎？狗彘食人食則檢之，未聞食狗彘而罪之也。某幼讀《孟子》，嘗疑梁惠王自詡以盡心，及思其移民粟於兩河而民晏然聽命，當時必具有經畫，特所行皆補苴末流而失其本，孟子猶且非之。今欲求如梁惠之盡心，何可得也！竊嘗妄論經濟不本於性情，天下必無善治。誠心任事者，其性情存焉爾。性情所存，雖損己以益人，猶將爲之，奈何乎損人以自便其身，嫁禍以要譽於民乎！爲今日計，必先稽積貯。積貯不可恃也，則貸粟於富民，多寡聽民所自出。官給以約，令於秋徵時按數捐其所輸，輸稅必有費，以白易糙。異日準其兌費之數，則彼固已獲息矣。且大署其名曰某戶某月日貸米若干，次第書之，以爲衆勸，以爲民德，則富者不亡厚實而兼獲美名，人孰不爲也！然而設簿置胥，則出納期會間，吏即緣之以蠹民。故夫誠心任事，雖非一耳目手足所能辦，要必時鈇於心，弗假吏胥以權而可。或謂若此則便於富民而大不便於執事，是不然。爲政而思自便其身，茲民所以無所托命也。古之宰天下者，有言曰："天下匈匈，某當受難。"宰郡邑者何獨異焉！且執事於民則父母，而富民猶戚族鄉黨也。子有疾苦顛連，坐視不一引手救，而諉諸戚族鄉黨，自謂得計，可乎？或謂執事乘權而布，今若乃爾，後殆難爲繼，是益不然。夫權者勢力所存也，順民欲而導之，則甚易而有功；拂民欲而強之，則相激以致敗。至其可繼與否，在人所自處耳。計執事一歲秋徵之羨不下萬餘，韓文公所謂費閣下一朝之饗而足者。以今計之，未及費執事半歲之羨，已辦此綽有餘裕矣。且上官聞之，必多執事之治行，寧轉有督過於執事！執事省上官之奉以益貧民，當亦上官所心許，縱其以此獲戾，當亦執事心所安也。今使長民者義形於內，奮不顧身，至誠惻怛以紓其艱，則富民之願施者將不令而自行，薄味省愆，痛自刻責，以答天譴，則屠沽吏胥之作奸者亦將不禁而自止。匹夫爲善於家，鄉之民猶有聞風畏慕者，況仁人君子居高而唱者乎！若夫救災之道，則有宋名賢成法具在，倣而行之，斟酌變化非難也，然不得其人猶之無與耳。其他利弊纖悉，有未能更僕數者。

康熙四十八年五月日，邑人蔣汾功謹具聞。

——《讀孟居文集》卷一

與志館總纂盧學士書

〔清〕趙懷玉

自六月以來，舊疴時發，兼之暑氣鬱蒸，出門數武，頭目作暈，是以久疏攀謁。日者偶詣志局，見先生榜書局中責郡城士夫，并責某於甲科一門獻替不當，讀之皇恐無已，覼縷苦衷不敢求白，然有不能遽默者，惟先生垂鑒焉。先生來常州，某首荷盼睞，不以其謭陋，進而教之，或獻芻蕘，輒蒙采納，每感淵乎若谷之意，故凡可盡力者亦必爲之。前錢樹參大令以甲科門見示，述尊旨或有未詳，不妨各抒所見，某無前代登科録，乃以清本屬之大令，亟將近科草稿略一展閱，見臧君在東條繫近人履歷訛舛不少，縣分及中式前後亦多與體例未符。既辱誶諉，又忝參訂之末，恐臧君密於考古，疏於證今，故寧蹈多言，就管見陳瀆。私心以爲言之而當，或邀許可，即不當，亦必明示，乃先生不顯斥其非而以漫從教導相責，豈未揆其夙心耶？抑實諒之而姑假此以發端也？志局當李景叔太守去任時，其勢已欲中止，某與局內數君子昌言於衆，銳意振復。開局以來，統計書捐不下四千餘金，除官捐外，納錢亦不下一百三十餘萬之數，局中經費賴以支持，得至今日。今先生謂諸君有意阻壞，不欲成書，此不惟某不甘受，恐令以前銳意者因此而灰心也。敝郡聲名文物本不足稱，卑鄙齷齪，誠所不免，而慷慨好事者間亦有之，特有心人往往願力相左，茇由楷柱，較之貴郡獨任其事者誠遠不如，較之六邑薦紳立意派田，不爲齊民之倡者，孰爲卑鄙，孰爲齷齪乎？先生不加區別，概責郡城士夫，無怪郡城士夫皆以六邑藉口而觀望不前矣。其言曰：“辟如八家同延一師，而欲兩家獨肩其費，此實不能。”所見雖小，然識大體者有幾，安得盡人而喻之！酧費月盡方給，誠近市道，詢之局中，僉云此例昉於景叔太守，寫手給費仿此以行，則其咎亦不盡關主持局事者，先生何不察之？總之此事前李太守不豫審敝郡情形，以爲費可尅期而集，遂遽開局於前；後李太守長厚待人，不肯發之聲色，以致因循於後。遞呈之初，鄙意原欲公函告之錫山相國及各邑之有位望者，然後舉行，而稚存輩又迫不及待，直至開局後始行通知，故六邑之人多不踴躍。今攝府事金侯極意整飭，不以五日京兆爲念，誠足風屬末俗，無如局勢闌珊，人心渙散，雖有善者，幾難措手。試思上官不能必之僚屬，當事不能必之部民，而謂誼屬桑梓，能以勢力相强乎！可支者不能支，應納者不即納，書捐者不肯書捐，雖起儀、秦而說之，恐亦未足動其聽也。夫炊塵甑以果衆腹，張空弮以代萬力，雖巧婦勇夫，人固料其鮮濟，況本拙弱者乎！即使支者能支，納者即納，書捐者竟肯書捐，而六邑經費不交，志稿必不送局，懸筆而待蕆事，終屬無期。浮費虛糜，月復一月，苟無成書刊示，縱士大夫無言，何以塞齊民之謗乎！百年文獻，廢墜可憂，幸遇宗工，以爲曠世之舉，而又將中輟，此某所以獨處一室，時爲長太息者。萬一新任府公有過人之才，居然振興，固所大願，然而未可定也。至某應納之費已盡納矣，有可展籌者亦盡言矣，此外則非區區之力所能及矣。以先生有知己之感，恐未深察，不憚冒昧，先布此於下執事，惟先生垂鑒焉。即日秋凉，想道履清勝。賤疾幸亦少差，早晚再圖趨侍。不次。

——《亦有生齋集·文》卷十

上黄南坡太守論志傳義例書

〔清〕蔣 彤

彤不肖，竊自發願二十而治經，三十而治史，何以言之？古人十五入大學，九年而大成，想古人當廿四五歲已能通經致用矣。三十而立，方當初試爲士，通達政事，以行於世。今人學問節候遲緩，那得如古人，而大致節次不可差。故彤自二十以外即究心《喪服經》，由此以達於朝祭諸典，共成書數種，而質性凡陋，於先王制作原本毫未有窺，恩恩不覺，已屆立境，深自愧懼無成，不能通知古今。年三十一即究心三史，日讀數葉，如學子之朝課；日覽諸史，如學子之理書，而迂生結習乃在文章，於理亂得失不甚理會，於馬、班措辭立篇之法時時私爲窺尋，若有所見則筆記之。三四年來積成數卷，題曰《史微》，意在表微也。由是稍稍學爲誌狀傳記之文，苦時氣隨筆即至，不可擺脫。前年壽陽祁學使將其尊甫所著《蒙古回部王公傳》，意欲改爲編年體，彤與編次之役，始知史家裁翦之難，始知司馬公《通鑑》融製之妙。去年適開志局，以彤之鄉野末材，亦得濫厠其間，俾得習鄉邦文獻，僭擬傳稿，其蕪蔓遺漏深自知之，又妄謂用古人義法殊可耻笑，凡有攻其短而摘其瑕者罔不應手改定，一人之見聞有限，當時之檢點亦易疏也。謹擬志傳義法十有八條，恭呈公祖大人折中定論，則在彤有所準憑，外議自然消息，無任戰栗干瀆之至。

名臣、武功、忠義、宦績，其實不立名目最合史法，朱、唐兩志有人物門，是其例也。

班氏聚經師爲儒林，《南北史》《新唐書》并同此例。宋元以下經術微而道學盛，遂以講理學者列爲儒林，《明史》亦然。本朝經學大昌，國史遂以經學、道學合爲儒林，今用此例。

班氏書所云藝術者醫而已，工書畫者實宜歸之文苑。歷考舊志，能詩文者爲文苑，能書畫者爲藝術，筆精墨良之士竟與醫卜同科。然相仍已久，今亦不殊，其視稱爲方伎者稍稍安協矣。

祖父有仕宦者必追錄，此班孟堅《漢書》法也，而李延壽《南北史》叙述世德尤詳，重門第故也；尤重氏族，受姓所自始，雖遠必書。今略仍其意，因事故更姓者不略。

古人最重屬籍，自某徙某，史傳多有此法。今略仿其意，高曾以下其遷徙可考者所必書。

史傳中叙一人，必冠以某郡某縣，不必專傳爲然，即於他傳連類及之者必係以地。此法詳於《漢書》，而司馬《通鑑》爲密。今人作傳狀輒云某公，或舉其謚，或舉其官，殊令人惝然。今略仍史法，如宦績傳中牽涉當時大官，其屬籍有可考者係以地，即不然亦必直書其名，其兼書謚法者志例也。

一人身歷多官，書不勝書，又不可略，故諸大臣傳中往往直砌某官某官，不必詳叙某年轉某官，某年遷某官，此亦《漢書》法也。范蔚宗《後漢書》、王偁《東都事略》叙官頗詳，多用其法。惟自内官特放外任，必書其年；九卿轉侍郎，侍郎轉尚書，尚書加協辦，必書其年，必逐級叙次，以中外殊局，尊卑異分，所係者大也。

科分歷官直書某年，不書甲子，此亦史法也，欽定《明史》皆用此例。古人惟書日用甲子，自《尚書》《史》《漢》皆然，今人作傳狀及志乘無不用甲子者，往往至於淆亂。今詳考古今紀元支干，悉直書其年，則一覽可了。

人之真精神、真力量，多於閒中呈露，霍光功業足配伊吕，孟堅特紀其進退殿中不差尺寸一節，輔相昭、宣兩朝大事不可勝紀，而皆不書，惟載尚璽郎不肯授光璽，光增郎一秩一事，此二事在光爲小德，然廢立大節即基於此，此謂閒中呈露出真精神、真力量也。三史并同此法，而《南北史》尤甚，則涉於纖弄。自唐宋以下諸史，則此法不復講，州郡志尤非所論矣。今仿其意間載一二小節，亦必取其戛戛異人者，非瑣悉也。

居相位則有匡弼大綱，宰百里則有聽斷茂績，分各有當則體要可立，故同一宦績，叙州縣則以發奸摘伏爲能，監司以上則庶獄庶慎，何能殫述，惟宜載卓卓大者而已。至於尚書、侍郎與官於外者不同，無一一事實可録，則渾寫大體以見其大概，一二細務雖可稱述，而不稱其位，闕而不書，則文體乃覺純完，兩漢諸大臣傳往往有此。

古人稱史才，才者裁也，序事有裁制之爲難，其要惟在辦輕重而已。一人有數十事或數百事，一一羅列，何以成文！宋子京《新唐書》自矜爲事增文減，而不知其病乃適在此，事欲增而文欲減，不得不以删節爲要法，遂使載十事無一事得具首尾，宋元以下大都坐此。班、馬則不然，傳一人必擇其人尤異之事而叙之，使曲折并到，上下四旁畢奏，如項羽鉅鹿之戰、垓下之戰、韓信井陘之戰，霍光廢昌邑，陳湯斬郅支，李陵降匈奴，摹寫逼真，鬚毫欲動，惟其脱略多少細處，乃得全力注此文勢，如萬仞峰巒，必數十里平衍以盡其勢，此法惟三史深得其妙。今人叙事如砌壁相似，無起伏頓注之態，由無裁制而然。志傳無大波瀾，得其意庶幾稍辨去取，如洪稚存、劉印全諸傳，頗用史家裁制法也。

一人有一人擅長處，則作傳便宜從此人擅長處立脚，如李將軍善射，通體皆説射，即載文亦然。賈誼傳中多載政事之文，匡衡傳中多載經術之文，鼂錯傳中多載兵事之文，劉向傳中多載諫戒王氏之文，趙充國傳中多載誅服先零之文，文各以其類也。今錢文敏精於律，則所載皆駁正刑典之文；管松崖長於治漕，故所載皆轉運之事；莊方耕長於治經，故通篇皆經訓中語。非無別節，刊落之，使文體純一也。

三代道化昌和，兩漢經術深茂，故詔令奏疏一律醇雅，自明以來案牘之辭類同口語，襲而不改則文章日益鄙俚。《漢書·淮南王傳》謠曰"一斗粟尚可舂，一尺布尚可縫，兄弟二人不相容"，《漢紀》作"一斗粟飽逢逢，一尺布暖童童"，蓋其原謠也。乃知古人爲文襲意不襲辭，載謠諺且然，況言關政治，可無刪潤之法耶！

班孟堅論司馬之書曰"其文直，其事核"，師古注云："核，堅實也，百果之核無不堅實。"叙事義法，堅實二字盡之，無虛假，無疏漏，乃得堅實。核無定形，隨物爲大小。試讀《史》《漢》中傳，長者數萬言，短者數百言，有一字不堅實否？故文無論短長，總有天然結構，如銅就範，有不可增減意。是無他，文潔而事信也，此全在識。子孫罔不欲張其祖宗之美，以明識臨之，如老吏治獄，支辭遁辭洞見底裏，虛美不蒙，真狀自露矣。

神奇而識偶，氣奇而形偶，五色相配謂之文章，如留侯傳中圯上老人授《陰符經》奇矣，偏有商山四皓來輔太子，不益奇乎！霍光傳承武帝而相孝昭大矣，偏又廢昌邑而立孝宣，不益大乎！此之謂物必有偶也。以此法讀《史》《漢》，處處皆是，故傳中叙事必求其偶，乃得文氣雄厚，姿趣橫生。邑志之與國書，雖大小不同，其法亦隨在寓焉矣。

大賢以下不能無過，瑕瑜不掩，乃見其情。《史》《漢》每傳一人，使全身活見，故美惡畢達。自唐宋以下諸史，幾於土木形骸，了無生趣。美惡雖備，亦存其厓略而已。州郡之書義同誌狀，循隱惡揚善之義，有不得放筆爲直幹者矣。

《史》《漢》聯數人合爲一傳，皆有深義。如屈、賈相去數百年同傳，楊王孫羸葬，與折檻之朱雲同傳，非深知其意者，真如夏蟲不可語冰矣。志傳縱不能用史例，然人之名位相埒、情行相近者，似宜使之以類相從，不必甚拘年世也。

古者地志之書本不以人物爲重，如史能之《咸淳毗陵志》，傳亦寥寥數行。其著述本旨不係乎此，然古志簡覈，其次述一切惟在提綱挈要，無甚紛繁，適與人物一門相稱。自明以來，踵事而增，每立一門類，無不詳貫，則人物爲一邦文獻，尤不得過略。今擬將正史有傳者從正史，朱志有傳者從朱志，唐志有傳者從唐志，陳志有傳從陳志，自陳志以下則從董志。《後漢書》《三國志》中僅一二篇則全載之，良史可貴也。六朝則以《南北史》爲主，其文繁無當者則刪之。宋齊梁陳隋各史有事不可刪，而《南北史》竟不載者，則細書分注其下，不參入正文以亂其例。唐則以新書爲主，《舊唐書》中所可采錄者細書分注其下。《宋史》，後儒多議其冗，然久列正史，頒在學官矣。王倣《東都事略》其文章純簡有法，較勝《宋史》，其有異同互見者亦分注其下，所以尊正史也。自明以下年代漸近，人家傳狀多有可據矣，然其人名載正史，自宜直錄史文。其家傳誌狀亦分注其下，則體要立而事迹賅矣。朱、唐志傳多完善，陳、董任意刪節，往往失其真面目，其歸類尤不確當，如唐志人物，陳取之入孝友或宦績，往往收其輕而棄其重，遂使此人全體俱失。今悉還原本，其可汰者稍稍減省，亦非固執必遵舊文也。陳、董兩志所創撰諸傳有傳狀可參合者，悉爲裁酌，無則仍從原本，亦不固執也。如此則卷帙幾再倍舊志，亦不爲過多。舊志中人物，武、陽各一大卷，本與全書不相稱。今志有記有志有表，體例全仍正史，而數十卷之書僅得一兩卷之傳，亦覺多寡不倫，況今日志乘即他年史料，似不可爲欲減省卷帙而從略也。

此事節目甚多，不可言盡。大約不過數端，曰言必雅馴，曰義歸師法，曰敘事具始終，曰論人辨輕重，曰汰繁以立體，曰比類而成文，曰審核以昭信，曰隱避以隆誼，如是而已。

——《丹棱文鈔》卷四

上常鎮道喬鶴儕觀察松年書 咸豐六年

〔清〕楊金監

竊查常州一郡，上連江、鎮，下達蘇、杭，地狹民稠，貧多富少，向來中稔之年，除輸納正供之外，存米無多，全賴商販通流，接濟民食，遠而四川、江、廣，近而通、海、廬、和，客販連檣，終年不絕，故有"運不空西北，填不滿東南"之諺。自逆匪盤踞鎮、揚，江路不通，儲積已形支絀，況自三年以後，戒心風鶴，戶少蓋藏，有米不敢存倉，有錢不敢糴穀，以致家無蓄積，行棧空虛。入夏以來，迭遇旱、蝗，常州各屬被災較重，此時正在新穀登場之際，而米價翔貴，旬日之內，價長逾千，中等食米，每石價四千七八百文至五千不等。距麥熟之期尚有二百餘日，此半年中室如懸磬，野無青草，民心易動，餘孽猶存，數百萬災黎作何安置？大公祖大人留心民瘼，所當仰屋而思、借箸而籌者也。此時通計產米之區，惟閩省臺灣一府最多存穀，可由海道徑達上洋。近得閩中九月十三口信，米價每石值銀一兩六七錢不等。合計常州銀價，每石不過三千餘文，加以水脚、折耗，極多不過四千文，總可上棧。若赴臺灣採買，輾轤接濟，方免乏食之虞。然採買既乏庫儲，招商又無善策，惟有官督本商湊銀自運，委員奉批督辦，趕緊料理，不過百日，頭批可抵吳淞。若得臺米源源接濟，上顧軍需，下濟民食，則士皆騰飽，民慶含哺，江左安危在此一舉。伏乞轉稟制憲，妥議長策，迅速施行，飽德依仁，實無涯涘。

再，軍儲民食，非米不行，帑項雖多，無米立匱，所以救灾克敵，惟米爲先。而客米運蘇，惟有臺灣一路，臺商所以不販米者，一恐犯通洋之禁，而又恐課稅之多。今若奉批采買，奏請海關免稅，二者均可無虞，惟必須本商倡導，各商方無疑畏。而本商運米，遠隔重洋，明知有利可圖，亦且望洋裹足。此時一面咨會閩撫委員赴臺，定價采買；一面由糖行會銀，分別交收。本商各齎貨本，無論多寡，均赴上海糖行交納，委員督收，由行給與收票，俟運米到口，按照銀數交票領米，聽其照依市價轉運各縣，僅須憲委官紳二員，一在上海兌銀，一在閩省發米。通計運到三四十萬石，便可支到麥熟之期。頭批倡行，止須一二萬石。臺米一到，民心自安，囤户既免居奇，各商必多趨利，事半功倍，速於置郵，酌劑盈虛，莫此爲要。但本商資本無多，豈肯以重資假手於人，遠陟重洋之險！今有可乘之機二：目今銀價平減，曹紋每兩市價一千五百餘文，閩省九九三色九七三平，值鐵錢五千六百，值足制錢一千九百餘文，是以銀赴閩，有盈無絀。閩省洋錢通用，穿破爛板，俗名"琫佗"，常州現用公局洋錢，合計净洋不過八折。若挑上等局尖到閩，可作净洋，其爛板之極不堪者，尚作銀七錢二分，是以洋赴閩，有盈無絀。乘此花洋不通、銀價極賤之際，勸以銀洋赴閩，既可銷售滯積，又可大獲盈餘，各商自必樂從，刻期必能湊集，此機之可乘者一也。江蘇米市，以錫、金兩邑爲最大，向來棧儲米石，多至二三百萬，少亦七八十萬，各省客商連檔接楫。今年七月旱象已成，即有奸商囤户蒙蔽縣官，遍行出示禁止出境，以致土販無從糶買，客商恐其遏糶，不敢運米。本地既遇奇荒，加以兵勇、客民坐食者不下數十萬，丹陽、金壇、句容、溧水農民失業，皆仰給於常州，常州尤仰給於無錫，而錫、金米行顆粒不准出境，此時已經缺米，將來必致斷炊。向來牙行代客買賣，豈有但買不賣，致使軍民無可得食、客販無可招徠之理！霸市阻商，必致數十萬兵勇、數百萬生靈枵腹從公，束手待斃，其心誠不可問。相應稟請制憲迅發委員，先將錫、金兩邑各米行棧，盡行封閉，勒令繳帖，募商接充。一面訪拿囤户，如果該行户畏罪輸忱，即令具稟公湊銀洋赴臺運米，轆轤接濟，以三四十萬石爲度，各具切結，即日趕辦。在該商等既已免罪，又可獲利，自必樂從，此機之可乘者二也。如果採辦臺米，至速亦須三四月之久，其到蘇之日，正來春青黄不接之時，此時已在燃眉，遲則噬臍何及！惶急待命，冒昧具陳，是否有當，伏乞憲裁。

——《邁園文鈔》

致李次青方伯書

〔清〕趙烈文

先恭毅公嚴鯁性成，不能與世俯仰，以此得結主知，而亦大爲同朝所嫉。官沅撫時，兩被閣學宋大業、提督俞益謨誣參，幾罹不測，賴聖祖曲賜保全，得免奇禍。官户部時，又以議駁優人徐彩官之獄，得罪藩邸，顧眷隆望重，不可動搖，怨家無所施其技，遂一於公之子弟發之。五十六年，先五世伯祖侍讀公同官花色誣訐記注一案，吏議必欲移讞西曹，置之死地，聖祖三次折本，而攻者不已，終奉效力西陲之命，蓋以文字之獄觚稜在近，然不死幸耳。是年復有先五世祖太原府君之禍，抄籍株連，累及三黨，恭毅痛子慘死，未及二年謝世，侍讀奉敕奔喪，不數月亦死，而後群小大快。嗚呼！直臣之不可爲，至此極矣。太原恪守家教，不敢稍越尺寸。官太原時，有發左都御史興化李柟私書一案，以此尤叢群鏑，其黨借山西學道保留巡撫之事，肆其影響彈射，會事白，誣者皆坐譴。至此獄則中外并力，自巡撫以至原籍官司遍置私人，劈空誣贓三十餘萬兩。摘印之時，即委道府等官及巡撫家人入署搜檢，僅有銀八百兩，内二百兩尚係四十一年西巡恩賞之物，嚴刑逼繳，將所有衣物、器皿、書籍等盡行變價，爲數亦無幾何。又以清查隱匿爲名，將山西省城内店鋪經紀及寺廟僧人逐户搜拿，夾訊監禁，及行原籍查封，而薄產寥寥，難於開報。遂羅織三黨，凡有饘粥田數頃者，輒繫之獄，盡籍以充數，顧較坐贓猶相去天淵。聖祖漸知其枉，概免查追，并發還原產，而太原則已枉受東市之酷，不可復雪。嗚呼！人生冤痛孰有甚於是者。往事已矣，所賴後之載筆君子深察當時事理，一洗誣妄，俾沅冤雖虐於一時，而公道終伸於異日，九原之下庶幾稍慰。伏維尊書爲文獻之所薈萃，後世史氏必當取材，乃於恭毅傳末及額稜特傳述太原之事，皆僅據官書所載，不加夷考，是太原既窮冤極酷於康熙之末，復申明定論於同治之初。前者之獄，世猶以官書不必盡信，今則出自私家紀載，遂將與竹素同朽。烈讀至此，未嘗不掩卷流涕，慨曲直之難明、載筆之不易，而上下數千載蒙冒不騭者非盡實録，爲大可痛也。由今論之，以烈爲太原之子孫，文飾其祖之過，虛辭掩蓋，何所不可！夫恭毅之侃侃，非私其子者明矣。四十五年奏辦臺臣指參世好固結一疏，詳載太原得罪於李柟，爲眾口所交責，及臺臣蔡珍文致周内之辭。侍讀之忠信悃款，不欺一物，亦非私其弟者也。五十七年直陳迫切下情一疏，詳載太原任所抄檢、原籍查封始末，乃至太原僅僅受分田四十餘畝，侍讀亦僅有田二百畝，願一并變價入官。試參而觀之，則太原之致禍及獄之莫須有，奚待言耶！今其疏一見於貴省刊行之《自治官書》，一見於寒家刊行之《裘蕢公剩稿》，非烈所得而增減撰造也。不徒是也，曩嘗輯朝野紀載、信札公牘，爲《汾水奇冤錄》一卷，蓋同時僚友無不知其誣者，特莫肯於大廷明辨之耳。竊又嘗讀康熙中年聖祖上諭，有云近見諸臣黨同伐異，私怨相尋，牽連報復，逮於子弟。公家之事置若罔聞，而分樹黨援，飛誣排陷，迄無虛日。是當時朝端之水火及誣罔行私之習，久在燭照，第兼容并蓄，至大至寬，故不汲汲以澄敘爲先，而宵小得以涵泳窟穴於化育之中，至暮年而文網益寬，鼓弄益甚，其時其事，可按而知也。烈既痛先世之禍，且念尊書之成，所貴傳信異世，苟錄取鍛煉之辭，使賢奸黑白無以明辨，又何以重筆削示徵勸！不勝爲我先生惜之，故敘其大略如此。倘不以烈言爲私，參互考訂當時之事實，重論定之，烈家幸甚，尊書幸甚。無任銜恤待命之至。

——《常州觀莊趙氏支譜》卷二十一

與人論二賢祠書

錢振鍠

昨者晋謁，得聞高論侃侃如也。振鍠之愚鈍，多有見不到處，故未敢附和，死罪死罪。二賢祠執業定東鄉夾城賴字五百六十九號分平三畝有奇，孝仁鄉東直國字十二號分平一畝有奇，合四畝一分有奇，鱗册可考。至今被土人侵占大半，先生猶指現存之二賢祠爲非二賢祠，則此四畝單將無著落，此振鍠之不能無疑者也。二賢道德功勛爲世宗仰，而荆川先生力禦倭寇，功在桑梓，《武陽合志》列二賢祠於禋祀，豈區區之淫祀可與並論。而先生若不知二賢之當祀，但云今二賢之當爲觀音堂，此又振鍠之不能無疑者也。先生深怪二賢之裔串同區書注單，竊以二賢祠基被人侵占殆盡，先生不以爲串，獨責其裔爲串，此又振鍠之不能無疑者也。單係甲寅注失，前已有單完糧，有甲寅案卷可證。先生一則曰不該其裔承糧，一則曰其裔尚未完糧，竊以爲二賢道德勛名如彼，其祠廟不修，祠基被占，皆吾郡賢者所宜引爲己任，急議恢復者也。郡人無一過問，必待其裔親自追查，已爲吾郡賢者之羞，而先生反責其裔以越分，敢問吾常名迹必待其裔完糧乎？使其裔不完糧、不執業，便可侵吞乎？其裔承糧而侵吞祠基，其裔之罪也；其裔承糧而清查祠基，其裔無罪也。先生指今二賢祠曰觀音堂也，查祠基分平四畝有奇，只有二賢祠一花户，果係觀音堂，豈有不注花户之理！譬如先生產業肯注錢夢鯨花户否？地以單爲據，天下通理，有何疑義！先生又夾雜龍王廟言之，則又未嘗深考該處最初舊基爲國安寺，二賢、龍王、武帝皆在國安寺境內，原基二十餘畝，年久失考，現今二賢祠單四畝才及五分之一，必無龍王廟基地在內。龍王廟倘別有基地，公可另覓之，決不可與二賢糾纏。若曰祠非二賢之裔所蓋，則此祠原是吾常名迹，豈必二賢之裔乃可蓋乎！幾見孔廟爲孔裔所造，關廟爲關裔所造乎！爲二賢建祠，是二賢功臣，若向二賢基蓋造淫祀，是二賢罪人。先生必以今二賢祠爲觀音堂，是以蓋造二賢祠者爲罪人也，此又振鍠之所不能無疑者也。先生之意不過侵占年久，清量非易，不如含糊省事，則保全者衆仁人君子之用心，振鍠雖愚，猶能見及，不知振鍠初意原與先生不異。唐裔每議丈量，振鍠再三阻止之矣。前日晋謁，所以只求保護，並不敢一字及清量，乃先生以爲是觀音堂非二賢祠，則吾常名迹竟將從此毀滅，此振鍠斷斷不敢附和者也。諺云"難將一人手，掩盡天下目"，今日之事得無類此。《大學》云"之其所畏敬而辟焉"，先生，振鍠所宜畏敬者也，然若附和雷同則辟矣，辟則振鍠之所不敢出也，故敢直陳胸臆，干冒尊嚴，死罪死罪。振鍠頓首。

——《毗陵唐氏家譜》第二十三册

碑　記

毗陵諸山記

〔清〕邵長蘅

毗陵縣治南三里，曰茶山，小丘纍纍以百數。若釜者，若甑者，若覆敦者，若杵臼，若馬鬣者，高廣及常，或倍常。其地林木薈蔚，多古塚。唐末，湖、常二郡守修茶貢於此，因以名，然實非山也。又南，多樹木，少山，平望百里外翠屏類削成者，爲義興銅官山。縣治以西無山。迤北，有山曰孟城山，曰黃山，俯瞰江岸，其石可煅以爲堊。孟城山，孟嘉所僑寓也。與孟城相連而小，曰孤陳山。九嶺逶迤如龍，曰九龍山。有若巴斗浮峙江面者，曰巴斗山。嘉山近丹陽界，山有白龍潭，歲旱，禱則應，此皆瀕江，距縣北八十里。芳茂山在縣治東三十里，晉右將軍曹橫葬其麓，故一名橫山。東南有山，小而高，突出平地，曰獨孤山，俗訛鴟鵠山。又南雙山夾峙，曰夾山。有曰秦陽山者，《越絕書》名秦餘杭山，蓋越王栖夫差山云，在夾山東，自縣治至此七十里。秦陽之南，多山而益奇，曰四墩山，曰許墓山，曰黃公山，黃公相傳以春申君黃歇得名。又南且東，曰陳墓山，隋司徒陳杲仁葬地，其下有龍泉，飛瀑如練。若馬鞍者，曰鞍山；三山圓合如壺者，曰壺公山。前亭山，後亭山，其形類龜曰龜山，有巖曰梅巖，有嶺曰黃婆嶺、茶巢嶺。宋張忠定公故居，曰張山。張山南，曰下浦山，其麓太湖環之。一山蜿蜒竄湖中，與馬迹山對峙，曰虎嘴山，湖波瀲灩，峰巒迴合如畫，於月夜尤宜。馬迹山在太湖中最大，上有二十三崦，俗呼廿三灣也。崦皆有居人，數百家或數十家，其土產蹲鴟，其果多來禽、楊梅、梨、栗，其獸多鹿，其草多虎齒。與馬迹山相望，曰東、西兩洞庭山，其小者曰津里、夫椒、黿、龜諸山，凡七十二峰，然不盡屬毗陵。馬迹在西，青石壁屹立，四穴圓徑各盈尺，水落則見。或曰秦始皇帝東巡幸，神馬踐迹，故名。或曰漢郁使君爲雍州刺史，經此山，龍馬駐迹石面，故名。

——《邵子湘全集·青門麓稿》卷九

太湖馬迹山記

〔清〕浦應麟

太湖皆山也，七十二峰，西北尤美。砥中流而挹洞庭者，常之馬迹山也。烟波縹緲，遼絕數百里許，過獨山而去者，山之東錫山也；山影倒湖，麓巘相接，視之若咫尺者，山之西陽羨也；由山而南，南通蘇吳，支流派別者，洞庭諸山也。北登渡口，歷苦竹、檀溪，過鈕埼、蓬坑，墅分大小，鈕界東西，新城、古寨者，東山也；涉張青，越牛塘，經伴奴，入西村、菒橋、竹塢、內閭、踏青，與夫桃花、山西，而雁門、軟藤、耿灣者，西山也。官長崔嵬，津里掩映，峰奇石怪者，山中山也；隱君雅澈，卓錫澄清，鳴琴濺玉者，山中泉也。龍虎縈迴，蜿蜒磅礴，暈如絢如，居於重湖疊嶂者，智瀾來而廢寺興也；薛蘿井上，荊棘亭中，淒然楚然，屬於風帆沙鳥者，闔廬去而暑宮隤也。禽鳥嚶鳴，蟬聲斷續，桂粟舒金，寒梅綴玉，山之春而夏、秋而冬也；日出樵歌，夕陽漁唱，披蓑耕父，杖錫歸僧，出沒於雲濤烟樹者，山之晴而暝、晨而昏也。隴頭時雨，居者荷鋤，秋風行旅，估客束裝，務本逐末，耕者耕而商者商也。登名廟廊，宦游南北，以天下為己任者，山中之禹稷也；枕山栖谷，抹月披雲，真世故於不聞者，山中之顏子也。賓來款門，主出倒屣，雞黍間設，鮭菜雜陳，命子出見，童冠畢集，山人之交接也。百歲之後，棺椁依古，戚族悲哀，舂者不相，送者執紼，易忽而謹，易忘而追，民俗淳厚，猶存古風也。至若倭奴寇湖，波濤成壍，草木揚兵，逐舟南去者，雖天之力而實山之靈也。余生於山，習知其常，余長於山，目擊其變，知山莫余若也。知山而誌之者誰？東山人，某人也。

——《重修馬迹山志》卷二

毗陵諸水記

〔清〕邵長蘅

大江在縣北五十里，太湖在縣東南八十里，漕渠東西亙縣境九十五里。大江一曰揚子江，西連瓜步，東入暨陽界，《水經》曰"北江在毗陵北界，東入於江"，是也。太湖一名五湖，亦曰具區，亦曰震澤，亦曰笠澤湖，周三萬六千頃，環三州境，故張勃《吳録》曰："五湖即太湖，以周廣五百里，故名。"漕渠，隋煬帝鑿，大業六年，詔自京口至餘杭，穿渠八百里，欲通龍舟，巡會稽。今其故道也。縣東西袤九十餘里，故渠之袤如縣。縣之湖有六，太湖最大。在縣西南者，西漏沙子湖次大，郭璞《江賦》曰"具區洮滆"是也。湖東西三十五里，南北百里，丹陽、金壇、洮湖諸水注之。在縣東者，曰東、西陽湖，曰宋建湖，曰芙蓉湖。陽湖以近陽山，故名。宋建湖，相傳高宗南渡過此云，皆不能如沙子湖之大。芙蓉湖，《記》稱縱廣八十里，彌望菰蒲荷芰，烟波浩淼，江南勝觀。湖廢，今治為田。漕渠支流，北出者以十數，孟瀆最大，瀆相傳唐元和中刺史孟簡鑿，北逕孟河城入於江。稍東有得勝新河，又東有北洞子河。益東北通暨陽，有網頭河，有澡港，有桃花港，及西北諸鄉支流，畢入於江。

南出者亦以十數，西則西蠡河最大，宜興、溧陽之漕取道於是，故又名南運河也。東則采菱港最大，并采菱港而南有興龍河，有順龍河，有華渡河，有太平河，有薛堰河，它支河以百數，畢匯之入於湖。

——《邵子湘全集·青門簏稿》卷九

毗陵水記

〔清〕陳玉璂

毗陵郡北皆瀕江，郡南皆瀕湖。昔人謂江主入，然雨潦亦泄；謂湖主泄，然旱乾亦入，皆以平故也。按大江在北五十里，太湖在東南八十里，漕渠東南亘縣境九十五里。大江一曰楊子江，西連瓜州，東入暨陽界。《水經注》云北江在毗陵北界，東入于江，蓋指此。太湖一曰具區，亦曰震澤，亦曰笠澤，亦曰五湖，湖周三萬六千頃。《吳錄》曰五湖即太湖，以周廣五百里故名。漕渠，隋煬帝鑿。大業間，詔自京口至餘杭穿渠八百里，欲通龍舟巡會稽，今其故道也。治東西，袤九十餘里，故渠之袤如之。大約湖有六而太湖最大，在西南者西滆、沙子二湖次之，郭璞《江賦》"具區洮滆"是也。湖東西三十五里，南北百里，丹陽、金壇、洮湖諸水注之，中與荊溪分界。在東者曰東西陽湖，曰宋建，曰芙蓉。陽湖以近陽山名，宋建相傳宋高宗南渡過此，然皆不如沙子湖之寬廣。芙蓉湖，記稱縱廣八十里，彌望菰蒲荷芰，烟波浩渺。昔皮日休、陸龜蒙嘗游覽于其中，唱和有詩。至明廢湖而治爲田，然一遇水潦，室廬多不可保也。縣治之水，有子城河，有惠明河，有玉帶河，有前河、後河，皆東逕新城壕，以合漕渠。漕渠支流北出者以十數，孟瀆最大，相傳唐元和中刺史孟簡鑿北逕孟河城入于江。稍東有得勝新河，又東有北洞子河。益東北通暨陽有網頭河，有澡港，有桃花港，及西北諸鄉支流畢入于江。南出者亦以十數，西則西蠡河最大，宜興、溧陽之漕取道于是，故又名南運河也。東則采菱港最大，并采菱港而南有興隆河，有順龍河，有華渡河，有太平河，有薛堰河。其他支河以百數，悉迤迤入湖。凡此水勢之大略也。予總以一邑校之，西北高而東南下。高田遠水，庤取不及，利在陂塘；低田逼水，水高田下，利在圍塍。平田雖有水之利，無水之害，然未必皆傍幹河，利在溝港。溝港陂塘所利不同，總之貴于深浚，浚深則多藏，潦不易溢，旱不易竭矣。至于市河，則城中之民所仰以謀生，亦四鄉之民所由以糞田者，淤塞日甚，則病民不可勝言，近年以來幾于無河矣。予曾力言于當事開浚，將有成議，而一二不肖者阻之，迄今如故，爲可深嘆。按《三吳水利書》云漕渠初在城內，水納南水關而出東水關，循城而東，掠龍舌尖者，爲新城東南濠，即古之邗溝。今築文成壩，徙運道出城外，水遶龍舌尖而南迤東轉北，曰舊城東南濠。又西水關入水一派，自西經東者爲子城南濠，再北一道圍環府治者爲玉帶河。子城南濠流及白雲尖西，分一支出北水關，一支順東行至八字尖，屈曲而南會邗溝者，爲後河。各河天成瀠結，江左郡邑城中流水迎秀聚氣，無出其右者。旨哉斯言！居是邦者可不加意修浚，而皆視爲緩圖，何與？

康熙己巳秋日記。

——《學文堂集·記二》

芙蓉湖記

〔清〕任源祥

出毗陵東可二十里塘行，折而北可十里港行，抵黃山橋。橋以西，鄉民市焉，魚蟹最聚處。望可十里許曰黃山，江陰分焉。比橋乃折而稍東，土人曰："此古芙蓉湖也。"余觀絶水處與閘等，内水下平三尺許，旱則稍洩以灌田，潦則四升其水，乃聚族而桔槹焉。沿山并高田若涯湖而固之，其邊水者樹而圩之，若屏其上可聚焉。考志，永樂中某某觀勢建議，凡費工役若干、糧若干，所得肥田若干。頃後稍稍圮，周文襄公葺而固之。溝塍縱橫，村烟繹絡，無貧家，亦無豪族。外人入其中，水陸皆不達，其中舟小於葉，遇壩則兩人舉之，其水阻亦無常渡，招而應者，類此舟也。舍外舟可八九里，去黃山橋十里，達史子遵傲居所，曰蘭港。港以西一里曰龍潭，居稍盛。港以東三里，得芙蓉湖舊迹，可數十頃，古湖心也，土人私之以名。港以北直黃山見舜過山，西北五里許見採菱橋。湖凡五十里，三邑旱潦如左右手，同舟之勢然也。酉、戌間獨不被亂，人業相若，舟梁不通，居民以來，無盜賊焉。史子避地自甲申始，所税屋三間，所携妻子數人，殘書數卷，日不得再食，吟咏不輟，所與遊并不識城縣及字，所聞惟機聲晝夜不絶，所見捕魚具甚奇且備，遂得與世絶矣。此中故不麥，涉冬乃漁，或潦則魚布以生。稍有桃李桑竹及芙蓉諸草，最盛者楊柳蓮花，所在村及水，二者常相依也。其先後各異種，涉五月至七八月間，熏心扇目，五十里皆荷葉也，此時香不絶於聲矣。余既兩至其地，一仲冬，觀徒手捕魚；一季夏，餌蓮實。

——《常郡八邑藝文志》卷四之下

劍井禎應記

〔明〕錢　溥

劍井在常州府城東十五里。景泰辛未春正月，有白氣亘天如虹，其年三月，王學士儼廷試第三人。明年，胡尚書濙進少傅，兼太子太師。鄉人謂是地世傳葛仙翁駐鶴之所，其氣自宋嘉祐壬寅胡文恭宿爲副樞，元祐戊辰胡修簡宗愈爲右丞，熙寧癸丑余吏部中魁廷試，邵御史剛魁南省，邵司業材魁開封，元符庚辰蔣魏公之奇入西府，率先一歲而復見，見輒有應，載諸陸元光記中，昭然可考。歷南渡入元而抵國朝，三百有餘年不復見，而人材亦未有登甲科、拜師傅如二公之克協者。光嶽之氣，分而復完，完有遲疾，應亦隨焉。昔從井中出，今從河中騰上，或井在河中，而今井蓋別穿者。地鍾靈異於人，固不限乎井，然非井無以識其地。成化五年，府同知謝公聞而異之，重植一亭覆其上，以書謁某記，將鑱石以示永久。夫天生材與地合德，氣必先之。凡一草木之華得氣之先者，往往兆瑞於人，況是氣氤氳騰達，上燭於天，下胚於地，娠賢毓秀，爲時之憲。噫！霜降而鐘鳴，礎潤而雨至，一氣潛乎默運於亭毒之表，開必有先，興必有禎驗乎？斯井豈虛其應！然前非記無以證於今，今非記何以證諸後，後其有證以續應於無窮，蓋允賴謝公克倡斯文，以成其美。公名庭桂，山西蒲州人，景泰癸酉解元，由上舍佐府，治有善政，蔚爲士林所推重云。

——萬曆《武進縣志》卷二

常州晉陵縣開渠港記

〔宋〕胡 宿

常領四邑，治吳西境，晉陵戶二萬，丁十萬，過江來東，列爲大縣。其土會之法，田第九，賦第七，帛宜絲枲，穀宜秔稻，美川澤，饒魚鱉。太湖底定其南，大江繞出其北，閑民無事，擅魚采之利，以生其生。有二浸之大，而農不能引以灌，迹其所以，民非棄之，顧上謀之未及究、旅力之不能集爾。天時稍或亢縮，人心乘以焦窘。慶曆辛巳，高陽許君恢以大理丞治于斯，既視邑事，審江湖之利可以活夫田也，乃嘆曰："昔西門豹治鄴，漳水在鄴旁，豹不能用，故史起譏之，謂其不足以言智。今茲邑南趣湖，北倚江，據是美利，田其舍諸，委而弗謀，大懼後世之嗤予也。"因環按四封，周咨野老，乃得申港、戚墅、竈子三港，皆往時溉田之川，所溉萬餘頃，中間廢不復治，緒餘且在。因伻圖言狀，列于外計，且曰湖水可以灌戚港，江水可以灌申、竈，計司移官，覆視其利，信然。比得符文，報從所請，始籲厥衆，開陳以利。民飴其言，説以承使，不戒而廩食具，未幾而鼛鼓興。其集如雲，乃畚乃鍤。自二年冬十月浚申港，凡三十八里，引潮水抵城之西北隅，朝夕再至焉。竈子港去申港三十里，自江口浚之，凡四十里，斜趣縣之東北，不與申港合。戚墅港東南去縣二十里，自湖口浚之凡九十里，太湖之舟艑至焉。三港之溉，申港爲最博。緣三大港之側，聽民自射其便，復引支水分注運瀆、東函等十九小港，以釃其利。長波之所貫，衆渠之所殺，變塈土成腴壤，稽于大浸，暢于四肢，最凡計工二十六萬，前後凡三月而罷。歲在鶉首，秋夏仍旱，他田不粒，港旁獨稔，華黍薿薿，清渠決決，耒耨者賴焉，網罟者依焉，爾牛爾羊，來群來思。噫！江湖以善利利萬物，不私所利，至矣哉！從于政者，猶夫川也，據能濟之勢，操有爲之資，胡利不可興，曷害不可去？棄而弗營者，非力不足，由無志于民耳。從是而觀高陽之政，其惠之所字于民至矣。後之長此邑者，當監前人之休，恤百姓之欲，嗣而浚之，繩而廣之，使繼繼不絶，則三港之利庸可竭乎！

慶曆四年正月二十八日記。

——《文恭集》卷三十五

重開後河記

〔宋〕鄒補之

毗陵郡城大抵西仰而東傾，漕渠貫其中，故水悉東下。獨南水門受荆溪流注之惠明河，道舜宜橋，並臥龍街，抵迎秋門，釃爲二股：一自月斜橋以達于金斗橋，一自迎秋水門入，經狀元橋，略州倉後，接于縣橋，與金斗水匯。地格執禁，不可前往。慶曆中，李公餘慶以國子博士守州，始穿顧塘河，經大市，益引惠明水東注之漕渠。郡人既以漕渠爲前河，遂指顧塘爲後河，以其在互市間，故亦曰市河云。中稍填淤，崇寧元年，太守、給事中朱公彦更浚之。未幾，復罹兵禍，夾河民居蕩爲瓦礫，悉推納其中。又繼居者多治鐵家子，頑鑛餘滓日月增益，故其地轉堅悍。由是河之不浚治者餘四百甲子，間有勇于興作，當官不爲，去官而後太息者皆是。淳熙十三年春，太守四明林公實來，既視事，輒訪民間利害，亟罷行之。居復深念常爲東南大州，富于文雅，顧今風俗不加于舊，而文士日遜焉。他日肩籃輿，訪井落，謂彼顧塘橋于州位爲東南，勢爲喉襟，此殆《易》所謂“巽東南”也，文明以止者邪？文明者不可使晦，喉襟者不可使壅，暇日合里居縉紳士道之。後有出郡人道鄉先生侍郎鄒公浩所爲《開河記》文，歷道余公中、霍公端友所以魁天下狀，益證前說。道鄉嘗受《大學》于河南二程夫子之門，紹聖中爲御史，言宮掖間事，視死如歸，寧媚此陰陽拘忌説邪？于是益思所以爲經紀之具。逾一年，浮議搖搖，幾爲沮敗者數矣。夏六月，屬時不雨，于浚治爲宜，乃蒐卒之羨，斥帑藏之遺餘，十月戒事，仍令晋陵、武進令丞四戎官護作役。不淹旬，河復故道，袤三百丈，闊三十尺，深于舊爲尺者五。向之晦者日以白，向之壅者日以闢，煌煌乎繼慶曆、崇寧循吏之楸績，其不在兹乎！然君子于是役也，見公惠民之德四焉：以議論者尚其決，以力役者尚其神，以文學者尚其明，以舟楫者尚其利。興一役而四德具焉，是宜特書大書，以無忘公德。郡文學掾三衢鄒補之執筆，睨其傍請書之，遂書以爲《開後河記》。公諱祖洽，官爲朝奉大夫。

——萬曆《常州府志》卷十八

重浚後河記

〔宋〕王應麟

聖上初元之三載，始詔郡國上賢能書，視五緯聚奎、日下五色雲見之歲，若合符節，多士洋洋興起。毗陵爲股肱郡，文物彬蔚。太守四明史公以儒雅飾吏事，釜沸絲芬，不數月而清理。謂郡少城之南曰後河，實繫斯文氣脈，若余若霍，魁天下士，皆鍾秀于是，道鄉鄒公書之，爲一邦盛事。自淳熙間太守林公疏浚之後，積以填闕，爲郡者于錢穀期會，救過弗給，孰暇爲浚造計？昔爲尉時，講聞利病甚悉，二十五年來守，亟欲酬初志。乃摶浮費以度工，而民不擾；率伍籍以賦役，而民不勞。浚源釃流，無有壅塞。再閱月迄事，計功程七千八百有奇，費緡八千五百有奇。東西三百餘丈，視舊深七尺，士民訴勸焉。時適賓興，冠進衣逄，躍然有趾媺倫魁之意。以應麟同年進士也，屬記其成。或曰古者以水佐耕，鄭白渠是也；以水通漕，廣運潭是也，斯文其在兹乎？應麟曰：在《易》有之，山澤通氣。氣之通塞，文之盛衰也。地載神氣，山川出雲，與文武之德相流通，而賢才生焉。此川流厚化之妙，至誠無息之功，未易以數術淺近闚也。昌黎記汴水門，顧以襟抱虧疏、風氣宣泄爲慮，彼蓋壅之使固，今則導之使通，其功遠矣。原泉混混，不舍晝夜，盈科而進，有本如是。公之望多士者，豈徒致身科級而已哉！義理之學如水，浚而愈新，經綸之業如水，流而不窮，異日傳循吏者，書曰"毗陵文風復興自公始"，豈不偉歟！抑公于是役也，將刻石通逵，諗後之人，繼守成功，俾勿壞，且戒廛市之氓，無敢湮塞，如左內史之定水令、南陽守之作均水約束者，匪曰徼一時之譽也。夫育才之澤與造化同流，古之人無斁，譽髦斯士，其必將繼之；蔽芾甘棠，勿翦勿拜，其誰敢湮之！應麟於是見政教之善，遂執筆以書而不敢辭。公名能之，字子善，學問文章世其家，擢淳祐元年進士第，立朝嘗爲太府丞，守兩郡皆有治理效，選表而用，又將不一書云。

——萬曆《武進縣志》卷一

常州府重開後河記

〔明〕萬士和

隆慶辛未夏，龍岡施侯來守吾郡，持廉秉公，去汰崇儉，保富恤貧，遏惡揚善，聚民之欲，違民之惡，而於興學校、培人材尤切切焉。凡境內四民徭役疑訟質成者之赴於公庭，莫不曰施侯愛我，而侯之所以撫綏勸化之者，真若父兄之於子弟，其辨析而剖決之猶神明也。由是士悅而民嬉，市歌而道頌，郡中翕然稱治矣。數月後，有後河之役，或有造余者曰："施侯不妄役一民者也，是河也，何所關係，而侯何以興是役乎？"余曰不然。天下之事理有固然，而眾人之情亦有所必至。君子之政，執乎其方，而亦不可不通乎方之外。執乎其方者，理有固然也，通乎方之外者，緣其情之所必至也。爲政而不知人情之所必至，奚其政哉！今夫遷都以遠水患，正也，而盤庚至以鬼神懼之。《周官》，聖人經世之書也，而庭氏掌射夭鳥，方相士帥百隸而時難，抑又何也？天下之事固有不出於常理，而眾人嗷嗷屬望若將不可已者。聚眾人之情，積之之久，鬱湮不伸，則必有受其阨者，不可以不宣也。故情之所必至者，即理之所固然，而執乎其方與通乎方之外，二者誰能廢一哉！後河在郡治北，相傳利於文事。宋慶曆間，守李公餘慶肇開其初，蓋以堪輿家利文事之說，倡邑之富戶爲之，後三十年，果有魁天下者。已而又塞。崇寧初，朱守彥重加浚治，次年果有魁天下者。國初至今二百餘年，吾郡才人文士前後相望，然未有魁天下者，豈其不足與天下爭雄哉？衆人以爲是河之塞爲陁也，蓋引前事以徵之耳。嗟夫！造化之微奧，鬼神之幽深，扣之無端，測之莫知朕兆，而必曰此盡而彼應，如執券而取償焉，未必然也。然而因衆所願，振作而興起之，宣其鬱湮，俾之歡欣奮發，意氣自倍，其爲助亦大矣。施侯留意學校人才，其慮之周到如此，此所以汲汲焉請於兩臺陳公、劉公而興是役也。侯方闢學舍百餘間，選六學弟子員之尤著者肄業其中，盛暑不廢考校，篝燈閱視，達旦忘倦。余所謂執乎其方與通乎方之外者，侯其兼舉之矣。夫天時人事往往相值，吾知異日魁天下者必出於吾郡，如執券而取償焉無疑也。問者曰：“余細民也，埳井之蛙耳，將見笑於大方之家。”是役也，自西北某地至東南某地，長若干丈，闊若干丈。始工於某月日，畢工於某月日。邑令韓君容暨武進茹君宗舜、無錫周君邦傑、江陰劉君守泰、靖江張君某咸乞余記其事，余因述所語客記之，以呈施公，未知其有合焉否也。施侯福清人，名觀民，乙丑進士。

——《萬文恭公摘集》卷六

重浚關河記
〔元〕文天錫

毗陵改常州自隋始。吳楊溥天祚二年，刺史徐景邁築關，關城壕廣三尋餘，水部員外郎倪政明記其事。厥後隍塹久淤閼，介然用之而成路。皇元混一，南方設司存興水利。大德辛丑，總府判官袁公奉檄專開浚關河之責。自東而南，自南而西，延袤凡十里，比舊益深廣。是役也，公酌事宜，凡賦籍田及石者役一人焉，貧民弗之與。興工於農隙之時，兼旬而告成。既又慮民之病涉也，諭清凉院僧智誠勸率役戶跨河爲梁者三：曰“懷德”，曰“德安”，曰“廣德”。數百年之絶潢斷港，一旦爲通津，爲活源，舟車得以通濟，田疇資以灌溉，閭里交頌，咸謂公治身莅官，材全而能鉅，蓋有大過人者。其清冰柱也，其明水鏡也。勤於聽訟而剖決如流，誠於恤民而拯援若溺，屏奸惡以滌汙染之舊，坑豪右以回瀾倒之逆，覈田賦之實則惠澤周於近，決他道之獄則流馨及於遠。建倉廩而輪納得其便，通港而支派會于一，興利除害，知無不爲，爲無不力，三年有治行居第一，省臺交薦，以爲承流宣化者之勸。自昔平水土者著丕績，治川澮者成大勛，弘濟利涉有如此水，德可久而業可大，非賢人其孰能之？

徵諸郡乘，張公闓立塘溉田，葛洪頌之；李公栖筠浚渠接江，刻石紀功。孟公簡開孟瀆，陳公襄疏湖渠，四公膏澤流潤兹土。袁公心古人之心，浚河梁橋，水陸俱便，濟川事業，自今以始。郡人勒金石，紀歲月，使後之沾溉河潤者咸知其源，四公不得專美於前矣。《傳》稱："立德功爲不朽。"公佐郡有功於國，有德於民，其名之不朽也固宜。余故樂爲之書，不敢以蕪陋辭。

——《泰定毗陵志輯佚》

重浚內城濠碑記

〔清〕王元烜

　　武進地據吳會上游，襟江帶湖，川涂溝澮翼派分支，資灌溉，通舟楫，疏則民受其利，淤則民受其害，故治邑者務於水利加之意焉。夫全境之水灑泄潴畜，各因其地，講之固宜詳矣，惟是郡城內濠吐納宣注，尤爲一郡之要。考之《水道圖説》曰：西水關入水一派自西徑東爲子城南濠，再北一道環府治者爲玉帶河，自南濠流及白雲尖西分一支至八字尖委曲而會邘溝者爲後河，是城中水道縈盤紆帶，爲郡城脉絡，又非惟灌溉舟楫是資，而堪輿家所謂迎秀聚氣者亦於是乎在。百年來沙壅塵積，幾成陸壤，譬之一人之身脉絡不通，即凝瘤而成疾，今則潦無以爲泄，旱無以爲畜，閉脉結絡，乾燥是虞，其爲病也不亦甚乎！予自康熙庚午秋銜命出都，毗陵鄉先生之仕於朝者爲祖道都門外，既告以政事之所宜，而於郡城水利尤三致意焉，予志之不敢忘。及莅治之明年春，爲之相度水道，諮詢耆老，咸以無財不能徵役爲慮，予曰："郡城之水，郡民之利也，役何自外徵哉！"爰請之郡守于公、水利別駕徐公，集邑紳以質劑其説，僉以予言爲非謬，乃計居民之間架，隨其住址而各浚之。其間墟落無居民者，則於市肆列廛而徵役焉。於是郡守于公可其議，別駕徐公竭蹷以董其成，而郡民咸欣欣樂於赴功，不期月而濠之演洋渟瀦者如故。嗚呼！何其成之速與？要亦得其緒而理之而已。夫民之所樂趨者利也，然不必有所與以爲利，而順以導之爲利，即民之所樂也。是以古之善勞民者，非必竭天下之金錢以役民，而去其所苦，因其所欲，斯民志協而績用成。語所謂佚道使民，雖勞不怨者，此耳。是役也，既無徵役之煩，而有落成之效，雖曰順以導之之爲利，然非上臺之握運，紳士之贊勤，與百姓之僇力賈勇，以底厥功，則予雖有心，亦何能之有！鄉先生曰："法立而功倍，其法可傳也。"請爲記以貞之石，予因舉水圖之源委與徵役之大凡，以告後之長斯邑而治斯河者。

——康熙《常州府志》卷三十六

浚河記

〔清〕莊存與

　　郡侯覺羅永公治郡之三年，政清吏肅，俗厚民和，乃訪於二三耆艾，灼知邦人之戚休，迪見前政之修廢者，咸以郡城諸渠不可不浚告。公深然之，教下兩邑侯物土方、計經費，將請于憲府，給公帑以治。邦人相謂曰：“國家之愛民大矣，勤民至矣，一切興事造役，釃渠固堤，累百千萬億，而百姓曾無所效其心，輸其力。今此區區者特鄉人事也，敢煩天府！”于是唱和有應，唯恐在後，有墮其幣者，有㦴其躬者，分方任能，財周事約，具成算以白於公。公義其請，因上憲府，憲府允焉。乃以二月甲午告啓工於明神，天時順應，不霖不暍。三月既望，衆工畢作。四月之朏，翼日癸酉，決渠而竣事。凡浚城内外諸渠長三千一百三十二丈有奇，度功之廣者三丈，次則二丈，惟里居石杠之所礙廣不盈丈。其渠之面或參之，或倍之，隘者亦旁占四三尺，不在商功之數。測功之深者五尺，次則四尺五寸。其土中高，施工至七尺以上。其渠之六尺以上不施功者什一，不在數。大抵水門橋口底既見，又下二尺強，沙泉畢出而後止焉。凡麋白鏹三千兩有奇，實輸者四千兩有奇。以其贏繕橋岸之壞墮，新學宮之甃石，且以周善後之籌策，充公用之不足焉。覺羅永公命刻其事於石，而乞余文之。余惟是役也，邦人之好義，實郡侯之善化也。在昔後河之鑿，李公餘慶經始於慶曆，鄒忠公浩爲之記，有若朱公績舊于崇寧，有若林公振墜於淳熙，有若史公加闢於咸淳，著在簡册，知有宋之遺愛焉。其在於明成化，則有邑令熊侯翀，萬曆則有郡守穆公煒，折水南出，環而後東，紆其行而疏其滯，李公之法至是乃備。繼則有郡守周公一梧、邑令晏公文輝實土二壩以爲固，今所謂文成里者是也。而先是郡守施公觀民闢玉帶河，錢公守成重浚之。既事之後，并獲祥徵，則故老猶樂道之。國朝順治庚子，郡侯趙公浚玉帶河。康熙壬申，郡侯于公浚城河。雍正壬子，郡侯魏公承檄以罰鏹浚諸渠，考其故事，工至水門而訖，又不及玉帶河，然諸渠之不廢實賴是役。迄於今則又三十載矣，廣者日以隘，深者日以淺且塞，霜隕水落，舟行聲戛然輒膠而留，邪許掣曳，瘇足裂膚，赤立而扡舟易浮而走，僦費倍蓰，轉直爲迂，聲互不行，行者困而居者亦病矣。臨流以汲埿汙不食，或鬱且腐，或涸無滴，然而伐石增舍，頹墻委土，鑛冶所屑，箕帚所拚，侵尋膠加，相視而弗止。問兩崖故址，一二黄髮且莫知其原，失今不理，患益甚，費益鉅，事益莫能舉，諸渠其不廢矣乎！此郡侯所由臨政而亟圖其治也。民既樂公之德教而服從，公之法古賢侯治治吾地也，兩邑侯方籌其用，不以強民，民見邑侯親履泥塗，不分畛域，不憚勞勩，以惠斯土，歡然爭趨，若赴己私。上彌知恤，下彌知奮，矧復勞來有方，巡攝有職，匪亟匪徐，不留不處，是以令不迫而財已裕，力不殫而功已成，雖古君子從政用民，無以過兹，可謂惠而不費、勞而不怨者矣。向使莫詢先典，莫咨故實，視民之病無預己病，則雖有好義勸功之民，孰鼓舞而振作之！不幸急其期會，嚴其程課，廣其輸受，紛其幹轄，則亦將逡巡異憚，觀望成敗。或又憚於浮言，怯於群忌，佚不惟始，安不思終，則亦將毛舉淺施，跼行蹐步，不能浚前人之所未浚、深前人之所未深如今日也。則今日之竣此役也，非我郡侯定其畫，兩邑侯成其算，在事有司展其才，則何以勸相民事、繼序前功若此哉！吾故曰邦人好義，由郡侯善化也，衆皆曰然。抑予又有言焉，諸渠之爲利於吾郡也，前人言之詳矣，今日之役，郡侯之惠我無私亦大白矣。古語有之，禮無毀人以自成，然而諸渠者公所用也，官之司也，室廬者私所安也，民之業也，官不毀于民，民日侵于官，其可乎！今之諸渠故迹既不復矣，過此以往，日削月割，渠身尚可問乎！是不可不書以貽戒於吾人也，衆皆曰然，遂書而爲之記。凡官于此者，及二三同人，悉著官爵姓氏于左，以貽後之人焉。

——乾隆《武進縣志》卷二

重修芙蓉湖記

〔明〕黄祺元

古之善治水者莫如禹，明德遠矣。後之人不能事禹之事，而能心禹之心，則雖培塿不比華嶽，溝瀆不并江湖，而其救民則無乎勿同。芙蓉湖爲常郡極低處，與震澤爲鄰。國初，周文襄公巡撫至此，召民治湖爲田，分築各圩，我圩最大，適當湖心，分屬於豐南、豐北、政成三鄉，以龍蛇之區，一旦化爲桑麻之地，當時之民亦甚賴之矣。使後世能守文襄之業，勤加修茸，何至今日之水災若是乎！惟其上慢下怠，漸致傾頹，繼以嘉靖之四十年，萬曆之五、七、八三年，洪水洊衝，遂復成湖，居民漂没流離無數。其僅存者，架木石以栖身，網魚蝦以爲食，或夜半而風移卧榻，或日旰而雨斷炊烟。情狀之慘何如也，仁人君子有不動心者乎！適潛江郭公來任水利之職，星馳踏勘，觸目傷心，慨然欲復文襄之舊，以拯斯民於昏墊之中。遂夙夜經理，逐一丈量，外圍大堤延袤若干丈，内分界岸迴曲若干丈，水口深闊，應用木石若干，應給工食若干。備陳利害，以動各上臺之心。而水利察院林公尤注意斯土，以圩民疾苦聞於朝，給錢穀若干，工以代賑。夫政令既發於上，賢有司有所藉手，始得一展其才猷，躬行率勸，不憚勤勞，一絲半粟勿擾於民，而胥吏之徒尤嚴於飭戒，以勵清操。若此者，凡所以爲吾民計久遠也。然當始事時，吾民不免於怨嗟，公聞之，毅然曰："不小勞，不能大逸；不小費，不得大利。吾今寧受萬民之嗟怨，而不忍萬民之飢溺。"惻隱之情愈深，督責之氣愈銳，而卒底於成。嗟乎！郭公之心，其禹之心乎？昔禹治水於九載勿成之後，以重勞斯民，民豈無怨嗟者！惟事出於萬不得已也，聖人亦且冒民怨而爲之，卒之天地由是而平成，萬世由是而允賴，而後禹之心始大白於天下後世。公於斯役，始焉不勝其勞，而怨嗟以起；繼焉必獲其利，而感戴彌深。迄今圍岸告成，觀者以萬計。見其形勢高遠，若連山接嶺，迢迢不絕；見其氣象雄偉，若蒼龍萬丈，蜿蜒而來。誠一方之保障也，豈復憂橫流之衝激乎！至此，而無幼無老咸稱郭父母之功，而頓忘昔日之勞且怨矣。生靈萬口，世世衣食之源，胥由於是。祺元居是圩，仰公之才，慕公之德，記其巔末而授諸梓焉。上以表甘棠之政，下以存黍苗之思。俾圩民共相勸勉，世守斯業，無忘郭公之恩，而勤加修葺，庶可一成而不敗也已。

萬曆九年秋，芙蓉湖耆民黃祺元撰。

——《芙蓉湖修堤録》卷一

重修芙蓉圩碑記

〔明〕薛敷教

萬曆庚辰、辛巳間，武進少尹郭公之藩，以芙蓉湖水患當治，請於水院林公，督修圍堤及界岸，經理有法，令嚴意周，無擾無懈，要永爲地方造福，其功遂成。夫以一丞而擔荷乃若是，則信乎事貴能任，豈係巍階膴俸耶？余甚欽之。夫事之興廢未可知，自周文襄公、夏忠靖公大興江南水利，爲築各圩，歲久而圮，安知郭公盡瘁於今日者，不他年隳敗乎？然而趨事效功，亦賢有司父母斯民之心，未可以官卑玩忽也。郭公潛江人，後二十年歐陽公東鳳亦以是邦之彥來守吾常，春和秋肅，威德并施，其功固不僅在一湖。若郭公以水丞行水職，勞勩自有可述者，惜爾時未及向歐陽公道之。瀕湖居民劉克期雅稱劬慎，佐郭公興修，是有德於枌榆者，知郭公最深。克期之孫疏築圍堤大略，請記於余。余無文，而不敢泯郭公之德，烏可無言！此碑之傳不傳未可知，異日有知人論世之職者，採郭公故實，詳書於册，亦水患興息之大原也。嗚呼！滄海桑田，須臾更變，羊叔子因爲墮淚。余見官於斯者，傳舍視職，不暇爲民興利除弊，甘棠素絲，了無聞焉，則安得不歆歆故丞耶！是時林公爲水院，亦後來興水利者所未有。丞得林公而權令申。嗟乎！卑員欲破格砥礪，千秋之偉業難言哉！余故樂爲之序。

萬曆三十五年九月，賜同進士出身、前國子監助教、河南光州學正、邑人薛敷教以身氏撰。

——《芙蓉湖修堤録》卷一

重築芙蓉湖堤記

〔明〕薛寀

芙蓉湖，吾郡一巨浸也。地極低，南瀕震澤，北抵洋江，西接運河，東連馬頰。一逢霪潦，四水交集，浸成滔天，有以也。自文襄周公大興江南水利，築溧陽東壩以捍上水，而湖始涸。環築圍堤，延袤六十餘里。西北偏爲武邑，豐南、豐北、政成三鄉屬焉，東南隅爲錫邑，玉、出、岡、劍、京五號屬焉。召民開墾，湖田遂成。此蓉湖之所由始也。至萬曆五、七、八年，洪水頻仍，湖堤盡廢，邑丞郭公，以一命之佐，克肩厥任，申請水院林公動支河工銀五百三十八兩有奇，借給倉穀二千四百四十石有奇。糾之以猛，濟之以寬，且賑且築。武民感之，因刊《治湖迹》以志。郭公之績，予先祖曾作文記之。按圩形如仰釜，內圩田最低，先有民居沈南灣者，因沿塘魏國公莊田二千餘畝，獨高於內圩二尺許，莊官橫甚，旱則決塘引灌，潦則泄水低處。內圩受害，投牒通政司言狀，事下大中丞直指，轉行監司，俱畏忌不敢言，株蔓十三載不得理。迨壬寅，潛江東鳳歐陽公來守郡，抗直不畏強禦，乃具兩造判民於莊田北築新壩抵之，高低有界，民田由是得稔。又復請支公帑，大築南塘圍堤，以及內圩圍埂、壩岸、石洞、石閘，靡不備舉。圩民賴焉，相與頌公之仁，戴公之德，亦來請記於余。余觀蓉湖一圍，枕山帶河，形勢頗勝。而又堤柳扶疏，池荷掩映，烟波深處，釣艇縱橫，不減武陵問津處。惟是田居最下，沿塘之高阜，方慶沾濡；內地之低窪，已憂泊没。此又豐稔難遇，水潦易驚者也。夫文襄公創之於前，郭公繼之於後，皆重外圍之固，而內圩則略焉。獨歐陽公以莊民訐訟，履勘再三，熟悉內圩形勢，故并內圩而疆理之，以補周、郭二公所未及。嗚呼！後之官於斯者，視斯文以悉蓉湖之興廢，嗣前賢而修之，斯蓉湖之幸也夫！斯蓉湖之幸也夫！

賜進士出身，河南開封府尹、前秋曹郎、南北文武司諧孟氏薛寀撰。

——《芙蓉湖修堤録》卷一

慕宋兩撫憲重修芙蓉湖堤記

〔清〕周宏

夫事之興廢，詎不由於人哉！爲之前而後者，始有與開也；爲之後而前者，始有與嗣也。前者作焉，後者述焉。語云："蕭何爲法，較若畫一。曹參嗣之，守而勿失。"此物此志也。芙蓉湖巨浸也，閱千百年而地脉興，土膏發。前明周文襄公令民畚插而環築之，於風濤烟水之地，易爲桑麻雞犬之鄉，龍伯之宮，鮫人之宅，始有寧處矣。嗣後屢廢屢興，皆有賢刺史、賢令尹經理之，得以後先繼美，此作述之大概也。康熙庚申，洪水泛溢，圩堤之屹立而嶃巖者，爲狂瀾所駕，勢若高屋建瓴，全圩悉沉水底。厥時民咸皇皇，得免魚腹幸矣，誰復與龍蛇爭此土哉！惟時宮保慕公巡撫江蘇，悉圩民疾苦，大愴厥心，捐俸三千金，募民修築，以工代賑，凡向之傾圮破壞者悉還舊規，薄者以厚，卑者以崇，缺者以完，民命復蘇，民家復聚，而民之心乃無不大慰。然而新泥未固，舊雨重來，鼛鼓之聲猶在耳，而奇潦又見告矣。圩民大蹙，慕公行矣，慕公之後未必有慕公，極盛之下恐難爲繼。孰知商丘宋公任慕公之任，能心慕公之心，行慕公之行，昔之所經營者，今亦不敢後時，是用布檄邑大夫趨事效功，克勤罔惰，而民之歡欣歌祝於今日者，一頗頑于曩時，相得而愈光也。斯兩人，誠無愧於述矣。嗟乎！非常之功，必待非常之人，當波濤浩淼時，不啻望洋而嘆，向若而驚，乃一舉再舉，啓無疆之休。在兩公爲時名臣，政績卓然可觀，其豐功偉烈，固不僅在此圩，而圩堤之成，適當兩公之來，是天之矜我灾黎，藉手兩公，使之沿前徽而沛大澤也。圩人曰：「我有井里，兩公奠之；我有田疇，兩公植之；我有婦子，兩公穀之。兩公之於我圩，蓋生死人而肉白骨也。吾儕小人，烏得忘之乎！」抑又聞之，向之奔控者，以圩民沈彥、薛維、鄭昇等；今之左右而維畫也，以圩民沈綱、張如、朱寅等。傳兩公之德，茲數人之名亦因以不朽云。

康熙三十四年十一月，賜進士出身，誥授奉政大夫，翰林院侍講學士、左右春坊庶子兼翰林院侍讀、左右春坊中允、翰林院編修、己酉山西正主考、國史館纂修周宏撰。

——《芙蓉湖修堤録》卷一

破圍築圍記

〔清〕湯　載

余家自錦衣公避地居鄉，遂世爲芙蓉湖圩人，迄今十數傳矣。圍堤屢廢屢興。前明萬曆八年破圍，少尹郭公築之。天啓五年破圍，少尹張公築之。國朝康熙十九年破圍，巡撫慕、宋兩公築之。考之遺文，稽諸故老，猶籍籍在人口。至余目擊其事，躬親其勞，得以口講指畫者，則有如道光二十年之破圍，二十一、二、三年之築圍，敢縷陳之，以垂諸後。芙蓉湖本巨浸也。自前明周文襄公忱治湖成田，築堤六十三里，包地千有餘頃。地勢西高而東低。北有野田，南亦有野田，爲通圩極低處，而悉偏於東。大圍設八閘以捍外水，適遇大水漫堤，勢等建瓴。《探湖録》所謂「湖堤一決，如遭混沌」，全圩洗滅殆盡也。而壞性朽腐，注水若漏卮，旱又可虞。地瘠，故民貧，衣食頗艱，農隙以捕魚佐生理。始成圩時，召民開墾，應募者少。明季之亂，以地僻可避兵革，村落漸多，子孫日蕃。迄今數十百處，雞鳴犬吠相聞矣，而衣短褐、食脱粟如故也。圍堤本高厚，陽、錫界岸亦規模秩然，相傳五馬可以并行，殆非虛語。緣圩人年久偷惰，視修築爲具文，雖稍加補葺，堤漸低狹。道光十四年，奉巡撫林公札飭重修，余邀圩人集報慈庵，議大興修。以人心不齊，人力不協，事尼不行。二十年，梅雨以時，插秧并易，五月杪，青苗綉陌，或然可觀，農民慰甚。六月初，雨霪水漲，轉喜爲憂。圩人蟻聚圍堤防堵，如禦大敵。初八日，大雨如注，堤裂數處，合圩搶築，缺而復完。旋圩外山多發蛟，水益泛溢。初十日，錫邑范家莊村前裂數十丈，衆號泣馳救。圩外有好義者，駕木筏裏築，無如人力難施，全圩竟至陸沉。扶老携幼，避居圩外，哭聲震天，數日夜不絕。更有地方惡棍，糾合匪類，藉水搶擄，要劫一空，慘不忍言。盧舍浸水，低者過半扉，高者亦數尺不等。兼之狂風鼓浪，傾倒十之七八。大圍未裂殘堤亦遭風崩塌，無復完所。況我圩既破，四面各圩亦成汪洋一片，滔天氣勢，相望皆驚。圩中十室九空，間有守户不去者，架木爲巢，亦相對無人色。余家十數口寄居高阜親串處，惟長孫守户，日僅一炊而已。越數日，余敝衣草履，同圩民籲求縣主沈公先請撫恤。沈公惻然，親勘挨查，以饑口上報。恩甫下，而郡中樂善諸公已發米輸金，絡繹不絕。恩賑義賑外，有加無已，灾黎全活無算，得稍稍歸鄉里。是年武林張東甫先生來宰陽邑，初下車，勘驗情形，知民疾苦，即以築圍爲己任，赴捐賑總局，邀同紳士劉星垣、呂幼心、余立夫、瞿麗江、劉蓮舫諸先生集議，蓋鉅工之成必籌鉅款，而拯饑與築圍兩事并舉，恐不能兩全，躊躇者久之。適董太史后江自汝州刺史任歸里，知饑不可不拯，圍亦不能不築。不築則饑無已時，拯亦無已時，數百村圩人不且轉死溝壑乎？慨然傾囊相贈，得錢八千串，爲我圩築圍資，并爲黃天蕩築圍資。黃天蕩者，距我圩十餘里，同爲文襄公所築，與我圩同破圍者也。既有資矣，而築之苦無其法。所以計岸丈，估土方，庀材若干，鳩工若干，余衰老無能，莫由絜其要領。圩人即有知者，亦語焉不詳，擇焉不精。邑有姚讓庭先生者，黃天蕩人，姿性過人，精于勾股，治地其所長。又有孟北溪先生者，居北郭萊葥壖，能斷大事，爲育嬰堂治洲田、築沙圍，素有成效。張公與局紳延二人主築圍事。二十一年正月議興修，局設新安鎮劉屏山先生祠中。二月擇日起工，張公親莅總局，祀文襄以少牢。曉諭圩民如家人父子，照優免圖按現業田派夫，五畝以上者每土方給錢七十，五畝以下者每土方給錢一百四十，共計實岸五千一百八十丈有奇，土方二萬七千九百方有奇，現業田二萬六千有奇，岸夫五千有奇，至水口共七百二十丈有奇。填築極難，當木石兼施，不能照尋常土方派夫，俱募夫包辦，由局估價給錢。岸塍舊式面闊一丈八尺，脚闊二丈八尺，高八尺，內培子岸四尺，一時驟復舊規，民力不給，酌議面闊九尺，脚闊二丈四尺，高八尺，以俟歲修加飾，漸復舊觀。圍岸遼遠，隸陽邑者四十餘里，悉隨附近鄉圖分段承辦。在總局者，余與岳蘭溪、周琢庵、趙秋田及兒子鈺、侄鋖數人，日隨姚、孟兩君督率通圩。而各圖又設小局，有董事、圩長、夫頭督率之。又設巡查數人，察視周圍，循環不已。張公不肯假手胥吏，僅命總書何樸庵率圩差數人以爲襄贊。是春雨水連綿，浹旬不止，岸夫多乘雨隙中從水底撈泥敲築，事倍功半。而感張公之德，又感姚、孟兩君勸導有方，皆趨事恐後。姚君兼築各圩，心力交瘁。孟君專督我圩，不避怨，不辭勞，尤足多焉。孟君嘗謂余曰：“事不經心，無從着手。既經心矣，着手矣，而欲避其難，但求其易，上何以對賢令，下何以慰灾黎乎！故事可因者因之，可創者創之，悉合機宜。四月工始竣，張公驗收岸程，告成事於文襄祠。夫頭受賞有差，詳請查郡尊親驗，頗加優獎。乃工未成而雨不止，工甫就而雨更來，圩田積水數尺，播種無地，何論插秧！圩民屢受水厄，赴局哀號不已。先張公驗收時，舟至張潭橋，遇雨停泊，嘗諭總董：“如此大雨，恐重遘灾，必戽水出塘乃可。”緣圩地甌脱，窪蕩極多，數百年來從無戽水成法，莫可遵循。然大圍纔成，又遇此變，民再逃亡，必成曠土，雖築亦如不築耳。與其坐而待亡，孰若爲之而無功，可以無恨。張公謀於局紳，設法籌款，借敦仁堂稻穀作戽水資，命總董相度形勢，先定戽水車基，移會同圩錫邑設戽車五百架，兩班人互易之，停人不停戽，謂之車雙五百即一千。十日，水漸落。夫所借稻穀散四十九圖，爲接濟飢民計，既移歸車戽，則接濟無賴，幾不能兩全。張公憫之，首先倡捐，紳富陸續輸助。四月，呂幼心、瞿麗江、薛厚堂諸先生親至總局，開單分給，分給之數反多於稻穀，圩民感甚。五月又遇霪雨，勢難插秧，移局文襄公祠中，復戽水十日，圩中方得秋收，雖高下不等，豐歉互呈，而較之去年破圍時有大相懸絶者矣。説者謂從前破圍，必遭重灾，民始知築。故萬曆五年破圍，六年大水，七年築焉；天啓八年破圍，九年大水，十年築焉；康熙十九年破圍，二十年大水，二十一年築焉。今幸遇我張公，遇我董公，與局紳諸先生事先籌畫，毋使枵腹赴工，得以刻期舉事，捍外河之水，而又設戽水章程，以泄内圩之水。卒使綠畦無害，黄茂有歌，是天之哀我圩民，以有此盛遇也。是年八月，張公調任長洲，扳留不得，圩民送萬民傘及匾額等，依依不忍別。接篆爲番禺吴雨亭先生，召父杜母，後先濟美。二十二年春，因圍堤已築，界岸未修，余偕姚讓庭先生請於紳董，乞敦仁堂稻穀移作修界岸資，又延余、孟二君協辦其事，界岸綿亘三千四百餘丈，面闊六尺，脚闊一丈二尺，雖亞於大堤，而陽、錫分地畫然可明，并使高處之水不得闌入低處。是秋大稔。夫圩圍易潰者，莫如水口；難防者，莫如横河水口。蓋直河水口，雖有風浪衝激，而爲地頗隘，可施人力；至横河水口，則數十丈不等，迨年久凹缺，堤瘦如斧，而又不通舟楫，不便車庌，於民何益，於事有害，若不盡翻成田，一遇奇潦，必致潰決。而直河水口亦未概用石幫，尚有可虞。且新築之土，未見堅固，若不勤加修葺，何以善後？劉星垣、余立夫、劉蓮舫諸先生，請於吳公，諭圩民每年每畝捐米一升，繳入總局，以備儲用。於是橫河水口空險之處悉成實岸，即起土處未能一時填平，而河不近堤，堤根自固，且加石於直河水口，堅實可恃。又復捐資建兩內閘，立小圍并抵水順水等岸，使各相保衛，設旱閘於大圍，旱可積水於內，潦可出水於外，二十三年四月，功程粗定。是役也，前後三年，工大費鉅。余佐姚、孟諸君始終其事，所恨才識疏庸，不免刻舟求劍。又腿足疲奭，不能巡視周遍。惟愚忱可以自表，一息尚存，此志不容少懈耳，而得賢有司與鄉先達鑒我血誠，所求輒應，復睹漢官威儀，民之散者以聚，室之圮者以完，且蹟事增美，補前人所未備，使後世可常循，誠不幸中之幸也。余今年七十四矣，血氣益衰，耳目不靈，行將就木。築圍事成，可以無憾。後之人倘能嗣修不怠，諒余之苦，終余之志，又余之深望也夫！

道光二十三年六月，鏡湖老人湯載撰。

——《芙蓉湖修堤錄》卷一

浚孟瀆記

〔清〕惲思贊

常州府爲東南水會，其境南湖北江，運河貫其中，而湖源上承壇溧、宜荆諸水北注運河，故孟瀆、德勝、澡港三河實府西泄水入江之道，而湖水出白鶴溪與直瀆，皆於孟瀆爲近，惟迤東之官瀆始泄於德勝、澡港二河，故三河中尤以孟瀆爲最，蓋孟瀆自奔牛而北，三折入江，迥異德澡之紆曲，潦則泄漏湖之水，以消下游錫金陽邑水患，旱則資其潮汐以濟運溉田，宜乎歷朝名臣賢令均以開浚此河爲亟亟也。故時入江之口在孟河城北里許，而阜通鎮之左近十餘里雖多泛沙，以近口易刷，尚不爲患。嗣因沙田盛漲，去江日遠，遂不可治。乾隆三十一年，乃分口於小河。咸同間，小河口外沙漲成洲，如骨鯁喉，入濁出清，全河亦自此淤闕。前武進知縣王公其淦上其事於兩江總督左文襄，文襄將爲浚治，以法國釁事中止。今知武進事金公吳瀾蒞任後，爲民興利，見水利之至鉅者莫要於浚孟河，乃與陽湖縣溫公世京謀，下令於鄉，計畝出錢，照舊章略分差等。武進田七十萬畝，濱孟河者十萬畝，畝百錢，餘皆畝六十錢，陽湖畝三十錢，凡得錢六萬四千餘緡。分四年，上下忙徵之，以其錢置典中取息，又得錢三千七百餘緡。方令之初下也，議者紛然，謂故事凡三河浚款，錫金、宜荆出錢如武陽之數，今宜從舊制。金公曰："取資近則事易集，異時浚德、澡二河，固當并孟河捐資與四縣通力合籌也。惟錢數已備，無任事者，奈何！”先是道光十二年，陶文毅、林文忠奏浚三河，孟瀆借帑十二萬，按田賦役，濱河多田者官書其名而責以工，民不習河事則僱役爲之，役乘急故昂其值，復有昂者又顧之。他遇泛沙坍沙，費更十倍。值淫雨，三歲始畢，凡治河者率傾其家。至是民懲前事，皆莫敢應，即贊亦以力小任重，望之色沮而未敢承命。丁亥之秋，水利局督辦候補道李公慶雲來勘斯河，贊謁於奔牛舟次，當荷指示周詳，并許先試辦而後送估册，而武邑侯與陽邑侯金公士準復再三悤恿，爰不揣冒昧，隨委員通判程公鈞、知縣李公慶沂、吳公炳悉心商度，仍折衷於兩邑侯金公，而金公復折衷於督辦李公，上下一心，官紳一氣，故能相與以有成也。自奔牛至蔭沙設總局四、分局七，官駐局督役，并監出納。鄉董里長等奔走河干，各職其事。募夫於靖、泰、東台、太平洲等處，凡五千人，不足則就地僱傭而給其值。始幸天時暢晴，臘初即工竣七八，繼苦雨雪，未克於卒歲藏事，固由人事不齊，亦泛沙之累爲多。入春後續浚石橋以北新舊各河，并趕築夾江堤岸，以雨阻，數月始畢。自是江之深者既填爲陸，江之廣者亦束爲渠，向如骨鯁之沙今已變桑田而成河港，吞吐潮沙，絕無阻滯矣。始事於光緒十三年十月，竣工於今年四月，凡七閱月。治河七千七十丈，去土十九萬七千六百方，并江中築堤二道，用錢五萬七千二百餘緡。曩者浚河，淺深以夏墅萬安橋橋底掘見木樁爲準。此次深與之等，而面底闊狹亦悉照舊章，於是孟河遂專以小河爲入江之口。夫孟河之大患在沙，泛於河心爲泛沙，坍於河旁爲坍沙。自河港至羅墅灣沙最甚，其餘或百餘丈，或數十丈，往往而有，凡此皆五十年前力治不效，因之破産者也。今治沙不無繁費，而孝西等五鄉一無所累，非由官長視民事如家事，各局治事人視公事爲私事，何以臻此！是役也，河工委員自程、李、吳三公外，常駐局者爲縣丞沈君浚、巡檢陳君鋐、陳君寶濂、從九吳君世瑛、李君渤，把總吳君志明，水師營把總孫君毓洙。其時往巡察者，爲奔牛巡檢蔣君端、小河巡檢朱君瀾、孟河營都司陸公占魁、把總程君永亭。贊展布四體，大懼隕越，幸有所稟承而卒以集事，不勝欣喜過望。謹條治孟河大略，并詳開丈尺土方泛沙，以告後之從事茲河者。

　　光緒十四年六月。

——《武陽志餘》卷一之三

重建通濟橋記

〔明〕周　源

奔牛鎮在毗陵城西三十里，上接金陵，下通閩浙，當水陸要衝之地，舊有橋梁，歲深材朽，勢將傾危，行者病之。景泰癸酉秋，予始下車，欲撤而新之，命工計其資值數百金，適歲不登，事不果就。未幾敕封水府神，蕭公英佑侯同其侍奉香火人王灝載巨材數艘，自湖湘至江陰，修理廢橋十數座，民皆德之。武進知縣劉潤亦以奔牛事躬告於神，蒙即允從，遂興工於是年臘月二日，建立於明年秋八月之望。橋長十尋有奇，廣尋有二尺，高如廣數而倍之。復樹兩坊於橋之東西，欽差鎮守湖廣都御史李公大書牌扁揭其上，凡匠工之費、瓦石之具，一毫弗擾於官，一力弗勞於民，神之惠可謂大矣。初橋未成時，適朝廷遣使齎敕褒異神功，復加封"靈通廣濟顯應"六字，宸翰龍章，昭回煥爛，復授灝冠帶，以榮終身，足以照耀於幽顯矣。知縣謂神之功不可泯沒，將立石以傳悠遠，徵文於予。惟神之功，豈徒著於此而已哉！昔我太宗征剿叛逆，嘗陰助兵威。皇上嗣登寶位，虜寇猖獗，苗蠻肆虐，亦屢建勛績。他若南北漕運之勞、江湖商舶之險，稍遭危厄，輒呼號往告，其效立應，若聲響之相隨，其護國惠民之功彰彰若此，則累蒙恩典宜也。嗟夫！世有都高官、享厚爵，聲光赫然振當時，其視政治之臧否、民生之休戚，與夫顛連困苦而無告者，漠然若無預於己，汲汲焉惟子孫之計是圖，矧望其能惠於民哉！其存心制行，能無愧於神耶？予重知縣請，故特著神之功惠足以及民，非徒儆夫世之治政者，亦以自儆云耳。

——萬曆《武進縣志》卷二

重建永安橋記

〔明〕趙　琬

常州郡城東北舊有門曰東欽，俗名小東門，僞吳天禧二年刺史徐景邁所築九門之一也。門之外有橋亦曰東欽，即今永安橋是也。歷世浸久，門廢橋壞，當時有司漫不復省。國朝洪武初，鄉人布木爲平橋，以利涉。未幾木朽橋又壞，永樂中重修之，然其規制卑隘，僅可濟人之往來，至於舟車上下往往阻絕弗通。郡侯桂林莫公聞而患焉，慎擇屬吏之能者經營之，於是武進主簿平陽馬君彦斌承命以往。至則集其鄉之耆老而告之曰："公之愛民也若是，爾民其可以坐視弗思自效乎！"眾皆感奮，樂於趨事。彦斌欲建長久之利，乃拓其舊址，累石爲基，甃磚爲橋。以正統七年七月癸酉起工，告成於是年十二月甲寅。橋廣一丈六尺，高二丈四尺，長十有三丈。由是四方車馬舟楫上下往來，浮通津履坦途，無復向時阻絶之患矣，又豈特利涉而已哉！予時適以賜告還家，彦斌來請記其由，以示後人。予觀《周官》道路之修職於司險，人有不由道而橫行宵征、不由梁而川游徑逾者，秋官爲之屬禁，然則道路橋梁豈非爲政者之所當務也！昔鄭子產以乘輿濟人於溱洧，而孟子譏其不知爲政；王周易四鎮皆有善政，而嘗以橋不修爲刺史之過。公於一橋一梁注意如此，可謂知爲政也已。蓋公嘗爲尚書郎中於秋、冬二官，司邦禁而主繕修，練達有素。故其出守吾郡以來，自孔子之廟、釋老之宮、官廨公館之制，煥然爲之新，前此所未有也，橋道云乎哉！而彦斌於是橋之成，特欲著之，以見公之爲政無所不用其情。況彦斌居官雅有能稱，爲公所信任，而盡心於橋事又如此！遂牽聯書之，俾勒於石。

——萬曆《武進縣志》卷一

常州府新建滆湖惠政橋碑

〔明〕楊守阯

毗陵郡之西南有巨浸曰滆湖，諺所謂西滆沙子湖者也。東接太湖，西通蕪浦，延袤百里，南屬宜興，北屬武進，二邑中分湖以爲界。湖之東口有白魚灣，爲南北津要，先時架木爲梁，以通行旅，不久輒壞，壞復葺之，壞則民病於涉，葺則民疲於役，屢壞屢葺，迄無寧歲。巡撫南畿右副都御史朱公瑄恭膺上命，勤恤民隱，凡州郡無名之費、不急之營，一切革去，而惟以節用愛民爲務。故於是橋獨隱於心，以爲南北要津，而梁之以木則勞費無已時，以爲欲圖一勞而永逸，暫費而永寧，非易之以石不可。於是檢覈所屬有顧役之羨錢，有正賦之餘粟，足以集事，乃召郡守曾君望宏及其僚屬，舉義民蔣鎮、蔣鈺，喻以作橋之意，因斥其羨餘，俾圖之。郡守以下承命惟謹，鳩工庀物，凡百皆具，程督有人，出納有籍，遂作石橋。爲洞門一十有五，上闊一丈二尺，下一丈四尺，其高一丈六尺，其長三十六丈左右，扶欄又若干丈尺。凡用石以塊計五千五百六十，以丈計一千七百七十；用木爲橛，以枚計五千五百；用鐵錮石，以斤計三千七百二十；用石灰計二十六萬斤。計匠作之工凡一萬三千七百八十，計夫役之工五萬五千七十。創始於弘治九年七月初吉，告成於是年十二月之望。郡守曾君以書抵予俾記其績，且曰："舊時木橋名之以其地，今易以石，名不可不更也。"予既允之，郡判吳君淵以事至京，來速予文，且曰："礱石以待也。"昔子産相鄭，以乘輿濟人於溱洧，孟子譏其惠而不知爲政，所爲政者，徒杠、輿梁亦其一事也。今朱公以惠民之心施於有政，宏綱大體既無不舉，而於橋梁一事亦復不遺。郡守諸君相與式承其意而協成其事，皆可謂惠而知爲政也。予因名之曰惠政橋，而爲之記，遂以授吳君以歸之，曾君其刻以示後之人。朱公名瑄，字廷璧，今以疾歸鄞，起而大用，尚有待云。

——正德《常州府志續集》卷六

新建寶豐橋記

〔明〕徐　問

戚墅堰距郡城東二十里許，其水北出江陰，西接運河，東下吳越，而南匯於宋建、陽湖之間。其民分居兩涯，耕耘斂穫，輸公赴期，有弗便者。成化間，尚書王文蕭公始捐貲易木爲橋，名曰"垂虹"，以利涉，歲久敝焉。嘉靖初，今太僕少卿吳君劍泉以其族世居河東，爲其父主事翁卜兆于河之西。乙未，既謝歸里，歲時瞻掃封塋，輒病渡，謀諸鄉之老者曰："君父子進士起家于兹，出以濟民，歸以潤里，凡所求便豈直西原一墓乎！"君曰唯唯，遂擬伐石爲橫橋，計費凡若干，自出貲三之一，以聞於巡撫大中丞北湖侯公。公曰："吾政也，矧諸輿情便利，於公私役可後耶！"爰命所司益以公帑羨餘若干，鳩工聚力，董護程校。始於乙未十月，明年丙申三月工告訖。鄉之四民向嘗厲揭乞濟者，舉忻忻魚魚而來往返不絕。君又築室于橋西涯，鑿井其旁，以待行者之勞暍焉。惟時郡守應公董咸嘉乃成，舉觴屬曰："君弗靳其有，斥而相余，實亦利我農人義舉也。"請名其橋曰"寶豐"，以示同人不專于宗之義，君復托余記焉。粵惟夏令，九月除道，十月成梁，乘輿濟人，君子固小之爲惠也。夫王政之廢久矣，君爲令守及民已多惠政，爲御史建漕河長久策，浚復通惠河，中列壩閘，艤船迭運，以達於京倉，可省歲漕陸費數十萬緡，其功當大書於史氏而傳諸不朽，蓋其志大而才通，心公而務遠，類如是，匪特兹鄉一橋之作而已，故記其顛末，以俾後人書焉。

——《山堂萃稿》卷十二

建陳渡石橋記

〔明〕唐順之

陳渡橋去郭南十里而近，當邑西南諸鄉與宜興、金壇孔道，近郭而又當孔道，故往來於其上者踵相踐也。橋故以石爲之，其始作與其既毀而易之以木，皆不知在何時。今獨有石趾在耳，而橋木又不一二歲又壞，壞則輒更而作之。

夫屢壞則病行者，屢作則勞居者，而費且不勝計，非石不可以久而莫之能任也。會有浮圖人德山至，遂慨然諗於橋旁之人曰："吾力能辦此。"眾皆曰然，因請山爲主，而相與以貧富爲率，出錢若干緡。不足，則山使其徒募錢於四方，共得若干緡。買石若干，募石工凡若干。其財取諸願助之家而不費官帑之一錢，其力取諸傭食之夫而不勞公徭之一卒。始於某甲子某月，訖工於某月。嘻！可謂易矣。蓋山之爲人吾知之，有粟必以施餓者，而終歲自食糠粰，有錢可以易衣，而嘗衣碎衲行雨雪中，其苦行有足動人者。是以募人而人爭應之，役人而人不敢愛其力，宜其成之若是易也。於是友人蔣君英玉、吳君鎮之爲之請書其事。夫橋梁，王政之所有事也。徒杠缺而國僑致譏，川梁墮而單公以刺，然特語夫長民者耳，矧所謂浮圖者固與世漠然絕不相值者也？山口不粒粟，身無全衣，以此自足而絲髮無所假於世，亦可矣，乃復能急人之病而閔閔於一橋之成也如此。則彼長民者固眾之所跂而望以庇焉者，耽耽而居，飽祿以嬉，其於人之疾疹阽苦則瞢瞢而莫知，蓋先王一切所以扞災備害生人之道泯然盡矣，其所缺者寧獨一橋也哉？嗚呼！此不爲而彼或爲之，其亦可以觀世也已。德山某所人，其橋旁居人出錢者凡若干人。

——《重刊荆川先生文集》卷十二

重建陳渡橋碑記

〔清〕趙懷玉

吾郡橋之近郭而最著者，以陳渡橋爲稱首。橋故以石爲之，後易以木。明嘉靖丁未，浮圖人德山協眾建造，始還舊觀，唐襄文公順之爲文記之。越二百三十四年至乾隆庚子，鄉人岳德明輩以面石剝泐，捐貲甃治，程文恭公景伊復紀以文。今又二十五年矣，橋之趾漸圮，僉謂非重建不可。於是鄉之善士曰某實倡修之，某等出貲尤厚，某等弗憚勞勩，以襄厥成。餘則按户集費，靡不踴躍。經始於嘉慶七年十二月，明年十月工竣，高廣之制視昔有加，凡木石之材匠作之直計二百二十萬有奇。吾友李君慶來謁予文勒石。夫橋梁之墮，長民者之責也，襄文前記所謂耽耽而居、飽食以嬉者，固不足道，即號爲能吏，亦役役於簿書期會，未暇旁及。且經費無出，勢不能不資之於民，民又鮮克好義，故舊迹日就廢墜，所在而是，有心者過而生嘆，卒亦莫由致力。使盡如此，鄉之人之所爲而廢有不興、墜有不舉者乎！然則陳渡雖一橋，可以爲四方式矣。橋之東有襄文讀書處，名流多喜卜居於此，李君即其地人。抑又思之，是役或輸財或勤力，皆能媲美前人之善舉，獨唐、程二公名德貴顯，以予之無似而濡筆繼其後，則重滋愧怩，豈李君之所取固別有在耶？因書其顛末，并列在事諸姓名於其陰，俾後有所勸焉。

——《武陽志餘》卷二之二

重建文亨橋記

〔清〕吳龍見

毗陵郡西朝京門外有橋曰文亨，跨東西運河，在古驛東南隅。考唐太常鶴徵邑志，一建於嘉靖，再建於隆慶。萬曆末，郡守曾公櫻率屬重修，侍御薛敷政爲之記。蓋屢圮屢易，而其址未嘗移也。案運河上游京口江潮自西北建瓴而下，至城西南龍觜，匯沙漏湖水，遶郡城東南入無錫界。中間橋梁六七處，惟文亨雄傑爲之冠。又按文亨爲南北鎖鑰，糧艘上下，輪蹄交錯，翠華南巡，鑾輅之所必經，故地方大吏不待其就圮而敬謹葺治焉。郡侯潘公新膺簡命，來守吾常。下車之始，即率武進邑侯王君躬履其地，見靠北水門敧側，椿木半壞，宜徹而重建。顧工料繁費，官帑不敢擅動，又不便科斂於各鄉，於是開誠勸諭，附近三圖殷實士民踴躍捐輸，共襄盛舉。遴選沈元立等十二人董其事，各捐以爲之倡。嚴飭胥吏、匠氏，杜浮冒，絕侵漁，不惜勞費，以期永固。興工於乾隆二十九年三月二十六日，邑侯不時親臨，督率獎勵。七月二十五日，郡侯閱視工程，各董事暨匠役咸用命，遂於八月十三日訖工。該計工料，實用銀一千七百五十兩有奇。建大小水門三，高闊丈尺若干，悉準舊式。左右扶欄，卑高層級視舊而加惄。一時廛肆商民、賓客行旅登降絡繹，如履康莊，上可任輿馬，下通萬斛之舟，軸轤銜尾，往來如織。屈指百三十日，敧者以正，危者以安，乘轎下托，不啻長虹垂飲於波濤之上矣。余自臺中假歸，年衰，倦於應酬，邑人咸請紀其事，以不文辭，不獲。竊惟《周官》萍氏之典不講於後代，而民之病涉者衆矣。蓋陂澤杠梁，王政所不遺，時儆諸民，其教有曰："辰角見而雨畢，則除道；天根見而水涸，則成梁。"昔陳廢先王之教，火朝覿而川不梁，單朝知其將覆；彭城橋梁不葺，薛宣知其不能。諸葛武侯嘗言治世以大德，不以小惠，而其於蜀也，道路橋梁亦綜理罔遺。故一橋興廢所係甚微，而君子觀政於野，每因是以驗守土之留心民事否也。然役之興也，有時亦有道。何謂時？得天是已。何謂道？順人是已。使歲或洊饑而冒爲之，則時詘舉贏，事不可得而作。抑或不謀於僚友，不愜於輿情，將拂百姓以從欲，事不可得而成。今潘公自陽邑擢本郡，閭閻利病靡不周知，而各爲之所；邑侯王君豈弟子諒，設誠致行，政通人和，歲則大稔。又況郡屬黎庶協謀同辭，出於民心所樂從而義不容已者。人合而天不違，即通濟利涉一端，可以知其政治之概矣。聖天子省方觀民，雅重循良之選，大差事竣，不次遷擢，恐毗陵士民欲借寇而無由也。

——《武陽志餘》卷二之二

重建惠政橋記

〔清〕吳龍見

郡城西南三十里延政鄉有橋名惠政，俗呼十五洞橋，跨白魚港口，滆湖之西來者由此流入南運河，橋爲南北津要。前明弘治九年，巡按朱公瑄率郡邑大夫易木以石，四明楊學士守阯爲之記。乾隆十八年，夏潦湖漲，橋當其衝，傾圮過半。里人架木爲梁，未幾輒壞，溪深岸闊，涉者病之。陽湖邑侯陳公莅任三年於兹，以利濟爲己任，謂南運河爲宜、荆、溧三邑漕艘所經，公私往來牽挽如織，一日不治則一日病。顧經費無出，謀諸紳士耆老，廣爲勸募，而捐俸以爲之倡。於是鄉圖里甲及好義者踴躍輸助，備物鳩工，及時興作，而推舉廉能之士董之。樹之埶以眡其深也，衡之軌以眡其廣也，挈之度以眡其深也，而泉貨之用核焉。考楊記，上下高闊南北尋丈，左右扶欄與舊同，石以塊計，木以橛計，視舊減其半，鐵錮石以斤計，石灰以斤計，亦與舊同。匠作之工、夫役之工，視舊數則或盈或縮，要皆以實而無浮。經始於二十六年某月，落成於二十八年某月。水門仍十有五，以時泄湖漲，而用石闌其南北之十一二，以防湖賊之非時而出没焉。夫古稱神工召石，似有鞭撻瘢，語近齊諧。以今觀之，垂虹卧波，當月三五，成於不日，盤虛爲途，異哉似亦有神焉默相之者，豈山川之靈歟？抑子來之效也？陳侯此舉，其勸課之勤、利濟之周，美矣備矣，揆之朱公成烈，前後相符。且稽曩日巡方尚有僱役之羨錢、有正賦之羨穀可以集事，今則官帑之外絲粟無餘，惟恃誠意之交孚，勞民以董其成，難易不較然乎！余生於查墟，遷於郡城，鄉之父老屬余紀其事，余雖非載筆之史，然竊嘉侯惠之普而樂其政體之有成也，因援筆而爲之記。

——《武陽志餘》卷二之二

重建新塘鄉文成橋碑記

〔清〕洪亮吉

自城而鄉，橋之石者以千計。大率創始于本朝者十之三，創始于明者十之七，而在弘治以前者，又居大半焉。蓋其時世漸坦夷，人皆務實，工作之事，董厥成、供厥役者，一切無苟且之心，浚之欲其深，培之欲其廣，鎦之欲其密，築之欲其堅。縱歷三四百年，偏旁偶有傾塌，而視其內則鑿之不能入也，斧之不能裂也。即一橋之成，而人事之慎密，物力之充裕，均可見焉。明中葉以後則不然，斂錢非不多，工作非不久，而視其石則薄以裂，視其磚則滲以坼，視其灰與土則淋而不周、埯而不實。故稽其所歷之歲，嘗不及弘治以前之半云。新塘鄉有橋，俗呼曰"雪堰"，即方志所謂文成橋也。橋洞碑記云"建于成化二十年”。考之方志，則又曰“成化十三年”，要不出成化中者近是。橋上爲南北之通衢，下爲太湖浦瀆之隘口，旱潦宣泄之所必經，水勢衝激，歲久石裂。嘉慶五年六月，甚雨，水漲，橋忽崩圮過半，僅存環石之二，略可以通行人而勢孔岌矣。先是橋之左右居民預爲設捐，以備修葺，及圮又外募鄉人，合計得千有餘金。即於是年十月十五日復興築之。拆視其下，基址深固，層復一層，惟椿木以松則已朽壞，故司事者益不敢草率卒工。排基則易以徑尺老杉，長約七尺餘。老杉以上，均用大石博砌，復錮以石粉，凡十餘層，深丈有零。然後上至水盤石，董率工匠日夕監視，稍不如意，輒改築之。至十二月十六日橋成，以視成化年之所造，殆有加焉。夫橋之成，必書其歲月及司事者之姓名於石，此陳例也。若歷久而不壞，則里之人必追頌之曰：“是某某之所督司也，某某之所營造也，費不浮而工歸於實，是以能歷久若此。”若夫成而遽毀，或不及百年、數十年而遽毀，則里之人必竊竊議之曰：“是某某之所督司也，某某之所營造也，斂錢唯多，中飽者若干，浮費者若干，某某又慢於其事，以致如此。”豈不爲一方之大戒哉！於是其鄉之人乞亮吉記於石，并垂以爲後來式云。

——《武陽志餘》卷二之二

重修五洞橋碑記

〔清〕李兆洛

橋跨滆湖入運河處，水占地寬，闢水門五，土人謂孔爲洞，故名焉。宜興、陽湖兩邑之界分以橋，濱運河爲牽輓路，宜興、荊溪、溧陽漕皆匯，又資以蓄泄爲水利幹。橋始明成化間，兩邑民募建之。萬曆中壞，則宜興之高城人陳道獨修之。國朝雍正十一年，復圮，鍾溪人王懷岳謁邑令捐廉以倡，復旁募以集事。迄今又百餘年，橋漸欹側。道光十六年八月望，竟中斷，因暫設津渡通往來，行旅苦之。兩邑籲其令，令謁諸郡侯，勸諭衆捐，鍾溪司孫君翊庭首捐俸以倡，遠近響應。諏吉是年十一月十三日築壩庌水，爲施功始。壩之在外者長二十一丈，廣三丈；在內者長十八丈，廣一丈八尺。閱七日壩成，即以二十四日爲造橋施工之始。會是歲祁寒，十二月朔凍沍經旬，行者捨川而陸，乘車策蹇，晝夜奔輳，咸以爲便。緣橋之堤南北凡三百餘丈，濱湖卑下，涉夏湖水侵之，泛濫失涯涘，乾隆間始募建石堤高而廣之，工甚鉅，十年乃訖，事詳舊碑，亦歲久多圮壞，以治橋餘力悉整理焉。掄材必良，選匠必能，趨役必勤以均。至十七年五月五日而功成，所靡泉以緡計者五千二百而贏，工以日計者十有三旬而已。夫除道成梁，政所急也；樂事勸功，民之誼也；量日賦丈，不忿於素，揆事之善者也。費鉅而省，程敏而辦，豈踤事者固易爲力哉！司事者謁予曰：“我圖前人功不敢不覆，不敢不篤。圖之艱，益思永其後，願有記也。"余曰："善！"爲書司事者姓氏於碑，其勸輸者差其貲之多寡備書焉，爲繼此者軌範。

——清光緒刻本《養一齋文集》卷九

重建寨橋碑亭記

〔清〕蔣 彤

寨橋跨南運河之上，北距郡城五十里而遙，南距宜興界十里而近，蔚然爲市集。橋故有二，北橋木爲之，道光八年圯廢，南橋於嘉慶十五年易木以石，與北橋相望百步間耳。先是運河自北來，經北橋之東址楊柳港迤邐東南行，由後莊、大樹下從弔橋出鸛嘴達宜興。明崇禎間，改從今道，蓋取其徑也。方橋之始事也，里人劉寅山斥產倡義，時民氣殷實，樂施者衆，故工良而材堅。功垂成而劉君死，故多未竟之緒。閱今三十餘年，寅山之族人劉達義、德容、國慶，與同里錢德壽、孫敬三等同志好善，紹完前美，凡功之待成及已成而將敗者，集貲修葺之，并構屋三楹於橋之東南址，建橋碑記於其中，屬予書其事。予居去寨橋僅數里，朝夕可狎而遊焉。嘉慶十五年事，予幼甚，不及見。稍長則市集日甚，日出交易而至者恒數百十人，甚囂，側身不能行，而風氣淳樸，無淫靡之習。寰橋而居者數百家，并守術業，無武斷酗酒、險健好訟之人，間有遊蕩，亦遵約束。厲禁賭博，列肆蕭清，父老輩閒坐啜茗，與田父漁子談説禾稼而已。而橋之左右數里間隸博士弟子員籍者以十數，時時出入彙叙，講解書義，人見起敬，多所化導。每歲時令節，廣場戲劇，則朋儕五六，酒食相邀，輒掉扁舟歡會竟日，魚魚雅雅而不及亂。緬其風土，良足懷也。比年鴉片流毒，幾於比户漸染，有司搜捕嚴密，罹罪者多，而此鄉竟脱然無一人，可不謂美歟！予里居日少暇輒出遊，聞見所接，庶幾古之所云仁里也。又聞北橋將繼此有事，抑何急所當務而能勇於義耶！夫興梁徒杠，政事之經，而修廢舉壞乃風誼之茂，而士庶所共有責焉者也。故樂爲書之，爲北橋勸。

——《武陽志餘》卷二之二

印馬橋碑記

〔清〕楊夢篆

去郡城東三十五里爲橫林鎮，鎮跨大塘，其下塘東百步有支河曰橫橋港，又東四里曰東柵港。橫橋港南行，經孟墅復折而東，匯爲澤曰陽湖，東柵港自北東來會之，又南行二十里，經錫邑界達具區。其先爲東西印馬河，蓋宋時周道岸公印馬關西時所浚也。公爲御史印馬，給假歸，值水泛支河溢，不得南達，公乃度量高下，浚西港，自橫林下塘經孟橋，過北洋橋，達陽湖口，凡八里；浚東港，由王家岸、周家灘逾龍潭入陽湖，凡四里。水患頓減，鄉人德之，呼爲東西印馬河。又於水口建石梁，稱爲東西印馬橋云。至正元年，義興水漲，陽邑廬舍漂没，橋亦圮，鄉人以橋口水闊，費不貲，就兩涯狹處建木橋，今橫橋是也。至正十六年，張士誠陷常州，其將莫天祐自安陽山率舟師會士誠出陽湖東港，舟大不能進，立命撤毁，由是東印馬橋亦廢。士誠敗，鄉人築木栅遏湖盗，今東栅是也。東栅港居陽、錫邑界，港東皆錫境也。其西至橫橋港，縱橫方十餘里，爲田十萬餘畝，每大水泛濫則南瀉具區，值旱大塘水東北來注之，利甚溥。比年鄉民之蚩蚩者罔顧利害，值田與河境多運土壅塞，禁之不可，兩港日就湫隘。都人士周壽德等具禀呈縣，蒙邑尊王侯給示嚴禁，由是兩港居人畢棄咎、周壽德等欲立石記其事，用垂久遠，且誌侯德於不忘。余思天災流行，難可意察，思患慮防，道宜豫立。《周禮》不言荒政，而大司徒十有二教，特詳瀉水潴水法，用能物阜年豐，雖有凶旱水溢，民無菜色。今鄉人是舉，其知此意也夫！然非賢邑侯勤恤民隱，惠此一方，惡能若是！夫導揚仁風，以與鄉人興利除弊，於義爲可，其敢以不文辭！

—— 道光《武進陽湖合志》卷三

牛塘橋記

〔清〕陸初望

陽湖延政鄉有石梁跨水，高插長空，名曰牛塘橋。南通漏湖，北達常郡，運河之要道也。創自前朝，迨國初以來修葺數次。道光年間，橋復傾圮，當時累石築基，上架大木，以濟舟車，謂可以歷久不毁已。詎料咸豐庚申之變，髮逆據常，拆毁殆盡，水中巑石，橋背無梁，行道者苦之。甲子克復，公議重建石橋，估工須三千餘緡。本地人士於四鄉勸捐，歷有年所，尚缺千緡，復向城中廣募，邑尊紳士等交相捐助。始得於同治八年鳩工，於光緒二年橋成，復駁河堤，造水牽。旁有兩小橋名鳳眼者，亦并爲修理焉。從此通千萬人之往來，開數百年之利濟，歌功誦德，安有窮期！予聞風傾慕，未嘗不嘆。襄此舉者同心好義，而經理諸君子不恤辛勞，數載於兹，其功尤堪不朽也。爰誌崖略，以諗來者。

—— 《武陽志餘》卷二之二

萬善橋碑記

〔清〕王銘西

西漏湖翕受中江宣歙諸山之水，匯成巨浸，由各溪港泄入震澤，其北東一港曰洴泖，湖水噴泄出五洞橋，會蠡河束迤西匯爲篠㵲宕，斯爲二渠，斯，學堂經解从斯，洛陽橋蔡君謨撰碑記作廝，析也。一出北東直注滆，宜溧漕艘經焉。出篠㵲宕五里許過運邨，又東五里過竹莊，又五里至殷墅，鬱爲龍潭，檻泉觱沸。咸豐六年，歲大旱，不涸，殷墅橋架其上，鎖鑰湖水鎮渤浪也，俗名龍潭。舊曰永安。咸豐朝橋圮，陳某重建。同治初又圮，適河北徙，漕改由海輪運，宜荆、溧陽不溯蠡河，沿殷墅橋河達滆。圮石鶻突中流，不特商販苦之，漕艘經此爲害尤鉅。張君壽德目擊咨嗟，有土著謝君孝蓄志重建，聳惠張君，張君故病足，以老辭，固請，不得已，命二子舁之。募蠲於百里中，得番餅若干，雇工摸河中鶻突石盡，而費亦盡，咸束手，來商於銘，介廣文莊君俊甫毓鉉，呈請祁邑侯兆庚。邑侯倡蠲番餅七十員，給示諭募蠲。祁卸任，温侯下車又蠲焉，且立印簿，許爲乞蠲於寅僚。未幾而温侯薨於位，會張君之足疾瘳，遂西走溧陽，蔣君德棽獨任輸石灰若干，周君某輸百餅，即峙乃木石，雇工匠築月壩，砌樹兩塊垛。垛將成，爲輪船冲倒，費罄，衆莫知所措。李侯繼至，又偕莊廣文請移牘宜邑魏侯、荆邑薛侯促之，張君秉牘，延殷漢駿爲先道，謀於樂窩圩吳廣文巖青。巖青經蠲二十五番，復偕儲孝廉晋三呈請兩邑侯諭各區董申勸，既復偕莊廣文告郡城慎思堂何，立輸番餅三百五十枚。刻期成橋面，改舊巨木榦而鋪以磚，木輕而石重，以南岸土沙疏，不能堅緻任重也。易名“萬善”，見好善者之多也。是舉也，合器械木石灰料費若干、石工費若干、小工費若干、築壩帟水費若干。程起於光緒十年月日，竣於十三年月日。以任事者之勞，不可無以紀之，且爲銘曰：

蓄泄兩湖，利億萬畝。黿梁安鎮，莫驚龍吼。漕運西東，永占無咎。衢衝南北，兼便販負。於萬斯年，功傳不朽。

——《武陽志餘》卷二之二

琢初橋記

馮嘉錫

吾邑河流縈貫，津梁之利，行人賴焉。城東南有橋跨運河，曰“新芳”，年久將圮，適當貧兒院迤西，嘉錫與姻親伍觀察琢初同任院事，朝夕過其處，相與謀重建。顧舊址未當孔道，宜西移數十丈，逕通南門，則往來尤便。工未及舉，琢初遽以疾卒，嘉錫往哭之，孤子守箴、守謨泣曰：“先人彌留，語不及私，唯惓惓於地方公益未盡事，改建新芳橋其一也。某等不肖，懼弗克承先業，不敢私遺財，願竭所有竟先志，雖在衰経弗敢稽，請先成此橋，幸長者有以教而成之。”嘉錫聞而感慰，善夫琢初義方式訓，能以善貽其子，子復能繼志不墜，廣其父之善於鄉邦，琢初不朽矣。亟贊之，遂謀於邦人父老，請於有司，達於省府，得報獎許。於是舉委員十一人董工事，踐戾議，改建於斯。鳩工選材，自夏徂秋，凡三月而橋成。修五十二英尺，廣二十三英尺，工堅實，地適宜，計費五千金，胥伍氏獨任焉。邦人父老以觀察字琢初，即用以名斯橋，志不忘，宜也。雖然，琢初之好善出於天性，非爲名也；伍氏繼志述事，求其自心之安，非徒務顯揚也。後之行斯橋者，其勿囿於斯橋，在鄉謀鄉，在國謀國，誠能爲人父不私於子，爲人子不私於財，庶幾乎天下爲公，而大同之盛可睹矣。斯則琢初之志也夫！是爲記。

中華民國十八年歲次己巳仲秋。

——《伍氏宗譜》卷十三

常州奔牛閘記

〔宋〕陸　游

　　岷山導江，行數千里至廣陵、丹陽之間，是爲南北之衝，皆疏河以通餫餉。北爲瓜州閘，入淮汴以至河洛。南爲京口閘，歷吳中以達浙江。而京口之東有呂城閘，猶在丹陽境中。又東有奔牛閘，則隸常州武進縣。以地勢言之，自創爲餫河時，是三閘已具矣。蓋無之則水不能節，水不節則朝溢暮涸，安在其爲餫也！蘇翰林嘗過奔牛，六月無水，有仰視古堰之嘆。則水之苦涸固久，地志概述本末而不能詳也。今知軍州事趙侯善防，字若川，以諸王孫來爲郡。未滿歲，政事爲畿內最。考古以驗今，約己以便人，裕民以束吏，不以難止，不以毀疑，不以費懼，於是郡之人僉以閘爲請，侯慨然是其言。會知武進縣丘君壽雋來白事，所陳利病益明，侯既以告於轉運使，且亟以其役專界之丘君。於是凡閘前後左右受水之地，悉伐石於小河元山，爲無窮計，舊用木者皆易去之，凡用工二萬二千石二千六百，錢以緡計者八千，米以斛計者五百，皆有奇。又爲屋以覆閘，皆宏傑牢堅。自鳩材至訖役，閱三時，其成之日，蓋嘉泰三年八月乙巳也。明年正月丁卯，侯移書來請記。予謂方朝廷在故都時，實仰東南財賦，而吳中又爲東南根柢，語曰：“蘇常熟，天下足。”故此閘尤爲國用所仰，遲速豐耗，天下休戚在焉。自天子駐蹕臨安，牧貢戎贄，四方之賦輸與郵置往來，軍旅征戍、商賈貿遷者途出於此，居天下十七，其所繫豈不愈重哉！雖然，猶未盡見也。今天子憂勤恭儉，以撫四海，德教洋溢，如祖宗時。齊魯、燕晉、秦雍之地，且盡歸版圖，則龍舟仗衛，復溯淮汴以還故都，百司庶府、熊羆貔虎之師翼衛以從，戈旗蔽天，舳艫相銜，然後知此閘之功，與趙侯爲國長慮遠圖之意，不特爲一時便利而已。侯，吾甥也，請至四五不倦，故不以衰耄辭。

　　三月丙子，太中大夫、充寶謨閣待制致仕，山陰縣開國子、食邑五百戶、賜紫金魚袋陸某記。

——《渭南文集》卷二十

重建孟瀆河閘記

〔明〕楊　榮

君子之立政，有可以益國而利乎民者，知無不爲，爲之有方，雖疲民力而民忘其勞，耗其財而民不自恤。苟或役民於非所當務，則謗怨隨之，其能留聲當時、爲利後世者幾希。孔子曰"擇可勞而勞之，又誰怨"，孟子曰"以佚道使民，雖勞不怨"，其信然矣乎！工部侍郎廬陵周君忱奉命巡撫蘇常諸郡，常之武進故有孟瀆河閘，以通東南漕運及商販之舟，且溉傍近田數千頃。歲久閘壞，公私病焉。常守莫君愚圖改作之，以役費繁重，弗敢專，謀於周君，議以克合，遂發往歲節省稅賦浮費以市材僱工，礱石姑蘇洞庭山而舟致之，郡民皆歡欣趨事。作於舊址之南丈餘，其下先錯列巨杙，貫以長松，而後實石焉。東西石甃縱以丈計爲十有六，崇以丈計爲二百五，中廣視縱當八之一，南北爲雁翅狀，以殺水勢。中夾木石，鑿以納懸板而上下之。經始於宣德八年九月，畢工於是年之冬。用徒匠以日計二萬三千七百六十，木以株計八千九百，石以丈計三千五百，灰以斤計二十二萬，磚以片計十有二萬。始終董其役者，知縣朱恕；效勞爲多者，耆民惲昶。閘成而獲利如故，莫君以爲苟無記述，則後世莫知所自，遂因通判張齡來京請記於余。余按圖志，兩浙運河貫郡城西行三十里，歷奔牛、呂城二壩，以達京口。舟行既艱，而河小不足以通巨艦。唐元和中刺史孟簡始令開北河，自奔牛北行七十里，至河莊鎮入揚子江。舟無巨細，皆得徑達於江而免過壩之勞。第其水上引運河源遠，不能常續，下仰江潮去來，不能常存，簡於是置閘河莊，爲之節制，使人以時啓閉，而其利益博，其惠之在人可謂深且久矣。人以其姓名河，謂之孟瀆，又謂之孟子故閘，亦以孟瀆爲稱。閘廢，民失其利，今得周、莫二君子協謀而更置之，二君子之惠足以繼簡而流於無窮，是可尚也。故系以詩曰：

孟瀆伊始，唐元和中。始之者誰，刺史孟公。公時爲政，佚道是崇。鑿河築閘，厥功既隆。泛泛者舟，往來具通。每每者田，歲恒獲豐。歷數百年，湮塞嚙衝。既阻於舟，亦病乎農。猗歟周君，思成其終。莫守贊之，詢謀僉同。相地之宜，惟善之從。乃市良材，乃鳩衆工。匪取於民，匪私於躬。錯杙累石，既堅既礱。傍峭而固，中虛以容。舟無阻艱，農無歲凶。人用歡謠，二君之功。功成惠施，既博且洪。勒辭於石，用昭無窮。

——《楊文敏公集》卷九

重修德勝新河魏村閘記

〔明〕趙 琬

揚子江濤之險名天下，自京口東行百數十里，折而南入港者，實趨常之孟瀆、德勝二河，河口皆有閘，皆有官以掌縱閉之役，視時潮汐之盈縮而制其涸溢，以防旱澇之患，利害所係，至不輕也。況常爲東南要衝，自蘇松以至兩浙七閩數十州，往來南北兩京者總總，無不由此途出，則其所係又豈偏州下邑，利害止於一方者比哉！以地勢論之，出江西行三百里而遙，匯於龍灣，以達南京，則孟瀆河河莊閘爲便。出北迤邐二十里而北，入揚州之泰州，由淮濟以達北京，則德勝新河閘爲魏村尤便。二河若閘不可以不置，又詎可以偏廢也哉！然奔流激湍，積泥擁沙，相輔爲害，歲久河淤閘圮，居民行旅遠近病之。永樂庚寅，朝廷命故户部尚書夏公、僉都御史余公、通政趙公，督常鎮蘇松諸郡邑丁夫十萬餘人疏通孟瀆河矣，顧惟德勝新河鄉民屢以病告而未之能舉，豈其數亦有所待歟？比年民復有以是河爲告者，有司上聞，即日命下。巡撫江南工部侍郎周公，乃會漕運總兵都督武公、參將都指揮湯公詣河次相觀經度，議以克合，責成於前；郡守莫侯愚，且簡任同知趙君泰、武進縣主簿馬君彥斌董其役。既而周公又謂二君曰："今國家方務安養斯民，不可如往年孟瀆河之役，傍及他郡邑，動衆勞擾。計河兩岸之田不下二千五百九十三頃有奇，歲輸賦二萬五千九百三十餘石，受其利者無慮五千數百餘家，驗其户口可得丁夫九千八百九十人，餘倩附近鄉夫二萬三千三百十人益之，每人日給米一升，費皆取於公帑，一毫不以煩民。"二君亦能體公之心，協謀并智，揀日鳩工，因河之故道，理其壞塞而去其淺隘。閘舊逼於江滸，水易爲患，改置向內五里許，堤涯關扃覆屋悉如舊，而堅緻深廣視昔則過之，足以支久遠。河長七千二十丈，廣十二丈，深一丈六尺，閘週迴四十四丈，役工九十九萬六千，費以銀計一千七百五兩，米四千四百三十九石，木一千六百章，鐵三千三百斤，磚石灰油藁稱是。始事於正統七年二月二日，訖工於八月二十日。是年大旱，明年暴水，魏村沿河上下四十餘里蓄泄有備，民以無虞，利之及人者蓋如此。今年馬君以督賦至京師，致今郡守葉侯之意，屬予爲文以記其事，且曰："俾後人知謹當善繼之而弗壞。"予聞之歐陽文忠公云"作者未始不欲其長存，而繼者每至於怠廢"，使繼者長如作者之心，則其及人之利豈有終窮也哉！魏村之閘之河雖曰修廢舉墜，其功倍於創始，後之繼此者若能職思其憂，時加修葺，禁障宣通，恒如今日，則人之蒙其利其可以世計哉！惜乎江北之河人猶病其淺隘，倘二三大臣講求水利，一旦有及於此，相地之高下，觀水之源而決其壅塞，俾東南諸州舟之通於北京者皆於是乎出，得免於黄山以東數百里風波之險，其利又不特如此而已也。姑書以俟。若夫閘河之沿革，具於郡志，及今郡邑官寮、鄉里耆老，凡所修舉而立石者，其姓名載諸碑陰，不復著。

——萬曆《武進縣志》卷二

常州府重建奔牛閘記

〔明〕王 俊

距毗陵城西三十里，其地爲奔牛堰，溯堰水西行百八十里，歷雲陽達京口，爲運河，其地勢東傾，蓋堰不足以時蓄泄也。古嘗於京口、呂城、奔牛爲三閘，皆莫詳其創始。俊嘗觀史志，丹徒水道自六朝來通吳會，隋初有詔浚治，則是閘在齊梁前已有之，宋陸放翁所謂“自創爲是餫河，三閘已具”，其說近是。大業之後，閘當與河相爲廢興，而志不書，至元符、嘉泰始兩書修復，則上下數百載間其說而不書亦已多矣。國朝洪武己酉，閘廢，更導其支流東北出于堰爲壩。自是餫河不復通，重載漕舟多出孟瀆河濟江，江行險遠，歲不能無覆溺之患。天順己卯，今冢宰崔公克讓爲都御史巡撫江南，因民之虞患也，爲言於朝，請復建閘。營度適宜，委畀得人，曾無幾何而五閘告成，其在常境者奔牛下閘是也。成化戊子，都御史邢公克寬繼來，謂奔牛猶有上閘，其遺址尚存，盍亦修建，俾互爲啓閉，遂以其事付之常守卓君天錫，而以武進縣丞宋瑛董役事。費給於公帑，民役於農隙，其經畫之良、成功之速，與下閘等矣。夫堰廢爲閘，閘廢爲壩，言水利者時有訾病，今閘與壩兩存之，春夏水溢則由閘，秋冬水涸則由壩，壩可瀦而閘無壅也。閘成之明年，同知謝君庭桂以屬予記。夫國家自移都北京，其財賦多取給東南，正猶漢之山東、唐之江淮也。引渭穿渠，含嘉轉漕，當時最稱便利，然水有砥柱之險，持異議者亦嘗改作，卒無成功，是役於智巧而不觀形勢之順逆、鑒古今之成敗者也。近議亦有謂自七里港疏河，越黃墳岡以受江水，而崔公不用，用之幾何不爲褒斜取道？而邢公繼之，理其未備，無事更遷，其亦異於鑿三門以重爲梁棧者遠矣。二公敭歷臺省，雅有才望。其出殿南圻也，威惠并行，爲國足用，爲輸將繇使脫險，繫斯舉也，餘可類推。卓君克承克引，民不屬而功自倍，施之守官，用成佳政，皆不可以不書。夫書前人之績以昭示後人，俾嗣守之勿墜，謝君之用心亦良厚矣，於是乎書。

——萬曆《武進縣志》卷二

戚墅堰橋閘記

〔明〕王 俊

戚墅橋在城東一舍許運河之側，跨三山港上，河之南爲戚墅堰，因以名橋。夫穿河以通漕舟，疏港以泄河水，自六朝來已有之，則橋之建以通濟利涉，其所由來亦遠矣。國朝正統庚申，先季父守勉府君嘗集眾力修舉廢墜，閱四十年，今復就圮。成化戊戌秋八月，予待次東歸，通守四明吳公廷用訪予山中，舟經其下而危之，曰：「此東南驛道也，廢而弗治可乎？」乃即日下令謀作新橋，蓋舊惟壘石為址，架木為梁而甃以甓，歲久木蠹，橋遂不支。至是求良工、伐堅石而鼎建焉，下為圜空，上加扶闌，其修廣皆如其舊，而高過之。附橋之內增建石閘，蓋每歲夏秋，河水暴漲，則閉閘障水，使東注震澤，以趨於海，而港之兩涯下田可免墊溺。此吳公所為深計遠慮以貽吾民，又不止作橋以便行者而已也。興事之日，貳守永嘉柳公宗疇詢謀克協，未幾太守新淦孫公偉德由秋官正郎來綜郡事，首捐俸金為助，而通守象郡董公宗儒、郴陽張公名父、縣令鄢陵魏公廷圭皆贊畫焉。明年閏六月，橋成，鄉長老謂予宜有紀述。始吳公之欲建閘也，有持異議以搖之者曰：「此堰水則彼受害，不幾於以鄰國為壑乎？」公即舉郡士朱懋易所錄宋單鍔《吳中水利書》示之，其略云：「上自丹陽，下至無錫，運河之北偏古有泄水入江之瀆十四道，而北戚氏港其一也。瀆皆以古人名或以姓稱之，則三山港或舊名北戚港，而氏之為墅，或語訛也。」又云：「每瀆皆立石碶斗門以制水，否則水且泛溢而灌浸江陰之民田民居矣。元祐中，蘇文忠公亦嘗錄進此書于朝，謂可施用。閘之建，蓋本諸此。遲以歲月，吾將自黃汀堰以下至牌涇十四瀆皆作之，而此其權輿也。」於是眾議遂息，而閘亦成矣。吁！如吳公者，可不謂知所務也哉！夫古者辰角見而雨畢則除道，天根見而水涸則成梁，川梁遂道之修，固為政者之急務也，然而能究心於此者，亦幾何人哉？故陳廢先王之教而川不梁，單朝知其必亡；彭城橋梁、郵亭不修，薛宣知其不能。矧橋不徒修而且為經久之計，閘不終廢而訖舉既墜之典，使人無遺患，地無遺利，豈非可以觀政哉！雖然，吳公首倡之，而太守諸公遂繼而和之，以無異志而有成功，凡此又可見同德叶心為出政之本，皆不可以不書也，故書以遺之，俾刻焉。其始終督役，則邑丞鄭君汝楫、錢公渭，而鄉人重義捐貲為助者，其氏名咸列諸碑陰。

——萬曆《武進縣志》卷二

小河閘記

〔明〕惲應翼

　　閘之為用大矣。郡城漕河自東而西，其支河皆南北相對，橫貫漕河。北通江水，南被諸鄉，其形若蜈蚣，然漕河其身也，南北支河其足也。古人置閘之意良，郡守兢兢奏建遵行，豈無故哉！蓋北鄉江潮來時，試以蕭葦留之，留得一寸則水灌處高可數寸。近年多旱，前守開封邊公、今守承天歐陽公嘗采野老之言試留之，咸已有驗，力省功多，朝行夕效，因地利以救民生，真急務也。使吾邑諸閘俱起廢而整頓之，石堅板壯，一如奏施之時，且約江陰、丹徒稽諸港閘同時啓閉，俟潮至共留之，則水勢猛而益大矣。不特此也，苦旱爲水之無所蓄也，苦潦爲水之無所泄也。冬水枯則戽以灌漕，至勞也；盜發江鄉，直驅於支河之滸，至危也。國朝於郡邑俱設水利官，力舉其職，於歲晚務閒之時，督率得利之夫年一浚之，而閘因時以蓄泄，則不惟水旱俱濟，而漕流不涸，盜亦不得長驅於内地矣。此固養民弭盜之大端也，況魏村、孟河俱有巡司兵署，皆可協力以助之，在司牧者一加之意耳。

——《武陽志餘》卷二之二

孟河閘記

〔清〕惲思贊

孟河之閘最關漕運，而利商便農次焉。運河自戚堰以西水皆黄色，其易淤也，由江潮挾沙，而灌塘濟運又非江潮不爲功。江潮倏來倏去，欲其留而不瀉，更非建閘不爲功，故上自横越，下至黄田江口，皆置石閘。而運河自奔牛至吕城，計里二十而置閘二，無非爲漕運計也。孟河介横越、黄田百八十里間，爲至要口門。道光十三年間浚孟河，將石橋舊閘移建小河鎮，費帑銀壹萬八千八百餘兩。不十年，東北面雁翅盡圮，人皆謂地當泛沙，初不知出椿木釘石之短小與椿面之無蓋石也。咸豐初元，小河四面雁翅皆圮，金門亦僅存十之五六，而下板蓄水，商船農田猶共賴之。光緒以來，金門之僅存者亦岌岌矣。十年，估浚孟河，以經費難籌，閘工未遑計及。十三年冬，河已浚有端緒，而閘石擁積河心，綿延百數十丈，衆議有謂宜拆，將石變價，以備河工歲修；有謂河運業已試辦，萬一全漕河運何以蓄水。邑侯金公吴瀾曰：“當日建閘，實請命於朝。閘夫工食今尚作正造銷，一旦廢之，如奏案何！幸浚河經費節省有餘，其修之便。”乃申請上台，定期於十四年二月興工。正在起石下椿，大雨連朝，閘工兩壩同時漫倒，停工至六閱月之久。逾年始竭力告成，用錢六千二百餘千，視前次建造之費約四之一。閘南北各十七丈五尺，其閘底仍舊者祇金門兩面共四丈三尺，餘概易長大椿木，覆以四方巨石駁岸，釘石亦倍長於前。凡金門之寬闊與石岸之高深悉仍其舊，惟四角雁翅較前各短五丈。舊石之適用者不足五成，而拆石起椿及翻出河心之石，視創建則費工倍蓰，今始知創者難而因者尤不易也。奔牛閘僅將石岸拆而復砌，費工料錢五百二十餘千，合并記之。

——《武陽志餘》卷二之二

常州府子城興造記

〔宋〕胡　珵

吳興俞侯爲常之明年，紹興四年也。且受代，爲邑子胡珵言曰："金人南寇，大掠吳楚以歸，五年矣。常之在浙右，所不燔者十三，而子城蓋墟焉。初予之至也，州治寓晉陵縣治，縣治寓佛廬，凡官屬邸舍寓民廬，倉寓老子宮，學士逃散寓郊廬，官軍寓葦廬道傍。自金斗以北鬱爲鬼區，狐號燐遊。今再歲而官寺、厩庫、營屯、廩庚、黌宇大小井井，鳩工就功，將復厥舊，邦人請有紀也，願以累子。"珵辭不獲命，則告之曰：人情樂因陋就簡，吏偷弗虔，號爲鎮静。况兵火蕩焚，公私耗乏，苟持用籍口益可。公不以是故自憚自逸，夙宵憂勤，卒克以城如初，遺後之人，不已恪哉！且公之下車也，距寇退纔三年，嚮之重門麗譙，圭竇空空；嚮之冠蓋車馬之衢，荆榛成林，瓦礫如山。公爲閔閔孜孜，弗亟弗遲，市廢第於民，輦材用之，無遠求以擾也；規廢地於官，畚環築之，無創增以侈也。匠倍傭，故工弗瘝，徒番休，故役弗病，吏不得並緣爲奸，民户無所輸貸，不又惠哉！千柱之雄，萬室之豐，侯屏中宏，吏舍旁布，太倉富之，泮宮教之，堂序沉沉，廉級崇崇，上臨下承，以聽以享，不又肅哉！《詩》咏甘棠，召伯是思，羊公之碑，後人墮淚。公之爲是邦也，冤獄滯訟，多所決平，儒雅文彩，不自表暴，法而不刻，健而不猛，猜不肆察，寬不弛防。才業如是，政化如是，諸所興復成績又如是，其爲甘棠大矣。然而不自沽名，不自伐功，姑務記興復大略焉。後之人曰，是承虜禍屠燬酷烈之餘，救死扶顛，以更造是邦者，其爲墮淚深矣。凡是咸當得書，有考無愧。至章程工役之調度歲月，與凡造楹架若干，則有司存之案籍在，皆略不書，書其勤公庇民之大者。

——萬曆《常州府志》卷十八

常州府新城記

〔明〕王　偁

毗陵自晉太康建都以來即有城，以控制一方，其間興廢多不可考。今所存遺址名"羅城"者，則後唐天祐間所築也。國初，太祖高皇帝命御史大夫、中山侯湯公和鎮臨其地。當是時，外逼强寇，内無完民，力役弗任，捍禦未固。

乃改築新城於羅城之內，縮其數五之三，周十里有畸，括舊甓爲之，以取辦一時，洪武改元之明年己酉歲也。自是以來，海宇乂安，所在無警。常爲內郡，尋撤戍守，而城亦日就頹圮矣。成化己丑，前守莆田卓侯天錫嘗以爲言，期修復之，會遷秩去未果。後更他守，因循莫續。戊戌，新淦孫侯仁由刑部郎中出守茲郡，於是巡撫、兵部尚書兼都御史三原王公恕以語孫侯，俾申前請。既得俞旨，而公亦請於朝，發羨餘米八萬斛、公帑銀數千兩爲費。孫侯乃求之四邑，得義官、義民餘三百人，俾分任之。邑當一面，人授一雉。給以物直，資之工費，刻其期以要其成。侯既受成算於公，而復贊相之以同知吳君桓、通判董君緝、張君杰，經度之以推官胡君諒，而邑令胡溥、熊經、沈振、黃璉則躬任董治之責焉。凡爲城二千四百一十有三丈。址石五重，高四尺。甓長尺有咫者七十有五重，重五甓，益以舊甓實之，厚八尺，高丈有八尺，埤高六尺。爲門七，東通吳，次東懷德，南德安，次南廣化，西朝京，北青山，次北和政。水關四。門、關皆有樓，外有甕城。濠深二丈，闊十有六丈。凡用石以丈計者一萬二千六十五，甓以塊計者一千二百萬五千六百四十九，灰以斤計者一千六百萬九千一百一十五，而木植陶瓦之類不與焉。始事於壬寅閏八月甲申，訖工於十月丙戌。是役也，王公嘗按視之，而孫侯則始終籌畫綜理而勸勞之。是宜工徒子來，并手偕作，曾未逾時而成此大役，良非偶然之故也。城成，鄉人父老以書來請記。夫城以保民爲之也，孟子嘗言"天時不如地利"，蓋有險可憑，有衆可守，雖時日之善，未易取勝，城固有足恃也。然而古先聖王以道德爲城，而孟子亦謂"上無禮，下無學，爲國之患"。然則道術不明，禮教不行，雖金湯之固或不可保，城又何足恃也。雖然，是未究本末先後之序也。洪惟我朝祖宗列聖盛德大業之被冒於上，臺省元臣、邦侯大夫良法美意之祇循於下，政教修明，遠近洽和。於是乎及此暇日，舉茲墜典，修捍禦之方，治保障之具，寧其居以樂其生，衛其財以休其養。如是，則城亦永有賴矣。烏乎！吳越之區，常俗素稱淳遜，宋元之世，郡城最號完固。以斯民纘斯績，則層樓峻堞豈徒雄據一方，而不尤隱然爲東南一巨鎮也哉！

——成化《重修毗陵志》卷三十四

常州府修城碑

〔明〕李東陽

　　凡藩郡衛所所治，必建城郭，以宿兵守民，防禦奸宄。國家重熙累洽百五十年，武備寖緩，城不時葺，識治體者必先焉。常州府，古毗陵郡，爲南都肘腋，吳越喉襟，地最要。且自晉太康初已有城，唐天祐間增置外郭，歷代以降，修廢不常。我太祖高皇帝下江南，命中山侯湯公和以重兵鎮之，始於郭内改築今城，周十里有奇。既久，爲霖潦所壞。成化間，知府孫侯仁修之，輒復壞，掌固之令視爲虛文。正德辛未冬，渤海李侯嵩來知府事，首議修築。時北方群盜出没畿省間，城郭弗豫者多嬰其害，江南遠在數千里外，咸謂侯爲過計。侯曰："城固當修，修必豫，雖勞吾民，亦佚道也，吾與樂成耳。"乃白於巡撫都御史王君縝、巡按御史原君軒、清戎御史何君沽、巡捕御史楊君鳳，皆以爲宜。侯亟令於衆，第産賦金，量力授役，刻日定籍，丈度尺計，分工而并作。聽政之暇，躬茄其勤惰而懲勸之，補缺爲完，益庳爲崇，飾舊爲新，垣壞堅厚，廉角峻整，樓櫓扉闌閎深壯麗，而又滌隍浚池，架梁成途，凡爲城之事，罔不備具。越三月而告畢，居者櫛比，行者輻湊，萬目改視，千夫增氣，吏慶於官，士頌於庠，民歌於野，皆幸其功之成，而猶或以爲無大損益者。居無何，北盜爲王師所迫，捨騎入舟，上溯江漢，乘流而下，越鎮江，逾孟瀆，急攻江陰。東南之民安於富庶，不習兵革，流言夜驚，危不自保。侯以完城付寮屬暨戎衛曰："是足以守，吾任其戰。"躬帥吏士民兵拒於江，謀畫内定，勇敢外倡，厚爲募賞而嚴其不用命。賊方貪利肆志，藐如無人，不虞其遽出也。我兵恃城爲本，倚守爲命，無不一當百，禽其醜若干人，賊引而退。月餘再至，將殊死戰，聞侯復出，竟不敢逼，西奔於狼山。會提督軍務都御史陸君完移兵江南，以舟師躡而殲之，事遂大定。向之惑者始相率而語曰："我侯之力，斯城之功也。"蓋常之屬邑有五，而江陰當盜之衝，其去郡治不啻百里，使當是時城不固，則守不敢出，出必不能展布心力，以收成功。今一城修而闔境無事，旁至吳越諸郡，皆安堵貼席，獲免於驚擾之患，是其所繫豈細故哉！天下之事，恒壞於因循而成於豫備。使爲郡縣者，皆能先事而慮，貞固而幹，乘高據深，被堅執鋭，固守而力禦，則保障之利天下共之。彼蕞爾之寇，猝然之變，豈至燎原而焚石！然則斯役也，雖無所試，吾固將與之，況其明效顯驗焯焯如此哉！且民保於城，城保於德，莒恃陋而不修城，魯恃城而不修政，《春秋》皆譏之，李侯之修，蓋有不徒然者。常之大夫士，僉謂不可無所紀述以示來世。台州府同知武進殷君鎰，予中表之郎也，以侯予禮部所舉士，寓書於工部郎中無錫顧君可學，上京師湖廣布政司參議江陰夏君從壽亦予所舉，道其事尤詳。因爲文及詩，寓而歸之，俾刻焉。侯歷監察御史，有聲。其爲郡，治行茂著，比以禦賊功加禄三品。佐斯役者，爲同知羅瑋，通判陳碧、温應璧、謝思道，推官粟登，故并書之，而諸執役出力之名氏，則列之碑陰。其詩曰：

有城巖巖，有池潭潭，大江之南。築之隆隆，浚之溶溶，郡侯之功。侯之始謀，有廢必修，其民咻咻。侯心不移，謂所宜爲，曰匪吾私。澤流令行，既經既營，不日其成。人蕃物華，中孽以牙，於江之涯。兵強勢尊，賊徒既奔，我城固存。内安外攘，乃治之常，矧此一方。維城峨峨，壯我山河，侯功不磨。

——正德《常州府志續集》卷六

常州府修城碑

〔明〕邵　寶

　　常於江南爲望郡，郡之有城，創自太康初，逮後唐天祐間，始築所謂羅城者。我高皇帝初平江南，命御史大夫中山侯湯公和，以重兵鎮其地。乃於羅城内改築新城，周十里有畸，視羅城損五之三，即今城是也。然多括用舊甓，城制雖備而未底於固。及海内既定，撤去鎮兵，城壞不治者於今百五十年矣。成化間，郡守孫侯仁嘗修之，久而復壞。間奉理修之詔，上下具文，知深慮者亦鮮。蓋郡境南接南京，東爲三吳之門，又東北距於江，又北西通京口，實惟江南要地。然自平時觀之，則所謂腹裏也，因循相視，無足怪者。正德六年冬，監察御史渤海李侯嵩，來守兹郡，登而觀之，毅然欲修焉。時北方群盜方馳突中原，論者率以長江限隔，邈乎唯風馬牛不相及，故有以過慮議侯者。侯曰：“吾豈惟斯盜是爲哉！有備無患，古之道也。民縱吾怨，吾當任之。”乃具白於巡撫都御史王君縝、巡按御史原君軒、清戎御史何君棐、巡捕御史楊君鳳。厥既得報，則與貳守羅侯瑋，通守陳侯碧、温侯應璧、謝侯思道，節推粟侯登，協心經畫，率衆告於神，擇日興事，時則咸謂之斷。若夫財以產率，爲白金若干兩；功以力授，爲徒庸若干夫；事以才任度，爲統領若干人；程以籍定，爲城若干丈。寸度尺分，各有差等，時則咸謂之均。既乃率作躬自，懲怠勸勤，朝夕弗懈，時則咸謂之勤。自始事，三越月而畢。樓櫓扉閌、濠陴闉堞高深整密，視舊加倍，屹爲壯觀，東西行者，皆稱美焉，時則咸謂之敏。告成之日，士贊民歌，溢于衢里，而過慮之議，猶若未盡息者。未幾，北盜以窮故，捨騎入江，乘風順流，奪諸關東下，越京口是來，暴於孟瀆、於魏村、於申港，合攻江陰門焉，以動我郡治，將有縱橫江南之勢。警報流傳，甚急且殆，侯曰：“我城固矣。吾其親率吏士民兵，拒之江上，相而禽之。”侯至江陰，運謀倡力，廣募重賞，奇攻正守，各殫精智。賊既遭衄，遂引而東，又溯而西，越月餘再至，將殊死決戰。侯復如江陰，備禦益嚴，賊不敢邇。于是官軍適至，提督都御史陸公完遂由江陰發舟師，殲渠魁于狼山，賊乃盡滅。當是時，使城不先完，則侯將自守不暇，焉能出百里外，以抗劇賊！即出焉，日惴惴内顧，焉能周旋展布，有兹成功！且江陰既全，郡斯固矣；常郡固，則江浙諸郡斯免馳突之患。謂斯城無力焉，吾不信也。夫修一城而蔽江浙千里之衝，侯之功，其一郡之功乎！君子謂侯知幾能豫，于是乎哲。雖微寇，固將頌之，蓋其功之所徵者遠矣。先是城成，郡之大夫士謀所以紀侯績者，乃因户部郎中劉君乾、進士陸君範上京師，用書屬寶爲紀。寶時奉詔省母南還，受書於途，方將以不敏遜。既而抵郡，適睹厥成，敢以見聞序而詩之，俾刻諸石。其詩曰：

大邦維常，望於江左。東浙西淮，爲喉襟所。有城歸焉，久壞弗修。衆既玩惕，識者以憂。越歷三紀，功歸我侯。侯始令民，民則譊譊。謂侯我費，謂侯我勞。勞我筋骨，費我脂膏。侯曰佚道，彼則曷知！乃令乃期，親登以麾。民趨侯事，孔力且時。侯曰勤止，手捫摩之。城既成矣，民則寧矣。謂侯平矣，謂侯明矣。天塹湯湯，突有巨寇。門我江邑，將襲我後。侯睹我城，腹心在斯。我拒于江，運我體肢。載寇載却，王師適來。出奇應遽，殄彼鯨鯢。侯歸視郡，有墉有池。斯池斯墉，民心攸繫。國我壯威，士我增氣。侯師于江，實維長城。先幾是圖，神相我誠。重門禦暴，自古在昔。四方底平，侯與有績。憲憲我侯，政則多有。城哉城哉，其與不朽！

——正德《常州府志續集》卷六

重修常州城碑

〔明〕沈　暉

國家承平日久，法度薦弛，四方盜賊乘機竊發，比歲屢勤王師致討，尚未能殄，議者謂必求古龔遂、張綱、祝良之徒布列諸郡，則民安而盜自息。天子、宰相是其言，凡大郡缺守，多於臺省妙選其人以往。正德辛未冬十一月，渤海李侯自監察御史擢守常州。既視篆，宣布朝廷德意，振綱紀，明政刑，節浮費以廣儲蓄，簡精壯以修武備。吏民以事至者，小則立決，大則刻期，吏不得夤緣爲奸。甫期月庶政克舉，百姓欣悅，乃周覽郡城雉堞及各門樓水關，多有坍塌損壞，非大邦禦外安內之體，銳意欲修繕。初前守馬侯言於巡撫僉都御史宜春張公，既而以憂去不果，至是侯與羅君暨通判陳君、溫君、謝君、推官粟君議曰："今賊勢已逼江淮，城守豈容少緩！況官價有限而費用無窮，不賴衆力協助，安能有濟！"諸君皆曰："公言是也。"遂悉召屬邑義授指揮千百戶冠帶士民等若干人於庭，諭之曰："若等素稱仗義，今有此大役，凡爲爾民耳顧不能少助之乎？"皆扣首歡呼，曰："天賜侯全活吾一方之命，敢不以死效力！"衆議既協，復請於今巡撫副都御史東莞王公，報曰可。侯乃率諸義士覆勘前項城垣坍損輕重，合用財力繁簡，隨其家道厚薄而多寡分授之，使各自效工。財則先儘府庫之羨餘，工則徵諸籍匠之休班，力則取諸居民之附近。如或不敷，方勸各義士補助。又慮人心不齊，始勤終怠，專委經歷閭綸、照磨武勝，武進等縣知縣黃卿、殷雲霄，典史連文嚴、陳瓛往來督視。於是百工交作，庶民子來，坍塌者版築之，損壞者修治之，卑者增崇之，狹者加廣之，甚不可修治者鼎新建之。舊者既煥然一新，又創立鋪舍

碑記／城郭

115

五十，以栖戍卒。經始於壬申春二月一日，至五月廿日落成，制度至是大備，巍乎爲一邦之壯觀、萬古之金湯矣。未旬日，果有劇賊駕舟自姑孰渡江順流東下，所過州縣市鎮居民無不被殺掠，甚至戕害制使，操江官兵無敢出一旅當其鋒者。及入侯境，初從魏村、河莊劫掠，即被鄉兵奮勇敵退。次於小洲，望城上樓櫓連雲，守禦嚴肅，竟不敢登岸。越五日，移至江陰城北，悉驅醜類數百人持杖鼓噪而上，將欲攻城，侯急引郡兵馳往救援，分部少壯盡登城，矢石如雨，賊不得近。別選驍勇千餘人出戰臨敵，殺傷其精銳百數十人，俘獲一十七人，餘賊敗走，泊青草沙不動。復廣募習於水而勇於泅者，夜穴其輜重二艘，斷其鐵錨十七八。會北風連日驟作，巨浪如山，破碎其舟楫不可計。賊自知天亡，不敢假息，一夕乘潮仍自京口遁去。自是逃竄四歸，閭井如舊，農夫田於野，商賈集於市，士女安於室。家鄉人父老感侯之恩德，相率屬予文以紀成績，固同在二天下者，安敢以不文辭！昔顏魯公守平原，知安禄山必反，預增陴浚濠以圖備禦，後河朔盡陷，平原獨完，諸郡倚以爲金城。范文正公帥延慶，逆料元昊將入寇，即城青澗、大順、細腰、胡盧諸要害，以遏其衝。元昊每戒邊吏曰：“小范胸中自有甲兵數百萬，毋得以延慶爲意。”卒不敢犯。今侯既預修城池，以固封守，又臨敵制勝，以却劇賊，非徒保全我一郡五邑之民，而吳下諸郡亦恃以爲長城，其先見之智、克亂之才，殆不在顏、范二公下。推本其所自，固由我聖君賢相用人之當，都憲公信任之專，諸寮寀協謀而贊襄，吾郡中士庶急於趨義而樂於赴工之所致，不然則亦何能成此莫大之功於旦夕俄頃之間哉！皆春秋特筆所宜書也。予故推本其所自而備述之，使刊石垂後，以候志郡國者有考焉。若其城池建置沿革始末，具載前太史文肅王公碑，今次各義士所用公私財物、修繕多寡數目及職銜姓名，亦有公案在，兹不及贅。

——正德《常州府志續集》卷六

重建常州府譙樓碑記

〔明〕陳　昕

　　古者築城而城門之上爲高樓以望遠，名曰譙樓，亦曰麗譙，故于今天下皆有之。毗陵，江南大郡也，城故有樓，永樂毀于回禄，治譙者因循，莫之能振。宣德改元，天子廣精圖治，特敕工部郎中桂林莫公來守是邦。公自下車，除積習之弊政，新更始之良規，政令既通，人乃孚和，乃戒于衆曰：“譙樓，一郡之壯觀，其可廢耶！”遂具其事以聞，可其奏。詔命既下，召百工擇日興事，因其舊基而充廣之。下爲闉門，上有層樓。樓凡若干間，間凡若干楹，高凡若干丈，廣凡若干尺，華麗嶕嶢，壯固軒豁。蓋經始於宣德九年七月，落成於是年十二月也。毗陵父老相與告語曰："昔董晋作汴州東西水門，韓愈有記；盧遵復全義北門，柳宗元有述。夫水門、北門細事也，而二君子書之，況我郡侯作此譙樓，為千百年毗陵之觀，可無刻乎！"麇至於睚，請而刻之。恭惟國家混一區宇，太平無事，而斯民遂休養生息之樂，若在唐虞鼓腹擊壤之時。況毗陵號稱沃壤，民享殷盛，其樂固有餘者，且又重以太守公而阜成之，是以斯樓之作，民用歡趨，不勞而成，非我太守公有凌空出塵之心胸，亦孰能舉作如此之雄偉壯麗哉！愧睚無韓、柳之筆力，鋪張曠世之宏休於斯樓之上，以永太守公偉績於無窮，臨文惕然，以恐以驚。雖然，太守公茲樓，鬼神為之守護，天地與之長存，奚庸於區區之筆而後遠譽哉！姑刻于石，來者觀之。

——《龍溪陳先生文集》卷三

重修常州府城建廣化門譙樓碑

〔明〕顧鼎臣

先王之制，都城百雉，次三之一、五之一、九之一，城禦侮芘民，大小罔間。今府州若縣實古侯伯子男，而城郭之制因循未備，士大夫豢養太平，寡深思遠憂，未聞以是為意者。往歲天子誅賊臣，遣通亡命四出，加之法綱賄權之餘，民不聊生。遂相煽為盜，千萬成群，橫行中原，守土無堅城，焚蕩廬舍，僇辱守令，殘嶽士女，痛不可忍。維時江淮迤南長吏憲臣猶謂洪流賊難飛渡，優游高枕，漫不以職守為慮。渤海李君嵩以監察御史擢知常州府，既至，閱府城頹壞，謀於僚貳曰："北賊未滅，日為邊兵所蹙，勢必南竄，萬一至是，公私何所恃耶？"奮然以修舉為務，言於上官，可之。出公帑數千金，召屬縣巨室可倚者畀之，分任而責其成，仍諭所以勞民，眾皆鼓舞，義者因卻所畀，願佐私財。遂以是月日始事，因革有度，修築有法，皆出君臆計指授，而工徒子民罔不用命畢力。患舊城薄疏善傾，輔土令厚，上疊以層甓，甃以靡秋，周城為馳道。日一再至，攝衣而徒，察圮固勤怠而賞罰焉。凡為日若干，而崇墉雉堞完具壯固，巍然一方雄鎮矣。君於是榜諸門曰：是役也，凡費公帑若干，用民私若干。出入餘羨銖毫莫爽，吏民益明其心誠於芘民，非假公營私者比，上下不隔大和。未幾，賊果自湖襄入江，越南都，捨鎮江，直趨江陰，君先事有備，帥民兵馳赴，躬介騎以勵士卒。賊登輒計殲之，生擒其驍勇若干人，募善泅者鑿數舟沉之，賊懼引去。尋遁而西，遏於官軍，復東，卒不敢窺常蘇之境，以迄於亡。夫江南諸州素號華富，近雖敝於征獵，鼠輩實垂涎焉。君身障其衝，翼覆以完，使當時微君，茲土又當何如矣。錫民姓華氏名奎者，與其兄坦素以信義自好，董治城之廣化門，既復以君意創建譙樓三楹，高廣如度，門闈畢具，尤極壯麗。心腹君之功而忘其費與勞也，謁鼎臣為文刻石，以詔後世。鼎臣史官也，寧敢讓！或者則曰："太守有文武才，得民禦寇，奚以城爲！"曰："安常慮危，守者人非君，城果可無否也。"嗚呼！仁人之澤遠矣，覽斯文者可以感矣。

——正德《常州府志續集》卷七

常州府新修譙樓記
〔明〕吳　寬

　　江浙之間多名郡，若常州其一也。據城之中，偉然而壯者爲郡治。直郡治之南，巍然而高者爲譙樓。樓之建既久而燬。宣德末，重建於郡守桂林莫侯。歷六十年于此，風雨震凌，朽爛剝落，前人之功，日就廢壞。今郡守泰和曾侯，以刑部郎中治獄有聲，朝廷推擇而來，廉明有爲，庶事畢舉。有言譙樓當修者，侯曰："天子念江南凋敝，俾出守養民，今惠政未洽而遽使之，非所謂未信而厲己者乎？"民聞之曰："侯之愛我甚矣。自侯之來，歲則大熟，侯不厚斂而有餘粟。吾輩吝以自私，使不出升斗以助盛舉，是不知義也。"倡而繼之，如出一口，相與具材用，召匠役，將卜日興事，而侯亦未之許也。於是同知方君岳等贊之曰："此民之情也，咈之不可。"乃從之。未幾，朽爛者堅，剝落者完，甄石并用，丹臒錯施，郡中美觀，於是爲最。工訖，侯暇日與僚佐賓客登而落之。方君等以宜有記也，具書來道侯之愛乎民與民之所以感乎上者，其意甚備。予固知侯者，乃不辭而書之。蓋古之人固勤于政，然居高明，遠眺望，所以游目騁懷者，不之廢也。故後世譙樓，亦古臺榭之制耳。況更鼓刻漏，以警乎民者在是，豈特爲郡中美觀而已！常州自昔爲守義之邦，上之人於工役之所當興者，猶重勞乎民，民感其意，卒成其所當興者，豈非使民也義，而民易使也歟？記之固宜。工始於弘治九年某月某日，訖於是年某月某日。

——萬曆《武進縣志》卷一

重建鼓樓記
〔清〕秦松齡

　　三韓祖公之來蒞吾郡也，抉剔湔滌，敉寧撫綏，嚴明而仁恕，治功蔚起，民以寧謐。乃度典制之墜而當修者，自學校逮郡治，次第修舉。郡治之南巍然聳峙者，爲譙樓，風雨旋薄，歲久頹圮，公睹之慨然，謀葺而新焉。以康熙丙寅年正月經始，至丁卯年三月落成，屬余爲文以記。蓋茲樓之建由來舊矣，明初燬於火，宣德中郡守莫公愚始構今制。成、弘間郡侯孫公仁、曾公望宏遞加修葺。正德中，郡侯李公嵩顏其上曰"三吳第一樓"。入國朝，郡侯祖公重光爲葺而新之。樓之制高敞宏偉，下臨市肆，廣道四達，用以謹刻漏，嚴鼓角，警民之視聽而節其作息之期，所關殆匪輕也。顧數十年以來，莅茲土者往往置爲緩圖而不及謀，間有起而爲之者，又以牽於時勢而不果。公獨殫力經營，卒以就理，信可謂勤於其職而靡有闕遺省矣。自古工作之興，必相其時宜而審其先後緩急之序，斯爲之也不勞而成之也易。故上沛逮下之仁，則民急奉公之誼；平居沐優恤之政，則臨事切感奮之誠。夫固有本末焉，而非區區責其成功已也。今國朝隆阜雍和之盛度越千古，典章法制遍被遐邇，吾郡屹然爲中吳之表，涵濡化澤，甚深且久。公復有以宣揚而丕布之，嘉氣翔溢，百度具舉於此，而捐俸出羨，鳩工庀材，事不擾而功用興，樓之成也豈不以時哉！“三吳第一樓”額先爲王問書，後爲孫竑禾書，皆錫人，以遺失無存。今公手自書之，筆法端勁，如公爲人。又勒紫陽書“忠孝廉節”字列榜樓北，使觀者聳然興起，可以見公之志矣。夫振舉廢墜，以廣朝廷之雅化者，邦君大夫之職也；紀述盛美，傳德意於無窮者，邦人之志也。余不敢以不文辭，謹與郡之父老書其事而鑱之石。

——乾隆《武進縣志》卷二

常州刺史廳壁記

〔唐〕李　華

晋分丹陽爲毗陵，後改爲晋陵。隋置常熟縣，創常州理之。無何，常熟隸蘇州，始於晋陵置常州。當楚越之襟束，居三吳之高爽，其地常穰，故有嘉稱。領五縣版圖，十餘萬望。高地劇比，闕外名邦。自狂虜肆亂，江湖流毒，地荒人亡，十里一室。天子詔宰政審可以安人者，以工部侍郎贊皇公覽克帝俞，拜爲此邦。昔齊人聞石相將至，舉國大理，贊皇東轅，明詔先下。吏愉人泰，如時之春，視之猶身，歸者遍野。贊皇公以爲易簡本乎悠久，久於其道而化成，封章上請，求理三歲。詔書寵異，進品正議大夫，優賢報功，於時爲盛。自吳通上國，越盟諸侯，秦裂郡國，智如伍員，才若鴟夷，以及我國家賢良，臨州者甚衆，未有浚河渠，引大江，漕有餘之波，益不足之川，溝延申浦，至於城下。廢二埭之隘，限數州之程。海夷浮舶，弦登望至。出古人創物之智，見君子濟衆之心，大矣哉！一境清净，無言而理，此舉大略也。漢制，刺史部領郡國，遷爲太守，太守課最，入爲公卿。及魏晋以來，或稱州牧。國朝刺史、郡太守，更相爲名，親賢如寧、岐，弼諧如狄、宋，皆拜焉。在部視侯伯，入朝亞卿尹，其車服皂蓋，朱幡華蟲，七旒進賢，兩梁冠玉，佩青綬。古有銅獸竹使符，太守不假節，刺史臨兵則持節。今雖無事，亦稱使持節，戒不虞也。降銅魚詔書，合之代獸符也。夫子門人高第者衆，惟稱雍也可爲諸侯，至矣哉！古之爲理，本於德行。贊皇公秉心宣猷，盡悴王室，愷悌君子，民之父母，爲王者輔，宜哉！

永泰二年二月庚戌，贊皇公從子、檢校吏部員外郎華述。

——萬曆《常州府志》卷十八

常州軍事判官廳壁記

〔唐〕李　觀

常州列郡也，天下有緊，我居其一焉；軍事亟務也，天下有三，我備其屬焉。於是求厥人，任厥事，觀厥能，不亦難乎！則汝南袁德師，今在選焉。夫三軍稱帥，萬夫之望，誠不若也，其於輯睦，亦何貳焉！夫大臣開幕，多士委質，誠不若也，其於裨補，亦何貳焉！袁生恢恢然，暜暜然，寬而有紀，明而無鄰，行飾以貞，言飾以温。始韋公以給事匪躬之故，出釐是邦，生方尉於義興，褒然見嘉，乃殊常寮。軍事之機，議之堂上；軍事之宜，開之府中，誠舊制也。韋公答其人以禮，盛其居以華，揚其智以文，美焉哉！韋公遇生以善，生報韋公以誠。某嘗聞生，南陽公之孫也。夫維嵩之於天下，非常之山也；黃河之於地中，非常之川也；南陽之於時，非常之人也。嵩以喬天蓋之，河以流地載之，以南陽大忠，子孫嗣之。六年冬，皇帝郊昊天，禮百神，修廢繼絕，求舊維新。生以尋南陽之孫，一命茲官。九年冬，復命襲爵南陽公。某以爲古人曰"賞延於世"，又曰"善人雖十世，猶將社之"，其是之謂也。是年十一月，某赴京師，自蘇州至常州，會袁生引廳前軒，如翬斯飛；植竹新欄，如鳳斯食。乃白府公留爲記，韋公歡然不見逆。且自天下稱兵，三四十年間，擁旄曰使持節，曰州使，曰節度，曰團練，有副使判官。大曆中，宰臣常公以爲費，不能去其大而去其細，乃罷團練，今之軍判官猶是也。命某記書其事，實始於今。請以生之官氏冠乎將來，非以媚生也，願以光乎非常之人之後也。記之年月，在乎記中云爾。

——萬曆《常州府志》卷十八

常州府理刑廳題名記

〔明〕薛應旂

　　夫刑者，先王不得已之制也。先王欲與天下相安於無事，而人生有欲，物群則争，是故教以三物，坊以五禮，而天下猶弗率焉，於是制辟定令，以齊之。懼其或犯也，必縣諸象魏，徇諸道路，而俾之知避；懼其或濫也，必求皋陶、伯夷其人以任之，而俾之折中。嗚呼！此其情豈得已哉！夫何先王之道寖微，而文墨之吏旋作巧法比況，亂獄滋豐，而天下始愁怨矣。我國家篤厚民生，嚴飭慎恤，兩京則設刑部、都察院、大理寺，十三省則各設按察司，每府則各設推官，中外相維，可否宥辟，無非所以求刑之中也。然是諸法官職有崇卑，而惟推官爲又次焉；是諸法官責均理刑，而惟推官爲獨詳焉。夫責詳則怠忽或生，職次則逢迎易起，且獄詞之成，多自下以達上，由外以至中也，一失其平，將誰與理？矧吾常爲畿輔之郡，而按察無專設之司，監司詳刑，惟推官是聽，蓋其責不獨詳，且又專矣。是故得其人則一方之刑平，不得其人則一方之民冤，此其所繫不尤重且大哉！嘉靖丙午，嵊裘君仕濂以名進士出推茲郡，恕以求情，嚴以執法，凡三年，刑清民服，部使者屢以名聞，下詔徵入。先是，君嘗語余以諸郡理刑之署，類有題名，以別賢否、示法戒，唯常獨無，猶爲缺典。遂考之郡志，詢諸故老，自洪武迄今，得杜公循而下凡若干人，將次其名籍，以勒諸石，虛其左方，以俟來者。至是，武進楊侯巍成其事，而致君屬文之意。嗚呼！後之視今，猶今之視昔也，諸公往矣，而其名之登於茲石，其行事之著於當時者，則固昭然在人耳目也。睹茲石者，必將指之曰："某也賢，某也否，某也可法，某也可戒。"寧不惕然有動於中乎？嗣是諸君子尚有不爲賢、不爲可法者乎？此實裘君與人爲善之公心，爲民造福之至意，而楊侯又克成之也，是故爲之記。

——《方山薛先生全集》卷二十一

大觀樓碑記

〔清〕胡觀瀾

大觀樓者，常州之治門樓也。南幹正山由天目兩介，其北而西者，過五堰，起茅蔣，是爲金陵；其東而北者，穿震澤，起姑蘇，是爲平陵。常州在二陵間，故曰毗陵。毗陵者，比鄰也。然金陵枕山而面江，平陵枕江而面湖，雖屬大觀，莫能四見矣。惟常州地形平起，而治堂尤高，樓之高與堂等，以工度之，蓋百有餘尺。登斯樓也，東西南北具可見，百里外城郭市肆隱然在目前，烟雲樹木，帆檣車騎，漁樵畊鑿之人，遠者近者，往來絡繹於其間，有圖畫所不能盡者，誠洋洋乎大觀也哉！或曰樓之以大觀名者，非此之謂也。太守者，守此職者也。太守登此樓，召士農工商於樓下，與之講法讀律，是爲揆文；太守者，守此土者也，太守登此樓，召丞倅軍伍於樓下，責之緝匪除奸，是爲奮武。揆文奮武，衆所仰望於上者，前人之創建此樓蓋有深意存焉，故顏之曰"大觀"。猶恐其意未明，復題之曰"大觀在上"。在上者觀我觀民，而民亦以觀我也，豈以備登臨之美，而聽一切蚩氓徘徊瞻眺，而爲與民同樂也哉！予之來此郡也，今將三稔矣，聽政之暇，出俸修葺官舍，顧樓久不修，勢將傾圮，因并易其朽而新之。是爲記。

——道光《武進陽湖合志》卷五

重修總捕通判署記

〔清〕胡光林

常州總捕署創始於明正統二年，其時或廢或修，不可考。國朝定鼎以來，百五十餘年矣，茬斯任者亦多循其成規，略加塗墍，任情遷就而已，故皆無可紀者。建陽林公克敬，清慎君子也。甲寅之歲，由粵西來實令擢任斯職。下車之始，見廨傾頹，慨然太息曰："衙署之設，所以敬爾在公臨民出治者，今廢墜若此，是非守官者之責與！"因捐俸數百金，又詳請借廉以鳩工庀材，於是有聽政之堂，有燕寢之室，有延賓讀書之館，棟楹樞櫨，概取堅緻，無刻鏤之華，尚儉德也。宅分東西廳，限以峻垣，時有差遣，令攝篆者得以居止，以集公事，篤寅恭也。計用工費二千五百兩有奇，凡八閱月始克竣事焉。嘉慶七年二月，予由江寧南捕調任通判是郡，公已歿數年矣，而一二輿隸猶津津稱公之德勿衰，行其庭，指之曰："此前日之荒烟蔓草，狐㹢之所盤旋也。"撫其楹，指之曰："此前日之斷井頹垣，䶅鼯之所陸梁也，微林公之惠其何以至此。"因請爲之記，以垂不朽。且請之六七而不倦，有泣下者。嗟乎！予雖不獲親公之光，知公之行事，然君子觀人恒於其細，可以知其大。公之蠲私而利公，豈不能勵貪以立廉；公之理傾而振廢，豈不能因俗以成化；公之芟蕪以植良，豈不能除殘以佑仁。夫然則公之可紀者，豈僅爲輪奐之安如輿隸之所云也哉！然古之君子有功德于民，民每忘其所以然，而嘗即其所見者以頌揚之，是輿隸之所以稱公者非諛言又可知也，殆即甘棠勿伐之遺意也與！遂允其請而爲之記。

廬江胡光林撰。

——道光《武進陽湖合志》卷五

重修府署大堂碑記

〔清〕毓　衡

常州府署規模甲於他郡，其自唐宋以來建置大端，具載志乘。我國朝順治九年，前守祖君重光重建大堂，迄今一百八十餘年，其間續修莫可溯考。余自道光十六年八月奉命來守是邦，蒞任之日，周視大堂暨川二兩堂，樑檁皆用木搘柱，會郡試將屆，心竊憂之，而庶務未遑也。越明年，歲稔人和，時鄉先生修理學宮，以工竣來告，爰揖而進之曰："法堂爲蒞政之所，試士爲升俊之階，烏有不安其身能使之悉心從事者！此固予之責，而亦重望諸鄉先生相助爲理者也。其經費則予與同僚捐廉以待，請即相度估計，毋緩。"乃涓吉興工，延鄉先生董其事。工無廢業，費無漏巵，凡撤舊重建者十之四，補修者十之六，塗堊丹艧稱是。經始於己亥八月，落成於庚子九月，共用白金二千七百兩有奇。於是邦人士瞻仰歡欣，以爲百數十年未有之觀也。工既成，予適奉恩擢備兵徐州，諸鄉耆以碑誌請，予方行，未有應也。越三月，復寓書來述作事謀始之由、動用緡錢之數，屬稿下問，將識顛末。予維斯役也，非同人之分俸則不能成，非諸鄉耆之經營董率亦不能省費而速成，邦人士知壯其觀瞻，而不知亦就昔之所建置者還其固有而已。後之來者補其不逮，更宏規模，不僅見斯堂之改觀也。是爲記。

——道光《武進陽湖合志》卷五

重建常州府署記

〔清〕繆荃孫

隋開皇三年改晉陵郡曰常州，明洪武三年改長春府曰常州府，迄今未易名。府領縣八，上承鎮江，下通省會，舟車輻輳，士民秀穎，固江南之雄郡也。自楊吳權州事，唐彥隨建府治，宋明因之。國朝順治九年，知府祖重光重修，後復修者五。逮郡城經粵匪之變，失陷於咸豐庚申，克復於同治甲子，城坊廛市蕩然無存，而府署亦銷沉於荒烟蔓草中者，迄今三十餘年矣。乙丑，知府札公茸武進舊署以居。甲戌，知府譚鈞培與紳士劉□□等籌修復舊觀，斂費八縣，存典徵息。至光緒甲午，署知府□□□涓吉庀材鳩工授程，經始於乙未，落成於丁酉，屋以楹計者凡□百□十有奇，泉以緡計者總十□萬□千有奇。荃孫適主講龍城，知府有公操簡屬爲記，并告之曰："布政之所備矣美矣，而將何政以惠吾民耶？今海內多故，強鄰窺伺於外，莠民芽蘖於內，加以水旱偏災，人情惶惑，喁喁然屬望維新之治以起懦而甦困，睹棟宇之壯麗，何以措國家於磐石之安？驚風雨之漂搖，何以拯民生於飢寒之藪？勞神焦思寢饋難安，將何政以惠吾民耶？"荃孫乃再拜而言曰："公言及此，民之福也。"在昔觀此土者，或賢或否，或久或速，其遷徙不知其幾矣。迄今思之，真如傳舍，如蘧廬，莫有能與此土相維繫者。今營建於煨燼之餘，締構於阢陧之際，撫綏吾民，布厥新政，興學校，實倉廩，除強暴，迓和甘，整飭拊循，威惠交至。民心孚而民氣日固，俾隱爲東南保障之資，足以紓聖天子之所倚任，真可稱都會大藩之居，而才具全，德量偉，於此可覘矣。故掎摭事實以詔永永，尚望後之人繼此修葺，俾歷久而如新也，豈不懿歟！

——《藝風堂文外集》

晉陵縣修獄記

〔宋〕劉 宰

獄在邑聽於令，無他官可諉，宜日必葺所在，率補漏支傾，以苟歲月，何哉？夫飾館以稱客，譬道梁津以濟民，美名也，故好名者爲之。門關以罔市徵，複閣層樓以籠酒酤，美利也，故好利者爲之。若夫山巔水涯，風亭月榭，可以釋侘傺而洗喧囂，又好游者所樂爲也。獄異於是，其地必宅邑之偏，民非逮不入，官非檄不至。又嚴扃鐍，謹守邏，其葺與否，於觀聽無增損焉。令非卓然有見於三者之外，則亦幸其不覆於吾手而已，而因何恤焉？宣教郎邢臺范君炎之知晉陵，其卓然有見者歟？晉陵版計多而名賦少，前此類鑿空取辦，君難之，謂賦必有源，源壅則竭；用必有節，不節則嗟，乃剔吏奸以疏其源，裁經費以制其節用。能使期會不爽於上，科斂不及於下，官謗以塞，民瘼用瘳。既上下相孚，紀綱略定，而周視縣宇，以歲久獄弊，懼將壓焉，思有以新之而力未裕。日積月累，閱二歲，乃克就市材於遠，僦工於近，受廩四境，寂如不聞。凡爲屋二十楹，敞高明，周墻繚之。深固嚴密，用器悉備，稱所以爲畿邑之制。先是，父老以君之政爲數十年所未有，宜有登載，以詔後來。至是，聞獄之成，嘆曰：“君且去矣，而獄是圖。不惟田里之憂，而縲絏是恤，至矣！盡矣！是何可無紀？”因致辭請於縣主簿雪川王君漢章。王君名進士，粹於文，以同官爲僚，迹嫌於私，則爲書道邑人之意，以屬漫塘叟劉宰。叟與范君，固同寓里，嘉君之能德其邑人，又喜邑人之知德，故不辭而爲之書。抑聞《易•中孚》之《象》曰：“君子以議獄緩死。”至《旅》之《象》又曰：“君子以明謹用刑，而不留獄。”夫一欲其緩，一戒其留，豈固相戾歟？蓋聖人好生而重獄，緩死欲求其生，留獄恐傷其生，二卦相爲後先，而豈徒哉？叟慮來者徒幸獄之成，囚之便，而不知罪非死，而應議者不可緩也。故并識之末，以卒成范君加惠斯邑之意云。

——萬曆《常州府志》卷十八

武進縣修門記

〔宋〕劉　宰

武進爲常輔邑，賦上於州，縣無贏而有經費，率鑿空取具，嘩民小不慊，摭爲屬階，積四政不善去。吳君應龍之爲尉也，道余里，相與言而病之。越明年書來，言曰：“幸矣，吾邑之病有瘳矣。惟今大夫黃君士特，强毅有立，庶乎古之剛者。始至，奮然曰：‘邑無不可爲，其或不可爲者，制於上，壅於下耳。制於上，雖有善意不得施；壅於下，雖有善政不得達。’故敬以承上，使誠意相孚，事有是非，得以抗顔而極論；嚴以繩下，使奸吏落膽，事有予奪，得以直情而徑致。政是以平，而寬之一分，民即受一分之賜。迄於今，悍者馴，弱者植，告訐之俗轉爲忠厚，頽敗不可爲之邑更爲清明官府。吾巡徼是司，所以得休其餘閑，以娛吾親，而夜月皎然，桴鼓不鳴者，惟大夫之惠。既以自賀，且孺子之必吾賀也，敢告。”余素慕剛者，聞大夫之風而誦之。又明年，大夫介吳君來請曰：“吾冒當嚴邑，且去矣。顧縣治視昔，撤新者半，而無單辭以紀，委而去，吾亦何能無慨然！願得子文，詔不朽。”余辭不獲，則請僝工之目。曰直治事廳，爲重門十二楹，崇其外，蓋政教之所從出也；面社稷壇爲屋，弘敞高明，蓋祠祭之所揭虔也。曰帑庾，以毖出入；曰犴獄，以謹繫囚。賓有次，吏有舍，而大夫之居，自堂奧以達於庖湢，無加飾焉；自燕坐以達於觀游之地，無加益焉。其爲人而不自爲，公爾而忘其私蓋如此。昔夫子之論申棖，以爲欲而不剛，蓋剛者公理，公則役物，故常伸於萬物之上；

碑記／官署
125

欲者私情，私則役於物，故常屈於萬物之下。若大夫之所以得伸其志，由所締建者觀之，其先人後己、至公無私可知矣，是烏可不書？抑余聞德之至剛，在物惟龍，而可豢者欲也。大夫之事偉矣，其去此而入修門，可欲者衆矣。使大夫此心操存，終始無間，則其所伸于百里，即所伸於天下者，堂堂孰能禦之！余固喜詞大夫之嫩，又欲玉其成也，故具載之，使覽者知大夫之德不徒侈輪奐之功云。大夫三山人，癸丑進士，今官奉議郎。吳尉，桐川人，辛未進士，今官迪功郎。是記也，不惟門之爲書，曰門識始，且言謙也。

——萬曆《常州府志》卷十八

武進縣尉廳壁記

〔宋〕季晞顔

國初乾德詔官廨葺創，對書新舊曆，不葺者嚴一選之法，所以儆曠怠也。武進尉廳，咸平中敕遷於郡西南二里。歲滔月邁，屋毀墻夷，僅存米書門扁、嘉定題名石刻。更七政，館於民居，迄無定所。淳祐辛丑秋八月，四明史君領尉事，銳然有必葺之志。久之，介余友張君遇曰：“尉廨已成，敢以記請。”余謂：“偉哉是役，奚爲後耶！”君遇曰：“縣鄉十五，弓兵額九十，財數輩。”君至，稽籍補亡，厥明年乃復。郡北瀕大江，綿亘六十里，爲砦十，撤而新之，君實庀其事。事已，轄倸閫外沙，一方民舟總以土豪，幸有警，輒要索沙民，扶携弗獲濟。會兵船使者督江防，檄君次魏浦，君視溺由己，給以官舟，活者數千。於是諸賢更相羅致，未暇固也。況經始維艱，非一昕夕。舊例，五鄉役庸之輸餘率贍他用，君不輕費，銖積寸累，市材傭工，以故址卑溑，因方廢墜而更築焉。門廡廳館，堂室庖湢，凡四十楹。創於癸卯之春，及秋而竟，邑人無一辭以爲擾者。余重嘉之匪懈，益虔墜典，斯舉不負詔敕之意，使後之人安居，盡職嗣修，勿替司存，其庶矣乎！余曷敢不書？雖然，尉以微徼設官，爲民而除盜。武進民愿而醇，粵庚子霜歉，田多荒莱，負未耜者踵至，群居錯處，性習不齊。君廉恪奉官箴，三載之間，符檄不至，閭里皆得戮力於耕，禾麥就實，雞犬寧栖，四境帖如也。君名能之，字子善，由太學第進士，識者期以遠大云。

——萬曆《武進縣志》卷一

重建武進縣記

〔元〕白 琰

毗陵澖巨郡，歷代郡縣沿革載舊志可考已。中更焚蕩，城中居民存僅數十家，往往它郡民居之。勞來安集，凋弊未蘇，過者嘆息。在城邑二，武進其一也。武進邑治直郡治東，晋陵邑治西。方時未寧，庶事草創，斷木殘瓦，纔芘風雨。迄今二十年，頹圮日甚，凛將榛莽焉。馬君仲澤下車，以爲制度狹隘，不良觀瞻，欲撤而新之。既乃嘆曰："民未信，未可勞也。"居二年餘，刑簡政平，俗用寧壹。率其僚屬，鳩工度材。且曰："吾秩行滿矣。因陋就簡，恐後來無復經意者。"乃作公庭，若堂若廡，若門下至圜扉泡湢，凡五十楹。增廣舊貫，殆三之二。既成，屬余記之。余謂居官若傳舍久矣，其始至也，豈不欲便其私？其將去也，一何暇恤其後？若君用心，亦賢矣哉！及君始至而遽營之，不過爲三年觀美，是人情也；將去而始營之，不憚吾勞，以待後之人，亦人情也。不營於昔而營於今，若君用心亦賢矣哉！雖然，四境之內不猶亦治乎？民之困於徵斂，非風雨病其上乎？窮於縣，非榛莽叢其下乎？毒於叫囂隳突，非大廈將顛，無所容其身乎？觀君用心於邑治之新，將以遺來者，而又以舊令尹政告新令尹，庶幾斯民有瘳乎？

大德辛丑秋九月望日記。

——《泰定毗陵志輯佚》

重建武進縣治記

〔明〕陶　圭

常州附郭之縣在前代則分爲二：曰武進，曰晋陵。國初混一，并省郡縣，乃以晋陵歸武進，故武進所統西北抵大江，東南極太湖，爲鄉三十六，錢賦之徵百萬計，江南縣之大者莫逾於此。縣作於洪武八年，創置卑陋狹隘，雖有賢令承流宣化，坐于其中，民觀固莫知其敬慎也，而比且頹矣。宣德六年，黄岡朱侯以刑部主事來知縣事，侯廉慎簡嚴而默寓仁愛，不期年而政行民孚，雖越境過都之人亦嘖嘖贊頌。侯于政令若無可爲也，乃諗于衆曰："武進號稱大邑，民庶物豐，事雖繁劇而民甚易治，蓋古直淳遜之風其來遠矣，而施政之所頹敝，殊非闕歟！吾欲起廢易新，使民不知興作之勞，衆以爲何如？"衆曰然。于是好義之人相率勸工，各效其力，故爲堂前後聯屬之間凡十四，門樓之間三，亭東西二庫房茶房之間各六，傍廊之間二十五，吏舍之間四十，東西有序，輪奐粲然。以宣德八年十一月初十日肇工，宣德九年十一月初四日告成。父老咸曰："賢侯兹舉，自有武進以來未有如此之盛也。然侯何以致此哉？蓋有侯之爲政省繁節費，存心于保民，故昔之徵斂于吾民者，曩之千萬，今無十一矣，是以舉事之易而民不知其煩也。宜有述作，以永侯譽于無窮。"來詣予以請。予典教于兹，目其盛矣，豈容弗書！夫自封建變爲郡縣，而縣令即古子男之爵爾，其責不輕而重也較然矣。矧我國家爲民任官，而于縣令最爲慎重，故武進入版圖今七十餘年矣，雖人敦本實而致殷富，然前此爲令未聞其政之深入于民心者。自我朱侯之來，始倏然而政行，翕然而民化，敦本者日崇，殷富者日盛，是以更新縣治以聳民觀，民遂懂趨，樂與有成，非得民心何以致此！故用書我侯爲政知所致重，而記其改作之年月于石，使繼今吏民知侯功德及于武進之所始。

——萬曆《武進縣志》卷一

建陽湖縣署碑記

〔清〕程 彦

晋陵、武進縣兼設在晋太康間，時武進縣猶別治通江鄉，即今孟河城也。後唐時，僞吳楊溥以江盜旁午，民不奠居，徙武進縣治於郡中，遂與晋陵共城而治。大率天下初定，户耗地荒，必并州縣，省庶務，總大綱，以與民休息。承平日久，户版殷繁，又必廣耳目之寄，增綜理之司，使闒冗振起而奸僞無所容。是以漢建武間并省郡國，存不及百，縣邑侯國止四百餘，歷明、章、和、安以迄孝、順，增郡國至百有五，縣邑侯國千一百八十。時毗陵領于吳郡，亦增置之郡也。唐武德、貞觀間，并省州縣，高宗以後日漸增設，復析晋陵以置武進，實在垂拱之時，而宋元數百年因之。惟明興并省，晋陵遂終不復設，然其所設本郡縣官視今特多，省縣不省官，其實與增縣等。順治初，止設武進縣，國家深仁厚澤，涵濡者八十年，人稠物牣，豐豫充溢，而地衝賦重，百務填委，主者恒患耳目未周，或以叢弊。我皇上乾運離燭，遍及幽隱，特允督臣請命，分諸郡大縣，遂析武東偏地置陽湖縣，蓋將使力分事簡，得以周悉民隱，則蒞斯邑者豈惟勾校賦役自效，亦將嚴戢馭，勤稽綜，使吾民無遺病，而後上稱設官之意。今邑侯永城李公以敏練精覈撫治斯邑，以縣創數年而記未立，屬余書之。余見其正堂曠然以敞，燕室窈然以幽，賓館高明，吏舍整飭，因念季札譏晋國故室美，新室惡，古今通病，今新治規制不苟如此，可以書矣。况朝廷立法，司牧蒞民，疏密相因，其道尤當述以示後，遂不以固陋辭。至其基址，則太平、濟農二倉廢地九畝六分，其楹宇則内外樓室門堂庫獄等共百二十間，其經費則帑銀三千兩，其董役則令某、丞某。其始以雍正三年七月，成以十一月。其蒞治則以四年正月一日始。并書。

——道光《武進陽湖合志》卷五

毗陵驛遷建記

〔明〕邵 寶

毗陵驛舊在郡城朝京門外，去郡治若干里。自洪武元年始建，越若干年天順庚辰，前知府王侯愷以賓餞之弗便也，改建於朝京門内。時城久壞，水無鍵柵，使舟之往來罔晝夜阻，不知城之爲間也。成化以來，城載修而益嚴，水門有啓閉之令，舟或夜至，時入則啓謀於奸，不時入則方令於遽，蓋議者多及之而莫能爲計。正德己卯秋，屬有江警，監察御史天台葉公忠奉詔巡按，見而深虞之，乃屬今知府宜賓王侯教而告之利害，曰：“是尚可緩乎？”侯曰：“教不敏，亦虞之久矣，敢不亟圖！”爰暨同知范侯澤、通判李侯梅、推官王侯鈞，檢郡志而得其故，則率武進知縣鍾君錫相舊驛旁近地而議遷焉。以舊基予民，得其直而易新基，蓋略相當，撤故材外，所益亦無幾。召匠稽會，衆議惟允，用書請於今巡撫都御史内江李公充嗣。公議如巡按，巡按具以疏聞，事下司馬，如其議以請，詔從之。侯乘農隙，擇日興事。越明年二月告成，伻來屬記於寶。惟事之在天下，不能無所因革，君子於因革之際，利不倍蓰則不敢輕舉，害不倍蓰則不敢輕廢，蓋重輕急緩之宜存乎其迹者易見，而勢若幾有出乎其外者，非執兩端而明以照之，欲得其實難矣。然郡有守，縣有令，而監司者臨焉，雖同心事國而體分各殊，苟人持所見而惟意之遂，則有遷驛以圖便而妨於城守，如前日之爲者。且夫驛以傳設，城以守築，二者固不相與焉，而是驛也，於是城也，一因革不審其利害，固有較然者矣。況天下之政始於朝廷而達於郡縣，其因革之故，勢有倚伏，幾有顯藏，尤非一二之可盡。是故君子無巨細邇遐，必於其微而同心以圖焉，不然何是驛之議一倡於巡按，而王侯承之惟共，而巡撫而司馬亦罔弗協如是哉！君子於是舉也，可以觀政，可以觀人矣。寶不佞，於是乎記。巡按公有古憲臣風裁，所至究諸利害，罷行惟時，蓋尤有大於是者，以非是之繫也，不書。

——萬曆《武進縣志》卷一

重建奔牛鎮巡檢司公署碑記

〔清〕張一儁

武進縣城西三十里曰奔牛鎮，居民比屋而處者千有餘家，運河帶其南，東至郡城。西行百八十里，歷雲陽達京口，非海運則浙東西蘇松常之糧艘必由於此，商賈舟楫往來絡繹不絕。孟瀆河環其左，迤邐而北，可通於江。地雖彈丸，亦水陸之衝要也。自宋元以來，設立巡檢司公署，迭有廢興。洪武九年，復創置於鎮東，至今僅存故址。吏於兹者往往寓居郡城，佐府縣事以爲能，而柔軟者或僑居蕭寺中，民有訟訴，爲之講解，聊以餬口而已，其於地方之利弊漠然也。雍正辛亥四月，慈溪王君來蒞任，夙夜勤勞，鏟奸剔弊，未嘗安寢。凡平日之足以貽患滋害者，若燭照而無所容，豈特居民安堵，抑且泊舟河岸，宵小無驚。士民相與謀曰：“王君之所以寧我者良苦矣，而君顧無寧居，可乎？”爲請于上官，願出力之所能，輸以營公署，當事深嘉之。

乃鳩工庀材，經始于十一月，落成於壬子冬十二月。門垣完固，翼以兩廡，聽事有堂，燕休有室，賓館庖湢略具，計二十二楹，麋白金三百兩有奇。蓋數百年之傾廢一旦振興，由是觀之，公私之濟不亦較然也哉！苟以爲權輕祿微而不思於人有濟，亦何以感于人，人即視治舍爲逆旅，且旁皇瞻顧，當先以潤其私橐，君又不自憚煩，繾綣督事，尤爲難已。夫一鄉之所率足相與有成如此，則凡郡邑之留心民瘼者何如也！爰摭其本末而書於石，使後之人知所考焉。

——道光《武進陽湖合志》卷五

重修府城隍廟惜字院碑記

〔清〕劉 綸

府城隍廟東偏有閣翼然，中奉文昌司命，旁範倉頡、史籀，象月之朔日，吾鄉諸君子來舉惜字會于此。經始于雍正己酉，重修于乾隆戊寅，顧其闉限廟堄，蒞事者弗以爲便。越歲壬午，乃率貲市民廛，闢通門，疏廣庈，墊庫夷隘，工用響臻。以今年夏覆亭鏒石，揭同會襄役者姓名，告訖功以詔來許。予作而言曰：諸君子用惜字會爲世勸，其毋以福利之説溷也。人之情由福利而進，且將由不福利而退，吾欲勸諸，烏得而觀諸！夫四民之各執其業，等耳。使農狼戾其粟穀，工摧拉其什器，商賈耗糜其化居，可不謂大哀乎！士之于字也，亦若是則已矣。然一秭半粒之知惜，其人必爲上農；竹頭木屑之知惜，其人必爲良工；寸累銖積之知惜，其人必爲富商大賈。極天下不可涯量之福利，又無能出吾説者，士之于字也亦若是則已矣。且予幼時嘗受業羲園張先生之門，于牘背紙尾或斜豎批抹，先生輒正色斥之曰：“與爾言學書，有先儒作字甚敬之訓在；與爾言惜字，則惜其末曷若先惜其原哉！”今諸君子蒐羅窗瓿蠹朽之餘，旁摭坊肆册卷，細及麻頭魚網，款識漫漶莫辨者，矍矍乎緘以簏籄，瀹以滫瀋，除地而曝，潔薪而焚，掇拾煨燼，浮之江湖，功故勤且苦已，而予竊意文昌之靈、臣頡臣籀之指，若蠹朽漫漶猶不惜字之小者，浸假而掉弄楮墨，詐欺官師，浸假而纂輯淫詞，狎侮經傳，是又敗壞文字之大原。雖緹襲弆藏，其庆滋甚于此，而策所以惜之，不浩乎其難哉！願與諸君子進而交勉之。皆曰然，請書之以爲記。

——道光《武進陽湖合志》卷五

敬節堂碑記

〔清〕呂 榮

天下最可敬者，莫如孝子節婦。孝乃人事之常，節尤處其變而獨貞其守，非尋常庸行所及。或出於名門舊族，或出於窮檐小户，其爲可敬一也。論者爲年三十以內守節，例得請旌建坊，且設主於節孝祠中，既莫不尊而奉之矣，若不得與於請旌建坊之列，自壯及老，徒以孀居自守，恐不足當敬節之目。不知婦人之義從一而終，一之爲言節也。《易》曰苦節不可貞，非貞戒其不可守也，特以節過苦，則其道窮，幾幾乎有萬難貞守之勢，惟在承上道居位中者有以安其節、甘其節耳。故上六居苦節之末，雖貞凶而悔亦亡。君子以制度數議德行，蓋言敬也。孟子稱老而無夫，窮民無告，從而哀之，亦必從而敬之，豈以年之老少、節之遲早而有間哉！毗陵敬節會起於乾隆五十年間，其初密訪苦節，遣人餽送。嘉慶二年始構是堂，按月給錢，凡孀居無告者皆得與焉，人數由此漸增矣。其後疊遭歉歲，經費不敷，幾於中廢。迨道光十三年，各當道捐廉倡帥，各善士踴躍樂輸，二三同志協力經理，漸有起色。正額二百名，每人每月給錢二百文，逾年增副額百人，每人每月給錢一百文。又冬寒給予絮衣，殘臘給錢，以資度歲，爲數較倍於前。此中有不通名姓出資相助者，其爲陰德又何如也！由是以思，三百人以外嗷嗷待哺者亦復不少，吾鄉好善之人如此其廣，相與推而充之，非甚難事也，是所望於制度數而議德行者。

————道光《武進陽湖合志》卷五

壽安堂碑記

〔清〕瞿　溶

郡中隋陳司徒廟西隅故有祠祀孫公振先，振先國初時爲邑宰，救民於難者也。歲久傾圮，郡紳士移祀於東門漢關壯繆廟左，而舊祠遂成瓦礫。先是南郊有壽安堂者，備棺爲里中之貧者計，既而中輟。於是薛君履祥暨無錫龔君浩思所以繼之，謀於鄉先生，請於縣，以孫公祠免糧廢址建公所，仍曰壽安堂。周繚以墙，中闢爲門，門中爲廳三楹，廳後爲軒三楹。東西爲廊，廊之西爲軒一楹，而廳軒之後爲堂三楹，祀南極星。東西爲厢，各二楹。堂之後故爲柴將軍殿三楹，仍其舊。殿後六楹，爲堆貯工作之所。經始於道光十二年，落成於十三年，凡木石匠役之費計番銀九百三十有奇。龔君捐助其半，餘皆樂善者足成之。堂成，施棺施藥施棉衣，凡諸善事次第舉行，歲以爲常。別於堂之西北買納糧地六分，建屋六楹，曰集英書塾，延師教里中之子弟之質美而貧不能讀書者，其事則成於道光之十五年也。昔孫公時，郡民幾闔城罹兵刃，公爲請免於當事，彼鞭箠幾死而民卒免於禍，克長子孫，以迄於今，皆公爲之也。顧今民之貧者或死不得棺以殮，或病無醫藥，寒無衣，或幼者無教，皆重貽公憂，則茲堂之設，所以救濟其民者，其善成公志也歟！然無恒產，惟賴樂善者每歲鳩貲以充費，尚謀所以經久之道焉可矣。

————道光《武進陽湖合志》卷五

重建西倉橋惜字院碑記

〔清〕徐景雍

與善庵惜字會，張訣齊先生創始之。乾隆乙亥歲饑，饑民赴廠食粥者多宿於庵後，屋以燬。先生之封翁晨軒先生欲重建之，已庀材，因司訓寧國，未及鳩工，而木爲庵僧所廢。至乙巳又饑，金壇、溧陽兩邑饑民死於常者甚眾，雍等目擊慘然，公買庵後地一畝瘞之，與先生令嗣硯橋先生同具呈白當事，爲義塚，詳請免糧，立石永志。時先生已自靖安令罷歸，見後屋之尚未建也，邀雍與錢君南溪、王君學愚及同里諸君子建文昌閣，爲惜字會，今閣中以木板書捐助姓氏及修造用賬者，先生親筆也。嘉慶間，先生喬梓相繼謝世，雍與先生之孫屏山、厚夫，姪孫北野，曾孫雨棠，學愚之子弟，南溪及其令子敬安、豈凡，復邀王君椿圃友于榕庵、季耀，陸君正方等，率外孫費庚吉、孫紹夔踵而行之，將會中公項回贖庵前馨字八百十四號田一畝七分八釐，與庵僧耕種納糧。每歲二月初三日、五月十三日、八月初三日、十二月二十日，僧具帖請董事敬謹祀神，每次備素麵一席，交字紙五十觔，永毋缺誤，是亦惜字會公產之一簣也。諸君屬雍爲文刻之石，因并義冢記之，庶幾後日俱不壞云。

——道光《武進陽湖合志》卷五

懷南鄉惜字院碑記

〔清〕程景伊

蓋聞事以人舉，地以人傳，必藉數君子倡之於前，諸賢繼之於後，綿綿不絕，引於不替，而集事之地亦因其人以傳。吾里有惜字院者，地統西郊，品題凝秀。初以惜字舊舉共糾同志，於雍正十年售頹房七間。越二年，稍加修葺，規模草創，又增積濟、存恤、存仁等會，共圖善舉，大有羨餘。值年歲薦饑，捐入煮賑，兩江制憲高文定公獎以"樂善不倦""任恤可風"二額，命邑父母賚立其地。斯同志趨義如鶩，除舊房修葺之外，傍有基地數弓并隙處，捐銀構滿兩廡一衙，正屋十有六間，內塑斗宮、文武奎閣。事聞，本府徐公給以"奎璧光華"一額，朔望舉存仁等會，月朏舉惜字會，俾殘書廢字不致飄離路處，尸骸免其暴露。雖云自好，實慮鮮終。無何數年而往，期老已殂，露冷奎光，烟寒塑像，松杉竹柏無意牽風，窗下珠簾斜飛簷外，曾日月之幾何，而勝境不能再睹矣。壬午夏月，有同志後人悼今日之殆荒，追往年之盛事，糾其善士，克紹前基，督理則擇其才能，田畝則派爲均管，庶地以人傳，而茲院并垂不朽也。爰錄其事，俾後來者考焉。

——道光《武進陽湖合志》卷五

東直圖普濟堂碑記①

〔清〕金雲槐

國家於直省郡縣建設養濟院，惠利煢獨，制軼三古。其民間釀金所建則爲普濟堂，遠而京師，近而省會，所在有之，即《周官》"黨使相救，州使相賙"之義，由切近以廣仁施，意至美也。常州郡城之設養濟院，所從來頗久，補額增費，略無遺憾，而普濟堂獨缺焉未興。乾隆甲午，郡人國子助教董君達存等，慕擇城東玄妙觀隙地鳩工築室，以經費莫籌，逡巡中輟。余守常四年，時以爲念，會旱灾籌賑，慕義踴躍捐輸，全活甚衆。事既竣，復合餘力得萬餘金，請興是役，余嘉其意，亟以俸入資之。添建宇舍，議立規條，以萬金貯之質庫，權其子母，俾誠篤者謹司其事，撙節以俟擴充。其措置則視無錫、金匱酌劑之，二邑亦余往歲因興議以建者也。以十餘年未克成之舉，奮然事集於一旦，雖董君始基之力不容泯，然非都人士沐浴聖澤，黽勉好施，曷克臻此！劉貢甫所謂事有可繼者，君子繼之，不必其肇於己而後爲功也。經始於乾隆五十一年十月，工甫興，余有轉漕兩浙之命，郡人謂余實綱紀其事，謁文永之。竊惟普之爲義博也，遍也，三代之盛，民能自遂其生者，猶不能必顛連無告者之皆遂，故拳拳於振窮恤貧，以補天地之憾。常爲東南大郡，所轄八邑，就郡治二邑計之，户口不下數十萬，普豈易言哉！惟策其力之所可逮而免其心之所欲爲，則觀感奮興，一隅可愾乎天下人，或者許其心而亮其力爾。抑又思之，事難於創，尤貴於因。司徒十有二教，曰："以俗教安則民不偷，以誓教恤則民不怠。"《尸子》曰："爲善無基，義乃繁滋。"亦願二三君子繁滋其義，交贊而引伸之，而繼守是土者之以民爲心，各務乎教之所亟也。舊屋四十楹，庫小，今又添措二十四楹，爲門爲堂，爲寢爲庖湢井溷，規制粗具。統計磚瓦木石之費若干緡。董其事者，舉人鄭環、黃寶書也。

——道光《武進陽湖合志》卷五

左厢捐置水龍碑記

〔清〕趙懷玉

三代禦火之法，莫詳於《左氏春秋》，尤莫善於襄九年宋之灾，其言曰"火所未至，撤小屋，塗大屋，陳畚挶，具綆缶，備水器，量輕重"，又曰"令華臣具正徒，令隧正納郊保，奔火所"。杜氏解曰："畚，簣籠。挶，土轝。綆，索。缶，汲器。水器，盆缶之屬。量輕重，計人力所任。正徒，役徒。納，聚。郊，野。保，守之民，使隨火所起往救之也。"然南北異宜，貯水之具不一，今北方設水桶，

---

　① 此文爲趙懷玉代作，見《亦有生齋集·文》卷十五。

南方則習用水龍。桶水少，風日暴之，易於燥漏，又難激使高遠，不若水龍之取携便而沾溉溥也。吾郡水具向在西城布店居多，餘雖間有之，非歲久器敝，即人少力薄，往往緩不及事。先人敝廬世居左厢間，初分縣時縣治前備有水龍，久而遂廢。張君聘憂之，因營田廟興舉雲車，即以水龍之役勸本厢夫役助行。癸亥春始有成議，誓於神前，籌集經費。時先君子年已八十有一，倡募同志，擇人協理。於是有解囊者，有分勸者，有任力者，共集錢四十餘萬，典營田廟前後附近屋，爲分設水具、安集水夫之所。主簿行館舊在廟中，亦讓以歸公，使水具水夫首尾呼應，而栖頓水夫、修葺水具之外，臨時給發費尚不敷，又廣爲設法，以期蕆事。蓋自左厢既設水龍後，城內外接踵而興者二十餘處，十七年來凡遇火之地，近者率先向往，遠者隨後奔赴，始免延燒之累矣，豈非備水器、量輕重、具正徒之各得其道哉！是舉也，始終勿怠者張君爲最，以先君子與有勞焉，屬懷玉識其顛末，勒石示後。至輸錢之姓氏、禦火之章程，襄贊何人，需用何器，另詳木榜，俾有稽焉。嗟乎！苟無繼起，仍愍前績，惟願在事者勤目前而電勉，踵事者守成法以綿延，無負張君不匱之思而展我先人未竟之緒也。

——《武陽志餘》卷三之二

同仁堂捐屋碑記

〔清〕趙懷玉

其人存則其政舉。語曰："百工居肆以成其事。"是邑有善舉，必待人而後興，又必得地以處之而後事乃集也。吾郡東郊同仁堂與義學共建，同仁主貧死之不能具棺者則製槥給之，義學主童蒙之無力讀書者則延師課之。向司其事者劉總戎烜、徐封君文楷與澧、吾宗上舍訥，皆老而好善。總戎既歿，三君繼之，盛君源魁好善匡助，歷久勿懈。當其未建此堂，衆方汲汲是營。有僧克明於順治年間置買國字一百七十四號平五分九釐一毫二絲五忽、又一百七十五號平三分二釐二絲二忽市房基地，建造大悲庵，供奉準提佛像。其徒道中因地近囂塵，難於修梵，遷居天寧寺毗耶室，所貼大悲庵房屋基地，其裔徒滄濤於嘉慶四年慨捐此庵，呈於縣，改建此堂。陽湖高侯伯揚極嘉之，捐俸百金爲倡，衆皆樂從。訥與文楷經營締構，次第成之，自門屏以至堂室凡二十餘楹，粲然整理。由是而神之像設可奉，人之栖止可安，庀貯物料，庖湢井溷，無不各有其所，過東郊者皆指而目之，嘖嘖稱同仁堂焉。夫遞修者衆人之力，始基者克明之功，樂捐者滄濤之善，相得益彰，胥難泯也。雖然，獨爲君子，有志者恥之。當滄濤請縣時，基地漕糧亦願永遠捐完，在滄濤好善不衰，一己擔荷，固屬罕覯，而諸君之心惄然不安，且恐無以勸善，固請

當事以糧漕改歸堂中完納，以爲持久之圖，而屬余記之。余既嘉滄濤之倡義
於前，又嘉諸君之克成於後，遂録其緣起而勒諸石，俾後之覽者知前人之苦
心而有所守焉。

——道光《武進陽湖合志》卷五

佳城庵碑記

〔清〕潘 恂

三殤地者，所以葬死而無主及有主而貧不克葬者之槻也。在和政門外有
庵，庵之西甓甃爲墙，別男、婦、幼爲三處，以埋遺棺，建塔兩龕，以瘞枯
骨。始于康熙二十二年，撫軍慕公允邑民之請，檄飭勒石，侍御董公文驥題
其坊曰"是亦佳城"，宮諭楊公大鶴爲文以紀。緣庵無恒産，住僧不能久居，
于是鍾生詒仲等募捐饍田十餘畝，旋爲奸佃所蝕。康熙五十五年，士民復控
案追償，永禁盜賣。客歲春夏間，灾祲之餘，繼以疾疫，余蒿目憂心，遂請
于府商諸邑紳士，施棺槥，廣瘞埋，其費一取諸賑局。猶念補救于一時，無
以遵守于異日，非遠圖也，爰撥賑案餘項置田若干畝，邑中好義之士又前後
捐田若干，并前改撥空閒桑棗地十三區，紳士呈請專委監生杜焕董其事。自
是僧有居，收埋有所，董理有人，隨時經理有費，斯不亦掩骼埋胔之遺惠矣乎！
余嘗稽諸往牒，勝朝以來，當事經營措置之田所在多有，日久弊生，或潛蝕
于典守，或侵奪于衙蠹，或隱匿于土豪，訟牒翻覆，清釐匪易，皆由年遠無稽，
難憑追究，實堪爲前車之監。將欲毖于將來，必先慎于伊始，用是臚諸田數，
并其細號，勒諸貞珉，拓送通邑紳士，永爲左據。倘有私鬻，許董事及紳士
陳諸有司，盜買盜賣予受并懲，追田及價一總歸庵。自兹董、士益宜勤慎經理。
至庵僧去留無定，更替無常，必于歲終具收支實數，交董事查核，庶幾公産
獲保無虞，而澤枯仁政垂諸永久弗替矣。

——道光《武進陽湖合志》卷五

佳城庵續記

〔清〕潘 恂

佳城庵之設，所以護持殤冢，而田租之入，所以供掩埋繕葺之需也。自
康熙二十年創建之時，鍾生詒仲等共相捐募，始有田十餘畝。歷年既久，弊
祲輩出，至乾隆二十一年止存田三畝、園地二畝四分，每歲僅收米麥六石零
八升七合、租銀四錢二分，而責庵僧經理收埋，烏可得也！是歲灾祲之餘，
繼以疫癘，死亡無算，本府時攝陽篆，力圖補救，撥賑賸之項，置買光、洪、
髪等字號杜絶田十九畝九分五釐，并據士民樂捐田二十七畝七分一釐，統計

捐置、舊存，共田五十三畝六釐，歲收田租米麥六十六石三斗三升、租銀四錢二分、房租錢七千九百二十文。又據士民樂捐銀三百餘兩，佛殿、僧寮得以重加修建，殤冢圍墻亦各拓治完整，規置一新。維時本府爲文勒石，以期永垂利濟，不謂本府丁憂去任，不數年而諸弊叢生。迨乾隆二十九年，欽承恩命調守是邦，重加稽核在庵田畝，捐主收回放贖者八畝二分五釐，又原捐本屬虛田以及田號舛錯者四畝八分，更有盜賣盜抵、盜贖盜收占種無租者六畝有零。本府逐一清釐整頓，將盜收盜抵者追還，原田占種無租者另行召佃，盜賣盜贖者分別追田追價，其原捐虛田以其捐役收，回放贖田號舛錯者，俱着另將實田抵補。復恐日後仍有籍稱原捐活產糾纏弊混，令將契載回贖各田概準繳價放贖，其不願回贖者取結附卷。自此田皆的實，宿弊一清，計存實田四十三畝八釐。所有收存放贖田價并追罰銀兩，應需另置實產，適有江陰縣沙田一百二十餘畝，向係蘇郡普育等堂收租，因歷年租籽俱被縣胥侵蝕，蘇州司堂之官又隔屬呼應不靈，議令估變本府，即稟明撫、藩二憲，將佳城庵前項放贖田價并追罰銀兩承買歸庵執業，并經委員清查田號，選定佃人發給執照，并議定版租取具承佃，不許再聽縣胥私收顆粒，并令圩長出具切結存案。又有前縣聖令撥入桑棗地十四區共十二畝二分四釐七毫，向未入庵，亦經飭縣查明歸庵執業，現認墾起租者共米八斗麥二斗二升、錢四百三十六文。統計坐落武陽江三縣平沙田桑棗共一百七十五畝五分零、門面屋二間、額該租米麥九十四石一斗九升七合、銀一兩五錢三分、租錢八千三百五十六文，永爲庵業所有，田租責成董事督同庵僧收租，田契聯單悉存府庫，造入交代冊內，以杜盜買。歲收租息、動用餘存數目，每歲底該董事督同該僧造冊，呈府稽核，以杜虛麋。該董事、庵僧務將收埋棺骨事宜悉心經理，毋得虛應塞責。至收存租息，毋得浪費花消。倘有不遵，分別究治。惟願守斯土者相繼維持，俾善事不致終廢，是所厚望焉。

——道光《武進陽湖合志》卷五

清釐養濟院記

〔清〕陸慶頤

　　郡城養濟院創自前明洪武間，我朝定制，口糧柴布銀兩，皆由正賦開支，設遇災癘，又有南糧撥補。歷聖相承，深仁厚澤，以不忍人之心行不忍人之政，宜千百載行之無弊者也。不謂日久弊生，銀米漸見剝削，徵存藉作補苴。週年甚至孤貧、院頭通同經承作弊，院內則居民雜處，男女混淆，院外則年貌里居盡屬假捏，侵蝕虛冒，百弊叢生，國家二百餘年之善政幾至名存實廢，豈司牧者用繁累重，不能哀此煢獨歟？抑居鄉士大夫閉門獨善，無暇出而過問歟？奚敗壞若此！天運循環，無往不復，今幸武邑倪侯、陽邑馮侯皆潔己愛民，馮侯前權靖邑，整理養濟署有成效，兩邑侯和衷共理，在院孤貧驗有頂冒盤踞，概行驅逐。院外孤貧由鄉圖董察實，詳載姓名年貌里居，協保具結，在城徑送院董，統由院董開報到院，點驗註冊，序補口糧按月，柴布錢文按季，給領銀米，悉復舊制，院頭名目永遠革除。允紳士所請，協同經理，不假胥吏之手。新擬章程，白觀察喬公、太守平公通詳大府立案。剝極而復，誠千載難逢之嘉會也。然上作而下或不應，除一弊，復生一弊，防不勝防。今復得魏君裴、楊君植瀛、吳君容光、孫君煒、屠君潤芝、莊君毓鋐暨諸同邑孜孜講求，每月望前一日到院，會同委員按名給發，實惠及貧，風雨不避，勞怨不辭。近復體賢侯奉司提解津貼經費由縣籌解，毋庸於孤貧口糧內扣減之盛意，諸凡雜用，集捐千五百緡生息充用，不敢於孤貧口糧內開支一文。嗚呼！盛矣。橫渠張子曰：「鰥寡孤獨廢疾，皆吾兄弟之顛連無告者也。」今顛連者幸有告矣，誰則視如兄弟，危急奔救恐後者乎！願質之後來經理者。

——《武陽志餘》卷三之二

保嬰保節局記

〔清〕周家楣

吾常兵燹後，元氣未復，室家多艱，於是莠民澆俗，各鄉間往往有搶孀溺女之事，城中紳士劉廉訪雲樵等心憂之，乃同心籌款，糾總會銀一萬八千兩，存質庫，權子母，以八成爲保節費，以二成爲保嬰費。復由官民集捐，專給保嬰之用，即借武邑廟設立總局，於武、陽各鄉設分局三十餘處，呈縣轉詳，舉董以司其事。旋有惜字、惜穀、牧牛局、普濟會，并上年收養灾黎及籌助振捐諸善舉，咸歸總局經理焉。顧局中之地甚窄，而事又煩，厥後復擬添設醫局，則跼促更甚。侍御畢公奉命來守吾郡，謂總局規模太小，盍另構之。遂捐鶴俸，得洋二百元爲倡，郡紳即構隙地於左廂馬山埠，鳩工營造，共建樓房平屋前後大小十有九楹，閱四月而工始竣。後姚君彥森以創局顛末告予，并屬予記之，壽諸石。蓋主持其事者惲先生畹香、盛先生旭人、劉先生雲樵、莊君俊甫、姚君彥森，及已故之董君雲階，志同道合，無善不爲，而此舉法良意美，藻密慮周，所以維風教、宏胞與者於是乎在。其估工者爲呂君叔猷，監工者爲蘇君少眉，布置有方，不辭勞瘁，皆可法也。所用經費詳刊碑後，茲不贅云。

光緒五年冬月。

——《武陽志餘》卷三之二

長年醫局記

〔清〕馮光遹

大順之世，通正之年，人生其間，子孝而父慈，夫義而婦節，飲甘露，被和風，歲事順成，民無疵癘，此非獨其俗純也。古者敬嫠婦，恤孤子，養衰疾，皆掌於官，而閭里任恤猶書以示勸，豈不欲以人事劑陰陽、輔生長，使民長享太平之樂乎！吾郡當光緒初元，知府事今布政鎮遠譚公始輸鶴廉創保嬰局。其明年，擂紳集銀萬八千兩，以二成息保嬰，八成保節，始兼設保節局。又二年，知府事蘄水畢公復分保節局二成息及紳士所輸設長年醫局，合三善舉爲一。始擇地馬山埠，庀材剧工，成趨事之所，前順天府尹宜興周公書之，志不忘也。既而名醫十全，良藥九製，遠自屬邑，聞風俱來，藥不敷施，幾隳善業，因議分保節經費七千七百兩入醫局，於是保嬰有常存錢四千五百千，保節有常存銀一萬兩，長年醫局有銀萬一千七百兩，量入爲出，劑調均平，則知府事合肥吳公具轉移之力焉。顧吳公持是議以申上官，未及報，而長白桐公澤實來繼守吾郡，則所以成三公之志，大庇境內嫠婦、孤子、衰疾，惟公永賴也。四公之德宜垂百禩，因復伐石昭書於碑，士紳輸資例附碑後，茲不贅。

光緒十一年六月。

——《武陽志餘》卷三之二

體仁堂記

〔清〕吳 璵

陽湖縣體仁堂，乾隆中鄉先生龔爾淑等所建，合陽湖之新塘、太平、迎春鄉及無錫之富安鄉共四鄉，比其富民而書之曰殷戶，合其鄉鰥寡孤獨中之無依者，按口分而予之資曰月給。凡鄉之法制曰規，其規差四鄉之殷戶若干戶，直一月之給，周而復始。窮民口月給錢三百五十，其童幼月給錢二百四十。皆先予之契，曰號票，其後按票而給之。咸豐十年，江南被兵，事廢不舉。同治八年，里人段紹襄、陸孝隆、李煥文等懼其遂廢，請於縣官，集殷戶而勸導之，僉曰善。遂復設月給如舊日，以月之十六日爲期，集其票而給之。又推廣其意，廢疾不能傭作者亦按大小口而給之，其數曰額，無定額。兵燹之後，殷戶鮮少，則變通其規，以二戶、三戶合當一月之給。鄉人有仕籍，若學生、國子監生，而官命主一鄉之事者曰董事。董事於歲杪定來歲月給之數，歲十二月閏則十三月書而榜之。殷戶力不繼，則告於董事，除其名而勸補其缺，使無虛月。其不足則集資於市，曰捐，捐店及豬行以承其乏。其有餘則給棉衣及棺木，歲之杪稽出入之數，書而懸之而刻之，曰帳，以禁乾沒。

自同治八年以至於今，董事者省嗇而用，遂有錢五百千，田八百畝有奇，以備不虞。於是規樞詳備，傳之永久。《周官·大司徒》：州黨之民教之相賙相救，其實與六行曰任曰恤，而比閭族黨皆有聯事。孟子書亦曰："文王發政施仁，必先鰥寡孤獨。"斯堂之規制，其有合於古乎！《傳》曰"名從主人"，實紀也。今之稱謂與古不同，懼無以信今而傳後，遂條而釋之，以記焉。

——《武陽志餘》卷三之二

常州路醫學田記

〔元〕白 珽

醫之爲學，重事也。士或不學，學不至，軼而農賈，擯而林野，不害物，不傷民，自誤而止矣。醫而不學，或學焉不至，蔽其拙而暴其能，掠其名而貪其功，則人命縣諸手，豈徒自誤人哉？古者醫教必選名姓之汋，德足以仁恕博愛，智足以宣暢旁通，然後命之學。知天地陰陽之運，明性命逆順之節，貫徹達幽，不失細小，然後命之醫。其爲甚重不輕也如是。今朝廷重其事，尊古先皇王以祠之，禮良明之醫以師之。路有學，學有弟子員，課講有程，祀事有時。毗陵爲浙西望郡，弟子員不下數十百人，官吏不與焉，而歲無圭撮之入，有教而無養，不可也。語曰：“人而無恒，不可以作巫醫。”孟氏又曰：“無恒產者無恒心。”於是，前肅政廉訪司分司官朱侯思誠，於晋陵縣定安西鄉馬巷等村，得官廢田四頃八十畝隸焉，未幾，爲或者巧掩而豪奪之。積十年，虞芮不決。大德辛丑秋，汴梁靳從革以醫學奉明命教授是邦，慨然以復業爲己任，同僚韙之。次年春，咸悉心盡力求直于今廉訪分司官趙侯宏偉，乃嘉念醫事之重，有學必有教，有教必有養。又得本路賢邦侯及參佐諸君相與，按覆得情，舉舊物而全歸之我，甚偉事也。將見祀享有豐，廩稍無乏。後時官於斯，直思所以創始之艱食焉而勤其事，毋察察而利人之疾，毋庸庸而幸人之生，益浪相勝，依違相避，毋不學以自誤，學不至以誤人。於戲！惟仁故明，惟忠故達，惟勤故藝。良醫良相，推其道一致也。豈無稽其能，上其事者？不然，徒相語曰：“有恒產，有恒心。”志亦陋矣。

大德壬寅春三月一日，錢唐白珽玉甫記。

——《泰定毗陵志輯佚》

武進縣桑侯徵糧建議記

〔明〕吳中行

東南財賦地爲郡者凡六，而吾常郡當什之二。郡爲邑者凡五，而吾武進邑當什之三。錢穀糗糒，歲會職貢于水衡計筹者鉅萬。邑故繁劇，民工于訐訟攛拋，又附郭更臨孔道，晨夕朝謁，東西迓餞無停晷，掾曹胥徒刀筆代耕者窟伏機藏，以百耳目伺一人之間。頃之旱乾水溢，災沴頻仍，畸窮者流離，而稍饒羨之家不勝誅求，十室九困，然軍國所需徵調甚亟，不迫而傷撫字，即緩而拙催科，吏雖才無兼能，日且弗暇給，故黠民藉口祲歲多逋賦，而長賦者或交臂，猾胥竄名匿籍爲奸，簿書期會視若具文故牘，矯虔之吏遂至置逋賦者弗問，一切責長賦者。長賦者恒傾困廢箸以應之，陰取盈于巨室，陽賈譽于小民，而民之黠者益有所恃以效尤，積習夙蠹莫可究詰。夫民逋而責長賦者，則賦卒辦而病在下；長賦者與胥爲奸而責長民者，則賦終詘而病在上。

不佞休沐田里久，蒿目拊心，敝也極矣。侯之至也，問民疾苦，詢于芻蕘，殫智竭誠，銳情于理而尤究心于催科之法。不佞從臾而對曰："宰不稱民父母乎？父母之于子，勞以成愛，嚴以佐慈，倘坐堂皇上，令不行，禁不止，而姑息因循，徼長厚之名，邑無幸矣。至謂催科無善政，寧詎然乎！"侯乃穆乎深惟，慨然力任，于是溯作法之始，稽流弊之終，持獨運之籌，廣衆思之益，調劑其故，斟酌以宜，用繹庶言，爰陳十議，立限以定緩急，革耗以杜侵漁，比冊以便校閱，總由以防隱漏，均解以示公平，信令以絶驛騷，而銀穀分僉其役，甌庫各有所司。至于糧徭併徵，省那移之弊；磨算預覈，清飛洒之奸，凡此皆明同炬列，窾中刃游，若琴瑟不調解而更張之矣。議上，監司督府諸直指使者咸嘉與樂聞，報如所議，著爲令，因得壹意秉約，與百姓更始，四境之内罔不灑然改易聽睹、洗濯心志者。黠民奉三尺凜凜，而掾曹胥徒惟抱牘署案耳。庭無箠楚，户鮮勾稽，毋煩色聲，不逾旬月而充輸將之額。諸賦長竊自慶也，群造不佞而謀曰："催科之法莫善于今者，吾儕小人幸蒙大造，肖貌有禁，樹碑有禁，然彰軌陳極爲可繼也。杞不足徵，殷無以鑒，惟徽子一言爲百世利，可乎？"不佞曰："唯唯。侯之議利垂桑梓，不佞之官典在筆札，其何辭于紀載之役！"

蓋嘗聞鄭大夫僑之爲政矣，都鄙有章，丘賦有制，鄉校之毁，輿人之謗不改度也。曰火烈，民望而畏之；水濡弱，民狎而玩之，故治不獨寬而濟之猛，政用以和，乃夫子則以遺愛稱焉。嗟呼！古之仕者爲國爲民，今之仕者惟官惟貨，無論弛惕待遷，苟簡從事，以傳捨視其職者，即有彊幹自負，以催科見能者乎？逸于程功，巧于避怨。慢令平日，任術臨期。奉法之民無所縱捨，而黠者不暇逮，亦不欲逮也；畏罪之賦長無所休息，而爲奸者不暇詧，亦不欲詧也。是猛於善良而特寬於豪氓，禍史耳。富者貧，貧者益貧，民貧而國誰與足哉！奚惑乎國計民生兩無當也！侯之議，俾黠者爲奸者目懾股慄，奔走不遑，而奉法之民、畏罪之賦長胥歡忻踴躍，若出諸罟罟而衽席之，則以遺愛稱侯，夫孰曰不宜！今軍儲邊餉匱乏不支，廑宵旰，詔計部博集群策。夫東南之負，豈朝夕之故哉！藉令數十年以來，人人而侯也，在在而侯所治之邑也，惟正之供，無積逋矣。不佞秉耜明農，踐更以給公家，不敢後于奉法之民與畏罪之賦長，故于侯之誠心惠政習見之，而于邑之興誦里謠又習聞之，倘用傳信，實匪獻諛。遂鑴石紀其事，以俟後之宰邑者考焉，且以備今之觀風者采焉。桑侯名學夔，萬曆壬辰進士，山東濮州人。

——《賜餘堂集》卷十

增置學田記

〔明〕顧大章

大中丞徐公之撫吳也，噓枯振槁，湛恩溥洽，直指房公之按吳也，剔蠹釐奸，仁風遐扇，其嘉惠文學，廣勵生徒，蓋并爲孜孜云。歲壬子，吳郡丞許公司榷事，峻潔無染，以其羨六千金上諸兩臺，兩臺曰："是可以爲學校計。"乃分給郡邑，增置學田，爲諸生繼膏燭、振貧乏。其在常之郡庠剖得二百六十金，署郡事司理王公又出贖鍰四十餘金佐之，市得腴田壹頃十六畝，屬吏郡教授顧大章奉檄紀其事。章竊惟士之不可無養也尚矣，而今爲甚。古者人家百畝，預三年之畜，其秀民之能爲士者，蓋未嘗以俯仰累其心也。國初慎學校之選，郡士尚四十人，州及縣遞減焉，無弗餼諸官者。士當其時群聚而州處，日惟辨志敬業，期無憾而即安，亦何事憂及口腹哉！嗣後人文日茂，詔郡國廣置弟子員，不計名數，其最盛者溢原額幾數十倍，以故官不能盡廩，而士始有患貧之累。迨於今民生愈窘而貧士益困，至有婚喪不舉，餬口不繼，引分者病霖卧雪而莫之援，騖利者逐臭附羶而莫之禁。嗚呼！衣食足而後知榮辱，無恒産而恒心可概望於今之世哉！郡庠舊有田四頃，貧士之望賑者歲不下百人，恒苦弗給。章目擊而弗敢請，自郡守杜公捐俸緝學宮，更羅合郡名士與司理公時加訓課，士無不欣欣自勵。兹又重以兩臺之德意，用以資困恤絕，垂之永久，爲屬僚者其感嘆揄揚宜何如也！昔文翁化蜀而長卿名世，吳公莅河南而賈生憤發，當今世而不以賈、馬兩生自命者非夫也，敬拭目俟之矣。徐公名民式，浦城人。房公名壯麗，安州人。

時萬曆癸丑端月。

——康熙《常州府志》卷三十五

武進縣儒學增置學田記

〔明〕吳　亮

余往按雲中，推轂廉能異等一人，曰朔州守井陘許君爾忠，蓋有猷有守士也。擢貳吳郡，會關使者缺，奉臺檄董其事，潔己裁糜，得羨六千一百有奇。督撫徐公、直指房公、薛公嘉其介，不欲其泯泯也，檄致四郡十九州邑劑量布之，俾各斥學田若干以贍士，吾邑武進分授二百五十金，邑侯楊公復捐俸二十餘金，所置田計畝一百十五而贏，學田之益自茲始。于是諸文學以終竇告者，食受粒，焚受膏，婚受禽，當大事者受具，靡不人人喜加額，曰：兩臺之能養士也，其不費也，善用惠也；侯之能廣愛也，其不懈也，履畝之周也。余聞而諗諸文學曰：嘻！不寧惟是。其振貧也，以訓廉也；其贍諸士也，以風有位也，今天下尤章寵賂哉！夫貪波之潏人也，馮不厭索，殫算而蕲滿堵梱載歸耳。苞苴叢謗，簠簋隕名，終不遺餘力以禦人，有委羨一緡入公帑乎？微羨安所布澤而希半菽？官飽欲死，士饑欲死，又曷足怪！語曰：“大臣法，小臣廉。”然則序風于邑，邑風于郡，郡風于臺，清滓之所由來者漸矣。我徐公之開府吳也，遏厲國威，鯨鯢維喙；勤恤民隱，鴻雁以鳩。才乃資文武，已而清夷古淡，其特操有關西之風。房公、薛公又皆以澄清爲己任，察廉浣，凜激揚，寵賂自此清矣。以此風下僚，其誰不顧化，節廉自喜，非以逢上矯也，亦氣類合郡？抑非獨今有位也，諸士異日有不儋王爵、食民脂者乎？士身不貲，今奈何競錐末而自愛鮮也？或武斷勾奪人，如虎之搏菟，或厚顏長跪，卑疵纖趨，不踵而走公府，如蟻之慕羶也，爨清歟？狐綏綏歟？囊橐不掩歟？夫貧固士之常，不安常而沒利近辱，亦足羞矣。士不見徐公、房公、薛公乎！金如粟，不入橐；馬如羊，不入厩。又不見許公、楊公乎！介如石，穆如清風，委羨捐俸，所謂取諸其懷而與之也。有貨至而屏，有貨不至而希，何耶？推此意，長物幾無庸矣。嗟夫！士寧有死于餒者哉？生于飽，乃死于餒。在官不侈，廉其足也；在士不費，廉其足也。官儉奉而有澤逮下，士儉奉而罕以澤邀上矣。縮取量出，亦易魘也。故曰其以訓廉也，風有位也。《詩》曰“羔羊之皮，素絲五紽”，又曰“豈弟君子，遐不作人”，諸公有焉。若許君，亦可謂不負緇衣之好矣。抑微獨此也，田以廉置，則田之入以養廉。藉令所養非所當，所當非所養，呢訾者日竄名賑牘中，而真食貧者羞與之爭升斗矣。舉肥在饕餮之徒，斯饑在婉孌之子，兩臺所以訓廉者，無乃以府貪乎？是在實行其惠已，是在實行其惠已，敢因記而并及之。徐公諱民式，浦城人；房公諱壯麗，安州人；薛公諱貞，韓城人；楊公諱所蘊，安陸人。勒石于學宮者，邑博士盧某、駱某、張某也。

——《止園集》卷十七

迎春鄉漕白二糧改納太平倉碑記

〔明〕薛憲岳

古者畫野而定制，田自雍以至於揚，賦自冀以至於兗，列爲九等，又比上下而錯處之，所以明有差也。是故天子則四方各五百里以爲甸服，其賦納之法，有穗、有銍、有秸、有粟、有米，計遠近而精粗之，餘以分公、侯、伯、子、男。又方各五百里，曰侯服，諸侯之賦境内者，亦猶天子之於甸服也。商制有助，而外不可考。考之於周，四海之内，千八百國，各有不盡之地。名山大澤，不以封，附庸之國不達於天子，而方伯之來朝，皆有湯沐之邑。當是時，賦隨其地，貢隨其産，舟車不煩而朝野畫一。先王之治天下也，蓋取諸隨。其後破列國以爲郡縣，若貢若賦，悉入京師。海内之大，户口之衆，家家上輸，人人疲命。然議者往往聽所在處分，故沿邊則有屯田之令，僻地則有就近支消之法，猶之隨之義焉。國家度支出於南者什之八，長淮以來，舳艫相接，軍國所需，萬不得已。然陸行則有車脚，水行則有舟脚。閩湘江浙之間，僻處山陬、險當澤國者，多所寬恤。或改糙，或折兑，或條編，或南運，酌其多寡，量其輕重，苟可以省民之力，咫尺之而以爲便也。吾常靖江與蘇之崇明，既得引例而就便矣，但司農能會計京省而不能及郡邑，監司能及郡邑，而不能并其間險易肥瘠而洞悉之，則維鄉之父老與縉紳與有責焉。吾武之有迎春，亦邑中崇明、靖江也，四面瀕湖，山多於田，雖無差役之擾，而兑期相迫，奔走爲艱。自山南以及湖口，遠者六七十里，自湖口以及運河，又數十里，舟小則有中流之險，舟大則入港之後上格橋梁，下防淺閣。且北風當船，冰雪叵測，父老趨事者，及縉紳先生相與憂之，乃具聞邑父母董侯，轉請之當道，得改貯太平倉。是役也，因存留之數，立便宜之規，既無損惟正之供，又不加諸鄉之派，良法美意自是可傳。事定，屬不佞岳紀其始末，曰：“以示後昆，使無忘董侯體恤至意。”岳何能文，自今以往，幸此中子弟嗣爾股肱，時其賦税，亦使催科之吏知有夫桝哉！昔人不云乎：“使諸鄉皆若迎春，雖無縣官可也。”姑述所誦習，兼致私願於兹山者如此。

——《重修馬迹山志》卷四

常州學記

〔明〕王安國

爲治不能心服於民者，不足以爲先王之治。服民必自於修身，而不能格物者，不足以盡修身之道。故致誠以格物，則内極於神，而外之爲王者之事。教天下之性以己，而德有餘於行；養天下之欲以人，而利不勝於義。雖然，不寓之政則無以致其效，此學之所以作也。先王之學，以智仁聖義、中和孝友、睦婣任恤、禮樂射御書數爲其德行藝，而糾之以八刑，防之以五禮、六樂。之得於心者雖有以異，而行於身者未嘗不同。諸侯鼓舞天子之命，而爲於其國者，無毫末悖此，而海隅萬里，燦然如出乎一家之習。制其田里，人畢以受，而使之相賙相賓，士有以尊於民而升之司徒者，不征於鄉，既不怵於養，而學盡得其時。上之人諰諰焉致譽於下，雖豪傑不誘於譽，而所以馭世之意不得不然。君師親友於臣而王世子入必以齒，士之未命，獻焉曰餼，所以見貴賤之勢不設於道德，而進退之節宜得於閑燕。一日賓於朝則寵利不足以屑其意，而能必其守於位。百工得以其技諫，而人主衽席玩好，一之以法度。於是元元俯仰以聽君臣謦欬之餘，以夫役於德者有命，貴賤無所亂，受而教之，合否爲其榮辱。於是銷觖望之志於冥冥，而刑賞能信於不可見之際，薰蒸其俗。至於小子以土物愛牛羊，不忍踐履乎草木，其效豈不美歟？而《卷阿》之詩戒以求賢用吉士，夫治於成王之時，可以無爲矣，而猶不忘此，蓋先王遺天下之法，而人不能深通其意，則法紬於後世，宜乎應物之變不一，而思其法至於無窮。《詩》曰“載見辟王，曰求厥章”，以是而知治不可以無法而有其人，則法不可以無思。譬車之設也，而御非其人，與人存而志不設，則孰能無覆轍之患哉！此先王所以仁後世之子孫，而不敢一日忽於求賢。陵夷乎亂世之民，而猶能刺學校之不修，則知先王之澤入人之久，而所以制天下之變者，何其微也。孟子曰：“不信仁賢，則國空虛；無禮義，則上下亂；無政事，則財用不足。”蓋禮義、政事待仁賢而出，宜乎以學校之廢而爲天下之憂。

嗟夫！道散於世而人不能原老氏絕聖棄智之意，而其流入於督責之術，彼徒以爲聖智之蔽而有誇奪以相勝，一人之聰明無有給四海之視聽，故不用聖智，而懲天下以法。安知夫法能使人有畏於外，而不能馴其無欲於内，所以民失性於桁楊斧鉞，而專服玉帛不能爲之勸，則刑賞何恃而有於己哉！漢未能易其俗，而董仲舒欲折一時之異道異師，而誘之以學，其論似是也。而以武帝之德、仲舒之智，其能服民如先王之治哉！然則先王之治其終不可以見乎？蓋地不改闢，民不改聚，聖人以爲行政之易。而自唐裂四海於廣明之後，中國五易而正朔始一於宋。民沐浴祖宗六聖之德於里閭眇暱，百年之中，可謂極盛之時，而吏能體朝廷尚文之意而以學養士者，不其賢歟！

　　嘉祐六年，長樂陳侯襄以尚書司封員外郎、秘閣校理，來治常州。既居數月，一新其學，而得從事丹陽邵君奇者果爲之謀。蓋陳侯好古，德望於世，而邵君有濟劇之材，故成之以不勞。而祠有殿，講有堂，齋廬庖湢列以其序，而又爲藏書之閣、講道之堂。於東南爲絕偉之觀，而州人願刻陳侯之績久矣。治平四年，尚書職方員外郎、知州事河南王□□與其佐尚書駕部員外郎、鄱陽黃侯木始以諉安國。而安國乃爲之言曰：《詩》云"德輶如毛，民鮮克舉之"，□□舉之易，而後之勵於德者，奚獨艱邪？以文王之多士，而迄宣王之時，維仲山甫之一人，而患乎其莫助，卒能惻怛以新天下之士，而《采芑》之詩作。然則材不乏於時，而在乎上能以篤好之心爲之長育而已。常故多賢士大夫，稱於世，而余得其人於學之中，與夫四方之游者，有俊傑之材，而其議論藹藹乎有聞矣。方極盛之時，而君臣能相與以講先王之教，則奚患乎無助於上而士不興於下哉！今陳侯作之於始，而二侯欲告來者，使不廢以爲之助，二侯於是有愷悌君子之風，而余故樂爲之書。

　　治平四年十月庚辰，臨川王安國記。

——成化《重修毗陵志》卷三十三

常州路重修儒學記
〔元〕方逢辰

　　至元二十二年乙酉，常州路學正前鄉貢士李君闡等書來言，常州自乙亥歲火於兵，幸夫子廟在，唐君駿發以鄉國名士爲教官，立司存瓦礫中。先汛掃以新廟貌，次營構以居生徒，修講堂，修經閣，建直舍，建兩廡，爲六齋六楹，暨內外夾屋垣墉四周咸一新之。學田爲戍守軍將奪占者，請於官，復其舊。越十年甫訖事，徵予一言以志之。予謂唐君有功於鄉學大矣。考《州志》，常爲延陵季子采邑，今墓在焉，蓋先哲興遜之邦也。立學自唐李栖筠爲刺史始，五季以兵燬，宋景祐乃復，建炎又以兵燬，越紹興再復，今又一燬而一復矣。噫唏！此天之不肯喪斯文也。天以於穆之命寄於人也，《書》謂之"帝衷"，《詩》謂之"民彝"。帝衷、民彝不能懸空以獨存，於是寄以學校。無學校則三綱淪，九法斁，君不君，臣不臣，父不父，子不子，天下之人胥爲禽獸，"維天之命於穆不已"者疇托！此天之所以不肯喪斯文也。《虞書》："天叙有典，敕我五典五惇哉！天秩有禮，自我五禮有庸哉！”五典五禮，於天何預，然不曰我叙我秩，而一則曰天，二則曰天。蓋斯道之原出於天，非人力所能造爲者，堯舜特爲之守典禮而奉行之耳，挈帝衷、民彝之目寄司徒。今州縣有學，學有官，其司徒之屬也。三代盛時，家有塾，黨有庠，國有學，術有序，五典之教自鄉州而達於黨族閭比，自遂縣而達於都鄙里鄰，其所講明所踐行者皆此物也。民彝宣明於學，而天命流行於民，熏聒浸灌，是以風俗醇厚，人人有士君子之行，此天下所以久安長治。三代衰，學校廢，教法壞，人之道不立，天下遂爲紛紛爭戰之場。天生孔子、孟子，扶帝衷、民彝出之污穢糜爛中，載之六經，載之七篇，以示萬世，而後“維天之命於穆不已”者始有所托。三代而後，歷漢、晉、唐、宋一千六百餘年，其間雖有大亂大禍，而天地猶得以位，萬物猶得以育者，斯文未喪，孔、孟之教猶在也。後之學孔、孟者，其以四書爲根本，以六經爲律令，格物致知以窮此理，誠意正心以體此理，學之博以積之，反之約以一之，庶不負天之未喪斯文之意。

——《蛟峰集》卷五

重修常州路儒學記

〔元〕張伯淳

　　皇帝踐祚之初，制詔天下郡學完葺，如法養士，無田者官給，凡皆尊孔子之道德至渥也。然則學宮崇飾，宜不在諸名山大川常祀之下。常州故有學，創於唐刺史李栖筠，迨宋陳襄爲守，移置郡治西南地，踞重河之會，占金斗之勝。毀於乙亥歲，惟禮殿講堂巋然如魯靈光，斯文有相如是。夫二十年間，葺未易完，且廟與學混，非所以肅觀瞻，昭禮敬，此固有志於道所爲歉然而未能遂也。

　　總管安豐呂侯師聖庚至，當詔下之歲之十二月，祇若德意，獨能視爲先務，以其狀白於廉訪副使王侯，侯意同議合。既得請，於是審曲面勢，計工度材，修大成殿，龕帳鼎新，塑十哲像繪從祀。逮階序一改舊觀，廟與學始各得所。昔以爲病者，易而整整。既又翦榛蕪，增建四齋室，俾學者克廣德心。先賢有祠，聽事有堂，儲糧有廩，闢兩廡而弘之，凡創屋爲間者四十有三，即其故而完葺者不與焉。如鑄祭器、置書籍，惟事事備。先是，學有田二十六頃，隸宜興之從善鄉，歲入米二千石有奇，久爲僧舍豪家所奪，求直有司，十年不能決，至是事徹中朝，尋報可。侯之有功於學大矣，而猶以爲未也。一日語教授天台吳君宗彥曰：“殿有儀門，冠帶所集，摧腐將壓，盍更諸？必崇必敞。”乃稽古式，市大木，作門五間，檐牙森聳，輪奐翬飛，學舍於是大備。是役也，經營於侯下車之始，落成於元貞二年十月。公餘督勵必躬，凡費則搏學廩以給，工樂趨事，農不知役，郡文學不有其勞，歸之太守，太守不自有而歸功部使者，猗歟盛哉！

會伯淳謁告還里，文掾敘修建本末，願紀其實。於戲！井田廢而阡陌，封建廢而郡縣，肉刑廢而鞭笞，銅冶廢而楮券，猶可因時而行，所必不可廢者，學校也。學校而可廢，則六經、諸子百家，皆可束高閣，倫紀於何而明？修齊治平之道於何而寄哉？國家之所崇尚，賢侯之所欽承而加之意者，豈特爲衿佩游談之地哉！幼而學，壯而行，窮所養，達所施，蓋將有益於世用。矧毗陵爲吳季子采邑，禮讓遺化在人心者未泯也。伯淳既喜百年未見之盛事復見斯今，不量荒陋，書以遺之。歸語二三子，繼自今父帥其子，長勵其幼，求所以無負國家新美初意，魯侯之頌將與斯文相爲不朽云。

——萬曆《常州府志》卷十八

常州路學重建尊經閣記

〔元〕鄧文原

六經之書，先聖王之道在焉。前乎書契，言未有文也。然道非言不傳，既有言矣，又必因人而行。故六經在天地，亘萬古而無敝。而世有興衰理亂之不常者，人也，而非書也。古之時，教必有正業，凡諸子百氏，非先王之典者，皆不足以敝其聰明而易其趨向。及其考校之法，則自一年視離經辨志，至九年知類通達、強立不反，然後謂之大成。夫惟蒙養端，故教化一而治道可興也。更秦歷漢，經籍復振於燔滅堙絕之餘。諸儒分文析義，各立訓説，多者餘數千家，弟子轉承師授，於是專己守殘，黨同問而妒道真者蜂午而起。後世習而讀之者，不患書之不多，而患夫是非棼亂，無所折衷；不患文之不勝，而患夫矜智衒巧，卒莫能復歸於質也。況權利興而正教微，淫哇競而雅樂廢，禮制蕩於刑名，陰陽雜於巫祝。離道器者窒偏見，崇虛無者昧倫理，而經之用幾息。歷代以明經取士，士亦以博聞強記相尚，真知而實踐者鮮矣。學校者，風之原也。昔文公守蜀，修起學宮，招下縣子弟以爲學官弟子。每出行縣，蓋明經飾行與俱，由是蜀學儗齊魯。夷考其人，則少好學，通《春秋》者也，故爲政知本始如此。

毗陵於浙西爲劇郡，郡有學，學有經閣二。前左以貯石經，石亡而閣存。復爲閣堂，北以庋諸書，扁曰尊經，而圮已久。復徙其扁於前閣，稍加繕治。既與昔戾，又并與閣易校官之署，失名實矣。延祐初，真定史侯來守茲土，上際聖明，稽若祖訓，詔告中外，其選德行經術之士而賓興之。侯曰："二千石視古卿大夫，職司教令，曷敢不欽承以帥多士！"始事祇謁于先聖先師，即計其廩，稍節縮浮冗，歲有奇羨。支傾補敝，咸就規度。謂教授李敏之曰：

“前閣石記已亡，盍即尊經閣故基而新之，以表具瞻，且示講習者有所宗也？”士既驩感聽命，則屬鄉之有爵齒者董其役而佐史庀具。始於乙卯冬十月，至明年秋八月落成。土木陶甓黝堊之工，比昔益靚麗敞爽，而名仍舊觀，若未嘗改作者。既又買書櫝閣上，臚分彙列，學者如登寶玉之府，瑰奇眩晃，靡求弗獲，斯可爲進修之地矣。又有父兄師長，知敬事之則，必服行其言。今學者早暮圖史，呻其咕嗶，而不究實用，則非昔人尊經之道也。蘇文忠公有言：“近歲市人轉相摹刻，日傳萬紙，而士皆束書不觀，游談無根。”有一於此，豈惟學者之羞，亦承流宣化者之憂。侯名壎，祖父衛忠武公，身都將相，殊勳茂績，烜著策書，而侯又能效古良牧，興教勸學，政成奏最，其濟美尚無窮哉！董其役者，謂常德路教授袁攀龍、慶遠路教授趙良儔，儒人費德潤、孔紹文、王祇德、陶芳春也，佐史徐宗達。余素稔侯名，而江浙副提舉强君以德致侯，命屬余紀成事。辭不可，則爲具識顛末，使來者有考焉。

——《泰定毗陵志輯佚》

重建尊經閣記

〔元〕蔣　巖

　　道之大，原出于天。《書》曰：“皇天用訓厥道，天有是道而不能言，故托諸聖人言之。”《易》《書》《詩》《禮》《樂》《春秋》，此聖人之言而天地之道也。非《易》無以立天地之心，非《書》無以紀帝王之迹，《詩》以導風俗之美，《春秋》以嚴王霸之辨，《禮》以節民，《樂》以和人天。用是訓，天下萬世一日有不可廢，豈無用之空言哉？孔子後有子思，子思後有孟子，莫不以著書明道爲己任。春秋之法存乎史，詩人之風寄乎騷，以至諸子百家之説皆有以闡明民彝，扶植世教，而經之羽翼也。道散於日用，書散於天下，學者欲求乎道，孰從而求之？三代校、庠、序之設，所以聚夫士而教之也。常學素號雄且大，講堂之北偏，舊有尊經閣，遺址猶存，荒榛弗治，故老莫知其興廢之由。蓟丘李侯衍議復其舊，常鳩夫材，未幾，以尚書召。甲寅，真定史侯壎蒞來，顧而慨然曰：“是吾責也。”適歲潦未暇。越明年乙卯，政平訟理，秋乃大穰，邵長貳暨僚佐咸曰：“失今弗圖，不可。”與侯意協。乃命教授三山李敏之會學廩所入，爲之摶浮費，革積弊，養士外有餘蓄，度材商工，靡不中度。起冬十月癸卯，迄丙辰秋八月甲子成。輪焉奐焉，如翬斯飛，與金鐘六龍并峙霄漢間，誠壯觀也。官無費貲，民不知役。分遣士之職于學者，收書四方，列庋其上，如對聖賢，不其嚴乎？巖少隸于學，今耄矣，聞閣之成，恨不得撫闌遠覽，取書共讀。而鄉先生長者具役之本末，命記之。巖謝不敏，弗獲，乃諗于吾黨之士曰：道聚是書，書聚是閣，捨是奚他求哉？以

《通書》讀《易》，可以會太極；以《經世書》觀《洪範》，可以建皇極。《中庸》之慎獨可以位天地育萬物，《大學》之致知可以齊家治國平天下。《論語》一書無非言仁，《孟子》七篇無非道性善潛之心。反之，身不淪於虛無，不競於華藻，道其不明不行乎？漢儒聞於曾子之言，尊其所聞則高明，行其所知則光大。既尊之又能行之，高明光大與是閎稱。庶乎無負賢侯之教矣。侯，相種也，玄成一經之學既聞於家，孔孟六經之道將推以大用，詎止斂惠一郡乎？此又邦人士之共願也，并書之。

——康熙《常州府志》卷三十七

常州路儒學興造記

〔元〕蔣 巖

　　毗陵之學，唐太守李侯栖筠始爲之。李侯用玄宗詔書郡縣許立文宣王廟，傳稱畫《孝友傳》於堂上，與諸生行鄉飲酒禮，則其制度亦少弘矣。宋仁宗詔書許郡縣因文宣王廟增造學宮，賜田五頃。陳侯襄能任大責，有所營構，務瓌壯以侈上恩。建炎、德祐兩經兵燹，居室盡焚，大成殿獨存，猶陳侯時舊物也。皇元混一後，相繼爲郡守及校官者隨宜綴葺，僅存矩矱。呂侯師聖改造儀門，史侯壎建尊經閣，其功皆可謂傑然矣。今曹侯晉之始至也，進謁殿庭，周視館舍，顧見兩廡蠹壞已甚，屋瓦漂墜，凜然有之。或遇行禮時，漏雨懸注，投足無所。壁間從祀像湮涂不嚴，其戾國家奉祀之意。維時爲校官者不足與言也。又一年，而文君志仁寔來，首以茲事爲請，與侯意合。侯欲重其事，讓請於同僚，示不專自己出。府官七人、幕官三人，無不贊其請者。於是大料倉庾之實，取祭祀教養餘材，徵工與材，撤兩廡而新之，高廣逾舊制。外門齋居皆加修飭，從祀像百有五人，刻木爲之，期於堅久。文君屬學正吳志及士人陶芳春、孔紹文董凡役事兼司出內之計，郡檄錄事黃君元慶監焉。用財甚夥，文君舉其目而已，其潔己如此。又欲改造大成殿，顧力有所未及，勢亦差可緩。

　　昔泰伯以讓國而啓封於句吳之墟，其後季子復以讓國爲賢，食采延陵。子游亦吳人，學於洙泗之間，卒爲聖門高弟弟子。是時，句吳號爲蠻夷之國，異材挺生，已不能壅閼之矣。漢魏而降，衣冠南渡，禮義之俗繇此寖盛。齊梁之際，以是爲陵邑，將相大族，占籍并居，名世之士，累累有焉。唐爲宰相四人，宋第進士數百人，道鄉先生則其尤賢者也。大江之南，唯封吳舊壤數百里之間，土厚水深，山澤清曠，神靈之氣，聚而爲人，宜有異質，非學校之教，何以成之？加風烈之所遺，餘奮久矣，唯繫之之爲重耳。作郡於斯，奉行詔書，克相斯文，悉力從事，可不謂賢矣乎？有所稱述，用勸於後來，

碑記／學校

151

理之宜也。侯自姑蘇移守毗陵，一以不擾爲政，二郡之民皆樂其如是。唯天性和平，聞道有素，故無事矯揉，以欺世盗名爲也。維侯，魏國許公衡之門人，文君則故宋執政及翁之子也，其學皆有自來矣，是何天幸郡人而使之并莅於斯也！

——康熙《武進縣志》卷三十六

重修常州路儒學記
〔元〕白　斑

宇宙之大，何莫非文。高而星辰，下而山川，理氣流行，文有所宣；君師位立，文有所宗。大國家，小郡邑，不可一日廢也。故文之在人者學，教養以美其質，漸磨以成其才，爲之選舉以致其用，文安往而不在？常之有學見于唐，有郡肇于隋，實爲有吳季子采地，禮遜之風，百世可挹也。歷漢唐以至宋，孝廉明經之士，循良忠藎之臣，冠蓋相望。若熙寧三魁，大觀渾化，人材之盛，胥此焉出？

皇元一海内外，至元乙亥，雖經焚蕩，而禮殿、講堂歸然獨存，若有物相者。五十年間，相繼營繕，粗復舊規。而廟與學混，又前後廡制陋陋弗稱。前總管曹侯晉一見，期掃土新之，而尼於歲侵，僅成廡十八楹于前，崇其外門。偶錡從祀兩班肖象，志未竟而代去。至治三年，真定周侯太中惟良來守是邦，下車展謁先聖，環視庭宇，慨然有美完志。會教官闕，謀權學事學正鄭禾、學録王泰曰："政以教化爲先，教化以學校爲本，蓋禮樂刑政之所自出。嗣而葺之，守臣職也。"同僚贊悦。乃穆卜剛吉，鳩工度材，擇儒之有幹略者陶芳春、孔緯文、蔡麟孫、章天澤分仕其責。於是隘者廓，弊者新，庳者隆，闕者全，漫漶者鮮明，隳圯者堅植，蔚乎爲育才之偉觀也。凡創建爲廡十有八楹，立正、録二齋于左右各二楹。又相地之宜，改爲六齋，齋三楹，以翼兩序，爲學者弦誦地。即其故而完新者不與焉。始事於泰定乙丑三月，告成於是歲八月。黌舍耽然，丹雘焕然，閎敞靚深，見者聳嘆。

於戲！今之路總管，古諸侯也。分千里之寄，爲國家宣德化、□人材，所繫者大。鄭國學校不修，則有子衿之刺；魯侯能修泮宮，則有史克之頌。凡此皆在侯之志爲與不爲耳。立志欲爲，無政弗舉，况學校乎？今周侯秩垂滿，乃銳志于學，前人補建之緒，奮一力而汔于成，不假大姓之助，不藉他邑之力，若工、若食、若材，一出于學廪。養士之餘，束浮約冗，如治私室。民不知役，畢此能事。而正、録攝教卑付得人，不以蕞自揭嘉，與諸執事鈞其勞厘。且以予嘗撤皋於此，走書半千里，徵文以記之。辭不獲，姑條其概，爲之言曰：夫子之教四，以文爲首。故學曰"文學"，廟曰"文廟"，典其教曰"文掾"，提其綱曰"文資"，士游息其間，盍亦知所謂文乎天地間，無往不在者。道文，道之著也，非徒追章琢句之爲也。人以道自任，而不以文自名者也。八卦九章，《周官》六典，《詩》之三百，《禮》之三千，《春秋》二百四十二年之行事，皆載道之經，文章法度之所自出，其必有道以爲之本。何爲本？父子親，君臣義，夫婦別，長幼序，朋友信，教者教此而已，學者學此而已。用之經濟，措諸事業，皆此之推也。好學不倦，人材林出，無忝熙觀之盛，則上不負聖朝作人于學之教，下不負賢侯在泮能修之政，顧不偉哉？

泰定三年龍集丙寅春二月既望，常州路總管府官等立石。

——《泰定毗陵志輯佚》

常州路新修廟學記

〔元〕蘇天爵

至正九年，天爵承命參預江浙省政。適年穀豐穰，政務清簡，方思所以導其民者奚先，正其俗者何尚。常州路儒學教授盛君以書來請，曰："昭起諸生，叨承郡學，自揆迂疏，不足以爲人師，朝夕是懼。顧瞻夫子之宮，歲月滋久，棟宇攲傾，丹艧漫漶，不有以新之，何以表朝廷尊崇之德，嚴士民仰止之心乎？于是謀諸郡守而克合，稽諸學廩則有餘，乃以八年三月經始，次年五月落成，改建大成殿三十二楹，闊六丈有八尺，高及深皆五丈，深又五尺，規制宏偉，可謂浙右儒宮之冠。以東廡迫近，移而廣之，更作中門、櫺星門。凡聖賢像設，戶牖祠宇，繪塑有加于前。中唐左城，悉用玉石。願爲文記之，以示永遠。"

謹按郡乘，常之學肇于唐，李栖筠爲刺史，創禮殿於荊溪館南，率諸生行鄉飲酒禮。宋太平興國中，改築于郡治西南，今廟學是也。我國家混一南土七十餘年，德澤休養，生齒繁庶，文教漸隆，不亦宜乎！且浙右之地，若蘇、湖、常諸郡，土壤肥沃，民務佃作，歲賦租米數百萬石，漕海以供京師。孔子嘗適衛，曰："庶矣哉！"弟子曰："既庶矣，又何加焉？"曰："富之。"曰："既富矣，又何加焉？"曰："教之。"今天下承平日久，治化當興。矧浙右民多富足，則教之之道，當何如哉？昔者安定先生胡公之爲蘇湖教授，言行而身化之，使誠明者達，昏愚者勵。其爲法嚴而信，爲道久而尊。東南之士，莫不以仁義禮樂爲學，而當時太學亦取其法以爲教，其弟子成德達才者莫不皆有用于世，一時人物之盛，實造端於斯焉。嗚呼，胡公教養其效若此，後世學校之制，獨不能有以繼之乎？或曰："胡公之學，古學也。今學者方從事於貢舉，寧可同歟？"是不然。夫今之貢舉，革近代聲律之陋，復隆古正學之規。朝廷立法既周，諸儒講論又至，試之以疑義者，所以使人通經學古，明乎道德性命之本，達乎詩書六藝之文，非章句括帖之是尚也。繼之以古賦制誥章表，所以驗其登高能賦，則可以爲大夫，應制代言，則可以敷號令，非雕蟲篆刻之爲工也。終則試之以制策，於以考古今治亂之原，推天地事物之變，民之利疚，政之美惡，皆得指陳。他日措諸實用，將見真儒善治之效出焉。雖然，此特試之以言也，不尚察其行歟！故必孝弟稱于鄉間，信義服于朋友，始得賓興于鄉，薦之春官，貢於天子之廷，論定而後官之，其所學所能，不有胡公所謂經義者乎！所謂政事者乎！

常州自昔文物之邦，方宋盛時，士之同日賜第者五十三人，郡守校官皆增秩受賞。近歲貢試，浙省亦有擢置倫魁者焉。夫國家之設貢舉，所以求賢才也。學校者，養士之原、賢才之所出也。然世有古今，而人之生同具此理，山川人物，流風遺俗之傳，精神意氣之相感，寧無可望者歟！比者朝廷慨雨暘之失時，敦守令之所責，選賢求治，德至渥也。常州廟學初成，朝散大夫監郡某、通議大夫總管某，皆新領郡事，月望謁拜泮宮，講誦聖賢經訓，當思作新其政，鼓舞其人，俾爲經濟之學，以贊隆平之治，庶幾國家興學育材之美意，藩省化民正俗之至願哉！

——《滋溪文稿》卷三

常州府重修廟學記

〔明〕楊士奇

學校，王政之大端，民有養而無教，則不可與圖治。古建國君民，教學爲先，教道行而知務德，斯風俗可厚，人才可興，而治效可得。自昔爲天下，蓋未有去學校而能爲治者。我國家自祖宗之世，崇重學政，皇上纘承大統，益敦飭勵，而郡縣奉承有祇有怠，故學之振舉有能有否。常有學，數百年中歷兵革，屢燬屢復。洪武初，廟學一新，加於舊觀，歲久而敝。永樂初，撤而再新，益加其舊。既二十年，廟學復敝。時郡守、貳咸缺，推官楊誼自監察御史來，獨審郡事，進謁先師，退就學館，顧瞻嗟咨，曰：“是可後乎！”亟謀修葺，而計費甚鉅。方事營度，郡之好義咸願有助，出貲市材，諏日鳩工，仆者植之，傾者正之，撤壞去腐，易之以新，工善材良，既堅既壯。廟自大成殿東西序、戟門、欞星門，學自明倫堂、志道、據德、依仁、游藝四齋，及賓客之位、會饌之舍，至於庖廩，靡不具完。采繪煥然，不浮於度。是役也，費不出公，顧爲之有道，民爭勸義。始於宣德元年十月，成於次年八月，蓋始終皆誼之勤。而後知府余文，自山西按察僉事來，同知張宗璉自大理丞來，通判高齡、張瑛同志協贊，用克訖事。時大理寺卿胡公概，奉命巡撫蘇、常諸郡，亦勤助相。蓋政之張弛存乎人，郡縣吏有不知究大體、祇德意，而旦暮弊弊案牘期會以爲能、趨走迎餞以爲賢者，固不能知養民爲何事，其能知學校教化之爲重哉！

之數君子，皆起家進士，知所先務，宜其克協於斯舉也。常自泰伯、延陵相繼讓大利，其人至於今知捐利爲義也。自子游親承孔子之教，而率人於學道，其遺化猶在其鄉也。矧今爲畿内郡，涵濡聖化之密且久，宜其興起於善之易也。則游學於斯，必有仰惟聖朝之德意，及諸君子之用心、鄉人長者之勞勸，而作其自勵之志。將見教化益行，賢才不乏，鄉閭禮遜，駸駸乎治平之盛者，皆自此始。於是府學教授余學奭等謀記其成，而屬江陰縣教諭陳孟旦來求文，而能道興修之詳者，今禮部尚書郡人胡公。郡人之助義者衆，朱善慶、周孟敬其巨擘云。

時宣德己酉六月。

——康熙《常州府志》卷三十四

重建尊經閣記

〔明〕劉 珝

若夫君君臣臣，父父子子，歷萬世如一日者，繫誰之功耶？斯道之功也。道載於經，道尊則經尊矣。粤自伏羲畫卦以後數千餘載，孔子者出，贊《周易》，刪《詩》《書》，定《禮》《樂》，修《春秋》，謂之六經。當時與諸弟子講道杏壇，後門人記其問答之語，謂之《論語》。三千之徒獨曾子得其正傳而作《大學》，子思再傳而作《中庸》。嗣是百有餘載孟子者出而作《孟子》。孟子後千有餘載朱子者出，註釋經書，以解群疑。朱子後二百餘載迄於我朝，主聖臣儒纂輯五經四書大全。夫《易》《書》《詩》《禮》《春秋》，經也，《語》《孟》《庸》《學》非經乎？贊之刪之，定之修之，記之作之，尊也。註釋之，纂輯之，非尊乎？尊經所以尊道也，道散於天下，行之在乎人，君得之爲明君，臣得之爲賢臣，父得之爲慈父，子得之爲孝子。本之於身，達之於家庭鄉黨閭巷、邦國蠻夷之所，以底於萬億年而不可易，豈非斯道張主於其間哉！彼庸人孺子得千金之寶，猶什襲之，庫藏之，俾其勿壞，矧夫斯道之大，恭敬之，捧持之，固其宜也。恭敬如神明，捧持如父母，其尊之也至矣，是尊經閣之建豈不大有功於世道哉！常爲浙西大郡，閣在郡學中，不毀於兵則毀於火，歷歲滋久，所儲經書散佚無存。天順壬午秋，莆田卓侯純皸出守是邦。成化丁亥春，蒲郡謝侯時芳同知郡事。二侯胥謀叶力，以作興學校爲任，倫堂齋舍煥然重新。又直堂之北增建尊經閣凡若干楹，闊若干丈，崇倍之，中爲數欂，貯五經四書，凡他書之旁收者，弗計也。每帙各有印識，戒司籍慎守，勿爲鼠仇蟫蠹。噫！二侯之尊經，雖非刪定述作、註釋纂輯之比，而能尊閣之如此，可謂重道之君子矣。貲因素有，役不勞衆，兩月之間不動聲色成此傑構，卓侯之卓卓，謝侯之錚錚，與是閣之巍巍將同峙乎雲漢之表矣！常之學其壯觀

碑記／學校

155

矣哉！常之士登斯閣、誦斯書，厭飫斯道，出而有服大僚以闡明彝倫於斯世者，非基於此而安適哉！謝侯恐久而昧閣之所由興，肆請志其事，歸而鑱諸石。

———成化《重修毗陵志》卷三十四

常州府重建啓聖公祠記

〔明〕吳希孟

嘉靖七年夏，天子開文華殿，召執政大臣問治天下之要，大臣悚息俯伏而對曰："聖人在上，從欲以治，則天下罔弗治矣。"天子曰："孔子明道爲素王，後世封以爵位，是臣其師，非禮也。其罷王爵，尊孔子爲至聖先師。"復推尊聖父叔梁大夫爲啓聖公，令天下建祠學宮，然後天下學宮皆建啓聖公祠。啓聖公建祠，我聖天子始。嗚呼，厚哉！孔子曰："天下無道久矣，莫能宗予。"我聖天子宗師之，復崇祀其父，教天下以孝，固隆重之大典也。明興蓋百八十餘年，而天下之學始克祀啓聖。孔子之有封號由唐乾封，迄宋金元二千餘年，一旦始克正其師稱，豈非國家隆重之大典以俟聖人而後盡善歟！

常郡庠在郡治右，濱於城麓，故多隙地，窪側蕪宕。前守建啓聖祠於尊經閣後之左偏，制殊逼隘。歲遠，風雨震凌，頹圮榛莽而牛羊之迹交矣。我金侯前淙以名御史來守，朔望瞻禮，愀然曰："是何妥聖靈而作聖天子隆重之大典耶？"爰鳩工掄材，拓基易舊，爲重建之舉，首捐其俸幾十金以助。經營之役計幾千工，無勞議焉。其梓砥甃砌之需計萬數，無多議焉。前有大門，次有儀門，中有廣堂，左右有廡室，計幾百楹，界以墀路，繞以周垣。肇事於乙卯十一月，至丙辰夏六月，祠成，崒嵂閎穆，焜燿輪奐，無侈議焉。守率僚屬多士再拜祠下，欣然喜曰："庶幾妥聖靈而昭聖天子隆重之大典哉！"乃置一夫以司掃除。博士戈君中孚、呂君泮、陳君經綸、李君繼偕諸生包子廷卿、陳子量、吳子昱、蔣子同言、蔣子如京，謁吳子希孟爲記，戴侯德也。希孟極知陋劣，義莫能辭，乃稽首拜手颺言曰：祀以道舉，治以化洽，是故祠后稷者敦本也，廟泰伯者辨治也。況孔子刪述六經，垂教萬世，而叔梁大夫爲孔子所從生者哉！侯以孝感，郡以孝應，懬然有見，憬然有聞，敢有不思其先者乎！夔夔然就養無方，兢兢然不瘳有懷，敢有不順其親者乎！資父事君，盡忠致身，蹻蹻踖踖，闇闇侃侃，敢有不遵其道者乎！侯之蒞郡也，即值倭擾且三年矣，大軍屢至，運道淤塞，大旱赤地，宿案山積。侯廉勤律躬，人擬諸清獻；嚴明爬弊，人擬諸孝肅；禱賑存活，人擬諸富鄭；築臺治兵，鎖鑰關禁，安攘大著，人擬諸寇萊、韓魏。若夫愛民逢上官之怒，執法堅獨得之見，貴富謀勇遇之皆失，子輿氏所謂不淫不移不屈，毅然大丈夫者，侯誠有焉。侯蘭溪人，名豪，字文興，別號前淙，登甲辰進士，爲仁山先生之裔，其道學有原，故能特舉隆重之大典，治郡卓異云。

時嘉靖丙辰仲秋。

——康熙《常州府志》卷三十五

常州府重修儒學記

〔明〕薛應旂

夫道之不明也，匪直知愚者之爲之也，凡以教學之不明也；夫道之不行也，匪直賢不肖者之爲之也，凡以教學之不行也。故曰建國君民，教學爲先。夫教與學，豈易言哉！盛衰存乎時，廢興存乎人，而其所以爲教、所以爲學者，則存乎夫人之心而無間可息，固不以盛衰廢興而有加損也。是故嚮赴之機、神會之妙，特患無以倡之耳。誠一倡之，則教學其有不明不行者幾希矣，教學既明且行，而斯道其有不明不行者幾希矣。

吾常爲東南著郡，而學校之設，其可考見者，自唐歷於勝國，毀復不常。迨至於今，承平既久，怠弛相仍，崇觀廣址，寖圮以没，亦勢然也。數十年來，郡大夫率議修復而竟不果。嘉靖乙巳，文水郭侯廷冕以名御史出守兹郡，敦本尚實，先勞不倦，每至學，輒進諸士論道藝文，因以修復爲己任。越三年，政成人和，請諸巡撫都御史吉水周公，延督學御史南昌胡公植、巡按御史欒城陳公九德，各允其議，出贖金二百有奇，聚材鳩工，凡殿宇堂廡、齋閣衙舍咸爲修葺。更築龍岡，高若干丈，周圍若干丈，浚玄武河，廣若干丈，深若干丈，長若干丈，而址之侵於民者自是旋復。經始於是年某月日，明年己酉某月日告成，民不煩而事集。

於是郭侯乃進師生而申告之曰："兹役也，按其基圖，正其流峙，緝其堂室，新其丹堊，是有司者之修學也，而曰師曰弟子之修學，則豈是之謂哉？今之爲師者，嚴其章程，時其升散，稽其課試，别其勸懲，亦自以爲能修其學矣，而學之所以修則必有進於是者也；今之爲弟子者，貫穿墳典，沉酣丘索，兼綜經史，泛濫子集，亦自以爲能修其學矣，而學之所以修則必有進於是者也。何也？人者，天地之心也。聖之所以爲聖者，此心也；賢之所以爲賢者，此心也。吾人之學，正以學爲聖賢也。聖賢之學，仁以爲宅，義以爲路，禮以爲坊，忠信以固其基，廉耻以嚴其衛，英華以潤其飾，皆取足於吾之一心，而不假於攻木攻金、設色刮摩搏埴之工。其爲力則易，其用功則簡，其所成就者則高明光大，可以安身，可以立命，可以居人，可以覆物，可以軼犖乎天下，可以垂蔭乎無窮。以是之學而各底厥修，則吾有司今日之舉，兹學今日之修，其所繫不亦重且大乎！不然而但如前所云，則雖危科膴仕，群起繼興，亦故事而已矣，何爲也哉？"聽者咸鼓動興起，期洗俗學之陋。維時督學胡公方以本原之學爲東南倡，聞之喟然曰："教學之明且行也，其在是乎！吾道之明且行也，其有幾乎！"謂旅嘗游於斯學，因屬郭侯以記文見委，值進士徐君鷗爲教授，詣余問焉。余追惟曩昔與吾黨諸賢相講習切劘於兹，而恒自苦於道之未聞也，乃今獲睹教學之盛，方爲斯道幸，而願竊自淑焉爾，何能爲言哉！然又不敢辭也，故次其修學之顛末，與所聞於郡侯之告諸士而學臺之屬意於郡侯者，以爲記。

——《方山先生文録》卷七

重修常州府儒學記

〔明〕張 袞

先王之教，不可以家至而行之也。偃風踐迹，先其士類，則民知化矣，士不可以誦説而忘根本也。弦歌洗酌、升降揖孫之節，大倫小記，果行育德，本末具備，而後可以言學。學之成也，論政於斯，取士於斯，豈非治道之鴻基也哉！常爲郡，故有儒學，在郡之右百武，前有河玄虬東注，後有白龍溝蜿蜒旋繞，從外而中望，體勢尊嚴，包藏獨厚。其棟宇自孔廟庭廡而下，有明倫堂，有尊經閣，有五賢祠，有鄉賢祠，齋廬肄館、庫厫庖湢以次而列，皆舊貫也。今聖天子思皇政經，誕敷文教，爰著敬一心箴，播告黌舍。有司作亭而碑之，儼立於明倫堂後之正中。旁卜閬爽作啓聖公祠，推孔子之志而獨享一面，侑以四賢，皆新制也。新舊相仍，楹棟駢富。歲久，不能以無壞。前太守警庵應公嘗一葺之，至是二十餘年。前淙金公復大飭治之，攲者以正，衺者以直，腐者以易，庳者以高，污壀陶甓垣墉塈茨，群工莫不各謹於事，丹青黝堊又從而宜之，渠渠翼翼，赫然偉觀，加舊數等矣。始於乙卯冬十一月，以明年丙辰五月訖事。賦工程材，出自餘力，上不言費，下不言勞，君子以爲是役也，新夫子之宮而天下之屋可封也。大抵金公爲人清心省事，以教化爲急，嘗慮物豐太盛，耗以浮虛，乃廉儉率下，哀矜慎獄，勸勵群髦，思達聖人之道而想見先王之遺風，其心蓋皇皇如也。最吏治者，謂其發食浚渠、修堞謹堠、鑄兵威敵、收召逃亡，其賢有數十事，以此況之，其功之小大近遠何如哉！府學諸生包廷卿、陳量、陳九功、王訓、劉聞詩，奉其師教授戈君中孚、訓導呂君泮、陳君經綸、李君繼函書，詣予請記。予因私以謂之曰："金公此舉，凡以彰夫子之教也。夫子之道，祖述堯舜，憲章文武，萃百王致治之法，著之遺經。世之號明經者，如以《禹貢》行水，以《春秋》斷獄，以《詩》三百五篇諫，亦既緒見矣，獨不思經之所載堯舜、禹湯、文武之成法，法備而其淵微之難見，審其淵微而舉堯舜、禹湯、文武之成法，出而上佐明時，通宣鴻化，以答今日郡侯作人之至意，不在二三子乎！"二三子曰唯唯，吾將歸以告吾爲師爲弟子者，斐然狂簡，其有裁乎！遂書之以爲記。

——《張水南文集》卷六

常州府重修儒學記

〔明〕薛應旂

郡大夫龍岡施公莅郡甫半載，政通人和，修廢舉墜，尤作興士類，加意膠庠，約己省民，徹堂饌贖金，以葺郡學。凡殿堂齋廡、經閣射圃、門坊廨舍，無不經理，又浚玄武河周圍曲折凡若干丈，其故址之久没於民間者，更代數易，莫究所自，悉量值以酬之，而盡復其舊。於是學宮氣象鼎新，形勢增勝，士庶父老咸爲改觀，舉忻忻相告曰：“宏才碩學，高科大拜，行將於是乎出矣。”唯時教授譚君安之、訓導王君敏學、曹君綽、伍君棟、林君安民躬率諸士，詣薛子山中，請爲文記之。余追惟嘉靖戊申前守文麓郭公以修學記見屬，余嘗有言以勒諸石矣，歷今已逾二紀，日漸頹圮，龍岡公兹舉匪直美一時之輪奐，而幾百年之湮塞，前政屢欲復而中輟，士心久屬望而未遂者，一朝就緒。余敢不記其成事，推其至意，爲吾黨申告之乎！

昔人有言，太守士民之本，人才之盛衰，風俗之污隆，上下古今恒必由之。吾常古之延陵，春秋時吳公子札以禮樂聞於上國，而見推於洙泗，蓋首善之地也。迨宋龜山楊先生親承伊洛之傳，政和間寓兹十有八年，載道振鐸，聲應氣求，士類翕然興起。於時吾常若鄒志完之父子、周伯忱之伯仲、尤遂初之師弟，轉相授受，而唐彦思、喻子才、胡德輝諸子又相與講明而輔翼之，一時家傳人誦，惟正學是務，而稍有志節者皆引領門墻，耻不爲君子。苟學有不類，雖霍仲益以狀元及第，立朝大節亦有可觀，然以其從事王氏之學以取科第，而論者猶責備焉。若孫仲益者以文章名天下，而學無繮方，君子少之。是時常之學術正，議論嚴，人才日盛，教化日隆，駸駸乎與鄒魯同風，故志稱江淮以南諸郡，惟常禮義之俗寖盛，蓋有自哉！余自諸生以至筮仕，初猶及見一二前輩尚以學術相規勉而慎擇所趨。邇數年來，四方士人所在講學，中多偽妄，遂招群議，吾黨懲創太過，以致因噎廢食，而其流之弊侈肆成風，漫無忌憚，將不知其底至。龍岡公進學校諸生，而勤於課試、銳於修復者豈專在於詞章科第間哉！此其至意，庶幾諸生因文見道，居肆成事，而藏修息游之間或得以觸其本心之良，革其末習之謬，憮然感悟，而上尋龜山伊洛之傳，以紹復延陵之禮樂，亦未可知也。誠若是焉，則是舉也有大造於斯郡而推之以風四方，其有功於吾道所繫蓋甚大矣。貳府郭公某，通府某公某，推府某公某，武進縣令茹君某，皆協贊其成，與有勞焉。余不佞，敬因師生之請而記其大都，其諸造作之月日工程之數目別有記籍，不書。

碑記／學校

隆慶壬申春三月既望。

——《方山薛先生全集》卷二十三

常州府修學記

〔明〕孫繼皋

邊侯守晉陵者逾年，則庶政具舉，吏習民康，吾黨士亦既斌斌嚮風矣。郡治西百武故有學，入我明來時圮時修，時因人爲興廢。先是孫侯、卓侯、曾侯、應侯、金侯、施侯皆篤于學校，其廣厲至意咸有成迹，勒諸學宮，可考也。邇者閱歷既遠，寢就頹塌。月旦之廟謁先師，暨日月省試博士弟子員，見謂不蔽風日，如露處矣。蓋邊侯莅止而有慨於中云。以爲晉陵古勾吳地，延陵季子之禮樂存焉，四方觀望，是標是準，是程是范，於是焉繫，豈其可令詩書六藝之府、聲名文物之場鞠爲茂草，而徒聞翩彼飛鴉集於泮林乎！學實群士，而離群以學，則奈何稱夫子之墻數仞，而士亦安得不爲異物遷也，謂敬業何！乃偕少府史公，別駕王公、李公、尹公，節推邵公，籌畫其事，括緡六百有奇，而王益以啓聖之費，則下檄武進令桑君爲主計而責之成。鳩工庀材，曲盡綜理，蓋自殿廡堂齋以至廨塾庖庫暨一切阼垣棹楔之屬，靡不鱗次翼布，奕然改觀矣。是役也，始事於丙申秋七月，訖明年丁酉春二月而告厥成。公藏不以財詘爲解，傭作不以力疲爲勞，而得煥焉復見宗廟之美、百官之富，亦唯是訏謨遠猷教思所孚爲激勸哉！事竣，則以屬余爲記。余惟天作之師，實埒君親，民生於三，誰能廢教！今之受事者，亦豈少視其官如傳舍，藉口舊貫，逡巡不肯作一錢事，且莫唯拱手，俟遷去之爲計，有則鋪張粉飾塗民耳目，色澤有餘而實不足。且時或跋胡疐肘，牽於上下，撓於左右，害成作苦。審是必爲國家者庠序學校不必設，坐令唐虞之治，飽食暖衣，終比於禽獸然後可，此豈爲策哉！邊侯下車軫念於民，即垂意於士，銳情於政，即覃懷於教，而諸大夫亦復天假之合，氣類相同，不惄於如貫之誼。我是以見崇文作人，至惠也；因心起化，至誠也；同寅協恭，至和也。諸所爲奉揚朝廷薪樕之化而大造於吾黨士者，豈有量哉！大都侯爲政無不由衷，先嘗受海防簡命貳是邦，而數年於茲，德意不可毛舉也。去之日，士民遮留載道，不啻免赤子於懷焉。既十餘年而復聞其來，則又舉手加額，如恐失之，曰："是吾舊君，實能親民愛士而爲德於常也者。"斯其人又自可知已。侯名有猷，封丘人。史公名起欽，鄞人；王公名謙，烏程人；李公名重，新野人。尹公名心周，漢川人；邵公名輔忠，定海人。武進縣令桑君名學虁，濮陽人。本學教授則邢君名懋敬，黃梅人，而訓導則李源濟、李達、魯仕仁、鄭效力，及諸生許九皋、華夢麟、曹徵壽等，例當并書。

時萬曆二十年五月。

——康熙《常州府志》卷三十五

常州府修學記
〔明〕周炳謨

上御宇之四十有四年，申命司徒廣取士額，剔蠹振弛，大興文治。而是年，羅山劉大夫來守吾郡。吾郡人文藪，大夫奉上旨加意造士。下車之五月，簡六校士，肄之龍城社，月有試，試有告誠，課之以藝，而要以規之於道，士斐然向風。則又以惟郡有學，風教自出，蕪圮弗治，禮樂曷興，曰："此余師帥事也。"亟諏日新焉，桷楹傾敗，以命攻木者；垣墻頓擗，以命搏埴者；丹堊漫漶，以命設色者。并手偕作，經始於春二月，越五月告成。若廟廡黌門，若啟聖祠，若堂，若尊經閣，若文昌、名宦、鄉賢祠，若坊，罔弗華采潔清，一時改觀矣。惟時典學事者西川范公以進士來，實襄厥成，思紀其事，垂遠久，乃暨訓導走書，屬不佞炳謨為記，辭不獲。則又念不佞郡人也，郡大夫勤教興賢之意，聞之稔矣。無已，請繹所聞，以詔來者。

蓋大夫之初命，士者有曰："士之品不越高明、沉潛兩者，要以兩忘而化於道，乃稱至焉。"夫高明、沉潛揉於氣也，人率其氣質之性而直寬剛簡之英，非藉聲詩之鼓鬯，弗克蕩滓穢而躋粹精，虞周之士且然，況下者乎！今聲詩之傳邈矣，而粹精之理則維皇之極，所云平康之正直是已，流行於宇宙而根柢於人心，詎今人不如古人乎？天子之光，吾心之極，非有二也，大夫蓋示以意矣。羞行昌邦，士宜何如振奮也？大夫之再命，有曰："學無止法，士無止心。"夫一簣虧山止之病，學尚矣，其自強乎？說具《乾》之《九三》，曰："君子終日乾乾，夕惕若厲。無咎。"蓋君子當將出未出之際，進德修業，正唯厥時。而德之進以忠信，業之居以修辭立誠，總非乾乾因時之惕不可。而先儒又謂修省言詞，以立己之誠意，便是進德之業，蓋即誠即忠信即業是德，然則修辭之重尚矣。此亦居九三之地者，所宜乾乾而惕者也。惕之如何？曰無止心耳已。以惕振弛則不息，以此知幾，以此存義，不出而在下乾之位，可出而輔上乾之理，亦可以無定志為定，大夫之旨遠矣。過此以往，大夫所以詔士者日進，士所以修業者亦日進，吾郡材賢炳耀，何可量也！異日者天網所羅，俊乂輩出，光華國家，揆厥所自，必且曰微大夫振作之力不至此，吾券之矣。大抵天下事，窮則變，敝則新，若有待而興，亦肖旨而應。今士習漸於奇衺甚矣，天子起敝維風嘉與宇宙，收真實之士以熙蕩平，而大夫祇承不懈，成就人材為摰摰。程量藝業，聯師友之磨琢以鼓其勤；經營廟學，悚賢聖之標的以端其向。亦更始一初已。氣求聲應，士生其時，有不概於心者乎？余固知劑而化於道者彬彬矣。炳謨不敏，辱范公之命，謹述大夫教學之意，而復推本天子風勵之旨，蓋一時遭際，聖作物睹，誠非偶然也。

大夫名廣生，辛丑進士，羅山人。少府萬公建侯，別駕萬公明詔、孫公鏞，司理何公薦可，武進縣令董公懋中，教授范公銓，訓導王芳、李鶴、王尚志、楊茂春，例并書。

—— 萬曆《常州府志》卷十八

常州府修學碑記

〔明〕孫慎行

晋陵郡學修既成，諸學師以杜侯之績來請記。予謂學校之新非爲文而已，將以新人才也。吾常文獻蔚起，直藝之新耳，即連歲獲雋大倍往時，此亦運會之新，而士所自爲新者不在焉。士而自爲新也，要在明德常明，如所謂日新又新乃可。士而欲明明德也，則必進而思文王之仁孝敬信慈與，《桃夭》宜家，《蓼蕭》宜兄弟，而真見至善於人倫乃可。今天下學宮無不稱明倫堂，文信公題金陵獨揭明德，蓋明倫正所以明德，明德即所以明倫也。夫人無有疑明倫者，而獨於明德往往虛求玄索，是以希明德愈勤而去大道愈遠。夫使捨人倫言德，則其爲德也祇足以致虛極靈，不足以化民成俗；夫使捨明德言倫，則其爲倫也祇足以應世酬務，不足以盡性近天然，而人終不免二視者，何也？起於不明知止之義，而別尋所謂定静，別尋所謂安慮，即希至善愈勤而去明德愈遠。蓋士之病此非一日矣，初求之以見聞不得，已求之砥礪不得，已求之名理益不得，已又求之以性命終不得。曾不知天地經常至精至粹，在處範圍無可逾越，能見此之爲知止，能不他徙之爲定静，安能不中！瞀之爲慮明之於己則格致誠正，修明之於天下則齊治平，此能得之實也。《禮》不云德者得乎！《中庸》稱明善，誠身善與至善果二乎？捨達道達德果別有善乎？稱明明德，又稱誠明明，果有二乎？子夏名文學，而其所謂學則惟賢賢孝親，忠君信友。《孟子》道性善，亦惟是孩提愛敬故也，曰三代之學皆以明倫。人倫明，小民親，豈即非明德之説歟！雖然，予因是有嘆也。古之時倫教明而人之聞《大學》也早，即有聰明才力，亦束不得逞，而一由之至善，正如在冶之金，初琢之玉，光采常新，不可遏没。今也人多雜學而聞《大學》者遲矣，即聞而信至善者，不真且切。若一意明倫，又一意明明德，其視明德也，既見爲心境難持而徒游蕩其神於彼，其視明倫也，又將爲尋常易境而反闊略其功於此。蓋捍馬之奔乍東乍西而歸宿茫如矣，即欲矯焉返之，而精志已銷，纏縛不易脱，明且不得，況其日新又新乎哉！夫學校之於育賢興行則發足時也，予故以人倫至善急爲闡發。《中庸》曰温故而知新，可以爲師，即杜侯所爲作新多士，而學師之諄諄屬言者意不在斯乎！意不在斯乎！杜侯名承式，濱州人。營度凡數四，捐俸資若干，又贖鍰及民義輸者若干。始自某月，而學乃一新，堂舍齋廡翼翼。侯精明敦大，他政理無不新，而學校亦其大端云。學師名某某，例得備書。

——康熙《常州府志》卷三十六

重修常州府儒學碑記

〔清〕陳玉璂

嘗考古設教之地，有虞氏有庠，夏后氏有序，殷有瞽宗，周有泮宮，凡于鄉國州黨間皆有定制，春秋釋奠祭菜，即設先聖先師之座于其中，而人之隸學者自八歲迄十有五歲。後士農乃有分業，擇士之秀者升于太學，春秋教以禮樂，冬夏教以詩書。若設教之官則惟有大司樂、大胥，至漢武始詔郡國立博士弟子，唐始詔立孔廟，于是有專廟，有專官。夫自有專廟，士子益得慰其仰止，有專官肄業者益得所依歸，宜後世忠孝廉耻仁義之徒遠過上古，而往往多習窳敗之風，或競事功名，黽勉章句，以希苟合，于昔聖賢明經講道之旨百不一二得，何哉？蓋古人之求聖賢者，以實不以文，語言踐履皆必驗之躬行，無事堂陛几筵之迹，至州長黨正咸有覺民之責，不類後世博士師長祇以課文考藝爲兢兢，宜乎人才輩出，非後世所易及也。況有專官而後，州長黨正非徒視覺民之責若秦越人之視肥瘠，即一廟廢興，與官守無毫髮相關，聽其墮壞而莫之問，亦勢所必至者矣。兩漢之傳循吏也，有潁川、零陵、密縣諸賢，凡其課農桑、治盜賊諸異政，無不書之史册，以爲美談，而稱最者一文翁耳。文翁非有赫赫之事超軼諸賢，而以置學宮，立左右生徒，遂爲諸賢所不逮，豈非漢時州長黨正已無與覺民之責，故遷固特表而出，以爲循吏之冠與！

吾毗陵之有郡學久矣，自宋元明以來遞圮遞葺，迄于今乃大圮矣。三韓祖公來治吾郡，奮然思所以新之。相度會計，工費浩乎難辦，爰集紳士，群議樂輸。公首率僚屬各捐俸金若干爲倡，不足，又議贖鍰佐之。諏日鳩工，首以聖位及先賢先儒木主不合古式，盡行改造。爰自殿而廡而戟門而泮池而明倫堂而鐘鼓亭而左右齋室，以及橋梁牌坊道路，莫不崇然翼然，丹膜具美。又漸而文昌祠、名宦祠、鄉賢祠，亦莫不煥然鼎新。又漸而啟聖祠，盡撤其舊而一規聖宮之制。祠前故有池，更闢使深廣，雜蒔菡萏，其餘隙地悉種桃李松檜之屬，森然成林。方公之鳩工也，每日必一至其處，甋瓦木石皆手自裁度，毋冒毋簡，務堅緻華繕，以垂永久。自始迄終，用人力凡幾千幾百工有奇，貲費凡幾千幾百緡有奇。予昔纂修郡邑志，凡于賢守令有功學校者，必爲文以傳，然考其碑銘紀載大率多因其舊而新之，未有以修兼創如公今日者，不特與漢文翁行事相符，合之古者州長黨正之責不又同揆，與今天子加意右文御書匾額頒示天下學宮而適當。吾郡學落成之際，非公能體聖主崇儒重道之意而能若是乎！君臣一德，上下同心，即唐虞都俞喜起之盛何以加兹！異日公入作三公，坐而論道，其所以黼黻皇猷、垂勛竹帛者更不知何若矣。惟時教授許君庠、訓導劉君雷恒贊理之，功俱不可泯，緣并書之，是爲記。

時康熙二十六年正月穀日。

——《學文堂集·記三》

常州府學重建記

〔清〕莊毓鋐

常州府治之有夫子廟堂，昉於唐貞觀中，遺址在天禧橋東。其大興文教也，昉於永泰、大曆中州刺史趙州李文獻公栖筠。其改卜今地而營夫子廟也，昉於宋太平興國四年知州石公雄。其即廟以爲學，設校官、置學田也，昉於景祐、嘉祐中。州所治晉陵、武進二縣，亦附州學以爲學。其縣別建學，而此學專爲州學也，昉於咸淳元年。嗣是代有修建，具詳舊志中。國朝右文，學校寖盛，臥碑窿然，是彝是訓，蓋二百有餘年矣。咸豐十年，城陷於粵逆。同治三年，醜類蕩滅，復爲王土，而學宮已墟，巋然僅存者廟門之石柱而已。爰葺龍城書院之故宇，爲釋奠肄業之所者。閱六年，縣學落成，遂改前所葺爲先賢祠，而府學寄於縣學者又六年。光緒元年八月，今廣東巡撫鎮遠譚公鈞培時知常州府事，慨念學宮，集紳籌費，購大木於江西，衆工效勤，百廢具作，十閱月而告成。泮橋泮池，新之浚之；爲門爲廡，宏之擴之。由庭而升爲露臺，由臺而升爲大成殿，重檐四注，棟隆十仞。殿後爲明倫堂，堂後爲尊經閣，閣之東爲崇聖祠。其餘名宦、鄉賢、文昌、土地各祠，教授、訓導各署，執爨盥沐、祭器樂器、宰牲各所，悉如舊制。是役也，錢以緡計者五萬六千四百二十有奇。郡紳惲先生光業、盛先生康、劉先生翊宸、陳先生榮邦實綜理之。十二年二月，今郡尊長白鄂卓公桐澤命毓鋐偕同人輯縣志之餘，且謂府學重建，宜記以文，毓鋐不獲辭，謹記之如右。毓鋐於此有感矣。毓鋐勝衣就傅之時，見鄉先生之列於膠庠者，類以經學相切劘，及其爲時藝也，郁然蒼然，皆經籍之光也。迨毓鋐之壯也，見年相若之馳騖於文苑也，經術亦少衰矣，然其爲文往往苦心孤往，辨析累黍，務肖神吻，故其至者亦能羽翼註疏也。二十年來，髦士輩出，其有聲黌序者，類皆尋行墨，習時尚，按聲律，獵辭藻，而文有賦心焉。以毓鋐生平所目覩，吾鄉之學術幾若有三變焉者，豈真風會所趨，有不期然而然者耶？何令人不勝今昔之感也！雖然，屈指而數，科第之盛不減於曩時，遊宦之績克追乎前烈。苟以其發於外之文章勛業而内課諸心，一一求其實焉，則所以紹鄉先生之薪傳，不負千百載良有司之栽植，而黼黻聖天子中興之盛治者，當更有所建樹也。毓鋐衰矣，猶將執筆而書之。

——《武陽志餘》卷三之一

常州府武進縣重建儒學記

〔明〕朱文質

聖天子混一區宇，薄海内外莫不有學，設師弟子員以教以養，將以作興人材，移風易俗。繇是一時郡學小大之臣罔不夙夜究心，務求成效，思所以仰答上意。常之武進縣學舊嘗設官，無專所，歲時行禮於郡庠。天曆二年，縣尹陳侯瑛、教諭曹志學始構民居，於子城東修禮殿，然歷歲既久，弊陋滋甚。洪武四年冬，縣令董侯尚、縣丞陳君泳俱以儒起家，來撫邑事。下車之初，謁先聖先賢，顧瞻弗稱，遂僉謀協圖，思有所興建。越明年，首建論堂三間，其軒如堂之數，立東西齋，師生居息有其所。又明年夏，重構禮殿，崇其舊址，撤弊爲新，前護重窗，周以闌楯，翼以兩廡，植以戟門，表以靈星門三。中設像以祀孔子，旁列位以處四配十哲。尊崇嚴整，無不中度，道德之容，藹然如在。又闢大道面陽，深二百尺，外設重門，榜以"縣學"，繚以垣墙，列樹嘉木，迤邐西折，直達通衢，立崇文坊以表其域，使觀者知所趨嚮。是役也，凡髹漆塗塈甓礱，與工師之費、木石之需，皆董侯提綱其上，而陳君晨出理縣事，退輒詣學，口授指畫，不啻若家事，拳拳焉以爲己任。屬前主簿尹君克昌，今主簿張君榮祖、典史彭君舉，皆相繼贊畫，以相其成。又規射圃於學之東，爲亭三間。昔人嘗有病地弗弘之嘆，今則左右前後加廣逾倍，袤延若干尺，教官有廳，庖湢有所，凡學之所宜建者，靡或不備。又選秀民俊士充弟子員，聘經師以典教事，異時諸生彬彬輩出，有可以備當世用，是皆賢太守師帥于上，賢長貳作興於下，卒能使延陵之餘風遺烈卓然興起，賴以不墜，故不可以不書。董侯字友善，臨川人。陳君字德廣，江陰人。張君字奉先，沁水人。彭君字士廉，平陽人。

——萬曆《武進縣志》卷一

武進縣廟學重修記

〔明〕金幼孜

武進舊有學，在毗陵郡治之東二里許，創自有宋。國朝洪武初，宰邑者復大而新之。歲久，廟學傾圮。永樂甲辰，訓導覃懷逯宏，率諸生王忠輩繼葺之。時前進士判陳州白瑜，以内艱家居，慨欲協相其成，首捐貲爲倡，遂募材鳩工，粗復其舊。明年改元洪熙，今都御史熊君概，以大理卿巡撫，過郡謁學，嘗督有司修葺，未克訖事。宣德丁未，鄱陽進士蔡貴來尹茲邑，留意學政，視學制稍隘，乃捐俸貨民之隙地，於靈星門東創三門，又於後講堂勸民分地十餘尋，植以竹樹，正泮池之偏，增築饌堂、射圃，使復其常。於是廟貌有嚴，堂廡有序，講誦有所，像設藻繪，煥然一新，而至是可謂大備矣。其郡人禮部尚書胡公濙，嘆修復之難，念繼葺者之不易，乃來屬余記其成。惟人才之興，本於學校，而學校之興，係乎宰民者之賢否。今是學之成，雖創修前後累累有人，固不俟於宰民者，然非貴之卒成其功，其能完美壯觀若是之盛哉！雖然，君子之政有先後，而學校之教有本末。貴之爲政，能急於興學，可謂知所先後矣。而世之學者，徒事於決科名、釣利祿之計，於夫爲學之本漫不以省，是可乎哉！夫微而道德性命之蘊，顯而君臣父子之倫、日用事爲之故，莫匪民彝物則之所在也。學之者必察乎此，端誠意正心之功，造窮神知化之妙，以達夫齊家、治國、平天下之要，而後其本立於內。夫如是，則所謂科名利祿之自外至者，有不足計矣。是固掌教者之任，而宰民者亦詎能辭其責哉！尚勉焉端爲教之本，以率勵其士子，而振起俗尚之弊，將見異時才賢之興，皆道德明秀，出而恢弘政治，而堯舜其君民，卓然爲當代名臣，則於斯學豈不重有光乎！是又建學之意，不可以不書。

——萬曆《武進縣志》卷一

重修武進縣學碑記

〔明〕胡 濙

正統四年己未秋，武進縣學教諭鄱陽陶公圭以書并事狀來京，徵予記其廟學興建之由，蓋予昔游泮庠，敢忘所自而拒之！按狀，黃岡朱公恕來令是邑，下車之初，展謁先聖，環視庭宇，規制逼窄，迫于民居，隘陋弗稱，慨然即有擴充撤新之志，既而白諸郡守廣西莫公曰："爲政之要，教化所先。施教之地，學校爲急。矧朝廷作養賢才，胥此焉出，而隘陋弗稱，守令之責也。今欲改圖，制從弘廣。"太守與令意同議合，極加勸相。令即經營措置，凡居民之迫于學宮者悉購他地以貿易之，民亦樂從。若陸觀者界居講堂之後，則又不待其易，以地二畝獻助，用廣其基，是又感化慕義之深而可嘉者也。由是鳩工度材，闢基既廣，悉撤其舊，改築殿基崇六尺，殿列一十八楹，高深各三丈有奇，廣四丈四尺。殿後爲講堂，東西二齋相向，庖廚附饌堂之側。兩廡戟門舊規促陋，今悉閎爽。去戟門南五十步作泮池，環砌以石，立二石柱，楣揭"泮宮"二字。又南十步許設靈星門，左畔作學門三間，迤北八十步爲育賢門，門東北爲儲粟之廩。又東爲教官廨舍三區。育賢門內稍東爲射圃，中建觀德亭，東西爲諸生燕居之室二百楹。其宣聖四配十哲肖像歲久漫漶，悉加彩飾，龕帳維新，煥然鮮明。兩廡神位咸易新主，丹漆炳耀。昔之隘者已廓，卑者已崇，窳者已植，略者已備，蔚乎廟貌之嚴肅、黌宮之偉觀也。經始於正統丙辰春三月，落成於己未秋九月，規模弘遠，工績堅麗，見者聳嘆。且毗陵爲吳季子采地，禮讓遺風終古不泯，凡生於其地、宦於其邑者莫不感慕興起。今邑令朱公建兹廟學，工費鉅萬，民不知役，百工趨助，是皆賢令措置得宜，同寅二尹王公協恭贊襄，宣揚教化，人咸感激，慕義興讓，成此偉績。教諭陶公懼久湮没無稽，徵文欲垂不朽，故爲識其顛末，俾來者有考焉。抑又告夫同志居斯地者，尤當好學不倦，慎行修身，出爲世用，黼黻治道，使令名傳播，與兹學同流芳於無窮，庶上不負聖朝作養之恩，下不負賢令興教勸學之意也。故并録以爲記，告吾黨之士，幸相與共勉云。

——萬曆《武進縣志》卷一

武進縣儒學修造記

〔明〕王 俒

學校風化之本，興學校者爲政之首務，此自昔有天下者之所右尚，而不能無盛衰隆替，蓋不特繫其時，亦因其地焉爾。武進縣學創自宋咸淳乙丑，歷元至我皇明，二百年間凡再燬於兵，五入於敝，而建置增修之者屢矣。然而造始或病於草創，繼成或樂於苟簡，因循牽合，未訖完美。於是乎經閣之建，學舍之葺，射圃之闢，又不能無待於今日也。成化辛卯，汝南熊侯來知縣事。蒞政之始，屬意化本，顧瞻廟學循致圮壞，乃諗於衆，期於改作，謂事當有序，功不可亟。於是求其甚敝與素所未備者，集材庀工，以次圖之。以壬辰六月，首撤學舍之在講堂東偏者，構重屋二十二間，東西向。以“仁義禮智信溫良恭儉讓貌言視聽思肅乂哲謀聖”二十字爲扁，以居生徒。中廳二間，扁曰“致廣大”“極高明”，以爲會講之所。次撤射圃在學舍北者，即其地建尊經閣三間二挾，南向，以儲御賜諸書，而別構射圃亭三間於閣東南向。先是閣之北、學舍之東皆迫民壤，皆重購得之，而規制宏廓，軼於舊觀，一材一甃皆堅良可以持久。蓋不務苟完，不欲速成，閱歲癸巳、甲午，始克就緒。又將以次及學之堂齋、廟之殿廡，而侯用三載績成，膺入臺之命矣。教諭莆田方君榮、訓導三山翁君玉、石首徐君汝陽，謂不可無記以永侯之迹，以啓來者之端。謂俒嘗游學於斯，猥以見屬。予惟聖人作經載道，立學校以教人而使之明道，其所載與所以教之使明者，皆不遠人以爲道，而第爲之開導誘掖之方爾。然嘗考之，漢興六十餘年，至武帝時始命天下郡國立學校官；宋立州縣學，亦待開天章閣，召政事之臣於建國八十四年之後。經籍在唐以前皆寫本，未有模刻之制，人艱得書，然當是時學者多以家法教授，轉相傳業，挾策負素者皆手自書，其於成材也亦難矣。洪惟我太祖高皇帝首建學校，太宗文皇帝表章五經四書，自是舉生民之秀乂而萃於學，發聖賢之奧旨而著於經。學有師承，經有版籍，而俾無負笈之勤、繕寫之勞，士生斯世，何其幸歟！雖然，倡而不和，教用是尼，祗循德意，又係乎郡縣守長之賢以作新黌舍、尊崇墳典。是以海隅日出之地弦誦相聞，矧圻內大邦、宰邑名流，蒙被道化最先，而丕承惟恐其或後，士生斯地，又何其幸歟！吾黨之士誠知自幸，其益勤勞，早夜勉強學問。進而登斯閣，則經史在目，沉潛玩索，以博求是道於書；退而居斯舍，則師友在席，講貫切劘，以反求是道於身，而又即其暇日游藝於射，以及其餘。本末兼該，內外交養，以成其才，出而用世，以丕隆文治。如是斯於明聖教養之盛心，賢守宰勸相之美意，庶幾其無負矣。熊侯名鉥，字騰霄，以明經登進士第。其治邑多所興復，邑有後河，說者謂通塞與文運相符，遂亦加浚治云。

——萬曆《武進縣志》卷一

重修武進縣學記

〔明〕白　昂

學之建尚矣，夏曰校，殷曰序，周曰庠，學則三代共之，皆所以明人倫也。人倫明於上，小民親於下。又曰人人親其親、長其長而天下平，嘗聞諸孟軻氏之言矣。孟軻氏之傳自孔子，世未有捨孔子之教而用他道以治民者。洪惟皇明建學立師，動以唐虞三代爲法，自國都以至邊徼，蓋無地而無學，亦無一人而不學也。是以治化之行不疾而速，駸駸乎比於前古之隆，視漢唐宋之粗用吾道而不純者，風斯下矣。武進縣有學，宋季景定、咸淳中基構遷附之不常，職守交代之薦及，因陋就簡，苟爲完具。世遠人亡，厥咎曷歸！逮我國初洪武以來，且逾百年，其間展築而增修之者亦既屢矣，尚有重煩於今日，則前此者蓋可知。矧茲附郭廟學期大饗祀皆總於郡，而舍菜之禮僅行於月朔，令長亦罕至焉，間一至者，以不墜其手爲幸而去，豈不深可慨哉！今天子遵用舊章，益隆文治，專憲臣以提學，嚴經術以取士，而尤注意於進士之科，凡爲通都大邑者必由是選，庶其仰承德意，移風易俗，以爲久安長治之基。武進實畿輔近址，故鄢陵魏侯廷圭以乙未進士首得是命，視篆之始祗謁廟廷，顧瞻咨嗟，遂言於衆曰："禮義，民之坊、國之郛也。不知禮則無以格其非，不知義則不能死其上。輔其不及者，固守令之職；導其當然者，亦爾師儒之分，其責等爾。禮義之教，皆學校所自出。今學廢而不修，是失其所自出之本也，則禮與義何居，其失猶均也。"乃鳩衆工，乃集群材，簡於衆，須嘗更事而謹信者，得義官周瞠、陳溥、耆民岳明以董其役，規措畫一則成於司訓南郡徐君汝陽。相舊列戟之門、從祀之廡不可復用，咸撤新之。大成殿雖廉隅外聳，中實腐撓，去支柱而易堅良，崇礎隆基，頓改舊觀。且以右偪通衢，湫隘弗稱，仍損其東而益之。通融經理，疏列位置，則庭所寬斥，可以肅展謁之儀。次及明倫之堂、育賢之門，蠢然爽塏，輪煥有煒，大非曩昔卑陋比矣。若其宜有而未及者，其餘材又足以優爲之，不勞他圖也。將訖工，適侯以最績用簡拔起儀禁從。教諭龍陽劉君德協謀於徐，請伐石以紀其成，而屬諸昂。竊念承乏兩京，大懼譾淺，有負斯學，教養之數樂此盛美，能無一辭之述！於戲！侯可謂誠心愛民矣，而愛士之心爲尤誠。是役之興，其爲培養多士之地，而深願望之者何如也。孔氏之門，德行著稱，首及顏、閔，顏子簞瓢陋巷，歌聲若出金石，閔子不仕季氏，堅辭費邑之宰。二賢者克篤其守，以全其身，彼何以得此，蓋有聖人爲之依歸而足以恃賴焉耳。今兹禮殿言言，素王中居，多士所依歸之主也，出入登降於斯，瞻仰之間，愓然興懷，溯教化之淵源，趨禮義之標的，捨聖人其奚適！他日彬彬輩出，以有爲於時，則剛不至於取禍，柔不至於取辱，由諸賢以晞顏、閔，坦坦聖途，來者不拒，一有不售，卷而懷之，爲師爲友，以立教而範俗，使禮義之存於人心，未嘗一日而泯。尊君親上，隨感而應，則賢令長興修之舉、勸相誘掖之功亦豈少哉！敢并書之，以告吾黨之士，幸相與其勉云。

——萬曆《武進縣志》卷一

重修武進縣儒學記

〔明〕錢　福

維弘治庚戌，真定呂廷詔以名家子美才碩學第進士，聲動朝署間。越一年，格當外補，筮仕得武進縣，至則詢民隱外，三日肅謁大成至聖文宣王於學，進諸生於明倫堂，講畢，諭之曰："此吾儕進身報本地也，吾勿敢怠緩。顧年凶民困，未暇有所飭理，俟吾小民衣食足，吾與爾俊秀從事。"越二年，政通人和，歲乃大有，計得餘財若干，曰："吾今得以成吾志矣。"鳩工庀材，相埄視圯，即舊而修之者，爲明倫堂三間，增升爲三級，曰進止有庋也；東西齋各四間，曰居學有地也；欞星門三間，曰瞻仰有階也；尊經閣三間兩廈，曰崇聖典也；內號樓房二十二間，曰便藏修也；後堂三間而貫之以堂者三，曰是爲講學習禮之所也；因空而之者爲外牆三，曰不得其門者之界限也；爲橋一，曰汲引後進者之正途也；爲射圃亭以間計者三，曰六藝觀德者之要訣也；爲膳堂以間計者三，曰養費得所也；爲外號房以間計者四十二，曰游息各得其所也；爲門房以間計者三，曰登堂入室之次第也；爲碑亭者二，曰禮不忘其初，志前功也。功告成，邑博舒聰輩暨諸生落之，君乃再祝曰："吾不能遠引前輩，惟宋有蘇文忠以文章顯，又有楊龜山以道學著，皆僑居是邦，其流風餘韵之入人心者，吾可得而聞也。願諸俊秀爲文闡道，毋悖二公。吾不庶乎不虛所庇！"諸生謝曰："吾今得所師矣，敢不求從祝規！"公又舉盞再祝曰："惟是我朝入南畿爲根本地，日月光照，卓異諸省，若四聖眷顧恩寵特異，爲前尚書胡忠安公者，四海所瞻望也。今吏部尚書王公、刑部尚書白公皆奮起吾邑，爲表表者，較前朝爲獨盛。矧兹時際國家禮樂方興，人才盛出，諸俊秀其可負哉！十倍於前，在此日也，吾用是加意焉。"諸生曰："惟吾願學而未能也，敢不勉强以奉承嚴訓！"乃復祝君曰："吾邦自泰伯、季札以來，若姚崇、王安石之入相，皆著聲於是。他若焦千之、陳古靈之爲守令者，皆多教養功，爲後世望，惟吾侯其克配之，侯自是其升哉！"禮成而退，觀者以爲善頌善禱。又三年，材俊駸駸，登庸者不可以數限，君亦以義政奉命將補列臺諫，諸生曰："吾侯不忘本地以新學，吾其能忘本哉！"乃走書於予曰："吾子嘗慕蘇、楊二公僑居設教於吾郡久，且知侯深，願志其顛末。"予聞常之人得江山之助，故秀而多文，有維楚之風，故愿而循理。喜我聖天子方振孔氏之正學，修百王之墜典，而吕君乃克承宣鼓作如是，諸生俯仰棟宇，其可不知所自哉！其可不知所務哉！予雖衰廢，尚能拭目于棟梁桷欀之下，洗耳于都俞吁咈之餘，以慰吾孔氏憂世之靈于地下。若其爲學之大端，則自格物之粗務而取效於知言，自戒懼之常存而提要於慎獨，自勿忘勿助之戒，以至於不愧不怍之境。得天下英才而教育，與中天下而立定四海之民同一樂也；其君之安富尊榮，與子弟之孝悌忠信同一功也；孟氏之反身而誠，顏氏之不改其樂，孔氏之樂在其中，與堯之得舜，舜之得禹、皋陶而憂釋然者同一情也。敢以是裨吕君之教，以奉揚聖天子之化。諸生曰唯，遂刻其言於石。

——萬曆《武進縣志》卷一

重建武進縣學振德堂記

〔清〕龔百藥

治莫大於教民，古之教者設學以爲之地，命官以爲之師，蓋其慎哉！黃、農以前靡得而考信已，若六經所載四代之學，自有虞始。《記》曰"有虞氏養國老於上庠，養庶老於下庠"，則地也；《尚書》曰"舜使契作司徒，命之敬敷五教在寬"，則師也。而孟子復述放勳之辭曰"勞之來之，匡之直之，輔之翼之，使自得之，又從而振德之"，此其文不見於《書》，何歟？予考《舜典》，舜之命契在二十八載，帝殂落後不宜有放勳之命契，明矣。夫刪《書》出孔子手，遭秦焚以廢，後世所傳，當以孔安國古文得之孔壁間者爲是，而漢司馬遷常從安國授《書》，故遷《史記》所引多與古人《尚書》合。今考《五帝紀》，亦不載放勳命契之辭，然則孟子時去孔子未遠，其所引其古逸書何疑乎！嗚呼！其言則聖人之言也，故堯舉舜，舜命契，鈞之欲教以人倫，舜之命猶堯命也。孟子則引逸書以明之，故曰"讀者不以文害辭，不以辭害意"可也。得其意而言可存矣，因其言而意可達矣。予邑學宮中舊有堂曰"振德"，在明倫堂後，相接不數武。明萬曆間，予鄉先達孫文介公手書三大字署之。文介公予鄉理學之宗，其名是堂有以也，是取其用，合之其地與其師，以述孔孟堯舜之意，教之天下後世古無不宜者也。邇年堂爲風雨所壞，厥名幾與湮没不傳，教諭郝君奮然有創復之舉，則以告於衆曰："振德之義至矣哉！夫振言覺民，德言惠民，覺之所以惠之也。斯堂也興而廢，廢而復興，復興而不可復廢，俾後之人顧名思義，庶幾世世遵之，師之教、士之學其相與有成也，又何古今鄉國之殊耶！"康熙癸卯冬，堂成，郝君請予記之，予因而記之如此。

——康熙《武進縣志》卷三十八

御書樓記

〔清〕王元烜

　　皇帝御極二十有四載，黜異端，崇正學，文教誕敷，四海内外罔不率俾，然猶翼翼祇敬，以爲非予一人能自爲治，而修己安人一本諸孔子之道，乃宣布王言，丕揚至教，親灑宸翰，書"萬世師表"匾額揭諸天下學宮，而武進邑庠亦與有光焉。邑之士大夫既敬摹其副以爲額，而御書真迹則什襲而藏諸廟，然猶慮其褻也，爰爲糾工庀材，建樓三楹，奉而藏之。既成，屬知縣臣王元烜爲之記。於是乃拜手稽首颺言曰：帝王之治未有不以帝王爲師者也。堯、舜、禹、湯數聖人居得爲之位，行得爲之權，宏謨偉烈，光被四表，其道顯矣，顯則言治法者歸之。若夫孔子窮而在下，日栖栖於車轍馬迹間，道大莫容，無徵不信，人知其爲心法所宗，而驟語以治法之歸，有疑而去之者矣。不知帝王之道取法於天，聖人之至誠無息一天也；帝王之道取法於祖，聖人之祖述憲章一祖也。法天法祖不過法聖，而謂孔子非治法之歸，豈理也哉！臣讀《大學》首章，而知聖功王道無不備矣。學之爲格致也，誠正修也，聖功備於内；家國天下齊治平也，王道備乎外。則是帝王之所以爲治，實不外孔子之所以爲學，而出治傳心之要不在是乎！我皇上英姿天縱，聖功王道亦既體《大學》之全，而聖不自聖，曰："吾師孔子也。"則聖子神孫凡爲敬天而尊祖者，皆可近法孔子而不獨遠宗堯舜，此師表之義乎！抑臣於茲樓之建又有二義焉：夫人秉彝之理，賦於天而成於師，天不言，作之君以爲言，是君言即天言也。今御書之藏，凡吾郡邑官吏士庶瞻茲樓者，凜凜乎對越在上，不啻親承提命，以識其指歸，則尊君即所以尊天也。孔子師道之隆，固古今所共仰，然或習久而安焉。今式觀聖主欽崇之意，而家弦户誦，景行彌切，是又以作之君者作之師，而親師即所以尊君矣，猗歟休哉！聖教皇猷協孚至治，臣元烜忝爲末吏，謹歡忭舞蹈，以頌蕩蕩無名之帝德，遂三薰盥手而爲之記。

——道光《武進陽湖合志》卷十二

修武進縣學署碑記

〔清〕陳　炅

　　學宮茂草，自昔傷之。夫所謂學宮，衹惟是殿門廊廡、東西兩序釋奠祭菜、講學行禮諸處，而博士私館初不與，是以武邑數十年中，革故鼎新，明倫堂有建，振德堂有建，獨于學廡内署鮮有過而問焉。按縣學官舍凡三區者，遞以汰缺裁官，遂廢其二而存其一。今朝廷稽古右文，酌復舊典，然廢弛傾圮，官無駐足之地，雖當年遺址猶有存者，長松落落，白石齒齒，蔽虧隱現于荒藤野蔓之中，而堦墄垣橑之舊不可考矣。吾友同官洪先生諱珣，來自新安，才思敏贍，心計周密，綜覈一切，百廢具興。于是捐清橐之金，潤寒齋之色，登其堂而檐楹秩如，棟宇謐如，易湫隘爲皚爽，化殘蝕爲光華，歃宮環堵，氣象一新。是役也，鳩工庀材，于此邦之人士無所擾，而于國家右文稽古、崇儒重道之治益光，後來者蒙業而安，不煩締造之勞，蓋一舉而數善備焉，吾因是竊有感矣。夫物壞而有事，其卦爲蠱。蠱之辭曰先甲三日，後甲三日，無以更新于其先，則物之壞者一壞而不復見其新；無以垂戒于其後，則物之新於一時者究必歸于壞而并不能存其舊。善作者不必其善成，能創者不必其能繼，莫爲之後雖美弗克永長，以敬業堂觀之，前車之鑒良可慨已。所望後之君子思締造之維艱，完繕之，補葺之，否則因之仍之而弗毁傷之。官宦有遷，傳舍如故，則洪先生之德澤大有裨于兹學者，不且與魯靈光并存哉！

——康熙《武進縣志》卷三十八

重修武進縣儒學記

〔清〕王德茂

　　武進、陽湖學宮，自乾隆二十九年營繕而後，稍稍從事，未有碑録。至道光七年，邦之人以學之宜修狀申有司，歲儉，未克即舉。十七年，復以爲請，前武進令廣東吳君時行、前陽湖令江右范君鳳諧各捐俸五百金爲倡。范君尋調去，而余適來，亦捐如其數，用襄衆工。大成殿梁柱悉易之，宮墻增高，別鑿門於墻之左方，以便修謁。於崇聖祠增造東西兩廡，明倫堂、振德堂、尊經閣、文昌閣、鄉賢名宦祠及齋廊諸所墮壞者咸營整之，祭器、樂器凡在簿籍，罔使廢缺。是役也，經紀而督察之者，鄉先生前浙江杭州府東防同知呂榮、前山東汶上縣知縣劉弼全、前河南汝州直隸州知州董大醇、前直隸柏鄉縣知縣余懷清、前河南中牟縣知縣董敏善、候選州同劉遵義、誥封奉直大夫刑部江西司主事加一級蘇品三也。克監其成者，武進教諭涇縣吳世宣、陽湖訓導建平龔舫也。予與吳君公餘稍暇，亦時往視焉。經始於道光十有七年之二月，迨十八年之八月告成。凡糜錢一萬一千餘緡，輪奐崇閎，有加其舊。遂乃諏吉釋奠，率邦人士行舊典於階下。事畢周顧，低徊留之，恍如置身於門墻美富間，獲睹斯文之未喪，則土木之華爲是邦文運所係者豈細故哉！世之隆也，必崇重學校，敬禮師傅，而後文學碩彦彬彬輩出，蔚爲國華。下至於士民之家，其子弟之秀取青紫如拾芥者，其父若兄亦必備置典籍，完修書塾，俾朝夕遊詠揣摩於其間而後能有成。然則一邦一邑之間，其道亦何獨不然！常州爲東南之表，而武、陽二邑尤其盛焉者也。歲應童子試者二千餘人，應鄉試者五百餘人，每科登本省鄉榜及順天榜者輒以十數，且寄屬籍而階進取者各省隨在多有，天下嘆羨，咸謂飛英騰茂，莫與爭焉，其材雋之美，蓋亦其鄉先達培植鼓舞之功所積而然也。力田必逢年，樹木得嘉蔭，天下未有爲其事而無其功者，惟視精神之小大爲功效之遠近焉耳。夫學校者，聖人精神所聚焉者也，廢則修而缺則補，時時與聖人之精神相流通，由是鍾毓靈秀而科名萃焉。科名者，功業之始基而道德之大用，學者不能外科名而爲道德功業，即不能外科名而爲學校。故欲知功業道德之盛衰，觀其科名而可知矣；欲知科名之盛衰，觀其學校而可知矣。今者之舉垂成，而戊戌之科兩邑登庶常者同時五人，海内同聲傳爲盛事。雖會逢其際，其感驗之理可得而推也。吾願士之遊於學者，力體率作興事之意，激發志氣，飛踔雲衢，爲閭閻光寵。其掇巍科、登顯秩者，勉爲國家柱碩，不斤斤爲榮禄保身家之臣，俾天下後世嘖嘖稱嘆，曰某某并自某學中來也。是固聖天子崇古右文之至意，而搢紳先生締構經營之盛情，亦官於斯土者之所厚望也夫！

——道光《武進陽湖合志》卷十二

武陽二邑重建文廟碑

〔清〕陸鼎翰

　　穆宗毅皇帝以天縱之聖、英武之資，沖齡御極，受群臣朝，惟日孜孜，敬紹先烈。維時江左塗炭，粵逆鴟張，赫然震怒，分命疆臣恢復賊陷郡邑。天人順應，群工戮力，二年復蘇州，明年四月復常州，六月復江寧，於是江南悉平。吾常郡縣二學皆毀於賊，權葺先賢祠，奉至聖四配十二哲位，行釋菜禮。又明年四月，江西道監察御史汪朝棨請重建江寧、常州二府所屬學宮，上韙其奏，乃諭江南督撫臣曰："國家設立學校，以端士習、正民風。江南底定，各州縣學宮如有被賊焚毀，自當次第興修，惟兵燹之餘民生凋敝，一切善後事宜應辦甚多，即此興建學宮工程，經費不少，自應先爲籌畫。命曾國藩、李鴻章妥議具奏。"督撫下所屬議，知府扎克丹、知武進縣桂迓衡、知陽湖縣溫世京，集郡士大夫於庭而謀之，僉曰："二邑士民幸際昇平，脫兵禍，願輸捐興建，無煩國帑。"郡邑上其議於督撫，督撫以聞，制曰："可。"於是二邑之民率田以輸與，董其工者咸踴躍從事，罔敢後。經始於其年十二月，落成於九年某月，規制咸備，典禮無缺，糜泉三萬六千緡有畸。繼桂、溫二公而監建者，武邑侯王公其淦、鹿公伯元，陽邑侯張公清華。始終綜其事者，郡紳劉翊宸、吳容光、史致準、莊毓鋐也。先是，吾郡武進學歲科試取弟子員十有二名，陽湖學十有三名，選拔之年二邑合貢一人，至是加廣武進學額十名，陽湖九名，選拔二邑各貢一人，永著爲令。今皇帝光緒十有三年，郡人士請鑱麗牲之石，以紀朝廷崇聖惠士之至意。郡侯鄂卓公桐澤，二邑侯金公吳瀾、李公慶沂以命諸生陸鼎翰，不獲辭，謹爲詞曰：

天佑聖清，蔚成中興。晷合日月，躔連五星。往昔之歲，寬弛爲治。蠢爾粵逆，毒亂吳地。皇帝曰咨，惟汝督撫。剗平群醜，百塈備舉。既奮武功，乃揆文教。修治學宮，俾士有造。常之官吏，不敢告勚。常之農夫，不敢告匱。莘莘學子，鼓舞於庠。疇昔流離，謀生不遑。今瞻聖宮，聿有坊表。藏修息游，以證聖道。惟昔余聞，經學輩出。莊劉臧孫，各有纘述。文學之儔，後先蔚起。四家七子，海內所跂。志學之士，首崇正誼。躬行實踐，顯晦一致。自丁寇難，文獻胥淪。青青子衿，曷以範民！詩書氣衰，貢賦寥落。疇則振興，士氣以作。朝有恩言，惠我士類。廣拔其尤，以孚德意。惟聖端學，惟時右文。勵我修衢，以會聖廑。

——《武陽志餘》卷三之一

武進縣學科舉題名記

〔明〕趙 琬

成周大司徒以鄉三物教萬民，其一曰德：知、仁、聖、義、忠、和，其二曰行：孝、友、睦、姻、任、恤，其三曰藝：禮、樂、射、御、書、數。士於日用起居飲食之間，無事而非學；群居藏修游息之地，無學而非事。教成矣，鄉大夫三年大比，考其德行道藝，而興其賢者能者以禮賓之，然後獻書於王而登之天府。其教之也備，選之也精，用之也重。由是士皆激昂奮勵，以趨上之所造也。然則古聖王所以致人材衆多而風俗美盛，夫豈偶然哉！洪惟國家建學設科，取人養士，一本於先王之法，列聖相承，率是而行之，誕敷文教於天下，天下之士爭自濯磨淬礪，人材風俗亦既比隆成周之世矣。況武進爲常州屬邑，常州爲畿輔之郡，聲教之漸被最先，是以士由科目進身者彬彬然前後相望，有非他郡邑可比。粵自洪武辛亥至於正統甲子，凡二十一科，自漆居恭至趙敔凡若干人，或登廟堂，或居藩臬，或施政教於郡邑，俊乂誕興，布列中外，濟濟乎其盛矣。前此主教事者以版榜題其名氏於講堂之東，將以風厲後進。今巡按監察御史鄱陽李公奎慮其易壞，命代以石，且因知縣事南陽樊君恭朝正京師而屬予記之。古者以三物之教教人，道莫近焉。今之爲士者誠能以是反諸身心，使德修行立而藝習，凡所以見於鄉黨鄰里，務求天命人心之實理而不爲炫鬻趨競之虛文，則於成周人材可以無愧，而於鄉之先達益有光耀，而亦庶幾不負諸君子相與題名之意矣。琬忝在鄉邑，敢告其敫且學於斯者，知所勉焉。

——《武進西蓋趙氏族譜》卷十二

武進縣儒學科第題名記

〔明〕毛 憲

皇明設科第，三年一舉，論學校之秀而升於鄉於禮部於大廷，曰進士官焉，其法簡而有常，其業明經術而務正學，此一代取士之定制也。武進爲常首邑，邑有學，擇士之秀養之三年，群試於有司而升於南畿於禮部於大廷，曰進士官焉，此一邑所以承休而奉乎制者也。國學例立進士題名石，而邑學獨可無紀乎！舊有扁於講堂東楣，弘治間吳侯瀛撤而新之，弗及揭而去。繼呂侯鏜構亭於堂之傍，謀刻諸石，又弗卒事而去。今餘三紀，司訓吳君堯獻謀諸匡君鍾桂，率諸生請於令黃侯潤，侯曰："吾責也。"爰命工礱石，考尋次第，列科以紀名，因名以紀官，自洪武迄嘉靖總若干人，虛左方以俟來者。嗚呼！學校所以明道義也，科第所以登賢俊也，題名所以紀其人而示於後也。自一邑而一代，雖小大不同而制則同，道固有異乎哉！惟武進自龜山楊先生受業程門，載道而南，僑居一十八年，倡明正學，薰被後世。入我朝，登崇儒術，一以正道養士取人，故士咸知誦法聖賢，研精乎經學，務修乎德行，發爲文章皆溢中肆外之餘，後先登科第者類多偉人，足以弼成一代之治，匪直光於一邑而已，名其可弗紀哉！若夫循名以考其實，因迹以究其人，賢否彰焉，勸戒昭焉，而文獻亦於是乎可徵，後之士顧瞻斯石，豈無憤然而興者乎？將益勵志正學，追踪往哲，究斯道之大全，以仰答興育之令典，庶於賢侯與賢師之風示無負矣。使或名與實乖，行與學異，適足資後人之訾議耳。然則斯石雖以紀其人，而教道亦默行其間，其所係顧不重哉！某固忝科第於斯者，且重吳請，乃爲之記。

——《古庵毛先生文集》卷三

武進縣學歲貢題名記

〔明〕趙 琬

吾邑素號多士，士由庠序以文學政事登顯仕、致大名者代不乏人，前此乃未有著其名氏而傳於後世者。比年以來，主教事者始病其缺，考自國朝洪武丁卯至今正統甲子，得若干人，詳其歲月，揭於講堂之西偏，然皆爲板榜而書之。今巡按監察御史鄱陽李公奎慮其久或蠹壞，命知邑事南陽樊君恭易石，大書深刻而置諸中堂，以俟來者嗣書焉。今年樊君以上計至京師，屬予一言以記其端。竊惟武進之爲邑，舊與晉陵分治，地大而物繁，民生其間，往往多秀偉，人材之盛自昔然矣。逮入聖朝，省晉陵併屬武進，爲負郭邑，其地益大，且近在王畿之內，首被聲教，而名臣輩出，視昔爲有加。尚論東南文獻之邦，未有或先於吾邑，今勒名於石者，爲可徵也。後之人睹其名氏，艷慕奮發，思以追踪並駕，流聲實於後世，則其爲風勵也遠矣。且凡物之壽莫壽於金石，金石常存則名亦與之俱存矣。然自古及今士之名垂天壤，與國家相爲無窮者，固不獨恃夫金石以爲存也。予不敏，不足以當屬筆之意，姑記之如此，願與鄉之父兄子弟評之以爲何如也。

——《武進西蓋趙氏族譜》卷十二

武進縣儒學貢士題名記

〔明〕羅 紋

天眷皇明，統有區宇，文治之興，洽于天下。故內自畿甸，外至郡邑，莫不立學校、育賢才，以爲佐理庶政之資、康濟兆民之用。士之際遇明時，躬逢盛典，孰不有帝臣之願焉？且方其士之食於家也，有司蓋嘗擇夫俊秀者，養於鄉學矣，逮其德業有造則貢諸太學，益加淬礪，而後命之以官，使國家選士之精、待賢之厚，循循有序如此，與斯典者亦榮矣哉！武進，常之大邑也，風俗淳美而民知向方，凡士之養於鄉學而出應太學之貢者，舉得其人焉。然舊皆題其名於講堂之壁，非所以示激昂之道也。正統甲子，巡按監察御史錢塘鄭公顒爰於蒞學之頃，嘗命刻其名於石，以垂永久。未幾，春官郎中錢塘葉公蓁以德望之隆，用廷臣薦，出守于常。下車之日，修墜舉廢，首以興學爲務。迺命知縣樊恭，縣丞王道、吳仝、胡以行，主簿馬彥斌，繼成御史公立石刻名之意，而又俾余爲言以記之。夫古之君子，出疆載質所以求爲當世之用也。況士生斯世，獲際文明之運，以應造就之恩，由民間俊秀而升太學賢關，其所以觀國之光而實於王庭者，固無愧於古人爲士之心矣。孔子曰："不患無位，患所以立。"使其平居以致用爲急，而臨政無實施之效，則患得患失，非惟不足爲聖門之徒，且有負於國家建學育賢之盛心也。噫！作於前者固多謇諤忠貞之士，繼於後者亦將有鑒於斯言乎！

正統九年龍集甲子仲冬吉旦。

武進縣儒學貢士題名記

〔明〕徐　問

古天子制諸侯貢士，自里序移於鄉，鄉論秀而升之司徒，司徒論秀而升之國學，大樂正論造士之秀者告于王，試之射宮，然後辨而官之，斂才如彼其難也。周衰制壞，至漢猶爲近古，而得人亦盛。建元以後，屢詔公卿、郡國守相舉賢良文學、淳厚孝廉，歲各一人，或二人，升之朝，參其得失，補郎吏令尉。次郡國察文學，計偕詣太常爲博士弟子，歲試藝，補文學掌故，高第者爲郎，課材如彼其詳也。降自魏晉變更，官始失職。隋唐及宋別置諸科，參錯于古，品目繁焉，大率重制科而略鄉貢，科以策兼詞賦，拔其尤，往往奮諸事業。及其弊也，習以聲律，記誦相師，實行靡敦，浮競斯長。貢則專經以爲業，循次而上敘，蓋有成周選士之遺焉。國初酌古制，悉罷詞賦歸諸經，而鄉貢爲差重。由鄉而禮部而國學，肄稔而養深，高者除給事、御史、尚書郎，多邁聲烈，最下始爲丞簿，而制科甲下者亦以丞秩試其功能，其於輕重之較彰矣。厥後士磨歲月，沉冥白首，選部待爲庸流，類除佐史從事，而彼亦自分爲故常，罔修於職，卒爲上所不任，旋至斥落，又其弊也。夫家修而學養，挾持而待用，顧豈以時輕重加於我哉！武進學貢士題名，故存講堂壁。正統甲子，巡按御史鄭公顒爰立石，郡守葉公、縣令樊公恭實成之，而司訓羅君文記其事。碑久仆斷，缺滅不可考。嘉靖丙戌，司訓吳君堯獻視篆，嘆曰：“此東南赤縣賢關，而俾士名湮廢若是，奚以昭遠！”謀於前教諭鄭君鵬、司訓匡君鍾桂，關白邑宰黃公潤，黃方留意政教，且重才，即飭工伐石而更之，屬余記其端，以題諸名於下，然其意義所以圖惟於遠者，豈曰名而已乎！余故併述古今鄉貢所由以告，抑今世重[1]之機將有待乎其人，固吳君雅望也。名氏昉於洪武甲子吳傑，訖於嘉靖丙戌胡賢[2]，凡百幾十幾人。來者嗣書於後，其官職各附見焉。

---

① 抑今世重，原缺，據《山堂萃稿》卷十二補。

② 胡賢，原作“某”，據《山堂萃稿》卷十二改。

道南書院記

〔明〕邵　寶

　　道南書院曷爲而建也？爲祠宋龜山先生文靖楊公中立而建也。公南劍人也，常曷爲祠之？公學於程門，還自伊洛，至常而留焉。謂泰伯延陵之墟也，而鄒、周三公又與有故，故周旋延陵、句吳之間，與諸生講道者十有八年，其風流在士林，功化在後學者，博且弘矣，是以没而祠之，比諸鄉先生。越紹熙初，郡始立祠，紹定、淳祐間繼祠益嚴。至勝國時，乃有龜山書院之創，而其圮也久矣。國朝成化初，嘗起廢焉，而公像寓二賢祠者如故。前郡守宜賓王侯欲改圖，未果。今郡守前監察御史瓊臺陳侯實，乃卜吉而別建之，中祠公，二周既仍侑坐，今又益以道鄉而下七公，禮也。其謂“道南”何？侯之志也。侯之志也何？以昔程伯子於公之行，目送而嘆焉，曰：“吾道南矣。”斯人之所在，實斯道之所在也；斯道之所在，則地因以重，有固然者。侯謂夫祠名以人，不若直指其道，表章標榜，深切著明，有以新學者之觀瞻而興其嚮往之心，是之取爾。然則於前乎曷徵？聖道絶塞，自孟子没至於有宋，千有餘年矣。南安之會，程子得周子之道而北，洛學於是乎大振，此斯文再起之源，天地間一大機會也。伊洛之遊，龜山得程子之道而南，閩學因之大成，此斯文再傳之委，天地間又一大機會也。是二機會者，人邪？天邪？其然也，孰能與之？是故君子謹諸。南安有書院焉，名之曰“道源”，爲周程志也。今是院也爲龜山志也，名曰“道南”，不亦宜乎！矧“道南”云者，實出大儒之言。今觀之，於斯文斯地爲切，侯之命名允矣。祠有位，奈何乎列公南面中位？道鄉先生鄒忠公志完、教授先生周公伯忱、坑治先生周公伯温、秘書先生唐公彥思並焉，皆公同門同志者也。外此數公者，則左右分列。編修鄒公德久、中丞喻公子才，皆公門人也。文簡尤公延之、肅簡李公元德、忠文蔣公良貴，皆一再傳而私淑者也，猶門人也。至於龜巢謝公子蘭，則聞風而興起焉者也。師友之分，主賓之義，於是乎辨。斯禮也，其起斯義也。夫諸公於龜山何如？道鄉尚矣；二周兄弟氣質純明，可與鄉道，程叔子實嘗稱之；秘書推演師説，爲當時重；編修奏議炳炳，能世家學；中丞力主正論，爲時師表；文簡立朝抗論，老成典型；元德力解學禁，辨忠爲國；忠文抑惡揚善，進退有守；龜巢崇正闢邪，扶植名教。事載國史、郡志，皆無愧于龜山者也。

祠以道宗，配以道合，斯名也其稱斯實也夫！然則侯之望于學者，如斯而已乎？夫道一而已，學有科級，觀聖道自孟子始，昌黎有是言矣。接孟之絕學者，程子也。道南之嘆，既屬龜山，觀程子者，不當自茲始乎？由是以希程，由程以溯乎孟，希聖，希天，亦將於是乎在，此侯之志也。侯之志，誰與協者？上則前巡撫右都御史、今南京工部尚書蒼梧吳公，今巡撫右都御史泰和陳公，巡按監察御史高安朱君，提學監察御史光山盧君中則，郡佐羅侯洪載、王侯嶽、羅侯述、柴侯希高、劉侯體觀；下則邑令黃潤與其丞、簿，及郡邑諸博士，皆侯志也。郡之諸君子贊焉，而給事毛君憲參互尚論之功多矣。其始曷日？嘉靖乙酉七月丙子。其訖曷日？明年丙戌某日甲子。其地焉在？在朝京門內若干步，所謂舊驛基者。先以與民，繼以其直贖之。其制奚若？前爲門、爲儀門各四楹；中爲堂六楹，後寢如之；左右兩廡各四，如其門之數；最後爲樓六楹，其下可以藏修焉，其上可以登眺焉。扁曰“望閩”，以無絕其委。其東有池，爲亭以臨之，可以遊息焉，扁曰“思洛”，以無忘其源。繚以周垣，爽塏寬廓，崇偉靚深，清廟之下，此其亞歟！徒祠無祀，可乎？徒祠而無祀，是浮屠、老子之宮也。雖然，私祀可，公祀不可。公祀何爲而不可也？公祀在於龜山既列諸廟庭從祀矣，諸賢者皆鄉賢也，亦有祀於祠矣，再舉則黷，是以公祀不可也。私祀何爲而可也？以義起禮，擬諸釋菜，郡守主之，歲春、秋二舉，取諸田租，以供田二百畝、租若干石祭之，餘以充修理之用，不別科率，何爲其不可也！其費曷出？出某項，爲白金若干兩，基與構居什之六，田什之四，是皆有司存，不足記。其記維何？記斯文之機會，非人力所能者，爲天下學者告也；記師友之淵源與侯之志，爲郡後進告也；記侯有道，教思無窮，德遠功深，欲俾百世勿壞，爲後人繼侯者告也。屬記者誰？郡諸君子，自太僕寺丞白君晟以下凡若干人。執筆書者誰？南京禮部尚書、詔許有疾調理後學邵寶，亦郡人也。

——《容春堂續集》卷十一

龍城書院記

〔明〕薛應旂

　　吾常舊有道南書院，祀宋儒楊龜山、鄒道鄉、周伯忱、伯溫、唐彥思、張子厚、鄒德久、喻子才、胡德輝、尤延之、李元德、黃商伯、王子正、石子重、蔣良貴、錢升之及國初謝應芳凡十有六人，簡諸生之志於理學者講肄其中，俾觀法焉。數十年來，亦既彬彬然興起矣。迨嘉靖乙卯、丙辰間，海寇陸梁，東南用武，而一時有司右干戈而左禮樂，遂改書院爲兵備道，而諸儒之祀盡撤，仁人志士莫不爲之扼腕，冀圖興復，而未有能倡之者。隆慶辛未，郡守施侯觀民至,養士治民,勤於課試。於是撫按提學諸公咸屬侯爲興復之舉,侯乃卜地於府治之東南舊晋陵縣廢址築焉。上下寮屬咸協恭宣力,以佐成事,改題曰龍城書院,屬薛子應旂爲之記。

旂惟自古學校之設,三德六物之教莫備於三代,延及兩漢,賢良文學猶有古意。迨隋唐間以文章設科取士,而士人之所服習者遂多虛詞濫説。至宋雖學校遍天下,而以德行道藝爲教者,自蘇、湖之外無聞焉。於是泰山、徂徠一二儒者各以其學教弟子,而學校之外自不能無書院之設矣,匪直勢不容已,亦理所宜然也。然由今視昔,書院之載諸志傳者更僕不能悉數,而其最以名聞,號爲四大書院者,曰石鼓,曰嶽麓,曰睢陽,曰白鹿,今唯白鹿尚爲士類侈傳,而其餘三者則寂乎無聞,雖有南軒、考亭之記垂諸各集,而勒石之在彼中者未免爲荆棘之銅駝矣。夫均一書院也,何以不白鹿若也?蓋白鹿以考亭、象山爲之師,而黃直卿、蔡仲默、李敬子、黃商伯之屬爲之徒,皆潛心伊洛、溯流洙泗而繼往開來,真有功於吾道,是以凡有人心者莫不傳聞想慕,猶若耳濡而目染也,雖百世可必其如一日,孰敢廢之!彼三書院曰師曰弟子云者,曾有同於白鹿否乎?無怪乎其湮且廢也。吾是以願吾黨諸士之游于斯者尚其重念今日諸公作興之盛心,鑒觀前代書院興廢之故事,必反躬實踐以爲學而不專務於詞章,必古昔先哲以爲歸而不汩没於世俗,謹善惡邪正之幾,嚴公私義利之辨,言必由衷,行不失足。由是而出,可以範模朝著;由是而處,可以表正鄉閭。俾後之人指而稱之曰斯當時龍城書院所養士也,豈不於諸公是役爲有光,行將與白鹿書院并稱哉!

夫是役也,經始於隆慶壬申之五月,不逾年而告成。市材鳩工,各捐俸措置,一不煩民。院之制,前爲大門,爲儀門,内有池,跨池有橋,左右有翼室。正堂五楹,川堂二楹,後堂五楹。後立先師廟三楹,設聖位於中,以竟諸儒没齒步趨之心,以啓後學必要其極之志,非敢瀆也。左右有池有亭,後有堂,設龜山諸儒十有六位。左右各房二間,爲教官講讀之所。此外東西號舍各十層,每層九間,共一百八十間。陸續置書院田一千一百五十七畝二分五厘八毫,以供祭祀,以給師生。田址丘數佃人,府縣具有册籍,督工官耆姓名并刻石末。

——《方山薛先生全集》卷二十三

龍城書院教士樂育記

〔明〕惲紹芳

人必有以樂其業而後能樂其成於業,自其成而樂也,回視其始締構之艱、心思之竭,若甚扞格而難勝,煩苦而不憚。夫其視所業爲扞格煩苦而無所驥忻鼓舞踴躍乎其中，則雖曲藝小道，幾何不進銳退速，爲異物所遷，其亦何以進於伎乎！繇此言之，綴學績文之士始不樂業而能樂其成者，少矣。然業之成也，貴作群而機倡。今夫農者之植穀也，一夫倡之，百夫從而和之，閔閔焉嗣爾股肱不告憊也。彼其所樂在農也，有司者爲國植人，猶植穀也。士不樂業者，以勸懲無法，勸懲無法者，以淑慝渾殽，淑慝渾殽而覬其有成，是猶秋稑倒植而望其有秋也。人才有盛有不盛，係乎所倡久矣。《記》曰敬業樂群，故教者不凌節而施，學者相觀而善，夫然後可以興學育才。《詩》："菁菁者莪，樂育才也。"君子能長育人才，則天下喜樂之矣。孟子以得天下英才而教育爲三樂，以育才爲樂也。師不樂教育，雖有英才，不樂業也。乃今而得龍岡施公，施公學擅乎鴻鉅，識探乎淵奧，才裕乎剸割，而鑒精乎甄藻。非聽訊詳讞庶獄大務，則必注其念於學；非部使貴官乘傳結轍，劻勷旁午，則必優其禮於士；非萌隸疾苦暵沴爲菑，圖所以佐百姓之急，則必肆其力於教選。郡邑六學之彥，關龍城書院羅而萃之，優以饔飧，所校閱不以季恒以月，士搦管半未竣，其先就者一入覽，神運目捷，已閱過半，往往察於牝牡驪黃之外，所評驚語有如文者三之一，以故試秋棘者溢往數三倍，入奉廷對，褒然舉首者，則公一試輒鑑賞者也。比入覲報政還，輒進舊士稽勤翼勠，仍博采譽髦鼓舞之，諸士靡不劌濯思自表見，公又取左氏、莊、列、劉安四家語之不詭於道者梓之，人給誦習，將以進之古而廣其用也。漢世擇民年十八已上補博士弟子，郡國縣道邑有好文學者，令相長丞上屬所二千石，即有秀才異等，輒以名聞。其詔曰進賢受上賞，士於郡所繫非渺小也。彼視才盛衰不介慮者，隸臣爾，抑天將以施公惠我多士倡之而樂其成乎？假令二千石沾沾自喜，不樂於士之育，夫士也無所觀感而奮起，雖夏楚威之，撻以記之，奚益矣！雖然，子夏聖門之高弟也，出見紛華盛麗而說，入聞夫子之道而樂，況中庸以下乎！諸生既樂育於茲矣，其尚尋聖賢所謂樂者反之吾心，有以自得，然後知聖非有餘，己非不足，舉天下之大不與易也，而又何紛華盛麗足爲吾眩惑哉！不如此不足以言樂育，此公隱而未發之旨，俟諸士之自悟，諸士其尚懋之哉！

——《惲氏家乘》卷二十

改建龍城書院記

〔清〕錢維城

龍城書院，創始於明隆慶六年太守龍岡施公。萬曆初，江陵柄國，盡毀天下書院，地淪於民。三十一年，太守宜諸歐陽公贖其地，建先賢祠，祀延陵季子以下六十九賢。祠前爲傳是堂，四面各有軒十二楹，前曰懷施軒，左右翼各爲齋舍，以居諸生之講業者，左曰尊德性，右曰求放心。堂南爲千古一脉坊，折而東爲門一，再折而北爲坊一，中爲經正堂，延維城六世祖太僕公講學其中。是時無錫之東林書院，涇陽、景逸、閒適三先生迭主之，宜興之明道書院，玉池先生主之，時與經正堂諸先生往來酬答，商確辨難，蔚然爲東南鄒魯。今所傳《經正堂會語》《麗澤商語》，即是時講學諸公所錄也。堂後爲川堂，次後堂，凡二十餘楹。又北爲池，池上有堂，奉歐公及司理參嶺韓公位於其中，蓋以賢祠祀田爲韓公捐置也。四十五年，先太僕公以祀田之羨建施、歐二公祠於經正堂之前，蓋以施公有創治之功，宜與歐公并祀，而是時韓公方貴顯，不敢迹涉獻媚也。太僕公歿，郡人公議即祀公於祠。天啓間，逆閹亂政，又盡毀天下書院，太守二雲曾公改以課文，乃得不毀。自崇禎初至國朝康熙初，又進吳泰伯及先賢八人。二十五年，先翰講公復進吳公中行等二十三賢。而是時講席久廢，司管鑰者遂得踞祠地，蝕祠田，有司者勿能治，茂草之嘆，蓋百年於茲矣。聖朝文教覃敷，山陬海澨咸沐浴於右文之化，蒸蒸向風。吾郡夙稱文獻之邦，巨儒文人前後相望，邇年以來掇巍科、躋顯爵者又比肩接踵，而教澤久湮，肄業無所，其何以光前烈而勸後賢！太守宋公甫下車，即延見紳士于明倫堂，首以復興書院爲己任。紳士疑百餘年積猾盤踞之場，一旦厘別，必有顯格其議而陰阻其成者，且物力方艱，無以爲興舉資。而公風力素著，謀而能斷，斥象墩庵僧田九百四十餘畝入院，又捐俸以倡，八邑紳士咸踴躍樂輸。經始于乾隆十九年九月，至十一月遂畢工。改祀施、歐二公于傳是堂，以其祠門爲大門。次爲大堂，次爲講堂，次爲寢室，并宏敞堅緻。左右翼各爲齋舍二十楹，倉廩庖湢畢具。甫竣事，而公以匀養去矣。計公在官八月，凡民之樸者，皆坦然有一慈惠之守覆乎其宇；其黠者，皆凛然一威厲之守惕乎其衷。其有德于民厚，而書院之建，其教澤之在多士者，尤巨且久。其諸繼施、歐、曾三公而不朽于吾郡者，非公而誰屬哉！公以余先世嘗屢參末議于斯，屬家大人命余爲之記。

余惟士大夫所以自貴一身，而即以見貴于天下後世者，在文與行。聖人謂“文莫吾猶人也”，于躬行若有歉焉，是文與行若有難易緩急之分，而四教則文行并重。其教弟子也，即餘力以學文，文與行之不可偏廢若此。周禮三物實興，未嘗以文取士。漢始有賢良策對，而未嘗專以此官人。自唐以後，雖所以取士者不同，而士均以詞章進，疑若判文行爲兩途，而碩儒傑士，其德業才猷足以震當時而耀後世，大抵起家科第，十有八九。朝廷所貴，則天下翕然趨之，其所以自貴與見貴于天下者，胥于是乎出。嘗考施公之初建書院也，薛方山先生爲之記，專以反躬實踐，言必由衷，行不失足爲訓。歐公之建賢祠也，朱密所先生顏其堂，而曾見臺先生爲之記，專以“修身繕性，捨曲徑而履康莊，出則以身行道爲名臣，處則以身明道爲真儒”望諸講學之士。曾公之保護書院也，躬以聖賢之學與多士相劘切。今茲書院雖專以課文，宋公之意其所以期待諸生者，當必有在。諸生樂群敬業，以求所謂得心應手之文，由是掇巍科、躋顯爵，誠足爲書院光，抑仰釋經正之旨，求麗澤之益，以蘄德業才猷震當時而耀後世，俾尚論者謂是固賢有司書院中所陶淑而成之者，豈非吾郡人士之大幸，而尤宋公之所大愜厥心者歟！郡人士其共勉之矣。宋公名楚望，雍正癸丑科進士，湖北當陽人。

——乾隆《武進縣志》卷四

龍城書院記

〔清〕扎克丹

　　夫權一時之宜，復先代之規制，其興廢蓋由氣運使然，而所因所損益則人事綦詳焉。明隆慶六年，太守龍岡施公即晋陵舊治基址建龍城書院。萬曆初，因禁書院而廢。三十一年，太守千㓕歐陽公即廢址闢榛蕪，創棟宇，合祀列代名賢，自延陵季子而下迄明太僕黃斗南先生凡六十有九人，人各一傳，謂之《晋陵先賢傳》，而爲之序，蓋避書院之名而祠宇所由昉也。祠前爲堂三楹，朱密所侍御題曰傳是堂。四面各有軒十二楹，左右爲齋舍，以居諸生之講業者。堂南有坊曰“千古一脉”。折而東爲門，一再折南向爲坊一，中爲經正堂，次川堂，次爲取斯堂，凡二十餘楹。又北爲池，池上有堂，以祀前有司之興學者。郡之士大夫相與講學論道於其中，一時彬彬稱盛。天啓間，復申書院禁，太守二雲曾公托以課文保護之，得不毀。自萬曆末以迄國朝康熙間，先後增祀三十餘人，其中去取不無可議。乾隆十九年，郡守宋公楚望以講學久廢，捐奉倡率興建，右爲先賢祠，左爲龍城書院，於經正堂左右各爲齋舍二十間，以爲生童肄業之所，而規制復一新。夫昔之賢守莫不昌明理學，匠成翹秀，爲移風易俗之要，故志稱毗陵禮義風盛，職是故也。咸豐庚申，郡陷於賊。同治甲子克復，越明年乙丑，余奉簡命來守是邦，嚮慕昔賢之輔翼正教，而欲效其所爲，顧承喪亂之後，人物凋敝，日切切以振興文教爲念。時蘇松各郡試院業已興建，而常郡試院向在江陰，爲學使節署，經亂全毀，建復需時，勢難延待。當請於宮保制府李公，則已先期諭知郡紳楊藝芳觀察、莊俊甫廣文與官紳會議，擇郡城有舊址可因者增建號舍，暫爲學使按臨之地。遂申明以書院西首齋舍開通，與祠宇連爲一氣，八邑合捐錢二千緡，卜吉興工，不敷甚鉅。余復與劉雲樵廉訪及藝芳觀察集議，請於勸農局項下提撥三千緡，武陽田捐內借撥八百緡，功克告成。後堂七楹，中崇祀先賢；前堂七楹，爲學使衡文公廨。左右各有旁舍及厢屋十餘楹，西舍三楹，前爲大堂，階下東西兩廊建號舍四重，規模有過於舊。以權作試院也，候江陰學院節署落成後，當改祠爲書院，而移先賢於經正堂，以重明禋，以振士氣，垂諸久遠。此所謂權一時之宜而因與損益，仍不愆於舊章者也。嘗念常郡爲東南鄒魯，代有名賢，被兵以來，播遷失業。今幸昇平重睹，烽燧永銷，多士食德飲和，景仰前型，修身踐言以善其行，敬業樂群以正其趨。則文教蒸蒸日上，媲隆於古，爲邦家之光，亦余之厚幸也夫！爰志數語緣起而勒諸石。

——《武陽志餘》卷三之一

重建延陵書院記

〔清〕魏　禧

　　常州爲古延陵地，吳季子所封邑，故郡縣季子祠廟最多。舊志有延陵書院，故址不可考，蓋其廢而不興者不知幾百年矣。歲辛亥，郡太守駱公鍾麟慨然以風教爲己任，有意興復之，而延陵裔孫武進諸生吳某，鬻產以謀建造。於是就郡城雙桂里季子祠西偏之廢址，創復古延陵書院，太守時與郡邑之大夫士講學其中。未幾，太守以憂去，而新太守紀公堯典復振興其事，講習如舊時。常州爲古今人文之藪，倡明道學者，代有其人。書院之設，自南宋周伯忞先生，至明孫文介、張清惠，凡四五建，至於今，廢墜者數十年。一旦得賢有司起而舉之，常之大夫士觀感興起，彬彬乎道德之林矣。書院凡爲廡、爲堂、爲室若干區，地廣若干畝，作於某歲月，落成於某歲月。發祥竭力經營之，宜興邵薲協圖之。

　　禧來客兹土，得交常之賢人君子，而不以禧爲不文，命爲記，勒諸石。禧固謝不獲，于是拜手而言曰：昔孔聖以學之不講爲吾憂，而《兌》之《大象》曰：“君子以朋友講習。”自宋之小人以僞學誣君子，始有講學之禁。禧嘗以謂講學之人，有不盡出于君子者；而攻講學之人，則斷未有不出於小人，自宋以來可見矣。然漢唐之黨禍，君子與小人相攻也，至雒、蜀之黨分，而君子與君子相攻矣。雒、蜀之爭，是君子之講學與君子之不講學者相攻也。至朱、陸之黨分，近日程朱、陽明之説異，而君子之講學與講學者相攻矣。朋黨之禍，千古一轍，世愈降而趨愈下。嗚呼！不有君子，其流禍抑又何所底也！《易》曰“殊塗而同歸”，爲學者各有所得力之處，要歸于聖賢之道而已。是故弊有所必救，則殷周損益，雖聖人之制可以改其未善；理有所合，則諸子百家之言未嘗不可以發明聖人之經。若執一自用，是此非彼，始以相長之義而成相勝之氣，以徑路之殊成門户之異，則己之偏私膠固與小人之怙勢專利者，其間不能以寸，顧曉曉然曰：“吾講聖人之學者也。”是何異於之楚而北其轍，手格父母而口誦《孝經》哉？吾知諸君子之必不出於是也。果正其身以率物，虛其心以受人，將天下之忮求自消，況一堂之上乎！禧庸劣，于講學之堂，不足供糞除之役。今因諸君子之請，而妄述所聞于師友者，以附記事之後。是雖不能辭道聽塗說之罪，或庶幾備矇瞍之箴頌云爾。是爲記。

——康熙《武進縣志》卷三十八

重修延陵書院記

〔清〕黃　冕

國家養士育才，化民成俗，學校爲亟，書院其輔之者也。若有先賢遺迹，爲後學津梁，尤當敬謹遵守，垂久勿替。設歲遠湮没，莫爲振興，守土者之責也。常州爲古延陵地，道光戊戌，余奉檄來守是邦，詣延陵季子祠下，瞻拜低徊，知此邦士重名節，人敦廉讓，蓋延陵之遺澤遠矣。郡志載康熙七年，太守駱公鍾麟就祠西建設延陵書院，迄今百餘年，書院廢而其名并没。是歲冬，余與武、陽兩大令孫君琬、王君德茂謀仍舊典，相度祠東隙地，力圖興復。陽湖龔廣文舫邀集紳士呂榮、汪和鼎、劉弼全、余懷清、史丙肩及諸生杭潚、王炳董理興築，別建院宇，通祠後樓房，下爲講堂。越己亥仲春，工竣，費資若干金。余雖倡議於前，實賴孫、王兩大令贊成之，於是立課式，延山長，舉監院，於季春三月開課。山長脩脯出於各姓捐田，武、陽二邑取租以償，復勸集制錢五千貫，權子母以佐經費。每課由一府八縣，按諸生名次前後分俸給獎，寓創於因，經畫粗就。夏六月，長白毓太守回任，重加整飭，始獲周備。冬十月，余復權斯篆，見書院規模體制彬彬可觀，爲之大慰，自此師若弟可優游講誦於其間矣。抑余更有厚望焉：夫上先器識而後文藝，延陵君子之器識廣大，見於經傳史册者昭然爲百世師，今此書院之設，欲使多士聞延陵之風者嚮往於仁義禮樂之宗，與夫贈縞挂劍之誼，得以增長其器識。由是發爲詞章，無不純粹以精，處爲有本之學，出爲有用之才，誠文教之大幸，即士習之大幸也。若徒斤斤於文藝之末，則郡城固有校課之所，又何必重煩此舉哉！此則區區之心所不能已於言者，因紳士有碑記之請，而爲之說如此，有志之士尚其共鑒此衷也夫！

道光二十年孟春三月，署常州府知府長沙黃冕記，武進縣知縣歷城孫琬、署陽湖縣知縣大興沈淦生泐石。

——道光《武進陽湖合志》卷十二

道鄉書院記

〔清〕金吳瀾

溯自鹿洞興於廬阜，鵝湖肇自鉛山，從兹儒術昌明，英賢輩出，皆由書院之作養人才所致也。瀾客秋下車斯邑，訪悉在城龍城、延陵兩書院，足爲多士藏修之地，而鄉曲儒生每慮往返之不易，就近分設，則南有谿南，西有金臺，居此地者各肄業焉，獨北郊以外爲缺如。考之各鄉，曰德澤、曰循理、曰依東、曰安東之四隅者，耕讀相傳，民情敦樸，第其鄉僻寂居，未免觀摩無自。瀾從政之暇，方將與諸父老商所以策勵士風，而鄉之董耆生監適以擬建書院合詞來請，且謂是鄉有鄉先達宋鄒道鄉先生諱浩之墓在焉，請以道鄉名院，使諸生顧名而深景仰之思。夫講學育才，甄拔寒畯，固牧民者之責，而亦瀾生平所樂爲者。董耆之請，喜其正合瀾意，特捐廉爲之倡。鄉之人復從德澤、循理、依東、安東四鄉有志者募得錢若干緡，覈其數，尚不足以鳩工庀材，而其餘各鄉又皆讀書人寡，無可勸捐，爰將已捐者權其子母，待盈餘而後興作。先假小新橋鎮惜字公局，暫作道鄉書院，俾好學之士得早講貫於其中。從此祁祁濟濟，弦誦一堂，文教之興有不蒸然日上哉！董耆諸君將勒石，以昭示後人，匄余一言爲之記，因欣然泚筆而志具緣起如此。

——《武陽志餘》卷三之一

高山書院記

〔清〕莊怡孫

邑侯吳公蒞陽湖之三年，政通人和，誕興文教，龍城、延陵兩書院，及龜山、道南書院莫不身親考校。近者去城二十里，遠者四五十里，其學者無所問業，無所質疑，欲附業於龍城、延陵而途遠不便。其耆老言於吳公，吳公曰："古者黨有庠，術有序，國有學，鄉校之興其來蓋久。"於是度三鄉適中之三河口，於文昌閣之北建立書院。經始於光緒元年七月，落成於十一月，命名曰高山。前五楹爲門爲塾，復進五楹爲聽事，東西號舍各三楹，後五楹爲講堂，規制井然，有升降揖讓之所，有弦誦退私之地。繚以周垣，門窗厨竈什物器備，計二千四百緡，月官師二課，歲二十課，肄業生膏火、山長束脩及文卷手力庸直，歲需三百餘緡。侯出私錢八百五十緡，三鄉捐集錢二千三百九十餘緡，營構之外餘錢千緡，置焦墊質庫，月取子錢十二緡，侯每年復助以膏火六十緡，不足則取三鄉布若猪牛羡餘以給之。於是書院之規模大備，而侯之德澤孔長矣。往乾嘉間，李先生兆洛實居三河口，其經學、文章、政事爲天下式，其天官、輿地諸書至今風行海內，生徒於治經之暇旁通諸學，景仰前徽，有翻然興起者，不徒治帖括取科第已也。侯治陽湖，興水利，勸農桑，表彰幽潛，禁止蒲博，步禱而甘霖至，大獵而民害除，綱舉目張，條解縷析，若創書院，特其一節焉已。侯名康壽，字又樂，浙江石門人。佐侯創建書院者，大寧牟晉蕃、承雋尊、奚鳳輝、夏兆鑑，豐北姚光國、姚嶽望、周國銘、劉震之、邱鳳鳴、陳雲春，豐東姚孟廉、談洪贊、須堯棟，例得附書。

——《武陽志餘》卷三之一

棠陰書院記

〔清〕吳康壽

　　余以同治十三年秋蒞任陽湖，下車之始，諮詢利病，以水利爲民食所關，得約士民次第修浚。乃於大寧等鄉創建高山書院，新塘等鄉重興道南書院，弦誦莘莘，人文蔚起。往歲蝗作，蔓延遠近，幸撲以時，不致大眚。今年二月，奉檄移調吳淞，行有日矣，各鄉父老咸來餞送，謂康壽不鄙夷其民也。復建棠陰書院於寨橋，工用咸集，不事董勸。功既竣，以書抵余，俾碑其事，則敬告之曰：常郡當兵燹之餘，元氣未復，譬諸病者初瘳，宜加培養，若施以峻劑，雖一時見功，終至跋疐。嘗考國朝開大科二，乾嘉時鴻博劉相國冠多士。迨後人才競出，學行著於海內者指不勝屈，百餘年來其盛衰消長之故，必有主持鼓舞於其間者。諸君子從事於此，緣經義以爲治行之資，不難如胡安定之施於政者。康壽不學無文，無以爲諸君標準，顧念數年以來，藉有邑之賢士大夫匡其不逮，不致隕越。聖門事賢友仁，所以爲爲政之要者，不於此而益信乎！昔者湯睢州去吳，作紫陽書院記文，亦勸士人以正誼明道。洵如是也，處則爲真儒，出則爲名臣，而其材皆出於是。諸君子亟亟於書院，豈非培育英才以待朝廷之所需耶！顧以《召南》雅化比擬命名，則不佞重有愧焉。雖然，一日居乎其位，則一日效乎其職，此則區區之誠，願與邑人士共相勖勵焉爾。

——《武陽志餘》卷三之一

道南書院經費記

〔清〕許　械

　　吾郡延陵、龍城兩書院，都人士咸肄業其中，而去城遼遠之區，罕克至焉，鄉僻有志之士每以爲憾。同治己巳，中丞丁公以造就人材爲亟，牒下，縣令各鄉設義塾，以廣弦誦。於是陽邑之新塘、迎春、太平三鄉，言於邑侯張公清華曰："宋楊文靖公講學毗陵者十八年，邦賢景其遺教，爰建道南、龜山兩書院於城。今雖已廢，遺址可考於志，而新塘有龜山，捲翠臨湖，揚秀擢波，暎帶衆峰。山麓有圮宅，或謂公南還毗陵居此，因以自號。道光間，里人吳處士奎光等創建書院，其地龔秀才望曾爲之記，侍郎鎧書勒石，爲士子文會所，仍名道南，旋燬於兵燹。夫便於彥詠而可久，莫若復書院，即三鄉之學者官與師互課其成，庶野處之士不匿其秀乎？"張侯韙之，告於中丞，三鄉合捐錢四百千，起息供膏火，張侯又月分廉俸六千獎前茅者。後蒞茲土咸遵行之，士子爭濯磨，迄今六載，補弟子員已數十人，不可謂非陶育功也。顧經費仍絀，董厥事者段訓導紹襄、陸監生孝隆、吳監生達生等謀之今邑侯吳公康壽、紳士劉觀察達善，慨然倡率，人多樂從，城鄉共得六百千，并前數爲母，取其子資肄習，差足以永其事於不廢。夫自宋設書院講學，而通經致用者萃焉，顧必擩染磨礲，久乃有成。使作者無其人，或作焉而旋輟，吾未見其能成也。然苟非有心風教，廓然不私己財，維持而作養之，又胡得與延陵、龍城諸書院歷久而彌盛乎！昔之創也，書捐於石矣，茲屆所輸數增於前，則吳公、劉公及諸君子慨解之心尤不可没也。爰從段訓導等之請，勒數語以垂久而爲之記。

——《武陽志餘》卷三之一

中右厢義學記

〔清〕陳玉璪

　　古者井田之制既定，里有序而鄉有庠。八歲入小學，十五入大學，其有秀異者移鄉學于庠序，移國學于少學。諸侯歲貢少學之異者于天子學、于大學，命曰造士。行同能偶則别之射，然後爵命焉，此《書》所謂“侯以明之者”也。中年考較，命國之右鄉簡不帥教者移之左，左移之右；不變，則移之郊，移之遂，屏之遠方。此所謂否則威之者也，而其始莫不由于小學。今之社學即古之小學也，小學之法散見于經傳，至宋朱子輯爲成書，凡洒掃應對進退之節、禮樂射御書數之文，靡弗詳而備，秩而不紊。人苟能仰體聖賢之心，不忽其近者小者，以馴致乎大者遠者，則入孝出弟之間，萬里咸備，所謂教民以漸者，不在斯乎！

　　吾邑故有社學，歲久墮廢，里諸生某君奮然謀所以修復之，請文于余。余思郡縣州學著在令典，有司奉行惟謹，是以鄉社之學家自爲教，有司往往視爲贅疣。宋張耒作《冀州學記》，謂後世郡縣之政與學校無毫髮相關，故有司視其廢興爲最緩。嗟乎！郡縣州學且然，況鄉社之學乎！則君之爲是舉也，非惟匡有司之不逮，且以補王政之窮，其有功于閭里豈淺鮮也哉！而予更爲君進者，古之教者既設學以爲之地，必命官以爲之師。明洪武間，詔天下立社學，諭曰：“今京師及郡縣皆有學，而鄉社之民樂睹教化，宜令有司更置社學，延師儒以教民間子弟，庶可導民善俗。”是知社學本無專官，宜倣明祖遺意，擇里居士大夫之有道德學問者以居其位，朝考夕糾，俾小子有造而漸以底于成焉。若是則修舉不徒故事，而吾邑人材不由是益蒸蒸振起乎！觀于鄉而知王道之易易，殆謂是歟！

——道光《武進陽湖合志》卷十二

重建青山義塾碑記

〔清〕劉　芳

　　事有係一隅風教而爲衆善統宗者，其興復類非偶然。郡北郊青山義塾，原創于雍正三年，朱君齊賢捨宅捐建，詳憲存檔，并出己貲延經師誨後進，里之人頌其德弗衰。無何，朱君下世，後嗣中落，塾舍胥變市廛，垣墻僅蔽風雨，過其地者幾忘曩年講誦之所。會嘉慶元年，郡士大夫推聖天子樂育人材之意，興建義學，遠近舉行，我北郊念義舉之難得也，與舊貫之可仍也，踴躍將事，敬偕朱君後嗣建章等，暨諸同志呈憲，理贖原屋，募貲重修，址仍于前，觀侈于後。曩所云胥變市廛者，今且棟宇式煥焉；曩所云僅蔽風雨者，今且丹堊一新焉。蓋朱君九原之志于是乎慰，而吾儕之不遑寢食以迄用有成者，亦大費周章矣。先是乾隆丙申，予亡弟讓溪與里中同志糾創存仁義會，月給孤嫠，始額數十人，遞增至二百餘人，即于附近寺刹如紅塔寺、問津庵、三元庵釀捐散給，踔行三十餘年，至是亦移入塾中，俾孤窮就領得有定所。并與塾中諸君合力扛撐，邀本郡各布行每定捐項下抽釐四毫，與存仁各半，以資經費。肄業之始，邑侯唐明府躬送諸生入塾，并豎額云"有教無類"，嗣兩江制憲費大司馬復贈額云"克廣德心"，均紀實也。夫草創難，改作亦不易，今兹塾已數十年中輟，而庀工揆日，不旬月而還舊觀，塾延兩師，生徒濟濟，凡遠近單寒及孤嫠子弟咸造焉，則所謂人之欲善，誰不如我與！天定勝人，人定亦勝天之説不綦信歟！予自壬子七閩歸里，忽忽十數寒暑，于濟人利物之事朝作夜思，常恐不逮。今白髮鬖鬖，齒屆八十，樂觀兹塾之速成，且仁經義緯，一舉兩得，私衷尤愉快焉。繼自今，惟願諸同志終始惟一，畛域不分，勿炫美一時，勿怠棄他日，我北郊蔚成仁里，永永年所，庶於國家化民成俗之意不無小補云。是爲記。

——道光《武進陽湖合志》卷十二

西郊義塾記

〔清〕錢維喬

　　禮曰："古之教者，家有塾，黨有庠。"其制二十五家爲閭，同巷設一塾，五百家爲黨，庠加廣焉。蓋無地而非學也。《尚書大傳》曰："十歲始入小學，見小節，踐小義。"蓋出就外傅，謹于其幼也。夫童蒙之教，所以養正，今高門大族其視訓子弟略不經意，以爲習句讀而已，而貧者又無力延師，坐聽其蕩廢。吁！此亦風俗之所由衰矣。吾郡素稱仁里，近年于睦婣任恤之誼多所敦行，而義學之興最盛者莫如西郊，蓋唐君本仁之力也。唐君首捐千金爲倡，同志者陸續繼之，又得賢邑令唐侯以清俸增置田若干畝，用助既廩，于是規模大備。間嘗登其堂，生徒濟濟，誦讀之聲琅然也。或謂此中豈遂能造就人才，是大不然。夫人髫齔無師，鮮所約束，且長而不識一字，即令習會計爲胥吏，亦復難之。今聚里巷孤寒之子歸諸禮讓，所授雖兔園册，慧者可由此粗知文義，他日所成就豈少哉！吾見富厚之家往往以聲色玩好、樗蒲遊戲靡其財不惜，乃唐君視人之子弟如其子弟，慨然出重貲爲此善舉，而人亦相率踵之，此桑梓之仁風，足以風天下矣。予故樂爲之記。至其章程經費，有册牘在，不具書。

——《竹初文鈔》卷一

常州路重建城隍神廟記

〔元〕柳　貫

城郭以域民，凡高城深隍，以溝以封，欲其居無隉、患有圍也。夫民所瞻憑以興財致用者在是，則城隍之有神，是宜世載其英，以歲時承報於無已。若古侯國始造縣鄙，建其神位，以制其牲幣，豈門行户竈之私、坊庸表畷之微可得而儷其式哉！常治毗陵，畫江界山，方地千里，統郡縣四，在澗以西爲大府矣。當王師南伐時，其守臣嘗阻兵不下，火及城中，官寺民廬蕩爲烟埃，獨城隍神祠直金斗門之西，迄無寸甍尺桷之損。或曰斯城斯隍，非不高且深也，麾鉞一奮，而十數萬生口不能恃以安固，神將無責爾乎？然命之或去或否，視其順昌而逆亡，則斯神之靈蓋皦乎其不誣也。於是延祐五年，去燬城之歲餘四十年所，祠之存者瓦漂棟敗，階陊楯折，而總管府知事廣陵趙君琦適至，愀然曰："兹吾所蒞地大而物殷，凡以逆雨寧旱、消沴弭疵者，舍神弗宗，則誰其穀我！祠以揭虔而可後乎！"乃請于其長，議以克合，方練辰程物，屬徒庀工，而勤禮興義之士咸來薦力，未期而廟成。肖像孔儀，祭品維旅，廣檐崇阿，丹塗白堊，修亘麗密，不節不豐。仍歲比境或以饑告，而環常四野熙然樂郊，民之怙神如巨防之有截而危障之有屏，謂焄蒿悽愴必求諸其類者，豈不信哉！又二年，而君以代赴調京師，過予曰："石謹具，子爲我記之。"常維延州來季子之封也，俗故秉愨而好讓，今其民非昔之死孝死忠者之子若宗乎？生聚教訓，胥及三紀，上之涵育，神之蔭休，有引有翼，其不滋衍以碩乎！君之職司，坐幕府治文書而已。宣其餘智，新美是祠，俾民康共，而繼今犧牲潔齊，來娛神保，顧瞻廷宇，灑掃弗亟，有不興其甘棠勿剪之思乎！是皆吾記不得而略者也。君清栗有猷，今進階從仕郎，爲穿山場鹽司。今惜其將老而弗究於用，使其得政而施設焉，可以觀其事神治人先後之宜矣。

——萬曆《武進縣志》卷一

常州路重建城隍廟記

〔元〕陳顯曾

郡國置城隍祠，列之祀典，固封圍、庥民物也。毗陵郡有祠，建自前代，在理所之西南數百步，水旱札瘥禱焉。至正十二年，盜自廣德陷宜興，入寇郡城。時郡兵承調四出，征戍遠方，居守者爲鮮。賊衆日滋，城以不守，燔市人室屋半，遂及神祠燬焉。靈威有嚴，再旬而殄賊。由克復至于今，傷夷未瘳，興築靡遑，藜藋蕟合，瓦礫繁委，過者興嘆。明年春，制命中議大夫、河東僉憲伯顏帖木兒同知常州路事。侯自胄監釋褐，再爲州縣，具知民艱。及佐茲郡，徭役以均，訟獄以簡，督視秋賦料量平準，民情遂和。侯乃議復神祠爲衆哀祉，監郡忽兒忒哈公、別駕李侯文煥叶贊侯議，皆捐俸以爲倡，民乃翕然從之。經始於十四年十二月二十五日，落成於今年四月初九日。其外爲甬道，屬河而表之。次爲靈星門，中爲儀門六楹。東西廡三十四楹，其內祠宇六楹，承霤四楹，肖象丕昭，祭器咸庀。觀者踴躍咨嗟，告於顯曾曰：“侯之於民既恩既勤，事神以寧民也，宜有紀焉。子書其實，毋佞。”予謂城隍之神，祀有常數。侯新其祠，昭復舊觀，以禳以祈，使人有所瞻依，其爲民生慮深矣。成民而後，致力於神，侯實有焉。宜書以勸後，使知侯之爲民，而非徼福於己私也。

——萬曆《武進縣志》卷一

重修常州府城隍廟記

〔明〕惲紹芳

世恒言操禍福人之柄者曰神，神之靈稱顯於吾郡邑中者，必曰城隍。其廟在郡治之南僅約千武，宅中而建，其東則縣治相距數百武，故其神兼主郡、邑之幽道，視旁邑爲獨尊。自二千石以下捧符蒞茲土者，遵制典先期齋祓宿廟下，五鼓盛服，燔燎祼將，特與神誓職，則希神默相，不則甘其譴罰，禮成乃敢即役，進吏民而服乃事。其民間歲時傾城肅謁，爇楮爲泉幣，聚爐翳道，赫焰懾人。或雜以媼負人，瀆慢非禮。三時灾疢，左毉右巫，往往刲牲載酳，冠紳賈豎、里旅廝臺羅拜絡繹，深可姍笑。或橫被口語，率戴蒴指日，詣神愬屈，如愬大吏。其自作不靖，或懼以官不聽，一懼以神法，則齚舌錯愕吐實。俗健險好告訐，相怨一方，不各省愆，妄希徼惠，圉敓之豪、桀黠之朋、囂訟之師、怵迫之黨群然并進，務豐饋祀。其甚也，至有欲爲不善，陰而祝之，既爲不善，又陽爲之辭以文之。不知神有靈也，必不降福於不類，如其無靈，瀆之奚益！我皇祖高皇帝始即位，首正群祀，而城隍之神著於令甲，曰：“廟必視其郡邑之廳事高廣爲差，春秋祀山川則載其主合食於壇，水旱祈禱與風雲雷雨并。”其大指無非欲神人共職，以福斯民而已。然茲神也，《周禮》《儀禮》不著，漢高夢秦臣馮尚，始肇厥祀。意古者未立城郭，惟祀山陵川澤，壇而不屋，其後設城郭溝池以爲固，謂必有神焉以主之，乃爲立廟。廟故有神而不名，然江左寧國等郡或以爲紀信，江西諸郡或以爲灌嬰，則自古祀之矣。至於錫福降殃，幾於師巫邪術，而世多尊信之者。禍盈福謙見於大《易》，古之聖人雖以神道設教，而其意主於欲人之不爲不善，故城隍之祀雖不可確然指而名之，苟其生存有德於其地，或死事而懷之，則天命之以主一方而操一方禍福之柄，其理有足信也。

吾常畿輔名邦，稽諸志乘，則宦績、流寓代有偉人，而最著者莫若吳季子、唐孟簡、宋楊中立、蘇長公、文信國。之數公者，或以讓國立節，或以治河著聲，或以正學倡士，或以氣節勵世，或以精忠徇國，其流風餘韵炳炳如生，至今與日月并麗。使攝城隍之祀者有若季子，則退遜者福而攘竊者禍矣；有若孟簡，則勞勚者福而惛慢者禍矣；有若中立，則悃愊者福而狡偽者禍矣；有若長公，則危行者福而風靡者禍矣；有若信國，則捐生犯難者福而全軀保妻子者禍矣。生爲哲夫，歿爲明神，幽明之理其有二乎！福清龍岡施公治吾郡歷四期，惓惓以作人造士爲急，理民事自朝至於日中昃不遑暇食，惟首下令戒諸祠宇嚴絕博徒，禁止媼負人，入者罰無赦。有創爲淫祀驅走愚俗者，立置於法。已乃修舉廢隳，黌宮士館、使院賓郵次第落成。每吉月朝於神，一日顧視門堂庫隘弗稱，乃與邑令茹君歷山議新其舊而增其所未高，不數月，堂廡門楹丹青黝堊，翼如煥如，外闢兩垣以肅瞻視，前樹磚屏以遠囂雜，過者靡不惕然起敬，冀自今以始，神必大顯其靈，以爲一方主而無使不道者得奸其間，於神人之道兩有助焉。蓋務民義而敬鬼神，非惑於不可知者。工甫畢，逢首夏大旱，旌倪皇皇，奔走雩望，公率其屬載廟主步禱兩壇。已而雨降，民歡呼，幸茲歲不爲溝中瘠矣，是神人之恪共厥職也。敬書其事於石，且風於邦之人，俾知所警云。

——萬曆《武進縣志》卷一

新建武進縣城隍廟碑

〔清〕陳玉璂

國家令甲惟社稷得遍祀天下，其位不屋而壇。外此則郡縣城隍之神亦得遍祀，然城隍之神祀以春秋，復奉其主合食於壇，非以城郭溝池之故，冀福佑斯民，故禮意如此其隆重哉！又國家制典，自二千石以下蒞茲土者，先期齋祓宿廟下，五鼓盛冠服，燔燎必虔必肅，北而跪祭，祭畢誓於神，曰："職則希黙相，否則罪譴。"禮成，然後詣郡縣視事。自此以往，每朔必躬謁行禮不敢忽，然後知城隍之祀，且使凡有位者知所敬畏而勉爲良吏也。吾俗小人好巫，又事告訐，或橫被口語，率詣神訴屈，如訴大吏，訟由是得解，益知城隍之祀，且陰佐官守之聽訟而得平其情也。吾郡故有城隍廟，會康熙某年道士某夢神告語，復於郡廟之旁建立縣廟，廣檐崇阿，丹塗白堊，修亙麗密，不節不豐，肖像孔儀，峨冠方袍。於是邑之人既祀於郡之神，復奔走縣神如郡禮。嗟乎！夢兆之説近于荒唐怪異，固可信耶？抑知國家建官，有守必有令也，苟使莅吾土者顧之，益勉爲良吏，蚩蚩小民益懼神之靈爽，不敢赴訴，交相激勸，漸而至於淳龐敦厚之風，則神之有功於吾邑，信豈獨在城郭溝池之間哉！

——乾隆《武進縣志》卷五

先賢祠傳是堂碑記

〔明〕曾同亨

傳是堂隸毗陵郡治，歐陽使君復龍城書院故址，即其地建，祀延陵季子而下六十有九人。朱侍御公以閱汛至，見而韙之，爰命今名，蓋取韓子《贈文暢序》中語也，與使君意合。使君因遣使來徵記，曰："願闡'傳是'之義，以詔此方之人士。"不佞學不聞道，其何以副使君之委？惟有德意不可虛辱，請爲諸人士試言之。夫自剖判以來，言道統自堯舜始，堯舜之言道統自"允執厥中"之語始。是中也，即惟皇降衷之恒性，純粹至善，不偏不倚，合智愚賢不肖之所同。其在父子爲親，在君臣爲義，在夫婦爲別，在長幼爲序，在朋友爲信。率之爲仁義之道，而性所由顯；修之爲禮樂刑政之教，而道所由行。自二帝三王以逮周公、孔子、孟軻，聖聖相傳，作君作師，繼往開來，裁成輔相之業，皆本之此，亦猶家之世嫡相承，雖累千百葉不可得而易也。世降俗衰，百家之説競起，雖莫不各有所授，然其大旨支分派別，不得以亂吾世嫡之傳若蒼素然。至佛氏之徒出，竊取吾儒之微言，以文其自私自利之意，蓋幾於瀆宗矣。韓子闢之，説者謂其與孟子距楊墨之功同，有以也。夫韓子之闢佛，其語不啻詳矣，而莫近於所以告文暢者，何也？蓋百家之説與楊墨之教，其意淺，其詞錯出而不馴，固易辯也。若佛氏之旨，精深而弘大，聞者既多貿焉，莫知其似是而非之害，而其出離生死之説，又足以聳動群情，而誘之使趨。一旦欲其返而歸正，如徒舉精深弘大之旨，與吾聖道毫厘千里之謬者，曉曉置辨，有悍然不顧而已。故韓子之語暢，第言帝王仁義之道，禮樂刑政之教，所以覆冒斯世，而林林總總，皆得安居而粒食，優游以生死，不至於爲夷狄禽獸之歸，使其聞而爽然自失，庶幾迴其轅於吾儒也。此韓子之善言聖道，即謂功配孟子可也。今天下道術大裂，士之趨佛者，方自謂闖其奧奧，牢不可破，紛然而未已。扶世衛道之君子，往往憂之，是宜侍御與使君有味乎韓子之言，取以名堂也歟？雖然，三代以後，明道之學直接孔孟之傳者，明道常讀韓子之言，謂不知其言所傳者何事，豈以二帝三王以來，其所以傳者，韓子固未之及歟？蓋明道之言曰："聖人本天，佛氏本心。"

夫惟本心，必至遺倫棄物，與世了不相涉，而後無礙其空體；夫惟本天，必至盡倫盡物，條貫融通，而後克全其性真。此聖道與佛氏毫釐千里之差，必不能強而同者。學者即此求之，其於聖道之所以傳，思過半矣。毗陵三吳奧區，自子游逾江蹈淮，從游於聖人之門，南方之學得其精華者，莫如此地。乃數千年來，其能紹明聖道之傳者，可指而數也。不佞頃入白下，側聞毗陵諸學士大夫，方修朱陸之會，以昌明道脈，而傳是之堂適成於其時，事機之符合，其感動興起，當益易繼。自今登斯堂者，無忘賢師帥嘉惠之意即名堂之義，以根極執中之傳，相與修身繕性，捨曲徑而履康莊，無愧聖門之世嫡。異日者，出則以身行道為聖臣，處則以身明道為真儒，將一方人文之盛，埒美鄒魯，方駕濂洛無難者，其於延陵以下諸賢何有哉？斯使君所為，拳拳屬望於諸人士之意也。

——萬曆《武進縣志》卷一

傳是堂碑記

〔明〕朱吾弼

余壬寅夏，以汛防有海上之役，按毗陵。毗陵守為歐陽子千仞，千仞余同年進者也。惟時方復故龍城書院棄址，創祠其中，祀郡先哲若而人，大都其人是者論其學，其學是者論其人，歸于淵源所自與行事本末不謬戾者乃得祀，蓋崇德尚賢、明道興學之盛心也。余聞之喜見顏色，則謂千仞："如子所祠諸賢，聖人之徒歟？其傳皆聖人之道歟？昌黎不云乎堯以是傳之舜，舜以是傳之禹，禹以是傳之湯，湯以是傳之文、武、周公、孔子，孔子傳之孟軻，請名茲堂曰傳是，何若？"千仞雅與余志合，因詢傳是之旨于余而余未有以副也。竊思昌黎此言，程純公謂其必有所見，若無所見，不知言所傳者何事。嗚呼！堯、舜、禹、湯、文、武、周、孔之傳誠未易窺，然亦豈有出於昌黎所云道德仁義者乎！道德仁義之在人，飲而食之者也，然飲食者取其稻粱而雜以烏菫，則雖至死不悟。道之失其傳無異故，有以雜之故也。昌黎曰：自漢以來言道德者，不之老則之佛。凡吾所謂道，合仁與義而言之也；凡彼所謂道，去仁與義而言之也。嗟乎！昌黎之論至矣。夫其必合仁與義而言者，非吾有意於合也，所謂吾儒萬理皆實也；夫其必去仁與義而言者，非彼有意於去也，所謂釋氏萬理皆空也。吾見其實，則大自綱常倫理，細至食息起居，所謂仁義者固無之而非是；彼見其虛，則視身世為夢幻，謂倫物為假合，雖提仁義無所著之。是故吾聖人所傳者如是，而二氏之亂吾傳者如彼。始於逃虛習寂，幸而瞥見其自心，而終於三綱淪、九法斁，禍至酷矣，誰知其所始者渺乎微哉！非智者莫能擇也。昌黎之譏荀、楊曰："擇焉而不精，語焉而不詳。"不精不詳，所以不得其傳，則得其傳者必其精而詳者也。今持是説以告人，必且謂道者離聲臭、絶形器，非有方體窮際也，若爲擇之而若爲語之，不知離聲臭、絶形器者即在聲臭形器之中，而無方體窮際者非出乎有物有則之定理，渾淪莫破而分殊者森如，轇葛糾紛而一致者自若。是故不擇不精，而擇尤不可以不詳。今智不足以及是，而茫然措其心于溷濛之域，妄謂心行路滅，言語道斷，昧所生則言無生，忘身之爲世則言出世，斯其愚亦可哀矣，而世之曰予智者方匍匐而歸焉未已也。昌黎曰："不塞不流。"學者誠不溺乎彼之説而深以信乎吾之説，從人倫日用精察而力行之，安知所謂是者不即在是，而遂終至于莫傳也乎哉！捨烏菫而食稻粱，世蓋未有不能飽者。余不佞，兢兢惟崇正道、闢邪説是望，故因名堂，而述所聞以詒千仞，且願毗陵之人士共講焉。

——萬曆《武進縣志》卷一

建炎新修忠佑廟記

〔宋〕夏之文

宣和二年，方臘寇睦州，犯宣之寧國，距州界百里，州人震恐，遂禱於武烈帝之祠。既而賊引退，不入境，龍圖閣學士錢公即相與出力新其廟，以答神貺。州表奏於朝，賜額曰"忠佑"。謹按，武烈帝，陳太丘之後，諱杲仁，世爲晋陵人。仕隋，拜大司徒。大業五年奉詔平賊于長白山，九年平樂伯通于江寧，十三年平婁世幹於東陽，忠孝文武，信義謀辨，雅爲當時推重。又數平賊，威大振。沈法興起義兵於吴興，謀據吾州，憚之，率衆歸附。後法興與賊帥李子通陰圖叛逆，力拒之，故及難。晋陵、武進之人，立東西廟祠焉。東廟尋并罷，西即今廟云。唐乾符封忠烈公，中和封感應忠烈公，梁開平進封福順王，淮南大和更封武烈王，江南保大册今號。自立廟距今五百餘載，州人之出入必告，水旱疾癘必祭，征行師旅必貌神像以偕，凡有禱于廟，其應如響。故自朝及暮，具牲酒，命祝史持玠以乞靈，無停晷，而欲新神廟者雖日斥而大之，弗厭也。

建炎丁未秋，陝右兵討亂武林，次嘉興，一夕軍變，回姑蘇閶門，所過蕩爲坵墟，西涉丹陽、鎮江，被害特甚。惟吾州界二州之間，亭距奔牛，獨免殘破。初入境，殺羊犒軍，其一拱手坐逝，賊相顧失色，數欲縱火，雨輒作，望城上皆紅衣巨人持兵仗，尤驚異之。戊申春，江賊寇儀真，浮江東下，破鎮江，據之，設水寨于金、焦二山，凶焰熾甚，州大擾，神許不犯境，後旬果降。方時艱棘，恃神以無患屢矣，人人德神之賜，無以報，念欲侈祠宇之奉尤力。知州事右文殿修撰周侯杞，因民之所甚欲，下令曰："願復新廟者聽。"

州人歡呼鼓舞，輦土于郊，楺木于江，工徒材用之須不謀而集。于是諏日度地，易卑以崇，袤狹以廣，爲門于中外，爲廊于東西，薦獻有亭，醮祭有堂，齋宿有廳，以間計之，五十有奇。通守直秘閣梁侯汝嘉令武進日，實總其事。興工于是年冬十月十有三日，甲子明年春三月十有五日癸巳告成。翼然而輪奐，廟貌益嚴，州人奔走祠下，承事益虔，而神之宅厥居，燕斯民，庇一方，其將永永無窮。

侯以之文嘗代匭侯泮宮，與聞興修始末，俾書其事，不得辭。惜乎隋唐史逸其傳，其詳不可得而知也。廟成前一月，鑾輅巡幸，既行，人有睹回師入廟門甚整，意神以陰兵扈駕也。時潰卒乘間剽竊，火民居，不能延，及州遣官軍襲殺之，一境以寧，亦以爲神助云。乃若敗王郢符、裴璩之禱，拒孫儒、黃巢，如周節度之約，又嘗以陰兵黑牛助柴將軍之戰，則有碑碣存焉。嗚呼！烈丈夫忠勇氣充塞于宇宙間，不與形俱盡者也。使不幸而死，死當廟食，英靈凛凛，千古如在，見之者改容動色，莫不悚然畏慕，愈于生之日。彼選愞偷生，厭厭如九泉下人，其死也與草木俱腐，何足道哉！

建炎三年八月十五日，宣德郎、太常博士夏之文記。

——萬曆《常州府志》卷十九

忠佑廟修建加封記

〔元〕王士熙

宇宙間偉人出而動盪一世，攬龍虎鱷蛇，嘯風雲，洗日月，使國去禍，使民就福，此皆天神來爲世人，故能挈造化在手，成大事業。及其形化，返於虛無，則復爲神，固其所也。翹風芳，歷勳勩，醲澤不亡于千古遺紀于一時，顧或有之。許渾常嘆衛將軍矣，今毗陵所事陳真君有嫣之後，蓋擢高科，仕隋大司徒，拯危平僭，以忠著，其佐神柴侯仕南唐節度使，皆能摧敵，以義以勇名。夫官大司徒、節度使不賤，忠義有勇，又立名當時，隋五代史亦莫之及，及亦莫之詳焉。因知古名臣烈士，史失其姓名與事者何限！公論一人心，人心一天理。忠義人心，理也，無有泯時，況其使國去禍，使民就福，無異其平生哉！水旱也雨暘之，盜賊也錢鏄之，疾病也簞食肉之。休賴天下，而祀盛淮浙東西。毗陵爲神桑梓，尤盛。郡之人奉之靈，動畏視之神恩，動愛視之父母，廟以寓歸依之心，表曰忠祐，而爵王至帝，封福順武烈顯靈昭德號舊也。熙朝嘉陰相之績，帝之，上無能名，益仁惠孚祐，是錫真君。帝，通天人之辭；真君，天之矣，然號高而廟庫弗類。初郡長脫因公祈穀稔，思報善，脩有開以薪粲是助。公拱手言忠義士于名教有益，且吾民何恃？身康而腹無飢，匪他之賜，神殆與牧守分治此郡。吾坐官署安，神風雨不庇，愧

碑記／祠廟

197

之久矣，安事勞民！旦出私錢，率僚屬，凡營具圖殿幾，門幾，厢廡幾，亭臺幾，殿某，門某，厢廡某，亭臺某，具式。木務大，瓦務重，竹葦鐵灰礬石膠漆務堅，其崇務充，其縱橫務深廣，有志也。工未半，以報政去。及錫命下，趙君琦尹武進，願合以培。同知明安海牙公繼至，虔倍之。主祠二張師叩囊底以從，遂成。成契圖式，殿大小六，厢廡左右夾門，內外二亭臺，前後總百楹，齋房、賓館、庖庫、庖湢在其外。凝土像形，嚴形像秩，煥飾無不萃，于是林泉改觀，過者愕眙。昔者重幡垂擁，游埃未遠，今則飛楯躡廉，高寨大闚，清思拔出；昔者瓣香俯伏，地不給序，今則虛唐蔭術，列容千席，進退有餘。紅衣羽扇，儼臨于表，皓乎蓮華涌太華也；金戈玉節，森植于下，凛乎瑤樹行碧海也。至若聲容堂堂，如顧盻然；威耀奕奕，如指揮然，隱若雷霆下青天也，故廟成神益尊，人敬益新，而大號之美始稱。師請昭其事以勖方來，余爲之一書曰："聖元天子在上，百靈效職。繼自今日，太平萬億世，與天無極。"再書曰："陳真君迨其佐柴侯血食鄉土，爲國爲民。繼自今日，國加衛，民加保，與聖世無極。"三書曰："毗陵入混一來第一甲子，實維景運，是歲神新廟克具，實惟盛事。繼自今日，廟如吏治有府，如民處有室，與神釐無極。緊毗陵之人，艾耄期頤至而會玄在樂，國亦無極。"書已，振動拜，爲詩以系之。明年宇下懷椒糈，丞蕙肴，夕用迎享，送以備焉。

真人棄羊去鄧墟，御風泠然行八區。返顧下土瓜爛蛆，哀時再出忘隆汙。銀河倒流落蟾蜍，海內驚見明月珠。策治未數誼及舒，盛德要矢皋陶謨。隋家山川如畫圖，端坐正之不崎嶇。鋤樂剗嫠一軒鬚，士休而歌法興屠。歸從放勛謁帝趨，願脫穢濁陪清都。金尾獅前聲若俞，天上雖樂無閑夫。神仙皆起功行殊，命使永澤江南枯。畏壘俎豆千年餘，至竟羶行生樲株。光靈所被非一隅，是邦乃自誕彌初。春風簫鼓花氍毹，秋風雞豚稻香腴。橋運相使巧中輸，侯誰在矣柴與俱。渺州之西松傴湖，義興英挺白額菟。近州之東泉溜渠，九龍孤高雨芽爐。致功避世各足須，讌游有客適有居。君不寂寞少此娛，赤鯉既來母疾驅。留伴停黿栖接余，日聽閭里歌唐虞。

——萬曆《常州府志》卷十九

重建忠佑廟記

〔明〕王 偉

吾常舊有祠祀隋司徒陳公之神曰"忠佑廟"者，宋宣和所賜額也。神在唐封"忠烈公"，在朱梁封"福順王"，在南唐封"武烈帝"。曰"隋司徒隋公之神"，則我朝太祖高皇帝所定制也。蓋生全節義於時，歿昭靈既於人，即其當時位號以祠而祀之，禮也。而曰"公"，曰"王"，曰"帝"，於義何居？此我聖祖之制，所以一洗累代不經之弊，而永爲萬世不刊之典也。至命有司以春三月十有五日用豕一致祭，載之祀典，歲以爲常，視之前載邦侯郡士有欲則祈，有感則報，雖隆其虛名而略其秩節，其得失又奚待較哉？

神諱果仁，字世威，常州晉陵人。生梁太清三年，年十八舉進士，仕陳爲監察御史，遷江西道巡察大使。陳亡隱居，隋高祖累徵不起。大業末，有詔討賊，義不可辭，遂奉命平長白山洞寇，剿江寧樂伯通叛徒十萬，累授銀青光禄大夫。義寧中，與吳興守沈法興、太僕丞元祐并命剪除東陽婁世幹賊衆二十萬，以功拜大司徒，賜宮姝、廐馬、粟帛。煬帝被弒，法興起義，入毗陵，陽爲討逆而陰欲據之，與賊帥李子通相結，而懼神之不附己也，遂遇害，唐武德二年五月十八日也。事具《忠佑實録》，而史逸其傳，《唐書·沈法興傳》雖附見焉，至謂法興乃與祐將孫士漢、陳果仁執祐趨江都，名誅宇文化及，襲殺毗陵通守路道德，據其城，自署"江南道總管"。聞越王侗立，乃上書"大司馬、録尚書事、天門公、承制置百官"，以果仁爲司徒，士漢爲司空。審如是，則神之晚節幾於從僞以隕其生，若非蹈義，然即其平生所稱"八絶忠孝文武信義謀辨"觀之，夫豈不能審順逆之勢、決去就之分，執節不屈，以甘蹈白刃哉？《實録》，郡士俞千里所修，其事不爲無據。若唐史臣之言，似未足以盡信也。此其所以殁而有靈，以陰翊於國，永庇於人，以廟食茲土，綿數百載而不絶，有非偶然之故也。

廟在郡城西排灣通惠坊東，唐初郡人請於朝，即神故兵仗庫立祠。垂拱元年，始創大殿。自時厥後，代有興作。國朝洪武初既建新廟，宣德中修復舊觀。天順壬午，廟毀。成化丁亥，同知謝侯時芳首捐己俸爲倡，且屬郡士朱懋昜爲疏語以授道紀陳一源，募衆得白金百鎰有奇。市材木，庀工徒，建正殿三間，東西廡五十四間，中門五間。經始於是年四月，工未告成而謝侯去。今太守孫侯偉德始至，謁祠下，遂續成之，重修後真武殿三間。其橋亭、獻亭、山門、靈星門之舊建而未葺，與夫殿廡雖建而藻繪未施、丹堊未飾者，乃協謀於同知吳侯廷用、通判董侯宗儒、張侯名父、推官胡侯允夫、武進知縣胡侯文博，以次繕復。一源嘗請予作記未果，至是懋昜又稽諸載籍爲《實録續編》示予，而予友山西按察使趙公叔成又速予記，故卒爲記之，以畀一源之徒嗣道紀蔣廷玉使刻焉。

——成化《重修毗陵志》卷三十四

忠佑廟碑記

〔清〕陳玉璂

郡城忠佑廟殿圮，道士某募金修葺，既訖工，命玉璂記其事。廟祀隋司徒陳公杲仁，公字世威，晋陵人。生梁太清朝，舉進士，仕隋官監察御史。當陳亡隱居，隋高祖累徵不起，大業間被詔討賊，不可辭。五年，平洞寇於長白山。九年，剿樂伯通叛衆十萬，累授銀青光禄大夫。義寧間，東陽婁世幹叛，奉詔斬之，拜大司徒。《隋史》不載公姓氏，劉昫載而不詳，宋祁視昫尤略。竊怪魏鄭公與公生同時，耳目聞見不遠，及身爲佐命臣，乃略言故國之忠義若此，然忠臣義士生忠人國，歿爲明神，血食死所，其忠義之氣薄于天壤，亘古今不敝，史之傳不傳，固不必計也。郡志言煬帝弒，沈法興起義兵，陰與李子通謀據晋陵，公娶于沈，偵知異謀，懼發，置鴆酒殺之，而昫不載，第言法興自克晋陵，謂江南可定，尚立威刑誅將士，公受害或在是時。又言南唐保大十三年，吳越兵至，柴克宏進禦，夢公語兵助，及戰，風雨晦，有黑牛突陣間，克宏俘馘千人。事聞于朝，封烈帝。又言宋宣和二年，方臘寇睦州，犯寧國，距界百里，郡人禱之，卒不犯。又言建炎間陝右兵討亂武林，軍變，所過丘莽，獨吾邑免于害。當賊至，吾邑時殺羊豕犒師，一卒忽作神語，賊相顧變色，縱火，雨輒作，望城上皆紅衣巨人持兵，賊駭走。夫陰兵兆夢，近于荒怪，士君子勿道，然吾邑爲公所生地，墳墓井舍尚有存者，故老相傳，當亦可信，況乎烈丈夫，不與形俱盡，其靈爽所憑，非生死得而間之者哉！公死後，白晝現立雲端，彎弓注矢鏃射法興，立殪。後人壯其事，于公死日作雲車弔之。雲車者，冶鐵繚繞如雲，上承小兒，操戈戟若戰鬥狀，有力者負之趨，流傳至今日云。

——《學文堂文集》卷八

重修祠山廟記

〔元〕詹天祥

毗陵郡西市故有張君廟，去郡治三里，郡志所載八廟，此其一也。按顔魯公所書舊碑及長安民等撰次世裔，云真君姓張，黄帝之後。夏禹時有名秉者，事禹分治水土，均江海，通淮泗，行山澤間，遇神女曰："上帝以君有功，遣吾爲配。不在其身，在其子孫，必有食其報者。"其後真君生於鼎之龍陽洲，隱於廣德之橫山，神功懋德，烜著於時。既歿，州人祠之，凡東南之民雨暘疫癘，有禱輒應。自李唐至于聖朝，昭受封爵，由是行祠興焉。至元初，郡祠燬于兵，郡即舊址建真君殿，時有元覺慧主其祠事。越五十年爲至治二年，郡經歷張汝霖始建獻亭。至順二年，達魯花赤買閭嘉議與掾鄭元中議建廟門，材甓既具。元統元年，吳人丁振宗爲郡史，從祭祠下，環顧榛莽鬱盛，中心惕焉，與僚友仇懋德、張用禮議所以興修祠宇，乃捐己俸以勸施者，又以私財足成之。致飾禮殿，創建門廡，外疏溝池，周樹嘉木，象明靈，庀器用，百廢畢舉，從尤氏孫道宗之請，以凝妙沖玄宏道法師施用存甲乙住持。用存以私田五十畝捨入祠祀，且以其資加構室堂，而振宗實綱紀之。古者聖人之制祭祀也，法施于民則祀之，以死勤事則祀之，以勞定國則祀之，能禦大災捍大患則祀之，非此族也不在祀典。今夫山川之祀，功利及於民則封爵厚其報，禮之文也。真君之祠，功利之昭昭者具在祀典，振宗以郡史之列，乃能篤治民事神之事而興構之，施用存又能成其志，可謂賢矣。後之人其毋忘施者之惠，與創造者之功，嗣而葺之，則神之神是邦也其有已哉！振宗字顯之，以儒術飾吏治，行粹才敏，故能有爲如此云。

——萬曆《武進縣志》卷一

重修祠山神廟記

〔清〕劉　綸

　　府城西右厢綉衣坊，予劉氏所居，舊第東一垣而近，有祠山神廟，兩序列配侑食，左曰瑯琊王，右曰江東王。歲渝，象設哆剝，檐堨欹泑，四徹故址浸爲城守營假占住牧。方春香市，仕女鼈蠪走三塗芳荄中，求所謂獻亭者以入。自予昆季髮燥群嬉時，其所見已如此。泊乾隆辛未，殿前三元閣復不戒於鬱攸，于是沈師雲龍惄然蹶起，投牒上官，今知府事桐城潘公恂時方攝治陽湖，首俸錢爲倡，而同社諸善信相率侼資鳩役，一斥而新之。以戊寅冬即工，越辛巳秋落成，而後栖神館賓餼徒暨厮庫庖湢之所，莫不宏塏完緻，謂予里人，寓書誰諉作記。

　　按廟中舊碣，一以爲元教授詹天祥記元統間重修大略，既不詳創建所由；一以爲明侍郎廖莊記天順間太守王愷禱澇獲應，錫山人鄒宗廣請鑴金葺廟，專指江東王石固氏之神，無一語及祠山。府縣志又載明葺祠山廟故太守愷事，而瑯琊王之廟祇稱相傳晉元帝渡江後奔牛鎮即有之，元末始徙于此，詮述尤鮮顛委。考明洪武間厘定欽天山十廟之祠，宋公訥實被敕爲記，其文惟綜舉祠山遺烈在人，歷代崇秩報功之本義，于世系故實則首據西漢龍陽人姓張名渤爲正，次采張湯子安世之別説，而折以顔魯公所記，當在新室建武中，爲時代不符。至晉詹仁澤、曾樵《祠山家世編》，張祖鎮《大帝實錄》，宋程棨《祠山事要》諸書所哆神奇幻迹，則置弗深考，裸乎洵可云識體要而言雅馴者。竊意神醮川庇民，溯長興、荆溪、通津、廣德，惠我桑梓，距今復踰千祀，而精英肸蠁，能使小夫婦豎無一人不心存目著，恐恐然福曰神喜，禍曰神怒，如闚其室至而司其命，充天下神奇之類，宜無過是。政不待幻迹之相駮，即准此以概二神配食之故，非人思遺烈，亦宜不在，是更何事徵名數典，諰諰擬議之爲！獨惜乎五十年以來，就予習見，久茀不治之廟出一沈師之力，已責券而藏其成，迴視敝廬接武廟墻者，及予昆季輩次第通籍，未有尺橡寸甓之加，且益就頹落，爲人子若孫顧不滋尸祝之愧乎哉！然予以是多師之力，逾以信神之靈，所爲揚詡默相，其勿可戰思也已。自餘鄉曲流傳，與諸書散見有事，非宋記所録，而于樂師時薦神弦有合者，則譜爲迎神送神之歌，以付主者：

　　觳星弧兮卷卷，枠壇鼓兮囂囂。衆媭遷晋兮儷芭傳，中春上浣兮冷風滿旆。薄凌在滁兮云卜其牷，飫夕張兮陳左牽。睎神隆兮告靈簹，里旳會賽兮祝洪延。右迎神。

　　夫人仙李兮鏘珮玖，蓫夾侍兮趙柳九侯。前兮五公後八廟之三兮今則有，向爲馬肆兮無支祈守。曰生犧兮維汝走，曰輸絹兮毋我負。眷神留兮將進酒，聖瀆迴矴兮橫雲停牖。右送神。

——道光《武進陽湖合志》卷十三

江東順濟靈應行祠記

〔明〕廖　莊

　　天順四年夏四月至於五月，常州府疾風甚雨，凡二十日，平地水深尺餘，池塘浸溢，與平地等。太守泰和王公愾懼民墊溺，且妨耕稼，敬率僚屬遍禱山川神廟，弗應。府治東二里許有聖濟廟，歲久傾圮，規模湫隘，或請禱焉，太守從之。既禱而風雨遂息，於是一郡自太守至於邑民咸加敬信，乃求[①]能圖新神廟者於衆，得無錫鄒宗廣氏，捐金市材，輦石陶瓦，鳩工度地。創始于是年冬十二月，落成于明年春三月，殿堂三間，高三十五尺，廣四十二尺，深三十八尺有奇，足以安神之塑像，足以容民之瞻敬，而規模極壯觀矣。走書來南京，徵予記之，將以刻石。謹按神事實，姓石名固，秦時人，生而正直，没有靈異。漢初灌嬰來禦尉佗，神降於峰頂，告以捷期，始立廟於崇福里，稱爲石固王。唐大中元年，拯周諒之魅乘，救符爽之覆舟，又遷廟於江東之雷岡，始有塑像。時贛録事吳司户蕭令康、黄二衙官往視，皆立化于廟，民亦神祀之。宋嘉祐間，趙抃報政而還，水涸洲起，舟楫難行，抃禱神而水爲之清漲。元祐間，贛守孔平仲祈而有得雨之應，有司居民呼而有滅火之驗。建炎三年，陰護隆祐太后而退金兵。紹興十九年，又護都制李畔而殲寇卒。以至士人劉文粲之徵夢，因更名筌而中選；提刑陳愷之討朱先，得夢報而獲先；見形於青霄，以助王舜之罰曾甲；飛翻雲旗，以助姚希得之討崔文廣。及元至元十七年，閩卒張彦真入廟，吐舌懸足，自述其過。寶慶間，贛尉傅燁作

---

① "求"字原缺，據道光《武進陽湖合志》卷十三補。

籤詞，人占之者報應如響，是神事實之概焉。至於封號，吳楊溥署爲昭靈王，宋五封至崇惠顯慶昭烈忠佑王，賜額嘉濟。元三易封爲護國普仁崇惠靈應聖烈忠佑王，更額曰聖濟。入國朝來，特命有司春秋祭祀，而神禦災捍患，護國佑民，靈貺尤多。如王太守之祈晴，一事耳。或曰神廟食于贛，今又廟食於常，山川悠遠，疆域限隔，神弗能一時應禱太守之祈晴，適風雨當止時也。予辯之曰：天地間一陰陽之氣詘信而已，得氣之盛者伸而爲神，有是氣，斯有感而遂通之理。故神生于秦，顯于漢唐宋元而及乎聖朝，歷世久遠，益彰靈貺于無窮也。且太守于禱神之際，豈不以德之未修、政之未理、澤之未溥、民之未安，惟有以更張之故，一念感通而報應在茲，止息風雨，以明太守愛民之誠、感通之敬也，又何山川疆域遠隔乎哉！雖然，太守之心不惟感神而又感夫民矣，不然宗廣能慨然一新神廟乎！他人不能而宗廣能之，神之錫福又必有在矣。太守字中實，泰和右族，由大理評事擢守常州。凡僚寀姓字咸刻于碑陰，而提督則專委毗陵驛丞黃偶云。予記之如此，又繫以辭曰：

惟神昔稱石固王，生没秦世顯漢唐。宋元迄今靈益彰，廟食贛郡亦在常。常州夏雨風更狂，漫溢平地無池塘。連旬不止耕稼妨，王侯握符守是邦。憂民墊溺心徬徨，禱神願得開晴光。神監雨息天蒼蒼，陽烏振耀昇扶桑。男耕女織官有糧，報神未有新廟堂。鄒氏宗廣民之良，作廟翼翼騫飛揚。斯民絡繹來燒香，歲時祭祀將豬羊。感神錫福應無疆，民物康阜王圖昌。

——萬曆《常州府志》卷十九

財神廟記

〔清〕劉　綸

或庋閣城南天禧橋之上，搏土木爲象設，率通闔列姓喁喁奉牲醴，祝香惟謹，曰財神，以地直郡治，用形家者言斥之，遂改卜于迤東祠山神廟右隙地，築宮爲祀。予惟大《易》首著聚人曰財，爲古今理財之祖。至《繫辭》十三卦義自棟宇舟楫、牛馬佃漁、耒耜杵臼之前其用，與夫致民爲市、示威禦暴、養生厚終之稱其情，聖人陽爲之普其利于下，而陰爲之制其數于上，天施地生，若或司之。于是食其報者必如仕之得其祿，農之得其穀，工賈之得其倍息，乃命之曰財，非是則冒没干越，詐僞設施，以覬非分。有司者治之，曰賄曰賂，曰賕曰贓，臚於經，麗於律，不得復命之曰財。若然者，神誠甚愛人，方將潛移默斡之不暇，又肯詭與之，俾抵大戾哉！或曰古之祀皆有功於民，若山川，若社稷五祀之屬，具載祀典，神則何居？予曰不然。百物之富，誠不外山川社稷五祀之數，顧其酌盈劑虛，使德產之精毋耗毋贛，舉人世一切冒没干越、詐僞設施之徒皆憬然知貨之不得棄于地，與力之不得不出于己，殆非神不爲功。神之祀，肇自蘇州會城藩庫之側，相傳封號爲裕國侯，實不知所起，常之人特仿爲之。是廟經始于乾隆某年月日，落成于某年月日，前後堂室各三間，所用工匠及木石旄甍、丹髹釘鉸，總麋白金若干。董其事者曰蔡書文，請記，記之。

——《繩庵外集》卷七

重修真武道院記

〔明〕杭淮

按郡志，真武院在城南天禧橋迤東，創自唐天寶間，歷宋至和二年載見修治。宋末常遭兵燹，宮祠碑額委廢，僅存遺址。然毗陵爲三吳喉襟，四方輻輳，天禧橋里尤爲市趨都會，自院廢以來數有火患，居民儌守不給，訊諸堪輿家，云此係郡治南偏離方火象，古之以真武建院者，蓋取諸天文，玄武七宿有龜蛇體，爲北方壬癸水星。而《搜神記》以真武爲是星之精，乃以水制火之義，今者廟祀廢墜，災實由之。于時父老請命有司重建，而耆民有丘覺者捨地以廣其基，然尚草昧區畫，規制未備，而城南卒不復火矣。延及國朝，院宇復圮。正統九年，知陳州張公志道歸政，亟請於郡縣而新之。逮嘉靖癸未歲，海南陳公實來守是邦，值歲大旱，致禱山川，諸祠輒不獲應。聞是院有玄龜浮井、赤蛇伏梁之異，意其神必靈，乃躬詣齋宿，戒羽流，潔壇所，具祝詞，竭誠請禱，果得甘雨應霈，優渥稿壤，歲乃有秋。齊民舉首加額，頌太守之德而仰至神之靈，咸願廓新廟貌，以崇報稱。侯亦異神之功而聽民之願，命道司副紀周應春疏厥舊式，宏以新制，手書募冊，俾籍民間之購金者。時士庶商賈衰然景從，鳩工掄材，費用寔廣。侯常附以罰贖之資，乃克就緒。增闢外門三楹，逕庭爲宮，宮後有寢室，翼以步虛樓凡若干楹，軒翔翬赫，儼乎居歆之所。越甲申年，道士曹濟川等詣予請爲之記，因悉所以禳火禱雨之異，以昭神之靈。余曰：語神非吾事也，矧感應之際，其理甚微，而其機至幽，夫亦安能通乎幽明之故而知鬼神之情狀哉！昔先王之秩典也，凡有功德於天地之間者，無論巨細，莫不群然大索而禋祀之。況乎若神之水火應禱顯於斯土，則崇奉之典固亦在所不廢者矣。乃若堪輿家以水制火之說，則或神竈瓘瓊玉瓚之言，雖子產不用，鄭亦卒不火耳。陳侯爲政，古之遺愛也，勤恤民隱，以孚其格天之精意，固不聽于玄龜赤蛇而可以仰承天體者，豈其徼福於非望而趨民以媚神哉！侯乃以是歸功於神而隆其報功之典，是故至誠惻怛，不敢貪天以爲己功，而托迹於神，俾後之紹侯而聞風者爲民禦災弭患，亦將依附神功之如在，以效其格天之精誠，則所以福澤斯民者罔弗孚矣。此或陳侯重建道院意也，遂記之，以與俾勒諸石。

——萬曆《武進縣志》卷一

劉訒葊先生仁賢祠記

〔清〕呂 宮

古者功臣祭于大烝，而其尊顯者則爲之冠，所以報功崇德，典至渥也。若其功在一邑，德施一鄉，有以深入乎人心而得其不言同然之隱，則爲之流連慨慕，托於春秋俎豆以寄其遐思，如庚桑畏壘、朱邑桐鄉往往而是，此固直道在人，而公論之不容泯沒，與國家功宗元祀之典相輔而行者乎！

訒葊劉先生，當定鼎之初，王師南下，風馳電掣，所在披靡，而毗陵一郡接壤秣陵、京口，震驚尤甚，且其時椎埋穿掘之奸、潰伍宵奔之卒依草附木，何啻蜩螗沸羹，苟一蹉跌，玉石俱焚，汲汲乎鋒鏑死亡，溝壑轉徙，若視爲固然，而委諸時數之無如何者。乃先生銜命安撫，揮旄星馳，曉譬大義，俾五邑之生黎立登衽席。於是耕者不止，耘者不變，父子相保，家室宴然。嗚呼！是誰之賜也哉！今先生以膺簡命典試粵西，捐館西江行署，而合郡士民當先生喪歸里，嘆息痛悼，有哲人云亡之感，益追思夫昔之所以生全我者而不能已於其心，因具呈府若縣以達於憲。而各憲以先生捍災禦患，功德在人，誠有合于祀典也者，而特允建祠以祀焉。且公生平行誼卓犖英偉，服官中外，宦績顯赫。初安撫時蘇州有逆命者，議加屠戮，因先生一言解。頒詔閩南，山澤之間群盜蜂起，直指因疑似殺人，用法慘刻，先生軺車所至，存活無辜以千萬計。閩人梓《使星造福錄》，作爲詩章歌詠之，而尸祝遍閩南四郡。然則先生功德之大且廣如是，則即以祀法論，其何愧于大烝之祭，而豈徒一鄉一邑，如畏壘桐鄉之可比乎！

然而先生固郡人也，吾郡得以私先生，且衣被先生之功，沐浴先生之德，既親而切，其於此專祠以祀之也允宜。然則額曰"仁賢"，何也？功能活人，仁也；德孚於鄉，賢也，亦從輿論也。余忝與先生次君素隅同捷南宮，誼叨猶子，樂其祠之成，而且以塞同郡五邑士大夫耆老之請，而爲之記。時順治之十年四月，呈請者，孝廉張星輅等、六學諸生白銘等、鄉三老汪越等；允其議下所司永載毗陵祀典者，巡撫江南蘇松等處都御史周國佐；而往復詳請勘結，則常州府知府宋之普、武進縣知縣姜良性、儒學教諭陳其勛、訓導盧元靖，例宜詳列焉。

賜進士及第，太子太保、內弘文院大學士，年眷侄呂宮拜撰。

——《武進西營劉氏家譜》卷七

靈官廟記

〔明〕朱 昱

常州府修建五顯靈觀廟甫落成，邦人咸謂不可無記，以書郡侯連公事神之禮，與夫歲月興廢之由，則是後人得以考見而知始末焉。又謂知其詳者莫如里之耆耋，乃故屬於予，遂不敢辭。按宋咸淳《毗陵志》，廟始創於唐天祐三年，刺史張崇以郡多火災，若曰五行二爲火卦，屬離，水火三極之精神，水爲精，火爲神，其位背離面坎，以水勝火，蓋所以厭而禳之也。其患頓息，歷代祀之尤謹。明永樂十二年，重修外門，上構華光樓二楹，宏麗高敞。宣德中，縣令朱君恕重建正殿。天順間，厄於回祿，焚燬蕩盡，惟樓與神像巋然獨存。成化二十年，住持道士舒廷序移其樓居中，別構前後軒各三楹，以附麗之，既宏且美。弘治三年九月，鼎建山門三間城道。十三年，其徒馬景暉復建東西兩廡。斯時也，妥神栖止，無不備具，誠一隅之壯觀、千載之靈祠也。神之意假是以警愚，懾其凶戾，以啓善良，則其功有不可名言者矣。《記》曰：“禱祠祭祀，供給鬼神，非禮不誠不莊。”人之誠，神之感也。《中庸》有言：“神之格思，不可度思，矧可射思！夫微之顯誠之不可掩如此。”五顯之神自唐光啓中顯靈徽之婺源，廟食於彼。初名五通，後更五顯。宋大觀二年，始賜額曰靈順。宣和五年，封以侯爵。淳熙元年，進公。嘉定二年，并封王。夫既加之以顯號曰聰明正直德五者，世愈遠而名愈彰。然其稟陰陽靈秀五氣五行，居天地之間，以妙用司四時五緯，以神化降萬福千祥，庇佑生民，惠施家國，宜乎廟祀一方，尸而祝之。蓋五神之爲神，亘古及今，而利澤於人多而信之深，事之篤也。或謂華光藏菩薩爲佛中上善，居五神之一，此五行之中氣，釋之者云菩薩即普濟衆生爾，奚復他讓！其靈應達於畿甸，溢於閩浙，職斯土者，饑饉民災，水火疾厄，有禱必應，無不信嚮，以故事之者衆。是廟之興修，士大夫之施捨協助，其名氏悉刻之碑陰，以貽不朽云。銘曰：

斗之極兮居中天，五行五緯分經躔。水火土木金與權，降精儲祥分五仙。天地神人鬼曰然，顯靈肇自唐之年。星源婺女世所延，廟食茲土相昭宣。大江東去窮海壖，閩斯服事香火虔。於穆景既奕以綿，神威肅清民力專。雨暘時若疾癘蠲，五穀蕃熟福祿駢。庇我境土開靈筵，勒銘謹用樂石鐫，於千萬祀其永傳。

——萬曆《武進縣志》卷一

鄒忠公專祠特祀碑記

〔明〕曹時聘

宋道鄉先生鄒公諱浩，諡忠，晉陵人也。以道學忠義名於世，卒葬常北郭青山門外林莊，子孫世守之。自宋迄今祀鄉賢，然無有專祠以祀之者，輿論以爲闕。萬曆癸卯，其奉祀孫大材具呈乞建，郡縣爲達之院道，不佞實司撫事，乃會按院馬公議焉，仍下兵道鄒公及歐陽郡守、晏邑令，僉議以爲允，遂卜地西郭朝京門內道鄉坊右建祠云。正祠五楹，前堂五楹，扁曰“正學”，祠門三楹，額曰“道鄉鄒先生祠”，儀門額曰“道學真傳”，祠地計五畝一分。既迄工，大材來請記，不佞乃爲之記曰：世之談理學者則絀忠義以爲激，尚忠義者則絀儒術以爲迂，其不相謀久矣。至晚近則又以忠義爲道學，不知忠義不出於道之外，而一時之氣節固不足以盡道也。又有言節義者道之藩籬，是矣，然猶二之也，不觀聖門之論道乎！天下之達道有五，而君臣、父子、夫婦、兄弟、朋友，固道之所在也。不觀聖門之論學乎！事君能致身，必謂之學矣。惟後世悻悻自好，而以一言慷慨爲節義，故不可稱於有道者之門，而矩步株守，以爲儒顧笑夫節義者爲不知道，則又何足服其心哉！若夫合忠義道學爲一人如道鄉先生者，豈非千古之希遘歟！先生從學二程子之門，深得慎獨之指，終身心解而力行之，至以道鄉名圃，涵養其中，此即程氏靜坐家法也。其所自得者，真無忝游、楊之列矣。至其疏諫立后，疏論章惇，引裾泣諫，遠謫新州。徽宗召歸，蔡京誣以僞疏，又謫昭州，間關險阻，凛凛直節勁氣不爲少折。先生之道學忠義，豈不表表於百世之上哉！百世之下，聞風興起。至宋亡之際，元兵至常，守臣與士大夫相提固守之，滿城人皆死忠義，下及緇黃士庶，皆知殉節，至今名忠義城焉。學脉之傳，自先生與龜山倡之，而東南學者皆能續心燈於不絕，是先生之風在晉陵者足以廉頑起懦，繼往開來，可謂山高而水長矣，不大有功於名教哉！此固專祠特祀之意也，惟願先生之鄉後哲，聞先生之風，以斯文自任，篤志力行，上溯伊洛之真傳，而獨行視影，獨寢視衾，以無負先生慎獨之遺訓。出而立朝紳，則遇事敢言，犯顏諫諍，爲朝陽之鳳，不爲立仗之駒，無忝鄒志完之鄉後進，則於今日立祠倡教之意庶有慰矣。謹樹石於門，以爲來者望云。馬公名從聘，鄒公名墀，郡守歐陽名東鳳，縣令晏名文輝，而鄒公則爲宗裔，尤競競於建祠，初令無錫，今備兵蘇松，兼轄常鎮，始克觀厥成者也。

——康熙《常州府志》卷三十六

正學堂碑記

〔明〕錢一本

晉陵學脉，自有宋道鄉鄒忠公先生始。人知公之以孤忠勁節顯，不知公學。公學以謹獨爲要，程子曰：“有天德便可以語王道，其要只在謹獨。”獨，天德之端，不二之名也。周子以動而未形有無之間爲幾，邵子言天根理極微，皆語獨也。蓋動之著爲已形，爲念，爲意；動之微爲未形，爲幾，爲獨。如千流萬派未形，發源止此一泉之動；千巒萬峰未形，發祖止此一脉之動；千枝萬幹未形，發萌止此一芽之動。豈惟當爲培養，又當加意愛護。稍不致慎，如源泉一窒，未有能涌出者矣；如山脉一斬，未有能隆起者矣；如萌蘖一折，未有能發生者矣。在昔曾子言於誠意中，是如好如惡莫遏之端倪由格致，後有子思言於戒懼後，是心術隱微同然之真種由静功養出。孟子言始然始達，亦從知皆擴充來。若止以乍見惻生爲端，如擊石之火星，隨見隨滅，如呵氣之水滴，隨生隨涸。雖端外無獨，即端是獨，而迸出之與養成奚啻去以千里！乃學者類認獨爲己所獨知，而兼善惡之幾爲言，惡則謂之非幾，兼則善惡兩歧，混雜不一，於獨義何居！人曾不思獨知原是衆知，雖地極幽暗，事極細微，無有不爲天下衆指衆視之知，別無但爲一己獨睹獨聞之知。若視爲己所獨而檢點不蚤，無有不入小人掩著路頭去，於慎義何有！

忠公先生自少以道學行誼知名於時，師事二程夫子，得伊洛正傳，嘗言："聖道備於六經，千門萬户，何從而入！在曾、思所謂慎獨，但於十二時中看自家一念從何處起，即檢點不放過，便見功力。"公其認念爲獨否？其曰看從何處起，一念起於公於明於正於大，其畫爲一爲陽，獨也；一念起於私於暗於邪於小，其畫爲一爲陰，此二耳。非獨也，公之檢點不放過，勿二以二而期於一，庶幾真睹於獨之面目，而後獨加以慎之功力，故不惟密自檢點。如公初除言官，數言事，未嘗不言，乃故問爲何官，若其不言。既言劉后事，逢悼怒，編管新州，仍疑公不言，謂可絶交。重於别友而涕，顧又正色爲責，皆將以死於嶺海之外爲懼，謂寒疾不汗五日死，謂此舉不可自滿，謂士所當爲未止於此。甚而譏其不諫於廢后之時，而諫於立妃之日，如玉山主人問答云。果隱默者歟？且爲不知幾者歟？抑又疑於賣直者歟？不知其人，視其友，公之檢點不放過，於諸人之疑之責之譏之尤，信常疑其二，故常不至於二，以漓其獨體。自不放過，人故不爲放過也。公在元符，姓名與日月爭光，堅挺之資與精金良玉并瑩，自視常如不足，士有善，無遠邇必欲收而取之。又嘗言譽多諂，但過相褒美，便入於巧言。公一片隱微心術，與衆人共視共指共檢其未至未足，曾不欲近譽近諂而斬伐其自本自根之萌芽。兹公平日所爲，處心不欺，真能慎獨之功力也。假令不可於無過中求有過，師門信之，諸所與交且相率頌言爲孤忠，爲勁節，如蒙有包納明師而無別刑擊，益友又何以成其爲公之友，又何以成其爲公！夫箴規藥石之義渺，由瑕瑜相掩之意多，瑕瑜但相掩，一念隱微中便不勝夾雜，此無端可充，而於獨不勝鹵莽滅裂，即勤苦而種，不過枝葉之餘，學脉幾微，絶續關唯此。公唯於此不放過，承前啓後甚遠。

舊有二賢祠，祀龜山文靖公、東坡文忠公，公爲附。公有文忠之忠，而學術源流與文靖埒，既文靖、文忠以學術分歧，因分祠，而公龜山推服友，是爲晉陵正學一脉所從發。公所至俎豆，新州有道鄉臺，昭州有道鄉書院，平樂有三賢祠，肇慶有忠節祠，維揚有景鄒亭、思賢堂，而晋陵故里獨未備，止附祀龜山，後學安所仰止！今上萬曆甲辰，始建祠祭祀公。經始拮据，爲公十八代孫大材。維時主持創造者郡邑爲宜諸歐陽公、懷泉晏公，監司爲龍望鄒公、虛臺蔡公，撫按爲嗣山曹公、懷魯周公、起莘馬公、心源左公。祠坐郡城西隅河南廂，門東出爲楊柳巷，南出并大街，左爲道鄉世澤坊。祠之前堂五楹，扁以“正學”，節不足以名公也。

——乾隆《武進縣志》卷十二

復修道鄉先生祠記

〔清〕黃 永

丙辰三月，吾邑道鄉先生之二十世孫自權暨其從弟登嵋之子俞儀，携謝子蘭先生《思賢録》一卷詣余，曰：“先忠公以程門高弟，與龜山、定夫諸君子，得《中庸》慎獨之學，故立朝大節聳動當時，屢經竄逐，瀕死不悔，其事悉具《宋史》。吾邑父母之邦，千秋萬歲魂魄在焉。昔乃合祀道南書院，至明萬曆中始建專祠，又復頹廢。今吾邑郭侯既爲追復其侵基矣，向者子蘭先生因公祠墓侵毀，以同鄉霜露之思，又力請郡縣修復之，此《思賢録》之所以作也。權等忝名賢子孫，敢不仰承當事之意，亟爲修舉，乞吾子一言以記。”余曰：此誠侯之盛心也，雖然，豈獨爲公一家之私恩哉！《孟子》曰：“聞伯夷之風者，頑夫廉，懦夫有立志；聞柳下惠之風者，鄙夫寬，薄夫敦。”四海之內，百世之下，猶將表而述之，況邑里之間耆老所能誦説者哉！然伊古以來，君與臣之相與也，若唐虞吁咈無論矣，自漢唐以後如汲黯、魏徵、李沆之屬，君明臣良，身名俱泰，固人臣之上願而不世之榮遇也。乃或讒諂蔽明，賢奸雜進，則批鱗折檻時或有之，彼其人且頂踵之不恤，何暇計及於後世之名哉！乃後之君子樂聞其事而稱道之，以致蚩蚩閭巷之氓或謳吟不足而嗟嘆之。民之秉彝，好是懿德，不可誣也。如公元符抗疏，身經嚴竄之時，道途祖餞諸君皆得罪以去。當其時，豈意萬里之生還哉！顧未幾而召，召而復竄，計公當日所最不能忘者，特恐貽太夫人憂耳，顧向者業許其以言報國矣，則迴視此身久已度外置之。及天定勝人，首丘故土，蕭然餘息，皆朝廷之恩，而公意計之所不及也。乃身殁未幾，或贈以官，或賜以謚，或蠲其苗税，或葺其墓庵，景鄒有亭，愛柏有扁，以致感應之泉、訓狐之報，一切詭僞不經之説宜爲君子所不道者，且爭相誦説流傳千百年而不替，何其敬之信之愛慕流連而不忍置也！《詩》不云乎“高山仰止，景行行止”，子蘭先生之言曰“爲政必先化民，而尊賢乃可厚俗”。則吾邑之有斯祠也，其所以維持風教，使民德歸厚者固於是乎在，而今日郭侯惓惓於追復也，其所以爲世道人心計，亦可爲知所先務矣。

祠基前段一畝七分五釐，後段三畝三分七釐計五畝一分有奇，地屬朝京門内河南厢。其後段地東至楊柳巷，南左至佛曲溝，右通本祠甬道，西至兵備道，北爲本祠甬道。萬曆三十二年，巡撫曹公時聘、周公孔教、兵備鄒公墀實主之，而奉行其事者知府事歐陽侯東鳳、知縣事晏侯文輝，而邑之縉紳先生錢公一本、唐公鶴徵與有力焉。今追復之者，康熙之十有四年郭侯萃也。是爲記。

——道光《武進陽湖合志》卷十三

重修鄒忠公祠記
〔清〕董　潮

前明萬曆三十二年，郡守歐陽東鳳即郡西道南書院遺址，興建鄒忠公祠。歲月浸久，日就圮廢，基地占於民居，湘潭風雨，嶽麓英靈，所謂迤逗式憑者，漸且雞棲虎落充斥其間，市井邪許驚動名賢之俎豆，甚非所以崇前哲、昭令德也。其裔孫自權等釐正基地，旋復侵占。至乾隆二十四年，裔孫振翩等訴之當事，六年始白，盡復舊規。噫！厪矣。夫古人之賢不肖，不係乎祠，而祠之興廢實由於後人之賢不肖。彼東閣儲才，廢爲馬厩，殿材構宅，鬻於他人。雖鄭公之賢，且不能保其故宅，區區一笏僅以爲用比甘棠，未免使行路興嗟，高人掩涕，爲子若孫者益將何以自安！忠公大節炳耀日月，毗陵又公桑梓地，非若名賢寄寓，雪泥鴻爪，偶然輝映者比，忍令市儈侵牟，祠貌傾圮，日淪月替，浸且與劫灰俱盡！後之人雖仰餘風，肅瞻拜，亦孰從而求之！是則祠之不廢，誠忠公英爽宰勃兩間，非尋常所稱鄉先生歿而祭於社者所可仿佛也，亦由鄒氏世裔能緬舊德，罔恤勤勞，使侵者復還，替者復振，庶不愧爲名賢之後耳。故于其成也，樂爲之記。祠基凡五畝零，重門三楹，前堂後寢，中爲御書樓，又更衣、齋宿、省滌、餕燕之屋，亦三十餘楹，水次登級，覆以平椽。經始某年月日，落成某年月日，例得附書。至公行事，則《宋史》具在，固無容殫述者。

——乾隆《武進縣志》卷十二

二賢祠記
〔明〕聶大年

有宋二大賢東坡先生蘇文忠公、龜山先生楊文靖公，一以文章發忠義之氣，一以道學承伊洛之傳。雖時有先後，仕有久近，而其濟時行道之心、尊主庇民之實未始不同者，皆天下士也。東坡實爲翰林學士，專制作之柄，慷慨立朝，以忠義自許，雖遭斥逐，而浩然之氣可沮金石而凌霜雪，毅然爲一代名臣。龜山嘗拜諫議大夫、國子祭酒，其議論正大，踐履純固，得《中庸》

鳶飛魚躍之旨於言意之表，卓然爲一世儒宗。毗陵文獻大邦，昔東坡嘗買田陽羨弗果，後卒於顧塘橋孫氏之館；龜山講道城南十有八年，多所著述。邦人咸即其所止之地祀之，歷世滋遠，奄爲民居，不可追復，遂使奠祀無所，殊爲缺典。正統甲子秋，錢塘葉公棻由禮部郎中來知郡事，暇日按諸圖誌，喟然嘆曰：“東坡之名節，龜山之道學，客寓茲土，流風猶存，況誦其詩，讀其書，任其過化之鄉，使無祠宇以妥靈揭虔，我守臣欲逭其責不可得也。”明年，上命監察御史廣信李公魁按臨是邦，咨詢民風，修舉廢墜。適國子司業郡人趙公琬致書於公，屬以祠事，乃得城西南隅間居之在官者，門廡靚深，輪奐華好，爰奉二賢合祠之，而以文靖同門執友周孚先、恭先兄弟祔饗，仍俾知縣樊恭、縣丞王道董役事。涓吉用牲，告厥成功，郡縣長吏賓僚暨學校師儒皆願鑱文樂石，以示後人，俾勿壞。大年仰惟方今聖人在上，士之所修者人倫之大經，所講者聖賢之正學，考諸二公之直辭正論，載在典册，嘉猷善政洽於生民，至於勵難進易退之節，養剛大正直之氣，排斥異端而聖人之道明，引咎自責而君臣之分定，有補於名教如此，豈直此邦山川草木衣被餘光而已哉！繼自今吾黨之士有志當世者尚慨然高山景行之思，以二公之所以爲學者禔其身，以二公之所以事君者事其君。等而上之，聖賢事業亦由此進，庶幾上不負朝廷崇化善俗之意，下不負賢風紀與良二千石尊賢之心。若徒諉曰古之人，古之人，夷考其行而不掩焉，非區區之所以望於來今也。願相與勉之。

——萬曆《武進縣志》卷一

荆川先生祠堂記

〔明〕王錫爵 [1]

武進荆川先生，弱冠魁南宮，以道行文章鳴天下。嘉靖庚子，建言削籍歸，草衣木食，若將終身焉。會倭擾東南，先生從田間起，視師海上。尋進右通政，巡撫淮揚，卒以勤事死。提學耿公同、巡撫謝公、操江洪公、巡按董公，僉議先生於德於功當特祀，遂創建祠堂，祀先生於鄉。頃之，先生之子太常君某，始詣不佞爵爲記。爵薄劣，不足以知先生，姑按先生始末，論其世焉。竊惟先生躬蓋世之才，負王佐之望，乃其没也，弗獲勒於宗彝，祭於大蒸，而僅僅從鄉曲之議，捧土揭木，而襲師儒之俎豆，先生之不幸也。世之望先生者，未止此也。世人望先生太高，責成功太速，多斷斷不可於晚歲之一出。夫是處而非出也，果哉？沮溺之所事，守也，古未之前聞也。或曰，孔子則嘗以不仕悦漆雕開矣。夫開自以求信悦耳，奚不仕之足悦？且信亦難言之。孔明

---

① 此文爲王錫爵子王衡代作，見《緱山先生集》卷十一。

自信以管、樂，卒爲管、樂；孔子自信爲周公，未嘗爲周公，而亦不以其故貶聖，事固不可膚論也。況今天下一主，東西南北惟天子命，民人社稷，量力而共，猶之可耳。有如界之以金革，嬰之以寇難，而逡巡揖讓，猥以未信爲解，此其爲易耶？難耶？壬癸之交，東南何等時也，戰骨燐於野，而檻車復相屬於道。當其時，捨清泠之淵，而親焦頭爛額之危，知者所不爲也。而先生以十五年不爐不扇、一菜一葛之夫，安所取資於世？而險難其身，以博功名如此，此其自信審矣。所云自信者，亦曰吾斯云耳，及其成功，則時與命參焉。昔者以漢武之雄略，匈奴猶蒙死疾鬥不衰止，而從容稽顙於甘露之朝，世遂以丙、魏之優於衛、霍也，而不知其襲衛、霍之餘威也。時之所會，非但寇有惰歸，事有挺緩，即兵將亦有不練而自精，朝論亦有不爭而自定之日。當先生之爲將，彼未竭，我未盈，僅僅適相當而止，而李、胡兩司馬卒收其成。雖然，使李公當先生時，兵氣圍圍未揚，廟灣孽虜安能保困獸之不鬥？使先生而胡公者，叛人未繫組，而身已伏歐刀於市矣，故曰時也。大抵先生之聰明膽勇，強力忍詬，雅類王文成。文成乘義士之銳，平烏合未定之賊於呼吸反掌之間，故似難而易；先生以屝將弱卒，破人自爲戰之賊於鼓衰甲弊之後，故似易而難。而至其桑榆未收，棟梁已壞，出師幾時，遽有志決身殉之痛，道之不行也，天命之矣。先生縱自信，能信于天乎？夫隱非難也，求志爲難。枯槁之士，求泉石得泉石，如求以行義達道，而可以必得哉？求無負而已。溯先生十五年之精研博討，攻苦習勞，將以何求？縱其功用不大展，而被髮纓冠以急國家之難，迄於啓手及足，而無改於山中之面目，其可以抱志而瞑矣。自先生志不大就，而世人爲之語曰："何必窮六經？優游抱槧，可以爲公卿；何必苦身己？膏粱華腴，可以飽妻子；何必履刃而登鋒？以退爲進，操文墨而處人後，可以有功。"嗚呼！避夷而席險，辭潔而就溷，先生獨非人情乎？抑先生有云："吾出山來，看盡世事，只少一寧武子之愚。"愚者非但不擇利，兼不擇名。苟不能爲《蠱》之"不事"，則寧爲《蹇》之"匪躬"，《大過》之"滅頂"，未有浮沉於仕隱間，以自解免者。今先生往矣而漸靡，至於常之君子，猶皆斤斤以讀書窮理，砥節修行，冠冕天下，先生之流風，至今在也。夫其智可及也，其愚不可及也夫！

——萬曆《常州府志》卷十九

孝悌祠記

〔清〕李兆洛

雍正元年，詔天下各祀其地之忠義孝弟於學宫，官給帑，營立坊宇，所在有司主其春秋祀事。常郡城中故有忠義祠，祀全郡殉節諸臣而不及孝悌。

西郭外有故書院，有司乃改以爲祠，以專祀孝悌，而額之曰"忠義孝悌祠"，應有明詔也。歲久墮壞，祀位曠缺，黠者乘而侵之。道光十六年，郡人呂榮、劉弼全、李述來等請於郡守，檄下八邑，議補定孝悌祠位。乃於十七年會同武進鄒澍、陽湖趙忠弼、宜興任煊、荊溪吳同午、江陰蘇維翰等捐貲二百餘緡，贖回侵地而繕葺之，爲享堂三楹，其前堂爲官廳三楹，凡糜七百有餘緡，至十七年冬而工竣。十八年正月吉日，遂得妥神於祠中，郡守率屬官致祭，各邑孝子悌弟之子若孫咸會，甚盛典也。事既畢，凡預斯禮者咸屬兆洛爲文以記之。余嘗聞漳浦黃忠端公有言，韋布而享祀，此《孝經》之微意也。嗚呼！忠端斯言，其義亦微哉！韋布，卑焉者也；享祀，隆焉者也。以卑者而處隆者之位，非有所越也。夫道一而已矣。袞冕而享祀，堯、舜、禹、湯、文、武、周公是也。其道，孝弟之道。韋布而享祀，孔子是也，傅堯、舜、禹、湯、文、武、周公之道者也。孝者，道德之源本、治化之綱領也，孝行而天之經、地之義方由我而立之極，爲百世不祧之大宗，此匹夫天授之權，而莫能斬其事，不可言其理有必至也，故曰微義也。嗚呼！自秦漢以來，世之亂且十百於春秋，匹夫而立人極，孔子而下其誰也！而十戶之聚，師旅之眾，時時有至性醇篤，一往而不可解。或遭遇時變，一奮不顧，鬼神避之而頑懦動焉。大抵皆硜硜一節之士耳，而日月之明，江河之流，百穀草木之暢茂，實於斯人有類焉者。何也？未失其性故也。性存則教可明，仁讓行而禮樂興，五帝三皇之治猶可復也。我朝定制，舉天下孝子悌弟既官爲立祠，有司有以孝悌奏請者咸得俞允。夫孝悌非若鄉賢名宦之有功德於民，忠義之有勞於國，而寵綏而敬將之者若此，則王者率性修教之道也，而韋布享祀之義且益著焉。嗚呼！誰非子弟，倘未及衰耄，猶可及爲孝悌之時，登斯堂尚其惻然有所感發哉！

——道光《武進陽湖合志》卷十三

海烈婦祠記

〔清〕梁敦書

臣事君，女事夫，一也。丈夫爲當世任名教，故死節爲大。若婦人者不幸以烈見思，弗辱其家爾，然而志與義之所感，皆能使見者泫然以涕，聞者慨然以興，則非一身一家之爲，而要爲鄉國天下風化之所從繫矣。《國風》首《邶》《鄘》，而《邶》《鄘》二篇獨冠以柏舟兩婦人，然則婦人之關於民俗可知也。常州郡治故有海烈婦祠，志傳稱烈婦徐州陳有量妻，隨夫轉徙於常，有亡賴鄰家傭楊二者挾奸爲策歸計，俾附衛卒林顯瑞漕艘以行，顯瑞犯之，不從，自經。夫死生之際，人所難言，士大夫平居談忠義事娓娓可聽，甚或搖首奮舌，搤袂攘臂，須髯磔張，目眥上裂，其慷慨激發真若能捨命不渝者。及一旦臨變倉卒，爲威惕，爲利疚，躊躇徘徊，盱盱倀倀，鮮不敗矣，況婦人哉！方烈婦之從夫在常也，困于逆旅，資用乏絕，艱苦倍曩時。夫既庸懦，強使入阱，而淫人肆其凶校，誘以百戲，啗以多金，曾不啻子元宮側之蠱、秋胡桑下之貽者。中間夫去，煢弱一身，船扉夜開，暴篡竊發，當此之時，如猿就檻，如鶴被笯，如花之墮溷中而肉之在杌上，危哉乎！烈婦然且奮身格拒，爪面面血，嘂呼詈罵，聲震鄰舫。賊既逸而投間畢命，出其屍則自領巾而衵而襦而褲袜，連紉不解，蓋當甫入舟時即已自誓無生理，固不待強暴之來而後辦死所矣。嗚呼！是何其勇且毅也！余於此重有感者。烈婦已矣，在《易》爲節之四五，其於坎險亦既安之甘之矣，乃當日之悲者詫者、怒且譁者、訟于市嘆于室者，死而奔吊，久而像設祠祀。其未得旌也以爲冤，其既得旌也若猶以爲痛，婦餂甘之而人轉共荼苦之，此何爲者也？古者祀其邦賢于社，欒公鄭鄉皆是已。其在婦人則若四女之祠、孝娥之廟亦無廢祀，是惟里有偉人，故一國引以爲重，《詩》所謂桑梓敬恭者也。烈婦徐人爾，於常曾不相及，吾不知常之人何所德於烈婦，烈婦亦何所德於常之人，而瞻事恐後，顧歷百餘年如一日也，又何爲者也？祠舊在西門之懷南鄉，屋凡兩重，前爲門，後爲堂，堂塑烈女像，以張聖姑配。聖姑者，兵家女，爲惡少所誣，剖腹自明者也。祠右爲墓，張女亦附焉。余家于杭，去常五百餘里，昔嘗謁葯岡湯師，師爲余道烈婦事甚備，心儀之。越今二十有餘年，余奉天子命來守常州，始下車即議新其祠，未果。又一年，蒙恩遷秩湖南，將去是邦，乃與武進令何君皋颺、陽湖令常君養蒙謀出羨帑若干，而捐俸以集厥事。王程期迫，經營草創，實賴武、陽兩大令，是礱是沐，克濆于成，而董其役者則武邑尉張君綸也。夫有其舉之莫或敢廢，祀典也，揚清風，勵末俗，使後此有可觀，尤守土責也。余既請葯岡師重定烈婦傳，龕諸壁間，師曰是不可無麗牲之石，因爲之記。婦故妻陳，例當書陳烈婦祠，而常人習熟口耳，知有海，罔知有陳者，余懼夫障風之流而遏其響也，故仍之而綴以辭。辭曰：窮爲祟，死老魅。刀環唱，生莫遂。夫得歸，賴能醉。魂相依，縱雲轡。栖神異鄉豈其志，惟民思之乃崇祀，我新斯宮永厥世。

——道光《武進陽湖合志》卷十三

重建宋薛公專祠記

〔明〕薛應玢

我薛氏有賢而克大其世者，爲和國公諱極字子善號會之。世籍武進，宋光宗紹熙初舉進士，中詞科，歷官至左右司樞密副使、都承旨，立朝嚴正，嘉定中疏奏切指時弊，直言無隱，上爲之改容嘉納。累遷參知政事，除樞密使，封和國公，以觀文殿大學士致仕，家居數載考終，賜諡文忠。政績具載《宋史》及《毗陵人品記》，茲不具列。國朝重道崇賢，俎豆鄉校，家有特祠也固宜，稽創造之時肇自國初，延年久遠，祠宇荒頹。萬曆辛丑，先伯考岐巖公諱鳳鳴遷光祿寺署丞，告假回籍，入祠祭告，見堂宇離披，愀然曰："是惟予疚。"急欲撤而更之，木石已具而居宅被焚，貲財殆盡，志不得行，嘆曰："財不稱其事，命也夫！"抑興廢有數，其將有待也。越今二十餘載，甲子春祭，應玢謂兄弟輩曰："予將有隴州之行，急承先志，以妥我先靈。事繁則難成，簡則易舉，仍其故址而恢大之。"櫺門三間，中堂二楹，中立和國公神龕，以昭專一。即日集費鳩工，應奎、應元等分董其事，族眾歡欣踴躍，協力經營，闢壤選材，增高益廣，繕垣墉，飭棟宇，丹之堊之，閱日吉蠲告廟，迎主安神，立几筵，奉灌獻。登斯堂也，氣象巍巍，聲靈濯濯，而凡奔走趨蹌者無不肅肅而雝雝。按古禮，始為大夫者得為太祖，廟百世不遷，今之特祠即古家廟也。呈請春秋戊祭，復有望於善繼善述者焉。

——道光《武進陽湖合志》卷十三

重修薛文忠祠記

〔清〕瑭 璸

自古左右有民，必資股肱耳目，世治則易為功，世衰則難為力。偏安之世，以弱主御權臣，夤緣榮寵之徒無足言者，賢人君子不憚潔身病國，惟能致其身以善其君，委曲以求集事，乃《傳》所謂為其難者與！宋薛文忠公諱極，字會之，常州武進人也。舉宏詞，歷官樞密，以少保觀文殿大學士致仕，封和國公，事詳《宋史》本傳及《毗陵人品記》。明洪武初，祀鄉賢名宦，建祠城西西蠡河。萬曆、天啟間，公之裔鳳鳴、應玢等續修，碑記其事。嘉慶六年，裔孫坤等以歲久傾頹，撤而更新之，落成於八年二月，門堂寢室、更衣飲福之所畢具，中奉文忠公主，為專祠，後三楹追奉公之考寧海公，而祔祀後裔之以忠孝著者四人於左，而囑予文記之。予惟公之德政也，當史彌遠柄國，彌遠既自恃援立功，又以濟王事甘心真、魏諸君子，而任梁成大等以搏逐之，公獨委蛇在朝，其進退與相終始，君子疑焉。然觀公少厲風節，遇變陳言，凜凜乎格君心之非，豈忍貶節而為此？而樓公則、趙忠定所謂本朝人物也，其所薦者惟公一人。《宋史》修於易代，宜可信。《人品記》則作之者毛給事憲，續之者吳大理亮，皆以氣節學行名於世，使公生平稍不即於人心，而顧儕諸邱忠定齋、蔣宗文重珍之列哉！故予核公行事與其身後之名，所以見重於賢人君子，而確然信公之獨為其難，其維持調劑於用人行政間者不一而足，傳故以多所裨益概之，而讀者當考其世而得之於言表者也。予來守茲土，於前代賢哲有表章之責，乃即史氏所引而不廢者著其義，俾世知處常處變義非一端，其處變而司股肱耳目之任者，雖當以名節相高，而自晦其名以求有裨於國是者，乃獨爲其難也。

——道光《武進陽湖合志》卷十三

重修東嶽行宮碑記

〔明〕黃道理

古之人於名山大川、宮觀寺院，必有以記之。又虞兵燹或犯，乃載之地輿志、郡縣乘，俾後世有所徵信，然則碑記可闕乎哉！若吾常郡城西北，其鄉曰通江，以水接大江潮汐也；其鎮曰萬歲，以地爲前梁故里也。距郡城八十里有東岳行宮，創自唐貞觀五年，歷茲九百二十餘載。宋嘉定四年重修，亦越四百年矣。古昔碑記以兵燹毀，余嘗於宋志有考焉。嘉靖戊戌，里之善士巢荃、顧鑑以宮宇歲久傾頹，非所以崇奉福區也，相與協圖修葺，其道士巢清貞、鍾碧瀾、蔣碧泉、葉碧筒、言碧玉、潘以明、潘以成僉曰：“神之庇吾也素矣，吾爲之徒顧勿能以庇神，乃坐視風雨耶？”遂各捐金，合諸里人所捐者，市木石，鳩工匠，撤而新之。若殿若堂若兩廡，靡不完具，其左右司則仍其舊。其十王則摶土爲像，築石爲座，而凡集募執勞則碧筒、以成之功居多。經始於是歲十月五日，訖工於己亥六月十日，於是靈貺斯答，物不疵癘，歲不凶荒，民相歌舞，春秋競祭賽。無何，江寇猖獗。庚子夏五月十日，郡守晋江張侯志選、二守江夏沈侯賁率民兵來禦，駐節於宮，父老遮道而告曰：“是宮乃唐宋以來古迹，其神東岳岱宗庇茲一方，旱澇、蝗𧒒、疫癘禱無不應，江寇其敢犯耶！”侯曰：“然。”已而江寇果息，余友顧君鑑設教於其宮，與諸巢氏若輦、若山、若沐悉知創修之艱，乃乞余記，勒碑以垂後世。所勒芳名，若小河巡檢齊河宰藁，里人全州同知惲泉，郡庠生金獻臣、獻賓、獻卿、余正術、蔣監、鄭俁、巢輅、祁上、鄭栴、巢洛、巢沃，皆樂助而贊成之者，法亦宜書。嗚呼！泰山之神，古帝王祀之者七十有二家，鄗上之黍、北里之禾所以爲盛也。江淮之間一茅三脊，所以爲藉也。東海致比目之魚，西海致比翼之鳥，然後物有不召而至者十有五焉。由是觀之，岱宗之神於天地間洋洋乎無所不在，則其行宮惡得而廢之哉！況神人相爲貫通，人既協祀，神必佑之，此其歲或作沴而復和，寇或蔽江而遂滅，皆神之力也，然非碑以記，則後世無徵。若昔賢吳季子之墓，微孔子之有十字碑，亦將淪没，此顧君所以惓惓於一記之作，且將載之郡縣乘，俾傳悠久，殆亦神之所啓也歟！

——道光《武進陽湖合志》卷十三

東嶽行宮碑記

〔清〕鄭　環

東岳行宮半天下，而吾邑通江鄉萬歲灣亦有之，創於唐貞觀五年，修於宋嘉定四年。明嘉靖戊戌，里人巢崟等重修。國朝康熙壬戌，里人巢彙吉等重修，而不戒於火。越庚辰落成，蓋自創始以來千有一百餘載，廟不可謂不古，即修於壬戌亦百有餘歲，其葺治固已亟矣。乾隆壬寅，里人張道選等募修正殿後樓，而前殿門廡材多腐朽不中用，孟河營守府唐公割俸爲倡，由是輸者踴躍。迄戊申落成，凡用白金幾千幾百幾十兩有奇，而屬予記其事。恭惟岱宗統青、兗、徐、揚諸州，奉上帝命，彰善癉惡，以翊贊聖天子久道化成之治，其威靈赫奕，誠非翰墨所能頌揚。而萬歲灣在齊梁之南蘭陵千秋鄉，風俗素敦樸易治，吾知鄉人之過是廟而瞻拜者，當益洒濯其心，相勸於孝弟忠信而鬭囂淫酗是戒，以爲我盛朝比戶可封之民而并受嶽神申錫之福，斯則唐公割俸之意，而凡董斯役者之勞績也。是爲記。

——道光《武進陽湖合志》卷十三

常州新建關侯祠記

〔明〕唐順之

嘉靖三十四年，倭寇繼亂東南，天子命督察趙公文華統師討之，師駐嘉興，軍中若見關侯靈響助我師者。已而師大捷，趙公請於朝，立廟於嘉興以祀侯，事具公所自爲廟碑中。明年，倭寇復亂，趙公再統師討之。師過常州，軍中復若見侯靈響如嘉興，趙公喜曰："必再捷矣。"未幾，趙公協謀于總督胡公宗憲，渠魁徐海等悉就擒，趙公益神侯之功，命有司立廟于常州。侯之廟盛於北，而江南諸郡廟侯自今始。

或謂江南古吳地，吳，侯讎國，吳不宜祀侯，侯亦未必歆吳祀，此未爲知侯之心與鬼神之情狀者也。先儒有言："人皆謂曹操爲漢賊，不知孫權真漢賊也。"按侯所事與所同事，當時所謂豪傑明於大義者，先主、孔明而已。孔明猶以爲吳可與爲援而不可圖，先主亦甘與之結婚而不以爲嫌，惟侯忿然絕其婚、罵其使，擯不與通。竊意當時能知吳之爲漢賊、志必滅之者，侯一人而已。權遜君臣亦自知鬼蜮之資必不爲侯所容，非吳斃侯，則侯滅吳，此真所謂漢賊不兩存之勢也。侯不死，則襄樊之戈將轉而指於建業、武昌之間矣。然則滅吳者，侯志也。侯之志必滅吳，豈有所私讎于吳哉？誠不忍衣冠禮樂之民困於奸雄亂賊之手，力欲拯之於鼎沸之中而凉濯之。使吳民一日尚困于亂雄，侯之志一日未已也。然則侯非讎吳，讎其爲亂賊于吳者也。讎其爲亂賊于吳者，所以深爲吳也。侯本欲爲吳民斃賊而先斃於賊，賫志以没，侯之精靈宜其眷眷于吳民矣。由此言之，侯之所讐莫如亂賊，其所最讐而不能忘，尤莫如爲亂賊于吳者。倭夷恣凶稔惡以毒螫我吳民，是亂賊之尤未有甚焉者也，其爲侯所震怒而陰誅之所必加，翼王師而助之攻也，亦何怪乎？神人之情不相遠，未可以爲杳冥而迂之也。竊謂吳人宜廟侯，侯亦必歆吳之祀。

於是郡守金君豪以趙、胡二公命擇地，得城東隅巍然一突，下視城郭，方可二畝，相傳所謂中軍帳者，曠無人居。君以爲廟侯莫此地宜，於是樹以穹宮而地益勝。古樹數株，適當宮前，森陰倏忽，若侯降止。郡人來觀，莫不喜躍，強者賈勇，弱者思奮，抵掌戟手，若神甚之。然則諸公之爲此舉，非特以答侯之功，其所以作郡人敵愾之氣以待寇者，所助不小也。久之，金君遷去，邵君惟中代守，有嘉成迹，增之式廓。爰勒碑以紀其成，而請文於郡人唐順之，其詞曰：

揭揭關侯，惟萬人敵。天稟義姿，志必殲賊。北向揮戈，七將皆殪。匪曰後吳，勢有未及。欲拯吳民，爲賊所先。精靈在吳，死而炳然。陰隲吳民，至千余年。東南不淑，天墮妖星。島酋海宄，凶遞再生。競爲長蛇，薦食我吳。侯靈在焉，能無怒乎？夷刀如雪，手擘不展。渠魁倔強，悉就烹臠。帥臣避讓，豈我之力？陰有誅之，實徼侯福。徼福維何，作廟以祀。東南廟侯，自今其始。毗陵巽隅，古稱將壇。若有待侯，鬼兵踞蟠。天陰髣髴，長刀大旗。生欲拯吳，没而來思。侯德吳民，無間生死。幺麽小醜，永鎮不起。郡人入廟，踴躍歡喜。競如赴敵，強跳弱起。誰鼓舞之，侯有生氣。

——《重刊荆川先生文集》卷十二

重修關侯廟記

〔清〕楊廷鑑

天地所以不毁，古今所以長存，恃有忠臣義士浩然之氣而已矣。此忠義浩然之氣，與陰陽同運，原始反終，如一晝夜，不以其人之存歿而或間焉。故其生也，稟二五之精，挺然爲命世之杰。主臣相遭，智勇兼奮，視奸邪如鬼蜮，唾寇賊如犬豕，不爲利遷，不爲威劫，身可殺而志不可奪。比其歿也，下爲河嶽，上爲日星，赫聲濯靈，侍帝左右。奉昊天之成命，考降衷於下土。虹霓揚旌，雷霆叱御，覽觀四域，揮斥八垠。遐陬僻壤，威畏而德懷；愚夫孺子，家尸而户祝。没爲明神，理不誣矣。若後漢前將軍關侯，則真其人者歟！當時漢室傾頹，梟雄角立，昭烈帝起鄉里，合徒衆，馳驅列牧，以身托人，失軍挫敗，羈旅困厄。彼隨世以就功名者，朝吳暮魏，何所不可？而侯於此時，曹操留爲己用，則毅然不從；孫權爲子請婚，則罵絕其使。蟻視群雄，歸誠帝胄，慨然以同心戮力，興復帝室爲己任，可謂立志正大，卓然獨絕者矣。

漢中既定，北擊襄陽，于禁等七軍皆没。斬龐德，困曹仁，梁、郟、陸渾諸豪傑遥受印號，以爲聲援，威震華夏，豈非漢業將成之會乎！而賊權棄同仇之盟，妄聽吕蒙豎子，襲破江陵，章鄉遇害，遂致閹騰遺孽竟成篡逆。天實爲之，豈盡侯之罪哉！侯既没，而漢業遂以不振矣。是後秭歸蹉跌，永安不起，渭南師老，嘔血酸辛，皆自麥城之喪敗基之，志士仁人，千載尚有餘恨。然而北地哭廟，昭烈有孫；瞻尚赴敵，忠武有子，與侯死前後一轍。曾幾何時，賊魏賊吴，俱如灰飛燼滅，掃地無遺。而章武之爲正統，青史爛然，烜赫萬世。我侯在天之靈，不獨對先帝而快然，亦可以見高皇而無憾矣。豈尚有國耻身讐之憤，足以芥蒂其胸次也哉！於今距侯之没，千五百有餘年，功德著於生民，廟食遍於天下。不獨蜀人不得而私之，蒲人亦不得而私之，抑且魏人欲得而有之，吴人亦欲得而有之。總緣其忠義浩然之氣，貫徹古今、充塞天地者如此。

毗陵之廟侯，始於明嘉靖二十五年，島夷作亂，城下過師，軍中見侯靈響，渠魁就擒，我師大捷，尤所謂能捍大患、有功德於民，則祀之者也。廟據郡城巽隅，崇岡層臺，穹宫敞殿，尊嚴炳焕，萬衆仰瞻。越今順治某年，歲久漫漶，剝蝕傾欹。不佞四顧嘆息，謀諸同志，協力增修，美輪美奐，有逾其舊。因并紀載始末，告郡人之虔恭廟祀，思服威德者。謹按，前將軍係昭烈帝實授之職，漢壽亭侯則曹操所封，然其時獻帝在位，猶稱漢制。至於後代所加武安王等，既非生時爵位，又非當世褒崇。昔孔子不以文宣王尊，侯豈必武安王貴乎？若夫天尊大帝，疑出道家嚴事之稱，未知足爲侯重否？統俟有識君子論定云。

——《常郡八邑藝文志》卷四上

文昌閣記

〔明〕劉廣生

禮莫重於祀，祀莫重於制，制莫重於義。揆義以定制，循制以秩祀，因祀以明禮，無瀆倫，無奸度，無立僻，故足尚焉。夫祀之道，其以合幽明而需庇佑，將民之耳目心志、淑慝端僻隱隱于是焉繫，奈何踵訛襲謬，以爲不甚關涉其置之也。蓋世之祀壯繆尚矣，即三家之村、五都之市比屋是也。常此祀則創自督察趙公，公提兵禦倭而捷，謂神實陰助之，故卜地議祀，得縣序東偏基，故墳起，高可二丈許，廣袤八十餘尺，相傳爲湯信國將臺云，事在世廟三十四年，具唐右丞記中。有司歲以夏五之十有三日刲牲饗之，而常之人後乃祀文昌其前也。余莅常之明日，故事宜得祀壯繆，及入門展覲則梓潼也，牲祝具矣，余倉卒將事，怪問之，左右曰後，乃導余委蛇從楹旁折而入，則壯繆在焉。余欷歔不禁曰："道文昌以祀壯繆，固非所以妥壯繆，以祀壯繆祀文昌，亦豈所以康梓潼？"之兩者義無當，則謀請于梓潼而移其祠于學宮，學宮故祀文昌于西北隅，又甚湫溢，故議頗定。詢于諸生，曰文昌蔽關祠前道，非制也，然有故。關祠建而城多劇盜，形家謂宜祀文昌以鎮之，盜果息，相傳如是，而余益欷歔不禁也。嗟乎！盜偶也，其息則常也。壯繆何人哉！建其祠足以致盜而必乞靈于文昌，文昌鎮盜乎？壯繆不應不能，抑鎮壯繆乎？壯繆何人哉！夫誰爲此説者？嗟乎！堂堂毗陵，固禮制名義之所自出也，而毋乃有此一段繆悠不經之語，著于人之耳目而中于心志，詘明神震代之英靈而疑之以必不有之祟，假明神伏邪之威力而誣之以不必受之權，將民心弗端弗淑，孰大于是！夫邪説之害人心甚矣，其失寧第其制之舛與義之無居關涉一祀禮云乎哉！而余猶謂民俗不宜輕矯，則且奈何？于是乃高其閣五楹，祀文昌其上，而洞其下爲馳道，妥侑祈祝恒必由之，而文昌巍然樓居，昭回雲漢，于位爲東，于峰爲巽。從兹俞益爲中吳翔文明而發靈異，其所蔭庇文獻之區復不小，庶兩得之。噫！政忌紛更，語誠舊貫，得已之役，識治體者弗爲也。余守常二年餘，葺稼亭、新郡學二役之外，纔有此舉。夫亦謂神人一理，事神治民無二道，神之弗妥，人心不得獨安，治民則求和民，事神乃以褻之，亦守土者之責也。爰與武進董令各有捐焉，以竣斯役，紳士亦多樂助者，而敊何幕鳳翔董之。料工于是歲之季春，卒歲而竟。蓋自夏徂秋，日勞勞于捕蝗之役，未之遑及云。

明萬曆四十五年丁巳季冬日之吉。

——萬曆《常州府志》卷十九

三義閣記

〔清〕楊廷鑑

帝王之道，知人則哲。君之視臣如手足，臣之視君如腹心，雖三代以下，英君誼辟未嘗不以延覽結納，宏集思廣益之風。史臣稱漢昭烈宏毅寬厚，知人待士，同符高祖。自余觀之，徒以知人待士論，則昭烈之推心置腹，生死交情，固非高祖之所能及也。昔高祖同里人盧綰，綰之父與太上皇相愛，及生男，高祖、綰同日生，里中持羊酒賀兩家。及高祖、綰壯學書，又相愛也，里中嘉兩家相愛，生子同日，壯又相愛，復賀羊酒。高祖爲布衣時，有吏事避宅，綰常隨上下。及高祖起沛，綰以客從，入漢爲將軍，常侍中從事。擊項籍，以太尉常從，出入臥內，衣被食飲賞賜，群臣莫敢望。雖蕭、曹等特以事見禮，至其親幸，莫及綰者。封爲長安侯。項籍死，綰別將擊臨江王共尉，從擊燕王臧荼，皆破。平時，諸侯非劉氏而王者七人，而綰爲燕王，諸侯得幸，莫如燕王者。以視昭烈帝之於關、張，其布衣之舊，昆弟之驩，有過之無不及焉。
綰立不過六年，遂以事陳豨見疑而敗，古人所謂聞流言而不信者，顧如是乎？
豈獨蕭何繫獄，韓、彭葅醢，爲高祖待士之不厚哉！若昭烈之於關、張不然，
昭烈初起鄉里，徒衆未合，即與關、張厚善，誓復漢業。繇平原相迄王漢中，
中間二十五年，崎嶇顛沛，東西竄走，艱險共嘗，情好彌篤。厥後關既敗没，
張復被刺，昭烈孑然一身，失左右手，其何以生！於是發憤用兵，大舉伐吴，
所爲兄弟之讐，不反兵而鬭，正如是耳。白帝一走，竟以疾崩，蓋三人出入
同舉義，同敗亡，亦同生死，交情至於此極，誠可悲也已。始，昭烈於公孫
瓚所識趙雲子龍，深相結納，亦不後於關、張；因司馬徽、徐庶見諸葛孔明
於隆中，相得如魚水，雖關、張不敢有言。獨至於伐吴之役，子龍持正論進
諫，謂國賊曹操，非孫權也，釋魏伐吴非計，昭烈不能聽也。是其負傷心之痛，
冤憤結心，奮然一決，子龍猶不足以知之，惟孔明深知之，終亦不忍明言之。
以此知三代以下，知人待士未有如昭烈者也。世俗相傳，稱劉、關、張爲三義，
而壤像之設，中安昭烈，旁列關、張，議者以爲君臣分定，禮無并坐。余則
以爲斯義也，是昭烈之心也。昭烈之心，終其身以昆弟視關、張者也。蓋從
古君臣之相與，不越情與分二者而已。抑情以伸分者，尊君親上之誼，故稱
人廣坐，侍立終日，而不以爲嚴；略分而敦情者，好賢愛士之誠，故食則同席，
寢則共榻，而不以爲狎。爲人君者知此，必能以手足視其臣；爲人臣者知此，
必能以腹心視其君。孟子所云天子而友匹夫，用上敬下，與用下敬上同者以此。
由斯義也，其有補於名教，豈小也哉！毗陵關將軍廟，聳拔雄麗，甲於東南。
殿後基址宏敞，形家謂宜構層樓，以助其尊嚴，於廟貌爲稱，神靈聽許。僉
謀協同，余乃偕呂公宮措貲經理，鼎建斯閣。閣既成，謹書其大義，以爲記。

　　時順治某年月日。

——《常郡八邑藝文志》卷四上

毗陵關帝廟新建三義閣碑

〔清〕邵長蘅

　　生爲萬人敵，没而以靈爲神，求之史册，往往而有。若廟祀遍天下，幾
與素王之宮、社稷勾龍棄之壇壝埒，自王公大人，下逮傭販皁隸，以至武夫
悍卒、殊域徼外之人，莫不搏顙乞靈恐後，其威神英爽有以奔走一世而不知
其所以然，亘千五六百年間，惟帝一人而已。毗陵廟祀帝始於明嘉靖三十五年，
時倭寇蹂躪内地，王師討之，過常州，軍中若見帝靈響，師大捷。於是督師
者檄有司立廟於常，語具邑人唐中丞順之所爲廟碑。按史，帝初謚壯繆，以
侯禮葬。宋大觀初加封武安王。明萬曆間，封伏魔大帝。天啓間，始詔中外

凡祝册廟額皆以次秩帝號，而碑猶稱侯，仍其舊也。先是廟當郡城巽隅，巋然一突，相傳湯信國將臺遺址，顧前崇後庫，形家言以爲不稱。入本朝，故大學士吕公宮、前殿撰楊公廷鑑各倡捐若干金，構傑閣於殿後。閣凡五楹，址崇及仞，閣崇三倍，址廣可布十筵，深不及廣三之一。經始順治己亥十一月，至庚子十二月訖工，費白金一千二百兩有奇，道紀陸序奎實董其役。既成，并祀漢昭烈、張桓侯於閣而名曰三義。州人歲時奔走祀事，或疑昭烈、桓侯身未嘗至吴，又非有功德於吴民，於祀典爲不經，此拘儒之論也。史稱先主與二人寢則同牀，恩若兄弟，而稠人廣坐，侍立終日，隨先主周旋，不避艱險，蓋當日異姓昆弟之好如是。桓侯即亡論，帝從昭烈於崎嶇顛沛羈囚奔竄之餘，不爲威怵，不爲利疚，間關百折而卒歸故主，帝之心詎能一日忘昭烈哉！今夫幽明一理也，生而誓以肝膽死生之信，北面而事之，歿而漠然等之途人，帝在天之神當亦有怵然不安者。然則閣之建，所以益妥帝靈，而爲吴民邀福於帝甚鉅。閣成二十年，序奎之徒曰褚真一始乞余文，記閣成月日，與其師之姓名。余嘉真一能不忘其師之成勞，而又以慨夫吕、楊二公能捐數百金爲人士倡，而獨未暇礱片石以垂後，良爲闕典，遂不辭而碑之。且爲詩三章以享神，其辭曰：

童童車蓋樓桑村，玉璽騰漢火井燃。大耳公是隆準孫，武擔山南踐至尊。千五百年靈爽存，重櫩畫栱高截雲。神來格思羽葆駢，赤螭驂駕雲旂翻。春蘭秋桂永弗諼，修筵廣室神孔安。　右享昭烈

帝功赫濯神在天，上爲日星下嶽川。鬼工七日創玉泉，赤驥蹴踏鹽池寒。豐碑穹祠窮遐垠，孰如茲閣杰且安！巽隅嶙峋古將壇，赤鈴絳節紛麾旛。俎豆一堂弟與昆，千秋萬祀福吴民。　右享帝君

燕頷虎頰獰於龍，起噓炎爌扶桑紅。横矛瞋目長阪東，闞如虓虎氣薄虹。操鬼愕眙避厥鋒，釋顏走郤惟侯功。生萬人敵歿猶雄，幽明一體肸蠁同。有閣巉嶪神所宮，出入蕭蕭飄回風。　右享桓侯

——《邵子湘全集·青門麓稿》卷十三

關帝廟增建後殿記

〔清〕陸初望

毗陵初未有關帝廟也，廟始於明嘉靖三十五年，時倭寇東南，王師討之，師過常州，軍中若見帝靈響而渠魁悉就擒，督師者神帝之功，檄郡守擇地於城東高曠處規作帝廟。廟址相傳爲湯信國將臺，前崇後卑，形家言以爲不稱。國朝初，大學士吕公宮構傑閣於殿後，名之曰三義閣，語載舊碑，予幼時猶及見之。咸豐十年，常郡陷於粤逆，逆據廟爲火藥所，旋火起，焚死賊數十

人，而廟亦燬。迨同治甲子，李帥統師至郡，賊嬰城死守，會霖雨不止，我軍不得施火礮，李公默禱於帝，雨頓止，礮石轟轟如雷霆震，四面交攻，而常城以復。李公感帝之靈，奏於朝，賜題廟額，重建前殿，太守復肖帝像於其中，而殿後則仍一片荒墟也。謹案，雍正三年，追封帝三代爲公爵，直省各州縣俱製神牌供奉。十年，又以奏請，并建崇聖祠於後殿，每歲春秋有司致祭。迨咸豐五年，加封王爵，具見聖朝尊崇帝德，報答靈貺，推本所生之至意。今者前殿如舊制，而聖祖考未建後殿，入帝廟者輒有盛典缺如之感焉。邑人許瀛洲、李濱、沙溶三君擬立聖祖考碑記於廟，而苦無位置之所。初望商於家觀察子受先生，先生曰："不若創建後殿，供奉三代，以昭典禮。"於是估工千緡，觀察獨捐七百緡，許、李、沙三君足成之，庀材鳩工，閱半載而告竣。同人屬余記其事，余糾刻《聖帝心目編》甫能付梓，復喜斯殿之落成也，謹濡墨而爲之記。

——《武陽志餘》卷四之一

先賢卜子祠碑記

〔清〕瞿　溶

　　國家崇儒重道，凡先賢支裔遷居他郡者，例得建專祠，請官祭，予祀生以奉其先，不特宗子之襲經博者克纘承先緒也。吾郡千乘侯梁子、須昌侯商子，其後裔之居常州者皆建祠請祭，而卜氏獨缺然。卜氏之先有名勝者，爲文學卜子五十五世孫，自前明洪武時由河南溫縣遷居常州，迄今四百餘年，子姓繁衍，登科第、宦中外者已數十輩，爲吾郡巨族，蓋文學源流尤遠且大矣。先是勝之六世孫大韶始建祠於郡城西門外海子口，入國朝徙郡城化龍里。嘉慶十七年，十三世孫桐高等因祠宇湫隘，不足以昭祖德而妥先靈，再徙於迎春橋周家巷，爲今先賢卜子祠，然尚未遑請官祭及給襲祀生也。道光三年，十二世孫汝鼎、十四世孫洪等始齎譜牒走鉅野，呈請於其宗子經博君卜先立，具詳衍聖公，移咨撫吳中丞，轉飭常州府長吏於每年春秋上戊致祭，并予襲祀生二人，於是卜氏宗祠遂與吾郡之先賢梁子、商子二祠埒。祀事定，汝鼎等寓書都門，屬溶爲記。溶惟文學卜子去今幾二千年，而訓典垂世，炳如日星，士大夫家沐浴遺澤，罔不欲奉瓣香而尸祝之，況其爲子孫者乎！梁氏、商氏亦皆以支子遷居吾郡，其建祠給祭歷年已久，況卜子尤爲聖門高第乎！宜汝鼎等之追慕先賢，不遠數千里奔告宗子，思奉明禋，以昭祖德，以妥先靈也。溶猶憶登第之前一年，歲癸酉，家居里中，適卜氏先賢祠落成，見其規制宏廠而嚴肅，并聞其族姓僉以請祀爲亟，今汝鼎等得遂所請，欲志諸貞珉，以示後世，溶嘉其有志竟成，故不辭而爲之記。

——道光《武進陽湖合志》卷十四

敕賜梁少師縉雲侯祠祀田碑記

〔宋〕張九成

嗚呼！君臣相與之際，豈易言哉！漢兩疏告老，祖帳都門，見者稱嘆，甚至淚下。唐魏文貞之遇太宗，我趙韓王之遇藝祖，諫行言聽，雖父子無以過。既以不合請還，當時已有異議，況望身後之典耶！同平章、少師梁公懇疏引年，乞居武進，詔特許之。其薨於新第也，天子遣祭營葬，敕祠賜額，賻恤之厚，蔑以復加。又給廟田二頃，以供祠事，世僉弟子一員守之。猗歟盛哉！夫諸侯之有國，卿大夫之有家，於法皆得立廟，所以祀乎其先也，先王所以教天下之孝也。國家令典，有豐功碩德則祀之，能禦災捍患則祀之，所以禮乎其下也，先王所以勸天下之忠也，而祀之有田，則前此或未之聞。今特給田於梁公之祠者，何居？蓋公筮仕武進，執摧逆寇，安定萬民，其保障江南之功最烈，生祠之建，殆出於人情之所不已者耳。追出領方岳，入秉要樞，聲施華夏，不特一武進也，而功業之隆，實自武進始。故初欲卜居，卒以歸老。蓋公心神所安，故人之愛戴益深，生慕死哀，如喪考妣，而廟田之賜，血食無窮，皆天也，豈人之所能爲哉？抑於是而竊有感焉。君，天道也；臣，地道也。天尊地卑，厥有定分，進退爵賞，有初鮮終。君子立朝能免於譴責之加者，猶以爲幸，況若手足腹心，相待一體，生而寵眷之頻繁，歸而慰賚之優厚，卒而廟食之弘長，豈非千萬之什一哉？兩疏諸公之事，概可見矣。惟少師樹不世之奇勳，乃聖皇舉曠古之盛典，非偶然也。厥田在武進城東定安里之六保，距侯新第三里許，監司蒲泉林君奉明詔，出帑貨，以鬻諸民者。林君於侯聞服有素，故於斯舉，尤加意焉。恐其迹之久而湮也，爰記畝數佃名，著之版籍，走數千里，屬余記之。余之仰侯無異林君也，敬書謏辭以復，俾刻諸祠下云。紹興二十四年夏五月朔，江南安撫大使蒲陽林之芳立石。

——康熙《常州府志》卷三十六

先賢梁子祠記

〔清〕梁章鉅

常州府治之東有梁氏，自宋少帥縉雲侯始。縉雲侯之有祀於常，自宋紹興四年始，侯懇疏引年，乞居武進，詔特許之。嗣薨於新第，天子復遣祭營葬，敕祠賜額，給祠田二頃，世舉子弟一員守之，備見張公九成所著碑中，而孔子弟子千乘侯祠遂同時并建。德祐兵燹之後，祠無存者。明萬曆壬寅，太守歐陽公始於郡城登省巷復建千乘侯祠，而以縉雲侯祔，實爲今之梁子祠。本朝雍正間，析武進地爲陽湖縣，祠屬陽湖縣治，余奉職蘇藩，奉祀生曰文煥曰桂陳牒來請，言祠址侵削，垣宇傾剝，不治將廢。余系固出安定，又官此邦，表章前哲，興舉廢墜，是其職也，矧有本源之恩，其曷敢不力！乃飭陽湖令出官錢繕完，而若文煥、若桂先以私錢復侵削，逾月乃告成焉。夫祖宗有栖神之宮而胎蠁不修，子孫之過也；邑有古賢祠宇而采風所不及，亦有司之責也。千乘侯在聖門名列七十子中，兩廡之祀春秋罔缺，其有專祠宜也。縉雲侯嘗官武進，有摧寇安民之勞，自其生時民已祀之，既而出入中外，卜居歸老，祠田之賜，血食無窮。《記》曰：有功德于民則祀之，能禦災捍患則祀之。是常州之有此祠也，準乎《禮》經，合乎祀典，又豈獨繫子若孫本源之思已哉！獨是明德之後，其紹承先業較恒人爲倍難。常之子姓既修是祠，奉是祀，其必有顧名思義，求所以紹家聲而垂久遠，俾祠祀之隆終以罔替者，余方心焉禱之。而余莅蘇州，甫建伯鸞高士祠，常州繼有是舉，人以見氣機之感，不介而孚，凡政之當及時而舉者胥視乎此，是又余之不敢不自勉者也。是役經始於道光七年十二月，畢工於八年正月。祠屋免糧地三十七弓三尺，凡用銀若干兩。司其事者，武進知縣周錡，陽湖知縣溫綸湛，監修者祠裔梁文治，因備書之石，以志後人。

——道光《武進陽湖合志》卷十四

東甌湯襄武王祠碑

〔清〕邵長蘅

順治改元之明年，世祖章皇帝既平江南，統一區夏，首釐定祀典，詔曰："祀事有舉無廢，凡前代帝王祠廟，其悉領于有司，爲歲事曲加禮，以稱朕意。"于是常州故有東甌湯襄武王祠，得不廢，有司歲以春秋奉一少牢祀。越若干年，裔孫國光請辭鐫之牲石，禮也。謹按王姓湯氏，名和，世居鳳陽東湖里。明太祖起滁陽王甥館，王以千戶從攻洪山寨，拔之。從攻滁州，先登，授管軍總管。從攻下和州，陳也先寇和州，王與諸將擊走之，從渡江，下太平。陳也先寇太平，王與諸將破之，鹵也先。攻溧水、句容，先登。從攻金陵，拔之。太祖爲吳公，王以統兵元帥會徐達，下鎮江，攻金壇富莊以南，取之。以同僉樞密院事攻常州，克其城，太祖命守常州，鎮撫之。僞吳張士誠軍寇常州，戰陷陣鹵甲士三百，再戰鹵甲士千、舟千艘、馬百匹。其後會徐達攻無錫，擊士誠軍陽山下，轉擊別將莫天祐，鹵其妻子，還拜中書左丞。僞吳丞相張士信圍長興，王會常遇春擊破之。劇盜姚大膽反豫章，王擊斬之。豫章還，復守常州，太祖進位吳王。丁未吳元年，王以中書平章會徐達、常遇春攻姑蘇，鹵張士誠功最，因東擊，降方國珍，吳越悉平。自初起滁從攻金陵，至鹵士誠，擊方國珍，凡十五歲，其鎮常州凡十載。戊申，吳王即皇帝位，改元洪武，王以御史大夫略定閩粵諸郡縣，還報。九月，從幸汴梁。二年，從中山王徐達平關隴。三年，又從襲擴廓帖木兒西北，取寧夏，東下大同、宣府皆最。九月還京師，論功賜爵中山侯，食祿一千五百石。四年，詔偕德慶侯廖永忠擊蜀王明昇，降之。五年，詔偕中山王北伐，窮追至和林還。八年，又北伐追伯顏帖木兒，獲馬牛羊無算。十年，進爵信國公，食祿三千石，世世剖符不絕。二十八年，王薨於里第，追封東甌王，賜諡襄武王。起千夫長，至爵上公，凡九遷。在軍中二十五年，大小凡百戰，凡下三國，定郡縣一百二十餘。其鎮常州最久，故功在常最著云。先是常州故城周四十里，地甌脫難守，屢破于敵。王至，斂東南西之外郛築之，圍廣十里而隘，臺隍峻浚，樓堞蔽虧，屹然巨鎮矣。洎王以老乞骸骨歸，上曰："日本蕞爾小彝，跳梁海上。卿雖老，強爲朕行視要害，築城增戍，以固朕圉。"王奉詔行，築海上數十城，民四丁取一守之，是皆王功在東南之大者。間考史籍，漢唐以來功臣莫不勒勳旂常，配享太廟，至于故所立功之地，往往廟食以酬忠勞，然當代崇之，易姓則已。王之祠于常，檐牙如故，俎豆不祧，固王之豐功偉烈足自永于茲土，而本朝寬大之恩、報功之典，不以先代之臣稍有貶損，是固高出漢唐也已。祠在常州城之東隅。祠右故有關帝廟，相傳即王將臺遺址。祠之建在明崇禎十六年正月，裔孫國光請于撫按，捐千金成之，學臣給衣頂奉祀，宜附書。頌曰：

王起濠梁，真人之鄉。六合晦暝，雲蒸蘢從。遂平金陵，略定南邦。高牙大纛，王鎮于常。王之未來，獫突狙駭。王來鎮常，息及牛馬。稼穡豐殖，廛肆列賈。寇逸宵馳，野無驚者。於惟王功，殆越踣閩。威燀飆行，蠻蜑讋順。孰如鎮常，歡欣席衽。於惟王功，剗秦剗蜀。關隴幽冀，遠近懾服。孰如鎮常，桑麻饘粥。作城龐龐，是惟王功。垂四百祀，深洫崇墉。作廟奕奕，以酬王烈。朱扉獸環，冕旒赤舄。鼎易弗革，皇帝之德。豐碑巍峨，永垂金石。

——道光《武進陽湖合志》卷十四

湯襄武王廟記

〔清〕顧曾焕

余讀《青門簏稿》，見子湘邵先生所爲《東甌王廟碑》，竊嘆王之澤縣數百年勿替，而聖朝推恩異代之典復絕千祀也。王起布衣，致侯王，功高而不伐，以貴顯終。洪武二年，詔立廟雞鳴山下，位王第五。比其薨也，肖象其中，且與中山、開平配太廟，侑食大烝，而海上諸郡縣念王築城備倭之功，詣御史成英言於朝，祠王定海，蓋王之俎豆東南也久矣。崇禎末，王孫國光請專祀王於常，而常於是有王廟。不數年，明社已屋，我朝軫念舊勞，加以曠典，命有司歲時妥侑如前儀，而常於是至今有王廟。王濠人也，奚爲廟於常？王嘗鎮常者也。王鎮常，拓常城四十里而甓之，且有功德於常者也。王賜第中都，旋正首丘，而仲子鼐實居常，遂爲常人，代有賢者，今同知衔候選縣葆忠，王十八世孫也。王駐節斯土，有虔秉鉞，削平吳會，所云據屋脊坐左顧右顧者，魂魄固當戀此，而王之滴水生焉者，以似以續，克歆厥祀。矧遭遇聖世，秩宗煌煌，不以餒而忽諸，爲王恫怨，宜王之英靈不可泯滅，弓刀一動，用能效順於我國家也。咸豐庚申，粵逆陷常，王廟午夜火發，神威有赫，鴞獍驚竄，彷彿當年降國珍、禽友定時。是役也，王子孫死義者男婦凡若干人，可謂不辱其先者已。難平，廟址惟存瓦礫，葆忠鳩宗人醵錢近百千，無裨於事，遂獨力以次籌造，共費五千緡。廟貌如故，行且邀封號，答神貺，以永於無窮焉。然則王之廟食於茲也，在勝朝則以勞定國，在本朝則能捍大患，皆合祀典者也，豈獨王之孫子世世不祧而已哉！葆忠與余交，勾余記之，以揭於繫羊豕之石。

——《武陽志餘》卷四之一

吳復庵學士專祠碑記

〔清〕趙申喬

古之鄉先生没而可祭於社者，必其功德之有不忘於人心者乎！若鄉賢、若先賢、若專祠諸祭，皆是也，而其典尤莫重於專祠。蓋鄉賢、先賢或配享廟庭，或共祀一室，典禮雖崇而群沾竿瀝，尚非特受明禋。至於專祠，則分給朝廷之祭銀，特建祠宇，獨享烝嘗，每當春秋二祭，郡縣則遣官從事，登拜俯興，祼獻禮畢而後退，是非功德，光耀簡編，有以壓服人心者，不足以與此。吾邑復庵吳先生，于勝朝神廟時，權臣當國，勢傾中外，矯旨奪情，倫理滅絕，斯時之立言路者緘口結舌，瘖若無聲。先生在詞林則起而力持之，彈章聯上，有植綱常之疏，有正朝廷之疏，柄臣赫怒，特予廷杖，削籍歸田。使天下後世猶知有父子之倫、君臣之義者，皆先生力也，功顧不偉歟！方其忤旨廷杖也，柄臣必欲置之死地，爪牙密布，屏絕侍從，箠楚之下，血肉淋漓，其不濱於死者幾希矣，而先生不懼。歸而廬墓，窺伺者洗索日至，而先生不憂。已而忌者死，乃得復官，累次遷秩，而先生不喜。無何群小溷詬，道斯用晦，四疏乞休，鴻飛冥冥，先生見幾又何決也！夫甘斧鉞如飴，脫富貴如屣，非有定識定力，其孰能之！然則先生之功，皆先生之德爲之也。先生之功德照曜國史，浸灌人心，迄今百有餘年。滄桑變易，而思慕先生者久而不忘，既由鄉賢請祀先賢矣，猶以爲未足以盡其仰瞻之志也，復請諸當事特建專祠祀之，此豈無所建白而能然哉！吾鄉夙稱文獻，以理學、事功表見當世者指不勝屈，而專祠之建不數觀。間有功德不彰而妄干斯典者，有識或過而非笑之，以爲未必可祭于社也。若先生，其真可祭于社者歟！祠既成，先生之後昆諸賢請余書其事於石，余與先生幸同里閈，素欽其功德而不能自已也，遂不辭而爲之記。

——道光《武進陽湖合志》卷十四

先賢謝龜巢先生郡城專祠碑記

〔清〕劉於義

鄉先哲謝龜巢先生，生平學宗聖賢，言持風化，至正間守道不仕，明初歸隱橫山，卒葬其地。自前代以迄國朝，久在祀典，橫山有士紳舊建祠宇，興壞者再。當茲禮樂明備之日，而郡城獨闕專祠，非所以崇秩祀、昭令範也。歲壬寅，先生十一世從孫司馬公嵩齡循例陳之當事，遂建祠於子城東偏，寓書來都，命次公農部尚書郎旻屬於義爲記。緬惟道脉之傳，自楊龜山、鄒道鄉倡導東南，學者始講求濂洛關閩之緒。元季百家爭鳴，道南心燈不絕如縷，先生掘起其間，闢異端，崇正學，所至引斯文自任。其子林、孫塏、從孫哲出處一秉家法，及門陳宮贊濟偕弟節愍公洽，尤以道德忠義建標豎穎，而先生辨惑立言，淑諸人以傳後者。閱百有五十年，吾鄉徐養齋、毛古庵、葉古心諸先生篤景賢之懿好，翕然群仰爲宗。嗚呼！先生之維吾道，豈淺鮮歟！是則專祠之建，又非尋常無與於重輕絕俗之數者可同年語矣。謝氏後裔克承世澤，一旦衰者興之，缺者補之，自此崇祠遷宇，永奉明禋，不且與鶴溪舊築、芳茂書臺、潞城樵舍同欽高躅於百世下哉！於義竊願他日假旋梓里，謁先生廟堂，瞻榱桷，溯儀型，庶可慰中心向往耳。祠基與池二畝有奇，池爲里放生處，堂寢各五楹，門南嚮，額曰"先賢謝子祠"。寢後臨池有樹，雲影波光，澄虛閒遠，不減伊洛間意也。經始於壬寅二月，即落成於夏六月，例得附書。至先生之里居世系，及夫行事之詳，史傳具在。

——《武陽志餘》卷四之一

陽湖縣城隍神廟記

〔清〕潘恂

郡縣城隍之神，《周禮》《儀禮》多不載，厥祀肇自漢高，世踵行之。逆雨寧旱，弭沴消災，固有大造於民也。我朝正群祀，特隆其典，歲三祭，載主享於壇，凶荒疾疫必以禱。自二千石下握節而臨者，務先期肅謁，朔望必蒸楮禮拜，固欲陰陽合德，神與人相資爲理。歲丁卯，余莅事茲土，稽祀典，獨無本縣城隍之神，詢知土人，則以縣邑新造，其所建立，前人特有志未逮也。夫古者祀神以寧民，余誠不敢致惑於不可知之事，而第念比年來獄訟簡，盜賊希，國無荒耉，民無夭札，意冥漠中必有默相其成者，致力於神，又烏可緩！爰議立神祠，以故總社基改建，請於大吏，趣其議，達於禮部，署曰"可"。

乃鳩工庇材，披廣路，立通門，購民間基，築堂列廡，上遵國制，下庇民生，將於是乎在。既余以憂故，未竣事即告歸里，繼令爲陳君廷柱，纘前緒增置二堂花廳。未幾，余又膺簡命，由郡丞遷刺史，重視毗陵。乃更闢後宮寢樓，凡所造作，一如官府制度，并額其堂曰澄鑑。棼橑庨豁，薨宇嶷崇，精爽赫戲，英靈爋煜，僉曰神之和，民之福也。然吾聞鬼神非人實親，惟德是依，吾尤願臨是邦撫茲邑者，務各修厥德，以爲吏民率，則臨上質旁，盡嚴對越，又非徒廟貌欽承矣。至於其神，或以爲某姓，要無可考，余亦何敢附會。大抵有城有隍，即有神聰明正直者爲之，以固疆圉，以祛疵祲，人欽其德，世載其英神之靈，亦偉矣哉！

——道光《武進陽湖合志》卷十四

重建陽湖縣城隍廟碑記

〔清〕湯成烈

嘗攷城隍之名見於《易》，水墉之祭始於伊耆氏，爲天子八蜡之一，春秋鄭災祈于四墉，宋災用馬於四墉，是城隍之爲壇，以祀天子諸侯禱祈報享所有事也，建廟則始于吳赤烏二年，見《太平府志》，自北齊始見於史，歷唐宋元明，郡邑咸立祠宇，列入祀典。國朝雍正四年，析武進之半立陽湖縣，時未有議及神廟者。閱三十餘年，乾隆丁丑，桐城潘侯恂來知縣事，見本縣無城隍之神，無以展誠敬，無以申請禱，乃議立神祠，請于大吏，達于禮部，報曰可。于是度總司徒廟基，購民房以拓之，築堂列廡，未竣事遷去。歲壬午，陳侯廷柱建二堂花廳。甲申，潘侯來知府事，更闢後宮寢樓，體制斯備。癸巳，燬于火，邑人亟謀新之，丹堊崇敞，逾于舊觀。甲辰，程侯明愫建齋宿所三楹，以爲祓濯之所。道光戊戌，邑人捐貲買廟東孫氏廢地二畝五分，建官廳南北各四楹，監察司、財神殿各三楹，闢廟門南向，直通惠坊大街，而規制益崇焉。咸豐庚申，悉毀于賊。同治甲子，郡城克復。乙丑，設神像附于郡廟，祀事未虔。庚午之夏，爰議興復，邑侯張君清華捐廉，紳董士庶詢謀僉同，集貲得四千一百餘緡，即于其冬庇材鳩工，經始其事。買廟南呂、郭兩姓空地，以廓其基，芟剔蕪穢，築以周垣，中建二堂五楹，堂之後建西花廳三楹，堂之東書房一間，其南建大門三間，外爲照墻，規模壯闊，而經費不充，正殿寢宮尚留有待。辛未孟秋，奉神回輧，正南面以聽治，禮也，祀莊、劉二仙師于堂之左右，仍舊制也。司其事者幸其功之成而忘其力之勞也，因問記于余。余以爲國家建立府州縣，設官以治民事，必有神默相焉，以輔政教之所不逮，則必有堂宇栖神，以肅民之瞻視，崇閎壯麗固其宜也。夫神稟聰明正直之氣，握彰癉善惡之權，以調燮于冥漠之中，俾陰陽以愆，風雨以時，疾癘不作，年穀順成，不有大造於斯民乎！而士民之駿奔對越者，莫不齋明潔，誠凜凜乎有如在其上、如在左右之思，而懷其忠信，以孝親敬上，任恤睦婣，服田力穡而仰答神庥焉，是廟貌之所以必尊嚴也。至于水旱灾祲之祈報，危難疑事之禱卜，此又守土者之所宜致其誠敬也夫！

——《古藤書屋集》卷十七

陽湖縣增修城隍廟工記

〔清〕李超瓊

往在乙未夏秋之交，余攝陽湖篆將期年。縣境幸無事，邑人士以增修城隍廟工爲請。詢之，則曰：廟之建，始乾隆二十四年，知縣事潘恂改總司徒祠爲之者也。厥後毀而復興，遞有增益，具載邑志。赭寇之禍，燹焉無遺。亂既平，自同治甲子至今三十有二年，搢紳先生爲斯廟謀興復而從事工役者，凡三焉，而功固猶未竟也。初建者爲內殿，實妥神之堂。東爲書房，西爲花廳，而繚周垣於前。視舊基加廣，頭門之立，俯臨通衢，南復樹照墻以障之。所費錢至四千餘緡，時則在庚午。厥後續構堂東之惜字院、文昌閣，并惜陰書屋、東花廳，費錢又三千餘緡，時則在乙亥。近於庚寅歲又構劉仙師祠於堂之西，而拓庖室、僧房於祠之後，費錢亦千三百數十緡。是三役者，經費所資胥緜募集，同志復預爲籌度訂五期之會，益以商户日捐，并官中銀米串底錢，皆界商生息。今綜子母計之，雖知不敷，而樂輸者已踴躍俟命，故鳩工庀材，將於七月之吉續興斯役。其正殿，則僉議姑待焉。余既諾之，越明年丙申六月，工遂蕆，計費錢至九千八百餘緡，視前皆倍而增建者。曰寢宮，在堂之後，有樓有房，上下合十楹。曰宅門，在堂之前，作拱璧式，爲廊左右繚之，又爲東西廂六楹環之。曰儀門，在頭門內，亦有樓有房，上下六楹。其內爲戲臺，特高，北向，東西爲樓九，可憑而觀，上下合三十六楹。又移莊神醫祠於東，計三楹，與西之劉仙師祠并。門西向，其內前亦三楹而小。劉祠者，奉劉先生雲山，余嘗據郡紳請，陳諸大府，乞奏加封號者也。莊亦以醫著，常人并以莊仙師稱之。外復有鑒察司、財神兩殿，皆三楹。且建官廳一，爲祭日更衣之所。并於惜字院南，增建六楹，專儲廢紙。其屋庫，俗名披屋，殆庫之訛耳。是皆新工。其先建者復施以金碧，加以丹漆，赭之堊之，煥然改觀。

落成甫逾月，余適奉檄回元和任。雖紳耆以記請，而未暇爲也。今年丁酉七月，在事者復刊收支清册見寄，凡材之尺寸、工之多寡、捐户名姓暨出入款之畸零，靡不詳之。是諸君子之條理密，而心力勤，可謂至矣。而仍敦前請，余何敢以不文辭！雖然，竊嘗聞之矣，自秦祠五時，而後世祀典多不經，宮殿名尤僭甚，衡以敬遠務民義之旨，誠有難言者。然城隍之祀，托始於八蜡之祭水庸，固亦民事所關也。今天下郡邑所在，士女致虔胅蟸，無老稚皆奔走恐後，但使人人有祇畏如在之心，即足鼓動其孝友、睦嫺、任恤之念而有餘，不必侈神道之設教也。而歲時伏臘、春秋祈報，作樂以娛神，復專取古今忠孝節義故事，俾梨園子弟演之，亦足令觀者感嘆悲慕，歌泣無端，激發於不容已。是斯役，其非罔耗民財明矣。陽湖文物甲海內，俗尚敦厚，鄉野循均田法，置義圖，急公尤三吳冠，而世變遞遷，觀聽新異風，亦少漓矣。余在官二年，終以無補民生爲愧。今念此工既成，吾民之入廟，而觀者皆鼓動激發如前之説，是誠舊令所樂聞。矧民和而神降之福，亦由此基之。善氣涵濡，嘉麻滋至，其欣慰又當何如也！諸君子既一再請記，爰綜先後工役覼縷載之，庶來者有考焉。其有勞於廟暨董廟工者，依舊碑例，書名如左。

——據原碑

劉先生祠堂碑記

〔清〕趙懷玉

　　吾郡故有總司徒廟，自陽湖縣分治，改爲城隍神廟，廟側肖明醫劉雲山像祀之，邑人崇奉，相率稱爲劉先生。先生當明定陵時，自楚來寓，工醫而名未著。歿後三十七年，杭州巨室子病危，一人踵門曰：“我劉雲山也。”投匕藥霍然，贈以金，不受，曰：“可尋我于常州總司徒廟巷。”後巨室子來，始知雲山已死，見其像宛然，乃大駭，陳舍人玉瑱記其事，於是邑人共神之。人有疾，署其門曰“劉先生請進”，堂中焚香設茗以待先生，或至或不至，至則夢中授針藥，病立愈。於是病者之家，人人意中若有劉先生者。己酉夏，余患胸中氣幾死，屢禱而無夢。一夕，家君夢人儼然造庭相告曰：“肝脾實相表裏，治肝必本治脾，先儒有言，氣以成形，理亦賦焉，俗醫豈不知耶？”覺而異之，余病亦尋愈，意者其先生與？按《周禮·天官》，醫師十失四爲下，於此可以知古技術之精。自醫師失職，庸醫往往殺人，律雖有條，而暗爲所賊者不少，使盡得如先生補其憾，豈復有夭枉其生者？雖然，使先生當日得行其術，如倉公、扁鵲之流，名列史傳，没後或未必神。其所以神，由其初之名未顯也。人之抱藴，就其大小，終不可遏，遏抑既甚，光焰愈烈，文章志節之士何莫不然？余嘗見先生畫像，天啓間僧月皎作，風貌清古，類有道者。金忠潔公鉉贊之曰：“行方志圓，膽大心小。”又曰：“佛手儒醫，今人古道。”其爲公傾倒若此，則先生所負，或不止於醫，特托醫以鳴者乎？乾隆辛卯三月，城隍廟灾，先生像獨未毀，匠人重新之，腹中得一紙，載先生名朝宇，字濟宇，雲山其號，湖廣江陵人也。近邑人又於定安西鄉踪迹得其墓，舊志墓失載，其訛爲江陰人，蓋偏旁之誤也。會邑人鼎新其祠，來謁余文，遂書之以告葺志乘者。

乾隆五十五年秋八月記。

——《亦有生齋集·文》卷十五

季子祠記

〔宋〕葉　適

初趙公彥橚爲晋陵縣，聽民訟，多族姻也。所爲訟者，貲産割裂也，子本貸易也，什伯必取，銖兩不捨，壹於法而恩義絶，貳以情而廉耻喪。趙公曰："噫！殆將非親戚骨肉耶？奚不訟而猶訟也？"顧城隂寂寥，有屋叢箐中，太半摧塌，曰季子廟也，又嘆曰："彼薄千里之吳，不王而食於此，邑人故忘之耶？徒争之爲病，不讓之爲貴，今故忘之耶？宜不訟而猶訟也。"即市頭改築，題曰"有吳延陵季子之祠"，與僚佐奠謁盡敬，二十餘年矣。人心感動之深淺，視牒訴損益有考也，而竹幽水清，過者祓滌，季子存矣。夫余嘗疑泰伯既遁於蠻，染其俗以自晦，則子孫之於文獻禮樂，非有先君王之舊聞也。季子何以能知群聖賢之德業，歷見中國卿大夫，所言皆中其過，豈非命世傑識也哉！至於父兄好勇輕死，約不傳其子，而必傳其弟，則道固已行於家矣。肯嗣吳而治，爲文王可也，何顧於子臧，蓋其志遠矣大矣。讓所以畜德也，毫厘之讓，足以滅丘山之争。國猶未離乎争也，不幸有毫厘之争，則滅德矣，斯季子不爲欺？孟子曰："無辭讓之心，非人也。"非人者，形具而人非者之謂也。又曰："好名之人，能讓千乘之國，苟非其人，簞食豆羹見於色。"嗟夫！孟子信以不讓爲非人，而又以爲非其人不能讓乎？何前後異指也？由後而言，非其人不能讓，能之者，泰伯至季子五人而已，是絶天下也。由前而言，人皆能讓，天下皆季子也。晋陵其邑人也，有不能乎？不察而已矣。當以孟子前之言爲正。

嘉定十一年。

——萬曆《武進縣志》卷一

重修季子廟記

〔元〕翟如忠

堯舜相授受，天德明於聖人；春秋無義戰，人欲誅於孟子。至若泰伯之於昌，乃知周之所以興；季札之於僚，豈期吳之所以亡！蓋興亡之迹殊，而爲讓之心一也。縣泰伯十九世至壽夢，與季子同母者四，諸樊當嗣，既除喪，將立札，辭曰："君義嗣，誰敢干君！君有國，非吾節也。札雖不才，願附於子臧，以無失節。苟先君無廢祀，民人無廢主，社稷有奉，國家無傾，乃吾君也，吾誰敢怨！哀死事生，以待天命，非我生亂，立者從之，先王之道也。"

兄弟同欲立之，棄其室而耕，去之延陵，終身不入吳國。故君子以其不受爲義，不殺爲仁，藹然至德餘思也。《春秋》賢者不名，而書"札"，爲其辭位以逃國，階亂以喪邦，非所讓而讓焉，使吳祀泯絕而不血食，豈曰能賢！因聘而貶之，示法焉。有吳之興也，泰伯讓以得之，讓以賢也，故周有天下而吳建國焉；有吳之衰也，季子讓以失之，賢以讓也，當周德之隳而吳喪邦焉。泰伯以天下讓，夫子以至德稱；夷齊以國遜，夫子以得仁對；季札以位辭，夫子奚獨貶之哉？烏乎！論之者過矣。《穀梁》曰："延陵季子之賢，尊君也，其名成尊於上也。"衰亂之世兵争日尋，反易天明，臣弑其君者有之，子弑其父者有之，孝弟忠信淪胥而爲凌僭奪攘，悲可勝言哉！則有若季子者，能辭位以崇讓，守分以明義，棄世以見志，挂劍以徵信，不曰大賢歟！有吳之世祀無聞，延陵之烝嘗弗絕，清風凜然，千古多之。其來聘我也，觀樂以知德；其歷列國也，審政以辨賢，何其明且哲也！不嗣父位，成兄志，□及光之禍及□而不及後，天人之際於是乎在矣。太史公曰："季子仁心，慕義無窮，見微而知清濁。"烏乎，何其閎博君子也！按志，常州古延陵地，實季子之封邑，潤延陵實非古也。古延陵在晋陵縣，墓在縣北七十里申浦之西，世傳聖人書"烏乎有吳延陵君子之墓"，名十字碑，歲久湮滅。唐開元中，殷仲容摹拓，蕭定刊於石，今存焉。廟三：一晋陵東郭外，一武進博洛城，一潤州曲阿，今即東郭廟也。夫社稷生民之本，郡國得而祀之，外是則捍灾禦患，立功立德，以死厪事者得而祀之。狄梁公使江南，毀淫祠千七百所，止留夏禹、吳泰伯、季札、伍員四祠而已。爰自三代以還，人欲熾而利海深，天理澌而義風泯，簞食豆羹見於色，刓强吳千里，薄而不王，賢如季子，宜有廟以食兹土也。郡遭兵燹焚蕩之後，僅存敗宇數楹，凄風凉雨，絕可憐也。通議大夫郡侯移刺迪，太尉武毅公之曾孫，平章政事顯懿公之孫，同知樞密院事忠靖公之子，忠孝著於朝列，爲侍儀使時議立朝儀，三朝嘉遇，其昆弟伯侄累世相讓，襲父祖爵，君子之澤也。迨侯出守兹郡，下車明年，首舉嘉賢之墜典，聿興古廟之墜規。於是蕆材木瓦石，鳩匠氏孁人，撤舊構而鼎新之，一殿巋乎中，兩廡庨乎旁，重門敧乎前，峻垣繚乎外，疇昔無如是也。俾郡士民瞻廟貌而知敬至德可慕，化澆漓爲淳朴，息爭奪爲廉讓，季子之遺風興乎家國。政如郡侯，若之何不書！

——萬曆《武進縣志》卷一

重修季子廟記

〔明〕李東陽

常州府季子廟在府治東一里，太子太保刑部尚書白公昂嘗讀書其間，慨其敝陋，謂居守道徒曰："吾他日必修之。"公舉天順丁丑進士，歷官兩京，不暇葺治，每詢諸子弟及鄉之人，聞其益敝，恒慨然於懷。越四十餘年爲弘治戊午，始以屬諸巡按御史石君禄，石曰："此有司祀典所載，第公賦方殷，未易旁及。"乃會諸官得贏財若干，以付諸知府連君盛暨武進知縣邱泰，簡材治藉，庀物督工，撤其舊構而重興之，堂廡庭庭以次繼作，屹然爲隆，焕然爲華，象設昭布，禮器具列，回視昔之穨垣敗宇者異矣。按吳季子封於延陵，實今之武進縣，縣西①七十里暨陽鄉有季子廟，後其地屬於江陰，孔子所書石刻在焉。唐玄宗時命殷仲容摹刻之，代宗時潤州刺史蕭定、宋徽宗時知常州朱彦遞傳刻之。國朝洪武間始建兹廟，其後知府莫愚、知縣朱恕修之，又摹舊刻置於庭側。自季子没二千餘年，廟幾興廢，幾遷徙，而其名號風節固未泯也。夫稱季子者，謂其執節讓國，不以千乘動其心，聘魯觀樂而知列國之故，聘齊鄭衛晉而知其政，見其臣而知其所可與者，其明睿通博出於人遠甚，故以孔子之聖與其合禮，至題辭以表之，非其人之賢宜不得此。議季子者乃以來聘書名之義，疑其讓國之過爲賢者累，殆亦有説焉。然《春秋》所書，其隱然者也；禮之所載與墓題之所識，其顯然者也。隱然者既未能以盡識，顯然者不據而信之，奚可哉！夫讓德之美也，苟知讓之爲美德，則於處家必無秦越人相視之患，於群居必無觸蠻氏交戰之耻。兹廟之祀固廉貪立懦之端，其於世教不爲無助也。秉彝好德，人心所同，況私淑景仰出乎其地者哉！白公壯而用世，老能完名，慕古力學，蓋其素志，而御史之令、郡守縣令之績，於好德審尚之義亦有合焉。兹廟之修若有待於今日，不可以不識也。東陽楚人，雖殊地異境，亦有感乎斯義，因紀成事，告諸來者，俾時修之，且爲楚歌以祀神。其辭曰：

朝弭節兮江東，暮搴芳兮水中。遲公子兮不來，鬱余懷兮忡忡。蘭堂兮桂宮，襜褕兮數重。公子兮歸來，樂予心兮融融。吳之國兮姬之宗，紛伯仲兮讓侯邦。彼美兮公子，纘太伯兮遺風。時震撼兮春撞，鬥雄雌兮競衡從。屹砥柱兮不動，見東流兮淙淙。耿千乘兮一毫，亦何心兮鼎鐘。生好古兮若渴，匪斯人兮曷從。神之居兮俗龐，神之錫兮年豐。願千秋兮百世，永報祀兮無終窮。

——道光《武進陽湖合志》卷十四

重修中右廂季子祠記

〔清〕呂　榮

毗陵，古延陵也，先賢季子封邑於此，以仁義禮樂之宗，開有吳文物聲

① 縣西，據正德《常州府志續集》卷六，應作"東北"。

明之盛，百世下莫不仰遺澤而奉明禋矣。其爲廟也，自申浦墓廟而外，在郡城雙桂里者爲尤重。明代五修，至國朝康熙七年六次興修，并設延陵書院於東南隅。嗣是百二十年間，殿宇日漸傾頹，書院亦廢。乾隆五十四年，故宦汪廷樞憫神像之暴露，獨出資以補苴之。越明年，郡尊李公廷敬邀同邑紳湯公大賓等倡捐修葺，舉邑庠生鮑君元、國學生吳君先民爲董事，由殿而前建官廳，旁建從屋，悉遵舊址爲之。鮑君又另籌經費，重建後樓，即今之上供泰伯、虞仲神位，下藉爲書院講堂者是也。旋因廟内祔供徐君木主，本城徐氏欲另立一祠，訐訟數年，賴陽邑尊石公文涏定斷詳明立案，徐君祠仍爲廟内祔祠，所謂生同志而死同堂，不負千載一知遇者，洵足以慰兩賢之心也。迄今四十餘年，幾於仍前頹廢，界址漸被侵占。近年余明府懷清堵西墻以清界，歲歉罷修。道光十六年，廟鄰候選州司馬汪君和鼎及邑庠生杭君潙、國學生王君炳等邀集鄉先生會議，請于郡尊及武、陽兩邑尊，示諭勸修，紳商殷戶及延陵後裔無不踴躍樂輸，即于是歲庀材鳩工，興廢舉墜，告成於道光十七年夏五。先是神像懸十二旒，蓋緣道家有嘉賢大帝之稱，因相沿襲，然遍稽傳志，無可考證，惟宋哲宗年間曾錫季子廟曰嘉賢之廟，兼封昭德侯，謹依周時侯爵服制，爲之塑像，示復古也。及冬檢賸料，續捐資，就後樓左基，去其瓦礫，造庖厨從房，又就樓西故址直抵殿西隙地，構堂名曰“嘉蔭”，後附船室，前羅卉木。越己亥秋，又造回廊、照軒、圍墙，名之曰“嘉賢別墅”。於時郡縣尊俱親加督率，遂于殿東餘地捐廉重建延陵書院，以課多士，由是廟之規模體制視前修爲較備，而文教亦於以大興焉。是役也，毓太守率同吳、范兩邑尊經始於前，黄太守率同孫、王兩邑尊擴充於後，而各紳商及諸賢裔贊成之力、近鄰諸君子經理之功不可没也。榮雖與聞其事，然年已及耄，不過隨衆步趨，於土木工程尤非所諳。迨因公往返燕都，疏曠經年，及歸見廟之前後左右靡不經營精密，氣象整嚴，爲意計所不及。每逢瞻拜之暇，與二三知己遊覽其中，穆然想見先賢靈爽所憑，此邦風化所繫，足以肅儀型而興文獻者，千百年如一日，不覺神與古會，幾自忘其昏耄而不能已於言也。謹援筆爲之記，以就正有道云。

——道光《武進陽湖合志》卷十四

忠義祠記

〔明〕陸　簡

　　嗚呼！天下當無事，文臣因爵以效謀，武臣因賞以效力，區區各事其事以自見于承平之域者，夫人皆能之，而世之所賴不是係也。至于乾樞坤軸顛倒失位，皇綱帝紀撼頓靡遺，舉天下之大而日入于乖刺不支，乃有六七孤臣，僅恃一隅，奮其霜厲冰堅之節，以力挽夫風靡景從之勢，率贏憊就盡之卒，以抗彼全盛日進之師，庶幾于一旅以復國，卒之事不就緒，并命一死，以自獻于先王而遺亡國以光烈。嗚呼！可一日而少斯人哉！

當夫宋室既衰，天下遷夷，元兵東下，江關不守。德祐乙亥十月，虜自沙武口徑渡至馬洲，將再攻常，朝廷起姚公訔知州事，命將軍王公安節將兵雜守之，復起陳公炤爲通判以佐。時胡公應炎之在州也，公復署爲節度判官。四人相與殫智奮力，誓以身徇城，全忠義以效國，調粟繕械，屬士募兵，苟得爲之，不遺餘力。食且盡，城且破，虜招諭百端，堅不聽，方截紙縷置于盂，若湯餅狀以示食。樹木柵周于內以傅城，待援于平江。既而文丞相遣將赴之，麻士龍戰没于虞橋，尹玉戰于五牧，與其麾下皆没，而城中益急矣。管轄徐道明，天慶觀道士也，亦決策于姚公，公曰：“守之不獲，死而已。”道明出謂其徒曰：“姚公欲與城俱亡，吾屬得爲義士矣。”及兵至城下，虜招降之，舉城無一人從者。明日城陷，訔死之，炤與安節、應炎猶斂兵巷戰。未幾被執，皆罵虜不屈。既武進尹包圭相率死之，屠其城，道明與焉。又考高宗建炎己酉，金人入義興，巡檢方允武率土軍與敵戰于梅嶺村，亦死王事。宋削百餘年，死金虜難者惟李若水一人，死元難者往往而有，然皆合天下而屈指也，無有區區一郡，忠義所激，不期而會，赫赫爲茲土光，若諸公焉。

嗚呼壯哉！文丞相以詩吊常而曰：“常州古睢陽郡也。”然睢陽之城堅于常州，張巡之將閑于姚訔，德祐之統削于天寶，祿山之兵陋于蒙古，而諸公徇忠義、死王事，較然不欺，其志無少愧于彼。然睢陽後世廟食不廢，而諸公迄今未知有祠之者，遂爲曠典。昔李懷光叛，士猶有一軍陷于不義，爲之慟哭者，而一郡徇節獨不知所推崇，寧不愧茲土乎！成化戊戌，予與貳守柳君宗疇言之，柳君曰：“于先生有太史不諱死節之美，有風厲鄉人之義，于朝廷得勸臣節答民心之道，一舉而俱得焉，又豈獨于吾職爲當勉哉！”尋命忠祐道士曰丁惟真者，出其隙地數畝，構堂而祠之。并得民間遺田若干畝，以付惟真，使籍其田之所入，以世守而時修之。自堂徂門，凡爲屋二十楹，規制略備。主以姚公，而王公安節以下皆從與享之，曰他日有因是請于朝，登祀典，以光慰我諸公而使民知所嚮往者，亦廢禮存羊之意也。姑徵簡爲之記。

——萬曆《常州府志》卷十九

常州府遷建忠義祠記

〔明〕邵　寶

昔在宋德祐乙亥，元人入江南，常州既降而尋復於統制劉公師勇也。於是西蜀姚公訔以朝命起知州事，郡人陳公炤起爲通判，與師勇及兵馬副都監王公安節柵塹共守，餘四旬不下。伯顏怒，會兵破城，姚、陳、王三公皆拒戰死之。師勇突圍趨臨安，卒從王事以死。時信國文公方駐師平江，尹憲將玉、麻巡檢士龍皆以其命將兵來援，士龍戰死虞橋，玉戰死五牧。胡進士應炎起署節度通判，計畫守禦，與其父兄皆死。知武進包圭被執，不屈死。方其在圍，招誘脅迫，繼以屠戮，勢極慘烈。自吏士至於民，無一人言降者。事聞行在，有詔為諸公立廟，未克立而國亡。我皇明成化間，諸生有以祀典為言者，有司僅即它廟歲時私舉。正德初，諸生葉夒又以為言，巡按監察御史謝君琛請著於典，詔從之。前知府李侯嵩嘗建祠於郡學左，狹陋弗稱。歲丁丑，今知府王侯教方圖遷建，會監察御史張君鰲山視學至郡，斥毀尼寺，乃議以所謂妙勝寺者易正覺寺於僧，改而成之。中祠信國者，節制所在，有帥道焉，故上附功宗之義。諸公咸秩，凡九人，先是戰死無錫曰阮知縣應得者與焉。乃若僧起兵死者二人，道士不屈死者一人。又稽諸前後死事者二人，方允武、劉溶皆從享於序。烏乎！元人蔑我中國，迫逐衰宋，至于德祐極矣。長江天塹不足為險，而況於城乎！城無人焉，猶無城也，無城則無郡無邑，是尚為有臣子乎！國步之蹙，其何日之有！況常之為城，至是孤危特甚，乃獨抗於其間既堅且久，蓋惟數君子是賴，數君子者亦惟忠義是秉是矢。《傳》所謂國有與斃者，不其信哉！故論者謂常為忠義之城，擬諸唐之睢陽，至于今稱之。烏乎！睢陽雖敗，保障之功實在唐室，而吾常於宋乃弗弔如是哉！援兵隔絕而恢復無期，人邪天邪，謂之何哉！夫大忠三人死而存國，忠義數人死而存城，城亡矣，國亦亡矣，而其義固存也。蓋君子之論如此。今去宋且數百年矣，惟茲祠事議興於庠校，疏上於巡按，命制於朝廷，基定於提學而功成於郡守。春秋肇祀，繼繼無窮，蓋必如是而君臣之道立，必如是而華夷之分嚴，必如是而春秋之法著，闢邪以崇正，居常以虞變，樹聲以廣教，一舉而數善具，皆可書也。祠為堂若干楹，前門若干楹，中門若干楹，左右序若干楹，皆即其故而新之，其功不減於作。又作齋宿牲殺省滌餕燕之屋，凡若干楹，祠制斯備。堂之左右，有池汪如各一畝所。祠成之三年己卯，巡按監察御史葉君忠臨觀而有感焉，作浩然之亭其上，而為之詩，侯賡載歌，已而嘆曰："神其如此水夫！"寶，郡人也，聞而樂道之。侯先以記屬，至是來再告，謂郡之故於斯為大，雖不敏，敢不執筆以書！

——《容春堂續集》卷十

浩然亭記

〔明〕毛 憲

　　正德庚辰春正月，侍御天台葉公按吾常，謁忠義祠，即池東隙地，將構亭以待士大夫之瞻拜燕息者。適侍御張公至自安成，乃相與經始，而郡守宜賓王公實事事。先是安成公督學政，毀淫祠，屬宜賓公市直購財建新祠，於茲三年矣，慎儲節用，有餘貯焉，出助工費。再越月而亭成，爲楹者三，高丈六尺有奇，深如之，中敞旁通，方塘前鑑，修竹後林，佳花異木雜植左右，祠視昔益壯，扁曰"浩然"，謂某宜有述，辭弗獲。因嘆曰：人於天地充塞而無間者，浩然之氣也，何若是其大歟！天地有正氣焉，而人得以生，志與道義乃其本根，生自集義，充由直養，而至大至剛固其體也。故蘊之爲德行，發之建功業，顯之成忠節孝義，橫翔捷出，惟其所之，不爲威怵，不爲利動，大雖天地不加焉，而況塞之云乎！經所謂志氣塞乎天地，非聖賢誰其能之？慨自孟子始發其秘，越千百年而文文山正氣有歌，自齊太史而下代數其人，未必皆同，而其自負則偉矣。時則有吾常姚、陳諸賢忠憤激發，爭先就義，卒與文山匹休媲美，豈非浩然之氣配道義，塞天地，而得孟氏之心學者乎！遺芳襲人，愈久愈光，人心之天固常存也，而諸君子仰前修，撫往事，祠未幾而亭繼之，茲浩然之名所由立歟？昔蘇少公記吳氏浩然堂，文則美矣，而堂乃一家私有，名未稱情，豈若斯亭表忠義，寓景仰，屹乎一郡偉觀而繫天下萬世綱常之重，後之君子拜瞻燕息，於斯感今懷古，豈無浩然而興起者乎！世治則蓄德弘業爲良士，時危則仗節徇義爲忠臣，上嗣前賢充養之功，下不負諸公表章之意，則一亭之作事雖微，而風示之義甚大，豈直崇偉觀、專燕息而已！葉公名忠，所至章善癉惡，恤災救敝，得觀風體；張公名鰲山，崇正道，闢異端，得督學體；王公名教，寬厚廉慎，不激不撓，得牧民體。要皆能充是氣，故能尚友先哲，究心忠義如此。同時若通判李君梅、歐君弘德、傅君朝、推官張君曰韜、知武進縣事徐君官，偕相厥成，而始終督役則義民劉昂云，法得附書。若建祠始末，具二泉先生名筆，茲弗贅。

——《古庵毛先生文集》卷三

重修忠義祠記

〔清〕謝　鍠

常郡舊有祠曰忠義，在宋德祐乙亥元兵入江南，命以姚訔知州事，陳炤爲通判，訔遂署胡應炎節度判官，辟包圭知武進縣，與統制劉師勇、兵馬副都監王安節柵塹固守，餘四旬不下，而文信國遣將尹玉、麻士龍自平江赴援，力戰死。城陷，訔及炤、安節皆死，應炎、圭巷戰死，師勇奪圍走臨安，卒從王事以死，有詔爲立廟，事未舉國亡。明正德間，巡按謝琛從諸生葉夔請，得著祀典，建祠郡學左，制庫陋弗稱，御史張鰲山改建今所，祀信國次姚、王諸公，其同時遇難及先後死事者皆從享於序。而明季郡人劉御史熙祚巡按湖廣，遇獻賊奮罵不屈死，甲申之難馬中允世奇、王御史章、金主事鉉皆從容死節，并得祠祀云。乾隆二十七年夏，余來守是邦，月朔齋宿謁祠下，陽湖令陳君告余曰：“斯祠歲久圮壞，不足以揭虔妥靈，前相國呂公有募修之疏，而鄂文端公爲方伯時下其令於郡邑，患費無所出，胥弗克修。某頃鋤奸僧，計其私橐足以飭事。既獲請於撫軍陳公，與邑人共襄舉，斯祠之廢而復興，宜刻石以志，敢以請。”越五日，郡之縉紳先生某某等來告余曰：“舊制重門三楹，前堂後寢，有更衣之廳，有齋宿、牲殺、省滌、餕燕之屋，其北有浩然亭，葺而新之，繚以周垣，隙地之侵於居民者悉還其舊。樗櫨榱桷，巨細之木以數計者若干；磚甓土埴，綵繪之色，丹黝之漆，以物計者若干；夫役工匠，執事之屬廩而以人計者若干。縻金錢三十六萬有奇。經始某年月日，訖事於某年月日，敢告。”余惟修舉廢墜，繫令長之職，今者鳩工飭材，數旬而蕆事，上不需國帑，下不傷民力，可謂難也已。當元師入境時，江南東西路望風奔潰，獨常郡以孤城拒守，糧盡援絕，無一人降者，忠義爲天下最。勝國末年，四君子精忠大節照耀天壤，實與文信國先後一揆，覽其遺事未嘗不慷慨流涕，況乎游其鄉，瞻拜其祠宇，且得綴辭於廟石，謂非厚幸也歟！祠已百數十年，以時葺治，可至於無窮，後之覽者當慨然興感已也。

——道光《武進陽湖合志》卷十四

重修常州府忠義祠碑記

〔清〕姚　瑩

禮樂之化微而死節始重，矧及季世治缺亂數，脂韋孽臣全軀畔志，爲世大戮，由是臨禍適變，畫死生爲大域，生者正斧鉞，死者崇廟食，垂之萬世，罔有渝斁。常州之有忠義祠，始自趙宋，後屢毀興。道光十一年，予令武進，邑之縉紳秀才楊清輪、呂榮、李兆洛、趙廷俊、余保純、姚信、鄒澍、高承鈺、莊夢蘭、蔣彤等請曰：“今承聖天子恩命，凡明之臣若民殉國難者貢顯祚等七十八人，婦女陶陸氏等十一人，皆入祠祀，願下教令復祠基，勸資輸，集營繕。”予敬如議。越三年而祠克有成，男婦別其室，正袝辨其位，地曠而亢，制肅以閟，卜日備邊豆以祭。其子孫具衣冠，咸禮祠下，環觀者千萬數，莫不咨嗟慨慕，駢列瞻拜，予用揖其賢者，語曰：“鋸鼎至厄，肸蠁至隆，精爽英毅，雖枉初心，我天子甄錄遺逸，惟恐鬱湮，所以勸忠者至矣。誠夷險異趨而純確一致，誼行玷缺其曷克登此堂哉！”縉紳以下皆曰善，請記諸石，以告來者。尋予改元和縣去，不果立。往歲奉命備兵臺灣，臺灣斗懸溟渤之外，作屏東南，前明至今，亦多死節者，既修祠事，慨嘆前烈，因念在常州時語，懼失前諾，遂叙其事以貽，并系之銘。詞曰：

岷江南北，粵有門户，厥惟爾常。屹屹中峙，穹挎閩越，峻遏荆楊。往宋末造，戎馬北渡，義氣奮張。衝車外舞，析骸中爨，鄙羞乞糧。桓桓文信，親提殘旅，來往寇猖。運移不復，匪人惟天，曷愧睢陽。堂堂盧公，文謨武略，漢侯武鄉。左闋右盪，精忠踔厲，皞乎日霜。激景日曜，婦貞孺烈，爲明休昌。我朝熙熙，餘英盤魄，崛興奎章。文學淵淵，詄蕩前哲，爲東南將。卓爾傑異，感秋鷹擊，當春鳳翔。緬彼桑梓，式儀以型，莫敢或忘。矧我天子，仁覆無域，播揚休芳。爰妥神止，沉沉厥宅，崇崇其坊。春礿秋嘗，牷牲既肥，醴酏盈觴。神罔怨恫，攝闢邪孽，維持紀綱。越在海嶠，瞻望英爽，鐫銘孔臧。

——道光《武進陽湖合志》卷十四

重建常州忠義祠碑記

〔清〕湯成烈

　　毗陵自古重氣節，敦行誼，漢彭子揚以來，成仁蹈義炳於史册者更僕難數矣，然而唐代僖、昭之際，孫儒、楊行密之徒爭據此邦，九年之中陷城者十一次，百里内無烟火，其間國殤無慮數萬，而南唐、有宋未聞闡揚幽光，則亦任其湮没無聞已耳。迨乎宋末，姚、胡諸公以孤城抗節，元兵十萬，圍之數重，糧盡援絶，誓與城碎。有明中葉，表彰忠節，爰建祠宇，此常郡忠義祠之所昉，而薛寀《萬人死義録》之所由作也。咸豐庚申之春，逆焰滔天，入我西鄙、北鄙，欽風、大有、栖鸞、旌孝、通江、循理各鄉士民建義而起，與賊戰鬥，死亡相繼，敂城求援，當道不發一旅，局紳膜視，不爲之請，賊乃大熾，陳亡者蓋二萬餘人焉。三月末，大營潰，和帥奔常，與何督偕亡，府縣文武官咸走恐後，而通判岳公昌、陽湖縣典史孫公錫琪，爲在城紳士趙起、惲彙昌、曹禾等推爲權行府縣事，率士民乘城分堵而守。四月初一日，賊大至，旦夕仰攻，槍礮雨注，前者死，後者進，殺傷相當，閲五晝夜，血溢城闉，守禦而死者不啻萬餘人。初六日午、未間，城陷，東南兩門入，短兵巷接，血溢衢路，死鋒鏑者亦不啻萬餘人。於時婦女老弱盡義於水者、罵賊飲刃者、自縊絶食者，男婦蓋二三萬人焉。其後鄉人激憤，以白布裹首，舉義殺賊。至同治甲子，王師克復，四年之間，各鄉兵死者復四萬餘人焉。夫以武、陽兩縣士民，秉節建義，死者至十萬餘人之多，忠義之氣甲於東南，蓋沐浴聖化，涵濡既久，故能見危授命，之死不二事，爲千古未有之奇禍，亦爲殺戮非常之慘。遂上動天子之聽，屢詔封疆大臣設局采訪，而各大臣仰承明詔，歷次彙題，乃旌恤之典久頒，而享祀之祠盡燬，有心者過祠故墟，能不凄愴悲懷、慷慨低徊而不能去也哉！

　　繇是乙丑春戊，鄉先生李述來謀於成烈曰："大難初平，瘡痍未復，顧瞻祠宇，鞠爲茂草，經營興建，工鉅役繁，費於何出？吾常仕宦於外，監司守令丞倅佐史直省類不乏人，儻書函勸募，當必樂從也。"繇是刊具公啓，復備函書遍告直省知交。始於戊辰春二月興工，先建享堂三楹，兩廡東西各六楹，邑紳又捐錢三百餘緡以助之。又勸各行鋪業月捐，凡二年得二千二百餘緡。己巳春，於祠之東建貞烈祠五楹，其夏於享堂前建維風堂四楹，其東一楹祀明尚書知府李公。又明年庚午，於維風堂西建倉聖祠三楹，其秋於貞烈祠前建前堂三楹，以前節烈祠烈女總牌祀其中，而貞烈婦女之後進者祔東西焉。其冬始建大門五楹，而周垣具焉。至辛未正月閱三載而告成，凡縻錢三千二百數十緡，而神臺神龕之費皆取給牌龕之捐，不與焉。夫泰山之雲起於膚寸，江河之流始於涓滴。當乙丑之議建祠也，或曰："宜先學宮而後祠，且學宮建則忠義、孝弟與名宦鄉賢、節孝四祠皆祔學宮，有司職也，何越俎焉？"成烈曰："學宮宜先府後縣，今衆皆以縣學爲言，而府尊允之，固已先所後而後所先矣。吾常忠義、孝弟祠皆另建，不祔學宮，而庚申死難士民男婦久被旌恤，屢奉明詔，捐建祠宇，則民捐民辦，不爲侵官，先事綢繆，允爲遵旨。"或又難之曰："元氣未復，誰樂捐輸？宦途不測，捐廉難必，大工驟興，費用不繼，其奈之何？"成烈曰："人之欲善，誰不如我？見義不爲，是爲無勇。況事非旦夕可成，不妨多歷年所。"乃三年中各省陸續捐寄，宦途之捐集而享堂以建。又三年，各鋪業捐集而全祠以成。棟宇宏敞，垣墉堅厚，塗茨髹柒之工畢施焉，然其所以告厥成者，誠哉樂善人之多而見義有必爲也。爰書其顛末而立之碑。

——《武陽志餘》卷四之一

忠節祠碑記

〔明〕胡 儼

　　大丈夫忘身殉國，固有殺身以成仁、捨生而取義者，苟非燭理之明、秉志之堅，臨難而不苟免，烏能若是其烈哉！當今之世，求其人能奮威敵愾，得其死以盡臣節者，余獨於少保陳公見之矣。公諱洽，字叔遠，毗陵人。洪武中，以能書登用，爲吏、工二科給事中，少保茹公薦其才，授文選郎中。永樂初，陞吏部右侍郎，未幾轉戶部。逾年，遷大理卿。四年丙戌，交趾詐逆不道，太宗皇帝命成國公朱能、新城侯張輔率師征之，仍命公往覘賊勢。公至，調土兵三萬，以佐總戎，黎寇就俘，交趾遂平。既而餘寇作亂，復命英國公輔往討之，公實參其軍事，擒獮寇凶，簡定綏集其民而還。辛卯，復受命鎮撫其衆。乙未乃還，陞兵部尚書，除伍開戍籍，永復其家。逾二年，復參豐城侯李彬軍事，兼掌交趾藩、臬二司之事。洪熙初，仁宗皇帝特授敕重其委任，進三代考妣，存殁光榮。宣德丙午，蠻寇黎利鼓煽餘氓，殘破郡邑，宣宗皇帝仍命將帥往討之。是冬十一月八日出師，公謂主帥曰："宜駐師石室縣之沙河，覘其來勢以圖之。"主帥弗聽，遂渡河，而陳公以爲不可，反覆諭之，且陳方略，又弗聽。翌旦竟麾兵渡河，次寧橋，與賊戰。自巳至未戰酣，賊衆益盛，我師不利。公躍馬突入其陣，麾兵力戰，身被創甚，遂墜馬，左右扶掖告公曰："主帥且退，公宜還營。"公叱之曰："吾受朝廷厚恩四十年，報國正在今日，豈能忍死偷生耶！"衆皆潰，公奮不顧身而力不能支矣，乃憤惋自刎死，時年五十有七。賊相視駭嘆，軍中莫不惜之。交趾遂爲賊所據。事聞，詔贈公少保、榮禄大夫，諡節愍，遣官諭祭。子樞入朝謝，召見文華殿，特拜爲刑科給事中。又敕工部爲營宅兆，樞乃具衣棺與夫人合葬其邑定安西鄉三橋之原。越五年庚戌，樞還展祭，於是建節愍之祠堂以祀。公生榮死哀，君臣之義著矣。嗚呼！死生之際，人道之始終繫焉，蓋生有輕於鴻毛，死有重於泰山。當公蹈白刃而不顧，臨大節而不可奪，功昭旂常，名垂青史，慶流子孫，其死也豈非重於泰山者乎！若公者誠所謂大丈夫矣。初，余之入翰林，公爲郎中，所引進也。後修《大典》，公之兄贊善濟以布衣充總裁，余共事也。及公爲侍郎參軍事南征，余陪祀江神，賦詩送公。繼以尚書往鎮，大司馬方公設祖餞，余時恭厕賓席。余與公兄弟相知相好非一日，俯仰今昔，執筆慨然。樞因布政使吳公來徵記，故不辭而爲之書。

——康熙《常州府志》卷三十六

重修陳節愍公忠節祠碑記

〔清〕陳玉璂

清興以來，詔天下，凡明朝死難諸臣之祀於鄉者，仍與致祭。於是常州陳少保節愍公祠，春秋二祭得至今不廢。公仕永樂朝，值交阯黎利構逆，朝廷興師問罪，命公將兵三萬，以佐總戎。未幾就俘，交阯以平。逾年，餘寇復亂，仍命公佐英國公張輔討之，擒渠魁簡定以歸。逾年，復命公往撫，不一載，蠻俗大變。公遂還京，上嘉其功，擢兵部尚書。逾年，復命公以兵部尚書兼交阯布、按二使司事，鎮其地。會宦者馬騏暴斂其民，黎利復叛，公復佐成山侯王通率師進剿，屢陳方略，謂宜駐兵石室，以觀賊勢。通不可，倉卒迎敵，與戰不利，通走，公獨躍馬突入賊陣，身被數創無怖色，力戰墜馬。賊執之，公瞋目叱曰："吾受朝廷厚恩，報國正在今日，豈肯偷生忍耻！"復持戈殺數賊，自絕吭以死。宣宗聞之，製文諭祭，諡公"節愍"。

先是，公無專祀，祀公邑之鄉賢祠，嘉靖六年，南畿巡撫陳公鳳梧疏請，允之，賜額"忠節"。郡守奉詔得社學廢址，立祠吳季子、文信國二祠之旁，以祀公。嗚呼！當日賜諡立祠之意，暨我朝崇祀之心，豈非欲褒有功之臣，使人觀感奮興，以忠孝相砥礪！故今日朝廷聲教所及，滇、黔次第削平，而交阯畏威，懷德稱臣，奉貢不懈，孰非諸臣以忠孝相砥礪，卒能建威消萌至是哉！公兄弟三人，伯浚累徵不仕，賜號真趣居士。仲濟仕春坊贊善，贊善公附公祠左室以祭。年代久遠，棟楹撓折，玉瑊課族人之稍有力者，共出貲修葺之，非欲侈觀，不敢使國家盛典或至傾圮而湮沒。工既訖功，族人命玉瑊記之，以永其傳。嗟乎！凡我族人，至今日猶得摳拜於茲，隨有司之後，春秋致祭弗諼，非以我公之遺烈赫赫天壤，豈遂能沐聖代優崇之盛典，而可或忘乎？《詩》曰："無念爾祖，聿修厥德。"凡我族人，思所以毋負我公，以忠孝相砥礪，世世寧敢斁哉！信不可以不記。

時康熙五年八月某日。

——《學文堂文集》卷七

武進陽湖兩邑節孝祠碑記

〔清〕李兆洛

國家典章明備，所以惇厲化源者至優極厚，天下歲上貞節婦女不下數千人，明詔褒之，又賜帑樹坊焉，三代以來未嘗有也。風教所被，人知自愛，窮鄉僻壤目不見冠裳，耳不聞詩禮，而守身立節，艱難百折，不肯犯非義者蓋往往而是，此豈三代以下所得而聞乎！

吾鄉素以敦尚詩書為海內望，故習俗尤厚，鄉之士大夫亦莫不以勸善樹風、發潛闡幽為己任，故邑中有敬節會，凡嫠婦之守節撫孤而不能自給者，鄉里三老察實其迹而登諸籍，月有常餼，俟其孤之成立而足以自活然後收之，歲不下三四百人，而湯實鷺先生著《桑梓見聞錄》，吳晉望先生著《桑梓潛德錄》，皆就耳目所及嘉言善行及貞孝節烈婦女之事，搜訪確然可信者，悉存錄之，以待志乘之採焉。夫節婦之舉報有成例矣，然亦有鄉僻顓愚不知朝典，或子姓微不能自言，或婦女甘心茹苦，不求榮獎，遂至缺焉不舉者正復不少。乾隆初年，兩邑修志時，節婦之合旌、例而未旌者，志中所載已千數百人。自修志後，《見聞錄》《潛德錄》所載者又千數百人，苦志則同而旌否各異，在諸婦女自完其守，非求聞知，必不以抱憾下地，然朝廷之大典未嘗不寬，長吏之上聞未嘗有壅，特鄉人士聞之見之知之而聽其泯沒，上隔朝廷之恩命，中辜賢有司之勤求，下慚里黨族戚之推望，所不能無負疚于清夜者耳。

恭讀嘉慶二十五年恩詔，孝子順孫義夫節婦該管官細加訪確，具事實奏聞，禮部核定，以憑旌表。天恩曠蕩如天如地，而猶使匹婦之志節不獲發舒，益復何以為心乎！于是同鄉龔某、左某、盛某、趙某、丁某、徐某等議，并邑志及二録所著之未旌諸人逐一研考，并合以敬節會册籍，去其不合旌例者，彙而録之。又二録之後未經搜採者，益搜録之，都爲一册，凡三千有餘人，申諸校官，呈諸邑宰，籲諸大府。以人數之過多也，請據情聲明，止求天恩准其旌表，得入位邑中節孝祠而不必給帑建坊。俟諭旨既下，即公捐銀兩購石建一大坊于祠前，盡刊三千人姓氏于上，如此則帑藏不糜，筆札徑省，亦圖事之得者也。乃集諸同人矢之于神，曰凡兩志、二録之所載，其中有始終不一、衆論不孚者，各舉所知以告而去之，知而不舉者，神殛之；曰兩志二録之外現在搜採者，其中若有徇私親飾求請舉而不以實者，神殛之；曰今日之事上之大府，達之天聽，有不以誠，是欺天也，神殛之。皆應曰如矢言。于是以某月日會造通册，某月日申于知縣，某月日轉申于藩憲、學憲、撫憲、制憲，以某年月日具題，某年月日奉旨，某月日各奉其位納節孝祠，而屬某爲之文以揭其事于祠壁。

——清光緒刻本《養一齋文集》卷八

東岳廟修建記

〔明〕陸　鰲

州城東不一里有東嶽廟，郡太守每歲帥僚屬耆民迎春於此，其肇建歲月人民無從考究，獨二古杏霜皮溜雨，黛色參天，非一朝一代之物，廟之從來因可概見。成化末禩，廟屋摧壞。弘治己酉，道流沈雲泉謁予先君而告曰："嶽廟屋壞，請公倡之。"先君慨然許諾，繼者輻湊，期年而事集。正德丙寅，摧壞益甚，不堪風雨。沈雲泉懼無以安神栖，焚香祝天，矢心修葺，遠近聞之而傾心施予者，視前殆倍蓰焉。於是聚材之良，諏日之吉，鳩工僦役，完舊增新，匠勤工競，并手偕作。傾側者正，朽腐者易，闕略罅漏以補以塞，黝堊丹漆以法以式，仍以餘材鼎建儀門三間、川堂三間、後殿三間。侈宏規於往昔，立偉觀於方來，真勝事也。耆民汪慶生輩實克相焉。載事於丁卯之四月，訖工於庚午之二月，而屬予爲記。予惟先君當有意於斯廟，故不敢辭。嗚呼！泰山巖巖，魯邦所瞻，惟魯侯得以主之祭之。今江淮州郡在在立廟，何耶？蓋廟雖在魯，其神未嘗不流行於天下，譬如水之源泉雖有定在，而支流則放乎四海也。若謂威靈徵應何如，累朝封詔載之詳且悉矣。書其修建歲月，以垂不朽云。

——《武陽志餘》卷四之一

重修東岳廟碑記

〔明〕陳崇慶

東嶽泰山之鎮奠於齊分，是爲岱宗，其山雄據寰區，登之者俯視天下，如培塿然，厥神洋洋，厥靈赫赫。我國朝崇奉之典比昔加隆，以故殿宇之靚麗、香火之繁昌甲於四鎮，由來舊矣。惟是三吳揚州之域爲南嶽分野，我民人宜祀之也，今祀不於南衡而獨於束岱，何居？蓋東爲青帝，其星躔爲元枵，以生育萬物爲德，而神之所好專主於仁，是故在唐開元有天齊之封，在宋祥符復加以仁聖之號，良有以也。矧夫神之在天下，如水之流行於地，無念不生則無往不著，無物不長則無地不存，是神之於吾人也爲有情，而吾人祀之也爲報德，禮也，非過也，而奚限於地，亦奚論於時耶！吾常東郭故有泰山行殿，隋唐以來建於玄妙觀，與太清并位，後燬於兵燹。逮入國朝，居人特立之通衢，以昭專祀，先達廉憲趙公叔成大書"東岱岳府"榜於山門，自後旱澇癘疫，有禱輒應，人爭趨之，闐闐如堵。由茲顯異揚英，洋洋赫赫，仰瞻斯殿，真若在齊魯之墟矣。夫何歲月遞遷，歷年既久，丹青剝落，榱桷傾圮，而部下諸司雜處殿中，殊未稱尊崇之意。里之善類陳全、黃岳、汪正衷徊廡下，重爲惕然，乃秉虔鼓義，白之有司，間之當道，告之士民，聿鳩乃工，聿聚乃材，經始從事。遠邇聞之，趨役赴工，子來恐後。由是前有重門，後有寢殿，左右有兩掖，東西有諸曹，內有臺廡，外有井道，煥然鼎新，一改其舊。而附奉者爲瘟部，爲茅君，爲輪藏，爲十王，而碧霞元君、衛房聖母、四岱太子別有主殿，東平西齊、真君侯王各有耳殿，并得正位，以享一方之祀，以應萬姓之祈，猗歟休哉！殿既成，耆壽錢繡介其善類過余山中，請言爲記。余惟子不語神而非鬼之祭則以爲諂，夫既專以岳神爲尊，俾民得報生育之德，固其所也，而諸神之附無乃褻乎？蓋神一也，有主於生育者，有主於殺伐者。祀生育之神，所以起人之向善也；祀殺伐之神，所以警人之懼禍也。善心生，以示勸也；懼心生，以示戒也。善則勸之，惡則戒之，并行而不悖也。傳有之，聖人以神道設教，固吾儒之所不廢也，況能識幽明之故而窮生死之說，其於流風習俗豈曰小補之哉！是役也，始於嘉靖辛亥正月，訖於乙卯十月，歷五載而告成。首倡之徒、協從之衆，皆知惠迪之吉、作善之祥者，咸得附書，列於碑陰。

——《武陽志餘》卷四之一

東岳廟玉皇閣記

〔明〕惲厥初

余郡左蘇右潤，稱三吳要會，亦山水勝區，然長江、震澤遠在百里，近如橫山、滆湖亦二三十里，以故遊轍所至，未嘗不羨其土田豐美、草木森秀而慨然於登嘯之無地也。惟郭東數里，琳宮紺宇，岑樓峻閣，削起林立，可以縱步騁目，緇衣黃冠托而處焉，東岳行宮實其一。宮負坎抱離，列以重門，崇以寢殿，殿前兩銀杏偃仰離奇，若虬龍自天而下，蓋千年物矣。後有玉皇閣，爲楹者五，爲層者三，周圍闌牖，東仰文筆，西瞰巽樓，直北紆曠，烟莽無際，南窗盡啓，則川原綿渺。春間桃花盛發，亙數百畝，燦若錦霞，不啻玄都勝界，故廟祀特隆，而閣之勝尤其最。

閣創萬曆元年，爲道士陳體仁募建，厥功甚偉。後其徒惲可登協同張啓祥等，以萬曆甲辰修葺，惜未有紀者。距天啓丙寅，其徒張繼良睹丹青之剝落、楗角之傾頹、棟梁之朽折，愀然而慨，乃齊心乞施，暴露於烈日嚴霜中，見者感動。會大參白公諱貽清請之當道，而邑中紳衿士女咸樂爲助，遂興工於是年仲冬，迄於崇禎己巳仲夏，用緡叄百餘金，而棟梁楗桷丹青秩然，舉煥然新，可謂不忝其師矣。役竣，求余爲記，余問此閣興葺與廟貌始末，似不甚解。久之僅得嘉靖丙辰澄江陳僉憲記，謂行殿，隋唐間在玄廟觀，後燬於兵燹，國朝改建通衢，以昭專祀，彼時閣址尚在榛莽耳。及考邑乘，他廟紀載多詳，而此廟廖廖不彈述，豈當日道士不以告而秉筆者遂亦略之耶？夫岱神列在五岳，其德主生，故無地不祠。矧吾吳於海宇厥方在東，而祠建郭東，更得位，爲民祈報，志宜加悉，顧亦忽焉，亦司著作者之過矣。仰思其故，廟居闤闠，當水陸衝，市豪鄉氓肩摩踵接，方春爇香燃楮，禱祀宇下，男婦莫辨，晝夜不停。夏秋交疾疫時，則有刲牲載酤，合詞羅拜，道士分日司事，鳴鐘撾鼓之不暇，遑問閣哉！以是遊人雜沓，毀楯畫墁，其側病夫嫠妻子坦臥薦處，清嚴之宇翻成褻穢。學士大夫登眺既少，騷人墨客題咏絕無，即欲藉手入著作之林而弗得，此亦道士之過也。嗟乎！岱神赫赫洋洋，無乎不在，豈借茲祠以重！乃祠徒爲倖福邀利者所藪而不能借神以重，此其故可思。又令此閣而建於名山大川間，仰睇崔巍，俯觀澎湃，日月之所出沒，雲霞之所聚散，蒼松翠篠之所叢鬱，飛鶴啼猿之所往來，高僧韵士之所涉歷，豈不可稱名寰宇，而僅與塵區俗子同泯泯，此其故又可思。雖然，青牛既遠，丹訣寡傳，其徒之不聞道久矣。若能謹守舊貫，克成先志，有舉毋墜，亦猶儒家子尚識宮牆而習嫻俎豆者，賢於背本叛道之徒遠矣。是可書。

閣前有章臺，石砌精瑩，余謂宜樹石坊，旁植松杉，庶幾清閟。閣下暨殿中神像宜分別崇祀，俾幽明咸稱厥心，而壞偪費鉅，未遑也。余方自閩移楚，道士梅得春輩復促余，乃從黃州道中操觚却寄，而於閣紀之獨詳，用補前缺，且使後人藉是考鏡，以增所未備。道士亦漸去俗緣，而奮其清静自然之業，將此閣與諸名構并垂，而余文亦借以永，是則余之志也夫！

——道光《武進陽湖合志》卷十四

東岳行廟碑記

〔清〕董達存

常郡東岳廟建自明初，廉憲趙公叔成大書"東岱嶽府"，榜於山門。其後遞圮遞修，式廓漸增，制度益備，具有碑志可考。我朝龍興，東行封禪之典，而列郡皆得廟祀以昭崇奉，此郡廟香火之所由盛也。第歷歲既久，風催雨敗，日即傾頹。於是里中善士議新斯廟，通興厥功。其始也議建者二、議修者八，計工數萬，計費數千，或者難之。董其事者曰："方今聖天子治洽幽明，民和歲稔，合境廟寺或修或建，莫不巍然焕然，一新耳目。況東岳至尊之神，以好生爲德，以發育萬物爲功，厥靈赫赫，尤吾民所當欽奉崇報者哉！"爰乃矢志鼎新，秉虔勸義，不數載而信施填委，材畢集，鳩工僦役，百廢具興。維時毁而復建者，爲正殿，爲山門；因其舊而新之者，殿之前爲左右二司，爲儀門，而土地祠、痘司神堂附之，殿之後爲青陽樓，爲三層閣，殿之旁爲悟真堂，莫不輝煌壯麗，頓改舊觀。是役也，載是於乾隆十七年八月，訖工於二十二年三月，歷六載而大工已成。《書》曰"惠迪吉，從逆凶"，《易》曰"先王以神道設教"，豈以鬼神愚民哉！亦使民睹象警心，共凜凜於惠迪之義耳。斯廟也，既賴衆人之善力，相與有成，而歲朝令節覗國之釐，祈民之福，俾熙熙而來者皆知鬼神之不假易而黽勉於惠迪之吉也，其於先王神道之教豈小補哉！廟成，衆善士請記於余，余乃書其始末，以示來兹。

——道光《武進陽湖合志》卷十四

文昌閣記

〔明〕晏文輝

晋陵之東郭，河至自西，直走吳會。先是青烏家言是得稍曲紆其流，鍾氣於常實鉅，郡穆侯陰用其意而托之漕便，請之中丞諸司，兩堤其直瀉者旁鑿一河，南嚮而折如環。歲庚子，郡侯周公復采諸文學宣言，壹意堤事異方，檄予佐不逮，寬諸贖鍰，令其糸土實西境，中高於衢，築宮祀梓潼、漢壽亭侯諸神其上。河轉而陸，陸轉而宮觀，兩侯經度垂二十餘年始就，號曰文成里。即今對策高第者接武，百姓殷軫，一如兩侯所蘄嚮，此方其郡人思功時也。余佳百世之利不難創始，夫安知夏屋長堤不頹而潰以供受委者之一粲乎！則如文學所議，復國安禪寺，於是百世隆隆藉香火也。比時立僧海復能苦行以結善果，予故捐奉三十金，置田十畝給食，以不朽兩侯締造，即所爲忠於兩侯也。嗣此有廣田額於是里者，猶爲翼予不逮云耳。

——萬曆《武進縣志》卷一

文成壩二賢祠記

〔清〕謝良琦

祀典最重郡國，祀孔子於學，其次從祀，其次有功德於民，其次鄉之賢。惟從祀附孔子廟，餘皆合祠，最後乃有專祠，以祀以功，以勞以死，與古之大賢生且没於其鄉者，非是不在祀典。世有賢者得厠其間，人以爲榮。及夫王道廢闕，人人得自爲祠。士大夫祀其師及親與私，庶人祀其恩澤、祀其崇信，或權貴則祀，或子孫赫奕則祀，於是祠愈多而祀愈不足重。夫執祀典以律士之賢，則天下之可祀者常少，而士之賢者幸而得與於祀典，不幸又爲衆人之所祀，則又疑其不足重於天下，故君子之論祀蓋其難哉！雖然，惟其賢若是者，朝廷之制、草野之論蓋交重云。

余來毗陵，毗陵之賢者唐公荊川、薛公方山，其生平已見於郡乘，不備論。其没也，天子俞禮臣請，祀之學宮，每春秋釋奠，郡縣吏祭於祠，子孫祭於廟。嗚呼！盛矣。都人士又相與祭於二賢祠。考祠之作，蓋自文成壩始。余聞之薦紳先生，云方壩始作，邦之人相與言曰：“惟河流泛濫，不治不利，其風氣衰敝，亦惟是之故。今鳩工於東，凡我同人，乃版乃築，無有或後。”既成，則又相與言曰：“凡功之成極難，庶後世無輕改爲，惟賢士大夫是賴。”乃作禋祀，俾無廢墜，垂之永久。則又相與言曰：“凡我公卿大夫，某貴於位，某盛於族與嗣，祀則誰先？”衆皆曰未可，曰：“惟唐、惟薛兩先生賢。”衆曰俞。乃作二賢祠，邦之人歲時享祭，至於今不廢。余惟兩先生之祀於學，朝廷曰“惟其賢”，其祀於祠，草野亦曰“惟其賢”，乃所謂交相重也。其合於祀典者，固足爲兩先生榮，而衆人之祀之亦不同於鄉之所稱，更足以重於天下，皆不可不記，故記之告後之論祀之君子。

——《醉白堂文集》卷二

昔賢祠記

〔明〕邵 寶

昭勇王公既葬之一月，其子太學生尚綱即其墓之側而爲廬焉，禮也。何爲有昔賢之祠也？於是某掘地築垣，得斷碑之半焉，蓋宋李常州昌宗之志，郡志稱其文出王荊公，公之集固載其全，某讀而嘆曰：“此昔之賢人也，葬於是者蓋五六百年，其兆既不可識，不可以復封，吾則何以爲心哉？”於是乎有祠之圖，既又慨然以思曰：“兹山故號芳茂，今名曰横，實以晋曹將軍横者葬於是之故，横於史傳無考，其在當時非有重望，何至以其名名山，久而不易？今也祠李而能遺曹乎？”地官主事段子辛聞而贊焉，曰：“夫祠也固以義起也，合之其可也。”遂成之祠，爲二主，左曰晋將軍曹公，右曰宋朝奉郎守國子博士知常州李公。春秋有墓事，祀土神後則具俎豆以享。某既自爲序，復介其友錢景旻來請記於予，予頃嘗爲王氏記斯阡也，於茲山也悉矣。使茲石也先是而出，予固當牽聯書之，況義以起祠有如今之舉者？君子謂某於是乎厚，雖欲勿書，烏得而勿書？石得於正德庚辰十二月，越明年辛祀二月祠成，上於廬若干步，石刻嵌於祠壁，又別用石刻其全文，以佒謁而尚論焉者。

——《容春堂續集》卷十

周文襄公祠記

〔明〕張有譽

事有不可忘者，有不忍忘者。豐功偉烈，模範斯民，不可忘也；深仁厚澤，淪浹斯民，不忍忘也。不可忘與不忍忘，流連愛慕，頌禱無窮，蓋千百年如一日也。文襄周公諱忱，字恂如，江西吉水人也。年少登進士第，有志當世。宣德初以夏原吉薦巡撫江南，興利除弊，善政不勝書，而其較著者，莫如治湖一事。芙蓉圩本芙蓉湖也，自東晉時張公闓欲治田而未成，汪洋者千百年矣。公撫吳，相度形勢，上築溧陽東壩以捍上水，下疏江陰黃田港以泄下流，湖水遂涸。以官錢糴米羨餘，召民築岸爲圩，湖遂成田，使洪波爲平地，棄澤爲膏疇，蚊螭之窟變爲粒食之鄉。意古所稱轉坤者，非公而誰是！開闢斯土，其功德無竟，而衣食斯土，其歌功頌德更無竟也。圩民飲水思源，立祠祀之。一在圩之南，隸錫邑和尚塘橋；一在圩之東，隸武邑雙廟閘，與東平廟相比；一在我邑青陽鎮西衖，巍然鼎足焉。語云："子孫廟祀我，不如民之祠祀我。"吾知武、無、江三邑之民，瞻廟貌而寒暑必祭，水旱必祭，疾疫必祭，且不啻公之子若孫也，而何可忘而又何忍忘耶！爰從而歌之曰：

蒼蒼者，其湖之山耶！泱泱者，其湖之水耶！偕山水而流且峙者，其公之澤耶！嗚呼！維公之績，久而彌烈。圩民子孫，尸祝靡竭。

——《芙蓉湖修堤録》卷一

芙蓉圩重建周文襄公祠記

〔清〕陸鼎翰

夫一代之治，必有一二忠藎之臣，通權達變，酌盈劑虛，其措施政令，不斤斤於飾小仁、市小義，而規爲久遠，培養元氣，上不耗於國，下不病於民，利溥當時，澤及後世。若有明文襄周公者，伊古以來殆不數人焉。公之撫南畿也，吳民多建公生祠。公歿，即在所處處祀之。吾邑公之祀有二：一在馬迹山，一在芙蓉圩。圩故湖也，宣歙諸山之水，經高淳、溧陽、宜興，匯諸湖，至府城西挾江水以注漕渠，又東五十里復匯爲湖，江陰之水又自東北來注之，常爲農田之害。晉建武中，晉陵内史張闓嘗令民負土實之，欲俾水入五瀉，注于具區，厥功未成。宋元祐間，開五瀉堰置閘，繇是湖漸瀦爲田，顧地窪土薄，水潦爲患。蘇常歲比不登，屢煩司農振恤。明宣德初，文襄修魯陽五堰，築上下二壩，上流水有所障，更命所司益築圍爲圩以數十計，芙蓉圩其一也。浩淼之區，變而爲膏沃之壤。田之隸今陽湖暨無錫者，三萬數千畝；隸江陰者，七千餘畝。歲輒大稔，圩民德之，此公祠之所繇建也。夫江南，澤國也，財賦所出，數倍於他省。國家度支仰給東南，以故當事者尤以民食爲重，顧農田之利在水，而害亦在水。良有司本公愛民之心，行公衛民之政，孜孜講求，實心爲治，擇鄉之廉謹諳事者任之董之，柔黜好事者斥之治之。毋俾墮法，毋俾蠹人。上有益於國，下有惠於民。傳之後世，循良著于戒史，遺愛播於民口，俎豆馨香，千秋户祝。奚必今之民不如乎古之民耶！公之祠迄今四百有餘年矣。春秋有饗，水旱有禱，齋肅將事，可謂敬且誠矣。庚申之變，祠毁於兵寇。亂既平，瘡痍之民亟謀建復，以方從事於圩隄，力不遑逮。迨光緒五年春，董圩事者議假款興建，至冬履畝釀償，衆咸允若，奔走恐後。越五月而告成，爲門爲堂爲廡凡若干楹，棟宇宏敞，廟貌尊重。其他飾宇供祭之器，稱是。其爲費泉千四百餘緡。工既竣，方將代石以記其事，會鄉之人有以圩事致訟者，久不釋，遂輟。嚮之董之者，不能無畏葸之見。越數年，其鄉有《堤録》之刻，謂是祠終不可以無記，爰爲識其歲月，以諗來者。是役也，始董其事者，湯君澤甫、任君立甫、楊君芝山、劉君杏溪，今則任君九皋、湯君煥榮也，例得附書。

　　光緒十有五年秋九月，雅浦陸鼎翰謹記。

——《芙蓉湖修堤録》卷一

二義祠碑

〔明〕吳　亮

　　吾郡北高山之下有二義祠，祀故孝子顧文英及其裔義士顧正臣也。正臣死義于萬曆戊子，里人推官吳宗徵等以其事聞于郡邑，郡侯譚公、祝公，邑侯徐公爲立祠，并祀其祖文英，稱二義焉。按先進孫大雅傳，文英當洪武初，父萬石以稅長運餉不及格，當重辟，會有疾，長子宜代，乃文英謂兄任家督，勿聽往，奮然以身當之。及赴闕下，高皇帝欲貰死，俾永戍，則寧死不受貰，曰：“無寧惜一死，爲世世子孫尺籍累也！”蓋是時文英年才十七耳，豈不偉然丈夫哉！正臣則以閭長率兵禦盜死，有保障之義焉。至今高山之下泉潺潺而石齒齒，凜然有英氣，人之拜其祠者咸嘆二義出於一門，若祥麟威鳳，足以壯川岳之色韵也。正臣之子世登乞余紀其事，將樹豐碑於祠，以示永久，乃慨然作而嘆曰：

士君子砥行植節，修身立命，以求不失其本心，至於死生之故，大矣。自孔氏言殺身成仁，而又以匹夫匹婦經於溝瀆爲小諒；孟氏言捨生取義，而又謂可以死可以無死爲傷勇。蓋酌於常變輕重之間，財成取中，以立今古死生之經，而賢者恒任其過，不肖者恒任其不及，過者每有所激而爲慷慨，不肖者或有所託而爲趨避，則聖賢中庸之論且爲全軀保妻子之人所藉口，居恒悻悻談節義，一當利害，靡不口呿而色沮，見人之死於義則又蜂起而毛索曰："夫夫也，死非得已也，或非其衷情也。又或借此以徼千載名，無異生前之終南也。"嗟乎！死生亦大矣，人既不難以七尺殉義，而猶詆訾若此，必將禽行獸動，擇便苟活，與草木同腐，而後爲得乎！彼與草木同腐者，果勝於死義者乎？謂死義者果不足爲賢乎？夫申生之過，過於孝；屈子之過，過於忠。過則過矣，而孝忠之大節烏可泯也，毋亦晚近澆刻好讒貶人，而又假之以自掩自便耶？此余之所以慨然作而嘆也。今之議文英者，必且曰："以高皇帝之英且仁也，不承其賜戎之恩，而必以得死爲快。其矯名乎？其傷勇乎？"議正臣者，必且曰："鄉鄰之鬥，閉户可也，千金之子不死于盜賊，其亦有幸乎不幸乎？何義爲？"嗟嗟！世衰道喪，情寖薄而倫幾斁矣，無論謑語德色，家操市道，戈矛剸于骨肉，胡越判于户庭，其擅素封，擁赤仄，放利而爲富者，視其鄉之饑饉，不啻秦人之肥瘠。即欲其捐半粟割寸鏹以相助，且不可得，而況乎其以身殉也！國初草昧立法，率用重典，民鮮不重足而徼苟免。戊子不歲，殍以澤量，江干之盜縱橫蝟起，民不聊生。若元英、正臣之蹈義發憤，赴難而不避，禦侮而不悔，何可多見哉！昔唐天寶之亂，江淮保障，若張、許二公之完節，當時猶有議之者，昌黎子爲文以辯之，而後睢陽之大義曒如烈日。余不文，固不敢望昌黎，而竊附于闡幽之意，以爲若二子者不可謂非成仁取義之偉丈夫也。祠曰"二義"，又何疑乎！祠之前有門，面舜山之麓，中爲堂，後有寢，旁有廡，共若干楹，皆世登承郡邑之檄，拮据以成之，而鄉人炰鱉瀝酒以昭禋享者，伏臘不廢也，世登可謂能以義世其家矣。余既文其麗牲之碑，而復爲楚人孁，以發鄉人之思焉，其辭曰：

江之水兮淵淵，入延陵之浦兮潺湲。江之月兮娟娟，思彼義夫兮矢勿諼。山之巖兮嶄嶄，草木皆兵兮聲珊珊。獸挺忘群兮鳥哀鳴，其關關如呼彼義兮名弗刊。死父兄兮顧孺子，名與山高兮志如逝。水百折不回兮人孰無死，童而未丱兮如璞斯毀。雲仍繼兮正臣，執戈以趨兮氣英英。視群醜如狐兔兮，不與俱生。吾死猶生兮，甘爲結纓。高山之祠兮，俎豆有楚。嗚嗚吹笙兮，坎坎擊鼓。千秋兮蒸嘗，魂歸來兮未央。二義聯駿兮雲泱泱，長嘯悲兮戀高堂。嚙嚙指髮兮爲國殤。水土爲福兮厚黍稌其穰穰，慰鄉人兮無盡傷。

——道光《武進陽湖合志》卷十四

二忠祠記

〔明〕薛應旂

　　夫人并生於天地間，渙然無統也，而卒爲君臣上下、尊卑貴賤以相服習，雖常變順逆、安危緩急、生死利害交於前，亦若一定而不可易者，人孰不謂勢爲之也？然勢可爲之於著，而其持之於微者，則實有屹不可拔者存，而宰制化原，鼓舞群動，乃勢之所自出，而輕重由之，勢固無庸力焉，而莫知爲之者也。此豈可以他求哉？求之固有之人心而已矣。中心爲忠，此固人心之固有者也，然或怵於利害，迷於取捨，一旦喪其所固有，而遺親後君從茲始矣。然則人心之關於世道也，顧不大哉！是故睢陽之廟，見者興嗟；朱仙之祠，聞者思奮。是後人之崇祀先烈，不惟追獎忠魂，而實以激發生人之固有，爲扶掖世道之一大機括也。

　　維茲五木，爲東南孔道，當宋德祐初，丞相文山文公因元人圍常州，遣諸將將兵救援，道多遁去，唯尹公玉、麻公士龍分哨進兵。麻公戰於虞橋，死之。是時援絕力竭，尹公猶收殘卒五百，與元兵戰茲五木，相持一夕，手殺數十人，被執不屈，元人橫四槍於其項，死之。夫虞橋去五木不數里，而成仁取義如二公者，乃皆捐軀於此，且餘兵激於二公之死，夜猶揮戈突戰，流血枕骸，橫蔽原野，無一降者。於是闔郡士民城破巷御，寧就屠戮而不忍甘爲臣僕，是茲五木固二公死所，爲倡率忠義之地，不啻若張、岳之睢陽、朱仙也。三百年來祀典未舉，行道傷之，矧吾土著之人，能不拊心而負愧乎？憶余少游郡校，通守吉水王公昂署郡，嘗以是策諸生，且謂五百死士無歸，而是方屢遭水旱，豈亦噫噓湮欝之氣上薄陰陽之和歟？余對激切，公曰："此吾黨之責也。"議將建祠祀之，苦於經費，而公亦適值內遷，遂中止之。爾來又三十年矣，余叨禄仕，不敢負厥初心，茲自浙歸，檢括俸資，經紀祠事，相攸筮吉，得地於五木鎮西觀文橋之左。聚材鳩工，躬自督率，始於嘉靖癸丑之三月，至冬十月落成。凡爲前堂五楹，中肖二公之像，東西廡各三楹，春秋有事則合五百死士而祔食其下。後爲燕寢五楹，神厨二楹，迤西以北仍築室三間，施僧守之。鑿池繚垣，啓門南向，隱隱與虞橋相望，題曰"二忠祠"云。

　　余惟正氣之流行於兩間也，在天爲日星，在地爲河岳，在人爲忠義。二公與五百死士之英魂固無所不之也，豈必廟貌於委身之地而後爲得所歸哉？實以人心易失而難全，世道易流而難挽，而嚮赴之幾間不容髮，蓋其初若無所重輕，而積習以成則懸若霄壤，是故有植遺腹朝委裘而天下不亂者，有朝秦暮楚，視去其國如視傳舍者。人同此心，何若是之頓殊哉！此古昔先王所以樹風聲，表宅里，以慎其感也。慎其感則中人以下皆知所趨，而人心斯有足恃，不然則大敵在前，甘心竄匿，若彼張全、朱華輩者，獨非人也與哉！

獨非人臣也與哉！鄙夫昧心，視軀爲重，偷生一時，竟亦腐滅，其視二公之一死以全人心，以盡臣節，偉然爲烈丈夫，而千百世之下凜凜猶生者，相去何如耶？雖至愚者，當自有辯，而頑懦者亦將勃然而興矣。以一髮而引千鈞，此固余迂愚之見而立祠之意也，因勒碑以記之。割田二十畝，充享祀修理之費，具列碑陰。

——《方山薛先生全集》卷二十二

重修祠山行廟記

〔明〕邵天和

　　廣惠行宮者，祠山神之別祠也。神始祀於桐汭，自唐世著封禪，天下咸得祀群望，故神之行宮在在有之。其在郡之西南蠡河之東滸者，創於宋，毀於元。國朝永樂間，有南京神樂觀道士張以昌請部符來新是廟以居，中經回祿。成化初，其嗣孫周玉潤復創正殿西廡，逮今餘五十年矣，風雨侵蝕，瓦飄木蠹，廟貌益漫漶，道流陳惟誠病且殆，呼其徒告曰："我輩依神以栖，而殿廡日就頹圮，無以妥神靈，不作新之，飲恨泉下矣。"衆咸感動，時叙南王侯由部曹出守吾常，省刑已責，合諸僚屬咸秉清白，教化大洽，民用不擾。道屬乃聚謀曰："方今年穀頗登，政平人和，興理廢墜，其在茲乎？"聞金陵比丘佛圓戒行精苦，凡葺緇黃之廬事恒克舉，乃禮而起之，規畫有方，經營有程，遐邇翕然嚮應，僉曰："神之亭毒吾民者，至矣。化荒爲穰，易沴爲稔，濯炎煦寒，翼贊帝工，厥功孔彰。吾儕小人報稱無地，今欲新其祠宇，敢不祗事於是！"富者輸財，壯者效績，集土木之工，斬幹礱碣，陶瓴樹塘，恢度舊制，撤而新之。正殿四楹，左右夾翼二殿，列以佐神，甃以方臺，隱以直甬，冠之山門，屬之輿梁。冕旒具瞻，鐘鼓既設，父老駿奔，薦虔者咨嗟歆艷，相率以里人王忱狀來請記。

　　夫道爲一元之至理，散爲神明，流爲日月，激爲雷霆，儲爲聖賢，列爲河嶽，分爲五行，皆天地之妙用，何莫非神也！夫自削厚爲薄，化淳爲醨，世道既降而人心危矣。是故舉睫而見日月，跬步而歷山川，開卷而對聖賢，莫之神也。表爲壇壝，崇以宮庭，肖以丹青，然後從而神之，而神亦聽之，惟影嚮焉。故上世以木主事神，後世易以廟貌，有以也。按神姓張，諱渤，吳興人。先世佐禹導水。神生西漢末，嘗游苕霅之間，鑿河以通舟楫，歿能捍災禦患，合於祀法，故我太祖高皇帝首祀神於雞鳴山之陽，其血食蓋與天地皇圖相爲悠久矣。吾鄉之民，水旱疾癘，春秋祈報必告神，隨感而應，無或忒焉。故老云祠故在橫林，以風雷一夕移今地，蓋其靈顯照著，故募疏一呼而其施者雲集，良由神之克佑我民，宜我民之敬事而無射也。抑斯役也，又可以知善政焉。使吾民值頭會箕歛之秋，當轉徙頓踣，求息肩而不贍，欲答神休，其可得耶！然則斯宮雖曰吾民成之，猶吾良有司成之也。功昉於正德丙子三月，落成於次年丁丑十月。余既爲詳識顛末，并詔方來，俾勿壞。若夫尚義君子之氏名，則以次列於碑陰，茲不復云。首倡是舉者，實鎮江衞指揮僉事孫晉也。

——萬曆《武進縣志》卷二

吳許二長官廟碑記

〔清〕毛　周

古者里設社公祠，吾吳武、無兩邑多祀吳、許二公云。按邑志，新塘鄉有墩曰廟墩，墩下井水泛溢不止，吳、許二令投於井中，尸從勝力橋旁流出，民因祀之，而不載吳、許爲何時人。《錫山景物略》云：吳、許二長官，蕭梁時令晉陵、無錫兩邑，邑濱太湖，湖水泛溢，二公修築堤防，不遺餘力，巡視間洪水驟至，二公仰天呼曰：“寧亡邑宰，無亡吾民。”皆赴水死。由此觀之，吳、許乃蕭梁人，而井死之説非矣。明成化初，鄉隱士張友松詩云：“登舟順流下弓堰，當時衝激今平坦。再拜吳許二聖祠，聊薦蘋花紀追輓。壯哉二君不顧身，築堤捍禦溺水濱。南唐至今六百載，德澤尚及鄉之民。”據此則二神非蕭梁人，或友松及見古碑斷碣及故老傳聞，確有所見乎？《錫山景物略》撰於明末，相去二百年，當據此詩，以南唐人爲可信，但舊志失二公名諱，止載陳白沙咏廟墩靈迹，并杭雙溪所和二絶句而已。《記》云：“有功德於民則祀之，以死勤事則祀之。”二公念切救民，慷慨身殉，固宜俎豆血食，百世爲昭也。臨觀蕩二聖祠向已圮毀，里人某某鼎而新之，可謂知本。《詩》云“子子孫孫，弗替引之”，即神之福庇夫豈爽哉！乃獻頌曰：

二公之生，保障是倚。身死生民，幽贊以治。水旱夭札，惟神之庇。兩邑謳思，傳流奕世。里社年年，神功處處。鳳山之陽，臨觀之涘。祠宇甫完，祭筵乍肆。焄蒿悽愴，洋洋來止。福我佑我，施於孫子。於萬斯年，敬終如始。

——道光《武進陽湖合志》卷十四

重修水平王廟碑記

〔明〕唐鶴徵

水平王者，舊傳后稷庶子，佐禹治水有功，廟於震澤之夫椒，豈其功獨著於震澤間也？夫禹之智神矣，其勞於外久矣。然九州之勢，豈能以一耳目周之？其治之也，又豈能以一手足之胼胝焉身之？其有藉於人之智與力也，必矣。用其智與力以集事，則必還其智與力使食報，理也。況不矜伐如禹，烏能貪其功而攘之乎！則廟而食王者，固禹之心也，亦所以報禹也。余以嘉靖丙寅過夫椒，謁王於廟。廟之建也久矣，殿寢門廡無弗飭也。惟道士實起而新之，鳩工於某年月日，畢工於某年月日，凡募而集者，纖悉畢效之用，故事易集而構可久，是足嘉也。因其以記請而許之，未有以應也。余自頻年揭走南北，睹水神之祀，在在有之。或請之朝廷，或領之有司，咸足以妥神明而答靈饗，竊有感於茲廟之興廢焉。《般》之詩曰"允猶翕河"，則不翕者河之性也。《禹貢》獨以"底定"言震澤，則震而不定者，毋亦湖之性乎？河災衍溢，勝國以前無論，即我明興決魚臺，決金龍，決張秋，自趙皮寨以下，不可計數。嘉靖末，昭陽一決，運道幾廢，天子用以宵旰當事，臣工凛凛懼，無以稱塞，徼福於神，鑿河百十七里有奇而流稍安。是時司農水衡幾爲一空，而徐邳上下竟無寧歲。邇者議濬下流，草灣之役費亦鉅萬。當事者復神其功，請之朝而廟食之，而運道猶未敢報無恙也。震澤自禹以來數千餘年，未嘗泛溢，當宋之南，稍稍爲患。夫亦宣歙九洋之水注之過驟，而茭蒲圍團田之壅泄之或緩耳，昔人所謂人事而非天意也。是王之大造於吾民也，蓋百倍於河之神矣。河之神食報如彼，茲廟乃僅領之道士，獨何說歟？嗟夫！曲突徙薪，不得與焦頭爛額者論恩澤；桑土綢繆，無能與補苴罅漏者程捷功。其來久矣，於斯乎何怪！且余讀《封禪書》，其在秦中最小鬼之神者，各以歲時奉祀，郡縣遠方神祠者，民各自奉祀，不領於天子之祝官，則茲廟之不得與河神等，亦勢也。往余舟過邳徐，環堵者僅一板未浸耳，猶守弗去。詢之則曰："自河流不常而歲比不登，欲適莽蒼而腹猶果然也難矣，況宿舂糧也！與其轉填異域之溝壑，毋寧聽命於河之神乎？"其慘怛無聊之狀，蓋可知矣。藉令震澤不定，吾其不爲徐邳之民者與有幾。然則室而安，耕而粒，無震驚，無昏墊，在三吳之民，尤首被王之祐者，其何可忘！余從禮官之後，不能援河神以爲王，請姑記之以俟云。

——萬曆《常州府志》卷十九

重修馬迹山劉龍圖祠碑記

〔清〕陳玉璂

昔聖王制禮，能禦大災，捍大患，以勞定國，以死勤事，則祀以報功，非是爲瀆倫奸度，君子無取焉。予鄉之人素重禮義，不惑於鬼神，故環山之地無淫祠，即佛老子之宮一二存者，皆唐宋時故物，日就圮壞，亦未嘗肯竭財力增修之。獨於忠臣義士之祠，夙昔有功德吾土者，則歲歲血食靡懈，其棟楹梁桷、甎瓦之屬，稍致撓折破缺，又必葺治以爲常。噫！馬迹固僻鄉也，豈好爲是以瀆民財哉！亦迫於其中，不能自已也。里故有劉龍圖祠，祀宋龍圖待制劉公晏。按史，公字平甫，嚴州人。入遼，舉進士。宣和四年，帥兵歸宋。建炎間，寇犯常州，太守請援於公，公率精銳七千人出奇破之，保馬迹山以捍寇。寇至，公又出奇迎戰，大破之，降其衆千五百人，而追潰黨戚方等於宣城。方圍宣城急，公又出奇，方大驚却走。公欲生致方，單騎追之，遂遇害。事聞，詔贈龍圖閣待制，官其子四人，立祠死所，歲時祀之。嗟乎！具區東南巨浸，自古用兵之地也。《傳》載夫差敗越於夫椒，數千百年後龍圖又奮武其間。今日之陂陀水涯，皆昔之連艫縻艦、斬將搴旗處也。雖已灰飛烟燼，而驚濤駭浪之聲，若與劍槊相摩者，其靈爽不至今猶在邪！又考公嘗從劉正彦擊丁進於淮西，進不戰而降。及正彦反，公謂部曹曰："吾豈從逆者！"以衆歸韓世忠。世忠追正彦及苗傅於浦城，公設疑兵於浦山之陽，正彦就擒。蓋宋至是時而敝極矣，文臣以理學相矜，既無裨國事，武臣偷生惜死，巽愞無能，平時意氣自豪，謂富貴可坐致，一旦臨敵，鳥驚獸竄，其毅然以身許國者，指不數屈。又或中於奸人，不克竟其用。予讀史至此，未嘗不廢書三嘆，使盡得如公者，以國事委之，或天不喪公。公自愛重其身，不死追逐，則宋之天下豈遂至亂與亡哉！然則龍圖之祀，固可以愧當日之人臣而勸後世，春秋俎豆，即遍天下可也，又況於吾鄉井，所謂禦灾捍患者邪！是爲記。

——《學文堂文集》卷七

玉隆觀記

〔明〕徐　問

　　玉隆觀占郡治西，其神爲真武，即《曲禮》所謂玄武者，北方之宿也。玄武泊東西南四象，皆以四方分野之星形似爲言，蓋虛、危如龜而騰蛇在其度下，師行則畫于旆以定方，《詩》注謂龜蛇曰旆是已。夫以位居北，神曰玄冥，故曰玄；以近取諸物而有象有類，以用于行師，故曰武。宋真宗避祖玄諱，更而爲真。噫！星辰之遠也，求其象可知矣。後世以爲渺忽而星辰非庶人所宜祀，故復塑像而列龜蛇于側，玉隆觀蓋異名耳。自宋嘉熙尚書錢相始創，元延祐間民陳堯卿捨基，拓而大之。至國朝永樂初，羽流楊雷谷、孫道安始給道錄札主觀，郡之人知奔走焉。嗣後一新于宣德丙午郡守余公文，凡諸器用再備于羽流楊景芳，而後寢以敝矣。噫！觀亦有待乎人哉？嘉靖癸未，羽士嚴拱樞性沖雅，通於字學，求者日益衆，以其能足自樹，思新之而病於力。會大理寺正蔣君公甫使歸，拱樞往告之故，公甫曰：“是非鄉之良而饒於資者不能。”于是擇所知若干人，集酌諸園，與語莫不許諾。拱樞遂率其徒鳩工庀材，各展勞勩。觀東巷舊栅以木，易蠹壞，乃更柱礎而上榜其觀名。四月十三日，構正殿，龜蛇見焉，衆咸駭異，以爲神告之吉也。殿高二丈一尺，廣三丈二尺。門隧廡齋并作，岡不完整。至乙酉秋九月，工告成，拱樞曰：“非諸君力弗及此，非大理莫克始以勸成其義，吾執吾勞而已，敢忘諸乎！”乃托隱君毛公純夫、處士徐君仲和詣余，出太學生毛君弘載所撰次顛末，屬余爲記。余讀子思言鬼神之德至矣，自三代聖王莫不以明祀爲重，通于庶人，微成不享，故立之巫祝以發幽告利，況玄武爲北方帝位而祠遍天下乎！今之羽士亦巫祝類，而一舉工役，人協其謀，神兆其異，所以時其五氣，俾無凶沴夭瘥，以福和其人，將於是乎在，可書也。余故并及其神所由始，使前效助諸君與邦人皆知所當敬，其名氏因各附見焉。

——萬曆《武進縣志》卷一

修玉隆觀碑記

〔明〕左惟賢

　　道家者流，其源本諸軒轅氏、老子，其道以清淨爲宗，慈儉而不爭，虛明以應物，可謂至德也已。軒轅之時，世尚洪荒，結繩之治雖革，文籍之教方興，其言簡奧，《三墳》弗傳。《靈樞》《素問》之書蓋後之人穿鑿爲説，論及醫藥鍼灸之理，故葆真修道之士罕究其説。獨老子五千七百四十八言，率以虛無清净爲宗，其所以該括者衆矣。其曰視之不見曰夷，聽之不聞曰希，搏之不得曰微，道家者宗之；谷神不死，是謂玄牝，玄牝之門，是爲天地根，神仙家祖之；吾不敢爲主而爲客，不敢進寸而退尺，故抗兵相加，哀者勝矣，兵家祖之；道冲而用之或似不盈，淵兮似萬物之宗，挫其鋭，解其紛，和其光，同其塵，湛兮似或存，吾不知誰之子，象帝之先，莊周、列禦寇祖之。其他若申韓，若張良，若曹參，各師其説以用於功名事爲之際，老子真豪傑士哉！其後乃有開元三洞靈寶太清正一諸文，合四千三百五十九卷，而天授子所傳不在焉。其所述者又多法籙、符咒、方技、丹藥、術數之説，果出于老子乎？果不出于老子乎？爲其徒者有以得其説矣。自秦漢以來，崇尊其道，使其徒峨冠盛服，從容從事於其間，琳宮秘館遍于名山福地與夫國都大邑之間。常之玉隆道院始於楊雷谷，雷谷善五雷召勘鬼神法祈禳禬禮之事，邑人大被其惠，以故善士陳堯卿捨其居，以延老子天神地祇之祀。自雷谷既得道尸解，繼居此者世守其業，或斷而弗續，則旁求遠訪有道法之士。既而雲綱都紀孫先生來居焉。雲綱蚤從玄學，有志於雷谷之法，禮度師鄭松霞，久而盡得其道，有名湖海間，來主玉隆幾三十年。道院在當時重門廣殿，像設尊嚴，靡不完好，香火花菓之奉豐盈藻潔。其後壞于風雨，雲綱新之，未就而殁。今得時濟、徐均以親炙其道，以承繼其志，殫厥心，竭乃力，俾殿宇軒堂焕然維新，有光於前，但恨未有能記其事者。一日謁予城南書館，揖而請之，予謂院之復固未足以係道法之輕重，然而弊而新之，毁而存之，亦足以觀教之隆替，人之賢不肖繫焉，宜時濟汲汲以爲意也。繼今以往，修玄學者起居其間，勤吐納之功，嚴醮祭之事，祈禳禬禮，有禱必應，行圓功畢，超然遐舉，則豈無名公碩士文以傳之而增重於道院者哉！若其土木之工、金穀之費，作者之意不在此也，故不書以記。

——萬曆《武進縣志》卷一

拱真道院碑記

〔明〕徐　問

常州郡城北隅有廟曰真武，創建于宋天禧二年，時有龜蛇見保聖營，乃即其地立祠。既而有泉涌出於旁，民疫癘者飲水輒愈，乃詔更建爲祥源觀。由是建廟以井，在在有之。大觀元年，又以本廟道流湯含象授其徒劉混康，法有明徵，特賜金帛，增修祠宇。嗣後燬於兵火。至元戊寅，鄉人朱文卿好義，重建一新。至我朝成祖文皇帝入定大統，謂燕服在北，實神之次，所以陰翊皇圖者甚大，乃大建宮殿於武當山，而祠廟且遍天下矣。考玄武之名，載於《曲禮》，與青龍、白虎、朱雀，朱子以爲指四方之星形似爲言，北斗七星實爲玄武，下有虛、危二星，其形如龜而螣蛇復在其下，《詩》注謂龜蛇曰旐，行師建之以示武也。夫位北幽玄之地，故曰玄；象有鱗甲，故曰武。宋真宗避祖諱，改玄爲真而號益著。近得《武當圖記》，所載三寶大金書云神爲元始化身，太極別體，三皇時爲真人，黄帝時托生净樂國，符太陽之精，修真四十餘年，功滿道備，上升於天，上帝乃封爲元帝，往鎮北方，在紫微北，居天乙宫。其言甚異，不可測識，而列代臣民竭誠昭格，推夷扶夏，祛妖殄魔，事迹具在。況古今祭天地、日月、山川，皆有神以司化育，人有聰明正直，英靈不化，亦主河嶽星辰，故甫降嵩高，説騎箕尾，於《傳》有之。北斗本爲帝車，以攝提杓，運元氣，分陰陽，建四時，均五行，移節候，收亭毒生殺之功，必有道德精靈陰主其柄，其爲神異顧可誣也哉！然則廟見龜蛇而應泉涌，本造化有形之迹、不測之神，于是又可徵矣。自鄉前輩台州二守進四品散官殷公鑒大父德州同知公仲能再捨廟旁隙地，俾都紀王景震、副紀許志中繕修，而井泉特加亭焉。正德三年，復燬鄰火，道士褚清源、都紀徐元復等又募緣修復。今道士王朝吉、檀越等以兹興廢，垂三四百年間，尚未有紀其顛末，久將無以考見，乃屬吾弟辨爲之請記，遂拾所聞以貽之，俾觀者知其所自，仰其昭明在上，主柄元元，翊正祛邪，福善罰惡，益加崇信而不眩于所趨向云。

——道光《武進陽湖合志》卷十三

井亭碑記

〔明〕吕 律

　　玄武井，何取義也？取義於坎也。玄武居天之坎位，坎爲水，故疏泉浚流，以爲神井云爾。粵惟兩儀肇判，萬象附麗，有天地即有星辰，非若後世論《易》有先天後天之説也。考諸紀，乃云元帝托胎神化於神農之季，然則三皇以前尚無是星歟？意者老氏之流神道設教，以馨服天下，特假夫形迹之粗者言之耳，殊不知日星鑒臨，風霆震撼，非神而何！《傳》曰："不見不聞，體物不遺。"正以其妙用顯行，端倪莫測，可驚可駭，有不可褻焉者也。乃若出孟后之吞針，現井中之佛像，又神明之奇徵，不可厚誣以爲誕幻焉。蓋玄武握肅殺之符，坎水濟離南之火，福善禍淫，惟神主之，良可畏也。爰拓神宇于海内，丕昭崇典於列朝，於赫厥靈，默運亭毒，邦土奠安，民物永賴，夫豈回章懸象而已哉！溯厥所由，斯廟實肇基于宋天禧二年，時則保聖營有見龜蛇者，遂即其地建真武祠。繼而泉涌祠側，疫癘飲者多愈，乃復詔建祥源觀，用是乃廟乃井延蔓天下矣。徽宗大觀元年，又以本廟道流湯含象授其徒劉混康，法有明徵，特賜金帛，加修祠宇。勝國初，又罹兵燹燬壞。至元戊寅，鄉之里人朱文卿復捐己財，于舊址重建。我朝文皇帝以神陰翊天戈，削平內難。永樂十有一年，大建宮殿于武當，因而餘波覃被，薄海內外，敕各乃營乃修。鄉先達進階太守殷鑒之大父德州二守殷仲能，復捨廟旁隙地以給，俾廟之守道都紀王景震偕其徒副紀許志中繕修，廟貌一新，而井泉加亭焉。正德三年，復延於鄰火，道士褚清源、都紀徐元復等又募緣復修。自國初迄今百八十年于茲矣，未有記其事者。松鶴道人陳子用寶，偕師侄孫陳子時懋，慮夫事遠言湮，毅然倡首，來請余記。予擷拾其顛末如右，俾勒諸琬琰，以詔後人，庶知所崇奉者一欽遵列代聖謨、皇朝敕旨云爾。

——萬曆《武進縣志》卷一

重修真武廟記

〔清〕陳玉璏

郡北城內向有真武廟，羽士某顧其將圮，募金葺之。既畢工，因丐予言爲記。按《武當圖記》，神爲元始化身，玉帝封爲玄帝，在紫微北，居天乙宮，其言不可測識，吾儒立說，惟以理爲斷。考玄武之名，載在《曲禮》，朱子以爲指四方之星形，似即北方之七宿實爲玄武，下有虛、危二星，其形如龜而騰蛇復在下，《詩》注所謂龜蛇曰旐，行師設之以示武也。明成祖入定大統，謂燕服在北，實神之次，乃大建宮殿于武當山。景泰間，禮官倪岳正祀典疏，言真武北方之神，玄武北方之宿，世塑神像，披髮跣足，下踏龜蛇，抑何悖耶！先是祭酒宋訥、學士宋濂亦嘗言之，予謂神與宿俱隸北方，禮以義起，不必深辨。獨是東南西龍、虎、朱雀各一，獨北有龜、蛇二宿，何與？不知重爲春神，曰勾芒；黎爲夏神，曰祝融；勾龍爲中央神，曰后土；該爲秋神，曰蓐收；修與熙爲冬神，曰玄冥。春、夏、秋、中央之神皆一，而冬獨有修與熙，又何疑北方之兼有龜蛇也！不寧惟是，冬于方爲朔，于卦爲習坎，于腎有左右，于器有權衡，于色有玄黑，則官有修熙，宿有龜蛇，宜矣。在《易》四德，元亨利貞。元，大也；亨，通也；利，宜也；貞，正而固也，貞亦正固二德。《太玄》準《易》，罔蒙直酋冥以配元亨利貞，則亦兼酋冥五德。仁屬木，主愛；禮屬火，主制；義屬金，主裁；信屬土，主誠；智屬水，主察。是是非非，亦二也。權衡二器既屬北方，《淮南子》曰夏后氏執衡，言執衡而遺權衡能獨運乎！然則龜與蛇，正與固，權與衡，修與熙，酋與冥，腎左腎右二而一，一而二者也。於戲！自倪岳之論出而世遂疑之，不知其形則可疑，而理則無可疑者。茲廟既重新，予特詳著其說，以告于世，俾知理之所在，神即在焉，豈等之《武當圖記》荒怪不足信者哉！

戊辰春日。

——《學文堂集·記三》

重修正覺寺記

〔明〕惲厥初

自佛教入我中國千六百餘年，而其徒之聚居托處者幾遍宇內，其琳宮寶剎、靜室精廬，自通都大邑、僻壤窮陬，無不棋置星列。而其所繪塑莊嚴色相，自王公卿士以至田畯里婦，無不肅瞻而虔奉也者，然而誕信亦往往相半。余謂佛而無也，崇之何益？若其有之，彼固盡空一切，即所稱丈六金身且屬幻語，又安所用堂構丹臒，以敝世間物力為？雖然，佛未嘗以堂構丹臒需於世，而世人慕效樂崇之，則出於其心而非強。世人有慕效樂崇之心而無所寄，則假色相以為皈依，則其堂構丹臒蓋亦有所不得已焉。余郡治南有正覺教寺，其興廢遷改始末，具邑誌并家中憲后谿公記中。至我明萬曆間，歲久圮壞，寺僧靜謙愀然曰："夫此非有唐舊剎耶！主持伊誰而忍其頹敝至是？如必廣募而後葺，則道傍之築，吾知其無及也。"遂出貲若干，鳩工庀材，毅焉經始。於是邑中好義者或捐金，或捐力，興工於辛丑之冬，迄乙巳冬，事竣。其殿歸然，其廡秩然，其門宇峨然，佛像鼎新，法器咸具。是役也，大都靜謙自費十七，諸義助者十三，厥功偉矣。夫靜謙於佛之教未必盡諳，余見其居恒綜理，若類有家者，則已未能空諸一切，而何怪其僅以堂構丹臒為崇佛地也！然其志則可嘉己。夫先王治天下，國有主，郡有長，邑有令，凡城池、井甸、道路、橋梁、倉庾、廐廥於是焉屬。即一家之中，亦有宗廟，門庭宮室必於督焉寄之。乃其為主若長、若令、若督者，有能視前事為今事否？有能視眾責為己責否？即有之，必其顯有所攘與陰有所規，或者博聲譽而逃譴責也，矧可望之緇流耶！乃若緇流幸廢剎為奇貨，視募疏為利場，乞請郡邑，結納閭閻，暴日衝風，宵鈴晝柝，千誅百索，計取力營，未入公帑，半充私橐。甚有役未興而人已發其奸欺，旋罹三尺者，亦可憾也已。淨謙戒律清慎，與其徒賣藥自活，積有餘穧，買田以耕。今葺寺也，強半鬻田無靳，其肩事勇而捐利脫，豈獨賢於其流已哉！聞佛家功行，不貪為始，淨謙亦既有其基矣，由此而益進于空宗，又何難焉！會余奉使還里，客有語其事者，余不勝擊節，遂樂為記，且告其徒，俾無斁云。

——《知希庵稿》卷二

崇法寺碑記

〔清〕廖鴻荀

蘭陵爲東南一郡會，襟江帶湖，平衍腴美，士女率皆好善，故其地叢林名刹居多。城之東有崇法寺者，舊傳爲陳司徒之後圃，南唐保大中名大聖院，宋大中祥符二年改僧伽院，宣和七年賜名崇法，鐘樓寺其別名也。其始法筵之盛，香積之饒，與天寧、永慶、崇勝等寺相埒。傳之既久而盛者衰，饒者替，數百年來無復有踵其舊而新之者。歲壬辰，吳江故候補布政使司經歷蘜公嘉玢之配顧安人奉佛禮齋，老而益虔，適來郡謁寺，見殿宇傾危，佛像剥落，爲之憮然，因發願心重建大殿，并刻檀香丈六金身一，費甚鉅，獨力任之不少吝。安人家素豐，以力行善事而虧其半，然終無怠志也。越數月而殿之頹者興，像之剥者整，木魚鐘鼓莊嚴畢備，不第復唐之舊，且有以壯厥觀瞻。予既嘉其有志竟成，而因之重有感矣。蓋嘗聞《洛陽伽藍記》所謂南朝四百八十寺，迄今無一存者，雖佛法廣大，而其興廢隆替則存乎其人，得其人則興，不得其人則廢，安人乃不惜重貲鳩工落成，爲人所不能爲若是，巾幗中實難其人。抑予聞之，修德者必獲報，釋氏所以有廣種福田之説，若安人者雖不求報，其食報豈有涯耶！予故樂爲記，以爲異日左券。

——道光《武進陽湖合志》卷十四

常州府崇法寺重建鐘樓碑記

〔清〕蘇寶四

大凡物之毁者，可以復成；事之廢者，可以復舉。此固運數使然，實由人爲之克盡也。常州崇法寺在府治東，而鐘樓之建則在寺東南隅。樓之創始何代，郡志未詳。惟是樓設鐘夫以司晨昏，與麗譙樓更鼓相應。説者謂巽峰矗起，文運攸關，吾常士大夫相繼掇巍科、登顯宦，斯樓不無所助云。寺址舊傳爲隋陳司徒後圃，南唐名大聖院，宋改爲僧伽院，宣和七年賜名崇法禪院，南渡後廢興無考。明洪武初，僧太古請重建佛殿鐘樓，二十四年改禪院名教寺。萬曆十三年，郡侯王公三錫重修鐘樓，立碑。二十九年，雷毁鐘樓一柱，邑侯晏公文輝修之。三十二年，寺僧戒成重修。迄崇禎六年六月，風雨交作，樓遂摧倒，獨巨鐘墮地無損。緣是邑侯馬公嘉植，知爲神物之呵護也，倡捐廉俸以整厥墜，郡侯陳公琯實主持之，邑人白公貽清，董公承詔、承誥，張公三光，蔡公繼登，皆捐資贊成，并立碑碣紀其事。故至我朝初年，鐘樓猶屹然無恙。迨康熙五十三年十月，忽遇火灾，樓毁鐘裂。閲雍正、乾隆間，寺僧圖建者屢，頗憂經費無出。嘉慶十一年春，大證禪師自嘉禾至崇法寺，其時主兹寺事者爲復本禪師，修葺大雄寶殿，得大證贊助之力。既訖證，與復本商建鐘樓，未逮。既而吳門恒純禪師來寺，大證知其智慧精進，兼裕才幹，與之謀。恒純慨然發廣大心，立堅固願，閉關三載，托缽他州，不數年間，集資萬計。大證又苦心廣募，鳩材庀工，營度監視，不辭勞勘。經始於道光五年九月，至七年八月落成，高四丈有一尺，廣三丈有四尺五寸，四周統計十三丈有八尺，下則石址亘固，上則新閣巍峨，閣中像塑魁神，森列昭布，蓋以助宣文運也。自是鐘樓規制既完且密，而鐘亦鑠金造鑄，舊觀重複，光景彌新，非惟爲一邦瞻仰所萃，抑且兆斯文丕振之聲。然則是舉也，恒純非大證無以堅其誠，大證非恒純無以遂其願，協力以濟，有志竟成，其斯爲兩美之必合歟！相其成者則邑中紳士左輔、龔際美、楊清輪、吳光悅、董達醇、胡遜、丁文蓮、徐澧、劉全、劉成志、張師範、惲焯、吳彪、徐準宜、汪和鼎、蘇品三、高清選、胡大源、李兆洛、丁煦、丁履恒、懷清、趙廷俊、吳裕德、陸孟甲、吳孝銘、莊綬甲、余保純、魏襄、趙鍾彥、劉逢祿、瞿溶、謝鏞、湯貽典、須運震、李之培、蘇應珂、高德溥、周仲、汪允焯、吳儀澄、左昂、汪有恒、趙申嘉、吳廷懷、劉鈞貽、董雋。襄其事者，則寺中諸僧領緣、了一、關主尋蘭，都監靈曉，監院宏勳，副寺大乘，監修雲開、松林等也。爰紀梗概以勒之石，俾後人知所考焉。

　　大清道光七年，歲在強圉大淵獻仲秋上浣吉日，住持僧靈悟敬勒，李順慶鐫。

——據原碑

重建崇法寺碑記

〔清〕陸鼎翰

　　佛法足以維世道之衰，聖教之所不行，政令之所不及，浮屠氏演爲果報之說，俾天下貪愚頑囂不可格化之徒少懾伏其心，佛法之陰翊世道洵非淺鮮，以觀塔廟之所建焜耀寰宇，雖其成壞囿乎數，不旋踵而興復如初，豈非象教之流行，昭然若江河不廢萬古者與！毗陵古剎以百數，城之外天寧爲鉅，城之內崇法爲鉅。崇法者其始建不可考，相傳爲隋司徒陳杲仁後圃。舊址在南唐爲大聖院，宋初爲僧伽院，宣和間賜額崇法，明洪武末改教寺。寺東南隅舊有鐘樓，巍然插雲表，鐘聲聞數里，故邑人又謂爲鐘樓寺云。自國初以來，遞有興廢。道光中嘗鑄巨鐘而不鳴，吾郡湯貞愍公貽汾偶經是寺，怪而叩之，鐘鏗然大鳴，後即他人叩之無不鳴者，人咸以爲異。咸豐庚申，寺燬於粵賊之亂。事定，主僧法昌歸而謀復之，未幾而寂。當是時，諸山梵剎皆灰燼，四方參學之士無所憩足，有志者盡傷之。有可亭上人者戒行精進，勇於有爲，叢林師子也，儉欲以起廢之任屬之，可亭讓其位於同袍鴻昶而自爲監院。二師殺衣絀食，惟日孜孜，緇流奔赴，施者填委，於是始造釋迦殿三楹，不數年，遂構大雄寶殿。同治癸酉，鴻昶化去，可亭又讓之暨陽十方寺僧戒滿。期年，戒滿自以不能厭衆望，退居故院，衆謂非可亭不能主是席，涕泣以請，可亭遂不獲讓而出世，益殫志慮，以勤率物，以誠感人。逾年，圓通閣成，至是而舊觀殆復其太半矣。殿經始於同治庚午二月，訖工於壬申十月。閣經始於光緒丁丑正月，訖工於是年四月。大殿三楹，其崇七尋，廣倍之。閣居殿後，崇如殿而廣稍㣲，楹視殿之數而溢其二。爲三門者一，爲前殿者二、旁殿者三，爲堂者五，凡廊廡寮舍、藏庫庖湢之屬胥備。費以錢計者若干萬，役以工計者若而人。可亭以創復之難宜示後人，詣余請記其事。余惟寺之重興未嘗有巨室之助，亦不書歷於民間，積衣盂之貲以成厥功，十餘年間變瓦礫爲樓閣，化榴翳爲金碧，像變梵夾，莊嚴妙勝，法會之盛幾幾與天寧埒。又將謀建鐘樓，以符舊制，全規之復彈指可期。雖曰運數使然，其人得不謂之賢哉！後之住是寺者思其艱而圖其永，益以究明心性之旨，闡揚大法，上祝國釐，下濟衆生，不特琳宮梵宇歷久彌新，而世道之由衰而隆亦於此可見矣。可亭名定仁，郡人也。

——《武陽志餘》卷四之一

重修護國寺碑記

〔清〕左　輔

護國寺創建時代無考，蘇文忠公乞居常州，曾題寺額，迄今尚存，蓋古刹也。宋德祐元年，伯顏兵南下，攻圍常郡，寺僧莫謙之與萬安各糾義士，協郡守姚公訔悉力捍禦。萬安忼慨臨戎，賦詩曰："時危聊作將，事定復爲僧。"城破，謙之、萬安皆巷戰死，寺毀於兵。元成宗大德間重建，薩天錫題書其齋寮曰"忠義山房"。明洪武丙寅，修葺增置，爲郡名刹。正統、嘉靖、萬曆間，屢次興修，不忍其廢，蓋以二僧忠義感人，寺教流衍，不失心性，爲可重也。余竊讀《楞嚴》，識其大旨，如來因果、菩薩萬行，在明悟真性，開示真修，一切究竟堅固乃爲徹底法。忠義真性也，能盡忠義，真修也。由是充之，即徹底法也。禪家空了之説，是空五蘊，了三塗，以明心性，沿流錯會，并一切君臣父子、仁義禮智之真性，悉一空了之，是失其性而僞其修，所謂究竟堅固者何在！下至附會諸佛菩薩，妄語因果，侈稱福利，訝惑愚蒙，誘致財物，是之謂貪，已犯戒律，亂法彌甚，更不足言矣。兹寺錫名護國，自宋迄今，寺僧于究竟堅固之宗法未知何如，不幸而謙之、萬安之值其變，以忠義見，不能竟其修也，然猶幸謙之、萬安之值其變，以忠義見，爲不失其性也，豈非寺教之流衍歟！國朝百八十年以來，寺日隤圮，僧衆星散，鐘鼓無聞。嘉慶之初，僧心源自天寧寺來卓錫於此，慨然以興復爲己任，苦心焦思，經營二十餘年。兹則殿閣禪堂焕然宏整，又建東西廡樓十二楹、後堂三楹、耳房四楹，增飯僧寮，闢藝菜圃，置齋供田五十畝，庖湢厠窬無不整潔。於是接納禪侶，大闡宗風，梵唄經魚，琅然澈曉，是可以明真性，示真修，茲寺之教又將推衍無窮，厥功甚偉。寺功成，例有記，予感寺教之不失心性，有合於《楞嚴》之旨，叙其略以告心源，心源及寺僧尚共勉乎哉！

——道光《武進陽湖合志》卷十四

重修天寧萬壽禪寺記

〔清〕胡　淡

天寧萬壽禪寺在郡治東南五里，創于唐，燬于五季，迭興于宋元之盛，及其末也，亦迭燬焉。皇明建極，初因佛殿、鐘樓之存，頗加修葺爲叢林，歲時郡邑臣庶，習朝賀之儀焉。宣德六年，住持僧淨因復請朝命，勸衆力以更新之，凡宜有而未備者，悉皆以次第完美。如四天王殿爲屋六楹，夾殿東西爲二室。殿之崇，九尋有奇，廣倍于崇之尋，而邃之不及者十之八。墁工、繪事、肖像、供具，旁及兩廡、方丈、僧堂、庖湢、庫庾，靡不畢治。僧善茲具其顛末狀，請予記之。竊以佛之爲教，非不能動人也，然其道未嘗不因時否泰爲屈伸焉。方時之否也，人惟干戈是事、親戚離散是憂，恐恐焉不得聊其生，尚何暇及於佛哉？雖佛之宮室，亦不能保其免于灰燼、不爲丘墟矣。此天寧所以連陋于五季宋元之末也。及時清寧，則武臣健卒、農工商賈之民，皆得康其居，足于衣食，而力無所施，心無所用，將惟佛是尊，而樂于出貨力以增益其宮室，不至于窮高極麗不能滿其願，此天寧所以復興於宋元之盛焉。況今六合一統，四夷百蠻無不賓貢，環海內外，民烟萬里相屬，烽堠撤而鉦鼓之聲不聞，人生日用有餘，則不歸於儒即趨于佛矣。故天寧之棟宇摩霄漢、金碧縈雲霞，侈然有以增乎舊貫。毗陵之光，使人望之而起慕、即之而留觀者，皆國家治平所及、天下富庶之明驗也。雖然，成此勝事，苟非郡守西廣莫公以善導人，致令民華仲淳等捨財助力，曷克臻此？是皆宜書以垂示永久也。淨因號覺初，姑蘇人，得法同庵簡公，爲常之僧司都綱云。

——萬曆《常州府志》卷十九

天寧寺重修三殿鐘樓記

〔明〕陸　鰲

常之通吳門外三百步許，有寺曰天寧，在國朝爲祝聖道場，在常州爲叢林首刹，法應建置。其寺之興廢、名之沿革，前人碑具載之矣，茲特書其修理之大概，以紀歲月耳。粵自都綱淨因具奏修建以來，八九年間，繼後住山往往得人，雖將加修葺，但月久年深，風飄雨濕，不無一二摧壞。正德改元，摧壞蓋甚，住山惟純大懼弗勝。會有僧佛圓自西方來，戒行精專，言論宏奧，有足感動人者。故常之人士向風從化，發菩提心、持如來願，而檀施之人如川赴海、如羽附風。乃鳩工聚材，蠲吉擇良，而次第修葺。傾側者正之，朽腐者易之，缺略者補之，滲漏而漫滅者更新之。其大勢則嚴正也，其廉隅則整飭也，其棟宇則竣起也，其檐阿則華采而軒翔也，誠足以復前人之舊規，侈後日之偉觀。計其經費，正殿用銀七百兩、米三百石、錢五十千，二殿減正殿之半，鐘樓與二殿等，三殿如鐘樓之數而殺其五之三焉。既載於二年四月，訖工於四年八月，而請余爲記之。余與惟純輩雖爲方外交，而實異道，然不拒其請者，佳其志確功之成，而稱爲佛氏之支派也。世之膏粱子弟，視祖父舊居，顧若過客之視逆旅，不任其傾覆之則鬻賣之，其視純與圓爲何如也？余不能不感於是焉，遂爲之記。

——《武進天寧寺志》卷六

重修天寧寺記

〔明〕徐　問

　　吾常天寧寺，據三吳上游之勝。自五季宋元，嘗燬于寇，而佛殿、鐘樓僅存。國朝宣德間，復大修，創巨觀傑構，屹爲東南第一叢林。以故郡邑臣庶釐祝聖壽，咸萃于茲，而四方僧徒來游者，往往叩關，依爲禪定。嘉靖丙申歲，有西僧德山從京師來會都綱廣孜、住持信璋，曰：“茲寺殿宇宏峻，前有四天王殿久將就阤，且高敞而中開，若無屏蔽，盍緣善士出財易銅，鑄彌勒佛像於中當之？”值公會，簪紳坌集，則由山門而入，分東西廊以進，而下及丹墀，翼若朝廷臨之者。其殿宇洎方丈塵外樓，亦擬次修治，以新人觀。於是郡中士庶咸奔走以應，願捐貲者數千餘家，君子是以知善道之能勸也。夫自三代以降，德化不行，人心日蝕於利欲，惡是用長，故釋氏之教得行於中國。考其法，以明心寂定爲體，慈悲廣濟爲用，專於物而不自愛其身。其言生死輪迴、善惡受報，尤足以移人之速。至於先王法言、官府教化，若日號於人，人將駭而走矣，是豈其法賢於先王哉？抑亦後世導之不以身而以言，實病而文煩之耶？藉使居上者以善道牖民，示之以好惡而輔翼之行，其所景動轉移、日改月化，足以厚倫淳俗，而何佛法之能補也！德山所事者沙門，所稱而尊者公家禮儀，彼見吾習有君臣上下之禮、衣冠禮樂之懿，雖未能猝遷其法，心已嚮慕而趨之。況聞所勸善集財，又能不私其餘、不食其利，蓋有實行而後執其玄機以動人，宜其樂趨者眾矣。鄉進士金君九成輩，咸與茲役。吾佷辨孝輩來請記，故推其所以告之，以竊自附於昌黎公序浮屠文暢者焉。

——萬曆《武進縣志》卷一

天寧寺重建正殿記

〔清〕于　琨

　　郡東通吳門外，望之雲樹鬱葱、刹竿起天半，郡志所謂天寧萬壽禪寺者是也。創自唐天復間，名廣福。宋崇寧間，名崇寧，加萬壽。政和間，改天寧，相沿至今。明宣德、嘉靖間，遞有建造。國朝康熙十三年甲寅六月，正殿灾，殿有三世佛與兩廊五百應真像，并爲灰燼。越十一年乙丑，郡之紳袍許侍御、陳中翰、龔孝廉輩，以寺爲朝賀習儀之所，嘉禮不可行之草莽，且左有巽宮樓，在郡縣治之東南，形家者號爲文筆峰，邇來傾圮殆盡，以是鄉會兩試獲售者甚少，亟宜興復之。便請之前守三韓祖公，乃給示勸募，庀材鳩工，遂以丙寅之正月重建正殿，丁卯二月修葺巽宮樓。是年登賢書者六人，而殿工閲五年未就。今壬申夏，始得從事於桴棼、瓴瓦，可望有成。郡士民遝請余記其事。夫記者，所以記其成功也，功未成而記之者何歟？正以難成之功而有可成之幾，欲人人知寺之所由名、佛之不可不敬、功之不可不勉也。天寧素以禪名寺者也，宗門宙亭上人居之，惓惓以殿工難成爲憂。一日報余曰：“近有檀越願續前工。”詢之則曹祖煜，即向之葺圓妙觀者，郡人莫不奇之，稱爲善人，余於此抑不能無世道人心之感焉。夫上之教民也，教之以爲善則福，而群相鼓舞矣，教之以毋爲不善而未必信，教之爲不善則禍，而群相警戒矣。此釋氏所言果報輪迴，能使民欣然慕、惕然懼也。乃至禍福之説并不能生其艷羨、畏避之心，此無他，亦惟民之窮蹙有以致之耳。常郡自己未、庚申之間，旱潦相仍，田疇蕪穢，廬舍飄蕩。雖以十餘年之生聚，而彫敝未改。國賦正供且追呼不前，遂使邀福免禍之情，不勝其惜財吝費之尤急。於是千載名藍、一方勝地，往往履丘墟而莫之省，觀締造而莫之施。嗟乎！此類雖可鄙笑，而其情亦可矜矣。曩歲聖駕南巡，渙頒大號，積年逋賦概爲蠲除。民免於摧徵，官免於參罰，又多出粟帛以賞賚高年。各上臺皆潔己率屬，與民保養。民生其時者，安居樂業，有含哺擊壤之娛。語云：“倉廩實而知禮節，衣食足而知榮辱。”將見家給户足之餘，克底型仁講讓之治，豈僅以施捨爲佛事已哉！是殿也，始以千萬人而不足，終有一善人而迄有成，而幾先見於此，洵可記也矣。説者又曰：“寺在郡之東方，華嚴以西方表姓，東方表命。”今也鼎新傑構，生氣鍾焉。上以祝聖天子龍光鳳曆，億萬無疆；下則臣工士庶得長享斯世之昇平，同游佛壽量海。萬壽之名，蓋不虛云。倡其義者，許侍御，名之漸；陳中翰，名玉瑱；龔孝廉，名百藥。司其事者，宙亭上人，名紀蔭，得法於靈巖繼公。續舉完工，善人曹廷俊。例皆得書名碑中。

——康熙《常州府志》卷三十六

重修天寧寺記

〔清〕錢人麟

郡東郊天寧萬壽禪寺，建自唐代，蔚爲名刹，多歷年所，屢有廢興。詳見邑乘，茲不具述。先是，駐錫諸僧惟事因循，日益匱乏，遂至香界榛蕪，金容剝落，器用則左支右絀，僧徒且昔進今已。自乾隆甲子，德弘禪師初轉法輪，明年敦請磬山宗大曉和尚瓶鉢苙止。大公主持法席，提唱宗風，德公專職院事，佐以扶助禪師。一時善信檀那響臻影輳，輦金輸粟，捐材助工，雖非無因至前，竟若不招而集，蓋由誠心積行，恍有神者相之。十餘年來，百廢俱舉，所糜金錢以鉅萬計。循山門及天王殿，殿之東西各建羅漢堂，周十六楹。循大雄殿，上施承塵，前甃石臺，其東西各建羅漢廊十八楹，建大悲樓五楹。下爲齋堂，修九蓮閣五楹。其後爲軒，其東偏爲樓七楹，上以賔禮耆宿，下爲客座。其南爲倉房，其西偏爲樓三楹。迤而北爲廊房九楹，建御書樓十五楹，崇奉御書，下爲僧衆結跏之所。東五間，其中三間崇奉三大士，下爲歷代祖堂。其左右并爲僧寮。西五間，其中三間奉鐵觀音像。下爲影堂，其左右俱爲關房，爲高足鍵關修證之所，皆宏敞堅緻。九連閣之東隅，建安樂堂三楹，以膳養老疾。其前爲上客堂三楹，其東偏建念佛堂，樓爲五楹。迤而北爲樓十六楹，庫倉、庖湢畢具，各適其宜。其仍舊而稍加塗茨者，不書。裝修三世佛及天王、金剛、彌勒、韋馱諸像，塓羅漢二百五十餘尊，皆莊嚴華妙。又選匠範銅冶鐵，并增置竹木埏埴諸器，及一切梵唄所需，咸周於用。又增置膳田一百六十餘畝，通舊存共八百二十七畝有奇。僧徒日盛，禮誦益虔，不缺於供，自非德公願力顯大神通，何以能視皆增華、自他有耀若此！我皇上省方觀民，兩幸茲寺，大公親承聖訓，獲賜紫衣。示寂以後，德公遂領袖尊宿，而高年願息，扶公繼之。尋以養疴，更謀傳印。適所修巽宮樓復告蕆事，吾郡宰官、居士念德公事若中興，勢同創業，緬功德之無量，冀護持之有永，爰銓端末，俾勒貞珉。庶幾守而弗墜，無忘佛力之弘；抑將恢而彌熾，永沐聖朝之澤，是在後之嗣教者矣。大公名實徹，太倉州人，俗姓陳氏。德公名際圓，無錫安陽山人，俗姓楊氏，因聞誦《法華》契悟。年三十三薙染於本寺了塵禪師，受記莂於大公。今世壽七十有一，僧臘三十有八。

——《武進天寧寺志》卷六

重建天寧寺前殿記

〔清〕趙翼

常州東門外天寧寺，崇敞宏偉，爲一郡梵刹之冠。其興廢具載明正統間胡忠安公碑記。殿設彌勒龕及四天王象，規制視正殿稍殺，然闊六楹，高九尋有奇，勢穹廣亦相稱。自正統後至今，又三百五十六年，梁柱榱櫨日益朽腐。縛木以搘之，岌乎不可終日，瞻禮者恒有悴然之虞。顧以工費繁夥，莫敢議改造。乾隆五十一年，僧了月來主方丈，慨然以興建爲己任。其道行既高，足動人信嚮。江以南來作佛事者踵相接，乃以誦經所得，積埃匯涓凡三年，先有貲力十之三四，然後廣爲勸募。果檀施雲集，輒於齋庫。於是庀材鳩工，一撤而新之。重價購堅木，棟隆梲覺，大者合數抱。他如取石於山，運甓甃於陶，亦莫不選密栗、汰呰窳，作千百年計，非僅一時觀美而已。余嘗觀釋典所稱"華嚴樓閣彈指涌現"及"黃金布地"諸說本屬寓言，指引極樂世界，非真有七寶宮殿、洞心絢目之境也。然自東漢笮融輩創興浮屠寺，後爲佛之徒者，類無不以土木莊嚴、窮壯極侈爲能事。通都大邑、名山勝境，刹竿相望，高切雲而麗晃日。斯固足瞻佛力之大，而亦傳燈受記葆者，代有人肩其締構焉。今了月一瓶一拂，蕭然苦行僧，無勢力之助，乃能於數年間，成數萬金工作，俾三百餘年將圮之殿宇，一旦鼎新，亦可謂難矣。是役也，興工於乾隆辛亥八月，越壬子八月始上梁，將以癸丑冬落成。了月先來請記，用識其顛末於石。

——《武進天寧寺志》卷六

重建天寧寺碑記
〔清〕洪亮吉

府城東，寺凡六七，而天寧最大。寺前殿曰天王正殿、曰大雄寶殿，左右爲羅漢堂，其南有巽宮樓，殿後爲大悲樓，其下爲齋堂，堂後爲方丈，左有客堂、有安樂堂、有齋厨、有齋庫、有僧寮。屋計五百間有奇，年歷千四百餘載，而巍峨堅整如前者，蓋若有神物呵護焉。我朝歷聖南巡，城東爲警蹕所由。翠華屢幸其寺，由是棟宇加飾，輪奐益崇，鄉士大夫亦勤爲保護，而其興修創建之煩重，則住持了月之力居多。其拆建天王殿也，趙兵備翼記之。其興修未竟工程也，莊州守暎記之。事皆在乾隆五十餘年間。自今上御極以來，仁恩熙緝，翔洽中外，江左數千里，屢獲豐年。於是奉行象教者，以其餘力，心感樂輸，梵宇琳宮，百廢俱舉。嘉慶元年重修正殿，瓴甋一新。二年，因後圍隙地創置浴室，補建東北隅後樓三楹。四年，重葺巽宮樓，易其柱石、楣栭之朽泐者。五年，復以觀音、地藏兩殿在正殿東西，室宇卑隘，不足以稱，乃庀大材、治工具，增高之，巍然豁然，如翼如拱。八年，改造安樂堂，養僧人之耆者，因以舊安樂堂爲方丈內客座。增設齋厨十餘楹，薪蒸有所，而大悲樓重修如新。又自六年以迄八年，添建殿前羅漢堂五十八間，增塑羅漢尊者五百尊，金碧赫然，香火甚盛。由是寺中修整，若一無可復治。夫自佛法入中國以來，寺宇在天下者，不下萬萬；求其鼎新者，曾不數覯。即自宋元以來，寺宇在吾郡者，不下千計；求其鼎新者，亦曾不數覯焉。獨天寧一寺，歷久如故，豈非以寺爲祝釐之地、列聖臨幸之所及耶？然則此寺之所以獨異者，人力之樂輸爲之，年穀之順成爲之，住持之維護爲之，而實國家恩澤之翔洽爲之也。謂若有神物呵護者，豈不然哉？豈不然哉？

——《武進天寧寺志》卷六

重修天寧寺記

〔清〕陸鼎翰

聖清受天命，撫有區夏，列聖相承，深仁厚澤，軼乎前古，中外禔福，歌咏隆平，撫茲二百有餘年。雖間有肆逆頑民，而大小臣工稟承廟謨，即時戡定，海夷輯服來王，蔚成中興之治，宣、光之盛，蔑以加焉。故事自行省至郡邑，所在皆有萬壽宮。歲元旦令節、天子聖誕，長吏率文武僚屬，與其鄉之父老，恭詣叩祝，如朝賀儀，成禮惟謹，典至鉅也。《詩》曰："躋彼公堂，稱彼兕觥，萬壽無疆。"詩人叙民愛君之忱，以見風化之美，亦以報上德而抒下情也。常州東門外天寧萬壽禪寺，爲郡邑吏民慶祝聖壽之所。國初以來，主僧皆一時名德。法會之盛，聞於遐邇；莊嚴妙勝，甲於東南。聖祖、高宗先後南巡，臨幸斯寺，奎藻璇題，焜耀海內。寺僧精修戒行，虔祝國釐，與夫祈晴禱雨，甚至且勤，他寺觀莫能并焉。咸豐庚申，粵逆肆亂，蕩爲灰燼。今相國合肥李公統師，克復城邑。其後興建次第修舉，顧以費鉅帑絀，皆取給於田畝。主僧真松、真禪，慨念時艱，蒿閔凋敝，持堅苦卓絶之志，以興甚難希有之業。先建後殿，次成樓閣、堂舍、庫藏、庖湢之屬。四方參學坌集，棟宇象變，偉特壯麗。十數年間，殫竭心力，未嘗求助於民間，積衣盂之資、歲租所入，漸復舊規。增田數千畝，以供食輪。於是郡邑得舉行慶祝盛典，吏民熙熙，鼓舞聖世，雨暘時若，年穀比登，咸膺休祉，能無述焉！今主僧清如與西堂真宗、監院清月等，伐石建碑，以識中興之盛而紀建復之勞，垂諸後裔，附書主事諸僧於陰。其辭曰：

洪惟天寧，爲古道場。利益眾生，陰翊皇綱。中丁曠劫，灰飛原野。過者盡傷，狐城鼠社。景運中興，佛日同輝。念彼龍象，云何依皈？粵有比丘，發願起廢。不資眾因，不動聲氣。毋怵於難，成之斯易。鐘魚互答，樓閣見前。悟彼成壞，其人惟賢。鞏我皇圖，於萬斯年。

——《武陽志餘》卷四之一

重建天寧寺續記

繆　潛

毗陵天寧萬壽禪寺，道風宏峻，聲鑠江東，蓋與吾郡金山江天寺并推禪宗上刹，而僧侶講求最上奧義者，無不奔赴雲集焉。寺肇於李唐，歷五季而趙宋、而奇渥溫元，都不甚顯。逮明初，僧瀹潭闢爲叢林，甫漸著。越五十年，僧淨因丕勤締造，創天王、大雄等殿，遂成斯郡叢林第一。顧《易》有之"无平不陂，无往不復"，蓋時盛亦時衰焉，而究以自唐以來即爲祝聖之所，衰或有之，而未嘗竟廢也。惟其基在東郊，適當孔道，苟遭兵燹，無能一免，故唐宋元明之季胥燬焉，亦胥復。我朝咸豐庚申，粤匪陷郡城，寺又丁厄。同治甲子，文忠李公蕩平郡寇，寺主普能偕都監牧溪、監院蘊堂陸續遄返，闢除瓦礫。先草創觀音殿，權作大殿，行持功課。於是次第謀復，其工鉅費繁，經營非易。蓋自同治乙丑，迄光緒己亥，閱三十五載而正殿始成，一是故有殿宇，又閱五載，迨甲辰乃悉復舊觀。而寺主則普能以後，爲定念、爲青光、爲善净、爲冶開，已四易矣。牧溪、蘊堂咸久厭世，所幸得監院高朗、西堂有乾爲助，殆斯役二人之功居多。余於宣統辛亥後，退藏里門夾山，而其寺退隱琢如時至此，因與識，而屢邀莅止。爰於庚申冬來訪，乃導余周覽，數數指語余曰："聞前人云：初亂定歸來，屍骸狼籍，慘澹淒涼，若處骨山也，若處血沼也。而每際天陰，啾啾鬼哭，而與鴟鵬之聲相雜，殊令人不忍見、不忍聽矣。即今思之，猶覺毛髮悚然。而兹金碧如故，色相莊嚴，蓋無復有憶往事者，顧非吾法祖、法叔祖、法師、法伯叔之力，何以有此！而非高朗、有乾之相扶持，仍不克有此。溯寺興工之始，遽遘豪傑謀佔，而正殿之柱剛植，又遽遘縉紳以勢崇高遏阻。雖一獲武進舊志爲證，一憑祝釐重地爲解，實有乾蓋與人交，以是難排而紛解也。而高朗自職監院，酌盈劑虛，省嗇衣食，稍獲羨餘，輒謀治地，恒謂工作不妨緩緩圖，待力足而謀經始，凡百營繕，罔勿從心，又何必亟亟此時而托鉢以登檀護門也！故此建構近五百楹，而貲用多半出自常住，而冶法叔雖常行乞關東，不過以補不給也。是則一榱一櫨、一木一石，何莫非我數公之心血也！藐躬凉德而乃蒙兹福利，一返觀照輒不勝其慚恧焉。惟兹工歷廿年，又歷我數公，而復迭經險阻艱難，乃克告厥成功。倘無作者詳記之，後之來者，誰復知前人之困苦耶？雖光緒丁亥，陸居士無悶嘗識之，而其時正殿未修，其他寮宇亦多未就，居士蓋祗述其略耳，今公其爲我賡之乎！"言既，復諄諄以請。余鑒其誠而不忍辭，爰據所聞備書之。顧世動以萬世不敗爲頌，而古昔強有力者莫如秦皇，應傳萬世而不敗，乃傳二世而止。然姑勿論兹，即以僧寺言，其章擇賢而傳，宜有盛而無衰，而斯寺由開山以迄今，纔千二百數十年，而寺已五燬。中間以失人而小衰者，復不可勝記。即此之幸復盛，若寺主無普能等五賢相繼，而又得高朗、有乾兩賢輔，其幾何不終衰也！然則萬世之説乃謬説，而得人則昌之至論也。余用是不能無感，遂爲之記。

——《武進天寧寺志》卷六

玄妙觀飛霞樓記

〔元〕虞　集

天下郡縣，每依山川之形勝而立城池焉。中州多平土，因夷曠以爲勝，東南不能皆然也。常之爲郡，其西北則江海之郊，其山在宜興、無錫之境，其浸則震澤之大也。四顧而望，平衍沃壤，烟雲竹樹，將數百里，故其城中欲登高而望遠，以極遊覽之娛者，非以人力自致於霄漢之表者不能也。嘗游於常者，爲余言郡城中以玄妙道宫爲勝，而清修院飛霞樓者又玄妙之最勝處，其郡志亦著其高敞云。今居飛霞樓之羽士胡志寧，因其友豫章吳白雲來告曰：“前至元乙亥，吾師之師裴君克敬始創觀立院，而吾之師徐君養浩作斯樓焉。郡之人以爲勝，朝廷公卿大臣與四方游士賓客過而覽者，亦莫不以爲勝。三四十年于兹矣，而不知作者之主名，過者嘆之，則吾徒居於是者，豈可徒嘆而已哉！求文以記之，吾徒之責也。”昔宋垂亡，樞密家公鉉翁以請使北，見世祖皇帝，請存社稷，世祖留於河間，義而欲臣，不可。宋亡後數年，以禮遣歸南方而殁，則我裴君實爲之客者也。觀其所從，可以知其爲人矣。所著有《隴頭吟》行於世。徐君之爲斯樓也，屹然高居於百里之望，其志之所存何如哉？某雖嘗過之而未及一登也，庶得一言以慰二君於既往，而使來者之有所觀於斯乎？噫！昔宋寓都於杭，而常在北門之内。天兵之來，無山谿城郭之險以自固其圍。死事與其民人，邑屋無孑遺之餘，孰知沐浴皇元聖化於七十年間，乃以其方平衍沃，遂爲樂郊樂土乎！蓋富庶綺麗，貨利工巧，常固不少東諸侯，四方來歸者眾，頗尚儉質，以遂其完養休息焉。度長絜大，以稱雄於是邦者，獨以飛霞爲首稱，則良風善俗亦可見矣。或曰仙人好樓居，仙人夫何好哉？人見其居高明而遺埃壒也，以爲仙者好之，以是求仙人焉，則淺矣。《易》之《象》曰：“地中有山，謙。”山雖高，猶地，崑崙之極、蓬萊之顛豈離於地乎！託以爲高者，若飛霞之樓是也。世之人比比於聲利而不及也，見斯樓之縹緲於雲霞之上，而又以自及焉。其觀感於世者多矣，爲援筆而記之。

至正乙酉歲二月丙辰朔記。

——成化《重修毗陵志》卷三十四

迎春堂記

〔明〕惲應翼

《禮》曰："孟春之月，以立春，先立春三日，太史謁之天子曰：'某日立春，盛德在木。'天子乃齋。"立春之日，天子親帥三公九卿、諸侯大夫，以迎春于東郊，《禮》之文云爾。説禮者以禮則然也，予以爲教之寓焉，何也？先王之教治也，所以治人，實所以奉天也。天地之大德曰生，仁而已矣，在時爲春，在方爲東，在卦爲震，在政爲惠。先王制禮以導迎和氣，蓋將使司民者惕然警焉，曰方春時和，百昌皆遂，何可使吾民不煦然以樂哉！故其下文曰命相布德和令，行慶施惠，下及兆民。又戒之曰毋變天之道，毋絶地之理，毋亂人之紀，蓋所以會合三靈而茂遂萬彙者也，教不亦章明著哉！自罷侯置守令，郡邑咸遵斯典，先春一日祀勾芒，迎土牛，寅賓出日于東郊，亦猶行古之道也。常郡爲南服名邦，自國初以來，迎春必于城東之玄妙道觀，乃其堂在太清殿之後，路迂而逼迮，不便于從事者。邑侯南昌懷泉晏公奮然欲鼎建之，予實爲之相度焉。乃移于殿之前而遥向明離加廓大，左扼雁塔，右扼鯨樓，氣象加壯。前立門曰春明，内中堂三楹曰陽春，郡侯之所駐節也。添設左一堂爲太和，以駐邑侯；右一堂爲協和，以駐衆官。後復左右爲居守，爲行厨，繚以石垣，新麗巍焕，署之制斯備矣。侯捐俸金，助以贖鍰，命道流副紀陸養德爲之。營繕經始于廿九年之十月，落成于三十一年之六月。侯復爲之清覈觀基之侵于民者，蠲其賦。時郡侯宜諸歐陽公莅任，適當春始，兹歳之夏，宜諸公擢憲潁上，推府參嶺韓公視郡事。至嘉平立春，新郡侯鍾嵩王公亦始至，民大和會，熙熙若登春臺。副紀謂予曰："兹署也，惟晏侯之功。侯將内召矣，不可以無紀載。"予惟天以春而育萬物，司牧者以春而育萬民。春何在？在此心之仁而已。惟侯之父母吾邑也，已閱兩考，以養以育，愷悌寬和，仁心爲質，不忍傷一物也。德容煦然而度温然，士民依怙之如在春風和氣中，侯之春固在方寸，不止于導迎之典而已。謹爲載之琅砥，勒于堂中，以告後之人，使無忘侯之德，豈徒爲締構之勞也歟哉！

——萬曆《武進縣志》卷一

常州重建圓妙觀碑記

〔清〕于琨

古今治民之道，必使民知所敬，而治乃可行也。敬之大者莫如天，知敬天則知敬君，其義一也，而以之治己治人，靡有弗善。孔子曰："大哉堯之爲君也！巍巍乎惟天爲大，惟堯則之，蕩蕩乎民無能名焉。"道家者言則有玉京金闕在三界之上，上帝居之，以式臨下土，一切仙梵之徒，以至山川神祇，莫不臣伏。世俗宫觀之制往往倣傚之，爲棟宇，爲形容，極乎焕赫莊嚴而後稱，俾躡其境者瞻仰拜跪，肅肅兢兢之不暇，雖有非僻易慢之心，奚自而起乎！猗歟盛哉！是爲像教。常郡東郊之外有觀名圓妙，由來舊矣，鼎新於今，説者曰："觀之興也，主於祀昊天玉皇上帝，而三清本帝之先，諸仙皆侍衛也，君臣之義於是昭然。"按郡志，晋永嘉時始建觀，舊在行春門之城濠，至淮南順義中始徙今地。宋之祥符賜名天慶，傑構飛甍，爲吴中道宫冠。熙、豐之際，相傳張紫陽真人遊此，欲度薦福僧薛紫賢，所著有《悟真篇》行於世，薛亦修煉於此得道。元末，觀燬於兵。明初乃復，其後漸圮。至本朝初圮甚，然老君殿之前無梁殿尚存，一夕雨壞，厥址茂草矣。郡紳孫翰林自式者，素學易好道，睹之喟然。康熙十年，即其址議建三清殿，出橐千金，謂同志陳中翰玉璂、龔孝廉百藥曰："藉兩君以董其事，必選勝材。"兩君得香柏大柱四於蔣墅村，共載之歸。立礎殿瓦既登，將造像，會翰林赴補之京師，力以不繼，遂停。越八年而有耆民曹廷俊兄弟踵成之，廷俊生平虔誦《玉皇經》，嘗設醮於家，延羽流召鶴，六日不應，廷俊夜半設案露禱於天，跪誦經至午不絶聲，俄而鶴降，青鸞前導，白鶴數十隨之成行，後有絳鶴一雙盤旋天半，萬目皆驚。時廷俊與其弟廷秀叩首曰天賜也，願葺圓妙古觀以致敬。葺之自三清殿始，造玉清、上清、太清像三，其前增建四御殿，造玉清、勾陳、紫微、后土像四，合之爲大羅七寶云。龔孝廉自謂昔與岳吏部鍾淑、劉工部維烈、隱士潘静觀考仙鑒源流，各登諸座如本傳。孝廉至今恒與諸友在紅梅閣凌晨誦《玉皇經》，暇則講《易》，亹亹不倦。以予論之，自古神仙道法之傳莫非準之乎《易》，尤要在敬天。敬天之學，與吾儒之戒慎恐懼何以異乎！嘗觀《易》之乾卦，於六十四卦無不包，乾爲天爲君，爻之九五曰"飛龍在天，利見大人"，君道之尊莫著乎是。今上以天縱之聖，媲五帝，兼三王，含識之倫孰不尊親！曩歲翠華再指江南，蠲租赦罪之殊恩曠古僅有，則君若民之所禱祀於蒼穹者，上以篤吾君之純嘏，下以保四海之昇平。民無水旱疫癘之灾，士被詩書禮樂之澤，於斯致福，豈虚言哉！故曰敬天即所以敬君，推之而敬其親、敬其長，何所不宜！人心奚患乎不正！風俗奚患乎難淳！故曰使民知所敬而治可行也。觀之外門以明季移迎春堂於前，而路以塞，議者謂神人錯置非便，郡之紳士耆老請之前太守祖公，復其舊制，皆稱善。工肇始於康熙辛亥之仲夏，續於庚申之孟冬，以壬申之孟夏落成。琨不揣塵吏，因邦人之請而爲之記，以垂不朽云。

——康熙《常州府志》卷三十六

重修元妙觀碑記

〔清〕錢人麟

凡人各有所好，好之無益者勿論，好之有益者，惟好學與好善二者之好。以一身言之，或初終各異；以一家言之，或前後不同。求其終身不倦而又累世相承以好學，在士大夫家科名仕宦奕葉蟬聯者往往有之。若夫終身不倦而又累世相承以好善，在士大夫家亦所難必，而欲求諸布衣韋帶之士，不更戛戛乎難哉！吾郡曹氏，其祖曰廷俊、廷彥，性好施予，其善行指不勝屈，見諸高沙吳太史壽序者爲詳。其於茲觀之興廢舉墜，尤彰彰在人耳目間。茲觀肇於晋代，初名天慶，迭興迭廢。至勝國改名元妙。本朝初年，復廢，僅存基址。康熙間，曹君發願復興，殿宇像設次第告成，糜金錢以鉅萬計，謂非好善之終身不倦者歟！迄今六十餘年，木石稍頹，丹艧漸減，曹君之孫祖煜、格非諸子不忍其先澤之就湮，復捐金修整殿宇，設像次第一新，視昔增華，其他善行亦指不勝屈，謂非好善之累世相承者歟！吾郡初有惜字之會，創舉於趙恭毅公，後進踵而行之，隨地設局，靡有定所。康熙五十六年，吾友李君刷心、徐君新心等始於觀之西偏建惜字院，曹君亦與有勞焉。迄今鄉黨好善之士，月朔舉會必集於斯，吾輩素嘉曹君之力行陰德，又復見祖煜兄弟之恢張先業，因詮次其事迹，勒之貞珉，俾世知曹氏之有功於茲土，且以爲鄉黨好善者勸。

——道光《武進陽湖合志》卷十四

重修元妙觀碑記

〔清〕李兆洛

鴻濛混茫，清濁徐奠，聿孕和氣，是生人類。其於天地既肖其貌，亦合其德，一氣呼吸，常相流通，故其壽命亦與相準。頡皇未興，寂寥莫詔，而古史所紀動稱萬數千載，是其年壽居然可知。逮乎奇偶之爻畫，十言之教垂，本太始之流演，探消息之權輿，明保合之樞機，設制用之軌範。黃帝朝萬神，女媧煉五石，大抵韜厥微旨，托諸廋詞。昧者耳食，以訛成妄，於是有役使鬼神之術，有采煉金石之方，名之曰道而大道裂矣。惟柱下聃史研極造化，導源絪縕，專柔寶嗇，致虛守静，嬰兒元牝，剖露端倪，又徒著消息之緘，不詳制用之法。迨魏伯陽出，參同契成，然後乾坤之橐籥，坎離之匡廓，日月之懸象，甲庚之後先，六十四卦之分布，三百八十四爻之升降，下上利用，安身盡性，至命之道燦然備焉，然亦假象名號，覆謬衆文，群迷莫開，適越北轍。張道陵、葛稚川之倫傳習鬼教，莫明仙心，馴至寇謙之、柳泌之徒成千里之謬，欺當世之主，閱千有餘年而宋有紫陽張真人證明參同，著書曰《悟真篇》，於老聃、伯陽所以闡易道達天德者，抉隱洞幽，軒豁呈露，用以開末學之疑，閉邪説之口。是故原本翕闢，導揚聖真，莫尚乎老聃；參伍河洛，推行神明，莫顯於伯陽；易知易從，百姓與能，莫要於紫陽。裨補皇猷，參兩造物功莫有盛焉者也。常州城東曰元妙觀，實惟紫陽著書之所。觀之建自劉宋元嘉，其名不可考。趙宋大中祥符中賜名天慶觀，亦曰薦福寺。寺之後曰水田寺，有紅梅閣焉，紫陽與其徒薛道光、石杏林先後居之。元時改閣曰飛霞樓，至明而兩寺俱廢，并爲觀，名曰元妙，而復閣之名曰紅梅。成虧不常，多閲年所，至今乃曠然變於其舊，棟宇宏傑，粲乎雲霞，長廊迆屬，羅若星布，繚以周垣，開以池沼，錯以樹石，有林壑之美焉，有邃密之居焉，琳琳乎，彬彬乎，爲斯郡之鉅麗，擬仙都之髣髴，則惟浣梧道正之所經營者云。浣梧名體微，丹徒縣人也。緘兹内抱，混迹求真，參變通門，標覺清寐，結精遠遊，杖策遙邁，以爲登覽所至，莫逮斯區，蓄意振奮，繼踵薛石。遂乃支傾起墜，補闕完殘，易故以新，拓隘爲廣。繕舊者若干所，增建者若干所，爲屋若干楹，墻若干丈，神若干尊，花木若干樹。經始嘉慶己巳，迄工道光戊子，更歲一十有九。會費七萬，而嬴金非成於爐火，役不及於鬼神，風未引於神山，天已開於福地，蓋其揚道化物，精誠通靈，有如此也。夫唱導元理，宣明聖真，必求一宗以區萬惑。非紫陽之妙極旭卉，袪排溷淆，不足以參伍爻繫，彌綸道德；非兹地之幽奧敞閒，静虚淳和，不足以栖托真逸，高契洪覆；非浣梧之專密一意，恢廓衆匠，不足以肸飾靈宇，鼓動向往。且夫仰觀俯察，遠取諸物，依類托喻，通乎法象。是故玉晨蕊珠，吾身之真宰也；金闕玉籥，吾身之腑臟也；中池元泉，吾身之津液也；芳蓮隱芝，吾身之毛髮也；驅雷激電，吾身之噫氣也。借外觀而收視，寄存想於目成，曲而中，肆而隱，即朝萬靈、煉五石之寓言而通神明、類萬物之大致者矣。由是原始反終，雜而不越，因貳以濟日用，不知登世宙於華胥之庭，齊皇算於成鳩之世，意在斯乎？乃爲頌曰：

五行四時旋如環，日月進退象朝元。坎戊月精黄茅根，離己日光弦期均。會壬藏癸太極神，三日出庚震造端。八月見丁兑嘔輪，艮乃消丙巽退辛。盈乾入坤司屈伸，剛火柔符消息門。朔旦爲復泰啓寅，決夬遇姤升降循。朝屯暮蒙混養馴，子當右轉午東旋。歷既未濟昧爽辰，六居八歸而九還。推情合性理自然，開舒布寶無差分。乾直坤闢窺垓垠，巍巍蕩蕩虚皇尊。青純中結空洞烟，築固靈基葆絪緼。鄞鄂立置城郭完，環匝關閉嚴藩垣。曲閣交通連風雲，石爲金精輔昆侖。水爲道樞浮汞銀，神氣滿室珠光鶱。金碧華曜含初暾，鬱儀結璘節三奔。龍歡虎喜相吐吞，朱雀前舞何軒軒！砰訇九虎晴而喧，斬馘六鬼如蚓蝘。千灾滅除百痾捐，桃康回九化生身。逸域熙真得紫仙，高研恬淡茲道園。琅簡蕋書傳七言，上士勤行以報恩。燒香執手玉華前，沐浴齋戒致精專。我皇參序乘九乾，順調陰陽摶兩丸。垂拱無爲人民安，文昌台輔謹百官。天中地户祚萬年，金石不朽此其文。

——道光《武進陽湖合志》卷十四

常州太平興國寺彌陀閣記

〔宋〕胡　宿

昔迦文于舍衛國宣說妙法，稱贊四方之佛，曰阿彌陀，過十萬億刹，居上品勝上，其名曰極樂，其壽曰無量，以莊嚴爲世界，以慈悲爲道場。六時雨于異花，八木涵于奇寶。大光普照，靈風回翔。樹林之聲皆演真諦，禽鳥之慧悉談苦空。含衆妙而叵量，狀群經而莫盡。斯境也，從萬行而報；彼國也，無三惡之趣。婆娑土穢，衆生根雜，放逸不返，苦惱無安，有生老病死之悲，有丘陵坑坎之污，備造衆惡，牽蹈諸趣。夫境勝則欣跂，情苦則疲厭，故彌陀如來深愍迷子，爲現净土，持四十八願，拔濟群品，令厭濁惡而欣妙嚴也。雖大慈平等，饒益一切，而于閻浮提之人機緣最熱，雖復陵遲末劫，具縛凡夫，決能精誠稱誦名號，修三十六妙觀。臨終之際，真相締定，乘大悲之接引，隨喜品而往生。境界難思，動念即至。真實佛語，四衆具聞；廣長舌相，諸聖同表。神者不疾而速，豈謂是哉！及捨畏塗，得依樂國；普董妙行，進登聖果。安不退之智地，證無生之法忍。還入三界，營救群迷，同嚮菩提，成等正覺，則知迦文之現穢，彌陀之現净，調柔折伏，同示大權，延促依正，并歸真智。輔以觀音之慈悲、勢至之勇猛，悲願參運，象力總持，幽贊咸通，其應不一。常州太平興國寺，蕭齊舊刹，吳土名藍。大江東流，凤擅佳麗；香海右轉，地稱吉祥。大比丘可尊，闡繹圓宗，循持梵行，神栖安養之境，志皈度脱之門。開慕信根，崇修净業，同結生方之社，以爲即實之基。上首信士傅廣、門人子蘭，與其邑中之良，凤殖善本，勇結勝因，樂聞言音，歸趣信誓。室多忠信之舊，户興禪頌之風，而又率籲檀那，衷合財施。飭豫章之峻幹，礱他山之密礎。選良剖闕，究奇塑範。營閣于本寺正殿之西偏，造阿彌陀佛丈六金像，居寶蓮華之坐，威德殊勝，相好端嚴。鐘梵落成，金碧宣照，緇素和會，幼艾咸集。大治純陀之具，廣施上妙之珍，咸苦乃心，冀履其域。有通净名之説者，相與嘆言。良匠之依空地，乃成宮室；菩薩之取衆生，以净利土。觀殖因于即世，知圓果于未來，又若祖師何二之有？兹閣也，始事于慶曆甲子，成于戊子。衆緣所集，最凡計泉刀五百萬。尊師以宿早參道照，托序緣興。綴文匪工，涉教殊淺，寶嚴所載，聖妙難模。雖殫無量之聲，莫贊甚深之典，矧輕毫燥吻所能庶幾哉！儻助宣流，默祈回向。

碑記／寺觀

至和丙申三月十三日記。

——《文恭集》卷三十五

重修太平興國寺記

〔明〕胡　溁

太平興國寺在毗陵郡東南四里許，乃蕭齊高祖所建。逮唐乾元中，僧法俁駐錫，增廣其舍宇，崇偉其殿堂，甲于諸刹。宋改太平興國中，因取今額。建炎初，毀于兵燹，僅餘塔殿。洪武中，副都綱信受以宿德重望，綱維宗教，兼住茲寺，意圖興復，有志未就。永樂初，欽取赴京纂修釋典，遂勿暇顧。繼而仲荆珣公來領寺事，爰發弘願，以興復爲己任，首捐衣資及哀衆施，集材鳩工，與其徒玉芳珵公相繼住持，同心戮力，於正統四年作大雄寶殿，歷數寒暑而成。舊有金剛殿舍利寶塔尊勝二幢，并加修葺。至於庫庾庖湢，悉以次創建完美，始具大方之體。今宗珵字玉芳者，因其行德超卓，闔郡諸山咸舉以任副都綱，來京，乃疏其寺之始末，詣南宮徵予爲記，且云殿堂高廣，像設尊嚴，香燈幡蓋鮮潔華好，規模氣象軒豁雄麗，望之翬飛，即之山立，郡邑士庶莫不瞻仰，恐久而泯其創興之績，願記其實，以示方來。予考諸郡志，吾祖文恭公於趙宋盛時嘗爲茲寺作記，有曰“蕭齊舊刹，吳土名藍”，歷數百年既成而廢，既廢而成，今則有賴於仲荆、玉芳相繼興作，煥然聿新，豈偶然哉！莫非囿於數也。今住持玉芳徵予爲興復之記，又豈非有默定之數存焉，然尤在乎其人也。若後之繼承者，苟能恪體前人之心，修葺無替，使寺宇永久堅完，又非數所能制。遂書此以酬玉芳之請，俾刻諸石，垂示於無窮焉。

——萬曆《武進縣志》卷一

太平興國講寺重修記

〔明〕唐鶴徵

釋迦談四諦法于鹿野苑，而得道果者以億計，則西土之教實藉講以傳。其後《四十二章經》入中國，講者日衆。浸淫至于司馬氏，法深、道林之徒開壇設座，至者輒以千計，一時名流咸割席而傾聽，難義往返，談鋒競起，高者雄于機辯，下者溺于文義，于其教北轅而越矣。九年面壁，一洗而空之，脫屣言詮，土苴文字，直指人心，見性成佛，禪、講之教遂析爲二，即其徒亦視講爲第二義矣。余年十三，讀《楞嚴》諸經而喜之，聞有講會，輒往赴之，大都粗事敷陳，罔所剖判，問之則曰：“玄言渺論，非所以詔庸俗、酬稠衆也。”密叩焉，亦復如是，再折之則遁矣。然則法亦胡所恃講，講亦胡足爲寺重哉！昔儒欲人其人，廬其廬，火其書，非過也。雖然，吾聖人嘗欲以心傳矣，心不可見則寄于言語文字間，强而名之曰仁、義、禮、智，又强而名之曰惻隱、羞惡、辭讓、是非，又强而詳之曰寬裕溫柔、發强剛毅、齋莊中正、文理密察，斯亦至矣。聖人既往，盡天下才智之士群而講之，其書汗牛充棟，其説蔓衍枝誕，求其不以榮華隱言、不以枝葉害道者且鮮。因以徵之恒情，介然而鄙吝萌，則租庸之徵未必速辦，而講以福田則衣食可割；勃然而機械作，則縣官之法無能爲禁，而講以因果則伎求頓釋。余病學聖人者騖玄虛而束典籍，逞私臆而蔑廉隅久矣，講視禪爲近實，又有以消鄙吝而豁機械，即未足成佛，聽之講焉，可也。講而崇之以寺，寺圮，從而飾之，亦可也。余所嘗往來僧明果汶上人，年十二出家，年三十偕其儕明住南來，客于郡南之永慶。于時永慶既有主者，果以爲無所展其意，且自謂講僧也，求講寺居之。吾郡惟太平爲講寺，圮且甚，其地悉爲民居所業，惟浮屠僅存，然亦朽腐而敗，漫漶不鮮矣。果慨然志復之，節縮衣食，稍益以募，旋取其地于民，室之堂之，又繞塔爲廡，以肖五百阿羅漢像。既而游僧爲盜誣，且逮果，所資罄然，其志未已，且逾年竟告成事，圮者以興，腐者以易，丹者朱者、墁者塗者粲然改觀。體庵顧公嘗讀書其寺，且多施捨，遂因之以請。予既嘉講教之足存，間嘗從果析疑義，頗有所析，又念果之能持律也，樂爲之記。

——萬曆《武進縣志》卷一

太平講寺鼎建文筆樓記

〔明〕惲厥初

　　太平講寺有文筆樓也，蓋自萬曆甲辰歲云。寺在毗陵郡東郭外一里，浮屠七級，高插雲漢，創自蕭齊，迄於昭代。相傳爲郡文筆峰，凡發大魁，則祥光騰現以爲兆。第其後址蕪曠弗治，罔稱大觀，形家言：“必建崇樓，風氣始固。”時太守潯江歐陽侯、司理光化韓侯、邑宰南昌晏侯，與鄉紳太常凝庵唐公、侍御啓莘錢公、助教玄臺薛公，暨余世父大令瑤池公集議作樓，凡玖楹兩翼，費錢若干緡，出官府紳衿者十三，諸檀越者十七，拮据其事，住持利本等也。樓成，名曰“文筆”，識一郡文明之象云。余以是年通籍假歸，從世父讀書其下，見郡邑侯偕諸先達登覽吟嘯，黃童白叟觀聽環堵，稱太平盛事焉。亡何，三侯遷去，里之作興，梯楯徒存，游栖罕至，垂及二紀，余每過而傷之。庚午幸返初服，有僧大悦偶來卓錫，偕寺僧發願募修，歷數載而殿塔廊廡煥然一新，因於茲樓起壇禮懺，當事創建之意始不虛矣。利本之徒常覺追念往事，請余記之。余惟善作者不必善承，觀成者未必經始。是樓也，莫爲之先，何以啓今日之勝場？莫爲之後，何以完前日之善果？功皆不誣，事可紀也，而余更有感於儒釋之流弊焉。夫二者淵源同異、人代興替，姑不具論，第命之曰儒以其求志達道，進則匡主庇民，退則表正鄉閭也。釋者以其繕性捐形，指心覺世，弘法度物也。今之儒、今之士已耳，如僅冠進賢、紆青紫，豪雄朝市、肥身計子孫也，可謂儒乎？今之釋、今之僧也已耳，如僅髡其首、胡其拜，聚衆招搖，逢人祈募，作奸罔利，可謂釋乎？甚而分也，士凌僧，僧亦讎士；甚而合也，僧竊士之腐穎爲名高，士且佞僧之殘貝爲解脫。嗚呼！藉令孔子復起，不啻鳴鼓以攻；佛氏有知，所稱人其人、廬其廬、火其書者，豈在昌黎後耶！茲樓寄寺，蓋以文教通梵教也；茲寺有樓，又以佛法佐治法也。化異而同，起替而興，則在各返其初可矣。諸僧曰善，遂書而鐫諸石。

——《知希庵稿》卷二

重建太平興國寺塔記

〔清〕陸鼎翰

吾郡東郊太平興國寺，即蕭齊建元寺也，在唐爲巨刹，代有名德，宋太宗初重建，敕改今額。塔不知昉於何時，後人於其址掘得塔磚，皆無年月，其始建遂不可考。我朝康熙四十四年，聖祖仁皇帝南巡，御書太平興國寺額，并賜寺僧祥璘匾額、對聯。暨乾隆中葉，盛極寖衰，天寧遂爲郡首刹。余於幼學之年，曾隨伯仲二兄一登斯塔，童騃無知，但記碑十餘通嵌立墻壁而已。咸豐庚申，毀於粵寇之亂，僅存數級，巋危欲圮，碑石蕩然。越五十餘年，天寧寺僧清鎔法號冶開既興厥寺，盡復前規，更發誓願，興斯寺塔，竭衣盂之積，釀資謀始，道俗感其誠篤，交相勸募，施者填委。郡巨紳止庵居士首助巨資，以爲之倡，而其德配善月女士慈恩尤力，於是購木於楚，鳩工於越，費不足則取益於天寧，又極之以稱貸。以故基不固，盡發而更築之，其堅實雄壯視昔有加，相輪鈴鐸象設莊嚴，欄楯之屬靡不美備。自石座至頂度以營造尺，計一百五十三尺。經始於光緒三十年，斷手於三十四年，閱五稔而後告成，糜白金四萬有畸。是役也，可謂艱而且鉅矣。論者或以爲不急之工，然吾謂海内名山巨鎮，以至通都下邑，恒有窣堵波歸然特峙者不勝枚舉，皆有僧人守護其間，俾歷久而毋壞，前之人豈第以侈遊觀登覽之美哉！吾常居三吴之中，實爲雄郡，近郭無崇山峻嶺之鎮，不有巍然突然者以據形勢之勝，不幾稱陋邦哉！山川之美，偉人生焉，斯亦理之所應有而義之所不廢者也。以冶公之堅苦卓絕，秉大公之義，泯人我之見，興難蕆之工程，奔走於外者數年，不辭勞苦，卒復千年之名勝，非惟僧中之雄，亦吾黨所罕覯者已。世之任艱巨者，顧不當如是耶！而冶公不自以爲功，曰："此皆衆善信之功德也，鎔何有焉！"此則尤爲不可及者已。冶公屬紀興建歲月，以諗後人，而太平寺僧貫道、監院明空皆瘁監構之勞，例得備書。

——據拓片

重建永寧禪院記

〔清〕潘思榘

毗陵多古名刹，其間廢興不一，未有興而廢，廢經數百年，遺址盡没於烟寰露莽中，幾至不挂人齒，忽焉浩劫重新，規模式廓，爲通人計智所不及料，如吾郡西門外所橋之永寧律寺者也。寺本名興寧，李唐時義宣律師欲演其戒法於吳中，爰建斯寺。歷遭五代宋元兵火，寺廢，《高僧傳》可考。國朝初有僧性蓮即其地結庵，始名永寧禪院，然垣宇無多，未幾又鞠爲茂草。康熙庚寅，吾鄉莊仿鶴先生覽傳搜遺志復古，謂茲事重大，非律門精戒行有恒力者不勝其任，乃約郡紳耆士具束書延靈躍大師而主之，師毅然曰："此余祖師之舊業也，余爲耳孫，其焉辭！"至則誅茅闢土，撤地鼎新之，經營之者四十年，首建佛殿，次建山門方丈及藏經樓、大悲戒日梵香諸閣，他如接衆有堂，來村有舍，寮房香積纖悉具備，而數百年久廢之寺復興。前郡侯武林包公仍國初之名而特表之，題曰永寧律寺，師之力也。師又發願曰："佛在祇洹精舍，諸比丘請佛結界立壇説戒，由來遠矣。我中土之有戒壇也，肇自義宣律師之祖澄照律師，於終南净業寺建立。厥後古杭之昭慶、姑蘇之開元所在多有，而我朝則華山見月律師如制建壇。余派出華山，又永寧爲義宣師當年駐錫興建之所，且毗陵係中吳孔道，四方緇笠往來雲集，不建戒壇，是上無以宣揚佛法，中無以似續祖傳，下無以昭示來許也。"於是即大悲閣下甃石築壇，高盈丈，方廣各若干丈，以視净業昭慶、開元華山諸壇制度精嚴相等。年時師則登壇説戒，俾一切僧俗人因戒生定，因定生慧，共證西來佛指，師之願廣矣、大矣。夫歷劫而振墜緒于茫然，崛起而布律儀於遠邇，是二者均堪不朽者也。連年余奉命奔走東粵兩浙間，便道歸故里，未暇一覽其勝，然得之親友稱道者甚詳，故樂叙其事之本末，寄歸渤石以鎮之壇前。抑又有并垂不朽者，靈躍大師年高德邵，傳終南山宗千華四世獅林二世，今吾郡永寧實爲第一世也。

——道光《武進陽湖合志》卷十三

重建毗陵永寧律院碑記

〔清〕郭起元

浮屠氏之法主于去家室，割愛欲，遠適山林曠莽、豺虎冰雪之區，以其身施烏鳶螻蟻，凡世間荼苦不堪之事皆嘗焉，以磨蝎堅忍其心性，蓋其道必歷之百千萬境而後成也。至傳之其徒，則創爲塔寺以崇奉其師教，而嚴其師之戒，甚於宫府之命令，晝日力作不息，旦晚則焚香熏沐，且日惟一食，終夜不得沾席，凡所以禁其耳目身意者，大戒有十，其餘不可勝數。此浮屠氏之所謂律也，而世之人苦其不能堪也，則又倡爲頓悟之説，茫洋其心，放佚其身，攝衣踞坐，設爲機鋒問答，有不合，推墮杳冥，恍惚間莫可究詰，是以宗教二門不免於詖陷離窮，如孟子之所譏者，故宗教與律較，則律爲近理而務實。自南岳懷讓分宗，其徒各因資之所近以傳其師派。惟律與吾儒之道不甚牴牾，而爲士君子之所與也，由來久矣。毗陵驛西有永寧律院，肇自唐代，僧義宣精戒律居此，後燬于兵燹。五代迄宋，俱湮没無聞。元世有超宗者，復構精舍於其地，以傍迎恩橋，遂名其庵。歷明季，入本朝，順治初，僧性蓮修墉宇，募齋田，更名永寧律院。自僧肯安繼住後，或律或宗，更替不一，庵復爲茂草，田宕亦爲他人有。郡紳仿鶴莊公率檀信謁當事，延耆宿靈曜師主法席，宣律制以教其徒，兼化導士庶，遵其戒者。若某某等姓，咸有徵驗，遠近翕從，施者日衆，田宕漸次來歸。己未歲，重建大殿，構方丈，又得李、郭兩令君力，先後復其山門。凡爲閣者三：曰戒日，曰梵音，曰藏經，爲堂者四：曰祖，曰客，曰齋，曰雲水，而左右寮庫樓厨湢，以次聯絡，晨鐘暮鼓，鏗鍧交應。郡侯包公復其額曰"永寧律寺"，是非靈師之戒律，有以孚格人天而能扶刹干之既倒於義宣數百年之後歟！吾觀衣冠而學者曰自孔氏，夫聖人之教曾不離性捐軀，若彼其難也，而聖人之黌宫遍天下，輒有頹圮廃鯱漫漶不飭者，至佛宇之壞，往往不移時而鼎新瑰瑋，照耀人耳目，意者其徒鮮家室之累，專一堅忍，有過于吾徒者歟！以彼之才，進於吾儒之教，去難而就易，宜若甚便也。吾嘉靈師不蹈于機鋒棒喝之虚幻，而能振興廢墜，可爲負若師者相形激勵而進之也。是爲記。

——《介石堂文集》卷七

龍興禪院記

〔明〕唐鶴徵

郡有新舊二濠會于城之西南隅而分焉，逆其分處有洲曰龍舌，有屋三楹，肖觀音大士象，創始年月不可詳已。嘉靖中，有不語僧居之，以行見信于人。既而僧德山自浙來，以慧悟雄于其徒，然其行甚苦，寒暑一破衲，晨昏常飽糠粃，故凡所募化，人争施之，率以飯僧鑄象，未嘗一爲衣食計也。時先君子方謝客息交，德山至，輒欣然與之遊，且時過其廬而寢宿焉，以是士大夫争趨之，始擴是庵而大焉。爲堂者五，爲左右廡者三，仍肖大士象，擔簦杖錫，至者接踵，是庵遂知名於四方。其僧殁，其徒益擴之，或撤而崇，或增而廣，時召講師説法，或延僧止静，香火鐘磬旦暮不絶。一日余偕冢宰平湖陸公過之，守僧性通請額，陸公題曰“龍興禪院”，蓋借往者廢寺之名也。僧又請余記之，余因訊之曰：千里殊風，百里異俗，所明禋而祇事者亦因之矣。惟大士則無問荒陬僻壤，三家之市，蓽户之墟，罔弗祀焉。彼其神通願力，必有獨詣乎？吾不知大士，請以聖言折衷之。子思之言曰：“天之所覆，地之所載，日月所照，霜露所墜，凡有血氣者莫不尊親。”必先之以聰明睿智，容執敬別，溥博淵泉而時出之，則夫應感間聖人固先之矣。性通曰：“大士實然。楞嚴之會二十五聖，各言所證。大士自謂與佛如來同慈力，故令我身成三十二應，入諸國土，與諸十方三世六道一切眾生同悲仰，故令諸眾生於我身心獲十四種無畏功德。”既而曰由我所得圓通本根妙發耳門，然後身心微妙，含容周遍法界。總之由我修習得真圓通，非其神通願力有獨至乎！則凡此三千世界，一切眾生一心供養而不與他神祇等，宜也。嗟夫！繇斯以譚，不窺成性之門而能立教于無窮者，必不其然矣。夫道之大原出于天而人得之以爲性，惟是生生之機云爾。乾坤之廣生大生，是物也；乾坤之亘萬古不毀，是物也；吾人所與乾坤同廣大齊不毀者，亦是物也，又何論聖與佛乎！第以四大和合相爲我相，而短折夭札備諸苦惱矣。惟不自隘，盡閻浮世界，悉吾生機所灌輸；惟不自息，盡未來劫，悉吾生機所流衍。故曰溥博淵泉而時出之，生機能盡閻浮世界，此身即遍閻浮世界；生機能盡未來劫，此身即遍未來劫，故曰凡有血氣，莫不尊親。《易》曰：聖人作而萬物睹，本乎天者親上，本乎地者親下，各正性命，保合太和，三十二應、十四無畏悉舉之矣。然則浮屠氏之言最與吾儒近者，無如大士也。且世俗之汶汶，爭趨于彼慈悲之説，捷於惻隱久矣。苟有人焉，以彼慈航登我聖岸，未始不可也。雖遍三千大千世界，一切眾生一心供養焉可也。矧前是二僧行慧兩有足取者，余故願爲之記。

——萬曆《武進縣志》卷二

重建慈度庵碑記 代常州太守金蒔庭作

〔清〕陸錫熊

古者大司農以睦姻任恤教於鄉州閭黨，既設之條目甚具，而又厚爲終制，立墓大夫冢人以掌之，俾民咸克遂其養生送死之志而無所餘憾。故其時風俗樸茂，藹然恩誼相接，而不至以道路視其鄉人。後世族葬之法廢，俗尚媮薄，民之以衣食走它州者死而無人建葬，則委其骨於榛莽，而爲之鄉里者曾不知死亡急難之義，或且掉臂以去之。凡民有喪，匍匐救之，況于同閈共井之人乎！此仁人君子所爲憫嘆也。常州郭西之懷南廂，有庵曰慈度，乃徽之人行賈及僑寓是州者所建，以貯客死者之櫬，資其返葬而瘞其不能歸者。其事蓋獨爲近古，自明季吳君德曉始創爲之。入國朝，屢拓其址，寓櫬有屋，掩骼有塔，宅魄有冢，廩僧有田，規制浸以恢大。乾隆壬寅，主者守視弗謹，庵爇於火，徽人以有舉不可廢也，將葺而新之。會予自臺中出守常州，聞有斯役，因斥俸金爲諸鄉人倡，輸者相屬，財給用充，庀材度工，尅日興作，中構佛廬嚴潔靚深，而闢其左爲紫陽書院，以祀徽國文公。前堂後寢，罩如邃如，秀民來遊，可以弦誦。右故有閣，奉文昌關帝，像設崇煥。他若僧居客次、庖湢井圃畢有其所，復增築攢舍若干楹，別男女以厲其樞。條緯周悉，視舊有加。衆樂其工之鉅而敏於成，礱石以記請。夫人當朝夕相保，孰無吉凶同患之情，講之不篤而行之不力，終則益怠以漓，遂至於無所底畔。獨新安之俗姓聚而族處，勤生而好禮，歲時腰臘，則有事於祖，以合其宗人。千年之隧，松楸不蕲，蓋其素也。尚無佻銻凉薄之習以摇於其中，故其散而之四方，猶能各以䆐恤爲隱，有如兹庵之敦善樂義，閱久而滋勤者。余既嘉鄉之人不失夫先民淳厚之遺，而益願繼自今善守其法，無有弛墜，故於其丐文也，爲次叙古義以貽之，令來者有所儆勸而興起，蓋非獨私我鄉人，亦庸以告常之父老子弟，蘄共勉於古之道焉。是役也，經始於乾隆某年某月，訖工於某年某月，共糜白金若干兩。董事諸君協力經紀，王君某率先倡舉，爲功尤多，例得備書。

——《寶奎堂集》卷十二

重建白龍庵記

〔清〕李鶴章

昔宋莒公居政府，猶舉讀書時齏粥爲言，而王播重構闍黎，亦有詩句籠紗之感，蓋窮愁抑塞，人情所至不能忘，況當患難時乎！余以咸豐戊午，挈家避亂，僑寓揚州，次年春復徙常郡，顛沛流離，幾無投足所，人生之困可謂極矣。嗣聞江南假浙闈補行鄉試，余偕友人僦居常城之白龍庵，重理鉛槧，霜鐘警夜，風鐸鳴秋，冷雨蕭齋，孤燈照影，俯仰身世，中夕旁皇。時江南軍事孔亟，賊去常僅百餘里，城中管弦歌舞之盛，若不知禍亂之將至者，心竊憂之，以爲未可久居也。適湘鄉爵相召入幕，因徙家江右。未幾，金陵大營果潰，蘇浙百數十州縣胥陷没，向之净居名刹如白龍庵者悉化爲荊榛鳥獸之區，不可復問矣。歲庚申，伯兄筱泉備兵贛南，值逆酋李秀成擁衆由楚竄虔，招勇設防，請大吏就近檄余統之，九旬蕆事，余自是益專力戎行。今上嗣極之元年，仲兄少泉銜命撫吳，亟籌恢復，募淮湘萬人，奏余統領。經始上海，節次仰攻，遽克青浦、嘉定，地廣而兵單，乃增衆至五六萬，選將分進，連下崑、太、江、吳、常、昭諸州縣，遂復蘇、錫、宜、溧，略嘉、湖，而常郡一城尚爲賊踞。癸亥十一月，督軍合圍，策馬舊遊之地，白骨盈野，村舍丘墟，遺黎之環營求食者以億萬計，率皆僵仆殆斃，因捐米開廠，令有司糜粥振之。間以白龍庵詢諸父老，概無知者。城下之日，微服往探，徘徊瓦礫間，見舊僧來呼余共語，曰："子非曩者稅庵讀書之李生乎？"余頷之，略詢近狀，因告以軍幕可相晤也。明日僧至，見余錯愕不能起。余笑掖之，而示以重建是庵意，僧驚喜，拜謝去。余旋命能事者鳩丁庀材，克日具舉，而白龍庵差復舊觀焉。噫嘻！此固非僧所料也。非惟僧不及料，即余當日棲皇古寺，把卷愁吟，亦豈意今日提數萬之師，得有造於是邦而并爲是庵生色哉！興廢盛衰繫夫運會，時當其厄，似鬼神亦無可如何，而終有人焉，爲造物平其憾而彌其缺，則仍非人之能也，實神之力也。余不敢貪天功，忘神貺，顧念其先之盛，後之衰，與今之廢而復興，則不禁悄然以悲，憬然以懼。思昔之人處泰恃約，居安思危，每不惜綜述始終，形諸諷咏，蓋非感其遇，亦將以達其心，而謂余又能已於言也乎！吁！播之詩也有矜意焉，余何敢蹈之！余之言竊比宋公之誠云爾。

——《武陽志餘》卷四之一

大聖院佛像碑記

〔明〕陳常道

達摩西來，不立文字，謂一言便着相也，況肖像乎！至教典《四十二章》屢千百言佛有大誓願於此衆生，乃知華嚴海會色相爲先，净土沙門觸激斯警，像不可已也如是。故色聲貌形在臭聞香觸之中，天地萬物極杳冥恍惚之外，虛實有無，道非二也。即有象，因得其所以無象，此釋衲子奉佛意哉！吾鄉大聖院，舊志晋高暘領兵過茲士，病目，汲池浣之，悉瘳，僧因浚池得白石羅漢十有八座。夫古以石像，故靈而弗毀也，今以土木斯毀，毀則觸者奚靈，瞻者奚警！余與子遯嘗讀書方丈，期與大士新之，未酬也。今僧道誼、居民張潮持誦浮屠家言最切，白毫大光，應念來感，普告於此衆生，得一錢一緡，悉購金碌爲華，且鐘鼎堂廡將次第舉矣。夫佛像新則瞻仰切，耳目惕則偪妄消，華嚴净土只一念覺悟中超脱，便是潔净光明世界，此心即佛，此色即空，可與衆生共臻斯境哉！遯以戊子舉於鄉，辛卯始率衆新之，酬初志也。事成，因命遯記其事，以勸此一方人，亦竊教典意云。

——萬曆《武進縣志》卷二

福慶院記

〔明〕金九齡

官寺有九，而鴻臚其一，取其賓而往來也。臚者，傳也，傳異方之賓禮儀與其語言也。寺者，府署之別號也。古者開其府，署其官，將以禮待異域賓客之地。竺乾之教，蓋西土絕徼者也。自漢氏夢有人如金色之降，其流來東，吾之鴻臚待西賓之一支，特異於三方。厥後斯來，委於吾土，吾人仰之如神明焉，伏之如風草焉，至有思覿厥貌盼然如見者。則取其書，按其文，鎔金琢玉，刻木扶土，運毫合色而強擬其形容，構廈而貯之，猶波之委於瀆，瀆之注於溟，晝夜何嘗知停息之時，其如是非官寺之一而能鎔焉。故釋寺之作由官也，其非九而能拘也，其制度非臺門旅樹而能節也，故十旅之鄉，百家之閭，必有浮屠繪其粉黛。及其繁也，學徒如林，金貝如山，猶天文麗於河漢而莫之極也，非名無以別之，乃隨事而出焉。有見天地符祥而稱之者，有取山川秀絕而號之者，語其額而名可知也。福慶之作，蓋天地符祥之應，在鄉之欽風，世傳里中之舊祠，時有水旱疾疫，民必禱，禱必應焉，故院以是名。創自有宋建炎三年，屢遭圮壞。嘉定、至正間，僧人廣昇等亦屢修葺。至我國初，僧人雖能世守，而殿廡莫構，過者太息。間亦有僧明信手闢蓁蕪，葺修堂宇，殫而立困，竟遺其恨於後焉。今據其上達金陵，下連吳越，南至荆溪，北跨呂鎮，擁抱之勝舉屬茲土，蓋吾常之福地也。至嘉靖十三年春，有僧行璧器有公識，爲其徒所推，乃執柄結構，主廢興爲己任，願斷其髮，而隸其下以輔之者，得二人，曰常恩、常德，心力是俱，臂股相用。邑俗之倫若周恂子周琢、潘倫子潘泰輩等捐貲來助。至十六年四月落成，樹宇而爲殿者其間三，扶土而爲象者其形三十二，鑿空而開，張翼而廊，曲突而能庖，築堂而會食，拓庭而寬，直木而陰。湖山參差，金碧相輝，昔爲蓁莽，今爲道場，日與其徒晨香夕燈，上祝聖天子壽，下俾鄉人復有皈依，故往來縉紳捨舟車而駐節者便於憩息焉。嗚呼！域外之教其感人而成功者如此其速且大，夫謂沙門之無才，吾不信也。行璧既以力之辛勤而就，亦欲其傳之不朽，乃立石而碑，因予友人郡庠生丘君諱洧讀書其中，錄其狀乞記于予。時北上未暇考其志之詳悉，惟因其創造之圖，而爲殷村之里社如都憲陳公之所設者，則亦有條例之所許也，乃摭其狀書之。

——萬曆《武進縣志》卷二

善果庵碑記

〔明〕陳于廷

耀慈大師照仁重建毗陵之圓通善果庵，持書來求文爲記。余戲即浮屠之說以詰之曰："庵以善果名，言善則果也，未聞修造爲果也。如來得阿耨多羅三藐三菩提，舍利得菩薩真諦，皆以無所得故證無上正果，今以壇宇之恢復，輒欲誇世而自得，不已務華絕根乎！況是庵創于宋治平，葺於我明洪武，其間興廢不知凡幾，昔者蕩弛之地，瓦礫積之，荆棘生之，寧知有今日邪物之興廢，相尋於無窮！則過此以往，其孰能知！蓋宗門不朽在善，而庵之興廢不與也，又烏庸記焉！"雖然，善由心生，亦由象顯，方梵刹傾頹時，故垅徒存，莫克鼎建，即有志者亦付諸浩嘆而已。照仁乃測然發慈悲念，重跰採木，直抵黃池，見聞者皆爭捨施，富者佐財，壯者佐力，巧者佐技，以冀分餘果。萬曆壬子歲，前殿落成，丁巳歲，後殿亦已就緒，復築旁舍于殿之左側，以居其徒，俾已壞之棟宇鳥革翬飛，傾圮之祇園竹苞松茂。爾乃飾諸寶相，璀璨玲瓏。麗象開圖，式端四八之相；金容現色，不掩三千之光。從來委廢，乃至此重新乎！嘗試憑高眺望，得異境焉。南顧張河，則微風鼓浪，窾坎鏜鞳，而巨橋亘其上，宛若蒼龍之偃，吸盡西來注波，其東則滆湖之所襟帶也，洲渚隱現，水月一碧，又庶幾世慮都忘。覽斯勝者，固謂靚深瓗瑋，爲一時大觀，熟知瓦縫檐牙，侏儒居楔，罔非照仁之精勤與人，用是以爲照仁善，而余之善照仁者更有進焉。其捐貲而不德，殫力而不矜，功出于人者如物在衡，雖銖黍咸覺功出于己者，如水涵影，雖千萬過而無一留。是其爲檀那種福而寡成績于無言，較之稍有所樹而誇世自得者，蓋不啻什伯。脫浮華而還其本，臻彼岸而參上乘，安在旃檀獅象之不足見心也。余謂照仁之修造固即照仁之果矣，然則余爲之記，非旌功也，旌善也。

——道光《武進陽湖合志》卷十三

净土庵碑記

〔清〕巢震林

大凡龍盤虎踞之地，帝王生焉；蒼幽秀折之區，神靈依焉。帝王之生，必有名將相佐其功；神靈所依，必有善知識護其法。氣運與人事相符而廟宇成焉，吾鄉之净土庵亦其地也。是庵創自先朝崇禎之五年，其地初爲平原曠野，曾有異僧過其傍，觀其烟霧迷離，紫霞蒸蔚，遂曰："此地當建如來大座，闡無上法門。不數年間，必有興者。"末幾而際卿唐君諱肇虞遂力任其事。夫唐君積德力行，固已有來，詩書之氣合菩提之心，贊陽贊陰，凡事必求康奠斯人而後已。於是買山闢址，鳩工庀材，悉出己資，金布祇園舍基作宅，西來好音，世不再見，而際卿亦空谷之音耶！余自爲諸生時，與大方禪師爲方外老友，余常讀書於其間。每至月坐三更，一聲清磬與大方講無生妙諦，祇覺松風入院，波響半天，竹影搖窗，光生寒袖，花間鳥語盡成異境，雖與堡中僅去里許，而塵俗之氣如隔萬山，又何必花雨臺前、蓮生沼上乃稱勝迹哉！嗣後了義、天然、此藥、自謙、紫峰諸名流，皆從此悟透蓮花，出頭遠去。即今住持蒲團面壁，塵尾參心，臨濟宗風尚有存焉者乎！際卿因是道力益進，脚根益堅，不忍爲自了漢，堅欲以無限之心力補天人有漏之因緣，雖不能群飢群渴之咸拯，點點楊枝水皆作甘露恩，此願實大，所以集同事之人置田以施茶，給齋以供衆，燈油香火之資，莫不咸備。然猶慮同人之爲善不克終焉，住持之再傳而改其舊也，作法于前而無以永承于後也，因開詳田數鏤之於石，使豪强者不得兼并，不肖者不得變更，庶幾數傳而後香雲繚繞不絕如一日也。後之護法當以際卿之心爲心，則神明其意擴充，更自無量。後之住持亦以今日住持之心爲心，則西歸不遠，祖鉢代有傳人矣。雖然草創之功未酬，無涯之願難滿，丹艧之功以俟十方之君子，而今日固其權輿矣。余職任儀曹，天下名山巨川莫不搜採得實，净士禪院爲余卧遊之舊地也，因是以爲記。

——道光《武進陽湖合志》卷十三

重建萬佛閣記

〔明〕唐鶴徵

　　郡乘故有崇勝寺，在郡治南二里許，廢爲民居久矣，僧綱司某慨然志復之，出私財，稍益以募化，構庵其地，門廡殿宇、齋厨堂室焕然備具。興工于某年月日，畢工于某年月日。介吾友鄭君潡屬余記其事，鄭君死，又因劉君旦以請，劉君死，則又因白君可復以請，久而益勤。余因諗之曰："子知夫世所稱勝乎！崔嵬嶔岑，迴環日星，臨瞰風雨，令人仰觀俯視，愁不能攀，眩不能下，不則崎嶇窈窱，綿谷跨溪，怪石錯峙，怒而虎鬥，企而鳥屬，探者莫竟，入者迷出。今子襟城隍之一隅，據平疇之數壠，烏睹夫所謂勝，又何以崇爲也？"某應之曰："是義不然。山河大地悉由如來藏中，循業發見，昧者冥焉。且菩薩能以一切佛土嚴飾之事集之一國，示于衆生，又以一切佛土衆生置之右掌，飛到十方，遍示一切，不動本處。若夫如來三十二相勝妙殊絕，則無論丘山大林矣，勝義中真勝義性，能令定性聲聞及諸一切未得二空，回向上乘阿羅漢等，皆護一乘寂滅場地，真阿練若正修行處，則又無論慈悲喜捨，妙莊嚴相矣，非盡空諸有以至空無所空，無由得成無上菩提，住不思議解脫，則是無勝者真勝也。知無勝之爲勝者，所以崇勝也。且試觀之世所稱勝者，有所蔽必有所虧，蔽于崇高之觀則不知幽，幽以處休，宣宣以觀，妙蔽于奧邃之游，則不知蕩胸快莽決皆圓方，藉令兼之，則昔人所稱千巖萬壑應接不暇，心無天游，六鑿相攘耳，烏得稱勝也！"余聞而躍然喜、憬然契也。蓋余少喜游，披灌莽，抉蓁薉，猿猱之所攀，狸貁貛鼪之所穴，聞或稱勝，惟恐吾覽之有所不及、力之不能至也。邇者病足，即下堂而跬步，久之疲矣，默坐一室，視不逾方丈，見不出尋常，五嶽之志未已，然又度其不果也，則爲之悵悵，是何爲哉！可以啞然一笑而請息矣。遂書之，使勒于石。

——萬曆《武進縣志》卷二

重修報恩感慈禪院大殿記

〔明〕胡 濙

　　常之報恩感慈禪寺，在郡治南門外三里許，實吾祖文恭公宿仕宋爲副樞時，於治平改元之初請額建造，延洞雲深禪師爲開山住持。深公道行超卓，人咸信尚，當時名公亦多敬禮。若晁無咎、蘇文忠公皆以詩贈遺，記載郡乘。殿宇厄于鬱攸，廢興不一。逮洪武初，古鑒輝禪師主之，僅構僧房、厨庫。至永樂九年，雷庵復禪師來蒞斯席，始創法堂三間，圖欲次第營建。未幾化去，弗克就緒。自茲以來，雖住持相繼，香燈不絕，惟興作未遑。宣德九年，予弟克恭、克寧、克誠相與協謀嘆曰："此吾祖宗所建寺也，忍使久廢而不復興乎？"遂舉宜興善權寺無一聚禪師爲住持，首捐己橐，及募衆緣，方發宏願，以興復爲己任。不遠數千里走詣京師，謁予於南宮，有若針芥相投，蓋喜其能興廢舉墜，以成吾諸弟尊祖敬宗之一心也。及耳其言論，明內外學，察其操履，特達精嚴，審其宗派，則受業於善權心源真公，得法於萬濤巨川沇公，乃天界善世雪軒之適嗣，曹洞之正宗也。況其動容詳雅，儀度肅恭，誠釋門之令器。予甚嘉之，而勉其精進。歸即先治大雄寶殿，以虔奉佛祖。經始于正統六年之季春，落成于是歲之仲冬，高深修廣，雄偉壯麗，侈於昔多矣。捐貲以助而外護者，則郡守廣西莫公愚、二守山西趙公泰、縣令黃岡朱公恕、二尹山東王公道、判簿山西馬公彥斌。贊襄工訖，無一復走京師，具道其迹，托予爲記，昭示將來，用垂不朽。予聞凡物之成壞，咸囿於數，而以廢爲興，則存乎人，又必人與時會，乃能不難於起廢。聚公際亨嘉之運，而又能于事理圓融，故郡縣官民樂爲之助，不期年而成此寶構。其營度之勤，繕締之美，興復之功，發軔於斯，殿之建，特其權輿爾。若具大方之體，尤當大書屢書，而著其興復之迹於無窮也。姑刻此於石，以俟焉。

　　正統八年歲次癸亥三月上澣之吉。

——萬曆《武進縣志》卷二

常州永慶禪院興造記

〔宋〕孫 覿

　　故資政殿大學士左金紫光禄大夫晉陵張公，建炎、紹興間擢任樞要，進參大政，始用故事，追贈三世，又表請能仁故刹爲祖禰崇道追福之地，詔賜顯慈永慶禪院。本唐正勒寺，隋司徒陳大帝故園地所營。五季時，有異僧韓公行解通脫，爲衆導師。一日示寂，飭其徒具棺衾以葬。未幾，州刺使訹於浮言，伐冢斷棺，出而燔之，膚爪如生，鬚鬣長數尺，益薪熾火不能壞，道俗奔走作禮，爲具湯沐，塗髹漆，爲塑像，置屋以祠，水旱疾癘有禱輒應。

宋興，賜號承天，又改能仁，訖今二百年，州人嚴事之如初。宣和中，詔天下建神霄玉清萬壽宮，於時常州改築能仁如詔，屏除佛像，斥遣僧徒，而韓公者亦不容其中，徙寓他所。靖康之亂，群盜蜂出，州縣方修戰守備，而神霄廢，還畀能仁，官吏乘時毀宮之十七，以佐材費。比公得請，獨有三門大殿、一法堂巋然出草莽中，齋厨摧敗，井滅竈夷，僧堂僅存四壁，如逃人家，公推選名緇，得智妙覺大師法緣者主其院。法緣學道有力，氣質偉然，稍募衆力，排蓬藋，輦糞壞，補垣墙之缺、嘗爲人所徑者，以杜往來，疏廢井，治煬竈，斂薪米，葺一堂居其徒，然後庀工鳩材，爲重門步廊、寢廬方丈。營一大藏，聚書五千四十八卷而櫝藏之。考韓公之室，逆之以歸，築祠堂一區，繪張氏三世之像，以祠旁置水陸院，以薦冥福。爲堂二，舍群僧之焚誦與僮奴之備使令者。爲寮二，以待四方之游者，休耆宿之勞於職事者。庖庫囷序列兩隅，各有攸處。又塑佛菩薩、羅漢像數千軀，金碧煥發，極相好之妙。鐃鼓、魚螺、鍾磬之編，百用俱完。嗚呼！盛矣哉！自夷狄橫而窺中國，金仙、梵帝、龍象所栖，燔滅塗地，蓋無幾矣。一時僧尼安於其故，收合餘燼，葺茆竹自覆，而羈客游士又紛然雜處其中，椎牛釀酒，群飲聚博，若市區然，雖大叢林號稱領袖，往往占一席於偏廡下，以苟朝夕。顧視橐中貲聚，足以易善地，望豐報，而神馬尻輿以坐馳於南北東西數百千里之外，以故鍾鼓不鳴，蓋障不蔽風雨，圖像丹青之飾暗昧不斷，冗衣礱飯，芭莧之羹無以繼，今日在在處處皆是也。緣老精練有智略，奮然矯群庸以破苟且之俗，積二十年之勤，起廢刹於戎馬蹂踐之後，凡昔所有皆具，故所無也，今始有之，可謂能矣。一日緣老過余，言曰："天下無不可爲之事，而廢興有命，顯晦有時，亦無必成之理。酸鹹異嗜，丹素相訾，帛有時而貴，屨有時而賤，蠅以誤墨而成，蛇以著足而壞，故廢興成敗，雖聖賢以爲難也。張公不以法緣愚不肖，見錄於稠人之中，法緣感公知己，攻苦食淡，銖積寸累，不敢以一毫私其身。緇素說隨，鬼神幽贊，有賢士大夫借重齒牙之論，無寓公寄客分占叢席之擾。爲屋二百楹，食衆千餘指，故能成就如此。法緣老矣，則又懼夫來者之不吾繼也。"余於是喟然感其言，爲之著其成，以告夫來者。

紹興十九年歲次己巳六月日，晋陵孫某記。

——《鴻慶居士文集》卷二十二

精微亭記

〔明〕李幼滋

嘉靖丙寅，余奉命來守毗陵。郡故稱文獻，而士民敦龐雅麗，蓋彬彬乎有古君子之風。余謂簿書獄訟之不敢後者，非所以稱塞也，乃所以著之話言、形諸儀則者，攄其平生一得之愚而不與俗同。諸生聞而見之，若有契焉者，時時進問，而余不敢倦，爲之期會於城南之永慶寺。明年丁卯爲隆慶元年，來者愈衆，則隘其宮爲不足容也。寺之巽方有地橫延突出而臨流逶迤，若天設以俟者，同寅姚君某、高君捷、唐君某、李君某、傅君某、武進縣令某、無錫縣令某、宜興縣令某、江陰縣令某、靖江縣令某，與從游士吳嶔等謀亭于上，名曰“精微”，而請究其説。夫至高者天之形也，下濟者天之道也。天之所以爲天者，以道不以形，則善言天者惟其下濟焉爾已。氣之行，行以下也；機之運，運以下也。凡所以爲四時之行、百物之生者，非下無以見之。一或亢而不下，則生生色色者漸滅無存而天之道息矣。嗟乎！吾人之生也，與天爲一者也，則所以爲道者寧有二乎哉！上古聖人莫非此道，而心學之源自堯舜始，其曰：“人心惟危，道心惟微，惟精惟一，允執厥中。”此十六言者，發明天道無餘蘊矣。乃七十子没而説者異焉，此余之所以不能無疑者也。竊謂危，高也，大也，拘於天至高之形也，非吾人本心之良也；微，小也，下也，得於天下濟之道也，乃吾心率天之真也。惟其拘於形而非吾心之良也，故曰人心，猶曰危者人心也；惟其得于道而率天之真也，故曰道心，精者已精而益求其精之謂。《中庸》末章自尚絅之心而極于篤恭之妙，是也。一者言吾心之微一而已，中者無過不及，所以爲道者也。言人惟於微之一者已精而益求其精，則事無過不及而與道爲一矣，故曰允執厥中也。是故下濟者，天之微也，行健不息者，天之精也，下濟之外無他者，天之一也；四時行，百物生，和氣充滿者，天之允執厥中也；吾心之微，天之下濟也；已精而益求其精，天之行健也；一惟微而已者，天之一下濟而已；無過不及，天之四時行，百物生，和氣充滿也。是故爲縱爲肆，爲矜爲伐，爲怠爲荒，爲傲爲侮，爲奪爲譎爲妒，爲不遜，爲忿戾，凡一切放逸高大而務以勝人爲心者，皆失其微之本體者也，皆人心也；爲謙爲讓，爲恭爲儉，爲抑爲畏，爲約爲質爲朴，爲退然，爲吶然，凡一切收斂慎密不敢有加於人而以下人爲心者，皆率其本體之微也，皆道也。蓋嘗觀之，兢兢業業，堯舜之所以精此微也；克勤克儉，不矜不伐，禹之所以精此微也。堯舜惟其身此精微也，故以之爲授；禹惟其身此精微也，故得而受之。自是而後，湯得之爲栗栗危懼，文王得之爲小心翼翼，武王得之爲敬勝之吉，周公得之爲無逸之陳。至孔子得之多凶多懼之戒，發其蘊於《周易》一書，而顏曾所以獨得其傳者，若無若虛而已，戰戰競競而已。乃子思之作《中庸》，則直指其説始于戒慎恐懼而極于無聲無臭，至爲明著矣。嗚呼！此精微之學，堯舜所以開其源，而後聖有作，所以謹遵而不失也。夫道出于天而求道者外焉，學始諸堯舜而爲學者多異説，譬之捨户以爲出入，棄衣食以求温飽，則亦何怪乎道之不明，而所謂學術者徒以紛口耳之贅也哉！則精微之學，信乎余與諸公所當共勉焉者也，而願以詔之後來，故以名亭也。亭既成，爰書以爲亭之記。基若干丈，亭之後有樓有堂有翼室，亭之前有橋有坊有街，各有名，併其義助之費及從游諸生姓名，悉書於碑陰。督工者，寺僧佛明也。

——萬曆《武進縣志》卷二

重建永慶寺記

〔明〕施觀民

永慶寺，在郡城德安門之外，初名正勤院，乃隋陳司徒所捨果園，而更爲今名，則郡人忠獻張公請于宋建炎四年而錫額者。寺面背距河，灤洄之勢若環而抱焉。前有小阜，可以登眺，四望林木蘢葱，咸集几筵側，亦勝地也。元季火于兵。入我國朝，僧文行始建浮屠宇數座于廢址，古道僧稍葺之，更百餘年興廢不常，蓋至正德間，住斯境者既無精進之念，又鮮布施之資，頹然敗屋，僅餘數椽，而遺像剥落，蓬蒿滿界，無復靈光之舊矣。荆川唐先生順之、寓庵吴先生性慨然興懷，適浙僧佛明偕其徒法玉寓焉，而二公者察其持戒精勤，可以修復，乃以其事屬之，而郡縉紳有懷唐公琉、南江鄒公輗、劍泉吴公仲、方山薛公應旂、龍津吴公希孟、白溪周公仕、澄江陳公崇慶、西蠡蔣公珊、後峰董公士宏、容齋黄公憲卿、少南惲公紹芳、後庵吴公可行、斗城金公九齡、仰庵白公啓常、暨陽陳公紹登，[①]咸有輸助，爰創爲如來殿三間，後爲觀音殿，爲機外堂，最後爲天王堂，爲禪堂，肖以世尊，繪以壁像，翼以僧房。前爲門樓二垣，墻四周松柏環植，巋然焕然，蒼然鬱然，晋陵寶界，兹稱第一矣。今少司徒應城義河李公守郡時，嘗與崑麓吴君嶔、凝庵唐君鶴徵、復庵吴君中行[②]講學其中，因構講院于小阜之上而寺滋增勝。予叨繼守，政暇偕諸公游焉，爲之豁基地之賦，闢山門之涂，新丹雘之飾，仍于講院前建周視亭一座，置田百畝，以資修理。寺之規制大都備矣，佛明來致諸公命，丐予文紀之。予固業儒者，且愧弗文，何以記兹寺哉！則嘗有味于李公並建講院之意，聊爲言其概。夫儒佛之不相入，無待辯也，然逃墨逃楊者，其初亦異端也，古聖賢樂其悔改之明而誘之掖之，未嘗追之如招放豚然，何者？其量固弘，其與人爲善之意固甚切也。彼操舟之津子、承蜩之丈人，直末技耳，儒者且有取焉，迺佛豈遽出二技下耶？列禦寇稱孔氏謂西方有聖人焉，即其

---

①“有懷唐公琉、南江鄒公輗、劍泉吴公仲、方山薛公應旂、龍津吴公希孟、白溪周公仕、澄江陳公崇慶、西蠡蔣公珊、後峰董公士宏、容齋黄公憲卿、少南惲公紹芳、後庵吴公可行、斗城金公九齡、仰庵白公啓常、暨陽陳公紹登”原缺，據道光《武進陽湖合志》卷十四補。
②“與崑麓吴君嶔、凝庵唐君鶴徵、復庵吴君中行”原缺，據道光《武進陽湖合志》卷十四補。

言未必果出于孔氏，而一節之明或在所不棄，故歐陽子《本論》謂修其本可以勝之，而王介甫記龍興講院，且嘆失之此而彼得焉，言雖若殊，意各有攸當矣。夫俎豆衣冠作禮于祇園之上，道德性命印證于梵音之旁，溺于佛者，其本體之良恒在也，目觸而心警焉，豈不豁然悟，奮然起，來就吾徒而丐最上乘耶！則講院之設，是或接引之一機也。今士習汩于詞章，奪于功利，即以繩墨自持者，稍稍躋華要，背而馳去若兩人然，甚者躁進嗜貨，圮族設械，罔所不至，而佛氏者流確守戒律，力濟慈航，每每旁睨而竊笑，則禪宗一隙之善爲吾儒者亦可以惡矣。捨其短而收其長，是在善學而已，然則李公之意或者其在斯與？予雖不及李公門，往上計都下，受知獨至，而郡之人士迄今遵其所學不廢，予得私淑之，故于斯院而測其意如此。若乃建置之勞、毀宇之勝，佛之祖達摩禪師嘗謂實無功德，而吾儒得究厥施，即掀揭乾坤，覆被寰宇，方視之漠然如浮雲矣，區區琳宮，又何足爲之侈説哉！佛明以此復于諸公，謂可記也，書而永諸石。

——萬曆《武進縣志》卷二

顯慶寺碑記

〔明〕白貽清

　　毗陵作邑平曠，附郭無高山大陵之險突，深谿幽谷之峭塹，而名勝可供遊憩、間曠可資靜修者不少概見，而差堪怡悦者惟古蘭若數區而已。蘭若多於城東南，城東南之蘭若莫大於天寧，莫古於顯慶。若其取地幽勝，既邇城郭，而自具山林修遠之致，則顯慶一寺當甲於毗陵。寺距城幾五里，雖邇大河孔道而去闤闠，稍稍入腹，清湍曲流，窈窕環匝，以紆其勢。其中多蒼松修竹、古樹枯藤以蔚其秀，其旁復有杏林楓岸、平橋斷嶼、漁火村烟以縟其景，其外復有野陵荒墟、平疇廣陸以逸其氣，其往來變幻復有風檣雨檝、沙禽水鳥、農歌菱唱、朝烟夕月以搖曳其趣，而觸會於心，以故選勝城東者於茲情滿意溢焉。古堪輿家稱爲鳳臺福地，先賢謝鼇巢先生有咏云“千年古刹傳唐宋，一曲清溪繞鳳凰”，其實錄也。按郡志，寺創於唐高宗改元顯慶時，歷經千餘年，其間廢興隆替之迹，古碑遺碣闕焉無考。明嘉隆之際，僅餘敗屋數椽冒蓁莽中，有楚歸空大師飛錫至止，發宏願而擴新之。時有凝庵唐公、玄臺薛公、翼雲吳公、元海胡公出龍象力爲護持，遂建大殿三楹，而寺之規模恢然始大。居無何，師寂，其徒道融、徒孫悟也克纘厥緒，而里中諸檀那與予同志者不乏人。萬曆四十年，遂建天王殿。天啓元年，繼建毗盧殿。三年，復新大殿，易木柱以石，爰立山門。嗣是而觀音殿，而禪堂，而齋堂，而香積，而兩廡，而僧寮，而寺道，以迨沿塘之下院，所以施茶湯而資行腳者，悉次第釐舉，由是祇樹林獲現圓滿相矣。吾友張二無讀書其中，及既仕歸，修頭陀行，益眷眷於此，惜未得一言題誌其間，亦人事之闕也。予偕鄒衣白姑丈兩人居里咸偪寺，幼而嬉戲，長而課藝，老而休沐於茲，周旋特久。衣白公工翰墨，爲書《金經》一卷，勒石殿中，用垂不朽。予衰鈍無似，而師悟也願以記屬予，予不能辭，遂約略而述其所見聞者如此，亦以見一寺之廢興隆替，既有其時數，又有其人事，後之覽者，其亦有所感而興也夫！

——道光《武進陽湖合志》卷十四

橫山潛靈廟感應碑記

〔清〕胡文伯

　　玄黓涒灘之歲，自夏至秋，四十日不雨，常之農民病焉。予與僚屬齋戒祈禱，凡五建壇位，諸如《繁露》書所載楊柳、蜥蜴事，次第舉行，皆不應。於時陽烏酷烈，魃女騰威，常故水區也，田間轉戽聲晝夜不絕，支港斷流，取給大河，河亦漸落。都人士咸謂及此不雨，惟田其石矣。國課無償，三星在罶，將奈何！予方憴甚，有告予者曰："郡東北之曹橫山潛靈廟在焉，前太守趙公祈雨有徵，公盍稽其事而往禱之乎？"予諾其請，於七月之六日齋宿詣靈山，爲文匍匐以告於神，取龍井之水以歸。越五日而甘澍滂沱，四野霑足，農夫之憂者以喜，病者以起，循覽郊原，蓋苗之興也勃焉。既卒事，山之住持道士錄舊泐碑文二道叩予署，因述神之靈異，丐予爲文以紀之，且具言廟之傾圮而謀有以修之者，予曰："噫嘻！神之靈固若是哉？"粵稽禮山林川谷能出雲爲風雨見怪物皆曰神，又曰："聖王之制，祭祀也，能禦大災則祀之，能捍大患則祀之。"今常郡雨澤愆期，三伏炎歊，田苗幾稿，而神惻然念動，沛甘霖以拯蒼主，三日之內遂能因敗爲功，轉禍爲福，此其功烈固宜廟祀一方而馨香百世者也。予又聞諸耆老云，月之十三日有雲瀜然自山頂出，絪縕布濩，頃刻而周，恍惚中二白龍旋繞殿庭，若朝聖母狀。須臾之間大雨如注，沐汪洋者幾遍境內焉。嘻！予向疑造物者不可知，以今觀之，其信然矣。予德薄才劣，守土無善政，致茲亢旱。今者會逢其適，惡足以言感格之誠，顧念神之聲靈赫濯，澤潤生民，非有以表章而祝頌之，明神之羞，亦有司之恥也。況夫神廟在治，剝落荒涼，又不能躬爲倡勌，鄉士大夫庀材飭具，煥然一新，不益重予之咎哉！今幸此邦人士感神之庥，諒予之意，持疏勸輸如響斯應，不數月而美輪美奐，慶落成焉。嘻！非神之靈而烏能若是乎！用是誌其巔末，勒諸豐碑，以俟後之君子，俾知神之顯應與鄉之好善若此。若夫聖母降生顯化之奇，以及茲廟廢興之自，已具詳前碑記中，予無庸置喙云。

——道光《武進陽湖合志》卷十四

常州興化寺記

〔宋〕胡　宿

　　晉陵興教院，東南距縣三十里，圖志脫略，了不究創刹之始。按沙門從喜所撰石記，寺本名“南蘭”，會昌前，寺已有之，厥後例從詔毀，至南唐保大中始復舊額，易爲禪院。廢址僅在，遺棟蕩然。我之曾門凤植善本，往以亂故，泊無宦意，治財以專施，修稼以勤貸，糾合鄉義，捍固生聚，他盜引去，茲境賴安。一旦出橐中百金，聚其族而謀曰：“方今國步尚擾，人道未夷，幸而宗門得免亂世。吾聞西竺之教利生接物，因權顯實，使人崇十善、持五戒，去貪離著，尋本究原，復一性之真常，息萬塗之流競，擺落根境，超出生滅，此神道之極摯，津梁之至妙。無生上法，雖然成于解行；有爲勝業，亦以董于種性。盍興故刹，以勸同閈，且爲香火之集，庶厭金革之難。”于是上下恭命，壯幼畢力，即其故處敞爲蘭若。崇門峨峨，高殿岌岌，齋房環合，步廊周旋，像設具嚴，海會來續，焕焉大壯，號爲中興。國初泛恩，詔賜今額，自僞唐保大丁未、本朝乾興後元，甲子凡一周有奇矣。年祀寖久，咸安厥成，風雨所漂，弗支其壞，金碧漫滅，棟梁摧頹。有孫曰震，于某爲伯父行，善持門户之業，深惟堂構之言，率籲諸宗，議建大殿。裒合衆施，凡得錢若干萬，命寺僧自遷、繼巒顓尸其役。工未及僝，而我伯父奄捐館舍，子襄悼先志之不就，痛遺恩之罔極，虔奉治命，誓成凤願。有同里湯見素者，思植善果，樂預能事，亦施五百萬錢，協齊材瓦。復命義圓、法源二僧關領其事。天聖丁卯十二月，新殿成。甒棱竦峙，橺牙開張。威鳳欲趹，名翬將翔。重轑眈眈，睟容煌煌。左鐘右磬，夜梵晨香。裝嚴百福，鎮茲一方。姊子格跪而前曰：“曾大以來，家世樂善，寺已絕而崛起，殿將壓而勃興，宜著文辭，有表後世。”復援孔悝銘鼎論撰先祖之意，辭之弗可，因斐然直紀，且以詒諸雲礽云。

——《文恭集》卷三十五

重修蓼莪庵記

〔清〕張有譽

　　蓼莪寺者，武進新塘鄉之東偏山谷中之古刹也。前臨震澤，後枕梅堂。湖中七十二峰拱其南，錫之閭山、楊山、九龍繞其北，水秀山明，幽奇曠遠，形勝甲於一邑。

　　寺所從來，以晉孝子王偉元衰得名，然事屬久遠，已不可考。父老相傳，當永樂時猶有僧寮百餘楹，贍緇流數百，先賢如邵半江、杭雙溪、張日林諸先生俱有題咏。隆、萬年間，寺宇傾頹，僅存大殿三楹，然木石損壞，每霜風雷雨，上垣露柱落索有聲，客有過者輒傷，寶像爲秋風所破。有師瑞雲自

碑記／寺觀

陽羨龍池至，一瓢一衲，挂錫殿中，鑪火不燃而焰，師遂草菴露宿。一日值檀越龔修吾、卑吾兩先生以掃墓進香，見師静攝空山，兀然太古，語今昔興廢，相與握手談真，慨助修葺，蓼莪再振之機自瑞師始。師學本天童，其徒自度苦行，相隨採山斫畬者二十年，而傳於恒一。恒一自八歲祝髮，即立志焚修，備嘗艱苦，有纘承瑞師之願。後受佛戒於屺山二隱師，於順治年間率徒志堅、志德先造彌勒殿。康熙元年，率不虛、戒如造天王殿。又數年，修造大殿。又數年，建造齋堂。辛勤勞苦，匪朝伊夕，然未嘗乞人半椎，效世俗敲梆帶索，持簿沿門，冀善男信女緡錢斗粟之施也。惟是山異高原，率徒衆胼手胝足採樵耘籽，得寸即攻其寸，得尺即營其尺而已。每見諸叢林僧衆非不出作入息，向晦焚修，未有若蓼莪諸師等心境於虛空，混榮枯於物我者也。克承遺緒，領袖緇徒，擴大其規模宜矣。恒師及不虛圓寂後，覺如、戒如同修德道林，又建造内禪堂七楹，樓宇厨房修葺建造者不一，凡有傾頹，惟茹茶飲水蔾食麩餐，積其籽粒，整飭佛宇，作山中勝緣。其前後左右墻圍固密，竹木周布，皆自恒師與孫徒數十年之拮据。因而雁堂輪奐於金繩，螺髻莊嚴於寶座，蓼莪遂得仍其舊刹矣。

嗟乎！聖人以孝治天下，佛亦以孝度衆生，此寺之所以歷千餘年而不替也歟？然佛地廢興，豈有氣數存乎其間耶？抑亦視主持維護者之賢否耶？新塘之巨公名卿，其最著者如龔氏之澗松、修吾、卑吾、蘭谷、忍生、震西諸先生，數百年護持，其他如孫文介、錢啓新、陸聚岡、陸端惠、孫衣月諸先生，亦贊襄佛事，所以瑞雲、恒一探竿振唱，遠宏臨濟之宗；戒如修德道林，揮麈清談，重啓支公之席。而治心則捐貲以輝煌香像，耀如、旭如則協助以振起寒岩。從此碧雲青嶂，皆成歡喜之園；翠竹黃花，盡繞總持之樹。師衆於兹，其亦可告成功於我佛哉！乃師輩恐以居者之逸，忘作者之勞，而年家友龔茂貽、陸用儀、王瑶蓀、王大章輩屬予誌其因緣，勒石以垂不朽。計此寺頹廢而復振，自萬曆以來，幾百餘歲，而堂構聿新，竹木翳如，蒼松老桂千載一日，其徒衣鉢所儲，山則有三百餘畝，田則有高低平三則八十餘畝，自此大衆粗給盤飱。百尺竿信手拈來，七斤布隨身著去。震澤之濱，空山古寺，鼓鐘互答，花石同參。永作選佛之場，接傳燈之教矣。是爲記。

邑人唐宇肩書。

——道光《武進陽湖合志》卷十四

蓼莪禪寺新建大悲閣記

〔清〕邵長蘅

蓼莪禪寺，舊名蓼莪庵，相傳庵以晋孝子王裒得名，訛也。又傳庵左荒冢爲王裒墓，邇年或立碑其上，尤誕妄。按史，裒字偉元，祖修，父儀，家世北海營陵人。晋文王爲安東，儀爲司馬，東關之敗，文王問近日事誰任其咎，儀曰："責在元帥。"文王怒，遽殺儀。裒痛父非命，絶世不仕，立屋墓側，且夕至墓前拜，輒悲啼欲絶。墓前一柏常所攀援，涕泣所著，色與凡樹異。讀書至"哀哀父母，生我劬勞"，未嘗不三復流涕，門人爲廢《蓼莪》。又按王隱《晋書》，王裒亦作褒，當洛都傾覆，寇賊蜂起，褒宗親悉欲移江東，褒戀墳墓不肯去，賊害之，褒事見正史者如此。夫褒以孝稱，當其生存，不肯離墳墓一宿於外，遭亂猶戀戀首丘，寧以身殉。褒既死，安得逾淮涉江，跋涉二千餘里而營葬於此？此事理所必無者。間嘗覽《武進志》，載新塘鄉有嶺曰黄婆嶺，俗亦呼王褒嶺，蓋音近而訛云，或者因嶺而及庵，因庵而及墓，俗儒不説學，往往傅會古迹，疑誤後人如此類者，何可勝道哉！余又心疑蓼莪名庵，其來頗久，明杭雙溪淮、家半江珪皆有遊宿蓼莪庵詩，二公皆成、弘間人，有文名，詩無一語及褒事。今年八月，予籃輿藤仗，信宿山中，遍詢老衲，欲求成、弘以前殘碑斷碣，無一存者，乃慨然以謂古人之傳疑者，事必考之史，理必證諸經。褒墓既徵史而訛矣，《蓼莪》之詩則經也。嘗誦《詩序》，《蓼莪》刺幽王也，民人勞苦，孝子不得終養，追而爲恨，又深哀之。一則曰"哀哀父母"，再則曰"哀哀父母"，語極深痛，校《陟岵》《鴇羽》諸詩其感人尤切，然則昔人名庵之意蓋教孝也。夫孝道至大，通神明，貫儒釋，聖賢以此教人，慈氏亦以此度世。後之遊是庵者，顧名而繹詩，而惻然念顧復之深恩、勳銜恤之隱痛，則是庵之裨益於世道人心甚鉅，而世俗顧斷斷然欲牽附以王褒廢詩事，其説非也。庵創建不詳所始，其廢而復興在國朝順治間，開山僧曰瑞雲，自龍池來，把茆蓋頭、斸石杷土者幾三十年，而恒一繼之。康熙己酉，立石紀月日，乃額曰"蓼莪禪寺"。近益構傑閣五楹，供大悲觀世音像，閣成而寺益勝，面湖環山，憑閣而古桂虬松若蓋而葱鬱。會予至山中，寺僧述其師遺命，請予記甚力。既念寺距余家五十里而近，事有當辨謬正訛者，亦吾輩責也，乃不辭而記之。閣鳩工以戊寅十一月，訖工以癸未三月。必欲得予記者，僧道林也。以佐其成者某某，得附書。

———《武陽志餘》卷四之一

祥符寺重興碑記
〔明〕胡濙

　　佛法自漢明帝時流入中國，凡名山勝境，悉爲梵刹，以虔奉其像設焉。毗陵郡治之南百里而近，有寺曰祥符，在馬迹山之奥壤。唐貞觀中，將軍杭惲捨山爲寺。當太湖巨浸之中，波光雲影，照耀晃漾，可鑒可濯。況三峰環列，龍虎拱峙，蜿蜒磅礡，勢若挐雲。據此湖山之勝，四顧清曠，幽夐瀟灑，軼塵埃而挹秀麗，飛樓涌殿，鐘魚梵唄之音，昏晨振響於雲林烟水間，真吉壤也。奈夫綿歷歲遠，向之翬飛絢爛者，悉爲荊榛瓦礫之場。僧徒散逸，田產荒蕪，遂爲居民掩有。宣德十年乙卯，中天竺比丘智瀾號空海者，憫茲古刹廢弛，爰發弘願，來領寺事，以興復爲己任，堅持戒律，精修苦行，事理圓融，緇素向慕，捐貲以助者踵至，由是鳩工集材，首築周垣五百餘丈，植松六百萬株，創建法堂方丈各十有一間。左右伽藍祖師二殿，前竪山門，傍列側室，與夫香積之厨，貯物之庫，儲粟之廩，靡不畢備。越八寒暑，功已告成，其田產山場，昔爲居民之所掩有者，今則悉歸常住而徵租税，以復其舊焉。空海具其始末，謁予南宮徵記，謂夫茲寺之成，苟非巡撫亞卿周公忱、郡守莫公愚、邑宰朱公恕及寺鄰松陽令李公顯外護作興，烏能成此偉績，爲一方之名藍！念其功德，固不可湮没而無傳於後也。予惟佛滅度後，凡求佛者，悉以莊嚴像設爲事，然不能無成壞。今斯寺既壞而成，則存乎其人，此固有爲法也。然睹相起敬，則丹青土木之事亦不可少，其所謂無成無壞而無爲者，又非思議所可得，姑置勿論，特以空海殫心竭力興復之勤，而諸名公外護助緣之力，紀其大概，俾勒諸石，以示永久。使繼斯席者知其所自，而有以考見興復之故焉。

——萬曆《武進縣志》卷二

重修祥符寺記

〔明〕朱　昱

太湖中有山曰馬迹，去武進東南八十里。鄉曰迎春，山周四匝，湖波蕩漾，與天一碧。山之間有大蘭若，其名祥符，始創于唐貞觀間，將軍杭惲捨地爲之，初名小靈山。宋大中祥符間，詔改祥符禪院。宣和四年賜額，陞爲寺。元末廢。國朝洪武己酉，僧行暉復建，草略而已。宣德中，惠山僧就道嚴始居焉，以寺荒茀弗葺，乃割其衣資，鼎建佛殿、禪房。既而歸主惠山，舉杭之中天竺瀾公以自代，瀾字空海，吳興人，戒力精進，謀諸宦達而爲之起廢焉。於是巡撫尚書周文襄公、太守莫公、縣令朱公皆爲之補助，蓋出於鄉先輩禮部尚書太保胡忠安公之所贊襄也。里鄰加贈奉直大夫、前松陽尹李公與其子今湖廣左布政使德深勸相之，爰構法堂方丈、伽藍禪室，復置田山，以爲永業。自瀾公没，其徒梁大用、澤天霖、洪大川爲之甲乙焉。今住持德乘本宗，乃梁之上足也，能繼其志而作新之，市材庀工，鼎建大雄寶殿一所，次天王殿，塑像莊嚴，金碧輝映，并修諸禪室庖湢庫藏，無一不備。復增置田，積五百餘畝，山二百畝，樹植松竹，其爲邑之一大叢林也。先是正統間，瀾公托忠安公上請敕賜佛經一藏，俾之庋閣安奉。工既訖，乘公求記於予。余布衣也，自與瀾公接識六十年矣，蓋嘗預纂修，而世惟以貴顯相高，乘公不於此，而以予言不誣，爲可信也，故乞予爲之記。

——萬曆《武進縣志》卷二

重建栖雲庵記

〔清〕徐騰暐

事之興廢，繫乎主之賢否，抑亦有其時邪？夫椒蕞爾地，名藍不一，自山之逶迤而東北者，越勝子嶺爲檀溪，林壑深秀，天作之靈奇也。宋寶慶元年，僧海福始募其地建庵，名栖雲。元至正末，壞於兵燹。明洪武元年，僧曉庵披壞開拓。萬曆三十年間，僧慈航更建前殿。至崇禎九年，僧冰庵耳通繼作大殿，兩廡丈室於焉整新。流水縈迴，蒼松交蔭。自山門達殿後，爲卓錫泉，色碧而味甘，甃石爲半月池儲之。旁曰仰高丘，僧德聰作亭其上，扁曰"東湖一覽"，春空日晴，萬頃一碧，飛帆遠黛，縹緲出沒，殆不可以目力窮也。丘之下曰凝秀軒，再轉爲觀音閣。松烟入座，巒翠落窗。其或雲霧晦暝，雷雨震沛，牖戶之下咫尺莫辨，則閣之高可知矣。閣之後曰翠竹林，曰留雲坡。時見馴鹿去留，閒禽上下，趺坐其際，片念俱空。噫嘻！美哉！自佛法行中土，而梵宇被四方，豈獨其道足以動人，亦由其徒有刻厲堅持之行，能廣其道，以致多助之力。故神留此勝地，以待海福，而海福當治平之時，因得易資於民，以遂其志。厥後雖成壞相尋，曉庵、慈航之徒又善去廢就興，易陋爲美，聚景物之佳趣，資衣冠之勝游，非其材力不及此，亦以想宋元明盛時年豐物阜而民之樂施也。

——《重修馬迹山志》卷五

四老堂記

〔宋〕張 守

紹興十年，予再承乏會稽。明年春，病甚，求解郡章，上恩賜可，覆領洞霄，歸毗陵私第。又明年，金人尋盟，歸我太母泊三梓宮。於是疆場粗寧，淮浙奠枕，而余以病瘁里居，無復異時驚擾轉徙之思，乃於舍西得荒瘠之地，誅茅築垣，結廬其中，以養吾疾，寄吾懷而娛吾老也。屋纔五楹，軒牖四闢，飾以青黝，不侈不陋，隨吾力之所及也。中敞三楹以度暑，東西北各爲一室以御冬。南有故池，增植蓮芡，魚游而龜曳。堂之前後，雜蒔花竹，鶴唳而鹿呦。余既以病謝客，時曳杖步屧徜徉其間，老兄弟間來問疾，則相與講衛生之經，談出世之法，醉賢人之酒，而飽腐儒之餐，有足樂者。然地纔數畝，東西褊迫，無高山流水之勝，無奇花怪石之玩，無洞户曲室、絲竹歌舞之麗，賓客寥落，門庭寂然，豪士貴公子往往過之而竊笑也。然昔韓退之嘗云：“辛勤三十年，以有此屋廬。此屋豈爲華，於我自有餘。”顧余寒士，丁時多艱，辛勤殆有甚焉。天假之年，及見中興，使吾疾未及於沉篤，俯仰笑咏於一堂之上，固有餘於昌黎公矣。且余四兄弟蒼顔鶴髮，頹然四翁，幸還里門，獨季留浙東，方折簡趣其歸。儻時會合，婆娑堂上，慰遲暮之餘日，斯足樂已，亦復何必如退之以鈞樞在坐爲誇耶！於是名其堂爲四老。時兄養正自權吏部侍郎，以集英修撰提舉江州太平觀，年六十六；泰定自吏部郎中，以直秘閣爲福建漕使待次，年六十三；余年六十；弟師是以文林郎爲浙東鹽司屬官，年五十八云。

紹興十三年歲次癸亥六月朔記。

——《永樂大典》卷七千二百三十八

龜巢記

〔元〕謝應芳

至正丙申春，余辟地渦上，依舊識里翁劉氏家，築室一區栖婦子，差可容膝。既而以龜巢顔之，客或過余曰：“龜亦何嘗有巢哉？”予曰：“子不聞乎千歲之龜巢於蓮葉，蓋其以葉爲巢，初不費經營之力也，顧予此室實類之，儌地里翁，地不論值，假力鄰伍，力不受傭，鳩工材則有鄉邑諸友人相之，故其室不勞而成。今也閉門縮首，帖然如藏穴之龜蟄乎其間，此龜巢之所以名也。比數日來春和景明，氛埃寢息，四境之內，桴鼓不驚，田夫野老相與招致涉桑苧之園，過桃李之蹊，瓦盆濁醪，歌舞酬酢，逍遥徜徉，又得如曳尾泥塗者，此雖巢外之樂，亦因巢而得也，但不能嘘吸道引如龜永年，苟於此偷生亂離、免禍鋒鏑，全要領以終其壽考，志願足矣。若夫明休咎，斷吉凶，決大疑於國家，浮洛出書，爲太平文明之瑞，則同類之中，自有備四靈相斯世者，區區巢居之樂，與坎井醯瓮同乎一天，不知大小之笑爲何如？"客曰："有是哉子之適意也，而今而後吾亦欲從子之居以適其適可乎？"予曰可，客喜而去，予因次對客之語用爲記。

——《龜巢稿》卷六

泰然窩記

〔明〕黃　淮

　　毗陵胡克恭扁其藏修之室曰"泰然"，蓋取范浚《心箴》之語也。間嘗介予鄉友勤秉禮來求記。克恭太守，宗伯源潔公之愛弟，宗伯與予交好甚篤，義不可辭。按字書有侈肆之謂泰，有安舒之謂泰，《心箴》所云安舒之謂也。夫人平居一室之內，不事掃除，塵埃坌集乎几格，則必蹙爾而不悦，出游乎山徑，榛莽交蔽則跬步不能前，而況於吾心者乎！蓋心爲一身之主，四肢百骸莫不聽命，故謂之天君。苟失其養，則凝冰而焦火，淵淪而天飛，視有所不見，聽有所不聞，食而不知其味，荒瞀眩惑，莫知適從，戚戚焉甘爲小人之歸，求其所謂泰然者，何有哉！養得其道，則如鑒之空，如衡之平，如止水之不波，以之酬酢萬變，安然順適，無往而不當乎理，無入而不自得，所謂泰然而百體從令者，其功效豈淺淺哉！然而如鑒、如衡、如止水，蓋因其本體之自然善養之，使不爲物欲之所汩云耳，非謂矯揉作爲所致，亦非或作或輟所可暫制，如義襲之所云也，故孔子稱顏淵心不違仁，而先儒釋之曰祇是無纖毫私欲，孟軻氏亦曰："養心莫善於寡欲。"《大學》論正心，必本於誠意。《中庸》傳心法，必先之以戒慎恐懼。聖學之要孰大於此！走也辱交宗伯公三十餘年，見其恬静簡重，終始不渝，向非養之有素，其能然乎！於焉推其所謂泰然者，佐輔聖天子，以成經綸燮理之功，寵眷日隆，敬畏益至，庶僚之所信服，四海之所具瞻，何莫非此心妙用所著！克恭年富力强，穎敏秀發，歸而求之有餘師，又何事予言哉！雖然，請不可虛也，姑書此以爲記。

——《黃文簡公介庵集》卷四

怡親堂記

〔明〕周 忱

怡親堂者，大學上舍王君守正養母之堂也。王氏本毗陵詩禮世家，守正之先大夫友諒甫，當永樂初，以才能擢任延平貳守，有善政，卒於官。太安人康強無恙，守正與其弟恕、懋奉養篤至，得其歡心，故因以怡親名其堂。今守正以明經升胄監，遊學兩京，將顯用於時。間因山東左參政段君時舉，屬予爲之記。予嘗與守政相友善，且備聞其孝友之行，於其請可無一言以復之乎！昔者聖門四子之問孝，聖人雖因材而篤，所答各異，大意皆欲其不逾於禮、不忘乎敬，使其親無憂而怡順乎顏色也。至於鄒孟氏，則復探原推本，論臻其極，以爲能明善誠身，則可以悅乎親矣。蓋身者親之遺體，學至於誠身則無往而不致其極，上可以得乎君，下可以獲乎民，外可以信乎友，親安有不悅者乎！守正昆仲之所以怡其親者，豈止於斑斕漱髓之娛而已，亦必在於明善誠身而求所以樂其親之心焉。故守正之出也，能篤志於立身揚名，無所玷缺，而太安人不以違離爲憂，其二弟之處也，又皆能安分循理，不干非義，而太安人無危辱之慮，出處之間各盡其道，是則太安人之心無一時而不樂也，此怡親之所以得名乎？雖然，予於守正復有告焉。古之賢母必以孟母爲首稱者，以其子之爲大賢也。子爲大賢，母之心安得而不樂！守正尚當勉焉以企慕，庶幾太安人之心怡悅於永久，而身名亦將揚顯於無窮焉。此予與時舉之所期望者，守正勉乎哉！因書以爲《怡親堂記》。

——《雙崖文集》卷一

隱孝堂記

〔明〕孫慎行

《隱孝堂記》者，爲鳳麓錢公作也。公博學善文，爲貢君，稱隱孝，公行也。既孝，何以隱焉？公志也。公嘗割股療母疾而人弗知，故稱隱孝。公母嘗患崩症三月餘，醫百方不效，公則籲于天，願身代。積數旬轉甚，則旦夜侍，睫不交。忽一日，雞未鳴，母則飲藥，鼾鼾睡矣。日高醒，病如洗，于是家人共詫醫氏神，竟不知公之以股和藥進也。方夜半時，公托爲籲天者，而袖刀潛割左股一臠肉，和藥進，復詒母曰："此劑最良，當盡其渣。"母難之，竟踸強盡。俄醒而言曰："藥何來？吾初飲，哽哽下，直至小腹中。徐之，氣隆隆逆蒸上，覺渾身都暢，一睡而病頓消。是藥何來？"公卒不言所以。先是，雞初鳴，公忽倉皇入室臥，胸腹盡冷。孺人以公爲病也，亟湯灌之，少甦，張目謂："吾寐耳。"後不五日，創大作，臥逾月，始瘳，孺人亦尚以公爲病也。久之，一小豎泄其事。小豎潛從，夜半曾窺見公忽仆地者，不知所爲云何。

徐起，血漬階，則汲而洗階。又刀遺于案，則更索刀藏。至是，悉言狀孺人。乃疑爲割股，按其臂，傷痕果巨，不忍見。嗚呼！孰謂孝可隱耶？自是漸傳。友人聞，又傳之學師，欲列其事聞上官，公恚曰："是吾以母博名也？"乃不果。間有友言，公輒慚恨。仲君廷贊，季君廷賢，與余挽角交數十年矣，未嘗言。近仲君細言狀，嗚咽者數四，予乃知之。季亦言六七歲時，欲觀公裸，公輒怒叱去，唯恐見瘢痕狀，蓋其隱也如是。猶及見公薄暮窗牖，手書史不休。讀其文，最汪洋有概，然竟以數奇。性惇厚，對人未嘗高出聲，逡循矩步如處子然，余知其隱不獨孝也。然公既創重，尋耳聾，晚爲貢君。即貢，幾不得而終得之，亦有天焉。年方强仕，竟不果仕，亦以患聾故。

史氏慎行曰：公方割股時，母年五十餘耳。後母七十九方終，公之苦其身以存母幾三十年，而公之志則千載光矣。且母終月餘，公尋卒，年五十五，亦足以見公之于母終始也，豈獨一時激耶？嗚呼！誰非人子，公獨始終于母焉至此哉！予既題"隱孝"顏其堂，并爲記其事。公名獻卿，字文徵，別號鳳麓，晋陵人。

——萬曆《常州府志》卷十九

保合堂記 丁巳五月初六日

〔明〕孫慎行

歲丁巳，母舅凝翁八十壽。方春正，翁孫獻可屬慎行書扁壽，因題之"保合堂"，蓋取《乾象》所謂保合太和義也。翁自二十年來，每教人輒題之，以爲學道宗領故云。翁常稱張子太和所謂道一語，晚注《易》，又纂《憲世編》，其叙編曰始以一乾元，散之萬乾元，終須合萬乾元爲一乾元。使吾與天地萬物生生不已之意，充融渾合而毫無爭隔其間，方謂之保合太和，而所爲保合者，由曾、思、孟以窮理，由孔象以至命而盡性，始無餘蘊。聖門爲簞瓢陋巷不改其樂之顏子，夫子稱庶幾焉。宋儒謂顏子春生有自然之和氣，與夫子太和元氣之流行若相符合，豈非如愚若虛真有化物我之見而擔天下歸仁之重耶！自余之從事于學久，未嘗聞此義，實翁首發之。翁夙英采慷慨聞，而繼乃泊然歸之道術，即道術自九流百氏、天文地理、稗官野史無不究極，而繼乃歸之莊生逍遙齊物，又繼乃歸之湖南之求仁，濂溪、春陵之尋樂，而後恍然悟乾元所爲生天地、生人物、生一生萬、生生不已之理，真太和奧突也。以此尋樂，樂莫加焉；以此求仁，仁莫備焉。即衷情欲不排而調，世藩角不除而畫，即一生聰明才伎之昭灼，旁踐曲徑之奔馳，不收攝而瑩然無有矣。翁每語太和脉絡，以爲明之河津絕似宋之春陵，宋之春陵絕善學聖門之顏子，豈非會之深，言特有味哉！余往來舅家數十年，見翁無冗無歲節無不觀書，所纂著極多，中更升沉哀樂，景不堪嘗，自謂年來最拂意處便是最受益處，然則非超識不能尋太和，非苦心之至不能見太和也。翁今耳目聰朗，精神宏遠，置義田，立祠根本急急幾。幸皇路平康，臣節貞亮，民風愉穆，慨然發乎天性，亹亹談說，過少年遠甚。八月五日，實惟誕辰，孫曾滿前英英，可謂和氣盈一時，而又時常語余："吾家大人荆翁極邃心理學，然遇田夫野老，多有油油與偕之風。大父有懷翁即口未嘗言理學，然至性飲人以和，人稱爲不言躬行之君子。此一段生生不已真意，實默相流注，今何敢不日孜孜！女輩亦何可不日孜孜！"會外兄白等來商祝行，敢特記兹堂，以爲翁壽。

——《玄晏齋文抄》卷三

槐榮堂記

〔清〕尤 侗

夫椒之麓，大木千章。其間蠹然而挺、鬱然而豐者，有槐焉，蓋乎許氏之堂。堂之中，象服而坐者爲錢太夫人，冠帶侍立者大中丞公也。吾聞大中丞四歲時，太夫人指槐語之曰："此槐覆堂，汝作都堂。"至中丞五十而言遂驗。吾不知太夫人何以知之，豈槐有靈焉，見夢于太夫人而爲之兆與？或太夫人預卜其子之貴，姑借樹木爲識，槐乃應命而興與？然當中丞開府晉陽，太夫人已没，此其故太夫人雖知之而未及見之，故無得而徵焉。迨中丞即世，槐則枯矣。越歲辛卯，枯者復榮，于是青嶼侍御登巍科，歷臙仕，而諸孫孝廉、文學翩翩代興，顧視槐之蠹然鬱然者，若青蔥之始茁也。此其故不惟太夫人不及知，即中丞暨侍御以下豈能知之！嘻！亦異矣。夫祥桑嘉禾，赤芝紫荆，草木之異，不一而足，而莫著于宋王祐手植三槐，謂吾子孫必有爲三公者，此與太夫人言絕類。《宋書》載祖士雄庭槐甚茂，及雄居喪，槐亦枯死，服闋還茂，高祖嘉之，名其里曰"累德"，與許氏兩世事又類。其尤異者，晉陽城角有槐，一日之間三榮三悴，然則天地生物，無所不有，其榮枯變化，固物理之常而不足異與？若人世盛衰隆替之數，則存乎其人德業有以致之。彼草木無知，偶然相應，未可以爲常與？然《洪範》休徵庶草繁廡，禎祥之至，至誠前知，豈有一定而不爽者與？此其故吾亦不得而知也。青嶼侍御之爲此圖也，非以炫異，亦曰："小子志之，以無忘太夫人之教及大中丞之烈云爾。古之大夫有嘉樹焉，猶對植之，況先澤所存者乎！"遂出以示尤子，尤子曰："美哉！吾爲之賦《甘棠》。"

——《西堂雜組·三集》卷六

青門草堂記

〔清〕邵長蘅

毗陵東南五十里而近，有溪曰漳湟，有地曰東園，壤僻而衍，無岡巒林麓之勝。俗重厚，好稼穡，緣溪而居者幾千指，無一人釋耒以嬉，有老死不識闤闠者，風俗最爲近古。邵氏之草堂在焉。堂凡五楹，翼堂而屋者凡若干楹，不陋不華，足蔽風雨。堂之外，環而溪者以里計，溪清而甘，可釀；溪之上，藩而圃者以畝計，可蔬。環溪内外而田者以頃計，可秔可秫；環東南而峰者，皆在十里外，蒼烟晴翠，可支頤而眺。此草堂之大概也。歲時社臘，農夫野老擊鮮而過從，吾留客而蔬足於圃，醸與黍足於家。客去掩扉，蓬蒿翳如，左圖右史，施施于于，此余居堂之樂也。昔杜甫客居成都，作草堂於浣花江上，萬里、百花之勝，屢形篇什。其《寄題》詩曰："經營上元始，斷手寶應年。"蓋三年而堂成，其營之之難如是。然余讀子美詩，間考次其年月，寶應元年嚴武入朝，子美以徐知道之亂，因如梓州，即堂成之歲也。廣德二年，武再鎮蜀，子美復歸成都。其明年，武卒，乃去之東川，之夔，遂下荆渚，溯沅湘，距草堂之成僅閱再期，而去之若逆旅然，蓋有足慨者。余雖亦喜爲詩歌，以視子美，譬培塿以擬嵩華。獨自幸所爲草堂者，托先人敝廬，無結構之勞，無播遷兵革之患，與族之父老子弟力衣食而課農桑。間以其暇，臨溪而漁，登高而賦，徜徉田園，行没余齒，以視子美所得，又何如也？其曰"青門"，奚居？邵氏之先，當嬴秦時，有種瓜青門而隱者，吾以名吾堂，志所自也。

——《邵子湘全集·青門麓稿》卷九

菱溪草堂記

〔清〕邵長蘅

菱溪在毗陵郭東五里，爲漕渠南注之支流，按邑志曰采菱港，或曰菱港，而無菱溪。《爾雅》曰"水注川曰溪"，則茲水名溪固宜，曰港或從俗也。漕渠自京口來，東西亙郡境，入吳越界。史稱隋煬穿江南河，自京口至餘杭八百里，廣十餘丈，使可通龍舟，今漕渠是也，而溪旁則相傳隋離宮故址云。予族子龍文居濱漕渠，門外邪直菱溪厪十數武，乃於所居堂之東偏稍南別構三楹爲讀書之所，而名曰"菱溪草堂"。中貯書千餘卷，其前隟地廣袤，各及尋而三之，壘石爲峰者及尋，環以小池，如峭壁巉巉峙澄潭中。旁植雜花木十餘株，常欲請予記鑱石壁間，未就也。今年閏夏，予舟行自吳閶歸，信宿草堂，會暑甚，侵曉獨坐池上，市聲未囂，露氣晨流，游儵百餘頭，皆儼喁水面如霞駁，遠聞行舟欸乃聲，與漁歌相互答，窅然移情者久之。間考隋史，大業十二年春，詔毗陵通守路道德集十郡兵數萬人於郡東南起宮苑，周圍十二里，內爲十六離宮，倣東都西苑之制而奇麗過之。按之圖記與郡邑志所載，皆可信不虛。度其時聚斂之繁急，督趣之峻酷，與夫臺殿樓閣窮極壯麗之觀，大概可想見，而宮成而盜起，竟未及一臨幸，莽爲丘墟，然則侈汰者速亡而富貴之不可恃如是哉！而菱溪一勺，隋至今且千一百餘年，而韋布之士猶得私而有之以名其堂，試與子憑河遠眺，其所當訴然而賦，慨然而興，今昔盛衰之感者固何如也。

康熙壬午七月，青門長蘅記。

——《常郡八邑藝文志》卷四之下

孟鄰堂記

〔清〕楊　椿

椿家世居武進縣永勝西鄉之臨巷，大父修撰公始遷府城白雲溪之左，去縣學不數十武。康熙辛巳，椿自京師歸，伯兄命居宅之東偏，距學爲尤近。堂名含生，嘉靖中江陰王百穀所題也。明年壬午，椿侍吾父於清江浦，吾父易之曰孟鄰，手書付椿曰：“小子識之，此汝母志也。”椿歸，懸之堂中。憶椿襁褓時，吾母誨椿曰：“孟母三遷，欲其子端所習耳。汝祖故居學旁，汝不自勖耶！”年六歲，出就外傅，吾母問椿曰汝讀何書，對曰《論語》，《論語》云何，曰學而時習之，所學何事，曰孝弟，何以知之，曰次章曰其爲人也孝弟，六章曰弟子入則孝，出則弟，母喜，因舉古孝子悌弟事訓椿，曰汝勉之，汝能是，庶可以爲人矣。他日又問曰曾子曰爲人謀而不忠乎？與朋友交而不信乎？何謂也？椿舉注以對，母曰是也，汝今在塾，同學以課業汝商者，汝謀未審而遽以爲是，遽以爲非，不忠矣；謀之審而語焉不詳，道焉未善，亦不忠也。言語參差，然諾或苟，不信矣；明知其義而勉人，而汝反不爲；明知不義而沮人，而汝反爲之，亦不信也。忠信德之本也，不忠不信於己，尚何有於人哉！汝其戒之！吾母因椿所讀書善誘之類如此，其他飲食言語出入起居，無一不教，而敬老慈幼推之愛物者尤詳且切。椿時雖幼，謹識之不敢忘。康熙甲子秋，吾母歿，吾父爲母行述，云淑人性最慈，行事一出於寬厚，獨其訓子女也，則嚴過於予。迄今誦斯語，未嘗不涕泗交頤也。吾母歿六十七年，吾父歿三十六年矣，椿不類不明，不能聰聽父母之彝訓，學爲子而子之道未盡，學爲弟而弟之道未盡，學爲友而友之道未盡。今既毫無成，仰瞻堂額，俯思二親之所以訓，因述名堂之意爲記，俾我後之人知我兩先人善教，而椿之罔念以忝我所生，自怨亦深自艾也。

乾隆十五年四月四日，椿謹記。

——《孟鄰堂文鈔》卷十五

貞壽堂記

〔清〕洪亮吉

貞壽堂者，陸孝廉繼輅奉母林太孺人娛老之室也。太孺人家本閩海，世傳神系。勝衣之歲，于焉施衿。汝南出獵，蔚此周宗。泉丘幕廟，以祥孟氏。于時太夫人在堂，女君見背。股栗之饋，踵寢門而陳；蘋蘩之采，闖影堂而祀。于歸之日，女君之子，均已授室。"秸鞠"之咏，邦人以謠；《晨風》之操，伯奇罷作。自居中閨，即董家政。如願趨事，與紫姑均勞；便了立約，偕長鬣分役。以迄警晝主夜，露翼掉尾。凡在鳴吠，各就準繩。冲和外施，嚴肅內秉。及大令罷歸，素持廉聲，并乏長物。文貝紫蛤，無海南之珍；紡床績筥，有鬱林之石。里門既歸，座客嘗滿。執經問字，闖牖已盈。束脩之羊，執贄之鶩，嘗溢軒棟。爰有隙地，遂營簡園。列竹半畝，以供春盤。種魚千頭，曰備文宴。怪鳥之舌，儷于笙簧。軒禽之羽，潔比雪霰。客至不速，輒呼治具。一語之外，無他及焉。孺人酌量燥濕，平準豐儉。山雌水母，珍極水陸。梁溪會稽，酒鬥吳越。宴本卜晝，時而徹宵。生果數種，備醉客解酲；華燈十盤，與蒼頭夾侍。客號夜半，筵移月中。非時之需，不求已具。大令及客，樂可知矣。費之所從，不復問也。蓋大令里居二十年，此樂一月輒數舉焉。袁吉士枚與大令為同歲生，每詫大令家烹飪為吳中第一，職是故矣。服鬒之後，一意教子。時孝廉甫及毀齒，罄此薄產，以延名師。宵供魚飧，晨饋梁肉。十稔于茲，心力已瘁。孝廉遂以孤童，鬱為偉器。甫及壯歲，即升巍科。東方諸侯，招作上客；北海太守，呼為小友。鮑叔知我，時而分金；林宗異人，庶可拜母。太孺人顧而樂之。適春秋之序已七十矣，奉觴北堂，開宴東第。亮吉與孝廉，兩世交也。嘗讀《後漢書·范滂傳》，滂母云："既有令名，復求壽考。"今太孺人壽考若此，而孝廉復名滿士林，以方古人，過之遠甚。今之記貞壽堂者，非僅以祝賢母，亦一為孝廉幸，一為孝廉勖也。

——《更生齋文乙集》卷三

沙溪草堂記

〔清〕程德煇

常州北郭內有池周數畝，名烏沙尖，鄒君潤安家其側，葺所居屋新之，顏曰"沙溪草堂"，而屬予為之記。余年二十餘游常州，往來於北郭水關橋間，已知潤安之能為醫，顧未知其工於古文詞，與其為人之有守，雖恒過其門而未嘗一往拜之也。往年吾友王守靜以書來，曰吾居常州，所與士大夫往還者衆矣，然有操行而又妙能為文者，未有逾於鄒潤安、吳筠墅、吳耶溪三人者也，然世未有能稱道之者，吾以是有感於人之不易知也已。而吾師吳仲倫先生自常州歸宜興，亦言耶溪古文時文各極其勝，筠墅稍不逮耶溪，潤安專精醫術，復以餘力兼治詩文，與耶溪、筠墅相伯仲，而又有吳瑞珍爲文清迥不襲恒境，凡此四人皆可以進古人之道者也。然世之人方役役於名利之途，烏知此四人者之非今士所恒有乎！余聞師友之言如此，急欲一訪之而無其緣，未嘗不寤寐咏歌思慕而想望之也。今年春，孫庶翼、吳子慎偕余游常州，主守靜家，訪潤安、筠墅、瑞珍、耶溪諸君，相從言論，得讀諸君詩古文詞，益信吾師吾友之言非妄嘆者也。孔子曰益者三友，然則能爲余之益友者，真無過於諸君者矣，然余恐諸君將以孔子無友不如己之言而不余友也。今諸君不惟不棄余，且甚有取於余，無乃矜其不能而欲引之於道耶？余烏可不激而自奮也已。

　　道光四年三月二日，婺源程德賚記。

——《武進鄒氏家乘》卷四十二

八宅記

唐鼎元

　　八宅者，曰貞和，曰易書，曰筠星，曰八桂，曰四并，曰復始，曰松健，曰禮和。八宅之額皆襄文公外孫文介孫公手書，今存者惟貞和堂額。吾唐自明洪武甲子，至崇禎己卯，登甲乙科者二十人，其居咸萃郡城青果巷，列第相望，固不止乎八，八宅其誦乎人之口者耳。巷之三唐姓居之，巷之一董姓居之，元旦閉東西柵，惟董、唐通賀問。十六世祖曾可公，弘治中以進士起家，給事黃門，嘗奉敕按兩廣邊儲，有陰德。公生永州守有懷公，有懷公生中丞荊川公，荊川公生太常凝庵公。自曾可公至太常凝庵公，以數世之堂構，而有筠星、易書、貞和、八桂、四并、復始諸宅，惟筠星、易書爲最古，蓋即襄文公誕生處。松健、禮和，襄文同高曾者居之。是時他房亦鼎盛，不僅曾可公以下矣。易書北樓五楹，今三楹梁柱露立，二楹猶可蔽風雨，襄文公讀書樓也。吳梅村詩云"嘉隆以來藏書家，天下毗陵與瑯琊"，毗陵指此樓矣，後析之公仲弟重庵。貞和南起巷，北趾今之趙氏約園，襄文公冢玄孫宇昭居之，自稱半園外史者也。其後宅截爲二，首六進鬻於莊氏，今已三易姓，文介書額在焉。後宅曾爲錢文敏公弟竹初所有，半園在焉。八桂亦宇昭居之。筠星，宇昭仲弟宇量居之。四并接易書之北，季弟宇全居之。八桂、貞和、筠星、易書相鱗比，在今雪洞巷西，西廟溝東。由八桂西指而之易書。貞和初名保和，凝庵起居處也。甥文介嘗爲公八十壽序，詮保合之旨，後爲宇昭改書貞和焉。禮和對馬園巷，現業李。松健在縣廟巷西，今爲惲氏第。宇昭、宇量并崇禎舉人，宇全貢生，有清革命，剃髮令下，宇昭兄弟以家世仕明，故手足相牽戴髮匿學宮，旋匿於宅之地窟，事覺，沒其宅。於是虑後患，賣其他宅而賤鬻之，走伏草間，而八桂、貞和悉割矣。未幾，襄文子孫有貧不能自存者矣。易書鬻於荆川仲弟重庵曾孫字君知者之世，曾於汪媼處見其券。清雍正朝，宇全有孫執玉長兵、刑兩曹，出總督直隸，卒於任，無以爲殮，何暇計祖業，於是曩之質於人者再易姓，唐氏遂亦不過問矣。唐氏今所遺者惟四并堂，基數畝，屋數椽而已。於戲！若宇昭兄弟之伏栖土窟，君知遁迹世外，高標孤節，方之幼安、淵明，寧有愧色，然而二百年來迹泯而響微，士夫罕道之矣。修名難，垂名不尤難歟！而邑之人過青果巷者，往往指曰："噫！是荆川之子廬也，其子孫必有甚不肖者，何其傾之速而蕩之盡！今是巷無一唐居者。"於戲！若君知與宇昭昆弟之所爲，固世俗人所謂不肖者邪？抑不知其由也耶？明清易代，吾常以不剃髮受禍最慘者有管紹寧，吾唐以没宅抵罪輕矣，且世禄於明，國亡家破宜也。君知之子宇肩有才藝，猶以鬻書終其身。宇昭兄弟之子十餘人，亦罕有游於庠食餼郡縣者，至宇全孫執玉始登康熙己卯榜進士，於是明亡六十載矣。吾唐先世可以對越有明而不忝襄文公之德，而世没其清節，疑而入於不肖之科，此爲子孫者之所痛而不能已於言者也。於是爲《八宅記》，略疏其興廢之由。諸宅易主者數矣，而過者猶指以爲荆川子之廬，而主之者猶不忍改其名、易其額，是所重者又果在宅也邪？吾子孫當知所勉矣。

舊主人鼎元謹撰。

——《毗陵唐氏家譜》第二十三册

尉遲長史草堂記

〔唐〕李　翰

吾友晉陵郡丞河南尉遲緒節，闊達志遐遠，含和而不假修，推誠而不詭行。外若可渾，其中甚清；外如可雜，其中甚靜。夫求賢達之趣，當考其中，若然，夫子其達者歟！而境或超詣，心或獨得，飄飄然不知冠冕之在己，浩浩然不知天地之爲大。其冥機慎道，迹繫心廣，人或未睹，吾能知之。大曆四年夏，乃以俸錢構草堂于郡城之南，求其志也。材不斫，全其樸；墻不彫，分其素。然而規制宏敞，清泠含風，可以却暑而生白矣。後有小山曲池，窈窕幽徑，枕倚于高墉；前有芳樹珍卉，嬋娟修竹，隔閡于中屏。由外而入，宛若壺中；由內而出，始若人間。其幽邃有如此者。夫子又有雄辭奧學，潤色其事。階上何有？有群書萬卷；階下何有？有空林一瓢。非道統名儒，不登此堂；非素琴香茗，不入茲室。是知草堂之貴、夫子之靜，天下茫茫，人未易悉。吾與夫子昔同賔賦，三十四年于茲矣。吾則棄於世矣，嘆夫子下位，每求其故而有疑焉。今觀夫子之志乃鄰於道，寥寥草堂，自致之資。書於壁，微吾非俟。

其歲秋八月乙丑朔記。

——《文苑英華》卷八百二十七

毗陵張氏重修養素亭記

〔宋〕李　綱

古之君子進而在朝，則樂行其道；退而在野，則樂遂其志。窮通不同，而所樂非窮通，則中有所養而外物不足以移之也。今夫位三公，禄萬鍾，致君澤民，功大名顯，此進爲撫世者之所好也，然是有命焉，不可以力致也。時適當退，則富貴寵利不得而執也，就藪澤，處閑曠，怡性養壽，逍遥無爲，此退居閑游者之所好也，然是亦有命焉，亦不可以力致也。時適當進，則山林皋澤不得而留也，所養者至，則所守者固，進退窮通且爲晝夜寒暑之序矣。昔者伊尹起於畎畝，傅說起於版築，吕望起於屠釣。此數公者，方處窮約，其意曷嘗不欲兼善天下哉！既而遭時遇主，風雲感會，自致青雲之上，其所守者初無異於窮約之時也。昔者伯成子高辭爲諸侯而耕於陵，仲子辭爲卿相而爲人灌園，漢之二疏辭爲師傅而告老以歸。此數公者，方處富貴，曷嘗不欲獨善其身哉！既而脱屣軒冕，高尚其事，自得於寂寞之濱，其所守者初不異於富貴之時也。進退兩忘而不爲之變，夫是之謂中有所養，與夫小人進則以饕富貴而欣欣，退則以失權利而戚戚者，固不可同年而語矣。故天章閣待制張公，以文學取科名，以才力精吏事。當嘉祐間，將漕河朔，致位侍從，風績之著，爲時名臣，竟以直道齟齬，進不極任。一旦引年謝事而歸故鄉，在朝諸巨公賦詩以寵其歸者三十餘人，公即所居之西偏建亭，榜之曰“養素”，盡以書刻石，置之亭上。治園池，藝花竹，日與賓客相樂飲酒圍棋，鼓琴嘯咏，翛然忘老，此真能不以進退窮通累於胸次者，可謂知所養矣。迨今六十餘年，經兵火亂離之後，亭宇頹弊，殆將弗支。其孫牧之懼先德之或墜，僝工鳩材，因其規模而增廣之。凡土木瓦甓之朽腐破闕者、園池花竹之堙廢荒蕪者，葺理培植，焕然一新。既落成矣，以書抵長樂，求余文記其事。余告之曰：凡物之生，動者植者，必資於養，乃熟乃成。其在根荄，所謂枝幹華實者已具，養之而至於高大；其在卵胎，所謂視聽食息者已全，養之而至於壯老。因其所固有而充之，非外鑠也。君子之所養亦然。故孟子曰：“我善養吾浩然之氣。其爲氣也，至大至剛，以直養而無害，則塞於天地之間。”養之爲義，大矣哉！今牧之喜節義，重然諾，年逾耳順，志意不衰。晚得一官，困於州縣，而議論挺挺不可屈。郭外之田不足以餬口，而座上客常滿，樽中酒不空，固已加於人一等矣。殆於孟子養氣之説，合乎嘗有所聞，以不愧先德命名貽訓之意耶？余方避地，留滯閩粵，異時西歸，相與登斯亭，握手一笑，庶幾與聞一二以自警焉，因次序其説以爲之記。待制公諱顯之，其先自江南歸本朝，家於毗陵。牧之名牧，靖康中，朝廷特命以官，今爲右迪功郎、監常州税云。

紹興五年閏月既望，具位李某記。

——《梁溪先生文集》卷一百三十三

歸樂園記

〔明〕彭　禮

弘治庚申夏，太子太保、大司寇白公引年乞休，上留之再，及疏三上，詞益切，始獲俞允，加太子太傅，賜璽書馳驛還鄉，仍令有司月繼廩粟，歲給輿夫，恩至渥也。時予奉命拊循南畿，訪公于菱溪之西園。園乃公冢子郡闌埈所作，以俟公之歸老者也。叠石爲山，鑿水爲池，治木爲堂宇、亭榭、橋梁、舟楫，園中百物無不可人意者。予因名其園曰“歸樂”，蓋取陶淵明《歸去來辭》“樂夫天命”之語。時客有好事者，因摘篇中之語，各以其類名其園之所有。園之東，有活水一渠，造木爲梁，以通往來，名曰“悟往”。渠之南爲通衢，曰“知來”。衢畔爲東門，出入由之，曰“覺是”。中構堂三楹，花木四圍，日涉其間，曰"成趣"。堂之前，植桂爲屏，屏之南，有檜門、柏門。旁有二亭，曰"春及"，曰"向榮"。折而西南，有柏屏曲徑，再而西，草堂三楹，南窗虛敞，曰"寄傲"。左畔循柏屏幽徑，東之百步許，入成趣堂之北，有橋曰"徑丘"。度橋而登石臺，可列坐而暫息，曰"流憩"。臺之北有竹徑上通于山，置亭三柱，鼎石設卓，亦三其足，曰"容膝"。亭之北，架石爲梁，其東南畔，壘石爲渚，可以垂釣。經渚而西，曲徑通乎山洞，再轉而上，有草亭六柱環，曰"東皋"。自是而東，絕頂中峰巍然，曰"雲岫"。峰下山池之側，軒窗北俯清流，曰"臨賦"。折而東，有軒，靜絕塵紛，可以誦讀，曰"書樂"。盤旋而西，山隈有亭八柱陡然，曰"舒嘯"。南畔有臺，列以琴床，曰"琴樂"。北畔有梁跨于山，溪流涓涓，注于石池。池有三隅，南隅有軒四楹，曰"易安"。軒之北，經檜亭，循徑而下，山池之陰，宏構高堂，臨水面山，列鼎而宴，簫鼓喧填，觥籌交錯以樂賓，曰"招賢"。堂之東隅，山谷深幽。西通菊圃，圃中有臺，曰"菊存"。北覆重屋，軒窗高爽，可以縱目，曰"遐觀"。出圃而西，樹以高門，曰"觀迎"。門之西，畜鹿鶴于平坡，曰"知還"。坡南有渠，通于山池，上有板橋。度橋而西，方塘數畝，中壘石爲臺，列爲五區，構亭如其數。中延廣者，四面皆一心，有鳶飛魚躍之趣，故名以"樂天"終焉。是日也，予與公運舟于池，回棹于亭，搖搖輕颺，如在蓬瀛，載觴載咏，有懷古人，香山、洛社未必是逾，平泉、金谷未知何如也。於戲！盛哉！惟公之樂，此有本焉。始居諫垣，忠義知于君，章疏錄于史。爲京兆而膏澤及民。遷廷尉而平反庶獄，人不稱冤。肅憲南臺，江賊以平。及爲少司馬、司寇也，修皇陵，治河決，開康濟渠，豐功偉烈，簡在帝心。用是遷右都憲，轉大司寇，加宮保。平易持身，忠勤報主，今得歸享斯園之樂，宜哉！

　　竊嘗論世之人，有勤一生于文字間，而終不得占第一者，公則一舉而登進士；有歷官台輔而不免宦海風濤之怵心者，公則官不出兩京，而恩推四代，玉帶麟衣，未嘗一日憂患。官一品者鮮能歸，歸而承恩禮之隆者尤鮮，公既得歸，而又獲有前數者之榮；世之顯者，或不足于壽，或弗克偕老，公則飲酒登山，無異少壯，結髮齊眉，年近古稀，福履尚未涯也；富貴歸老者，以子孫之賢愚眾寡爲慮，公則有埈克家養志，斯園之樂亦其一事，有坼以進士爲秋官郎中，綽著時譽，有坊少年領鄉薦，而諸孫若□若諫，方游邑庠，世科世祿殊未艾，諫子褓襁，亦能笑語以悅太翁，其他環侍園亭、服綵稱觴者又不可縷數也。然則公之得于天者，其全哉！抑公之歸誠樂矣，園之名不可謂不稱情矣，予則有望焉。尚思君之榮我，與夫天之全我者，而豈徒哉！昔居廟堂，今在江湖，而所以憂其君者，恐未可遽謂世與我而相違也。方今之事，可憂者亦多矣，公能忘情乎？公居晉陵，爲四方必游之地。凡縉紳有式公廬、登斯園者，雍容閑暇，其必語以事君治民之道、修德敬天之誠。但官不失職而民不失業，納鄉閭遠邇而同囿于無事之天，則夫人皆樂也，斯園豈公之所獨樂哉！此名園言外之意，亦區區憫時思救之切也。公能忘情乎？或曰：“淵明在晋，其志無或得也；公在明時，其志無或不得也。今之歸，蓋裴晋公之綠野、韓魏公之晝錦也，而以淵明況之，無乃擬非其倫乎？”予曰：“歸一已，而所以歸誠異矣。子之言然。客之遍采陶辭而獨不以息交、絶游二言名亭，有以也。不以身之退而忘國家，不以己之樂而忘天下，此則古皆大臣之事，不于公望而誰望！惟學淵明而不固，則予望庶乎其不孤矣。”

——萬曆《常州府志》卷十九

洛原草堂記

〔明〕楊 慎

　　洛原，白氏貞夫草堂也。奚取夫洛？白之先洛産也，遷于毗陵，里于三渦，築于菱港，自宋迄今世逾數十，康敏公昌以大之，中丞公克以繼之，自他有耀明德遠矣，而洛之懷弗忘也，故以名堂，謂之白志。楊子曰：“白氏亦猶行古之道也。國于郡邑，有與立焉，是故楚都所至命曰郢，晋都所至命曰絳；家于郡邑，有與立焉，是故虞封越江猶曰北虞，鄭民南徙猶曰南鄭也。夫白氏亦猶行古之道也。”貞夫曰：“吾先子之所命也，訓我後人勿忘其先也。先子之所不敢忘，吾亦不敢忘也。”楊子曰：“訓不違先，孝也；稱必稽祖，仁也。仁且孝，可進于道矣。榮河温洛，羲圖姒書，道則此其源也，文則此其源也。道以經往，文以緯來，經往道之林也，緯來業之基也。仁孝以躬之，德業以充之，遠耀以融之，不怠以終之，其庶幾乎！《詩》云‘無念爾祖，聿修厥德’，是子先人之覆露子也，自求多福，在子而已。”貞夫變躬遷席，曰：“是先子之蘊也，微夫子發之，吾不知炯戒之昭昭也，其曷敢以忘？敬籍之楹矣。”

——萬曆《常州府志》卷十九

横麓山居記

〔明〕馬廷用

　　予入仕，即與武進王先生有翰林一日之雅，先生學行老成，爲中外所推重，官至南京吏部尚書。既卒，贈太子太保，謚文蕭。今有《思軒集》行於世。其嗣希曾君，累官都察院右副都御史，巡撫有聲，爲當代第一流人物。予嘗獲游公父子間，所仰慕而敬服者久矣。正德己巳，文蕭次子揮使君洛，録其家所卜横麓山居始末爲一帙，特令乃子太學生文炳，請予言爲之記。且自叙其大父武選公存時，故周文襄贈篇有“欲買横山更卜居”之句，文蕭偕都憲欲成其志而卒未就也。今四山環匝，景物秀麗，俱爲王氏所有，其亦異乎哉！因築室於其下，號"橫麓山居"。其曰"款翠"，則山居正堂也。由山莊數里至山之巔，實芳茂山第一峰深處。降至山麓，門曰"天開圖畫"。入松徑歷百餘丈，曰"輞川風味"，此則堂前小門也。堂兩廈，左"巢松"，右"煮茗"。堂之前，兩峰遠峙，屹如雙筆，而"藏春塢"在其傍。再陟其上，有巨石獨立，嵐光出沒不息，爲"留雲石"。所謂"浸月池"者，與之相照映。圃宜茶，鶴至避烟而鳴，是爲煮茶之所。其地狹而人少，故名其田曰"俸鶴"。析爲八景，而名"雙筆峰""萬松徑""留雲石""浸月池""集勝亭""藏春塢""俸鶴田""藝茶圃"。至於"憑虛""偉觀""橫槊""晚對"諸亭，皆依山傍石，歷歷在几案間。可以供眺望，娛燕息，呈妍出奇，應接弗暇，而爲樂不可盡述者。他如桃杏梅、李棗櫻榴諸品，松杉杞梓、桐楠榆檜諸材，皆具焉。其餘若洞庭柑橘、楊梅，遼薊榛松，陽羨香茗，皆產自比鄰境土外，移植於茲，蔚然蕃碩。客至盡歡而返。時詞人各有吟咏，以紀其勝。少司空豫軒沈公，有山莊記以侈之。予無似，敢執筆以辱二公文字之後！竊聞天地間佳山水在在有之，顧所遭有幸不幸耳。世稱杜少陵在閬州，以錦屏玉臺，天下稀絕。柳子厚所游石澗、石渠及鈷鉧潭，皆一方奇處。論者以爲俾得置諸通都大邑中，價豈止十倍，而惜之者是固然矣。歐陽子欲卜居於潁，故作潁詩以見志；蘇子瞻蜀產也，欲買陽羨而終身焉。二公一代偉人，棄鄉井而就他郡，謂之何哉？故曰幸不幸，此也。揮使世爲衣冠大族，所居武進，爲吳中物產富饒之地，舟楫冠蓋之衝，培深栽厚，諒不止乎相傳一再世焉耳，而文肅公父子發身賢科，其名位事業尤士流所見知者。揮使不出乎先人桑梓之鄉，享此莊居山水之奉，悠然自適，抑又何幸也！可謂善於繼述而能克振其家聲者矣。況乎恩命駢蕃，充溢笥篋，經書萬卷，足貽後人。當有趾美承芳，出而爲時英雋者在，與鄴侯插架，并靈壁張氏園亭相上下，豈直貯絲竹之歡，騁花卉之玩而已哉！遂書此《橫麓山居記》，揭諸座隅，用資談噱，亦庶乎山居之一助也。

　　正德四年歲次己巳夏五月吉旦，賜進士第、正議大夫、南京禮部右侍郎、前翰林侍讀學士、經筵講讀、纂修會典、西充馬廷用書。

——《毗陵王氏宗譜》卷六

芳茂山莊記

〔明〕沈　暉

　　去晉陵城東北三十五里，有山隆然而起，蒼翠可挹者，曰芳茂。山上常有雲氣，勃勃出巖谷間。望氣者，以其地爲大貴，當出王侯。晉將軍曹橫嘗居此而葬焉，後人因更名橫山云。岡阜纚屬，延袤二十餘里，南臨芙蓉湖，東有龍井，北控大江，左右腴田沃野，一望無際，而村落映帶，榆柳聯陰，雞鳴狗吠相聞，絕類桃源橘洲風景，真吳中之勝地也。吾鄉先生兵部主事王公愛其地，頗有求田問舍之意，乃以太守竹鶴何公所寫《雲山圖》，求巡撫蘇松文襄周公、郡博臨川聶公題詩，以見意矣。其後先生不幸物故，此志遂不果，先生仲子文蕭公，由進士及第入翰林，累官至冢宰，出入兩京，歷事四聖，固所謂國而忘家，不屑及田宅事，然每覽何公詩畫，未嘗不戒諸子以勉承先志也。既而長孫希範以蔭補程蕃推官，次孫希曾亦由進士歷官郡署方伯，進位都臺，各以王事靡鹽，無暇及此。今季孫鎮江指揮使希程，嗣秉家政，始以先人遺貲，買山若干，營建別業，匾曰芳茂山莊，取乃祖所得諸公詩畫裝潢成軸，揭諸中堂，將以揄揚先德而昭示後昆，且寓書求予一言以爲之記。予惟人有恒言，創業難守成不易，昔馬周爲御史，遺人以圖，欲買佳宅，或以其書生家貧，多非笑之，後既貴，卒以百萬買佳宅，人乃悟其有量；李吉甫愛洛中山水，欲居之不就，自爲詩以示子孫，後其子德裕始置莊，號曰平泉，以終父志，蓋創立之難如此。先生家故大族，固非馬周驟貴者可比，而文蕭公父子繼美，各享厚祿、樹大功，殆與吉甫、德裕相伯仲，然而橫山一別，業乃歷三世，垂六十年，而後成於揮使公之手，則創立之難何如哉！夫惟知其創立之難，則所以守其成固不得而易也，《記》曰"孝者善繼人之志，善述人之事"，揮使公近之矣。《書》曰"若稽田，既勤敷菑，惟其陳修，爲厥疆畎；若作室家，既勤垣墉，惟其塗堅茨"，尚有望於後之人。是爲記。

正德二年，歲次丁卯，夏六月望前三日，賜進士出身，進階資善大夫，南京工部左侍郎、前都察院都御史，奉敕巡撫湖廣地方兼贊理軍務，致仕，宜興沈暉撰。

——《毗陵王氏宗譜》卷六

水西半隱記

〔明〕邵　寶

武進王君希程，爲贈太子太保吏部尚書文蕭公之仲子，讀書善吟詠，雅崇世德，君子與之。間以性癖山水而太夫人在堂，不敢遠遊也，乃於其世第之西、運河之涯爲燕居焉。仿唐王龜永達里故事，題曰"水西半隱"，而屬記于予。予未嘗遊，嘗觀其所自敘，堂曰"閒止"，則取諸陶靖節氏，有求志之義；館曰"聚星"，則取諸陳太丘氏，有麗澤之義；齋曰"弦"，則取諸董安于氏，且考訓也，有戒偏之義。臨山爲池，曰"小西湖"，具六橋三洞之勝，作軒其上曰"影娥"，則取諸白樂天氏、蘇子瞻氏，而隱居之觀盛矣。惟古之人藏修遊息皆謂之學，王君自謂山水之癖，凡今所爲睹名思義，於古人之所謂學皆弗畔焉，而可謂之癖乎？且夫山水者，仁智者之所樂也，仁以居之，智以行之，而壽樂之效見焉，以是奉其太夫人則孝莫大於是。癖乎癖乎，吾猶恐君之不深也。九京有知，文蕭公以爲何如？居之中又有扉爲“納春”，徑爲“流香”，居爲“懶雲”，閣爲“都翠”，亭爲“賓秀”，皆有景趣可書，予書其大者，故略焉。由第以往，凡一里許，有小艇曰“泛宅”者，少司空豫軒沈先生嘗記之，其事可互見云。

——《容春堂別集》卷六

止園記

〔明〕吳 亮

余性好園居，爲園者屢矣。先大夫初治嘉樹園，稍東有園一區，爲季父草創，余受而葺之，稱小園。已城東隅有白鶴園，先大夫命余徙業，于是棄小園。已先大夫即世，余復葺嘉樹園，于是棄白鶴園，已復棄嘉樹園而得茲園。園屢治而產且減，然又屢治屢棄而皆不爲余有。茲園在青山門之外，與嘉樹園相望。盈盈一水，非葦杭則紆其塗可三里，故雖負郭而人迹罕及。顆村辟園，有池、有山、有竹、有亭館，皆粗具體而已，而歲久不葺，蕪穢傾圮，不可收拾。余又以奔走風塵，碌碌將十載，則茲園亦未嘗爲余有也。頃從塞上挂冠歸，擬卜築荊溪萬山中，而以太宜人在堂，不得違只尺，則捨茲園何適焉！于是一意葺之，以當市隱。而余性復好水，凡園中有隙地可藝蔬，沃土可種秫者，悉棄之以爲洿池，故茲園獨以水勝。開逕自南，園之門與關門遙遙相嚮。入門即爲池，沿池而東，爲橋五版。遞高而爲臺，可眺遠。稍北，復折而東，爲曲橋，楣曰鶴梁。四折而爲曲徑，又折而北，西嚮爲斜橋。橋西爲堂三楹，當水之北面，而又負山，巧石崚嶒，勢欲飛舞，堂乃在乎山水之間，曰“懷歸別墅”，將毋未諗識余罪也！迤西爲廊五楹，而窮于水，作石蹬數級，曰青溪渡。隔水桃源，當有漁郎來問津耳。池中有灘曰數鴨，畜白鴨十數頭游息其上。白鳥鶴鶴，每從曲橋渡而與之偕，此鶴梁所由名也。山右架石爲門，由西稍折而北，徑旁綴石爲欄，種木芍藥數本。徑中折，有石若伏猊、若樹屏，皆可紀。徑右折，拾級而上，得石梁可登，陟山顛，有松可撫。循東陔而下，得石峽。盤旋而西，復合前徑。徑窮而爲籬，錦峰旁插，叢桂森列，有堂三楹曰“水周”。前見南山，山下有池蒔菡萏，四外皆水環之，故取《楚騷》語。堂後有玉蘭、海桐、橙柏、雜樹，皆盤鬱。磊石爲基，突兀而上，有軒三楹，曰“鴻磐”。磐之上有青羊石，擊之鏗然，別有記。南樹兩峰，一象蟹螯，鐫王弇州絕句，一赭表而碧裏，如玉韞石中，余題曰金玉其相。後復枕池。躡石而下，若崖、若壁、若徑，各具蒼蘚。一石孑然立，曰介石。折而東，得曲澗，履石焉而渡，曰柏嶼；古柏數十株，翠色可餐。石臺層累作岵崿形，曰獅子坐。凡此皆吳門周伯上所構。一丘一壑，自謂過之。微斯人，誰與矣！臺址以北爲土岡，植梨棗。沿池曲曲多芙蓉，秋深花盛開，望之若錦。巒岡上甃文石爲徑，從竹中入，有閣翼然，凡三重六面，基崇丈有咫，閣三丈有奇；俯瞰城闉，萬井在下，平蕪遠樹，四望莽蒼無際。閣虛其中，最上奉觀音大士，曰大慈悲，實太宜人所皈禮者也。前後皆梧竹，有清樾。一構磬折環其北。徑右折，拾級而下，過石橋，爲飛英棟。西沮，水則前所云水周者迴環堂之四隅，而亦園東偏一長塹也。

自西溝渡板橋，爲來青門，取王荆公語。吾邑無名山，芳茂、安陽小山東峙，適當茲門，天日晴美，隱隱若送青來，取其意而已。過門爲中坻，所云沃土可種秫者也。居恒寢寐玄墓之梅，不可以勾股計，花發時香聞數十里，清人幽士每入山尋春，輪蹄之下，狼藉如雪。吾邑苦無梅，即有之不盈畝，南郭墦間偶得數株，好事者輒稱梅園，狂走如鶩。東郭外有桃數畝，二三月間，游人如蟻。然無奈沉湎之狼戾，惡少之摧折，正恐數年之後，無梅并無桃矣。余笑謂諸季："吾不難歲損百斛釀，爲吾邑一洗羅浮之恥，且延玄都一綫乎！"于是棄田而鑿池，池之土累而成岡，水之勝廣而岡之崇幾與山埒，前池如矩，後池如規之半，岡橫亘而參分之。南樹桃數百，花時繁豔，即遠望足飽吾目。北植松竹梧柳，以障市氛。中樹梅亦以百計，皆取其幹老枝樛可拱而把者。蒼苔鱗錯，綠竹叢映，古香寒色，時時襲巾裾而亂袍履。僅可當玄墓一席地，而以吾邑得之，將無詫雪山瓊島耶！梅間構樓三楹，曰梨雲，取坡公夢中語。前築平臺二重，甃石爲楯。一登樓，無論得全梅之勝，而堞如櫛，濠如練，漁網如幕，帆檣往來，旁午如織，可盡收之。睥睨中臺，復朗曠臨池，可作水月觀，宜月；而群卉高下，紛籍如錯綉，宜花；百雉千甍，與園之峰樹橫斜參列如積玉，宜雪；雨中春樹，濛濛茸茸，輕儵乍飛，水紋如縠，宜雨；修篁琤琤，與閣鈴丁丁成韵，互答如拊石，宜風。左亦有崇岡，陟而南，可數百赤，當東西兩水間，竹影波光，相爲掩映。昔簡文入華林園曰："會心處不必在遠，翳然林水，便自有濠濮間想。"從樓後循隥而東，爲廊二十二楹，曰清淺。折而南，渡來青門，若長虹垂帶，又爲廊二十楹，而窮于溝。溝宛轉與兩溪合，軒一楹跨其上，曰碧浪榭。畫棟逶邐，朱欄縈迴，十步一曲，或起或伏，極窈窕之致。又南爲小阜，高倍岡，結亭曰凌波。自亭左折而西，由竹徑入古綏山路，令人有玉洞真人之思。花間構小樓三楹，曰蒸霞檻。北負山，南臨大河，紅樹當前，流水在下，每誦太白"杳然"之句，真覺"別有天地非人間"矣。此中坻之概也。

由清淺廊而西，凡三折，爲廊十二楹。折而西，爲館三楹，曰華滋，取張曲江語。右軒左舍，南嚮曠然一廣除，分畦接畛，遍蒔芍藥百本，春深着花如錦帳，平鋪綉茵，橫展爛然盈目，客憑欄艷之，輒詫謂余此何必減季倫金谷，余謝不敢當。而其隙以紫茄、白芥、鴻薈、罌粟之屬輔之，則老圃之能事也。又西有池名龍珠，三面距河，北帶溝水若抱，形如珠在龍額下，想以此得名。近浚外壕，遂塞水口，而積土且成阜，中多古木，木末有藤花下垂，春來斐亹可玩。余高其垣與水界，曰鹿柴，而畜群鹿于其中，求友鳴麌，或騰或倚，狌狌者亦將自忘其爲柴矣。水上竹林修茂，構庵三楹曰竹香。小山巎然，古松倚之如蓋，一峰蒼秀，相傳爲古廉石。庭前香櫞一株，秋實累累如綴金，名庵或取二義，然杜工部咏竹云"風吹細細香"，則竹亦未嘗不香也。庵右小齋兩楹，三面皆受竹，曰清籟。窗西襲龍珠之勝，時招麏鹿與之游。余集唐句云"樹深時見鹿，藤蔓曲垂蛇"，可爲此地寫照。庵後爲堂，中三楹，曰真止；東二楹在高蔭下，曰坐止；西二楹面竹，曰清止。左右以兩小樓翼之，斯亦栖息之隩區也。至是吾園之勝窮，吾爲園之事畢，而園之觀止矣。因以"止"名吾園。園畝五十而贏，水得十之四，土石三之，廬舍二之，竹樹一之，而園之東垣，割平疇麗之，撤垣而爲籬，可十五畝，則明農之初意而全園之概云。

園居士曰：今而後兹園庶幾爲余有矣。定省之暇，水泛陸涉，郊坰之外，朝出暮還，撫孤松而浩歌，聆衆籟以舒嘯，荊扉常掩，俗軌不至，良朋間集，濁醪自傾，而又摘紫房，挂赬鯉以佐之。座客有談時事及世諦語，則浮以大白。時而安神閨房，寓目圖史，味老氏之止足，希莊叟之逍遙，而閒居如潘岳則慈顏和，獨步如袁粲則幽情暢，昌言如仲長統則凌霄漢，高卧如陶靖節則傲羲皇，園居之事殆未可一二數也。雖然，又恐余之不爲兹園有也。夫世固不乏蹈引之士，慷慨遺榮嚴穴驕語者，未幾而熱中羶途，攖情好爵，坐書空而咄咄，出載質而皇皇，外寂中喧，先貞後黷，將使嶽嘲隴笑，毋寧爲草堂辱耶！余自今與兹園盟："有如土不肥，泉不洌，花不萼，竹不苞，鶴不抱卵，猿不報時，禽魚不來親人，園任之。不然者，罰依金谷，鞠爲茂草，如或焚芰裂荷，誘松欺桂，石無漱，流無枕，鶴無友，鹿無群，白雲無侶，風月無主，余任之。不然者請移文如鍾山故事，甘謝遁客。"夫然後兹園爲余有，余亦爲兹園有，兩相有而兩不相負，薖軸弗諼，丘壑長保，無煩捉鼻，若將終身悠哉游哉，雖有他樂，吾不與易矣，而又烏知夫雞肋之戀，蝸角之争，腐鼠之足嚇我耶！蓋嘗讀淵明《止酒》詩，其言止者非一，要其指曰"始覺止爲善，今朝真止矣"，此余所爲真止名吾堂而并其名吾園之意也。

——《止園集》卷十七

茶山草堂記

〔明〕吳 充

江以南多佳山水，即吾郡亦處處有之，陽羨更爲山藪，且産茶，錫山則兼有泉，以供好事者鬥茶之用。吾邑太俗生皆平衍莽罝之野，獨郭外西南隅十數里有茶山，亦魁父丘耳，不堪與諸山作奴。考之邑乘，唐時修茶貢于此，故名。杜牧詩有"山實東南秀，茶稱瑞草魁"之句。土脈從陽羨來，蜿蜒如龍，時起時伏，又如覆鑑，如累棋，如連珠，如螺如髻，雖無崇岡峻嶺，而以負郭得之，差足破吾地之俗。倘有幽人韵士如甫里先生輩點綴其中，地豈不以人勝哉！奈吾邑之人更俗于地，闤闠間櫛比而居，無隙地可錯趾，此山空寂，則不以宅人而以宅鬼。點涴烟雲，幾無完膚，可惜也。然纍纍者歲爲此山增窀，而松短于秋，平鋪著土，望之宛似畫米家山點苔設色，嬌娓可人。其拱而抱者樛枝偃蓋，直參天日，真不減深山中，恐張湛齋前未必有此景色，則反受鬼之利矣。余少好郊游，每至此，必藉草坐，便有卜居之想。萬曆壬子歲，始買山而營菟裘焉。山下有白蕩，幾數百頃，水清冽，藻荇交橫，葉葉可數，且味與常異，可收之湯社十六品中。余因堤以蓄之，溝以環之，沼與澗以濚洄之，其延廣足當居址之半。雨後山溜淙淙注之，悉受其不勝受也，乃從石竇中放而之蕩，且設版焉，以觀其建瓴瀑布之勢。凡田畯園丁取之不禁，減則補之，故水常與階平，而與蕩水相懸，偶至尋丈，山居之勝，不獨得山，又復得水矣。更以水易土，累而成阜，移山松之中材者植之，與山幾無以辨而山益勝。乃插棘爲藩，截柴爲門，種竹樹爲障，而構堂三楹于其間，至丙辰始落而題曰"茶山草堂"。或謂余曰："古人有山水癖，有茶癖，子欲兼而有之乎？但此地無一拳之石、無一棋一槍之蘗，即茶山亦浪得名耳，子何取而復以名子之堂？"雖然，名亦可取也，太白云地不愛酒，應無酒泉，余亦云地不愛茶，應無茶山。今世味沉酣，中人如酒，耽耽逐逐，無復醒者。忽一日謝闤闠間事，出郭門散步，亂山中見長林叢密，高墳岩嶤，平日馳逐奔騰之火如投之清冷，耗除過半，而升是堂也，有不習習然、冷冷然，滌煩襟而消渴吻者哉！即無茶可也。況余有同癖，更無酒腸，得專其嗜于茶。凡山下種秋之田，當改而種荈，效甫里故事，歲入茶租，自爲品第，以了此山一段公案。柴門反關，俗客不至，汲流泉，束散薪，烹折脚鼎，隱囊紗帽，翛然于林壑之間，亦足以老矣，故書此數語爲記。

——《山居雜著》

遊兼葭莊記

〔清〕陳玉璂

予嘗思得百畝之地，有合圍之木數百株，以六七十畝爲池而又慮木不易長大，必擇其地之有茂林古幹者始因之爲池，而又慮鑿之者人工難繼，或卑隘淺淤，不能成浩渺之觀，必得源之通于江湖者，滔滔不竭而後快予心，然求之卒不易得，亦成吾虛願而已。吾郡南郭有茶山路者，相傳爲披裘翁不拾遺金地，高下盤曲如山，又不邇官道，以故其地之木皆得全其生，且有歷幾百年者。旁連白蕩，白蕩爲郡西南巨浸，周圍之田藉以灌溉，以其爲官河無稅，人故皆得而資之。明神宗時，邑孝廉吳某者，既相其地可爲園，不惜重價以得之，所爲白蕩者亦不憚勉强委曲以得之，然白蕩亘二十餘里，止就其偪于茶山者築堤其上以斷其流而已成巨觀，于是茶山之木、白蕩之水皆爲園有，予固嘆孝廉早已同予之願而不徒有其願也。園成不數年，孝廉病且死。又後十餘年，其子孫負債于邑之富人，不得已歸焉。而富人者不喜園，然捨此慮無所償，亦不得已受之。富人雖有其園，然日謀利于城市，終歲未嘗一至其處，止令守者牧羊豕于其中而已，而所爲茶山之木朝夕齧之，死者過半，富人且喜盡伐之以爲薪，獨白蕩者資之以拏魚，得無恙。然其爲園百畝許，魚之利不足以輸官，富人方且思仍出爲官河而免其賦稅。嗟乎！昔日爲園之始，所爲茶山之木、白蕩之水，孝廉愛之惜之，如恐失之，孰意其今日棄之至于如此也！且孝廉力能以物之在官者爲吾園之所有，豈遂不能以吾園之所既有而長保所有乎！則孝廉之願，固已早遂于予，而予之願雖終不得遂，亦可無悔也已。

——《學文堂文集》卷七

東皋園記

〔清〕邵長蘅

城之東北隅有園曰東皋，左帶雉堞，前臨圃畦，溪流環之。園之主人曰楊子陶雲，由翰林左遷，今方官新建丞。先是園爲曹尚書故第，鉅麗甲於一時，歌舞聲伎之侈，悉與園稱。乙酉軍興時，籍之爲兵使者署，園寖以圮。十圍之桂，斧以爲薪，馬通若丘，畜豕群聚，指爲穢區，署廢而陶雲尊人靜山先生稍葺而居之，遂以東皋名園。園之廣二十畝而贏，突者傾如，潴者淤如，蠲薉刜翳，崇傾決淤，稍復厥觀，大抵亭榭臺館十完二三，蒼虬古幹，以及太湖靈壁嵯峨嶻嶭之勝十完四五，益樹以松杉梅杏、含桃叢桂之屬百本，篔簹之竹萬箇。主人雅好客，客益進，騷人墨士往往分韵角勝，觴咏嘯歌於其間。吾邑稱能園主人者，率歸之東皋。噫嘻！方園之盛時，舞鬟歌鈿，靡顔而盛鬋者，更侍遞代，而所爲畫棟雕楹、翡帷翠幌，幾與金谷、銅池相埒，豈非遭世承平士大夫競以侈靡相高，故驕恣逸樂至此耶！不數十年而弦管之地一變而爲笳吹牧馬之聲，斯可慨也。既已薈爲廢墟矣，又烏知十餘年後楊氏復居之以爲園，而得與騷人墨士一觴一詠於其間耶！雖然，天下汰靡者易敗而淡泊者可久，茲之易粉黛以詩書，變絲竹爲吟咏，是使之久之道也。陶雲蚤貴負盛名，顧坎壈仕宦，遷謫二千里外，吾知有不能忘情於茲園者，故不待請而記以遺之，使知夫盛衰有時，亡足深怪，而區區得喪之偶然，自達人觀之，其有不嗒然而自失也與！

——《邵子湘全集·青門麓稿》卷九

楊園遊記

〔清〕謝良琦

蘭陵當三吳山水之缺，士大夫爭選勝于泉石，城內外以園名者十數，疊石爲山，鑿渠導流爲池，藥欄竹塢、亭榭樓觀之美，最勝者平疇綠野，村烟郊樹，左右縈拂映帶而已。獨楊之園以林木勝，蒼松古檜皆數百年物，遮蔽天日。每風止雨收，綠陰覆合，夏之日、秋之夕，斜陽新月，杳靄澄澈。主人楊靜山積書數千卷，往往茶瓜留客，歷旬月不厭，以故遊蘭陵者皆以楊園爲最勝云。余來是邦，數從牧伯後，恣所觀覽，顧獨以爲未盡。已得罪，僦居城東，距園不數武，幅巾野服，日率再至，始得縱觀深林邃谷、幽花奇樹、碧澗清泉，以及朝暮晦明，千態萬變，收攬略盡。常夜登遠景樓，憑欄四望，虛無曠邈。忽然風起，度林木颯颯有聲，心骨皆冷，急起欲下。友人鞏宗子常來遊此，所見殆與余同，因謂宗子曰："凡茲園之勝以林木，凡吾遊之樂以幽寂，自吾與子同衆人之來也，顧望陰翳以爲其勝足樂也，然而管弦嘔啞，賓從雜遝，當筵醉飽，列炬乘輿而歸，未知所以樂也。逮夫管弦歇、賓從散，向之所謂列炬乘輿者不可得，而吾之遊乃足樂，園之勝乃益奇，孰使吾與子樂是邦而忘其身之憂患者，非茲園之勝也耶！"是不可以不記。時方暑，甘澤不時降，靜山招余與宗子夜話。良久，雷雨大作，天半列缺，散爲金蛇數千，隱見木杪，其樂又非一人一物也，因執筆爲此。

——《醉白堂文集》卷二

東皋草堂記

〔清〕洪齮孫

余與楊子小懷羈丱締交，松柏相說，連襼叠軌，爲歡彌年。且里閈相望，遼不數武，每文史餘晷，輒挈榼市醪，飲其家東皋草堂。解衣踞石，灑翰盈壁。探巢層林之顛，濯足行潦之水。婆娑灌莽之中，俛仰蓬薜之境。悼今撫昔，激情屬響，沉酣淋漓，雲涌飆駿，視者愕眙，哂其狂逸，而吾兩人獨登賞久之，至不忍去。其瀏覽所未盡者，乃退而爲之記焉。東皋草堂者，楊子先世殿撰静山先生別業也。先生一代偉人，鄉邦文獻，宏嗣騰踔，於鑠前美。其振聲巖廊、回翔蓬閣者後先相望，下至群從子弟莫不耀珠抱璞，飛藻騰曜。至太史芝田先生時，上溯草堂之成已閱數十年矣。時值海宇蓺平，物力殷庶，凡抽簪之散老，薦紳之遐彥，莫不揚扢隆美，抒寫性靈。每當觴酒高會，賓從填溢，朱茵旦陳，流水接軫，官燭宵宴，凝輝絳霄。列筵東西，華軒不足容其軌；題藻上下，高垣不能畢其詞。是時草堂勝概振燭遐邇，一時碩德鴻宿又狀其靈奇，永以絹素。蘭亭之會，披卷若親其笑言；桃源之圖，閱者俱羨爲霄漢。於是東皋主人復薈萃景物，博徵雅歌，則漢南諸作衍化於周京，鄴中七咏高視於千載。嗚呼盛矣！而代謝時殊，今昔同慨。魯國之靈光不峙，南皮之勝游已空。將軍之殘客，任安僅存；丞相之舊僚，羊曇空泪。風雲若馳，秋草已遍。霸陵之田，攘之以作圃；小園之賦，閱之者傷心。迨至德祖之生，已傷茂草之嘆。此楊子所以緬世德之清烈，撫斯園之盛衰，不能無慨者乎！然吾獨爲草堂幸焉。今與楊子考桑梓之闚軟，綜耆舊之遐聞。其炫麗瑰譎，至張氏青山莊止矣。當其摹異役華，崇侈鬥巧，未嘗不嘆古人之未工，冀後嗣之永保。乃當其始，不過角紒袴聲伎之用；及其敗，不足償培克取盈之辜。目未及瞬，薰滅燼歇，爲子孫者欲於頹垣叢莽之內分片楹半壁之安，已不可得矣。然此猶不越豪儈裛吏之計也。若隋大業中作離宮於毗陵，綿亘者數十里，分列者三十所。此其人躬元旒之尊，極區宇之力，殫東南之美，拓耳目之侈。然役夫方怨於宇下，矛戟已起於四海。帷帳之具未及移，銅駝叢棘矣；楄柰之號未畢書，金仙隕涕矣。非但不能示累葉以崇制，遺雲礽以遐美，即求一轉轂、一瞬覽，已若駒隙而不及此。峴山涕泪，太傅寄其遐思；造物逆旅，蒙莊不獨寓言也。而斯堂獨閱二百餘年之久，巋然獨存。當其盛也，爲鉅卿瑰瑋所臨賞，吉金樂石所會奏，有編韋以表其迹，有絹素以永其傳，縣景銜曜，非不極先德之盛舉也。今即蕪没於叢林敗圃之中，而末孫遐胄猶得崇其世守，分其幽景，晝則弦誦於其間，暇則登眺於其際，盤桓林薄，馮感陳迹，怳然見我先人締構之艱，諸名宿泳游之樂。於是證之故聞，咨之宗老。播昇平之隆軌，宣之以麗辭；闡世矩之清芬，遺之於後雋。則雖風移轍殊，而興感曠昔，景響若接，其盛衰之際爲何如乎！抑余猶有進焉者，楊子仰承偉矩，凤懷軼才，而群從昆弟又皆好學修古，英絶領袖，則他日敷宣景曜，陶淑繼聲，方得紹休諸先生之令緒而丕廣其高矩，是睹榱桷之傑構，聿興有匜之遐美，則世濟之宏烈、纘承之英談於是乎在，豈特爲游騁之樂而已哉！余故樂而爲之記。

——《國朝常州駢體文録》卷八

近園記

〔清〕楊兆魯

有客過近園，謂予曰："人生天地間，一身之外非吾有也，皆可以遠名之。何况遊目托迹之所，草木禽魚至遼廓不親之物，與吾身何與？而子謂之近，豈不謬哉！"予曰："不然！夫遠近亦何常之有？性情騖乎遠則浮江河、陟五嶽，且欲翱翔於凌虛之臺、馳驟於閶風之圃者有之。予也，蒲柳也，鷦鷯也。一畝之宮，可以栖遲偃息，禽魚草木皆吾陶情適性之具，又何遠之足云？"自抱痾歸來，於注經堂後買廢地六七畝，經營相度歷五年，於兹近似乎園，故名曰"近園"。其中爲堂則西野草堂也，不過三楹，可以宴客。其南則見一亭，前疊石作假山，後作小臺植牡丹數種，窗櫺敞豁，表裏相望。折而西則竹深處，由此而進，題曰"藥欄乘興"，左有天香閣，右有安樂窩，臨池有得月軒，綠水淪漣，游魚與波光上下，此予讀書吟釣處也。又折而北，則秋爽亭，回廊匝繞。又北則鑒湖一曲，迤邐而東過，虛舟入容膝居。渡小橋，則三梧亭，亭下有垂綸洞，石磴參差，古木蓊鬱，亦城市山林，小憩之所也。西南則留片地，作種菊圃，圃前有四松軒，軒左有欲語閣，園中之木，高下數百株。其花則四時開落，約數十種。雖不及綠野平泉之萬一，庶幾寄吾身於一壑之內而吾意悠然矣。

——《武陽志餘》卷一之二

近園記

〔清〕陳玉璂

楊憲副青巖就舍旁隙地爲園，名近園。青巖曰："爲其近似乎園也。"予曰："旨哉斯言！人之爲園，莫不求其似而唯恐不似，是故興土累石，欲其似山；築陂陀，欲其似陵谷；鑿池沼，欲其似江湖之水；植嘉樹美箭，欲其蒼然似林木。于是竭其貲力而無所惜，窮極工巧，有數年、數十年然後成者。青巖之爲園，凡于園之宜有止求近似而止。昔人云"築室種樹，逍遥自得，灌園鬻蔬，以供朝夕"，豈青巖亦欲辦乎此耶？天下之事，既至其境，則境已窮，將至而未即至其境，反若不窮。青巖由其近似者，日荒度之，以至于無不似，安在其以近終！柳子厚曰："地雖勝，得人焉，居之則山若增而高，水若辟而廣，堂不待飾而已奐。"今以青巖爲之主，可謂得人矣。昔梁園、鄴苑諸勝，久已無有，其名猶流傳到今者，時有賢主，故文人才士遨遊其地，作爲詩文以紀勝，園雖亡而猶存。自近園既創，四方名流踵至，青巖固好客，相與賦詩飲酒相娛樂，近園之以詩文傳，當與梁園、鄴苑并不朽，雖存亡尚可不拘其迹，又何論乎今日之近與非近也！衛公子荆居室，始有曰苟合，少有曰苟完，富有曰苟美，孔子善之。孔子非徒善其居室，蓋以立身處世之道，不以物累乎心，可即小以觀大，其説與老子知足不辱之論相通。青巖官副憲，年齒方壯盛，遽致政歸，可謂不以物累者。然則青巖之以近志，不獨在園也已。

——《學文堂文集》卷八

嘉樹園海棠花記
〔清〕方孝標

毗陵，古揚州地，厥土惟塗泥，宜草木，故大族厚聚之家，率多園林花木之勝，而特著者則嘉樹園之桂花、海棠花爲尤奇。壬寅秋，余曾偕友人攜酒坐其桂花下竟日。今年春，聞海棠盛開，往觀之，園古邃多徑，屢折始至其最深處，望之有樓翼然，海棠在其前，而户扃不可入，問之，蓋主人之母所令也。又聞主人少孤，母才且健，操切以守其家，冬則拉園之枯株朽籜以給薪，夏市其樹笋花實以爲利，春秋蒔蔬刈麥，蓋不以園爲遊觀之地而以爲生息之資，扃之者防攀折也。必使人通謁、道姓名，稟鑰而後得至花下。花三株，一株在東，一幹五支，菁葱可愛，高七八丈，陰可二三畝，二株在西，差小而并植，則陰倍之。登樓憑闌，花光適半，如坐錦綉茵，如行瑪瑙山上。風來拂拂，又如數萬十七八女郎作蓮花旋舞。憶余生平見海棠盛處，唯嘉禾某氏園與都門韋公祠耳。某氏園凡七株，亦叢密斌媚而小，不及此花之古而大。韋公祠有其大，古倍之，而苦攀折，不及此花之厚而藏，然余於此又有感焉。夫嘉樹園者，故翰林學士吳復庵先生之遺構也，學士生隆、萬，盛年爲貴官，以文章諫諍聞海内，兄弟子姪多占甲科。歸老處優，富冠江左，一時置園林凡七八處，遺其子孫，兹則其庶孫所授也。孫爲妾出，即所謂主人之母者也。尚想當時，春陽既浮，園花競秀，學士坐此花下，都騶從，操圓方，賓客滿前，聲伎擁後，歌安世房中之章，奏馬上清游之曲，意氣豈不偉哉！乃今未百年，子孫猶賢且貴，而所遺多轉鬻他姓，不能守，惟此園存，存又以一婦人力，盛衰之理，可不爲富貴者戒歟！然則觀此花者，抑觀其葉之將茁、苞之初舒，勿第觀其榮華之既盛也，何也？既盛者，衰之漸也。是爲記。

——《光啓堂文集》

霍園記
〔清〕謝良琦

余至常之四月，闢其居西偏隙地，置草木花石其中，名之曰“霍園。”《爾雅》曰：“大山宫，小山霍。”謂大山環小山若宫然，故謂之。霍園在公署中，署又在府治中，故亦曰“霍園”也。園無嘉樹奇木，前列叢桂三，輔以疏竹，東則薔薇木香，樊以屏，屏用竹爲之。近西墻外有神祠，祠中槐高三丈餘，芳蔭數畝。雨過日斜，微風搖曳映帶。吳中多盆梅，列其前二十餘，紅白相間。尚有席地，凡花開爛漫，以時移置焉。其後又臨以小軒，丹青圖畫、尊彝瓴甋之屬次第陳設。常晝起焚香燕坐，率意嘯咏，不知其身之有官然。逾年，友人有遺余緋桃五株，環植垣外，園更以增勝。有佳客至，相與酌酒，放意論説今古，有流連不能去者。姑蘇馬涑庵尤樂之，贈余靈壁石一、崑山石二，嶔崟奇古，若嚴師畏友之臨於前，又若岊壑巉巖之接於目，用是益不寂寞。噫嘻！自吾來此已四年矣，感日月之逾邁，慮徙倚之靡常，乃退爲之記云。

——《醉白堂文集》卷二

可園記

〔清〕錢陸燦

青嶼許先生居常州，余所登之堂先補處，由補處堂右而前，爲貞和堂，貞和、補處，家巷禺之。補處授室十二公子，而貞和則蕭客燕饗酒所聽事，不以誦讀依於也。貞和之左數十武，逾閾而有屋翼然，高垺貞和，仍位補處前，先生梯其上爲閣，閣之上，先生琴書在焉。閣之下，則凡我親串知交于是語，于是道古焉。其前則空地映天，闊丈許，直半之。一池并右方，朱魚助游物日魄鋪荇藻上。池以外左方地不給步，小石離立狀斷齶，雜卉亦宗生，景如是止。先生坐閣下，玲瓏攢簇，軒豁呈露，指而視人曰：“是非園也歟哉！”遂命曰可園。夫椒和上長篇詩之，屬余記。聞屋于園者矣，未聞園于屋者也。屋于園者，園爲主，但表園義，不表屋義。園于屋者，屋爲主，但表屋義，不表園義。雖然，就園表園，就屋表屋，可者必可，不可者必不可，此世人有可有不可之妄見也。屋于何生？從空中生。園于何生？亦從空中生。既從空中生，園又生屋；俱從空中生，屋亦生園。方可方不可，方不可方可，此先生有可之真見也。客問曰：“先生所謂可者，不過曰此亦可以爲園也云爾。”予曰：“是言也，淺之乎窺先生者也。是謂先生立于苟簡之田，而未睹于昭曠之圃。知其可之可，不足以知其無可之可；知其有不可之可，不足以知其無不可之可。今夫空虛者，神明之户牖也，人以無思義爲空，然意常落于空，意常落于空，是制於空也。空虛者，謂意無所制也；可不可者，理事之無礙也。人以決定意爲可，則意常著於可，意常著於可，是制於可也。可也者，亦謂意無所制也，知空則知可矣。裴令畢生不忘午橋莊，李衛公至戒子孫無以平泉一草石予人。此二公者，豈不以午橋、平泉爲可哉！是制於可也。苟制於可，園之爲累多矣。一人射而中其敵之眉，一人射而麗其麇之䶚，於眉於䶚則可矣，雖然，猶有未可者也。一人射而游於羿之彀中，中央者，中地也，此夫子所謂無可無不可者是也。無可無不可，而後可之眞見出矣，此先生可之之義也。先生方借園以表可義，而吾子竊竊然執可以表園義，先生與子游乎藩之外而子方游乎藩之內，此其可之似之而非也。"夫椒聞予言而善之，因請牽連書客問答之辭爲之記。

——《夫椒許氏世譜》卷十三

客園記

〔清〕陳玉璂

陳子因所居西偏隙地種竹千箇，累石爲山，鑿池環繞其左右，呀然具深，窪然其清，立屋其上，以避風雨。既成，招平日所友之客落之，因名曰"客園"。或曰："是園也，成之者子，居之者子也，曷言乎客也？"陳子曰："園雖創于陳子，然凡陳子之客皆得往來坐臥於其間，陳子不得而私也，故曰客也。且子觀其堂曰樂賓之堂，取《鹿鳴》之詩燕樂嘉賓之心也；谷曰嚶鳴之谷，取《伐木》之詩'嚶其鳴矣，求其友聲也'。陳子之意，皆存乎客，則謂之客也。況夫陳子者，方將北走燕趙，南遊閩粵，放艇瀟湘雲夢之間，縱轡汴堤障水之上，陳子之居此年不數月，月不數日也。以園視陳子，陳子亦客也，則亦宜謂之客。雖然，陳子有園，陳子不得而私之，即所謂陳子之客往來坐臥者，今日至者豈皆昔日之客乎？來日至者豈皆今日之客乎？其間死生聚散盛衰憔悴有不可逆料者，客與陳子皆天地間適然之客耳，獨園乎哉！"衆曰然。因退而書之，鑱其石於壁。

——《學文堂文集》卷七

青山莊記

〔清〕蔣汾功

出北門，水行十里而近，陸行五里而遙，有隩區焉，曰青山莊，前明吳氏所建也。入門榜曰"三山在望"，旁有三峰，故以山錫名云。

國初鬻於徐氏，傳三世，漸以頹廢。康熙辛卯，學士張天門先生自潤州來徙居，日課諸孫及群從子侄於其中，又以其暇增勝，槪曰松岡，曰桃園，曰灌畦軒，曰修竹吾廬，皆先生手澤存焉。園舊有樓曰臥雪，其巔曰群玉山頭，可以遠眺望，而一園之勝，在指顧間矣。堂曰飛翠，爲飲食宴樂之所，其右曰樂是軒，仲子某方伯因以自號，益增舊業，闢土宇，列閒館，池有魚，亭有鶴，名花嘉卉娛心悅目，選勝者益於是焉趨之。嘗思天地萬物皆與吾身精爽相爲感召，是故俯仰之在世也，取諸其懷；應求之在我也，從乎其類。室之見美也，惟人日居焉；園之成趣也，惟人日涉焉。其他林泉之勝、草木之蕃、鳥獸蟲魚之泳游啄息，日與人相習，則各效其靈，棄置弗問，則黯然殘敝，皆理有固然，如響斯應。又況考德問業，求諸吾身以內者乎！方伯之子冕，好學有文，世宿其業，慨然於聚散靡常而敬業樂群之不假易也，以乾隆庚申秋，發書四馳，大合四方，諸同學無有遠邇，少長偕來，期九月九日後三日，畢集於莊內，四方君子亦皆如期而至，有不遠千里者。昕夕寢興往復於其中，張樂設宴，永夜不倦，分題較藝，多寡遲速，一聽人自爲，講習觀摩之益、絲竹管弦之盛，視昔人有加焉。柳子厚有言："蘭亭不遭右軍，則清湍修竹蕪沒於空山。"夫古今名勝地以人傳，而其地亦遂終古爲其所有。自茲以往，世有言山莊者，吾知後之視今，亦猶今之視昔也。

冬十月朔蔣某記。

——《讀孟居文集》卷四

青山莊記

〔清〕王應奎

山胚胎乎土石者也，而礉而礐，而崔嵬而砠，其色錯出，名即因而分繫之。若黃山，則繫諸安鄉；若赤山，則繫諸宜城；若黑山，則繫諸安肅；若白鹽山，則繫諸奉節。獨青山之稱，則爲崧、爲岑、爲嶠、爲扈、爲岌、爲岠，皆可以其名概之，然遍考地志，則其名亦有專繫者，一在太平府之城南，一在常州府之江陰。江陰之青山，地志稱其秀銳孤立，昔干將鑄劍於其地，廞儀設冶爐九所，今遺迹尚存。宋齊丘撰《徐溫祠堂碑》云：江陰之役，遇賊兵於覆釜，蓋即青山也。其山距常州府治數十里，而今大方伯張公所營別墅，在府治之北郭，去青山尚遠，而顧取以名其莊，蓋烟雲杳靄在有無之間，不必開門見山，亦姑以寄其仰止云。公以相國文貞公爲之祖，以學士天門先生爲之父，蔭藉高華，濡染典訓，學優入仕，所至輒炳政聲，既乃脫略官榮，寓歡林淑，自京口移家於此。背俗居幽，辭事就閒，青山招隱，如客得歸，而門內有山突者爲嶺，窪者爲谷，衍者爲岡，觸目皆是，亦各分青山之一體，以獻秀而效奇，而又團以老樹，蠱以修篁，洽色巇陰，夏雲翳旭，園林之勝，遂甲江左。公復以其間招延通人碩士，牽拂庀止，江干車馬，一時翕集，授梁園之簡，下徐稚之榻，觴咏流連，浹旬彌倦。而公之嗣君冠伯，暨館甥徐君題客，以翩翩佳公子，亦與其末，分題賦詩，頗推蘇紹最勝，誠山居之樂事、士大夫之高致也。余惟吳中富室巨族，園亭相望，非不標巉嶻、決坳泓，極嵬眼頑耳之致，然大約奏歌舞於斯，貯粉黛於斯，習樗蒲博塞於斯，心爲物役，志以欲迷，園亭雖勝，亦一塵垢囊耳。公生長在紈綺之間，而清規雅裁，獨擅其美，遂乃舉世俗所尚，一一皦然反之，以吟咏爲笳簧，以賢俊爲姚冶，以較文角藝爲勝負虧盈，客情既盡，妙氣來宅，主人大佳，爲不負青山矣。抑吾聞太平之青山，謝玄暉曾築室其地，故又名謝公山，蓋賢者所居，山川亦爲增重，自古如此，安知常州之青山後世不即有以張公名之者乎！姑爲之記，以俟之。

——《柳南文鈔》卷四

亦園記

〔清〕陳明善

　　吾家世居武進循理鄉之徐墅，先大父廷揚公築舍旁爲別業，顏曰“亦園”，用課兒孫，且娛老焉。先君蔚庵公因大父栖息之地，建小宗祠，以妥先靈，遂庀材鳩役，拓而大之。會遘疾，未竟。迄今十餘年來，明善以次增葺，非崇觀游，殆述先人志也。園廣數畝，中爲池爲山，四周以屋，屋之高下大小、卉木之疏密遠近，悉相地勢之所宜然。前廳曰“振雅堂”，堂東入園曰“得間小憩”，軒曰“鋤經”，居曰“片石”。其後松蘿盤挐，巖石崒嵂，爲“十笏山齋”。由齋過靜香廊，曰“天光雲影”，碧流澂泓，掩映疏箔間，於園爲南隅。自南而東，曰“緑天精舍”，檻外植蕉數本，故名。上有樓曰“書巢”，當烟雨初霽，夕陽在山，掩卷憑闌，則川原回互，雲樹微茫，咸到眉睫，蓋是樓爲園中最高處，登高見亦廣云。緣樓爲新月廊，北達修竹吾廬，進爲從野書屋，又進爲先祠。祠右爲家塾，東爲“即是深山”，面岡阜，繞松篁，紆迴深靚，爲園之後圃。折而西，爲“一丘一壑”。更至新月廊，入問渠軒，是爲園之北。對依緑亭并軒右，曰“無隱乎爾”。無隱云者，取山谷聞木樨香之意也。於是由小山坳上索笑臺，古梅連拳，池水清淺。轉西爲停雲，爲橫秋閣、沁碧廊，自廊而南爲依緑亭，亭右即“天光雲影”，亦園之大概如此。至榜額聯句之屬，或遺自友朋，或得之購訪，昔賢名迹爲多。事本承先，物亦惟求舊而已。《記》曰：“君子將營宮室，宗廟爲先。”先君之築園祠宇，其權輿也。予志先人之志，敢不事先人之事乎！獨是吾祖創之，吾父式廓之，迨於明善三世矣，而僅乃落成，一園之不易若是。矧夫創業開先，詒謀垂後，其艱其慎更何如耶！爰書以示後人，志勿諼云。

——《武陽志餘》卷一之二

半園之半記

〔清〕錢維喬

　　萬物之數盛于半，子之半而天心動，丑之半而地氣達，寅之半而人化孳。考《説文》：“半，物中分也。”蓋半爲陰陽消息之樞，人之見萬物者但見其全，而不知其妙萬物而爲言者，乃在半也。人之一身，萬物皆備，全而受之，當全而歸之，故學問之道，期于無所欠闕。若外至之物爲吾所有者，至半則已具盈象，君子戒之矣。錢子既歸田，卜居邗溝東，蓋唐雲客先生半園之故址也。其西有池，久湮，半存鄰宅，水猶淵然，錢子浚所有，約數丈，渟泓紆折，居然有池之半矣。聞舊有卉木，鞫爲茂草。其半則喬柯森蔚，陰垂隔垣，錢子從而植梧柳、樹梅竹，彼此掩映，居然有林木之半矣。雲客爲世家子，負清才，一時名士多與過從宴宿。石谷子嘗繪《半園守歲圖》于便面，倡詶以詩，亦風雅之遺也。百餘年而錢子居之，桑下三宿，殆有前緣歟！當雲客之構此園，園故全也，而名之曰“半”。迨錢子所有不及半矣，然前賢遺業幸分其餘，敢有取盈之思乎！因以“半園之半”署之。夫數以十爲全，浸假而倍十爲廿，則十又祇爲半矣，是有可紀算者皆無盡境，而人之求全之心皆無止期，故《老子》曰“大成若缺”，言以缺爲成，則無往非成而不見其缺也。若求成于缺，則無往非缺而終無可成也。夫園其小焉者耳，然方其全而視之若半，大廈無非逆旅，衡門聊比一枝，可覘昔人之虛懷焉。今不及半而視之若全，容膝即以爲安，素位不願乎外，可警後人之知足焉。雖然，半其所全，全其所半，意不同而皆有半之見，存未忘乎得，則猶囿于數。《老子》亦云“損之又損，以至於無”，庶幾以太空爲吾宇，而無得之得，斯爲得其全乎！爰濡筆而爲之記。

——《竹初文鈔》卷一

陶氏復園記

〔清〕李兆洛

　　昔人謂洛陽園林關天下盛衰，蓋其關於一家者，可無論也。夫衣裳栖楎，子孫猶固護之，況釣游所寄，封殖所加，律以世守之義，豈宜聽其失墜者乎！吾鄉明中葉以後頗有園榭之盛，如吳氏之來鶴莊、蒹葭莊、青山莊，國初則楊氏之楊園、陳氏之陳園，類爲裙屐所集。來鶴、蒹葭早廢，楊園、陳園，予幼時尚得見之，亦且頹圮矣，惟青山莊歸張氏，加繕治，稱名勝，然不數年，盪爲魁陵糞壤，抑可感也。陶園，故唐氏園也，荊川先生嘗讀書其中，無崇臺邃館、珍石奇卉，傍水因樹，自成清華。其後數易主，而艾圃陶先生有之，遂群稱曰陶園云。艾圃先生没，子孫不能守，轉售又易姓。道光八年，先生從曾孫霽堂，乃贖復之，葺其荒圮，而更其名曰復園。《易》曰：“君子尚消息盈虛，天行也。”艾圃先生于未服官之日即居是，宦游所至，惓惓注思，及其歸老，藉娛暮景。今霽堂則以投劾歸來而復之，將以養閒林泉，入而不出。艾圃之距荊川百四十餘年，霽堂之距艾圃亦百四十餘年，往復之運，殆有默定焉者乎！兼葭、來鶴諸園湮没無迹，斯園特以荆川故，留傳至今，君子之澤也。吾鄉自荆川先生以治經治史發之於文章，實之於躬行，赫然爲學者宗。週來三百年矣，流風餘韵，日益凌夷，幸斯園之尚存，過陳渡者憑吊遺迹而追慕之，庶幾有聞風而興者焉。如艾圃先生之治行卓越，文章爾雅，真足以繼荆川之躅者也。然則艾圃先生之居是園也，復荆川之初也；霽堂之居是園也，復艾圃先生之初，即以復荆川之初也。此其消息之故，當必有揚芳蕤、振嘉實，日起有功以紹前賢之墜緒者乎！霽堂之志於是乎在矣，而豈第以是爲一家之盛衰也！

——清光緒刻本《養一齋文集》卷九

陽湖史氏意園記

〔清〕王國鈞

園以意名，有意乎？抑無意乎？謂爲有意，主人初非有意也；謂爲無意，主人曷爲以意名其園也？考《説文》："意，志也，以心察言而知意也。"又偏旁從心爲憶，意園主人殆有撫今思昔之情乎？歲丙戌，史君幹輔由鄂解組歸，卜宅白雲溪之南而作是園，園內羅列奇峰怪石，傴僂俯仰，詭侉萬狀，雜以奇葩異卉，有天然之勝焉。其亭榭室廊，布置越俗，主人本經世才，故能胸有成竹。素工籀、斯大小篆，園中楹聯題跋半出己手。加以搜羅陳迹，如餐霞閣石刻等備極精良，名人翰墨洵足與斯園并傳已。按面東而入，南向爲廳事，中懸王可莊殿撰書"親叙堂"額，楹帖皆格言，垂訓後人，非僅爲主賓揖讓地也。東偏三楹爲清虛室，主人中秋日生，以清虛自勵，故號清虛道人。廳西折而南即爲意園，集蔡君謨書"以意爲之"四字額。繚以回廊，南面築室爲延桂山房。檐前覆翠，桂樹交柯對立，巨石森然若魁星狀，輔以石笋，分行排立，高下成林，左右參差。翼之以亭，鑿池其下，左則潭香荷芰，右則游泳金鱗。西闢方門，別有洞天，主人所得敗壁中"溪山小隱"四磚，榜諸楣。南構精舍，與白雲古渡相對，顏曰"白雲無盡"。昔年鄂園故物，楊庸齋太守書贈，今成讖語矣。旁列洋樓，嶐然而峙。下則疊石成洞，可容出入。循巖東上，有亭曰"一房山"，與魚池穴墻相間，柯遜庵太史取"半潭秋水"之意題之。由廊而下，北折而東，有雲深處、綉佛龕等，於焉小憩，寂静通禪。相違數武，有魁星閣，朔望薦馨，以昭誠恪。迆西而北，臨流築榭，題以"望雲"。每當風清月白，雨歇烟銷，窗外漁唱數聲，棹謳一闋，清箏半舫，短笛孤篷，足令人心曠神怡，翛然自遠。至於遠窺雉堞，近挹波光，借城市入圖畫，取溪山置几榻，若有意，若無意，是則意園之名所由昉，而主人撫今憶昔之情亦以寄焉。

——《毗陵文録》卷八

寄園記

錢振鍠

先子闢宅之東隙地二畝而弱，種樹築室。地非己業，故曰寄。北竟小池，池南曰"快雪軒"，軒成於雪。南十數步曰"望杏樓"，先子所以悼亡弟杏寶也。樓窗玻璃三面，西獨糊籛，先子嘗曰："斜陽中觀紙窗樹影，極佳耳。"樓東北曰月榭，南有方池，又南曰雲在軒。園初祇界籬，花時里童子闚傾之，後乃易以短垣。先子築室，務空明四通，不喜依附固實，而儉於財，規制簡薄，所築亦易圮，圮則於故址重築。月榭之昔爲深柳讀書堂，先子嘗授弟子於此。快雪軒之昔爲留雲臺，又友鶴岑延翠亭，今皆無有。昔多花樹，紅綠梅、日月桃以十數，春暮落花成茵，厚以寸。小時每撒花風中爲樂，紅雪蔽天矣。光緒之季，花漸少，凡樹花之盛者，多以蠹死，壽不及梧柏松桂，惟快雪軒薔薇獨艷，四十年不衰。柳易長而中空，快雪軒北柳數抱，子與謝仁所植折枝也。園左鄰大皂莢，四抱，蔭百弓，暮春青翠半天，非園之所有，亦園之所有也。梧子萌屋上成樹，大旱不死。雲在軒舊列松，四鄰以爲墓木也，不利於己，聒而去之，今桂甚盛。舊有兩鶴，有先後兩猿，先子園居，猿未嘗不在側，出行閭里，猿輒出前後。今惟有猿鶴冢，久亦失其處。鳴鳥至多，獨未嘗見鷽。一日，先子見黃鳥歇碧梧，數囀即去，曰："其音可以砭俗耳，必鷽也。"地初闢，多蟋蟀，其出雲在軒前者，尤黑碩善鬥。振鍠幼喜，秋至手牽無虛晷。或問先子曰："令子近作何學？"先子曰："亦捉蟋蟀耳。"振鍠慚之。垣既卑，不能置物。某歲盜傾先子所著書，以重價贖之。或謂先子，築於他人業非算也。先子曰："人生希七十，吾今五十矣。爲是十餘年而以多金買人地，豈算也哉！"卒不買。

——《名山文約》卷六

序
跋

易解序

〔宋〕鄒　浩

余元祐中爲太學博士，講《易》，講未終編，俄以罪去，然《易》之大旨，蓋嘗潛心矣。後十年，崇寧二年，竄處昭州，因以循省餘隙，北面於《易》而承教焉。始也恍若三聖親以指授，然而猶有《易》也。中也卦爻象數一念冰釋，然而猶有《易》也。終也在天而天，在地而地，在人而人，在物而物，不知何者非《易》邪，不知何者是《易》邪？索之而不得也，簡之而不得也。然則昔之作《易》者其誰乎？今之學《易》者其誰乎？不知誰之所以誰者，又其誰乎？不得已而喙鳴焉，蓋作《易》者以憂患興，而學《易》者以憂患入也。作《易》者以憂患興，經著之矣。學《易》者以憂患入，未有過於孔子者，故曰吾再逐於魯，伐木於宋，削迹於衛，窮於商周，圍於陳蔡之間，親戚益疏，徒友益散，其所以韋編三絕，是乃《易》之所不得遁也。五十而學《易》，有《易》可學也。七十而從心所欲，不逾矩，則不可爲典要，唯變所適矣。孔子，《易》也；《易》，孔子也。孔子與《易》，雖大智迷矣。予未得爲孔子徒者也，然自元祐以來，黜於襄州，竄於新州，又竄於永州、昭州，親老不得養，兄弟妻子離散，舉天下言罪戾者必歸焉。行年四十有五，又適近於孔子言加我數年之時也。孔子於是時前言學《易》，予以是時願學焉。幸而得之以進乎學，則所謂可以無大過者，尚竊庶幾焉，不瞠若乎其後也。莊子曰："果有言邪，其未嘗有言邪？"予既以夫未嘗有言者容聲於筆端矣，於是又爲之序以冠之，以概見秋毫。

——《道鄉先生鄒忠公文集》卷二十七

周易象義序

〔明〕劉曰寧

夫聖人作《易》，所謂洗心退藏于密，吉凶與民同患者也。經之言曰"易不可爲典要"，《參同契》云"二用無爻位，周流行六虛"，斯亦千古之微言哉！顧世之竭才仰思者何少也，聽其不合則已矣，又曲爲之解，卒不勝其穿鑿汙漫，遂使聖人雜物撰德、探賾索隱之義不明于後世，非其言有過，不知言者過也。王、鄭而降，主理者黜象，主象者亦黜理，蓋太極無名之內畫然鴻溝，是二者皆非也，而象固近之。夫伏羲之初，畫乾之龍、坤之牝馬，《説卦》之引類，則象而已矣。故象者造化之機，理之函也，其猶在有無之間，不可執者邪！而儒者疑之，曰理立于陰陽之前，象表于形器之後，吾以日喻夫理，則其常明之體也，而光昭動蕩于萬象之間，即萬象之昭昭而明可推也。且理則不容有言矣，言理以為理，是劍之舟、月之指，其為執且滋甚焉。余懷此疑且久，嘗以質于友人焦弱侯氏，最後聞荊川先生有言"易之為書，以象證理"，輒慨然太息。昔蘇子瞻讀莊子，嘆曰："吾昔有見，口未能言。"余于先生亦云。奉常先生者，荊川先生子也，蓋嘗發百家之藏，殫三絶之力，稟過庭之訓而益暢其説，作《周易象義》，其大要合爻象以觀理而根據明，因象義以辨爻而脉絡貫，別二卦于一卦而內外正，定主爻于六爻而君臣位。至于互卦倒體，其為説益博而義益精，所謂參伍以變，錯綜其數者邪？即六十四卦何足以限之。今夫履者之行于地，無高卑也，然没者見之，則踵在其頂；陟者見之，則頂下其趾。上下順逆之間，各有象焉，是故不必黜象而自不為典要，其於變動不拘之指，固無二也，而論者乃獨以不求之文字為第一義諦，余甚惑之。夫六經者，文字之祖。自昔聖人作書契以詔天下萬世，蓋嘗觀象以制文，因文以制名，因名以制義，名義立而事理行，使後之沉潛學問者，得有所緣以觀聖人不傳之秘，與天載無聲之妙。漢儒既没，蓋人人妙悟，亦人人捷徑矣。洸洋神奇之説，即在説《易》何但百家，然于繫爻取象，與夫《説文》之意，略不相涉，藉令得魚兔，筌蹄可忘，亦何可便不具也！子曰"書不盡言，言不盡意"，又曰"初率其辭而揆其方，既有典常"，學者不明此義，而務以穿鑿汗漫統一聖真，以是語道，吾不知之矣。

萬曆丁未夏日，年家晚生劉曰寧頓首撰。

——《周易象義》卷首

唐凝庵先生易經象義叙

〔明〕章　潢

萬化元神統于道，四聖元精萃于《易》。學匪神精之極，欲研精入神，難矣。夫《易》道一也，統天承天，絪緼化醇，不可得而象也。伏羲既畫卦以象之矣，知作雖有所自，然參兩錯綜，不可得而言也。文、周、孔乃各繫辭以發泄之，《易》尚有餘蘊哉？況《彖傳》《象傳》所以闡文、周之辭，卦辭、爻辭所以闡義畫之象，是伏羲即天地之化工，文、周、孔皆伏羲之再降。諒哉！三才一道，四聖一易也。傳之後代，幸免秦灰，雖諸家詮註代不乏人，乃謂四聖各一《易》焉，俾人人各執意識，自成一家言，《易》之象義，愈分裂而榛塞之矣。何怪聖人易簡學脉，不明于世，使異教反倡微辭奧論以瞽惑人心，而大亂真乎！

不知無方體，無思爲，崇效卑法，窮神知化，本易教也。惟知始作成《易》，知《易》從乾坤，一元二用，不貳不測，不能確信孔子之教，故乾坤毀則無以見易，豈乾坤之真毀哉！乾坤貳則不交，不交則六十四卦、三百八十四爻皆從何而生？孔子所謂生生之易，從何而見也？但天猶未喪斯文，四聖之《易》具存也，果由孔翼以探文周之詞，由文周以探羲畫之象，不亦易簡而理得乎！

潢最樸拙，自少壯沉心易學，雖稍透隙光，今年已髦矣，甚以不獲就正寰宇先覺爲歉。甲辰夏初，唐凝庵先生南遊過豫章，忽辱枉教，深譚易理，且携所著見示，乃得浣誦一周，極快先得我心之同然也。不特觀玩象辭變占多有契合，而取名“象義”，亦偶相乎，所謂閉門造車，出門合轍，不信然哉！蓋荆翁先生夙負明朝理學重望，先生悉傳家學，聞髫年究心《易》義，荆翁乃云此經留待他年。後先生請告，懸車林皋，乃得加年學之，直透四聖微旨，由孔而周而文，以上徹義象，即荆翁心傳之秘也。雖父子一脈相承，孰知即四聖曠世相傳之秘密藏乎！雖然，四聖苦心既以畫《象》《繫辭》，謂之有秘可乎哉！先生特由四聖象辭，極深探索，故得心忘象，靡象不通，得意忘言，靡言不達，且以得諸心者筆諸簡篇矣。猶不自滿假，曩承面質，既不能贊一辭，又兩承手教，俾一言弁諸首。予曷能叙先生《象義》耶！雖今已授諸梓，公諸人人，而其心猶夫十五六載潛神探索時也。故逆知先生淵衷尚有不能盡吐露于《象義》中者，俟人之自得也，何也？《易》謂聖人以此洗心藏密，齋戒神明其德，程伯子謂無人理會。《易》也，此也，密也，是何物，而此豈他哉！易者，象也；象也者，像此者也。其道渾淪，莫窺其義，生生莫測，隱然于象之中，躍如于象之外。學《易》者苟不識此，何以觀象？苟不識象，何以得心？縱能依經說理，終是離此談玄，易之晦如故也。程伯子又謂人能至此深思，當自得之。今幸《象義》一出，易道復明，故敢以此伸明先生神精藏密之義。

萬曆丁未孟冬，豫章章潢本清甫書于東湖此洗堂。

——《周易象義》卷首

像象管見序
〔明〕瞿九思

余不佞九思，生平獨最好窮《易》，所論著非不備具，然而無當。余誠自嗟嘆，余自恨吾此生於《易》長已矣。蓋《易》道雖明，乃自古記之，誠有如龜山先生云者。雖世儒説《易》，喜訓詁者分文析義，燦然可觀；談名理者鈎深致遠，靡所不至，要之於義畫，不無大相徑庭枘鑿然。近喜從友人得蜀來梁山《易注》、章南昌《易象義》、鄧新城《易繹》、楊少宰《周易全書》，互相發明，然終未了了。

天幸萬曆歲癸丑，若木錢公代天子持斧來巡狩吾全楚。黃梅故全楚東偏首邑，與留都皖城政接壤，直指公入境，初甚戒嚴，諸一切勿問，獨首先見訪，出太公啓新先生所注《像象管見》授余。余長跪拜登，又若皇天后土不終淪棄我者。已焚香盥手，卒業三月，盡已得未曾有。蓋自有《像象易》，乃然後知《大易》。凡卦有大象，凡爻有小象，於天則曰法象、四象、成象、垂象、懸象、晝夜之象，於人則曰立象、觀象，於大衍則曰象兩、象三、象四時、象閏，於事則曰失得之象、憂虞之象、進退之象，於極數則曰定天下之象，於制器則曰尚象，又曰象事知器。則總之由象者言乎象者也，知者觀其象辭，則思過半矣。諸如此類，則《易》無非象也，而錢先生所著曰《像象管見》，則誠有見於《易》者象也。象也者，像也。像也者，像此者也。輓近世拘儒乃徒以“仿佛近似”當乎像，則并象亦且歸於亡何有，殊大失聖人立象盡意之精義矣。何者？天地間無非實理，有實理即有實象，《大易》六十有四卦、三百八十有四爻之畫，窮宇宙內萬事萬物之實象，畢具畫中。顧畫中之象，苟非聖智，殊未易曉解。聖人乃繫辭明象，即所以像其象也。今《像象易》謂：“聖人劈頭以乾坤兩畫爲人像，合天地、雷風、水火、山澤、八卦、人象，而教人之實有像。”又謂：“文周繫辭明象，即辭即象。後世得辭遺象，非其辭；得象失像，非其象。夫惟由辭得象，而後無虛懸說理之病；知象爲像，而後有神明默成之學。”此數語分明畫出《大易》真像，其稱名以“像象”，良然思獨。細觀錢先生所著論，一字一句無非爲發四聖之未發，無非像卦爻之真象。思即不暇，卦說而爻引，字數而句稱。第概論錢先生《像象易》，首重《序卦》，謂天地定位，乾坤交而次坎，與震艮遇，至水火之交曰“濟”，一轉即“未濟”，一交一遇，渾然天成，誠所像《序卦》之實象。謂象者材，統言三才曰“才”，專言人道曰“材”，誠所以像《象傳》之實象。謂爻必三畫以成物，爻爻於八物相雜而成，是謂雜物；爻必三畫以成德，爻爻於八物相撰而成，是謂撰德，誠所以像凡爻之實象。謂雜於乾坤成列後，比師至夬，有一局、二局、三局、四局，復有合局，有合局、末局，誠所以像《雜卦》之實象。凡窮經者得是《像象易》，日捧置案頭一玩索，則盈天地間萬象畢已羅於一掬，造化在手矣。顧余亦嘗謬著有《易象義》一二，然要不過稍見《易》道一斑，而全體之《易》，則咸在錢先生引而未盡發之中。蓋錢先生以雜物撰德爲闡發《易象義》微指，此正本諸《易》繫辭說，余竊欲倣錢先生此意，凡所以發一卦、一彖、一象、一爻，則又必盡取諸繫辭爲凡例，則乃稱錢先生指，是所以爲像《像象管見》序之象。

萬曆歲在癸丑長至月朔旦，江漢後學瞿九思拜手撰。

——《像象管見》卷首

像象管見序

〔明〕鄒元標

此名侍御啓新錢公撰也。予自庚寅別公，公時將巡粵，衆方以公必爲時鎮臣，不謂公以塞諤與予等同錮矣。聞公杜門謝客，崇崇《易》學，予恨不得睹公大全。一日，公冢嗣侍御君巡三楚，以一册既予，且屬叙。予拜而卒業，公蓋慮世之譚《易》者荒唐龐雜，令學者貿貿然莫知所之也，故極深研幾而作《像象管見》。公學窺其大，管見者，謙辭也。公之意悟聖人二畫即人之像，不成像，則無以成位，其中實見得即人即像，即像即理，無一人、無一事、無一息不有像存，定天下吉凶，成天下亹亹，咸此像基之。顧象亦不一，有錯象，有綜象，有正象，有隅象，象有卦情，有卦畫，有大象，有中象，有爻變象，有占中象，公皆一一求其指歸焉。每卦每爻本其象，必求所以像，求所以像而又歸根于象，所以像不可見，而公闡可見者垂之篇，始知盈天地間皆象也，皆像象也。彼滯象者泥于有，而耽于像象者淪于空，是二之也，公之所深閔也。若以像爲理之近似，是仿佛假借之見。公謂《易》無是也，視諸談易家，真所謂良工苦心矣。昔聖有言曰："作易者其有憂患乎？"夫以聰明睿知如諸大聖，是書猶必本憂患而來，蓋憂患則困心衡慮，其迹幽，迹幽則神潛，神潛斯窮無窮，極無極，故曰聖人以此洗心，退藏于密，吉凶與民同患。其與民同患也，亦自洗心藏密始，非以意識推測揣摩而得之也。後學《易》者處逸樂之境，加以不專之功，欲以探聖人之閫奧，此與射覆奚異！公戢影巖扃，茹荼堅忍者二十餘年。才可濟埏垓，斂而不試；道足包九有，秘而不用。困矣，幽矣，潛矣，天完公與公自完者，其在斯乎？公曰："始于屯，仍爲屯，終于未濟，仍爲未濟，公虛至矣。"予謂屯者乾坤綑縕之氣所凝也，未濟者乾坤生生之意，不以既濟而遂已也。倘終于屯，終于未濟，是剥復不相乘，乾坤不幾于毁而何以成《易》哉！道不終晦，公以此學日見之行，爲復碩果，爲泰拔茅端，有望于公，公幸無容自諉。三十年前，公以白面書生出宰吉州，批郤導窾，片時而決，偕諸耆宿嘍嘍譚古昔。今公卓爾如是，惜乎不令諸先生見之。予夙叨愛雅，猶得序公鴻撰，竊爲斯道幸。安得公再臨鷺水，一彈指間共窺無象之像，俾鷺水含光，螺山助響，人人坐公太極中世，錢氏《易》無涯也！

時萬曆甲寅歲仲夏月吉旦，舊鄰治、通家侍教弟、吉水鄒元標爾瞻甫頓首拜撰。

——《像象管見》卷首

易學圖説會通自序

〔清〕楊方達

天地間無非一陰一陽之理，有是理則有是象，有是象則有是數，有理與象數，非辭以闡之則不明，故聖人設象以盡意，托文以盡象，而《易》道傳焉。漢儒談《易》者各自名家，去象數之原未遠。自魏王弼頓廢舊説，專尚虛遠，《易》遂以蕪没。逮宋華山之學傳，至邵子而宏博奥衍，有莫測其涯涘者。朱子謂學者於言上會得者淺，於象上會得者深。又謂王輔嗣、伊川皆不信象，今却不敢如此説。後人不明此意，竟置象數於不問，便不見《易》之來歷矣。間嘗尋繹宋元經解及近代名家纂述，見其精研象數，或著爲圖，或著爲説，有裨《易》學者，類而録之，左圖右説，集成八卷，以備考鏡，是固承學之津梁，抑亦義趣之淵藪也。夫理以參觀而益顯，學以詳説而始精。宋元以來，圖説粲然，會而通之，陰陽中自有陰陽，體用中更有體用，錯綜變化，畢見於此矣。宋劉牧采摭天地奇耦之數爲圖五十有五，師友共相推許，李泰伯删之，止存其三，謂彼五十二皆破碎，鮮可信用。吾不知泰伯之識果是而無非否也。夫《易》之變無窮，圖亦何可少，亦在乎擇之精爾。如劉長民易置圖書，先儒多主其説。自蔡西山之論出，朱子取之而圖書始定，則以九爲河圖、十爲洛書者，可不録矣。張仲純六十四卦，各有圖注，非不明析，然略陳大意，近於贅，亦可不録矣。來瞿堂好爲鈎隱，每取中爻之變象，與正對反對爲象，或盡變其中爻，或顛倒其中爻，屢遷而離其本，是又不可録矣。其他破碎與重複者，盡削焉，凡綱領所歸、條目所列，苟足以印證聖經、補益傳義，自然而非穿鑿者，取之。《大傳》所謂言天下之至賾而不可惡，其在斯乎！學者倘能沉潛反復，求其會歸，則《易》學之蘊奥似不難於此而得之。不然，專務淵渺而無所根著，其不至支離散漫爲聖賢之罪人者，幾何哉！

乾隆三年歲次戊午七月望日，武進後學楊方達謹識。

——《易學圖説會通》卷首

周易輯説存正序

〔清〕黄永年

孔子序《詩》《書》《禮》《樂》，無爲傳者，獨《易》之爲傳十篇，孔氏之於《易》詳説之如此也。學者之於治《易》，亦盡心孔氏之傳焉爾已。子曰《易》之興也，其於中古乎？作《易》者其有憂患乎？又曰《易》之興也，其當殷之末世、周之盛德邪？當文王與紂之事邪？遂古以來，生民之故多矣，聖人莫不憂之，而憂患何獨歸之文王、周公？聖人爲耒耜舟楫宫室，垂衣裳，取諸卦而已，而《易》何以興於周？蓋文王、孔子之憂患可知矣。孔子當東周之世，六十四卦屯坎否剝暌蹇旅困之情狀無弗歷，三百八十四爻賾雜貳隱衰世之意無弗遇，蓋聖人之於憂患備矣，故曰加我數年，五十以學《易》，可以無大過矣。運數之流，天地不能與聖人同憂而聖人不能不與民同患，聖人之憂患天下後世也深，故備其道於《易》也詳。漢費氏治《易》無章句，以《彖》《象》《繫辭》《文言》解說上下經，今乾卦之傳，附經始費氏，鄭、王繼之，古《易》大亂，後之學者不見古經，說家龐然，宋周程朱諸子興，而四聖之大義始明，古經始復，乃如世所傳先天之學，九師以來千有數百餘歲無知之者，邵氏出而後乃顯於世，其源出於鄭氏，或疑非包犧氏之作，顧其爲《易》之精蘊不可得而誣也。彼二子者居安樂玩，皆取諸乾初九、蠱上九，後世望之若鸞鳳之在千仞，生民之憂患莫得而干焉。彼誠明於憂患與故耶，是其先天之旨蓋遠矣乎？其時又如篋叟醬翁之徒語《易》爲二程子所未逮，顧姓名不可得而傳，其人亦莫得繼見。後世精《易》，每遇之隱君子，其冥鴻之心退藏於遯世無悶，不成乎名之中，固宜其得之有獨異耶？後之學者沉錮於利害得喪，無精微潔淨之心，傳襲前儒之說，以爲《易》如是云也。其於《易》果有聞否耶？武進楊君符蒼示余所撰《周易輯說存正》，請序其書，一遵朱子古經定本，繹貫諸家，依經訓義，吐內衆流，委匯一川，大較主程朱傳義，亦間有折衷象占，正變畫然分明，漢魏以來陰陽術數玄虛之說皆擯焉。君又嘗撰《周易圖說》，爲書甚詳，備與是書爲經緯，其於《易》亦可謂彬彬矣乎！予嘉君久舉於鄉而不務仕進，老而好學不倦也，士之異於俗者必有聞乎道者也，遂粗舉大傳之義爲書之如此。君之同邑有是君者窮居講學，盡心於《易》久矣，君言方屬訂是書，其以吾言質之。

乾隆十有五年六月二十日，江右黃永年序。

——《周易輯說存正》卷首

周易輯說存正自序

〔清〕楊方達

亙古今無終始而長存者，《易》之道也。暴秦焚書，凡足以經理天地、綱紀民物之書，皆遭燼滅，而惟《易》以卜筮獨存，豈秦之存《易》，抑亦天之神明藉此以著，固不可一日而磨滅邪？顧乃灾異於西漢，圖緯於東都，老莊於漢魏之交，若《太玄》擬《易》而主於曆，《參同契》假爻象而主於養生，已非《易》之本旨。他如游魂歸魂非《易》之變也，而或取以用之變十干；納甲非《易》之占也，而或取以用之占執。一家之學而昧全體之功，未可云正也。自宋元明以來及我國朝，說《易》者多至千有餘家，據所見聞，其中詳確之論固足以發明聖人心法，而亦有好爲立異以求勝乎前人者，或至支離蔓衍而足以亂正，是非混淆，真偽錯雜，《易》之正義若存而若亡矣。然羲文周孔之《易》具在，可玩而知也。夫《易》作於卜筮而正道寓焉，言乎象數而正理著焉。《繫辭》云不可爲典要，又云既有典常，蓋正固正，變亦正也，苟變而離其本則非正矣。竊觀乎内外遠近承乘比應之類，莫非正也，然而上下無常，剛柔相易，變動不拘，惟變所適。有一爻而數象者，有一象而數義者，莫非變也，亦莫非正也，要必使正義先明而後以旁義參之，賓主秩然則條理各得。彼奇邪俚淺之説概置勿録，即所以存正也。夫不變者，道也；其變而不可勝窮者，《易》之説也。知其一説而不知其又有一説者，拘也；其説不可深考而必强之爲説者，妄也。先儒嘗論學者之病，曰：“本近也而推之使遠，本淺也而鑿之使深。”遂至分章割句，裂經辭以就己見，爭奇競巧，愈失其原，高明之過儒者不免。幸生聖朝經學昌明之世，文獻可徵，蒐討易審，敢不平心玩索，以求其至當之旨哉！達不揣譾陋，二十餘年來，嘗取古今論《易》諸説詳加考訂，折衷其是而融貫之，深懼智識闇淺，不足以窺精微之義，唯平心擬議，以冀萬有一得。書成，旋復修改，年過七十，猶不能以無疑，用是繕寫謀梓，以期就正有道，非敢曰有功於《易》也。見者曰“此卑之無甚高論也，此襲舊聞而少新得也”，吾何辭哉！吾惟知存其正焉已爾。存其正則中庸之道於是乎在，即以之養正也可，以之正邦也可。若夫鈎深索隱，精義入神，則非達之所及也，敢以俟之能者。

乾隆十有四年歲在己巳七月朔，武進後學楊方達謹識。

——《周易輯説存正》卷首

周易析疑自序

〔清〕張蘭皋

儒者之於學也，必折衷於五經，五經以《易》爲本經。四聖人而成伏羲畫卦，本三才之道，類萬物之情，盡天下之變，其義無所不包，歷代因之，制器占筮。逮文王身歷事變，羈於羑里，乃演《易》，繫以《彖辭》，所言進退存亡吉凶消長之理，必歸於正，而非徒以倖免苟得爲能。周公遭流言之謗，東都遜避，繫《象辭》於六爻之下，以盡卦義。向非吾夫子生知至聖、韋編三絶之功，何以能發明易簡之理，通於道德性命之奥，切於倫常日用之中，若是其大彰明較著者乎！自秦漢以來，方伎諸家五行卦氣，以之經緯天地，災異禍福之學以斷吉凶，雖無所不驗，而去聖人因占示教之意遠矣。惟宋周程邵張朱諸大儒出，推本道學，切實踐履，必歸於義理之占而易道乃明，然其間每有以一爻之義礙全卦者，細考其由，多因於前儒之舊，且有未合於夫子之《象傳》者。伊川程子晚年始出《易傳》，以授門人張思叔、尹彦明，且囑曰：《易傳》

只説得七分,學者更須自體究。"晦庵朱子以其雖言理而有未合於象,因作《本義》,推本聖人尚占之意,門人有以疑義爲問者,如虎視耽耽、其欲逐逐之類,亦曰終難理會,未暇整頓。是程朱之精於義理,猶多有未愜也。今去程朱幾六百年,宋末元明以來,諸儒之研究或三十年、二十年之苦功,或父未卒業,傳之於子,或師有未愜,授之門人,其闡發聖人之微意,講求疑義之未明,何可聽其湮没而不傳!一是昔年承紫真先生指示,於先儒講説之外多聞妙義,因從臾成書,爲《讀易隨抄》。先生於徐氏傳是樓見《易》解數百家,閲歷至廣,至是凡三易稿,猶以爲未竟之業。時先生年九十有三,越二年而先生棄世,自後無從質問,然不敢虛負先生期望之意,反復玩味,廣搜博採,彙集頗多,惟求感發以合聖人之旨,爲補訂析疑。心之所求,思有可通,不得不爲剖析,其於先生原本不可輕爲攙越,因更輯爲一編。竊謂讀《易》之要,必陰陽之大分明而乾坤之理得,乾坤之理得而易之精蘊探討無窮,其取之有所從,其推之有所用,學者欲求聞道,《易》不可不講也。欲求講《易》,必潛心於夫子之十翼,庶可得其門而入也。或謂夏有連山,商有歸藏,連山首艮,歸藏首坤,用各不同,四聖之易似亦各有其意。夫《易》之卦象固無不可通,雖皆用以占筮,而《周易繫辭》則義理之占,乃禍福之原,內聖外王之學也。得吾夫子贊《易》而伏義、文王、周公之意顯然可見,易道大明,如日月之經天,其施於實用,功在生民,德侔天地,故曰自生民以來未有孔子,孔子之謂集大成。苟不體察於修齊治平之大道,而僅僅求之術數推測之間,非吾夫子之所言,非聖人作《易》前民用之意也。

乾隆甲子初秋,張蘭皋一是謹識。

——《周易析疑》卷首

周易淺釋跋

〔清〕沈大成

補堂先生之于《易》也,幼從塾師受本義,初見卷首諸圖别繪于紙,出入觀玩。既冠益治之,遂以《易》爲學官高才生。後成進士,出合河孫公之門。孫公海內大儒,提唱正學,先生從論性天有契,益專意研求《易》道。自改庶常,敭歷中外,公退即獨坐點閲徐氏《經解》,惟在秋曹及粤臬時日夜以刑獄爲急,暫輟耳。既移南方,得《易象正》《三易洞璣》《周易訂詁》,益泛濫諸家之説,思爲一書以惠學者,偶有所得,隨手札記。庚午朝京師,歸監省試,卒卒無暇。其明年,撫閩蓋三歲矣,境內晏然,漸以無事。于是萃其向所記者重爲編撰,自尅兩日釋一卦,然日見官屬閲文書,又或校射慮囚,往來報謁,三日不能成者有矣,則夜然燭補完之。是夏旱,禱群望者逾月,先生齋居焦灼,申旦不寐，釋《易》最多，稿凡數改，舊所得者什不存三。晨出，童子挈書囊從後，賓客或諫阻，先生笑不應。嘗曰："吾讀《易》三十年，近始有所見。吾釋《易》唯從時來入手，唯求六爻，字字著實。吾嗜《易》，玩索日有味，覺世間一切無逾此樂者。"未幾，福安大水，往督賑，旅視漳泉海防，歸而疾作，然釋《易》益勤。今春疾甚，語余曰："吾未釋者，獨乾、坤二卦，然浹辰病卧心静，悟乾、坤包六十二卦，枕上歷歷體會，觸處皆是。倘旦暮死，必爲作序，述我半世苦心。"又語同里戚仍夫祖修曰："吾所釋尚《易》之淺者，竊欲觀其深，而今不可得矣。可名曰《周易淺釋》。未成稿，屬兒子呈合河師定之，吾目以瞑也。"於乎！先生于《易》，可謂知之深而好之篤者矣。其用力勤而必欲自致理道之塗，爲不可及也。先生所與講《易》者，金匱錢予齡廣仁、南匯喬瓶城廷選、顧餘庵宏、休寧潘松谷偉、同里戚君、門人福唐林師實迪光，而余之闇陋亦時與焉。先生没，興泉白憲副願刊行，林君校訖即計偕北上，憲副以書請定于孫公，而余爲述之如此。其書雖未成，其苦心可以質天下後世之學者矣。

乾隆壬申莫春既望，雲間後學沈大成學子謹識。

——《周易淺釋》卷末

莊氏易説叙

〔清〕董士錫

本朝經學盛于宋、元、明，非以其多，以其精也。乾隆間爲之者，《易》則惠棟、張惠言，《書》則孫星衍，《詩》則戴震，《禮》則江永、金榜，《春秋》則孔廣森，小學則戴震、段玉裁、王念孫，皆粲然成書，著于一代，而其時莊先生存與以侍郎官于朝，未嘗以經學自鳴盛。成書又不刊板行世，世是以無聞焉。嘉慶間，其彌甥劉逢禄作《公羊釋例》，精密無耦，以爲其源自先生。道光八年，其孫綏甲刻所箸《易説》若干卷成，以示余，再三讀之，蓋先生深于《周禮》，深于《春秋》，深于天官、曆律、五行之學。夫深于《周禮》，則綜覈名物，不厭其詳；深于《春秋》，則比事屬辭，不厭其密；深于天官、曆律、五行之學，則徵引斷制，不厭其博。故其爲説以孟氏六日七分爲經，而以司馬遷、班固《天官》《地理》《曆律》各書志爲緯。其爲文辯而精，醇而肆，怡遠而義近，舉大而不遺小，能言諸儒所不能言，不知者以爲乾隆間經學之別流，而知者以爲乾隆間經學之巨匯也。方乾隆時，學者莫不由《説文》《爾雅》而入，醰深于漢經師之言而無溷以游雜，其門人爲之，莫不以門户自守，深疾宋以後之空言，固其藝精，抑亦術峻，而又烏知世固有不爲空言而實學恣肆如是者哉！昔許慎、何休著書，鄭康成駁辯之，而《鄭志》又有與諸弟子互相問詰之語，亦或病其術之太峻而虞其説之太拘歟？余爲張先生惠言弟子，學《易》謹守師法，如莊先生書昔所未見，循誦既畢，竊嘆天壤間學問之大有非可以一端竟者，因即所見以坿識于此。

————《齊物論齋文集》卷一

張氏易説後叙
〔清〕董士錫

凡先生所著《易》説，《周易虞氏義》九卷、《周易虞氏消息》二卷、《虞氏易禮》二卷、《虞氏易事》二卷、《虞氏易候》二卷、《虞氏易言》二卷、《周易鄭荀義》三卷、《鄭荀易注集録》五卷、《易義別録》十七卷、《易緯略義》三卷、《易圖條辯》一卷。其自叙《虞氏義消息》曰："自魏王弼以虛空之言解《易》而漢儒之説微，其後古書亡而漢魏師説略可見者十餘家，然惟鄭、荀、虞氏三家略有梗概可指説，而虞又較備。"又曰："虞翻之言《易》，以陰陽消息、六爻發揮旁通、升降上下，歸于'乾元用九而天下治'，依物取類，遂于大道。"其叙《易禮》曰："《記》曰夫禮必本於太一，分而爲天地，轉而爲陰陽，其降曰命，故知《易》者禮象也。"竊嘗論之，《易》曰"君子尚消息盈虛，天行也"，又曰"乾道變化，各正性命，保合太和，乃利貞"。蓋天之道主陽，獨陽不能生，故《易》一陰一陽以窮消息之變，變而皆陽；人之道主治，盈治不可久，故《易》一治一亂以寓世運之變，變而皆治。治亂相循，天道也，復遘是也；以治救亂，人道也，泰否是也。元亨利貞者，貞變之用而聖人之所以治天下也。古之君子，其自命皆有以天下爲任之志，其爲學皆有以禮樂爲治之心，雖漢之儒師若董仲舒、伏生、京房、毛公、何休、鄭康成、荀爽、虞翻之徒，或峕治一經，旁祛佗説，意亦欲明其所學周公、仲尼之道，以措諸天下，故往往詁訓不備，則箸以己意，博取典禮，張而翼之，六經皆然，豈獨《易》哉！先生初學爲詞賦、古文，既成，以爲空言未足以明道，乃進求諸六經，取漢諸儒傳注讀之，尤善鄭氏《禮》，盡求鄭氏書，得其《易》注，善其以《易》説《禮》，而其注殘闕不備，乃更求諸易家言，于唐李鼎祚《周易集解》得所引虞氏注文稍完具，遂深思天人之際、性命之理，求其義例，三年乃通，述《虞氏義消息》。又推衍其義，依象比事，述《易禮事候言》。又旁及漢魏諸家説，究其根柢，辭而闢之，述《鄭荀義別録》。又通論緯書之得失、後儒之蔽僞，述《易緯略義》《易圖條辯》。凡四十二卷，非苟爲其多也。蓋不通乎天道則禮樂法度猶器也，習之而不可以損益也；不明乎人事則日月寒暑之數猶術也，知之而不可以守執也。先生既思箸書以致天下之用，而又以爲天人之道莫備于《易》，故其言禮雖屢稱述周制，發明文王所以變禮改法之意，而百王不易之道皆以由此而皆可推説，然則後之有志於古者當必有所取法于是，又無疑也。先生入翰林四年而以疫卒。其舉進士，坐主今巡撫浙江阮公，悲先生之身不獲行其所學，徵其遺書，將刊木而傳之，先生固不藉汲汲以傳其書，然可以使天下皆知先生之學也，故叙其後，俾讀者知其悒焉。先生姓張氏，諱惠言，字皋文，武進人，官翰林院編修。序其書者，其甥董士錫，嘗受《易》于先生者也。

——《齊物論齋文集》卷一

周易虞氏義自序

〔清〕張惠言

　　虞翻《周易注》，《釋文叙録》云十卷，《隋書經籍志》云九卷。翻，字仲翔，會稽餘姚人。少好學，有高氣，又善矛，太守王朗命爲功曹。朗之敗於孫策，翻時居父喪，追隨營護，到東部侯官，説其長迎朗。朗遣翻還，孫策復以爲功曹，待以交友之禮，多少匡諫，策嘗納之。策攻黄祖，翻從説華歆，下豫章。還至吳，策曰：“孤有征討事，未得還府，卿復以功曹爲吾蕭何，守會稽。”其見委重如此。出爲富春長。漢徵爲侍御史，不就。曹操爲司空，辟之，笑曰：“盜跖欲以餘財污良家耶？”策薨，孫權以爲騎都尉。數犯顏諫，權不能説。又性疏直，數有酒失。權嘗因醉，手劍欲擊之，大司農劉基固争，得免。其後權與張昭論神仙事，翻指昭曰：“彼皆死人，而語神仙，世豈有仙人也！”權遂怒。左右多毀翻，乃徙翻交州。十餘年，卒於交州。翻博學洽聞，雖處罪放，而講學不倦，門徒常數百人。爲《周易》《論語》《國語》《老子》《參同契》注解，《周易日月變例》《周易集林律曆》《太玄明楊釋宋》，其書皆亡，目在《三國志》傳及隋唐書志。

　　自漢成帝時劉向校書，考《易》説，以爲諸《易》家皆祖田何，楊叔、丁將軍大義略同，唯京氏爲異。而孟喜受《易》家陰陽，其説《易》本於氣，而後以人事明之。八卦六十四象，四正七十二候，變通消息，諸儒祖述之，莫能具當。漢之季年，扶風馬融作《易傳》，授鄭康成。康成作《易注》。而荆州牧劉表、會稽太守王朗、潁川荀爽、南陽宋忠，皆以《易》明家，各有所述。唯翻傳孟氏學，既作《易注》，奏上之獻帝，曰：“臣聞六經之始，莫大陰陽。是以伏羲仰天懸象而建八卦，觀變動六爻爲六十四，以通神明，以類萬物。臣高祖父故零陵太守光，少治孟氏《易》，曾祖父故平輿令成，纘述其業，至臣祖父鳳爲之最密。臣亡考故日南太守歆，受本於鳳，最有舊書，世傳其業，至臣五世。前人通講多玩章句，雖有秘説，於經疏闊。臣生遇世亂，長於軍旅，習經於袍鼓之間，講論於戎馬之上，蒙先師之説，依經立注。所覽諸家解不離流俗，義有不當實，輒悉改定，以就其正。”又奏曰：“經之

序跋／經部

345

大者，莫過於《易》。自漢初以來，海內英才，其讀《易》者，解之率少。至孝靈之世，潁川荀諝號爲知《易》，臣得其注，有愈俗儒。至所説‘西南得朋，東北喪朋’，顛倒反逆，了不可知。孔子嘆《易》曰：‘知變化之道者，其知神之所爲乎！’以美大衍四象之作，而上爲章首，尤可怪笑。又南郡太守馬融，名有俊才，其所解釋復不及諝。孔子曰‘可與共學，未可與適道’，豈不其然！若乃北海鄭玄、南陽宋忠，雖各立注，忠小差玄，而皆未得其門，難以示世。”荀諝者，荀爽也。是時少府孔融善其書，與翻書曰：“自商瞿以來，舛錯多矣，去聖彌遠，衆説驍辭。曩聞延陵之理樂，今睹吾子之治《易》，知東南之美者，非徒會稽之竹箭也。又觀象雲物，察應寒温，原其禍福，與神合契，可謂探索旁通者已。”翻之言《易》，以陰陽消息、六爻發揮旁通、升降上下，歸於“乾元用九而天下治”，依物取類，貫穿比附，始若瑣碎，及其沉深解剝，離根散葉，暢茂條理，遂於大道，後儒罕能通之。

自魏王弼以虛空之言解《易》，唐立之學官，而漢世諸儒之説微，獨資州李鼎祚作《周易集解》，頗采古《易》家言，而翻注爲多。其後古書盡亡，而宋道士陳摶以意造爲龍圖，其徒劉牧以爲《易》之“河圖”“洛書”也。河南邵雍又爲“先天”“後天”之圖。宋之説《易》者，翕然宗之，以至於今，牢不可拔，而《易》陰陽之大義，蓋盡晦矣。

清之有天下百年，元和徵士惠棟，始考古義孟、京、荀、鄭、虞氏，作《易漢學》，又自爲解釋曰《周易述》。然掇拾於亡廢之後，左右采獲，十無二三。其所述大氐宗禰虞氏而未能盡通，則旁徵他説以合之。蓋從唐、五代、宋、元、明，朽壞散亂，千有餘年，區區修補收拾，欲一旦而其道復明，斯固難也。翻之學既世，又具見馬、鄭、荀、宋氏書，考其是否，故其義爲精。又古書亡，而漢魏師説可見者十餘家，然唯鄭、荀、虞三家略有梗概可指説，而虞又較備。然則求七十子之微言，田何、楊叔、丁將軍之所傳者，捨虞氏之注，其何所自焉。故求其條貫，明其統例，釋其疑滯，信其亡闕，爲《虞氏義》九卷，又表其大旨，爲《消息》二卷，庶以探賾索隱，存一家之學。其所未寤，俟有道正焉耳。

嘉慶二年月日，張惠言。

——《周易虞氏義》卷首

周易虞氏義序

〔清〕阮　元

昔伏羲作十言之教，曰：“乾坤震巽坎離艮兑消息。”《易緯》曰：“聖人因陰陽，起消息，立乾坤，以統天地。”《易》曰：“君子尚消息盈虛，天行也。”

是消息者，聖人所以立卦推爻、繫彖象之旨也。漢時説《易》者，皆明消息。今遺文可考者，鄭、荀、虞最著。而虞氏仲翔世傳孟氏《易》，又博考鄭、荀諸儒之書，故其書參消長於日月，驗變動於爻象，升降上下，發揮旁通，聖人消息之教更大明焉。惜後通之者少。五代時，姚氏、翟氏、蜀才氏能傳之，亦未大顯。

唐初，以王注列學官而師説亡。迨宋，圖書之説興，而《易》義更晦。幸李鼎祚撰《集解》，採虞注獨詳。國朝惠徵士棟，據之作《易漢學》，推闡納甲，於消息變化之道稍啓端緒。後作《周易述》，大旨宗虞，而義有未通，補以鄭、荀諸儒。讀者以未能專壹少之，蓋虞學之晦久矣。武進張編修惠言，承惠徵士之緒，恢而張之，約而精之，闡其疑滯，補其亡闕，糾其訛舛，成《虞氏義》九卷，又標其綱領，成《虞氏消息》二卷。其大要，明乾元以立消息之本，正六位以定消息之體，叙六十四卦以明消息之次，推九六變化以盡消息之用。始於“幽贊神明”，終於“乾元用九而天下治”。蓋自仲翔以來，綿綿延延千四百餘載，至今日而昭然復明。嗚呼！可謂盛矣。余學《易》，愧未能卒業，而是書之可傳於後，固學者所共知，而予所深服者也。編修不幸早卒，其弟子陳生善，得最後定本，思廣傳之而未得。余素重編修書，因命之校付梓人。夫古之立言者，非徒華其言而已，必將有以用之。編修由人事以推天道，由天道以準人事，往來盈縮之理，禮樂刑政之具，瞭然於胸。惜未竟其用，而於化裁通變之道，僅以空言傳也。然書存則其道存，推而行之，是在善學者。則是書之足以傳編修者，又何如哉！

嘉慶八年六月立秋日，揚州阮元序。

——《周易虞氏義》卷首

周易虞氏義後序

〔清〕陳　善

右《周易虞氏義》九卷、《虞氏消息》二卷，武進張皋文先生著。先生初爲鄭氏禮學，於歙金修撰榜。既復學《易》，乃博求衆家《易》説。於唐李鼎祚《周易集解》中得虞氏仲翔注，善之，潛心探索，三年乃通其要領，成《虞氏消息》。又章解句釋，成《虞氏義》。壬戌春，善赴禮部試，侍先生於京邸講席，先生授以最後定本。未幾，善赴河南，距數月而先生殁。今兵部侍郎、浙江巡撫儀徵阮公，先生座主也，將刊先生遺書，適善自河南旋里，公索先生書於善，爲序其《虞氏義》并《消息》，命善校刊。乃與先生之甥武進董君士錫及武進李君兆洛、劉君逢祿參校。始於癸亥春二月，及九月而工竣。其書原例，則經文皆依李氏、陸氏本，間有從衆家者，如“師貞丈人”作“師貞大人”，《履》“不咥人亨”無“利貞”二字之類。亦有依注改者，如“輿説腹”作“車説腹”，“戚差若”作“戚嗟若”之類。以有《釋文》及注可證，不著所出，從簡也。注文或分《彖》入卦辭，如《需》“利涉大川”注，《比》“不寧方來，後夫凶”注之類。或分《象》入爻辭，如《屯》六四“求婚媾，往吉，無不利”注，《泰》初九、九二注之類。省讀也。宋人《易》説所引，如《漢上易》所引“虎視眈眈”注，林至德《裨傳外篇》所引“六爻之動”注之類。概置不録，傳信也。近時《易》説，於惠氏棟外，附載江承之説。承之爲先生弟子，早卒。先生輯其遺學，因採其説於書，同善也。《繫辭》分章，有師説可考者大書，無可考而以文義分者細書，謙也。音義有“讀爲”“讀如”而無反切，依經注立義也。注文隱奥者句讀之，錯脱者補之，訛謬者正之。蓋古人爲學，非苟爲稱述而已，必會通其條例，糾正其訛脱，信之至，亦好之至也。至虞學宗旨，先生之序盡之。序曰：“翻之言《易》，以陰陽消息，依物取類，暢茂條理，遂於大道。”由是言之，君子之參消息也，爲明道也。《彖》三言“消息”，陽息於臨而即戒其消，思患豫防之道備；陰消於剥而因知其息，研幾存義之道備。至明動成豐而已伏昃食之機，則安不忘危、存不忘亡，其憂深，其思遠矣。夫君子明憂患與故，與時偕行而無須臾離道，此所以能正性命而保太和也。然非虞氏無以知消息之旨，非先生亦無以知虞氏之旨。虞氏旨明，而四聖人以《易》傳道之功益顯於後世。

先生諱惠言，嘉慶己未進士，終翰林院編修，所著又有《虞氏易禮》二卷、《虞氏易事》二卷、《虞氏易候》一卷、《周易鄭荀義》三卷、《鄭氏易注》一卷、《荀氏九家易注》一卷、《易義別録》十七卷、《易緯略義》三卷、《易圖條辯》一卷、《儀禮圖》十八卷、《雜記》一卷、《墨子經解》一卷、《握奇經正義》一卷、《青囊天玉通解》五卷、《説文諧聲譜》二十卷、文集四卷、詞一卷、《七十家賦鈔》六卷，皆未刻。《虞氏易言》《太玄述虞》皆未成。其已刻者唯《詞選》二卷。

嘉慶八年九月癸巳朔，門人仁和陳善謹識。

——《周易虞氏義》卷首

周易鄭荀義自序

〔清〕張惠言

漢儒説《易》，大旨可見者三家：鄭氏、荀氏、虞氏。鄭、荀，費氏《易》也；虞，孟氏《易》也。鄭氏言禮，荀氏言升降，虞氏言消息。昔者宓犧作十言之教，曰乾、坤、震、巽、坎、離、艮、兑、消、息，鄭氏贊《易》實述之。至其説經，則以卦爻無變動謂之彖辭。夫七八者象，九六者變，經稱用九、用六，而辭皆七八，名與實不相應，非宓犧氏之旨也。爻象之區既隘，則乃求之于天。乾、坤六爻，上繫二十八宿，依氣應宿，謂之爻辰。若此，則三百八十四爻，其象十二而止，殆猶溓焉，此又未得消息之用也。然其列貴賤之位，辯大小之序，正不易之倫，經綸創制，吉凶損益，與《詩》《書》《禮》《樂》相表裏，則諸儒未有能及之者也。荀氏之説消息，以乾升坤降，萬物始乎泰，終乎否。夫陰陽之在天地，出入上下，故理有易有簡，位有進有退，道有經有權，歸于正而已。而荀氏言陽常宜升而不降，陰常宜降而不升，則是姤、遯、否之義大于既濟也。然其推乾、坤之本合于一元，雲行雨施，陰陽和均，而天地成位則可謂得《易》之大義者也。虞氏考日月之行，以正乾元，原七九之氣，以定六位，運始終之紀，以叙六十四卦，要變化之居，以明吉凶悔吝，六爻發揮旁通，乾元用九則天下治，以則四德，蓋與荀同原而閎大遠矣。王弼之説，多本鄭氏而棄其精微，後之學者習聞之，則以爲費氏之義如此而已。其盈虛消息之次，周流變動之用，不詳于繫辭、彖、象者，概以爲不經。若觀鄭、荀所傳，卦氣、十二辰、八方之風、六位世應、爻互卦變，莫不彰著。劉向有言"《易》家皆祖田何，大義略同"，豈特楊叔、丁將軍哉？治《易》者如傳《春秋》，一條之義，各以其例，時若可比，究則迥殊。李鼎祚、朱震合諸家而爲説，是知日之圓而不知其不可以爲規也。余既述虞氏之注，爲消息以發其義，故爲鄭、荀各通其要，以俟後之治古文者正焉。

——《周易鄭荀義》卷首

易義別録序

〔清〕張惠言

孔子曰："天下同歸而殊塗，一致而百慮。"水之爲川也，源有大小，流有長短，而皆可以至於海，則斷港絶潢，莫得而擬焉者，其塗通也。吳、秦人之生也同聲，及其長而不相通，然累譯而皆得相喻者，其意同也。聖人之道，著之於經，傳之其人，師弟子相與守之，然夫子没而微言絶。二百餘年之間，以至漢興，《詩》分爲四，《春秋》分爲五。此皆七十子所親受，世世傳業，口授而筆記，猶尚如此，源遠末分，非秦火之禍也。況乎去聖久遠，經簡廢絶，承學之士各自爲宗，差若毫厘，謬以千里，可勝道邪？然揆其本原，罔不依經附傳，承師論法，雖泛濫殊等，其歸不同者鮮矣。故規矩之所出，非一木之材也，皆成器焉。器不足以盡規矩，則有之矣，求之於規矩之外而得之者，未之有也。《易》之傳，自商瞿子以至田生惟一家，焦氏後出，及費氏爲古文，而漢之《易》有三。自是之後，田氏之《易》，楊、施、孟、梁丘、高氏而五，惟孟氏久行。焦氏之《易》爲京氏。費氏興，而孟、京微焉。夫以傳述之統，田生、丁將軍之授受，則孟氏爲《易》宗無疑。而其行不及費氏者，以傳受者少。而費氏之經，與古文同，馬融、鄭康成爲之傳注故也。王弼注行，而古師説廢；孔穎達《正義》行，而古《易》書亡。其見於《釋文叙録》者，自晋以前三十有二家，李鼎祚《集解》所引二十有三焉，皆微文碎義，多不貫串，蓋《易》學埽地盡矣，可不惜哉！夫不盡見其辭，而欲論其是非，猶以偏言決獄也；不盡通各家，而欲處其優劣，猶援白而嘲黑也。余於《易》取虞氏，既已，推明其義，以鄭、荀二家注文略備，故條而次之。自餘諸家，雖條理不具，然先士之所述，大義要指往往而有不可得而略也。乃輯《釋文》《集解》及他書所見，各爲別録，義有可通，附著於篇，因以得其源流同異，若夫是非優劣，亦可考焉。凡孟氏四家，孟氏、姚信、翟元、蜀才；京氏三家，京氏、陸績、干寶；費氏七家，馬融、宋衷、劉表、王肅、董遇、王廙、劉瓛；子夏傳非漢師説，別爲一家。凡《易》書五代之季盡亡，宋人所著書如《太平御覽》、晁以道《古周易》、吕祖謙《音訓》、朱震《漢上易傳圖叢説》，往往猶有古義，蓋取之他書所徵引，時有訛謬，然或有今人所不逮見，故據而存之。若李衡《義海撮要》、項安世《玩辭》、李心傳《丙子學易編》，愈遠愈訛，無取焉爾。

——《易義別録》卷首

易緯略義自序

〔清〕張惠言

緯者，其原出於七十子之徒，相與傳夫子之微言，因以識陰陽五行之序、灾異之本也。蓋夫子五十學《易》而知天命，子贛曰："夫子之言性與天道，不可得而聞。"是以其可言者，六藝之文著之；其難言者，游、夏之徒或口受其傳恉，益增附推闡以相傳授。秦、漢之間，師儒第而録之，其亦有技術之士，以其所能，推説于篇，參錯間出，故其書雜而不能醇。劉歆之於緯，精矣。當其時，河、洛之文大備，而《七略》不著録，將以符命之學出於其中，在所禁秘耶？鄭康成氏，漢之大儒，博通古文，甄録而爲之注，則緯之出於聖門，而説經者之不可廢也，審矣。至隋而六經之緯焚滅，唯《易》獨存。《後漢書》注載其目，曰《稽覽圖》《乾鑿度》《坤靈圖》《通卦驗》《是類謀》《辨終備》。宋而更有《乾元序制記》《乾坤鑿度》。宋之諸儒排而擯之，訖于元、明，無傳于世。存者獨明《永樂大典》所編，而緯無完書矣。竊嘗以爲《乾坤鑿度》僞書也，不足論；《乾元序制記》，宋人鈔撮者爲之；《坤靈圖》《是類謀》《辨終備》亡佚既多，不可指説。其近完存者《稽覽圖》《乾鑿度》《通卦驗》。《稽覽圖》論六日七分之候，《通卦驗》言八卦晷氣之應，此孟、京氏陰陽之學。《乾鑿度》論乾、坤消息，始于一，變而七，進而九，一陰一陽，相并而合于十五，統於一元，正於六位，通天意，理人倫，明王度，蓋《易》之大義，條理畢貫，諸儒莫能外之，其爲夫子之緒論，田、楊以來，先師所傳習，較然無疑。至其命圖書，考符應，算世軌，則其傳湮絶，文闕不具，不可得而通，亦非達士之所欲說也。故就三書而求其醇者，《通卦驗》十三，《稽覽圖》十五，《乾鑿度》十八，《易》學蕪絶，漢人之書皆已亡闕，其僅而存於今，足以考古師說。如此三書者，治《易》者蓋可忽乎哉？故條而次之，以類相說，通其可知者，闕其不可知者，存其義略焉爾。

——《易緯略義》卷首

周易集解自序

〔清〕孫星衍

《易》者，出于河圖。河圖者，八卦也。重之爲六十四者伏羲。或以爲神農，或以爲夏禹，或以爲文王，皆非也。卦之始，有象無字。文王名之，又爲之卦辭，曰《周易》，分上、下二篇。周公作爻辭，孔子作十翼，名"經"，亦曰"傳"。《易》經文未火于秦，獨爲全書。或傳漢宣帝時得佚篇益之，其言不可信。自商瞿受之孔子，六傳至田何。漢興，《易》學本田、楊。有施、孟、梁丘、京氏之學，列於學官。孟氏古文，見於《説文》，而三家經或脱字，亡於晋代。京房之學，受自焦延壽，云出孟喜，後漢亦列於學官。費氏《易》者，與古文同，始以《彖》、《象》、《繫辭》十篇、《文言》解説上下經，行於民間。後漢馬融、鄭康成諸人，爲之傳注，而費氏學興。或云康成始合彖、象於經。或云王弼始以文言，附乾、坤二卦，又加"乾傳""泰傳"字。自王弼以老、莊之學注《易》，而古學失其傳。自唐用王弼本作《正義》，而古注散佚，鄭學遂微。著作郎李鼎祚撰集子夏已下傳注，名曰《集解》，凡有十卷。行于今代，其漢魏人《易》説，時時見于古書傳注，及史徵《周易口訣義》中。蒙念學者病王弼之玄虚，慨古學之廢絶，因以李氏《易解》合於王注，又采集書傳所載馬融、鄭康成諸人之注，及《易口訣義》中古注，附於其後。凡《説文》《釋文》所引經文，異字異音，附見本文，命曰《周易集解》。庶幾商瞿所傳，漢人師説，不墜於地。俾學者觀其所聚，循覽易明。其稱"解"者，李氏所輯；"注"者，王弼所注；稱"集解"者，蒙所採也。先以李氏解者，以其多引古注；最後附"集解"者，不敢掩前人也。

《易》有子夏傳，蓋出於韓嬰。或云漢儒所爲。其書久亡，世有僞本。京氏章句亦亡，今陸績注者三卷，或曰錯卦。及魏伯陽《參同契》，僞關朗《易傳》，宋陳摶所撰僞《子華子》"戴九履一"，河圖之學，先天太極之説，皆無可採。

《易》者，聖人效天法地之書。人與天地參，則《易》與天地準，通天地人之謂儒。天大地大人亦大，故《易》稱"大人"，亦稱"君子"。《爾雅·釋詁》"君，大也"，君子即大人。大人者，合於天地、日月、四時、鬼神，先奉時而後不違，則自天祐之，吉無不利。大象必稱"君子以""先王以"者，以，用也。卦有否泰，道有消長，君子用之皆吉。道消斯用儉德也，《易》不可以占險，是以黃裳元吉、不利小人。《易緯》言，《易》有三名，其在人道，乾爲積善，坤爲積不善。言善則應，言不善則違，言行所以動天地。易知易能，所謂易此"易"字與上二"易"字，俱讀"難易"之"易"。也；知進退存亡得喪，所謂變易也；知而不失正，所謂不易也。孔子曰"五十學《易》"，又曰"五十知天命"，又曰"文王既没，文不在兹"，皆謂《易》也。古之學者，八歲入小學，學六甲、五方、書計之事，於《易》學蓋近而易明。則孟氏之卦氣，京氏之世應飛伏，荀氏之升降，漢魏已來，象數之學，不可訾議也。經師家法，既絕於晋，自六朝至唐，諸儒悉守古經義，不敢滕其臆説。至宋而人人言《易》，繁而寡要，直以爲卜筮之書，豈知言哉！近世惠徵君棟作《周易述》《易例》《易漢學》諸書，實出於唐宋諸儒之上。蒙爲此書，無所發明，竊比於信而好古，網羅天下放失舊聞云爾。此書之成，左右採獲，東海畢徵君以田之力爲多；東吳周孝廉儁、瑕丘牛徵君鈞及其子廉夫，互加校勘，以助予之不及。四君者，皆好學深思之士，尤不敢略其美也。如其疏釋，以待能者。

時嘉慶三年六月丁未，書成，序於兗州巡使署中，陽湖孫星衍撰。

——《孫氏周易集解》卷首

周易遵述序

〔清〕陳錦鷟

凡苦心好學者，天必有以成之；凡誠心好義者，天必有以報之。王子惜庵、陸子春堂與余未嘗識面，而素聞其好義。己丑重九前五日枉顧，携書一編，顔曰《周易遵述》，謂余曰此淮陰故書堆中所得者，將欲付梓，君深於《易》，請弁言於簡端。余慚謝不獲，取而讀之，其人題毗陵蔣本，夾注曰："癸巳再定，根庵自寫。"其書則取正不取奇，取精不取多，取大不取巧，宗宋儒之理而不廢漢儒之象，以近人之注較之，如葉氏佩蓀以移易爲宗旨，而不取變易；蘇氏秉國以變易爲宗旨，而不取爻位；連氏斗山兼取交易、移易、變易，而於不易之義則失；黎氏世序本日月爲《易》之義，專取爻位爲坎離，而於周流之義則失；晏氏斯盛不取圖書之説，并互體而廢之；任氏啓運則以《河圖》之五十爲全《易》之要，李氏塨則全删卦氣之類而專主互體；孫氏宗彝引《易》歸《禮》，於《易》之中無所專主，轉專主於《易》之外焉。諸書皆執乎一偏者也。此編惟爻不取變，是其一缺，然於豫之上睽巽之五亦嘗及焉，是知其無適無莫，惟義所在。噫！根庵蓋苦心好學之士也。計其成書之日至今，垂六十年，其人蓋没世久矣。不知其書何以落於淮陰，乃竟爲惜庵、春堂所遇，以壽諸梨棗。今夫學人欲著一書，俯首一室之中，抗心千古之上，搦管含毫，不知幾費經營矣。及其既成，或紙貴一時，或糊窗覆瓿，或傳而不久，或久而後彰，此其中蓋有天焉，非人力可與。然而天實無親，栽者培之，當其落筆之時，一己之精神固足自擁護於千百年之後，天耶？人耶？即如此書，根庵與惜庵、春堂兩相誰何之人也，而乃有此遇合，豈非天於冥漠中有以成夫苦心好學者哉！噫！惜庵、春堂好義如斯，不知天又將何以報之。

　　道光九年小春月朔，陳錦鸞靈羽拜撰於安玩草堂。

——《周易遵述》卷首

易卦圖説自序

〔清〕胡嗣超

　　《易》者，道、象數合者也。離道以求象數，鑿也；捨象數以言道，妄也。自漢迄晋，説《易》者離合不同，大要失之于鑿，所以見非于王輔嗣，而由是以來，遂以象數爲不足留意矣。然古説《易》者，唯《左傳》之釋筮爲最精。左氏親受業于夫子，必有所據，當非鑿也。世之學者皆用《程子易傳》《朱子本義》，《程傳》則一主于道而略象數，《本義》則兼求諸象數，較之《程傳》，似爲簡要，然于立象繫詞之故，尚頗得其近似。夫燕、越相去數千里也，其人之好善而惡惡，是是而非非，靡弗同也。至于言語名物，非相與習，莫得而通曉焉。夫好善而惡惡，是是而非非，其道也；言語名物，其象數也。未有不通習其言語名物而遽知夫彼之所云云者，爲善惡是非也。夫《易》之爲道，固不可以一象一詞窮，然既已爲之立象繫詞，則必洞晰前聖人之所以用心，然後緣毛髮而得體骨，緣體骨而會神明。苟遺棄象數，以爲吾所云云者道耳，夫道則何但《易》哉！自宋至今，言象數者如漢上朱氏、瞿塘來氏、陽湖張氏，大抵原本荀、虞，能于互變、飛伏之間，旁求曲考以證其説，然往往穿鑿破碎，于正象反略，其失猶之荀、虞焉。《傳》不云乎"剛柔者，立本者也；變通者，趣時者也"，趣時而遺本，可乎哉？予間嘗反復于夫子十翼之文，然後知羲、文、周公所以爲卦若爻者，一象一詞皆有深意，乃益嘆《易》道之大，諸聖人之悦心而研慮者如此其精也。于是援左氏釋筮例，集諸儒圖解，而更推廣之，通爲《易卦圖説》六卷。雖知識淺陋，未能有窺夫萬一，而搜羅敷衍，要不鄰于妄鑿而已。

　　道光歲次戊子仲冬日，武進胡嗣超鶴生氏識。

——《易卦圖説》卷首

尚書彙纂便讀序

〔清〕陸世儀

自一畫開天，書制伊始，而删書斷自唐虞，其間《洛書》《洪範》具《易》之體，《帝歌》《五子》具《詩》之體，拜稽都俞《周官》《顧命》具禮之體，章服刑用具《春秋》之體，故一經而備五經者惟《書》。訓詁家説有互標，旨多錯出，世所傳習自大全、注疏，以及會編、翼注、説約、説統、諸集外，推純璧者，亦未數數也。晋陵家崑庭氏得聚岡、鳳臺兩先生家學心傳，精研經義，考訂最深。予昔在毗陵共事三載，見其晦明寒暑，纂輯不輟，詢之欲會纂諸書，編入傳注，俾可成誦，爲句讀津梁也。夫説經言人人殊，明初《尚書》猶有兩孔氏疏，迨後制舉義一宗蔡傳，經生掇青紫者，童而治之終身，俎豆不祧，今欲數百千載下讀者之心，體數百千載上作者之心，融會貫通，意符吻合，以羽翼武，夷並行霄壤，夫豈易乎哉！乃閱五年，予至雲陽，復過毗陵，崑庭纂已脱稿出質，見其提綱挈領，分章析段，究委窮源，句解字義，無不詳明簡當。讀一字而一句之義，鐵畫銀鈎也；讀一句而一節之義，鈎聯繩貫也；讀一節而一章之義，振裘之挈領而衡石在懸不爽也。然則讀一經而諸經之義可以兼總該洽，網羅條貫，靡不具備。兹編洵繼武夷起而集成矣乎！因爲顔之曰《彙纂必讀》。然而窮經以適用也。夫《書》道政事，古命官若采播穀、敷教、明刑、典禮諸大務，何一不臚列五十八篇中！今區區鉛槧將訓掌故而敝帚之，抑亦家修庭獻，爲當官展錯籍也。漢大夫倪寬説經上前，至使天子就問夏侯校書異同，後直節侃侃，抗論孝武，宛然吁咈至義，於以折衷聚翁、鳳翁兩先生家學心傳，淵源有自，或庶幾乎！予知是編出，家弦户誦，異時有横經天禄石渠間者，必以崑庭爲奪席，豈直羔雁筌蹄云爾哉！

時康熙辛亥七夕，婁東桴亭陸世儀道威氏題於毗陵之居敬堂。

——《尚書彙纂》卷首

尚書約旨自序

〔清〕楊方達

夫説《書》亦難矣，微而先聖、後聖心法之傳，顯而二帝三王大經之治，上而天文曆數，下而地理山川，以及《洪範》九疇之屬，靡所不備。今欲博綜而條貫之，難矣。況語多聱牙，字多淵奥，九峰尚有未詳，諸儒解又各別，而欲折中以取其的，抑又難已。故説《書》者不難于説之詳而難於説之約，詳則可以兼收，約則要歸一致，蓋非博無以爲約之地，非約亦無以爲博之歸也。漢儒之談經也，以三萬餘言明《堯典》二字，可謂知要乎！宋元經解中如林少穎之《全解》、吕東萊之《説書》，可謂詳而有要者矣。朱子以爲蘇氏傷于簡，林氏傷於繁，王氏傷于鑿，呂氏傷于巧，則説《書》而欲其不簡、不繁、不鑿、不巧，其唯約乎！但不可以徑約耳。韓子云"約六經之旨以成文"，今一經之旨且不能約，而尚期于約六經之旨哉！達也少習《尚書》，長而縱覽于注疏經解諸書，殊患其泛濫而無歸也，竊有志于約之一言，返而沉潛反復於經傳之言，以求其至當而未敢自安，唯願以由博反約之功與天下共證之也。若夫明辨之力存乎其人，學者不以此爲井蛙之見而棄之，則善矣。

乾隆十有八年三月幾望，後學武進楊方達識。

——《尚書約旨》卷首

尚書通典略叙

〔清〕顧棟高

武進楊子符蒼持所著《尚書通典略》二卷，請序於余，余乃言曰：《易》雖始伏羲，然但有卦畫無文字，《春秋》始于魯隱，《詩》及二《禮》則起自文、武、周公，獨《尚書》遠追唐虞夏商，凡二帝三王之宏綱鉅典，靡不備載，世最古而考稽愈難。顧世儒之言《尚書》者，吾惑焉，不知天行有歲差之異，劉氏瑾曰："堯至周公攝政時，凡一千二百四十餘年，歲差當退十六七度。"漫以《月令》仲春之昏弧中旦建星中者以求《堯典》之中星，則不合；不知水道有變遷之異，漫執後世之浙江、吳淞江、楊子江以求《禹貢》之三江，執後世之洞庭以求《禹貢》之九江，則又不合。商建丑，周建子，當時之發號施令與史臣之編年紀事，自應各從本朝正朔，故伊訓之十有二月乙丑，是商正建子之月也，《泰誓》之十有三年春，是周正建子之月也，論者乃曰商周改時不改月。夫改正朔者，即改其月爲正月也，而曰不改月，可乎？蓋商家尚質，太甲即以湯之崩年改元，而周自公劉時以子月紀數，見于《詩·七月》者可考，而論者輒云商周猶用夏正，此其所以紛紛也。《顧命》文有脫簡，自伯相命士須材以上記成王顧命登遐之事，狄設黼扆綴衣以下記明年正月上日康王即位朝諸侯之事，中間闕無數儀節，說者混而一之，致蘇氏疑康王冕服爲非禮。果若此，則康王即位即在成王崩後八日，輟號慟擗踊之慘，而遽與群臣從容拜揖，嚌酒飲福，雖後世庸主不至此。微子在商時，箕子詔以出迪，出即行遯不返之謂，當武王克商，微子正行遯于野，故《武成》釋箕子囚，封比干墓，而于微子無文。迨武庚既誅，乃始旁求而得之，左氏乃曰面縛銜璧，史遷又云抱祭器歸周，則是微子爲不臣而箕子詔微子以畔，尤悖義傷教之大者。《尚書》有古今文，論者多以古文之文從字順而疑其爲僞，試思二典及《禹貢》，雖無注釋，亦易曉，何嘗無今文！而周誥殷盤佶屈聱牙，何嘗非古文哉！蓋紀事多出于史臣秉筆，如後世詞臣撰內外制之類，雖百世可通行，而《盤庚》三篇第爲

序跋／經部

355

告諭殷民之詞，《大誥》及《多士》《多方》爲訓飭邦君御事及洛邑頑民之詞，當日口相授受，詞諄義複，多雜土音，史臣不敢增飾一字，如後世語録，故易世後便難解，而漫以此分古今文，別《尚書》真僞，此兒童之見也。余從事《尚書》四十年，博覽深思，所篤信不疑者如此。頃讀楊子所著，則與余合者過半，竊自喜人心之同，然其間有不合者，容俟面相質證，究極其義之歸。其餘若《虞書》之六宗，《費誓》之三郊三遂，顧命之四輅及天子之五門三朝，俱援據博而考核精，而《禹貢》山川及渾儀法尤致詳焉，楊子之用心可謂勤矣，爰不辭而爲之叙。

乾隆癸酉八月上浣五日，錫山同學弟顧棟高。

——《尚書通典略》卷首

尚書既見序

〔清〕李兆洛

讀聖人之書，必求窺聖人之心。聖人之心，千萬人之心也，而孟子稱智足知聖，惟宰我、子貢、有若，七十子莫得與焉。子思子作《中庸》，引聖人之道於至淺至近，而顧難之曰："苟不固聰明睿智達天德者，熟能知之？"然則聖人之心，果無智愚皆足以知之乎？今夫日之在天也，庸夫孺子皆見之而知之，然則疇人子弟登靈臺，窺機衡，其知必有與庸夫孺子異者；向使進羲和、容成而問之，其知又必有與疇人子弟異者。執庸夫孺子所知之日，以爲日盡于是也，可乎？不可也。然使以疇人子弟所知之日，語庸夫孺子，則疑且笑之。更以羲和、容成所知之日而語之，則益非且怪之。何也？其知不足及此也。日未嘗異也，隨知之者而異也。聖人之心未嘗異也，亦隨知之者而異也。竊怪夫循誦習傳之士，未得其一端，而遽名曰吾知聖，則孟子所云智足知聖，七十子所不能者，今之士顧反能之。而大而化"聖而不可知之"之云者，抑果易知也。讀方耕莊先生《尚書既見》，始卒業而爽然，徐尋繹之而怡然。舜、禹、文王、周公，得孔子、孟子之言，而其心可知矣。後之讀書者，求端于孔子、孟子之言，而勿以凡所言者亂之，則幾乎其可矣。先生之言，若與凡言之者異，而與孔子、孟子之言近矣。由是以求窺聖人之心，亦猶欲問日於羲和、容成，而以靈臺疇人爲之導也。夫不知聖人，不爲聖人損。不知而不求知，而自安于其所知，吾恐學道之見日益卑陋，遂錮于淺近，所造亦以益下。幾何不如疇人家言，更千年而天可倚杵也。承學之士誠思擴其胸、高其識，無域乎庸夫孺子之見，請由是而之焉可乎！

——清光緒刻本《養一齋文集》卷三

尚書今古文注疏序

〔清〕孫星衍

　　《書》有孔氏穎達《正義》，復又作疏者，以孔氏用梅賾書雜于廿九篇，析亂書序，以冠各篇之首，又作偽傳而捨古説。欽奉高宗純皇帝鑒定四庫書，採梅鷟、閻若璩之議，以梅氏書爲非真古文，則《書》疏之不能已于復作也。兼疏今古文者，放《詩》疏之例，毛、鄭異義，各如其説以疏之。史遷所説則孔安國故，《書大傳》則夏侯、歐陽説，馬、鄭注則本衛宏、賈逵孔壁古文説，皆有師法，不可遺也。今古文説之不能合一，猶三家《詩》及三《傳》難以折衷。即鄭注三禮，亦引今古文異字，及鄭司農、杜子春説。至晉已後，乃用李斯別黑白而定一尊之學，獨申己見，自杜預之注《左傳》，王弼之注《易》，郭璞之注《爾雅》濫觴也。經廿九篇，并序爲卅卷者，伏生出自壁藏，授之鼂錯，教于齊、魯，立于學官，大小夏侯、歐陽爲之句解，傳述有本。後人疑爲口授經文，説爲略以其意屬讀者，誤也。孔壁所出古文，獻自安國，漢人謂之"逸十六篇"。後漢衛宏、杜林、賈逵、許氏慎等，皆爲其學，未有注釋。而經文并亡于晉永嘉之代，不可復見也。《書大傳》孔子謂顔淵曰："《堯典》可以觀美，《禹貢》可以觀事，《咎繇謨》可以觀治，《鴻範》可以觀度，六《誓》可以觀義，五《誥》可以觀仁，《甫刑》可以觀誡。"凡此七觀之書，皆在廿九篇中，故漢儒以《尚書》爲備。又以爲法斗、七宿，四七二十八宿，其一斗也。又云孔子更選二十九篇，二十九篇獨有法也。尋此諸説，即非正論，可證漢儒之篤守廿九篇無異辭也。廿九篇析爲三十四篇者，伏、鄭本分合之不同。《大誓》後得，然見于《史記》《書大傳》，似止上下二篇，至唐已後并失之，其詞見于傳記，猶可徵也。《書大傳》存本亦爲後人删節，馬、鄭注至宋散佚，王應麟及近代諸儒或從《書傳》輯存之，故可附經而爲之疏也。文有今古之分者，孔壁《書》科斗文字，安國以今文讀之。蓋秦已來改篆爲隸，或以今文寫《書》，安國據以讀古文，其字則異，其辭不異也。司馬氏用安國故，夏侯、歐陽用伏生説，馬、鄭用衛、賈説，其説與文字雖異，而經文不異也。古文篆籀之學，絶于秦漢。聲音訓詁之學，絶于魏晉。典章制度之學，絶于隋唐。《尚書》爲唐、虞、三代之文，字迹奇古，詁訓與後世方言不同，制度或在《禮經》之先。後人不考時代，率爲之注解，致訓故乖違，句讀舛誤，謂之佶屈聱牙，殊可嘆也。孔氏之爲《書正義》，《序》云據蔡大寶、巢猗、費甝、顧彪、劉焯、劉炫等。又云："覽古人之傳記，質近代之異同，存其是而去其非，削其煩而增其簡。"是孔氏之《疏》不專出于己。今依其例，遍採古人傳記之涉《書》義者，自漢魏迄于隋唐。不取宋已來諸人注者，以其時文籍散亡，較今代無異聞，又無師傳，恐滋臆説也。又採近代王光禄鳴盛、江徵君聲、段大令玉裁諸君《書》説，皆有古書證據，而王氏念孫父子尤精訓詁。但王光禄用鄭注，兼存僞傳，不載《史記》《大傳》異説。江氏篆寫經文，又依《説文》改字，所注《禹貢》，僅有古地名，不便學者循誦。段氏《撰異》一書，亦僅分别今古文字。及惠氏棟、宋氏鑒、唐氏焕，俱能辨證僞傳。莊進士述祖、畢孝廉以田，解經又多有心得。合其所長，亦孔氏云“質近代之異同，存其是而削煩增簡”者也。爲書始自乾隆五十九年，迄于嘉慶廿年。既有厥逆之疾，不能夕食，恐壽命之不長，亟以數十年中條記《書》義，編纂成書，必多疏漏謬誤之處。然人之精神自有止境，經學淵深，亦非一人所能究極，聊存梗概，以俟後賢。或炳燭餘光，更有所得，尚當改授梓人，不至詒譏來哲也。

嘉慶二十年太歲乙亥二月中旬，序于金陵冶城山館。

——《尚書今古文注疏》卷首

尚書今古文集解自序

〔清〕劉逢禄

《尚書今古文集解》何爲而作也？所以述舅氏莊先生一家之學，且爲諸子授讀之本也。嘉慶初，先生歸自沛南，余始從問《尚書》今古文家法，及二十八篇叙義，析疑賞奇，每發神解。忽忽數十年，久不省録。今年夏，先生子循博來京，旋卒旅寓。啓其行篋，而先生所爲《書序説義》一卷、《尚書授讀》一卷在焉。尋繹雒誦，音容如在。先生學通倉、籀，温故知新。其所創獲，近轢諸儒，遠質姚、姒。所恨記録過疏，引而不發。亦有親承口授，或反缺然。緒論微言，不箸竹帛，傳而不習，自古嘆之。湮没駸尋，玩愒滋懼。爰推舅氏未竟之志，綴爲是編。其例凡五：一曰正文字。《尚書》已罹七厄，見段氏《撰異序》。故經文之下，必先審其音訓，别其句讀，詳其衍脱，析其同異。段氏旁徵蔓衍，煩賾爲患，芟蕪存英，什僅二三，從簡要也。二曰徵古義。馬、鄭、王《注》，采自後案，不復疏其出典，其差繆過甚。如以夏侯等書轉爲古文，孔壁本轉爲今文之類，悉爲釐正，嚴家法也。三曰祛門户。孫《疏》好古，雖《史記》周公奔楚，揃爪沉河之説，必篤信不疑。《後案》祖鄭，雖殛鯀在玄圭告成之後，《金縢》誅官屬黨與之誣，必曲申其是，遷周、孔以就服、鄭，實爲大惑。至《僞孔傳》于導渭條漆、沮亦曰洛水，《顧命》篇“夾兩階戺”爲“堂廉”，致爲精確，不可以人而廢言，集衆思，廣公益也。四曰崇正義。六宗四載，三江、九江，諸家聚訟，詳載博辨，體同考索。至于因中星而及歲差之西法，説璣衡而詳後世之銅儀，有乖説經，概從薙汰，懼支蔓也。五曰述師説。凡聞自莊先生及外王父莊宗伯公者，皆别出之。獨下己意者，以“謹案”别之。其書序説義，亦詳爲引申，附諸其後，明授受也。予自束髮治《春秋》，所擬《議禮決獄》《答難》諸書，至今未能卒業。又爲《詩聲衍》若干卷，以明六書音韻之學，創稾粗就，繕寫未遑。復以炳燭餘明，旁及是學。人壽幾何？蠡海難罄，望古寥闃，知後人能董而理之否耶？姑藏篋笥，以訓子孫云。

——《尚書今古文集解》卷首

禹貢便蒙序

〔清〕張　鉽

《禹貢》夏王經世之書，古奧簡括，結構謹嚴，文僅千一百九十四字，而疆域、山川、貢道、賦法以及土宜、物產、建官、弼服，無不包孕詳盡於其中，篇末更探源祗德、鋪張聲教，全書結穴。信乎！自有天地以來第一大經濟，自有書契以來第一大著作也！歷四千餘年，通儒輩出，傳注、義疏、考據、精覈、圖解詳明，凡經義之有待闡發者，殆無遺蘊矣。顧講家紛紜，得失互見，而歷代郡縣今昔異名，尤難考訂。康熙中，德清胡氏有《禹貢錐指》之刻，悉按國初郡邑而訂正之，展卷了然，洵推善本。但卷帙浩繁，初學見之，望洋驚阻。況越今又百數十載，經生研誦《書》義，推闡益精，輿圖視往日江南、湖廣、陝西省會分析，天下府、州、廳、縣、衛所、營司，或沿或革，或并或分，變置無定，訓詁家僅據蔡《傳》以釋方輿，固不啻問道於盲，即參閱《錐指》，久已不盡符合。且其中經義雖極精詳，亦偶有缺誤，此讀《禹貢》者所爲不快者也。余前歲爲課兒輩，因薈萃先儒及近代名公注釋，博觀約取，彙其精義，山川所在郡邑，尤加意搜覽載籍，核之《輿地全圖》，稿凡數易，訂成是編，藏之行篋，爲家塾課本。乃余友吳君抑庵、朱君子筠見而悅之，促余付梓，以公同好。余惟是編繆誤尚多，何敢遽以問世？遂囑抑庵、子筠同加參校，疑者商之，闕者補之，自署曰《禹貢便蒙》，以授剞劂氏。或於初學少有裨益焉，如曰折衷諸家，爲聖經獨標精義，則余自量審矣，余奚能？余奚能？博雅君子鑒其不逮而惠教之，幸甚。

時道光十三年歲次癸巳十一月既望，毗陵張鉽子揚甫序於荊花書屋。

——《禹貢便蒙》卷首

詩説自叙

〔明〕薛應旂

夫《詩》何爲者也？宣六情，通百物，止僻坊邪，論功頌德，實感天地而動鬼神者也，豈易説哉！故曰："不以文害辭，不以辭害志，以意逆志，是爲得之。"於乎！説《詩》之義備矣。以是爲訓，而牽於文辭、溺於志意者猶未免焉，故齊、韓、毛、鄭之説去子夏之世尚近，其所傳受庶幾影響，而王

仲淹猶且病之，矧自是以後而欲以己意懸斷於千百年之下，吾未敢謂其能説
詩也。余少業《詩》，遵朱子之訓詁而會諸儒之同異，兼采諸經之可以互相
發明者，彙爲是編，以應有司之舉，則亦自謂頗用其心矣。若遂以爲説《詩》
之義止於是焉，則吾豈敢！詎謂坊間遂爾傳刻，近始見之，因書簡端，冀觀
者諒余之志云。

——《方山薛先生全集》卷十

詩傳闡自序

〔明〕鄒忠胤

　　談經必折衷於孔子，孔子之教，莫詳於《詩》，其大端有二：曰《詩》
三百，一言蔽之，思無邪，此《詩》之真宗旨也；曰自衛反魯，然後樂正，雅
頌得所，此詩之真部分也。秦火而後，迄漢建元，《詩》固已萌芽久矣，劉歆
猶謂一人不能盡其經，爲雅爲頌，尚資湊合，則於聖人刪正定本，固概乎未
有見。夫且不得其部分，更安得宗旨而測之！于是儒者學一先生之言，守殘
專己，入主出奴，各自伸其臆見，匪無弋獲，浸假亦歸銷歇。惟毛《序》托
重子夏，其説遂蔓衍至今，傳箋疏注遞相耳食，互有合離，總之郢書燕説，
而無邪得所之義，歷百千餘載，長蔽雲霧，孰知孔氏真傳原自不殄于世，則
晉虞喜所摹石本是也。其書多闕文，頌爲尤甚，正以殘缺彌見其真，一展卷
而部分粲如，并宗旨亦躍如兼有，可以旁證他經而破千古聚訟之不決者。藉
非親經聖裁，即聖門高弟未易捃摭，豈秦漢以下諸儒所能摩擬而位置！不知
仲寧何從得此，斯固赤水之玄珠、汾陰之鈎鼎，宜與《大訓》《河圖》並陳東
序，乃一廢于梁天監，再廢于唐貞觀，豈神者故秘之耶？夫亦毛氏之説久錮
于人心，非是勿使並進耶？雖嘗間發于宋宣和、紹興而見重于趙明誠、黃伯思、
董逌、洪适、胡元質、范成大諸君子，乃竟莫爲表章者。向令晦翁曾寓目于此，
當必桴鼓合而針芥投，何難定一尊以折群喙，固無事斷斷焉與小序競玄黃之
戰耳。

　　明興，文治蘊崇，天不愛道，弘治時，香山黃文裕公得是本于秘閣，繇
是成都、貴竹、白下、武林漸有刻其題曰端木氏述者，想晉代以前固然。夫
傳自不朽，又焉用述！愚謂此殆未能真信孔子，而特援一知來之賢與後禮者
敵，其尊《詩傳》僅如其媚《詩序》，則猶是附離之曲見哉！方今功令布侯于
宋注，是編固未能驟列學官，且夷而與稗官伍，愚懼其浸以湮没也，爰爲之闡，
以廣其傳。

　　崇禎乙亥夏，晉陵鄒忠胤肇敏甫題于閩之薇署。

——《詩傳闡》卷首

詩經副墨自序

〔明〕陳組綬

　　詩，難言也。聲歌暢於性情，義蘊通於傳序。蒲蒗飛諧，辯於博物；風謠正變，合於《春秋》。頌其詩，知其人，論其世，言詩之難，以不慧解之之難，并以慧解之之難也。泥體失意，泥聲失志。托興比物，唱嘆流連，有聲無影。每有端人訪士，寓於懷人棄婦之什、風雨蔓草之章，淵悟未開，死於句下。加以義類宏深，傍見側出，何以入宣聖之手？而塗歌里號，盡譜爲經，何以遭秦火之劫？而承學崇門，如投之燧。《詩》易言乎哉！趙氏序子興通五經，尤長於《詩》《書》，然於《書》則曰"盡信無書"，是千古讀書法；於《詩》則曰"以意逆志"，是千古説詩法。私嘗謂學詩如參禪，中有宿物，雖萌智果，墮落見聞，妙義現前，不相關對。豈知屠沽兒立地作佛，只緣空靈頓得了義？鑽它故紙，三百奚爲？夫詩後有序，序後有傳，傳後有詁，詁後有箋，箋後有疏，疏後有正義，正義後有集注，各自以其意言詩，而詩人性靈噎籟，日以其所習之訓詞，所便之格調，所易索之字句，歸之墨守，喪其自然。後人兩字推敲，百千鎚煉，古體近體，絶樣安排，作三百篇，當又何似？不暇求其一斷詩腸，子年如話，而比之他經百子，一例學究解説，詩安得不亡？古今人情性所同，曠然靈合，極英武人乃極騷豔，極奸雄人亦極慨慷。垓下重瞳、鄴中父子，非三百篇後高調絶倫者乎？必按律以徵聲，詎鍥舟而得劍？人盡有三百篇於胸中，人盡有三百篇於舌端、眼底。余自受經來，每疑有韵之言無與貼括。《詩》一言而已，演之千百言則支；《詩》一字而已，幻之比偶屬類則淺。《詩》永言永志，反之填詞以悦人目則賤；《詩》成聲合調，限之格律行數則膚且滯。雖然，神而明之，存乎其人。人試以詩説詩，先去一制義死法，嘿參詩人活法。譬善射者，貫虱洞甲，非不巧力也，而賈堅射牛，能令不中。一矢拂脊，一矢磨腹，裂龜落毛，上下如一。夫必中，死法也；不必中，活法也。三百篇中，一事之激越，一聲之轉變，一字之頓挫生活，自出眼光，静中尋繹，恍然對其人，慄然聞其聲，居有無限靈惊浮出紙上，欲歌欲舞，如泣如訴，而後乃今悲或以喜焉，憂或以懷焉，躁或以釋焉，懥或以平焉，則説詩而詩在矣。非然而牽會其文、聚訛其説，詰辨訂改，鉛不勝摘，又何如"尊朱"二字足了明經公案乎？率天下之慧人而學究之也，則詩難言也。

　　東吳菰蘆中人陳組綬書於棠湖之漪閣。

——《詩經副墨》卷首

史繹心重刻詩經水月備考序

〔清〕陳　鍊

聖人之道，聖人之經著之也；聖人之經，先賢之疏箋傳注存之也。近世以經課士，經以詮理爲宗，典故事迹或略焉。窮鄉末學不得見齊、魯、毛、鄭諸書，空疏無考，每苦悵悵。明季邑中薛歲星先生有《詩經水月備考》一書行世，鼎革兵燹，原板淪沒，學者徧索不可得。吾友史子繹心得其遺稿於先生之孫，因爲之補綴缺漏，付梓以行，於是乎歲星先生之書爛焉復明於世，而攻舉子業者一覽具足，無空虛荒陋之嗟矣。歲星先生爲方山先生五世孫，少負逸才，風發泉涌，治《毛經》成進士。中年吏於中州，郡人呼爲老佛，蓋其慈祥愷悌，天性然也。晚遭鼎革，隱於禪以終。生平富於撰述，兹特其吉光片羽耳，然其嘉惠來學之意則已至矣。鹿得草而呼其群，鳥出谷而求其友，物類且然，況先生之大慈及物者乎！先是，方山先生有《四書人物考》，兹之考，猶先志也。先生辭世逾五十年，而史子承其志而光大之。史子，薛之彌甥也。道之顯晦，經之絶續，豈不係乎其人哉！史子囑予記其歲月，爰忻喜贊嘆而爲之書。

康熙乙酉，同學弟陳鍊拜序。

——《史氏族譜》卷六

毛詩説自序

〔清〕莊有可

《周官》太師掌教六詩，曰風，曰賦，曰比，曰興，曰雅，曰頌，孔子删詩取風、雅、頌而不收賦、比、興，蓋亦《春秋》得半之意也。《詩》之與《書》，其立教功用綦同，然《書》僅百篇，且列三代，若《詩》則周詩三百之外，末附商詩五篇而已，豈以性情歌咏世彌近而感彌切耶？又《小雅》有無詩之篇題六，先儒以爲有聲無詞，非也。有篇題者，所以備《小雅》之盈八十也，删詩詞者，所以正全詩之止三百也。觀《魯論》，屢記子言《詩》三百，乃愈知商詩五篇之爲附，而不與於删詩之定數矣。蓋孔子之删《詩》與《書》，本以輔《春秋》也。《春秋》者，名取乎魯史者也，是故存《蔡仲之命》而知禮樂之在魯矣，存《費誓》而知征伐之在魯矣，讀《吕命》而兆齊伯也，讀《文侯之命》而兆晉伯也，讀《秦誓》而兆繼周也，此典禮時世與春秋之終始可徵者也。若《詩》則因其篇次，究其體例，因其文詞，研其旨趣，而王者宅中圖治之法，英傑乘時利濟之權，與夫盛世典章，衰朝叢弊，《春秋》即書其事，而或不能盡其情，《春秋》縱編之年，而或不及詳其原委，三百具在，得其歷歷可證者，而其所不及證者，當亦不難舉隅而反耳。至乃本之倫物，爲小子之始基；擷其詞華，亦文人之韵事。要皆非聖人刪詩之初意也，而況詁訓乖其理，時事違其實，而能庶幾克當者幾何哉！今三家之詩既亡，惟有毛公是據，而《序》固多不詞，《傳箋》亦且或晦或支，不能無失。兹説直抒鄙意，不敢專主一家之言，庶可使全詩之脉絡貫通，而一篇、一章、一句之意，分而按之，亦無不各成其解，而後知其大指與《春秋》不必求合而自不相背，乃正相與徵也。

嘉慶戊辰嘉平下弦後二日丙辰，武進莊有可。

——《毛詩説》卷首

詩經逢原自序

〔清〕胡文英

屈《騷》之源于三百篇，史遷言之，而人不敢以注《騷》者注《詩》，以《詩》有四家，各持一説也。《毛詩》晚出，集三家之所長而去其艱澀，故人競趨毛，第古人治《詩》兼通衆家之説，如毛氏《小旻》章，易韓氏之“不就”爲“不集”，馬傳仍以就解之是也。《釋文》引班氏云：“後世經傳既已乖離，傳學者又不思多聞闕疑之義，而務碎義逃難，便詞巧説，安其所習，毀所不見，終以自弊，此學者之大患也。”朱子懲習《詩》者之崇己守殘，博采諸家，一洗陋習，然猶泥于淫奔之説，吕東萊、嚴坦叔、馬端臨諸人又據《序》而揚鑣，學《詩》者益增岐途之惑。夫《騷》之所愛美人香草，即《詩》之好色不淫；《騷》之所嫉鄙固偷樂，即《詩》之怨誹不亂。史公雖不注《詩》，而其探本之論要不可易已。

乾隆五十一年歲次丙午十月上浣，武進胡文英繩崖氏識。

——《詩經逢原》卷首

毛詩通議自序

〔清〕胡文英

毛氏傳經，非有恭王孔壁之文、汲郡魏冢之册也。當三家紛頤，閉户而集其成，俾三家不醇之説銷鑠無存，其功亦已偉矣。迨數傳之後，其徒造自謂子夏所傳一語，以誣毛公，而窮經之士變爲作僞之祖，豈不異哉！夫君子之爲學也，求自慊而不自欺，毛公爲漢之醇儒，必非自欺者，無亦陳俠之徒以爲非是不足以篝王莽之聽而立《毛詩》，試其枉尺直尋之技耳，豈毛公之意耶！許叔重亦傳《毛詩》而不如鄭氏之詳，要之，許之斟酌盡善，鄭之學有本原，皆毛氏之功臣，習《毛詩》者未可偏廢也。余前輯《詩經逢原》《詩疏補遺》，而義有未盡，復爲《毛詩通議》，既以通序傳箋疏之蔽，又以解先儒彼同此異之爭。毛氏聞之，當不以余言爲河漢矣。

乾隆五十三年歲次戊申七月上浣，武進胡文英繩崖氏識。

——《毛詩通議》卷首

詩經申義序

〔清〕王　龐

吾友吳君晉望既歿之十載，其子敬承奉其兩兄之命，以君所著《詩經申義》繕寫成帙，將付之梓，而問序於予。嗚呼！君於予十年以長，識超學邃，每於往復多所開益，誠古人所謂風義兼師友者，而烏可以無言哉！憶年四十時，予方治《易》，江陰鳳韶治三禮，而君治《詩》。三人者，所業不同，而各出見解證得失，心相契也。今鳳氏《經說》及《四子書補考》諸書既已板行，予《易》義亦禍梨棗，而君書最晚成，於其生時未獲全睹，前四五年始得受而讀之。茲又三復紬繹之，大率以小序爲宗，雜採《箋》《疏》《集傳》，以補苴其罅漏，而於安溪李氏尤取裁焉。其援據也精，其簡擇也當，其義正，其見遠，其詞約而賅，其旨微而顯，乃喟然曰：“必如是三百篇始可列之經，必如是三百篇乃得爲詩之祖。”名以《申義》，殆亦攝謙之意云爾。君制藝追王、唐，其詩、古文亦皆足名世，舉不足爲君重。惟是書大有裨聖教，爲不朽之盛業，無疑也。世有識者，其不以予言爲阿好也夫！

道光歲次上章攝提格涂月，陽湖王龐序。

——《詩經申義》卷首

詩經申義後序

〔清〕薛子衡

六經各有訓詁，而《毛詩》則毛公爲之傳，鄭氏爲之箋。毛、鄭皆漢之經師大儒，其說最爲該備，而朱子作《集傳》顧多違毛、鄭之義，豈好爲異同哉！《詩》之爲教，人事浹于下，天道備于上，朱子欲學者察之性情隱微之間，審之言行樞機之際，有以得夫興觀群怨、事父事君之道，以無失乎夫子《詩》無邪之訓云爾。吾邑晉望吳先生《詩經申義》之作，蓋此旨也。子衡自束髮頌《詩》，即好觀諸家異同之說。六詩教于大師，而或謂詩有南豳而無國風；變雅著于小序，而或謂雖無正變。《關雎》之意，康成已殊《詩》故；《泂酌》之句，摯虞獨異諸家，則章句之分合難一也。降彼稷于王，登黍離于衛，先草蟲于《采蘋》，繼魚麗于《杕杜》，則篇什之先後難一也。《斯干》可當新宮，《時邁》或爲金奏。《大武》一篇，桓酌異號；《執競》一頌，樊遏殊名，則篇題之異同難一也。又況朔日爲朔月之誤，冢宰爲維宰之訛。篤于周祜，或脫其文；羊牛下括，或倒其字。舛誤紛紜，不知凡幾乎！先生是書，于諸家異同或多不辨，至養心修身、治己治人之道，則論之必詳，言之必盡，而于治亂興亡之所繫，人心風俗之所關，尤三致意焉。非略考訂而詳引申也，亦欲使讀是書者伏而誦，起而行，有以得夫性情之正。因之以正其心，以修其身，以齊其家，處則安考槃之樂，出則爲王國之楨，此又先生之志也。先生素服膺兩宋諸儒之學，而尤好前明高存之先生書，故論學雖主超悟，而一以篤實踐履爲基。子衡不及識先生，而先生季子敬承、先生之孫懷皆與予善，予故識先生行誼爲詳。今秋將以是編付梓，而屬讎校之事于子衡，又得三復是書，而竊窺先生之用心有如此也。

道光歲次游蒙協洽辜月，同里後學薛子衡謹序。

——《詩經申義》卷末

左氏始末序

〔明〕唐一麐

善夫莊周之論也，曰《春秋》以道名分，又曰《春秋》經世先王之志，聖人議而不辨。《春秋》者，正名分以經世王道而已。是故桓文之霸，吳楚之僭，亂臣賊子之篡弒始末之見於紀戰者，雖班班可考，然皆王法之所禁而《春秋》之所不與，其何暇過而問焉也哉！雖然，有天下之大勢，有一國之事情。勢通乎天下者，既隨時以輕重，而情在於各國者，復相與參錯乎其間。苟非迹其事而較其始末，則其是非得失、興壞理亂，尚不能識其所由來，而何以定其褒貶予奪之所在！茲《左氏》之於《春秋》，固不得而廢之也。族大父荆川先生之治《春秋》，嘗謂聖人有是非，無毀譽，一本之人心直道之自然。既超然特出於簡易直截之見，其於《左氏》，則務使學者反覆參究，融會聯絡，以得乎所以見於行事之實。且夫先經以起義，與後經以終事，是《左氏》之所以善於考證也，而事或錯出，文或片見，則執經以求其斷案者，每病於條理之難尋，而屬辭比事之旨，因亦以不白於世，於是乃合其始末而次叙之，以爲一書。然後事歸其類，人繫其事，首尾血脉通貫若一，而聖人善善惡惡之大法，所以榮黼袞而威斧鉞者，不待考之義例之紛然，一開卷而瞭然如在目中矣，豈非讀《春秋》者之一大快也哉！《始末》以《左氏內傳》爲主，而纖悉委曲有逸出於《外傳》《史記》者，亦入焉。君子之於經籍之遺文，與其過而廢也，寧過而立之，而況奸雄之情、英傑之策，其所關於興壞理亂之大幾，非小也哉！在讀之者慎取之而已。先生之弟應禮甫嘗與聞纂輯之大意，而謂是書不可以無傳也，故刻之家塾，而命一麐序其首。

嘉靖壬戌冬十月，族孫一麐謹撰。

——《唐荆川先生編纂左氏始末》卷首

春秋義補注叙

〔清〕顧棟高

孟子説《春秋》曰"其事則齊桓晉文，其文則史，孔子謂其義則丘竊取之"，然則《春秋》之不藉三傳而明也，審矣。夫孔子當日豈預料後世有作傳者，而故爲微辭隱語以待後人之推測哉？傳曰"屬辭比事，《春秋》教也"，又曰"筆則筆，削則削，游夏不能贊一辭"，若是乎，義不外乎事與文，而文與事初非義，由來舊矣。自遭秦滅學，漢興，《公羊氏》最先立學宫，宣帝繼立《穀梁》，《左氏》於哀、平間最後出，後乃孤行。嗣後學《春秋》者非三傳不談，是仍其事、其文而於孔子之義無與也。今試以經文合之三傳，其謬盭特甚。天王使宰咺歸賵，《左氏》謂兼賵仲子預凶事爲非禮。尹氏卒，《公羊》以爲男子，《左氏》以爲婦人。又《公》《穀》多以日不日、月不月生義，《左氏》以舍族、書族生義，其去孔子筆削之旨愈遠。昌黎云"《春秋》三傳束高閣，獨抱遺經究終始"，豈過論哉！合河孫先生著《春秋義》一書，深明孟氏之旨，盡撥棄三傳，專用經文立言，簡而明，約而净，爲二千餘年説《春秋》者獨闢障霧，其有功經學不淺。顧其間不無遺漏，且某義或有可商。武進楊君符蒼復爲補注，而後《春秋》之義大明，如日中天，非特爲合河之功臣，并爲三傳之諍友，真不朽之書也。書成，辱以示余，楊君於《易》《尚書》多有著述，余每服其精敏，能發先儒未發之藴，今復得《春秋》讀之，益嘆其好學深思不可幾及，爰不辭而爲之序。

時乾隆丙子上元日，錫山同學弟顧棟高。

——《春秋義補注》卷首

春秋義補注序

〔清〕楊方達

《春秋》者，聖人垂教之書，立萬世之大防者也。上觀天道，下察地理，中驗人事，旁徵庶物，即事以見義。其間禮樂征伐、綱常名分之大，法戒昭然，可以撥亂世、反之正，故知《春秋》非聖人不能作也。然《孟子》曰"其文則史"，史者，紀實之書也。聖人因其所紀之實而直書之，而其是非善惡之辨未嘗不炳著於其間，初不假名號、官爵、日月之詳略以爲褒貶也。三傳興而聖人之筆説成刻酷，嗣是附會者衆，而穿鑿之説遂蔽錮於學者之心。自唐啖氏、趙氏、陸氏不守三傳，創通經旨，宋元諸儒始知褒貶之非。康侯胡氏又因三傳起例，及一時進御之言，意存納約，不免於鑿而多偏。朱子答門人問胡傳云"如此説，三綱五常不至癈墜，足矣"，其實不滿於胡傳也。欽定《春秋傳義》獨取朱子之言曰："《春秋》明道正誼，據實書事，使人觀之以爲鑒戒，書名、書爵亦無意義，此言真有得者。"旨哉王言！學者可以知所宗矣。合河先生有《春秋義》一書，文類《公》《穀》而義出心裁，一洗凡例之陋，無事穿鑿而自得聖人屬辭比事之旨，可以救四傳之偏而發程朱所未發，是亦學者之指南針也。達從友朋間借觀此書，心大善之，今哲人云逝，其中尚有數處志欲質疑而不可得，不揣譾陋，妄爲增汰，要皆參用儒先成説，以補其所未備、訂其所不同，亦祇體先生之虛衷而折衷之，非敢謂有功於前哲也。敢敬質之四方有道君子，其以爲然乎否耶？

乾隆十有九年甲戌七月朔，武進後學楊方達識。

——《春秋義補注》卷首

春秋小學自序
〔清〕莊有可

且自伏羲畫卦，而書契之作始基之矣。然神農猶結繩爲治，迨黃帝時，倉頡作史，見鳥獸蹏迒之迹，而後文字生焉。於是依類象形，蟲魚草木，世益滋也。禹平水土，主名山川，又鑄鼎以知神姦，而物象尤無不備。然則《周官》所言，三皇五帝之書，大都主於形似，《易》卦其尤著者也。若乃象形不已而指事，指事不已而會意，變而通之而神明愈出。其後形聲相益，孳乳彌多。於是有文同聲相近而義不盡同者，則謂之諧聲；有文同而聲義俱不必同者，則謂之轉注；又有聲義雖同而文不同者，則謂之假借。然而同異之間，錯綜反復，不拘一轍，要以窮通濟用、明辨紀治，則象形、指事、會意三者每多立異以成文，諧聲、轉注、假借三者無不從同以辨意，其大較也。三代以前，字簡書略，蓋六書成文之史必始於夏，故孔子刪書，亦首《堯典》也。乃許氏不通六書之本，止見秦漢小篆牽合偏旁成字，遂概以諧聲爲主而象形間見焉，指事、會意尤間見焉，至於轉注、假借，則又全不識焉。蓋漢儒學力粗疏，亦於斯可見矣。夫書自倉頡以來，至於秦篆，日異歲不同，疑若不可勝究。然而義必有由，形必有故，循餖飣訓詁一偏之説而不求其端，則雖如《爾雅》之釋至十九篇，皆俗儒之末事，且舛謬居半者也。余讀《春秋》歷二十年，每自喜得前人所未得，然雖愈有得，而高堅前後之致，乃以之愈深，因念六書小學亦博文之一端，且又取義之本所必自而不可廢。故復學之年餘，始知書之有六，其原委次第有必然者。是於《春秋》之義雖甚微且末，要亦不爲無補。若夫紏摘許氏之失，則固非所尚云爾。

嘉慶二年歲次丁巳五月辛亥，武進莊有可書於順德府連城書院之滌硯齋。

——《春秋小學》卷首

春秋正辭序

〔清〕朱 珪

漢興，傳《春秋》者不一家，鄒、夾無師，虞、鐸微闕，左氏失之誣，穀梁病其短，將以求微言于未墜，尋大義之所存，其惟公羊乎！公羊家世傳業，平、地衍其緒，敢、壽暢其風，胡母子都乃著《條例》，董生大儒，用資講授，邵公專精，隱括繩墨，述三科九旨之義，依類托輔，筆削之權如發矇矣！然在東京之世，賈、鄭之徒已緣隙奮筆，相與爲難，戴宏解疑，亦隨二創，魏晉而下，經學破碎。逮及唐宋，師儒偏蔽，苟取頑曹之語，不顧師法之傳，謂日月爲虛設，鄙起問爲無端，獨逞庸臆，妄測非常，既違偏其反而之旨，烏睹析薪杝矣之理，使《公羊》之例當乖，即《春秋》之義幾廢，承學之士所共閔嘆也。夫《春秋》一經，人事浹，王道備，以矯枉撥亂爲受命品道之端、正德之紀，非紀事之書。昔孔子云"吾志在《春秋》，行在《孝經》"，又曰"我欲托之空言，不如見之行事"，又曰"其義則某竊取之矣"，又曰"屬詞比事，《春秋》教也"。然則本志以立事，考義以定詞，苟非因端睹指，別嫌明微，精求于繁殺之間，嚴辨于同異之故，率詞揆方，各得其序，守文持論，鮮有能通者焉。前輩少宗伯莊方耕先生，學貫六藝，才超九能，始入翰林，即以經學受主知。群經各有論著，斐然述作，遂造其深，率爾簡札，必衷於道。疇昔之歲，與余同官禁近，朝夕論思無間。術業挹其淵醲，如飲醇醴；窺厥原本，疑入寶藏。洵當代之儒宗、士林之師表也。公之孫雋甲，爲余丙午典試江南所得士，偕其弟貴甲來京師，持公所纂《春秋正辭》一書問序于余，余受而讀之。義例一宗《公羊》，起應實述何氏，事亦兼資《左氏》，義或拾補《穀梁》，條列其目，屬比其詞，若網在綱，如機省括，義周旨密，博辨宏通。近日說經之文，此爲卓絕。用以詔茲來哲，庶幾得所折衷。由是抉經心、執聖權，則偏惑乖方之誚吾知免矣。

嘉慶六年龍集辛酉四月望，大興朱珪序。

——《春秋正辭》卷首

春秋公羊釋例序

〔清〕劉逢祿

昔孔子有言"吾志在《春秋》"，又曰："知我者，其惟《春秋》乎？罪我者，其惟《春秋》乎？"蓋孟子所謂"行天子之事，繼王者之迹也"。傳《春秋》者，言人人殊。唯公羊氏五傳，當漢景時，乃與弟子胡母子都等記于竹帛。是時大儒董生下帷三年，講明而達其用，而學大興。故其對武帝曰："非六藝之科、孔子之術，皆絕之，弗使復進。"漢之吏治經術彬彬乎近古者，董生治

《春秋》倡之也。胡母生雖箸條例，而弟子遂者絶少，故其名不及董生，而其書之顯亦不及《繁露》。綿延訖于東漢之季，鄭衆、賈逵之徒曲學阿世，扇國師之毒焰，鼓圖讖之妖氛，幾使義彎重昏，崑崙絶紐。賴有任城何邵公氏修學卓識，審決白黑，而定尋董、胡之緒，補莊、顔之闕，斷陳元、范升之訟，鍼明、赤之疾，研精覃思十有七年，密若禽、墨之守禦，義勝桓、文之節制，五經之師罕能及之。天不祐漢，晋戎亂德，儒風不振，異學争鳴。杜預、范寧吹死灰，期復然；溉朽壤，使樹蓻。時無戴宏，莫與辨惑。唐統中外，並立學官，自時厥後，陸淳、啖助之流，或以棄置師説，解弦更張，開無知之妄；或以和合傳義，斷根取節，生歧出之途。支室錯迕，千喙一沸，而聖人之微言大義蓋盡晦矣。清之有天下百年，開獻書之路，招文學之士，以表章六經爲首，于是人耻鄉壁虚造，競守漢師家法。若元和惠棟氏、武進張惠言氏之于《易》，歙程易疇氏之于《禮》，其善學者也。禄束髮受經，善董生、何氏之書，若合符節，則嘗以爲學者莫不求知聖人，聖人之道備乎五經，而《春秋》者，五經之筦鑰也。先漢師儒略皆亡闕，唯《詩》毛氏、《禮》鄭氏、《易》虞氏有義例可説，而撥亂反正，莫近《春秋》。董、何之言受命如嚮，然則求觀聖人之志、七十子之所傳，捨是奚適焉！故尋其條貫，正其統紀，爲《釋例》三十篇。又析其凝滯，強其守衛，爲《答難》二卷。又博徵諸史刑禮之不中者，爲《禮議決獄》二卷。又推原左氏、穀梁氏之失，爲《申何難鄭》二卷，用冀持世之志，粗有折衷。若乃經宜權變，損益制作，則聰明聖知達天德之事，概乎其未之聞也已。

——《劉禮部集》卷三

申左氏膏肓序

〔清〕劉逢禄

　　《隋經籍志》有何氏《春秋左氏膏肓》十卷，又有服虔《膏肓釋痾》十卷。今鄭氏所箋，尚存百分之一二，而服氏之書亡，無由盡見何邵公申李育之意，甚可惜也。然何君于《左氏》未能深箸其原，于劉歆等之坿會，本在議而勿辨之科，則以東漢之季古文盛行，《左氏》雖未立學官，而並列于經傳久矣。《左氏》以良史之材，博聞多識，本未嘗求附于《春秋》之義。後人增設條例，推衍事迹，強以爲傳《春秋》，冀以奪《公羊》博士之師法，名爲尊之，實則誣之，《左氏》不任咎也。觀其文章贍逸，史筆森嚴，才如遷、固，有所不逮。則以所據者多《春秋》國史，及名卿大夫之文，固非後人所能坿會。故審其離合，辨其真偽。其真者，事雖不合于經，益可以見經之義例。如宋之盟，楚實以衷甲先晋，而《春秋》不予楚是也。其偽者，文雖似比于經，斷不足以亂經之義例。如展無駭卒而賜氏，單伯爲王朝卿，子叔姬爲齊侯舍之母，鄆世子巫爲魯屬是也。事固有離之則雙美、合之則兩傷者。余欲以《春秋》歸之《春秋》，《左氏》歸之《左氏》，而删其書法、凡例及論斷之謬于大義，孤章絶句之依坿經文者，冀以存《左氏》之本真。幸《國語》《太史公書》時有以導余先路，而深惜范辨卿、李元春、何邵公諸老先生之書多佚，無能爲《左氏》功臣者。今援群書引何、鄭之論三十餘篇評之，更推其未及者證之，以質後之知言君子。

——《劉禮部集》卷三

申穀梁廢疾序

〔清〕劉逢禄

穀梁氏之世系微矣。楊士勛云："名淑，字元始，魯人。一名赤。受經于子夏。鄭玄《六藝論》云親受子夏。應劭《風俗通》云子夏門人。魏麋信云與秦孝公同時。桓譚《新論》云：'《左氏》傳世遭戰國，寢藏後百餘年，穀梁赤爲《春秋》，殘略多所違失。'"謹按，穀梁子之受業子夏，不可考。名俶名赤，顏師古《漢書》亦云名喜，蓋如公羊氏家世相傳，非一人也。其著竹帛，當在孫卿、申公之時。麋信以爲與秦孝公同時，見所引有《尸子》説也。桓譚以事説經，其言不足信。孫卿書多穀梁説，蓋穀梁不傳托王諸例，非微言口授，故可先著錄也。漢孝武時，瑕丘江公受之魯申公，上使與董仲舒議，卒用董絀江。《漢書》："仲舒能持論，江公訥于口。"然漢何邵公亦訥于口，而能著書傳于今，其賢遠矣。范寧序云："《公羊》有何、嚴之訓，注中多采何氏，而嚴氏無一存者。"蓋何能以胡母之例正嚴、顏之謬也。孝宣以衛太子好《穀梁》，愍其學且廢，乃立學官博士。東漢之世，傳者絶少。《隋經籍志》有段肅注十四卷。惠徵士棟據班固傳注，以爲即弘農功曹吏殷肅，然《儒林傳》不載，又無治《穀梁》者。竊嘗以爲《春秋》微言大義，魯論諸子皆得聞之，而子游、子思、孟子著其綱。其不可顯言者，屬子夏口授之公羊氏，五傳始著竹帛者也。然向微溫城董君、齊胡母生及任城何邵公三君子同道相繼，則《禮運》《中庸》《孟子》所述聖人之志、王者之迹，或幾乎息矣！穀梁子不傳建五始、通三統、張三世、異内外諸大旨，蓋其始即夫子所云"中人以下不可語上"者，而其日月之例，灾變之説，進退予奪之法，多有出入，固無足怪。玩經文，存典禮，足爲公羊氏拾遺補闕，十不得二三焉。其辭同而不推其類焉者，又何足算也？兼之經本錯迕，俗師坿益，起應失指，條列乖舛，信如何氏所名"廢疾"，有不可强起者。余采擇美善，作《春秋通義》及《解詁箋釋》，因申何氏"廢疾"之説，難鄭君之所起。覃思五日，綴成二卷，藩籬未決，區蓋不言，非敢黨同，微明法守。世有達士，霍然起之，亦有樂焉。

——《劉禮部集》卷三

春秋公羊解詁箋序

〔清〕劉逢禄

余嘗以爲，經之可以條例求者，惟《禮·喪服》及《春秋》而已。經之有師傳者，惟《禮·喪服》有子夏氏，《春秋》有公羊氏而已。漢人治經，首辨家法，然《易》施、孟、梁丘，《書》歐陽、大小夏侯，《詩》齊、魯、韓師説，今皆散佚，十亡二三。世之言經者，于先漢則古《詩》毛氏，于後漢則今《易》虞氏，文辭稍爲完具。然毛公詳訓詁而略微言，虞翻精象變而罕大義。求其知類通達、微顯闡幽，則《公羊氏》在先漢有董仲舒氏，後漢有何邵公氏，子夏傳有鄭康成氏而已。先漢之學，務乎大體，故董生所傳，非章句訓詁之學也。後漢條理精密，要以何邵公、鄭康成二氏爲宗。喪服之於五禮，一端而已。《春秋》始元終麟，天道浹，人事備，以之網羅衆經，若數一二，辨白黑也。故董生下帷，講誦三年；何君閉户，十有七年。自來治經，孰有如二君之專且久哉！余自童子時，癖嗜二君之書，若出天性。以爲一話一言，非精微眇通倫類，未易窺其蘊奧。何君生古文盛行之日，廓開衆説，整齊傳義，傳經之功，時罕其匹。余寶持篤信，謂晋、唐以來之非何氏者，皆不得其門、不升其堂者也。康成兼治三傳，故于經不精。今所存《發墨守》，可指説者惟一條，然多牽引《左氏》，其于董生、胡母生之書，研之未深，概可想見。而何君稱爲入室操矛，宏奬之風，斯異于專己黨同者哉！余初爲《何氏釋例》，專明墨守之學，更析其條例，以申何氏之未著，及他説之可兼者，非敢云彌縫匡救，營衛益謹，庶幾于《公羊》繩墨少所出入云爾。康成《六藝論》曰："注《詩》宗毛爲主。毛義若隱略，則更表明；如有不同，即下己意，使可識別。"余匡弼何氏，竊取斯旨，以俟好古求是君子董理焉。

——《劉禮部集》卷三

春秋左傳詁序

〔清〕洪亮吉

余少從師受《春秋左氏傳》，即覺杜元凱于訓詁、地理之學殊疏。及長，博覽漢儒説經諸書，而益覺元凱之注，其望文生義、不臻古訓者，十居五六。未嘗不嘆漢儒專家之學，至孫炎、薛夏、韋昭、唐固之後，法已盡亡。自魏受禪，至晋平吴之歲，不及百年，戎馬倥傯，著書者漸少。輔嗣既啓空疏之習，子雍復開飾僞之門，而孔門之弟子門人一綫相承、不絶如縷者，至此始斷而不克續矣。然又竊怪元凱雖無師承，然其時精輿地之學者，裴秀、京相璠、司馬彪之儔，尚布列中外；即以訓詁論《左氏》一經，陳元、鄭衆、賈逵、馬融、延篤、服虔、彭汪、許淑、潁容諸人之説俱在；倘精心搜采，參酌得中，何至師心自用若此！豈平吳之後，位望既顯，心迹較粗；又一時諸儒，學淺位下，不復能駁難故耶？自此書盛行，千六百年，雖有樂遜序義、劉炫規過之書，不能敵也。況今日去劉炫等又復千載，其敢明目張膽起而與之爭乎？然以後人證前人之失，人或不信之；以前人以前之人正前人之失，則庶可釐然服矣。於是冥心搜録，以他經證此經，以別傳校此傳，寒暑不輟者又十年。分經爲四卷，傳爲十六卷，遵漢《藝文志》例也。訓詁則以賈、許、鄭、服爲主，以三家固專門，許則親問業於賈者也。掇及《通俗文》者，服子慎之所注，與李虔所續者，截然而兩，徐堅《初學記》等所引可證也。地理則以班固、應劭、京相璠、司馬彪等爲主輔，而晋以前輿地圖經可信者，亦酌取焉。又舊經多古字、古音，半亡於杜氏，而俗字之無從鈎校者，又半出此書。因一一依本經與二傳，暨漢唐石經、陸氏《釋文》，與先儒之説信而可徵者，逐件校正，疑者闕之。大旨則以前古之人正中古之失。雖旁證曲引，惟求申古人之旨，而己無預焉者也。卷中凡用賈、服舊注者，曰"杜取此"；用漢、魏諸儒訓詁者，曰"杜本此"；用京相、馬彪諸人之説者，曰"杜同此"，以別之。書成，合爲二十卷，藏諸家塾，以教子弟焉。名爲《春秋左傳詁》者，"詁""古""故"字通，欲存《春秋左傳》之古學耳。

時嘉慶十二年歲在丁卯立夏日也。

——《春秋左傳詁》卷首

儀禮圖序

〔清〕阮 元

《儀禮圖》六卷，張編修惠言之所述也。編修字皋文，武進人，乾隆丙午中式舉人，舉嘉慶己未進士，改庶吉士，充實録館纂修官、武英殿協修官。辛酉散館，授翰林院編修，方以學問文章受知于朝，不幸早卒。予舉于鄉，與編修爲同榜；其舉進士，乃予總裁會試所取。予知之也久，故序而論之。編修幼孤，家至貧，母孺人姜撫以成立。及長，修學立行，敦禮自守，性剛而廉，貌若和易而中不可干。其爲人勤于事親，友于弟，睦于族姻，鄉之善士無勿友也。與人審而後交，交者必端，凡爲其友者，無不稱之敬之。其爲學博而精，旁探百氏，要歸六經，而尤深《易》《禮》。居母孺人憂，喪祭法儀禮，爲時所推。嘗遊京師，大名杭歙間。及官京師，弟子先後從受《易》《禮》者以十數。其所著有《周易虞氏義》《虞氏消息》《虞氏易禮》《易事》《易候》《易言》《周易鄭荀義》《易義別録》《易圖條辯》《儀禮圖》《説文諧聲譜》《墨子經解》《握奇經正義》《青囊天玉通解》及文集四編、詞一編，凡十六種。編修既精治《易》《禮》，所著以《周易虞氏義》《儀禮圖》爲最。《周易虞氏義》《虞氏消息》，予已刊行之，惟《儀禮圖》六卷，今年春始得于武進董君處見其手錄本。董君名士錫，編修之高弟子，即編修之女夫也，因屬董君校寫刻之于板。昔漢儒習《儀禮》者必爲容，故高堂生傳《禮》十七篇而徐生善爲頌，禮家爲頌皆宗之，頌即容也。後儒以進退揖讓爲末節，薄之而不講，故言朝則昧于三朝三門，言廟則闇于門揖曲揖，言寢則眩于房室階夾，言堂則誤于楹間階上，辨之不精，儀節皆由之舛錯而不可究，非其蔽歟！宋楊復作《儀禮圖》，雖禮文完具，而位地多淆。編修則以爲治《儀禮》者當先明宮室，故兼采唐、宋、元及本朝諸儒之義，斷以經注，首述宮室圖，而後依圖比事，按而讀之，步武朗然。又詳考吉、凶、冠服之制，爲之圖表。又其論喪服，由至親期斷之説，爲六服加降表，貫穿禮經，尤爲明著。予嘗以爲讀禮者當先爲頌，昔叔孫通爲綿蕝以習儀，他日亦欲使家塾子弟畫地以肄禮，庶于治經之道，事半而功倍也。然則編修之書，非即徐生之頌乎！

嘉慶十年五月二日，揚州阮元序。

——《儀禮圖》卷首

周官記序
〔清〕李兆洛

《周官》者，古今治天下之版法也。雖有甚亂，不能盡泯棄；雖有甚治，亦莫能盡其精微。蓋與天命相流通焉。學者病《冬官》之亡，以爲五官根柢皆在《冬官》，《冬官》亡而五官莫能舉，竊以爲不然。所謂根柢者，封建、井田之規模，郊壇、宗廟、宮室、丘封、車旗、衣服、律吕、彝器之制度已耳。即其書完具，其法可得施用於今日乎？師《周官》者，當師其意，不當師其法。當孟子時，固已籍失而但聞其略矣，孟子不以籍失爲病也，權其可施行於當日者而爲之通變，以適其宜，期無失乎先王之意而已矣。漢之三老、嗇夫得以俗教安之意，故民氣達；宋之宰相得冢宰進退百官之意，故人才興；明士庶之制得以儀辨等之意，故士氣伸。其法未嘗同，而皆足以致治。若北周之名官以次比附，唐之《六典》規仿文字如模印然，曾何益於治乎！至於襲其一字一言以爲法，而新莽、荊舒且以亂天下矣。故曰不當師其法。方耕先生仿《儀禮記》作《周官記》，甄綜經意，令就條理，欲以融通舊章，定後世率由之大凡。其於《冬官》，采周、秦諸子之言地事者輔益之，不屑屑於事爲制造之末，而于官不陳藝、工不信度、府事隳壞，三嘆息焉。又擴經中大典，如郊廟、族屬之類，古人所論列者，件繫而折衷之，爲《周官説》三卷，以輔記之所不盡，實能探制作之本，明天道以合人事，然後綴學之徒鈎稽文詞，吹索細碎，沿傳訛謬之説一切可以盡廢。有志于治者，由其説通其變，舉而措之，如視諸掌，非徒經生講解之資而已也。治經者知讀書所以致用，必有觀其會通而不泥于迹者，庶幾六經之在天壤，不爲佔畢記誦之所荒，不爲迂僻膠固之所竄也夫！

——清光緒刻本《養一齋文集》卷三

序冬官司空記

〔清〕莊存與

《周官》禮經六篇，遭暴秦滅學，《司空》篇亡。漢興，購千金不得，記錄《考工》，以備大數。自是以來，《考工記》上繫冬官，而司空之典遂亡矣。《尚書·帝典》曰"伯禹作司空"，《禹貢》叙九州山川詳矣，乃其興事傳功之法，則莫得而言也。《逸書》有《汩作》《九共》《槀飫》，而成湯時司空咎單作明居，言釐土宅民之事，悉亡滅，不可推校，則《周官》司空之典復安所表見乎？民之初生，不可得而知也。聖人之作，自包犧氏王天下，略見於《易大傳》。歷神農、黃帝，爰及堯、舜，制器尚象，備物致用，然後飲食宮室、器械衣服皆有法度，所以養生送死，要于極愛敬之心、著上下之辨而已。制禮上物不過十二，自上以下，降殺以兩，以是爲天之大數也。堯遭洪水，不遑寧處，茅茨土階，葛衣鹿裘，飯土簋，啜土鉶，樂土鼓葦籥，伊耆氏之作也，憂深思遠甚矣。有虞繼之而上陶，夏后繼之而上匠，卑宮室，盡力乎溝洫，損而有孚，二簋可享，益以元吉，用爲大作，明德之隆也。有夏既衰，棄稷弗務，事典于是始廢。湯有天下，稱禹之德，而誓諸侯曰："古禹、皋陶久勞于外，四瀆既修，萬民乃有居。"曰："諸侯群后，毋不有功于民，勤力乃事。"《書》又曰："無從匪彝，無即慆淫。"《詩》曰："勿予禍適，稼穡匪解。"懼後世王侯淫縱其心而泯棄百度，兢兢如此也。武王數紂之罪曰："惟宮室臺榭陂池侈服，以殘害于爾萬姓。"又曰："作奇技淫巧，以悦婦人。"喪德所由，昭然著明矣。周之先公，世修后稷、公劉之業，文、武有明德，周公定宗禮，以詔後嗣子孫。及穆王而廣肆其心，祈招作歌。宣王承屬王之烈，更宮室寢廟如制度而稱中興。下迨釐王，變文、武之制，峻宮室，侈輿馬，而卒不可振。靈王、景王，違諫而鑄大泉，作無射，壅穀、洛。痛乎太子晉之言興亡也，天子僭天，諸侯僭天子，大夫僭諸侯，設兩觀，乘大路，朱干玉戚，臺門旅樹，鏤簋朱紘，養生泰奢，奉終泰厚，君不陳藝，臣不信度，天下蕩然矣。司空之籍，尚藏故府，法家拂士，將以王法爭之，聖制議之，未能決然以自恣適己也，故浸淫漸滅，剗去其迹，除之獨盡，非一日之積也。卒于天地失常，山川易位，鬼神不響，民死無告訴，神聖胄裔，泯焉無祀，禍至此烈矣。蓋事典之始壞也，民則勤于財；其中也，勤于力；其甚也，勤于食。民勤于食，而六府三事驟矣。遂乃築長城，治馳道，穿驪山，興阿房，身危子殺，厥孫不嗣，豈不哀哉！《書》曰："德惟善政，政在養民。"又曰："每歲孟春，遒人以木鐸徇于路，官師相規，工執藝事以諫。"仁哉明哉！夏王之作《司空》，周公之建事典也，其道甚著，萬世卒不廢，安可泯沒哉！《儀禮》十七篇，有經復有記，蓋書缺簡脫而賢者陳誦所聞。及宋劉敞爲《士相見》《公食大夫》作義，皆效往古之辭，斯學者之成法也。謹采《尚書》《國語》及博聞有道術之文，宣究其意，爲《司空》作記，以附于書闕有間之義。

乾隆四十有八年龍集昭易單閼六月上旬，武進莊存與纂。

——《周官記》卷首

周官指掌自序

〔清〕莊有可

經曰："惟王建國，辨方正位，體國經野，設官分職，以爲民極。"《周官》者，有周設官分職之書，猶後世官志也。夫禮有禮書，刑有刑書，則凡六典之屬莫不各有其書。往古則三王五帝之書，九州四海則土地之圖、四方之志，與夫山林川澤之名物、歷代因國之世系，一技一能之世守，亦莫不各有其書。而或者以爲周禮盡在於是，則非也。然而職掌所及，禮之大端，頗多可考，故其方位、國野，亦參互可求，則是書之不燼於秦，蓋亦周先王禮意之精，有不弊於霄壤者在也。乃或疑其官職多闕，《冬官》盡亡，質之他書，動多齟齬，因以爲未成之書，是固不然。夫周自武王克商，以及幽王之末，三百餘年，典禮詳備，而官守獨無成書，藏諸故府，其將何以爲治？《詩》曰"皇父卿士"，又曰"大師皇父"，以大師而兼卿士，《周官》所不載也。然平王東遷，鄭伯爲王左卿士，則卿士又分左右矣。官制變易，禮儀增損，乘乎時俗，不能盡同。此亦如《刑書》之比，例不常而大綱要無異耳。經曰："以八法治官府，一曰官屬，以舉邦治；二曰官職，以辨邦治。"今以五官校之，前列官名，即官屬也；後數所掌，即官職也。大宰治其要，小宰治其凡，宰夫治其目，則是書即八法中之二也，又何疑焉！或又以爲周制富於繁文，官多而職瑣，故後至春秋失之於弱，是又不然。夫封建雖云世國，然諸侯薨，其子必三年喪畢以士服入見，然後爵命。外則監牧大小相維，內則孤卿命於天子。親貴則諸侯可內兼王官，賢能則王官亦外攝牧伯。故雖幽王昏暴，而《詩》曰"小東大東，杼柚其空"，又曰"佻佻公子，行彼周行"，諸侯其孰敢不歸事而奔命邪？迨東周日就衰微，若齊桓、晋文之雄傑，秦穆、楚莊之跋扈，皆未嘗無改物之心，然而請隧問鼎，空言折屈，終逡巡而不敢爲其事，則禮教之維持固已多矣。至於敬王，王室大亂，存亦僅已。而劉卷會於召陵，至者十有八國，五伯之盛，未嘗有也。孔子以爲東周可爲其人存，則其政舉豈虛語語哉！或又以爲《周官》所詳，莫如會計，小宰職曰“凡失財用物辟名者，官刑誅之，其足用長財善物者賞之”，是理財之書其著者也。尤大不然。夫公孤坐而論道，六卿率屬，雖大事亦治其要。財用者，國之所不能廢，理其得失，有司之事耳。冢宰自王之飲食、居處及宿衛、及後宮，無所不統，則冢宰之專職惟在王躬，蓋王雖一言一動，皆爲冢宰所掌，不止師傅之嚴也。國用之制，亦因王之財用及之，其一端耳。若後人執唯王不會之文，縱人主之嗜欲，豈真先王列職之意哉！《記》曰：“長國家而務財用者，必自小人矣。”又曰：“與其有聚斂之臣，寧有盜臣。”夫王者度地居民，地邑民居相得，進賢退不肖，好惡與民同之，不患無財用也。設官致治，當探其本，豈僅理財乎？至其過信者，則又以爲非周官之制，不足以致太平，三代以後，動多苟簡，故不能爲治。是又不盡然。夫周之立政固盡倫盡制，然亦一王之典耳。後世因時制宜，雖或多所未善，要亦有不相沿襲之道。如慕虛美而不知達變，未爲識治體也。況乎厲、幽之爲君，猶成、康也；榮、虢之爲臣，猶周、召也。然而天下大壞者，非其人，則雖有文武之政而不行也。《書》曰：“知人則哲，能官人。”《詩》曰：“嗟我懷人，實彼周行。”《傳》曰：“王及公侯伯子男甸采衛大夫，各居其列。”所謂周行也，各居其列者，尊卑内外各當其人，官無不稱其職也。因作《周官指掌》凡百篇，編爲五卷，以究其時建國立極之大略云。

乾隆五十五年歲次庚戌六月即望乙丑，武進莊有可。

——《周官指掌》卷首

周禮醫官詳說序

〔清〕王　韜

醫學之由來，不自周始也。神農辨藥性，著《本草經》。黃帝與岐伯、鬼臾臾等問答，著《内經》《素問》及《靈樞》經，此皆有紀載可考。所志岐伯、鬼臾臾等人，或者即古之醫官。伊尹、巫咸有湯液治病之法，其書不傳，僅聞其説。夫尹、咸爲成湯之相臣，諳於藥性，能以湯液治病，則亦可稱醫官，然則醫亦豈至周而始列爲官哉！《周禮》醫師掌醫之政令，所云疾醫、瘍醫、食醫、獸醫，莫不各有專司，大抵以上士、中士、下士分其等級。第既概屬之醫師，不妨概稱爲醫官。醫縱非至周而始爲官，而醫官之設，亦何必不於周而始顯哉！顧咏植先生學博才高，著《醫官詳説》一書，援引諸家名論，附以己之案語，精釋醫理，其所云實事求是之處，乃專爲醫學發明，而非欲作醫官之考據也。書成，來問序於余，余不敏，素不知醫，而竊喜是書之講求醫學，尋原推本，正大有裨於醫也，而益欽古人醫學之重，命之官，猶垂訓之如是其詳且盡也。而先生以通經之才通醫，尤足令世之業醫者玩索焉，而知醫學之源流，庶幾哉體古人慎疾之衷而慎醫術也！不揣固鄙，聊書數語歸之，未知於先生之意果有當否。

光緒癸巳秋七月，天南遯叟王韜識。

——《周禮醫官詳說》卷首

禮記集説序
〔清〕莊有可

禮之興，莫知其所由始。《易大傳》曰黃帝、堯舜垂衣裳而天下治，其亦始於黃帝乎？《尚書·堯典》有修五禮之文，則禮之自來固已遠矣。厥後更歷夏商，至於周而大備，孔子之贊周禮也，曰郁郁乎文哉，蓋非止監前代而彌詳，抑亦俟百世而後王有莫加者。迨周之衰，王迹既熄，諸侯僭侈，官失其職，民亂其志，於是以禮爲害己而共務於翦棄陵轢，而後乃快其縱恣而無所忌憚之心。孔子傷之，曰："能以禮讓爲國乎，何有？不能以禮讓爲國，如禮何！"蓋言禮之所以亡，多由於文飾僞假之，以禮爲具而非禮之實也。故雖終其身栖栖皇皇，不能有爲於天下，而動必中禮，言必執禮，其以身教耶？抑以言教耶？迨孔子没而世益衰、禮益廢，門弟子之親炙而受業者，亦各抱其遺以私授其人，然而性習或殊，見聞各異，故其必有所記以相傳者，守先待後，同此維世之心也，而其所記間不能無純駁二三之雜，則又存乎其人之學業之故也。當漢之初，禮經既亡，傳記亦寡，千金所購，有得皆珍，帝王網羅而搜集之，學士鑽研而詁訓之，則三代之禮雖不能大行於世，而其禮意所留遺不遂至泯没無聞，且庶幾於得所考據，豈不幸甚，而何暇更核其醇疵也哉！蓋聖者作，賢者述，後人與前人，此情此志固無不同也。然修詞者居業之基，即進德之效，詞有不達，則言不可行，而禮亦違其用，而況有出於支離詭誤者乎！可不自量，本諸儒維禮之意，欲竊自附於直道之民。苟記文有未盡者，必爲之辯晰糾正，不敢少存阿徇。至注家不一其説，則直以己意擇善而從，以絶專家主奴之弊。除記四十九篇，共爲文九萬八千三百一十有五，凡爲之集説，得文又十九萬有奇。始於戊申，終於甲子，閲年十有七而草稿告成，固陋僭妄，不能自藏，猶冀後之君子幸加砭正，不勝至願。

嘉慶九年歲在甲子七月既望，越三日丙午，武進莊有可序。

——《禮記集説》卷首

禮樂通考序

〔清〕胡　掄

　　蓋聞六經之道同歸而禮樂之用爲急，聖王捨此無以治天下，君子捨此無以修厥躬，宜其知之者多而由之者衆也。乃非特由之者寡也，并知之者亦不易得，何哉？三代以上簡策散軼而考核爲難，漢魏以來，聖人不作而適從無主，雖有願治之君、好修之士，鮮能驟舉其要而折衷之，其所望於討論講求之功者，亦至切矣。掄自幼承父兄之志，考究《通鑑綱目》七家舊注之差訛，得以大肆其力於群經，靨飫其心於全史，其始非孔子之經不敢信，非朱子之傳不敢從，其後漸推而廣之，觸類而長之，苟有遇於目而感於心者，恍然若有以得其要領而克權其輕重也。於是反覆尼山之刪定，而知聖人之所垂教萬世者，禮樂之散軼尤多；探索朱子之全書，而知名賢之所闡揚千古者，編輯之功未遂也。孔子生東周之末，道既不行，乃不得已而刪詩書、定禮樂、贊《周易》、修《春秋》，皆經世之常經，不刊之令典也。其在當時，咸以爲迂闊而背棄之，而其尤痛絕者莫知禮。一廢於强侯之去籍，孟子且不得其詳；再毀於秦政之焚書，漢儒徒以拾其燼。聖人不作，異説從橫，先王之典所賴以不盡泯滅者，三禮耳，然而《周禮》既非全書，《儀禮》又多缺略，《禮記》諸篇錯綜無序。禮經廢壞，後學無憑，此朱子所以特有迄修三禮之疏也。惜其暮年纔定，未就而終，今之《通解》實非親事，掄每讀之，常爲嘆悼。所可幸者，文集所載程式具存，掄得遵之，纂爲《通考》三十卷，深愧才識淺陋，不足覽觀，然遠宗三禮，近及前明，舉凡宗廟朝廷之事、冠昏喪祭之倫，莫不條分縷晰，開卷燎然，以供參考，或有小補云爾。

　　時乾隆十四年歲在己巳，武進胡掄書。

——《禮樂通考》卷首

弟子職箋釋自序

〔清〕洪亮吉

　　古之教弟子者，纖悉無不至也。在《小戴禮》者曰“《內則》教弟子所以事父兄”，在《管子·雜篇》者曰“《弟子職》教弟子所以事師長”，二者缺一不可。三代以前，國家風俗之厚，士大夫家法之修，無不由此。孔子之言曰：“弟子入則孝，出則弟，謹而信，泛愛衆，而親仁，行有餘力，則以學文。”孔子之言，《內則》《弟子職》之綱也。子夏氏最得孔氏之傳，故其教門人小子以洒掃應對進退爲務。陵夷至戰國，風教盡矣，然孟子之言尚曰“爲長者折枝”，趙岐注：“折枝，案摩折手節解罷枝也。”西漢以來，萬石君之家法，江都相之師範，以迄趙恭之步儋，劉般之頌詩，荀爽之御李膺，殷陶之侍孟博，尚皆有三代之風。烏乎！風俗之壞，蓋肇於魏黃初、正始間乎？其上則祖尚玄虛，描摩莊、列，於是爲子弟者，亦相率以跌蕩爲高，通脱是務。阮籍則居喪食蒸豚矣，胡母輔之之子則直呼父字爲“彥國”矣，弟子之繩檢盡去，而天下之風俗隨之。於是劉、石入中國，而懷、愍皆下堂，百年之中，四海鼎沸，其不至於爲禽獸者，僅僅一間耳。弟子職不講之害，一至此乎？蓋弟子者，成人之基也；成人者，一鄉一國所取法也。正弟子，方可以正成人矣；成人正，方可以正一鄉一國及天下矣。語有之：“少成若天性，習慣成自然。”聖人又豈好爲此委曲煩重以苦弟子哉！觀三代之風俗如彼，魏、晋之風俗如此，亦可以憬然悟矣。今案《弟子職》亦非管子所爲，乃古塾師相傳以教弟子，管子作内政時取以訓士，後人遂入之於《管子》耳。總之，《弟子職》之在《管子》，與《内則》之在《小戴禮》等也。班固《漢書・藝文志》本劉向之舊，附《弟子職》於《孝經》，最得聖人之旨。自《隋書・經籍志》以下，皆雜入《管子》中，不更分出，則魏徵、歐陽修等讀書之無識也。余少習是書，凡子弟入塾，皆以是書爲始。又病唐尹知章注簡陋，劉績補注亦未該洽，因仿漢儒注經之法，一一箋釋，俾是書得專行。烏乎！後之教弟子者，其慎之哉！

——《弟子職箋釋》卷首

弟子職集解自序

〔清〕莊述祖

《弟子職》在《管子》，書古者家塾教弟子之法，《漢藝文志》附《石渠論》《爾雅》後。蓋以禮家未之采録，故特著之六藝。有説三篇，今佚。案别録有子法、世子法，《弟子職》記弟子事師之儀節、受業之次叙，亦《曲禮》《少儀》之支流餘裔也。漢建初論五經引《弟子職》，鄭康成每據以説《禮》，當時尤重之，與六藝同。今以附禮家之後，其説蓋闕焉。注《管子》者或云房玄齡，或云尹知章，要是唐人舊注，猶不失詁訓之旨。朱子《儀禮經傳通解》載《弟子職》，亦采舊注，間有與世所傳劉績《補注》同者，不能復爲別出。近洪北江編修所撰《弟子職箋釋》，徵引尤博，今并録之，稍有所增演，名曰《集解》，猶裴龍駒之《史記》本之徐廣也。又注疏所引《弟子職》，文與義多異同，彼此可以互證，取便童子講授，故不厭其繁委。至是書之有關於風俗升降，昔者吾友論之詳矣，兹弗復云。

——《弟子職集解》卷首

樂經內篇序 任福建臬使，尋陞方伯，奉命陞直隸巡撫時作

〔清〕于成龍

余承乏八閩，實司臬事，白雲在天，每刑人於五聽之庭，懲暴亂，理冤抑，呈制憲姚、撫憲吳兩先生，以上讞於天子。雖生人之念日廑於死人之法，而桁楊三木痛楚哀號，常不得伸展眉額，用是恒憬然曰唐虞時雍風動，刑期無刑，成周刑措不用，何風之淳也！太和在宇宙，詎易言哉！皋陶士制百姓於刑之中，以教祇德，與后夔典樂教胄，實同源而異流，何也？樂陽刑陰，樂仁刑義，未能漸斯民於骨髓，即日取斯民而督責之，未易善也。語曰：“禮樂不興，則刑罰不中。”其是之謂乎！故知樂者，禮之根蔕，尤刑之神髓也。《孝經》曰“移風易俗，莫善於樂”，良得其原矣。毗陵張子峴生彙十三經之語樂者成其書，曰《樂經內篇》，携就商訂。余曰千金之裘非一狐之腋，思無邪一言克備全經，善得其解者，觸類可以旁通，裒集眾美，雅可自命一家。是編原本太和之保合，深究祀天神、祭地祇、享人鬼之奧義，自天命人心、三綱五常之大，以及日用起居之微，靡不悉備，而且考律呂之相生，定宮徵之互叶，旁搜廣採，舉凡正聲子聲、正半變半之說，鮮不備具，研抉精密，器與人合，德以音傳，清濁隆殺，罔有遺缺，即謂該樂之全可也。昔后夔韶簫，鳳凰來儀；師曠清角，鳴鶴率舞。馬仰秣於巴瑟，魚出聽於牙琴。聲音之道與造物通其感召，洵有莫知其然而然者，故知樂之微其於天下無難矣。《樂記》曰“大樂與天地同和”，今聖天子建中和之極，正德利用，厚生九叙，維歌矣。凡贊襄歌叙者，惟以樂防民之情而教之和，則以致鬼神以和邦國，以諧萬民，以安賓客，以悅遠人，以作動物，躋天下於唐虞三代之盛，於以鼓吹休和，即雲門咸池韶濩六代之樂舉不外是。苟不探其原而僅求之黃鐘累黍，遂致阮咸譏荀勖之尺短，和峴病王朴之聲高，李照縱黍嫌於太長，胡瑗橫黍苦於太短。或專求之金石而觟斛有古今之不同，斗臬有真贗之難辨，紛紛於制器吹律，以祈合天地之元音，安能興雅頌而復古樂也哉！抑聞之唐太宗有言：“朕聞人和則樂清，若百姓安樂則金石自諧矣。”是誠得與民同樂之旨。易雷地豫，豫順以動，故天地如之，此作樂崇德之所由來，不可識政教之大成也與！披覽是編逾月，忽移藩署，更懼不克負荷，屢上之姚、吳兩先生，茲復奉簡命北綏畿輔，任愈大，責愈重，益深惴慄，爰以教民和一念用自策勵，因公之同好，導揚太和，共睹聖治之咸五登三焉。謹序。

——《于清端政書》卷八

樂書內編自序

〔清〕張宣猷

自周衰禮廢，雅頌寢聲，仲尼自衛反魯，然後樂正。迨秦焚六經，《樂書》遂缺。漢興，有制氏紀其鏗鏘，叔孫定其容與，頗襲秦舊。至武帝時，河間獻王好博古，與諸生等共采《周官》及諸子言樂事者以作《樂記》二十四卷，傳於王禹。禹後獻之成帝，劉向校書所得《樂記》二十三篇，又與王禹不同。今禮經中《樂記》所載，有《樂本》《樂論》《樂施》《樂言》《樂禮》《樂情》《樂化》《樂象》，又有《賓牟賈》《師乙》《魏文侯》，共十一篇，合爲一篇，餘十二篇載於別録者，《奏樂》第十二，《樂器》第十三，《樂作》第十四，《意始》第十五，《樂穆》第十六，《説律》第十七，《季札》第十八，《樂道》第十九，《樂義》第二十，《昭本》第二十一，《昭頌》第二十二，《賓公》第二十三篇。其名雖存，亦僅與《書》之《藁飫》、《詩》之《南陔》同其缺逸。樂無全書，古今同嘆。宋有太常博士陳祥道著《禮書》一百五十卷，其弟暘著《樂書》二百卷，兄弟共以書顯名當世。中更多難，二書見之者鮮。邇者張天如先生曾著禮樂二書，其禮書業已刊行，獨樂書未就而卒，同志惜之。余因是發憤，上自十三經，下逮二十一史，旁搜百氏，捃摭諸家，意欲集衆腋以成裘，匯百川而歸海，纂成一帙，分爲二編。其律辨陰陽，是即樂中之《易》也；其聲惡鄭衛，是即樂中之《詩》也；其音通治忽，是即樂中之《書》也；其堂上堂下以別尊卑，是即樂中之《禮》也；其宮縣、軒縣、判縣、特縣以昭名分，是即樂中之《春秋》也。至於韶舞九成，武勺六成，秦有壽人之樂，漢製房中之歌，唐則由十二和增爲十五和，宋則用十二安易周十二順。遼有隆安、貞安之奏，金以昌寧、永寧爲名。元則天成、隆成之曲用於二郊，來成、蕭成之曲用於列祖。明則中和、蕭和諸曲用之王室，泰清、廣清諸曲用之藩封，是即樂中之二十一史也。採諸十三經者名曰《內編》，採諸二十一史者名曰《外編》，庶使覽其文者可以知內聖外王之學，同條共貫，不可偏廢，所以陶淑性情者在此，所以興起治平者亦在此矣。止祈稍有裨於學者，故遂考訂校讎，自忘譾劣，敢希述者之明哉！

順治辛卯秋壯月，毗陵後學張宣猷炅生甫撰。

—— 《樂書內編》卷首

論語解義序

〔宋〕鄒　浩

聖人體道者也，其發越以撫世，則所以益無疆者，皆見之行事；其韜晦以就閒，則所以規不朽者，惟載之空言。載之空言，固不如見之行事爲深切著明也，然而諱窮久矣而不免，求通久矣而不得，道固無私而時命礙之，則雖欲無言而言終不廢，豈其得已哉！《論語》之作，有由然矣。所謂析理而使昧者之必達，謂之論；所以應問而使叩者之必受，謂之語。是書也，後世豪傑之士隨繩望表以自立言者，猶能探賾索隱，中倫合度，凡學者虛心焉，況本出於聖人者，此傳所以莫大於《論語》也。且以六經之言，孰不出於聖人乎！然而其於《易》也，因伏羲之卦、文王之爻而繫之以辭而已；其於《詩》《書》也，因眾多之辭、帝王之迹而刪之以趨全而已；其於《春秋》也，因紀實之信史而修之以示褒貶而已。其於《禮》《樂》也，因固有之情文而正之以教中和而已。要之雖皆出於聖人，而非純乎聖人之言者也。純乎聖人之言，意其爲《論語》乎！夫以《論語》爲純乎聖人之言，而二三子之言亦錯雜其間，如之何？曰冶金爲鐘，挽革爲鼓，聲固藏其中矣，不考則不鳴也。聖人曷嘗先聲以邀彼之我應哉！亦隨所考而已矣。然則不有二三子之言，何以見純乎聖人之言也？是故達其所謂“五十而學《易》，可以無大過”之類，則《易》之道得矣；達其所謂“《詩》可以興觀群怨”之類，則《詩》之道得矣。以至《書》也，《春秋》也，《禮》《樂》也，苟悟其一言，未有不冰解凍釋以詣於道者。從是觀之，其書雖簡，其所該則詳；其言雖近，其所根則遠。非自覃思而精之，豈能抽其緒以瑩晦焉！顧浩蹇淺，何足以與此，姑薦所聞，與有志於道者講之而已矣。

————《道鄉先生鄒忠公文集》卷二十七

論語發疑序

〔清〕金保泰

《魯論》一書，馬、鄭氏注於前，朱子集大成於後，尚已。後生踵起，復何庸贅言！然我聖清受命，稽古同天，天下咸荷世祖、聖祖暨列聖數百年之教澤，復際宇内承平之日，夏雨春風，弦歌不輟，日考訂夫先聖先賢之章句、訓詁、名物，反覆推究，筆之於書，亦斷不肯弁髦棄之矣。況班氏有言“仲尼没而微言絶，七十子喪而大義乖”，聖道高渺，未易窺測。漢、魏、唐及我朝諸大儒雖皆專門實學，上窺孔氏之堂，然其間百密一疏，亦未必能無遺議也。余讀而疑之，且有年矣。顧生咏植者，今秋典試江南所得績學士也。余請假旋里，道出毗陵，就途次來見，呈其所著經學數種。統閱之，元元本本，殫見洽聞，其訓詁之塙、考據之實、義理之精，固非穿鑿附會及空疏淺陋者流所可企也。至若《論語》一書，婦人辨而聖后之分明，犁牛辨而賢父之德顯，參音辨而父子之名不淆，子夏辨而處士之義自見，約舉數端，略合正名之旨。余向所蓄疑而未及發者，頓不禁其爽然釋、渙然解矣。昔賢有知，當許其補闕焉、正謬焉否乎？以余觀之，且亦不在古人後矣。

光緒十有七年冬十月，友生金保泰序。

——《論語發疑》卷首

孟子解義序

〔宋〕鄒　浩

孔子没，世衰道喪。百有餘歲，以及孟子之時，其害尤甚，以湯武爲弒君，以周公爲未智，以匡章爲不孝，以仲子爲廉士。非特此也，不動心如告子，猶外義而莫悟事，豪傑如陳相，猶倍師而自若，則道之不明可知矣。以利國爲先務，以殃民爲可爲，以戰必克爲良臣，以逢君惡爲無罪。非特此也，可與有爲如齊宣王者，其所問惟威、文之事；可與有言如公孫丑者，其所冀惟管、晏之功，則道之不行可知矣。孟子於此時，上下無知而信之者，操不售之具，以周游其間，不少貶焉，非以道自任而能若是乎！其道則自古以固存而孔子之所傳者也。孔子之於道，不得已而載之後世，君子孰不可以得之哉！然而有目同視而所見者近，有耳同聽而所聞者淺，有心同思而所得者他而不正，則爭以自取勝，而大道斯爲天下裂矣。然則孔子之後，能紹其傳者，孟子一人而已。氣與太和爲一而充塞于兩間，上足以配道，下足以配義，其所養之氣有如此者；由父子之仁而極於天道，由可欲之善而極於神，其所造之妙有如此者；於《詩》則以意逆，於《書》則取二三策，其通經有如此者。敷陳於齊宣、梁惠之前，訓告於萬章、樂克之徒，曲而中，多而類，其出言有如此者；見與不見皆不以人枉己，受與不受皆不以利廢義，其制行有如此者。以其所養之氣，發其所造之妙，無施而不可，則其爲通經也，出言也，制行也，皆餘事耳。奈何天未欲平治天下，而捨我其誰之志終不獲伸，是以其功止於距楊墨，以承三聖而已矣。雖然，使楊墨之道息，孔子之道著，天下後世咸知父子有仁，君臣有義，不淪胥而爲禽獸，則其志雖不伸於當時，固已伸於後世矣。以道論功，如之何其可及也！其後名世之士有出於漢而能知之者，莫如楊子，故論其道則曰"不異"，論其功則曰"擴如"；有出於唐而能知之者，莫如韓子，故論其道則曰"醇乎醇"，論其功則曰"不在禹下"。非苟知之也，竊自比焉，則庶幾孟子之道；攘斥佛老，則庶幾孟子之功。夫二子之不如孟子易見也，有所庶幾，且無與并，況孟子乎！故韓子曰："學者必謹於其所道，求觀聖人之道，必自孟子始。"浩嘗聞之於師曰："誦《孟子》之書非難，深明其意之所在爲難；深明其意之所在非難，能以其所以自任者矜式而行之爲難。"昔孔子之門人，如仲弓之有聞於仁，則請事斯語；如子張之有聞於行，則必書諸紳。今《孟子》七篇之所載，非直孔子答問之際一二言耳，學者或尚愧于仲弓、子張之賢，則以其所以自任者矜式而行之，其可忽乎！浩不敏，敬受此言久矣，願與諸君子共之，勿徒誦其書、明其意，資以爲速化之術而已也。顏淵曰："舜何人也！予何人也！有爲者亦若是。"嗚呼！豈獨顏淵之於舜爲然哉！

——《道鄉先生鄒忠公文集》卷二十七

陸聚岡先生四書講意序

〔明〕南居益

經説之訓，羽翼聖真。浸盛于弘、正以後，而毗陵獨稱入室，海内章句之儒家傳户誦，如飲食衣履之不能人人廢也。聚岡先生實荆川先生高足，其著論精微，足以發荆川之未發，而益欲邑其緒業。自聚岡先生之講出，家傳户誦者始祖唐而禰陸矣。夫六經四籍，聖賢之心精也，不心其心而欲言其言，譬猶虧本之葉，振而易零；絶源之流，瀹而愈涸。惡能興士，俾天下人奉之無已時？余聞陸先生之爲人，躬行君子也。一言一動，亡不規聖儀賢，而卒阨於一第。用明經起家，稍遷爲百里侯，垂橐而休，蕭然環堵，與四方執經士孜孜解説，至老不倦。而後乃今有方伯公爲之子，一門之内科名相繼，羔雁成群，先生塾中之澤遠矣。語曰"不於其身，於其後人"，信哉！余不肖習先世之業，當垂髫就傅日，先大夫即執陸先生《講意》口授之，本本源源，未敢終身有遺。往年叩視晉學，舉所學以詔諸生曰："百家異説，淆亂士習，其一守毗陵爲正脉乎！"方伯公時官儀曹尚書郎，致書於余："足下何繇知先子也？可謂地下知友矣。"余謝不敏，不期十年餘所濫閩之役，得與方伯共事，即相與圖所以永先生之教者而共梓之。梓成，因謬爲一言，述生平服膺先生之素，以托附不朽云。蓋余嘗念國初崇重儒術，集經書性理大全刊布學宫，凡有宋諸儒片言合道，莫不得與裒録，與洙泗大賢契合一堂，聲施千古，則本朝可謂斯道一大昌會矣。獨是二百五十年來名儒輩出，紹述日新，豈無足與宋儒相發明昭示來許者！何闡揚之典寥寥也？兹右文之世，講幄宏開，命禮臣旁搜諸一家言，有裨名理副傳注者，纂附大全，續成一代鴻編，庸備沖皇學古問道之資，不亦增光紘緒、載啓文明之一盛事哉！允若兹，當亟進陸先生而祭酒之矣。

關中後學南居益撰。

——《下浦陸氏藝文志》卷十

四書蒙引便覽序

〔明〕吳中行

先大夫嘗下帷傳經，於四書訓詁家獨取裁于《蒙引》，《蒙引》爲先正蔡虚齋未删次之稿，闡幽採博，其精詣超覽者固自在，而璞璧沙金，殊煩匠氏手也。時時披閱，則時時以朱墨乙之，及釋屬登朝，未卒業爲憾。迨予舞象時，受書于莊楚園先生，先生即束于博士法乎，而講藝窮理則田百氏之藪而漁獵之，根據淵源，期于融貫，耻剽掠爲口耳資也者。先大夫間嘗語之，折衷蔡氏書，以翼朱子傳注而發孔孟之微旨奥義，其在先生乎！先生唯唯。既十有餘年，書始成，用心最勤，良工獨苦，冗者削，斷者續，漏者補，誤者釐，類者從，互異者比而合，源尋派列，髪櫛絲聯，有貫串繫絡之功，無增益僭逾之罪，譬之披草萊而闢之，理蕪穢，除谿徑而直達之堂奥矣。九京可作，兩賢相因，夫然後虚齋之志庶乎有所托哉！而予則追慟夫先大夫之弗獲睹厥成也。漢儒以經術轉相授受，諸弟子各守其師説爲家法，至顯于世，而對其君之言曰臣師某也。予不肖爲先生之弟子，今且供奉詞垣，竊師説執經侍上講幄，而又推衍所傳習者造士成均，夫孰匪先生之教哉！先生之教用之朝廷而先生之身猶衿韋也，是予之罪乎！故于其書之行也，予之言又何可辭！

——《賜餘堂集》卷九

四書典制彙編序

〔清〕胡 掄

　　唐以前，四書混於群經，訓詁謬戾，聖學不傳，得朱子爲之章句集注，而後聖人之道燦然復明。於是秉教化之權者推而列之群經之上，而爲普天率土之所家弦而户誦，此固不可有片言隻字之難曉也。特其中之大經大緯如《中庸》之宗廟祭祀，《論語》之玄端麻冕以及《鄉黨》一篇，《孟子》之五音六律以及井田、學校、千歲日至之屬，有非《章句集注》所詳悉者。朱子非不欲其詳而又非不能詳也，聖賢立言大體務在挈其大綱，使之簡潔可誦，而至於條分縷析，則在其人之考求而自得之。讀四書者，誠能熟讀《章句集注》而博求之經史，則固無不得者。而無如經史浩繁，考求匪易，搜羅剔括，以備參考，不可少也。而又惜坊間四書諸備考，悉皆擇焉而未精，語焉而未詳，重複而雜亂，膚廓而無當耳。掄幼從伯兄受讀四書，講貫經史，兼授文定、致堂以來過庭遺訓、家學心傳，由是質雖淺陋，略聞一二於耳提而命之餘。無何伯兄早世，先君子慟其付畀之無人，乃舉平日所訂《朱子綱目》、七家舊注未竟之緒，命掄卒其業。又授以經史相通之故、諸儒同異之分，凡七年，先君子卒。又十五年，《綱目》成。二十餘年之内，凡遇十三經、二十一史之有關《學》《庸》《論》《孟》者，各以其類集之，共爲八卷，名曰《四書典制彙編》。舉凡四書之大經大緯之同類者，皆彙於一處，通徹曉暢而發明之，累貫而無重複，詳盡而不煩冗，似於朱注略有裨補，竊欲付梓以公諸世，自愧家貧，覆瓿無憾，賴姑丈大人鍾筆安貽仲先生、窗友何成章元發先生之力，得鐫於木。

時雍正十年孟夏，武進胡搶書。

——《四書典制彙編》卷首

學庸竊補序

〔清〕程景伊

歲丙寅十月，石美陳先生將攜其所著《學庸竊補》南還，謀付剞劂而問序於余。余補博士弟子，於先生爲後進，烏足以知先生之學，顧以見委之切弗獲辭，將受其全書而讀之，以散布他所，竟未獲睹。出所示一帙，則鬼神爲德章也。既又得觀仲尼一章，余展卷莊誦，喟然嘆曰："詳哉其言之乎！"夫《中庸》言誠之書也，自二十章誠者天道發端以後，天人誠明反覆推明而歸其統於仲尼，復以至聖至誠申贊之。夫誠者，天命之實理，至聖之德即至誠之道，故曰言誠之書也，而乃始發於鬼神之章，豈以爲窮極高遠之論哉？蓋鬼神彌綸布濩於天地之間，凡高卑之成位，寒暑之推遷，山川之流峙，人物之化育，推而至於動靜呼吸無往非是物者，故學者之於道不可須臾離。先儒以爲與鳶飛魚躍意同，洵有味乎其言之也。顧自聖學不明，言鬼神者每馳思於幽冥恍惚、怪奇杳渺之鄉。嗚呼！是豈知一陰一陽之即爲道耶？漢文帝召見賈生，方受釐坐宣室，因問鬼神之本，史謂帝非所問，宜誼之悒悒不自得者，余獨以爲不然。《易》曰仰觀天文，俯察地理，故知幽明之故；原始反終，故知死生之說；精氣爲物，游魂爲變，故知鬼神之情狀。六十四卦、三百八十四爻，所言剛柔、進退、屈伸、消長之理，無往非是物者，故聖人窮理盡性，以至於命，其學爲至精；君子戒懼慎獨，曰明曰旦，其功爲至密，而總不外於一誠。鬼神者，天地之功用。天地之道，不過曰誠而已；聖人之德，不過曰至誠而已。仲尼以一身而兼帝王天地之全，以一心而接上下古今之統。其全體不息，統體一太極也，其大用流行，物物一太極也。小德大德，即鬼神之誠；敦化川流，即鬼神之性情功效。易與天地準，仲尼一易也，是故與天地合德，與日月合明，與四時合序，與鬼神合吉凶，孰謂鬼神之德非即君子之道乎！孰謂至誠之道非即鬼神之德乎！故《鬼神》一章爲造化之樞紐，而《中庸》一書之關鍵也；《仲尼》一章爲天道之極則，而《中庸》一書之歸宿也。先生纂集諸家，取精用宏，舉太極陰陽之混闢、聖人天地之蘊奧，包羅函蓋，毫髮無遺，其有功經傳，豈其微哉！余雖未得睹此書之全，而即是以推亦概可想見矣，因即其論鬼神、闡聖學者，還以質之先生。是爲序。

乾隆十一年十一月既望，雲塘程景伊撰并書。

——《學庸竊補》卷首

孝經集注自序

〔清〕陸遇霖

不肖幼失怙恃，顛沛伶仃，艱辛備歷。每念及雙親存日，視之不啻掌珍。一旦不幸，苦樂之分，遂判若天淵。至此親友中有庭幃具慶者，羨之慕之。蓋此一點真情，自垂髫時刺心裂肝，弗能刻釋。逮既冠，有室家矣，痛念承歡無地，常至夢中啼覺，淚痕漬枕，弗能刻釋。後齒漸加長，貧病中乞食四方，不欲自隳暴棄，以爲父母辱，而奄歾淹滯，祭饗缺焉，孺慕之誠，仍如幼時，總弗能刻釋。嗚呼！父母之懷，畢生莫殫。不肖之所遇不幸如此，於《孝經》一書實不能仰視終讀。可見聖賢爲名教立訓，垂之萬世，普之寰宇，顧可以一身缺陷，與《蓼莪》俱廢乎！尤不肖之所弗能刻釋耳。特未嘗學問，又不獲親承明師指其端倪，博搜群籍，采其精粹。週年方睹《大全》《箋注》《易知》《通俗》諸書，伏讀之下，因念不肖之不幸蚤棄於父母，致孝無由，終身銜憾，弗能刻釋如此。爲人子愛日之誠，幸而一庭雍熙，雙親順豫，其及時盡孝，當何如也。聖賢血脉，具在此書，孰不當講貫而修明者，第《大全》浩繁，貧寒難購；《通俗》太俚，恐掩經旨。妄爲節其冗蔓，裁其諿陋，適於繁簡之中，鐫刻成書，名曰《集注》。言撝諸家注，明經義也。不肖且不敢自附述者，何況於作！惟此五十年以迄終身，弗能刻釋於父母之懷，藉之以寫淚云爾。父兄宗黨，其予我乎？

時康熙甲戌蒲月上浣之言，延陵雅步里陸遇霖手書。

——《孝經集注》卷首

孝經集注跋

〔清〕張伯行

晉陵夫子己巳以歸德郡丞來攝蘭符，不孝公謁，初見即邀國士之目，嗣是一再追隨於杞宋之間，親聆緒論，惟諄諄焉以力行孝弟爲勖勉，然小人有母，出遊恒不敢數數，故趨承每疏。癸酉秋，不孝既廢《蓼莪》，煢煢苦塊，夫子遠垂慰唁，以滅性爲戒，襄事是圖，迪誨殷摯，不孝金石佩之。甲戌春，駐車大梁，走使相招，不孝亦欲折衷葬儀，遂扶病往趨。比至，則首出所注《孝經》，授之參閱。既又出所採古今言行有關孝道者，俾校讎而附於經文之後。嗚呼！簿書叢冗之間而念念不忘本原，何其天性之厚耶！第不孝窮年困頓，依然孩提食息於先慈膝下，菽水之養缺如，而今且罔極抱痛矣，有虧於孝，無地自容，而夫子猶若以爲孺子可教者，敢不一較剖劂豕亥之誤，效紀述於及門耶！夫《孝經》刻本，由漢唐以迄元明，不下數百餘家，刪繁蔓而歸簡當，挈領要而發真詮，如是集之昌明曉暢，當亦屬有目者之所共見矣。至嘉亦且揚闡幽微，羽翼經傳，感發人心，功何言罄乎！夫子且曰："是刻也，爲課子睦族計，無當作述，非期其行世也。"然不孝又有以窺夫子矣，其居官也廉，其守己也約，其御衆也寬，其立心也厚，其好善也如窮途之赴歸，其教人也如晨鐘之醒覺。誠以律躬，敬以直內 ，仁以廣愛，讓以鳴謙，所以繼成性之善而含未發之中者，以故蘊爲順德，徵爲太和，肅雍之氣萃於庭閒，三丈夫子恂恂謹謹，怳如萬石家風。古人有言，身教者從，夫子之注經，非第以言教已也，行見是集之不脛而走、不翼而飛者，將遍寰區，豈特家庭之枕秘、宗黨之鴻寶也哉！校閱既竣，而因爲之跋。

門人張伯行謹識。

——《孝經集注》卷末

孝經彙纂序

〔清〕孫念劬

　　孝爲百行之首，經居六籍之先，自天子至庶人，皆當遵而行之。然經義閎深，無不賅備。非潛心涵泳，未易通其説；非畢生體驗，不足殫其事。范淳夫所云道之根本，學之基址，言近旨遠，守約施博者是也。今之人句讀是習而義理弗考，誦於髫年，昧於白首者，往往而是，又安望其事親立身兩無所愧耶！自昔哲王誼辟頒示，表章先正，名儒迭相闡發，誠以此經爲民生日用之常，至德要道之本也。然説經起異同之見，釋義尚訓詁之文，此又無所裨於世教者。自漢迄今，注解不下百家，其間不乏精義，而膚淺者亦甚多。念劬不揣冒昧，搜輯各家注説，沉玩熟復，採其精要，以抉經之意義，暢經之旨趣，集成一編，名曰彙纂。固知管窺所及，未足以盡經之柢蘊，然於立身之道、愛敬之理，亦已諄懇而詳説之。蓋不能立身，不可以爲人；不盡愛敬，不可以爲子。惟是念劬五齡喪母，子職闕如，家大人以怙兼恃，自幼及長，日聞義方，所以垂訓者至深且切，而念劬浮沉半生，既未能慰式穀之望，更未能盡菽水之歡，銜恤惸惸，負罪滋重，於此經實不忍讀，且不能讀也。然雖不忍讀而又不能不讀，其敢以我躬抱恨，遂與《蓼莪》一詩俱廢乎！衰年多病，往咎莫贖。《詩》云"明發不寐，有懷二人"，又曰"夙興夜寐，無忝爾所生"，繼自今庶幾慎行其身，不貽父母以惡名而已。然則是編之纂，爲予之自訟也可，爲予之自勖也可，而成身顯親之道仰體聖言，確有端緒，願世之覽者尚共式乎斯編。

　　嘉慶四年歲次己未七月既望，述甫孫念劬謹識。

——《孝經彙纂》卷首

吳下方言考序

〔清〕錢人麟

　　韵書始於周顒、沈約，論者謂吳音不可以概天下，然上有卿雲元首之歌，下逮漢魏晋宋間諸篇什，案之韵書而未嘗不合，蓋古人各以方音爲韵，後人即以前人之篇什爲案，而以近代之音爲譜，協之以韵，通之以叶，韵亦方音，叶亦方音也。且北音無入，秦晋間發聲無上。元明以降，閉音盡亡，是中原之韵，反不若吳音之具四聲。又況字母起於《華嚴》，等韵定於神珙，方外之音，儒者且受其範圍，而可斥吳音爲不足用乎！吳在商周間爲荆蠻之地，自春秋時有季札之德讓、子遊之文學，遂爲文物之邦。沿至典午南渡，衣冠萃止，迄於今而文章科第甲天下。必欲驅天下從吳音，固不足以服中原人士之心，若夫以吳音證之經史諸書，以參其離合，此亦吾輩稽古審音者之責也。自揚子有《方言》，宋有《常談》之釋，近日吾鄉趙豹三、湯述亭諸公繼之，是皆就《常談》而釋之，獨胡子繩崖盡取古來四部之藏，證諸吳音。初讀駭其奇闢，細案之而更服其諦當，覺吾吳不可無此解，古人尤樂得有是解，則是書遂爲天下古今所不可少之書。吾嘗謂人生五官之用皆出於人，獨聲音之發則本於天。經聲而緯韵，聲分七音，韵分四等，此皆衝口而出，自然而合，是謂天籟。等凡四順，而引之必歸於喻；音凡七逆，而激之必變爲影。凡四字之複，一三奇同而母無一定，二四偶同而母必歸來。吳音二字之複，其助字必歸心，此皆自孩童墮地以迄垂老没寧，自通都大邑以及殊方遐俗，靡不皆同，是亦天籟也。以六書分音等，必注釋而其義始見，必音切而音始定，此則以人工而協天籟也。或文同而義異，或文異而義同，或義同而音同，或義異而音異，皆無足怪，惟文同義同而音異，斯則方言爲之也。今繩崖爲之注釋其義，音切其音，習見以爲無文者有文，無義者有義，且使古來四部之藏，皆爲吾吳咳唾之所及，而吾吳街談里諺，盡爲風華典雅之音，是非所謂人工而協天籟者歟！余爲之撫掌稱快，因急勸付之剞劂，非徒籍是以彰吳音之黯與古合也，將使好學深思之士師繩崖之意，凡所讀書及所聞街談里諺，一字一句皆援古證今，必求其意義之所在，則繩崖之爲功於後學者大矣。顧或者疑其穿鑿，則繩崖固所不屑辭，又或驚其閎博，則猶淺之乎視繩崖也。抑又有爲繩崖進一解者，繩崖汲古好學，惟於宋元以後之書爲少所採。夫音以方異，亦隨時而變，今拒宋元以後尤近，則夫宋元以後之書倘更有可採者乎？敢以質之繩崖。

　　乾隆二十五年歲次庚辰仲春，同學弟錢人麟拜序。

——《吳下方言考》卷首

五經文字偏旁考叙

〔清〕蔣驥昌

倉頡造字，胚胎六書，迄古文變爲大小篆，大小篆變爲八分，八分變爲隸草。去古愈遠，失真愈多，字學源流久墜烟霧，揆厥受病，蓋亦有由。自唐天寶中詔衛包改六經，古文更作楷書，以便習讀，而六經之文始雜俗體。大曆中，張參作《五經文字》以正其舛。開成刻石經，唐元度又作《九經字樣》，補其缺漏。張參之書雖未明言衛包之失，然其序文云“近代字樣多依四聲，傳寫之後，偏旁漸失，所以采《説文》《字林》諸部，以類相從”，可見衛包所改六經文字訛謬多矣。其時國子監置書學博士，立説文、石經、字林之學，舉其文義，歲登下之，則士子於字學尚未晦盲，許叔重、蔡中郎之遺矩存焉。爰自五代，始有板本，宋元以來諸經文字僅仍唐本之舊，或有牴牾，誦習相傳，不知訛謬。間有講求六書，若戴侗、周伯琦輩，亦人自爲學而不能家喻户曉矣。先是，梁大同中顧野王作《玉篇》，凡二十萬言，分三十卷，於字義頗詳，而字體源流概未之及。及唐宋遞加廣益，《集韵》《廣韵》《篇海》諸書直以書籍傳抄誤字爲正文。明初有《洪武正韵》，成於宋景濂、樂韶鳳諸人，其書尚講聲韵，兼及字義，於字體之乖舛亦未有當也。近代顧南原《隸辨》一書，於兩漢碑刻搜刮無遺，近人但以爲八分模楷，不知其各字注釋援引《説文解字》，於獨體、合體極爲詳備。蓋隸作於小篆之後、正書之前，上可識字體所由來，下可知字體所從變，學者誠能究心參考，思過半矣。但顧氏之書止及隸體，未詳正書。僕留意金石有年，癸丑仲冬客居多暇，輯爲《五經文字偏旁考》三卷，篆本許氏，隸考漢碑，楷由《玉篇》，三者皆取仁廟《康熙字典》以爲宗主，雜采《汗簡》《通志》《六書故》《六書正訛》《六書準》《正字通》各家之言，其案語則以己意附益之。雖止五百四十部，而於文字所由來窮源溯流，頗多釐剔，竊謂於初學有裨。惟願世之君子指其闕失而訂正之，則幸甚矣。

乾隆五十九年正月上澣之吉，瑩谿蔣驥昌書。

——《五經文字偏旁考》卷首

六書轉注録自叙

〔清〕洪亮吉

六書自諧聲外，轉注最多，惟轉注斯可通訓詁之窮。轉注又半皆諧聲，即以《易》言之，《象》及《説卦》云：“乾爲天，天行健。乾，天也。乾，健也。”《繫辭》云：“易者，象也；象也者，像也。盛德大業至矣哉，富有之謂大業，日新之謂盛德。”以及《序卦》一篇，皆轉注也。其餘各散見九經與諸子傳，下迄漢以來儒者注釋箋疏中，如宫謂之室，室謂之宫；羅謂之離，離謂之羅；

明明屌屌，屌屌明明；迹迹屑屑，屑屑迹迹；烏乎吁嗟也，吁嗟烏乎也；游亦豫也，豫亦游也之類，特其顯著者耳。自羅、離以下，又皆諧聲，是轉注又通乎諧聲矣。唐、宋以來，學者不明轉注之理，遂横生異説，而轉注益晦。暇日偶刺取經傳中轉注之字，以《爾雅》《説文》《小爾雅》《方言》《釋名》《廣雅》爲綱，已共得八卷。止於《釋名》《廣雅》者，以漢儒訓詁之書已盡於此也。旁采則迄於周、隋者，以非此不足盡轉注之變。又録及《釋文》者，以陸元朗此書卒業於隋代也。

嘉慶十一年歲丙寅四月，洪亮吉叙。

——《六書轉注録》卷首

六書轉注録序

〔清〕陳慶鏞

治經必先於聲音、訓詁、文字，而聲音、訓詁、文字，莫備於許書。許解字從《周禮・保氏》指事、象形、形聲、會意、轉注、叚借六書原旨，而六者轉注一門爲最寬。轉注者，所以用指事、象形、形聲、會意四種文字而包叚借者也。劉歆、班固、鄭衆皆曰："轉注猶言互訓也，注者，灌也，數字展轉，互相爲訓，如諸水相爲灌注，交輸互受也。"許曰："建類一首，同意相受，考老是也。"建類一首，謂分立其類而一其首；同意相受，謂羅列其字而通其義。《爾雅》開宗始也，是建類一首也；初哉首基肇祖元胎俶落權輿，是同意相受也。《説文》老部"老，考也；考，老也"，以考注老，以老注考，是謂轉注。老從人毛匕，會意字；考從老丂聲，形聲字，而義訓則歸於轉注。部中有同部爲轉注，亦有異部爲轉注。有錯綜其辭者，如初下曰始也，始下曰女之初也，同而異，異而同也；有綱紐其辭者，如詞爲意内言外，而欵爲兄詞，者爲别事詞，魯爲鈍詞，曾爲詞之舒，爾爲詞之必然，矣爲語已詞，乃爲詞之難，是皆以詞爲綱紐也。經典中有云之爲言者，如《禮記》射之爲言者繹也，春之爲言蠢也；有云之言者，如孔子曰貉之言貉貉惡也，狄之言淫僻也；有單云者者，如《論語》"政者，正也"，《孟子》"庠者，養也"，"校者，教也"，"序者，射也"，"徹者，徹也"，"助者，藉也"；有云猶者，如許書不下云一猶天也，爾下云麗爾猶靡麗也，宷下云珏猶齊也，而會下云曾益也，曾即增；艮下云匕合也，匕即比；䔾下云允進也，允即糉也，是又以叚借爲轉注矣。《爾雅》訓哉爲始，叚哉爲才也。《毛傳》訓瑕爲遠，叚瑕爲遐也。但既叚借而後與叚義之字相轉注，未叚借則不能與本義之字相轉注。晋衛恒曰轉注者，以老注考，而宋毛晃亦曰六書轉注謂一字數義，展轉注釋而後可通。語本自明自，後世不得其解，説者遂紛紛誤仞，而明楊慎《轉注考》一書穿鑿益甚。稚存先生究心小學，潛孽數十載，著爲此書。首以《爾雅》《説文》《釋名》《廣雅》《小爾雅》分編類纂。復撰爲《比雅》，依《爾雅》釋詁、釋訓、釋言之例，屬辭比事，歸當合一。凡經傳遺言以及《老》、《莊》、《管》、《荀》、《逸周書》、《白虎通》、馬班二史，彙集條貫，成十册爲轉注録。洵聲音、訓詁、文字之要歸，而學轉注者當以是爲圭臬。余丙午秋舟次毗陵，造先生家，令喆子齡舍人抱遺書見眎，其書從祖龍中敚出，首尾頗焦爛，然其字畫尚完具無恙，蓋天亦留之以嘉惠士林也。治六書顓學者，近張皋文編修有《諧聲譜》及《象形》二書，而吾師孫惕齋先生亦有《叚借考》，指事、會意尚無專書，抑海内有之而未能見也。讀畢爰喜而序之，願亟付之剞劂氏。

道光二十六年秋九月癸巳，晋江晚後學陳慶鏞識於常州舟次。

——《六書轉注録》卷首

廣復古編序

〔清〕 顧廣圻

予自辛未冬洎甲戌秋，在孫淵如觀察冶城山館者幾及三年，爲淵翁校刊《續古文苑》《華陽國志》《抱朴子内篇》《古文尚書考異》《紹熙雲間志》等書，兼爲鄱陽胡中丞重翻元槧《通鑑注》，時淵翁從弟星海邃堂方講求《説文》正俗字，案頭草稿盈兩三尺，無暇取而細讀也。又二年，及今丙子之夏，書成，淵翁署名曰《廣復古編》，發凡起例，邃堂自序詳之矣，以予粗通小學，復移書屬序。乃爲之序曰：

《周官•保氏》書有六，其五盡見於《説文》，其一不盡見於《説文》。夫象形、指事、會意、轉注、諧聲，於《説文》九千餘字下所載之外，後人斷不容别贅一語，故謂之盡見也。九千餘字之假借，其多未易數計，載於《説文》者，特千百之一爾，故謂之不盡見也。然則何以獨於假借不盡見也？曰不能也。假借者，依聲托事也，天下之聲無窮，天下之事又無窮，則聲之依、事之托亦因之而無窮，而何能盡見也！近今好古之士，每慨叔重氏以後，小學浸失，鄉壁虚造，日出不止，九千餘字，或相倍蓰，幡然思按始一至亥以繩之。不佞疇昔弗揆樗昧，亦嘗從事，輒以爲盡見之五，《説文》具在，奪而正之也易，不盡見之一，網羅放失，奪而正之也難。雖然，自唐、虞至秦、漢，假借字之可徵信者，經典傳注也，三史舊讀也，諸子詞賦也，碑板遺文也，其餘縱有無窮之聲、之事、之依且托，亦均歸於無徵不信矣。是故在當年方爲無限斷之假借，而至今日已成有限斷之假借，捨其無限斷而取其有限斷，獨不可勒爲一書輔佐《説文》而行，使六書之道大白於天下也乎？奔走傭筆，倏忽年艾，冗雜憂苦，智慮短耗，任重道遠，自分靡就，兹讀是編，備列《説文》六書之字，而於假借言之尤詳，博寧精覈，區分類聚，庶幾許書之理群類、解謬誤、曉學者，視不佞矗所規爲，恢恢乎兼容包并之，不亦善乎！遯堂又有與觀察合撰擬篆字石經稿若干卷，與是編互相發明，皆世間不可少之書。曰廣、曰擬，乃謙而又謙之辭，開卷題目，即無學子虛憍習氣，知書之矜慎能傳矣。是爲序。嘉慶廿有一年秋八月既望，時爲觀察分校唐文於揚州，事畢將返吳門之次也。

——《思適齋集》卷十一

古今韵略叙

〔清〕宋　犖

予自束髮，喜稱詩，顧未究心韵學。年來數與子湘上下其議論，予始而疑，中而信，既乃舍然以喜。

子湘之言曰："今韵宗梁沈約氏，夫人而言之，而約所撰《四聲》一卷久已亡，繼之者隋陸法言氏，而法言所撰《四聲切韵》亦亡。嗣是有唐孫愐氏，而愐所撰《唐韵》五卷今亦亡。今宋、元韵之存者略可指數：《廣韵》，宋祥符間所修也；《集韵》，宋景祐間奉敕修也；《禮部韵略》，宋時列之學官者也，毛晃氏仍禮韵而增益之者也；《平水》，劉淵氏仍禮韵而通并其部分者也；元黃公紹氏作《韵會》，仍劉韵而廣其箋注者也。三家者遞有增字，字寖以多。《禮部韵》初裁九千五百九十字，至《韵會》乃有一萬二千六百字矣，然尚不足當《集韵》四之一。最後有陰氏兄弟著《韵府》，乃大加刊削，僅存八千八百廿字，又不專主劉韵，頗多遺漏。顧明初至今用之，學者或尊之爲沈韵，或指之爲平水韵，皆是書也。今韵非沈韵不待言，校劉韵少三千字，則今韵之非劉韵較然易辨。而世儒罕見劉氏元本，乃承訛襲舛三百餘年，相習而不察，可怪也。"其論古韵曰："今韵僅供律用，而古韵之用頗廣，不專在詩。邇來博雅之士漸知講求古韵，顧義各齟齬。或主陳第古無叶音之説者，引陸德明語，以爲古人韵緩，不煩改字。於是野當讀户，行當讀杭，推其説，使人鈎鉤析亂而難從。創爲五部、三聲、兩界之説者，每韵三聲通押，而又通及所通之三聲，音義泛瀾，循其説使人溔漾而靡所畔岸。某愚，亡似亡能，特立一家之説，第以謂叶音當主吳棫才老氏，蓋紫陽朱氏常取之以釋《毛詩》、釋《騷》矣。今四子經書訓詁悉宗朱氏，朱氏宗之，吾從而詆排之，愼也。通轉則不盡主吳氏，平韵如真、文、元、寒、删、先之六韵通轉，仄韵如質、物、月、曷、黠、屑之六韵通轉之類，考之杜、韓詩而合，則捨吳氏而宗杜、韓。杜、韓曰可通，後之人曰不可通，愚也。"

蓋子湘學有原本，其持論能篤信古人如此。予聞而韙之，乃悉發所藏舊版韻書，凡若干家，俾卒業焉。子湘謬以予爲知言，發凡起例，必折衷於予。庚三年，書成，名曰《古今韻略》。謁予叙，予觀是書援據精確，增刊不苟，注釋簡而核，典而不蕪，蔚乎韻學之集成已。顧謙言之曰"略"，何居？原子湘之意，亦以今本沿用已久，不欲變更，以駭耳目。故今韻仍陰氏之舊，第删正其訛複六十餘字，增收七百八十餘字，以存毛、劉諸家之大。凡古韻依才老韻補，省其復字，而僅益以楊氏古音，及今增三百四十餘字，若曰是略焉云爾。子湘績學著書，負海内名久，予每論當代古文家，輒爲子湘首詘一指。是書乃其碎金，而其衣被後學之功，正復不淺。予故具述作者之大指，叙之篇端，爲鋟版以行。或曰："世俗少見多怪，橐駝馬腫，是書出，將無驟駭其增改沈韻者。"予笑曰："庸有之！今夫蜀之日、粤之雪，吠者怪耳，日與雪怪乎哉？"子湘姓邵氏，名長蘅，江南之武進人，著有《青門簏稿》《旅稿》《賸稿》若干卷行於世。

康熙丙子皐月，商丘宋犖叙。

——《古今韻略》卷首

太古元音自序

〔清〕是 奎

粤自庖犧畫卦，不外奇耦，而象數畢該，囊括宇宙事理。倉頡本此製字，用直横正斜、左右上下、方圓屈折、疏密穿貫、俯仰向背爲結構，而有六書。其中諧聲，即韻之所昉。唐虞則作息耕鑿，謠於野，薰風卿雲，元首股肱，歌於朝，夏子諫獵悟君，商孫思成頌祖。姬公因象著爻，孔子翼之，俱用韻句，與周詩相比，而楚騷、漢賦仍之，則三代以前，必有定本可案，故啓口發聲，自然相協。降而六朝，元音已佚，沈隱侯僻處南陲，僅操土音，欲釐正五方口吻，固多謬戾，而李唐來取士奉爲科律。嗣是而累朝輯古韻者，各以私臆爲增删、分并，無慮數十家。要如理絲而棼之，非遺隘則複淆，莫審誰是。明洪武中，命宋文憲合宇内學士，裁訂畫一，賜名《正韻》，疑亦近矣，究亦未的。余早歲閲梅宣城《字彙》，末綴縱横二圖，群疑并興。往復既久，從陽京、陰基二韻定其宗，各配諸韻對讀，而得每部句中得聲有字，并凡有聲無字之位，從數韻；平、上、去聲三殊，而同歸一入聲者，而得子母，從各韻。自首至尾，順口讀去，先喉、腭、鼻，次舌，次唇，次牙，次齒，還其本量，而知其盡於二十八位，從原韻而轉，前後相銜，而得五音正變。始終生於一氣，有天然不容紊雜者，而似字同句亦各見矣。其間宫、商、角音之順局，徵、羽之逆局，有因特起止，亦皆先天之自定，因恍然悟古皇制樂，金聲玉振之所由來也。夫制樂，以律管分寸正五音，呼字者以人口代律，莫要於審氣辨象。凡喉之兼腭、鼻，牙、齒之兼舌，俱統於口，各明其用，已可無誤。而猶恐其或淆也，因各就本韵，母子諸位對舉，上字標射摘舉，下字諧聲以呼一字爲反切之法，則不獨有字者悉著，而有聲者盡顯矣。雖然，韵雖繁，不過陰、陽二者，今以正閏四十五子、十八母，約而爲十五綱、十八攝、二十鈐爲經，而總緯於四子、二母，離合讀之，罔不順適，覺人間一切諺言皆爲天籟，真婦人豎子可以了會者。遂以《太古元音》目吾書，而復闡十倫之義以繫焉。嗟乎！韵學不明久矣，聚訟紛如，迄無定準。此書出，庶幾簡明精確，而無可更易矣乎？

——《常郡八邑藝文志》卷六之下

漢魏音叙

〔清〕洪亮吉

古之訓詁即聲音，《易•説卦》曰"乾，健也；坤，順也"，《論語》曰"政者，正也"。基之爲始，叔向告于周；枵之爲耗，梓慎言于魯。又若《王制》"刑者，侀也；侀者，成也"，展轉相訓，不離初音。漢儒言經，咸臻斯義，以迄劉熙《釋名》、張揖《廣雅》，魏、晋以來《聲類》《字詁》諸作，靡不皆然。

聲音之理通，而六經之旨得矣。許君爲《説文》記字，字各著聲，覽而易明，斯爲至善。又通其變爲讀若聲近之言，則逵、嚴詁字之精，杜、鄭説經之例，義或不可同，而音皆轉相訓，亦其善也。蓋有定者文也，無定者聲也，即一字一聲，而讀又有輕重緩急。古今風土之不同，如台之爲吾，吾之又爲我；伊之爲而，而之復爲爾也。古人音聲清，故爲台爲伊，中世稍轉，則爲吾爲而，後人口語重，則爲我爲爾。以及旄之讀爲繆，闞之讀近鴻，則急氣緩氣之分。秦呼卷爲委，齊呼卷爲武，則齊人、秦人之別。若一以孫炎、沈約以後之音例之，則重讀者不能輕，急讀者不容緩。台、伊遞降，既淆今古之聲；委、武隨方，又擯齊、秦之語。反語出而一字拘于一音，四聲作而一音又拘于一韵，而聲音之道有執而不通者焉。是以里師授讀，俗士言詩，皆執音韵之書以疑天籟；越客適秦，魯人入蜀，又泥聽聞之素以訝方音。由聲音之道不明，欲合輕重緩急之讀爲一音，强東西南朔之聲出一口也。夫求漢、魏人之訓詁，而不先求其聲音，是謂捨本事末。今《漢魏音》之作，蓋欲爲守漢、魏諸儒訓詁之學者設耳。止于魏者，以反語之作始于孫炎，而古音之亡亦由于是，故以此爲斷焉。又嘗考之漢廷諸儒，精研聲訓，厥惟許君，而康成次之。許君之義均見《説文》，外又有《注淮南王書》，今不傳，惟《道藏》中《淮南鴻烈篇》二十八卷，尚題"漢南閣祭酒許慎注"，或當有據。然世所盛行之本，則皆題漢涿郡高誘注。

今考許君之注，有淆入誘注中者，或本誘采用許君之説，後人遂誤以爲誘也。今略論之，《淮南王書》"輆其肘"，高誘注："輆讀近茸，急察言之。"又"罧者扣舟"，高誘注："今沇州人積柴水中搏魚爲罧。"皆與《説文》之説同，此類尚多，以是知許君之注有浯入誘者矣。康成注《易》、《書》、《詩》、三禮及易緯乾坤二鑿度等，皆有音讀。今考《漢書音義》有鄭氏，薛瓚云："是鄭德。"晋灼云："北海人，不知其名。"案：《漢書·高帝紀》"盱眙"注"鄭氏音煦怡"，《武帝紀》"蛇丘"注"鄭氏蛇音移"，《郊祀志》"推終始傳"注"鄭氏音亭傳"，而《史記集解》皆作鄭玄。《漢書·揚雄傳》"抾靈蠵"注"鄭氏抾音怯"，而《文選注》亦作鄭玄。是《漢書音義》所稱鄭氏，蓋康成居多，故晋灼亦曰："北海人也。"其間有出于鄭德者，如《高帝紀》"方與"注"音房預"之類，《集解》亦別標出之。裴駰，劉宋時人，必非無據，是康成又或爲《漢書音義》，世所不及知矣。今以許、鄭二君之説參校，又各有異同。許君云"豐，從豆，象形"，而康成《儀禮·大射儀注》云"豐，其爲字從豆丰聲"。今考丰不成字，不當爲聲，康成蓋誤以象形之字爲諧聲也。許君云"槷，從木執聲"，而康成《考工記注》云"槷，讀如涅，從木，熱省聲"。今考執本可作聲，不必從熱省。許君云"裘，古文作求"，而康成《詩箋》云"裘，當作求，聲相近故也"。今考裘、求本一，不必改字。合此數條，疑許君之説爲長矣。

蓋許君生及東漢之初，親從賈逵、衛宏等問受，其于西漢諸儒張敞、劉向、揚雄、鄭興等，不啻親承提命，其學既專，故其説獨博而諦，又非他儒之所可及也。今編次仍從《説文》舊部，而以所無者附見于後；或《説文》所有，而後復訛爲他字者，則注云"某字本某字"，不移其部；若傳訛已久，則亦各從其部，正附兩列焉；其後儒以反語改漢人之音者，亦置不録，以非其舊也。排比闕失，成于六旬，演贊前後，斷爲四卷。書成，值乾隆四十九年，歲在閼逢執徐長至日，爰付之梓，庶幾諧聲故讀，復厥舊音，反語四聲，此爲前導云爾。

——《漢魏音》卷首

漢魏音後叙

〔清〕孫星衍

稚存作《漢魏音》，以《説文》字部爲次，不用韵書，蓋不欲以今韵律古音也。元之讀爲兀也，髡從兀聲，近于元，軏從兀聲，近于兀，可證矣。玖之讀爲芑，或讀若句也，是否之讀爲否泰，聲近芑，居之讀爲姬，聲近句，又可證矣。若此者不能更僕數，欲學者之易于隅反也。沈約四聲之前得此書，則六經騷賦之文皆可讀，世之疑《説文》諧聲爲非聲者，亦可悟也。

韵書有三蔽，世莫之正。一蔽在不本六書之諧聲而取經籍之韵語也。文字之制在六經之前，左形右聲，視而可識，其見于韵語者，才十之二三耳。且韵書所取但詩騷漢魏詞賦，絕不知儒墨道子書之屬無非韵語也，又不知經籍異文同字之皆亦有兩音也。《墨子》以"管叔"爲"關叔"，則管有關音，故《左傳》"鄭人使我掌其北門之管"即關矣。《公羊》以"州吁"爲"祝吁"，則祝有州音，故詛祝即咒之正字矣。不本乎諧聲之義，則音偏而不備从也。之字在之咍等部，从者之字在魚虞等部，而以本字入馬部，不可解也。風从凡聲，故颿颿即泛泛之俗寫。《廣雅》"泛泛，浮也"，曹憲音泛泛爲扶弓，今東部無泛。堉从胥聲，故蘇林音五堉山爲胥，今魚部無堉。鵬从朋聲，朋即鳳字，今送部有朔而不知是朋。葉从枼聲，枼从世聲，則凡从世聲之字可以入祭。沾即添字，添从忝聲，添从天聲，則可以通天，故《說文》箈字沾聲，讀若錢，今皆不知，則其紕謬又不止誤鮦紂紅反爲音紂、鷁以水反爲音小矣。二蔽在用反語已行之字，不用漢魏讀若之音。古人之音見于書傳者，若杜子春、鄭眾、鄭玄之注經，蘇林、如淳、徐廣之注史，高誘、張湛之注子，皆可援引，而今之韵書獨本《字林》《玉篇》，上承孫炎、郭璞、反語已行之字，若稚存《漢魏音》所載，《廣韵》固十不一見也。其漢魏人音亦有改字从義者，如杜子春讀《九嬪贊》王爲玉、掌冰爲主冰之類，實非王有玉音、掌有主音，亦不可不知耳。且古人反語又不可執，孫炎、顧野王所用以反本字之字，即有二三音，今但知其一音，因以定之，如古音野字羊者反，安知不讀者爲渚；馬字莫下反，安知不讀下爲戶！不察于此，則又轉展相蔽也。三蔽或專用字之轉音而忘其本，或不知字之本音而用其轉。一字之有三聲四聲也，猶金石絲竹之響、鳥獸昆蟲之鳴，其轉聲必異于初聲，是爲天籟。試以金之鐘言之，鐘聲宮，一轉起宏，再轉近籀；鳥之烏言之，烏鳴烏烏，重鳴鴉鴉，急鳴啞啞，人之中五音也。喉爲宮，舌爲商，古腹爲角，齒爲徵，脣爲羽，一音之中又有開合、輕音、緩急，猶宮商之各有變音也。音有方俗之異，無古今之分，五音配五方，後世之人以爲今音與古音殊者，吾知其必不然矣。支脂之屬通魚虞歌戈之屬也，爲音之合；其通真諄之屬也，爲音之重；具通職德也，爲音之急；歌戈之屬之通麻也，爲音之開；尤侯之通支脂之屬，陽唐之通庚耕之屬，蒸登之通東冬之屬，又通支脂之屬若能徵之類。也，爲音之輕。凡四聲入之通平上去，皆音之緩，求其序則先開後合、先輕後重、先緩後急無疑也。今之所傳韵部都不能具，學者又不能觀其會通，反以疑諧聲之非者，由此蔽也。

沈約之分四聲也，何益于經傳，而五方之人受其弊。西北人之少平音也，東南人之少仄音也，賦律詩者或多誤用焉。俗韵之不知轉聲也，俗字日以多，濯緩讀則爲桃，今增桃字；脩重讀則爲儵，予羽脩脩。今增儵字；呰開口讀則爲些，今增些字。若此者亦不能悉數，而經籍亂焉，有穎悟之士能因漢魏之音，上取諧聲之義，下證方俗之語，參觀《廣韵》得失之由，則聲音訓詁之學不隊于地矣。同里孫星衍。

————《漢魏音》卷末

説文諧聲譜序

〔清〕張成孫

成孫年十三侍先君子于京師，歲除既息學，先君子于燈前授以《説文解字》，分六書授之，夕課二十字，令背誦而默寫之。明年負笈于宛平署舍，學以輟，僅得《象形》一卷。是夏先君子捐館舍，成孫南旋。越二年，得先君子所爲《説文諧聲譜》稿二十卷，茫乎不能讀也。年二十二，館于莊氏，見莊寶琛先生，先生索稿閲之，蓋已區定部分，又爲五論以發其凡矣，特前後牾牾，竄乙雜揉，又其説散見，搜輯未竟，先生曰：“子曷成之？”成孫謝不敏，先生示以大要，心竊志焉。已而奔走衣食，僕僕不遑，羈旅無伏案之功，行篋少稽咨之册，忽忽至今，始克屬稿。蓋出于先君子者半，出于成孫者半，卷弟篇例多所增易，已非舊觀，遂不敢冒先君子之名，弟名之曰《諧聲譜》，冀他日合六書而譜之，以從先君子命讀許書之意焉。序之曰：

自唐虞迄乎周末數千百年，而詩歌以及謠諺韵悉不異，説者謂古無韵學，其信然乎？古者八歲入小學，即授之以六書，三曰形聲，即諧聲也。諧聲之字，類以所從之字爲聲，所謂江河是也；有省其文而從其聲者，窮宫是也；有從其字而不必從其聲者，庸鼓是也；有從其字而聲反從省文者，逢作是也；有數省不見其文而反從其聲者，進家是也；有從兩聲者，雅是也；有從兩字得聲者，螫、竊是也；有互從得聲者，冬終歆豈是也；有篆古或文異聲者，餘錫份彬嬰飾釬健是也。聲相諧則韵相從，亦有聲從乎此而轉諧乎彼者，憲舌是也；有互相諧合者，漢求是也。大氏聲寓乎文之中，其義至密，書同文，故聲同諧，聲得其諧，何有乎韵，故未有知《詩》而不知韵者。保氏之學既廢，字學息而韵學晦，韵書作而古韵不可得矣。韵書盛于齊梁，而存于今者惟《廣韵》爲最先，然其二百六部亦沿乎齊梁之舊，以之證古，絶不可通。四聲之説，當時趣之，周捨嘗舉“天子聖哲”以曉梁武帝，而不知古無所謂四聲也。長言則平，短言則上，重言則去，急言則入。平爲聲之收，上去入爲聲之引。至于繁縟促節，亦或以上去爲收，又或以入爲收，故四聲恒錯雜相諧，去入又或自爲諧而已。法既寖廢，乃欲以脣吻一四方之音，求千載以上，宜其如欲觀江海而航乎斷潢，欲步康莊而馳乎絶壁也。南宋吴棫始言古韵，未得其門；鄭庠分古韵爲六部，曰東支魚真蕭侵，疏舛無足言者。

國朝崑山顧炎武定《廣韵》二百六部爲十，曰東支魚真蕭歌陽庚蒸侵，而分入聲爲四：質術櫛物迄月没曷末點鎋屑薛麥昔錫職德配支，藥鐸陌配魚，屋沃燭覺配蕭，緝合盍葉怗洽狎業乏配侵，其説雖未能密，而大致包舉，後之説者莫能外焉。迨乎婺源江永，真分出元，蕭分出尤，侵分出覃，得十三部，而魚之侯并入尤，分入聲爲七，麥昔錫職德配支，質術櫛物迄没配真，月曷末點鎋屑薛配元，緝配侵，屋沃燭覺配尤，合盍葉怗洽狎業乏配覃，藥鐸陌配魚。金壇段玉裁又分之脂支爲三，諄真爲二，侯別出爲一，是謂十七部，而分入聲爲八，職德配之，屋沃燭覺配尤，藥鐸配魚，緝葉怗配侵，合盍洽狎業乏配覃，質櫛屑配真，術物迄月没曷末點鎋薛配脂，陌麥昔錫配支，于是古韻略備矣。先君子曰：冬一部也，泰一部也，緝一部也，冬有平去而無去入，泰緝有去入而無平上，緝于《詩》并無去，當得二十部，而入聲分配則以正紐、反紐爲準，正紐不韻而反紐韻焉，故泰緝而外韻入者，脂支之尤蕭侯魚而已。曲阜孔廣森爲《詩聲類》，于段氏十七部東別出冬，合真諄爲一，以麥錫入支，質術櫛物迄月没曷末點鎋屑薛入脂，鐸陌昔入魚，屋燭入侯沃入幽，覺藥入宵，職德入之，合盍緝葉怗洽狎業乏別爲一部，凡十八部，而分陽聲、陰聲以爲樞轉，其于入聲視段爲審，出冬出合並，與先君子之意同，其并諄真同江氏則未善也。近人歙江有誥復于孔增三部爲二十一部，其分真文爲二、脂祭爲二則是也，其分葉緝爲二則非也，蓋《詩》所見者二十字皆轉輾相韻，無庸析也。諸家皆以《廣韻》標目，其不合者割裂分之，是取其虛目也。孔雖自建類首，而類中復以《廣韻》爲分，亦自繁其文也。

　今之讀二百六部者少矣，求之于古既不合，以示于今則未曉，而徒牽引之、分割之，甚無謂也。今故舉而空之，以《詩》求韻，佐以《易》《屈》，以韻別部，以部類聲，以聲諧《説文》之字而已，音切之説概不取焉。《詩》之于韻最爲明著，分之以二十部而條理秩然，《易》則冬東通用矣，清真通用矣，之幽通用矣，《屈》則文元又通用矣，真文元寒又通用矣，此蓋聲音之轉隨時變易，有必如此而後諧者。要其出入甚微，大致絶不謬也。《尚書·洪範》唐庚相通，漢人則陽唐庚耕清青大都雜用，今且陽唐部字多轉入庚矣。《老子》東陽相通，後且江陽合矣。魚韻之字，漢晋嘗讀如歌，後且轉入麻矣。由是言之，聲與時變，豈能强同！叶韻固不可通，本音亦殊難言也。夫不求其遞變之異，不能得其不變之原，猶之升堂入室，必循階而由户也；不考乎不變之原，不能知其遞變之異，猶之爲員爲方，必持規而則矩也。故以《詩》《易》《屈》之韻討其原，以漢以前之韻窮其變，而攝之以《説文》。《説文》之字萬有奇，經古用者十不逮四，而諧其聲以次之，若宜符節，許氏之學所以精且確也。然古人之韻亦有不入部者，不知者乃以爲方音，或以爲非韻，或以爲學古之誤，惟段氏合韻之説最爲有見，今故即以異平同入而推廣之，以驗古韻之出入。

蓋詩歌之爲道也，必諧乎節奏，節奏有變，遂遁而之他。遁而之他，遂諧乎他部之字，然所遁之部必與所用之部有關合焉，否則紊亂而節不諧矣。今其節已不可知，節不可知而理自可推也。譬之于今，按部曲而求其聲之和，固不能一一繩以今之韵，而其所出入，未嘗不可審以今音之轉變也。合韵亦由是也，故言古韵者分之不嫌密，合之不嫌廣，惟分之密，其合之也脉絡分明，不至因一字而疑各韵可通，亦不至因各韵而疑一字之不可通矣。然所分所合亦未敢妄臆，必資考證以明之，疑則闕焉。乃輯《毛詩》《易翼》《屈平》之韵爲三卷，由是以《詩》中先出字建首，絲聯繩引之，曰中僮薨林嚴筐縈蓁詵干薧肆揩支皮絲鳩芼虁岨，凡二十部，爲表二十卷。虁部當別出至爲一，凡二十一部，則更密，以部分爲先君子所定，未敢遽易，説詳虁部表後。由是而諧以《説文》之聲，爲譜二十卷。聲之未見于《詩》《易》《屈》者，考以秦以前韵之他見者附焉，又考之以漢人之韵、之讀而附焉，卒不可考者別爲一卷。

譜書以小篆，從許氏也。卷帙既繁，且無以正于不習小篆者，乃復寫以隸書，爲略五卷，冠以先君子所著五論，合之目序凡五十二卷。嗚呼！載籍極博，居稽極難，幸先哲在前已啓窔宧，闡而推之，庶幾事半功倍，非以指摘前人，正以尊信前人也。然以樗昧之資黽勉從事，挂漏不免，牽合奚辭！既未克終承庭訓，莊先生已卒，又不獲質之，誠未知有當于先君子意否也。衷而録之，以正同好者焉耳。

道光十有六年正月，武進張成孫書于山東登州府署齋。

——《諧聲譜》卷五十

武進張氏諧聲譜序

章　鈺

有清以來，言韵學者爲崑山顧先生、婺源江先生、休寧戴先生、曲阜孔先生、金壇段先生、歙縣江先生，皆刊有成書，承學之士得而讀之。高郵王文簡公與武進張皋文先生，亦均以韵學爲同時諸賢推重，王氏韵説僅古音二十一部表，載入《經義述聞》，上虞羅氏近印《高郵王氏遺書》，中有《古韵譜》一種，審爲初稿不全本，海寧王氏爲補一卷，是完本佚矣。皋文先生《易》學諸書全刻，《説文諧聲譜》之名僅見阮文達《儀禮圖序》，長沙王氏《續皇清經解》僅刻皋文子成孫名者九卷，係據臨桂龍氏本，亦非完本也。張氏父子兩代原稿實藏陽湖趙氏天放樓，同年揆初葉君得之，且應君闓大令傳播之約。是書皋文先生撰者分二十卷，題爲《説文諧聲譜》；彦惟廣之者成五十卷，無"説文"二字。其大別爲譜、表、韵、略四類，譜著得聲，表明分部，韵紀其源，略提其要，冠以論表，殿以序例，書名與王文簡同而完備過之。揆初携入舊都，就商寫定之法，適聞東方文化會又收一本，乞徐君森玉鄭重告借。其書不如原稿精整而增益不少，且載阮文達序，謂出彥惟手與否，無從斷定，互勘之次，種種歧出，欲合三本成一本，決非鈔胥所能。吳縣戴君綏之素好六書音韻之學，慨然以寫定自任。名皋文本曰初稿，彥惟本曰稿本，後得借本曰鈔本，以稿本爲主，取兩本之異者加入之，凡凌亂歧出之處悉附案語，一周寒暑乃告竣事，蓋其功較張力臣寫亭林《音學五書》爲鉅，而詳審精密則同之。撲初即以寫本付印，俾免訛誤。沉埋百數十年，卒得津逮後學，足爲張氏父子幸也。二十卷稿全出皋文先生手寫，篆仿金刀，楷躋玉版，徒以行間眉上悉用黃筆，尚未得影照方法，則猶引以爲憾也。鈺廉知本末，爲述其大概如此。當今藏書家競收宋元舊槧，撲初則重老輩稿本及未刊行者，所得以梁溪顧氏撰《讀史方輿紀要》清本、歸安嚴氏輯《全三代至先唐文》底本兩種爲鉅。顧稿中附同時人籤訂及龍刻本所未删，嚴稿皆鐵橋手録，校粵刻本必有佳處，《諧聲譜》乃其一也，特附記之，以見撲初胸有鑒裁，汲汲以延古人慧命爲事，此其嚆矢也。

歲在閼逢閹茂仲秋之月，長洲章鈺序。

——《諧聲譜》卷首

增廣英字指南自序

〔清〕楊　勳

勳自幼未嘗學問，年十五遭兵燹，隨先君游滬瀆，旋聞馮景亭先太夫子在滬城議設廣方言館，取士肄業中西兩學，竊願樂觀其成。甲子夏，受知於應敏齋夫子，負笈入館，從美國林樂知夫子指授併法，究音入微，莫可以華言喻。是年秋，復受知於丁雨生夫子，館中諸事未盡善者，整頓之。復延嶺南黃平甫夫子爲西教習，博採中外書籍，令各揣摩，且諭之曰："今國家延師設館，教養諸生，凡以培人才、端士習而期於有用耳，然其大要以西學爲首務。當諸生之入館也，八股文藝已各可觀。今後月試中學，其以策論爲正課，詩賦爲小課，暇仍講肄經史，俾古今利弊得失了然於胸，不較時文爲有用耶！諸生其勉旃！"勳唯唯。歲乙丑，蘇垣恢復。馮太夫子既旋里門，丁夫子復巡撫吳中，離館稍遠。數年之間，雖得黃夫子循循善誘，遍授英國文學、地學、格物、算術諸藝，而館規日廢，識者慨焉。勳質素鈍，體素弱，日應館課，夜習西藝，恒非四更不寐。苦心研究，因至吐紅減食，形日羸瘠，顧以父師期勳，不敢輟也。雖中西兩學試侪前列，例得赴選都門，祗以先君春秋高，雖健飯，年近六旬，未敢遠遊，且訓之曰："遇合，命也。汝但當益勵所學耳。"有欲偕勳出遊者，皆不許。命歸閉戶讀書，顏其室曰"求志草堂"。

序跋／經部

401

勳謹受命，適志琴書，承歡菽水，晏如也，然踵門問字者，數年之內，不下三四百人。歲壬申，輯《中英萬言集》既成，爲從學者競相傳鈔，原稿遺失。癸酉復輯《併法舉隅》，列淺說諸訣各八則，選西字一千九百六十三言。稿甫脫，又爲日本領事品川忠道索觀，久未見歸。篋中殘稿僅存十之三四而已，屢擬補輯，值雙親相繼見背，遂不果。丁丑夏，同里盛君杏蓀試辦鄂中礦務，邀同行。公事多暇，爰檢曩稿，博選西書，蒐羅數千言。嗣又以其繁重，復由博返約，得一千一百三十字。分爲併法七部，辨氣音，別聲韻，列淺說十二則，諸訣十則，以江浙兩省通用字音逐字詳注，另列音氣注釋分注之，附書法三昧爲第一、第二兩卷；又以日用所需要字若干言，分類羅列爲分類字學兩集，及貿易須知、通商要語各一集，爲三、四、五、六四卷，共六卷，顏之曰《英字指南》，將以爲課字計，非敢出而問世也。盛君杏蓀、李君秋亭、余君翊齋、李君洛才、史君冠千、張君叔和、曹君頌周、趙君藹士、張君敬甫、李君春泉、吳君少山、忻君子懷、王君懷三、席君正甫見而美之，慨然解囊，勸資剞劂，且爲撰序弁諸首。勳竊未信，而諸君獎掖之意又未敢負也。涂君子巢從事美華書館，慫恿擺印。書成，爰叙數語於簡端。

　　光緒五年歲次己卯季冬中瀚，陽湖楊勳少坪甫識於歇浦旅次。

——《增廣英字指南》卷首

朱隽 童心 編纂

常州文編

下

廣陵書社

通鑑綱目集覽正誤序

〔明〕楊士奇

朱文公因司馬文正《資治通鑑》作《綱目》五十九卷，大書爲綱，分注爲目。其書則孔子作《春秋》之義，以正人心、植世教，有助於治道者也。分注既詳，而其言與事或出於深僻，有非淺鮮所能遽通。昔王行卿嘗著《集覽》以便學者，其意善矣，然其間不無《文選》蹲鴟之陋。亡友右春坊贊善陳濟伯載爲正其謬誤四百餘事，輯爲二卷，名曰《集覽正誤》。伯載學博識端，於此書致力勤而歷年多，考據精切，殆無餘憾，有助於《綱目》者也。其書故藏予家，近陪太師英國公在史館，間論及《綱目》書，公蓋深嘆《集覽》之誤，因出伯載所著，公閲而是之，曰宜廣其傳，遂取梓行之。嗟乎！《綱目》有關治道之書也，伯載此編誠不可無者。太師公勛德大臣，好賢重儒之有素，而圖其不泯，所存厚矣。士君子有志尊主庇民之道而欲稽古以擴充焉者，是編豈小補之哉！故爲序諸簡首。

宣德四年歲次己酉五月甲子，榮禄大夫、少傅、兵部尚書兼華蓋殿大學士廬陵楊士奇序。

——《通鑑綱目集覽正誤》卷首

綱目集覽正誤序

〔明〕陳　濟

按《資治通鑑》全書二百九十四卷，惟胡三省音注優於諸家，第篇帙浩繁，人不易致，故學者多讀《綱目》。王行卿《集覽》爲《綱目》而作，是以盛行於世，惜其草率欠精，繆戾爲多，如三家文若元表政君之類，有誤初學非淺。蚤歲閲習，見有未當，輒用他書考正，無慮四百餘條，間有標舉而無注者，闕其所不知，固無足議，亦爲逐一考補，久而成編，至今三十年矣。謂夫摭前人之短，非謹厚者所爲，藏諸巾衍，不以示人，歷年既久，重加修改，義有所疑，旁質同志，索稿觀之，時見與可，力勸梓行，亦不之許。自念少好史學，頗嘗究心，每見《集覽》於《綱目》不易曉處，當釋而不釋者尚多，甚欲別爲一書，通載詳注，而力衰目昏，不能着筆，深爲殁齒之恨。猶慮一旦溘先朝露，姑掇舊稿，大字净書，以遺兒輩習之，非有隱於人，楚齊失得，徒貽當世譏議云耳。

永樂壬寅正月上日，識于北京寓舍。

——《通鑑綱目集覽正誤》卷首

甲子會紀序

〔明〕許　毅

今夫學者考信六藝，博極群書，豈不誠多識君子哉！然古今變化無窮，天地循環不爽，自非察微知著、原始要終，斯亦曲士之趣耳。予覽方山薛子所編《甲子會紀》，其殆洞觀天人之運而有補於經世之猷者乎！薛子本豪傑之士，夙禀異資，於書無所不讀。中年歸臥山中，俯仰玄黃，錯綜今古，謂黃帝以上世既遼廓，事亦茫渺，遵仲尼之訓，不以立論。乃博觀諸儒異同之説而折衷於《皇極經世》一書，其編年唯以甲子爲準，斷自黃帝八年，以迄于今，凡爲甲子七十有一，虛其後以待萬世，又於甲子之下各繫以人事大端。自今觀之，世代迭運，雖遠近不同，其間主德之醇疵，相道之修廢，政事之得失，制度之繁簡，君子小人之進退，中國夷狄之盛衰，分見於六十年者，既舉目可見，即見於四千三百年之間者，亦不待遍歷群史而居然在吾掌上矣。由博以歸約，彰往而察來，何其簡要也歟！嘗謂仲尼論損益之道，曰百世可知。而孟子繼之，曰："天下之生久矣，一治一亂。"蓋鼎革相承，剥復通禪，譬之寒暑然，此理自伏羲已發，及黃帝作甲子，于是稽天之學萬世遂不可易。仲尼繫《易》以辭，而孟子善體之，淵乎深矣。漢唐以下諸説紛紜，大抵虛玄穿鑿，不可爲準。康節窮盡造化之理而總以元會運世之數，誠亦根本《易》理，初無二致。薛子此編，總列甲子，則天運既昭而遠有可稽；下注人事，則物類畢彰而近有足證。即往古以驗斯今，由一世以觀萬世，其損益治亂之迹既可具知，而循環迭運之機、起敝亨屯之妙又有不待言而顯者，是蓋不悖於孔孟之旨，而實輔《皇極經世》書以行，薛子之學於是乎得其大矣。薛子素有遠略，第危言抗俗，直道忤時，不盡其用，每以獨得之見筆之於書，以詔後世，而此固其要者。昔人謂文章者，經國之大業，不朽之盛事，年壽有時而盡，榮樂止乎其身，未若文章之無窮也。然則薛子此編，其殆不朽之業也夫！予於薛子，幸忝同進，顧淺陋拘虛，每承高論，無所闡發，茲辱授簡，不能多遜。謹叙其述作之概，以俟經世者考焉。

嘉靖己未秋七月既望，南京太常寺少卿、江西提督學校僉事上元石城許毅撰。

——《甲子會紀》卷首

宋元通鑑自序

〔明〕薛應旂

　　旂少讀二十一史，苦其浩瀚，既取荀悅、袁宏前後《漢紀》，范祖禹《唐鑒》、歐陽修《五代史》讀之，各成一書，咸可法戒，然會而觀之，猶若未備。及讀司馬光《資治通鑑》，上起戰國，下終五代，先後貫穿，而一千三百六十二年之事迹，燦若指掌矣。自宋以下，雖有李燾之《長編》，劉時舉、陳桱之《續編》，而紀載失次，筆削未當，仍爲缺典。于時不自揆量，妄意删述，以紹司馬氏之事，而馳騖場屋，勉就聲律，將作復止。既而奔走仕途，每携宋、遼、金、元四史以行，而簿書碌碌，竟未遑也。乃後視學浙中，校士之暇，雖嘗編次，未有專功。歲丙辰，自鄜延放歸，居閑無事，得以研精竭慮，熟復四史，於凡宋元名人文籍、家記、野史，罔不抉摘幽隱，究悉顛末，日夜手書，五六年間積草綴稿，堆几盈篋。暮年衰力，旋覺倦勤，幾於棄置，值王兵使道行、朱郡守袗遣書史謄出，旂乃復爲删潤，可疑可信，校計毫釐，如是者又四五年乃始就緒。追惟司馬氏振古鉅儒，又助以劉恕、范祖禹、趙君錫之博雅，歷十九年而其書始成，猶謂中間牴牾，不敢自保。矧旂孤陋獨學，無朋可以語此也哉！但旂平生迂愚，不敢隨人談笑。蘇洵氏謂經以道法勝，史以事詞勝，而世儒相沿，動謂經以載道，史以載事，不知道見於事，事寓乎道，經亦載事，史亦載道，要之不可以殊觀也。故旂於是編，凡有關於身心性命之微，禮樂刑政之大，奸良邪正之辨，治亂安危之機，灾祥休咎之徵，可以爲法，可以爲戒者，皆直書備録，其義自見，君臣士庶咸可鑒觀，隨其所居，各求盡分，匪直可以資治而已。至論其大可鑒戒者，則宋初立國，君子、小人并用，而君子多至擯斥，小人多至顯融。迨建中、靖康間，曾、蔡之徒更迭爲相，而南渡以後則汪、黃、秦、湯、韓、史、賈諸人相繼擅權，内小人，外君子，遂致善類銷亡而士人無賴，陳亮所謂舉國之人皆風痺不知痛癢，竟忘君父之大讎，以是遼金雖滅，元遂起而乘之，而宋因以亡。王通氏有言曰："戎狄之德，黎民懷之，三才其捨諸！"噫！此元之所以有天下而中國盡爲夷狄也。既而天心厭亂，篤生我太祖高皇帝，驅元漠北，復我中夏，然聖度涵宏，上契天心，下究時事，不以滅宋爲元忽必烈之罪，而曰天命真人於沙漠。即位之明年，遂詔修《元史》，仰窺淵睿，豈但曰"國可滅，史不可滅"，亦以見元之亂華皆本於宋之用匪其人所致，而千萬世之永鑒，莫有大於是也。故旂於宋元之際，蓋重有感焉，而參附遼金，以爲是編，誠有不能自已者矣。及觀元儒揭傒斯有言曰："修史在於得人，有學問文章而不知史事者，不可與；有學問文章知史事而心術不正者，不可與。"旂俯思蚤歲，涉獵子史則溺意詞章，依傍經典則高談性命，俱無裨實用。晚雖稍知反約，庶幾會歸于一，而不能附麗，未及一二見諸行事，竟罹沮尼。邇幸泰道旋復，優游於學稼灌園之暇，而無所用心。冉冉老矣，不忍以貌焉之身，終爲天地間之贅物，以負覆載生成之德，且回視宋元世代不遠，人情物態大都相類。《書》曰："我不可不監于有夏，亦不可不監于有殷。"宋元固今之夏殷也，所宜爲監者，蓋莫切於此矣，是用黽勉以畢初志。其於學問文章知史事雖未可妄議，而心術則不敢不正，但一得之愚，上下於宋元四百八十二年之間，成茲一百五十七卷之書，僭逾之罪知不能免矣。倘假我數年，尚當再加參校，獻之闕下，以舒芹曝之忱。茲懼率易，姑以藏之家塾，未敢上瀆也。

皇明嘉靖丙寅十二月朔旦，前浙江按察司提學副使武進薛應旂序。

——《宋元通鑑》卷首

憲章録自序

〔明〕薛應旂

夫《書》監成憲，《詩》率舊章，豈其爲訓若是之拘繫哉！實以隆古盛時，其君臣之交修以圖至治者，皆由此道，而事不師古者鮮克永世也。昔仲尼適周，不獲一見天子，歷聘列國，干七十餘君，不用。於是退老於洙泗之上，從游之士蓋三千焉，皆盡一世之英賢，相與論述三才，表章六籍，以爲明體之學，而其最適於用者，則因魯史以作《春秋》，而褒貶賞罰者無非當世之實事。于以定百王之法，于以立萬世之防，蓋皆自其憲章文武者推之也。故一則曰吾從周，二則曰吾從周，其東周之志、周公之夢雖不獲見之施行，而端倪已可概見矣。然猶自嘆曰："與其托諸空言，不若見諸行事之深切著明也。"其惓惓愛君體國之心，曷嘗一日自已哉！旂不類，雖少知誦法孔子，而生於二千一百餘年之後，固不及揖讓於顏、曾、閔、冉之列，且不及如互鄉闕黨，猶得以望見於門墙。然而一念天假之靈，則終不能泯没。故自鼓篋以至入仕，凡我昭代之成憲典章，或紀載於館閣，或傳報於邸舍，見輒手録，歷有歲年，幾於充棟，妄意當可爲之際，或可以備參考。竟以迂愚牴牾當路，歸卧窮山，而平生之欲監觀率由，將摛酌以見之獻納者，遂置爲虛器，恒竊悲之。邇來見《通紀》仿編年而蕪鄙，《吾學編》效紀傳而斷落，遂不辭衰憊，盡出舊所録者，摘什一於千百，彙爲斯編，與經世者共之，題曰《憲章録》者，竊附於從周之義也。倘假我數年，再加删潤，當獻之君相。值茲不諱之朝，用效涓埃之報，庶少禆法祖之一助。茲懼僭妄，聊以質之同志云。

萬曆元年春正月人日，賜進士中憲大夫、陝西按察司副使、奉詔致仕、前提督浙江學校臣薛應旂謹序。

——《憲章録》卷首

兩朝憲章録序

〔明〕陳登雲

《兩朝憲章》者，光吳學訓纂世、穆兩朝之鴻懿而紀載之者也。憲章而止于兩朝者，先臣薛應旂曾輯九廟之盛軌，而兹特似續之者也。夫吳子殫心畢力，纘摩成篇，即條分縷析，綱舉目張，然亦稗官小乘耳，未得附章中秘，奉帙楓宸，烏得以“憲章”名也！語有之，貢曝獻芹，一念之忠也，吳子之志良足嘉已。且世之以纂述自號者，其弊多端：一則挾郤而多誣，其著人非能稱公平，徒寄雌黃云耳；一則輕聽而多舛，其生長閭閻間，不能度越耳目謬聞而遂述之；一則好怪而多誕，或創爲奇異，以媚人之好，不覈而遂書之。是數者尚不足以稱野史，推一家言，而況可以爲昭代之實録，備億祀之型範哉！吳子識見精核，點畫嚴正，于二聖之欽天法祖者録焉，于憂國恤民者録焉，于安內攘外者録焉，于興化致治者録焉，于察奸剔弊者録焉，至于元勛碩輔、哲士藎臣獻可替否、忯悃效能者，罔不羅縷，是我國家之神聖繼芳，後先彪炳，一展卷而章明可憲矣。且明興重熙累洽之運，沿及肅皇帝應籙中興，焕然鼎革，鴻功駿烈卓邁千古，而穆皇帝含靈體睿，天縱自然，益紹序而闡揚之，其二聖之弛張百爲，卷舒萬化，誠盛世之鉅觀而太平之令緒也，非我朝之絶勝殊尤者哉！吳子之《憲章録》，殆商之頌美中宗、周之揚勵宣王者矣，其意不亦深遠乎！方今聖明在上，紹履慶基，恢弘大業，敬守祖宗之法，明習天下之務，兹録倘得進黼座，備睿覽焉，未必不爲纂緒承庥之小補云。

時萬曆癸巳孟冬穀旦，奉敕巡按河南監察御史陳登雲撰。

——《兩朝憲章録》卷首

兩朝憲章録序

〔明〕李時華

自古御宇宰治，自創業而下，所稱英誼躬上聖而躋上理者，曷嘗不皇皇以法祖爲先圖哉！仲尼稱祖述堯舜矣，而尤憲章文武。至於《書》載呂刑，《詩》歌雲漢，其於穆、宣二代紀述尤詳。豈不以世彌近則憲法彌章，代彌親則景慕彌切，非所稱法後王者便歟！我國家聖德神功，藏之金匱石室者，自洪武迄正德九朝，有先臣薛應旂輯爲《憲章》一録，昭布宇內，固已識大識小，于今爲烈。而自時厥後，躬邁顯爍，獨以明主在御，不敢遽事纂組，彼豈不以代復一代，暨千百祀，必有因時而似續之者！惟我國家聖祖開天，列聖承符，至世、穆兩廟，不曰中興盛軌哉！肅皇帝涵毓百靈，龍飛江漢，入踐大統，恢擴千古之精神，振刷八荒之塵滓。一時聖君察相勵精圖理，舉積頹之弊竇一洗而更塞之，還聖祖之大經而善當時之繼述，聿成維新之治，颿颿乎真咸五登三,而陋漢唐宋於下風矣。此其天挺神哲,綦隆之盛,百世無兩,而穆皇帝達孝纘緒,端拱雍熙,臨御止六祀,而默植厚培,以衍太和無疆之庥,益稱繼體守文令主,是聖作明述踵美後先,鴻猷懿矩彪炳兩朝,誠後皇之楷範、百代之儀刑也。顧維《憲章》缺焉未載,此學士大夫矞矞焉思欲殫力編摩,期以畢著昭代之大典,不容已也。臣奉命巡察兩河,適光州訓導臣吳瑞登以其所續《兩朝憲章錄》來呈。臣案牘之暇,莊誦其大概,正以續應旂之所未備,前後五十一年,凡二聖中興偉烈、嗣服鴻圖,綱舉目張,支分臚列。諦而玩之,有敬天法祖之精,有宵旰憂勤之實,有更化善治之大,有螫奸祛弊之詳,有安內攘外之略。與夫一時元宰之論思、才臣之擘畫、藎士之忠規,莫不丕昭景鑠,巨細靡遺,一展卷間,藉令以今日之心仰會二聖之心,以今日之治作求二聖之治。則是錄也,所以繼天立極之心、圖幾誕布之治,悉章章可憲也,所裨于嗣服繩武,非淺渺矣。經生學士即不能窺中秘、繪天工,得是書而存之,不可爲觀光揚烈之一助乎!可傳已,敬以弁其端。

時萬曆甲午孟夏吉旦,奉敕巡按河南監察御史李時華撰。

——《兩朝憲章錄》卷首

讀通鑑綱目條記序

〔清〕洪亮吉

蓋自涑水鑒古,修一十六代之長編;紫陽踵事,纘二百冊年之筆削,承學之士仰如日星矣。昔劉永濟采戰國以下,習鑿齒紀漢晉之間,姚康《統史》托始開闢,柳璨《長曆》斷自紀元,此溫公之嚆矢也。譙允元、蕭穎士則排抑馬紀,師放孔公,裴光庭、司馬寅請天子修經,諸臣作傳,出汲郡之竹書,續河汾之偽史,此又朱子之椎輪也。夫三千餘年之紀,通之實難;四十一家之錄,存者蓋寡。而《古史》書"秦殺大夫",《晉紀》書"葬我皇帝",皆以貌同心異,取誚《史通》。侏儒一節,其餘可知。文是質非,稍趨輒蹶,理固然也。《綱目》之作,方之偉矣,然明月之珠不能無纇,夜光之璧不能無瑕,雖一字之成皆非苟然,而其間牴牾往往而有。漢唐立子,前後殊辭,莽操竊官,彼此異罰。薨卒混尊卑之等列,討擊乖服畔之恒經。此編次猥繁,勘會之難也。地名狄道,乃誤狄爲秋;泓因敗死,乃訛敗成貶。弒殺以形同致混,解戒以音近而訛,此又刊寫失真,校別之難也。夫揚榷往章,貴盡懷抱;尚友前哲,奚取誨佞!吳廷珍《糾繆》《纂誤》之作,劉子玄《疑經》《惑古》諸篇,斯亦尚論之典要、此書之前驅矣。至于搜覽所周,旁及注家,揮斥苹、衡,嗤點炫、焯,地志天官,朝典家乘,遺章斷句,靡不綜究,則又圓靈曜夜,有孔必照;神犀在渚,無微不呈者也。方當國家之隆,懷瑰負異、發揮文章者絶特前古,二三君子希風作者。若杭氏之《然疑》,王氏之《商榷》,錢氏之《考異》,趙氏之《札記》,莫不家握靈蛇,人探禹穴。吾子挾斐然之志,騁追風之足,將見俯軼流軫,仰範昔軌,以此歷石渠,上承明,誦汾河之委策,探崇山之墜簡,大雅宏達,微吾子其誰與歸!

舊史氏同里洪亮吉撰。

——《讀通鑑綱目條記》卷首

西史綱目序

〔清〕張鶴齡

余識周君雪樵蓋十餘年矣,其始亦等夷相遇,顧踪迹亦不常合并。歲己亥,與雪樵相值舟次,抵掌而談,始窺蘊蓄,知方從事於經世之學。其識趣高遠,異乎時流,竊爲之心折不置。今年夏,雪樵來自吳門,辱相過從。以時事之日亟,而鄉黨故人聞見鄙僿,爰設經世學社,招邀同志,講求有用之學,爲風氣先,誠要舉也。社初集,雪樵手一編見示,則其所著《西史綱目》之上古史也。是編也,余前歲在上海嘗獲見一二册,又嘗稔聞雪樵自述體例,今得快讀焉。其餉遺同社之盛心,可不謂至歟!余惟西國史家之言,至今日而燦然大備,獨其上古史,則半出教門之附會,其支離荒誕甚於我中國盤古三皇之言,雖以彼中士夫,猶不免拘於舊説,疑以傳疑。雪樵淘汰澄澈,務存要領,斯不惟搴采之勤博,抑可謂通識知遠者矣。綱目褒貶之例,托始《春秋》,然當時游夏之徒不能贊一辭。孔子所述以傳聞世爲始,其甚遠者,不能以褒貶治也。雪樵仿《綱目》之法,遠論上古,議者曰:“雪樵之志荒矣。”雖然,自歐西學術大明,人治之道法迭經研究,而公理以呈,所謂“由之則治,違之則亂”者,朗然如揭日月而行。彼西國上古事迹,誠泛濫不能得其詳,然其所以治亂之道,則無古無今,等百王而莫能外也。雪樵之所論定,於彼時情實符合與否,誠未知其若何。若其陳義樹解,持之有故,而言之成理,試質之彼中近世邃學通儒,吾知其鼜然有當於心也。夫權衡者,因物之輕重而起,非權衡能輕重是物也;論議者,因事之是非而著,非論議能是非此事也。何也?輕重是非固有公理在也。然而公理未著之世,其所謂輕重是非者,有名譽權力之憑藉,輒得以私見定之,而天下之耳目心思,胥受其先人之錮蔽而莫之能破。此吾所以攬中國三千年一統之史,悁悁而悲者也。余聞日本近譯西史甚備,當尚有關係要害、足補闕略者,雪樵盍益廣求之?

光緒二十七年歲在重光赤奮若之且月,張鶴齡小浦氏拜序。

——《西史綱目》卷首

皇朝武功紀盛序

〔清〕盧文弨

本朝用師之盛，如疾雷之破山，驚風之卷籜，當之者無不靡碎殲滅，曠古以來，罕有倫比。世祖定鼎之初，蕩流寇而除小腆，出斯民水火之中，登之衽席之上，雖草野傳述不詳，猶可於《明史》中得窺見一二崖略焉。聖祖、世宗咸以英明神武之姿，端拱指揮，凡叛逆者罔有不誅，侵犯者罔有不創。傳至我皇，綏靖海內，益務休養，本未嘗有開邊拓境、觀兵耀武之意，而乃有蠢然自外於王化者，誠不得已而應之。紀律明，賞罰必，發踪指使，人百其勇，所至率冰解的破，覬揚之烈，實美於列聖焉。自來武功告成，咸有方略紀載，而郡國人士多願見而不可得。今皇上頒發《四庫全書》於江浙，學者得以縱覽，而方略亦在其中。欲知昭代武功之盛，幸於此得見其全，而不致惑於傳聞之誤。顧卷帙浩繁，逾旬朔閱之猶未能遍也。陽湖趙觀察雲崧，夙具史才，起家中書舍人，入直軍機房，旋以高第登館閣。緬甸之役，奉命赴滇參軍中幕畫，既又敺歷封疆。解官後，大臣之剿臺灣者，猶強挽之與俱。其素來既博徵典故，隨事紀載，而近事尤親得之見聞。頃來掌教揚州，《四庫全書》之頒也，其郡當謹藏於行宮內之文匯閣，一切整齊次比，實與其事。故自聖祖之平定三逆，以暨今上臺灣之役，凡夫歲年月日以及山川道里，與夫在事諸臣之功過，得所徵信，一一皆有據依。於是以四卷之書括之，其事則詳，其文則約，其顛末曲折無不朗若列眉，使人一見之，而驚嘆神謨廟算爲黃帝以來所未有。向者見群臣所上賦頌，雖皆揚厲偉烈豐功之盛，究未若斯編爲能洞悉事之原委，因得仰窺列聖之明睿果斷、智炳幾先而神周萬里者，一一彪炳於楮墨間，若揭日月而行，誠足以昭示無極也。夫善叙事者，莫過於馬、班，要在舉其綱領，而於糾紛蟠錯之處，自無不條理秩如。今是編也，馭繁以簡，舉重若輕，深得《史》《漢》之義法，而尤有不可及者，其於兵勢地形之利害，言之悉中窾要。是不獨史才，且將才也。徒弄三寸毛錐子者，能如是乎！至若緬逆之難，明將軍瑞盡節而死，人知之，而其功則未有言之者，得是編爲表章，明將軍不死矣。異日修國史者，其必考信於是。

乾隆五十七年九月，日講起居注官、翰林院侍讀學士餘姚盧文弨謹序。

——《皇朝武功紀盛》卷首

皇朝武功紀盛自序

〔清〕趙　翼

欽惟我國家武功之盛度越千古，然勒勛紀績，藏在冊府，天下無由盡知。如薩爾滸山之戰，太祖高皇帝以數千人破明兵二十萬於五日之間，此事爲亙古未有，至今百八十餘年，學士大夫已罕有能頌述者。我皇上御筆書事，刻入御製文集中，宣示天下，而後共知神功聖烈之巍巍，即漢光武之戰昆陽、金太祖之戰護步塔岡，舉不足道也。迨定鼎中原後，聖祖仁皇帝平三逆，所以安內；平朔漠，所以攘外。億萬年久安長治之業實定於此，亦以歷年久遠，莫能得其詳。至我皇上平準夷回部，拓地幾二萬里，掃北漠而中原之，尤非漢戊己校尉、唐四鎮北庭所可同日語。兩金川地雖小，而山險路阻，攻討倍苦，功績亦倍奇。以及臺灣之役，度兵於重溟之外，不逾時而奏凱。此固皆近事，在人耳目間，然僅從邸報中略識始事終事之大概，而於戡亂討逆之聖心，決機制勝之睿略，均未能縷悉也。幸皇上頒發《四庫全書》於江浙之文匯、文宗、文瀾三閣，內有前數件《方略》共四百六十四卷，備載用兵始末，俾留心掌故之士皆得叩閣而伏讀之，仰見聖主表揚先烈、訓勵詰戎、垂示無極至意。第卷帙繁多，詣閣來者一時難於遍閱，臣幸與文匯裝訂之役，敬謹尋繹於聖祖之平三逆、平朔漠，既得推究原委，而我皇上平準夷回部時臣正直軍機，繕寫諭旨，鈔錄奏摺，一切皆得與知。其後從征緬甸，又身在行間。已而將軍臣溫福、阿桂自滇赴蜀討兩金川，道經臣貴西官舍，論兵事，夜分乃別。黔蜀接壤，軍中聲息旦夕得聞。臺灣之役，臣又爲督臣李侍堯延入幕府，首尾一年餘，始終其事，故於此數次用兵見聞較切。征緬時曾即軍中粗有記述，餘未及隨時載筆也。歸田後擬一一追敘，而閱時已久，年月件繁，記憶不無稍訛，今得方略以證前事，益覺歷歷如繪。用不揣冒昧，節繁撮要，各爲述略一篇，總名曰《皇朝武功紀盛》，使觀者易於披覽，即不能詣閣讀《四庫》書者，亦皆曉然於我朝功烈之隆焉。夫鋪張鴻庥，揚厲偉績，臣子職也。臣舊史官也，推皇上宣示天下之意而演述之，庶不蹈僭妄之罪。所愧文筆弇陋，無以發揚萬一，實不勝愧汗云。

乾隆五十七年壬子二月，原任貴州貴西道、前翰林院編修、內閣中書、軍機處行走臣趙翼謹識。

——《皇朝武功紀盛》卷首

世本輯補自序
〔清〕洪飴孫

飴孫自束髮受經，即好爲氏姓之學。既采補《世本》，越十年，粗畢，乃次而序之曰：

自《世本》亡而《春秋》之旨晦矣，自《世本》亡而史官之法廢矣。夫《春秋》之旨微而顯，志而晦，婉而成章，盡而不污，懲惡而勸善，而《世本》有帝系及紀，以彰五德之運；有譜及世家及傳，以著治忽久暫之故；有居作、氏姓、謚法，以明是非美惡之效。瞶者可勸，瞶者足戒，讀此而《春秋》之旨昭然如揭。然則劉向撰《別錄》、班固志《藝文》，以《世本》次《春秋》後，亦其宜也。夫《世本》何爲而作乎？古者外史之職，奠繫世，辨昭穆，明天子諸侯世及之義，生則著其統，没則定其謚，而諸侯之史亦得有簡牘以進退，卿大夫之族姓、班位、貴賤、能否，列史相承，守而不失，蓋有以彰善癉惡而使之交相警焉，防微杜漸而使之不得争焉。觀乎太史之記崔杼，知果之稱輔氏，周之史法其可推而見矣。夫《春秋》爲編年，《世本》爲紀傳，太史公述《世本》以成《史記》，紀傳不自《史記》始也。自《史記》以後，史家始表古今、表游幸矣，志符瑞、志釋老矣，傳文苑、傳隱逸、傳寒儁、傳鬼神矣，無與乎治亂，無當乎褒貶，争立名目，以相炫異。不知《史記》之意者，是不明《世本》之旨者也；不知《世本》之旨者，皆不明古史之法者也。吾故曰《世本》亡而史官之法廢也。夫能述《世本》者，於漢莫如司馬遷，於吳、晋莫如韋昭、杜預。韋、杜注《國語》《左傳》，其世系并據《世本》，見本書序。今《世本》亡而三家之説猶存，其即以此爲《世本》乎？吾未敢也；其竟以此爲非《世本》乎？吾不忍也。有者據之，無者據三者而補之，加別焉可耳。夫古書存者日鮮，漢唐遺文，學者猶思采録，況《世本》爲三代之書，《春秋》之緒餘，《史記》之所本，不及今而裒集，其將誰竢乎！善乎劉子駿之言曰：“與其過而棄也，毋寧過而存之。”不惜蹈穿鑿之譏，冀以存古人之事，則鄙意存焉。

時嘉慶龍集戊辰祀竈前一日，陽湖洪飴孫序。

———《三國職官表》卷首

世本輯補序

〔清〕趙懷玉

編年始於《春秋》，紀傳創於《史記》，而史之體裁尤莫重於表志。《世本》者，法《春秋》而開《史記》，表志之所緣仿也。或謂劉向撰，或謂宋忠撰，或且以爲出於丘明之手。忠一作衷，漢末五業從事。《漢書·藝文志》注不指何人，第云古史官，記黃帝以來迄春秋時諸侯大夫，其説近之。古書日少，然全帙雖亡，而同時載籍或未盡佚，於此有人焉，不惜歲月之久，搜采以還舊觀，豈非汲古者之快心而承學者之急務乎！此洪子孟慈所以有《世本輯補》之作也。孟慈好學深思，實事求是，敦經悦史，枕葄有年。尤好《世本》之學，自羈貫就塾即留意是書，以司馬子長、韋弘嗣、杜元凱皆能述《世本》，乃先取三家之説補之，次則諸經義疏、諸史論説，以及山經地志、姓纂均書，靡弗殫究，以資援證。越十年而其書乃成，用志可謂勤矣。嗟乎！自黃帝以來降而至於秦火，誠生民後一大變也，非特衣冠禮樂渺不可追，即遺文賸義亦多殘闕失次。士生輓近，往往搔手踟躕，有前不見古人之嘆。故得百近人書，不若得一古人書，從事於諸子百家之言，不若游心於五帝三王之時，猶可想見帝王諸侯之統緒，氏姓、居作之大凡也，《世本》之攸繫，顧不重哉！孟慈尊甫稚存編修，精於地理，編修有《三國疆域志》，孟慈則有《三國職官表》。又嘗為《歷代史目表》，囊括諸史，瞭如指掌，幾不減鄆人萬氏。孟慈通達事理，體用兼優，屢困禮部試，以館勞選授湖北東湖令。之官之日，殷殷過訪，且言趙洪世親，欲申昏姻之好，方期大有措施，乃甫至夷陵，未及一年，遽爾殂謝，傷已。今孟慈子文然奉其遺書乞序，余沉痼餘生，炳燭之明，已無所及。唯念與編修為中表兄弟，孟慈能纘其學，《世本》又所顓門，乃不辭老病，泚筆書之，并使二表附以行世，以存洪氏一家之書。使後之讀者知造物雖靳孟慈循吏於生前，而不能奪其文苑之傳於身後也。

　　嘉慶屠維單閼良月之望，同里趙懷玉力疾序，時年七十有三。

——《三國職官表》卷首

皇明繩武編自序
〔明〕吳瑞登

　　宋臣真德秀深於愛君，恐不能事為之誨也，乃取古帝王可為型世暨叔季可為炯戒者，撮其要約，彙集成編，斷自《大學》之修齊而止，蓋端本正桌之道也，故捧誦者莫不穆然思企，懍然思更，詎非萬古君人者之蓍蔡乎！奈當時不能盡用其術。迄於元運廢墜極矣，我太祖命侍臣書於廡壁，以備朝夕觀覽。世宗又以日逐進講，恐不得精，欲五日一進，不以寒暑廢。及既有所得，乃為《翊學詩》以賜輔臣楊一清等。蓋我朝創業，中興之君罔不以此成治，則德秀之意至是見諸行事矣。臣垂髫時即服膺此書，見大有關係者，輒手錄襲藏，而委瑣稗野者不與焉。顧為舉業所分，不得顓攻肆力。歲丁亥，以貢授光州訓，喜其地僻務閑，課士暇博采其所未經者，刪蕪就實。歷三年許，凡四易稿，稍有次序，付之剞劂氏，蓋曰：“聊以畢吾志耳。”雖然，此非臣所敢擅也。太祖曰：“《大學衍義》甚有益於治道，每披閱便有警省。”故令儒臣日與太子諸王講說，使考古驗今，窮其得失。世宗曰：“《大學衍義》可令直講參以時事，以開朕學。”夫上自天子，下及太子、諸王，皆藉以廣聞見、增勸懲，則臣之續此亦不過推祖宗美意耳。第德秀以古帝王為準，而以時事付焉；臣則以昭代為憲，而以古帝王證焉。首述為治之序，而直以祖宗繼堯舜湯武之統，所以闡揚盛烈也。至於因人隨事，各有分別，蓋亦便於人之模仿耳。自續編一出，必將以臣未嘗盡讀中秘書，不免挂一漏萬，又將以臣非經筵講官，烏得有所僭擬？嗚呼！官有大小，愛君之心一也。況德秀自陶唐以終五季，上下二千七百餘年，所集不過四十餘卷，臣由洪武至隆慶止二百多祀，蓋亦庶乎真德秀所集矣。或者執此以竢補漏，君子將以草創視之，未可知也。嘗聞理學泰山、史學淵藪，即高賢大良若遷、固輩疇當博雅，尤不免於訾議，況區區謭陋末學，似難禁人之齒煩矣。其所以不諒而爲此者，夫亦以卷石勺水自方與！

萬曆二十年壬辰季夏穀旦書。

——《皇明繩武編》卷首

軍興本末紀略序

〔清〕左　智

天下事每僨於無識而誤於苟安，喜事者未可與圖終，畏事者不足與慮始。掉空言而招實禍，漏卮無補於將來；縱小醜以成大憝，貽害莫追於既往。犬羊無厭，百世猶有腥膻；豺虎難馴，四海盡遭荼毒。凡兹利害攸關，實即安危所繫。慨自唉夷構釁，啓外洋輕中國之心；粵匪探丸，開盜賊玩官軍之漸。國家承平日久，民不知兵，文恬武嬉，絕不以弭盜鋤奸爲急務。一旦跳梁竊發，舉國張皇，履霜堅冰，其所由來者久矣。嗚呼！洪、楊諸逆亦群盜耳，初無雄才大略、奇術異能，足以傾動天下，不過游手好閑，慇不畏死，聚衆剽掠，以逞其私。爲民牧者，平時約束無方，遇事緝擒不力，屢逃法網，遂肆猖狂，日益蔓延，所至糜爛。軍書旁午，歲久無功。諺云劫應紅羊，抑亦人心所感召，有以至於如此之極也。論賊之勢，自粵入楚，越衡湘，犯長沙，跨洞庭，襲岳州，破武昌，陷安慶，順流而下，直搗金陵，以窺江浙。其勢不可遏，其鋒莫能當，大江五千餘里席卷長驅，如入無人之境，歷稽前史，未有若斯之暴且劇者。當此之時，天下事有不堪設想者，幸天誘其衷，利昏其智，不知固結人心，惟事并吞同類，識者早已決其無成。猶賴朝廷有厚澤，年歲無災荒，軍力可支，餉糈未乏。更得向大臣榮、張軍門國樑軼倫忠勇，識賊虛實，屢挫凶鋒，賊不敢犯。從此軍威克壯，人人有敵愾之心，各省官軍民練日起有功，不似曩昔望風而逃者矣。皇上軫念東南財賦之區，文物聲華之地，淪陷日久，宵旰憂勤，特簡重臣，指授方略，畀以討賊之任。於是二三元老和衷協力，共濟時艱，數年之中盡殲醜類。擬將軍興始末叙述成編，以資采擇。方以見聞未能該博，老病日見衰頹，境與心違，因循不果。日來厚庵司馬出《軍興本末紀略》相示，問序於余，喜而讀之，有先得我心者。作者將天下全局羅布心胸，上下三十年，縱橫十八省，編年紀事，綱舉目張，信而有徵，久稱良史。

同治九年歲在辛未花朝，姻愚弟左智拜撰謹序。

——《軍興本末紀略》卷首

淮軍平捻記序

〔清〕趙烈文

仲尼答弟子行三軍之問，曰："臨事而懼，好謀而成。"竊觀伯相合肥李公之再殄捻寇，克成大功，蓋深有得乎此言矣。方國家討賊之初，名王驍將亡其軀命，與賊角逐，風發電擊，摧毛雨血，歷旬而轉戰千里，出入數行省之地，雖古之善戰者，無以逾之，而士殫鋒刃，將膏原野，賊之流掠未稍稍損也。太傅湘鄉曾公有憂之，始與公謀畫諸河之險，圈地以制賊奔走。未幾而夷門戍守之師潰，朝廷詔公督師。又未幾而諸軍再潰於運河，三潰於濰河。賊舍堅蹈瑕，如注千鈞之弩以射魯縞。當是之時，天下膏唇拭舌之士，莫不以防河爲戲論，雖與聞昔謀者，亦目瞬口咕，不敢堅主其說。國是殆搖，朋言興難。公則日夜增埤浚濠，以待賊至，蜩螗沸羹，猶充耳焉。逮夫金堧既堅，禽網四合，賊走死無地，而東捻以平。遂移齊東之師，以竟河北之役，不改前度，數月告功。於是畫河圈地之效，輿人歌之，史氏書之。岩廊以下，畎畝以上，一唱而百和。四海之大，歲月之久，稱道而色喜。彼夫堅壁清野之足以制流寇，固人人之所能言也。漢唐宋以來，由之而成，不由之而敗，已事又具在也。而且昨日之不可，即前日之可者也。然而一潰而人心疑，再潰而群論變，三潰而物議囂。成敗甫形於目，得失已移於中，豈有他哉？智及之而力不足以保守之也。故曰："謀之匪難而行之難，行之匪難而成之難。"當大功肇定，策勛勞還，隆名厚實，震灼旁沛，血氣之倫，疇不企而慕之？孰知持論疑謗之秋，仄足是非之藪，忘身生死之域，決策安危之分，事機相薄，間不容髮，一釋手而天下大事從之而去，其操心慮患，無啻升千仞之高以臨湯溪。識、度、勇、斷，四者偶或不逮，不可以俄頃處之者乎！讀公軍中諸疏，兩三年中斠若畫一，而謀國之忠，料事之審，未嘗稍自滿假。憂心忡忡，方寸如揭，非懼而能謀以底於成者，其言不若是之兢兢也。至於事平，首發軍儲，以賑凋瘵，修闕里祠廟，示民好惡。嗚呼！其規模遠矣大矣。此其心豈復以戰勝逐北，伏尸流血爲能事者哉？烈睹簡籍古今戰陣之事，輒思當時所以制勝之故，往往不可得。以爲古人之糟粕，存其迹而遺其真，心恒病之。周甥世澄，早從行間，樂於記載，嘗哀輯所見章疏文報及一時言論，爲《淮軍平捻記》十卷，附載軍制等二卷。於捻患以來成敗之數，頗得其要焉。夫言兵，聖門之所不諱，荀卿子在戰國之世獨明王道，言以仁誼綏民者，無敵於天下。然則是書非第記勘亂之迹、備史氏采擇而已，將亦嘉惠後學之志也夫。

陽湖趙烈文撰。

——《淮軍平捻記》卷首

武陽團練紀實序

〔清〕金吳瀾

周家有比閭族黨之制，孟子有守望相助之文，蓋同鄉同井，休戚相關，無事則寓兵於農，有事則效死勿去，此團練之所以爲千古禦寇良法也。常州爲古晉陵郡，氣秀山靈，水深土厚，民風敦樸，士習馴良，忠義之氣出於性生。故當南宋之季元伯顏率兵趨郡，官民死拒，城陷之日，盡遭屠戮，載在志乘，班班可考。我國家龍興二百餘年，厚澤深仁，無遠弗屆，凡食毛踐土者，罔不思及時自效。獨粵逆洪秀全等嘯聚亡命，揭竿而起，蹂躪幾半天下，海宇騷動，民生塗炭。噫！豈非天哉？方賊之東犯常郡也，凶焰鴟張，官兵却退，城無所主。而團練紳民推總捕通判岳君昌權府事，相與誓死，固守六晝夜而城陷。岳君及陽湖典史孫君錫珙皆死之。紳民之巷戰被戕者尸塞於道，又死於自盡者指不勝屈。而諸鄉義民伺賊出没，往往乘間截擊，屢挫凶鋒，慷慨而陷陣殉身者奚止數萬，嗚呼慘矣！莊君俊甫暨薛君嘉生目擊心傷，采輯紳民之死難者編纂成書，名曰《團練紀實》。内而郡城，外而各鄉，條分縷析，紀載靡遺。俾讀是書者痛定思痛，忠義之氣油然自生。向使粵逆之變，被擾各州縣各有團練，無論獲守與否，悉將戰功事實及忠義姓名，一一博訪詳盡如莊君者，固不獨闡揚幽德也，洵千古世道人心之一助云爾。

光緒十二年秋八月，三品銜在任候補知府知武進縣事嘉興金吳瀾謹序。

——《武陽團練紀實》卷首

武陽團練紀實序

〔清〕陸鼎翰

竊嘗讀古忠烈傳，輒嘆息痛恨於粉飾爲治者之養癰成患也。國家承平二百年來，文武遨嬉，下不知兵。乃粵賊洪秀全揭竿一呼，遂至勢不可遏。郡邑長吏狃於偏安，甚或朘民肥己以媚上，激而釀成巨患。粵事之起，可爲痛哭者矣。方賊之由湘楚而下也，向忠武公榮尾及之於金陵，立大營遏賊東下。蘇常之民偷安忘危且六七年，一若不知四郊多壘者，微忠武，吾郡詎不蚤罹禍毒耶？總督何桂清風流自喜，不以疆事爲意。當忠武之卒，顧不請於朝，以求廉恥智勇之將，而以權界之昏庸之和春，和春復與張國梁不相能。迨國梁句容之師被圍，何桂清截留張玉良援浙勝兵以自衛，不遣救。國梁請犒軍，和春又靳不與，大營尋潰。何桂清聞警宵遁，郡縣繼之，事遂瓦解。吾郡兩邑團練之民衆紳庶相誓，死守六晝夜而城陷，復與賊巷戰，死者逾萬。當是時，府庫糧臺積帑幾百萬，軍械守具足備，豈不屹然稱重鎮哉！向使桂清激屬忠義，守死勿去，賊何能逞！就令力竭援斷，城亡俱亡，雖睢陽、常山亦不過是。乃不忍須臾之死，使冠裳之民盡膏凶刃，卒之遷延就逮，伏誅西曹，亦何能償其辜哉！庚申之亂，士民男婦死於兵、死於自盡與轉徙流離死於飢者，亡慮數萬人。亦既列入忠義節烈錄，登邑志矣，朝廷旌恤之典至寬至渥，其中亦間有一二傳聞失實者，莊君俊甫以團練守城之人與四鄉禦賊援城者死爲尤烈，采輯所聞，屬薛君嘉生纂《團練紀實》二卷，以特彰之，俾傳於後。嗚呼！忠魂毅魄，其可無飲憾於千古也夫！

陽湖陸鼎翰謹序。

——《武陽團練紀實》卷首

崇陵傳信錄自序

〔清〕惲毓鼎

自忌諱排比之法行，而國史爲官書，朝野所傳聞，其軼時時見諸野史。雖或愛憎發於恩私，是非生於黨議，而朝局真相亦頗存焉。毓鼎事先帝十九年，侍螭頭，領蘭臺，所居皆史職，起居注名記言動，第錄排日諭旨，而以懋勤殿內記注附益之。史館作本紀，根據實錄，稍變其體裁。大臣列傳則綴拾邸抄、公牘，不得有所采訪，申己意，蓋太史南、董之風墜地盡矣。緬維先帝御宇不爲不久，幼而提携，長而禁制，終閼損其天年。無母子之親，無夫婦昆季之愛，無臣下侍從宴游暇豫之樂，平世齊民之福且有勝於一人之尊者。毓鼎侍左右近且久，天顏戚戚，常若不愉，未嘗一日展容舒氣也。棄臣民之後半月，沖主御法駕，升正殿，行即位禮。毓鼎侍班御座前，默思先帝生平遭際困厄，心酸鼻辛，欲制泪不禁淧淧被面矣。後之人稽光緒一朝事，所見者懿旨耳、上諭耳、奏疏耳，先帝一多病柔懦之主而已，庸詎知天挺英明，豁達大度，奮發欲有所爲，處萬難之會，遵養時晦，以求自全，有大不得已之苦衷哉！監國醇親王以河間、東平之親，居明堂負扆之重，竊謂繼志述事，爲先帝吐氣，此其時矣。荏苒二年，東海遺臣，交章薦之而不召；西市沉冤，遺孤言之而不雪。毓鼎知其無意於先帝矣，乃始反袂吮毫，舉十九年所見所聞纂爲此錄，無恩私，無黨議，可以告先帝而質鬼神，扃之篋笥，待諸子孫，他日陵谷變遷，函開心史，三十四年之朝局，庶有大明之一日乎！至若赤鳳之謠、楊華之歌，怨口流傳，幾成事實，宮廷隱秘，姑從闕如。

宣統三年辛亥四月，湖濱舊史惲毓鼎。

——《崇陵傳信錄》卷首

歷代史纂左編後序

〔明〕胡　松

　　荆川唐子資材卓犖，問學閎奧，實有志古名宰良將之業。他日讀史，病今昔將相經營之迹錯出散見，罔以徵稽考鏡，乃取漢史而下諸書，旁及稗官野乘，若諸大家文集、百氏傳記，罔羅蒐獵，貫穿屬比，人以類分，事從人繫，直迄金元而止。蓋宇宙上下數千百年成敗利鈍、治亂興衰、是非得失之迹，爛然目睫，無煩汜覽。戊申冬，余東游吳越，訪之荆渚，出以相論，勸令脫稿。已又重念師儒隱逸、方技巫史與夫二氏者流，亦皆所以羽翼左右，爲有國者之不可缺，則畢采録焉。積久成帙，爲卷百四十有二，蓋凡國家仆起理亂之原，民生休戚安危之故，良臣偉將經略制置之軌，天人庶徵休咎之應，與其善惡之可爲蓍蔡殷鑒者，旷次彪分，譬諸發笥取物，應手而是，蓋其心力殫矣。昔司馬温公退居洛陽十有五年，意不忘國，竭其平生之力修成《通鑑》二百餘卷，用資治理，期見之行。晚年獲見柄用，世方庶幾復見雍熙、慶曆之盛，而不幸老病以卒，使紹述紛然，迄靡有定，千載永嘆，志士深悲。荆川志行清約，無謝涑水，其編纂此書情更苦而意至切，若曰如有用我，持此以往。末年偕余蒙恩起廢，驅馳南北，真有夙夜匪懈自靖自獻之志，而務劇身殲，功業弗就，亦略與君實等，海内有識之士盡然傷之。昔康節邵先生經世觀物，揆化撫運，謂世無百年之時，時無百年之人，而深嘅夫時之難、人之難，君子蓋爲之痛哭流涕，厥有感於斯焉已。嗟乎，嗟乎！天下事夫豈人所能爲也與！大司馬督府梅林胡公，君所與戡亂共事友也，傷君齎志以卒，而爲君刻此編，以嗣君之志於無斁，意謂有能神明其言而發揮事業，蓋不必自君躬矣，而亦君所以蒿目憂世、鞠躬報國之心也。顧中多衍文訛字，或時弗屬，知君門人王子世新、左子升甫爲君所善厚，嘗共討論，乃徵令即國子生趙氏國賢別院校讎是正，卒爲善本，蓋其爲勞居多矣。二子以余嘗與聞君采輯意也，屬使序著，余重傷君之志而幸此編之猶傳也，且深致望後賢君子云爾。若乃程梓敦事，則都指揮戴子冲霄、臬司經歷鄭子憲咸與勤焉。

　　嘉靖辛酉秋，浙江右布政使滁上友人胡松序。

——《歷代史纂左編》卷首

南北史鈔序

〔明〕汪大年

　　古人成一家言，無鉅無細，其筆之勢、墨之瀋，必有伏穎流珠處，以泄鴻濛而含象緯，其他草草與之等於雲烟之撇拂、草樹之烘染，其下僅高於爛朝報而已。此伏穎流珠處，作者氣酣興道，往往不自知，而讀其書者知之，奚以分其故？作者之力費，讀者之力全也。山經地紀，稗言蟲譜，靡不皆然，而況君若臣之所焦沸，天與人之所愛恫，理或亂之所朕結，爲一代之史乎！字而畫之不止，句而乙之不止，篇而綴之不止，帶糜掌腐，終不若三食神仙也。余髮未攝而已讀子長之書，餘皆一過了之，獨於荆卿犬子灌將軍之事每低佪尋叩，爪痕滿紙，即魔入盹來，頭就枕而册遮面，仍自易水歌殘，掩臨歧之淚；凌雲讀既，托上世之交。復若壽起杯行，語繁膝半，與程宮尉、灌臨汝同爲眉奮眦裂者之所窘摧而訶詆，彼一過了之者能如許乎！假令心强手，手强目，讀數行而輒睡去，祇有蝴蝶栩栩耳。余嘗恨八股崇人，自史遷外不得手未見之編，游絶塵之侶，雖南面有城，孰與漢大，而矧其虛擁之！閩友郭聖胎豪人也，誦余詩至"遍讀異人書"之句，曰："子無恨，世間自有異人，異人自有異書。"急徵之，知爲晉陵周廷吹先生與所撰著而裁定者是也。余舊從八股中莊事先生，但風區烟界，惟有癡想天際，若手未見之編，則專恃聖胎郵筒，而計與聖胎別十三年矣。辛未夏，先生以權使君節駐清淵，私自喜得見異人，自獲異書，而肺疾見侵，不巾幘者五閱月。冬事幾半，始執末學之禮侍先生於水明亭，先生亦收爲臭味，恕其慢懶，纔得讀《文苑》、詩選三種，合之爲二十五卷，固已沙往金留，水落石出，苦其庋笥束閣者一旦辭蛛絲而攤棐几，是先生不厭出其異以藩飾人、追琢人、澗滌人，意沄沄厚也。余漸談及子長之書，先生更取《南北史鈔》二卷相示，余又灑然異之，一朝而昌謝井然，一人而顛末眉然，一人之文而琳球珊然，覺頯頷斷齶密嘘生氣，冠裳衣履都具笑容。以較華亭之伐山，彼不過釘餖於賓筵，而此則提挈夫狐領，聖胎之所口者姑展後期，而業已炫目犁心矣。夫《南北史》如江珧、熊肪，實史之伏穎流珠處，先生此編，實《南北史》之伏穎流珠處。余讀先生之書，幾忘先生之人爲異人；余對先生之人，轉忘先生之書爲異書。余恍惚沉頓於先生之人之書，離異索之不得，從異測之猶不得。先生異矣，余平人也夫！不第是也。先生之爲權，其政亦異，奉功令，舉仍舊貫，惠商則否；斬脂膏，悉汰煩條，爲國則否。抑何之而不異哉！余聞之前輩，史者古今一大帳簿也。宋汪紫原不打算向蓉堂帳簿，俾自開除，議者以爲識體。今先生打算李延壽帳簿，通其關，捄其究，擴而濟世，先生之書一而已矣。文苑、循吏，先生兩擅之，是先生之書竟不敵先生之人，先生尤異哉！

　　崇禎壬申初夏，山東布衣汪大年撰。

——《南北史鈔》卷首

南北史鈔序

〔明〕朱荃宰

　　典謨之文，亦經亦史，音緬邈矣。迨仲尼修《春秋》，使子夏等十四人求《周史記》《寶書》，又適柱下，因老聃而觀之。司馬子長作《史記》，采之《國策》《語》《世本》，遂爲編年紀傳之祖，蓋垂世之言用創，救世之言用因，創以虛，因以實，皆古人立言之苦衷也。愚嘗謂《易》日也，《詩》月也，《春秋》舍也。其在《易》則不見《詩》與《春秋》，其在《詩》則《易》《春秋》之道著矣。世有能以月簡日，以日簡星，殼率其中，以知其端者，此天地之圭璋也。故曰《詩》者周公之事，《春秋》者仲尼之志也。樾林周先生才駕隆古，碩膚以遜，隻字航賢，片言瀆聖，真昭代一人，其徒以次授經，馬帳所淑，名彥輩出。吾師乎愀然以明興應離受貢，度越前軌，采十五國之風，述周公之事，搴芳餐英，成一家言，郊廟閭巷於是乎在，蓋洋洋乎盛世之音矣。已取《南北史》筆削之，探隱正類，如法家推勘，犁然井然，三長咸備。嗟乎！史法之湮久矣，況乎餘閏代興，因亂世而定規，以治世而正君，系域人政，烏兔雌雄，學者且莫能悉舉其名而畫一區之，又安能取醍醐于潼酪、汰金瑤于泥礫耶！蓋兩朝自宋迄隋，沈休文輩代有成書，李延壽之父嘗欲擬《吳越春秋》，編年未就。後延壽修《晋隋書》，究悉舊事，依馬遷體，兼總八代而成之，實過前史遠甚。司馬君實亦稱爲近世佳史，雖于機祥詼嘲無所不載，然其叙述簡遠，自陳壽之後惟延壽可以亞之。今先生心眼通靈，照攝千古，復爲字櫛句隽，玄要雙絶，冶百六十卷爲若干卷。登降有氣，伸縮猶龍，如《春秋》《史記》成，不復知有《寶書》《世本》。昔人稱歐陽永叔最得《春秋》之法而無子長好奇之病，所謂簡日簡星者，其二書之謂乎！考古今縮史者無如《稽古錄》《舉要曆》及《詳節》《正綱》，皆首尾齊見，中邊具陳，非上下千秋而衡定胸臆者，亦安能筆則筆、削則削也！先生真良史哉！其與君實、東萊、瓊山并馳騁宙合者乎！昔范夢得受溫公辟爲書局，多所手帖之效，余小子雖拜公命較勘，而實未能贊一辭，愧夢得遠矣。先生具王佐才，姬事孔志，夢寐不忘，經濟文章久大不朽，一意處錞茹蘗，不釋卷如書生，東方之人祝比畏壘，即《姓淵》一編實諸史之縮匯。愚每嘆身在海中而後知海之無際也。愚嘗綜史，竊不量以秦至上三皇苦略，茸諸書爲《尚史》；西漢至元苦繁，艾衆編爲《世史》。其數相當，鉛槧久矣，而終以困躓不能自見於世。異日者獲執簡記于先生，用二史法裁之，俾附雲如子夏、夢得之徒，愚志酬矣。抑《詩》始《周南》，武始北出，先生或創或因，夾振駉伐而威中國，清風穆如而崇東都，以垂世者救世，將與皋、夔諸人比烈矣。

　　崇禎壬申夏午日，黄岡朱荃宰書于清源快雪齋。

——《南北史鈔》卷首

廿二史札記序

〔清〕錢大昕

甌北先生早登館閣，出入承明，碩學淹貫，通達古今，當時咸以公輔期之。既而出守粵徼，分臬黔南，從軍瘴癘之鄉，布化苗、瑤之域，盤根錯節，游刃有餘。中年以後，循陔歸養，引疾辭榮，優游山水間，以著書自樂。所撰《甌北詩集》《陔餘叢考》，久已傳播士林，紙貴都市矣。今春訪予吳門，復出近刻《廿二史札記》三十有六卷見示。讀之竊嘆其記誦之博，義例之精，論議之和平，識見之宏遠，洵儒者有體有用之學，可坐而言，可起而行者也。乃讀其自序，有質鈍不能研經，唯諸史事顯而義淺，爰取爲日課之語，其攝謙自下如此。雖然，經與史豈有二學哉！昔宣尼贊修六經，而《尚書》《春秋》實爲史家之權輿。漢世劉向父子校理秘文爲六略，而《世本》《楚漢春秋》《太史公書》《漢著紀》列於春秋家，《高祖傳》《孝文傳》列於儒家，初無經史之別。厥後蘭臺、東觀作者益繁，李充、荀勖等創立四部，而經史始分，然不聞陋史而榮經也。自王安石以猖狂詭誕之學要君竊位，自造《三經新義》，驅海內而誦習之，甚至詆《春秋》爲斷爛朝報。章、蔡用事，祖述荆舒，屏棄《通鑑》爲元祐學術，而十七史皆束之高閣矣。嗣是道學諸儒講求心性，懼門弟子之泛濫無所歸也，則有訶讀史爲玩物喪志者，又有謂讀史令人心粗者。此特有爲言之，而空疏淺薄者托以藉口，由是説經者日多，治史者日少。彼之言曰："經精而史粗也，經正而史雜也。"予謂經以明倫，虛靈元妙之論，似精實非精也；經以致用，迂闊刻深之談，似正實非正也。太史公尊孔子爲世家，謂："載籍極博，必考信於六藝。"班氏《古今人表》尊孔、孟而降老、莊，皆卓然有功於聖學，故其文與六經并傳而不愧。若元、明言經者，非剿襲稗販，則師心妄作，即幸而厠名甲部，亦徒供後人覆瓿而已，奚足尚哉！先生上下數千年，安危治忽之幾，燭照數計，而持論斟酌時勢，不蹈襲前人，亦不有心立異，於諸史審訂曲直，不掩其失，而亦樂道其長，視鄭漁仲、胡明仲專以詬罵炫世者，心地且遠過之。又謂稗乘脞説間與正史岐互者，本史官棄而不采，今或據以駁正史，恐爲有識所譏。此論古特識，顏師古以後未有能見及此者矣。予生平嗜好與先生同，又少於先生二歲，而衰病久輟鉛槧，索然意盡，讀先生書，或冀涊然汗出而霍然病已也乎！

嘉慶五年歲次庚申六月十日，嘉定錢大昕序。

——《廿二史札記》卷首

廿二史札記序

〔清〕李保泰

經者治之理，史者治之迹。三代以上明於理而經立，三代以下詳於迹而史興。世愈積，事愈多，其於天下之情變、古今之得失，蓋有不可枚舉者矣。立乎今日以溯古人，遼闊數千年，世盡狃於目前之近，沿流既遠，前後迥判，不特封建井田之制爲夐乎其不可返也。昔三代忠、質、文之運，遞相救也，亦遞相因，往往有此一代之所趨，而前代已啓其端；有彼一代之所開，而後代遂衍其緒。世第紛然交眩於成敗廢興之迹，回惶變易，則卒不得其所以致之者。後之讀史者排比事類，商榷倫物，不過取一人一事而予奪之、毀譽之，蓋皆未離乎經生之見也。陽湖趙甌北先生以經世之才，具冠古之識，自太史出守，擢觀察，甫中歲即乞養歸，優游林下者將三十年，無日不以著書爲事，輯《廿二史札記》三十六卷。方先生屬稿時，每得與聞緒論，及今始潰於成，竊獲從編校之役，反覆卒讀之。嗟夫！自士大夫沉湎於舉業，局促於簿書，依違於格令，遇國家有大措置，民生有大興建，茫然不識其沿革之由、利病之故，與夫維持補救之方。雖使能辨黃初之僞年，收蘭臺之墜簡，於以稱博雅、備故實足矣，烏足以當經世之大業哉！然則使先生翱翔木天，徑簉青雲，以備經筵之啓沃，必能援古證今，指陳貫串，否則敭歷外臺，建牙仗節，斟酌時宜，折衷往昔，其所裨於斯世者不少，而惜乎其僅托之此書以傳也。昔趙中令自謂以《論語》一部理天下，夫中令則何能然？讀是書而有會焉，洵乎其得史學之大且重者，舉而措之天下無難也。世嘗謂宰相須用讀書人，豈不諒哉！爰承先生之督序而謹述之如此。

嘉慶五年五月，寶山後學李保泰拜書。

——《廿二史札記》卷首

四史發伏序

〔清〕洪玉珩

國朝考據專家，自顧、閻兩徵君後，繼起者衆，至吾宗稚存先生而學益顯。先生未通籍時，文采風流，已有七子之目，然尤邃意經史，博極群書，與同時錢竹汀宮詹、同縣孫淵如觀察諸賢聲氣應求，折衷同異。以故宏覽名物，如登嵩躡岱；穿貫義理，如導河抉源，而刊訛正僞則又如掃落葉而揀金於沙也。宜乎煌煌大集，海內風行，久已不脛而走矣。今年春，余攝毗陵守，以政事之暇接郡之士大夫，先生令子子齡同年以先生所著《四史發伏》十卷請序於余，蓋太倉季君菘耘將屬其門人顧湘校訂以付梓也。余受而讀之，經駁正者理得而意解，爲闡發者微達而奧窺，因嘆作史難，即讀史亦難，非具精識以運其腹笥，其孰能與於斯！先生高義勁節昭然天下，國史具在，豈藉區區考據以傳？然而詳瞻精確，足以擴學者之心胸，俾晰疑而祛蔽，有不徒爲四史功臣者。余謭陋，豈堪序先生書！顧憶束髮受業，即聞長老言先生使黔時培養士氣，提唱宗風，蓋嘉惠梓邦者多矣。今幸來斯土，訪先生流風餘韵，以興山高水長之思，又何能以不文辭？因於其書之歸也，敬綴數語，以志景仰之忱，蓋不自今始云。

　　道光二十九年歲次己酉季春上澣，權知常州府事宗後學大定玉珩謹序。

——《四史發伏》卷首

荆川先生右編叙

〔明〕葉向高

　　荆川先生之爲《右編》也，其卷四十，其世自周至元，其目自治道至六曹，無所不該。然方周之盛，四友十亂之徒謨謀闕如，所傳者多在于晚周。元，夷虜也，取二三策而已。惟漢唐宋之際詳焉。吾讀其所編次，自治道而下，即次以君相，次宮闈，次儲嗣，次公主外戚，次宦官佞幸、奸邪朋黨，而亂繼之。蓋先生之用意深而寓指微，非徒分門別類，便于尋覽已也。編成久未行，吾友大司成南昌劉公、少司成吳興朱公，相與節縮太學經費，得若干緡，授之梓。劉公復補其未備，而朱公校焉，問叙于余。叙曰：《右編》者，右史記言也。言之途多，而大較有三：曰論事，曰論人，曰規諫。論事之言，控揣情形，料量事變，失毫芒而差尋丈，非明智卓識之士不能爲也。論人之言，辨別黑白，指陳媸嬹，搜城社，抉神叢，非讜正嫉邪之士不能爲也。規諫之言，犯顏苦口，嬰鱗觸威，往往自敵而下，受之有所不堪，非勁節骨鯁之士不能爲也。上下二三千年間，公車之牘至不勝載，然言之而傳，傳之而收于茲編者，僅僅如許，顧不難哉！乃其言復有暌有合，有遇有不遇，挈而程之，論事之言十僅得四五，論人之言十僅得三四，諫爭之言十僅得一二，何以故？其說愈逆則其勢愈拂也。夫忠諫之士，代已不數人，人又不數言，言又不數用，然則忠言嘉謀之售于世者，乃千百中之僅見耳。言之難，聽言尤難，亦何怪乎治日少而亂日多哉！我明文皇帝嘗命儒臣輯《歷代名臣奏議》，因諭之曰："致治之道千古一揆，君能納善言，臣能盡言不隱，天下未有不治。"大哉王言！治亂興衰之故盡于是矣。惟是《奏議》一書卷帙浩繁，尋究未易，學士大夫鮮窺其全。茲編網羅既廣，澄汰復精，徵事則得失具存，辨人則忠佞如見。至于上關主德，下切臣忠，甲乙雌黃，尤深致意，蓋微獨皂囊封事當奉爲準繩，即以備黼座之箴規、勒千秋之鑒戒，無所不可。説者以其體雖主于記言，而其義實兼乎記事，殆不虛也。今堂廉日隔，造膝稀聞，所藉以效忠抒誠、匡

序跋／史部

423

維補救，惟章疏一事，而奏牘滋煩，扞格滋甚，上下之間其難或有過於前代者。明主可與忠言，蓋臣所宜畢慮。劉、朱二先生之惓惓而刻茲編也，得無意乎！余故因命叙而及之。雖然，吾有感于先生之自叙也。宇宙棋局也，奏議譜也，今旁觀者見有善着而苦於當局之易迷，當局者見有成着而苦于旁觀之掣肘，旁觀與當局相持，而局之成敗不暇問矣，此亦古今之通患也。夫唐先生蓋精于譜者，而用尚未究。今二先生皆國手，行究其用矣，其能善用譜也，能毋與旁觀者兩相苦也，余不佞請以茲編爲息壤焉。

——《荆川先生右編》卷首

荆川先生右編序

〔明〕焦　竑

荆川唐先生於載籍無所不窺，其編纂成書以數十計。嘗語其徒曰："讀書以治經明理爲先。次之諸史，可以見古人經綸之迹。又次則載諸世務，可爲應用資者。數者本末相鬚，皆有益之書，餘非所急也。"所輯最巨者，有《左編》《右編》《儒編》《詩編》《文編》《稗編》凡六種，世所行《左編》《文編》《稗編》，餘未出也。司成劉公幼安、朱公文寧頃莅南雍，業以正學爲多士鵠矣，已復欲以經濟導之，則取《右編》刻焉。余藏先生稿本，部分未定，且漢、唐名奏遺軼尚多，幼安因擇其要者補入，而緒正校讎，則文寧有力焉。刻成，俾余爲序。余惟學者患不能讀書，能讀書矣，乃疲精力於雕蟲篆刻之間，而所當留意者，或束閣而不觀，亦不善讀書之過矣。夫學不知經世，非學也；經世而不知考古以合變，非經世也。古之善醫者，於神農、黃帝之經方，秦越人之《難經》，《靈樞》《甲乙》，葛洪、陶隱居之所綴緝，咸洞其精微，其於簡策紛錯，黃素朽蠹，老師或失其讀，與曲士或竄其文者，無不貫穿而辨晰之矣。又必樂義耐事，急於生人，而亡虞主人之奪糈，斯能動而得意，攻邪起仆，如承蜩而掇之也。藉令不由經論，而以情揆疾，曰："古法新病，不相能也。"而第多其藥以幸有功，則相率以趨於斃而已。是編自周秦以迨勝國，任士之所勞、謀臣之所畫，凡爲醫國計者，班班在焉。中間矯拂嗜欲，指陳利病，與辨別忠衰而處其進退，人主虛心采納，而言者亦精意體國，不啻燭照數計然，何其盛也！即有言未忠、忠而未盡用者，其回隱蠹壞之狀，亦因可考見，而無所從遯。蓋非特得進言之法，實善敗得失之林也，其可忽諸？語云："學書紙費，學醫人費。"夫執古之法而不知變者，非也；懵於古學而徒費人以嘗試其胸臆，非之非者也。學者冀無蹈其轍，必以此編爲嚆矢矣。

——《荆川先生右編》卷首

刻右編序

〔明〕劉日寧

《右編》者,取"右史紀言"也。余游南雍之一年,從太史焦公得抄本讀之,知爲毗陵未竟之業。會太史居在秣陵,而少司成朱公適來,因略仿先生《左編》義例,部勒銓補爲四十卷。其例起治道,而君相而宮闈而方國而四夷而六官政事,無不備載,蓋宇宙一大機局也。孟子曰"《詩》亡然後《春秋》作",余謂謨訓亡然後奏議作。漢去古未遠,賈、陸、晁、魏之流圖事揆策,詞約事詳,遠者借秦爲喻,近則條上故事爾,然匡衡、劉向稍引經術,陳、竇諸人危言憤發,終漢之世蓋三變焉。自是以降,陸贄、李德裕并以事理建赤幟于唐,然樵李、贊皇之懇切,終不足以當衡山之密語,則所遇使然哉!宋人連章累牘,其指次何遂有加于漢之前箸,而恢以議論,雜以援引,斯又封事之一變矣。蓋諸儒沿江都之策而益謹其防,於是人人重於典要,略於機宜,乃其經德不回,蓋亦有足多者,斯亦歷代之升降乎!然余嘗臚列往事,列吹累黍,一一而辨之,大抵宣明通達之論極盛于開天,大暢於中興。至於久安之後恒落落焉,此無它故,人情晨起則振衣,次則新浴,開天中興之際斯其時哉!斯其時哉!中才而涉世之小康,愚者偷,巧者諱,迂闊之士好言無爲,人主亦習于豐亨而畏苦口,當斯時也,即有深慮知化之言,且謬以爲無所當而不試,不試則不表見。故晏安無事之候,治之終,亂之始也。曲突之計無功,燎原之勢已極,於是剖心流血、解衣伏鼎之徒讜切利害,照耀天壤,片言千古,遂與謨訓爭烈。雖其言至今傳,而終不收補天夾日之功。由斯以談,所謂一言九鼎,豈虛語哉!斯又叔季之明徵,一代之升降也。劉子曰:"余讀《右編》,輒撫卷太息云。"往余聞學士家言神明在人,拘方者格,泥法者窮。嗟嗟!是禍天下之言也。語不云乎:"前車不遠,覆車繼軌。"是故兵之圖、弈之譜、醫之方、治亂之鑒,自三五而還其有能違之者否邪?夫伸者引之緒也,類者觸之機也,奇正能生變而變不能出於奇正之外,虛實縱橫,道固相似,即以爲天下能事盡畢于此,亦奚不可!是故能者即異爲同,不能者執同成異,法曷病哉!《大學》之教原本明德而推極于治平,故指不足以析性命,言不足以闡經濟,則學官不列。唐先生之爲茲編,與二三君子删補考校,發爲義例,蓋并以世局爲經,古人爲緯,思深哉!其有功于得失之林邪?雖甚賢哲捨此何適焉!即以列于學官可已。編凡四十卷,二千六百一十葉。主校閱者丞武君紹祖,博士董君應舉、林君世都,六館先生姚君光胄、江君時中、莊君毓慶、陳君勛、沈君琓、李君諫、陳君禹謨、陳君繼芳、石君雷,董刻者簿張君本、陳君桂林,而別屬秣陵諸生沈朝陽蒐遺正訛。歲乙巳長至,書始成。

——《荆川先生右編》卷首

右編序

〔明〕朱國楨

謨訓誥命之辭篤至雅馴，其臣精心以行異，其君虛已以受咸，三五之際于斯爲盛。自情僞日闢，變故日新，議論日益熾。闢者巧之寶也，新與熾者厭之媒也。衰周之亮直無餘，七國之滔淫莫救，于是董江都、賈太傅以天人、治安之説倡，而後世豪傑之士、敦誨之儒凡效忠於國者率以章奏進，上下二三千年，其人其言至不可枚舉。荆川先生部分裁剪，輯《右編》一書，以資經世之局，大司成劉公得其本，賞之再，爲補訂勒成完書，刻之監中。不佞禎受而讀焉，嘆曰：“此靖獻之準繩，而學士大夫進退馳騁之淵藪也。”語曰：“不習爲吏，視已成事。”先民之事，則于其燦然者矣。凡人臣披肝瀝膽，觸忤批鱗，慮人所不及慮，譚人所不敢譚。當其時，投契者十一，齟齬者十九，或獨與衆違，疏與親違，甚者天與人違，迂闊狂怪之誚無所不至。迨夫事機已形，徵驗不爽，如霜之必冰，如雨之必溜，又靡不咨嗟嘆息，憐其忠而恨其晚，此豈偶然之故哉！天下有聖人之人，有聖人之心與言。心之精微，非言之所能盡也，而言之精微抉造化之秘，泄朕兆之萌，肖心而出而人亦莫知其然也。天地間一種靈明之氣鍾于人，人得之而以舌與筆操國家得失理亂存亡之數，知者能言，中庸者亦能言；在位者能言，卑遠擯棄者亦能言。有不言而悔，無多言而慚，有言不必應而安，無先憂過計而反以爲可恨。至今一一按求之，宇宙之局面，明哲之精神，躍然瞭然于心目之間，得者可失，理者可亂，存者可亡，而所以得所以救敗且亡者，亦即在于擾攘詭危之際。謂其人而非聖人也則可，謂其言而聖人能易之則不可，則是書之輯又豈偶然哉！書最詳于唐宋，而宋家回伏巧蠹之狀，尤與國朝相近，不可不細讀。嗟乎！事出料外，理在圈中，神明浚于巧心，變化因乎方策，借先民之班班者坐而收之，不出戶知天下，其視空談剿説，白首窮年而無當實用者，竟何如也！蓋先生原以奕喻，葉先生以傍觀喻，焦先生以醫喻，而不佞又以地局喻。地之吉凶真僞，著書者最多舊迹，一一可覆，雖有慧眼，不曠覽原隰興衰之故，取諸家之書而繹之，亦終歸于師心而杜撰。奕之譜也，醫家形家之書也，治天下之有章奏也，一也。假如有謀王斷國之才，而未睹斯編，其於學術竟何如矣。

——《荆川先生右編》卷首

萬曆疏鈔序

〔明〕錢一本

疏鈔自昔有傳，而傳自近今則俱近事，或難之，其説有三：曰昭君過而不隱也，曰彰國失而不諱也，曰逢被言大小諸臣之瘭怒，恐毒痛怨恨及其子孫而莫可以贖也。昔者龜山先生語鄒忠公子弟，亦謂忠公舊有彈射諸疏草，當慎其傳，恐權奸憸佞有存而見者。夫忠臣事君，見無禮者如鷹鸇之逐鳥雀，既不遑爲身圖，又寧遑爲後人圖！且諸疏既上之朝，邸抄達之天下，雖欲勿傳，又烏得而勿傳！惟是慎傳之意應不徒欲避咎遠禍，或在隱惡掩過，以忠厚惻怛待天下。而子貢則謂君子之過如日月之食，過也人皆見之，更也人皆仰之。人不幸有過惡，與天下共見之、共知之、共改之，是之謂君子之道。以謬迷在一時，而警省在終身；愆尤在一人，而懲戒在天下。如終身有警省，則一時之謬迷何必曲爲之揜護，而揜護一時之謬迷，反無以開終身警省之端；如天下有懲戒，則一人之愆尤何必多爲之忌諱，而忌諱一人之愆尤，反或以阻天下懲戒之路。由前棄人于權奸憸佞之歸，由後不絕人于賢人君子之路，由前以忠厚惻怛待人淺，由後以忠厚惻怛待人深。然則疏鈔之不傳，是或一道，疏鈔之傳亦或一道也。昔者孟子之言曰："王者之迹熄而《詩》亡，《詩》亡然後《春秋》作。"《春秋》之作，存王迹于既熄，爲天下萬世慮至深遠，余常不得《詩》亡之意。近得友人發明其言，曰《春秋》直道也，《春秋》之是非，詩人之美刺也。盛王之世，善善惡惡，無一不公諸天下，而與天下共善之、共惡之，而尤恐耳目日壅，過惡不聞。于是而有采詩觀風之教，使商旅工瞽得獻其忠，法家弼士得申其議，見于雅頌者，若嘆瞻烏之爰止，憂宗周之覆滅，言之曾無所忌，甚則曰："家父作誦，以究王訩。"尹士皇父輩皆明列其名不恕，蓋直切如此，故上下能相保以不敗。迨其後也，有射諫臣監謗者，而國人至道相目，莫敢言矣。即《黍離》之大夫，不過曰"知我者謂我心憂，不知我者謂我何求"，蓋敢私憂而不敢頌言也，謂之何哉！嗚呼！此《春秋》之作，所以續《詩》亡者乎？蓋直道行而人各有詩，直道不行而聖獨有經。其善善惡惡，使聞者知戒，懼者知悛，直不欲棄人于權奸憸佞之歸，而待天下以至誠惻怛之意，故曰《春秋》成而亂賊懼，蓋萬古之紀言紀動者宗焉。然則疏鈔之不傳，將爲亡《詩》之續；疏鈔之傳，亦《春秋》之遺意也。夫茲刻自萬曆初迄今三十六年七月止，嗣後昌言盈庭，姑少需之，以俟論次。刻而傳之者，吳君采于，名亮，辛丑進士，直言讜論，彈射不避權貴，稱名執法，能世復庵先生之傳云。

萬曆己酉冬十月穀旦，前福建道監察御史毗陵錢一本書。

——《萬曆疏鈔》卷首

萬曆疏鈔序

〔明〕顧憲成

　　國家之患莫大於壅，壅者上下各判之象也。是故大臣持祿不肯言，小臣畏罪不敢言，則壅在下。幸而不肯言者肯言矣，不敢言者敢言矣，究乃格而不報，則壅在上。壅在下則上孤，壅在上則下孤，之二者皆大亂之道也。伏見我皇上聰明睿知，方軌三五，然而律極以來，二患遞見，何也？説者以爲下不自壅，殆有爲之上者然，上不自壅，殆有爲之下者然。遡丁丑綱常諸疏，政府不欲宣付史館，遂遷怒於執簡諸君。嗣是愈出愈巧，率假留中以泯其迹，令言者以他事獲罪，不以言獲罪。至於邇年，且欲并邸報禁之，其故可知已。乃壬午一變，公道屈焉而忽伸；戊申再變，公論鬱焉而忽暢。又足以發明我皇上之果未嘗有負於天下，天下之果未嘗敢有負於皇上。卒之伸者仍屈，暢者仍鬱，又足以發明致壅之由根深蒂固，非一時所得而猝拔。宜乎論世君子俯仰江陵、四明之間，益不能不三太息也。予友采于吳子，自少承尊甫復庵先生庭訓，磊落有志操，既徵爲御史，朝拜官而夕抗疏，直聲大著。巡方之暇，蒐輯三十年奏議若干牘，分若干卷，凡先後留中與當路所不欲行於世者，悉付剞劂，予讀而有感焉。均比肩事主，爾容容者盡肉食也。一夫慷慨，曹起訴之，不曰好名，則曰躐進矣。均建言，爾犯乘輿躍者十七，犯要津非者十九。以君子攻小人，曰何刻也，不爾影響風聞者也；以小人摘君子，曰何快也，烏有者左券矣。愚誠不知其所以然而然，徐而察之，顛倒于當局而旁觀否，譊訛于衣冠而道路興厮否，誶于大庭而平旦隱衷否，譁于眉睫而事定否。愚又不知其所以然而然，於此可以稽世變，可以觀人心，可以卜士氣，可以參善敗得失之幾，昭往而惕來，采于之功遠矣。抑予更願有獻焉，李忠定曰："天下之理，誠與疑、明與闇而已。由誠明推之，可以至於堯舜；由疑闇推之，其患將不可勝言。"願以是爲皇上獻，求所以至於堯舜者。蘇文定曰："天下有重臣，有權臣。權臣天下不可一日有，而重臣天下不可一日無也。"願以是爲執政獻，求所以爲重臣者。至於言官操天下之是非，天下又操言官之是非，蓋言之不可不慎如此也，願以是爲臺省獻，求所以信於天下者。太初鄭子聞之喜曰："顧叔子之言，其究弊也專而確，得拔本塞源之義矣；其責善也普而公，得交修共濟之義矣。率斯以往，天下直運之掌耳，夫何壅之與有！"遂以語采于，采于曰："是固予輯是編之意也。"

　　萬曆己酉冬十一月穀旦，南京光禄寺少卿、前吏部文選司郎中梁溪顧憲成撰。

——《萬曆疏鈔》卷首

萬曆疏鈔叙

〔明〕吳 亮

今皇帝臨天下久，耆宿名德厪有存者，守經據古、危言覈論之臣投鼠器、探驪珠，不安其位，久逐于荒。後進無所稟承，紛然殽亂，莫由取衷，而練朝章、通國體者殆少。是鈔葺自上纘服訪落，迄乎今茲，凡諸臣封事若干篇幾百萬言，而離其目爲五十，蓋亦四十年朝野得失之林也。然以余觀于四十年來大都有三變焉。嘉靖末，執政墨而善阿邑固寵，群蟻附膻，濁亂天下，自壬戌至今皇帝，凡十年而歷三朝矣。代者或尚清静，獎恬退，而不無空談廢實之弊；或輕喜怒，急紛更，而遂致太剛則折之患。於是執政綜核名實，繩下如束濕薪，家耦國，權震主，其知深而勇沉，偵瞯者不得要領，吠聲射影，蔓衍株連，其詘詘言貌，距人千里之外，其極慘礉少恩。此一變也，言路之塞，塞在驕倨而專恣。上益明習國事，不欲倒授人太阿柄，而執政無一介不取、三公不易之節，以厭衆望，而又懲驂乘前車，多都俞，鮮吁咈。上既無所逆於心，見以爲馴謹，而時詘言者以徇之，内不沾洽，外示包容，强笑語相下而陰實牢籠之，中外章滿公車，謹孫謝觸聞罷而已。此一變也，言路之塞，塞在泄沓而霢霖。上久廢郊廟朝講，厭薄大小臣，不即除，諸署鞠爲茂草，奏入不答常十九，而舞智御人者因以爲利，曰默足容也，諫愈磯也，遇主于巷可耳，粗魁不急爲，而静正伏言何在！人不適，政不間，而格非心何日！横政横民，悖出悖入，怨歸于上，而下逃其責。此一變也，言路之塞，塞在眠娗而巧匿。人心世道，譬諸質正獲之問於監市履狶也，每下愈况，不溯其源則頹波不可挽，不緣其督則藥物不可投，四十年中情僞微曖，事勢鼎革，按是鈔而約略得之。于以轉移人心，祛詖淫邪遁之害，綱維世道，歸平康正直之路，良有藉賴矣。我思古人忠愛無已，反覆必聽，則趙普之懷牘，范鎮、吕誨、王拱辰之累奏；捨己從人，同心僇力，則歸登之附名，崔植、劉覃之更疏，梁燾、劉安世之交攻；多蓄前言，斟酌時宜，殷鑒柯則，事在不遠，則侯霸收遺文、條善政，吕祖謙、趙汝愚集《名臣奏議》，是鈔也意儻在是乎，意儻在是乎？刻成，謹綴數語，以識歲月。

萬曆己酉冬十二月既望，巡按宣大監察御史吳亮采于甫書。

——《萬曆疏鈔》卷首

鄒道鄉奏議序

〔宋〕楊 時

道鄉鄒公自少以道學行義知名于時，其爲人也，和順積中而英華發外，望之晬然見于顏面，不問知其爲仁人君子也。其遇事接物猶虛舟然，而堅挺之姿如精金良玉，不可磨磷。元符中，用侍臣之薦，擢居諫垣，從人望也。是時哲宗皇帝屬精求治，用賢如不及，一見即以公輔期之，嘉言入告，無不從者。適中宮虛位之久，大臣欲自結於嬖暱之私，爲保位之謀，迎意媚合不以正。公力言之，以爲公議不允，忤上旨，奸諛之徒惡其害己，相與協力擠之於陷阱之中，又下石焉，皆是也。公之章留中不下，乃僞爲之，加以詆誣不實之語，流布中外，欲使天下聞之真若有罪者，其爲謀深矣，雖有端人正士無敢爲公辯明者。公既殁，迨今二十餘年，昔之奸朋凋喪略盡，而正論行焉，真僞是非始有在矣。紹興三年，其子柄集公之奏議一編，屬予爲序。予于公非一朝燕游之好也，知公爲尤詳，其事之本末皆予所親聞見者，故詳著之，以昭示來世，庶乎使小人知君子之爲善終不可誣也。公之將亡，予適還自京師，聞公疾革，未及弛擔，即往省之，見其薾然僅存餘息，然語不及私，猶以國事爲問，蓋其平生以天下之重爲己任，至垂絶而不忘也。每追念及之，愴然不能釋。嗚呼！世道凋喪久矣，不復有斯人也。

——萬曆《常州府志》卷二十

諫垣奏草序

〔明〕彭　簪

古庵毛先生既没，其子太學生詮等以其在諫垣時奏草若干篇，類次而刻之。既成以示余，謂余知先生，宜序之。余初至郡時，訪郡中人物，得先生，每公暇輒請教焉。先生謂學者切要在義利之辯，工夫只是克己，脚踏實地，好力爲之，若一味妙悟，顧所未及。蓋先生確於踐履，故其言如此，乃今得讀先生之奏草，又益知先生之言，皆自其力行而有得焉者發之。先生在言路時屬國家多故，凡所言治道國計、邊務民隱、功罪邪正之分辨，錢穀甲兵之料理，無不剴切明白，中時弊而繫世維，可謂知無不言，言無不盡者矣。中間建儲之議、辭賞之疏，尤可見其忠君愛國不容己之實心，守正匡時不可移之素志，非勉強掇拾以塞言責而已也。夫舉世所不能言而言之者，必具天下之大識；舉世所不敢言而言之者，必負天下之大勇。先生博學養，偉然大江之南，海內人士深想聞風采，宜其卓卓炳炳於言路如是也。惜乎其不能盡用，至于再乞病、一乞休，而先生之事亦畢矣。《易》曰“君子之道，或出或處，或默或語”，欲知先生者，當于是求之。

嘉靖戊戌春二月，通判常州府事安成彭簪拜書。

——《諫垣奏草》卷首

劍泉奏議集序

〔明〕唐順之

　　劍泉吳公奏議集凡幾卷。在嘉靖初，天子勵精思治，博取俊乂以充庶位，尤注意臺諫之選。公於是以才召入院爲御史，凡所建白多見采納，若兹集所載是也。於戲！公之言備矣，而其大者莫如劾柄臣之奸與請開通惠河諸疏。始柄臣掌營兵，怙勢爲奸利，士大夫以爲隱憂，而公慨然上疏攻之，其言明白切痛，多人之所難言。已而相繼攻之者益衆，然或過激不足取信，而柄臣益恣不悛。後天子亦自燭其奸，下之獄以死，蓋去公上疏時十五六年，而公之言驗矣。國家運道自通州至京師，故從河運，後乃從陸。其故河廢閘猶在，議者屢請修復，而京師大猾倚陸運侔利，往往爲飛語搖之。公始建議則以身塞利害之衝，又賴天子與相力主其事，迄有成績，其詳具公所上《通惠河志》中。自河功之成也，户部歲省運錢十二萬緡，此則公言之既效者。公又欲盡轉通州之粟於京師，以消未形之患，則其言未及行，而憂時者多以公言爲是也。公始令江山有聲，而擢御史，自御史出守處州，歷官南京太僕少卿而致其事。公爲人敏銳闊達，藝於世務而圓於應機，開口抵掌鋒鍔捷露，課功策效不爽一髮，非同迂腐拘牽之士指摩而坐論之者也。公嘗謂余曰："士大夫談説經濟，指天畫地，貫穿今古，不足爲難；惟切中事情，若操刀而割，刃隨手下，卒無一刃不當肯綮，乃爲難耳。"此蓋公之所自寓乎！曩公在御史時，又嘗爲余言，儻得在塞垣之間，當爲國家鞭笞韃靼，鎖吉囊、俺噠之頸而致之闕下。蓋公自量其方略氣力有足辦此者，以其不至大官，故其所設施者不竟。雖然，是集也可以觀公之概矣。

——《重刊荆川先生文集》卷十

疏草序

〔明〕湯兆京

　　宰相秉軍國之重，言官埒宰相之權，非言官之爲重，而所關軍國之事重也，故他曹猶可以才諝顯，而言官獨以識力見。昔韓魏公未嘗輕以膽許人，范文正公爲秀才時，便以天下爲己任，彼皆有天授，有夙學，故登朝便爲名諫，當國終成賢相，豈取辦臨時隨人口吻者哉！往時聞有拜官臺諫，始從人問人材，咨時事，聊且掇拾建白，甚乃以我喉舌代人戈矛者，不知其居平時所學何事。即自通籍至簪筆，亦既有年日，閱邸報章奏作何淄澠，日接海内士大夫，與所傳説作何月旦，乃竟貿貿至爲青瑣烏臺而後若瞽索涂也。言官自輕言路而宰相重，言官交驩宰相而言官亦重，言路相權交相爲重而軍國之事輕矣，國家豈有賴焉！采于吳丈，天稟勁骨，生無嫵媚，三世通籍承明，伯季遞司綸綍，國憲朝章爛若庭聞。當在齠歲，便注意遠大，今即繞逾壯乎，已目閱兩朝人物，耳熟列代典故矣。伏首諸生，識者咸期以公輔，釋褐侍從，歷載待詔金馬門，益練習國家機務。暇日取先朝章奏，手自裒輯，論世取材，多所彈政。憶向在輦下，時時過從抵掌，心服其奧達。後在塞上，貽書勸勉，謂以世以才，宜勒成一家言，以紹往詔來。及聞選爲臺官，私心爲世道加額，未幾即得《清言路》一疏，讀之而嘆其真爲朝陽之鳳矣。時事多岐，采于輒疏爭，雖埋輪塞垣，不以遠道自解。塞垣欺蔽之敝，所從來久，殫力剔抉，忘其怨勞，蓋予曾厠柱下而先在塞上，讀采于疏草，不覺汗欲下而腋欲風生。以采于英英之氣，令人讀之生色，且轉慚昔日在柱下、塞上時，危言危行猶未能及也。若采于者，所謂有天授，有夙學，非取辦臨時隨人口吻者耶！采于尊甫學士公，橫批威相逆鱗，幸還一生于杖下，惴惴不能逃九死于閫左，久得賜環，旋復請劍，卒擯厄以終而靡悔。采于其以茲草自足哉！我國家重于九鼎矣。

——《止園集》卷首

玄晏齋奏議引

〔明〕洪世俊

癸丑夏之正陽月，天子采廷議，特簡先生視禮篆。不逾月，率諸屬司事者質之土神，勿以私意妨大公，勿以聽囑干清議。夫直道而行之人原無忝聰明正直之神，於此悖謬，人道滅矣。天地神明是糾是殛，自是巨細必核，往牒必稽，壹意擔荷，無敢失隊。先生雖明敏天授乎，每遇稍疑難不執己見，必與諸司從容商榷，有一字合竅者不難改容易之。至有各陳意見，紛紛未定，終惟先生片言決之耳。部中大典禮大關係如改正代藩長幼之分，解釋楚宗久抑之冤，皆慷慨奮言，以諧僉議。至福王之國一事，幸賴皇上神靈睿斷，如期竣事。乃數年來爭請不得，去秋及冬通朝兩合請又幾不得，先生一片血誠真可對于天地，可對于九廟，夙夜兢兢惕惕，每與諸司相語，未始不嘆息泣下而神魂夢寐以之矣。夫寧家視國，即家且不有；夫寧身視君，即身且不有，而又何論于爵祿名譽之外乎！甫一歲，諸司彙其奏議成帖登之梓，蓋非志其文詞馴雅，夫亦事體所關，有不容不存言以案者，且并志先生之真誠于片楮間也。余儕不敏，無能爲溢言，第叙其梗概如此。

甲寅孟夏月吉旦，禮部儀制司郎中洪世俊等謹述。

——《玄晏齋奏議》卷首

武進趙恭毅公自治官書序

〔清〕魏廷珍

人臣之事君也，隨所歷而皆各有其當盡之職，不盡其咎也，盡則其分也，詎以其所當盡者而冀人之艷而播之哉！矧夫臣之所爲盡於厥職者，視乎時與地，而因錯綜其權宜損益之施，以爲宜民通變之方，盡其平日所學，以達之政事，竭盡乎撫茈地方之責，豈必使後乎其時與地者踵之播之，廣羅而悉錄之！雖然，召公茇于棠而歌勿敗，志愛也，況其精誠幹濟之所蘊而達於筆舌者，彙而鏤之，俾共識其乘時據地之所爲，盡分而不懈於夙夜者若此！揆彼愛棠之歌，不尤昭而永矣乎！憶予自雍正癸卯，奉命撫湖南，去武進趙恭毅公撫湖南之日幾二十年矣，論公之學問，博雅深醇，淵乎不可測也；論公之經濟，興利除弊，澤及斯民，湖南至今猶歌思之不忘也。歷視地方規模，猶凛凛乎其章程不少變也。今予量移安徽，而湖南掾吏薈萃公之奏疏咨檄讞誥等文，梓而成書，不憚走數千里，捧乞予言以爲弁。賢哉！趙公其忠誠之發於才、宣於政而孚於人也，固如是哉！即掾之觀而感，感而弗諼，至於殫精竭貲，以播其所自爲盡者，而使天下後世咸共識之也，蓋亦不易得者矣。予慕趙公之爲臣，無忝於厥職，嘉此掾之感德，歷久而不忘，而更能善實其所爲感也，是以序而畀之。

雍正七年歲次己酉孟秋月，廣川魏廷珍序於安慶之課忠堂。

——《趙恭毅公自治官書類集》卷首

武進趙恭毅公自治官書序

〔清〕徐士林

凡天下志操於己極困約而不以爲苦，事施於人極峭直而不以爲怨，嗜好取與違衆獨行，而天下不疑其欺且矯者，真而已矣。余自爲諸生，即耳熟武進趙公名，即恭毅公也。公以清望勁節著聲中外垂四十年，至今不衰，居常私心偉之，以爲賢士大夫平生讀書慕道義，誠欲捫心自安，仰酬知己，答聖朝以希古人，其操節勵行不當如是耶！其後余官京師，公方以大司農綜國計，每於質明入署，據堂皇坐，以待諸司。檢閱案牘，常一目下數十行，中間點畫訛謬或出筆誤，或猾吏舞文爲作奸地，無毫髮可幸脫者。指劃口詰，雖老蠹莫能展一辯。不怒而威，一時積弊霜清矣。余治事不隸公屬，而往往得之同官朝會所嘆慕者甚原委悉，又時時從闕下望公風神嶽立，舉朝憚敬如神明，於是乃嘆公之剛而不厲，信非至誠無以得此於人人也。獨憾未得一讀公書，全窺其中藏耳。雍正丁未，余始以部曹出守六皖。己酉夏，有何君岱庵者，湖南撫院舊從事也，携其所刊公《自治官書》二十餘卷來皖，因從乞得一帙快讀之，乃得於二十卷中見其提綱振目。洋洋灑灑數萬言，凡所爲操志之苦、待人之直、遇物之不欺不矯者，刻肝露膽，如共面談。蓋反覆數四而益嘆其非名非譽，率性直行，其剛介孤子之資不啻定於命造，出於情肯，自然而然，有非是不能一日强活者，故行之終身無忤無患，而卒以成千秋之名，結兩朝之知，至今婦女兒童如説司馬，識與不識無少異議。豈非以其率真而行，不假緣飾，故其事愈傳而愈信耶！向非得讀公書，有以窺其中而要其全，亦烏能得公之真若此哉！嗟夫！士君子有志學道，將欲矢志自守，求慊於己，而不以窮達顯晦易其操者，當於此書遇之矣。

雍正歲次己酉仲秋，皖江守東海徐士林題。

——《趙恭毅公自治官書類集》卷首

趙恭毅公自治官書後序

〔清〕倪　岱

人必有非常之才與非常之識，然後能仔肩大任，而有才有識，又必精神之足以副之。而精神也者，非徑行直行也，如其然則剛愎耳，鹵莽耳，未有不敗乃公事者；而又非勉强振作也，如其然則始也勃焉，繼而衰，終而竭。吾未見鞎鉅之克舉，而恢恢乎游刃有餘地也。必也學以操其源，儉以潔其心，明以達其體，直以養其氣，又復敬慎勤謹，要諸久而無倦，則才益日擴，識益日增，天下之事皆可自我爲之而無難。以余觀於恭毅趙公，殆其人也。湖南自逆藩鴟張豕突之後，瘡痍未起，而又重以無藝之誅求，民不堪命也久矣。先帝有憂之，命公開府於此，敬觀頒賜敕書，湖南之積弊蓋深悉睿念中也。夫貪墨既已成風，膏脂莫不告竭，何怪乎蚩蚩之民作奸而犯科，不責其所由來，而第曰楚民難治，是以風俗偷薄誣其民，抑知未可厚誣乎！公承先帝命，以剛方清介率僚屬，以保釐安戢及黎元，如明鏡然無物不照，如秋霜然無物敢犯，一振刷而風氣一新，一秋寧而景象一變。漸摩至於九年，而岩疆爲化域，荒徼爲春臺，公誠不負先帝付托之重而大有造於湖南也。且以十連之位，百城之廣，政務叢積幾同烟海，其有需於幕中士爲之代理，其繁劇而不貽譏於闒茸者，比比也。公則若章奏，若咨移，若傳檄條教、訟牘爰書，以及應酬簡札與祝釐告祭、祠墓祝版之藝文，要皆一一自爲之，而不假手於人，無不湛深經術，動中竅要，熟諳典則，悉協輿情。況次第了當，暇豫從容，若行其所無事。公餘可息已，仍課其孫制舉業，中夜講究不少休。噫，異哉！才識如是，精神又如是，公誠天授也哉！先帝嘉乃績，懋乃官，晋秩總憲，旋拜大司農。泰交之隆，夐乎莫及矣，其如去後之思何也！湘鄉士民刻其治績，顏曰《實政錄》，然蒐羅未遍，頭緒亦雜，潘大中丞幾欲另爲纂輯，以成全書。會奉召去茲土，遂不果。厥後李大中丞命其掾何子岱庵補輯焉。何子殫八年之瘁，搜討散佚，手自鈔寫，又爲之分條析縷，編次大備，一繙閱而政教之足爲法程者瞭然心目。至其才識精神亦怳乎如接，何子之功洵不可沒也。昔者任嘏卒後，故吏程威、劉固、上官崇録其事行及所著書奏之，詔下秘書。今何子從事公去後，而能黽勉以奏功，何子亦賢矣哉！因何子以參訂屬余，既竣而書此於簡末，竊幸獲從不朽之集以附名，則亦非偶也。

合肥後學倪岱題於星沙旅舍。

——《趙恭毅公自治官書類集》卷首

松厓奏議叙

〔清〕譚　獻

《松厓奏議》六卷，陽湖管漕督公松厓先生撰。國家定鼎北平，轉漕東南，運道綿亙，與長河表裏。封圻控制，漕、河兩督臣，有《周官》聯事之義。乾隆全盛，河伯效靈，天庾豐備。朝廷軫念南漕，兵農并恤，工築子來，猶復六龍時巡，周詢疾苦，攬御形勢，求賢審官，疇咨若采。管公通籍翰林，孳殫經世之學，以臺臣視漕。於是津沽以南，厮流平阻，無所不周；幫衛帆檝，無所不習。封章所條件，造陛所愷陳，誠盈於言，勞則無倦。九重簡在，載都載俞。不十年，揚歷卿貳，仍拜總漕部院之命，世方以長駕遠馭榮之，輕車熟路易視之，而公夙夜益慎也，寅恭益和也。利病陳乞，恒未明而興，焚香屬草稿，一字之不安，塗乙以求其當。卷中手澤完具，未嘗藉手幕僚。由是精神所通，主臣一德，丹豪下逮，褒許日至，秘府之圖籍，天厨之品珍，絡繹賚臻。公謝表貢忱，不啻口出。百年以往，草茅之士得見遺書，悠然若游冶升平之世，上際勛華，下列皋契，感懷詩書所述頌，至於雪涕，矧躬爲名臣之子孫者乎！若夫常州名家，學術文章遠有端緒，海宇推敬。公奏疏之文，淵厚詳括，上追漢、唐，而無畦町之迹；章表之文，柔厚而倜儻，亦如續大河，咫尺有千里之勢。獻尤味乎其言，有風諭之遺，無綺續之失也。公翰墨文章，生有異兆，大祇所書，終符此夢。督漕七載，彈劾不避要人，緘封直陳，不以副章白當路，卒以齮齕解官，見趙味辛所撰墓志。著述不盡顯於世，然而奏議侃侃，金石龜鑒，亦可以江河萬古矣。公孫燠吾，文學飾治，以循良有聞於中州，今知湖北應山縣。屢守先澤，方謀繕寫殺青，乃鄭重長語付獻讀而叙之。獻當大河改道、漕艘海運之年，不禁泫然揖讓公於靳文襄、楊勤恪間，而爲之叙。

——《復堂文續》卷二

念宛齋官書自序

〔清〕左　輔

輔於乾隆五十八年癸丑科成進士，荷高宗純皇帝恩簡，以知縣即用，分發安徽，竊念一書生而任社稷人民之重，皇然以未學爲懼。既而思人情爲田，以己之情合乎人之情，取之至近，計惟有自治其情乎！聖賢治情之道不外乎誠意正心，而喫緊下手處只“知有恥，毋自欺”六言，有恥勿欺，所以治己之情，反而求之之道也。經世之法不外德禮刑政，而切實致用處只教養兩事。教之養之，即以浚民之情，推而放之之道也。輔知之而未竟所學，然抱此悾悾，未敢有違。歷試郡邑，雖風尚有殊而情無弗類，以此知三代直道之民，於今爲烈。惟爲牧令者不能宣導其情，俾湮鬱底滯，往往橫決而生患耳。輔遭逢仁宗睿皇帝特達之知，於任州縣時即蒙獎錄，不數年由郡守洊擢藩司。今復荷皇上殊恩，畀以封圻之任，乃不材不德，報稱無由，夙夜凛惕。竊念竭一己之善則不足，公衆人之善或有餘，惟所謂教養者道之一己而任之人人，能使各僚屬咸潔己勤民，孳孳焉盡心於此，則情無弗治而政罔不通，或藉手以效涓埃之報乎！歷任條教悉出手裁，心之所寄恒在乎是，故次而錄之。言皆官也，名之曰官書。吾鄉先賢趙恭毅公有《自治官書》二十四卷，輔弗克自治，勿敢襲也。海南、浙江任內間附稟陳以記時事，其餘論事讞斷概不入焉。古人有云“感人以言，其本已淺”，輔於是編亦以志不學之憾云爾。

道光元年六月，左輔序。

——《念宛齋官書》卷首

惲中丞官書摘鈔叙

〔清〕羅汝懷

中丞陽湖惲公之撫楚南，歷三太歲，實閱十有九月而已。邦人所屬望於中丞者其事未竟，中丞所措念於邦人者其意亦未竟，然其見諸施行者，固可僂指計也。往道光己酉饑，撫部趙公諭民儲蓋藏，未久去任，惟湘潭積穀四萬餘，它邑鮮舉之者。中丞於壬戌大饑後，通飭有司齊舉之，陸續具册結，上報者七十萬石有奇。中丞據已得之數報聞於朝，咨達於部，而令州縣歲會其贏絀，歸并交代册籍，以考其成，穀仍民輸民管，吏胥不與也。雖七十萬石者未必悉無假借，使更以一二載稽核之，則加實矣。民俗嗜酒無厭，計歲耗之穀每邑不下二十萬石，極年年之積纍，不敵一年之耗散。中丞飭屬吏申例禁，民間作酒惟用雜糧，不得用穀，令沉湎者受以節，使有司奉行不懈，豈惟裕財，且以易俗。錢糧浮收中飽之弊，前撫駱公曾釐數縣，中丞飭全省核正，禁吏胥之包攬，酌辦公於羨餘，勒碑定草，摹榻核驗，爲民間歲減納税錢凡三十萬三千二百五十七緡，遍爲爾德，此其大端。至於澄叙官方，整齊流尚，綜核名實，鑱撴細微，宵寐所結，不啻月吉之布，則懇摰之出於性者然也。往聞常澧之民尤銜感次骨，初莫得其説，會彼中人寄示《治迹紀略》一編，乃知却巨寇、捍洪波、殲邪匪、平大獄，去衆害而興永利，宜斯民之没齒不忘。且知其治一郡無殊於治九郡，爲安撫無殊於爲牧守，前後一軌，波瀾莫二，夫豈矯强於一時、邀結於一端，所能飾其虛車邪！中丞既被議左遷，囊澀不足潤屋，引領東望，家無尺椽，邦人惻然，異聲同嘆，或涕泣私室，欲有記述，以志弗諼。屬愚蒙詮次事迹，自維恂愁，未能善言德行，言亦不足徵信，則刺取其矢言於衆、入告於内者，附以鼎州所紀以證於人人，且以存一時掌故，俾後來有所考核。昔有唐時韋景駿重過肥鄉，人更驚喜犒錢，中有僮稚十餘，景駿謂曰："計時汝輩未生，既無舊恩，何殷勤之甚？"咸對曰："此間長宿傳説，縣中廨宇學堂、館舍堤橋，并是明公遺迹，將謂古人，不意親得瞻睹，不覺欣戀。"夫宇舍堤橋特粗迹耳，而繫人思慕如此，以今方昔，當復何如？將更證之它年僮稚矣。

——《緑漪草堂文集》卷十三

盧鄉公牘序

〔清〕吴筠孫

自學者區別文派，而陽湖派稱於時，海内之士咸以爲文章之淵藪在是矣。顧古人立言之旨與立德、立功并爲不朽，本非後世徒托空言者比。在昔孫、洪鉅子皆以實學提倡天下，故勛業氣節各有以震襮乎一世而昭示於來兹，厥後人文蔚起，接踵繼軌，凡有立言者或記事以傳世，或因文以見道，均非苟焉而已也。試爲讀張皋文之《書左仲甫事》、惲子居之《上陳按察書》，其於一官一邑所以著循聲而革薄俗者，一篇之中三致意焉。迄今臨文太息，猶有味乎其言，矧夫生長是邦，被其流風餘韵，而又基以家學，運以清才，其得所藉手不同尋常俗吏之所爲也，豈不宜哉！筠孫於癸卯秋守登州，得陽湖莊紉秋同年爲萊陽宰，即深幸共事一方，匡益匪淺。既三月行縣考績，入萊境，見萊民之頌賢父母，一如霍丘民之戴左仲甫也；紉秋之爲萊規畫利弊，一如惲子居之策瑞金也。充其實心實政，詎以百里之才而域諸！紉秋顧欿然不自是，出其平日在官之文，若條陳書札以及文告批牘，都爲一編，就商得失。披覽之下，竊以爲此紉秋之立言，即其德與功之所附麗而見者也。世動病儒者迂闊寡效，盍急以此册公之於世，俾後之官斯土者有所指證，且以見文學、政事之必非歧出也。筠孫欲有以報紉秋之誠意，而愧不能贊一辭，亦惟舉其鄉先哲之犖犖大者，俟其蘄合已爾。

光緒三十年正月，吳筠孫。

——《盧鄉公牘》卷首

毗陵科第考序
〔清〕趙熙鴻

士不必以科名重，而科名未始不足重。士道德勛業、節義文章炳史册而耀桑梓者，皆科第中人也。吾毗陵人文蔚起，往不具論，自明朝以迄昭代，三百年來元魁鼎甲接翼聯鑣，猗歟盛矣。顧流傳漸遠，紀載多訛。邑乘自唐奉常年伯先生纂修，迄今逾五十載，鮮繼迹者。無論時賢近喆，文獻莫徵，即某科某人，漸湮沒難考，良可懍嘆。鴻衰耄閑逸，不揣譾陋，廣搜博訂，輯爲《毗陵科第考》一書。遵梁谿前輩施勵庵先生之例，附以官宦、崇秩、家世、盛事，不敢旁及他邑，慮訛舛也。其間奕葉濟美，必著子孫嫡傳，即猶子從孫，概不混列，此亦勵老之遺則也。後之興者，欽朝廷之隆典，即思奮迹，以策功名；念高曾之榮烈，即思繩武，以光堂構，則此集豈特編輯故事已哉！爰布之剞劂，而述其概如此。

皇清康熙戊申春王正月，毗陵耄叟趙熙鴻充之父題，時年八十有七。

——《毗陵科第考》卷首

毗陵科第考序
〔清〕錢濟世

士君子學古入官，匪科第無由顯達。毗陵自季子以來，聲名文物日益盛，掇巍科、登上第者亦日益多，而或者失于紀錄，湮沒遺忘，非士大夫之闊略耶？康熙戊申歲，趙充之先生輯《毗陵科第考》一編。甲子歲，劉依思先生補刊續載，閱者開卷瞭然。第甲子至今又五十年，彼時已書者，事迹有增，官銜非舊；彼時未書者，姓名宜志，科分當稽。是編之作，遺者補之，訛者正之。前則詳考齊、梁、唐、宋、元史，并唐凝庵先生郡邑兩志，後則廣蒐文人學士、先民遺老之見聞。凡科第中之特恩異數、盛事美談，足以爲當時所稱道、後世所興起者，尤必大書、特書、屢書、不一書而後已。其于感發人心，激勵後進，所裨不少。至博洽鴻儒，仿唐世所設之科，亦是編所不得不載者。若蕭氏之八葉宰相，不必皆科第中人，而以科第進者不少，亦不得而遺之。濟世生平以不獲嗣先人科第爲憾，今年逾杖朝，諸同人謬謂略知舊事，令弁以數言。乃不揣固陋，而贅諸編首。

時雍正歲次癸丑清和月，八十一迂叟錢濟世。

——《毗陵科第考》卷首

毗陵科第考序

〔清〕莊　柱

自《周禮·大司徒》以三物賓興，而後世之選舉以起。科目一途，由唐宋迄今千餘年，名臣碩儒，胥於是出。蓋先資其言，所取者藝，而德行亦因以表見，故其制歷久不廢也。吾郡舊有《科第考》一書，自康熙乙丑至雍正乙卯，鄉會數十科缺焉不載。錢碩齋先生偕阮尊俟商共補輯，書垂成而未付梓。戊午歲，余守東甌，方高、鑄庵兩兄在署，言及此書應刻。鑄庵長君稼軒、兒子存與俱赴北雍，兩人年甫及冠，初應試。方高云："若甥侄有一獲雋，即捐貲刻之。"稼軒是秋魁京兆，而鑄庵適復原職，歷桐、蕭二邑，簿書鞅掌，不暇及此。乙丑春，稼軒與余子同捷南宮，稼軒掇大魁，余子忝列第二，鑄庵亦解組歸，相與共申前約。鑄庵又復往來南北，忽忽六七年，辛未秋始竣事。其間發凡起例，蒐輯考訂，鑄庵一人之力，余特參酌一二，正其魯魚亥豕而已。夫自設科以來，吾郡修德立行、通經好古之士不可勝紀，而姓氏莫考，湮沒弗彰者何限！一登科甲，則傳其人，并志其地，當時稱之，即歷世久遠而鄉黨中屈指數之，其盛者則侈為美談，次亦目為衣冠之後。是科名雖以人重，而有所藉以傳，亦讀書人士之輿馬舟楫也。閱是編者，其亦有所觀感也夫！

乾隆十七年歲次壬申嘉平月，南邨莊柱書於靜永齋。

——《毗陵科第考》卷首

毗陵科第考跋

〔清〕湯成烈

科第考者，所以紀科名，重文物，稽往哲之流風，志故家之軼事也。毗陵人物自漢而開，進士至唐始重。前趙充之先生原編，自明洪武至國朝康熙丁酉，大都甲榜三百五十餘人，乙科七百餘人，聲明文物，冠于東南，耀于鄉里，有由來矣。厥後劉依思先生補之，錢鑄庵先生又補之，近稽唐宋，遠溯齊梁，而選舉之人物乃備焉。乾隆壬申之後，屢編屢續。至道光庚子，呂堯仙、次閑昆季據丁敬生廣文所輯而校續之，趙于岡孝廉、董涵客茂才、蓉初太史合貲刊行之。又二十年，遭庚申之變，板片悉毀無存，先世典型幾難徵信矣。莊俊甫學博購得舊編，陸紫峰封翁從而校讎之，悉遵鑄庵先生例。去其濫入者，若遷居吾邑已一二世，即同邑人，則未遷以前之科第可不載，如方氏、崔氏是也。補其遺闕者。如恤贈光榮內既列易名一則，勝國殉節諸賢國朝錫謚載入是也。自丁未至同治戊辰，鄉會二十餘科悉載錄之，庚子以後三十年之官閥悉釐正之，鈔錄成帙。適史士良觀察解組歸，與惲畹薌觀察鳩合同志，集資付梓，兩月而畢。夫先哲之楷模，後生之所則效也，今者所著錄，亦來者之所觀型也。

是爲跋。

　　同治七年仲冬至日，湯成烈謹識。

——《毗陵科第考》卷末

毗陵鄉貢考序

〔清〕盛　衡

　　三升之典，備載禮經，三適之文，具詳書傳。成周以德行道藝，三歲一貢士，而侯氏之慶讓以習射而行，甚矣其重也。夫周室斂材之難，兩漢之練材近古，歷魏、晉、隋、唐，訖宋、元、明，制科品目，其於鄉貢之重輕，徐莊裕公記之詳矣。而嘉靖丙戌以後之姓氏，猶待續於今。即有明恩、拔、歲、副之源流，與凡所以振淹滯者，未詳也。夫歲貢所從來遠矣，榜諭於洪武之甲寅，宣德八年增開貢例，如吾邑胡忠安公所請行選拔。自嘉靖壬辰建議於楓山章祭酒，隆慶戊辰從周給諫條陳，而恩例始廣。副車准貢則肇自崇禎己卯，逮國朝則并仿前明之制以行。至雙貢之起於弘治丙辰，訖於庚申者，今郡庠間歲貢二人，邑庠止一人，遇恩綸則郡庠恩、歲各二人，邑庠各一人，例與雙貢埒。其應取四十五歲入監例，惟正統丁卯、天順壬午再一舉行。今每屆貢期，吾邑本籍外籍歲不下五六人，年不必皆四十以上也。謹案，有明之貢制，率嚴加考選，以杜不學者僥倖之萌；寬立條格，以開有志者進取之路。計日以通經，積分以出仕。教育周詳，以儲明體達用之材，爲朝廷收得人之效。我國家造士，仿前明遺意。首重經術，以探其底蘊。次及史學，以觀其器識。一切典禮、兵刑、屯田、馬政、水利諸科，廣詢博訪，以覘其幹濟。凡所以陶冶人材者，既詳且備。舉宏博，舉賢良方正，雍正丙午以五經副貢作正榜選拔，六年一舉，今尤鄭重其選焉。而特恩異數優禮耆儒，有倍於前明者。辛未春，詔令閣臣而下，外內三品官以上，各舉所知，不遺諸貢，豈不以德充養邃，淹通經史，務實勝，黜浮華，而詩古文詞優入古作者之閫奧，多在經師名宿！中唐之韓愈，出身鄉貢。明之方山薛氏、歇庵陶氏，以理學文章名海內，其初庸詎非循例選貢耶？曩嘗游太學，觀歷朝所建進士題名碑者，其篆額必冠以某科貢士，蓋貢者科第之本根也。科第之得喪，於貢之德行道藝原無加損。而處爲端士，出爲名臣，若韓、若薛、若陶，曷嘗不占巍科、擢上第？外此由貢而甲乙，而通籍銀臺、詞臣、殿撰、部曹、守宰，郡邑志班班可考。且非此，其身在，其子孫何至嘆老嗟卑，自傷隕穫？銓衡者又烏得目爲庸類，偏重科名，畸輕諸貢也？抑又有難焉者，貢難於科第，恩歲難於拔副，彼其積日累勞，窮經垂老，遠則三十年，近亦不下二十年。而後乃觀光上國，祿薄官卑，臥青氈，餐苜蓿，日與諸生講藝論文也。夫豈一朝弋獲者可同日而道哉？善乎，莊裕公之言曰，世重之機待其人，非待上之世重厥士，待士之砥行立名，克自振拔，世世與王國匹休云爾。《詩》曰："凡周之士，不顯亦世。"其是之謂乎？毗陵嚮無貢考，雖倫堂懸匾，猶懼久而失傳。今續《科第考》而成是編，乃不朽於世。其勞不可沒者，勤加蒐訪，殆遍無遺，則新心徐太翁；發凡起例，手編成集，則林子湘洲也。

乾隆乙亥十一月長至前三日，後學盛衡拜書。

——《毗陵鄉貢考》卷首

毗陵鄉貢考跋

〔清〕莊善孫

士掇科第者不必盡由於貢，而貢爲科第之本根。盛漢昭徵士嘗言之矣，矧貢而登仕，籍宦成名立者不乏人也，顧可忽乎哉？吾武進、陽湖二縣，由合而分，而貢亦因之，歲貢向依兩庠廩次通補，繼定子、辰、申年各一人，拔貢始六年合拔一人，旋改爲十二年每週辰年舉行，今則兩庠分拔焉。舊有《毗陵貢考》一編，林湘洲、徐新心兩先生仿《毗陵科第考》而踵成之者也。肇自明洪武甲子，迄國朝乾隆丙子，嗣未有續刻者。善孫先大夫笠樵公，諱咏簾，字仲吹，郡諸生。沉酣載籍，稔桑梓故事，晚訂《貢考》《科第考》諸書，核郡邑志暨群姓家乘，互有異同，輒爲訂訛校正，并續載至咸豐初年止。邇罹庚申之變，手澤幸留，蓋未續者距今又三十餘載矣。家廣文俊甫先生，同治間嘗偕同志重輯《科第考》梓行。茲復集資重刊《貢考》，遵先大父舊録而補輯之，以示方來。夫績學之士循年而貢，不獲盡以科第顯，而拔難於副、恩，歲難於拔、副，要未可以倖致也。刻既竣，謹爲述其概，贅一言於簡末。

光緒十年歲在閼逢涒灘之相月哉生明，莊善孫性初甫識於古椿軒。

——《毗陵鄉貢考》卷末

毗陵掌故序

〔明〕李　畫

畫初蒞茲土，百凡故事，無所于稽。吏胥之巧猾者，乘時肆志，輕重行止，率多以其意相欺。詰之，則曰："此故事也。"再詰之，欲得舊案，則曰："積之充棟，莫可稽查也。"余退而思之，魏相，漢之名宰，惟以其熟於漢事。今之六曹，亦莫不有職掌之刊布，以懸視之，大小相去雖曰甚懸，而據往範來，鑒古準今，則一而已。乃遂翻閱卷案，得所録凡五十二條。每欲斟酌損益，纂集成編，而薄劣不文，深愧未能也。歲月不居，今且循資去矣，不有所托，恐復就泯没。乃將原稿六册，封付署篆吳君金峰，以俟後之君子。若夫因略致詳，推舊爲新，使一縣之事如指諸掌，而吏胥無所售其術，蓋深有望于他日云。畫不敏，敢僭識此以相告。

——萬曆《常州府志》卷二十

蘭陵政牘序

〔清〕陳玉璂

古者諸侯之國不過百里，準以後世大縣則令固大諸侯也。上而爲郡守，秩雖亞于方伯，然統率數百里諸侯以事其上，爲一方之尊，任綦重矣。漢唐以來，言親民之吏天下治亂所由關者，必先守令，而守又所以帥先乎令者也。是故督撫藩臬之官于民尊而不親，縣令于民親而不尊，達上下之情而兼尊親之勢者，捨郡守誰屬哉！毗陵爲三吳大郡，人文蔚興，天下稱望國，然地衝而民貧，比年以來，水旱相仍，農多失業，雖舟車絡繹，而非百貨之所萃，賈衒之利不足以操贏，以故獨敝于他郡，前之賢者加意撫恤，而凋瘵尚未能起也。朝廷軫念東南，特命我紀公爲之守。公下車之日，延見士大夫，與鄉老善人詢四境之利弊，于前之利之興而未盡興者興之，前之弊之除而未盡除者除之，境內頌神明焉。且吾聞公之在滇南也，以清正仁敏率其僚屬，爲大吏所敬信。凡兩司職官，公無不攝而歷，功名大著于荒徼。既以奉裁休閑，諸同事者莫不引領跂足，以待監司之補，而公獨俯而就郡。夫樂高而喜上者，固凡人之情也，而賢者則否。賢者之志，上在于忠君而下在利民，苟能承流宣化，使百姓實被其澤，則爵秩之崇卑、祿奉之厚薄，固有不足計者。公之俯而就此，豈非志在親民，灼然有見于古郡守之重，而欲以一身任尊親之責者乎！公爲政之二年，謂予曰：“吾俯而就郡之意，朝野知之矣。吾所以親民之實，朝野未盡知也，取平日與民注措者刊爲書，可乎？”閱一月，既成，名曰《蘭陵政牘》，屬予序。予見近代以來爲治者務以聲譽相高，衆用目則飾色，衆用耳則飾聲，及考其次第猷爲，往往無可表見，爲君子所不與。茲按公所爲書，大較本之以慈惠，先之以教化，而繼之以勸懲，故施之一邑則一邑治，施之一郡則一郡治，天下士大夫咸知誦法公，則天下無不治。漢郡守多入爲三公，而必以治迹爲殿最，此書其左券乎！予忝列仕版，其敬佩公之説以爲章程矣。

——《學文堂文集》卷六

武陽官書録序

〔清〕王其淦

《武陽官書》輯録一編，蓋補《合志》所未備，而摭閭閻疾苦之端、有司籌畫之務，存諸簡編，以昭法守者也。或以事關民治，致勞補輯，遂疑《合志》

之漏。夫《合志》提綱標目，各有體例，雜及時政，如顏惟喬之志隨州，則非體。或又謂斯編之刻，卷帙寥寥，則疑贅，是又不然。宋羅存齋作《新安志》，自序不同鈔取記簿；明康德涵作《武功志》，僅七篇，文簡事該，善惡并著。若夫登載有未便，捃摭有未及，踵筆成書而補綴之，如龔希仲撰《中吳紀聞》、陸輔之撰《吳中舊事》，取圖經所未載者，彙爲一編，以補地志之闕。然則有《官書》，斯《合志》不嫌其漏，而《合志》亦不以《官書》爲贅矣。且《官書》所輯，若均莊、議圖、河塘、徭役及一切利弊，固已存之案牘，銘諸碑版，而猶慮歲月之淹久也，風雨之剝蝕也。愚民或因而紛更，奸役或因而媒孽也，更加剞劂，托諸志乘，犖然秩然，瞭若指掌，使上行不悖，下聽不惑，其慮周，其計遠哉！余前治武進，繼調陽湖，凡六載，今復捧檄蒞茲土，若與此間結不解緣者。顧謭陋無學，不足企美弦歌，追昔賢盛治，慰吾士民望。其亦可撫此成規，與茅檐蓽屋之人守而勿失，毋拂毋擾，安靖以少事歟？抑又有望焉：武陽地饒俗儉，財賦人物稱東南最，自赭寇猖獗以來，兵火灰燼之餘，其凋敝或未盡復，使率是編之急公赴義於其大者、要者，更起而繕修之，俾都邑儀物復睹太平氣象，仰副中天繼盛之庥，斯則邑父老所當進籌，而守斯土者樂與觀厥成也。

　　光緒七年仲夏之月，誥授奉政大夫、同知銜、知武進縣事廬陵王其淦撰。

——《武陽官書錄》卷首

武陽官書録序

〔清〕吳康壽

　　《官書錄》奚爲而輯？曰光緒《武進陽湖志》之作也，自道咸以來，事之當增者，比於舊志，十之二三，而卷帙之數、文之繁簡省於舊志者，十之三四。《合志》藝文，取宋羅願《新安志》之例，分類條注，一篇之中首尾或不完，新《志》合之爲一類，而用《隋書·經籍志》之例，有錄無文者十八九焉。此錄所載，上卷一十八篇，則《合志》所有而新《志》刪焉者也；下卷二十八篇，如《合志》之例則當選入於新《志》而未能者也。夫志事體大，其於官書或以爲繁蕪不衷於風雅，然民治攸繫，如布帛粟菽焉，不可廢也。余嘗治陽湖，而與武進同城，熟其地勢與其民事。其田固奧美，而襟江帶湖、依山跨河之所，或一歲而水旱豐歉苦樂之不同。其民固良懦，而扞乾禦潦、培高浚深之役，或觀望推諉，逡巡而不進。其俗固急公奉上，而均莊議圖、章信明罰之法，星郵羽傳、行徭入執之事，或憔悴於不均，而廢弛於經久。故其政治自明以上不可得徵，至國朝以來，大吏之所標丁寧，良有司之撫循而告戒者，未有不出於此數者也。方其良法美意權輿草創之日，未嘗不大書深刻，托貞石以爲固，而久或毀於兵火，與滅没於荒烟蔓草間，人不克周知，則夫彙而刻之，容可以已乎！余嘉是録有以拾志書之遺，使後之蒞斯邑者徵焉，而知其地勢、民事，得所以撫循之術也，故樂爲叙之云耳。

光緒歲在上章執徐暮春，誥授朝議大夫、運同銜，江蘇補用同知調補松江府青浦縣知縣、前知陽湖縣事石門吴康壽撰并書。

——《武陽官書録》卷首

武陽德政録序

〔清〕陸黻恩

生人之患多端，而吏胥之爲害尤劇，窮檐小民足不登長吏之門，目不識虎冠之面，不幸一遭攀染，匍匐縣庭，當此時見徒隸則心震嚇，鄉曲無賴又從而恫疑恐愒之，籤票在手則搜及雞豚，勘驗到鄉則派累鄰右。甚且國課完而仍復追呼，竊盗發而禍延保甲，所謂楚國亡猿，焚林遍及，露桃蟲嚙，李樹增欹，瓜蔓藤牽，剥膚吸髓。故雖具中人之貲，一遇株連，無不破家者。倒篋傾囊，賣兒貼婦，仁人君子目擊痛心，縱有明察之官、忠信之長，内外隔閡，莫之能知，即知之而莫克誰何，所爲發憤太息者也。雖然，夫豈無其術，是在長民者之用心何如耳。吾常民風朴茂，即胥役輩亦多循謹畏法，視他縣差强人意，前之爲郡邑于斯者，蓋嘗立之禁令，大爲之防，具有成畫。兵燹以來，文案放失，郡伯扎仁山觀察暨兩賢侯勤求民瘼，凡奸胥之蠹蝕閭閻者，爬羅而抉剔之，雖吏行冰上，不敢爲非，猶恐無以善其後，乃搜訪故實，整飭舊章，臚列往牘而比次之，又從而推廣之。其大者具詳憲司，顴若畫一；其細者就縣立案，明示不欺。其均莊辦役、禁革圖差二條爲一則，均莊辦役、錢漕起底議單爲一則，兩邑各鄉議單公呈爲一則，鄉圖地保永免協緝碑文爲一則，兩邑稟定相驗路費碑文爲一則，兩邑稟定踏勘路費碑文爲一則，請杜誣扳公呈爲一則，試卷援案定價碑文爲一則，而以兩邑各圖優免總目終焉。邑侯温鳳樓先生尤恐其久而滋弊也，彙而刊之，使家置一編，永永勿替。既成，薦紳之士感賢父母之厚意，名之曰《武陽德政録》，而予爲志其緣起如此。

同治六年正月，陽湖雅步村民陸黻恩謹序。

——《武陽德政録》卷首

浚河録序

〔明〕薛應旂

昔史遷書《河渠》，班史志《溝洫》，自禹而下，皆盛稱李冰、西門豹、史起、鄭國之功，謂其能引水溉田以業農也。夫農，天下之本也。泉流浸灌，所以育五穀也。五穀育而農事殖，夫然衣食足而禮義興，太平之治，可保于無虞矣，此其所繫，豈微乎哉！然而天下之以農爲職者，或因循歲月，或苟且文具，而其所以爲乎農者，多漫不知省。是亦非不知職之當舉也，蓋以民可與樂成，不可與慮始，而在下位者，又難于獲上。是故不好逸而惡勞，則遠嫌而避怨，而農事往往廢弛，流離者載道矣，斯民將何賴焉？淳安吳君道宗，以賢良文學選貢明廷，授丞吾邑，職在治農，公清勤慎，視民事如家事。川涂溝洫，陂障圩塘，丘陵墳衍，堨壍橋梁，靡不悉心疆理，而承委申請，畫圖貼説，率皆躬自相度，協人情土俗之宜，建經常久遠之計。民不勞而事集，財不匱而工成，而吾邑之民旱潦有備，豐穰可望，是君之功利濟斯民者實大，豈特如昔人所謂不負丞而已哉！當漢太始間，趙中大夫白公穿渠引涇，首起谷口，尾入櫟陽，溉田四千五百餘頃，而當時之民歌之。兹武進之田九千三百餘頃，視白公所溉，不啻倍之，使有爲鄭國、白渠之歌者，捨君其誰哉？故於是《錄》，樂爲之序，以告天下之爲丞者。

——萬曆《常州府志》卷二十

水利圖册序
〔明〕馬汝彰

水道以運河爲主，而衆流宗之，大江繞我郡境西，自京口分流，歷丹陽、貫郡城而東趨者運河也，《史記》《漢書》注北江從毗陵縣東北入海者，後廢，而隋鑿之，今於奔牛鎮置閘以節上水，次則孟瀆、烈塘諸河，皆在本縣之西，上流引江以通餽灌，而網頭、丁堰以東諸港凡在本縣之東下流者，皆自運河分派北流，經無錫、江陰之境而達之江。舊志叙沿江諸港皆自江而入，後賢以爲倒置源流，蓋諸港旱則引江潮以供灌溉，潦則由此而注之江，此運河以北之水源也。若運河以南白鶴溪、蠡河諸水，皆爲運河之支流，雨則水下於滆湖，從宜興而東注，晴則水上而散入諸港。自戚墅港而東，諸水皆北枕運河，東南而入太湖。腹裏河港千支萬派，交流錯注，不外乎此，此水源之大略也。《宋史》載常州諸水，叙運河以北之水似也，謂金壇洮湖之水可通白鶴溪，太湖之水可入蠡河，又謂太湖、震澤爲二水，則繆戾泪陳矣。若興修之利害，本縣地形西南高而東北下，下地潦則爲灾，利於泄；上地旱則爲虐，利於瀦。下地水灾，猶幸圩堰河港有名在官，而時有修築之功，高田溝渠陂塘，私雖有名，官無籍記，愚民樂於苟安，是以積久不治，蕪塞者多。間雖得雨，水無所受，一遇亢旱，江湖退縮，則河港斷絕，有力莫施功矣，所以其害爲尤慘也。今之興役按田起丁，非不均也；夫曰得利，非不當也，而吾民不免有怨咨者，何也？役高田之民，疏泄水之渠，故民有倒戈目刺之譬，上有見牛未見羊之仁，宜無惑乎吾民也。本縣高鄉陂塘溝渠不下千數，低鄉圩堰數或相當，誠使陂塘時浚深闊，如小旱足以供之，小有霖潦足以貯之，上水既留，下水自少。又時修築堤防，決排壅塞，則高低兩利，歲可常稔，而國賦易足，官省簿書追攝之煩，民免子遺昏墊之苦。其或恒雨恒暘，則天也，又當思所以濟之耳。傳曰："圩者圍也，內以圍田，外以圍水。"以圩名田，低可知矣。今載之圖册者，即此田也，而有稍低、又低、極低之差。極低之田，河高而田下，不待久雨輒就瀦沒，而瀦沒之害又有早晚之殊。澇於五六月之間，水退之後，尚有種穋可種，庶獲少收。澇於八九月之間，禾稼垂成，一旦委於洪流，不過旬日化爲臭腐矣。高田有三垛、四五垛者。所謂垛，奠水車基也，垛而至四五，高可知矣。設令有水，終日所灌幾許，雨澤少愆，收成遞減，旱歷彌月，悉就焦枯，吾高下之民盼盼然終歲勤動而不得粒食者有矣。假如有旱澇之年，官司必須檢踏，極高極低之地固全荒矣，或地有稍高稍下，有三分、四分、五六分成熟者，欲畝計而丘量，則不勝其煩，欲爲之差等則奸弊百出，欲多蠲則國有常賦，固無施而可。報荒之數曰某鄉幾分，某里幾分，而不知全荒者乃某人之田，差熟者又某人之田也。差熟固僅得以輸稅，而全荒者何措焉！是以吾民不免轉徙頓踣而終無息肩也。古人重惜民力，故役必農隙而食實先之，有曰"修圩錢糧并於常平義倉撥借"，此宋紹興之詔也；有曰"募饑民修水利，一舉而兩得"，此晦庵之説也；有曰"役夫日給米一升、二升、三升"，此宋太史紀修吳淞江、練湖水利之志也；有曰"開濬河道，修築圩岸，人夫乏食者量支食用，秋成撥還"，此周文襄濟農倉之條約也；有曰"令該役人夫出辦食費，官爲收貯，雇倩專業土工包辦開挑，官省程督，民不失農，再有不敷，官爲湊助"，此姚水部之議也。若夫潤澤之，則不能無望矣。

——道光《武進陽湖合志》卷三

常州府水利圖册序

〔明〕劉光濟

昔太史公作《河渠書》，首序大禹治水之績，乃曰"九川既疏，九澤既灑，諸夏乂安"，而與"吳則通渠三江、五湖"。夷考《夏書》所載"三江既入，震澤底定"，古今言三吳水利者，無以易此。夫三吳諸郡，東南奧區也。往者數被水患，當事者議興大役，開劉家港以入海，開白茆港以入江，浚吳淞江南北兩崖，以引太湖諸水，拯治之法稱善矣。然事竣則代，後命臬臣兼攝，人無專責，而內地溝洫之政，略而不講，以故或湮或溢，卒無永利，而害乘之。惟我聖天子臨御以來，凡海內利病，民生休戚，罔不咨於良弼嘉猷，虛懷聽納。惟兹三吳水利，上厪九重宵旰之憂，萬曆丁丑，特采廷議，擇臺臣之有材識者，俾之董治，必底績乃代。於是侍御林公應訓奉璽書，祗受廟謨，攬轡吳中，遠稽往牒，近訪輿論，周爰咨諏，巡行於沮洳崔葦之區。相其原隰，溯其委源，因天之時，順地之宜，疏滌壅遏，以引以注。爰條治田六事，檄郡邑長吏，率其屬以勸相三農，皇皇焉車不停軌，歷五載而圣績用成。慮夫歲久而法弛也，圖而志之。是圖也，刻之吾常者也，常居蘇、松上游，其屬邑有五，而地勢各殊。昔人謂吳淞江被災，宜多穿毗陵郡西洞河，以分殺之。正統間，周文襄請築金陵五堰，以障上水，穿百瀆於震澤，以導下流，繪魚鱗圖以稽畎澮，茲圖則加詳矣。總之一郡以提其綱，列之五邑以挈其領，疆界既明，悉引之說，若江若湖，若汊若河，若瀆若港，若浦若蕩，若浜若陂池，若圩塍堰埒，若堤防津梁，掃聞之區，罔不具列，而五邑之地形，粲然在目。宜障也，宜泄也，宜疏也、瀦也，小者役以民力，大者資以官帑，精神心術之所運用，殆爲千百年計乎！後之視今者，按圖而索之可也，而侍御公之績偉矣。予恒竊嘆朝廷設官，興修水利，以惠養元元，而實效未臻，水患洊至，民用阻饑，至煩主上憂，屢下蠲賑之令，損賦額以恤之，而後民困始蘇，曷故哉？夫任事之臣，狃於故常者，小智也；怵於豪黠者，保祿也；責效旦夕者，邀功也。監司不能責之長吏，長吏不能責之僚屬，是以虛文相應，負國而厲民。今林公之蒞吳也，精白乃心，夙夜勤事，予從田野間望旌旆，一歲中按部者凡幾而不言勞。吾郡守穆公煒矢猷宣力，輸共濟之患，偕其僚佐萬君輝，暨諸邑之長吏，從事於阡陌間，躬自勸相而不言勞，是以利興害去，臻乂安之績，以對揚天子之休命。茲圖也特其迹焉耳，予承郡公之委，敬爲之序，以告夫繼事者。

——《吳中水利全書》卷二十三

常州武陽水利書叙

〔清〕吳康壽

　　財賦出於農田，農田全憑水利。諺曰"水利通，民力鬆"，非虛語也。昔白樂天爲杭州刺史，浚錢塘湖周圍三十餘里，以時蓄泄，而杭州之財賦出。蘇東坡請行單鍔之說，疏雪、苕二溪七十二漊，節宣震澤之水。逮出守杭州，又開蒙山、藍橋二河，分受江潮及西湖之水，而杭、嘉、湖三府之財賦盛。余在鄉邦，撫其遺績，考諸文獻，未嘗不三致意焉。癸酉歲，來令是邦。下車時，適逢旱暵，河流不涓，農民束手，雩禱之餘，乘一肩輿，戴星出入，諦視各鄉諸瀆港，無不淤澱，乃知民之坐困，非特天時，抑亦人事耳。遂以此故稟告張中丞及應方伯，而二公亦慨然然之，則以二公素心於水利，應公又奉聖天子諭，督興江南水利者也。二公即以興復水利事宜諭予，因訪求前賢規畫，竟不得其源本。漸知舜河、蘆埠江潮藉以蓄泄，而未知陽湖形勢西南高而東北下，水潦之年，湖水倒灌入江，二港係咽喉之要，日夜惴惴，惟恐蹈西門豹治鄴不能用漳水之譏。適聞明經王子愚溪，端人也，兼通水學。延之來，則出其所著《水利書》一編，及武陽輿圖。予披而閱之，見其高高下下，本源詳悉，無不出諸踐履。其《興復水利》一辯，又足以釋舉事者之疑慮，則是書者不惟大有裨於兩邑之農民已也。爰爲之序，俾付剞劂，以垂後云。

同治十三年秋九月，運同銜知陽湖縣事石門吳康壽拜序。

——《常州武陽水利書》卷首

修堤錄序

〔清〕張之杲

常州芙蓉湖，古凡百里。自晋内史張公闓始濱湖治田，至前明周文襄公忱乃盡涸湖築圩，遂皆爲田，諺所稱“芙蓉圩”也。凡農田高仰者畏旱，低下者畏潦，各隨其地勢使然，而此圩最卑窪，故恃堤防爲捍禦。然自治湖爲田以來，遇淫雨水溢衝決者數矣。道光庚子，余宰陽湖，適大雨潰圍，全圩淹没，圩民流離失所。幸邑中士大夫相與出錢穀賑救，遂謀修築。余數巡視其間，考周文襄公之遺迹，兼訪其民俗，慨然於古君子經理之要、愛民之仁，輒低回留之不能去。逾年，圩工告竣，余再至，適春雨，圩中積水數尺，因命設桔槔戽水，俾得播種。然圩雖粗完，而凡築界岸、置水閘及增設子堤，其工正未有艾。余旋移宰長洲，遷泰州，而於圩民之艱難、工程之繁瑣，雖寤寐未嘗置也。古稱江南水利，以吳中爲最。三江東導，太湖入海，其間塘浦縱横，賴以宣泄，自宋單鍔、郟亶各著爲書，後人得依據以爲治理。而此圩自明以來，未著成法，故一旦遇灾，民情洶洶，無所措置。余嘗令纂爲一書，具載興築修葺，壩岸水口之丈尺，工役民夫之多寡，無不纖悉備之，以垂永久。今年湯子鈺以所刊《修圩錄》請叙，知一切事宜皆成，不禁喜而序之。即俾以此勒石爲碑記，後之人有所觀焉。夫此圩之成，欲其歷千百年而不壞，余之心即其邑人之心也。然思患預防之道，固不可不講矣。

道光歲次丙午夏四月，錢塘張之杲叙并書。

——《芙蓉湖修堤錄》卷首

重刊芙蓉圩修堤錄序

〔清〕金士準

嘗聞“莫爲之前，雖美勿彰；莫爲之後，雖盛勿傳”，況爲生民粒食之攸關，利害身家之所繫，尤不可不善全其後，以無負乎前哲殷殷愛民之苦心，如芙蓉圩者是已。毗陵芙蓉湖，廣袤百里，跨陽湖、無錫兩縣界。自涸湖爲田，築圩禦水，而芙蓉圩之名以著。我朝道光間，武林張公宰是邑，又纂輯《修堤録》，以備後日葺修之準。其顛末，張、余兩序已詳言之，兹不贅述。第念前人創之，後人宜有以守之。士準承乏是邦，於今三年，凡地方水利諸書，靡不加意搜羅，以資考鏡。去冬挑浚舜河，得《疏浚舜河録》，重付手民。兹又得閱《修堤録》一書，其興築防患諸法，與《舜河録》同爲經世之要，不可不廣爲流傳。奈兵燹後舊板毁棄，存書無多，若不及早重刊，恐書缺有間，將何以垂久遠、備規畫乎？爰商諸在事紳耆，集資重雕，裝印散給，庶美意良法，後之人得世守之以爲利賴，而亦不没前人興利弭害、殷殷愛民之苦心與！書既成，予故樂得而爲之序。

　　光緒十五年夏六月上浣，知陽湖縣事鎮海金士準序。

——《芙蓉湖修堤録》卷首

重修芙蓉圩堤録序

〔清〕陳　鎬

　　世常稱古今人不相及，古人不逮今人乎，亦今人不若古人耳？雖然，爲是言者，借古人以策今，使駸駸而進，於古則可，否則不自振拔，直自囿於今人而已。鎬以丁未七月莅治陽湖，逾年春，《芙蓉湖修堤録》成，乞一言弁簡首。鎬按，《舊録》一修於道光丙午，再修於光緒己丑。前此書缺有間，而是書前有《治湖迹》之刻，又有《治湖》《探湖》諸録，具見舊刻序記中。若改易今名，昉自道光丙午，而張序中所稱《修圩録》，度猶未定草也。夫《堤録》之作，詳例、案紀、舊章、圖說、碑頌於焉畢彙。取而讀之，前賢經理之艱，用心之密，足以發人欽敬於不自覺，而況生長是鄉，衣食利賴，讀其書而想見其事，其感奮又當何如哉？光緒丙午夏秋之交，霪雨彌月，水災幾遍東南，蓉圩禾盡淹。時邑紳劉太守度來、盛觀察春頤，咸以憂在籍，既請官義各款於欽差商約大臣呂公海寰、盛公宣懷，就而賑之。復以堤厄於水，剥落崩坼，彌望駭目，更請益於二欽使及督撫憲，葺而修之，高卑尺度，悉如舊式。前任何公希曾，往返工次者數四，而觀察盛公風雨扁舟，繞圩梭視，督飭尤力云。竊惟天之有水旱，無以異其生亂賊，而降此水旱、亂賊之先，必豫儲捍禦之才以爲之防，使其患常足令人警，而不至無所歸束。是故有髮逆之禍，則中興諸大老叠起朋生以平之。若蓉湖圩堤潰於前明者再，則郭公、張公繼築之；潰於國朝者亦再，則前撫慕、宋兩公，及董公后江、姚公讓庭、孟公北溪繼築之。至此次水災之慘，不亞潰堤，則劉、盛兩公維持而調護之。然則是役也，兩公能心古人之心，事古人之事，與古人齊驅而方駕，夫何待言！抑更有進者，丙午、己丑兩修《舊錄》，費皆出於圩民。今兩公以民遭水厄，尚艱粒食，刻資概無所取。是而賑而修堤而刻錄，爲圩民計者，深遠周至，直駕古人而上之，豈僅并於古人已哉？鎬茌治晚，未能隨兩公周歷圩堤，目擊規畫、經制之善，書此序之，見天下凡事古人所以特過今人者，亦今人甘讓古人，非古人果不可及也。

光緒歲次戊申暮春下浣，權知陽湖縣事商丘陳鎬序。

——《芙蓉湖修堤錄》卷首

修堤錄序

〔清〕張之杲

《芙蓉湖修堤錄》告成，郵示，余既序而梓之，俾後人有所觀覽矣。閱數月，姚君讓庭復以所輯黃天蕩修堤始末問序於余。余嘗勘黃天蕩之田，雖稍減於蓉湖，而窪下與之埒，居民就高避水，蕩中村落甚稀，多依傍岸栖宿，而田疇皆在蕩中，衣食仰給，一遇水毀則萬井哀號，此湖蕩之情形異名同實者也。蟻穴潰堤，每有小水輒以爲憂，而庚子之歲爲尤甚。霖雨經夏涉秋，蕩底水深丈許，衝激既久，堤岸盡壞。余茌任斯邑，不勝焦灼，幸賴邑中賢士大夫足於儲蓄者不惜其財，優於幹辦者不惜其力，始議賑救，繼議修築，而堤事隨漸有就緒焉。大工驟起，舊案難稽，蓋湖蕩自康熙十九年興築之後，其間從未興修，一切章程問之鄉者，無有知者。因爲之悉心籌畫，粗立規條。其時往來商榷，匡余不逮者，姚君之力居多，救饑拯溺，并力兼營。以辛丑正月十六日動工，二月十六日蕆事云。姚君於挑浚河道及築堤等事尤爲諳練，余昔已列之詳稿中。自黃天蕩圩岸既成，而芙蓉湖圩岸亦次第修舉，後錫邑芙蓉圩、江邑馬家圩均照此堤辦法。然則是役也，雖屬一時猝定章程，未敢謂足與《探湖錄》《治湖迹》等書所記并垂永久，而工欲其堅，費欲其省，心力實殫。是編綜叙始，井井有條，披閱一過，憮然如在簿書旁午、籌辦艱難時也。

道光歲次柔兆敦牂相月下浣，錢塘張之杲序并書。

——《黃天蕩修堤錄》卷首

黃天蕩修堤錄序

〔清〕龔寶蓮

常郡北之黃天蕩，自前明周文襄公築圍成田，民享其利，其後屢廢屢興，雖踵行修築，然終不免衝決之患。道光庚子夏，霪雨兼旬，圩堤悉潰，田廬漂没，遍地哀鴻。時邑侯東甫張公念切民瘼，親往履勘，并集在郡先達諸公，籌費興修，乃有讓庭姚君倡捐錢一千緡，后江董公聞而義之，更以八千緡助工。於是慕義者踴躍樂輸，集有成數。邑侯素諗姚君爲守兼優，即倚君綜理其事。君遂與湯明經等共議條款而親任其勞，爰諏吉以開工，集各圖而將事。以工代賑，民免於饑；授事因才，人樂爲用。當流之衝者，加堤以衛之；相堤之弱者，培土以堅之。趨事惟勤，蕆工甚速。由是登堤一覽，昔日之洪波巨浸變而爲田疇饒沃，阡陌交通。比年來秋成豐稔，含哺鼓腹，歌咏太平，乃知張公之德其有造於斯土者無窮，而姚君與諸君子之見義勇爲，卒成盛美，其實心任事尤足多也。姚君復籌及善後事宜，申明條約，以垂永久。哲嗣小庭以《修堤録》示余，請爲之叙。因綴數言於簡末，以志向往之忱云。

道光二十六年秋八月，龔寶蓮叙。

——《黄天蕩修堤録》卷首

黄天蕩續修堤録序

〔清〕牟晋蕃

《修堤録》一書，創於道光庚子，是歲水灾之慘，自前明周文襄公築堤圍田，數百年來所不恒睹，蓋圩堤之决裂、田廬之漂没比比然矣。姚公讓庭、李公即庵憫桑梓之罹禍酷烈也，亟起而修築之。修既竣，編輯成書，書分兩卷，凡有利於黄天蕩者，無不條分縷析，詳載無遺。而蕩人之得是書者亦皆奉爲至寶，以爲自有此録，蕩堤可期弗壞，章程亦蔑以加矣。乃無何庚申變起，斯地之淪爲賊窟者凡四年，而民散亡，堤亦就圮，而向之崇廟貌以報文襄公者，亦皆化爲灰燼，前功廢墜，可勝慨哉！幸事定，踪迹舊録，猶得數卷於流離遷徙之餘，以資藉手，天耶命耶？是殆未絕斯民衣食之源，而故猶有留遺耶？今者建廟修堤諸事一仍其舊，則亦維是翻刻前録，以廣傳流而已，似亦無待於續。第念風霜兵燹之後，民力凋敝，其竭蹶不遑，黽勉圖維，雖因實無異於創，且一切規制猶有未備於前者，時勢變更，亦有不能拘執於前者。不爲附述一二，何以知前賢之精意有固結於無窮，而後人之勉效者尤當務臻美備耶！晋蕃幼曾助祭文襄廟，得聆鄉先輩及先君子等緒綸，每届歲修，又督村民荷鋤赴工，故於録中所載知之最詳。今晋蕃偕諸君子勉於堤祠稍有端緒，爰謀付剞劂。前刻仍分兩卷，所續者另爲二卷，附諸其後。凡時人所有議論概行載入，務使久遠遵行，有利無弊。晋蕃雖不文，見夫意周法密，可以承先，可以啓後，竊不勝快慰焉。爰不揣固陋而爲之序。

光緒七年歲在辛巳四月之吉，蕩人吉夫氏牟晋蕃謹序。

——《黄天蕩修堤續録》卷首

黃天蕩修堤全録序

〔清〕范壽棠

邑之東北隅距城二十餘里，地形卑下，水潦時災，考之邑乘，舊名黃天蕩。自前明周文襄創築堤防，民居始奠，迄今五百餘年，人事不齊，天災代有，修葺之力迭興迭廢。余下車以來，時懼才德鮮薄，罔有益於民生，維復霆霖未遭，稻田薄熟，而惴惴然思患而預防者，未嘗一日釋於懷。詢諸父老，得《黃天蕩修堤録》二卷，邑之人復集近數十年中鳩工庀材之舉，勒爲續録，并問序於余，將爲後之董其事者勸。余披編循覽，條理洞然，舊迹未湮，良法具備。竊思水爲民利，亦爲民患，保其利，弭其患，是在善守成法而已。夫以此蕩沮洳窪濕，與邑之芙蓉湖等，使聽其漂没，不早爲之備，其不汨於洪波巨浸中者幾希。幸而文襄創作於前，我朝慕章諸賢善繼於後，易澤國爲田疇，俾免其魚之嘆，而此蕩所以至今存也。然則前人之經營，今人利賴之，今日之修葺，不又將爲後事者師哉？試與覽其圖經而源流以悉，稽其版額而疆界以明，知民力之易疲，則優免以抒其困，恐夫數之不給，則合作以督其成。以至洞閘之置、堰壩之營、溝洫之通、橋梁之設，靡不批郤導窾，有條不紊，其在《詩》曰"示我周行"，此之謂矣。若夫因時以制宜，先事而預備，守是編之法，神而明之，使蕩之中家有餘財，人有餘力，休息長養，常享其利而不罹其患，此則予之仰念前賢、後望來者，而益兢兢焉，不敢不勉者也。

光緒歲次元黓敦牂如月下浣，會稽范壽棠序并書。

——《黃天蕩修堤續録》卷首

陽江舜河水利備覽序

〔清〕王銘西

《周禮》："稻人掌稼，下地以瀦蓄水，以防止水。"蓋言乎水有歸宿，潦災可免；水能灌溉，旱患克除也。毗陵北郭迤東有港曰舜河，通達揚子江潮，備農田水旱，鄉民勤於修治，蓄泄得宜，則歲無荒歉，不亦《周官》之遺法，萬世之利賴乎！顧修治之功代興代舉，而閭史所傳時會幾更，書闕有間矣。夷考崖略，在宋單公鍔著《水利書》，毗陵沿江列港十四，至今大半名存實亡。洎乎前明，林公文沛觀風毗陵，首浚舜河。以毗陵土地西仰東傾，河爲最東，群山四屏，田如釜底，夏秋霆雨，山泉怒發，蓉湖流潦，孟瀆狂溜，馬馳矢迅，匯爲巨浸。或時雨愆期，立形龜坼，倏旱倏潦，民用爲困。林公之先，若夏忠靖、周文襄、海忠介皆治水吳中，川瀆順性，歲種時慶。此前朝治績，瀕河遺老尚能仿佛言之，然究其工程條理，知之者鮮矣。迨明季以迄國朝，顧君亭林遍游郡國，著《利病書》，發明水政；惲君遠卿、顧君伯平修《高山》里乘，詳疏舜河；鄉宦湯沐、謝全後先奏請，或動帑募夫，或武、江田農，十鄉合作。厥後鄉民意見各歧，開塞幾變，近且不治。傍水禾田少旱即槁，少雨即淹，民益困甚。去冬，張邑侯晴江以銘業師承曜珊太守疏河之請，乃出俸錢上告郡守，檄同江屬率田科役，大治畚鍤，胡東翹茂才實董成焉。胡君識見淵深，局度閎遠，甫蕆河工，急籌善後。謂曩舜河之湮，由掌故殘廢，上官耳目會有窮期，農民無知，靡所師法。於是繪河形，釐夫役，采輿論以酌時宜，準定章而矯積弊。草創既具，復偕承楚香參軍、蓉坡明經互相考訂，精益求精，名曰《陽江舜河水利備覽》。稿成，示之銘，且屬一言弁其首。銘讀之，喟然曰："是書之成，洵為地方掌故矣。"昔宋寶慶中，曹叔遠守袁，既疏州之李渠，即刻其渠形及治渠條理，其役夫、渠長，陂戶、甲戶，亦一一詮次，歷今六百餘年，踵其成法而修之，渠卒不廢。今舜河有是書，其足昭示來茲，利賴後世，雖與李渠一書同垂不朽可也，為功詎淺鮮哉！

　　同治辛未冬日，愚溪弟王銘西序。

——《陽江舜河水利備覽》卷首

陽江舜河水利備覽序

〔清〕繆荃孫

　　光緒戊子冬，荃孫銜恤南歸，承乏南菁講席。陽湖胡東翹明經來院，言曰：大寧地居陽湖東北，地勢最下，群山四屏，形如釜底。夏秋霆雨，山泉怒發，蓉湖流潦，孟瀆狂溜，矢迅飆激，匯為巨浸。雨或愆期，立形龜坼，倐旱倐澇，民用大困。昔人傍山鑿港，曰舜河，北行十餘里，入江陰境；又十餘里，經虞門，通大江，港門曰新溝。旱則引潮內灌，澇則導水外泄。瀕河陽邑田七千一百九十畝，江邑田七千一百六十八畝，遠至芙蓉圩、馬家圩均受利益，外此波及者猶其餘也。然而潮汐往來，泥淤堆積，水道日窄，岸沙日高，不十數年，即宜大浚，且萃兩邑之人，合數鄉之力。鄉民蠢蠢，意見多歧，富者吝財，貧者惜力，欲成其事，戞戞乎難哉！荃孫然其言，謀之族叔晉卿先生及承楚香諸君，咸以為然。乃核田畝，鳩貲財，定丈尺，立標識，集夫役，具畚揭，搜隱匿，考勤惰。有百計阻撓者，力持之不少懈。入春多雨，浮費倍增，江民素窘，陽邑津貼之。始於戊子冬十月，成於己丑春二月，共百二十餘日而竣。東翹又舉《陽江舜河水利備覽》見示，首水利論，次公牘，次章程，次前事考，次圖，次役田，以治水要言附焉。元元本本，經緯分明。公牘上溯弘治七年，前事上溯至洪武五年，下迄於今，以為後程式，可謂勤於搜輯而有功鄉里者矣。荃孫以為人能用水，水則為利；不能用水，水則為害。利害兩途，決無中立。沿江各河，日受潮淤，昔也方舟，今也斷港，十年一浚，勞民傷財，其病一。鹵莽從事，不暇深求，河細如帶，土逼若衖，每逢風雨，往往傾瀉，漁梁蟹籪，最易挂淤，墾灘樹藝，立形阻塞，其病二。築室道謀，聚聾而鼓，一夫夜叫，萬鍤星散，浮冒侵漁，授人以柄，激成獄訟，懸爲厲誡，功敗垂成，十居其九，其病三。三者皆潮港之通病，非舜河之獨病。縱有良法，夫豈易爲！急則治標，惟有合兩邑如一邑，視公事如私事，嚴定章程，預籌經費，及時修理而已。東翹以爲然乎否乎？昔宋魏峴著《四明它山水利備覽》二卷，國朝王太岳著《涇渠志》二卷，皆足勒爲成法，垂諸久遠。是書也，庶可比美前人矣。

己丑夏四月，江陰繆荃孫序於聽江聲館。

——《陽江舜河水利備覽》卷首

皇明三元考序

〔明〕焦　竑

戴緌垂纓而號英傑者，古今來世共需之，厥責綦鉅且重矣。重而輕試之必蹶，鉅而纖應之必仆。是故有全荷之局焉，有難了之局焉，有未竟之局焉。此匪士之責，誰責也？乃至樹瓊望，標赤志，而萬目章章，爭注於一的。則俗所稱試三場，褎然爲舉首者是。而夫夫固千人之英，萬人之傑也。要以名雪煜矣，而實不足以副華；掇第崇矣巍矣，而魚魚鹿鹿，蔑尺勳寸庸之表建。高第衹爲賈墜梯，彼三元可欣耶？可懼耶？予竊謂可欣者僅一朝之偶選，而可懼者且垂諸百千祀而靡有既矣。晉陵張成孺氏考昭代三元，薈萃成袠，庸詎以可欣者艷士，而將以可懼者興士歟？斯籍所紀已氏之軌躅，鏡懸矣。是故執鏡而照，論其德之貞淫，弗論其顯晦之階爲予奪；論其能之敏鈍，弗論其升沉之位爲低昂。蓋望愈隆而峻責之者愈博，夫奚而得不懼？而第以偶選一朝者炫煥於俗邊稚驕餘子而愉快乎？王仲任有言："器空無實，饑者不顧；胸虛無懷，朝廷不御。"若令白望素飽，載高陟華，足未嘗行堯禹問曲折，口未嘗見孔孟問形象，而沾沾圖喫著一生，朝家安用設大科網士，首拔此儒梟狙學爲？嗟夫！斯籍具存，按名稽實，萬目群而矚之。曰：某也若而品，則心儀之而嘖嘖羨之；某也若而品，則心夷之而咄咄誶之。此妍彼醜，已氏之軌躅足概矣。毋亦惟是景鑠於三立，塞其所爲鉅望而峻責者，褎然居天下第一流，罄大力負之而趨，不亦懿乎！予是以流覽斯籍，深冀幸後來之秀嗣登而駕軼英傑者。

賜進士及第、翰林院修撰、儒林郎、直起居注、纂修國史、東宮日講官瑯琊焦竑撰。

——《皇明三元考》卷首

皇明名臣琬琰録序

〔明〕張　詡

皇明啓運百三十年於此矣，所以興王致治而措斯世於隆古之盛者，固由我祖宗列聖以聖繼聖而致然，然而亦有賴於一二元勛碩輔、賢人君子相與左右而弼成之也。自洪武至弘治，其間人材拔茅連茹而起，蔚爲一代名臣者，不可勝數。是故開國靖難之勛，制禮作樂之具，化民成俗之績，救世華國之文，載在國史，散之四方志及諸名臣家乘，天下人所欲一一見之而不可得焉者也。僉廣東按察司事晋陵徐君朝文，自爲諸生時即有志於采輯，及登高第官法曹，公餘遍訪之諸名臣後，或士大夫藏書家，得一碑一銘、一狀一傳之類，輒手自鈔録，積二十餘年，而九朝諸名臣之事迹，視前此之爲贊爲言行録者，搜羅幾無遺矣。録成，釐爲若干卷，計幾百幾十有幾人焉。其嗣得之者，則別爲續録以盡之，名曰《皇明名臣琬琰録》云。夫琬圭以治德，琰圭以易行，琬琰云者，甚貴美之之辭者也。昔人嘗有爲此者矣，而文公晦庵先生復有《名臣言行録》焉，茲不欲顯然自附於古之名儒之著述，而若姑爲後之秉筆削之任者張本云爾。録成，俾詡序之，詡未暇也。未幾，君擢雲南憲副，洞陽馮君廷伯來僉廣憲，復訂正而輯之以請，義不敢辭，乃爲之論撰而嘆曰：“嗟乎！人材之成，匪一途也，究其歸不越乎造成人、爲辭命二者而已矣。”昔孔子之論成人曰：“若臧武仲之智，公綽之不欲，卞莊子之勇，冉求之藝，文之以禮樂，亦可以爲成人矣。”至論辭命則曰：“爲命裨諶草創之，世叔討論之，行人子羽修飾之，東里子産潤色之。”夫成人必兼四子之長而辭命必更四賢之手，則人材之成就、文章之鳴世，豈易易也哉！若諸名臣之造成人、爲辭命如孔子之云者，何彬彬也！其他得一體亦足以名世矣，況具體乎！故曰“不成章不達”是已。後之覽斯録者，豈無興起而思齊焉者乎？取其長，去其短，駸駸乎又必進而如聖人之踐形盡性焉，吐辭爲經焉。詡固弗敢厚誣天下，以爲無其人也，相率出以翊我皇明億萬年之景運，使有隆而無替焉，而諸賢亦有無窮之聞矣。《傳》曰：“舜何人也，予何人也，有爲者亦若是。”詡誠無似，所願與天下有志胥擇而共勉之者也。《詩》云：“思皇多士，生此王國。”臣詡不佞，敢竊附堯人擊壤之義，敬以是爲我皇明作人頌焉。

弘治十八年乙丑春二月上浣，南海病夫張詡撰。

——《皇明名臣琬琰録》卷首

重刊皇明名臣琬琰録叙

〔明〕薛應旂

《皇明琬琰録》，弘治間嘗有是書矣，有之而未備，而後來者尚闕焉。於是吾郡諸生王道端公取并觀會萃而刻之，刻成，詣余山中問叙。余因詰之曰："是録也，誠謂之琬琰矣，但我國家二百年來，公、卿、大夫、士何啻千百，子是之録僅若而人，縱擇而取之，將不有遺珍墜寶也乎？"曰："是固所不免也。然唐虞五臣，周唯十亂，當時已謂之盛，茲録蓋幾倍焉，恐亦不謂之少矣。多聞闕疑，以俟君子。若曰有所予奪於其間，是史氏事也，則吾豈敢！"曰："然則子之爲是也何居？"曰："元也不敏，有私慮焉。自科舉制興，而士人之業舉者其習日趨於陋，唐及宋人唯類書帖括是務，歐、蘇諸公固已病之。及觀其應制之文，猶知本朝故實，故其立朝議論行事多師法前輩，往往有所建立。乃今目前數年業舉者束書不觀，轉相傳習，唯記誦坊間套語以獵取科第。及其施之政事，形之章疏，蓋有難言者在矣。當是時也，驟以古人語之，不以爲迂，必以爲難，唯語以時之前輩則矩矱尚存，事迹可據，庶其或有觸而興起者乎！此實區區杞憂嫠恤之微意也。"余不覺懽然起，曰："昔人謂范文正公自做秀才時便志在天下國家，故其出而用世，遂卓然爲一代殊絶人物。學者人人有道端之慮，則人才不患其不多而天下之事其幾矣。"因次其語以爲之叙。

嘉靖辛酉秋七月朔，武進薛應旂叙。

——《皇明名臣琬琰録·續録》卷首

遯世編序
〔明〕陳繼儒

余嘗以劉中壘《高士傳》簡短寂寥，因廣爲《逸民史》二十卷，然而未敢品題也。吳采于先生著《遯世編》，搜古之隱者，列爲九品，前係贊，後係論，大約以龍德而隱爲上。其次恨不得取裁于仲尼，余獨謂是皆胸中有所見，有所癖，正古之狂狷人也。今天下惟狂狷可以遯世，亦惟狂狷可以救世。既遯矣，曷救乎？曰遯剛德也，鄉愿劖百鍊之剛而爲繞指之柔，隨風東西，與臬上下，麾之不去，招之即來，一變而爲胡廣之中庸，再變而爲馮道之癡頑老子，病在不狂不狷不遯耳。今《遯世編》所載諸君子，或巢或壺，或哭或歌，歌鳳而去，孔子披羊而謝故人。厭釋老之説繁，笑王霸之枝癢，何其狂也！蒲璧徵之弗應，粟帛餽之弗應，爾公爾侯挑之弗應，天下與之亦弗應，食不非力，熱不因人，何其狷也！晚世有患得患失之鄉愿，則詎可無真狂真狷之遯人！執病熱奔走者而授之箠，不解也；飲之漿，不甘也。惟投諸清冷之淵，沃之萬年不化之老冰古雪，而其人始淒然寒、凛然冽、霍然而病良已。《遯世編》，其救世之藥石乎！夫上而神隱龍德者無論已，其次皆隱則皆龍，俄如蜕龍不可迹，俄如癡龍不可起，俄如毒龍不可縶，俄如臥龍不可動，俄如伊鉢羅龍不可愚，俄如無惱龍不可怖。若使當路者啖之以功名，則熱沙也；侮之以群小，則蛆蝦也；迫之以威武，則離車牽而金翅攫也。是故遯世之士，高山大川爲窟宅，朝烟夕曛爲雲霧，放言危論爲風雷，奇節獨行爲雹電，左圖右史爲悲吟，千秋六合爲游戲，光明潔净爲頷下珠。帝庭不賓龍門不設，去此而鄉愿，抑亦井蛙壞蟲而已，何足比于龍德之數乎！昔者仲尼憂天命，悲人窮，決不忍爲長往不反之計，然且曰“危邦不入，亂邦不居”，又曰“有道則見，無道則隱”，甚則以三讓推泰伯，逸民推虞仲，表墓推延陵季子，是皆古之遯人，又皆而吳氏祖也。采于先生用經術擢名魁，忠直稱名御史。忽念太夫人春秋高，抗疏辭朝，爲文誓墓，結廬于青山門外，自稱真止生，曠類狂，潔類狷，即置之泰伯、虞仲、季札間，無忝厥祖矣，其聖世之人龍哉！請虚《遯世編》數行以待。

華亭陳繼儒題于山中之頑仙廬。

——《遯世編》卷首

遯世編叙

〔明〕夏樹芳

夫鐸以聲自穴，膏以明自銷，隱之貴也尚矣。顧隱非枯槁逃空息虚之謂，一出一處，將世教藉以風厲焉。故勛華之朝上有禼、益，則巢、許自安於爇火，嚙缺之隱於堯，石户之農隱於舜，皆是物矣。余友采于吳丈束髮時名噪海内，以《尚書》應制舉，掇二魁若承蜩，居紫薇紅葉之署，謂謂多清譽。已居御史臺，白簡峻嶒，威名震轂下。按彎行邊，過雲中、上谷，歌出塞之章，權貴爲之膽落。是時采于年未艾，方柄向用，名垂日月之表，忽念太夫人萱景，遂公疏陳情，抗志投簪，不俟終日，比於《易》之飛遯，《九師道訓》曰：“遯而能飛，吉孰大焉！”其采于之謂乎！歸來日朝母，無所事事，闢名園於青山門外，曲沼謏塘，瀲瀲淙淙，水周堂下，日與賓朋燕集其中，蓋誓以薖軸終身，不復作出山之小草矣。考槃之暇，輒用古之高蹈者次第品隲，首曰神隱，次曰真隱，曰儒隱，又次曰節隱、俠隱、哲隱、高隱，既又亂之曰別隱，而隱止矣。聿稽往喆，咸在是編。若洗耳擊膺，運際中天，獨抱龍德，美哉灝灝乎！當飛能潛，非神隱乎！若披裘道上，息機漢陰，非真隱乎！若涵泳聖真，鼓瑟鳴琴，歌聲滿天地，美哉洋洋乎！樂道安貧，非儒隱乎！若功成不受爵，名遂身之退，從黄石泛五湖，與夫濠上觀魚、五嶽尋真，匿迹善卷，不明不類，非俠隱、哲隱、達隱、高隱之儔乎！至游方之外，屏絶世緣，非禪非玄，若離若合，美哉蕩蕩乎，忽忽乎，悠悠乎！揖希夷而友毗耶，其斯爲別隱乎！之數隱者，行遯不同，署名各異，其旨遠，其辭文。今觀者如入大火聚而沃清凉，如嚼玄霜、吞絳雪，而一段寒香沁入肌骨，列名且九，蓋取《易》辭用九之義。昔阮孝緒有遯志，張有道謂曰："子迹隱而以難明，請驗之蓍龜。"既卜，乃得遯卦之上九，曰飛遯無不利，有道噱然曰："象應實德，心與迹諧，子可以遯矣。"士宗乃即日遯，聲施到今，蓋遯非難，名實相副之難也。若乃出處未明，壹意枯槁，於世道漫無主持，貪頑靡有起立，而但欲朝湌靈蕰，晚孕奇烟，襲江湘之散人，蒙太虛之選客，豈惟未達龍德，亦烏知龍性哉！嗚呼！尾遯斯屬，係遯爲災，若采于者處飛躍而潛藏，遇急流而勇退，不事藻繢，三機獨張，北山有園，所謂無慚箕、潁者也，確乎其不可拔也，隱之上者也。

　　鵝江釣徒友弟夏樹芳撰并書。

——《遯世編》卷首

遯世編自叙

〔明〕吳　亮

　　蓋啓新錢先生之論曰："遯之時義大矣。夫遯者，避也。避而必以亂，此亦所謂天地閉，賢人隱。賢者之避世、避地、避言、避色而已，何聖之能爲！"仲尼有言："天下有道，丘不與易也。"有道莫盛於唐虞，維時巢許不臣堯舜，抑且以天下讓之而不受，去之若浼，豈俟亂哉！聖人之言遯世者凡三：於《乾》初曰龍德而隱，不易乎世，不成乎名，遯世無悶，不見是而無悶；於《大過》曰君子以獨立不懼，遯世無悶；於《中庸》曰君子依乎中庸，遯世不見，知而不悔。夫其言遯世也，或以龍德，或以大過，或以中庸。既已異於有道則見，無道則隱，治則進，亂則退之義，而潛龍有聖人之德，中庸惟聖人爲能，即賢者若在所未與，其斯爲善言遯之時義者歟！天下之生久，一治一亂，有治亂斯有去就，有去就斯有出處，隱見分途，名實競起，矯易則不相爲，交勝則或相譏。善哉乎！范曄氏曰："彼雖硜硜有類沽名者，然而蟬脫囂埃之中，自致寰區之表，異夫飾智巧以逐浮利者矣。"矧夫叔季澆漓，淳風殆盡，錐刀之末競入成群。孟氏曰："今人之於爵祿，得之若其生，失之若其死。"《淮南子》曰："人皆鑒於止水，不鑒於行潦。"故可以揚清振濁，抑貪止競，其惟隱者乎！粵稽巢、許以降，龍德而隱者不可多得，而或隱居以求志，或執節以矯非，或垢物以激頑，或沉冥以遺世，或恬己以鎮躁，或排難以滅迹，或立槁以畢命，或解發以離塵，長往之軌雖殊，高尚之志則一，亦所謂貪廉懦立，聞風而興起者矣。方今聖明在御，林壑多英，公車之牘日月薦引，皆以起廢爲第一義，而廟堂之上亦若懸之爲膻餌，將予復靳，以待陽鱐之自赴。噫嘻！此皆未曙乎遯之義者也。夫上有堯、舜，下有巢、許，乾之初，不潛於否而潛於泰，不潛於龍戰之日，而潛於龍飛之時。雨施雲行，天空海闊，各成其爲龍，各成其爲德。倘所稱六位時乘乃見天則非耶？故惟知乾道而後能識遯義，知乾遯而後可與言《易》，知《易》而泥蟠天飛無所往而不爲龍德，即潛見惕躍飛亢皆所弗論，而又何廢與起之可言哉！若乃腐鼠可嚇，冥鴻猶慕，尋斧斤於林木，施置罥於蓬茆。龍不隱鱗，既鮮存身之蟄；羊或羸角，恐貽壯頄之悔。涉末流而求嘉遯，難言之矣。此《遯世編》所以作也，思潛龍也。是爲叙。

真止居士吳亮采于甫書。

——《遯世編》卷首

名世編序

〔明〕陳仁錫

司馬子長傳循吏，不傳名臣，當是時，漢法嚴刻，酷吏網日密，表循吏風之，猶曰救世。史氏沿而不改，俗習日陋，文以身名俱泰之説，漁高官，獵駿譽，曰循吏循吏云爾。名臣録不著於漢唐，我明間有論次，多采束脩圭璋之士，殆以名臣易循吏標識爾。脱使漢之戇直折檻、廷辱佞幸、抗節虜幕，唐之顏、宋之岳之文皆置不録，奚道而可哉！吳嚴所先生《名世編》所以作。春秋諸大夫亦曰嘗聞事君之義矣，故見無禮於君則逐之，以人事君則不避親、不避仇而登進之，臣品惟事君乃見，奉職循理，犯顏敢諫，臨難仗節，皆此道也。自古有忠臣，豈更有良臣哉！忠良之目一揭，蓋願爲良臣意在悟主，而持論少偏，遂開擇便營私之路，因緣取功名，流於軟熟圓融，亦不少矣。立言可不慎歟！禹、稷、契、皋陶、伯益皆忠臣也，是編所以首五臣。事君未能，尼父一生憂惕，而高懸天民大人於社稷臣之上，以一潛見出處之局。以潛必確，以藏必密，以遯必肥，根心於淵，光輔明聖，功成晏如，寂然不動，臣則斯昭矣。是編繼《遯世編》而作，意在斯乎！若夫典而核，贍而潔，體要而該，繫惟選人，抑亦選言，必傳也夫！噫！世篤忠貞，追躅於唐虞三代之班，勁辭於典謨風雅之後，洵惟其有之哉！

天啓甲子元旦，年家子陳仁錫書。

——《名世編》卷首

名世編序

〔明〕文震孟

嚴所吳先生之歸林也，既輯《遯世編》行於世，越十年出山，復梓《名世編》，而徵序於不佞。不佞時已遯矣，在遯言遯，猶有會心，名世非所當及也。然竊謂能名世者而後能遯世，遯世者并其名而遯之者也，精神識見且過名世者一等，故能遯而不能名則爲果，爲固，爲枯槁，爲寂滅，并不得名遯矣。夫遯與名，時實爲之，非有擇也，而後之君子乃判名世、遯世爲兩，不唯遯者不光，抑使名者不貴。故古有名世而遯世者，范蠡之類是也；有遯世而名世者，魯仲連、侯生之類是也；有始遯世而終名世者，諸葛武侯、謝文靖之類是也。至如文信公者，始第即與閹人董宋臣爲難，請斬吕師孟釁鼓，觸忤奸相，屢爲臺臣論罷，闢文山自娱，殆將終老，後卒光明俊偉，以一身收三百年養士之效，則又所謂驅之使遯而不克遯者，信公之類是也。吴先生之葺此兩編也，豈判爲兩哉！處編《遯世》，出編《名世》，厥旨深矣。今者時清主聖，岩穴之下弓旌已遍，向之潛者兹且爲見爲躍，而名世之光終未若遯世之貴也，意者遯世易、名世難耶？夫唯易視遯，故難視名。有名世之思者，覽斯編而可以瞿然省矣。

史官文震孟。

——《北渠吴氏翰墨志》卷十一

輔世編自叙

〔明〕陳睿謨

考古名，佐流徽，功光册府，勒彝鼎而銘川嶽者，蔑不繇撫翼天階，煒煌勛伐，用能輝麗乎國書，稱遐軌焉。故有鴻筆華憲，潤色論思，爲紀王事駿興弼諧雲布之盛，以勛來兹者矣。逮于管詹畋厩也，而忠績茂彰；負竿采樵也，而古學振起；老萊季蘭也，而孝節炳垂天日。亦猶有傳播流聞，采之碑碣文記，列之彤珥琬琰者。臻兹以往，皆能轉進風教，使名流雅彦飈起正志，爲世道人心之裨益，豈其鮮歟！我明朝二祖列宗廓清大定之功，經理克綏之略，奠乂鼎祊，班叙海宇，使竑綱載緝、横流肅拯者蚤作夜思，怡顔高覽，類多昭著于史臣贊述、草野誦説之餘。然約其大端，均以忠孝教人，俾當世光明俊偉之士共獻棐忱，對答君父，誠甚盛心也哉！顧事久言湮，博士家尋繹所至，類多拂拭藻典，罕能垂情經濟，以故將相司牧各有前賢芳躅可遵可法，而漶漫于寒烟冷霧者不少，滅没于剿説雷同者更多。馴致僻遠者無以輔其志而進之中正，而葸庸者無以輔其力而作之貞毅，則今兹内外交訌，技勇財賦鱗櫛告罄之時，欲鼓其惰歸，勵其黽鋭，亦惟有枚舉嘉言懿行，令見聞共艷，庶幾實心實事，追踪古人。其以夾輔贊襄爲斯世茂明之助，寧僅一璞寒江也耶！余秉鉞沅疆，羽書旁午，每當戎務孔亟，介馬疾馳，兵餉兩匱之時，輒取名臣傳略仿其行事，多得變通之法。歲月漸久，歷事漸深，屢鞏桐封，四芟苞蘖，得以仰報璽書者，其規益不外是矣。間嘗抄青有得，多與吾師凝庵唐先生《輔世編》合者，因綜其成稿，翼以己意，勒成一書，授兒子咨稷，使昕夕習之。家修廷獻已備諸此，且勉以父子世受國恩，當圖奮志驅馳，永矢忠孝。用是椎鍛平夷，榜檠矯直，不愧清白，務以臣子之天性，立世道人心之準，則余滋幸矣。

歲在崇禎壬午仲冬吉旦，欽差提督偏沅軍務、巡撫湖北湖南兼澧公石松等處地方、都察院右副都御史、加從二品服俸晋陵陳睿謨嘗采父撰。

——《皇明輔世編》卷首

憲世編序

〔明〕唐鶴徵

君子之學，盡性而已矣。《憲世編》之作，明君子之盡性之學而已矣。何言乎盡性之學也？《易》曰："君子窮理盡性，以至於命。"則知窮理者，盡性之始事也，性外無理也，非窮理，性無由以盡；至命者，盡性之極功也，性外無命也，非至命，性不可言盡也。何言乎性也？吾始之所資以生，今日所由以生生不已之理也；亦天地民物始之所資以生，今日所由以生生不已之理也。惟爲天地民物所資以生，今日所由以生生不已之理，則知一人之生理，即生天生地、生人生物之生理，惟一人之生理，即生天生地、生人生物之生理，則知天地民物莫非吾性中之物，亦莫非待命於吾性者。吾欲盡吾之性，非盡天地民物而俾之各盡焉，烏可言盡哉！吾于是而知窮理者，窮吾始之所資以生、今日所由以生生不已之理而已；盡性者，盡吾始之所資以生、今日所由以生生不已之理而已；至命者，至吾始之所資以生、今日所由以生生不已之理而已。理也，性也，命也，安有二道？窮也，盡也，至也，亦安有二功？特欲盡其性，而非窮吾性之所以爲性，安能盡也？言盡其性，而非至於天之所以爲天，何言至也？窮者，極盡而無餘之謂，生理本無限量，非窮之極盡無餘，不得謂之窮。何也？未有知之未盡，而行之可冀其盡者也。至者，渾合而無間之謂，性命本同一源，非至之渾合而無間，不得謂之至。何者？未有不盡天之所以爲天，而謂能盡人之所以爲人者也。蓋吾性無體，天地民物實吾性之體。吾性無盡，盡民盡物盡天地之化育，乃所以盡吾之性。夫民物之衆、天地之大若此，吾不過萬物中之一物爾，謂可以盡民盡物盡天地之化育，不幾于妄乎？《易》言之矣，曰"大哉乾元，萬物資始"，則知天地雖大，以乾元視之，亦與吾均爲萬物中之一物爾。物有小大，而乾元必舉其全德以資之，故物有小大而咸有乾元之全德。特在天謂之命，曷能視資始人物者而有加？在人謂之性，曷嘗視資始天地者而或減？

《記》曰："天命之謂性。"言人之所以爲人，即天之所以爲天也。又曰："思知人，不可以不知天。"言欲知人之所以爲人，不可不知天之所以爲天也。何以言人而必準之天也？蓋以天之爲天，以此乾元始之，即以此乾元統之。萬古此天命，萬古此乾元，亘萬古而不變者也。一畀之人，遂墮形氣，强弱昏明乘之，情僞智故投焉。人之所以爲人，其變不勝窮矣。非準以不變者，又安知其變者之所自來，未嘗不與不變者渾合而無間哉？何世之言窮理者，每支離于事事物物之間，而不知求之吾性之端緒；言至命者，恍惚于杳杳冥冥之域，不知默運化育之微權。求之不得其門，造之又焉能入其奧也？盡性之宗旨晦且極矣。吾於曾、思、孟而得窮理之說焉。吾性至静，無感之先，淵乎寥乎，不可意識識，不可見聞知。欲見性者，非窺於一善之端倪，無由得其至善之全體也。曾則以止定静安而闢能慮能得之門，思則以戒謹恐懼而呈莫見莫顯之妙，猶未也，孟且以不學不慮則馨寫其自然之天機，知愛知敬則并示其本來之面目。此正吾始之所資以生，今日所由以生生不已之理，雖在紛紜萬變之中，而確乎其不能變者。因其一端之發見，而窮其全體之極至，直與天命之亘萬古不變者渾合無間，性可得而盡矣。吾于仲尼之象乾而得至命之說焉，其曰：“大明終始，六位時成，時乘六龍以御天。乾道變化，各正性命，乃利貞。”此自體乾之君子言也。夫天有天之元亨，亦必有天之利貞，何待於體乾之君子始稱利貞也？天能生物，而不能俾物之必遂其生；天能付物以性，而不能必物之各盡其性。矧昏明强弱、情僞知故之變，至于不可勝窮，盡宇宙而觀之，其剌謬乖戾，吾不知其什佰仟萬也。保之既不可保，合之又焉能合哉！必且散漫而無統，蹎蹶而失倫，是始能以一乾元散之萬乾元，終不能合萬乾元爲一乾元。乾坤或幾乎毀矣，惟君子操乾道之變化而變化之，吾盡吾始之所資以生、今日所由以生生不已之理，令物物皆盡其始之所資以生、今日所由以生生不已之理。于是乎以命言者各正其命，以性言者各正其性，合萬乾元而爲一乾元矣。一元之氣與萬物之氣通一無二，而毫無繆戾于其間，夫是之謂保合太和，豈特君子之自盡其人之所以爲人，而通極於天之所以爲天者哉！天地之有憾，君子且爲之彌綸範圍，合天與君子而完一乾元，至命之極則于斯見矣，故曰“乃利貞”。夫由三賢以窮理，遵乾象以至命，盡性之學無餘蘊矣。

何宋之諸儒，乃謂夫子所分付顔子之事業竟不復傳？又謂發聖人之蘊以教萬世無窮者惟顔子，欲學聖人者，惟學顔子爲不錯，誠莫知其解也。豈有出於窮理盡性至命之外也？或雖不越乎窮理盡性至命，而不盡于三賢一象之旨也。無論仲尼自謂無隱，自謂不倦，即所語顔子者具見《魯論》，當時諸弟子誰非習見習聞也者？其語至命，急未可窺，觀于“擇乎中庸，得一善則拳拳服膺而勿失之”，則顔子之窮理又孰能外三賢之旨哉！獨其謂顔淵曰“用之則行，捨之則藏，惟我與爾有是夫”，則他弟子不能與也。其自許曰“飯蔬食，飲水，曲肱而枕之，樂亦在其中矣”，許顔子曰“一簞食，一瓢飲，在陋巷，人不堪其憂，回也不改其樂”，吾意其所有之是，即其所有之樂乎？然亦不以許他弟子也。雖然，即其獨許顏子，亦未始非以教諸子也，奈所樂何事，則自及門諸弟子以至後儒，并未有過而問焉者。春陵忽有尋樂之云，伯子證以與點之意，可謂日之中天矣。二先生歿，又成絕響。湖南始判之曰：“尋樂即是求仁。”愚因觀伯子於師門所受，特冠以孟氏“樂莫大焉”一語。河津又曰“曾點言志，只一個仁字”，乃確然信湖南之不我誣也。然求之孔門，疇不以求仁爲事？何仲尼絕不與其樂？且尋樂果即求仁，則遵聖門之遺訓，以淑萬世可矣，二先生安用別爲名目，以眩學者之聽聞也？愚求之二十年，始知尋樂雖不外於求仁，實求仁最捷之徑，亦求仁詣極之地也。何者？孔門求仁之弟子多矣，仲尼曰：“日月至焉而已矣。”當其至也，焉得不謂之仁？然亦必不敢遽謂之樂，必也三月不違者而後可言不改，必也中心安仁者而後可言在中，故曰：“知之者不如好之者，好之者不如樂之者。”吾於是而知不言尋樂，則一至之仁亦且自信其爲仁，以樂取徑，非全體此仁而與之混融休暢，不敢即安矣。

伯子曰：“涵養者，著樂處養心便到清明高遠。”然則尋樂豈非求仁最捷之徑與求仁詣極之地哉！雖然，亦豈有出於“保合太和”之義也！太和者，固太極純粹冲融之氣，陰陽參和而不偏者也。以資始則爲元，以復命則爲和，非有二也。盡虛空，貫宇宙，無時無處非其所爲絪縕摩蕩者，天地立命之樞紐，人物成性之淵源，生理所由以醞醸而不窮，真樂所由以鼓舞而不倦者也。然其一混一闢，吾之一呼一吸已爾；其陽舒陰慘，吾之一顰一笑已爾。惟吾能窮吾始之所資以生、今日所由以生生不已之理而盡之，則已自其樞紐淵源處操其契而司其鑰矣。太極二氣之絪縕，孰非我之絪縕？太極二氣之摩蕩，孰非我之摩蕩？育神復命，凡太極二氣之妙用，孰非我之妙用？薰蒸融液，旁皇周浹，與斯世并育於一元之中，萬物不知也，君子不知也，必至是而後可言仁，可言樂，可言太和爾。然非窮理之始灼見斯樂而捷趨之，安能免曲徑之趍趨、中道之作輟哉！故伯子論窮理曰：“若窮得到，性命亦可了。”旨哉言也！然則顏學之不傳者，非不傳也，莫傳之也，諸弟子之所不得不讓于顏子者也。仲尼如太和元氣之流行於四時，顏子示不違如愚之學于後世，有自然之和氣。嗚呼！此豈可以學力及哉！伯子又曰“後來曾子、子貢煞學到上面”，獨於孟子指其秋殺之盡見，亦爲學脉剖盡肺肝矣。有宋以來，春陵、伯子默契聖真，所不待言，紫陽、湖南、河津煞有真見，其他諸儒以窮理之極致律之，不無得失，即其所學亦皆有見于吾之所資以生、今日所由以生生不已之理者，藉令有仲尼爲之依飯，俱可就其學而一蹴以至之者也。愚不肖，幼而失學，老而無聞，實竊自愧。天假之靈，偶見一斑，以爲盡性之學始之窮理，終之至命者如此，不忍菲薄自棄，且棄天所以闡發斯文之意，願與天下後世共商之。

萬曆甲寅六月，毗陵後學唐鶴徵撰。

——《憲世編》卷首

事編小序

〔明〕孫慎行

余既入史館，念將涉世，不可不觀往事，因取諸史讀之，有所見善事，便令人錄之。久之成帙，因分三種：一內篇，一外篇，一雜篇，大約以用世爲主。自孔孟之門以外，人才便不入道德，多用才節，然有知禮學道終始善自全者，庶幾道德流亞。若人也，以之治亦治，以之亂亦治，以之獨任事亦有功，以之與眾事亦有功。總古今凡十數人，爲內篇。若外篇則頗用才節全，或才不兼節，節不兼才，不復置別。人眾多，然不必備人，要於備事，即事亦不必備。如往昔類書要於精神色相宛如目見，令人可模仿。如前人有善既錄，則後有同事者不載。如歷代之興替、歷朝之因革，非後人之謨略有大越於前人者亦不載。若人也，世可用我，我可爲世用，故名外，不若諸內篇者之淵然浩然，舉世安利吾用而終莫涯涘，吾所以用也。其節不足稱，即才亦小小者，爲雜編。若人也，挾數任術，逞私害公，第足爲戒，非爲模仿也。然不詳觀，無繇知世情物態，或未免作不順而施不恕焉。有人而業見於外篇中者，載其人，正其事，駁也；有事而復偶同於內篇、外篇中者，載其事，非謬其人，頗也。所錄正史，宋則間取《名臣言行錄》，《宋史》過略，又《言行錄》出朱子定也。《國策》劉中壘所編，《唐書》用舊，亦繫溫公《通鑑》，又用《公》《穀》《左》三傳，皆經也。他小史如《世說新語》首編德行，華歆、阮籍皆助纂之徒，況丁謂所著書謂漢高爲田舍翁，謂古昔忠臣孝子皆不足信者，此何以稱也？近來有好取本朝近事隱事險情贅行，爲纖悉俗士習聞習見，覺世間無一不可爲道諛長佞，以此博富，不如頊頊固陋之爲安矣。各篇終，每載隱者數人，以出以處，皆爲世用也。友有商余品隲者，余以爲品隲所不敢，亦非務之汲汲也。夫《莊子》書名《內篇》《外篇》《雜篇》，世人強分精粗，實未嘗有精粗也。今編分內、外、雜，似有低昂，乃所取模仿者未嘗可域以低昂也。惟是君父大倫鞠躬盡瘁，權奸大憝奮袂驅除，夷險百途委心安順，往哲通人從茲立本。儻才人志士有意世用，即得其一二，便有終身用之不盡者矣。若其文章完贍，絕未嘗節取，亦古今一大觀也。余既衰暮諱窮，無適爲用，然每究覽終篇，不勝書紳三復嘆矣。余生平不喜用外家言，是獨用《莊子》名，非其義之謂也，姑借以例。頃二無張君往南，携是集，謂可爽人意，概殊足助通明者采取，因與諧孟薛君并評核。二君沉深學古人也，或是集無大謬戾，出與世共晢相之。

晋陵史氏孫慎行撰。

——《事編內篇》卷首

事編叙

〔明〕張　瑋

孫文介先生晚坐卧一小閣，潛心玩《易》，誡非談《易》者毋輒入，入則毋一語及世間事。疑者曰：“甚矣，先生顓理而遺事也。”乙亥，余有事留都，先生手一編曰：“是余入館時輯，久不出示人，今以删定煩子。子漫置之篋可，或公諸同好亦可。”余展閲之，則人與事相麗，人醇事瞻者內之，人僞至而事舉者外之，人駁事集可參情僞之變者雜之。附以外臣陰翊世運，皆顯於事者之言也。余惟是編集於乙未籍茅載贄之初，出於乙亥撒手歸休之日，先生定有深意。昔在宣聖與七十子講道明禮，晚始取二百四十年事，筆之於簡，曰：“我志在《春秋》。”志之云者，明乎不得見諸事也。不得見諸事而泚筆，皆事綜一代之得失，懸千秋之法戒，若曰此即吾事云爾。文介位列卿，不爲不遇，乃以憂危勁挺立朝，無幾年淹慍於群小，幾蹈不測。方其玉堂燕閒，紆籌往古，豈不謂一日當柄，了了應機也哉！及我躬不閲終者一龕回視，舊時底本十九不試，實可歷歷試。薈萃成書，補一生缺陷，亦曰此即吾事云爾。昔賢謂淵明咏史露出本色，況身在潛見之交者邪！而余乃益知事理之合也。當詮理時事在理，當徵事時理在事。《易》之泰、否、損、益，皆事也。泰有平陂復隍之戒，益有用凶或擊之文，傾否則亨，酌損遄喜，士大夫時時存否之心而後可與持泰，時時慎損之術而後可與受益。是編子産以下類皆補漏塞隙，紓君父一日之難，身名不敢與知。至以智名勇功，聽挾私逞詐之人自鬥其捷，雞鳴風雨，苦節自貞，則持事之局益艱，任事之心益瘁，此或文介先生紀內、外、雜各以隱逸終篇意也，是亦文介之《易》也。

又拙道人張瑋書。

——《事編內篇》卷首

毗陵正學編序

〔明〕毛　憲

某既爲此編，或問：“毗陵事理學者多矣，獨録此，何居？”曰：“理學云者，必其人造詣涵養，仿佛程門論議，著述不詭於道，而立身立業，又足以敦風化而植綱常，則幾矣。慨仰前哲或擅文學，或勵風節，或樹功業，不爲不正，然道學一脉，實自龜山、道鄉始。蓋二公先後學於伊洛，而龜山得程氏正傳，居常日久，啓授甚衆，故雖閩人而首列之，示有宗也；次道鄉，示有本也。同時若周伯忱、伯溫、唐彦思，又皆游程門而有得者。鄒德久、喻子才皆龜山高弟，子才授尤延之，延之授李元德、蔣良貴，雖所造有淺深，而大本卓然，則二也。逮謝子蘭力障狂瀾，扶植名教，偉矣，故終焉。"或又言："喻以上，吾無間然，尤、李、蔣三公，何如？"曰："延之力陳道學之益，逆破陳賈之誣，而吾道增光；元德力辨汝愚之忠，陰折佗冑之奸，而公論不墜；良貴力抑彌遠之惡，顯楊文元、華父之善而直道不屈，皆所謂敦風化而植綱常，學之成章者也。""子蘭與道鄉諸老班乎？"曰："殆未敢輕議也。夷狄亂華，邪說溺人久矣，子蘭獨能振起俗學，潛心性理，辨惑有編，旌賢有錄，衛正闢邪，功莫大焉。"或又言："張正素墅之篤行，胡蒼梧珵之護道，陸文圭、梁益之醇正，皆可師法。"曰："然。正素博學遁世，高矣；蒼梧從劉元城學，其於錄中諸公，猶元城於二程也；陸與梁學術素著，猶蒼梧。""然前無可錄乎？"曰："有，惜愚生晚，淺陋寡聞，參考未盡，遺漏多矣，姑俟徐求別錄，以待君子。"

——《古庵毛先生文集》卷三

毗陵人品記序

〔明〕岑原道

道嘗往來毗陵，思古聖賢之遺墟，庶幾乎賢人君子之林。及考其郡國志乘，乃兼采齊梁之君，賢不肖混矣。夫子於是邦獨贊泰伯、仲雍而賢季子，彼其紀載者，何所師承也哉！竊欲有所論正，附於褒善之末，未遑也。誠齋葉侯判吾越，以簡塞爲理，以文章藻飾吏事，既修吾姚志梓之，復以其鄉《人品記》進小子授之，曰："此吾先君存齋公之所命意，先友古庵毛公屬草未就，而俱下世，某嗣業之，惟子爲是正，叙而傳焉。"道初有概于中，敬受反覆之，其去郡國所紀載遠矣。人以代著而不以類分，據行直書，而凡道德功業文章之次第，如日月列宿之懸象，隱顯巨細，居然自見，其抉擇至精，其文辭則史，不徒去齊梁之僭僞而已。昔者太史公傷悼卞隨、務光之徒，不蒙賞於夫子，而發憤於伯夷之傳，以謂砥行立名者必有藉於青雲之士，以施及後世。毗陵之賢產於商周者，既獲夫子之贊許，自秦漢以訖于今者，誠齋父子朋友復能尊師夫子之旨而并記之。文獻有徵，作者奚嘆乎！記凡四卷，人品合若干人。嗚呼！盛矣。考其人，論其世，近取遠師，以無慚是邦之賢，斯又記此者之意也。誠齋以嫌，故於存齋、古庵弗之記，道謹按其行事，綴傳於終篇。

嘉靖壬寅秋七月，餘姚後學岑原道撰。

——《毗陵人品記》卷首

增修毗陵人品記序

〔明〕吳 亮

　　吾母毛太宜人，爲黃門古庵公女孫，居恒誨不肖輩必依忠孝，及相先學士抗疏受杖，蒙難靡悔。不肖輩遞通籍，勖以恬修，勿競榮膴，皆烈丈夫所難，人謂母即嫺公宮教，何以能若是？迨不肖讀古庵公《人品記》，而後知公之垂訓弘、貽謀遠也。毗陵禮讓名墟，英喆代奮，論其世，友可尚，取於鄉，法倍親，誦詩讀書，景行仰止。未有以此品人，不以此律己；以此範俗，不以教家者。自公作記後迄今八十餘年，前者彪炳，後者鵲起，文獻之盛，不可勝書。十五年前，歐陽郡侯擬修府志，屬光禄涇陽顧公品騭人物，志未就，於是有《桑梓録》存笥中，大都仿古庵公之意，補其未備，續其未來，略以類從，不立標目。又且合同志諸賢討論商榷，草數易而後定，未嘗師心自用，沾沾局一隅之見也者。顧公謝世已六七年，笥中草幾于散佚，古庵公之意將無所紹承，而以不肖視之，則母氏之栖梡也。林居多暇，不揣僭越爲纂輯，復就正諸鄉先生，稍增定焉，而因有概於作者之難，益信先輩用心之厚也。夫《春秋》一書，誅賞並行，志記之體，主於揚懲，故表全瑜則瑕宜掩，而猶點之，其失也苛；録先德則世宜宥，而猶適之，其失也刻；棺可蓋則論既定，而故格之，其失也愻；結可釋則嗣不敵，而故軋之，其失也媚；人各有本末，而必援世講以內交，其失也比；祚或有衰榮，而必借世系以貢諛，其失也媚；騫言中何德非言，賜政達何言非政，偃絃誦何政非文，而必張一目以爲羅，其失也拘。今觀毛、顧兩公所記録，有是數者無有哉？善夫岑姚江序曰："人以代著，不以區分，據行直書，而凡道德功業文章之次第，如列宿懸象，隱顯巨細居然自見。"固仰窺先輩之用心，抑亦後作之繩準也。有二璧於此，色相若，徑相若，直且倍差，側而視之，其一者厚而倍。余不肖，何能執鞭先賢，近鑒遠師，無寧處其厚者而已矣。

　　萬曆四十六年歲在戊午秋七月，毗陵後學吳亮謹序。

——《毗陵人品記》卷首

增修毗陵人品記序

〔明〕高攀龍

　　士無定品，要在不失其人之本色而已。夫子曰："人之生也，直此本色也。"以其本色也，而易如火之炎上，水之就下也，故無鉅細，皆足以成品。以其本色也，而難如火之不熄，水之不污也，故無鉅細之品，皆見其可貴。品士者，核其人，必脉理真，而後無贗品；論人者，隨其品，必群品備，而後無失人。毗陵爲泰伯端委之地，山川平衍，習尚得文質之中。由周而來，風氣日開，至宋益著。天下有事，毗陵人必有則古昔、稱先王，不忍自決其防者，如慶元、端平之間，天下岌岌矣，毗陵人硜硜守其所學，逐而去之者，至以道學解散爲慶。迄于亂亡，毗陵人猶孤城死守不下，及羽人、釋子亦知與城俱亡之爲義，寧獨天性，亦其習見習聞然也。毛古庵先生記毗陵人品，顧涇陽先生志桑梓人物，侍御嚴所吳公更雅馴其文詞，續入其後死者，合爲書十卷，謂攀龍不可無一言。攀龍曰："侍御之功，偉哉！夫人心之所趨，必有所定以爲的而期中焉。故以富貴利達爲的者，取諸昏夜乞哀之巧力矣；以仁義道德爲的者，取諸平旦虛明之巧力矣。二者霄壤，不可同日而語，稍錯雜焉，人莫知所趨。侍御之厚於取善而嚴於別類，其示之的乎！人固有與生俱生，不與死俱死，塞兩間、亘千古不可得而滅没者，非富貴利達之謂也。世人畢其巧力，昏夜乞哀以求之，而與此曾不相涉。夫以百年易盡之身，營此身不相涉之物，譬之冠冕金玉被飾土木偶人，至于死之日了無餘味，而後知其向之所爲罔也，亦大可哀矣，其有感斯編而興起者乎！侍御之功，偉哉！"

——《毗陵人品記》卷首

續毗陵人品記序

〔清〕陳玉璂

　　嗚呼！余小子何幸而亦得生于是鄉也！居恒讀古人書，見其人有一行之善，必咨嗟慨慕，詳其里居。或車轍所至，過其人故里，必低徊留之不忍去，又必詢之故老，曰："其子若孫猶有存者否？"儻得見其子若孫，必晤對欷歔，如見其高曾祖父，蓋聞風慕義，人有同心，而況生長于其人之里，時得與其子若孫游道者耶？然自周以來數千餘年，而所記止此數十百人，其間泯滅無聞者不可勝數。嗚呼！苟不爲是編之所録，即泯滅無聞之人矣，可不懼哉！其人生平大節，合之前代史册所載，既皆不爽，至賢人君子、義夫貞士，或一節之美可稱于鄉里，而爲史之所逸者，亦必録之。自泰伯而下，凡若干人。然則人之顧而自勉者，亦將求其可傳于史者乎？抑止求一二稱説于鄉里而已足也？記成于古庵毛公，而增定于嚴所吳公，所録之人至明萬曆而止。嗚呼！啓、禎之際，國家亦紛紛多故矣，吾毗陵之以忠節著者，尤指不勝屈，惜二公之不及見也。余小子固陋，論定補次，誠非其人，然竊據聞見所及，録若干人，各爲小傳。妄續是編，寧簡而不雜，寧直而不諛，寧失一時之議論，不敢失千萬世之是非，求爲吾毗陵之信史，因即爲國家信史之助，或亦二公之所許也。于是敬爲序。

——《學文堂文集》卷六

先賢傳序

〔明〕歐陽東鳳

《傳》稱："大江之南，其人輕心易侈。"而晋陵亦江以南也，薦紳先生以及布衣韋帶之士，獨以名節自衛，以道義相追琢，彬彬質有其文，爲東南鄒魯。余以不類，來典兹郡，不喜得守，喜得從諸士紳游。已復念"魯無君子，斯焉取斯"，或亦風韵之所漸被，師友之所陶鑄，非偶然而已也。爰用采輿論，徵惇史，得延陵季子而下六十有九人。大者惇倫砥節，翼聖闡真；次亦批鱗犯顔，偏介獨行之士。余實爲守，而使風烈弗揚，典型杳絕，則興賢範俗之謂何！乃擇地得龍城書院廢址，爲闢榛蕪，創棟宇，合祀諸賢其中。已又撫其行實而稍稍銓次之，人各一傳，傳合一編，展卷而球璧盈前，師保在望，盛矣。夫鄉先生殁而可祀於社，闔郡無慮數百人，而此六十九君子，則其名實粹然，彪炳於百代者也。雖在殊方異域，偶過其祠，猶當肅然下拜，低徊不能去。即不獲拜其祠，而得讀其傳，想見其人，猶當立懦而興頑。況於晋陵人士，非其枌榆同社，則其孔李世誼也，不然則其遥遥之胄也。又其近者，則其祖、父、若師，猶及見其光容笑貌，所曾辟呋而詔，趨庭而對者也。德澤未斬，模楷易尋，果有能登其祠、考其傳而憬然思、躍然起者乎？亦何必抵掌於優孟，呼飲於虎賁。反身而求，希之則是耳。彼一時，此一時，焉知今不如昔，後不如今，百世而下，不與六十九君子并爲景行乎？願與晋陵人士共勉之。若乃泰伯端委而臨，不當下夷於諸賢；周訥溪戾止未久，不得上擬於蘇、楊。他如盛少司寇顯之勛望，秦端敏金之幹濟，王中丞沂之篤孝，吳户部玉之醇謹，羅建寧柔之清方，薛學憲應旂之通經嗜古，萬司諫吉之蹈矩履繩，王太僕鑒之耽寂辭榮，周文恪子義之質行闇修，汪少參汝達之砥節寡營，皆所謂鄉之蓍蔡、國之表儀。參考未盡，挂漏實多，衆議紛紜，折衷匪易，姑存之以待論定云。

——《常郡八邑藝文志》卷五下

毗陵節烈編序

〔清〕趙懷玉

自劉子政作《列女傳》，蔚宗即本之以入史，然東漢列女十七人，其以烈行著者，合孝女曹娥、叔先雄裁得七人，劉長卿妻夫死子夭，豫自刑髠以明志，沛相上奏高行，縣邑有祀必旛。由此觀之，婦人女子苟能成仁取義，較之須眉更難。官斯土者，所宜獎勵人倫，舉應祀典；生是邦者，亦宜闡發幽隱，傳示來兹也。常州素稱望郡，忠義之士代有其人，即巾幗之視死如歸者，亦復不少。郡故有節孝祠，而烈無專祀。乾隆二十七年，錢先生人麟始請於官，就忠義祠東隙地建祠，祀唐以來之節烈，凡一百五十八人。嘉慶五年，先君子與郡之薦紳請春秋一體致祭，并集貲添建祠宇。十三年，郡人又以增祀之主補請入祠。於是規橅略備，姓氏燦然，毅魄貞魂可泯怨恫於泉下矣。是役也，成於眾力，而初終罔懈，厥惟汪君和鼎、湯君貽典、吳君寧瀾三人。初錢先生嘗各爲小傳，後人歷久遺失，貽典考次所知爲節烈二編，與和鼎、寧瀾互相參訂，其死於孝者并著焉，則蔚宗錄曹娥、叔先雄之意也。書成，丐予爲序。予維節烈之顯，上者焜煌正史，次或流傳志乘，次或私爲撰述，使後世讀其書，想其行事，此中蓋有幸不幸歟！常州所轄八縣，天下之一隅耳，然已有湮沒無聞，及廑留姓氏而莫能舉其事迹者，而況四海之大，古今之遠哉！抑予更有請焉。節烈之有祠，因忠義而及也，既詳稽博采，靡濫靡遺矣，而忠義祠則有可以不入而入者，若勝朝殉節諸人，國家表章唯恐弗備，乃鄉黨應祀之位反多闕軼，故每徘徊祠下，輒愀然不安，尤願與二三有心人亟起而補正之也。

——《亦有生齋集·文》卷二

桑梓潛德錄序

〔清〕朱 珪

《桑梓潛德錄》者，武進鄉士大夫相與記其縣之故賢人義士、孝子貞婦之行，未得載於郡縣志而其傳有徵者也。庶吉士張惠言以其書來，請余序之。古者閭里族黨之長以時讀法，書其謹敏任恤孝弟，以至有德行道藝者，三年大比，鄉大夫考之，升其尤者于天府而藏其副於州府，故其時有一善，上之人莫不知，鄉之人莫不記。故爲善於國，不若爲善於鄉；爲善于鄉，不若爲善於家。俗之所以型，教之所以成，其以是歟？鄉舉里選之法廢，而百姓之行不得聞於上，國史所記者事之大者爾。其細行不得書於史，與夫雖得書而不幸不得爲史所采，蓋十八九矣。惟郡縣之志猶得紀錄，而或數十年不修，或修而不得其人，傳之不以其實，使賢士大夫之行日就湮沒，又況閭巷布衣、婦人女子之苦行畸節者哉！夫賢人義士、孝子貞婦，其爲善也，非欲以聞于世而顯其名，就使湮沒，宜無所憾者。而廢鄉里之嘉言懿行不得著於後，後生小子無所誦法，而爲善者無以勸，此都人士之過也。今武進之士大夫以表彰潛德爲念，又能求其傳之有徵，其可以闡前美、訓後嗣矣。予房師湯葯岡先生之子賓鷺，名修業，武進人也，多聞強識，能考其鄉之故，所著《鄭垈陽辨冤錄》最爲核實。乾隆己酉、庚戌間，常州方議修郡志，而賓鷺撰人物，稿本垂就，志書不果成。賓鷺今死矣。嗟乎！志之不修，修之非其人，鄉潛德之所以多逸也。惠言爲告其鄉之人，有纂賓鷺之書而刻之者乎？抑有能校正舊志，補賓鷺所不逮者乎？余雖老，尚思見之。

嘉慶五年十一月，大興朱珪書。

——《桑梓潛德録》卷首

桑梓潛德録序

〔清〕蔣熊昌

　　明毛給事憲作《毗陵人品記》，仿《汝南人物》《襄陽耆舊》之意，加詳焉。續成之者，吳大理亮也。書凡十卷，自周迄明，名卿碩彦網羅無遺，修邑者志有所考而資焉。《詩》曰："維桑與梓，必恭敬止。"古之人，其志存乎天下，而尤惓惓於父母之邦，豈非一視同仁之體而親疏先後固自有序耶！吾邑志自國朝以來，修者再矣，然自乾隆乙酉迄今，凡三十餘年，名臣政績事在史乘，可徵也。若閭巷修身潔行之士，歲久有不知其名氏者。張君其榮爰與同志共采輯之，曰孝子，曰善士，曰列女，先以所得付剞劂，餘將踵事而遞增焉。《人品記》采及一郡，今祇録武、陽二邑，而補列女一門。凡已入邑志者勿載，與記互有異同，名曰《桑梓潛德録》。昔上虞李孟傳録賢士隱居者四人，以示洪容齋，容齋筆其事於書，嘗惜其所録僅止於是，然微容齋言，至今又烏知所謂四人者！夫修身潔行之士，自盡其志，固不蘄乎世俗表揚以為軒輊。然所以俾潛德幽光不泯於後，後之修邑志者不苦於文獻無徵而有慼遺之懼。後進聞風而起，知所觀感而自立，亦吾黨之責也。揆張君之意，豈徒以私吾父母之邦，抑以見國家化民成俗。吾邑數十年間，卓卓可紀者如是，推之天下當何如。則其視給事、大理之書，雖廣狹不同，而其用心不尤可尚也哉！

　　嘉慶四年歲次己未孟秋上澣，里人蔣熊昌撰。

——《桑梓潛德録》卷首

桑梓潛德續録序

〔清〕莊宇逵

　　嘉慶初，吾鄉張君其榮嘗偕同志，搜輯里中賢人義士、孝子列女之行未載于邑乘者，為《桑梓潛德録》，刊以行世。越數年而君卒，君之至行例入《孝子傳》。于是張君之友施君鳴岐與同志等復繼其事，有續刻之舉。其門類一遵前書，而增入者復若干人，下至臧獲婢妾，前録中所未及者皆備書之。或竊疑其不倫，余謂范史傳李善於《獨行》，亦視其人自立何如耳。司馬溫公《潛虛》有言曰："牝牡飲食，禽獸之識；官爵禄利，僕隸之志。"是則貴者而自賤則賤之，賤者而自貴則貴之。泥乎其迹，毋乃鄰于僕隸之見乎！豪家右族，勢炎聲隆，蹈溫公之所訶，曾不自覺，而朝榮夕悴，時移境遷，求與臧獲婢妾并列而不可得者，何可勝道也！是録猶有閭史記善、黨正書行之遺意。慨自唐宋以來，

序跋／史部

471

士人束髮受書，惟以文學相矜尚，取聲華而見當世者，往往稽其立身，多所負疚，而奇節醇行，專見于編氓須賤中，有老死而世莫知者。或知之而不能盡，或盡知而不能傳，或傳之而不得其人，誠如施君等之嗜善若渴，源源續書，將見賢人義士、孝子列女之行不至湮没，而人盡勉爲賢人義士、孝子列女也。其裨益于風俗人心之故，豈淺鮮也哉！

嘉慶十四年仲冬下澣四日，里人莊宇逵書于春覺軒。

——《桑梓潛德續録》卷首

重刻桑梓潛德續録跋

〔清〕袁廷吉

嘉慶戊辰，施先生鳴岐偕同志輯刻《桑梓潛德續録》，十餘年來襃然成帙，前學使湯公及徵士莊公皆嘗序而行之。顧以旋采旋刻，纂述不一，義例多歧，而各鄉來稿不盡出于文人學士之手，其間徵信固多，而引襲浮詞，附會失實往往而有。先生將覈實而覆刊之，以吉之曾有事于采訪也，爰以校勘之任相諉諉焉。自維固陋，懼弗能勝，第念先生與先大父爲道義交，先大父既列名茲録，又命述家慈事迹收入《列女》，是録之得失，吉實有不能謝其責者，何敢以弗文辭！竊惟是書之作，有數難焉：里巷之士貴耳賤目，雖有嘉言懿行，而狃于習見，猥謂無奇，是挾東家某之見者也，則采之難；即采矣，而所見異，所聞異，所傳聞又異，甚者抉摘微疵，互相詆毁，則訪之難。藉非知之有素，信之有真，鮮不爲所惑者，安能排流俗之論，以爲某孝子、某善士、某賢母、某節婦哉！至原采諸稿，或言過其實，或辭不達意，操觚者徒事簡净則已略，多爲文飾則已誣，宜乎愈修而愈失其真也。夫載筆之事，所以傳信，若傳之而不得其實，則不如弗傳也。先生續刻垂成而翻然校之，固已見及此矣。吉幸屬桑梓，其在《孝子》《善士》者，十得悉其七八焉；在《列女》者，十得悉其三四焉。因就所知，參以先生所覈，漏者補之，繁者删之，誤者正之，疑者闕之，期不謬于徵信之旨而後已，凡四閱月而始成。間有年遠難稽，與夫覆覈所未及，則不敢妄爲增損，以俟知者之訂正焉。荀卿有言："信信信也，疑疑亦信也。"好善君子有繼先生是編而續之者，尚其知所鑒哉！

道光龍飛元年歲次辛巳孟春月，里人袁廷吉撰。

——《桑梓潛德續録》卷末

桑梓潛德録三集序

〔清〕莊善孫

余聞世謂人心不古若，夫豈然哉！閭巷潛修之士，束躬砥行，不規規於事爲之末，而行芳志潔，恒足以振頹靡而起懦，蓋由禮義廉耻之心隨感而應，悉本諸至性至情，境艱苦而彌貞，德始終而惟一。故聞風興慕者，莫不欲綜其生平，以爲難能而可貴。此理同，此心同也。顧潛修之士深自韜晦，祇盡其所當爲，初未嘗求顯於時，往往行事不少概見者何限。然則發潛闡幽，俾以信今而垂後也，烏可忽歟！吾邑舊有《桑梓潛德録》一書，成於嘉慶己未，逾二十年辛巳復有續録，網羅放失，推鄉邦文獻之資，道光間纂入邑志者班班可考。比歲邑志重輯，人物傳記頗多采而未列。家俊甫先生懼其散佚也，商於湯碻園、劉雲樵兩先生，爰偕薛君嘉生纂録而編次之，顔曰《桑梓潛德録三集》，釐爲六卷，凡以補志所遺闕也。夫簡編之紀載，掌故之可徵也；矩獲之留貽，觀摩之有自也。忠孝節義之行，苦心孤詣，天若爲之嗇其遇焉，而遲之又久，鮮有不積厚而流光者。非廣爲搜討，吾邑之流風餘韵何由開卷瞭然乎？莫爲之前，雖美而不彰；莫爲之後，雖盛而不傳。今纂輯斯編，踵事而加詳，誠足與舊録相輝映，必傳於後無疑也。"維桑與梓，必恭敬止"，居是邦也，俾知素行之可稱而芳徽之未泯，撫今追昔，牖人心以敦古處，所係詎淺鮮耶！輯既竣，囑余識其緣起，深幸是録之有裨於風教也，敢以不文辭！爰謹筆之，以爲同志者勸。

　　光緒六年歲次庚辰孟夏哉生明，里人莊善孫撰。

——《桑梓潛德録三集》卷首

武陽庚申忠義録序

〔清〕湯成烈

　　粵以庚午孟秋，既排忠義前録而印之矣，而編次庚申死難男婦忠義貞烈册亦於是冬録成八册，遂據以題名於兩廡，東爲武進，西爲陽湖，各鄉分書其士民之位而祀之。既而慮其久而漫漶或剝落也，思所以永之，非刊録行世不可。然建造之後，除排印前録，製備祭器，動用什物，以及造册書牌、收捐人等薪水工食等費，又糜錢四百數十緡，僅僅無餘。其歷年所收之會錢八百五十千，會多未完，收息付給，不能開支，付刊時止得捐錢四十六千，皖省四次寄捐銀六十兩，馮閬仙捐錢三十千。至癸酉春，《忠義録》刻竟五卷，《貞烈録》雖付刊而未竟也。蓋潛德必久而益彰，幽光或鬱而終闓。夫諸君子之慷慨授命，從容蹈難，非邀聲譽於當時也，非求垂名於後世也，知有君國而已矣，知自盡其分而已矣。然而大江南北士庶咨嗟，行道隕涕，事既上聞，文廟臨朝嘆息，詔諭蘇省設局采訪忠貞事迹，務使一夫之義無不揚、匹婦之烈無不顯。恩綸下頒，於是節相曾文正公暨蘇撫薛連章入告，恤典優厚。同治初元，聖母垂簾，復申誥諭，而蘇撫李彙案疊奏。甲子，常城克復，設局府中，案季彙詳。至戊辰冬，局費無出，遂撤，然而事不容已。己巳春，成烈延余少懷於家，以歷次采訪稿，分城廂鄉圖造冊，乃報者陸續而來，因彙寄京局，由順天府具奏截至庚午十月而止。凡書名東廡設位者，武進城廂士民三千六百六十七人、鄉圖一萬一千九百二十一人；西廡設位者，陽湖城廂士民一千七百八十九人、鄉都六千八百十三人，刻爲總編。其製牌列位躋祀享堂者，紳民一千餘人，刻爲正編。合共二萬四千二百九十五人，此皆名在天壤，流傳不朽者矣。其采訪所不及，姓氏淹没而不彰者，殆不啻倍蓰焉，此則可慨也夫！

同治十二年歲在元黓作噩仲春，湯成烈謹序。

——《武陽庚申忠義録》卷首

武陽庚申貞烈録序

〔清〕湯成烈

癸酉二月，《忠義録》刊竣，《貞烈録》亦付梓矣，籌費孔艱，旋刻旋輟，至乙亥夏僅刊武進城鄉二冊，而陽湖未遑及也。適劉申甫來，創爲募啓，力任勸捐，乃僅得捐佛番十八元錢十五千而已，因先印《忠義録》二百部，由莊俊甫廣文分散各鄉，量取刻貲。今春武進邑尊吳春芳、陽湖邑尊吳又樂各捐廉二十千文，蔣鴻翔捐佛番四十元，遂得以蕆事焉。夫古者女正位于內，言不出於閫，自劉向作《列女傳》而奇節始顯。吾常于唐有若江陰縣尉鄒待徵妻薄氏、韋雍妻蘭陵郡君蕭氏，皆死寇難；于明有若金忠潔鉉母章氏、妾王氏，王節愍章妻章氏，馬文肅世奇妾朱氏、李氏，毛節愍協恭妻周氏、字楊懋搢女，楊梴妻馬氏，徐安遠妻楊氏、妾蕙香，陶鼎妻陸氏、子媳二人、孫女四人，張明書妻吳氏，皆死國難，凡二十人，今皆設位奉祀於堂。其死庚申之難，設位列祀於堂者九百九十一人，祀於前堂者二百二十三人，凡一千二百一十四人，其舊節烈祠移祀總牌，前明二百一十六人，國朝五十人，列祀中龕，録爲正編；其書姓氏設總位于翼室者，武進城廂三千二百一十九人，鄉都五千四百四十一人，陽湖城廂二千二百九十四人，鄉都三千四百四十八人，録通爲總編，貞義節烈婦女，凡一萬五千六百一十六人，而二縣湮没未報殉難婦女，貞魂祔焉。夫故家舊德，士族名媛，聞詩禮于庭闈，慕貞潔於圖史，其處常淑慎，處變不渝，一旦臨禍難，罵賊不屈，視死如歸，固其宜也。至于窮檐貧弱村居婦女，未聞《女訓》，但事操作，瑣瑣庸行不出里巷，乃事變倉皇，狂逆逼迫，蹈白刃而不辭，投焚溺而不悔，更有從容雉經，悲憤絶食者，抑何壯也！豈不可愧當代之士大夫哉！蓋國家治平二百餘年，列聖相承，深仁厚澤洽於人心，風教流行，被於海澨，凡有血氣莫不尊親。何況三吳爲聲名文物之邦，其士知報禮而徇名，其女亦懷貞而盡節，礪然不淄，磨而不磷，耀我彤管，書之貞珉，輶軒采風，列於史官，傳於後世，當無愧已。

光緒二年歲在柔兆困敦孟夏，湯成烈謹序。

——《武陽庚申貞烈錄》卷首

清代毗陵名人小傳序

孫　雄

昔閩縣鄭荔鄉先生方坤輯《名家詩鈔小傳》，首施宛陵閏章，迄鄭石幢方城，凡一百零四家，而以聯句詩鈔終焉。海鹽吳子修先生修輯《昭代名人尺牘》七百餘通，分爲二十四卷，吳氏書雖以書家爲主，而於理學忠孝、名臣逸士，與經史金石、詩古文家、詞曲家、畫家所見無不采輯，更於簡首輯小傳，以資考核。又如漁洋《感舊集》，於身後四十年始由盧雅雨校刊，雅雨於運使署中延張孝廉榆村采集故實，仿遺山以下各詩選之例，人系之以小傳。王蘭泉《湖海詩傳》亦有小傳，一名《蒲褐山房詩話》。可見小傳之作，關係綦重。余於二十年前選輯《道咸同光四朝詩史》甲乙集，曾撰各家小傳。及辛亥國變，倉卒付刊，集中小傳尚缺十之三四。嗣又擬輯《清代詩人小傳》及《清人別集目錄》，均以卷帙浩繁，纂集匪易，又困於謀食，時作時輟，年逾周甲，精力就衰，歲不吾與，恐終無殺青之望，良用自愧。同社武進張君季易銳意著書，勇猛精進，昨歲所輯《疑年錄彙編》《帝王疑年錄》及《明清巍科姓氏錄》，余均序而行之，頃又以《清代毗陵名人小傳》十卷暨《清代毗陵書目》八卷見示。《小傳》初名《獻徵》，後改今名，采輯賅洽，叙述詳略得宜。閨秀列最後之第十卷。前九卷中，若理學忠孝、名臣逸士，與夫經史金石、詩古文家、詞曲家、畫家靡不甄列，與吳子修氏《昭代名人尺牘小傳》用意相同，而更推廣及於琴棋醫術，以至鐫印刻竹、鑒賞板本諸家，以見藝進乎道，曲成不遺之意。且吳氏小傳僅詳姓字爵里、科分著述，此則綜論生平行誼，并采及詩文集序中要語，蓋兼有鄭荔鄉、盧雅雨、張榆村、王蘭泉諸家小傳之長，而又不限於詩人。網羅舊聞，嘉惠來學，貽高曾之規矩，示後進以準繩，洵可云不朽盛業矣。今之少年習於謏誕，動謂昔之人無聞知，吾知季易之孳孳矻矻，成此鉅編，其用意蓋至深且遠。《繫辭》傳有云："作《易》者其有憂患乎？"吾請爲季易誦之。毗陵爲吳中大郡，六朝唐宋以來，代有聞人。近歲盛杏孫尚書曾刊《常州先哲遺書》，由繆藝風師主其事。盛氏又刊有《續經世文編》，聞係呂幼肪舍人景端所輯，於毗陵近代名人文牘書札采錄尤多。吳孟榘孝廉翊寅、屠敬山太史寄又有《常州駢文》之輯，亦復裒然成帙。是皆留心鄉邦文獻，能盡後死之責者。誠使茫茫禹域通都大邑，下至蕞爾偏隅，皆如毗陵之考獻稽文，原原本本，又安有數典忘祖、杞宋無徵之慨乎！《清代毗陵書目》第一、二、三卷爲經、史、子三部，集部書較多，析爲二卷，列第四、第五，其第六卷爲校刊之書，第七、第八卷爲已佚之書，仍各依四部分列，不與自著之書及現存已刊之書相混。條分縷晰，朗若列眉，俟異世之蒐亡，存舊德之名氏，其思來述往之盛心尤有不可没者，余故樂爲序之。至於智者千慮，必有一失，軼聞墜簡，蒐萃爲艱，豈能以一人之力、數載之勞，遽臻於完密盡善之域，則季易固云訂訛補缺，俟諸方聞之君子矣。昌黎氏有云“怠者不能修，而忌者畏人修”，閲者幸勿以吹毛刻舟之見輕加指摘，而反助不學者以張目也。

共和十有六年歲在丁卯夏正孟夏之月，常熟孫雄師鄭氏序。

——《清代毗陵名人小傳》卷首

清代毗陵名人小傳跋

蔣維喬

癸未之冬，常州旅滬同鄉會有續修《武進縣志》之議，集會數次，僉以茲事體大，少數人之才力未易從事，不如待時局平定然後進行，然材料不妨先行搜集。適聞張君季易撰有《清代毗陵名人小傳》、《清代毗陵書目》、《毗陵名人疑年録》稿本，會中輾轉覓得之，決議刊行。張君在蜀，不克親任校讎之責，咸以此事屬之於余。余以鄉邦文獻所關，未敢謙讓，并將原稿中所未詳者爲之補輯。各方面聞會中有此舉，送稿來者絡繹不絶。因爲之整理筆削，使文字前後一律。顧張君原稿似未經最後點定，間有筆誤及體例不甚畫一處，以本人遠在巴蜀，不獲商榷，殊感困難。其依據縣志者，則檢志文改正之，其自他方采録者，除確知爲訛誤略有改正外，悉仍其舊，未敢輕率擅改。助理編校者，伍子實、錢今陽二君之力爲多。原書十卷，末卷爲閨秀。今新增者約百數十家，除以時代關係有數人插入前卷外，特添輯爲第十卷，而以閨秀移作第十一卷。至新增及重撰各家名氏，上皆加三角符號以爲記別。《清代毗陵書目》中增添極少，未有記別。全書自春付排，及秋印成，略述其始末如此。

中華民國三十三年九月，蔣維喬識。

——《清代毗陵名人小傳》卷末

思賢録序

〔元〕楊維禎

余讀《宋史》忠諫傳，至道鄉先生鄒公浩，未嘗不撫卷嘆曰：嗟乎！士必以風節名義而後克士，國必以端人貞士而後能國。宋有三舍人、五諫官之號，皆炎趙氏藉以立國者。吁！其培養成就之功，豈一朝一夕之所致哉！公職諫官在元符中，時則章惇柄國，椒房之事言人所不敢言，惇危殺公，幸其即敗，而公謫萬里外。及建中靖國初召還，蔡京復得政，公又以直道不容，再度嶺表。然而風節愈堅，名義愈重，公遂著名五諫之列。吁！非其人得光嶽之正氣，而又得聖賢之正學者不能。蓋公嘗從二程夫子游矣，故其所學始於事親，而鄉黨稱其孝；移於事君，而天下後世稱其忠。吁！大節若爾，其著經有解，其奏君有議，固知有德者必有言也。後世思其人不可見，則讀其文者可以尚友焉。公之同郡士有謝君應芳者，起於二百年之後，完公之墓於既廢，集公之文於既零。思賢有編，凡若干卷，不遠千里來錢唐徵予文編首。夫以謝君非公之氏族也，非公門人故吏之後也，而爲之始終經理，不啻其先氏。以視公之子孫，乃有叛而去至鬻墓田、樵墓林者，吾不知其何心也。吁！忠義之天獨觸感於謝君，則知謝君爲端人貞士。他日克紹先生之餘芳者，吾不於謝君望之而誰望！

至正十六年三月三日，楊維禎序。

——《思賢錄》卷首

思賢錄序

〔元〕鄭元祐

宋自祖、宗以來，容受直諫，鼓勇士氣。故鄒忠公以其師友淵源之學，修身慎行，正色立朝，以爲天子之職，莫重於擇相，哲宗不推其賢而使章惇柄國，故抗疏極諫。又以爲君有過舉，莫重於夫婦后妃之間，當哲宗朝孟后廢非其罪，又上書極諫。於是連遭貶斥，炎烟瘴海，萬死一生，而公處之裕如，非公天資學力不移於禍福利害，不懾於刀鋸鼎鑊，其能力追前修垂範百世乎！徽宗立，首用蔡京，其誤國又有甚於惇者。當即位肆赦，故公復得生還。當是時，君心既迷於奸邪，國是日淪於昏謬，公賚志垂歿，猶以國家爲念，是與司馬文正屬纊之際何以異哉！公既返葬毗陵，其墟墓易世後松楸殘剝，幾至蕪廢。郡士謝子蘭深維毗陵公父母之邦也，流風餘韵所以漸被鄉邑者。當宋之亡，毗陵獨城守不下，雖其民殲焉，要皆以忠義使然也。然既平矣，典禮修且明矣，而忠臣烈士烝嘗不續，丘壟不完，祭田不復，何以敦勸臣節！於是再三言於官，一如子蘭所請。子蘭又哀鄒公存歿始終，片言隻字無所不載，凡若干卷，謂之《思賢錄》。夫宋以仁義立國，其家範端凝，非漢唐可及。方孟后禮成，見宣仁后，宣仁固以知其賢，且識其將爲國家當禍難，使后不廢，且亦從二帝北狩。后得脫身渡南，左右高宗，享國江表，禍福倚伏，有難明者。若公忠諫大節，則不繫於此云。

至正十九年歲次己亥，遂昌鄭元祐書。

——《思賢録》卷首

續刻思賢録序

〔明〕鄒守益

道鄉忠公自少以道學行義知名，至兩任言責，姱節鯁論，炳耀於元符、崇寧之間。其奏議序於楊文靖，其文集序於李忠定。其葬也，銘於陳忠肅；其復墓亭也，記於葉水心；其録思賢也，叙於楊鐵崖。皆天下選也。謝子應芳當元季，慨然請於有司建祠宇，清塋域，請設書院，而采摭以刻是録，其諸尚友之志乎？嘉靖庚子，守益歸自南雍，約南江憲副輙祗謁林莊墓下，敦年誼，叙宗盟。後十年，南江之子毓簿於寧都，奉義方以刻是録，取後來修墓復田事迹，及奠誄題咏續之，而以肇慶之忠節祠、平樂之書院序記終焉。益盥誦連日夕，作曰：“應芳氏郡後進也，表彰先哲，惻然欲永之，矧在我後嗣，其可弗恭以遏佚前人光？”乃手拜而言曰：以益觀於言路通塞之際，蓋爲往鑒永嘆云。方宋之隆也，親擢臺諫，極一時之選。雖在狂直，屈己而優容之。故士爭自洗濯，以犯顔敢諫濟時行道，而鳴慶曆和平之福。及其替也，偏聽獨任，竄斥接武，若與佞爲市，與忠義爲仇者。即有隱憂伏慝，熟視以言爲諱，馴至靖康板蕩，夷狄横行而莫可藥。故曰：拱把干霄，養於豫也；蟻穴潰堤，慎於漸也。嘻，其幾微矣！哲宗面對，以公輔器公，大中召還，馴貳夷兵，亦曰簡在矣。露劾首相，引裾椒房，還自南荒，論事彌不置，非曰矙然以沽直也。而一擠於章惇，再誣於蔡京，曾不得以所學報君父、奠社稷，展其比隆三五之志。爰及紹興錫謚贈官，悼忠良以傷詔佞，然其如國計何？將厄運侵迫，匪獨力支耶？抑國是噂沓，匪降自天耶？方新州之竄也，祖問皆坐貶，旅舍不容榻，夜絶湘江，幾葬魚腹。欲擠之死也，而竟以生還。及僞疏之誣頒布天下，使聞之，真若有罪，而端人正士無敢爲辨。欲奪其名也，而終以完名顯。異時田畫、王回、曾誕聯列忠義，而惇與京哀然爲《奸臣傳》首。嗚呼！觀是録者，可以深長思矣。益嘗尚論而重有感焉。鄒氏自舍人公以水盂蒲本，陰騭蒼生，而都官參軍世守弗諼。蘊極而發，以鍾於公，坐不踞，立不倚，鏃羽師友，沉酣道鄉，超然有悟於傾耳莫聞、拭目莫睹之真。故處卑官而抗時政，遇冗劇而常優游。當雷霆、迫鼎鑊，而不改容易慮；餐脱粟、駕雞栖，而閣門千指欣。若養三牲而食萬錢，茲豈以聲音笑貌襲者？公矢身許國，而安康慈訓，以無愧公議爲主，一視險夷而老不衰。公以長育人才爲己任，蹕門問道無虛席。而沈夫人相之，館舍膳羞，區畫不懈。病則爲之粥藥，至受遺賻，則頒貧空尤爲知禮。公以正學自樹，而子柄善述之。繳進原疏，光雪先烈，莊外敏中。了翁許其大受，而語録淵源，爲龜山門下首稱，則公之諭於親、刑於家、燕翼於後，舉可爲末世矜式。游定夫之祭公曰："志士仁人皆曰五百年之期，是惟我公以斯道鳴乎？不然，何德之全而養之誠？"則公之廉貪立懦而繫百世思者，寧獨蔽以忠義乎？公殁又五百年矣，迪惟前人光，用施於我宗盟。鵠峙玉立，飲膏襲馥。寧無厚望，以續來思？

時維嘉靖二十九年歲次庚戌夏六月壬子，賜進士及第、前南京國子監祭酒、今歸耕石屋二洞、宗後學江西安成鄒守益東廓氏頓首拜書。

——《思賢録》卷首

復林莊墓續思賢録序

〔清〕陳鍊

《思賢録》五卷，鄉賢謝子蘭先生爲同鄉先賢宋鄒忠公作也。嗣後嘉靖間，鄒氏裔孫道約公駛續一卷。至今康熙辛巳，裔孫官上萃榮興感於復都官、朝奉二代祖墓，又續一卷，屬予序之。復墓事，詳官上自爲述略，兹不具。予嘗慨夫古今陵谷變遷，勢所必至，唐陵漢寢漫滅，不可復聞，所在多有。其至今傳留愛護，不致泯滅者，一二聖哲所藏處耳。鄒忠公學宗慎獨，友善游楊，以抗疏極諫，投荒萬里。晚歸，獲正首丘，其正學亮節，日月爭光，墟墓所在固宜重埒岱嶽。其祖考都官、朝奉二塋，相傳去公墓不遠，不知何自遂至湮没。越今幾六百年，假手田父，出其片石，考圖稽乘，返我汶陽。自是馬鬣依然，堂坊不改，清明寒食漬酒飛錢，耆子童孫饗祀不忒，此實我忠公孝思之所感召，非人之所能爲也。昔孔子不知防墓，鄹曼父之母誨之，然後得往合葬。事至莫可如何，聖人亦有所不知不能，要必有爲之陰佑嘿舉者以維持調護之，凡此者皆天也。余見今之環蹠山原，爰求樂丘者踵相屬也，二祖墓田至今五百八十八年矣，龍脉盎然，兩河回抱，若置爲閑田，安知不遺落他氏，卜吉牛眠！乃以入爲官田，無敢過而問者，俾留遺以至今日，豈非天哉！嗚呼！《詩》不云乎"孝子不匱"，此皆我忠公在天之靈，有不泯於今昔者，盡忠盡孝，以妥其先靈，下以庇其後嗣，二塋雖晦於暫，卒顯於久，自是千億年如始裏之一日也。嗚呼！豈偶然哉！雖然，爲人孫子者不可以不慎也。回憶謝子蘭先生修治忠公墟墓，并清人占據都官公墳田十畝、朝奉公墳田一十三畝，一體禁約，不得侵壞，實至正十一年也。爲時幾何而中間忽焉蕩析，遂至孝子慈孫尋求遺迹邈不可得，豈非偶有一時怠棄，遂浸淫滋蔓以至斯極耶？前有千古，後有萬年，千萬人之心如一人之心，斤斤寶愛，如護頭目，庶幾永不失墜耳。予見鄒氏子姓繁衍，不比他氏，而積行讀書，以科第發聲者蒸起未艾，實惟我忠公之澤愈遠愈長，故繼起之苗愈衍愈盛。即今復二祖之墓，靡不手口交作，奔走不寧，其仁孝至誠，感動行路，斯可爲加額而稱慶者也。予以鄉閭末學，且屬鄒之外彌孫，獲以文字紀其家乘，竊自幸焉。

康熙四十年歲次辛巳嘉平月，同里後學西林陳鍊頓首拜書。

——《思賢録》卷首

重刊思賢録序

〔清〕朱儀訓

志完鄒忠公浩《道鄉集》四十二卷外，《思賢録》五卷，元謝應芳著，采入《四庫全書》。凡五卷，目曰事實，曰文辭，曰祠墓，曰祠墓廢興，曰古今題咏。其續録也曰奠誄題咏，洪武十三年己後祭文碑記諸篇，則忠公裔量所增輯也。子蘭十七世從孫蘭生，復增補思賢詩文、書啓、序記各類，并采南宋詩人戴復古、潘庭堅題道鄉臺詩，明葉司韶夢題《續思賢録》詩，暨國朝名臣趙申喬撫湖時所撰《道鄉臺祠堂記》、王士禎《道鄉文集跋》歸入補遺卷，而以謝蘭生所作《重刊道鄉全集序》終焉。《思賢録》第一卷内年譜，爲道鄉十九世孫忠允校補之，二十一世孫俞儀又增集之。惟二卷文辭卷中奏議究嫌缺略，而薛方山應旂《宋元通鑑》、畢秋帆沅《續通鑑》亦皆疏略不載，李申耆兆洛曾於李燾《續通鑑長編》及《名臣奏議》内補入七篇，別爲補遺一卷，則非龜巢先生元時所輯之原文辭也。今《道鄉全集》四十二卷，忠公裔錫山鄒渭清觀察仁溥，得謝厚庵明府所藏申耆太史校正本，於光緒七年梓而行之矣，《思賢録》之刻又曷可緩耶！今毗陵鄒承祖等頗志前人之志，不忘龜巢先生表揚忠公之盛德，亦得厚庵底本《思賢録》五卷，續增補三卷，集貲刊版印行，用是兩集并傳不朽，豈不懿哉！

光緒十年歲次甲申春王正月，陝西道監察御史告養在籍鄉後學朱儀訓拜序。

——《思賢録》卷首

景賢録序

〔明〕毛 憲

昔我毗陵有醇儒曰龜巢謝先生，潛心性理，振起俗學，隱居教授，立言垂訓，卓然以翊正闢邪爲主。論著甚富，學者多尊信之，歲久頗逸。吾友葉公韶乃爲裒集，摘其尤切風教者，編名《景賢録》，授憲校之，且屬爲序，顧陋學蕪辭，閲歲未就。兹公門士王君尚絅梓事將畢，始不獲已，作而嘆曰：吾道在天下，雖明晦通塞之不齊，而天理人心終不容泯，異端曲説終莫能勝者，何也？聖賢扶植之功也。自孔孟以來，先王迹熄，邪説猥興，老、佛之徒乘吾道之隙，以其術亂天下，相鼓扇淫溺乎人心，禍不止楊、墨而已。雖賢如韓子，猶不能變。至程朱諸大儒出，始表章六經，推明性命，頓回天下於大道之中，然後天理晦而復明，人心塞而復通，而老、佛之説自廢。向非諸賢，則皆毀禮樂而迷異教矣，何由豁陰霾而睹光霽也哉！故曰扶植之功也。逮胡元亂夏①，道日晦塞，三綱淪滅，禽獸逼人，又奚啻老、佛而已！當時以道鳴者，偃然都高位，而無所救正，而況其他乎！先生崛起其間，本諸醇篤之行，濟之以精博之學，遁世高風，迥邁流輩，而其見於言者率皆民彝物則之訓，所以距淫辭、息邪説，明天理而正人心者，居然可見。時雖不偶，而力障狂瀾，志則偉矣。晚遭亂離，道義彌固。入國朝②而年已老，竟弗獲顯庸，以究所學，然即其文辭所存，考其德業所就，則衛道翊世之功固有度越在位、繼武前賢者，而豈空言爾乎！司韶録而傳之，且完厥墓，非私爲先生計也，仰其道而思以公諸天下後世也，亦猶先生於鄒道鄉、顧元公也。二公之道，賴先生闡揚而益彰；先生之道，得司韶叙述而復顯。豈非此心同，此理同，而扶植之功無或異歟！今去先生遠矣，世儒好異，有詆宋儒爲邪説，而不知自陷於邪，爲人心害滋大。又安得先生起而辨正之，復睹孔孟、程朱之道於今日哉！録四卷，凡諸論述賦咏，咸附見焉。

嘉靖歲次丁亥立秋日，後學毛憲式之氏謹識。

——《龜巢先生崇祀録》卷三

景賢續録原序

〔明〕周　金

余讀是録而知龜巢先生之果賢也。其言典以則，其行端以愨，而其隱安以適也。勵風俗而翊名教，其有道者歟！指授生徒，斐然成章，進止雍雍，不忘恭敬，其子弟從之，則孝弟忠信者歟！第以生於元季，未見厥施，際更化之朝而齒頹暮卒，抱道以没，其數之不偶者歟！是可慨也。吾鄉存齋葉君司韶後先生百五十年，乃能論其世而筆之書，表厥墓而示諸後，采摭遺文，期與濂洛關閩之學相表裏，於是龜巢益表暴於人人之耳目，而其傳始不朽矣。昔昌黎韓愈銘柳子厚之墓曰“子厚窮不極，其文學辭章，不能自力，以致必傳於後”，又曰“雖使子厚爲將相於一時，以彼易此，孰得孰失，必有能辯之”。余於龜巢亦云，況其含真斂曜，與時消息，復非子厚之倫所可擬議者乎！然則是録也，固世教所係也，匪漫然遺編而已。存齋既録先生之文，并載同志倡酬諸作，謂之《景賢録》，已刊行矣。今立墓田，以永先生俎豆，亦志以詩，

---

① 胡元亂夏，原作“季世衰”，據《古庵毛先生文集》卷三改。

② 國朝，原作“我朝”，據《古庵毛先生文集》卷三改。

而和者愈衆，因復裒先生自撰墓碣暨二序文於前，布衣顧子伯貞實任梓事，以爲《景賢續錄》云。

　　嘉靖癸巳孟春吉旦，後學約庵居士周金謹書。

——《龜巢先生崇祀錄》卷三

崇祀録序

〔清〕鄒光濤

　　比歲屛迹家居，會中表觀察謝公櫃假還里門，時獲過從，見其偕季弟別駕君昊校讎龜巢先生遺稿，伏誦《思賢》前後錄，竊嘆先生於我先忠公異世相感，非偶然也。觀察作而言曰：“從祖高風碩學垂史册矣，前朝崇祀肇某代，祠宇創何年，數典而忘，貽慚明德，盍徵緣起，以示勿諼？”光濤竦然奉教，曰：“維我忠公子姓銘德於心，没世不朽，辱承獎借弇陋，幸托大儒以傳，胡敢以不文辭！”謹按：先生自幼潛心理學，元末世衰，獨以斯文爲己任，隱居設教，流離兵燹中，翊道益力。明興，屢徵不起，屆耄期德彌劭，其踐履篤實，爲有明一代正學開先。洪武壬申捐館，詩文吊唁者幾遍宇内，邦人思慕，即於二賢祠祀之。宣德間，崇祀郡邑鄉賢祠。越嘉靖乙酉，知常州事陳公實創設道南書院，祀楊龜山先生，奉先忠公配，前哲從祠者九人，先生其一也。萬曆中，又祀先生於先賢祠，合祀諸賢凡六十九人。是時歐陽郡伯東鳳敦崇理學，於先生尤深景仰，優禮後裔，俾司俎豆焉。先生墓在横山之陽，廣從五十餘畝，皆免科。其享堂舊與墓相望，經始於司訓葉存齋。正德庚辰，葉公門士王文炳踵成之，陳茶山僉憲作祠堂記。歲久傾圮。嘉靖間，存齋復倡修墓，圖所以永久者，買墓田十畝於山南。貳守吉水王公昂割俸紀石，先憲副敏行公從郡邑賢士大夫後，共勤厥義，因是釐疆畝，請蠲役，且謀於故址建祠。先生之從孫翯，暨天錫、天質、天彝、元資、元登、元貫輩，協力仔肩，聿新其宇。存齋既屬參藩丁公原德爲記，又仿《思賢錄》遺意，裒輯《景賢錄》四卷，於祠墓加詳焉。逮明季，祠毀，不復振。國朝政典修明，著令春秋上戊，先哲之世其禋祀者致祭特祠，編有常數。康熙壬寅春，觀察尊人資政公改營祠宇於郡子城東偏，體制具備，今冢宰劉公蔚岡曾勒碑文以志。資政公諱嵩齡，治行循卓，報祀秦中，以大中丞旻貴，贈如秩。迹其闡揚先德，修廢起衰，規模亦已遠矣。溯自前朝，迄乎昭代，四百餘年，先生名在兩間，烝嘗弗替，綿延世澤，歷久如新，非甚盛德，孰克當此哉！若夫先生之文章行誼，出處諸大節，史傳志狀具在，敬蒐崇祀本末與祠興改之詳，附書錄後。

　　乾隆戊午仲春，同邑後學鄒光濤謹識。

——《龜巢先生崇祀錄》卷首

忠安録序

〔明〕楊守陳

太子太師、禮部尚書、贈太保、謚忠安胡公既卒之十有九年，其子錦衣衛指揮僉事臞集公所蒙賜之封誥、諭敕、祭文、御製歌詩，及所得之行狀、墓志、神道碑、哀挽詩，與所著之《律身規鑒》《戒諸弟侄書》《壽豈堂記》，并所歷之官秩歲月，彙次爲若干卷，總曰《忠安録》，將鋟梓以傳，屬守陳爲序。守陳竊第時，公實知貢舉。逮先子之喪，承公惠以挽詩，心恒感仰，今又獲與錦衣還往，是安敢辭！惟公以洪武庚辰進士拜給事中，兩轉而陟禮部侍郎，一改官而爲尚書，仍禮部，又兩加職而至太子太師。歷事六朝，嘗遍巡九域，莅官逾五十載，而爲尚書過半，廟謨幄籌鮮有不預，殊賚異恩難以悉數，雖屢經乎變故，亦無改其故常。年八十三而始致仕，又六年而考終，蓋一代名臣之享全福者也。前之所蒙者稿藏蓬觀，副在有司，雲漢昭回之光炳今燭後，疇得而掩之！所得者多已勒在貞珉，可恃以久，豈易得而滅磨！所著者家庭素已誦習，亦多綉之文梓，流傳於四方，是皆若無待於録者。況公德量之偉、文學之懿、位禄名壽之隆且久，人到今道之不已，而其咨諏之勞、服休將順之績，國史又書之矣，是豈待録而傳耶！然邵堯夫之道，以《褒德集》而益光；岳武穆之忠，以《金陀編》而逾白；呂正獻之業，以《家塾記》而彌顯。然則兹録固不可無也。録以揚公之美，而列聖之大德亦於是乎彰焉，可謂一舉而兩得矣，錦衣不已賢乎！公諱濚，字源潔，常之武進人，錦衣其仲子也。

成化十八年歲在壬寅十一月既望，賜進士出身、翰林院侍講學士、奉直大夫、協正庶尹、經筵講官兼修國史四明楊守陳書。

——《毗陵胡氏家集》卷首

忠安録後序

〔明〕李東陽

《忠安録》者，我胡忠安公之子錦衣君爲公録也。始録誥命、諭祭及御製歌詩若干篇，次録碑志、銘狀及哀挽之辭又若干篇，而公所著《律身規鑒》、《戒弟侄書》、所居堂壁記及歷官歲月皆附焉。嗚呼！觀是録，而公之履歷眷遇、福壽德業之盛可見矣。蓋公履歷之盛，爲在朝幾六十年，位尚書者三十餘年，累奉密命，軌迹遍四方，十知禮部貢舉，天下之士皆其所進。眷遇之盛，爲賜坐便殿，天子呼爲先生而不名，賜田賜第賜叛人家屬，賜白金圖書印，及告老而去，又賜敕給驛，官其長子一人。福壽之盛，爲八十三而致仕，八十九而考終，兄弟偕老，子孫蕃碩，有出乎五福之外，而凡人之所恒有者不與焉。合數者論之，殆國朝所僅見，前古之所罕聞者。嗚呼！其可謂極盛也已矣。夫福之在天下，必其人之功德足以自致，然後能饗乎其身，故食而怠事、能薄而受上賞者，必有人非鬼責，爲造物所厭棄，斷乎不可誣也。若公以宏才偉望，爲一代元臣。永樂間，保衛儲輔；宣德間，決策討賊；正統間，留守京師；景泰間，請許虜和以圖迎復，其功尤大。自餘咨諏獻納，斷大政，決大疑，勛業在朝廷，陰德在天下者，蓋不可數而計也。然則量公之功，校公之德，豈泛賞常直所能報哉！然公之自處也，謙懷而儉執，蹈實而守恒，檢其身常若或怠，教其子弟惟恐其或肆，雖寠生窮士未必能之，而志滿意極者之所忽也。則公之福盛于身以及其子若孫者，不又在兹乎！嗚呼！觀是錄，而公之所自致及其所自保者皆可見矣。東陽晚進，嘗一見公賜第，時在童稚，未能仰測公德於萬一。今繼娶于公之外孫，從錦衣君觀其所謂錄者，謹序述其概于後。公長子名錤，官錦衣鎮撫，後公十三年卒。今錦衣君名鑣，公次子，官至指揮僉事，賢而通經，世其家。

　　賜進士出身、翰林院侍講、經筵官兼修國史後學長沙李東陽序。

——《毗陵胡氏家集》卷首

鄭案傳信録序

〔清〕湯修業

　　予少聞鄭峚陽先生受禍之冤，始而疑，繼而悲爲之憤懣不平者累日。每見故書中有峚陽事，無不手錄；遇鄉之文獻，無不請質。如是者有年，開卷而嘆，掩卷而思，以吾之精神窮探力索於此事之首尾，恍然有會於心，自謂案無遁情矣，不可以無辨，乃作《冤獄辨》五篇，又作《鄭案雜録或問》數十條，附以主持清議者之疏揭志表等雜文，并天山自譜及其詩文之有關身世者，共一百六十餘頁，分爲四卷，出示同志。同志曰：“子於此事勤矣！峚陽大節竭力表章，有可議處亦不少寬假，抑何嚴也！”曰：“將以存其真也。夫人必有真面目，吾輩論古，不宜畸輕，不宜畸重，長短互形，瑕瑜不掩，則古人之須眉活見、神彩畢露矣。”曰：“紀事之書雜出，令人目眩心迷，茫無畔岸，子何獨得其真也？”曰：“聞諸往訓矣。莊叟曰：‘虛而與之委蛇。’孟子曰‘以意逆志，是爲得之。’嗚呼！此予得之之本也。”曰：“其說善矣，子何以能若是？”曰：“論鄭案者粗心浮氣，橫一成見於胸中，據單詞片語以斷獄則失之。彙古人之說，棄短取長，而又考峚陽之家世親串、師友淵源，并當日之害者救者孰正孰邪，後日之毀者譽者孰爲可信，孰爲不可信，揆之以情，度之以理，則無不得之矣。余之爲是編也，偶有管見，信筆疾書，而反覆參訂，屢經改竄，不敢苟同，不敢苟異，期於存古人之真，可使傳信於後世，而死者亦心折於九原而已耳，非有他意也！”曰：“然則此案論定於子矣。”曰：“非敢任也,亦不敢讓也。抑予更有説焉。世之所以維持名教者有二:刑法也,史册也,而不得其情實則受冤者纍纍矣。呂新吾先生曰:'清議酷於律令,清議之人酷於治獄之吏。律令所冤,賴清議以明之,雖死猶生也;清議所冤,萬世無翻案矣。是以君子不輕議人,懼冤之也。'旨哉言乎!故訟崒陽冤者多矣,或申救於生前,表揚於身後,如黄石齋、劉念臺、黄黎洲諸公,此主持清議之得中者也。冤崒陽者無論,即明末遺老如張秋紹菫,與鄭素無德怨,而著書但據風聞,不復覈實,則紀載一事不免首尾横決,自相矛盾。不寧惟是,即博通今古如顧寧人,亦誤聽人言,作詩譏刺,昭代選家妄分畛域,并有不選其文而於他家文中論及其人,切齒痛罵,兼咎衆正爲其所欺者。此疏於考據之過,反以清議冤崒陽也。予探索多年,每一念及,寢食俱忘,長篇短章,層見疊出,要在以清議雪崒陽,不敢以清議冤崒陽也。後之君子其諒予之苦心也夫!"

——《賴古齋文集》卷二

表忠録後序

〔清〕張伯行

予讀史至忠義死節之臣,如張睢陽、顔常山者,未嘗不髮竪眦裂,咨嗟涕洟,而嘆其死之最烈。往歲奉命撫吴,道經毗陵,其賢士大夫爲予稱説劉忠毅公死賊,其事慘烈,視張、顔二公無以異焉。方明之季,流寇猖獗,公以御史按楚,羽檄交馳,與督撫諸大僚日夕經畫,猝與寇遇,即戮力行間,身自搏戰,護持三藩,不避艱險。不幸勢孤力竭,爲賊所得,誘之以甘言,臨之以白刃,而公卒不少動,裂衣引鋸,罵賊愈厲,乃斫胸抉舌,噴血不絶詈聲。至於懸竿首,曳馬尾,備受慘虐,視死如歸。觀其絶命諸詩,丹心碧血,直與日月爭光可也。嗟夫!國家養士數十百年,授以高爵顯位,平居慷慨,莫不自謂我能死國,一至事變倉卒,死生呼吸之際,不能引決,乃復靦顔偷活。今公七品官耳,忠義天植,以身殉節,精誠貫金石,正氣薄雲霄,與睢陽、常山後先比烈,豈不偉哉!歲庚子,予督倉儲,間至京師,於公之從孫劉喻旆太史寓齋見《表忠録》,載公死事與予向聞於吴中者,尤備且悉。公之學行經濟具載國史、家乘,其大節則在臨難一死。予去吴日久,曾撫其地,表揚忠節,以勵人心、奮士氣,固予之責也。是爲序。

——乾隆《武進縣志》卷十二

懷忠録序

〔清〕惲彙昌

古所稱殺身成仁者,事會固非一端,人品亦非一致。其或蹈危履險,猝然遇難，以殞其身，勇烈之士，類能爲之。抑或任有專司，責無旁貸，慷慨自誓，效節捐軀，豪傑之士，亦優爲之矣。若乃事不關乎典守，情可出于自全，而能致命遂志，從容赴義，斯固非有道之君子不能也。吾常湯雨生先生，承忠孝之家學，以難廕歷仕至樂清協鎮，因病告歸，寓居金陵，已二十年，以詩文書畫自娛，年已七十餘矣。咸豐三年二月，逆匪竄入金陵，先生率鄉勇巷戰，不克，衆既潰散，先生即欲自刎，家人擁護之，暫至淨界寺旁李氏宅內。先生乃作《絕命詞》一首，投宅後池中而死。噫！今之在位者，類無不貪生而畏死，如先生者，既無責于城社，久遁迹于林泉，宜可以不死。而先生則身在江湖，心存廊廟，且自以忠臣之後，若或偷生苟免，是辱身即以辱先，故毅然出于必死。蓋其辨義之精，求仁之勇，有素定于中，而非一朝夕之故矣。夫盡己之謂忠，先生之死，蓋盡乎一己之分，而他非所知也，可不謂忠乎！先生族子果卿明府，得先生《絕命詞》，遍徵海內詞人題咏，付之剞劂，謂之《懷忠錄》，屬余爲之序。爰就管見所及，推原先生志節之所在，以見其學行之有本，而非徒事會之適然者也。

陽湖惲彙昌謹序。

——《懷忠錄》卷首

收庵年譜序
〔清〕趙懷玉

予生長江南，爲男子身，承累葉通顯之後，天之所以待之者不可云薄矣。家世讀書，少即從事鉛槧，顧凤嬰疾疾，質又駑下，少年同學往往先之，嘗以韋氏《國語解》頗略，欲傅以《正義》；歐陽氏《五代史》文工而事簡，欲仿裴世期纂集《補注》。又欲撰《續史通》，以繼劉氏之後。既念斯事體大，且人有爲之者，遂輟弗作。其它文字率淺薄鮮根柢，益無以過人。予舅氏善畫，幼嘗戲作山水，頗爲所賞，亦習篆隸，皆不能竟其業，自餘雜藝則所好不存焉。及其仕也，中書一官，俗所謂依樣葫蘆，無可表見。同知則閑曹，雖兩權郡守，而爲時甚暫，不能有所興革。歸田以來，荏苒數載，思藉炳燭之明以收末路，而憂動於中，事勞於外，擾之者略少暇日，遂至或出或處，兩無成就，上負君父，下愧此身，吁可悲矣。雖然，《洪範》之言福，一則曰壽，予自念生平或驚於火，或厄於水，或墮於馬，或覆於車，病困之而幾於死，人惡之而欲其死，其可死之道蓋非一端。今乃年逾六十，家雖中落，飽食安居，雖頭童齒豁，視聽漸衰，而疾病反減於昔，則又未始非微天之幸，而可悲者將轉而爲可慰也。昔先兵部、先都轉皆自撰年譜行世，予無似，靡足紀述，又性善忘，回憶少壯涉歷，如風之過林，杳不可得。然而出見紛華，入聞道德倫常所在，踪迹所經，亦有一二不能去諸懷抱，遂筆之以存大都。後之覽者，苟知世有趙生其人，謂彼其心初未嘗甘於湮沒，志乃忽忽不就，因而慨嘆係之，則知我之感將於曠代遇焉，然而未敢必也。

——《亦有生齋集·文》卷五

陸母林太孺人年譜序

〔清〕趙懷玉

王魯齋曰："觀昌黎、廬陵、東坡三集，行狀不過五篇，知婦人不爲行狀。"然江淹、任昉、裴子野已先韓、歐、蘇而爲之，魯齋曾不一考，可謂疏矣。至於年譜之例，較行狀爲詳，而其體則自唐宋間始，類皆後人追按事迹，分年編之。近世間有子孫爲之者，而中圭以內無聞焉。然人子述德之思惟恐不盡，果其克修禮法，可以歲紀而月書，亦何嫌於創乎！同里陸君繼輅條次生姊林太孺人行事，以爲年譜，且丐予序，曰："婦人之有年譜，遠無可徵，惟乾隆初博野尹公會一嘗爲其母李太夫人作年譜，而桐城方侍郎苞序之，謹援以爲請。"尹公遂宋儒之學，居官有聲，禄賜所入悉爲義舉，大抵得於母教居多，故侍郎樂得爲序。今太孺人事恭城君以禮，教繼輅及孫耀通等以文，行重於時，家雖貧，力可贍恤窮乏者弗稍靳。殁之日，内外姻黨以至竈妾漁婢皆哭失聲，以視尹母同乎否耶？繼輅屢上春官不第，耀通亦久擯有司，每以未獲顯揚爲憾。夫立身莫大乎忠孝，傳後莫重於文章，繼輅制行不苟，又能追述遺懿，求所以永其親者毋少闕略，則其顯揚至矣。若夫位之窮達，境之豐嗇，庸耳俗目之所趨，而非古人事親之義，故有日用三牲之養而君子弗貴焉者，重在此而不在彼也。予文雖遠愧侍郎，而太孺人之賢則同於尹母，就使無前例，猶將序而傳之，以附不朽，矧事固有因而非創哉！

——《亦有生齋集·文》卷五

舜山是仲明先生年譜跋

〔清〕金吳瀾

右是仲明先生年譜，未著撰人名氏，證諸唐夢訪撰先生行述，知出自先生高弟張敬立，即侍先生疾而視含歛者也。夢訪謂先生與人論學札當編之文集，及門問答當彙之語録，故綜其生平別爲行述。瀾竊謂論學札與及門問答著之譜者，所以見先生之德與年俱進，及裁成之廣如此，未可譏也。敬立此編蓋據日記以成書，故語氣時有似先生自述者，有詳於行述而爲譜所未及者，瀾爲撮其精要，按年分注於下，以補所未備。又年譜至戊子年上海張勘，以下佚，瀾謹依行述補之如右。先生以布衣負重名，真修實詣，爲當時鉅公所推服，然嫉之者亦衆矣，與縣令相齟齬，生前即被謗議，幾致不白。阮吾山《茶餘客話》、董曉滄《東皋雜鈔》皆痛詆先生，且附會其事以實之，蓋揚縣令之餘波，不察而爲此道途之説也。自後群以僞道學稱之，以至於今，則此二書之故也。瀾昔年讀是書而疑之，謂夫尹會一、方望溪、戴東原、袁隨園諸人皆一時通人，俱有推重語及書問往來，見之各家文集中可證也。道途之言容有未可信者，而無所考證，不敢自堅其説。及服官吳中，聞大府爲先生請旌孝子，並建祠以祀，而新修縣志猶不敢爲之立傳者，蓋公論漸彰而流俗附和之談猶未盡息也。既而承乏武邑，爲先生所産地，亟訪其後人，求遺書讀之，得所爲年譜、行述及海寧陳相國《舜山學所碑記》，又先生自著《黄堯咨讀易質疑序》，然後知先生品學之醇，並略得其謗議之所由起。今春與蘇州柳大令商賢論學，偶及先生，大令瞿然曰：“吾懷此久矣。”瀾請伸其説，大令所見一一與瀾合，瀾竊喜此心此理之同，遂將《年譜》校刻行世，願與海内學者共證之。嗚呼！先生之學抑鬱沉霾於烟霧之中者，越百數十年之久，此書出，然後其道遂明於天下，然則顯晦固有其時哉！斯可感已。

光緒丁亥夏四月，嘉興金吳瀾跋於武進縣廨。

——《舜山是仲明先生年譜》卷末

明唐荆川先生年譜序

柳詒徵

有清一代，常州之學術文藝弁冕南服，即氣節事功亦犖犖可指數，然余以謂明代常州之人文殆尤跨越清世，祧餘姚而開東林，軒天震地，爲國脉人紀道統之樞紐者，毗陵也。方山、荆川并峙嘉隆中，荆川之學尤博，事功尤偉，當時儒者莫之并亦。越數百年，偉人長德世固不乏，語其軌轍與荆川儷敵者，猶難其選。嗚呼盛矣！清人喜詆明儒，概以空疏目之，張皇考據訓詁，漫謂軼唐宋而賡有漢，於是常州之經術文筆睥睨海宇，亦罕有誦述荆川者。究清人所謂實學，乃純爲空文無補，儒術不振，國基内蕈，列強環伺，茫然靡所措手足，競棄古先聖哲禔身植國之本，驅兒女子膚附瀝啜夷裔名物，謂足以拯沉痼而甦之，儳嚵瞑昏。至於輓近，磋跙湯鑊任人之爲，猶不知反而求吾真實有用之學，微論喋喋於俚言俗字者之無當，即持經訓史籍詔學子者，仍蔽於訂譌摭瑣、穿穴比傅之故習，將循是以挽波流而隆國族，不亦大可哀耶！孔門之教人曰從政，曰治賦，而其本在修己，在博學。所謂博學者，自禮樂射御以至前言往行，胥以反之躬行、施之實事爲鵠，非終身役役於識字審音爲句讀師也。宋明諸儒誠多眇論心性，其致力經史，本其學以從政治賦者，胥孔門宗子也。清初諸公矯明季流弊，猶崇實學，雍乾以降乃一變而爲漢學空談之世界，孔子之教遂在若存若亡間。迄今日，其禍未已。常州今文大師蓋已病訓詁聲韻之無用，徒以西漢專門家法爲名高，矜言大義微言，演之爲經世之具，降之爲變法之母，顧不從身心根本植之基，其末流乃眜於功利而莫知反擇，術之不可不慎若是。是故居今日而講切實有用之學，宜反之宋明而上躋於孔門，由身心暨家國天下，嚴義利之辨，弘翕受之途，任重道遠，不當再以漢學畫人。明儒文武兼資者，陽明、荆川爲稱首，而陽明於典章制度揮斥不道，不迨荆川之淹洽。陽明武功爲内戰，荆川武功爲外攘，衡之孰優，固不得以鈐山、梅林病荆川也。詒徵於淞滬戰時，搜討乙部，熟復荆川書，慨然想見其爲人。唐君玉虬爲先生十四世孫，憫念世變，追維先烈，發憤輯先生年譜，博綜載籍，成書若干萬言，昭德雪誣，尚友論世，而其微怡尤在陳古刺今，欲使世之人知儒學之有真，非惟鑽穴故紙，標榜家法，假學術罔聲利，率一世秀傑之士敝精力於虛牝，任駔儈庸豎鬻鬻權媚饎而無可如何也。書成，督序於詒徵，竊哀其忱而壯其志，爰爲綜論毗陵明清學者與天下相關之故，聊助君張目焉。風會之成，惟豪傑能自樹立，吾蘇人多靡弱，惟產常州者恒不囿於世，所驁傑然別成宗盟，繼自今其復興荆川學統乎！予日望之矣。

乙亥秋九月，鎮江柳詒徵。

——《明唐荆川先生年譜》卷首

明唐荆川先生年譜序

唐　肯

嗚呼！三代以後，直道泯而是非淆，後生之士多好議論前賢，以表立新異，故唐宋以來巨人碩儒多有年譜。或其當時門弟子之所爲，或後人考較其一生事迹，以爲尚論之資，庶是非皎然別白而多口無所施其雌黄。先荆川公一代偉人，晚年一出，以身殉國，而世之曉曉者轉以其晚年之出而議之，蓋史傳簡略，不能發揮公之心事與勳略，無由以折群喙也。瓜棚豆架，謬說紛論者四百年矣，而家乘所載公之志傳亦寥寥數篇，楹書雖存，祖德莫述。姪孫玉虬乃奮起爲詳確之辨正，遍考群書，爲公《年譜》八卷，於公晚年之出，係徐華亭之力爲推轂而非係於甬江、分宜；王太倉之獄係別爲一事，不由於公，均獲得不易之史實。四百年來之謬說辭而闢之，廓如也。木落山空，水清石出，而公脩然清風之操，恫瘝斯民之志，鞠躬盡瘁之節，益以表見。讀是譜者，不必爲其子孫，凡含氣蘊血之倫，有不悄乎動容，泫然淚下，報國濟人之懷油然而興，浡然而不能自已者乎！玉虬又爲公《著述考》一卷，《弟子考》一卷，《唐氏先世著述考》一卷，又輯太常凝庵公逸文三卷，唐氏先世遺文百餘篇，又鈔凝庵公《周易象義》四卷，又輯荆川公六世孫直隸總督薊門公年譜一卷。取材於西湖文瀾閣《四庫全書》，不足，又求之於北平、天津、南京各大圖書館，及甬上范氏天一閣藏書，又不足，更求之於私人藏書家及各舊書肆，或揭櫫報端，或託友人轉輾以求之，或購歸，或假鈔，必得之乃已。其於某事見某書，寤寐中若有示之者，及求得之果然。徵引參考之書數百種，於文下多注出處，便覽者覈對。其所假之書，或朋儕所貽之史料，亦多表出之，示不忘他山之助也。玉虬僅有微秩，於杭七八年，靜若處女，不思他遷，以近汲文瀾之源，出入不輿，妻爲執炊，惡衣惡食，務節縮以求未獲之書。是時玉虬季弟鎮元亦備書於杭，玉虬纂輯撰次，前後時時移置，或塗竄，自云稿凡五六易，皆鎮元所手鈔。前歲玉虬離杭，將前稿悉寄琢如處，肯嘗移書慰玉虬曰：“子於祖宗之事可謂勤矣，文亦富矣，吾必爲刊之，以酬汝志。”兹取稿於琢如，悉刊之力有未足，今先將公年譜印行，并附薊門公年譜一卷，餘尚有待也。兹於付印時，會肯復得太常凝庵公萬曆刻本《周易象義》四卷、崇禎刻本《皇明輔世編》六卷，《輔世編》尤關明代要政，爲數百年來不易見之書。嗚呼！吾祖宗言行昭昭若日月，吾子孫知所從事矣。

中華民國二十八年己卯十月，十二世孫肯謹序。

——《明唐荆川先生年譜》卷首

補三國疆域志序

〔清〕洪亮吉

陳壽《三國志》有紀傳而無志，然如天文、五行之類略備沈約《宋書》，皆可不補，其尤要而不可闕者，惟地理一志。元郝經所補，全錄《晉書·地理志》，本文即見於沈志中者，亦近而不采，他可知矣。予自戊戌歲校四史畢，即有志於此，留心裒輯者二載，然因有數難，輒復中輟。沈約云“三國無志，事出帝紀”，雖立郡時見，而置縣不書，此一難也。晉司馬彪撰《續漢書·郡國志》，凡郡縣增損在安、順以後者，即不置錄，是前無所承；唐初修《晉書》，於地理學最不精，建置沿革舛錯過半，是後無所據，此二難也。即云出帝紀矣，而荆州江夏則南北並立，蘄春、廣陵又魏、吳不常，能析其州郡本末，尤不易辨其道里遷徙。又或居巢、狄道，兩國置壘；鍾離、逡道，空地不居。臨賀郡所屬，則荆、廣之説不同；宜都郡立名，則魏、蜀之詞不一，此三難也。從前諸地志，上論沿革，每自漢越晉，中闕三國不書，彼傳信之體則然。今既欲補志，則須上詳郡縣與東漢異者若干，下與西晉異者若干。全據金行，既謂以孫而定祖；概徵炎運，又嫌有昔而無今，此四難也。沈約著《宋書》，去三國不過二百祀，當時册籍輿圖，諒存秘省，所引太康、元康定戶十餘種，最資證左。而汝陰建郡，顯背《魏書》，蒙縣著文，復乖漢志，此五難也。今世所存諸地志可采者，如李吉甫《元和郡縣圖志》、樂史《太平寰宇記》等不過五六種，而丘頭、旍武，一人而前後不同；油口、號公，三書而彼此互異，此六難也。三國土壤既分，輿圖復窄，州郡之號，類多遙領。吳有犍爲之守，蜀存京兆之名。武都一郡，土歸西國，而名列扶風；房陵一區，實隸當塗，而虛領益土。近而易混，驟每不詳，此七難也。葭萌改漢壽之名，則與屬武陵者亂；上庸建北巫之號，則與隸建平者淆。東京所無而西魏忽置，誰別建始之年？南邦所創而太康已廢，難識革除之始！此八難也。陳壽史例最號精嚴，而高陵、海陵之縣，沿著舊名；新安、新昌之稱，復標近號。加以松之注史，好采殊説，始興未建，作守者已有羊君；東安未立，臨郡者先推郭智。作者既視睫而不見，閲者復貯心而不疑，此九難也。繼此九難，遠閲千載，沈約所據十餘種，僅存其二，而又不能稍參己意，增定郡邑，此十難也。然用力既久，終不忍輟作，而證左俱絶者，則闕疑以待焉。蓋地理之難也，班生録本朝之書，猶存俟考；沈氏徵近世之壤，每著存疑，從事於此者，當若是矣。今大類仿《宋書・州郡志》之例，而於扼要之地，爭鬥之區，可考者附見諸郡縣下，參用《郡國志》例焉。其郡縣之未經分割者，置縣次第準《郡國志》爲多；或已分割，及廢而復置者，則先後類從晋志，要在有補原書，而不汩其實，此裒輯之意也。然天下州邑之志，繁如星草，安知所疑而闕者，不皆散見於諸郡邑圖志中？補是志者，既非爲己，何必皆出一人？同好之君子，苟能隨所見而足之，以成一史未竟之事，則是書亦補《三國志》疆域者之權輿矣。

　　洪亮吉撰。

——《三國疆域志補注》卷首

三國疆域志補注自序

〔清〕謝鍾英

　　吾鄉洪編修撰《三國疆域志》，采掇衆家，補苴前史，致力兩載，自序十難。鍾英雅好方輿，嗜同前哲，引延晷日，商確疑義，仿酈氏釋經，作劉昭補注。歲在己丑月維建子，編書成帙，殺青可寫，乃解十難，以袪群惑。蓋夷陵見於《魏紀》，建平詳於《吳志》，因郡及廢，前志粲然，得著作爲引端，易旁羅而竟緒，徵求故事，反是不思，此其因誤致難者一也。當塗革命，多所改易，孫、劉割據，稍復開置，然本《漢志》者十九，同《晋志》者十一，安順以降，太康以前，增省之文散見於史，未解爬羅，芒無抉擇，此其因誤致難者二也。南北并立，剖分界限，魏、吳不常，要厥始末，以城守辨封疆，以軍行爲隙地復起，陳氏不易吾言。至於臨賀屬廣，休文之説爲長；宜都立名，益德之傳可證。捨張勃而從杜佑，疑《宋書》而徵《晋志》，此其因誤致難者三也。自晋以降，地志十數，凡諸記載，三國并存，參其異同，皆可依據。若必概徵炎運，全據金行，識昧權衡，事同膠柱，援此立説，無乃見嗤，此其因誤致難者四也。沈約《州郡》偏詳吳地，孫氏建置實賴史才，蒙縣、汝陰雖非典要，取其多者足以自輔，而刮垢索瘢，因噎廢食，此其因誤致難者五也。武丘紀謂文王，公安傳稱先主，史文具在，折衷非難，而采諸子之委談，疑陳氏非確義。是則荆州著記反尊於國志，承祚立言不信於樂史矣，此其因誤致難者六也。武都魏地，平於諸葛；房陵蜀郡，歸於當塗。山川糾紛，郡邑僑置，考之以時，如示諸掌，而驟舉一地，不綜其全，此其因誤致難者七也。同名異地，按圖則晰，既建旋省，讀史自明。劃彼此之疆，審先後之序，失者鮮矣，尚何疑乎！若束史而屏圖，猶掩目以捕雀，此其因誤致難者八也。海陵因人不廢，新昌據事直書，新安則國志無書，高陵爲承祚實録，而乃援引浮詞，譏彈信史，周鼎幹棄，康瓠是寶，此其因誤致難者九也。洪序："承祚史例最好精嚴，而高陵、海陵之縣，沿著舊名；新安、新昌之稱，復標近號。"鍾英按：《魏志》張既馮翊高陵人，《元和志》魏文帝改高陵爲高陸，《晋志》高陸屬京兆。《吳志》呂岱廣陵海陵人，《晋志》無海陵縣，《孫皓傳》建衡三年入交趾爲新昌郡，《通典》吳分交趾置新興郡，晋武改爲新昌，是皆洪氏所據。今考《魏志》書呂布五原郡九原人，張楊雲中人，張遼雁門郡馬邑人，其地皆陷入鮮卑，非魏所有，使洪氏執筆，將缺其地，并缺其人耶？抑書其人而不書其地耶？三國末，廣陵以東縣邑荒廢，而爲呂岱作傳，海陵在所必書，不得以此咎承祚也。新昌故名新興，高陵魏改高陸，更歷五代，至杜佑、吉甫始究其原，夫誰信之！然思廣異聞，未爲不可。若欲援此證成承祚之失，未免以孫定祖耳。《孫權傳》：建安三年，分黟、歙爲始新、新定、犁陽、休陽，以六縣爲新都郡。《妃嬪傳》：全主勸孫峻徙和居新都郡。《三國志》何嘗有新安郡明文，《晋志》新安郡領縣與新都同，是即晋改新都爲新安之明證，洪氏以不誤爲誤，殆不可解。三國疆域異説紛紜，屈前就後，是爲不根之論；據近定遠，蓋非傳信之書。揚子曰："萬物紛錯懸諸天，衆言淆亂折諸聖。"不尋《陳書》之脉絡，原始要終；咀裴注之英華，去非取是。雖沈約之所據盡存，於當時之形勢未備，此其因誤致難者十也。嗟夫！固創《地理》，遂成絶業；彪踵《郡國》，亦足抗衡。《宋志》并及三方，《隋志》兼存五代。兩書博贍，吾無間然。其餘《晋志》牴牾，《華陽》疏漏，道元詳略或失，樂史舛謬雜陳，地志完書殆難其選，況以弇陋末學進退古人，馳觀限於方隅，尚論盲於知識，雖自罄勖強爲注記，不過裒輯聞見，聊備遺忘於洪氏，所謂隨所見而足之者倘庶幾焉。若夫事必探其原，言必提其要，抗心以馳，千載不能遁其形；鍵户而處，九垓無以匿其迹，此則宏達大雅之士，方聞經世之才，僕非其儔，敢謝不敏。

武進謝鍾英序。

——《三國疆域志補注》卷末

東晉疆域志序

〔清〕錢大昕

　　陽湖洪君稚存撰次《三國疆域志》成，予既嘆其奇絶。比者復有《東晉疆域志》之編，汗青甫畢，出以相示，讀之益嘆其才大而思精，誠史家不可少之書也。蓋自黄帝畫野分州，至秦更爲郡縣，而輿地一變，郡縣之名多因山川都邑。至南北朝僑置州郡，而輿地又一變，由是名實混殽，觀聽眩瞀。建康也，而有高陽、廣川；襄陽也，而有扶風、京兆；廣陵也，而有雁門、遼西。既以客户而雜主。壽春也，而稱爲睢陽；合肥也，而稱爲汝陰；沙羨也，而稱爲汝南。更以假號而奪真。宋、齊、梁、陳沿襲于東南，元魏、齊、周效尤于西北，而其端實自典午啓之。此東晉疆域辨之宜早也。然而斯志之補，厥有四難。一則實土之廣狹無常。建武、太寧，規模粗定，始削于咸和，而旋振于永和，再蹙于寧康，而復拓于太元，三挫于隆安，而大闢于義熙。試即全晉十有九州論之，始終梗化者，唯秦、并、冀、幽、平五州，雍則兵威所加而不能守，凉則職貢所通而不能有，皆可置之不論。若夫青、梁、益、寧之始陷卒復，司、兗、豫之時得時失，即揚之江西，徐之淮北，荆之沔中，亦間或淪陷，疆場一彼一此，前史莫之詳也。一則僑土之名目多複。幽、冀、青、并，共居江表；梁、秦、司、雍，雜處襄陽。豫户多寄淮南而或在夏口，雍民皆依漢、沔而或在滁中，揚之義成、松滋乃處荆部，徐之郯、朐、利城曾托海虞，太原、上黨、魏郡、廣川，地異名同，總非故土。此沈休文所謂“千回百改，巧術不算”者也。一則紀傳之事迹不完。洛陽爲晋故都，得失宜謹書之，而紀或書或否。幽州燕國、并州義昌不言僑立何方，姚興割歸十二郡，得其四而遺其八，唐人且有遺忘，于今焉能尋討？一則志之紕漏難信。濟陽、西陽，惠帝所分；宿預、始康，安帝所置；陳留嘗寄于堂邑，春穀曾屬于廬江，志并闕而不書。改堂邑爲秦郡，乃安帝而非元帝；分南郡立武寧，乃桓玄而非桓温。且僑置州郡，本無“南”字，義熙收復故土，因立北徐、北青。永初受禪，始詔去“北”加“南”，而志已先有南兗、南徐、南青、南豫，且謂元帝置南東海、南琅邪、南東平諸郡，豈非誤認宋志追稱以爲本號乎！梁州之巴渠、懷安、宋熙、懷漢、安康諸郡，皆劉宋所立，而志以爲安帝，豈晉末先有宋熙之名乎？夫唐初去晉未遠，何法盛、臧榮緒諸書具在，而全不檢照，涉筆便誤，則史臣之昧于地理，不得辭其咎矣。稚存生于千載之後，乃能補苴罅漏，抉摘異同，搜酈、樂之逸文，參沈、魏之後史，闕疑而慎言，博學而明辯，俾讀者瞭然，如聚米之在目前，詎非大快事哉！稚存少而好游，九州之廣，足迹幾遍，胸羅全史，加以目驗，故能博且精若此。而意猶未足也，將踵是而志十六國之疆域，與斯編相輔而行。予雖衰病，亦嘗留意方輿之學，願企踵以觀厥成焉。

乾隆五十有四年秋八月，嘉定錢大昕撰。

——《東晉疆域志》卷首

十六國疆域志自序

〔清〕洪亮吉

《十六國疆域志》，固與《東晉疆域》相輔而行者也，然志十六國之難，則更難于東晉，何則？其竊據之久者，不過數十年，少則止數年。劉曜續開之州郡，既迥異于淵、聰；石虎晚定之山河，又大逾于襄國。甚者姚萇以馬牧起事，故崇鎮堡之勢，以敵方州；赫連以統萬建基，故芟郡縣之名，盡歸城主。後先錯出，彼此互殊，縱欲指陳，殊難畫一，一也。近時崔鴻《十六國春秋》既係明人所輯，不足據憑。惟《太平御覽》中所錄，及諸輿地圖經所引，尚屬當日舊書，而簡略特甚，十止二三。《晉書·載記》又非詳核，是依據者少，二也。當時霸史之見于隋、唐《經籍志》者，有常璩《漢之書》十卷，《舊唐書》作《蜀李書》九卷。田融《趙書》十卷，《舊唐書》作《趙石記》二十卷。王度《二石傳》二卷，《舊唐書》作《二石記》二十卷，不著名。又《二石僞事》二卷，《舊唐書》作六卷。范亨《燕書》二十卷，張詮《南燕録》五卷，王景暉《南燕録》六卷，游覽先生《南燕書》七卷，高閭《燕志》十卷，何冲熙《秦書》八卷，席惠明《秦記》十一卷，姚和都《秦紀》十卷，張諮《涼記》八卷，《舊唐書》作十卷。劉景《涼書》十卷，史喻歸《西河記》二卷，《舊唐書》作段龜龍，誤。段龜龍《涼記》十卷，高道讓《涼書》十卷，沮渠國史《涼書》十卷，無名氏拓跋《涼録》十卷，劉景《敦煌實録》十卷，和苞《漢趙記》十卷，《吐谷渾記》二卷，《翟遼書》二卷，《諸國略記》二卷，《永嘉後纂年紀》二卷，《段業傳》一卷，南宋時已漸次散失，是可搜采者盡亡，三也。即有附見于晉、宋諸書紀傳中者，與載記又多不合，如《晉書·列女傳》"王廣仕劉聰，爲西揚州刺史"，而《前趙録》等不載有此州；《桑虞傳》"石虎青州刺史劉徵，請虞爲長史，帶祝阿郡"，而《後趙録》等又不載有此郡，四也。又或名號則彼此分建，方隅則叛服不常，長子屬建興之郡，名乃肇于西燕；赫連築骨律之城，土早歸于後魏。豫州則石趙、東晉共治一城，壽春則江左、符秦各分要地，五也。復有逞其胸臆，則務廣虛名，核彼輿圖，則多非事實，如石氏建揚州之號，僅得一城；前燕標荆土之名，惟餘數縣。夏宋誓書指恒山爲界，既涉張皇；慕容郡册援唐國爲稱，亦慚假借，六也。甚有指南爲北，革舊標新，赫連也以陝地爲荆州，乞伏也以渨川爲益土。琅邪之國，强號幽燕，朔代之區，忽標齊服，近而易混，驟每不詳，七也。又王彌、曹嶷、段匹磾、慕容永、翟遼、段業等皆建有國都，跨連郡縣，雖不别爲作志，亦例得附書，若非舉要而削繁，又慮喧賓而奪主，八也。又兗、豫、青、徐之境，空地常多，既不隸于諸方，又不歸于江左，若此者，其郡縣之空名，每以戰争而附見，列爲實土，已無户口之可稽，目以僑邦，則又山川之未改，此則去留不可，位置尤難，九也。即云魏收、酈元、李吉甫、樂史等諸人所述，可以取材矣，而靈昌立渡，各異其方；梁馬名臺，互殊其號。魏該一合之塢，與晋傳而先殊，石家太武之堂，在襄國而疑誤，十也。乙巳歲，客開封節樓，燕居多暇，因雜取諸書，輯成之，距《東晋疆域》之成，不逾二稔，其附書山川宫闕，一如《東晋志》之例。他若田融、段龜龍等書之僅存者，并一一録入之，非廣異聞，亦所以存故事也。

　　時中秋後五日，是爲序。越十四年戊午仲春，乃刊之于京邸云爾。

——《十六國疆域志》卷首

補梁疆域志序

〔清〕李兆洛

　　吾常近今言地理之學者，推北江洪先生。先生所著有《乾隆府廳州縣志》及補三國、東晋、十六國疆域諸《志》，刊行已久，家有其書。今其少子子齡又有《補梁疆域志》之作，洵爲北江才子矣，而先生自序《補三國疆域志》謂有十難，其一云晋司馬彪撰《續漢書·郡國志》，凡郡縣增省在安順以後者即不置録，是前無所承。唐初修《晋書》，於地理學最不精，建置沿革舛錯過半，是後無所據，然以梁較之爲尤難也。何則？三國上爲兩漢，下爲西晋，俱有郡國地理之書，初無僑州郡縣之目，若梁之前則爲宋、齊，同時爲北魏，其後爲北齊、北周與陳耳。宋、齊、北魏雖有《志》，而承東晋十六國以來僑州郡縣，朝南暮北，旋有旋亡，雖巧術不能算焉。齊、周及陳又各無《志》，南北二《史》蓋亦缺如，先後若斯，悉難依據。所可幸者，《梁書》本文其建州置郡時見於紀傳，兼之《齊書》《魏書》《南史》《北史》，齊、周、陳、隋《書》亦具在，其中扼要之地、争鬥之區彼此互見，次第足徵，益以隋《志》注文，頗爲詳審。其餘今世所存諸地志如《元和郡縣志》《太平寰宇記》《輿地廣記》《輿地紀勝》及《通典》《通考》《通鑑地理通釋》，猶足借爲證佐。雖非無可措手，而於先生所謂十難者殆又甚焉。今子齡以本書紀傳爲主，輔以他書，略仿宋、齊二《志》之例，詳列魏、隋二注之文，其州郡縣之次序，因宋、齊舊制，而未經分割者，準宋、齊《州郡志》爲多。其本爲魏地而終爲梁有，與本爲梁地而終爲魏有者，則類從魏、隋二注。其分置不見於本書與魏、隋二注而見于他書者，歷引書文以爲證據。其間若無實土而置虛名，與因虛名而成實土，或雖一名而實二地，與以一地而得二名，莫不明是非、別同異，而復州詳置治之所縣列因革之文，名山大川、舊關重鎮、館殿臺閣、宮闕園陵靡不綴輯，以廣後學之見聞，可無憾矣。復有餘力，更補北齊、北周及陳時之疆域，尤易爲功，諸史皆具，爲求地理者之一大快，跂予望之。於此信北江先生之積學深而遺澤遠，而子齡亦可爲克傳其家學也已。是爲序。

　　武進李兆洛。

——《補梁疆域志》卷首

乾隆府廳州縣圖志序

〔清〕洪亮吉

　　蓋聞方圓有象，白阜成書；流峙初形，綠圖有記。黃帝中經之外，乃逮于《九丘》；重華益地之餘，聿聞夫《禹貢》。《周禮·職方》，實係九州之志；《春秋·內傳》，洵爲百國之書。秦圖三六，由四極而四荒；漢郡百三，乃一候而一尉。由茲以降，可得而言。若夫斷代爲書，建元表號，則《太康地記》始有成規，《永初山川》實標定目。《開元十道》之記，既開吉甫之前；《元豐九域》之書，又繼元和而作。若據茲見在以定厥歸，則李相所編，執奎斯在，而其得失，又可推焉。夫爲地說者，右圖左記，既屬良模，舉要撮凡，斯歸至當。故裴秀舉地官之職，惟表川原；蕭何得御府之圖，藉知厄塞。必有資乎經國，非欲助夫游觀。乃今觀其所采，則嚴光江岸、莊子濠梁，前哲釣游，有而必錄，此則郭象述征之記，延之攬勝之編，非地理之要也。昭仁等慈，丹臺仙觀，二宗創置，靡不畢詳，此又名僧西域之經，高士老君之傳，非地理之要也。又有甚者，夫挂劍徐君之壠，灑酒喬公之墟，同係昔賢，均堪憑吊，然與其有詳有略，何妨概屬闕如。今則關中諸兆，存班固而削馬遷；江左崇封，登陶侃而芟卞壼。載籍并存，無疑可闕，而乃如此者，洵莫詳其用意焉。又如《周禮·職方》，《春秋》國邑，孟堅一志，文命一書，洵海宇之權輿，肇山川之名號，必謂生年已後無得而徵，則疑者不言，盍衷諸聖？今則《春秋》土地，視杜預而尤疏；《禹貢》方名，較魏收而益誤。前者既不知所本，則後者亦莫敢復承。且其言曰："古今言地理者凡數十家，尚古遠者或搜古而略今，采謠俗者多傳疑而失實，飾州邦而叙人物，因丘墓而徵鬼神。"旨哉斯言，實皆自背。

　　夫大別、小別，各立其名；內方、外方，強標其號。以至天興一縣，載二事而皆虛；襄邑一區，設兩言而亦誤，此非尚古遠而失者乎？五星升渚，一聖名山，石則陽翟婦人，竹則霍山天使，此非采謠俗而失者乎？至于陵爲蛇骨，水繫蛟潭，陶侃則一龍作梭，跖拔則七魚猶串。馬融經學，先表讀書之臺；謝朓文人，乃紀賦詩之所，非飾州邦而叙人物乎？孝童營冢，烏口先傷；力士鑿山，牛形遽變。舒女化魚，水聞歌而赴節；思王埋烏，魂在冢而能呼，非因丘墓而徵鬼神乎？雖然責人斯易，考古良難，安知今之所爲是者，後之人不又叢責備也？要即今所見，以揆其所安，則雷同附會，有皆不敢。而其間因革，亦微具體裁焉。今者每布政司所轄，各冠以圖，統以三京，爲圖二十。昔則赤緊畿望，今則衝繁疲難，道里之數，一準近圖，户口所憑，要於今册。故城舊縣，有則必書；鑿嶺開渠，遠而必録，此則遵彼良規，無容改作。至若金牛、聖渚，因水利而登編；白鹿、神禾，以分疆而入録。外此則畸人逸士、昔賢前聖之遺迹，概不列焉。五岳四瀆，圭瑁之尊，同于牧伯，故并列其祠。外此而浮圖宮觀不與焉。帝升王降，弓劍之所，比于山陵，故各詳其地。外此即聖賢冢墓亦不及焉。同知通判，分駐必詳，則班生記都尉治所之意；郵亭鎮堡，隨方亦録，則馬彪載郡國鄉聚之遺。五金利用，標所出之山；近鹽便民，記置場之所。水道則據今時出入而綴以故名，陂塘則記歷代廢興而并詳創始。形勢所在，非可空言；戰爭之區，因事附録。又名之可合于《禹貢》、益名、班《書》、《左傳》者，疑則或闕，徵則必書，此又其復古之初心，作書之微旨也。我國家膺圖百年，闢地三萬，東西視日，過無雷、咸鏡之方；南北建斗，逾黎母、呼孫之外。光于唐漢，遠過殷周。然而大一統之書，内三館所繪秘圖，則流傳匪易，鴻編則家有爲難，非尋檃括之方，懼啟津涯之嘆。臣遭逢聖世，得預儒流，四及計偕，再膺里選。九州歷八，親探禹穴之書；四部窺全，曾寫蘭臺之字。粗知湛濁，稍别方輿，閱以歲年，撰成此志。卷裁五十，慚管見之難周；譜及八荒，表盛朝之無外云爾。

　　時乾隆五十三年歲在戊申長至前五日。

——《乾隆府廳州縣圖志》卷首

咸淳毗陵志序

〔宋〕史能之

　　毗陵有志舊矣，歲淳祐辛丑，余尉武進，時宋公慈爲守，相與言，病其略也，俾鄉之大夫士增益之，計書成且有日。越三十年，余承朝命長此州，取而閱之，則猶故也。嘻！豈職守之遵紬不常，而郡事之輇轕靡暇，是以久而莫之續邪？抑有待而然邪？夫《周官》土訓“掌道地圖，以詔地事”，“以辨地物，以詔地采”，蓋將使來者有考也，而可忽諸！毗陵自晉改邑爲郡，至唐易郡爲州，代更五季，民瘝於兵。宋奠九廛，江南既平，郡始入職。方氏一馬渡江之後，錢唐爲天子行在所，繇是與蘇、湖、秀均號右扶。《寰宇記》所謂"人性吉直，黎庶淳遜"，其所從來古矣。今山川映發，民物殷蕃，謹固封圻，爲國之屏壤，地非小弱也，而郡志弗續，非闕歟？乃命同僚之材識與郡士之博習者，網羅見聞，收拾放失，又取宋公未竟之書於常簿季公之家，訛者正，略者備，觖者補，蓋閱旬月而後成。雖然，余豈掠美者哉！事患不爲，爲而無不成，余之續之，所以成前人之志而廣異日之傳云爾，後之覽者亦將有感於斯。

咸淳四祀月正元日，四明史能之叙。

——咸淳《重修毗陵志》卷首

大德毗陵志序

〔元〕劉　蒙

古者，地有圖，以別州里之遠近；郡有志，以見古今之沿革，二者不能相無也。雖然，志又圖之詳者也，風土之所宜，人才之所鍾，仙佛之所都，名賢之所宦游，須此焉考。是以一郡必有一郡之志，自不能忘言者，職此之故。以毗陵爲季子采邑，爲浙右名藩，尚禮之遺風餘韵甲於他壤。自火于兵，志之不存，亦三十餘祀，謂之闕典可也。余承乏郡文學，駟騎旁午，問必首是，訪微索隱，書亡，幾不復出。大德甲辰，郡侯仁卿趙正議由尚書出牧，慨然以修志爲念。余考之《方輿》，節略而不可述；詢之耆舊，囁嚅而不能言。因循又年餘。乙巳冬，廉車謝副使分按，索是書甚切。講書陳希程執方册，忽趨進而喜曰："此某曩昔游學時手抄也，近得於故篋中。"亟以出示。觀其所載，雖未能詳，然亦得其大概，意者藉以成是書乎？就委編次，酌古準今，增益其所未有。自附於叔孫綿蕝之舉，非敢曰備。是書也，始於乙巳之良月，成於丙午之端月。命工鋟梓，以啓其先，後俟識者訂正云。

鄞山劉蒙謹書。

——《大德毗陵志輯佚》

泰定毗陵志序

〔元〕劉文炳

郡有志，其來尚矣。毗陵自經兵燹，志之不存，且四十餘載。延祐改元之明年，郡以經理田糧，無籍可稽，訪尋舊志，得於前治中徐朝列家。是冬，會儒學尊經閣成，爰命工鋟諸梓，而文獻之徵矣。越四年秋，郡幕官趙君璧以舊志所編悉前代故事，我元混一以來，郡縣沿革，制度更張，與夫田野日闢，生齒日繁，造作貢賦，有程有則。崇學校，興科舉，置郵驛，立祠宇，紀綱粲然，規摹宏遠。其可不筆諸簡策哉！遂議同幕白其事於郡，郡官嘉其議，下所屬州縣採撦事實，將纂輯成書，以續前志。會公將代，事竟因循。至治癸亥，郡侯周太中到任，慨然以修志爲念，乃屬郡文學文君志仁竟其事。蒙不鄙疏陋，俾贊厥成，於是芟煩剪浮，列爲一十卷。第見聞不廣，紀錄未詳，尚當考之圖經，詢諸耆舊，以增益其所未備焉。

時泰定二年龍集乙丑八月，暨陽劉文炳序。

——《泰定毗陵志輯佚》

毗陵續志序

〔明〕謝應芳

昔人謂九州之志言九州所有，土地所生，風氣所宜也。郡志之作，本諸此乎？毗陵爲古名郡，其山川土田、風俗名物之屬登載舊志，固班班可考。然由元初而至于今，曾未有紀述之者，誠曠典也。洪武十年春，中憲大夫廣東張度來守是邦，下車之初，適朝廷命天下郡縣纂修志書，於是會集耆宿之士，稽今訂古，博采見聞，撰次成帙，以續舊編，凡一十卷。其間耳目所不及，蒐訪或未能盡，闕文遺事詎容無之，然而百年之間時有異同，事有因革，即是編而求之，亦可以概見矣。

是歲丁巳十月既望，郡人謝應芳序。

——成化《重修毗陵志》卷首

重修毗陵志序

〔明〕王　㒜

郡志，紀事之書也。辨土疆，陳職貢，同貫利，彰人文，凡一郡之事，咸在所當紀，而尤貴體要焉。沿誦訓之制，遵筆削之旨，使統紀相承，名實不爽，如是而後，可以質前聞而屬來裔。夫自《周官》小史掌邦國之志，外史掌四方之志，其後圖經起於郡國，集記出於風土，志輿地者亡慮數十百家，求其克盡體要，與歷代史志并傳千古，蓋不多見，此江文通所以有作志之難之論也。毗陵郡故有志，既多散軼，其存者惟宋咸淳本，然涉更多故，版籍漫毀。歷元至我國初百有餘年，而鄉先生謝子蘭始爲續志，嗣是而未有續者，又百年于今矣。理陳編於殘剝，益新製於雋永，太守莆田卓侯天錫、貳守河東謝侯庭桂，蓋嘗銳意於斯，屬時郡政多先務之急。成化己丑春，始聘郡士朱昱纂述之，以昱嘗潛心於是而有得者。繼集其徒施謹輩，以備討論、資繕寫，而亦不鄙謂予，俾粗加礱栝。㒜猥以菲才，待罪太史修纂之任，屢叼上命，而顧使一郡之志廢爲曠典，誠有未容以難爲解者。乃取二志會而通之，而重閱傳記，旁采聞見，訂其舛訛，補其缺遺，門分彙別，詮次成編，凡爲

序跋／史部

499

卷四十，而圖表不與焉。既成，二侯遂命工録梓以傳，其意蓋將使四方之士有志於遠覽者取而觀之，則吾郡山川之勝、疆域之廣、物産之奇、宮室之美，皆宛然在目，庶少寄臥游之意。而夫風俗之醇、治化之隆、典章文物之盛，後之人或有考焉，亦可無文獻不足徵之嘆矣。昔吳人范石湖作志，郡士咸薦所聞，而龔頤正爲多，然則斯志也，予之有賴於朱君者亦豈少哉！

成化庚寅夏孟月既望，賜進士及第、南京翰林學士、奉議大夫、兼修國史郡人王儉序。

——成化《重修毗陵志》卷首

重修毗陵志序

〔明〕朱 昱

嘗讀《山海經》，至所謂唯聖人能通其道，因竊嘆夫周知之不易，而況有所紀述者乎！毗陵志自宋州學教授三山鄒補之始爲之十二卷，咸淳間郡守四明史能之復增益至三十卷，故其廣輪之數，庶政之殷，風氣所生，土俗所有，靡不具悉。爰歷我朝洪武初，郷先輩謝子蘭又續成十卷。厥後雖兩經載筆，而世無傳焉。昱不揆末學，謹撷所聞，以補其遺缺，殆將一紀，寢食屢忘，不自知其爲僻也。屬者郡大夫使言下及，猥以繆悠荒澀，豈敢自速其譏議哉！乃質諸故老，重加删訂，上自三代，以至國初，考其沿革，爲之表次，自漢、唐、宋以迄于今，録其事爲之志，總凡四十卷。有徵於前，無廢於後，閱八月而後成。凡文辭之豐縟，義例之詳明，皆一係乎舊刻。至如蒐羅剔抉，核其大不遺其細，固得以少置力于間！雖然，踵前人之餘緒，爲一郡之成書，有不待山林槁朽之序辭，然而道之所存，俗之所喪，深有懼焉，故爲之如此，達觀博物君子幸鑒之哉！

成化六年十月既望，郡人朱昱序。

——成化《重修毗陵志》卷首

毗陵志增修序

〔明〕徐 瓊

成化十八年春，新淦孫公偉德守毗陵三載，剛柔不偏，政事惟和，人用康乂。惟靖江縣之新置，郡志未收，無以維繫人心，同歸於聖化，乃協謀貳守吳公廷用，而屬儒士朱昱氏增修之。其凡例卷帙無改於前志，仍就少宰王先生而正焉。志成，復屬予序。予考毗陵本周吳國，繼是歷代稱爲名郡，我朝在邦畿之內，以近天日之光華，故其氣運轉而日盛，山川若增而勝，風俗乃還而淳，土産益繁，田賦愈豐。郊野多詩書之士，庠序有俊乂之才，其用而見諸事功光明正大，可觀者濟濟乎盛矣，時不有書，後世曷從而考之哉！前守卓公純嘏有見於此，乃合咸淳、國初舊志而重修之，是以百有餘載之故實采録無遺，筆削惟允，可謂明備矣。越今十有三載，才士師師，文物日熾，名魁鄉闈而前後之相望，秩貳臺省而兩京之相輝，三輔欽亮之彦，莫之或先，厥休屢書不盡，豈惟靖江未收之為闕典哉！以靖江之收而聯文獻之四邑，蓋欲島人就之觀化，即召公欲以周人化殷人進善之意也。夫然後上不負縣其地而遂一視而同仁，下有幸編其戶而與四邑而同文，此其著已然之迹而冀成未然之化，豈曰小補哉！於乎！善觀《禹貢》者，必觀其聲教之訖，有以知唐虞重華之德被於遠；善觀斯志者，必觀其文物之盛，有以知聖世文明之化篤於近。王畿為四方之本，化篤於近而舉於遠也必矣。然則斯志之增修，豈徒然哉！亦足以觀世道之升也。用序以著之。

　　成化壬寅歲孟秋吉日，賜進士及第、南京翰林院侍讀學士、奉直大夫、前經筵官同修國史金谿徐瓊序。

——成化《重修毗陵志》卷首

常州府志續集序

〔明〕張　愷

　　常州府，古毗陵郡也。舊志昉於宋教授鄒補之而續于咸淳太守史能之，然尚未備也。後百餘年我國初，鄉先生謝子蘭始續成之。自是又百餘年，為成化己丑，郡士朱昱殫力采摭，補其缺遺，歷歲既久，適前守莆田卓公屬以編輯。時王文肅公方在史館，乃為訂正，協而成之，為四十卷。既十有五年，郡守新淦孫公以靖江縣治建置未録，且慮政有損益，久而復湮，仍屬以續之，而文肅公方為南都少宰，政務頗暇，再加礱括，遂刻以傳。其考據之精核，義例之詳審，文辭之體要，固無容議矣。然迄今又三十年于茲，政以時異，俗以習殊，制度有因革，財賦有盈縮，人物有隆污，則又不能無可紀者。正德辛未，渤海李公來理郡事，適當多事之餘，城池既固，逋寇已平。越明年，政通人和，百廢具舉，乃閱舊志，謂宜增續，顧愷不肖索居寡儔，屬以詮次。愷惟作志之難，古今尚矣，明《春秋》者或不知琅玡之為鄢，專紀載者或未識金根之為車，人材或病於臧否之不公，歲月或患於亥豕之多誤，舉其一不知其二，得於此或遺於彼，豈能免當世之訾議乎！雖然，天下事未有不廢於因循而成於強勉者，使人皆畏其難而莫之肯為，則將來之責誰其任之！用是不敢以寡陋辭，乃合五邑之所纂集者彙而次之，稍加礱括，分為八卷，名曰《府志續集》，姑以為他日秉史筆者之助。且復於公，曰請藏之庫笥，以備遺亡之萬一。公曰："然，可矣。與其藏之蠹毀，孰若梓之可久乎！"於是復屬愷為之序。

正德八年歲在癸酉中秋日，致仕運使錫山後學張愷識。

——正德《常州府志續集》卷首

續修常州府志序

〔明〕唐鶴徵

先是常州府有志矣，百餘年而未修，武進自入國朝二百五十餘年矣，竟未有志，人人兩謂缺典。萬曆乙巳，南昌晏侯懷泉縮符武進，既以續署上考，計日優陟矣，忽一日見，枉以《武進志》請余，鶴徵力謝不敏，晏侯不之許也。歐陽府公宜諸亦以郡志見委。不久而府公晉秩去，晏侯請之愈勤，强爲具草，以俟作者，府志竟寢。余之南太常，王府公鍾嵩以屬之顧光禄，光禄結撰未畢，而王公以憂去，郡志又寢，及今且十四五載矣。羅山劉公海輿實來守常，以其迎刃輒解之才而持之詳慎，以其纖芥必嚴之操而用之寬和，奸蠹盡剔，弛廢具舉，扞蝗禱雨，天不能爲之菑，課藝掄文，士實大受其賜，思及郡志，必欲以其餘暇之力而竟此久遠之謨也。即余鶴徵而圖之曰："子不嘗爲武進創乎，何難于一府續也？"鶴徵曰："此未可以一概論也。識非有進于將智，精已盡銷于耄及。莊生所稱陳人已爾，又焉能爲！"凡五往返，逾數月而懇懇不已。又遴選諸生之足任編纂者五人，且出五邑之新志，與顧光禄所修《人物志》九卷以示之，鶴徵不得不拜命。其凡一如《武進志》：一地理，二財賦，三文事，四武備，五名宦名將，六人物，七辭翰，八摭遺，悉與諸生分任之。凡有涉于地理則屬之惲生兹，凡有涉于錢穀則屬之張生劍光，其文事、武備、名宦、名將則屬之吳生瑞，辭翰、摭遺則屬之吳生鍾巒，諸年表則屬之湯生桂禎，人物則余鶴徵得以臆見臆聞而進退之，以請裁于劉公。未幾而督學使者校士，又未幾而棘闈登俊，諸生勉强完役，余獨與湯生爲之校讎，又安能精蒐而詳考，以幾成章而成書哉！劉公又以志完，余鶴徵當有一言于其首，余以爲志如此，安足言成書！又安足以期行遠！雖然，少不自揣，嘗有志盡括郡縣之志，而本之畫野分圻之初，以觀其棋布星羅之局；審之沿革離合之後，以判其連絡渙散之情。或相使而爲臂指首尾，或相錯而爲犄角犬牙。或相依而爲輔車，或相峙而爲鼎足。又察其厄塞險要，以佐戰守攻圍；要其陵谷滄桑，以妙因應變化。呈之以圖，綴之以籍，則形勢之重輕、錢穀之虛實、户口之繁耗，有不瞭然心目之間者哉！天下有變，則敵之得失勝敗，我之制變出奇，不下堂皇而決策矣。古人之貴圖籍，必以是也。乃檢之各志，無一言及之者，何其宜及而莫之及也？既而熟思之，國之利器，其不可示人哉！子長善鄭侯之收秦圖籍，曰"獨先入，收丞相、御史圖籍"，則知天下事惟丞相、御史能決策，故圖籍亦惟丞相、御史得而見之，則圖籍固朝廷之秘册也，是以宜及而莫之及也乎？然則志地理者，亦僅可爲幽人游覽之勝、詞客吟咏之助，徒文具而已。以此概之，何往非文具哉！即人物一類，作志者無不難之，蓋以衆論之難合也。余鶴徵仕也未嘗操賢否之目，退也未嘗爲月旦之評，人倫冰鑒實非所長，聞見幾何而欲揚搉今古乎！《春秋》一書，聖人猶以知我罪我聽之人，矧荒耄如不穀者乎！雖欲托聲文具，有所不敢，矧曰信史！近年之載與不載，以時爲限，非有去取也。其他諸類多見行當事，副在有司，其亦附之文具可乎？以此塞劉公之請，其能無餘愧哉！

　　明萬曆四十六年戊午七月，賜進士出身、中憲大夫、兩京太常寺少卿郡人唐鶴徵撰。

——萬曆《常州府志》卷首

纂修毗陵志序

〔明〕劉廣生

　　余入毗陵問志，則典掾者曰："有，然與無同，敗殘之餘，率多白板，不可讀矣。"亟取而視之，果然。蓋自國初草創以後，迄於成化初年守卓公實議修之，而卒業於守孫公，續增於李公，前後則王文肅偊、朱儒士昱、張運長愷筆也。今百十餘年所矣，不宜其然哉！余太息者久之。顧方當修舉百廢，未之逮也，而司李何公數爲余言其邑歐陽公宜諸守常時草略具，然索之無獲，已乃得之凝庵唐先生所。蓋即各邑徵來草册，亦復紛如亂絲，不可問也，意不自得，復執典掾者而督之。越明日，顧乃得前守鍾嵩王公手識一册於陳牘中，則實繼歐陽爲此舉，而其册專屬人物，復多脱漏，則顧光禄筆。於是余乃津津色喜也，曰："兩公蓋先得我心哉！是役也，其有所述也夫！"以言於當道，皆曰："是誠闕事，行勉矣。"顧余守常之明年，以公餘與諸生校藝龍城，日不暇給。越明年而旱蝗至，徼天之幸，首尾七閱月，凡三捕殄之，差得不害，而余不能復忘情於是矣。請於毗陵諸君子，則諸君子讓弗任，凝庵先生亦弗之任也。夫先生年逾八裘，道高而識廣，學博而有執，固是邦所推文獻家。《武進志》故出其手矣，先生讓而志遂將已乎？于是固請，而後許之。余更爲求文行之士惲君兹、張生劍光、湯生桂禎、吳生鍾巒、吳生瑞者禮致之，任分訂之役。凡十一閱月而成書。地理則該而析，舛訛以正；錢穀則詳而核，繁冗以汰。他如爵禄額制之備陳，宦績兵戎之畢聚，詞翰之撮其雅有關繫者而不濫及，一一瞭如指掌矣。而至於人物品地，略以類從，誰匪名賢，各標其重，事本長也不嫌詳，時未久者不妨闕，而先生之心良苦矣。志也，謂非一郡之史可乎！獨謂余何人斯，於前守皆無能執鞭，乃以歐、王兩公所銳欲爲而未果者,當吾世而輒竟之,其優爲者則又意若有待,而不肖輒若以其身代,何余之不知量也,余愧哉!而余實有感於毗陵地與人之異,而有所不容已也。姑亡論其他,即如宮室服食介諸郡壯麗奇靡之間,而樸儉長不易;户口錢穀差足當僻省之半,而視蘇浙諸郡若故遜之,不肯爲天下先;山川形勝第令九龍、秦望、荆南諸峰繚繞外護,而所謂嶒崒崐嶙、嵱嵷嵢洞之觀,郡境無一焉。惟是平原沃野,稼穡是豐,而光嶽靈怪鬱葱之氣若盡散而萃之於文章,於德業風節,五合列城之美以成一郡之大,斯不已異哉!而士生其間,焰光飇起,甲第雲蒸,且也往往都貴要華膴之地而不失其淡素敦固之真,值委異觀望之時而獨有勇往直前之氣,當風流波蕩之會而各有介貞不可奪之操,從古及今班班可考,何其盛也!其延陵風節之遺耶?抑地脉使然耶?夫以兹地靈人傑之區,守土者既無所短長之效可見,而于斯典也顧畏其難而避之,不以成二三賢守之志,此則余之所大懼也,余不得已也。夫然其又敢不拜凝庵先生之賜!

明萬曆四十六年戊午秋七月。

——萬曆《常州府志》卷首

重修常州府志序

〔清〕陳玉璂

吾郡志自唐太常續王文蕭而後,迄今七十餘年,時遠代更,事多湮没,近者屢行纂葺,而旋作旋輟,究無成書,此其故由當事者不能好文下士,未免秦越人之視肥瘠,又念刻費浩繁,畏難而中阻,往往托之空言而已。康熙二十九年,郡太守于公以天子近臣屢擢而苍兹土,三年以來,利無不興,弊無不剔,民安訟息,俗美風淳,爰以志事進玉璂而諉之。玉璂謝不敏,公則式廬殷殷,用意逾篤,玉璂乃曰:“公之舉誠善矣,然則費將安出?”公曰:“予固籌之,有俸金在也,遑他求乎!”玉璂喜而從命,遂設館尚中堂西偏,下榻授餐,凡兩閱月,因日取王、唐二志反覆展玩,大約王之長在簡,唐之長在詳。今以二志爲師,或簡而未該者則參之以詳,或詳而似冗者則仍歸於簡。王、唐二志中之取裁以此,即王、唐二志後之取裁亦莫不以此爲準的,故以七十餘年之故實事增文省,卷帙祇稍溢於王而較唐尚有所不及焉。若二志之未盡考校而大有關於吾郡者,不得不一爲正之。《爾雅》曰“殷置九州,漢南曰荆州,江南曰揚州”,《山海經》曰“南望諸毗”,是毗陵之所由稱也。楚地産荆,故荆、楚二字可以通用。自祝融錫土,奉炎帝之後爲君,其去江南甚遠。泰伯自秦中由漢陽至荆州采藥,荆之人未有義之者,再至勾吴,吴之人義而君之,與荆何與?若云荆蠻歸泰伯,是時視融之後甚爲昌熾,荆人安能捨祝融之後而奉泰伯乎？《史記》云禹治水於吳，通渠貫江湖，則吳之名久矣，乃欲以荊揚混而稱之，不大可哂耶！又按歷代帝王起於西北，周都洛陽，以河南爲中原，至曹魏以篡得中原，而江南爲孫策所有，後與漢昭烈中分荊州，則以三國之年號爲據，自晉未并吳之前，不應用魏文年號。唐季昭宗爲朱溫所立，旋爲朱溫所弒。至天復二年溫既篡位，晉岐、淮南移檄天下，恢復唐室，仍稱天祐。後唐莊宗滅朱友貞，詔廢溫父子爲庶人。至唐清泰三年石敬瑭篡梁，而南吳徐義祖禪位於南唐李昪，此十四年內江南并未有朱溫、石敬瑭之僞號，宋歐陽修不削朱、石，識者非之。逮《明一統志》改稱曰楊吳，曰南唐，順逆瞭然，然則作吾郡志者，豈可仍稱朱、石篡弒之號以污我毗陵乎？孔子曰："名不正則言不順。"自以荊蠻之稱被吾土，以朱、石之號被吾土，其名不正者已千百年，今遇我于公深識遠略，毅然釐定，而予也得操筆以從之，其爲吾郡之幸何如哉！他如志中各類，公莫不斟酌以歸於至當，倘一義未安，一字有誤，必細加改竄，而於人物列女尤兢兢焉，大節在所必彰，寸長亦所弗棄。公之秉衡既定，而崔、劉兩廣文先生以暨同學數子互相參訂，一再而三，厥功甚偉。謏劣如瑾，不過整齊具文，謬得挂名末簡，愧何如乎！瑾伏思今天子右文崇儒，前年命天下纂修郡乘，頒付史館，其時期限迫促，僅得抄謄應命，魯魚罣漏俱或有之。越數年而于公始重加校輯，捐橐付梓，豈非一志之成良非易易！然則公寧徒有功吾郡，其於國家之倚賴何如哉？是爲序。

時康熙歲次甲戌五月既望，郡人陳玉瑾椒峰氏撰於曙圃。

——康熙《常州府志》卷首

常州府志序

〔清〕于 琨

粵稽唐虞之世，時巡以察民風。暨乎成周，采列國之詩陳之太史，其間政治之得失，習俗之貞淫，按其詩如入其疆而目睹之者。今郡邑之貴有志，猶昔日之采詩也，然詩所自作率出士女野人，就一時之歌謠哀而輯之，其事近，其詞簡，其任較易。而志之紀載，山川險阻、賦稅盈縮、城市溝塗、陂澤原隰，代有異同，至人才之毓於其鄉與苾於其土者，所言所行巨細兼舉，又往往生不同時，事非目睹，網羅搜剔，顯微闡幽，芟繁就簡，使事迹炳麟可鑒，後世則取裁爲獨難。然以其難而竟置之，百年之間徒見山高而水清，訪其軼事，故老俱無在者，或錄焉而不得其詳，詳焉而不既其實，是又不可不慎也。今皇上御極以來，政教覃敷，德化翔洽，薄海內外慕義嚮風，纂修《一統志》諸書，制作明備，然猶宵旰靡寧，勵精圖治，亟亟焉以養民爲務，慎簡守令，使百官勸職，爭進其功。大江之左，毗陵素稱劇郡，人文財賦淳蓄薈萃，聖駕南巡，兩被恩幸，擊壤歌衢，莫不戴堯天而負舜日矣。琨以葑菲末才，承乏守牧，夙夜冰兢，思董率屬吏以噢咻之。既逾四稔，修舉廢墜，旌別淑慝，罔敢隕越，爰徵往紀，屬邑五志次第纂修，釐然成帙。而郡志闕如，自明萬曆唐太常續修以來，距今八十餘年，雖亦有起而議修者，而旋作旋止，論者輒謂資無所出，余嘆息者久之。因閱張愷續志序，云"天下事未有不廢於因循而成於勉強者"。假令以無資諉，將使數十年未修之志卒聽其汗漫無紀，湮沒不講已乎！況廢興沿革之事，雖多散見於邑乘，而有不可不統以郡志者，猶之邑必有令，郡必有守，而守之所司綜大綱，持大體，不同於令，固以闔屬之要領犁然在心，然後作而行之，可告無罪。倘其分野井疆、錢穀戶口、風俗淳澆、人材消長漠不之省，至有問而不能答，是曲逆之主者同於絳候之不知，何以稱乃職也！余自膺任之後，彷徨未暇。甲戌春中，矢志輯成，首先捐俸為纂修剞劂之費，而武進王令、無錫徐令、江陰劉令、宜興趙令亦各捐俸一年，以勸其事。於是敬訪郡屬之博洽望重鄉國者，如陳中翰玉瑺、郡學劉廣文雷恒、武進學崔廣文學古、無錫張生夏、武進吳生恪立、宜興陳生履端，暨原任江陰令陸次雲，延集郡齋，各分輯校，商確開纂，晝夜披閱，簿書少閒，勤加考訂。迄夏五而告成，共集三十八卷。由是遐覽山川形勢縈繞，可以臥而游也；稽察田賦丁口耗增，林林總總如在目前也。歲時豐歉，若金饑木穰之流行，循環往復，則儲備宜豫也；政教廢興，若夏忠商質之不同，因革損益，則酌劑隨時也。或崇賢祠春秋，或好德詳碑頌，其人雖往而流風可百世也；或忠孝光國家，或節廉輝閭巷，不淡於所見尚甘於所聞，可思而可慕也。下及文章謳咏，片簡單詞，發乎性情，關乎風化，莫不皎如貝列，瞭若星瑩，較之五邑之志尤簡而嚴焉。是則一郡之廣，疆邑之延袤幾何里，烟火之參錯幾何家，孝友睦姻之相風者幾何族，出入友助之相望者幾何井，人之孰賢而孰偽，事之孰是而孰非，政之孰當而孰否，皆當代之治績散見而分布者，其謂黼黻太平之所可闕也耶？彙而修之，庶幾曉土地之宜，參古今之故所行，不庌於俗，鞅掌以供厥職，仰副聖天子慎簡守令之萬一而昭茲來許，亦猶古人采詩之陳太史，如入其疆而目睹之，豈不快哉！若欲方之范成大之《吳志》、陸務觀之《會稽志》，名當時，垂後祀，琨之不文又何敢望焉！

康熙歲次甲戌八月下浣之吉，知常州府事燕山于琨撰并書。

——康熙《常州府志》卷首

常州府志序

〔清〕宋　犖

句吳之名著自太伯，《史記》曰太伯之奔荊蠻自號句吳是也。《吳越春秋》

曰太伯城梅里都之梅里，或曰梅李今無錫，故有梅李鄉云。太伯後十九世至壽夢始稱王，壽夢生四子，季札少而賢，欲立之，札固讓，棄其室而耕封之延陵，故號曰延陵季子。延陵後更名毗陵，地與梅李皆在今常州。壽夢五傳至闔廬，徙都姑蘇。漢時置吳郡，而吳之名乃姑蘇擅之，然而吳之先所爲蓽露藍蔞以啓山林者，在常不在蘇也。按常之爲郡，幅員不埒姑蘇，險厄不埒南徐，而自晉太康置郡以來，歷一千五六百年，其聲名文物之盛，井邑戶口緜賦之庶蕃，隱然當三吳緊望，蓋以是與！郡有志自宋教授鄒補之始，咸淳間郡守史能之續之，明初郡人謝應芳續之。成化間，王文肅傝、朱昱一再續之。萬曆末，唐太常鶴徵又續之。自萬曆迄今垂八十年，紀載闕如，人士皆以爲歉。今上二十有一年，詔修《一統志》，督促天下郡縣各以志上史館，當是時郡僅以草稿應具文而已。自後凡三易守，語及之輒謬曰費鉅物力艱，拱手坐視，十餘年於兹，稿捃束吏舍，浸散失，迨今守于君始成之。予常以謂天下吏治刓弊，患在有司樂因循而憚集事，事以窳嬻，而其所謂才者乃孜孜於簿書賦稅期會之間，苟其令甲所不及，則見爲闊迂不足爲，不則吾未暇以爲，不則吾爲之而不能，以俟能者。夫志之有無似無大係得失，顧太伯之所都，季札之所封，其聲名文物之盛，井邑戶口緜賦之庶蕃，歷千五六百年號稱望郡而聽其闕如，當亦非守土所即安者。曩奉詔書承部檄而僅僅應以具文，而今兹令甲所不及，非簿書賦稅期會之所孜，而毅然爲之，克底於成，其於守之賢與否相去如何也。志爲卷凡三十有八，簡而核，詳而不蕪，將肩視王、唐而上之。既成，請予序。夫周知其民俗土物之宜而節宣其政教，予職也，序烏容辭！于君名琨，大興人。任編纂者，郡紳陳君玉璂。陳君博學能文章，名於時。

康熙三十四年歲次乙亥孟陬下澣之吉，誥授通議大夫、總理糧儲、提督軍務、巡撫江寧等處地方、都察院右副都御史商丘宋犖撰。

——康熙《常州府志》卷首

武進縣志序

〔明〕唐鶴徵

鶴徵幼聞諸故老，謂武進未嘗有志。近於周中舍家得殘志二帙，刻之頗工，考其纂次，不在正德之末則嘉靖初也，即正德末去今未百年，方鶴徵之幼則僅二十餘年耳，何以當時故老絕無知者？及今遍訪之藏書之家，更無他帙，其故殆不可解。數十年來，人咸嘆息，謂之缺典。萬曆甲辰，南昌晏侯來自浙之太平，政教備舉，既已再考居最，入待承明蓋在旦夕，乃汲汲諗于衆曰："晉陵、武進在唐稱望縣，矧合之爲一。即盡縣宇，欲以地大人衆、政繁務殷加之者，指必不多屈也。毋論勝國以前，即入版圖二百三十餘年，其間利弊之興革、賢哲之奮庸，不知凡幾。失今不紀，後益無徵。敢以瓜代在邇，貽之後人！”爰及鶴徵，屬之具草。鶴徵竊念前人之博雅多聞、擅長製作者曾不乏人，咸置而不問，肇而莫竟，毋亦以創爲之難乎？謭陋衰殘，安足任之！固辭弗獲。又念晏侯爲宰直數年爾，猶計永久，吾輩生斯長斯，乃忍其湮廢而弗爲討論哉！始與惲君應翼、陳生邁、湯生桂禎收拾遺文，咨詢輿論，斷以鄙見，述其一二，則晏侯拜命爽鳩矣，必欲觀其成而行。乃夙夜比屬，爲卷者八，地理居其二，錢穀居其二，人物居其二，職官、科第、武備爲一卷，辭翰、摭遺爲一卷，與前此郡邑之志體裁稍異。夫世之言志者曰志者史也，史則文而已矣，是故窮山川之幽深，足發覽勝探奇之興；采題咏之葩艷，足侈騷人墨客之談；索怪誕之隱賾，足褫諧史稗官之魄。稱良志矣，以余徵之《周官》，似不爾也。土訓掌道地圖，以詔地事，以辨地物；小史掌邦國之志，外史掌四方之志；職方氏掌天下之圖，以掌天下之地，辨其人民與其財用，周知其利害，使同貫利，則知圖志者無非爲政教計也。儻以今日郡邑之圖志上之内外史、職方氏，其有當焉否乎？武進爲財賦奥區，民生舒慘，惟是焉繫，故於財用特詳，即或類於黄白册，不論也。武進自季子以禮讓爲教，千載而下，至闔城死國，其靈秀之所鍾，鬱爲人文，何可數記！他志於人物略舉大端，鶴徵必指其事而詳之，俾有生氣，讀之者如見乎其人，景行思齊，所由切矣，即或類於家乘，不論也。語曰:“不習爲吏，視已成事。”又曰:“前事之不忘，後事之師也。”大都使爲吏者得視已成，爲士人者不忘前事，則於政教未必無少補云。時日稍促，咎在挂漏，闕在修潤，則尚有俟乎君子。

萬曆乙巳五月之朔，賜進士出身、中憲大夫、太常寺少卿邑人唐鶴徵撰。

——萬曆《武進縣志》卷首

武進縣志序

〔明〕晏文輝

夫澠池之會，秦趙互書；棠姜之難，南史執簡。楚有倚相，晋有董狐。繇斯以譚，古先列國，不廢方書。今此四遐孰無别志，志也者，所以紀往垂來，叙事纂績，是豈小物也哉！不佞以己亥孟冬自越之太平移令武進，至即索邑志而考焉，無有也。其大略見於郡志者，獨知在唐爲望縣，在今爲劇邑，人文盛於海内，財賦甲乎三吴，如斯而已。乃若禮義之舉廢、政事之因革、財用之盈縮、風俗之美惡、人物之賢否，郡志不得而詳焉。夫遥裔下縣、名山靈域，莫不有志，而武進乃中吴巨鎮，何哉獨闕斯舉？推厥所繇，則非章程之難纂、操翰之無人也，良以搢紳綦列，月旦難周，家有挾刃之胡奴，人有私祈之張説，以故野史之文四鄰莫睹，公庭之議百載無成。余竊不然。蕞乎莊嶽，尚有太史弟兄；猗矣晋陵，豈乏荀袁政駿！乃圖斯典。迨於甲辰，是時歐陽郡侯適修郡志，不佞因以縣志并請。既得報可，遂謀之瑶池惲先生、啓莘錢先生、玄臺薛先生，以及諸華簪名宿、青衿黄髮，僉以總裁之任請于凝庵唐先生。先生三讓乃許，而惲先生及陳生邁、湯生桂禎實贊襄焉。已而歐陽公以擢備潁州兵憲行，今侯王公繼主是盟。甫及成書，而不佞叨轉比部。竊觀是志也，蒐羅不漏，注紀無隱，文約而事該，體嚴而例正，公侔造化，思涉鬼神，自非世禪詞林、操履純白，未易及此。不佞幸竟初念，藉光分榮，不勝愉快，遂捐資付梓，以傳永久。

萬曆乙巳端陽日，賜進士第、文林郎、知武進縣事南昌晏文輝撰。

——萬曆《武進縣志》卷首

纂修武進縣志序

〔清〕武　俊

自漢太史氏有《天官》《河渠》諸書，而班、范因之，遂作《地理》《郡國》《食貨》等志，此志之始也。古者天子巡狩述職之典并行。述者何？述其志也，使官斯土者問户口土田不知，問人情物産不知，問鄉之賢士大夫不知，其於述職之義謂何！兹者奉天子命，令天下郡邑各纂志書，邑上於郡，郡上於省，省上於朝，以成一統之志，誠鉅典也。武邑志，癸丑春，前令已開局纂而旋罷，豈非以其事有難焉者乎！臣以謭劣承乏兹土，令甲煌煌，刻期報竣。伏思制作之才自古不易，亟造請前令，延請與修，與今之續請鄉先生凡六人，而公舉原任中書科中書舍人，今候補臣陳玉璜爲總裁，方惴惴焉。徵發期會則暇日難，廩餼筆札則宿儲難，參古訂今則購書難，繕寫磨勘則鳩衆難。且此志也，起自明萬曆乙巳，以迄於今，應補者幾何事，應載者幾何人，欲以不一月之功續七十餘年之緒，則更難。況時當溽暑，汗涔涔下，書院止三楹，無樹木可以休蔭，幸諸臣鑒臣衷，惠然莅止，口不輟誦，手不停披，目不旁瞻，夜以繼晝，鏨然告成。夫而後觀其山川則形勢扼塞可知也，稽田賦則民力艱難可念也，紀歲時則豐凶饑飽之數可核也，考因革可以思政教，睹豐碑與所祠春秋者可以感而興，讀其撰述可以識文章之富，覽忠孝節廉之行可以見其俗樸而風淳。比次而編之，得若干卷，皆諸臣共襄以有成，而俊亦得藉以上報天子，曰此一方之志也，即小臣之職也，毋敢怠厥事以自取戾，其爲寵施不既多歟！

康熙二十二年仲夏之月，知武進縣事臣武俊謹序。

——康熙《武進縣志》卷首

重修武進縣志序

〔清〕陳玉璂

嘗考周制，夏官司險掌建九州之圖，周知山林川澤之阻；地官誦訓掌方志，以知地俗；春官保章以星土辨九州之地，以觀祅祥；秋官職方掌天下之圖地，辨九州之圖，使同其貫；司徒掌邦土地之圖，周知九州之域、廣輪之數；家宰掌邦之六典，實總其事，又以其書專責之史官，史官因六卿之治，從而受成焉，蓋其詳也。迨後世古制漸失，而郡國計吏猶得上風俗之書，副在太史，然司馬遷所述不過《河渠》一書，班固本劉向地域及張禹所屬朱貢條記風俗，作《地理志》，其詳略已不逮《周官》。今則地官所掌專在戶口土田，其山川民物沿革盛衰之故籍，皆不存。職方隸夏官，祇職邊防軍政，即有前代記載，莫得而窺，故府無聞，勢不得不取之稗官野乘，其間誤而失真，湮沒而不彰，冗散而不可收拾者，指不勝屈。然則欲搜羅放廢以成一書，豈不難哉！雖然，以一人而欲綜天下之事則難，以一人而司一邑之事則易，以一邑之事而裁於當代之人則易，以一邑之事而時既久遠，世且改革，欲文獻足徵，是非無謬，則尤難。我皇上聰明天縱，聖不自聖，萬幾之暇，博極群書，又留意方輿之學，詔天下郡縣纂修志書，以成昭代一統之志，甚盛典也。

臣玉璂樗櫟菲材，荷郡縣諸臣不棄，前癸丑春，謬叨幣聘續修邑志。自故明萬曆四十八年，以迄本朝康熙十二年，事迹摭采過半，旋因停局，遂未成書。今二十二年孟夏，復奉部文設局編纂，限三月告成。其十二年以後事迹及前未卒業者，自應續纂。常州府知府臣盧崇義，武進縣知縣臣武俊，常州府儒學教授臣許庠、訓導臣葛兆熙，武進縣儒學教諭臣陳昊、訓導臣洪珣，造臣之廬，以臣昔日經紀之人，復命總司其事，臣謝不敏。既而思君國大事，不可以辭，遂偕原任刑部員外郎臣黄永、原任襄城縣知縣臣劉漢卿、丙戌科舉人臣龔百藥、候補國子監助教臣趙煌晃，晝夜編輯，薈萃成書，上之督撫。既上之後，臣竊恐時晷迫促，不無罣漏紙牾，更以兩閱月之功，閉門較訂，共成書四十四卷。臣又念刻費艱難，倡議捐輸，紳衿里耆幸有同志，共得五百緡有奇，以付剞劂。臣家居養親以來，六載于茲，去年例應赴部候補，緣志事未竣，又濡滯一載，幸而得當以報聖天子。

惟是臣邑志，故明二百八十餘年修之者二：一爲成化間王文肅懊，一爲萬曆間唐太常鶴徵。文肅志事簡而文樸，太常志則踵事增華，條分類別，義例已異乎於前人。今臣奉功令，遵照《河南省志》例，遂與舊志更有異同。臣且翻閱經史百家諸書，有爲舊志所缺者補之，所略者詳之，所不盡合者訂正之。如建置沿革向引《史記》泰伯、虞仲奔荆蠻語，遂以吾邑爲荆蠻，是信《史記》而不信《左傳》，臣既辨之《沿革卷》中。《爾雅》殷制九州，江南曰揚州，吳越之間有具區，據此則三吳正揚州也，舊曰屬曰附皆非。太史公曰：天有列宿，地有州域，三光者陰陽之精，氣本在地而聖人統之，統之者以人合天之謂也。向、歆、京房諸家推本《洪範》五行五事而眚祥禍疴分應之，不無傅會，然彰天戒、謹人事，作者有取焉，故災祥之占不敢忽。《禹貢》載揚州之山川曰三江，曰震澤，《周禮・職方氏》"其藪具區，其川三江，其浸五湖"，今皆邑分也。揚州於天下當九之一，東南巨浸，毗陵實兼擅之，則形勢烏可不詳！延陵季子古稱終身不入吳國，考劉向《說苑》吳用延州來季子并冀州，合之《左傳》季子與楚論州來事，則季子蓋用於吳而非不入吳國者。吳大帝以來，前史册所稱丹徒、曲阿，晉武帝以後所稱丹徒、曲阿、延陵，晉惠帝以前所稱暨陽，俱屬今武進縣，則凡人物故事舊志未盡入者，皆應采入。水澤源流，所以襟帶江湖，灌溉田疇，其繫甚巨。明應天巡撫張國維刻《三吳水利》一書，精明水治，臣取而合之，本邑河流不差銖黍，而復采諸家之說，分列水源、水流、水治以詳之。學校者，祀先聖先賢也，舊志止及祭器、樂器、生徒員額、歲薦科名諸條目，而不及聖賢神位姓氏，無非以聖賢遍祀天下耳，不知一邑中凡寺觀諸神位號無不具載，乃獨於先聖先賢缺焉，此大不可解者。至七十子異同不一，先賢先儒增罷不齊，考正自不容已。今遵部頒之位次列於前，以異同增罷之不一者列於次，改祀罷祀諸賢或疑前人之過刻者列於後。後人議進之從祀而未定者，亦括其大指著於篇。此臣補舊志所缺以俟論定者也。

　　吾邑為蕭梁發迹之區，其墟墓猶有存者，帝系自不應關略。文蕭志載而未詳，太常志則俱擯不錄，止寥寥散見於《人物卷》中。臣從舊史本傳節略為傳，裒為二卷。又考舊志及京口志，皆載水平王同禹治水茲土，為后稷次子。蓋后稷一子在西北教民稼穡，一子在東南佐禹底定，則志君長者宜首水平王。炎漢之季裂而為三國，人指曹丕為篡，則孫氏兄弟奮起於斯，傳國於其子孫，固一時之雄也。隋家末葉，群雄為李氏先驅，吾邑裂於沈法興，其時楊廣有弒父弒君之罪，故法興欲乘機自王，其始末烏可不紀！季唐之衰，裂國以十，朱溫為篡李氏，以失怙孤兒承十九葉大業，蓋亦人傑哉，故臚列卷中，亦補舊志之缺也。舊志人物以季子為冠，今既列之《吳世家》中，乃以披裘翁冠之。延陵卓子，則見之《韓子》一書。其唐宋元明人，據國史增入者若干人，據家乘增入者若干人，試以舊志合之，班班可考。太常標立名目過多，今總而一之曰人物，務紀實且遵例也。他如孝義，非蓋棺論定者不錄；列女則二十守節，至六十、七十之年，即未旌亦應不没其姓氏。臣於此細加體訪，無隱不搜，然不敢冒濫以生覬覦。一握管時，若有鬼神鑒觀，必質之而後無愧。若隱逸實難其人，故續載不過一二人。仙釋方伎，據所聞可錄輒錄，竊謂無關重輕。舊志藝文詳矣，然臣披閱經史百家書，有一事一語關於邑乘，為舊志失載者皆增入，而特以聖人書十字碑稱首，以季札觀周樂諸文次之。若舊載無關郡邑者，悉刪削不存。詩詞搜閱唐宋元明諸集，增入不可勝紀。錢糧戶口，上關國課，下繫民生，既載我朝定典，仍列前代舊編，以便覈消長而稽損益。大抵臣邑田畝西北高而東南下，瘠薄者多，膏腴者少，雨暘稍不時若，輒鰓鰓可慮。自康熙十八、十九兩年天災流行，人民鳥獸散，田畝拋荒，十且四五，賦稅由茲逋欠者纍纍，雖有司日事敲骨摘髓，而挂吏議如故，有心君國者誠不知何以云救也。摭遺雜辦雖文章賸事，其間一事物之微，實有關風化，使善者興而不善者戒。如黃霸在潁川，某所大木、某亭猪子必記；龔遂在渤海，一樹榆、百本薤、五十本葱、一畦韭不忽，蓋小者未嘗不可以悟大。若志怪之言多不之取，然如麟經夏五郭公之類，亦寧存勿略也。噫！臣於此志，其用心良苦矣。若筆墨蕪穢，不能整齊具文，咎實不敢辭。昔太史公記事，多雜取《左傳》《國語》《國策》及諸子百家之言以成文，其所稱最潔者在《天官》八書。善學《史記》者莫如歐陽修《五代史》，外如《新唐書》十志俱出其手，故能與史遷掉鞅上下。今臣遠之不能學司馬、歐陽，近之又不能學宋儒程大昌之《雍錄》，宋敏求之《長安》《東京》二志，范成大、陸務觀之《吳志》《會稽志》，卓然可名後世，徒煩郡邑大夫諄諄相請，草率成編，其重負聖天子右文之意不既多乎哉！聊竭愚衷，以塞一時之職，知我罪我，非臣之所敢知矣。

康熙二十三年歲次甲子初秋，賜進士第、中書科中書舍人、加二級、管理誥敕寶册、賜宴體仁閣、充戊午順天鄉試同考官、邑人陳玉璂謹序。

——康熙《武進縣志》卷首

武進縣續志序

〔清〕陳玉璂

憶自癸丑孟夏，奉部文編纂邑志，限三月告成，共成四十四卷，上之督撫，旋檄抄謄解部，迄于今已閱九年矣。竊念當日期限迫促，不無牴牾罣漏之病，又念來歲即聖駕經臨吾邑，爲千古榮寵盛事，惜前志不及紀載，以爲闕典。今壬申春，邑侯王公以續志見委，爰自二月之初閉門却掃，重事編摹，仍照昔年部頒條例，以次增定，而特書南巡爲弁首。其九年之內，凡爲因革損益諸務，悉嚴核而備著之。他如建置、星野、山川、疆域之類，前志已詳者，弗贅也。至于人物、孝義，數年來尚無論定，則姑闕之。每一卷成，輒請我侯裁定。四閱月告竣，都爲若干卷，付之棗梨。予因作而嘆曰：自司馬子長作史，有紀、傳、表諸體，而復爲八書以述典章、晰經制。至班孟堅易書爲志，後世因之。乃若陳承祚、李延壽之稱史才，其所爲《三國》、《南》《北》二史俱不敢作志，此江淹所謂修史之難無出乎志也。況十年一變法，百年一變教，其間詳略異同不無限于聞見。茲九年之內，一邑事故皆予耳目所睹記，既無傳聞失實之憂，據事直書，寧簡毋濫，寧樸毋華，使士食舊德之名氏，農服先疇之畎畝，正不必如楊子雲所云「把三寸弱翰，齎油素四尺」，問異語歸，即以鉛摘之于槧也。予因慨今日東南之吏率以簿書為急，語及文教之事悉如枘鑿之不相入，今何幸郡侯于公以禁苑近臣分符吾郡，邑侯以大司馬軒錄公令子舉名孝廉來蒞吾邑，并能振興文教，孜孜如不逮。茲續志一舉，則又文教之最大者。予愧菲材，不能仰副兩侯盛意。昔錢氏論有明一代之志，莫如康德涵之武功、王敬夫之鄠縣、都元敬之練川、顏惟喬之隨州，而于顏猶以雜舉時政為非體。予固不敢望武功、鄠、練，或者免于隨之誚而可矣。

康熙三十一年歲次壬申孟夏，邑人陳玉璂撰。

——道光《武進陽湖合志》卷首

武進縣志序

〔清〕潘　恂

邑之有志，所以表山川、紀風土，典章民物可按籍而稽，本史裁也。顧史以網羅一代，志以綜覈一方，事尤切近，非小補耳。聖天子德洋威憺，天方二萬里外已入版圖，方奉部檄欲增修《一統志》，而郡縣闕焉無徵，可乎！曩官陽湖，擬修邑乘而鹿鹿未遑。今復承恩命來守常州，自惟謭陋，竊幸如坡翁之倅杭而為杭守矣。常州首邑曰武進，曰陽湖，地大物博，當吳會之衝，人文甚盛。武進舊志創於前明唐太常凝庵，續於本朝陳中翰椒峰，體例既殊，進退失當，覽者已有古今人不相及之感，矧陽湖自析置後無片帙可備參稽，誠司土者之疚也。予入境知王敬亭、陳天峰兩令尹方有事於修志之役，大慰素心，慨然率作。夫古今來郡邑志多矣，凌夷漫滅，入四庫者蓋希，《宋史·藝文》所載強半僅存其名，良由事非實錄，文不足傳耳。其盛傳者宋李少文《章貢志》，周益公亟稱之。前明康對山志武功，識者亦稱不朽。志雖一邑，亦談何容易哉！是役也，金壇虞考功拊石、邑人董吉士東亭實總其成，蔣侍御蓉龕奉諱家居，為之參訂。邦之文獻，若錢封公鑄庵、許明府約齋、趙明府豹三，常就徵焉。蒐羅筆削，無不以信今傳後為兢兢。至兩邑之分合，則風物不殊，人地各隸，若璣衡之在天，川瀆之行地，經緯秩如，有條不紊，建置以來燦然在目矣。下為官守之先資，上供軺軒之旁采，不亦可乎！惟是書垂成而考功以補官去，吉士以感疾卒，兩賢令皆報最遷他州，侍御亦服除還都，皆惓惓以弗獲卒事為念。今新令楊君賓圃、汪君秋畬因未竟之緒躡而成之，克有全書，而考訂讐校俾無魚豕訛，則進士劉君旭岑之力為多。余既幸邑乘之垂，兩令與諸公有以倡之於前，新令與劉君復有以繼之於後，炳炳烺烺可以傳之久遠，而又幸余夙昔未竟之志得藉手以慰也，於是乎書。

乾隆歲次乙酉十月既望，賜進士出身知常州府事桐城潘恂撰。

——乾隆《武進縣志》卷首

武進縣志序

〔清〕王祖肅

大江之南，其川原沃衍，民物繁滋，士嚮學，無奇衺，政事科名舄奕相望，駕前明吉水而上之者，惟武進爲稱首。余官於是，前後再期，自以校簿書、赴期會於民生土俗殆未有少補也。夫爲治者，先定其規模而後從事，邑之有志，規模具焉，乃九十年來沿革無徵，得失鮮據，長民者能無惡歟！且邑自雍正四年析其半爲陽湖，地已分而志彙於一，上官下車，輒奉陳中翰椒峰舊志以進，以璋之合作珪之判，非所以物土而宜民也。我國家累洽重熙，時雍不應，皇上宵旰勤民，治益求治，其間興革數大政及人之當表章者，皆不可任其漫漶，非兩志之曷以傳示天下後世哉！於時陽湖陳公雅有同志，爰於學校鳩工之後，與邦之人士商所以編輯者，詢謀僉同，欣踴恐後。於是延金沙虞考功總持秉筆，副以董吉士東亭，提調分修，旁逮采訪，咸擇賢以劻乃事。編次未竟，蔣侍御蓉龕復於堊廬補葺潤色，以潰於成，然後武之與陽鑿然有畫一之書。江淹有言，修史之難無出於志，鄭漁仲謂志者憲章之所繫，不比紀傳，矧郡邑志兼紀傳而爲之乎！是書經數賢之手，井疆封守各辨其方，風土水泉各識其所，數十年制度之損益、禮俗之推遷、名賢修士之風徽文物，皆大書特書，無復滅没而不彰，良非詳於浮言而略於實事，如古所譏者，此邦之幸而亦苣此邦者之先資也。惟予既觀其成，方期昕夕循覽，因地而布之利，以仰副休養漸摩之治，旋蒙渥恩同知徽州府事以去，每一念此輒眷眷不忘云。

時乾隆三十年歲次乙酉孟夏穀旦，知武進縣事、升任徽州府同知新城王祖肅撰。

——乾隆《武進縣志》卷首

重修武進縣志序

〔清〕楊宜崙

蘇右相有言，學士大夫所以居今知古者，皆圖籍之功，然此特時地不相謀，聊供循覽、資采擇，參稽其得失之林耳。若其時并，其地同，因編纂之初成而可緣之以裨于政，尤使人意滿者也。江南地本神皋，而沐浴醲化百有餘年，民物滋豐，聲明舄奕，有司土之責者苟非克知洞燭，先按其規模，蘄得無鰥官也蓋難。武進劇邑也，視古之緊望不翅過之。乙酉夏，知縣事王公敬亭奉命通守新安，予承其乏。甫下車即訪求簡册，而王公新修之志適成，受而讀之，則井疆徭賦、人民風土犁然具尺簡中，較前志益詳以善，因革損益之宜，可由斯以得允哉！按圖而考，舉首而思，何減畫宮于堵哉！夫志非徒繪山川，著都邑，揚揎詩文，掇拾荒言劇事，資揮塵之談也。省其川原則知所以蓄泄，稽其户口則思所以拊循。攬先哲遺徽、忠孝義烈之士女，則善俗有其方；考其興學設教、幹濟文章之彪炳，則修廢有其緒。俯仰興懷，皆將揎注焉。以適于治，以仰副聖天子慎重吏事、恫瘝民瘼之盛心，古之人不下堂而理者，胥是道也。予與王公生同時，官同地，守同職，特相先後耳。邑志之修，其足供予考鑒者何限，豈尋常圖籍比與！惟述作之役予愧無尺寸功，然爲之校讎宣布、傳示無極，是則予之責也。至邑與陽湖并域而分治，其經緯錯綜、後先同異、排纂考核之事，則詳具志中，覽者宜皆自得之。

乾隆歲次乙酉秋九月，知縣事靈壽楊宜崙謹序。

——乾隆《武進縣志》卷首

陽湖縣志序

〔清〕陳廷柱

晋陵昔號名邑，隷郡東南，與武邑綉壤相錯，歷代分合互見。迄我聖朝憲廟之四年，復析爲兩縣，定以嘉名，吴中推興衛焉，抑亦文獻之藪也。予於己卯冬視事此邦，南望馬迹茶巢，岑嶔崒嵂。東則縈帶芙蓉，諸浦流飆吹波。秀靈之所爲薈萃，人傑之所由蔚興。竊愧下車六載，未能以德化爲理，求諸昔賢之莅於斯者，如許恢之浚瀆興利，唐伯玉之聽訟宜民，陳邦寧之以孝弟立教，治何隆歟？古今人其能相及歟？慨然欲稽掌故，訪遺迹，而是邑絶少成書，則自前明并晋陵於武進，國初因之，典章紀載未有分帙，沿襲已數百年。雖載籍考信不離舊志者近是，然而巨浸既瀦，何如支派之分流也；淄澠異味，何如河海之同源也！剖符分治以來，又四十年於此矣，山川人物、壤賦職官既梦且闕，倘任其日就蕪没，其弗類問巷而不知、數典而忘祖者幾希。今聖天子數幸東南，艤舟洗硯之區鸞輅頻臨，天章叠焕，父老稱極盛焉，烏可不與都人士遠搜往古之遺文，近紀太平之勝事哉！雖然，一事之成亦誠未易言矣。金壇虞考功郎中與予同賦鹿鳴，昔年秉鐸斯土，物望咸歸，敬延以總乃事，東亭董太史副之。事將過半，考功之官入都，東亭以一人肩厥任，乃太史旋以修文逝也。纂輯凡十有二卷，修飾潤色若有未盡，侍御蓉龕蔣公讀禮之餘，起而綜核，乃得成編。間嘗考古人著作，或彼此纂集而義例不齊，或卷帙浩繁而數月急就，議者往往少之。今是志而迭更於縉紳先生之手也，其事質直，其文雅馴，分科釐訂，瞭若掌紋。語云三長五難，吾知觀風之君子必有以知其難而辨其長者，惜予新奉恩命，司牧譙陽，讎校未及詳。邑之士大夫徵序於予，率爲數言，以見分邑之志未可以闕焉不修，而修之又若是其不易也。陽志既就，武邑之版圖益得各理其方隅而編爲信乘，後之司土者分而考之，合而覽之，可以鑒矣。

賜進士出身、知陽湖縣事、升任安徽亳州知州、加三級紀錄一次古越陳廷柱撰。

——乾隆《武進縣志》卷首

陽湖縣志序
〔清〕汪邦憲

古者疆域九州之志歲進於天府，以別輿圖、辨名物、觀風化而酌施其政教焉。後則郡邑各自爲志，以備軺軒之采，以資司土之法守，昭往鑒來，埒於丘索，所繫重已。陽湖，古晋陵地，隸常州府治，本與武進分二邑，明初始合晋陵爲武進。我宗御極之四年，慎重天下之吏治，凡大邑皆析置，於是乃析武進之半爲陽湖，設宰分治，而邑志之輯則在未分邑以前，迄於今九十餘年，未及修。予惟陽湖之爲邑，民俗大略與武進同，而一切城池、道路、鄉都、田賦之定界各殊者，邑既析，則志不得不分，亦官斯土者之責也。況湖山勝概，前賢遺迹，在陽湖爲獨多，今天子舉時巡盛典，四幸江南，下里經臨，輒邀宸藻，璇題銀榜，炳若日星，則又地氣之鍾靈偏厚，而遭時之幸爲非偶然也。然則詳紀載以傳故實，使覽者知陽湖之分爲東南名邑，尤今日所宜亟已。往歲予署篆佐郡毗陵，後宰江陰者九載，江與陽接壤，又嘗以事詣府，歲必數過，其風土固向所習知。今年夏，以前宰陳公天峰擢任譙陽，而予承其後。先是，天峰嘗偕武進王公敬亭，延虞考功、董太史輯兩邑志，予之來也，剞劂垂成。因瀏覽是書，則見度地居民，凡昔合而今分者，如經引緯，若網在綱，粲然具有條理。其學宮守署之屬，宜兩邑互見者，則本史家一事兩書之例，參觀各得體裁，爲極善焉。若建置之沿革，户口之殷繁，與夫風亭水榭、梵宇琳宫，古迹所存，棋布綉錯，一一列眉指掌，於以想見聖主豫游之勝地如是，而都人士文章節義、仕宦科名之輝映，爲沐浴於盛朝重熙累洽之澤者至深矣。夫土生人，人生事，事生文，志者文也。譬若舟舫，舟之所載爲土域民物，舟之流行爲人心俗尚，而條教法度乃操舟之舵與帆也，手披方寸之書而治術即在乎是。昔程淳公爲晋城令，中夜叩門告犯法者曰："此必某鄉某人。"儒者身不越阼序而坐運四遐，豈有異術，亦習知一邑之井疆風俗而運如臂指焉耳。今予來兹邑，而是書適成，則予雖不敢有其功，而實快其得所藉也，斯又官斯土者之幸也夫！

乾隆三十年歲次旃蒙作噩良月望後五日，知陽湖縣錢塘汪邦憲書於官署之息爼軒。

——乾隆《陽湖縣志》卷首

重修武陽合志序
〔清〕查文經

《武進縣志》肇自前明唐凝庵太常，重修於國朝康熙三十一年陳椒峰舍人。後析武進地爲陽湖縣，乾隆三十年，董東亭庶常始爲兩縣分志。道光十九年，前守黃南坡暨孫達齋、王亥坪兩邑令延邑名宿李申耆總司纂輯，合武陽爲一志，目凡十有六，爲書三十六卷。逾年將竣事，而前守及兩邑令皆以調任去，總纂亦遽赴召玉樓，邑人士踵而成之，將以備他日之掌故，且俟後賢之論定也，而索序于余。余惟乾隆三十年以迄于今，蓋七十餘載矣，文獻無徵，不獨邑人士之憂也。夫民氣之盛衰，風俗之淳澆，吏治之善敗，與夫賦役漕運之轉輸，山川勝迹之湮留，守土者取而觀之，抑亦考鑒得失之林也。況值海氛不靖之秋，鶴唳風聲，警報日至，邑人士猶得從容以成是書，於以卜此邦人文之盛方興未艾，而守土者亦與有榮施也。是爲序。

道光二十二年壬寅冬月，知常州府事邮麓查文經序。

——道光《武進陽湖合志》卷首

武陽合志序
〔清〕楊承湛

昔吳季札食采延陵，《春秋傳》稱延州來季子聘於上國。夫州來在淮南，去延陵千有餘里，左氏何以取二邑而合志之？蓋一爲初封，一爲續封也。況延陵漢改毗陵，晉改晉陵，尋置郡，又增置武進。隋廢郡，置常州府，唐宋以來武進與晉陵皆附郭，明并晉陵入武進，國朝復析晉陵故地爲陽湖，時合時分，本爲一地，則作志者宜合而不宜分明矣。考正德間已有邑志，其後屢經纂輯。逮乾隆乙酉歲重修，縣分而志亦分焉。丙申三月，余攝守是邦，詢及邑志，半已殘壞，稽掌故，訪遺迹，時有闕如之感，因謀修輯，旋即謝去，不果。壬寅冬，復來權郡事，知已合武、陽爲一志，經前守黃南坡偕邑令孫達齋、王亥坪延李申耆太史總纂，逾歲將成，而申耆下世，黃公及孫、王兩君亦皆調任他往，斷簡殘編幾至散佚，賴邑人收其遺稿，彙集補葺，遂爲完書。既就正於查邮麓先生，復索序於余。余覽目披圖，瞭如指掌，按其地理而知險易通塞之形勢，考其土田而知高下旱潦之宣泄，於職官人物而知表揚善行之備勸勉也，於物產貢賦而知任土作則之皆正供也。鑒乎古，藉以驗乎今。

舉其大，能不遺其細，志之爲志是亦足矣，而同寅協恭，和衷共治，又何分乎畛域之見也哉！是爲序。

道光二十三年癸卯夏五月中澣，北平楊承湛識。

——道光《武進陽湖合志》卷首

武陽合志序

〔清〕孫 琬

武進于古爲毗陵地，《禹貢》北江在縣北境，東攬具區、馬迹諸勝，而適當南北往來孔道，故山川之秀、民物之盛、風俗之醇，常甲於他邑焉。我朝雍正四年，以境廣賦繁，析於地之半爲陽湖。至乾隆三十年遂有分志之刻，迄今已七十餘載矣。編殘簡脱，紀述無人，後之爲政者於何而考盛衰，秉筆者於何而審得失歟！余于道光十八年攝篆兹土，即有意重修，第念分志善矣，而不如合志之尤善，蓋毗陵自晋太康中析置武進爲兩縣，梁天監中僑置蘭陵，歷唐宋時皆爲武進、晋陵兩縣，明初省晋陵入武進，逮國朝又析爲陽湖，其間或分或合，沿革瞭然，而山川户口、溝涂衢巷，與夫人情之喜好、俗尚之遵循，又何一可劃然兩分者！曷若合而載之，使詳略可以互見，彼此可以并參，而我兩邑之宰於斯者亦得詢謀僉同，相助爲理，則誠善之善者也。因商之陽邑王君亥坪，實有同志，偕請於郡侯黄南坡先生，與都人士設局纂修，延前庶常李公申耆總其事。方冀是書可剋期就，不意逾年而李公去世，余與亥坪又先後量移去，然每一念及，輒若有重負未釋者然。今年冬，余復來此邦，下車後亟詢志書若何，則業已告竣，卷凡三十有六，前所已具者仍之，未及者補之，其於由合而分、由分而合者，灼乎如揭諸楣也，瞭乎其視諸掌也，井井乎如絲之聯而繩之貫也。嗚呼備矣！剞劂將終，邑人徵序於余，余乃思《合志》之修已歷四稔，而余通觀厥成，未嘗不嘆是邦人文之美，暨諸紳士之踴躍贊襄，俾風塵末吏披輿圖，施條教，得所藉手，獲展微勞，用答揚聖天子化民成俗之盛心也，其何幸如之！爰不辭而爲之序。

道光二十二年歲次壬寅冬仲，知常州府武進縣事孫琬序。

——道光《武進陽湖合志》卷首

武陽合志序

〔清〕王德茂

郡邑有志，以人傳地，亦以地傳人，而時與事其附著者也。以人傳地則體例不可不嚴，以地傳人則體例不可過嚴。己亥之春，余在毗陵，因武陽邑志歲久未修，欲合成之，謀諸鄉先生曰："修志與修史異，史之義爲天下萬世戒，志之義爲一郷勸。茲地賢能輩出，霧集燊涌，諸君子覈要闡微，務詳毋略，務恕毋苛，傳聞之實未可少誣，采取之功未可少隘也。"郷先生皆以爲然。爰是開局分輯，斠往酌繼，日有孳孳。未及竣事而余調任以去，常怏怏弗釋於懷。今者志成，於京口舟次一再披覽，慰無比似已，抑余更有進焉。毗陵代有偉人，志完之名節，荊川之經濟，恭毅之治術，姑不具論，降至蓬閭之淬砥，瓮牖之窮探，類多驣思殫精，亹亹以自致於不朽，非徒地能傳人，人實能傳地也。使斯地斯人之秀出，綜維先賢名臣若而人，儒林文學若而人，忠節義行若而人，觀感興起，每臻愈上，夫亦何所刻求！顧嘗盱衡於古今功名之際，或少有委蛇遷就，雖其人位望崇高，才智卓越，不能不繫以微詞，是人能傳地，地終未能傳人。有志之士誠知先賢名臣、儒林文學、忠節義行，各有深入極造不可磨滅之真，凡所爲畸異偏至之行，馴然一歸於中正純全而不留尚論者之遺憾，倫魁疊迹，風俗敦厖，豈非盛之尤盛者！其地其人其志彪炳無窮期矣。披竟輒書數語，還質郷先生。

道光癸卯，光山王德茂撰。

——道光《武進陽湖合志》卷首

重修武陽合志序

〔清〕金 鎔

余於壬寅冬由雲陽調權莒城篆，抵任數月，於風土人情略識大概，而山川典故、古今沿革，簿書鞅掌，猶未暇稽考也。癸卯春，邑紳以重修《武陽合志》問序於余，受而卒觀之，欣然以喜，復悄然以思。竊慨夫天下事之幸值者非偶然也，蓋《合志》之修，創議於前太守黃公南坡暨孫君達齋、王君亥坪兩令尹，數年來風流雲散，黃公既去官，王君調任京口，獨孫君復官武進，與余共楫。而是書適當告竣，予未嘗始其事，亦得樂觀厥成，因以盡識此邦之舊聞軼事，夫豈偶然者哉！至若是書之搜輯宏博，足以資考鑒而證人文，則諸序已盡之，余不復贅云。

道光癸卯季春，權陽湖縣事天津金鎔書。

——道光《武進陽湖合志》卷首

武陽合志舊本序

〔清〕桐 澤

武陽合志之作，肇自道光壬寅時，申耆李先生實總司纂輯。事未竣，先生遽捐館舍，邑人踵而成之。庚申之變，板毀不存。光緒己卯，前令王、吳二君合力續修，名曰新志，刪繁就簡，約而未詳，覽者似難饜志。甲申之冬，予來守是邦，都人士有以合志舊本相示者，受而讀之，見其搜采宏富，體例精嚴，損益惟宜，允稱信史。且二縣分志，舊本散佚已久，得此則文獻之徵淵源未墜，因仿聚珍板式排印，用廣流傳，并以莊學博毓鋐、陸明經鼎翰所輯《志餘》若干卷附諸卷末，珠聯璧合，事博趣昭。此本一出，知與新志相得益彰而讀者之大快也。予樂觀厥成，爰泚筆而爲之序。

光緒丙戌仲夏，知常州府事長白桐澤。

——道光《武進陽湖合志》卷首

武陽合志舊本序

〔清〕金吳瀾

郡縣之有志，自宋范文穆成大《吳郡志》始，至明中葉而後海内郡縣莫不有志，而朝邑、武功獨盛稱於世者，以書之簡也。顧時代益近，紀述益多，後之續修者卷帙必倍於前，則由簡而之繁，亦不得已之勢也。竊謂繁與簡不同，要其旨歸於有用而已。武進爲東南壯縣，縣志之可考者撰自明萬曆間唐太常鶴徵。迨入國朝，一修於康熙癸亥，再修於康熙壬申，雍正四年析縣境爲陽湖縣，乾隆中兩邑各自爲志。道光二十二年，邑人李申耆先生兆洛始爲《武陽合志》，未竣事而卒，邑人踵成三十六卷，刊行於世。咸豐庚申，遇粵匪之禍，獻舊典籍一時同盡。光緒二年，始有重修《合志》之舉。閱三載告成，增損爲三十卷，視前書爲少減。由繁而漸返於簡，此固古作者之意也，然其書稍簡於事，或不能無所遺。瀾承乏斯土，邑人輒以爲言，莊學博毓鋐夙修是志者也，隨偕薛明經紹元、陸明經鼎翰同輯《志餘》若干卷，於舊志之所遺者補之，新志之所略者增之，并益以志成以後事，有條不紊，皆向所謂其旨歸於有用者也，足與新志相輔而行矣。命曰《志餘》者，學博謙辭也。遂與陽邑令李君慶沂請諸桐郡伯，用聚珍版印行之，爲叙其緣起如此。

又申耆舊志爲世所稱孤本僅存，學博又於江陰視得舊府志，并各爲排印，以廣流傳。申耆爲邑中名宿，瀾近訪得其年譜，將以治事之暇校刻之，以與舊刻歸震川、朱柏廬、顧寧人三先生年譜并傳，度亦海内人士所樂與者也。并及之。

光緒十二年歲次丙戌仲春朔日，三品銜候補府知武進縣事、嘉興金吳瀾謹序於鋤月種梅室。

——道光《武進陽湖合志》卷首

翻印武陽舊志序

〔清〕李慶沂

武、陽舊有志，由前明以及國朝道光，上下數百年分合之故，歷歷言之矣。自光緒己卯，前宰王小霞、吳又樂兩君悵補纂之欠闕，恐文物之就湮，與邑人士取《合志》而重新之，刪繁就簡，輯舊補新，體例有未盡善者改革之，一準諸至當，是謂新志，蓋新志成而舊志亦相得益彰。夫莫爲之前，雖美不彰；莫爲之後，雖盛不傳。脫令此志先已散失，即使後之君子悽懷掌故，有志修明，蚤致憾於廢墜已久，補苴無從，即欲采拾舊聞，編摹成帙，已匪易易，況從而釐訂之乎！若然則今日之得所假手考核以修葺而愈精，沿革以斟酌而悉當，非深賴夫舊志之纘承勿替歟！《記》曰"有其舉之，莫敢廢也"。邑士紳殆有見於斯，爰就其誤訛悉遵校本改正。事成，將翻印之，特命序於余。余固不文，又以甫經莅事，昕夕未遑，既不獲辭，勉綴數語，蓋深幸記載之久而彌光，而益幸賢士大夫之相與有成也。是爲序。

　　光緒丙戌孟春，署陽湖縣事古潞李慶沂謹叙。

——道光《武進陽湖合志》卷首

重修武進陽湖合志序

〔清〕王其淦

　　邑之有志道地圖書，外令辨其人民與其財用，周知其利害，非僅供騷客吟咏史官采擇已也。觀民俗之純駁，藉以興利除弊，其有關於政教宏矣。毗陵爲東南望縣，襟江帶湖，人傑地靈，非僻陋彈丸者比，尤不可以無志。唐宋以來無聞已，前明王文蕭始經搜訪，實此志之濫觴。後唐太常踵事增華，蒐羅漸博，然亦未爲備也。我朝邑賢陳椒峰舍人以燕許大手筆，毅然以修志自任，精心撰述，俚者使之文，漏者使之密，譬諸巨室，鍬梲兼呈，兩次釐訂，炳然與武功鄠縣同其模。乾隆三十三年，山陰陳廷柱作宰陽湖，乃集搢紳於庭而謂之曰：雍正二年析武進東地五十里爲陽湖，迄今四十載，若仍循舊志，恐名實之不符，遂分志焉。逮道光二十二年復并爲一，其間或分或合，沿革紛紜。淦竊思之，在昔武進、晉陵雖爲兩邑，然分而復合，合而復分，其山川閭里、關津橋閘或可略爲區別，至人物互相遷徙，風俗交相遵尚，雖欲別之，烏得而別之！蓋分之繁不若合之簡，孫琬誠卓見哉！自咸豐十年粵逆蹂躪茲土，耆紳宿學風流雲散，不加補纂者三十餘年矣。淦初莅此邦，值干戈甫靖，人民寥落，當時武備方殷，似難驟興文教，而淦竊恐忠孝湮没而不傳，廨驛傾圮而莫考，每嘆兵燹之後文獻尤亟，時有修志之心，闕焉未逮。光緒二年，大府促修邑乘，設局編輯，淦有長民責，何敢偝窳偷安，稍延晷刻！即與都人士倡議捐輸，共得若干緡，以儲采訪刊刻之費，延劉雲樵觀察綜理厥事，兼聘邑中有品學者爲之總纂分校，咸閉户編摩，不問寒暑，閲三載而告蒇。斟文酌字，匪特因舊志加增已耳。體例有未盡善者，必悉意改革，務求其當，如刪帝系，避表傳，懍懍乎不敢與國史相混，尚矣。若夫升莊方耕先生於經學，表微闡幽，尤足激揚士氣，既美且備，不幾駕舊志而益上歟！淦承乏此間歷有年所，民事充積，未暇兼顧，賴諸公之力居多。志既成，屬序於余，余不揣謭陋，謹綴數語於簡端，用以答聖主稽古右文之雅化，并樂觀庶民飲和食德之盛軌也。是爲序。

光緒己卯仲秋，同知銜知武進縣事廬陵王其淦撰。

——光緒《武進陽湖縣志》卷首

重修武陽兩縣合志序

〔清〕吳康壽

今之縣志，猶古者列國之有史書也。邑之掌故於是乎在，徵信於前，傳信於後，所係重矣。顧閱時既久，不能無沿革興廢之殊，事多則記載益繁，事遠則考核宜慎，必取舊志而修葺之，此固非史才莫屬也。武進與陽湖兩縣本係同城，故合爲一志。康壽於往歲初蒞陽湖任時，即求縣志閱之，以爲政令之助，而縣邑自經兵燹，城鄉景物迥異昔時，邑之縉紳先生采訪忠義，稽求實錄，以垂令典，遂以光緒三年丁丑重修縣志，繁者刪之，新者增之，纂修諸公皆一時鉅手，詳審精密，歸於至當，以五年冬月告成，茂矣美矣，洵於信史之稱無所愧矣。真西山有言，爲此邦吏者不可無是書，康壽不才，得藉此編以爲考鏡得失之資，誠大有裨益，而區區之意更有希於邑之人者。夫以常郡人文之蔚起，忠孝之綿延，科甲之鼎盛，下至農工商賈，不乏高人誼士寄托其間。凡此姓名所登，輝煌簡冊，吾知有志之士閱此書者必當思已往，勵將來，躬行而實踐之，庶幾繼美嗣徽，與昔之人後先輝映也。則是書之修其有係於邑之人心風俗者，豈淺鮮哉！

光緒己卯仲秋，運同銜補用同知調任青浦縣知陽湖縣事石門吳康壽謹叙。

——光緒《武進陽湖縣志》卷首

武陽志餘序

〔清〕桐 澤

《武陽志餘》一編，莊、陸二君補新志而作也。網羅舊聞，采擇近事，徵文考獻，斐然成章。其於地形水利、政教興革之紀，與夫賢人君子、孝子悌弟、士女貞義之行，皆能原原本本，區分絡引，信而有徵，不特足補新志之略，且以發明舊志未竟之旨，雖名曰《志餘》，實有以攬正志之全焉。夫天下事，亦惟能得其實爲足尚耳。世固有墨守陳編，竊所餘緒，大言欺世，假著作以爲名者，以視二君之拾遺訂墜，有而弗居，其器識之優絀爲何如哉！適排印《武陽合志》舊本，因以是編附諸卷末，序而傳之，後之視者其亦可得其用心矣。

光緒十三年歲次丁亥夏四月既望，知常州府事長白鄂卓氏桐澤序。

——《武陽志餘》卷首

武陽志餘序

〔清〕金吳瀾

《志餘》一書，瀾於排印武陽舊志時序之詳矣，茲復曷序乎爾？雖然，瀾固有不能已於言者在也。武陽爲常郡首縣，南通北達，地值其衝。咸豐庚申，被兵最酷。迄於今克復二十餘年，休養生息，漸漬已久，而元氣未能大復，漸且日即浮靡者，無他，文獻失其傳，斯民少所取法也。莊學博偕陸明經怒焉憂之，深慨夫光緒新志之簡略，或不足備斯民取法之資，故是編於庚申之難志之特詳。他如學校、田賦、山川、文物亦條舉縷晰，搜采無遺。原其意，無非欲斯民鑒於滄桑變革而兢兢焉，取則乎獻舊典籍，務實黜浮，一返夫秀而多文之俗，則是書之成匪直足與新志并行，抑所繫於兩邑之民風者亦豈淺鮮哉！

光緒丁亥立夏，知武進縣事嘉興金吳瀾謹序。

——《武陽志餘》卷首

志餘序

〔清〕金士準

嘗考《周禮》，有史官掌邦國四方之志，所以網羅掌故，表彰名節，維持風化，闡發幽潛，所繫綦重。若不詳慎考求，則記載難免訛闕，何以信今而傳後！惟賴諸家糾謬補遺之作以備采擇焉。準忝宰莒縣，上年秋仲下車，遇邑紳莊君俊甫廣文、陸君彥和明經，均擅淹雅之才，留心經世之學，出合撰《志餘》一書示予。予閱數過，見其胸有成竹，體例咸宜，於新舊志之闕者補之，訛者訂之，斟酌精當，秩然有條，良由廣采遺聞、博稽故籍所致，迥非任意續增、空言聚訟所可比者。至於文采之佳，猶其餘事，固足資重修之采納，亦足致助從政之取裁，厥功豈不偉哉！況自兵燹之餘，時地變遷，文獻湮替，如不及今搜輯，益將散佚難徵。蓋是書之亟於告成，具見兩君之用心深且遠也。今來索序於予，爰題數語於簡端，以志欣幸云。

時光緒十三年歲次丁亥三月，知陽湖縣事蛟川金士準序。

——《武陽志餘》卷首

武陽志餘序

〔清〕薛紹元

國朝自乾嘉以來，府廳州縣志爲海內達人所稱誦者，如洪稚存先生《涇縣志》、孫淵如先生《三水志》、陸祁生先生《郯城志》、董晉卿先生《懷遠志》、董方立先生《長安志》、李申耆先生《鳳臺志》，皆雅贍有法，皆武進、陽湖人也。紹元嘗怪諸先生著述擅一時，而獨於敬梓之鄉未能裒集舊聞，蔚爲絶作，非憾事歟！乾隆間，餘姚盧抱經先生主講吾邑龍城書院，嘗修府志矣，稿成，爲衆口所排，不授刻，所刻《八邑藝文志》即稿中文徵一類，其體例謹嚴，固足法也。申耆先生修道光志，凡例甫創，遽歸道山，今《武陽合志》成於衆手，而先生原定目錄，紹元嘗於先君子文集中見之，固與《鳳臺縣志》同一精密者也。夫二志之作，或得其人而不及成，或成而不諧俗，書以不傳，豈非天事哉！光緒五年修新志，操翰者莫不攻《合志》之失。及成，讀新志者又皆謳歌舊志。迄今八年，俊甫莊先生從輿論，以次印行陳氏舊府志、李氏合志若干卷，復以其暇與陸君彥和輯《志餘》十二卷，以補新志所闕。昔西河毛氏撰《蕭山縣志刊誤》，僅八十條，《四庫提要》稱之，與明康對山《武功志》、韓五泉《朝邑志》皆以精簡著録文淵閣。是書雖不爲糾謬而作，而網羅散佚，其慎其難，當亦後來修邑志者所不能廢也。

光緒歲次丁亥仲秋，武進薛紹元嘉生氏撰。

——《武陽志餘》卷首

武陽志餘跋

〔清〕莊善孫

自來作史必具三長，而後選詞宏富，抒義精深，爲千秋之明鑒，良非易易也。下逮省志，暨郡邑志，徵文考獻，亦烏可苟焉已哉！夫邑志即一邑之史也，由輿地五行以及人物藝文，而殿以摭遺，紀載宜詳矣，而世之秉筆者狃於成見，輒謂繁不如簡，第簡如《新唐書》，宋子京自謂事煩詞簡，炳爲良史，後人尚多訾議之，信乎秉筆之難其人也。吾邑志肇修於前明唐太常凝庵，迄國朝而康熙間兩修之。後析武進縣境置陽湖，乾隆間，董東亭先生成兩邑分志。道光間，李申耆先生手定《合志》體例，未及告成而卒。咸、同間邑經寇擾，板毀於火。光緒三年重修，而論者或從而簡之，家廣文俊甫先生曩修邑志，嘗於志成後續《桑梓潛德録》三集，以備參稽。今復偕陸彥和明經網羅散失，裒輯《志餘》十二卷，補前志之所遺，詳新志之所略，夫然而都人士快睹爭先，攬邑志以溯源流，考《志餘》以見得失，俾後來輯志者曉然於繁簡之各當焉。昔先大父仲吹公博聞强識，熟鄉邦故事，嘗校正《武陽合志》，經燹幸存。往歲翻印《合志》，以廣其傳，蒙俊甫先生遵校本而采錄之，并附刻校勘記，先大父之手澤賴以不墜焉。茲以《志餘》刻將竣而命善孫序其緣起。善孫憶曩時與校新志，深以才疏自愧。今樂觀此書之成，不揣譾陋，爲識崖略於後。

　　莊善孫謹跋。

——《武陽志餘》卷末

常州賦序

〔清〕王　浩

　　圖陳左右，萬里非遙；事備古今，千秋亦近。況乎枌榆社古，先人耕釣之鄉；松菊徑幽，每歲嬉游之所。某丘某樹，何日忘之；有館有亭，伊可懷也！是以思故山之猿鶴，入夢難忘；感鄉邑之蒓鱸，因風便想。何年去國，杜陵乃寄咏於秦川；盡日思歸，莊舄亦行吟夫越調。秋來瘦沈，羈客袂而依依；都下愁潘，憶園蔬而脉脉。雖壯夫有志，不無湖海之游；而才子多情，每製關山之曲。此容船褚先生《常州賦》之所爲作也。先生河南望族，江左英流。銳志縹緗，類茂先之博物；窮年鉛槧，比伏理之研經。字仿古碑，筆底兼工篆隸；名高往哲，皮裏亦有春秋。行當蟬噪鳥啼，擘蠻箋而裁古錦；坐見花明柳暗，握翠管而譜新聲。句集三唐，每已盛行於世；文翻千字，猶爲什襲之珍。錄萬姓之芳踪，一編手定；咏四時之景物，千首心裁。蕭維摩選本流傳，曾爲補注；邵子湘韵書精核，另綴諧聲。容船有《集唐詩》刻行世，并有《九翻千字文》《姓氏傳芳錄》《四書人氏考》《四時景物詩》《文選補注》《韵略補遺》諸著述。呼銀鹿以篝燈，筆落忽驚風雨；滴玉蜍而染翰，詩成已泣鬼神。顧乃譽滿寰中，文憎命達；志凌霄上，泪灑途窮。靈鞀不逢，反致鶿鳩欲笑；孔融莫遘，誰憑鸞鳳爲媒！擬抱璞於卞和，玉三獻而不售；似挾策之季子，書十上而不行。杜樊川參佐賓僚，空走大江南北；王仲宣依栖客館，惟悲歧路東西。縱云到處逢迎，頻下諸侯之榻；獨恨長年偃蹇，疇憐博士之才！宜其著作虞卿，搜羅彌富；離憂屈子，吟諷良多矣！茲於日行北陸，客寄東亭。念故土之關河，總屬夢思馳繫；愛旅窗之日月，不禁詞翰飛揚。數典精詳，迥異東魯生之陳桄榔；摛詞親切，亦如南楚士之説殷渂。自是筆精，都見經生能事；偶爲墨戲，要止才人緒餘也。且夫郡國之有志書，原本《周官》小史；而時事之迷人代，半由野乘葂詞。漫云胸著千年，物換星移，難憑故紙；縱使識高四海，陵遷谷變，儘有新聞。矧夫考據難精，能詩者或疏於糗餌；閱歷未遍，讀書者罕識夫琅玕。蘇東坡以盧橘爲枇杷，恐滋沿誤；《淮南子》謂吟蛩爲蟋蟀，或亦傳訛。不得真詮，左丘明妄分氏族；莫參實錄，徐夫人錯認女流。信乎作述之難，未可輕言弄墨；寧許窮愁之客，竟爲率爾操觚！而先生此作，詞驚艷而旨必精，意搜奇而事必核。辨物産，則知編户之盛衰；紀幅員，則識歷朝之沿革。闡發仁人志士，激勸爲多；表章廉行貞操，化導不淺。山林城郭，補蟲魚草木之經；陵墓關津，合忠孝神仙之傳。不學《齊諧》志怪，隱然杜漸防微；弗仍稗史傳疑，將以信今垂後。載籍極博，固發篋者考古之先河；圖畫如呈，亦下車者采風之寶鑒。豈獨碑名十字，讓溯延陵；亭號二泉，高推桑苧。峰青江上，依稀鵝鼻崢嶸；潮落海門，仿佛馬馱隱現。玉盞盛來琥珀，人知酒美蘭陵；琳腴煎出旗槍，群識茶名陽羨而已哉！浩幸同敬梓，并賦飄蓬。感慨停雲，未免衣奔食走；留連聽雨，不辭予唱汝要。得觀製作之工，恰慰家山之想。爰加參校，勸付雕鎸。非詡私情，欲公同好。固有目所共睹，將不脛而自行。雖先生之有是賦也，若彼游龍，纔呈半爪；而同人之讀是賦也，譬如文豹，已見一斑。王延壽《靈光》既成，蔡中郎應見而輟筆；左太冲《三都》一出，陸士衡當無不傾心爾。

時乾隆歲次乙未孟冬月望，陽羨同硯弟王浩拜撰。

——《常州賦》卷首

重刊常州賦序
〔清〕王其淦

常州自泰伯開基，春秋戰國間，季札、春申之流益開文治。厥後忠臣孝子、學士才人，卓然相望於史策。迨我朝涵濡雅化，尤號名邦。蓋由江湖襟帶，土厚水深，山靈氣秀。聖祖仁皇帝、高宗純皇帝南巡，皆屢駐蹕，召士子赴行在，試以詩賦。故其時膠庠俊彥，皆得歌咏太平，幸邀天聽。至搢紳護蹕梓里，及致仕在籍老臣，尤多有所獻納，洵賓揚盛事也。然求其述鄉邦典故，發爲宏篇鉅製，以增皇輿潤色者，缺焉未備。褚君容舩，是州騷雅士也。壯游既久，遍歷名山大川。凡可爲考古之助者，大都寄之筆墨。追念釣游舊地，獨萃東南之秀，于聖朝爲彬彬禮樂之邦，不可不珥筆以鳴其盛。爰仿周紫芝《宣城賦》，葛澧《錢塘賦》例，作《常州賦》。於建置沿革、疆域形勝、户口賦稅，及興衰大略，開卷瞭然。其餘山水、關梁、祠廟、陵墓、古迹，各以其類，分彙各邑，纍如貫珠。至於仕宦、人物、流寓，則經之緯之，以合成一州之冠冕、繫千載之慕思，于各邑不復分疆畫界。旁及方外、列女、物産，莫不皆然。析之則棋布星羅，總之則珠聯璧合。又其中各有起伏，有提挈，有感慨，有論斷，既殊稗史之弇鄙，復異類書之瑣碎，一歸於麗則而不失乎賦體。夫土訓、誦訓，非生於其地者莫道。昔劉逵、張載分注《三都賦》，周世則、史鑄注《會稽三賦》，皆耳聞目睹，言必有徵，然猶同時之人耳。曷若容舩自注，爲尤得其要領，誠一郡之奇觀而一時之傑構也！不佞承乏於茲，歷有年所。

每欲訪先賢逸軌、列侯遺愛，及關塞險要、民風土俗之有關政治者，流覽志乘，日不暇給。獲睹斯賦，如游異境幸得導師，遂覺數千百年文物聲明之盛，悠然在目，竊嘆造物獨鍾美於是邦也。抑吾又異褚君，以彼其才，使居承明著作之班，必能研京煉都，黼黻國家之隆盛。乃聽其坎坷以老，則造物之鍾美是邦者，又未嘗不扼塞斯人也！雖然，我朝列聖相承，皇上稽古右文，超軼前代。國史館廣搜文獻，《皇清一統志》紹修有日，則褚君此賦，或藉軺軒，以達宸聰。又安知非造物者，故遲之以大顯君於後也哉？修志告竣，莊子俊甫旁求有裨風土之書，重付剞劂，俾後儒有考焉。予樂得而序之。

光緒七年辛巳仲夏之月，廬陵王其淦撰。

——《常州賦》卷首

高山志序

〔明〕鄒忠胤

客有好談當世之務者，爲予言金陵固王者地，然歷代建都皆未久，或至不振。即明興，屹然定鼎，既而成祖度越北遷者，有故，則以左臂之單寒也。當毗陵之北，緣江數十百里，曾不得一培塿焉，何足以當東北鎖鑰！惟是六龍陰聚於毗陵，右以鐵瓮諸山，左以利城諸山，若東西戶屏爾。夫利城諸山，即今君山、黃山、由里、茶岐，巒岫相錯於江上者是也，而西止於武邑大寧之舜峰。舜峰者，高山也。按《高山志》，乃知本邑地形西南高，東北卑。又鎮江通漕渠，水勢高於本邑七丈餘，申港、舜河實其咽喉也。升高而望，江之北對江邑者，通州也。萬一有潢池小兒，窺左足而動者，由通渡江，襲姑蘇，則梁溪以東路絕矣。此國初二吳侯，亦用此道襲江陰，據寨高山，斷偽吳之半臂，以佐龍興。然則大寧之高山，固由江達常之要遞，而水利復關焉，豈非毗陵東北之劍閣與函谷哉！志所爲於水利、兵防，纚纚言之也。且山川盤鬱，風氣所會，鍾於物則芬芳競吐，鍾於人則名賢輩生，古迹靈踪，往往在焉。披圖凝覽，覺左思《吳都》，僅述崖略，不若此其殫也。予因客言，心識之。適友顧伯平，高山里人也，過余虎林署，出一編相示，索予弁語，即其與叔氏文科所修里志也。喜而展讀之，則簡而備，密而理，文而不蕪，質而不俚，有筆如此，夫獨可以史一鄉也哉！屬予時方急於入計，不遑染翰，因憶客語，遂序而弁其首。

同邑友弟鄒忠胤筆敏父撰於聖湖署中。

——《重刻高山志》卷首

重刻高山志序

〔清〕瞿　溶

道光二十六年，有以大孝殿匾額屬書者，詢之，知爲大寧鄉舜殿額也。越三年己酉，族侄伯淵屬叙《高山志》緣起。余謏陋，於輿圖、水利未經深考，而《高山志》尤爲生平未見書。伯淵因言此志遺散已久，今其鄉之樂善好義者祝君魯峰，因比年水患，今歲灾尤大，欲開浚高山下之舜河，以通水利。惟舜河由江陰之虞門橋入大江，江陰農田同資其利，乃議合浚。因購得原志，將重刻以徵信焉。余按闔郡水利大勢，孟瀆爲武邑上流，舜河爲武邑下流。孟瀆湮，其病噎，今既經官紳浚治之矣，而舜河淤，其病不又患臌乎？祝君能謀之紳士，告之郡守，合兩邑之衆，和協策力，用觀厥成，使農民無積潦之患，則事之貽樂利於民，孰大於是！利於民而必不可緩，孰亟於是！重刻《高山志》，使一郡水利善政不至久而無徵，孰要於是！若縣志所載鄒參議原序，云大寧之高山，爲毗陵之劍閣與函谷，則又因地勢而論及兵防，亦當事者所當與水利并加之意也哉！

道光二十九年歲次己酉十一月朔，賜進士出身、誥授中憲大夫、吏科掌印給事中、前刑部四川司郎中、翰林院庶吉士、雲南主考官加三級邑人瞿溶麗江父撰。

——《重刻高山志》卷首

重刻高山志跋

吴　鏞

世變滄桑，禍深焚坑，予欲亟亟刊書於窮山荒谷中者，意欲垂斯文於一綫。《高山志》備載地方忠臣義士、孝子節婦，有裨世教不淺，非獨文獻之足徵而已也。是書創稿於顧氏世登、伯平二君，爲義烈公後。再輯於惲知縣應翼。初刻於明萬曆戊申，有鄒參議忠胤爲之序。繼刻於清道光己酉，有瞿中憲麗江爲之序。迄今又百數十年矣，中經兵燹，焚毁無遺，百計蒐求，十數年來僅得全部一、半部二，然全部又復不全，中間鼠囓蟲傷者有之，霉爛腐脱者有之。賴有兩半部可填寫之不足，又查考武陽、江陰等邑志而補輯之。原本土產類草藥分門似牽強，兹合并。文章類魏璞詩僅一首，兹據《全唐詩》及《江上詩鈔》增入四首。皮日休贈魏處士璞《五貺詩》，原本缺，兹補入。又原刻詩文參錯不分門，原刻全部各類編置不一，刊法不一，或句有未妥，字多舛訛，余既一一釐而正之。然後殘者始完，闕者始全，體例亦始合，然而未敢以爲善也。原有空白，末由增入，全猶未全；辭句冗雜，未經筆削，理猶未理；亥豕魯魚，尚不能免，正猶未正。國事蜩螗，河山風鶴，既乏心精改竄，又鮮静意雠校，是書雖成，有遺憾焉。歲丙子秋，用預約書股，著手集資，汪君海北代爲預約頗力。刊印時期，無匱乏之憂者，汪君之賜也。是書刊印告竣於丁丑春，開始於丙子冬。從此千秋萬歲，地靈人傑，永垂不朽矣。末附本朝徵君是先生鏡故實。先生隱居高山，樂道不仕，陳相國世倌爲撰學所碑記，黃太守永年爲撰墓廬記。先生卒，柳大令商賢爲之傳，門人唐夢訪爲行述，張敬立爲年譜。綜先生生平，於賢行、文章、才學三者兼而有之，兹謹采當時名公爲先生所撰及先生自著等，爲《續志》一卷。體雖未備，讀者諒焉。

丁丑春正月，山人吳鏞謹跋。

——《重刻高山志》卷末

錢西青馬迹山志序

〔明〕杭 淮

馬迹山，一曰夫椒，在震澤中，爲武進屬地。舊無志，即有之，附郡邑志中不詳。淮之師錢師舜先生，山人也，慮事無紀載，則久將泯没，無以施於後世。於是訪故老，搜雜記，參之己見，而別爲志焉。志成，走書使過江，命爲序。淮惟水平王佐禹治水，有教民浚導之功；宋劉晏出兵破寇，解吾常之難。此祀典所謂能禦大災，捍大患，則祀之者也。夫何歲久廟毁，爲東岳行祠，不有先生白之官以復，則二賢之祀不幾廢亡乎？錢氏女夫亡，夫兄欲奪其志，女乃自縊以死。堵氏女因父溺水，乃痛哭入水救父，亦死。志節凛凛，與漢曹娥、夏侯令之事絶相似。不有先生著之，則二女之死，孰從而知之，孰從而表揚之乎？夫興祀典以報有功，表貞節以厲風俗，此皆有政之大者也，使由是而行之遠焉，其有補於鄉邦多矣。夫古之君子得位則行其道，不得位則行其言。先生學博行修，不爲禄仕，豈亦行其言夫！

嘉靖五年丙戌秋八月，南京太僕寺卿、門人宜興杭淮謹序。

——《重修馬迹山志》卷首

錢西青馬迹山志後序

〔明〕丁致祥

馬迹山散見古今圖志，皆止備山川形勝，而地莫詳焉者。舉其要以該博，勢有所不能也。東南諸山在震澤者，或中峙，或旁列，涌金浮玉於雲濤烟水中，世傳七十有二。其間委蛇博衍，高深幽曠，民生林如，閭閻都如，物采郁如，惟洞庭與兹耳。夫自有民居，即有官師之制，有禮樂教化之施，有貢賦力役之徵，有風俗淳漓之變，又烏知不有善可爲勸，惡可爲戒者於其間哉！歷世既遠，往迹漸滅。予與西青錢師舜氏居山之中，每語及此，輒相感嘆，謂無載籍，爲兹山闕典，期共纂成之。數十年來，余宦轍南北，莫措一詞。嘉靖乙酉秋，歸自湖藩，師舜志且脱稿，以示余。其言覈而不浮，其辭質而不俚。峰嵐岩壑名稱之傳訛者正之，義隱晦者加櫽栝而疏之，民德拯援廟祀之奪於流俗者嚴考索而復之，節孝之晦於貧而有足徵信者表之，養恬樂善終老丘樊士不累於俗者録之。他如物産、仕進、履歷、古今題咏之類，綱提領挈，有倫有則，幽微闡而勸懲寓，炳若一方之史。自兹同志君子出而續之，傳信將來，固師舜乎托始，亦師舜之心也。

嘉靖丁亥正月，夫椒山人丁致祥序。

——《重修馬迹山志》卷首

錢西青馬迹山志跋
〔明〕毛　憲

右《馬迹山志》，西青錢先生所編也，嘗屬憲較一過，既而雙溪杭先生爲序諸首，復持示屬綴一言於尾。夫古君子之志，未嘗不在翼世而善俗，雖一言動亦寓教焉，而況著述之大，豈徒工鉛槧哉？山在武進東南震澤中，其名見於《吳越春秋》《國語》《史記》諸書矣。然而泉石之幽勝，俗里之敦朴，土地之産育，人才之彪炳，忠貞節義之軒特，未有表章而紀述者。後之君子欲稽往迹、徵文獻，不無杞宋之嘆。先生爬羅搜采，集以成書，事核而該，辭質而明，忠臣節婦，尤惓惓示勸，俾觀者一展卷而得兹山之勝，且睹前哲之遺規，仰群逸之芳躅，將愾然有思齊之意。興起人心，有裨風化，所謂教亦行乎其間，而先生翼世善俗之志顧不少見哉！先生博學至行，隱居授徒，雖老而著述不衰，其遯世有得者與！

嘉靖丁亥六月，古庵毛憲跋。

——《重修馬迹山志》卷首

徐午羲續修馬迹山志序
〔清〕吕　宫

國有史，方州郡邑各有志。若夫鄉，則統於邑矣，曷志哉？馬迹山，吾武進東南之一鄉也。鄉曰“迎春”，爲生氣所自來，地當巽隅，而山在其區三萬六千頃中，雲濤吞吐，文明之所繫也。兹山以鄉著，故獨有志焉。志一鄉，志一山也。“三江既入，震澤底定”，見於《禹貢》。“吳王夫差敗越於夫椒”，見於《春秋》。馬迹，相傳秦始東游，神馬所踐，或謂是漢郁使君，唐玄奘法師又以爲小靈山。山之得名久矣。其有志自山人錢西青始，今徐君午羲續修之。午羲，余姻親，閑居多暇，纂輯蒐采，視昔特詳，其用意深矣。布衣而懷當世之務，逸老而切善俗之思。考古證今，撫今追昔，百年之內，變遷不一。而其不變遷者，自如山川、土田、貢賦之額具在，人物、風俗、時代之感易生。要以還淳反朴，革薄從忠，向筆墨間潛移默轉，無以科第炫其聲華，無以文章損其愿愨，桃源谷口，茲山兼擅其勝矣。夫子曰："我觀於鄉，而知王道之易易也。"使百姓盡如迎春，雖無縣官，可居然羲皇以上，徐君志一山，志一鄉，云乎哉？余不佞，敬弁數言於首，亦觀於鄉之義也夫。

順治辛丑十二月，賜進士狀元及第、太子太保、郡人呂宮撰。

——《重修馬迹山志》卷首

徐午羲續修馬迹山志自序
〔清〕徐震陽

吾夫椒以岩巘一片屹立巨浸中，自句吳敗越，報檇李之仇，繼而祖龍驅馬，踐石留迹，因名曰"馬迹"，遂與天壤不磨。歷漢晉唐以及宋高宗南渡，嚴兵固寨，爲震澤之雄峰。逮至明祖肇造區夏，編鄉曰"迎春"，列八堡九圖，鍾秀毓英，爲武邑之勝里。舊無志，志之始也，實惟西青錢公纂迹紀往，敘事垂來，公其有深心哉！余嘗涉獵仙霞洞庭，冀窮耳目之玩，無何而流烽煽焰，回首吾廬，又值新朝定鼎，幸此消散閑身，沐浴於光天化日之下，偶得《錢志》而翻閱之。聿首厥績，距今百五十年之內，若而國華，若而郡望，曷以興廢，曷以榮枯，弗祖是志而紹述焉，其何以概鑒於前，而徵信於後也？余惟不揣愚昧，妄覬續貂，恐囿見聞，用周咨采，遺者撫而疑者闕，訛者正而略者詳。間或附以己意，復參證於達尊，修益六卷，彙以成書。然倫軌雖同，而體裁稍異，俾觀者一展卷而慕忠孝之心志，羨節義之操守，達天時之常變，驗歲序之豐凶，辨戶籍之版圖，審田疇之貢賦，庶幾地以人傳，人以事傳，而馬迹蕞土，直可志昭光國，書昭信史，爲徵時論世者之一助乎？若夫林巒岩谷，烟水雲濤，虬松怪石，精舍名藍，悉繪景於先賢詩畫中，又非敢得而贅也。西青復作，將無同？

順治十八年辛丑孟春，六朝逸老午羲徐震陽題於正心堂。

——《重修馬迹山志》卷首

陳敬亭重修馬迹山志序
〔清〕陳玉瑊

班孟堅易八書爲十志，而後世志因以名。然以三國、南北二史且不敢作志，信乎志之難也。國有史，以紀一代之終始，然事亦往往多略，若志，視史加詳矣。志有省、有郡、有邑，郡、邑視省爲詳，若鄉有志，則視郡、邑宜尤詳。然鄉志不常有，非鄉不可志，無博雅之士以網羅散失爲任，故鄉率無志也。《周官》比、閭、族、黨、州、鄉、遂之制，凡事物名數，井然有序，先王采之以觀風，故曰"觀於鄉而知王道之易易"，蓋鄉之所係如此。吾迎春，山鄉也，在具區中，名馬迹。相傳秦始皇東游，神馬踐石成迹，故名。馬迹東有夫，西有椒，史載夫差敗越即其地。山之得名已久，而有志則自明嘉靖間山人錢西青先生始。其爲書，略而未詳，迄今一百六十餘年，其間山川、貢賦、人物、風俗、灾變之屬，不有以萃聚之，懼無以徵信於後也。故十年來，同族兄敬亭加意搜采，於前賢、古迹、忠孝、節烈，力表暴之。近又得徐君午羲志稿一編，爲之整齊其文，正其聞見之誤，删詩文不足觀者，成志若干卷。昔孔子考夏之禮，慨文獻之不足，苟非錢、徐兩君子，余亦何所藉而薈萃之哉？江淹云："修史之難，無出於志。"柳子厚自序其文曰：本之太史，以著其潔。太史之最潔在天官八書，余文婡鄙，何足當其任？而揆之比閭、鄉遂之制，生是鄉者，實不敢辭，然亦不過述舊聞、事紀載，非敢自附作者。倘今日任采風之責者，緣之以爲史助，謂僅鄉里之志云乎哉？

　　康熙歲次辛未中秋，中書舍人椒峰陳玉瑨題於墾山堂。

——《重修馬迹山志》卷首

陳敬亭續修馬迹山志序

〔清〕吳本立

　　讀《尚書》而後知政，讀《周禮》而後知治，讀《春秋》而後知教，此三代以上之史也。後之作者皆折衷太史氏以爲史，而史之法傳焉，蓋自班孟堅以至於今也。然有其才而無其位，則雖具董狐之筆，方將與書蟫同朽篋中，安得操湘東三管而書國乘哉？雖然，士君子不在朝而在野，則居然一鄉之史，凡夫缺者待補，訛者待正，幽微者待以闡揚，善惡者待以勸懲。一著述動關風化，豈必身躋館閣，而後可以史才見哉？

　　馬迹山在震澤中，一培塿耳，而居民文物之盛，不下蕞爾山城。舊有志，爲西青錢先生所編。世代既更，其間風俗之淳澆，人物之繼起，天道流行之灾異，金石爭響之文詞，良有月異而歲不同者。前志標列款目，未爲得所，典故亦多罣漏，後之人因時核事，不無望於此日之孟堅也久矣。敬亭陳子聚十餘年精力，搜討諮詢，補錢志所未及，故其所載典而嚴、詳而核，足爲他年考信焉。山川人物，分灣注之，又灣爲一圖，令人展卷如置身蒼岩幽壑中，不啻臨淮入壁，精采皆變，非若大旗落日、馬鳴蕭蕭者矣。吾聞敬亭足迹半天下，恒嵩泰岱之巍峨，江淮河海之浩瀚，靡不羅貯於胸中。今齒已老，尚能磨盾作檄，刻燭賦詩，不减少年時。始信司馬子長歷覽山川而文益奇，故其爲志博奧典則，爲政、爲治、爲教不外乎是。馬迹今有志矣，敬亭以具區外史自稱，誠哉其爲外史矣！

康熙歲次辛未孟秋，知台州府事、前翰林院庶吉士、同邑年家眷弟吳本立撰。

——《重修馬迹山志》卷首

陳敬亭續修馬迹山志自序
〔清〕陳履儼

夫志何昉乎？《禹貢》一書記山川田賦貢篚，實爲志之祖。《史記》《漢書》均有《食貨志》，陳壽作《三國志》，志而史矣。嗣是，凡郡邑所記，悉以志稱。吾山舊無志，志自錢西青先生始，萬曆間李嶺西修之，已散逸。後徐慎初又增訂，視西青較備，然事頗失實，兼乏體裁。余曩嘗裒集之，謀食四方，匆匆不暇從事，及還山，老矣。椒峰中書雅志於此，謂余曰："兄向爲渚陽作邑乘，夙諳志體。今吾山文獻，漸若晨星，倘不加纂集，則西青以後一百六十餘載之人文將湮滅不傳，兄盍搜討以成夫椒信史乎？"余曰："唯唯。"乃取向所裒集者重加損益，詢故老，搜家乘及諸藏稿，去訛存信而成之，雖弗克紹前人，因陋就簡之譏，或可免矣。既脱稿，爰綴數語於卷首。

康熙歲次辛未季春，具區外史陳履儼題於竹醉堂。

——《重修馬迹山志》卷首

許桐邨重修馬迹山志序
〔清〕廖鴻荃

馬迹山在震澤中，爲武進屬地，自雍正四年分邑，而山屬陽湖。相傳秦始皇東游，神馬踐石成迹，故名。馬迹之東曰夫，西曰椒，史載夫差敗越即其地。山之得名已久，而有志則自明嘉靖間錢西青先生始。西青山人也，慮事無紀載，久將漸泯，訪故老，搜雜記，積數十年而志成。卷帙無幾，凡山川、貢賦、人物、俗尚、灾變之屬咸備，距今三百餘載，歷經鄉人士續修而增廣之，裒然成集，而卒未登梨棗。己丑夏，予視事斯邑，南望馬迹，岑嶔崒嵂，極雲濤烟水之觀，想其間民生林如，物産郁如，俗里醇如，方以未得讀兹山之志爲未快。適余友桐邨許君過訪衙齋，極稱兹山居民文物之盛，出西青所定本示予，謂將付剞劂，屬余爲序。予惟志有省、有郡、有邑，獨鄉志無聞，忻然讀之，覺山林之幽曠，閭閻之敦朴，土地之産育，人才之蔚起，忠貞節義之軒特，事核而該，辭質而明，莫有過於是帙。向予想見其林如、郁如、醇如者，今若躬履其地，穆然見盛朝重熙累洽之化，不遺一鄉也。古來吏治之術，存乎風俗，惟習知一邑一鄉之風土人情，而勸善懲惡，易若指臂之使。

所謂儒者身不越阼序而坐運四遐，豈矜異術哉？兹山雖縣之一隅，而得西青先生創爲志，鄉人士續修而增廣之，桐邨許君復編輯而壽諸梓。予喜其志之成，尤喜吏治之得所藉也，斯亦宰是邑者之幸也夫！

道光十年庚寅閏四月，前翰林院庶吉士、知陽湖縣事候官廖鴻苞撰。

——《重修馬迹山志》卷首

重修馬迹山志序

〔清〕許　楜

昔宋子京修《唐書》，自云文减於前，事增於舊。烏虖！豈易言哉！不特正史當如是，郡邑志及志一山一水，體例隨地不同，而文詞莫不以簡該爲貴。馬迹，山水鄉也，明錢隱君西青始創志，質而不詳，諸文人續修不一，具區外史陳履儼本爲備，而蕪雜不倫，許桐邨可權踵輯之稿久佚，蓋一鄉之山川、田賦、科名、文物關焉，不顯於世者，餘三百五十年於兹矣。諸同人請曰："郡邑志及他書往往引徵山志，顧未有刊本，及兹不修則舊稿散佚，新迹日湮，將一山之掌故無復存焉者，是豈西青、具區諸先生意乎？先生其無辭。"予曰："唯唯！"形諜有年，倏爲衰齒，目不相聽，神不相使。幸馮生效亮淹聞多識，侎予痛厘叢薉，博搜節義，編爲七卷。偏隅小乘，何敢云文减事增哉？聊以竟前人娶修未竟之志，而郡邑大夫敷政之暇，相與觀鄉而問俗，亦足資以考鏡云爾。

光緒六年庚辰十月，八十一老人許楜序。

——《重修馬迹山志》卷首

龍城書院志序

〔清〕錢人麟

志聖賢之學者曰士，習制舉之學者亦曰士，兩者趨向雖殊，而實可同歸一致者也。宋大儒如明道、橫渠、龜山、晦庵、象山、東萊、西山諸公，明大儒如敬軒、椒丘、克庵、東白、楓山、虛齋、整庵、陽明、莊渠、東廓、南皋、豫石、念臺、石齋及東林四先生，皆以科第起家；而如一峰、涇野、梓溪、念庵、陽和，皆以文章魁天下。其他以名儒掄元魁、躋顯爵者，尤指不勝屈。是聖賢與科第，正兩不相妨，胡必相背而馳，務其一而遂棄其一哉？書院之設，其初皆以講學，其後遂專以課文。吾郡之有書院也，先後爲東坡、龜山而設，後并湮廢。明隆慶間，郡守龍岡施公始建龍城書院於晋陵治址，萃多士，課文其中。凡爲堂齋二百餘間，膳田一千餘畝，體最宏鉅，産亦最饒。萬曆初，以江陵柄政毀。又三十餘年，郡守宜諸歐陽公即舊址建先賢祠，旁爲經正堂，延先太僕公講學其中，課文則屬之嚴所吳公，而司理參嶺韓公捐田爲會講、會課費。天啓間，逆閹擅政，復盡毀天下書院。郡守二雲曾公陽假課文之名，陰行講學之實，每月有會，公必親臨，以聖賢之學相切劘，往往至日昃不暇爲文，而諸生神怡心悟，謂："作一日文，不如聽一日講。"是講學、課文，固未嘗偏廢也。萬曆癸酉，吾郡獲雋者二十九人，而由書院舉者二十二，孫柏潭少宰且聯捷魁天下，此課文之極盛也。經正堂講席，與梁溪之東林、荊溪之明道相喁應，閩、浙、西江且有遠來之朋。迄今讀《經正堂會語》《麗澤商語》，猶穆然見諸先哲雍容揖讓，講道論德之風規。當時所稱東林四先生，而郡產者三，八大君子且胥屬郡產，此講學之極盛也。諸生服曾公之訓，爭以道義自重，下逮小夫寒女，亦知義利之分，莫不尊君子而惡小人。于斯時也，嫠婦貸金，以餽被逮之忠臣；童子揮刀，而斫假威之旗尉。于以見忠義之感發爲最大，而施、歐、曾三公之宜百世祀于吾鄉，爲不可替也。明社既屋，講席久蕪，豪猾者因得踞其地、蝕其田，先大夫偕從父翰檢公，昌言爭諸有司，弗獲直。百年以來，有司憚改作之艱難，襲陳案之悠謬，視先賢若過客，視書院若贅疣而已。當陽宋公蒞止，始慨然興復經營，凡二月而工竣。竭一郡數十年來紳士力，爭諸有司弗得者，得有司一振興而遂告成事。宋公興起斯文之盛心，與剛毅任事之風力，誠足繼三公而四矣。余嘗言諸宋公，請退現祀之駱公，易以曾公，惜宋公匆匆丐養去，未克行，尚有待焉。多士肄業有所，咸知自淬礪于制舉之途，以仰副宋公興起之意。其于講學，亦尚有待焉，要亦視多士之矢志何如耳。宋公以碑記屬余：子其前後所進先賢名次，及興廢之詳、祀產之實、圖籍藝文之傳。余家自太僕公主講以來，六世于茲，與聞往事甚悉。或謂余宜有記，爰綴輯爲志，以俟諸賢有司及考古者鑒焉。

——《常郡八邑藝文志》卷六

毗陵忠義祠錄序

〔明〕胡　崋

毗陵，古常郡也，而城以忠義名，天下所無也，而吾常有焉。常之忠義，前此猶未顯也，至宋之末始大顯焉。忠義在人心，固未嘗泯，宜無間於天下古今，而獨歸於常，歸於宋末者，有説也。蓋常有泰伯、季子之遺風，自古高節所興，由克遜以立風俗，君子尚義，庸庶厚龐。漢魏而降，衣冠南渡，禮義之俗浸盛。迨至趙宋，又以忠厚立國，當時臣民咸有忠君愛國之心，而常之人才風俗愈盛，獨異它郡。處常守易，寂無所見也；時危事變，節斯著焉。方德祐初，元帥入境，大江東西郡縣皆望風奔潰，獨吾常知州姚公訔、通判陳公炤與統制王安節等，鼓舞忠義，爲守禦計，且誓與城同存亡。卒之糧盡援絶，義勇百萬，寧與同日而被屠戮，果無一人降。滿城忠義，信古今天下所無，而僅一見於吾常者也。夫以常之忠義如此，至今廟宇不崇，祭享不及，精忠大節幾于晦塞，不有君子表而出之，愈久而忘，終歸泯沒，何以勸激天下後世，又何以顯常之忠義超絶古今，知其不可不崇奉而廟祀之也邪？此吾葉君司韶有所感發，督合庠友，而私祭所由興，私祭興而斯《録》所由著也。觀其於文丞相、劉都統、阮應得、萬安僧，則議其應祀，劉溶則議其不當黜，定位次有議，人各有贊、序、列傳、鑒、志，以著其出處，有詳略。祭有期、有品、有文，立祠有碑與侵毀祠基宇有帖、有狀。君嘗乞祭於有司，有呈。古人感慨于忠義，有詩。一一收録，分爲上下卷，復自爲序而列其目於卷首，用心密矣。旻兒輩俱出門下，見而義之，將爲鋟梓以廣其傳。君因先期走書臬司，俾余序焉。余惟忠義之事，惟忠義者知所崇重，爲能表而出之，以勵風化。昔孔北海表鄭公鄉而過者起敬，文潞公題明道墓而學者知歸。吾見斯《録》一出，而毗陵忠義之名益著，忠義著而諸公之英聲偉烈震耀兩間，人人知所景仰。吾輩又當以君之《録》達於朝，行將立廟奉祀，勒石頌功，隆一代崇褒之典而大顯揚於時，於以勵高風，激頹俗，匪直有勸於常，抑有勸於天下後世，是《録》有關於忠義大矣，故樂爲之序。

　　正德五年春三月朔日，賜進士第、嘉議大夫、江西等處提刑按察司按察使、郡人胡奎書。

——《毗陵忠義祠録》卷首

毗陵忠義祠録序

〔明〕邵　寶

　　《毗陵忠義祠録》成之四年，吾邑令平溪侯侯世卿始梓行之。先是，武進葉夔司韶之輯斯録也，亟視寶請序，時寶以致仕之命，歸自漕臺，既謝不敏。未幾請祠命下，寶起承乏户部，司韶復致書今御史中丞秦公國聲，以書來屬，申之以京兆尹白公輔之、地官主事丁君元德。寶時請養南歸，諾焉，而輙於病者，二年於茲。茲侯將從梓事，則授簡請校，蓋中丞公實屬之。寶乃略加詮次而爲之序曰：忠義何爲而有《録》也？著其所以祠也。祠之舉，起於庠校，上於臺察，而議於宗伯，允而後請諸上，詔俞焉而著於令矣，則何録之庸？昔在宋德祐間，北寇既深，江淮奔潰，退以吾常爲徽，蓋去亡無幾，而姚、陳諸君子倉卒起任，守孤城，抗劇虜，力盡以死，有餘憤焉。文山公嘗謂常爲宋睢陽，諸君子其巡、遠乎非耶！此其忠義之爲烈久矣。乃若其迹存乎國史，史之外有郡邑志，志之外有家乘，有墓碑，有序跋、哀吊諸作，而尚論者於是乎徵，是故《録》不容已也。嗟夫！國於天地有與立焉者，忠義是也。忠義在人，爲道爲志，而氣實配之，養自夙成，發由衷出，倡焉應焉，雷行風動，唯其所在。城池焉於斯爲險，甲兵焉於斯爲利，蓋屹乎有不可犯者。若夫成敗，數則存焉，而吾浩然之塞，固不可泯也。《傳》所謂“雖無與立，必有與斃”者，非若人，誰其以之！故郡之有祠，君子曰禮。或者謂元祀之稱秩，九原之與歸，皆隆往也，往者無聞，亦何與生者爲？而不知教道實行其間，蓋如是而偷懦作，如是而貞毅奮，如是而奸邪懼，俎豆尸祝於前，頌歌慨嘆於後，而箴規文告，顧若有不能及者。祠以一郡，而風於天下。烏乎！其微而遠哉！司韶倡是舉而《錄》以終之，遂成一郡之書，吾侯侯圖是之傳，蓋天下之志也。肇祀之歲，常城成，寇殲於江，斯禮也，其時哉！因并著之。

正德甲戌十有二月既望，通議大夫、户部左侍郎賜告侍養、前都察院右副都御史、總督漕運郡人邵寶序。

——《毗陵忠義祠録》卷首

重刊毗陵忠義祠録序

〔明〕秦　金

昔忠義祠成而有是《錄》也，金方膺拊循湖南之命，歸自東藩，葉君司韶特出以視予。予時啓行亟甚，未暇詮次，乃以請諸宗伯邵二泉先生校焉，而序諸首簡，復屬吾錫前邑侯平溪侯世卿梓行之，凡十有四年于兹。兹金疏乞歸田，則板已湮廢，慨嘆者久之。吾常二守榮昌冷侯體仁，以文飾史事，好古尚德士也，遂謀重入梓，工訖，請序于金。於乎！姚、陳諸君子盡忠死義之節尚矣，事載國史，名繫郡城，天下後世皆得讀而論之，望而重之，亦何係於《錄》之有亡哉？雖然，毗陵諸君子死守地也，英靈正氣萃聚於此，廟焉而祀之，禮也。前有宋詔，雖令弗行；近有庠祀，非典弗稱。今夫是祠，言稽證則事核，言位號則序明，言典秩則禮正。司韶倡爲是舉，憲臣請於朝而著之令矣。斯《錄》也，其可泯諸！蓋宋至德祐，北虜寇常，勢逼臨安，諸君子竭力扞艱，以身許國。其敗也，雖由於食盡援絶，而張全阻兵叛命之罪則大矣。吾知斯《錄》之傳將垂之千萬世而不朽焉，尚論者豈小補云乎哉！由是嚴夷夏之防，由是審忠邪之辨，由是敦愛君體國之誠，而所以揚高風、振頹俗者，於是乎至矣。冷侯兹舉，其終司韶君義起之禮而知所重，亦莫非忠義之所激也，是豈加灾于木者類邪？予敢爲天下道之，是爲序。

嘉靖戊子春二月既望，資政大夫、户部尚書、侍經筵官致仕、前南京禮兵二部尚書、參贊機務、錫山秦金序。

——《毗陵忠義祠録》卷首

常州府忠義祠録序

〔清〕李兆洛

忠者，誠恕之實理也，而于君臣之大節特取名焉，亦以見危授命，推其義之盡焉耳。孔子曰："有殺身以成仁。"又曰："殷有三仁焉。"仁者，生理之全也，此身有死，生理常存，故曰成焉。不仁則心死，心死則生理絶矣，故曰"無求生以害仁"。嗟乎！仁之難成也，死生之所分也，軀命之所關也，非堅强稟之天性，是非明于講習，陶染深于聞見，未易言也。孔子曰："如有王者，必世而後仁。"蓋禮教修明，服習積慣，久之又久，若其性然，然後人有士君子之行，利不能回，威不能屈。三代之時，化成俗定，積七八百年無更姓改物之患者，率由此也。漢、晋而下，載祀屢革，而稱忠義之盛者，莫如宋、明之季，豈不以兩朝恩紀深厚，賢士大夫講求稱説者有素，雖在草野，亦知聞風景慕乎哉？國家仁育義正，陶冶萬類，所謂"道以德，齊以禮"者，無微不至。又崇獎忠貞，風勵臣節。章皇帝定鼎之初，即襃嘉明末死節之臣子以美謚。純皇帝益加推廣，凡《明史》及集覽所載諸人，分別定謚，下至諸生韋布不知姓名之流，亦令俎豆其鄉，以昭軫慰。我皇上道光三年，以祁門許某請旌其遠祖守城死義許文瓀，詔可，仍命禮臣：凡明季忠臣義士爲國捐軀者咸如之。於是推恩愈遍，捨生取義之士無有逸遺湮鬱者矣。夫諷之以意，不如示之以事之深切著明也；諭之以講説，不如陳之以刑賞之感奮愧厲也。依古以來，二十四史之簡，曾有顯忠録義，惓惓皇心，靡有畛域，如我朝列聖者乎？方今忠義之祠遍天下矣，當春秋承祀，有司肅將，祗祗翼翼，黎庶扶老携幼，環庠門而觀盛禮，相與序述故事，太息泣下。戾夫銷背悍之氣，童稚發性天之感，頑廉懦立，遷善而不自知，古王者仁天下之道在於此矣。然則幽明協贊，天地同流，灾沴不興，兵革不試，德化登於唐虞，福祚邁於殷周，必至之應，自然之符也，豈非生斯世者之幸哉？

——清道光刻本《養一齋文集》卷三

武進天寧寺志序

吳鏡予

溧水濮居士一乘，纂吾邑《天寧寺志》成，以稿見示，且屬爲之序。不慧受而讀之，慚愧心、歡喜心交併五内，雖自知不文，然不能已於言也。溯自民國之初，由湘返里，親炙冶開大師鎔公之門，翹勤瞻禮，無間旬月。每值講誦之暇，蒙師殷殷囑累，即惟本寺志書必期觀成於不慧之手。不慧自審才微，未敢輕諾，敬以讓諸屠長者敬山。敬老謂此事不宜畏避，吾二人當合成之，師聞而欣然。但其時師方主刊方册大藏，惟寬徹公以主持客堂，兼任校勘，事繁，不慧與敬老助之，於《志》事遂未暇專勤搜輯，僅憑冶師及莊長者心安雜談記述而已。嗣敬老膺史館聘，不慧亦司訓於香山慈幼院，遂先後離鄉。直至敬老歸道山後，徹公已主席本寺，每見不慧，輒以續踐前言相責。時因供職財部，塵染益深，積久仍無以應命，耿耿寸私，徒滋慚疚。今證蓮源公克承先志，虔請居士，編纂成帙，精嚴該洽，當使天寧宗風益著聞於世。焚香展誦，其歡喜贊嘆又何能自已耶？抑不慧讀居士之書既竟，更有感於佛說因緣之誠諦可信也。夫以吾邑人文之盛，凡先哲之出游他鄉而撰述其方志者，皆卓然爲一代作家，乃獨於故里之名刹無述焉。以敬老之史才，人尊泰斗，既有志撰述矣，而卒未成書焉，寧非留以有待於居士耶？然居士以秉筆廟堂之才，苟非逢此變亂，亦何能蟄居一室以從事於方外之業？是可見時會未至，即遇順緣，或易涉因循；機感相孚，雖遇逆緣，可借以助道。世事之變幻無定，貴能用善巧方便以應接之耳。質諸居士，於意云何？

中華民國三十六年夏正丁亥浴佛日，吳鏡予和南敬序。

——《武進天寧寺志》卷首

武進天寧寺志跋

證　蓮

《經》云：“佛法住世間，不離世間覺。離世求菩提，猶如覓兔角。”故凡佛子從事建築浮圖窣睹波、佛像、殿堂等，巍峨偉大，乍觀似覺奢靡，然實以世相之莊嚴令人肅然起敬，漸生净信之心，此所謂“佛法住世間，不離世間覺”也。時當末法，聖者難值，若不由世相塔廟莊嚴引人入勝，漸植菩提種子，其有多數衆生具此一類機感者，將何由令彼趨入聖道乎？故《法華經》云：若於塔廟中，一稱南無佛，乃至一舉手，或復小低頭，皆共成佛道。此即佛法之善巧方便也。然世間凡有迹象之事，必載之簡册，詳其始末，所以紹前規、勸來者也。本寺過去屢遭兵燹，而諸祖屢謀興復，皆用心化導人群，百折不撓，爲衆生深種福田，其辛勤締造之功業，吾後人能無志乎哉？此吾先法祖冶公，先法師琢公、惟公，於民國初年，即殷殷以本寺志書請托於本邑長者敬山屠公、鏡予吳公，而期其必成也。後因二公政事紛繁，未暇兼顧。敬公旋歸道山，鏡公每與證蓮談及斯事，輒引以爲憾，并堅囑別訪能者完成先志。丁丑事變後，因緣會遇，由震華法師介紹，得與溧水濮居士一乘握晤於海上。證蓮聞居士名久矣，一見傾心，即以志事相浼。承居士慨然允諾，證蓮則欣喜萬分，想此事之成，必係先法祖、先法師於常寂光中加被感動，不然何機緣之巧合若斯耶？惟居士搜輯既成，以爲本寺歷史如斯悠久，爲全國聞人必遊之地，恐仍有搜羅不盡之處，不擬遽以志名，而姑作爲《志稿》。證蓮謂世事變幻不常，不宜再事瞻顧，即使續有所獲，存待補刊，有何不可？居士曰："善。"因亟謀付印，以免散佚，但以時間匆迫，校勘未及周詳，魯魚亥豕，知不能免，亦祇可待續刊訂正矣。

民國三拾七年佛成道日，證蓮述。

——《武進天寧寺志》卷末

孫氏祠堂書目序

〔清〕孫星衍

家大人少孤貧，好聚書，易衣物購之，積數櫃。旋以北試入都。予生四五齡時，既就傅，歸竊視櫃中書，心好之。年逾志學，侍親之任句曲，因按日讀學舍官書《十三經注疏》及諸史，朱墨點勘，凡數過，幾廢科舉之業。既而西入關，校書于畢督部節署。畢氏藏書甲海內，資給予，使得竟其學。嘗備書都門，適開四庫館，所見書益宏多。又數年，釋褐入玉堂，充中秘詳校官，并獲睹翰林院所存《永樂大典》。回翔省闥者九年，所交士大夫，皆當代好學名儒，海內奇文秘籍，或寫或購，盡在予處。又流覽釋道兩藏，有子書古本，及字書、醫學、陰陽、術數家言，取其足證儒書者，寫存書麓。及官東魯，由監司權臬事，往來曹南、歷下，防河折獄，所頓亭傳，不廢披覽。遭母憂南旋，倉皇捆載，卷帙狼籍。時河漫南陽湖，遇風沉舟，損失大半。歸里後，負米吳越，貧不自存，猶時時購補數十種。嘉慶甲子歲，再官東省，始從運道載古書，校以宋元善本，書稍完具如初，或有創獲。蓋藏書之難，而聚書之不能免於厄者如是。予始購書，先求先秦三代古籍，次及漢魏六朝隋唐，次及宋元明之最精要者，餘力不能備具，故爲內外編，略具各家之學。僅以教課宗族子弟，俾循序誦習。分部十二，以應歲周之數。

曰經學第一：漢魏人説經，出於七十子，謂之師傳，亦曰家法。六朝唐人疏義，守之不失。以及近代仿王氏應麟輯録古注，皆遺經佚説之僅存者。學有淵原，可資誦法。至宋明近代説經之書，各參臆見，詞有枝葉，不合訓詁。或有疑經，非議周漢先儒，疑誤後學，宜別存之，以供取捨。

曰小學第二：先以字書，次及聲韵。六義不明，則説經不能通貫，或且望文生義。文字之變，隸楷遞改，滋生日多。既集漢魏字書，亦及後世，以盡其變。聲音反切，雖起六朝，或推本讀若舊音而作，且引古字書，足資校證，亦宜兼列。

曰諸子第三：九流區分，互有改易。《班書》《隋志》，部分最當，依此爲類，庶非臆見。《六韜》舊入於儒，《管子》還列于道。周秦述作之才，幾於聖哲，或多古韵古字。僞書後出，判然可知。唐宋依托前人，號爲子書，文多膚淺，入録甚少。

曰天文第四：黄帝、巫咸、甘石之學，是有五官分野，按五行以占吉凶，出於保章、左史，其書最古，謂之“天部”。《九章》《五曹》之書，惟知轉算，不必長於觀象，謂之“算法”。遁甲六壬，其術亦古，不可中廢。合以命書、算法，謂之陰陽。三者俱屬天文，各有專門，後世或不能别，僅傳算學。

曰地理第五：先以統志，次以分志，或總記區宇，或各志封域。《禹貢》古文説及周地圖之言，存於列代地志及《水經注》《括地志》諸書。宋元方志多引古説證經注史，得所依據，宜存舊説。地名更易，今古殊目，兼載今志，以資博考。

曰醫律第六：先以醫學，次以律學。醫、律二學，代有傳書，并設博士。生人殺人，所關甚重。經稱“十全爲上”“醫不三世，不服其藥”。史稱郭鎮、陳寵世傳法律。此學古書，未火於秦，歷代流傳，尤不可絶。醫則祛其後出偏見者；律則今代損益盡善，欲悉源流，兼載古時令甲云。

曰史學第七：先以正史，次以雜史，次以政書。古今成敗得失，一張一弛，施之於政，厥有典則，存乎正史。史臣爲國曲諱，或有牴牾，尤賴雜史以廣異聞。朝章國典，著作淵藪，舉而措之，若指諸掌，則政書尤要云。

曰金石第八：金石之學，始自宋代，其書日增，遂成一家之學。鐘鼎碑刻，近代出土彌多，足考山川，有裨史事。古今兼列，無所删除。

曰類書第九：先以“事類”，次以“姓類”，次以“書目”。古書亡佚，獨賴唐宋人采録，存其十五，非獨獺祭詞章，實亦羽儀經史，謂之“事類”。譜學之傳，自東晉板蕩，南宋播遷，周秦世系，不可復尋，或多偽托。唐宋學有專家，傳書幸在，故爲“姓類”。流傳書籍，自有淵源，證以各家著録，偽書缺帙，不能妄托，宜存其目。

曰詞賦第十：先以“總集”，次以“别集”。漢魏六朝唐人之文，足資考古，多有舊章，美惡兼存。自宋以下，人自爲集，取其優者，入于書目，餘則略之。

曰書畫第十一：先以“總譜”，次以“分譜”。六朝以來，以行楷争奇，存乎絹素；或摹繪山川故事，以傳往迹。書畫小技，不絶於今，宜考其真贋。鑒賞之學，游藝及之，所謂賢於博弈。

曰小説第十二：稗官野史，其傳有自。宋以前所載，皆有出典，或寓難言之隱。今則矯誣鬼神，憑虚臆造，并失虞初志怪之意。擇而取之，餘同自鄶焉。

昔之聚書者，或贈知音，或遭兵燹，或以破家散失，或爲子孫售賣。高明所在，鬼神瞰之。予故置之家祠，不爲己有。既經水患，卷帙叢殘，知免天灾豪奪之咎。但捨之作宦，不能多携，懼爲蠹簡。是切遂初之志。因刊目録，略述淵源，以教家塾，非敢問世。其有續得，列爲後編云。

孫星衍撰。此序作于嘉慶五年，後刊書目又有更正部分，與序不合，略改而存之，不復重作。

—— 《孫氏祠堂書目》卷首

平津館鑒藏書籍記序
〔清〕孫星衍

《平津館鑒藏書記》三卷，洪明經頤煊助予寫録成帙。凡刊刻年代、人名、前後序跋、收藏圖印，悉具於册。余參藩東省，駐節安德，與江左一水相通，因擇要用書籍，携載行笈。每年轉粟東歸，公事多暇，輒與同舍諸名士校訂撰述，以銷永日。於家園藏書，纔十之四五耳。曩余游蘇杭及官京師時，所見秘府及市肆舊本甚多，既不能購寫。及官外臺，歲秩優厚，又以地僻無所得。先後從翰林院存貯底本及浙江文瀾閣寫録難得之書。或友人遠致古籍，酬以重值，頗有善本及秘府未收之本。阮撫部既補采四庫遺書，進呈乙覽，蒙御題"宛委別藏"以貯之，或從余寫録世間未有古書以圖續進。念古今藏書家率閱數十年一二世而散佚，獨范氏天一閣傳最久，亦未全備。伏讀《天禄琳琅書目》，知捐金藏珠之盛世，惟以稽古右文爲寶。監司不貢方物，無階附呈，異時擬以善本及難得本彙請名大府進御，存其剩本，藏於家祠，不爲己有，庶永其傳。復恐後人無所稽核，故爲之目。又爲《鑒藏書記》以備考。至此外家藏舊版尚有可觀，俟歸里後續記爲後編。或疑其好古之僻，則非知我者。

太歲戊辰四月七日，孫星衍撰於河西務舟次。

—— 《平津館鑒藏書籍記》卷首

廉石居藏書記序
〔清〕陳宗彝

丙申二月，訪陽湖孫公子竹庼於五松園，假歸《廉石居藏書記》一卷，爲其先淵如先生遺書也。取《孫祠書目》刊本勘校，乃先生於所藏宋元槧本及舊鈔諸善本，多《四庫》所未得之秘。録其刊刻年代、人名、前後序跋，視宋晁氏《讀書志》、陳氏《書録解題》更爲精確，洵爲可據之書。惜無類次，蓋隨得隨記，後人綴録，未經排編者。先生官山東糧儲時，有《平津館鑒藏書記》四卷，例以刊版宋、元、明及景舊鈔爲類次，未經刊行。此題"廉石居"，五松園額也。曩偕陽城張公子小餘，觀冶城山館樓上藏書五楹，册首各有手書題記，今竹庼昆仲分藏虎丘一榭園、金陵五松祠，間有散佚。屢從藏書家見先生手記，尚有檢此卷所無者，或此記所輯有遺也，乃即《書目》內外編，分類排次，成二卷，當與《鑒藏記》并傳。先生考据博而精，《記》中於漢、宋學之分，儒、釋教之界，絶之必力，深得立言之旨。予服膺先生教，未親受業，兹獲讀遺書，竊幸附名簡末，以識私淑云爾。

道光十有六年歲丙申立夏，江寧後學陳宗彝仲虎謹序於倉山廬次。

——《廉石居藏書記》卷首

毗陵經籍志序

〔清〕盧文弨

郡無藏書之官，前人之著述，其爲放失者多矣。夫當其勞精敝神，含毫濡墨，亦冀有聞於後世，而不克傳者，非盡其書之不足傳也，蓋有幸而傳者，則知有不幸而不克傳者。毗陵之先，如季子之聞樂知政，春申之善論事勢，其才皆可以擅著作，而當時勿尚也。至晋，周孝侯有《風土記》，顧愷之有《啓蒙記》，實始濫觴。齊梁以來，日增月盛，雖淺深醇駁不必一致，而或闡義理，或詳政治，識先進之遺型，賢後進人之聞見，其詞章亦足以陶寫性情，導揚風雅，皆不可廢也。今分四部，依年代先後録之，雖已佚者亦并載之，毋使其没没焉。

餘姚盧文弨序。

——《毗陵經籍志》卷首

毗陵經籍志序

〔清〕洪齮孫

昔二代之徵，首溯文獻；《七略》之作，廣綜圖緯。故史韋里乘，必崇其規，典至隆也。自晚近削簡者膚學檮昧，競侈鞶帨之華，遠忘輯略之要，古來載籍，缺焉零隧矣。抱經先生鑒彼流失，愍其佚亡，萃郡邑之書，仿《班志》之例，創爲《毗陵經籍志》一書，伯兄祐甫先生復補其缺遺，都爲四卷。上自漢代，下迄聖朝，靡不綜茸，凡千餘年來鉅儒碩彦所以垂光而傳遠者，略具於此矣。嗚呼！輶軒絶脉，里謠未陳，兵燹迭經，金石遂泐。致故里之遺篇，盡瘞耀於窮壤，而兩先生獨能植筆千祀，詳探遐彦，使前哲之托於絹素者，不至泯其胸臆，後儒之紹其軌轍者，永得恃爲淵矩，則討蒐之勤、增輯之富，厥功偉矣。然使際散亡之世，操寡約之見，據闤塾之片義，搜薜字之斷碑，則矜一得於蚓竅，撮遼海之鴻羽，安得宏博若此哉？蓋由國家崇獻稽文，遠軼邁古。當乾隆之間，天子憫群籍之離佚，羅往古之舊聞，廣鴻都之館，開獻書之路。特命翰林碩儒如劉向、尹咸者，條其次第，撮其指要，編爲《四庫全書總目》。凡千載之廢墜無不振其精英，九區之篇條俱各獻其瓊寶，一時之脱簡潛文，充照祕府矣。抱經先生置身禁近，摘藻霄漢，冊府之盛，濡染爲多，而祐甫先生亦得給札三館，錄書十年，是以凡所剷輯，俱得宏備，非特蒐簡之勤敏，亦休載之厚遇也。齮孫暇日嘗尋其篇目，考厥緯義，其英華之丕耀、津涘之可逮者，以百獲一，蓋已鮮矣，則夫單陬遐里，曩言僻義，燔落乎元燼，銷泐於沉礫，綿曖年祀，邈若河漢，可勝言哉！可勝言哉！

——《淳則齋文鈔》卷一

毗陵經籍志序

〔清〕薛子衡

右《經籍志》四卷，余從母兄洪祐甫先生所撰也。乾隆壬子，餘姚盧抱經學士主修吾郡志，先生因纂是稿。會志未成，是稿藏於家，或傳於友人，趙味辛、李申耆兩先生，吾友鄒君潤安俱時有增補，故是編所錄諸書，撰人有卒在修志後者，并有後先生而卒者，當爲趙先生暨諸同人所附益也。至集部別集類，國朝廑列數家，則殆因其時纂志未成，故是編亦闕而未全也。吾鄉郡邑志雖列藝文，而廑錄詞翰，於諸家撰述目錄，概爾闕如，殆以舊籍多淹，搜采非易耳。先生前無所因，而上采諸史，下考郡邑志傳，旁徵諸家書目及所收藏，以成是編。即其所錄，自明代以上，吾郡諸家撰述略已備具，國朝以來，亦罕有闕遺，而分別部居，詳而有體，使吾郡著述賴以有考，是其爲功於吾郡，豈鮮也哉！己亥、庚子間，申耆先生主修吾邑志，余適分纂藝文，雖考存佚，參異同，體例稍殊，而所采實因是書爲多，乃志稿甫就而議者紛紜，幾如學士纂郡志時。後書雖幸成而多所增改，遂致全書體例歧錯舛誤，即藝文所錄，又以司校刊者不得其人，時有魯魚之訛。今讀先生是編，爲想當日事會幾同一轍，又不禁掩卷三嘆也。

——《武陽志餘》卷七之二

漢書藝文志講疏叙 民國十五年十月

沈恩孚

余嘗謂讀書貴讀其意。夫欲知古人立言之意，而求之古人之書；求古人之意於古人之書，而至求之古書之目，其有所不得已乎？自文字之著於竹帛，而謂之書，凡一書出，古人往往瘁其畢生之精力以成之。三古以來，成書不知幾何，而古書之存於今者幾何，苟一切未窺其崖略，而曰吾讀書能讀其意，此欺人語耳。《漢書·藝文志》者，治國學之門徑也。余嘗入之《國文自修書輯要》，定爲必不可不讀者之一。蓋自遜清以上溯兩漢，承漢武排斥百家、尊崇孔子之後，此二千年中，學者之思想，殆未有人焉能越孔學範圍者。

且曷嘗無目空今古之狂士，悍然思有以越之，而要自有其不可越者在，何言之？治國學者，信能遍讀周秦古書，即知孔子以前之群聖，至孔子而集其大成；孔子以後之諸子，又未始不自孔子而演爲派別，雖有侈然自謂已越其範圍者，卒亦未見其能有所越焉。而《藝文志》開卷，即揭櫫仲尼，其評定九流，儒以外各采所長，而痛砭辟儒及放拘、刻警、蔽邪、蕩鄙諸弊，復壹以孔氏中行之道爲鵠則，以班氏襲中壘父子之緒餘，而中壘之讀書，庶幾可謂能讀其意者也。余友之能治《藝文志》者二人，一爲上海姚子孟塤，一爲武進顧子惕生，皆有成書以餉學者。余見姚書也先，而顧書也後。姚書修正時采顧說，今顧書又修正矣。余佩惕生之讀書勤而著書勇，其浸淫於古之益進於昔也，深冀讀其書而有能讀其意者。

——《沈信卿先生文集·葊梧軒文存》卷三

金石續編序

〔清〕陸增祥

　　《金石續編》一書，余既三四讀之，而一再跋之矣。今八月，哲嗣子受兄舉以相屬，曰："先人手澤，幸獲守存，慮傳之不遠且久也，行將付剞劂矣。子有宿好，子其校之，子所藏庋可附益之。"噫！余於金石之學，未窺涯涘，烏克任此？顧以耆痂之癖，得厠名卷尾，不可謂非幸也。不揣譾陋，宗王氏之例，輯爲目錄一卷、碑錄廿卷、外國一卷，闕者補之，訛者正之，差者次之，僞者削之，旁采諸家之題跋，間一參以鄙見，冀有攷於先生之書也。生平之所蓄所見不敢孱入，恐淆先生之真而貽先生之書之玷也。輯既竣，乃慨然曰：古人事迹，史不悉載，賴金石以傳之。金有時毀，石有時泐，賴墨本以傳之。墨本聚散何常，存亡何定，賴著錄以傳之。著錄之家，本朝極盛，薈萃成書，奚啻百數。有限以時代者，翁氏《兩漢金石志》、嚴氏《漢金石例》、申氏《涵真閣漢碑文字跋》、范氏《分隸偶存》、王氏《漢隸拾遺》、某氏《隸釋再續三四續》、孫氏《三國六朝金石記》。有限以一省者，孫氏《京畿金石考》、樊氏《畿輔古石刻》、畢氏《中州金石記》《關中金石記》、翁氏《江右金石記》《粵東金石略》、阮氏《山左金石志》《兩浙金石志》、黃氏《中州金石考》、嚴氏《五陵金石志》、朱氏《雍氏金石記》、杜氏《越中金石記》、謝氏《粵西金石略》、朱氏《安徽金石志》、某氏《汴中金石錄》、某氏《湖北金石存佚考》、某氏《兩湘金石志》、劉氏《三巴晉古志》。有限以一省并限以時代者，黃氏《關中隋唐石刻補遺》。有限以一郡者，嚴氏《江寧金石志》、李氏《括蒼金石志》、丁氏《武林金石錄》、某氏《濟南金石志》、沈氏《常山貞石志》。有限以一邑者，葉氏《嵩陽石刻記》、朱氏《濟寧金石志》、段氏《益都金石志》《武功金石記》、武氏《偃師金石遺文記》《安陽金石志》、錢氏《嘉定金石志》、袁氏《河內金石志》、趙氏《涇縣金石文鈔》、王氏《滄州金石志》。有限以域外者，李氏《羅麗琳琊考》、趙氏《海東金石存》、韓氏《海東金石存考》、潘氏《東瀛貞石志》。有限以名山者，嚴氏《五岳貞珉考》、某氏《七星岩志》、翁氏《九曜石志》、某氏《龍門山金石志》、王氏《浯溪考》、某氏《浯溪新志》。有限以一人者，嚴氏《平原石迹表》。有限以一碑者，顧氏《石經考》、萬氏《石經考》、杭氏《石經考異》、胡氏《褉帖綜聞》。有別以體者，嚴氏《金石類籤》、黃氏《古誌石華》。有叙以表者，曹氏《金石表》。有繪以圖者，褚氏、牛氏《金石經眼錄》《金石圖》，馮氏《金石索》。其上追秦漢，下逮遼金，近自里閭，遠訖海外，綜括而考證之者，亦不下數十家。或宗歐、趙之例，著目錄，加跋尾；錢氏《潛研堂金石錄目》《金石文跋尾》、武氏《授堂金石跋》《讀史金石集目》、邵氏《方輿金石碑目》、孫氏《寰宇訪碑錄》、嚴氏《知白齋金石文跋尾》、趙氏《竹崦盦金石目錄》、王氏《竹雲題跋》、某氏《金石評林》、某氏《金石小箋》。或宗洪氏之例，具載全文。顧氏《金石文字記》、林氏《來齋金石考》、李氏《觀妙齋金石文考略》、陳氏《金石遺文錄》、葉氏《金石文隨錄》、王氏《金石萃編》、孫氏《平津館金石萃編》、某氏《石迹記》、吳氏《金石存》、來氏《金石備考》、梁氏《金石記》、汪氏《古石琅玕》、周氏《雲烟過眼錄》、黃氏《小蓬萊閣金石文字》、江氏《金石今有錄》、洪氏《平津讀碑記》、宗氏《留雲盦金石審》。或勘前人之訛，錢氏《校金石錄記》。或補前人之不足。葉氏《續金石錄》、劉氏《金石續錄》、錢氏《金石後錄》、葉氏《金石錄補》、潘氏《金石文字記補遺》、吳氏《筠清館金石記》、瞿氏《古泉山館金石文編》、顧氏《補寰宇訪碑錄》。或未獲讀其書，或且并未知有其書，而嗜古博物之家探奇搜秘，未必盡加甄錄，甄錄矣，未必成書，書成矣，未必盡刊，則雖希有之品，終焉湮沒不傳而已。顧書亦未必盡傳於世，傳於世，亦未必盡足徵信。富於攟拾，故物久亡，索記者憒焉；域於聞見，遠訪無資，愛博者恨焉；疏於援據，稽古者病焉；失於審擇，別偽者嘻焉。是故王氏《萃編》一書，實爲宇宙之巨觀、古今之杰構。故其自序云：「欲論金石，取足於此，不煩他索焉。」而後之踵而起者，冀以彌縫其闕，則有如吳氏之《筠清館金石記》、瞿氏之《古泉山館金石文編》以及先生之是書也。吳氏搜羅最富，《萃編》外多至二千六百餘通，後人不能守其書，道州何氏得之矣。瞿氏考核最精，跋語多者至千數百餘言，原書已付劫灰，傳鈔之本，曩一見於潘氏，近聞不知所在矣。而先生是書，得以後人之克守前芬，刊行於世，先生之幸也，亦王氏之幸也，即古人之幸也。抑更有奢望者，本朝金石之學遠軼前代，倘得聚百餘家已刊未刊之書，統數千百年之遺文妙迹，芟其繁複，剔其訛謬，核其異同，判其真膺，集其大成，而彙泐一編，永傳千古，則書之傳者益傳，不傳者亦傳，其書傳，其人傳。即偶得一二希有之品者，亦且附之以傳，而史册所不傳之古人，亦罔弗賴是以傳，將王氏所謂「欲論金石，取足於此，不煩他索」者，其在此而不在彼也，不誠天下後世之大幸也哉！顧非大有學而大有力者，其能與於此哉！

同治戊辰十月，後學增祥謹跋。

——《金石續編》卷首

石印金石萃編補正序

〔清〕張祖翼

青浦王氏《金石萃編》百六十卷，起三代而迄金；武進陸氏《續編》二十一卷，亦起漢而迄金。誠如錢竹汀學士言，宋以後好碑少耳。獨大興方彥聞大令所著《金石萃編補正》，起于梁而迄元，於元人石刻得十八種，皆釋其全文而綴以跋尾，考證一如王氏、陸氏之例，大令可謂好古之摯者矣。慨自石刻日亡，漢魏善本不多見，不得已而思其次，至于唐宋，亦可謂觀止矣，而士大夫搜奇衒異之心且層出不窮，顧不暇計其書法之有裨後學不也。是編大都皆賞鑒家素未經眼者，足以補前編、續編之闕，而於元人蒙古文字及當時訛體俗語，皆條分而縷晰之，其字畫之詭異、體例之蕪雜、文詞之俚鄙，亦自來石刻所未有，亟宜傳之，以廣金石之例。烏程吳申甫太學得抄本于蘇州，思付手民，與王、陸所著合而爲一，而索觀者衆，迫不及待，乃先用泰西石印法，以應同志之求，暇日再當詳加編校，壽諸棗梨，以成不朽之業，庶幾與方大令共足千古云。印既竣，屬書數語于簡尚。

光緒二十年甲午桂子秋風時節，桐城張祖翼書于上海客次。

——《金石萃編補正》卷首

百磚考跋

〔清〕呂佺孫

佺孫隨侍家君來守明州，于茲四年矣。癸巳之夏，偶于頹垣中搜得一磚，乃始稍稍留心求之。自是以後，所得浸廣，而求之亦日益力。明州墻垣半以敗磚爲之，既已坍卸，則取其舊所頹廢者，增益成之，故更歷久遠，而古磚尚有存者。至其完好無缺，則得于鹿山、鄞山者爲多。因取前後所得，彙爲百種，拓成此卷，以便披覽。浙中如武林、吳興，磚之出土最早，已見《寰宇訪碑録》及《兩浙金石志》諸書，而明州則自今發之。佺孫文質淺陋，性之所嗜，積習未忘，謬以搜采之勤，獲此薈萃之美，倘亦所謂一時金石之緣歟！分注各條，倉卒爲之，未及詳核，其中尚多挂漏舛錯，以俟博雅正之。

道光十四年歲在閼逢敦牂余月朔日，呂佺孫識。

——《百磚考》卷末

律身規鑒序

〔明〕胡 濙

天生蒸民，有物有則。盡其則者，可以參天地而贊化育；昧其則者，不能保四體而宜室家。蓋則雖根於人心之固有，自非上智之資，不能不汨於物欲，必假修習，而後能復其性。然修習有道，貴乎涵養有素，薰陶有漸，故孔子嘗曰："幼成若天性，習慣如自然。"且以予生不敏，昔之汨於物欲者多矣，幼而賴夫祖母二親家庭之訓，長而淑諸師友講習教益之功，夾持輔養，漸染琢磨，逮今兢惕修省之不暇，而亦豈敢遽以爲成人！特於天理人欲，始判然矣。顧予今之所以事君、所以理政者，無非皆家庭之訓、教益之功，舉而措之耳。惜吾諸弟曩皆年幼，不及親承祖母嚴父之訓，今雖浸長，而又寡聞師友教益之功，恐其淪濡於污下，而昧其固有之善，予心竊有患焉。謹以平日所聞見於祖母父師諄諄訓飭之語、修己理家之道、應事接物之方，參以予體訓躬行心得之事，而尤切于日用、篤于立身者，演繹條繕，列爲百四十四事，而猶慮其未解用功之緒，故復每事各訓四語，萃爲一帙，以爲汝等律身規鑒。其辭顯淺，欲渠易曉而易行也，然一字一句，皆非苟且率易而無稽者。觀之切無忽略，必當一一精思詳慮，身體力行，其有未悟未合者，尤當研窮推究，必求自愜於心、默契於行而後可。蓋天下事，及之而後知，履之而後喻，未有不身試之而能盡其詳，不心究之而能得其理者，惟能盡其詳而得其理，即所以盡夫上天付與當然之則也。既盡其則，而爲人之道庶幾乎得矣。故上足以承宗祀，下足以保身家，宗祀身家固當承且保矣，而又焉可不思所以存忠厚以垂裕於後昆乎？《易》曰："積善之家，必有餘慶。"《書》曰："皇天無親，惟德是輔。"諸弟其勉之！

時大明永樂己丑陽生月望後吉辰，源潔謹識。

——《律身規鑒》卷首

讀書札記自序

〔明〕徐 問

《書·説命》："惟斅學半。"故《學記》曰："學然後知不足，教然後知困。知不足，然後能自反也；知困，然後能自强也。"二者無窮達，無老少，無人己内外，惟理所在以求，無不足與困之患，而後在人者有以裕於己，在己者有以及於人焉。余不敏，且老於義理進修，蓋嘗玩索而未能深得其味，每驗諸動静，考諸前言，若或會通啓悟。洎諸生來質疑而考異者，必參訂其是，書而存之，蓋取橫渠有開札記之意。管提學副使陳君則清，與諸生段以金輦交請以喻各學生徒，因并就正於有道。若以其言爲不可易，則烏乎敢？

　　嘉靖甲午，延陵徐問志。

——《讀書札記》卷首

讀書續記序
〔明〕吴希孟

　　《讀書札記》者何？養齋徐先生讀書札記也，提學陳君、門人林子梓行矣。茲刻者何？《續記》也。夫聖賢之道，布在方策，學聖賢者，外此不可言道也。文以載道，固以文明，亦以文晦。時易事殊，旨遠見微，聖賢之本然而洞達者鮮矣，述而不作，志學從心。孔門有《魯論》《齊論》，知言、養氣、窮理、盡性、至命。孟氏七篇，亦分上下，古人日新之學未見其止，故富有之業可久可大。先生之《續記》，其在茲乎？是故可以觀天道焉，可以觀地道焉，可以觀人道焉。詞約而慮廣，事邇而志邃，或因古以陳實，或申己以足意，或訂訛以示真，或啓蒙以昭戒，微顯闡幽，川流敦化，先生之用心亦勤矣。末乃紀任道者，以次其氏，以揚其烈，以爲斯道計，以定天下之趨，以嚴天下之別，以永天下之教。先生無人無我之學，可謂大道爲公矣。世之立門户以張大，而卒叛經累道，視先生何如也。先生居官清苦，立朝正直，出處以道，天下知之，太史書之，夫何容贅！孟也里閈後生，幸謫居受業于門，取墙壁格言書諸紳，先生曰："是可教也，吾有《續記》，汝其識之。"讀之而鄙吝頓化，充然其怡吾性也，不忍自私，遂捐俸壽諸木，與天下學先生者共焉。

　　嘉靖庚子秋九月望，門人吴希孟頓首拜書。

——《讀書續記》卷首

薛子庸語序
〔明〕向　程

　　《薛子庸語》十二卷，凡二十四篇，吾師方山先生語也。先生平生未嘗妄出一語，遇有感觸，則發言極論，無少遜避，然必命左右記之，尋自默覽，以稽其當否，蓋惟恐失口於人，因以爲放言之戒也。久之成帙，自題曰《薛子庸語》云，謂皆平常之言，而無高奇之論也。程受而讀之，乃知其所謂平常之語者有至理存焉。內切於身心，外切於民物，近而家庭州里，遠而邦國天下，前乎百世之既往，後乎百世之將來，無論細大幽顯，罔不切焉，允矣六經、《論語》之懿範，而非世儒淺學所可擬議也。孔子曰："有德者必有言，有言者不必有德。"乃若斯語，則類多前人所未發，無蹈襲模仿之辭，必非不必有德者所能有也。先生自少勵志聖學，誦法先王，壯而筮仕，所至輒行己志，宜於民人而格於當路，以是未究其志而歸。程每見先生於晋陵之野，草樹中蕭然一室，净几焚香，終日危坐，兢惕自修，至老彌篤。邇數年來，雖舊游門人亦多謝去，曰："吾將獨處數年，洗心滌慮，以還吾造化也。"是其一念懇切，惟欲盡性至命，而無一毫爲人爲名之意，是以先生雖名滿天下，而天下之知先生者蓋鮮，就有知者，亦不過曰："歐陽子，今之韓愈也。"而先生之志必期於聖賢，德必合於天地，心必質於鬼神，誰則知之！夫知不知，於先生無預，而斯語則實淵源於洙泗，有益於吾人，可以世爲天下訓者也，余故表而出之。昔楊子作《法言》，司馬君實以爲真大儒；文中子作《中説》，程伯淳以爲極有格言。試以斯語較諸二子之書，其純疵粹纇，天下後世必有公論，余豈敢阿其所好也哉？

隆慶己巳冬十二月朔，湖廣道監察御史門人慈溪向程序。

——《薛子庸語》卷首

諸儒語録序

〔明〕鄭　激

夫語理至於六經、四子，尚矣，學者猶不能盡通其説，傳注之繁，或概存而慎取之。學之趨經也久矣，《諸儒語録》又數十萬言，疇能悉體究之哉？然而不可少也，是六經、四子之指歸也。夫六經、四子，明吾心之理而已，理得可無事於經；諸儒論説，明經之理而已，理得可無事於論説。第此理久不明於人心，而聖學之失傳得無事乎所説入之路也哉！程子云，古之學者先由明經以識義理，今之學者却須先識義理方始通經，何則？猶夫人之取之有自國都而適郊坰者，有從郊坰而造國都者，所由之塗雖一，而發軔之處不同耳。説理者莫辨乎諸儒矣，由諸儒而四子，由四子而六經，此亦入道之途轍也。餘子百家非無論述，其於吾心之理有未帖帖然者，使學者之初遽涉乎此，將失足於溪徑而忘歸矣。嗚呼！鄒魯不傳之後，濂洛未起之前，人且貿貿焉莫知所之，千百年之間豈無英才間生，覺其差而欲反之，然孰與之指歸哉？可慨也已。天啓斯文，醇儒輩出，得遺經不傳之學，相與講明之，以至於今，亦有卓然不惑者起而承之，以發其所未發。夫所語發明之者，非宣之於口，則筆之於書也。攄所自得而手之書者，無不精也；隨所問辨而口之於人，則有時乎淆矣。是故善紀言者，將并其一時之聲容而得之，間或病於詞而失其宗旨者有之矣。甚者引謗書而纂入，謂洛學得之某僧，執所聞而致訶，指極圖同乎老氏，此又賢者不察之過也。由此則微言之絕，豈在異時哉？雖然，聖賢者皆言其自得紀錄者，得之口耳間矣，求言者則又即其影響焉，是不猶源遠而流益分，道遠而歧益多，終日求造國都而遺其近歟！嗟乎！天下之理，其究雖殊，本一而已，學者惟致其知於本始之處而不差焉，必有以至之矣。然則六經、四子諸語錄，皆指塗適國之言詮也，固有身造國都而猶茫然若旅人者，則無本之故也，非指塗者之罪也。彼言詮者，又烏可少之？此荊川先生纂言之意也。先生所纂即左右二編及《文編》《雜編》《儒編》，與此而六，前四編皆自序，獨此與《儒》二編未及拈一言於首，疑於闕略。然先生固嘗曰"語理而不盡於六經"，愚謂此理要不外乎六經，諸儒惟得其所以言者，故因發其所未言者亦多矣，否則盡通六經，猶陳言也，於傳注語錄乎何有？書以爲序。

隆慶辛未歲夏四月望，邑人鄭漵。

——《毗陵唐氏家譜》第二十五冊

諸儒語要序

〔明〕唐鶴徵

孔子歿而學失其傳，蓋千有餘載，濂洛諸先生出而其學始明。當其時，切磋于朋友、問答于師弟子間者，皆所以明斯學也，其弟子悉筆而傳之，謂之語錄。然其始未嘗不簡，卒乃浸淫不可勝讀也。簡則易純，多而至於不可勝讀，則亦難乎其無擇言也已。先君子荊川翁早刻心于聖人之學，謂諸先生者，入聖之階也，諸先生之言，又諸先生之所以爲諸先生也，盡取而讀之，亦知其不無擇言，而純者未嘗不在也。俾後之人因其不無擇言，并純者而遺之，今日之責也。自濂溪先生以至陽明先生，録其成文者爲《儒編》，又録其言句之純者以爲《語要》，始之披沙而索金，終之鎔金于大冶，于是乎言無弗簡，亦無弗純已。先之論學，以見諸先生之所從入與所自得；次之品藻，以鏡得失；次之辨正，以析是非；次之佛老，以辟疑似，俾觀者若登諸先生之堂而親聆其訓誨也。雖然，諸先生之所從入與所自得固不一矣，先君子亦豈敢以一意裁之哉？大都根器利，則自悟而修，語或偏悟；根器鈍，則自修而悟，語或偏修。愚竊以爲自悟而修，則孔子之所以教顏子也；自修而悟，則孔子之所以教曾子也。蹊徑少懸，期于適國而已。何者？人之生也，非直知覺運動之云也，有所以生者，性也。乾元之托體于我，我之能復于乾元者此爾。悟者悟此也，修者修此也。世之未達者，語悟則懸虛，語修則蹈迹，悟與修始交病而辯起矣。《中庸》不云乎："或生而知之，或學而知之，或困而知之。"

何言乎知也？悟也。"或安而行之，或利而行之，或勉强而行之。"何言乎行也？修也。生而知者，即性即知，即知即性，蓋悟而忘其爲悟也。曰安矣而未嘗不曰行，是修而忘乎其爲修也。學而知者，學而輒悟也，其行也，行其所悟云爾。其機順，其志樂，夫是之謂利行。困而知者，困而斯悟也。未得其所以然，不得不習其所當然，其困也，困於修云爾，夫是之謂勉强。然則困而弗悟，吾不知勉强者爲何物，修也猶弗修也；知而弗行，吾不知其悟者爲何事，悟也非真悟也。故惟利行而後可以言知，不知則何由利也；惟勉强而後可以言困，既知則必無所謂勉强矣。是語悟則均期於悟，語修則均期於修，特其性有利鈍，功有後先耳。諸先生之所以爲異者，乃其所以爲同也，故曰"及其知之""成功一也"。然諸先生既同矣，猶不廢其異，蓋曰吾之所從入則然；先君子亦不泯其異而一切要之同，蓋曰道之各有從入則然，是則所以爲方便法門，立人達人之真血脉也。讀者有會焉，則各以性之所近而就其從入之途，庶毋負前人删述之意乎！不然，則雖六經、《語》《孟》，其説亦不盡一也，矧於諸先生！吳君叔行之尊人别駕公，其師萬文恭公，皆受學於先君子者。方叔行爲孺子也，别駕公首以是編授之，令之手自抄録，則知其所以愛子矣。長而又日與文恭公游，乃益信于是編而不忍釋。今之能守諸先生之説者無江右若，故叔行於其按江右也，因售之梓，以貽同志，則諸先生之爲同爲異，必有深辨之者矣。余鶴徵無似，無能對揚其庭訓，而先君子著是編之意則嘗聞之，故於叔行之請序也而叙其説如此。

萬曆壬寅夏五月，不肖男鶴徵識。

——明萬曆三十年刻本《唐荆川先生編纂諸儒語要》卷首

重刻諸儒語要序

〔明〕高攀龍

唐荆川先生輯《諸儒語要》十卷，其六卷皆諸先生所自得語，四卷則辨析同異，而考亭之語爲多。吾友黄仲昇讀之而奮然起，曰："道在兹乎！"重刻於浙中，而徵言不佞。夫不佞則烏知道，竊以善觀聖人之道者觀其學，善觀聖人之學者觀其教，善觀聖人之所言者觀其所不言，而後乃可知諸先生也。夫聖人之憂患天下後世遠矣，故不難於自盡其心而難於盡衆人之心，不難於開一世人之心而難於稽萬世人之心。聖人知不學之害大，而學術之害尤大，不學之害害其人，而學術之害害萬世，故能言而有所不敢言，欲言而有所不敢盡，欽欽然守先王之法，文則先王之文，禮則先王之禮，聖人特示之博，示之約，使萬世之賢且智者有所裁而不敢恣其意，愚不肖者有所循而得以殫其力，如是而已矣。夫道人所自道也，辟之適長安者，聖人第示以至之之途，示以至之之具爾。途不辨，不可得而至；用不具，不可得而至。及其至則長安自見，不以言而見也。後之教者不然，每侈言長安，而學者亦宛若身親其地，然而心游千里，身不越跬步也，彼其侈言長安者，夫豈非身至之者乎？而以爲言途與具非長安也，乃不知徒言長安者之非真長安也，夫然後知聖人憂患天下後世之遠，故於其所不言而知其所言也。斯義也，由孔子而來，唯周、程、張、朱五先生得之，諸先生各有獨至，而學聖人者必以五先生爲其辨途之正，而具用之備也。吾觀聖人之教而知諸先生，觀諸先生之教而益知聖人。甚哉！教之關萬世生人命脉也。是以聖人視如河堤蟻穴焉，知其必決而慎之。

萬曆壬子仲夏，後學高攀龍序。

——明萬曆三十九年刻本《唐荊川先生編纂諸儒語要》卷首

黽記序

〔明〕歐陽東鳳

《黽記》者，毗陵錢啓新先生隨所得而記之者也。先生在西臺以讜謨著聲，按粵以風裁流譽。是時余未交先生，以爲先生其古折檻攬轡之遺與！及典常郡，始得登先生之堂。寮舍粗具，衣冠太古，斂容默對，道韵闇然。其後周旋既久，稍稍以尺筳發洪鐘，則綜經射史，秩如也；研精方物，炯如也；闢邪衛正，凛如也；而又慕善若渴，望道未見，抑抑如也，余乃愧鄉者之窺先生也淺。今別先生且十年，典刑日遠，獨力易退，五十無聞，空負疇昔，政用疚心，而會其胤君直指公辱惠兹編，受命爲序。病悴之餘，三日夜而始卒業。若醒得醒，若痿得起，若疫得汗解，一藉以緩懷人之憂，一藉以爲請益之地。乃僭序簡末。序曰：無論讀先生書，即其命名，亦今日講學者對病之藥也。按字義，黽，勉也。取義於怒蛙，若迫而勉以鳴也。經傳中言勉者多矣，德可勉而修也，行可勉而至也，學可勉而充也，義可勉而奮也，愚勉而知，弱勉而强，賢勉而益賢，聖勉而益聖，勉亦何病於聖學哉？乃今皆掃而除之矣。登壇提唱，口頭滑熟，不曰天性流行，則曰本來具足。大都影附於不思不勉之指，以張皇其無修無證之説。夫所謂不思者，思於無思，思之極也；所謂不勉者，勉於無勉，勉之極也。故勉者，思之實地，而思勉者，不思不勉之津筏也。今不顯示塗轍，曲開方便，未嘗思而遽欲不思，未嘗勉而遽欲不勉，徒憑虛見，日坐無事，甲裏受享本地風光，豈理也乎？即如先生今作《黽記》，亦由數十年來功專而心苦，無不有也，無不徹也，故根沃而枝茂，水盛而流長。其言也，不竊竊然求其文，而吐之即文；其文也，不鑿鑿然求合於道，而出之皆道。孟氏之左右逢原，韓子之汩汩乎其來，皆是物也。倘以慵惰如余，亦欲衝口而談，肆筆而書，吾恐腹枵而機不達，祇增困踏而已。雖欲不思且勉，烏可得也？嗟乎！立言本以垂教，教非虛垂，爲百姓日用而設也。農必勉而後不莽於耕，工必勉而後不窳於器，商必勉而後不倦於貿遷，士必勉而後不嬉於問學，官必勉而後不曠於職守。今導之使勉，猶恐其莽也、窳也、倦也、嬉也、曠也，乃復教以玩脱而長其蕩恣，其禍天下可勝道哉？先生以黽名記，非徒自謙，亦以砭世也。敬以蠡測質之先生，先生其有以砭余也夫？

——《黽記》卷首

正蒙集説自序
〔清〕楊方達

　　張子手著《正蒙》一書，原本六經、《語》、《孟》，辨析理氣性命，義理精微，工夫嚴密，其中脉絡貫串，首尾照應，賾而不亂，詳而不夢，豈但如晬盤示兒，百物具在而已。《太和篇》首以太和太虛言道，體用已備，爲全書綱領；《參兩篇》言天地運行、陰陽五行消長之理；《天道篇》合天人而一之，總歸於誠；《神化篇》合言天地聖人之神化，而以内外交養、仁義交修爲成性之功；《動物篇》申言陰陽屈伸之理；《誠明篇》申言誠明合一、盡性至命之旨；《大心篇》言不可以見聞梏其心，而推而精之至於成心悉化；《中正篇》統論始學至成德之事；《至當》以下八篇雜引四書經傳而裁以己意；《乾稱篇》括全書之意，統論神化性命、人鬼死生，而終及於言動，總見聖學之本於誠，而其要在於主敬徙義，則直内方外夾持而上天德者實在此焉。竊思周、程、張學脉相傳，《太極圖》《通書》《西銘》朱子皆有訓釋，至《正蒙》一書未及全解，非以其言之過也。自程子單稱《西銘》，而《正蒙》之言人多略之，不知朱子固嘗推崇之矣，曰：“《正蒙》規模廣大。”或問《近思録》載橫渠論氣二章，似不若周子之言有本末次第，朱子曰：“橫渠論氣與《太極圖》《西銘》各自發明一事，不可以此廢彼，優劣亦不當輕議也。”旨哉斯言！夫亦可以知《正蒙》矣。要而論之，其言太虛即氣則無無，便是太極圖上面底圓圈；其言絪緼相感、勝負屈伸，便是陰静陽動；其言聚爲萬物，便是二氣交感，化生萬物。天地間理氣原不相離，張子特欲人即氣以見道爾。《通書》言“誠者聖人之本”“故誠則無事矣”，而張子教人下手亦大要在誠。《通書》言：“大哉易也，性命之原。”天地間陰陽交錯而實理流行，其體謂之易，其用則謂之神，故張子言神而歸於誠，誠則無私，無私故神章變成，一誠以貫之而已。故又曰：“性與天道合一，存乎誠。”《西銘》體段宏闊，所言極於知化窮神，其本領要在透徹虛空神化之事，方能一有無、合内外而盡性以至命也。今觀《正蒙》自造化以至人事，自始學以至成德，《大學》之所謂格物致知，孟子之所謂盡心知性，孔子之所謂下學上達，無不備焉，無不貫焉，豈非徹上徹下，與《西銘》并行而不可廢者哉？即其斷章取義，間有出入於正旨者，然考之別傳，或先儒已有其説，或發前人所未發，而其言各有指歸，固不可以此之一説而廢彼之一説也。《孟子》曰："博學而詳説之，將以反説約也。"又曰："説詩者不以文害辭，不以辭害志，以意逆志，是爲得之。"明乎此者，可與讀《正蒙》矣。然則讀《正蒙》而以爲有異於周子、程子、朱子之書者，則可以不讀；讀《正蒙》而知其無異於周子、程子、朱子之書，則又烏可以易讀！爰是句求其解，字釋其文，貫串其精義，使其旨顯，其辭明，可以發人之蒙昧，庶幾無悖於前哲，有裨於承學乎！吾願讀《正蒙》者，察之陰陽變化之間，審之言行樞機之始，慎無觀其枝葉而忘其根本，漫議前賢之得失也。

雍正十年歲次壬子九月朔，後學武進楊方達識。

——《正蒙集説》卷首

志學階梯序

〔清〕盧文弨

孫子潔齋，毗陵好學士也。所著《全人矩矱》，余既序以行世矣，後又見其未刻書稿，有《志學階梯》八卷，余取而閲之，始於立志，繼以爲學，終於涉世居官。其間靜存動察、處己待物之道，靡不條分縷析，而致審於求端用力之序，又皆由淺入深，自下而上，洵學者之指南也。夫志不立則學無由進，學不得其序則入於歧趨，輟於半塗，慎以思之，近以譬之，志不已而加功焉，斯可矣。彼瑚簋之器、黼黻之服，其始也山澤之材、蠶繭之絲爾，加以繩墨，運以杼機，施以采色，遂薦之宗廟，施之朝祭，粲然秩然而不可褻。士貴於學，何以異是！《敬之》之詩曰："日就月將，學有緝熙於光明。"《説命》曰："惟學遜志，務時敏。"《學記》一篇始於辨志，而以有志於本終焉。蓋志者，心之主、氣之帥、萬事之樞機也。志一則心不二，志定則氣以從，志堅則事乃濟，故爲學莫先於立志。然學之功甚密，學之塗甚廣，未得其深造自得之方，則或專於訓詁，或務於詞華，或急功而競名，或索隱而行怪，一誤於所趨，其不至南轅而北轍者幾何哉？故志者，志於學也，學者，明其志也，是編引而伸之，觸類而長之，所得於身心性命之際者與經傳實相發明。志立而學正，以視呫嗶記誦之習，誠不可以道里計矣。潔齋之先人本住杭城，與余有桑梓誼。余既喜潔齋之好學，而尤願從事於學者共知所致力之處，不可不表章而傳著之。是爲序。

乾隆壬子仲冬之望，杭東里人盧文弨書於龍城書院。

——《志學階梯》卷首

志學階梯自序

〔清〕孫念劬

念劬幼承庭訓，喜閱格言，凡遇理境精語及諸書中有切中己病者，即録諸座右，所積漸多，遂成一册。先君子入塾見而色喜曰："汝能知此，乃可以爲學；汝能體此，即可以成儒。古語云：爲學如登萬仞山，切勿半途自廢。士人從事於學，不上達即下達，斷無中立之理，可危可懼，汝其勉旃！"念劬心識之，不敢忘。厥後益藉以自勵，凡有關學問之語，見其精者必采而録之，如獲至寶，隨得隨録，日積歲累，共有十餘帙。因復加去取，別類以分之，凡治心檢身之法、涉世應務之方，於茲略備，名之曰《志學階梯》，用以自勖，并願與同學共勉之，非敢出而問世也。河帥蘭公長君潤甫名德滋見而心契，勸予刊刻，并助以貲，念劬深恐挂一漏百，以遺斯世譏，未敢即諾。既而返己自思，此生財色二端兢兢自守，幸未墮落人獸之關，理欲之界幸能辨析，不敢匿非怙過，自即於匪彝，於是編先哲訓辭實有厚賴焉，其敢以此自私而不公諸世乎？乃應蘭君之命而付諸梓，又加以增删厘訂，閱半載而告竣。惟是先人往矣，庭訓不可復載，而望遠彌涯，年力就衰，深以不克自勵爲懼。《詩》曰："明發不寐，有懷二人。"《禮》曰："父母既没，慎行其身。"念劬訂是書，追想夫過庭時日，倍難爲懷，益不敢不以慎行自勉也。爰述是編之始終而記其略。

嘉慶三年歲次戊午臘月望日，述甫孫念劬謹識。

——《志學階梯》卷首

全人矩矱序

〔清〕朱　珪

常州陶生應辰示余以其鄉孫子述甫所刻《全人矩矱》而請爲序，余閱之，喜其切實而有益於倫物也。蓋五經先賢之著作，皆所以淑人而非以辭尚也。自學者視人與學爲二，或以博辯自雄，而陋宋儒之書爲嚼蠟；或以風雅是竟，而窮六朝之艷爲效矉，甚至稗説叢書，必欲雜以綺靡荒褻之詞，以蠱人神志，此其生心害事、貽毒於不知誰何之人者不淺矣，而世争尚之。及見有標格言、勸善行者，則哂以爲卑之無甚高論，迂闊而不近於事情，不知以彼易此，其損益於人爲何如也。夫聽古樂則思卧，聽今樂則忘倦，人之情也，而聖人必欲以中和平淡之聲感人心者，豈强而聒之哉？然則聞善言、慕善事、讀善書，其心之不存者寡矣。以善召善，則惠迪之吉自有捷於影響者。《易》曰："善不積不足以成名。"吾於斯編，願人之三復而不去也。

乾隆五十七年壬子五月初十日，大興朱珪題於皖江撫署。

——《全人矩矱》卷首

全人矩矱序

〔清〕盧文弨

人受性於天，五常之德皆全而有之，非若角骼毛羽之倫之僅得其偏也。然偏者能守之不失，而人或不能，且即其偏者更反有愧於物，將徒以其不角骼毛羽也而冒人之名。人乎人乎，直謂之倮蟲而奚不可乎？姚江大儒勞餘山先生有言曰：“富人有以財委諸人，使之而求贏者，其人返所獲之息，浮於所貸之外，則謂之善賈而喜矣。或不能然，而母錢不失，則猶將矜之。設既不能贏，且損失其資，而其甚者，至盡喪而無餘焉，其主焉有不震怒者乎？天之賦理於人備矣，生安學利之不同，猶賈之有巧拙也，或相千萬，或相十百，或相倍蓰，雖成就有高下，而咸得列於人之中，彼蕩焉泯焉者，以人理推之，有不爲天之所震怒者乎？”善哉！斯言之曉人深切也。今毗陵孫子潔齋集古今格言之可爲勸懲者，合梓爲一編，將使人人知所以爲人之實，而遷善改過，以無失其爲人，名之曰《全人矩矱》。夫全固非可易言也，使必才全德備、學充養優而後謂之全，則宇宙有幾人。聖人不云乎：“今之成人者何必然？”則固未嘗概以絕德望天下，而亦欲使人不阻於其所難及，則此一編之平正通達，固盡人皆可勉也。昔許文正服膺朱子之《小學》，爲書其首曰：“若不如此便不成人。”劉念臺先生著《人譜》，吾外大父馮山公先生嘗爲之梓，并率同志共體而行之。近時博陵尹元孚先生視學江南，梓《人禽圖》，辨出此入彼之介，以使人一觸目而聳然警覺。今孫子之爲是書，其欲善教化、美風俗，亦與諸先正同也。人之欲善，誰不如我，有爲之流通此書於遠近者，是亦成己成人之善道也夫！

乾隆五十有七年季夏旬有二日，杭東里人盧文弨書於龍城書院。

——《全人矩矱》卷首

孫氏孔子集語序

〔清〕嚴可均

《孔子集語》者，陽湖孫觀察星衍字伯淵所撰也。孔子修百王之道以詔來者，六經而外，傳記百家所載微言大義，足以羽儀經業、導揚儒風者，往往而有。其纂輯成書者，梁武帝《孔子正言》二十卷、王勃《次論語》十卷，皆不存。見存楊簡《先聖大訓》十卷、薛據《孔子集語》二卷、潘士達《論語外篇》二十卷，而薛書最顯，不免挂漏。近人曹廷棟又爲《孔子逸語》十卷，援稽失實，不足論。嘉慶辛未歲，觀察引疾歸田，惜儒書之闕失，乃博搜群籍，綜核異同，增多薛書六七倍，而仍名之爲《孔子集語》者，識所緣起也。其纂輯大例，《易十翼》《禮小戴記》《春秋左氏傳》《孝經》《論語》《孟子》舉世誦習，不載；《家語》《孔叢子》，有成書專行，不載；《史記》孔子世家、弟子傳，易擒，亦不載。其餘群經傳注、秘緯、諸史、諸子，以及唐宋人類書，巨篇隻句畢登，無所去取，皆明言出處篇卷。或疑文脱句，酌加按語，或一事而彼此互見，且五六見，得失短長，可互證得之。逾年，初稿成。又二年，屬其友人烏程嚴可均，略仿《説苑》體裁，理而董之。覆擒群書，是正訛字，更移次第，增益闕遺，爲十四篇：《勸學》第一，《孝本》第二，《五性》第三，《六藝》第四，《主德》第五，《臣術》第六，《交道》第七，《論人》第八，《論政》第九，《博物》第十，《事譜》第十一，《雜事》第十二，《遺讖》第十三，《寓言》第十四。篇各爲卷，《六藝》《事譜》《寓言》卷大，分爲上下，以十四篇爲十七卷。《勸學》等篇與正經相表裏，《遺讖》不醇，《寓言》蓋依托。乃雕版於金陵，公諸後世。

嚴可均爲之序。

——《孔子集語》卷首

人範須知自序

〔清〕盛　隆

　　天位乎上，地位乎下，人位乎中，是之謂三才。人爲萬物之靈，具於性者有四德，切於身者有五倫，人之名甚尊而人之責甚重也。昔劉念臺先生著《人譜》，欲學者證其所以爲人，而首揭夫證心之學。馮山公嘗爲之梓，并率同志共體而行之。夫君子之爲善也，盡其所當爲，務乎人之實而已；其去惡也，絕其所不可爲，別乎人之異於禽獸而已。福善禍淫之説，有弗計焉。然《書》言“惠迪吉，從逆凶，惟影響”，《易》言“積善之家必有餘慶，積不善之家必有餘殃”，理與數固不容誣也。君子衡理不衡數，理足以範天下之君子，而言福然後足以引天下之中人，言禍然後足以懼天下之小人。善乎陸宗楷之言曰：“不求報而爲善，不畏報而去惡者，聖賢之心知善惡之無不報，而益不敢不爲善、不敢不去惡者，即吾人勉爲聖賢之心，推吾不敢不爲善、不敢不去惡之心。”力談因果，旁引曲證，惟恐人之不求報與不畏報，則即體夫聖賢與人爲善之心，而其感人尤易入。予生平無他好，最喜觀古今名人善書。凡前言往行之散見於史傳語録，及各自成集，有足以維世道、正人心，爲後人所矜式者，羅致之，置諸座右，每日必閲數頁。覺身心收攝，循漸向理，不獨變化氣質，且能養人精神。今年七十有八矣，目力尚強，惓惓於懷不敢釋，思欲付之剞劂，以公同好。爰本曩所手輯，爲之分其格，詳其目，先以廣義，繼以徵事，顔之曰《人範須知》。範者法也，模也，常也。天下事，惟知之而後行之，朱子所謂“知行并進”也。淺之爲愚夫婦可與知能，而推而極之，爲賢知之所莫能外。人之欲善，誰不如我。願世之閲是編者，廣爲流通宣布，俾天下共曉然於人之名不可負，人之責有必歸，一道德而同風俗，是亦成己成人之一則也夫！

同治二年歲次癸亥三月朔日，晉陵盛隆惺予氏題於楚北武昌道官廨之石竹山房。

——《人範須知》卷首

維摩室遺訓序

〔清〕惲彥彬

彬自幼失怙，遵先太夫人之訓，就傅家塾，無事不得出戶庭，故里中少年無相與往還者。側聞莊氏昆季皆弱冠知名，心竊好之，然未嘗一識面也。逮同治壬戌，應京兆試入都，始識心吉比部及其弟心泰、心安兩君，試畢即別去。越十年，彬通籍供職京師，時心吉已由刑部假歸，而郎署能名猶嘖嘖人口；心泰令直隸固安，政聲遍畿輔；心安以郡守需次湘省，旋擢道員。惟其九弟心和官農部，與余朝夕過從者二十餘年，相處爲最久。光緒癸巳、甲午，余典試督學，兩使粵東，時心嘉司馬在粵歷署大縣，聲名籍甚。心嘉司馬者，心吉比部之第十一弟也。余前後在粵，與之萍聚者幾及四年。戊戌，余秩滿假歸，遂不復出。庚戌，心安由湘藩解組旋里，賃居與余相距不半里許，時相晤叙，交日益深。莊氏昆季凡十有三人，彬所與納交者幾及其半，無不文學政事馳譽一時，雖荀氏八龍有不能過者。一日，心安手一編示余，曰《維摩室遺訓》。余受而讀之，喟然嘆曰：“余向者竊怪扶與清淑之氣何獨萃莊氏一門，今乃知賢昆季學問品誼所以能成就若此者，其淵源蓋有自也。”維摩室者，衛生先生致仕後自題所居之室也。先生以名翰林特簡福建福寧府，旋擢湖北荆宜施道，時值咸、同兵燹之際，鄂省蹂躪尤甚。先生抵任，於民事、軍事夙夜籌思，惟以地方安危爲念。是時湖南北人才輩出，先生與之頡頏上下，不競功，不畏事，視勛名仕宦、成敗利鈍，一無所容心於其間。蓋先生之學儒也，而或逃於禪，禪也而無悖於儒者也。自居官以迄致仕之後，得暇輒作家書，訓誡諸昆季，心吉比部隨時摘要録存，凡政事、文學，以及治家、處世、取友之道，無不畢具，漸積漸多，復以事相次，分爲十二類，存於家，永爲子孫法，而賢昆季亦相與謹守，無敢逾越。兹心安方伯與心嘉司馬因是編不僅可訓後嗣，并可有益於世，較之尋常格言尤爲親切著明，於是擬付梓行世，而囑序於彬。彬學識淺陋，何足以贊揚先生之盛德！第念世之爲父者，孰不以義方之訓垂示其子，無如誨者諄諄，聽者藐藐，一再傳後，高曾規矩視若弁髦。今賢昆季於先德遺訓遵守之不已，又録存之，録存之不已，又刊布之，固由賢昆季之善承家學，亦可見先生之嘉言懿訓實足以貽範後昆，故能堂構相承，式穀似之也。抑彬更有感焉者，彬髫年孤露，不及奉過庭之訓，幸賴先太夫人督教以至成立。今讀是編，追思曩昔機聲燈影，含辛茹苦、相依爲命之時，不禁泪下潸潸，徒慨春暉之莫報，以視賢昆季長依椿蔭，自幼學以至壯行，無不親承面命，其幸與不幸，何可同年語哉！

歲在昭陽赤奮若二月，姻世愚侄惲彥彬樗園氏謹序，時年七十有六。

——《維摩室遺訓》卷首

維摩室遺訓序

〔清〕金武祥

吾常左江右湖，靈秀所萃，人才蔚興。莊氏累世通顯，以經術文章爲海內宗仰，其以學問而兼經濟者，近代尤以方伯衛生先生爲稱首。先生由翰林出典大郡，薦擢鄂藩。當咸豐時，東南傱擾，其時先從兄逸亭廉訪與先生同爲曾文正、胡文忠所倚重。兄嘗言先生精於吏事、兵事，其議論設施均有關東南全局，見於所著《湖北兵事述略》及《胡文忠集》中，而功成身退，屏迹著書，尤非世人所及。先生《楓南山館詩文集》久已梓行，今心庵方伯、心嘉太守及心吉刑部之子秉文太史，以先生《維摩室遺訓》分門編校，其大者曰性理，曰學問，曰經世，曰治家，曰吏事，曰藝事，凡十二門，將附梓詩文集後以傳。遺訓云者，先生哲嗣衆盛，歷任京外各官，先生遺書以訓勉之者也。古人家訓，首數北齊顏氏之推，其子思魯原本先志編纂而成。今此編亦爲先生令子所編纂，與顏氏若合符節。我朝前則《聰訓齋語》，後則《文正家書》，皆風行一時，先生遺家訓實堪媲美。謂之家訓可，謂之治譜亦無不可。夫天下者，積一省一郡一邑一家而成者也，故一代風俗人心之醇疵漓厚，多由士大夫之家啓之。近俗頹靡，父兄之教不先，子弟之率不謹，孝友仁讓之行不聞於閭里，而乘時得位者亦泄沓成風，愈趨愈下，即發爲言論，復奇詭放恣而不軌於正，觀世者恧焉憂之。得是編傳世，藉以訓俗型方，豈獨莊氏之幸！而莊氏子孫之善繼善述以光大家聲者，尤可於是編徵之。武祥未及見先生，先生長嗣心吉刑部于辛未、壬申間里居，相與文酒過從；余旋游嶺南，與心嘉太守寅好甚篤；及心庵方伯自湘旋里，同居往來，相得益甚。每與述舊論世，愈以知先生行誼政績之美，爲一代傳人。《記》曰："昔吾有先正，其言明且清。"三復斯編，尤令余惓念時艱而嘆哲人之不作也，然則喬木世臣守先待後之責，能不於方伯昆季而颙思卬望之哉！

宣統三年辛亥夏五月，江陰後學金武祥謹序。

——《維摩室遺訓》卷首

維摩室遺訓序

〔清〕李寶洤

吾常莊氏以經術名海內，世有聞人。乾隆中，南華九老皆耆宿雅望，型于鄉里，一時歌詩紀述，播爲盛事。其淵源家學，年輩次諸先生之後，則衛生先生以巍科碩學揚歷通顯，暨今心盦方伯父子旬宣湖南北，人人知爲廉吏君子者也。先生自官翰林時，文名籍甚，凡經史考證、駢散文辭、兵農名法之學，旁及方書內典，靡不博綜并治，顧自謂未嘗專精致力，生平所爲文不自存錄，先生長子心吉刑部始搜輯散亡，刊爲《楓南山館遺集》六卷。而刑部兄弟官京師時，先生常貽書訓誡，刑部皆掇要繕錄，積久成帙，自從政取友之道、讀書爲文之法，下至日用家事，纖悉備具。復以類編次，分爲十二門，名曰《維摩室遺訓》。維摩室者，先生致仕後自號所居也。庚戌夏，方伯自長沙歸里，知稿藏刑部子秉文太史所，乃與弟心嘉太守暨秉文覆加校錄，付刊於里中，合舊刻《楓南山館集》都爲一部，蓋距先生之歿四十餘年矣。當咸豐之初，粵寇糜爛東南，湖北被禍尤烈，武昌行省三陷，先生由郡守薦膺屏翰，督撫官文恭公、胡文忠公皆倚之如左右手。旋因案鐫級，左遷閩臬，未行，復擢浙江布政使。時朝廷匱用方殷，大府尤不欲先生之去，而先生以爲國恩至渥，自謂不能有益於時，既疏請入覲，中途引疾乞休。由是寄寓於湘之益陽，屏迹林泉，逃禪講藝，無復出山之志矣。方楚事之棘，先生輾轉兵間，無稍趨避。及大亂垂定，眷遇物望不後諸公，而持盈懼溢，視勛名仕宦阽乎若臨峻阪而馭奔駟，以爲成敗利鈍皆無與於一己之私，觀於《湖北兵事述略》及《與何編修書》三致意焉。然則賢者之自視欿然，不事修襮，又豈特文章學問云爾哉！昔鄭康成、王昶、陶潛、徐勉誡子之書，前史多載之，以爲美談，而顏氏之推《家訓》，尤膾炙於學者之口。先生所言，亦家人父子之恒辭，而循流溯源，具見本末，方之古人而無愧，不徒爲子孫手澤之思也。寶洤既敬讀是編，又與莊氏世連姻婭，而方伯里居時奉杖履，承命作序，既辭不獲，乃謹次所聞附於簡端。若方伯之惠政篤行，則湘中士大夫及吾鄉之人皆能言之，其於先生之訓，可謂善繼善述也已。

宣統三年歲次辛亥九月，同邑後學李寶洤謹序。

——《維摩室遺訓》卷首

諸子文粹序

〔清〕李寶洤

生人之道曷始乎？始於天地。曷備乎？備於文。結繩既漓，書契爰作。天有日月，地有山川，人有五官百體。夫日月、山川、五官百體非文，從而名之者文。於是飢而思食，寒而思衣，男女而思嗜欲，然而飢有不可食，寒有不可衣，男女有不可嗜欲。夫思之者非文，思之而知其不可者文。至於思之而知其不可，文之時用大矣哉！故文能制萬世之可不可者曰聖，文能制天下之可不可者曰王，文能制一國之可不可、一家之可不可者，曰君卿大夫，曰父兄師長。君子之所以別於庸衆，人之所以異於禽獸，別嫌明微，撥亂反正，胥是物也。似子以尚，書缺有間，周監二代，孔曰郁郁。六官之屬，其文數千，其類實有三：曰教曰禮爲一類，曰治曰禁爲一類，曰政爲一類。周孔既殂，微言中絶，談士飆起，幸世之去聖遼遠，而蘄人之宗乎己也，各文其文，而紛紜其術於天下。嬴秦燔戮，存者什一。漢興求經書，旁及諸子百家之籍，頗出於其間。時則有若司馬談、遷父子，劉向氏，博綜并覽，能最其異同。於是司馬氏《論六家要旨》，向奏上《七略》，而儒家、法家、兵家、道家、雜家之名相緣迭起。自茲以降，代有增益，然其所亡佚，亦頗相當。約而論之，儒家者流，則《周官》曰教曰禮者之所出也；法家者流，則《周官》曰治曰禁者之所出也；兵家者流，則《周官》曰政者之所出也。《周官·冬官》亡，漢取《考工記》補之，於古未必盡合，然而兼稱論道作行，飭材辨器，通珍寶，長地財，治絲枲，其言非一。然則雜家者，亦《冬官》之支裔歟！道家者流，漢竇太后、文帝皆好其言，謂之黃老。《黃帝書》未必同《老子》，漢托始而稱之，後人亦從而名之。班固以爲出於史官，歷記成敗存亡禍福古今之道，然其指亦不盡主乎此。墨家者流，學者以爲出於大禹，然而言儉則過其中，言兼愛則不別戚疏，孟子斥之以無父。二者於古若無所附，而墨爲甚。蓋文有窮，而文之別無窮也。夫通天地人之爲儒，孔子七十子之後，獨荀卿子居亂世，守孔旨，與孟氏相頡頏，其志芳，其思憂，其文麗則而不佻，豈非斯道之宗嗣歟？管子當周室之衰，用區區之齊成霸功，孔子稱其仁，要其爲術蓋詳盡矣。公孫鞅、韓非，其思沉，其才猛鷙，其用有專斷而無隱恤，然而禁奸止暴時有不可廢，抑猶刑亂國用重典之義歟？兵家以孫子爲最高，其言時出入於道，而其策成敗利鈍也如應。後之言兵者，雖百變而未始出其宗。列禦寇、莊周，其言頑放傲詭，極之於上下九天、九淵，沛然決之於八荒杳眇之域，而莫知其崖垠。呂不韋、淮南王兼綜并包，若山龍、黼黻、藻火爲一衣，而金石、陶匏、絲竹爲一響，雖塵滓沙礫時雜糅互見，而爛然不能掩其光，彬彬乎文章之林藪也。余既盡讀其書，有明乎其是非出入之故，於是芟其繁蕪，擷其菁英，比而録之。

儒家托始於《孔子家語》，其類十有四：曰《晏子》，曰《荀子》，曰《孔叢子》，曰《新語》，曰《新書》，曰《鹽鐵論》，曰《新序》，曰《説苑》，曰《揚子法言》，曰《白虎通義》，曰《潛夫論》，曰《申鑒》，曰《中論》，曰《文中子中説》。法家托始於《管子》，其類三：曰《鄧析子》，曰《商子》，曰《韓非子》。兵家托始於《六韜》，其類四：曰《孫子》，曰《吳子》，曰《司馬法》，曰《尉繚子》。道家托始於《陰符經》，其類四：曰《老子》，曰《關尹子》，曰《列子》，曰《莊子》。雜家托始於《鬻子》，其類十有四：曰《墨子》，曰《子華子》，曰《尹文子》，曰《慎子》，曰《鶡冠子》，曰《鬼谷子》，曰《呂氏春秋》，曰《淮南子》，曰《論衡》，曰《風俗通》，曰《人物志》，曰《抱朴子》，曰《劉子》，曰《顏氏家訓》。《晏子》，古或以爲儒家，或以爲墨家，今列之儒。《墨子》，古別爲墨家，今統之於雜。《抱朴》本道家，《顏訓》實儒家，其指歸非一，亦次之雜家。古又有陰陽家、名家、縱橫家、農家、醫家、小說家之屬，今不具錄。

莊周所謂天下之治方術者，皆以其有爲不可加，雖異乎鄒魯之士，詩書禮樂之道，然其辭雅馴，不偏不該，察焉以自好，爲學士先生所不廢。蓋求之雜家，則無乎不在，故其流廣焉。大凡言治忽興廢之故，忠孝材勇之美，明而山川、城郭、冠裳、戰鬥、典章、文物之散見，幽而神鬼、怪奇、迂誕、俳優、方技之變幻而百出，下暨乎要荒蠻昧、昆蟲飛走之情狀，龜魚、卉木、異寶、珍藥、果草之名彙，奇辭奧旨，什八九於此矣。上始周秦，下迄隋世，凡四十有四家。後之作者，雖有瑰麗絕特、驚天泣鬼之製，要之山不能越岳華而自高，水不能別江海而自深者也。名之曰《諸子文粹》，都爲若干卷，用資搜討，用備遺忘，承學君子便覽觀焉。至於其書雖存，其文尤謬悠，如《公孫龍子》之屬者，擯不錄。其書古佚而後綴輯，如《曾子》《子思子》《尸佼子》之屬，雖不忍廢，疑非其舊者，姑闕之，故所取儉於此。若夫真偽之間出，淄澠之或淆，則魏徵《治要》、馬總《意林》，不聞正其主名。先民有例，吾無惡焉。

光緒二十三年丁酉正月，武進李寶洤。

——《諸子文粹》卷首

莊子獨見自叙

〔清〕胡文英

昔子輿氏有言："夫道若大路然，豈難知哉！"是故六經之言道，如天地之無所不包；四子之言道，如日月之無所不燭。而設有雷之奮擊，電之薄射，雲之飛翔，風之播揚，震撼天地，蔽虧日月，其謂有益於天地日月乎哉？抑有損於天地日月乎哉？莊子著書，一雷電風雲之通於天地日月而無可端倪者也。史遷涉獵廣博，稱"其學無所不窺"，似能窺所窺矣。然後此讀《莊》者，胸橫"空語無事實"一句，實而往，虛而歸，去精咀粗，殆與葉公好龍者類。

將毋謂雷電風雲無補於造化，而僅以飾觀耶？抑何祖《莊》者之同而異也！余帅即嗜《莊》，爾時第知雷電之驚耳駭目，風雲之娛心暢意，爽然相忘，無所於解。浸淫既久，他有會通，目睹注家割裂凌轢，夫食其本而忘其報，與見其害而不為之利，皆心所不安，惟自諒薄植，車薪杯水耳。年來跨山涉海，辛苦流離，不能如古聖賢之樂天知命，頗賴是書以靜究而深觀之。有所得，竊喜起舞。椎魯莫能盡記，碎札與衲被相似。友人見而言曰："子之功亦勤矣，然利於己而不利於人，其道將入於楊朱。且子將以此自娛乎？則默而存之可矣。如將以起作者而俟後人，則古之道術雖廓如天地，昭如日月，猶費賢者之經營表章，況此起滅無端、變幻莫測之書，而欲聽狂瞽低昂塗附於其間，斯又與於狂瞽之甚者也。"余不得已而簡細別白，聯絡其辭，貫串其意，約以該之，微以顯之，解其所可解，而置其所不必解。縱未能揭日月而行，而幽邃之中亦時有絕徑路而通風雲之樂。付之梓而顏以"獨見"，非敢曰"冥冥之中獨見曉焉"，實欲由管窺而漸趨於眾著云爾。

乾隆歲次壬申小除，晉陵胡文英題於端州之來鶴堂。

——《莊子獨見》卷首

孫子說序

〔明〕薛應旂

薛子謝浙學政之又明年，嘉靖乙卯，受命視師延綏。延綏，故將藪，暨所部士卒，咸以忠勇驍健聞天下，實出諸鎮右。第於古兵法，則往往謂其拘而不適於用，以故罕有習者。唯是，出奇制勝或亦未能萬全也。薛子每與講武，必以兵法中語語之，然亦未之深究。既巡歷上郡、北地、蕭關、涇原諸塞，往返動數千里，車中無事，乃取《孫子》反覆讀之，意有所會，輒馮軾以書，遂致成帙，於是征西將軍孫、李二君刻以示諸將士，且屬序于簡端。序曰：《孫子》，兵家之書也。兵家之有是書，正如吾儒之有《易》，佛氏之有《心經》，老氏之有《道德》也，可以意會而不可以言求者也。古來注《孫子》者多矣，自曹孟德以下，若蕭吉、沈友、杜牧、李筌、陳皞、賈林、杜佑、張預、梅堯臣、王晢輩無慮數十家，然或逞於己見，或滯於往迹，或泥於引證，既皆不能變通以盡神矣，甚則分章析句，意義不屬，又安望夫習之者之不困於其所注哉？如是而謂其拘而不適於用也，亦何過也！人謂曹氏智略非不逮此，而其用心如鬼，注多隱辭，將以愚天下，斯亦或然，然其重發於劉備而喪其功，輕為於孫權而至於敗，要亦未知圓融之妙也，則其別著《新書》亦可知已。夫曹氏且然，其諸一曲之士貴言傳書者，大都刻舟膠柱之徒也，曷足與論哉？故曰：視而可見者，形與色也；聽而可聞者，名與聲也。其寓於形色名聲之中而超於形色名聲之外者，則固不可以目視而耳聽也。是書利害相權，奇正相生，戰守攻圍之法以百數，其變通之神皆寓於形色名聲之中而超於形色名聲之外者也。誠有如蘇子瞻氏所謂以智教人者也。子瞻又謂智非所以教人，唯不役於利者，斯可以用智。嗚呼！斯言盡之矣，然則是書也，豈私見淺識拘方着相者之可擬議哉！此余之爲是説也，猶之讀聖人之《易》、二氏之書，唯以意會而不敢以言求也。或謂《孫子》兵家者流，皆權謀術數，一切以就功名之説，曷謂不役於利？不知其所以論兵者，唯民是保，唯國是全，而終始皆本於仁義，誠非至廉至靜至信者不能會通而神明之也，固聖人臨事好謀之所不廢者也。諸君不主於先入之言，試取而三復焉，當自得之矣。不然，豈惟墮於趙括之談兵，而余之是説不尤爲贅庞也乎？或曰：按《漢藝文志》，《孫子兵法》八十二篇，魏武削其繁劇止十三篇，豈其意亦有在與？余則以爲誠會通而神明之，此亦足矣，不然，正所謂雖多亦奚以爲也。

是年秋七月朔，書于固原官舍。

——《方山薛先生全集》卷十一

武編叙

〔明〕吴用先

蓋嘗觀《易》厲衣袽之戒，《詩》先桑土之謀，而知時際休明，不可一日忘武備也，況當擾攘之秋乎？夫佳兵不祥，聖人不得已而用之，宜乎事已則屏棄也。不知服絺絡之適者，詎可忘裘；披狐貉之暖者，詎可忘葛！未亂圖治，未危圖安，則貔貅驍勇，金城可增其高；矛戟森耀，湯池可助其險。防禦整備，區畫萬全，令窺伺者潛消嘿弭，隱然有虎豹在山之勢焉，可保長無事矣。不然者，承平日久，偷惰漸生，將帥緩帶而輕裘，旅衆間哺而糜食，相尋故事，徒有簡兵練卒之名，而無强兵鋭卒之用。一旦有警，蒙頭縮項，曾未對壘而已膽落神悸矣，安望其拔旗斬將、摧鋒奏凱之功哉？荆川先生有慨於此，爰輯《武編》一書，一切命將馭士之道、天時地利之宜、攻戰守禦之法、虛實强弱之形、進退作止之度、間諜疑詭之權、營陣行伍之次、舟車火器之需，靡不畢具而臚列。試取而讀之，可以資胸中之甲兵，可以壯三軍之神氣，可以居常而耀武，可以應變而戡亂，奠磐石於疆圉，標銅柱於塞外，此誠韜鈐之武庫、征伐之輿梁也。徐子冬雅以付剞劂，大有裨益矣。雖然，談何容易哉？兵之用貴神，倏而入於九天之上，倏而潛於九地之下，若膠執陳言而拘泥故法，鮮克濟矣。如習醫者，《素問》《靈樞》非不熟觀，而試之於藥罔效；相地者，《青囊》《玉髓》非不遍記，而按之於穴多乖，此固不善讀書者也。故曰變而通之，神而明之，存乎其人。

浮渡居士吳用先題。

——《唐荆川先生纂輯武編》卷首

武編序

〔明〕姚文蔚

昔唐荆川先生著述甚富，其大者爲四編：曰《左》、曰《右》、曰《文》、曰《稗》，而不知其又有《武編》也。邇焦澹園先生出所藏，以畀徐象橒氏付之剞劂，余因得窺其崖略。貫穿《七書》，包絡《通典》，出入《百將傳》《紀效新書》等集，通古今，該細大，軍旅之事亦云備矣。世耳食者多曰"運用之妙存乎一心"，兵不在書，率以趙括爲證。昔廉頗、藺相如謂括徒能讀父書傳，不知變也，是括咎在不知變耳，非讀書之過。其父曰："兵死地也，括易言之。"以是知其必敗，然則正恨其讀書之不精，而以死地爲戲。今曰不在書者，所謂易言之者也。讀此書而後知兵之不易知，變之無窮，雖有韓、白之才，斷不可無孫、吳之法，烏能以不廩廩？是編其可以無刻哉？象橒爲吾亡友徐三雅子，其言曰："士之子常爲士，不肖以貧故營什一，鬻書爲業，庶幾往來皆士人耳。焦先生憐而欲振之，每出秘藏以資匱乏，殺青斯竟，載之兼兩，白拈烏攫無可奈何，而焦先生施不倦也，復惠此編，使流通以繼荆川先生之志，雲天之誼非今所有。"余曰："雖然，焦先生之意遠矣。"今疆場不戒，小醜竊發，天子方張撻伐之威，而武夫蹶張皆鳴劍抵掌，有封狼居胥意。焦先生欲人不爲趙括而露布是編，即杜牧之作《罪言》也。竊謂今日之事亦何足慮，戊戌，余待罪兵垣，東征進師，政府意在不戰，忽分督臣兵柄，命會議而後行事，余疏爭之，請專委任責成功，引唐九節度之師攻鄴，不立主帥，以致潰敗爲鑒。主上大悟，立命事權專責總督主持，且戒牽制，然後東事畫一而朝鮮之功以成。今援遼大帥一時并起數人，不相統屬，主上特賜劍經略，假以閫外之權，古司馬兵法推轂將將，孰有明決曉暢如聖天子者？固知小醜之不足平，而焦先生憂國深衷可頓釋也已。

賜進士第、中憲大夫、南京太僕寺少卿、前户科都給事中、兵科給事中、侍經筵官、翰林院庶吉士錢塘姚文蔚撰。

——《唐荆川先生纂輯武編》卷首

經武勝略正集序

〔明〕莊應會

良將之用兵，猶良醫之用藥也。工於醫者，有神聖工巧之妙，其於五運六氣、三因七證，不執方而用，然使方書可以盡廢，則《素問》《靈樞》前無作者，而近代丹溪、東垣等書俱不入《肘後》《青囊》矣。談兵之家亦復如是，說者以趙括徒讀父書而無用，則詫言運用之妙存乎一心，書無益於成敗之數，乃馬服君已先言之矣。兵死地也，而括易言之，以是知其必敗。然則括非讀書無用之過，咎在不善讀書而易言之，以至於敗耳。余祖父世以儒術起家，而余幼操柔翰，謬登壇坫，釋褐以後忝膺小相之任。比衡文閩海，雖僅兩月，而究與文字爲緣，是生平敭歷皆禮樂文章之會，未嘗交綏建鼓，一效師武臣之力也。嘗思宣聖贊禮夾谷，曰"有文事者必有武備"，又"臨事而懼，好謀而成"二語，學士童而習之，白首未能究其用。噫！隨陸無武，不幾爲世所少乎？今日豈乏運甓之荆州、輕裘緩帶之叔子，又豈乏圍棋賭墅之太傅、捫虱而談之景略？寧以經武襄右文之治，不可無事忽有事之防。衣袱桑土，所稱國雖安，忘戰必危也。余不習兵，而好討論古兵法，凡縱橫捭闔之流，言各一家，非不連床充棟，然非望梅畫餅，僅資拾瀋之談；即魚豕望仙，聊襲蠹餘之舛。如《七書》一編，當今功令懸爲網羅、介胄藉爲羔雁者，而出自宋真宗時，廷臣奉詔裒集。即《太公問答》諸條，已多後世之所附會，而《司馬》《尉繚》，更煩紕繆，他可知矣。余於此帙彙輯有年，上自邃古，迄於熙朝，其間運籌帷幄之臣代不一人，人不一事，各取其議論事迹，以類相從，而黍析條分，歸於實際，務期言言益人心智，着着可效行間，而總不越多算勝，少算不勝，以虞待不虞者，勝之要道也。從此銷氛息警，海宇晏清，用爲豐年之玉可，否即用爲凶年之穀可，豈漫以池塘春草、空梁燕泥之咏，畢此歲月居諸之案已哉？

素齋居士春侯莊應會識。

——《經武勝略·正集》卷首

孫子集解序

〔清〕惲祖翼

余往歲奉命撫兩浙軍，其地襟江帶海，負山控湖，水陸防練各營已逾制兵之數遠甚，然而北方告警，派兵入援，各州縣民教不安，寇攘充斥，絡繹召募，爲剿爲防，猶慮日不暇給，而掌度支者仰屋竊嘆，月餉早已不貲。當此之時，若議增兵加餉，有益乎？抑無益乎？不窮其源，終不足以藥其病也。余於是特疏奏請，將營中所積諸弊一一上陳，庶幾嚴中軍律，宿垢悉除，餉有恒源，兵無缺額，廉耻日重，訓練日精，兩浙之營其振作乎！天下事凡積之數十年，未有沉痼之習蓄於中，忍聽其隨俗波靡而日深一日，不思有以補救之、懲警之、滌蕩之者，豈特軍制然哉？軍制其尤爲急也。或者謂我之兵非不足恃也，特船不堅、炮不利耳。嗚呼！此不務本而務末者耶？或者又狃於髮捻之亂，謂我之兵禦外侮不足，平内亂有餘。嗚呼！此旁觀揣度之言，豈身歷其境之言耶？兵之不足恃，非惟兩浙爲然，吾恐各省之風亦比比然也。仰承天子聖明，録余所奏，疊諭各疆臣實力整頓，執法重懲，庶將士知所改更，而軍心爲之一振。所痛者，太夫人逝世，奉諱旋里，浙中之弊未能遵旨掃除，余心常耿耿焉。適顧君詠植以所著《孫子集解》見示，余讀之，爲之豁然者累日。夫《孫》《吳》《司馬》，本兵家所必讀之書，而《孫子》爲尤最，其辭簡，其意周，其書條理秩然，不蕪不雜，而詠植尤能尋原竟委，闡發其微，集諸家之大成，擇要削繁，融會經旨，此非特《孫子》一書之功臣，實千古用兵之龜鑒也。幸將士讀之，其亦爲水陸諸營振作之一助乎！

光緒二十有七年春三月，陽湖惲祖翼記。

——《孫子集解》卷首

孫子集解自序

〔清〕顧福棠

光緒二十有六年秋八月，顧福棠叙曰：今天下海氛厲矣，非挾船堅炮利，不能擅大洋之長；非習風濤沙綫，不能捷大洋之戰。立五大洲之上，撫掌以觀，雄莫雄於今，精莫精於今，誠從古未有之創局，昔人所不能逆料於今者也。然其地其器，今昔不同，原用兵之法與用兵之術則無不同。中國之兵書富矣，三代以上者類多托名，其最確者莫如孫、吳。然孫、吳雖并稱，而吳之書繁略不中，無所統紀，不若武之書言約而意博，始於《計》而終於《反間》，經之以《形》《勢》，緯之以《火攻》，奇權秘算，悉舉天下古今之兵說包括於其中，此誠千古兵家之祖、兵家之師也。今天下之貧與弱可勝言哉！挾救時之策者，疇不曰急宜富、急宜强，然籌此二端，當有先後焉。非强兵無以立國，無以衛商，無以操自主之權，無以禁外泄之利，即無以致富而保富。然則講求用兵之法與用兵之術，其不可一日緩也明矣。但法者其常也，術者其變也，用常易而達變難，非討求古今中外各兵書，不足以變化紛紜而令人莫測。《孫子》一書，其尤兵之最尚奇變者也。其所處之世當春秋之末、戰國之先，亦與今之世大略相同。日本兵書數百家，冠以《孫子》，海外之人猶且尊之信之，習其說以行其計，而況吾國家功令所頒之《武經》，能不汲汲焉頌而習之，沉思積慮，以藉爲禦侮之資哉？福棠蒿目時艱，不揣檮昧，爰據孫氏星衍所校十家注本，鬋其繁蕪，删其不切於經旨者，而取其義之精者，間附以鄙意，勒成一書，略宗顔氏師古注《漢書》之例。名曰《集解》，亦思有裨於今之武備云爾。

——《孫子集解》卷首

衛生易簡方序

〔明〕楊士奇

醫者，聖人仁民之術也。古之君子有愛民之志而無行道之地者，往往用意醫藥，以幾有所濟利，仁者之心也。禮部尚書毗陵胡公源潔，蚤有志及民，舉進士，官侍近，奉命四方，其耳目所遇，有可利民者，多奏而行之，然未足以充其志也。閑暇兼用意於醫，得一藥一方之良，手自録之，蓋以試皆驗，以施濟亦博矣。所集録既富，永樂中嘗具表以進，特被獎賚。其書析十二門，靡所不備，而名曰《衛生易簡方》，比刻梓以傳。公幸際亨嘉之運，令佐天子、和邦國，有行道之地，方將導迎德澤，以覃利天下，而猶汲汲於此，蓋仁人君子愛民之一念，無所不用其至也。然善爲醫者，如良將用師，精熟古法而不執一道，臨敵之際，隨機制勝，故所向成功。夫得是編者，誠能究明陰陽、表裏、虛實與夫經絡脈証之故，審度而用之，將其施也，養由之射，庖丁之解牛，惡足以喻其妙且速哉，其功不甚博矣乎！此固胡公利人之意而未發也，故爲引諸卷首。

宣德丁未六月甲子，榮禄大夫、少傅、兵部尚書兼華蓋殿大學士、廬陵楊士奇序。

——《衛生易簡方》卷首

衛生易簡方後序

〔明〕楊　榮

蓋聞德施群生而不以爲惠，道濟四海而不以爲功，此古昔聖賢之用心。降及後世，鮮或有聞，而予何幸於今見之！昔我太宗文皇帝，嘗命禮部侍郎胡公源潔，遍游天下名山，俾以御編《性理大全》《爲善陰騭》《孝順事實》諸書，勸勵士庶。而又俾其廣求奇方妙藥，修合良劑，以扶植疲癃。德至溥也，曷嘗以爲惠；道至隆也，曷嘗以爲功！惟公克推先帝天地生物之心，周覽四方，遇名醫異人，輒就而咨詢之。由是所得奇方日增月益，不可勝計，遂編録爲卷十二，名曰《衛生易簡方》。表進於朝，伏蒙聖覽，嘉嘆再三，將以刊布中外而利濟於天下後世。未果，龍駕上賓，萬方哀悼。及今又四三年，公乃居宗伯之任，一旦慨然懷先帝之深恩，念是編之弗傳，而以大岳太和山所録副本鋟梓，以傳于世，且屬予言識其後。予惟天地之德曰生，爲斯民立命而生其生者，聖道之大也。上古聖神，蓋慮夫斯民之札瘥夭閼，弗克遂其生，於是爲之醫藥以濟之。自時厥後，名醫相繼，學益顯，術益精，神功妙劑，不可殫述。公家世業醫，活人之功，匪一朝夕至。公乃以科第發身，而尤克究其家學，用以濟人，多有奇效。是編也，雖本於先帝博施濟眾之心，亦惟公克相成，而有以贊夫天地生生之德者也。將見是編播之海内，傳於後世，使瘡痍爲之蘇息，枯朽爲之發生，熙熙然不自知其躋於壽域矣。公之德不既多乎！予故樂爲書之。

宣德二年歲次丁未夏五月既望，資善大夫、太子少傅、工部尚書、謹身殿大學士兼修國史總裁、建安楊榮書。

——《衛生易簡方》卷末

醫學正印序
〔明〕趙志孟

天下有大豪杰所爲，即侯王將相不得而尚者，其在性命之門乎！昔孫思邈攝生太白山中，天子召見便殿，賜馬賜第，又從幸九成宫，一時名士爭師事焉。盧照鄰問疾，先生曰：“良醫導之以藥石，救之以針砭；聖人和之以道德，輔之以政刑。故在人有可愈之疾，在天有可禳之災。”大哉斯言！枕中索書，此其概矣。後陳圖南亦携一石鐺，隱卧華山。興國初召見延英殿，宋琪問養生之道，先生曰：假令白日升天，何益於事！今君明臣良，同德興化，勤行修煉，無出於此。至南衙儲位，定策片言，卓爾鴻猷，悉皆先生石鐺中物也。余於今世，實得再見心翼岳太公焉。公爲金部衡山公之封翁，人但知其德門之學厚醖駿發於衡山，而美其報，不知其德施之弘博，學力之冥搜，有爲之昆源宿海者，雖四世五公，不足竟其緒也。余揖公於建康，叩其中藏，若洪鐘大吕，瞻其風采，則又仙仙有道，類天際真人。乃知公以壯年即腰嫌大組，心寶尺宅，更時以長桑君學，作度世福星。留都巨公，若前大司馬吕公，今大司馬范公、少司成王公，無不折節祇迎，把臂恐後，而一時名士願得師事者，又無算也。余與公郎衡山友最善，所以奉公教者最多，食公德者最沃，而知公之道心玄味者亦最深，真不啻思邈之於唐，圖南之於宋也。一日出其箇中秘藏若干種，總名曰《醫學正印》，且命弁言於余。余讀其書，大概祖述軒黄，昆季倉扁，一切微言深旨，都爲傭儒所未睹。三復起舞，勸公綉梓以公諸世，俾余關中鄙人爲公播德無窮焉。異日者，公道響益隆，道貌益茂，方將龐眉皓髮於至尊之前，陰調元化，則孫、陳兩先生不得專席于古矣。天下之頌公者，寧止衡山之燮理玉鉉，炳光青史乎哉！

賜進士第、南京浙江道監察御史、通家侍生趙志孟頓首拜撰。

——《妙一齋醫學正印種子編》卷首

醫學正印後序

〔明〕岳虞巒

巒不敏，食高曾之書澤者已累世於茲矣。家鮮春糧，而字窖書倉頗與公卿大夫等。即公卿大夫之志不在書者，亦或不及焉，猶世賈者之餘于貨，世稽者之餘于粟也。至先大父啓蒙公以文章業名於世，然豐於種而嗇於年，且體甚文弱，遂以其餘嗜及神農、黃帝諸書，然以之養身，猶未濟世也。至家大人而天稟既閎，續學日茂，少即踔屬膠序，下筆輒數千萬言，崇尚高古雄健，魏晉以下書夷然不屑讀也。適其時古學湮漸，文體卑下，凡經生家見有獵古者，即狂而笑之，所以家大人之學又不售。及年四十，而巒之髮已覆額矣，幸叨夙惠，能讀父書。大人乃慨然曰：“余之力業于斯，已二十年，棘闈之役，五戰而五北。碧翁之意，其在子乎！余自此方將窺烟液而瞰滄洲，何能與兒曹爭此蝸角！”遂將舉業家言，一切束置高閣，而覃思單慮，治隱相之事，所全活以千萬計，而概不責其報。不兩年而巒雋于鄉，逾三歲而雋於國。意者累葉詩書之澤，數年利濟之功，于茲而食報也哉？然巒又善病，自髫年以及弱冠，無日不需藥餌。及入仕而興復蕭疏，目眚作祟，幾幾丘明之失明，猶幸稍事服食引導，得還岩電。是心之不盲，資家學；目之不盲，資家藥也。雖未敢希陶隱居之仰青雲、睹白日，而籠中苓密，或不煩給縣官爾。家大人所著《醫學正印》一書，不下百卷，日因巒屢甚，未及授梓。今幸尸祿于杭，願借慈雲嶺上一株，以資削簡。先出《種子》一卷，爲杭民廣嗣，餘亦漸次公世。是大人以壽身者壽國，而巒竊以養親者養民。孟夫子所稱“親親而仁民”，意在斯乎！意在斯乎！巒不敏，謹述其概，齋沐而跋於編後。

崇禎丙子上巳日，男虞巒薰盥百拜書於杭署之雪堂。

——《妙一齋醫學正印種子編》卷末

脉學正傳叙

〔清〕魏　禧

壬子歲，予在吳門臥疾十三日，試諸醫不效，還客毗陵，詢此地高手爲誰，皆曰石君瑞章精脉理，著書甚多，且其人有德君子也。予延至，見之輒喜，溫良謹厚，若飲我以參苓，試其藥輒愈。石君乃出所輯《脉學正傳》，屬叙之以行。予十四得羸疾，自是至今三十六年，行必以藥裹。孔子曰：“三折肱爲良醫。”余愚，性不習醫，病且老，不識六脉何屬，然竊喜讀書，《素問》《難經》《本草》之屬，時一瀏覽，雖不甚解，偶或得其大意。歐陽氏曰：“切脉于手之寸口，其法自秦越人始。然越人對魏文侯曰：‘長兄視色，故名不出家；仲兄視毫毛，故名不出門；臣針人血脉，故名聞諸侯。’”醫家以望、聞、問、切爲要術，望色知病，此其至神者。顧名出鵲下，其針人血脉，固亦得切脉之術而能然耶。病之最可見者莫如症，然症有必死而反生，必生而反死，大熱似寒，大寒似熱，非脉則何以辨之？故求之可見者，易知而難必；求之不可見者，易必而難知。故王符曰："療病者必知脉之虛實。"韓愈曰："善醫者不視其人之肥瘠，視其脉之病否。"青城之難，作于徽、欽，而伏于熙寧之全盛。煤山之變，不在甲申，而在萬曆承平之日。蓋熙寧以多事紛更，萬曆以廢事養癰而腊毒，所謂病未深而脉先敗焉者也。古賢之論脉不一，書散漫龐雜，不可以類求，石君簡而輯之，斟酌次第，證以己之所得，可謂仁人之言，其利溥矣。世之欲起死人而生之者，捨是書何以哉！

——《魏叔子文集·外篇》卷八

本草彙箋自序

〔清〕顧元交

士君子生多數奇，自甘隱退，其精神智慮無所寄泊，往往攻於藝術。然而仁人用心，不欲銷靡無益之地，庶惟轅岐之學，匪徒衛生，兼可及物。雖位處獨善，而有衆善之理。不佞交年已向邁，生平竟爲三截人。壯時，藉魚山老師延醫衲慎柔於松陵，予酷嗜其術，與之共晨夕者閱二年所。自謂終身之業已定於是，乃復牽繫浮名，往來燕邸二十年，精力半耗於帖括，半耗於塵纏。甲申、乙酉之間，予年望四十矣，時事既乖，買山無力，則前此慎柔所授，已早筮末路，苟全活計。戊戌春，偶再訪松陵，逗留良久，凡兩易裘葛，刀圭所施，活人數百，而予固不欲久淹此地，乃暫移吳門，僦居李灌谿先生園亭之側，得奉教於先生無虛日，所聞皆聖人之言，所勵皆賢人之行。方竊私心厚幸，客曰："子既懷溥濟之術，乃不於通衢之肆，而深栖曲巷。且近來方士，毋論伎之精粗，而唯以工於逢世，巧於炫俗，即翕然響從，如子之守璞抱拙而昧於投時，徒自背耳。"予曰：不然。夫醫者，聖賢之道也。枉其聖賢之道，以求合於人，本先失矣。且凡事窮達俱繫義命，而況醫之於人，在彼有生死之關，在我有司命之責，其間遇合各有定數，安能學賣菜傭沿門求市耶？且醫亦匪徒爲謀食也，將著書立說以公之天下，傳之後賢，爲功甚博，爲澤甚長。此予有《本草彙箋》之刻，特先出以問世耳。夫醫者識脉、辨症、設方，三者不可缺一。庸流暗於症脉、不辨藥物者，毋論矣；即有高明之士，稍知脉法，揣度病機，亦多偶中，而三墳之書束之高閣，方劑之投仍然乖舛。每治一方，攻補良毒多品雜陳，辛苦溫寒互相拘制，如病自愈則藥之功，不愈則以爲病中膏肓，非藥可療，可不痛哉！古之至人，嘗藥別味；後來宗匠，代有發明。甄權、蕭炳、蘇恭、孟詵之徒，各闡奧義。至蘄陽李東璧先生《綱目》一書，始輯大成。繆仲淳《經疏》繼出，而國門紙貴。大抵《綱目》則人畏其浩繁，《經疏》則憑其才臆，觸類引伸，不無推原附會之説，似一藥而百病皆治，一病而百藥皆可治，使胸無專主者莫可適從。毋怪乎無師之輩視藥物爲可混施，而漫涉《蒙筌》《歌訣》諸書，遂以爲藥性在是也。予用是縱稽古之力，攬衆書之長，詳其本義，略其旁及，權於衆理，以要其指歸，彙先後賢諸家之旨，行以一人之筆而自成一筌，務使觀者悦心，讀之爽口，初無開卷之苦，漸登啖蔗之境。舉凡輕視《本草》爲不必深求，或披覽全書而惡其繁瀚者，則此書不無少裨焉。然而古人之書夥矣，古人之論詳矣，予又安用役役焉復爲之贅？蓋搜羅既廣，則理出專家；烟楮一新，則移人視聽。第著述之家，訕誹所集，海内之大，百世之遠，蒙其藻識者固多，受其譏彈者當亦不少。余愧且懼，用敢自弁本末，亟付棗梨。其立言命意，已悉於總論二十餘條，兹不冗列。

順治庚子秋，毗陵顧元交書於能仁古院。

——《本草彙箋》卷首

醫經允中序

〔清〕李　顒

　關中不幸奇荒，四歷年所而未已，生民死亡流離者計十七八矣，而存而饑者十九，饑而疫者又復十九。醫者各執一意以相尚，執補者謂疫也由于饑，其治也，先補脾而後瀉毒。執瀉者謂疫雖由于饑，而實天行也，先瀉毒而後補脾，未常不各有所效。然以此而傷人夭生者，亦往往然矣。予嘗嘆謂醫術猶學術、治術也。君子之學也，沉潛剛克，高明柔克，非容執一以論也；君子之治也，民玩利嚴，俗疲利寬，未可憑臆而斷也。達其本，則剛柔寬猛皆有益；泥其末，則過與不及均失矣。醫雖藝乎，抑云意也，抑實生民夭枉之所係也。荒疫死亡之餘，尚堪庸流之重殺乎！安得知本達源者一出而救濟之？不謂今正月朔，毗陵時育李子介雪臣楊先生，求其師顏子石英《醫經允中》序于予也。其集予不及見，而味其題曰“允中”，此豈執臆見，過不及者之所及知乎！且雪臣先生實讀其書而序其集，則謂石英子述《靈》《素》會要之語，由其術以明其道，所著《允中經要》，以別陰陽運氣之太過不及，而治之以溫涼補瀉，一歸于中，無非危微精一之理，其濟世利物之誠，均之不泯没于天下萬世。嗚呼！雪臣先生學精一危微之學，達允中之旨者，通其道必明其術，斯言應自不誣，亦足以發石英苦心矣。予尚何言哉！尚何言哉！惟是學術、治術者，所以醫天下萬世之人心世道也，而任臆見者，首事其末而不探其本，則世道人心之復古而天地元氣之復振也，其何日之興有？是吾道之中墜，反不若醫學之有人也。讀雪臣先生序，祇增自愧而已。且吾關中大荒，孑遺疫癘，又此熾而未已，殘黎寄殘生于庸醫。而毗陵獨以石英之明而爲之師，時育之賢而爲之徒，揭醫經之大中，濟斯人于沉疴，是天厚毗陵而不一少憫于吾秦民也。讀時育札，既以重羡，抑又增吾痛悲于無已而已。時育李君，余何言哉！予不及讀顔子書，而君欲吾序顔子乎？余惟有愧心，悲且痛之心，書以塞命而已。予何言哉！

時癸酉正月朔三日也，二曲病夫李顒識。

——《醫經允中》卷首

福幼編序

〔清〕高　舉

人無誤生之病，而有誤人之醫；醫無誤人之心，而有誤人之技。其故爲何？未得法耳。乾隆乙巳年，余權牧荆門，莊公亦暫典少府事，見其辦事精詳，不知更爲醫中聖手也。適長隨患發背腰疽，兩處堅腫，形如覆碗，勢甚危篤，醫者以爲七惡具備，患者亦自分必死，莊公笑曰：“是症何難？且可計日愈。”不用刀針，不加敷藥，煎藥六劑，兩毒如失。又有買辦之母，向生瘰癧，今患對口大疽，醫辭不治，莊公開方，旬日間，非但對口全消，瘰癧亦愈。先後數人，歷試不爽。凡痘毒等症，有求醫方無不應手而痊。因問其故，乃知莊公昔曾患病，荏苒不愈，遍訪名師，兼以身試，十餘年來甫能就痊，方得岐黄真諦，所謂識得寒熱虛實，對症立方，如探囊取物。丙午春，余孫康寧甫二歲，病後慢驚，諸醫束手，余亦以爲此自古不治之症。幕友任子云：“莊公知醫，盍姑延之？”診視畢，開溫補藥方，一劑驚止，二劑全愈，余莫之解。數日後，詢其故，莊公乃袖出向著行世之《福幼編》，所開即編内方也。付之棗梨，已經十載，爰捐俸重刊，廣爲印送，得此書者倘以爲寧從其同，不從其獨，疑而不用，只可云患者之命矣。是爲序。

乾隆五十一年歲次丙午桂月，襄陽府通判、年家眷寅弟高舉拜撰。

——《福幼編》卷首

遂生編序

〔清〕畢　沅

海内醫書汗牛充棟，然無病之家，非所急也。惟幼科痘症，自中外以及率土小民，皆不能免。險症最多，無不恐懼之至而望救之殷，倘有良方，必當家喻户曉。毗陵莊在田先生，江南宦族，牧民於江漢有年，凡見對口發背，及一切癰疽，輒與之方，莫不應手而愈，楚人稱爲神外科非一日矣。乾隆丁酉，曾著《福幼編》，專治慢驚，屢收奇效，久已風行海內。今著《遂生編》，專治痘症，理明詞達，起死回生，雖逆症亦可治愈，真濟世金針、活人秘寶，何可一日無之？余至荊南，因夢兆得見此編，展頌迴環，手不能釋，爰囑其亟付棗梨，爲赤子立命，爲幼科指迷，濟世陰功莫大於此。得是編者謹宜什襲藏之，以備拯救，慎毋以爲與古書不同，仍聽信時醫貽誤也。是爲序。

時嘉慶二年丁巳春仲上浣，賜進士及第、誥授光禄大夫、兵部尚書、湖廣總督、年家鄉眷弟畢沅拜撰。

——《遂生編》卷首

本草述鈎元序

〔清〕鄒　澍

道寓於物，而物不足以該道；理宣於言，而言不足以盡理。此言醫者所以滯於言，不免害於理也。世言某物可治某病，及如法治之，而效者僅一，不效者恒九，則不得不深辨其所當然，各辨其所以然。言之縷縷，載之陳陳，古書所以簡，今書所以繁矣。簡則難明，繁則易訛，欲求繁簡之得宜，必明乎道之所歸而無歧，要於理之至當而有斷，此楊君穆如於《本草述》所以有鈎元之作也。夫本草湛深簡古，洵三代以來師弟以口耳相授受者。兩漢而下，仲景、元化揚其波，貞白約其流，甄權、日華助其瀾，慎微暢其歸，皆於物之體用符節相應處，指其所當然而已。金元四家頗欲明其所以然，而不校其性情功用之貼切於病機病情，憑空結撰屬金屬木、入肺入肝諸語以連絡之，謂有分派配合之妙，恐後人之滯於言者貽誤不少。潛江劉若金先生著《本草述》，其旨以藥物生成之時度五氣五味五色，以明陰陽之升降，實欲貫串四家，聯成一綫，惜文辭蔓衍，讀者幾莫測其所歸。楊君以博雅通儒，精治素理，爲之去繁就簡，汰其冗者十之四，達其理者十之六，而其旨粲然益明，擇精語詳，瞭如指掌。厥後爲令山左，循聲卓著，以良吏而兼良醫，活人無算。惜乎簿書勞瘁，不禄以終，未及以所著付梓人，藏稿於家者幾十餘載。會君門人伍仲常秘讀奉諱歸里，懼是書之湮没，竭力謀剞劂，予喜是書之有成也，爰濡筆而爲之序。

道光壬寅八月中秋節，毗陵鄒澍謹序。

——《本草述鈎元》卷首

本經疏證自序

〔清〕鄒　澍

予治《傷寒論》《金匱要略》，用屬辭比事法，於不合處求其義之所在，沿郤尋窾，往往於古人見解外別有會心，然每論用藥則不能稍有異同也。友人楊君穆如，《本經》之學素深，壬辰秋偶因過訪，叩其治《本經》法，楊君甚稱《本草述》精博。《本草述》者，予蓋曾讀焉而苦其冗蔓者也。楊君言劉潛江文筆萎薾，用意甚深，能熟讀之，略其繁蕪，則精博自見。因講芍藥一味，予爲心醉，歸而朝夕誦之，覺其旨淵然無盡，然微嫌其用力於張長沙、孫真人猶少也，因以己意，取《本經》《別錄》爲經，《傷寒論》《金匱要略》《千金方》《外臺秘要》爲緯，交互參證而組織之，務疏明其所以然之故。是年冬疏證藥六味，求正楊君，楊君深以爲善，但謂似獨爲漢唐時用藥發者，實則後世續論，悉有精詣，不可廢也，予敬諾焉。思夫古今至遠，賢哲至衆，一簣之加，詎謂必無，第大經大法既已森然，縱繼長增高，恐終未能超軼於規矩準繩外也。爰將仲景所用藥百七十味先究心焉，凡六易寒暑，克成是編。嗚呼！炎、軒二帝開物成務於前，南陽、華原紹志述事於後，其旨博大淵微，淺學後生詎能洞徹底蘊，顧就彼此契合，求其所以同，後先齟齬，求其所以異，期於心有所得，用有所徵，斯已矣，敢曰爲古聖賢闡發義理哉！從子豫春學於予，於是編討論校錄之力不少，茲欲次第而編輯之，爰書其緣起如此。

　　道光十七年首夏，鄒澍序。

——《本經疏證》卷首

本經序疏要自序

〔清〕鄒　澍

　　班氏《藝文志》謂：“醫經者，原人血脉、經絡、骨髓、陰陽、表裏，以起百病之本，死生之分，而用度針石湯火所施，調百藥齊和之所宜。”“經方者，本草石之寒溫，量疾病之淺深，假藥味之滋，因氣感之宜，辨五苦六辛，致水火之齊，以通閉解結，反之於平。”蓋自是醫經、經方遂分，連絡之者，《本草經》則其樞紐矣，乃《志》不載其書。然《帝紀·平帝》：“元始五年，徵天下通知逸經、古記、天文、曆算、鐘律、小學、《史篇》、方學、《本草》及以五經、《論語》《孝經》《爾雅》教授者，所在爲駕一封軺傳，遣詣京師。至者數千人。”《樓護傳》：護少隨父爲醫長安，誦醫經、本草、方術數十萬言。世不忽其書，故習而傳之者，代不乏人。其得至今存者，惟梁貞白先生陶氏書爲最古。今案其書，既歷載《本經》總序於前，復患諸藥一種，雖主數病，而性理有偏著，立方或致疑混，赴急抄撮，恐不皆得研究。故將《本經》序大病之主已下一節，循其所列，剖而析之，分爲八十三項，件繫主治藥於下，方贅之序末，是陶氏實注《本經》，而得《本經》與醫經、經方連絡交會處矣。予治仲景書，既由不明藥物主病之所以然，用力《本經》，有《本經疏證》《續疏》之作矣，繼治孫真人、王太守書，覺與仲景書猶未相承接，遂立志究竟病名古今相沿之準，病證彼此不侔之故，而證以藥物主治之由，得是編以爲鵠，反覆尋繹，參互研訂。然後知一證也，隸之此病則屬虛，隸之彼病更屬實；一藥也，投之彼病則逐實，投之此病反補虛。於仲景書以此推其緒，於孫真人、王太守書以此要其歸，蓋自是而漢人唐人醫學、醫經、經方旨趣，得連爲一貫焉。篇中附北齊徐氏、唐蘇氏、蜀韓氏、宋唐氏所增，其精詣幾與陶氏埒，而徐氏所續幾項，實有裨補證明之功，亦隨例詮釋而不削也。

道光二十年九月五日，武進鄒澍序。

——《本經序疏要》卷首

保嬰易知録自序
〔清〕吴寧瀾

余續《宜麟策》成，復采群書而慎取之，集鞠養之説一十有五，爲上卷，初生之疾六十有七，爲下卷，題曰《保嬰易知録》，或曰《誠求保赤》。不學易能，以鞠養之宜詔之閨閫，是固無難領會也。古稱兒醫曰啞科，最難調理，況乎胎疾尤費揣摩，欲使人盡能醫，談何容易！余謂不然，小兒出腹，精之至，和之至，直養何難？揆其致病，或母氣之偏，或姑息之過，非如雜證多歧，四診難決。今爲之著其病因，明其證候，一披條領，可無過差，豈誠求者獨不能消息於其間乎？惟胎疾既驟且危，倘村居僻遠，或城關嚴阻，求醫遲至，至已束手無策，曷若示以可遵之成法，速行投治爲愈耶？然而病至而爲之治，不若致謹于未發者之爲豫也。論列鞠養，雖淺近瑣屑，尤當先致意焉，若能進推《宜麟策》之旨，求諸朕兆之先，則胎氣清純完固，疾何由生？上工治未病，其斯謂至治歟！方蠲大制，藥屏奇珍，或不出乎垣籬之内，指顧可得，即求諸市購之匪難，亦取其易而已矣。

嘉慶十七年仲春，陽湖吴寧瀾溶堂氏述。

——《保嬰易知録》卷首

素問釋義自叙
〔清〕張　琦

《内經素問》十二卷，唐王冰注。《漢書·藝文志》："《黄帝内經》十八卷。"無《素問》之名。《隋書·經籍志》始載《素問》九卷。後漢張機《傷寒論序》云"撰用《素問》九卷"，晋皇甫謐、王叔和皆引用之。則《素問》之名，實始於東漢，謂即黄帝之《内經》與否，正不可知，而要爲漢以前書無疑也。自漢以來，多所訛雜，隋全元起始作訓詁，王冰繼之，廣爲詮注，《素問》於是大著，學者皆宗之。然冰之注得不償失，托言藏本，多所改竄，又移其篇第，以意分合。於蕪雜之文，曲爲解說，牽合附會，强以相通。宋光禄卿林億等校以舊本，晰其異同離合，《素問》之舛雜真僞於是乎見矣。古人於醫，列之藝術，漢、晋而後，始以成名。然其道極精，生死係之。古書散佚不可多見，微言奧旨僅具於此，所藉後之賢者，考其真僞，別其精粗，以明古聖之義，而又依文穿鑿，無所決擇，反令先聖之道晦而不彰，轉相傳述，異說蜂起，意旨乖謬，散亂而不可理，是又訓經者之過也。琦少好是書，又病其雜，因求其宗旨，按其條理，重爲詮釋。疑者闕之，僞者乙之，合者存之，誤者正之，潛神竭慮，歲閱二十，成《釋義》十卷。其篇次仍王氏之舊，而以林氏校正分注以存其真。其第七卷晋時已亡，林氏謂王氏取《陰陽大論》所補，亦古書也，今并仍之。非敢故創臆解，以求異前人，庶欲別白是非，彰晦闡微，以備後世參擇，其有疏誤，惟達者正之。昌邑黃元御《素靈微蘊》、江陰章合節《素問闕疑》二書，行世未久，見者或少，篇中時用其說焉。

道光九年十月，陽湖張琦。

——《素問釋義》卷首

産孕集自序

〔清〕張曜孫

産孕者，天地之大化，生人之本始，而難産之患自古有之。《左傳》："莊公寤生，驚姜氏。"寤生，即逆産也。然古者持胎教，寡嗜欲，生理順而難産少，故《生民》之詩曰："誕彌厥月，先生如達。不坼不副，無災無害。"《列女傳》述文母之胎教，終之曰"溲於豕牢而得文王"，言生之易也。後世不知胎教，務自縱恣，生理既逆，難産實繁，於是設方法以治之，處湯液以救之，而方藥愈備，難産益衆，遂有婦媼群起，妄造謬法，剖胎出嬰，使無知之赤子、無罪之婦人，嬰屠磔之刑，罹鋒刃之慘，生人之禍，莫此爲甚。夫人命至重也，父子至愛也，而戕賊生命，刳剔人子，旁觀不以爲非，主者不以爲怨，何哉？醫無救之之術，不能不望救於婦媼。假令扁倉在左，婦媼在右，則雖至愚，必知所擇，故婦媼之殺人，醫者之過也。雖然，産孕之事非醫事也。難産之患，皆自致之，非本然也。故欲湯之滄而揚之，不如勿爍也；欲絃之固而續之，不如勿斷也；欲難産之安而藥之，不如勿致也。不揣其本而齊其末，不絶於彼而救於此，良吏勿能爲治，良醫勿能爲功。然則欲治難産，先理胎教，欲理胎教，先明禮則。禮教隳廢，內儀不修，晏私昵於幃帷，勤惰愆於厥職，以苟適爲便，以傲恣爲高。蓋自搢紳浸於編户，女德日敝，難産日多，競哀其末，莫知其本。君子之道，造端乎夫婦，《記》言其不信矣。夫歲在己丑，家君宰館陶，余隨侍官廨，民有疾苦，踵門求治，輒爲除之，而難産之患同於江左。有婦逆生，醫者莫救，太孺人聞之，命裹藥遣僕，馳往治之。至則死已竟日，以貧故未收，耄姑幼子，號泣於室，强飲之藥，旋即蘇活。又巨室張氏婦，孕五月，動而漏下，醫不知治，十日而隕，血注不止，因而暈絶。余聞藥之，蘇，又治百日乃瘳。其他慘酷，大都相類。由此觀之，無辜而死者蓋多已。夫殺卵夭夭，先王所禁，况在人類！體仁利物，儒者之事，况在斯民！用是考核原委，該約大旨，著爲此書，冀以絶其流弊，豫其常變，窮理之士或無誚焉。

道光庚寅冬十二月，陽湖張曜孫。

——《産孕集》卷首

雙梧書屋醫學讀書志序

〔清〕曹　禾

古醫以拯危爲務，故尚學術，今醫以搏利爲務，學術不講久矣，惟曰“醫者意也”。夫醫者意也，在人思慮，出《唐書·許胤宗傳》。胤宗，陳隋名醫，治療若神，人求其著作，因以此語發端，而述别脉、識病、用藥之難，不敢著書，非令人不尚學術也。醫爲先王之一政，周設醫師，校醫學術之良劣，民無夭札。醫經、經方、本草，實當時學術之源，至漢尤爲尊重，故倉公之對孝文，莫不井然合度。仲聖具天縱之才，恐去古日遠，學術漸歧，乃博采諸家，束繁歸簡，成《傷寒卒病論》，爲萬世醫方之祖。運移漢祚，幾亡兵燹，賴晋高平王氏輯殘繕整，一火傳薪。迨至宋齊，歧分遂衆。治醫經者，晋有皇甫謐，隋有全元起、巢元方，唐有王冰；治經方者，魏有華陀、吴普，晋有葛洪，宋齊有徐氏四杰，唐有孫思邈、甄立言、王燾；治本草者，魏有李鐺之，齊有徐之才，梁有陶弘景，隋有甄權，唐有蘇敬、孟詵、陳藏器。宋祖御宇，高繼沖編上《傷寒論》，始成一家，與醫經、經方、本草三家并傳。於是治經方者，有陳言、許叔微、嚴用和、陳自明；治本草者，有大明、唐慎微、寇宗奭；治傷寒者，有朱肱、龐安時、郭雍。嗣後劉完素、張元素崛起於金，撰醫方以配醫經，實悖醫經本旨，而張從正、李杲、羅天益、王好古、羅知悌、朱震亨、徐彦純、王履、戴原禮等，南北分宗，遞相授受，遂成門户結習。幸成無己當劉張時，獨注《傷寒》；趙以德受丹溪業，反注《金匱》。滑壽、倪維德淑艾四子，一注《難經》，一參《龍樹》。吕復博考群經古方，齊德之崇尚《病源》《千金》，皆當時之砥柱也。前明薛己、張介賓、繆希雍、孫一奎、王肯堂、李時珍等，沿金元結習，誇多鬥靡，各争門户，以矜獨解。然盧復、劉若金，窮物理以治本草，方有執、喻昌，研章句以治傷寒，皆守學術之正。

因瑕瑜并存，更繹我朝治醫經、經方、傷寒、本草者十六家，各加論斷，成《醫學讀書志》九十九篇。自今伊始，讀其書知其人矣，然而妄議前修，按圖索驥，其咎肇於此乎？

咸豐元年春仲，武進曹禾序。

——《雙梧書屋醫學讀書志》卷首

醫醇賸義自序

〔清〕費伯雄

秦有良醫，曰和曰緩，彼其望色辨候，洞見膏肓，非所謂神靈詭異者歟？乃其論針灸，論湯藥，言言典要，開啓後人，又何其純粹以精也！豈不以疾病常有，怪病罕逢，惟能知常，方能知變，故於命名之日，早以和緩自任歟？夫疾病雖多，不越內傷、外感。不足者補之，以復其正；有餘者去之，以歸於平。是即和法也、緩治也。毒藥治病去其五，良藥治病去其七，亦即和法也、緩治也。天下無神奇之法，祇有平淡之法，平淡之極，乃爲神奇。否則眩異標新，用違其度，欲求近效，反速危亡，不和不緩故也。雄自束髮受書，習舉子業，東塗西抹，迄無所成，遂乃決然捨去，究心於《靈》《素》諸書，自張長沙下迄時彥，所有著述并皆參觀。仲景復乎尚已，其他各有專長，亦各有偏執，求其純粹以精、不失和緩之意者，千餘年來，不過數人。因思醫學至今，蕪雜已極，醫家病家目不睹先正典型，群相率而喜新厭故，流毒安有窮哉？救正之法，惟有執簡馭繁，明白指示，庶幾後學一歸醇正，不惑殊趨。爰將數十年所稍稍有得而筆之於簡者，都爲一集，名曰《醫醇》，共二十四卷，分爲六門：曰脉、症、治，首察脉，次辨症，次施治，此三者爲大綱。就治字中又分三層：曰理、法、意。醫有醫理，治有治法，化裁通變，則又須得法外意也。乃灾梨半載，而烽火西來，赤手渡江，愁苦萬狀，栖身異地，老病日增，風雨之夕，林木叫號，半壁孤燈，青影如豆，回首往昔，如夢如塵，良足悲矣。自念一生精力，盡在《醫醇》一書，欲再發刻，以大暢和緩之風，而坊刻定本與家藏副本盡付祝融，求之二年，不可復得。昔人謂人生得幾句文字流傳，大關福命。此言誠不我欺也。近因左足偏廢，艱於步履，坐臥一室，益復無聊，追憶《醫醇》中語，隨筆錄出，不及十之二三。兒子輩請付梓，予以并非全書，不欲更灾梨棗，而門下士以爲雖非全豹，亦見一斑，且指迷處正復不少，若并此漂没，則大負從前醫尚和緩之苦心矣。勉從其請，改題曰《醫醇賸義》，而自序其巔末如此。惟願閱是編者，諒予之心，悲予之遇，匡其不逮而惠教之，則幸甚。

　同治二年歲在癸亥仲春之吉，武進費伯雄晉卿氏題於古延陵之寓齋。

——《醫醇賸義》卷首

診餘舉隅録序

〔清〕柯　銘

　　語云："儒者不爲良相，必爲良醫。"以醫之治醫與相之治國，同其道也。顧世之習醫者多矣，即著爲書，亦復汗牛充棟，大都可訾者多而可法者少，醫豈易言哉！陳君菊生，爲毗陵名下士。早歲講求醫理，既得家傳，而加以天資學力，迥非流俗所可同年語。中年客游南北，活人無算，公卿交譽，聲名藉甚。予前在津門，獲交菊生，屢軀多病，時賴診治，受惠孔多。今年需次金陵，夏秋之間得伏暑證，群醫皆主燥濕利導，日見其憊。幸值菊生來應鄉試，過我一診，即用滋陰重劑，與諸方迥別，果一服而大效，三四服而豁然。舉此一端，其醫學之精已可概見。出《診餘舉隅録》見示，皆其生平所治疑難各證，或温或清，或補或瀉，或重劑，或輕劑，或用急法，或用緩法，或數人同患一症而彼此治各不同，或一人迭患一症而前後治又不同。其臨診也，如珠走盤，無呆滯處；其辨症也，如鏡鑒形，無糢糊處；其用藥也，如稱有權，無游移處；其製方也，如網在綱，無鬆懈處。雖頃刻告危，不難立救；縱累年宿恙，亦可挽回。洵醫學中不經見之書，非若他書揣摩影響者所可比也。夫人能通天地人者爲名儒，消息寸關尺者爲良醫。菊生以儒兼醫，異日此書一傳，有功醫道，當非淺鮮，即謂與良相媲美，亦無不可。予雖不知醫，而頻年親藥餌，亦略窺其門徑，用敢贅述數語，以諗精於此道者。

　　光緒二十三年歲在丁酉仲秋月，古歙弟受丹柯銘謹叙。

——《診餘舉隅録》卷首

醫悟叙

〔清〕沈熙廷

　　昔人云：開拓萬古心胸，推倒一時豪傑。具此才學，方許邁前而絶後，軼類而超倫。吾謂醫學亦何獨不然。世之操岐黄術者，恒不識《素問》《靈樞》爲何義，《千金》《外臺》爲何書，即或得其書而讀之，其意旨微妙，索解綦難，既不能殫精竭慮以窮其奧突，又不能一隅三反啓闢其新機，則讀與未讀等。而其所循習者，不過取尋常坊行之本，又不克熟讀深思，知所棄取，略一記誦，即欲出而問世，鹵莽滅裂而動輒貽誤，夫復何怪！通都大邑標榜聲名所稱爲時醫者，比比皆是，良可慨已。常郡孟河馬氏以醫名天下者，數傳於兹矣。求診者日踵其門，絡繹不絶，其家人婦子，耳濡目染，莫不識醫，家學相承必有心法，非尋常醫家所能比數也。良伯茂才承先世之學，爲後起之英，天資岐嶷，經術湛深。平日博覽古今，精通《史》《漢》，著有《兩漢輿地考》《西北邊防考》《東南海防考》《朔閏考》《令長考》《經生淵源考》《大事表》《大禮表》《宗室世系表》《年表》《三公年表》《行在表》《戎事表》《郡國沿革表》《補百官表》《顏注疑》《漢書注疑》《漢書疑》《補郊祀志》《郡國今地釋補》《漢書紀傳》，又著有《讀經記後》《讀史記後》《讀書記後》《廿四史事類編》，積稿盈箱，均已手定待梓，其考核詳明，證引淵博，非胸有積卷者惡能及此？其留心經世之學，既大異乎沾沾習貼括業者所爲，可謂卓識鴻才，一時無兩矣。又不敢數典而忘，復能肆力於醫學一道，其於內外諸科莫不精通貫徹，亦著有《脉經類編》《傷寒類編》並醫論各種。且見世之習醫者多承訛襲謬，以誤傳誤，茲又特著《醫悟》一書，爲古聖昔賢曲宣其奧旨，爲後來學者指示其迷津。是爲善讀古人之書，而又能佐古人之所未逮。即如論胎色一項，淡白苔與粉白苔，前人多混爲一類，均指爲寒象，是編特另立粉白苔爲一類，引證確鑿，指爲熱象，且經試驗而後筆之於書，破千古未發之秘，以告當世。即此一論，已足見是書之精到矣。余於辛卯冬自笠澤回省，患不寐之症。初爲庸手所誤，指爲陽虛，叠進補劑，病勢日劇，瀕於危者屢矣。今夏五月，厥疾加厲，前醫束手告去，幸姻家莫嶼香司馬轉延邀君至，爲我診治。登床切脉，即指爲痰熱之症，製方選藥數劑而諸痛漸平，不旬日即能起坐，得獲更生，實馬君之賜也。間與君談病之緣起，君曰："是症也，有苦竭思索，精神耗散而不寐者；有營血虧損，心虛生熱而不寐者，并虛症也。脉必澀弱，或數小，或浮大。有膽絡痰熱不寐者；有痰入心胞，水飲淳留心下不寐者；有陽明濕熱，痰熱而不寐者，並實症也。脉必滑，或弦，或沉數，或浮洪滑實。有驚恐恚怒，淫氣乘心，欲寐而不能寐者，虛實兼症也，脉或弦勁，或小急，或結。有傷寒邪熱入胃不寐者，則爲外感症。大要總由陰氣不足，陽氣獨行，離析不交，故寤而不瞑。制方必偏於清。觀《金匱》酸棗仁湯，可悟子之病乃實症，非虛症也。"余聽其言鑿鑿，論脉象又如是之明辨以晰，其於斯道豈僅三折肱而已哉！《醫悟》一書，於望聞問切，論之最詳，辨之最確，其《雜症論》《傷寒》諸篇亦由試而後言，末卷以家藏秘方舉以公諸世，絕無吝色。是書一出，足以稱開拓萬古，推倒一時矣。雖然，君豈僅欲以醫名世哉？其博識多能，稟經酌雅，懷經世之具，兼長詩古文詞，他日躋清要，入黃閣，調元贊化，爲熙朝良相，當以吾言爲左券爾。

時光緒十八年歲次壬辰八月既望，古翁愚弟沈熙廷拜序。

——《醫悟》卷首

本草便讀自序

〔清〕張秉成

粵自神農嘗草木，著《本草經》，創始醫道。厥後神其技者，太古有岐伯、少俞，中世有扁鵲、秦和，漢興有太倉公、張仲景。考方域之異宜，辨藥品之真偽，按陰陽五行、君臣佐使之理，著書立說，以羽翼《本經》。魏晉以來，校修補注者，魏有李當之，梁有陶弘景，北齊有徐之才，唐有蘇恭、孫思邈、陳藏器，宋有劉翰、掌禹錫、唐慎微、寇宗奭，金元之間有張、劉、李、朱，皆其最著者也。但名作雖多，惜無善本。逮有明李時珍出，採輯藥品千九百種，綜核群籍八百餘家，集諸家之大成，著《本草綱目》一書，誠爲廣大精微，盡善盡美，但初學者讀之，一如望洋觀海，即窮經皓首，亦無所折衷。其餘之簡便者，如《備要》，如《從新》，固能由博返約，但皆以所屬之性味、所入之臟腑，有毒、無毒列之於前，記誦之難，無有甚於此者。成學醫二十餘年，力購《本草》數十家，朝夕研究，以爲業醫者，若不先明藥之性味、氣之厚薄、質之寒溫，雖博覽群書，知方知病，而不知藥之性，其不致運用乖方而草菅人命者幾希矣。故遇有一物之性味、功用，確切不移，能與病相當而取效者，則每味擬一二聯或五六聯，置之案頭。數年來積成五百餘品，刪繁去複，編爲排偶俚言，將各物性味所入所治，參差前後，不使學者混淆難誦。書成，仿李東垣《指掌》、陳嘉謨《蒙筌》之意，顏之曰《本草便讀》。亦非敢以管窺蠡測之見，與先哲爭衡也，不過欲引進後學，譬如行遠必自邇，登高必自卑耳。至其中詞句之不雅、對仗之不工，一則緣成之學業未深，短於文墨；一則限於藥品之性味、主治，恐失本真。讕陋之由，實有所自。定知當世高明君子，必有起而正之者，故特序其原始如此。

光緒丁亥孟夏，武進張秉成兆嘉氏自序於存誠堂。

——《本草便讀》卷首

成方便讀自序

〔清〕張秉成

孟子云："離婁之明，公輸子之巧，不以規矩，不能成方圓；師曠之聰，不以六律，不能正五音。"百工技藝且然，況於醫道乎？且醫之爲道，秉天地造化之權，掌疾病死生之柄。昔范文正有"不爲良相，即爲良醫"之說，以相能濟天下之安危，醫可救一方之疾苦，故良相良醫，雖出處異殊，其用心則一也。由此觀之，醫豈小道哉！但習醫者，當先明藥性之性味，察方法之異宜，然後運古方治今病。亦猶成方圓者，不可廢規矩；正五音者，不可廢六律。考古今《本草》一書，不無汗牛充棟，其間不失之繁，即失之隘，求其確切簡明而易讀者，誠爲難購。歲丁亥，手輯《本草便讀》兩本，已命大兒校對鈔錄，使之習誦。因念藥雖出於醫手，方多法於古人，故凡以醫道鳴世者，無不皆以古方爲範圍，而以嘆成方之不可不讀也。兹集彙錄古今成方二百餘首，皆爲世所常用，同道所習尚者，編爲歌訣。其方下各加注疏，使讀者知病之所來、方之所自。非敢即以此爲醫家之規矩六律，不過爲初學便於誦讀，使胸中略有成竹，庶可見病思源，不無小補，如爲高者必因丘陵，爲下者必因川澤，讀此兩書者，亦此之謂歟！

光緒三十年歲甲辰仲春，武進張秉成兆嘉氏自序於存誠堂。

——《成方便讀》卷首

醫學篇自序

〔清〕曾　懿

自神農嘗百草以治病，迄於漢晉，《靈樞》《素問》《肘後》諸書，代有傳人。降及後世，仲景謂醫中之聖，其所著《傷寒》諸方，後學家莫不奉爲準繩，故《醫方集解》通行於世。其中張子和、劉河間、李東垣、朱丹溪四大家皆有偏勝處，張、劉善於攻散，李、朱一偏於補陽，一偏於補陰，雖著名家，頗難取法。然每見泥執古方以治今人之病，動輒誤人，懿深憫之。學者總以推求《内經》《金匱》古法，潛心體察，掇其精華，摘其所偏，自能豁然貫通，變化無窮。如近世徐靈胎、葉天士、吳鞠通、王士雄、費晋卿諸醫士，皆能運化古方以治今人之病，其所製各方，偶遇各症，細察病情，加減用之，無不中彀。其最切時人之時病者，莫如吳鞠通之《温病條辨》一書，懿身經四次温症，得以轉危爲安，皆得力於斯書者居多。蓋此書仍追踪於仲景，能運化其奧旨，妙在顧人津液，不專攻伐，而能使邪表出，故善用此書者活人無算，經驗者屢矣。且醫之道亦豈易言哉！七情六氣之感，病非一端；補瀉升降、温熱寒涼之藥，性非一類。是以非博覽群書，抱用世之才，不足以語醫也；亦非天資明敏，工壽世之術，不可以學醫也。懿本女流，性又不敏，只因弱歲失怙，奉母鄉居，而家藏醫書復甚齊備，暇時流覽，心竊好之。今行年五十有四，始研究，稍得門徑。嘗見傷寒、温病世醫誤治，致令夭亡，良用慨然。兹將此二症病情及治法分辨明晰，詳辨數章，并將《温病條辨》《温熱經緯》運化醫效各方摘録成帙，明澈顯要，一目瞭然，及生平經歷醫效古方時方，并自製諸方，選其靈驗素著，分類刻出數十種。庶使讀書之家人人知醫，不致受庸醫之貽誤，此懿所以瓣香永祝者也。

歲在光緒三十有二年丙午八月，華陽曾懿伯淵著於秣陵月圓人壽之齋。

——《醫學篇》卷首

割圜連比例術圖解序

〔清〕董祐誠

元郭守敬《授時草》用天元術求弧矢，徑一圍三，猶仍舊率。西人以六宗三要二簡術求八綫，理密數繁，凡遇布算，皆資於表。梅文穆公《赤水遺珍》載西士杜德美圜徑求周諸術，語焉不詳，罕通其故。嘗欲更創通法，使弦矢與弧可以徑求，覃精累年，迄無所得。己卯春，秀水朱先生鴻以杜氏《九術》全本相示，蓋海寧張先生豸冠所寫者，《九術》以外，別無圖説。聞陳氏際新嘗爲之注，爲某氏所秘，書已不傳。乃反覆尋繹，究其立法之原，蓋即圜容十八觚之術，引伸類長，求其纍積，實兼差分之列衰，商功之堆垜，而會通以盡句股之變。《周髀經》曰："圜出於方，方出於矩，矩出於九九八十一。"圜，弧也，方，弦矢也，九九八十一，遞加、遞減、遞乘、遞除之差也。方圜者，天地之大體，奇耦相生，出於自然。今得此術，而方圜之率通矣。爰分圖著解，冠以《九術》原文，并立弦矢互求四術，都爲三卷。辭取易明，有傷蕪冗，其所未窹，俟有道正焉。

嘉慶二十四年夏四月，陽湖董祐誠。

——《割圜連比例術圖解》卷首

割圜連比例術圖解後序

〔清〕董祐誠

《割圜解》既成之二年，朱先生復得《割圜密率捷法》四卷於鍾祥李氏。蓋乾隆初，欽天監監正明圖所解，而門人陳際新所續成者。其書釋連比例諸率，分弦、矢爲二術，皆先設百分、千分、萬分諸弧，如本法乘除之，棄其畸零，以求合於矢之十二、三十、五十六，弦之二十四、八十、百六十八諸數，遂謂遞加一數以爲除法者，特取其易知而便於記憶，則其於立法之原，似未盡也。然反覆推衍，使弧矢奇耦率可互通，鈎隱探賾，雜而不越，蓋師弟相承，積三十餘年之久，推其用心，可謂勤且深矣。陳氏序言"圜徑求周及弧求弦矢三術，爲杜德美氏所作，餘六術，則明圖氏補之，與張先生所傳互異"。又借弧、借弦二術，并見陳氏書中，范氏所作，其闇合歟？余以垜積釋比例，而三角及方錐堆三乘以下，舊無其術。近讀元朱世傑《四元玉鑑》茭草形段、果垜叠藏諸問，乃知遞乘、遞除之術近古所有，而遠西之士尚能守其遺法，有足珍者，爰并記之。

道光建元六月朔日，董祐誠。

——《割圜連比例術圖解》卷末

堆垛求積術序

〔清〕董祐誠

堆垛求積，三乘以上，舊無其術。汪氏《衡齋算學》始創諸乘方三角堆求積術，以爲古所未發。予釋《割圜捷法》，更得求諸乘方所成之方錐堆術，繼復以縱方堆推之，而得諸乘方所成之縱方堆術。亦謂此兩術又汪氏所未發也。近讀《四元玉鑑》"茭草形段""果垜叠藏"諸問，求其天元如積之原，則與諸術皆一一符合。學然後知不足，旨哉言乎！爰取舊撰兩術，比而錄之，爲讀《四元玉鑑》者助焉。

道光元年八月十日。

——《堆垛求積術》卷首

三統術衍補序

〔清〕董祐誠

推步家實測日月星辰之行，以算術綴之，謂之綴術。自漢以下，無慮數十家，莫不先審天行，復綴算數，數不虛倚，則假物以爲用，三統之律呂、爻象，大衍之著策，授時之平差、立差，西人之小輪、橢圓，其用殊，其設數以求合于實測，一也。俗學昧于原本，毀所不見，遂以律呂、著策之說爲詬病，是知檠之非日，而并疑日之非圓也。《三統術》爲諸家權輿。史稱公孫卿等定東西，立晷儀，下漏刻，已得太初本星度，乃更選落下閎等運算，以律起曆，則是已得諸數，而復飾以律呂、爻象，固章章矣。錢詹事作《三統術衍》，頗稱詳核，然于創術之原，猶有未備。今輒依太初元年日月五步度數，比而列之，入以演撰之法，爲《衍補》一卷，後之學者，庶無惑乎此也。

道光元年冬十有二月，陽湖董祐誠。

——《三統術衍補》卷首

咏梅軒仰觀錄序

〔清〕周玉麒

步算、占候，古分兩家。《周禮》馮相氏掌歲月星辰，辨其序事，則步算也；保章氏掌天星以志日月星辰之變動，辨其吉凶，則占候也。支派分別，似不可合，然宋大觀算學以商高隸首，與梓慎、裨竈同列五等，合而編之。蓋經星主占，必深明天象之常而後可測其變，其理可通，則集錄非無因。武進謝君厚庵，余鄉試同年謝紹安之兄也。平日究心象緯，余按臨過蕭山，出其所撰《仰觀錄》見示，既明星象，亦載休咎。余維星官之數，自吳太史令陳卓詳列甘、石、巫咸三家，及隋丹元子《步天歌》而外，後人所著如薄氏《經天》、皇甫氏《渾天》，不可枚舉，獨國朝《欽定儀象考成》一書至爲明備。其各星入宿去極度數，則較唐宋以來累加考測者更精。謝君是編於星數能謹遵，而經緯諸度則略其占驗一類，大約取材《靈臺秘苑》《觀象玩占》《開元占經》《天文管窺》諸書，所集不爲無本。夫七月流火，月離於畢，三代時婦人孺子俱知天象。後世占候競起，高言内學，妄談吉凶，甚至習業者以是爲詬病，而經生學士遂有仰觀茫然者矣。雖然，占候爲一家言，不可廢，亦不可泥。往往元象著明，按其書而不應，且語多不根，以穿鑿之見，涉鄙俚之談，亦所不免。子産曰“天道遠，人道邇”，洵不誣也。然則士君子於此，亦存以備觀已矣。厚庵問序於余，余稽步算可兼占候者而并及此，遂書以弁其卷。

時咸豐丁巳十二月既望，浙江督學使者、年愚弟長沙周玉麒書於武林節署之挹美堂。

——《咏梅軒仰觀録》卷首

畫筌析覽序

〔清〕仲振履

乙丑，余鄉馬墨初自邗上歸，出《畫筌》見示，所論諸法精當簡要，畫家秘鑰也。第爲問業者隨事指陳，法雖兼備，而論未條分，私擬劃成段落，每段仍加以注釋，庶初學瞭然，不致迷於所向。時遭北水驟至，流離滿野，邑侯屬主賑事。戊辰復捧檄南來，此事久廢。越癸酉，雨生攝齊昌都尉事，與余同官。偶與談及是篇，雨生笑曰：“君九年之願，僕已代償之矣。”蓋雨生任三江時，曾分其目爲十則，每則爲之注。篇所未及引伸之，篇所迭見鋤去之。雖神明之妙存乎其人，而析北苑之傳爲南車之示，俾《畫筌》一篇與過庭《書譜》永垂於後者，雨生力也。豈特償予素志已乎？

嘉慶癸酉重九日，蒲濤仲振履柘庵氏序。

——《畫筌析覽》卷首

畫筌析覽自序

〔清〕湯貽汾

笪江上先生《畫筌》一篇，言精理確，久爲藝林所珍。第讀者猶苦其章段連翩，論説互雜，如睹珍貝於波斯市中，逢林壑於山陰道上，目不暇窮，而意靡專屬。或曰：“維揚有富家子就請業，日示數語，積而成編，固未訂也。”予不文，非敢剖截先哲文字，顧欲便於子弟尋繹，不得不爲標目分則，而全篇皆偶句，每論此條及彼，歷後復涉前，顛倒數辭，亦不得已也。計分十則，第九曰《雜論》，以一偶中兼論二物，或三四物，分之不得故也。十曰《總論》，則皆彙其泛論，而非專指者也。至其淺而盡曉，冗而非要，及人物、花卉、鳥獸、蟲魚之論而未詳者删之。每則後附以愚論，多寡不齊，雖無所補，而要皆前人所未及者。第名曰《析覽》，則因愚論不足重輕故也。先生丹徒人，名重光，字在辛，自號"江上外史"，順治壬辰進士，官僉都御史。予向居其鄉，多見真迹，皆神與古會，非深入畫禪，能道此中三昧耶？

嘉慶甲子上巳，雨生書於三江官舍之竹醉山房。

——《畫筌析覽》卷首

讀畫輯略序

〔清〕楊葆光

畫爲文人餘事，然必志意高遠，胸無點塵，而後可從事於此，否則匠耳、市儈耳，何士大夫之足云！陳君叔明固胸無點塵者也，涪湛醝曹中數十年，曾不以華腴稍易其志，其於畫好學深思，心知其意，所爲《讀畫輯略》四卷，於古今之變、神逸之品，靡不畢備，嘉惠來兹，豈惟淺鮮！予嘗見劉融齋司業於龍門講堂，司業以所著《藝概》見貽，予卒然曰："此中尚少畫概一種。"司業笑曰："此生平所未解，盍爲我補成之？"予笑諾。人事因循，迄今未就，攬君此編，又憮然自失矣。

光緒丙申初夏，雲間紅豆詞人楊葆光。

——《讀畫輯略》卷首

讀畫輯略自序

〔清〕陳 烺

余不能畫而酷嗜畫，晚年得《讀畫輯略》四卷。凡生平所閱古今名人手迹，竊以己意辨其真偽，非必盡有當也，姑誌之，以示不忘，輯爲第一卷。唐宋元明各畫家紀載不能遍覽，就所見書中，有可采取爲法者，節其大要，以作楷模，輯爲第二卷。本朝論畫之編，如汗牛充棟，雖各立説互有不同，而大旨於六法均有裨益，輯爲第三卷。其平時與友人討論，參以臆説，及吾常畫家近人紀錄所未載者，一一拈出，輯爲第四卷。仿《江村消夏錄》，以目見爲斷，補前人所未備，爲後學之梯階。卷中所載，不分時代之先後，間有一人之畫前後互見者，并錄之，藉廣見聞，以資考證耳。

光緒乙未仲秋上浣，雲石山人陳烺識。

——《讀畫輯略》卷首

毗陵畫徵録序

沈湛鈞

畫學雖藝事乎，然古今來耽斯術者，如高孝珩於廳事圖蒼鷹，鳩雀即不敢近；張僧繇畫龍不點睛，點即飛去；顧愷之繪鄰女形於壁，以棘刺針其心，遂患心痛；王維爲岐王畫大石，一旦大風雨中，雷電交作，石忽拔去。是藝之精直可通於神也。清初徐俟齋以遺老遁迹吳中，鬻畫自給，所畫山水皆不着人。南宋畫師憤胡虜之侵陵，痛中原之不復，所作多爲剩水殘山。及宋亡後，鄭所南畫蘭，皆不畫根。是古昔騷人逸士，含遥情於尺素，感慨喟於寸心，畫藝之有寄托，於詩詞同一例也。昔嘉定錢竹汀先生論畫，謂邃古多寫人物故事，至唐賢渲染山水，乃有南北二宗。元四家出，氣韵生動，妙絶古今。明時得四家三昧者，董文敏而外不多睹。惟清代毗陵諸大家筆力雄厚，直入元四家之室。是吾常繪事超邁等倫，固早已見欽於海内矣。李君淵府抱瑰碩奇才，警衛里閈。平時博物嗜古，摩挲金石，復以餘暇編製《毗陵畫徵録》。自宋元迄今，上而名公巨卿，旁逮緇流方外，以至名媛閨秀，苟有專長，散見於稗史家乘者，靡不甄采。又將家藏名人真迹，如惲南田、錢茶山、湯雨生等畫，用攝影銅版印就，俾展覽是書者，得高山景仰，想見其爲人。其辦法之周密、用心之肫摰，爲何如也！夫昔賢論畫有神、妙、能三品，至朱景真則於三品之外，更增逸品。鄒一桂復有八法、四知之説，要皆諦當明徹，從事藻繪者均不能越此範圍。近世自西洋派侵入，學校林立，圖畫且設專科，繪色繪聲，趨向似已稍異。然西人之畫，由寫形以追意，與中國之畫本寫意以摹形，其事殊而其功用則一。當此倭寇方張，"九一八"紀念、"一•二八"紀念，遼瀋滬淞風雲震蕩，正朝野上下同聲救國之時。莘莘學子，握管濡毫，其有手是編而別具會心，蹶然以起者乎？吾將拭目以觀之矣。

中華民國二十一年歲次壬申中秋月既望，沈湛鈞序。

——《毗陵畫徵録》卷首

毗陵畫徵録自序

李寶凱

毗陵爲江左名區，素以文學優美甲於他邑，孫、洪、趙、李其最著者也。而未嘗以畫術名，即以畫術論，前有白雲外史開其先，後有琴隱園主承其後，旗鼓相當，自成一家，亦足以稱雄於當世。他如清於女士以没骨擅長而標其宗派，樂民昆季以寫生入妙而振其家聲。降及後世，能執一藝以蜚英於畫苑者，固不乏人，或見諸私家雜録，或見諸邑乘垂名。甚有伏處閭巷，迹不出於鄉曲，名不達於士夫，疲數十年之精神，苦心孤詣，其技薄有所成，而槁項黄馘，湮没而不彰者，大有人在。嗚呼！非其人之不幸，實表彰無其人也。僕俯仰其間，不禁悠焉久之。爰於民國十六年而有搜訪《畫徵錄》之舉，奈囿於見聞，所輯無多。不得已浼於鄉里閎達之士，代爲周咨，廣爲甄錄，遞易寒暑，共得人四百餘家。雖其人或已見諸陳氏叔明之《輯略》，或已見諸竇氏九峰之《畫錄》，然事關闡幽，不嫌轉載之繁也。無論其派別，有黄山之奔放、吳門之冲秀、婁東之精密、鹿床之設施，要皆能本其師承，就其學力之淺深，各臻其造詣之所極，非可一概等諸自檜以下也。況古今人才力不相及，殆爲天所限，惡可以人力强之哉？或謂余搜輯既廣，未免失之於濫，咎固無可辭。然世謂硬板，侈稱浙派，禿拙謬托瓜疇，粗獷妄誇道濟，各是其是，不爲無見，安得以一己之愛憎而妄爲進退，示天下以大不宏也？故不敢以《春秋》責備賢者之意，繩諸君子後者，職是之故。惟此役也，獨力難恃，絶臏常有舉鼎之虞，集腋方收成裘之效，全賴趙君少芬、董君劍厂二先生贊助之力彌多，方得克告成功。竊觀國畫，固以超越疏淡風行於世，然總未能注意當代之生活，描寫有民族之思想。曠觀歐西各國，如德之表現主義、法之純粹主義、意之未來主義、俄之原始主義，不免美哉有憾，然亦爲風氣所囿也。今日者門户洞開，思潮橫溢，歐化東漸之時代，其亦可以吸引其精粹，而改良風俗，進而益上矣，不禁拭目俟之。或謂任立凡、金拱北之儔，其變蜕之處，輒欲兼收文、唐而通西法。前人已啓其例，後人何不聞風而起也乎？余家藏有宋李公麟所繪《蘇武牧羊》《昭君出塞》手卷，係宋治平年作，風神奕奕，人物、牲畜俱備。數千年後，漢代衣冠如在目前，令人低徊不置。又見邑之天寧寺藏有前代李森《劫鉢圖》，龍蛇水火，氣象萬千，真當時之名筆。并有勾曲外叟張雨及陽湖周騰虎之題跋，洵可寶貴，作爲畫家之宗匠以津梁後學者也。吾郡地大物博，搜采苦難遍及，罣一漏萬，在所不免，尤望世之博雅君子起而續之，以匡余之不逮，是則余所馨香禱祝者也。不揣譾陋，拉雜率抒所見，以弁其首，并質諸當世之知言君子。

中華民國二十一年歲次壬申仲冬，李寶凱序於繩永堂梅壽書屋。

——《毗陵畫徵錄》卷首

研守堂印譜自序

〔清〕吳一諤

摹印之有刀法、章法，元明諸家言之甚詳，而去秦漢之印愈遠，何哉？則刀法之説誤之也。秦以前有璽無印，字皆正刻，漢多以銅爲之，字乃近隸。唐代篆印，始盤曲回互其文。宋元後以石鐫刻，始有執某刀法、刻某章法之論，穿鑿乖離，以視古人所作不名一法而妙常餘於法之外，蔑如也。今以作書論，楊子雲曰心畫，柳誠懸曰心正，右軍玩鵝而入聖，張旭觀擔夫争道而入神，不言筆法而皆得法外意。及永字八法之説出，學者初握管即道之，而終身或未有心得。由此言之，法之不足泥亦可知已。竊嘗以爲庖犧畫卦，自下而上，陰陽之順逆也；倉頡造字，自左至右，陰陽之旋轉也，道法咸具於此。用刀者逆以攻之，順以遞之，陽順陰逆錯綜運用於其中，而所謂切刀輕刀、埋刀舞刀、留刀澀刀之類，得之於心、應之於手，而法無不備，小道有可觀，昔賢豈欺我哉！又嘗論庖丁解牛十二，而芒刃不頓，神氣逸也。善運刀者，養其氣以運之，氣足則神行，神行則法化，其所作沉而有力，動而不浮，峙如山岳，運如川流，投之所向，無不如意。其間不襲古人形似，不争俗眼工媚，而求之以陰陽，取之以順逆，奏刀君然，動中規矩，至此不知有漢，無論魏晉已。余弱冠與澄江孔瑶山先生留心古印，終以雕蟲小技，偶爾捉刀，非敢愛古薄今，吾自行吾之氣也。窮居已老，裹足里閈，當代博古巨公未通刺謁，家又無金石之録，見聞不廣，惟汪訒蕃《印叢》、沈謙齋《印譜》，外此則周櫟園《賴古堂集》偶或覽之爾。舊友須向亭暨令嗣箓於以余尚健腕，囑刻圖譜成帙，序而傳之。余印何足傳，惟是心之所得、氣之所達，與夫秦漢間之竊有神契者，可以正言刀法者之誤，知我者當不唾棄，而於後來從事者亦不無小補云。

　　時嘉慶十年歲次乙丑，七十老人二安吴一諤書於研守堂中。

——《研守堂印譜》卷首

鐵如意齋印存自序
〔清〕張學瀛

　　余與同里趙仲穆爲金石交，摯愛無殊昆弟，偶一過從，必討論六法。米家書畫舫時邀真賞，而於雕蟲小技尤惓惓焉，心摹手追，恒徹夜不以爲苦，嗜痂同癖，殆有前緣。嘗合撰印譜爲《聯珠合璧》，互證源流，頗得敝帚自享之樂。光陰荏苒，倐指已二十餘年矣，會余有廣陵之行，司筆札爲餬口計，仲穆亦襆被來游，數載相依，藉翰墨篆刻以資旅用，而聲望遂播於藝林。旋有吴門好事者招仲穆往，余亦移舟游鄂，臨歧話別，宛在目前，自此與仲穆踪迹雖疏，而心心相印，固未嘗一日相離。迨仲穆由蘇之浙，僑寓最久，篆作日精，浙人士咸樂與之交，一時推重，凡得其片石，靡不珍若璆琳，識者自能辨之。惟秉性孤傲，落拓不羈，雖境值屢空，晏如也。昨歲聞仲穆遽歸道山，人琴杳然，爲之於邑不置。幸哲嗣能繼先人之學，仍寓浙垣，而仲穆既殁，篋中藏有印譜盈册，皆平日所作以行世者也。烏呼！是亦足以傳已。若余也略窺堂奥，滄海曾經，猶復枯守硯田，終鮮樂歲，東塗西抹，嫁綫勞勞，提筆四顧天地窄，慨時局之變遷，更有不遑啓處者。年來廑寄申江，虛糜歲月，公餘輒以篆刻遣懷，或工或拙，不自知也。嘗謂西泠諸名家多取徑秦漢，故氣韵特勝，余每奏刀，白文一以漢印爲法，朱文浙派，或兼用鐘鼎籀文，積久成帙，共得百數十方，彙爲一編，署其名曰《鐵如意齋印存》。非敢雷門布鼓，爭響鈞天，聊以生平所好，惟仲穆具有同志。撫今追昔，而聚散存亡，百年且捷於一瞬，可付之太上忘情耶！爰誌梗概於簡端。

時光緒太歲在柔兆涒灘皋月，武進張學瀛雪磯甫序於春申江上。

——《鐵如意齋印存》卷首

昔非居士印譜序

況周頤

治印之學，規橅兩京尚已，能爲方正平直，於漢印爲有合矣，顧猶未爲詣極，則夫印中求印，以迹求，未嘗以神求也。未嘗有灝瀚之氣、醇厚之味、夭矯之筆、宕逸之趣，神明而變化之，于印學之廣大精微無當也。武進趙仲穆先生劬學媚古，尤好金石文字，半生精力畢萃于鐵書，著印譜如干卷，最若干帙。比歲以還，哲嗣小鐵衰耋成編，爲之跋，能言先生生平得力之故，與并世號印人者異矣。其言曰：“丁洪楊亂離，無所獲師授，壹以己意運神入化。”夫所謂己意，非率臆之謂，本原乎天事，折衷以問學，上溯籀、斯，迄于陽冰，以次旁參鐘彝碑碣、泉竟專瓦，巨細無或遺，賅衆美於意中，而以意馭印，凡吾意之所彌綸、之所結構，印不得而範圍之，用閎取精，唯變所適，進於神化何難矣！在昔聲律家言皆曰“詩中有我”，印亦何獨不然！第方正平直而已，所謂我者安在？先生之印之含意無盡，變動不居，其諸我用我法，求漢以神而非襲漢之迹者乎！夷考近百年來以印學名世者，悲盦、讓翁分鑣平轡，鰥生不敏，竊以私意右讓翁。方之卉木，悲盦花對葉當，人工盤錯者也；讓翁谷芳岩秀，天趣未漓者也。先生客揚垂十稔，與讓翁晨夕切磨，其所得又可知矣。故國荊榛，文物凋敝，旁行斜上，相習成風，學僮之六體就湮，西泠之八家不作。斯道起衰，微斯譜其孰與乎！

乙丑閏四月，臨桂況周頤。

——《武進青山門趙氏支譜》卷五

般若二經新解序

〔明〕吳 奕

太末蟲無物不緣，獨不能緣火焰；根塵境無處不入，獨不能入般若。般若者智慧也，智慧能轉物，不爲物所轉，此二經之所爲説也。心心契合，照五蘊而皆空；種種圓明，歷萬劫而不壞。不生不滅，不垢净，不增減，掬滄海而已得百川；無我無人，無衆生，無壽者，到須彌而普同一色。如是住，如是降，伏法固已傳；若以色，若以音，聲佛不可見。清净慧眼，本不假于證修；涅槃妙心，亦何階于漸次。無受想行識，業障共理障都捐；如夢幻泡影，有相與無相俱滅。德山受具而精究，曹溪鬻薪而生心，不可得而思議矣。是以雋上之士莫不領其真風，邁往之倫亦皆餐其道味。王小令奕世令望，自講《阿毗曇經》；殷洪源一代偉人，恨少波羅密語。郄嘉賓深明法要，許玄度大有才情。謝靈運自許慧業文人，陶淵明可稱净根勝士。他如顏延年詮理《庭誥》，徐克孝受持《法華》。顏氏歸心，疑將冰涣；劉生滅惑，勢若金湯。莫不借鹿苑以轉輪，冀窮四諦；指獅林而喝棒，惟在總持。況此二經，實標三藏。而小言破道，浮識亂真。雖云味静冥空，不知埋真拒覺。何異觳角取乳，龜殼尋毛。徒歷三祇，終無一得。豈不以梗概易拾，窈渺難窮者耶？余郡有大居士二庵葉公者，博履台庭，玄栖精户，現自在力，闡菩提心，示真實珠，傾秘密藏。剔禪宗之骨髓，標教網之紀綱。言約義豐，文膚理詣。剖慧劍于正智之路，薙妄草于真覺之原。悟祖祖心，離我我所。無一色非三摩鉢地，無一聲非陀羅尼門，無一香非薝蔔旃檀，無一味非醍醐甘露，無一觸非如意寶，無一法非無着花。可謂吐瑶談而粲霞，抱琅函而霏雪者矣。然天女告舍利佛以無離語言，而達磨見梁武帝則不立文字。故廣説説者千劫不盡，若無説説者一句不煩。公今解經，所説何相，我不取相，亦無是經。願諸見聞同一解脱，又不能無望于大智慧也。

——《觀復庵緝集》卷一

金剛經彙纂自序

〔清〕孫念劬

《金剛》一經，括盡諸經奧義，一切諸佛及諸佛阿耨多羅三藐三菩提法，皆從此經出，經已明言之矣。其大旨總在破除我執，以無住爲本體，以降伏爲入門，如法受持，能使人在欲忘欲，居塵出塵。不使我爲境用，而使境爲我用，誠煩暑中一服清凉散也。並非一味談空，具有實用。乃有善信之人但知讀誦此經，懵然不解其義。亦有學者究心經注，或屬言煩，或苦義略，是非可否，靡所適從。即或粗知經義，不究精微，止求持誦以釋愆，無有信心而修證，則於如來至妙之心法，遂無由夢見，而佛教亦緣此似明實晦，不深可嘆哉？念劬根鈍習深，苦纏蔽集，晚節末路，履蹈惟艱。嘗發憤於是經，不知而求其知，不解而求其解，以自祛其煩惑。爰取諸家注説，爲之剪訛削膚，提綱挈維，節要以存義，參互以明體，反覆以示蘊，專録以啓奧，兩存以質疑，以爲是説也，殆庶幾近之。凡三閲寒暑而成，名曰《彙纂》。雖用力之勤，艱苦不辭，而謂於是經之大旨，已無不詳無不合，所不敢知也。賴藉衆力，鐫梓以公善信。上根之人頓以明心，次根之人漸以窮理。世之軋軋焉惟利欲是溺，迷失本來，墮煩惱障而不知悟者，盍向清冷中覓一波羅蜜乎？

乾隆五十八年歲次癸丑三月望日，潔齋孫念劬謹識。

——《金剛經彙纂》卷首

重刻金剛經彙纂序

〔清〕孫念劬

三藏教文，無非證明心體，爲成佛階梯。惟《金剛》直指無住本心，以顯般若之真智妙用，不捨一法，不存一法。是中出生諸佛，慧命不斷，在最上利根，隨機渙釋，直下承當，固得金剛正眼。即在下根，苟知信受奉行，亦能破欲離塵，遣諸煩惱，度苦濟厄，靈應超然。然此經解説紛如，未易窺其崖略，諸解或博而寡要，或簡而多遺，或字析而章未聯，或章聯而義猶隱。若欲專從一家，則談理深奧者，有妨於初學，立辭顯易者，恐棄於高明。或詳事相而簡精微，或指本源而脱章句。各有所長，難於並美。念劬不揣冒昧，於昔年會集諸家，纂成一帙。然局於見聞，搜輯未廣。意義之膚淺，闡發之未透，殊有所不自知。因遠方同志索者甚衆，甲寅春仲倉猝付梓，讐校未細，字訛句脱，不可勝指，故印二百部即行停止。觀察章公樂善心切，竟將此訛本刊刻，印送已多。念劬自誤誤人，孽非淺鮮。仗佛之靈，數年内連得佳本，披覽之下，悔悟交迫。因廣爲搜輯，易稿再鐫。凡原刻之引義膚淺、闡發未透處，一一有以補其不逮，剪訛削膚，庶幾精實詳盡，顯豁貫穿，挈領提綱，本末洞徹。至此而稿已七易矣，欲救前刻之失，鐫刻反不容緩。於丁巳仲春告竣，以公同志，較原刻已十增其四。蓋此經義蘊甚深，非詳不達。學者當具細静心，反覆推勘，求明自性。則演説靈文，愚迷立破，聖階可接。若存虛妄心，入文字障；或存粗率心，入邀福障。是反將《金剛》種智鑱斷矣。雖誦讀萬卷，豈能窺見佛法耶？經即佛也，佛即心也。無住心者，常住真心也。常住真心者，不生滅心也。不生滅心者，金剛心也。得金剛心之謂應住心，得應住心之謂降伏其心。云何應住，得無所得也，住無所住也。無住何嘗有，生其心何嘗無。讀者以心學佛，毋以口學佛。於泡影見無住，不於無住見斷；於金剛見常住，不於常住見常。斷常雙遣，人法兩空，豈不到彼岸與諸佛同登安樂哉？

嘉慶元年歲次丙辰臘月望日，述甫孫念劬謹識。

——《金剛經彙纂》卷首

般若心經彙纂自序

〔清〕孫念劬

《心經》辭寡而道大，言微而旨深，實衆生長夜之明燈、諸佛之慧命也。參之而得其旨，則宰制一身，統馭萬變，自利利他，入世出世，無所不宜。究其關鍵，在"照見五蘊皆空"一句，爲全經之扼要。大抵道之不明，心之難治，總根於我相。如來知我相之毒害甚大，故即一性而開色心，即色心而開五蘊，即五蘊而開十二入、十八界，且詳之爲十二因緣。究其指歸，不出色心二法也，而心法之精，則以智得俱無爲究竟。奈凡夫無識，輒云佛教空虛不實，不知佛法乃真實不虛。蓋所言正欲去愚迷之虛，立本性之實也。所言之空，乃相空耳。所存者，本性也。性相不明，執諸幻相，遂愚及世人，禍及今古，恣情縱識，飄淪苦海，出没無常，改頭換面，横豎毛羽，寧有已哉？所以我佛欲人去愚迷之虛，立本性之實，説法指示，密譚實相，心光不發，則性海弗澄。心非異功，經非異教，以觀照爲宗。而歸於智得俱忘，則真實了義也。夫見地明而不修觀行，何異有田不耕！觀行不修，必致心有罣礙，不得自在，無明熾燃，情識固結，而本有之智光埋没盡矣。念劬早參教乘，幸未沉落坑塹，黑頭俄白，悲境奪歡，静溯平生，宛如一夢。纂録此經，不覺涕泪横集。雖來日苦少，猶欲痛自鞭策，於末路而一拔長劫之情根焉。是編之纂，廣搜博采，亦久歷歲時。理精説備，觀者玩索而熏習之，不無小補。與《金剛經》并刻，募印五千零四十八卷，用廣流傳，以不負我佛慈悲普度之意。三教聖人，皆未外心以言教；無量衆生，皆可因教以成功。讀者因教明心，轉諸識以成正智，空幻相而悟真宗，即心即佛，真常無礙，妙覺圓明，尚何有苦厄之不度哉！

乾隆五十九年歲次甲寅七月朔日，述甫孫念劬謹識。

——《般若心經彙纂》卷首

宗統編年序

〔清〕許之漸

經，明道之書也；史，記事之書也。經通則人心之義理斯見，史達則古今之得失有徵。合而兼之者，其唯《春秋》乎？孔子當周室衰微、乾綱解紐之際，慨然以斯文爲己任，就魯史而寓王法，叙倫敦典，褒德貶罪，而善以勸，惡以懲，其志存乎經世，一筆一削，功等於抑洪水、驅猛獸，而其大意，則主乎正人心術，此《春秋》之經兼史，而爲聖賢傳心明道之要典也。"吾道一以貫之"，大要不出忠恕，能盡己之心，推己之心以及人，而大道不行、天下不治者，未之有也。一貫之旨，吾夫子實於洙泗杏壇，一花拈出，而西方聖人之教，吾夫子亦未嘗不先逗其機也。列子述商太宰問聖於孔子，孔子以博學多識自居，而不居於聖；於三王五帝，以任仁義智勇稱之，而弗知其聖。及宰駭問，乃動容曰：“西方之人有聖者焉，不治而不亂，不言而自信，不化而自行，蕩蕩乎，民無能名焉。”以今觀之，西方聖人之教，吾夫子蓋嘗先逗其機也。天地民物之間，古今升降之際，必有厥終厥始，而究極指歸，世教存而不論。蓋人道參天位地，而不可語於範圍之外者也。然朝聞夕可之言，夫子深切嘆之，而夫子之言性與天道，如子貢者，尚且嘆爲不可得聞，則今之凡得聞於吾夫子者，皆夫子之文章而已矣。嗚呼！世愈後，道愈微，而一貫之旨，幾何其不悖謬也！西方聖人之教，該攝恒沙，詳周法界。慈雲旦聚，廣被無方；慧日晨躋，光明亘遠。蓮河葱嶺，曷勝象負之書；鹿苑竹林，未罄龍藏之典。自祖衣東被，繼佛履西游。粤溯淵源之人，豈無紀載之傳！然而各述宗風，譜系或淆近遠；并垂語錄，流行莫識後先。所以學海波瀾，游之者罔臻閫奧；宗門關鍵，探之者罕辨修途。自非心源泉涌，智辯雲飛，何以尚論千秋、提衡兩端者矣！夫椒祥符和尚，德齊龍樹，才擬馬鳴。髡髦游刃於儒門，肯綮奏刀於法苑。神應不窮，辨濟鹿馳羊之小學；智通無累，按鷄園猿沼之真燈。發廣大心，示真實語；拈微妙理，開方便門。會佛祖以成書，作吾宗之信史。續慧燈於迦葉，以火傳薪；結法集於阿難，持瓶瀉水。因時記事，貫一部十七史之菁華；紀月編年，矜二百四十年之筆削。信矣法門龍象，良哉方外《春秋》！道洽大千，使聞未聞者忽省雷音之旨；化均百億，俾見未見者欣瞻滿月之文。貝葉翻風，甘露彌於識種；寶華注雨，慧水溢於身田。闡教脂那，接引之方無量；疏源身毒，利濟之益靡涯。豈特從上諸方，鵝王標其髓液；將使九流百氏，列派盡以朝宗。儒釋不背而相資，理事各適以爲用。人心既正，大道自明。其與六經諸史，互相表章，當來之金篋，末法之寶炬也。恭惟今上皇帝陛下，聖學天縱，宣作君師。皇極懋昭，彰同文於千古；宸猷允塞，垂至化於萬年。金輿玉軸，一統輯告成之書；華袞威鈇，群賢纂前朝之典。洋洋乎光輝盛大之日，濟濟乎名教興隆之時，而《宗統編年》際斯成就。文章黼黻，於以藻飾太平；心法宗風，將來綿亘治運。寧唯紙皮筆骨，藏名山而俟後起；行見刻木鑄金，布國門而質大方矣。不避衰悴，歡喜敬序。

　　皈依三寶弟子七十八老人許之漸法名濟霑頓首謹撰。

——《宗統編年》卷首

宗統編年後序

〔清〕陸鼎翰

　　《宗統編年》三十二卷，國朝祥符釋繼蔭撰。蔭字湘雨，號宙亭，又號損園，嗣卑牧謙，住祥符。康熙二十八年，聖祖仁皇帝三次南巡，召見行在，契旨，嗣屢詔入都，賜御書「神駿」二字以易寺名，并「水月禪心」額，又御製詩一首，御臨諸家書賜之。蔭皆恭摹上石，以識恩幸。迄今雖寺屋毀敗殆盡，而奎章聖藻巋然獨存，當時毗陵諸山大德，莫能方其寵遇。蔭少通儒術，深得文字三昧。脫白龍溪，遍參釋乘。謁退翁儲於靈巖，得授記莂。退翁爲三峰藏得法弟子，道價傾海內。蔭承心印，聲譽大起，以其餘爲古文辭，與勝國諸遺老相唱和，一時有齊己、貫休之目。嘗以佛祖紀綱，宗師血脉，歷數千年來，紀述之家，或體例未精，或徵采踳駁，未足爲千古正傳。退翁嘗欲著《法苑春秋》而未果。蔭因博采經史釋乘，一仿朱子《綱目》體例，斷以周昭王二十二年我佛降生爲始，迄國朝康熙二十八年，曰《佛紀》《祖紀》《五宗紀》。其自明萬曆四十三年以後，諸方之出處，附書年甲之下，曰《略紀》，以俟後之宗統定而詳系焉。上下二千六百四十年間，紹述宗風之次序，授受法印之機緣，備及朝政廢興之有關釋氏者，淹貫翔核，融儒釋爲一貫。正其謬，闕其疑，自爲注以發明之，謹嚴一遵史法，固法苑之龍門，而緇林之實錄也。書成，表上之朝，許青嶼侍御之漸爲刊板，序而行之，板藏瑪瑙寺仰山西房。當時以天童、三峰二世互相成褫，開悟來學。厥後子孫各立門戶，分左右祖。論者又以三峰子孫尊父巘祖，多不直之。蔭雖三峰的裔，而中立無所倚毗，故是書不甚流傳。然其語臨濟宗旨，至明神廟而後，已同淪墜，非天童無以見臨濟之廣大，非三峰無以見臨濟之精微。旨哉言乎！此誠正知正見，傳之後世而昭昭靈靈，自有不得而泯沒焉者。粵匪之亂，是書板片蕩焉無存。吾郡天寧鳧廎上人訪於神駿寺，僅僅得一部，已於殘編斷簡中，湊集成帙，幸無缺失，亟謀重付剞劂。嘉善陳仲泉清玉、仁和許息庵樾身，慨然出資助成之。當夫世風刌弊，祖道浸衰，九鼎單絲，不賴有淹通宗匠宏宣綱要，其何以謂人天眼目哉？鳧廎之亟欲流傳，與蔭之著述是書，固同一發明現成公案者也。蔭之住天寧，嘗重修正殿，太守于公琨爲之記事，在康熙三十一年，固嘗有功於天寧。今鳧廎於二百年後重爲流通，亦力闡綱宗之一大機緣也。印用聚珍板，易於訛舛，遂并原本之誤，爲校刊記附焉。

　　光緒十有三年夏六月，毗陵雅浦居士陸鼎翰識後。

——《宗統編年》卷末

荆川先生稗編序

〔明〕茅　坤

　　荆川中丞公沒，予過吊其家，訪其遺文，間得公所爲《左》《右編》與《文編》《稗編》者之序。已而督府胡公宗憲則梓《左編》，予覆之，蓋按春秋、戰國以來傳記而纂之者，然其傳記或甲乙相互見，而公則并按名氏而衰係之；或傳記所不載而公復自他書旁采之。況一切出於故本，幅裁句裂，甚且字飣，而非由公之手自摹畫者，故其書多訛與複而無次也。已而門弟祭酒姜公寶則梓《文編》，予覆之，亦按春秋、戰國以來薦紳學士所著之書，及其碑、銘、序、記、書、疏、賦、頌、箋、檄、誄、冊諸文，上下千六七百年間，可謂勤矣，然竊疑其遺缺數多，即及撮而錄之，抑未必盡合古作者之旨也。頃之，予倅一相復得左所梓公《稗編》者，僅什之三。已而復得公所嘗三脫手稿者，而稍稍群諸兄弟及他友人，合校凡什之七而終始之。刻既成，予覆之躍然。蓋公生平所最鑱刻者六經，所欲以經世自表見者六官，故其參相考次爲獨詳。然六經所研者理也，六經所不能盡，公則條次之以諸家之學，曰法、曰名、曰墨、曰縱橫、曰雜、曰兵、曰農、曰圃、曰賈、曰工、曰天文、曰曆、曰地理、曰理數、曰術數、曰醫、曰道、曰釋；又次之以文藝，曰史、曰詞賦、曰文、曰書法、曰畫、曰古器、曰琴、曰射、曰弈。六官所考見者治也，六官所不能盡，公則條次之以天下之大，曰君、曰相、曰將、曰謀、曰諫，曰政、曰后、曰儲、曰宗、曰戚、曰主、曰宦、曰幸、曰奸、曰篡、曰封建、曰鎮、曰亂、曰夷、曰名世、曰節、曰俠、曰隱逸、曰烈婦、曰方技，末復終之以曰吏、曰户、曰禮、曰兵、曰刑、曰工。衆或訾公所次諸家最爲龐雜，農、圃以下，不必零及賈工，甚且牛經、魚經、木經之屬；術數以下，不必零及讖緯、太乙、六壬、星命，甚且雜占、日夢、巫相之屬。所次文藝、書法以下，亦不必零及畫與古器、射、弈之屬。以予考之，《易》曰"聖人仰以觀於天文，俯以察於地理"，又曰"觀乎鳥獸之文，以通神明之德，以類萬物之情"，則天地之間由跂行而喙息、而蠕動，甚且一草一木、一瓦一礫，其微眇之至，未始不本之天地之成變化而行鬼神者。即如所謂諸家之龐雜而或相潰亂，予固不能必其盡無，而亦不敢遽謂其并醇乎道，然要之探賾闡幽，庶幾古所稱博物君子者，特存乎讀之者何如耳。公不云乎"善學者由之以多識蓄德，不善學者由之以溺心而滅質"，故公亦自名其書曰《稗編》。《稗編》云者，蓋按莊生所謂"道在稊稗"而言之，而不敢自謂識其大者，有以也。惜乎公之編次雖勤，而自爲折衷其至，猶未之考見云耳。豈古所謂嘗有志焉，而日不暇給者乎？然較之唐宋以來杜氏《通典》、馬氏《文獻通考》，及章氏《山堂考索》諸書，什且百之矣，覽者當自得之。

　　萬曆辛巳夏四月望日，歸安鹿門茅坤撰。

——《新刊唐荆川先生稗編》卷首

堯山堂外紀序

〔明〕龔三益

余蓋與仲舒偕舉于甲午云。余無似，每事必請仲舒，仲舒亦爲余傾倒，不少吝惜。當是時，余與周幼諧氏莊事仲舒不啻先進，仲舒飯亦飯，行亦行，止亦止。仲舒每小憩，輒呼逆旅主人："有何古迹？何形勝？名碩云何？奇事云何？"隨所指而走，荒臺斷碑，苔封蘚鎖，傴僂披拭捫摸。余兩人偃蹇卧游，曰："吾其道聽乎！"黃粱父熟，仲舒蹁躚而至，則相與詮述其事。目力所窮，足迹所到，一過不忘。雖風雲魚鳥，人每四讀不能得，仲舒飛覽得之，歷歷皆可覆誦。飯罷，援筆覼縷，衷以舊聞，間綴一二語于其末。如是累月，蔚然成帙。余時時從巾箱竊窺，曰："《虞初》《語林》之流亞乎？"顧咤幼諧，幼諧曰："仲舒志之有年矣，獨不聞所謂《堯山堂外紀》乎？"堯山者，仲舒之奚囊也。余聞之，靡靡以醉，抵掌上下，連日夜不休，盡得其扃匣并少小零丁艱苦、支吾員贔、太夫人暨伯氏春父纜綣篝火映燈滲酒狀，未嘗不恍然自失。古之質行君子，篤學不倦，何以加焉？仲舒曰："余不肖，坎壈萬狀，以有今日。此生精力緒餘以應制科，大指乃在著述。咄咄腐鼠，何能輕重余？余固有所以自重已。"遂相携入試。余三人皆下第歸。歸而仲舒行前轍不衰，搜奇剔怪，即詒誚嗜痂，恬如也。無何，余稍稍先仲舒鳴，仲舒或歷落未偶，顧愈益感奮揣摩，悉出匣中書，則爲《堯山堂外紀》者存焉。因拈以付梓，梓成視余，余受而卒業，曰："噫嘻！此亦何必減《説苑》耶？余觀左氏、司馬氏，自昔號能文章，乃其論述前人行事，纖悉瑣尾，蔑不畢備，一切使酒罵坐之態，搖手附耳之談，具爲纚屬點流，令千載下讀之，凛凛猶有生氣。且文章家縱橫不測，大小互證，觀者第自得之，然則傳神寫照，政在阿堵，夫安得以尺璧寸璣而遽謂玄圃不足搜也？當代楊用修、王元美皆好網羅遺軼，點綴情致，令人絶倒。是編也，余竊謂該洽似用修，組綉似元美，而滑稽風雅不啻過之。"余猶憶偕計時，宿雅素館，與仲舒劇談浮白，漏下每十刻，主人告釀竭，問之，則涸一甀矣。歲時藏鈎探局，徵歌選伎，仲舒把卷吟賞，人人飽所欲而去。用修在滇，淋漓醉墨，歌者售之，輒獲兼價；元美、于鱗之會，每螯而盡一石。余觀仲舒把臂入林，比讀兹紀，乃不載此二事。吁嗟乎！豈猶不欲示人以朴也耶？余且補而入之，以貽好事者。

萬曆丙午人日，年弟龔三益仲友父題。

——《堯山堂外紀》卷首

堯山堂外紀叙

〔明〕吴 奕

聞之"六合之外，存而弗論"，又云"一事不知，儒者所耻"。故蜂蜜而中邊皆甜，何歧内外；鳶魚而上下必察，罔别洪纖。況苞蕹時滋，寧遺汲塚；羲繩代謝，不棄黄圖。然仲尼約之寶書，馬遷鳩諸國史，鈎探纂會，又詎可缺如也？乃儒家老生，拘方泥遠，謂非吾博士掌故，擯之不談，咈哉！余以爲外史之不可廢者三：紘綖之外，孰非天地？龍漢以前，孰非古今？世徒溯鴻濛於吴、顓，窮亥步於幅員，量彭殤而較贏朒，則十岳所表不過萬餘里，道山所著不越三千年，何異太倉一稊、太初一瞬耶！倘耳目不逮，學窺未周，而遂概之曰幻人之所譸張，碣石之所籠罩，則彼《洞冥》之經、《拾遺》之記、《路史》之臚傳，何不付之祖龍之焰乎？誠謂驗貳負核騄牙東方天禄之博不可蓋也，則外史之可以存遺而窮化也。裒集百狐，翠寧一羽？故皇覽殿書，華林悦性；摇山寶海，藻繪驚心。況壤域之各異，則章甫不用于禹；職貢之爲阻，則重譯始達於周。此子雲所以載筆問方言，而漢庭之黄衣虞初所爲紀郡國之稗官小説而述之也，可以資文而贊治也。德虧小物則不成，道眛邇言則不明。莊生不云乎？道在瓦礫，在溺遺。何其靡也！然滄浪之歌徵訓于自求，泰山之哭悟言于苛政。不惟是也。彼禪那之逗機，每得于微言之巧中。故倡歌于樓臺，結襪者有無心之悟；雞飛于欄楯，聞聲者解小玉之詩。言苟會心，何處不感，可以畜德而契道也。庶幾錯綜文苑，不徒鼓吹《説郛》而已。余友蔣仲舒氏，學富炙轂之奇，才高擊鉢之敏。聿自綺歲，雅志編摹。意覩則登，弗拘雅俗；迹同斯筆，不問古今。如開武庫，五兵隨所用之；似張錦機，百綵惟其聚矣。名標外紀，猶慚小道之觀；繫曰堯山，厥有終身之慕。出諸烟燼，寧無呵護者乎？余以十年慨想，一日落成，遂喜而序之，非敢爲仲舒解嘲也。

萬曆丙午春朔，友弟吴奕書。

——《堯山堂外紀》卷首

陔餘叢考序

〔清〕吴錫麒

夫良弓九合，斯稱巨黍之名；大樂六成，乃著總干之象。故蘇世之學，兼蓄乎支渠；載道之文，不局於矩步。履豨削鐻，能助方聞；考縷刻麻，胥歸淳制。用以盧牟往載，被飾前謨，聚大魁而爲笙，結春芳而崇佩。若雲崧先生者，其今世之深寧叟乎？先生味道之腴，食古而化，三長兼擅乎史氏，九能可以爲大夫。凡夫斗簡觚編，龜枚鳥卜，天儀軌象，地節堪餘，《凡將》《元尚》之篇，乘方割圜之術，以及青囊之秘策，黄石之内書，莫不星宿森羅，雲霞凱霽，同撐腹笥，妙決言泉。東王投千二百驍，但聞天笑；侍中奪五十餘席，誰及瀾翻。於是奏罷《長楊》，便隨羽獵；吟餘紅藥，更上蓬萊。坐第七車，承玉音之問答；給尚方札，作官樣之文章。豈不論可粲花，口將吐鳳，而乃一麾出守，數載從軍。參上將之韜鈐，騁書生之筆舌。斯時也，大旗日落，萬馬無聲，古塞雲屯，荒燐四起。盾鼻磨墨，弩牙發機。胸羅破陣之圖，翰灑洗兵之雨。直欲曲鳴桐鼓，碑借崑崙，固未暇覦縷陳編，鑽研舊業，密爾自娛於斯文也。士各有志，水亦知歸，乍釋戎容，遽懷初服。雖福星一道，冀慰蒼生，而壽母七旬，敢違白首？鱸魚有味，蕿草忘憂，岫幌依然，楹書無恙。爰於愛日之暇，彌勵惜陰之心。七層支白傅之陶瓶，十手佐蘇公之筆錄。源通河漢，環流太極之泉；藥合刀圭，高築軒光之竈。郵能考異，契乃參同。萌柢百家，喉衿群籍。成《叢考》四十三卷，標以"陔餘"，紀實也。今夫土夫木伯，俗見易營，而守經者非之；《折楊》《皇荂》，里耳傾聽，而審音者笑之。自《志》別九流，書沿五體，語焉莫知所本，述者但撮其文。遂至朱紫相淆，焉烏失據。黃車使者，小說托於《虞初》；白水真人，部居失乎《漢紀》。使非擊麟皮之鼓，岩處同宣；燃鳳髓之燈，昏衢畢照。正恐佩無迷穀，寶但康瓠，誰復登道筏而溯洄，仰謨觴而斟酌乎！先生以茂先之博，濟公彥之勤，以夏侯之穎門，衍江生之師法。經疢史恙，洞中其支蘭；書雋言鯖，各飫其滋味。每伸一解，則吻縱濤波；或下一籤，則意窮冥漠。貴游畏其折角，時輩聽之解頤。斥憑虛公子之辭，傳公是先生之記。拈毫獨笑，弄墨忘疲。滄海瀾回，入尾閭而競納；泰山雲起，積膚寸以成奇。即此一編，已堪千古。麟水端莫見，宙合難窺。乃以鴻筆之如椽，下付鮛生而作序。歸田可樂，正將山水從君；記事有珠，先以光明照我。愧讀書未能見道，失已東隅；喜問字特許叩門，禮應北面。自忘蠡酌，願附驥旄。如謂公袞之才，尚堪俳偶，長謙之業，亦有條抄，則梔貌僅存，蓬心未洗，是猶棘林螢耀而與夫樠木龍燭也。

乾隆五十六年辛亥四月望前三日，同館後學吳錫麒拜纂。

——《陔餘叢考》卷首

曉讀書齋雜録序

〔清〕奕　經

余昔蒙恩在上書房讀書，得問業於張牧村、洪北江兩師。時雖髫齔，亦知親炙名賢為幸。北江師尤勤於著述，講讀之暇，每與吳穀人、張船山諸先生飲酒過從，訂證經史。當酒酣耳熱，論列上下千古間，窮日夜不厭。迄今雖閱四十餘年，追憶其言論丰采，不啻前日事，故序先生之遺書，猶依依在函丈旁也。先生以文章氣節震耀海內，其詩古文詞及《乾隆府廳州縣圖志》

等書久已風行遐邇，家有其書矣。此《曉讀書齋四録》八卷，皆考訂經史疑義，隨手所札記者。其精核通博，與顧徵君《日知録》、閻徵君《潛邱札記》諸書，足以抗行千古，而尤所致意者爲訓詁、地理，蓋先生於二者固爲專門絶學也。是書爲先生幼子子齡孝廉所手録本，藏之篋衍有年。今先生族子子香參軍，始刊而行之，表章前哲，嘉惠後學，厥功甚巨，海内固當爭先而快睹矣。余頃奉恩命視師海上，道出平原，其行館即爲牧村師故宅，因得謁其家祠，讀其行述，爲低徊者久之。及舟次毗陵，深以未獲一謁先生影堂爲憾。今幸得此編而爲之序，雖學業無似，不克如房、杜諸賢，上紹河汾之傳，然得於師門裏編校之役，亦生平之幸也。子齡嗜學能文，於地理之學亦能窺見其堂奧，善繼善述，余能無厚望也夫！

　　欽命揚威將軍、協辦大學士、吏部尚書、受業宗室奕經拜序。

——《曉讀書齋雜録》卷首

炙硯瑣談序

〔清〕趙懷玉

　　吾友湯君緯堂，少有奇氣，未冠即以詩文名。凡圍棋、握槊、六箸、二弈、絲竹、曲解之屬，世競慕尚，以爲非是不能諧於時者，君悉泊然無所好。友朋過從之外，仰屋著書，雖歷宰繁劇，案牘雜陳，未嘗一日輟業。晚官海外，無書可觀，省記所及，纂《炙硯瑣談》十二卷、補遺一卷，考鏡是非，揚挖風雅，人有一辭之善，輒采録之，發潛闡幽，非徒鈴説已也。乾隆五十一年冬，賊起臺灣，鳳山失守，君仗節死事。越二日，賊舉縣治卷籍，將雜燒之，時君所親王子承松避難縣民吳世芳家，以賊於居民不甚疑忌，屬世芳竊取付君門生吳克達匿去。及鳳山再陷，克達全家它避，賊始取爲然火之炬。蓋閩中造炬多擘紙纏竹，傅之以膏，使易然也。事平，克達歸檢之，僅存第十卷，其補遺一卷，則君生時乞華亭徐祚永點定，故免於燹。王子既携歸示予，復從里中得初集稿數帙，參閲之，删其複沓，釐爲三卷。念卷帙太簡，若令孤行，恐仍湮没，欲附歙縣鮑君以文《知不足齋叢書》以傳。會其家多故，遲之兩年，未及付梓。辛亥冬，以文以其中尚可汰減，復寄稿商定。未浹旬，而以文家失火，所藏梨棗半付六丁，是書僅僅獲免，可謂幸矣。烏呼！古者文章忠義咸本志性，自末俗工於藻繢，岐立身而二之，遂有才華素聞、臨難苟免者，後世愛其才，未嘗不嫉其行。至於貞臣烈士，詞翰所貽，一鱗片羽，無賢愚并知保惜，則秉彝之好固未全爍於穹壤間也。況大節彪炳，近在吾鄣，平生撰述，幸而出自餘燼，再免於祝融回禄之灾，此冥冥中實有呵護存之者，不俾永其傳，非後死之責乎？諸人存書之功有不可泯，故并著顛末，以諗君之子孫。

乾隆五十七年春三月。

——《炙硯瑣談》卷首

合肥學舍札記序

〔清〕李兆洛

言爲心聲，信然哉！凡工於言者，未有不肖其心者也。惟其心肖之，則并其聲音笑貌，亦無不肖之矣。予最愛祁孫詩，每郵筒至，開緘誦之，不終篇，而栩栩然如坐祁孫於前而與酬答也。祁孫往矣，劭聞屬予序其詩，輒惝然於平生拊手笑言，偃仰悲嘆，閱不終卷，賫咨涕洟，不復可止，竟不能成。既又刻其所爲《札記》，寄予囑爲序，讀之，其聲音笑貌如見祁孫也。祁孫吐屬蘊藉，托意逋峭，雜座中或援引故事，或商確今古，祁孫談言微中，娓亹不倦，傾聽者厭心焉。《札記》之作，蓋編次其對客之語，及爲校官時所以語及門諸弟子者。中間多予所與聞，義理不必深微，考證不必精鑿，要是隨學力所及，平心易氣而出之，不爲矯亢，無有偏詭，足以引翼後學，於近人中阮亭《居易錄》最爲近之。夫一人所見，一時之言，豈必有當於道，而其中偶有一得，往往遂爲不刊之典據，故不可廢。如《居易錄》者，亦特其門生故舊因可見阮亭之聲音笑貌而存之已耳，而藉藉流傳耳目，遂至於今，固亦有取焉爾矣。予今有取於此書，亦以聲音笑貌所存也，況劭聞乎？其將來之藉藉耳目間與否，則亦視乎後之人也，予與劭聞俟之而已。

李兆洛序。

——《合肥學舍札記》卷首

遁齋偶筆序

〔清〕徐家杰

國家所與治民者，良有司耳。有司爲親民官，爲牧、爲令，上者守民事，無一不重，而訟獄爲尤重。堂皇判決，是非皎然，善知勸，惡知懲，而人心風俗默爲轉移矣。一或蔽於昧、蔽於惰、蔽於私、蔽於自恃，而不能虛衷以研之，獄之成也，是非失實，譸張者逞志，馴良者吞聲，而陰爲構煽蠱惑者，益肆其技而無所憚。治獄之得失所繫，綦重如此，而況讞關人命，出入尤巨者乎？余讀《遁齋先生傳》及平反湯溪鄺十九案，而不勝慨然也。先生守金華，廉知是獄，鞫得實，歡聲騰閭巷，以爲神明，然竟以是失上官意去職。夫仁人之用心，其勤民立事，豈以仕途亨屯爲芥蒂，而司察吏者乃徇一偏之好惡，而人才沉抑，不亦重可嘆哉！余宦游山左有年，得交先生來孫愷軒，藹如醲如，久而益敬。因出所刊先世遺集《遁齋偶筆》《畫溪詩集》，先生作也。《陽湖縣志》先生傳附焉。《小有齋自娛集》，先生子陶村公作也。先生改官後令山左曹縣，曹人尸祝至今，而陶村公茂於學，主講席，及門多顯達，蓋先世著述甚富，兵燹之後，此其僅存者耳。先生父子既仕學發聞，而其所著詩古文辭暨彙記各帙，膏沃聲宏，精采爍露，蘊之淵，斯抒之卓，於以知文以載道，輪轅非可虛飾，而出處一貫，當思其所由來也。爰就管見謹識數言，固陋之譏，知不免爾。

　　光緒七年歲次辛巳秋日，宜興宗後學家杰拜撰。

——《遁齋偶筆》卷首

巽繹編序

〔清〕趙懷玉

　　張平子《西京賦》云："小説九百，本自虞初。"列於班史《藝文志》者十五家、千三百八十一篇，蓋諸子之支流，稗官之所出也。厥後代有作者，其書滿家，如經史大端，街譚巷語之委瑣，往往雜收之，體例至寬，莊雅間出，雖見淺見深，視其人之所自得，而陳善遏邪，軌於名教，無戾立言之旨，則古今作者所同也。楊君敬之家世通顯，久客廣交，耳目聞見，手輯《巽繹》一編以示，曰："吾非敢爲無益之言，取悅庸衆。巽而語之，期人之能繹而已。"自先世之遺範，及當世士大夫之言行，近而至圭閫，幽而至鬼神，靡不載錄，大都可喜可愕，讀之唯恐其盡也。嗟乎！世之厭棄莊語也久矣，進仁義之説則訾爲迂，陳廉恥之坊則目爲矯。明明痼疾，而不知藥石之可貴，與其危坐抗聲，日敝其舌而無益，曷若主文譎諫，求人所樂聞者善爲陳之，使人始而欣然浹，繼乃瞿然思，終且翻然悟之爲得耶？《説卦》曰："巽，入也。"風象也。風合萬籟之聲以爲聲，而初不自名其何聲，雖一隙之微，靡所不入，施之者無容心，受之者不逆耳也。是編之出，苟皆尋繹其意之所在，勿以道聽塗説忽之，則管子所謂"集於顔色，知於肌膚"，灑乎可以收效天下，豈徒益賓座之談資、博藝文之著錄已哉？編之目：曰述錄，曰撷談，曰誌聞，曰説異，凡如干卷。

　　同里趙懷玉拜撰。

——《巽繹編》卷首

毗陵見聞録自序

〔清〕湯健業

　　毗陵爲東南望郡，自宋元迄明，名賢輩出。我朝統御中夏，列聖相承，摩義漸仁，百五十餘載，其中宰執卿尹、鼎科甲第，蟬聯鵲起，諸巨公文章經濟，彪炳寰區，懿行嘉言久已上之國史，載之邑乘。余渺焉小子，何敢以後起之顓蒙，妄談往昔！顧念故老傳聞，足資談柄，閭閻逸事，可廣見聞，并有潛德幽光，隱而未發，僉壬邪慝，伏而未彰，耳既有聞，目亦共見，閱時既久，所積較多。昔先世父山漁公晚年嘗欲作《毗陵觚不觚》，因循未果。余學植荒落，何能仰望山漁公肩背！今亦老矣，浮沉西蜀，忽忽二十餘年，鄉里典型半歸物化，若不乘此耳目未衰，急爲表白，恐致湮沒無傳。甲寅、乙卯間，適下榻節寓，公餘之暇，爰撮垂髫及今之所見聞，并載籍之所流傳，共得若干條，厘爲八卷，名曰《毗陵見聞録》，命意事録以成帙，付兒輩收藏，庶幾“維桑與梓，必恭敬止”之義。若云著述，則吾豈敢！

時乾隆六十年歲次乙卯仲夏，武進湯健業序。

——《毗陵見聞録》卷首

毗陵見聞録序
〔清〕嚴士鉉

余與毗陵湯司馬蒔芥及令嗣葭村明府先後同服官於蜀，紀群之交兩世矣。司馬閎覽博物，有幹濟，以經術從政有聲，余爲牧令時，得瞻治譜久矣。明府以軍功繼起，克紹前徽，余亦以監司從戎，踪迹又相類也。明府宰璧山，余忝奉川東觀察使檄，同舟共楫，交益親。見其廉潔自守，勤於吏治，有先人遺風，彌慨想司馬不置云。明府手一編示余曰：“此先人所著《毗陵見聞録》也，皆一時文獻之徵，可備志乘所采擇，乞弁數語於簡端。”余受而讀之，多識前言往行及山川風土、人情習俗，甚爲賅洽。大率仿《西京雜記》《汝南先賢傳》諸書體例而成，序事簡核，謹嚴有法度，益嘆司馬之留心掌故，讀其文，可知其爲政矣。因念司馬仕蜀二十餘年，明府繼之又有年，兩世相傳，政績勛名，卓有可紀，其所以增毗陵文獻之光者尤多。後之人倘踵而輯之，不徒以廣見聞也，則是編非無故而作矣。因述交誼始終，作書顛末如右，覽者勿以瑣言碎事視之，庶乎其可。

道光辛巳陽月，南徐嚴士鉉識。

——《毗陵見聞録》卷首

説蠡序
〔清〕劉可培

説部之由來尚矣，經史而外，凡諸子皆濫觴也，而《戴記》中如《檀弓》《雜説》等篇，其星宿海乎？唐宋以來，作者林立，類皆傳逸事、昭法誡，言中有物，即單辭片語，均足令人意消。此説部之所以不可廢也。迨至近世，源遠而末益分，或炫博矜奇而不軌於道，或質直俚鄙而不麗乎文，薄者若歠魯酒，濃者亦如餐漏脯耳，蓋說之名存，而說之實亡矣。同邑吳明府伯升以俊上不羈之才，未竟其用，僅以明經出宰劇邑，繼由閩南移旆來豫，政尚嚴明，豪强斂迹。公餘之暇，以著述爲事，凡耳目所及，心有會悟，即疏而記之。侵久成帙，題曰《說蠡》，蓋緣創始於閩中近海之邑而名之也。辛酉歲，余僦館夷門，適伯升明府自魯山釋篆來汴，過從無間，因得全豹而窺之。心折其運筆峭勁，語簡而味腴，深得柳柳州《三戒》遺意，亟勸授梓以公同好，且謂之曰："是書也，詼諧之中寓懲勸之旨，其傳世行遠，不知視古作者何如，而較諸近時噂沓穢瑣之書，則似有間也。譬如長筵廣席，甘肥濃脆，霧沛雲蒸，適得江瑶柱作羹以進，知味者必不投箸而起也。"伯升軒眉笑曰："有是哉！"爰命書之以弁其端焉。

時嘉慶六年歲次辛酉十月初五日，阮山愚弟劉可培拜序。

——《說蠡》卷首

談屑序

〔清〕姜　曾

武進馮君春皋夙負文名，八試禮部，俛得復失，僑寓西湖。予開春來杭，一見如故，各道疇昔。君嘗客潮，余久寓廣，又同滯燕邸。余去從軍，君歸游幕，俱交臂相左。兹見恨晚，隨出所著《談屑》讀之，其概見於朱序，而君自作弁言尤詳贍，余不必贅。姑論作者本意，與天下讀者共見之。君長僅中人，火色鳶肩，微髭拂拂，風度閑雅，而性傲岸，有不可一世之意。惟遇豪俠奇士、淹雅鴻才，輒吐肝膽如性命交。羞媚貴人，亦惡媚者，而微言冷諷，使之自化。文思敏捷，詩律尤細，與合肥李玉泉三人投契最深，相處未久，倡和成帙，聞余補注《五代史》，戲贈五代著作郎詩，見者推爲韵事。文采風流，英雄本色，即此隱見一斑矣。嗟乎！古今來賢否莫辨，曲直不分，理之所無，事之所有，不可盡、不忍盡者，可勝道哉！君以數萬里之經游，數十年之聞見，成此四卷，擇精舉要，煞具苦心，即開卷之烈婦孤女、假兒微官，義在村丐，節著青樓，舉其小而大者愧矣，殆莊子所謂愈況愈下、道在虎狼之意耶？推之全書，莫非此意，又何礙說神、說鬼、說夢、說怪耶？否則，夏蟲井蛙之見，不足與語冰海矣。君促予序，瀕行，書此以報命云。

——《章圃文蜕》卷六

翼駉稗編序

〔清〕周儀顥

《翼駉稗編》八卷，吾友湯芷卿述其生平聞見，筆之於書，以備觀覽者也。嘗聞玄鳥降生，詩人形諸歌咏；蒼龍入夢，史氏據爲嘉祥。是則語類無稽，效東方之譎諫；言真有物，助北海之清談。意在斯乎，良足尚已。夫豆棚考古，籬落徵文，具有勸懲，皆堪垂戒。偶繙《楚杌》，亦自成騷；但托《齊諧》，何妨誌怪。鏡中得月，本是前因；胎裏藏花，無非後果。喻中之喻，味之而彌新；聲外之聲，聽之而益遠。况乎韓、蘇小品，屈、宋大家，或美人香草，別寄遐思；或棨戟雕甍，流連陳迹；或朋樽促席，各宣父老之傳聞；或旅館寒檠，獨摘嬋嬛之秘旨。要皆事多紀實，信而可徵，足開士女之心胸，藉啓顓蒙之錮蔽，則斯編之餉遺於斯世者，其裨益豈可更僕數耶？嗟乎！芷卿以肫摯之性，具淵雅之才。上之既不能揮魯戈，迴羲馭，留庭陰於廣廈，奉鼎養於中年；次之又不能趨玉局，步木天，執簡螭頭，揚言鳳苑。而乃僕馬蹭蹬，風塵激昂。皖麓看山，梁園折柳，崎嶇抑塞，蓋二十年於兹矣。歲在己亥，始以乙榜，出爲醴曹。訪勝竹西，采風淮左。借秋燈之叢話，寫宦海之羈愁。追溯當年，能無感喟？然而登元龍之樓，尚多豪氣；乘宗愨之浪，猶有壯心。拜真之期，既近於眉睫；買山之願，可補於將來。抑且進擁專城，大申凤抱。厝閭閻於衽席，同黼黻於太平。然後歸話桑麻，寄懷詩酒，招釣游之舊侶，檢曩昔之奚囊，出斯編而重訂之，豈不快哉！豈不快哉！

道光戊申九月，叔程周儀顥序於真州旅寓。

——《翼駉稗編》卷首

翼駉稗編序

〔清〕洪齮孫

粵自孟堅編史，稗官列於九流；劉勰論文，諧隱次於雜體。蟹筐狸首，登諸曲臺之篇；龍尾羊裘，輯於中壘之簡。不特妄言妄聽，爲蒙莊之寓言；説山説林，徵鴻烈之善喻也。然著録既繁，蘭艾紛雜：雕飾三五，如王嘉之《拾遺》；搜剔仙靈，如敬叔之《異苑》、葉紹翁之《録見聞》；誣杜蕢哲，梅聖俞之《碧雲騢》。矯立異同，有乖風教，識者鄙之。蓋緣秉筆乏澹雅之才，著書挾孤憤之念，秋士多感，冬心不平，有觸于懷，以文爲戲。逞淳于之譎詭，侈方叔之廋詞。螟巢睞而目論多，鼹入角而咄聞陋。遂使蛙鼠徒工夫稗販，狙玃空假於冠裳。以燈取影，蕪累或甚于秘辛；幻雪成山，雜俎難陳夫二酉。貽譏大雅，職此故也。若同年芷卿先生《翼駉稗編》一書，叢而有則，婉且多風，因物騁詞，如鏡察貌，借奇喻理，同月印川。其托興也遠，其儲思也深，而裨世教以益性天也，爲功甚巨。蓋其不可及者有數端焉：先生生於鼎族，早飫庭聞，當勝衣之年，值娛親之暇，徵軼事於梓鄉，侑循陔之蘭膳。涼生瓜架，手捧筍輿。騎竹馬而敷陳，博扶鳩之一笑。東坡說鬼，潞國掀髯；尺人寸馬，《宣室》縋幽；獺婿狸娘，《齊諧》誌怪。探鴛巢而取履，記仁凱之舊聞；烹羊胛而封殘，寫歸登之素嗜。以廣微之養志，效干寶而搜奇。舌可粲花，事皆徵實。此其不可及者一也。迨夫壯歲，挾策倦游，踪迹極乎燕齊，測交遍於沈宋。江山恣其模範，烟雨助其靈襟。周歷有年，搜羅益廣。剔蘚而石徵啓母，射蓬而柳幻元戎。防碑嵩少，衣蘿之山鬼；吹燈弭棹，洛川之解佩。而水仙抗袂聯吟，石鼎偏遇彌明。學劍荒岩，曾師猿叟，言雖有托，境實親嘗。此其不可及者二也。今者一官禺筴，近宦竹西。論鹽鐵于桓寬，佐轉輸於劉晏。廑念民俗，益寓勸懲。置鞍認騎，錄聰察于河陽；舉笏擊蛇，證剛方于道輔。驗杏核而還宵杯，可雪奇冤；誦枯樹而易漢陰，早知才彥。此則讀《晝簾》之緒論，可作官箴；閱《北夢》之瑣言，每通治術。非特書叢之菅蒯，實爲史乘之權輿。其不可及者三也。矧乎拔幟名場，久都文譽，學通五際，才擅九能！雖敬禮之小文，具長卿之逸氣。尋李叟青羊之肆，句好如仙；應張鷟赤鳳之祥，丹能換骨。鼎堪鑄物，如披伯翳之《山經》；壁可成圖，似誦靈均之《天問》。神謄怪牒，筆之口若懸河；書雋言鯖，閱者各驚異味。此則披稗川之《雜記》，別具偉才；錄沈括之《筆談》，妙參醫律。詎等黃車使者，說著《虞初》；實同赤水玄珠，智周學海。其不可及者四也。力祛流弊，淹有衆長，文托稗編，義堪醒世，洵乎睹鳳片羽，已覽德輝；見豹一斑，能審全體者乎？余目眩寶山，心欽慈筏，用抒臆論，俾付手民。自愧薪傳，未繼《夷堅》而輯錄；君真作者，能紹《玉茗》之風流。聊矢一言，證之同志，覽者幸不以余爲阿好也夫！

道光戊申九秋朔日，年愚弟洪齮孫拜序。

——《翼駉稗編》卷首

山帶閣注楚辭序

〔清〕蔣　驥

　　世之知屈子者以《離騷》，然世固未有知《騷》者，即烏能知屈子。夫屈子，王佐才也。當戰國時，天下爭挾刑名兵戰、縱橫吊詭之説以相誇尚，而屈子所以先後其君者，必曰五帝三王。其治楚，奉先功，明法度，意量固有過人者。《大招》發明成言之始願，其施爲次第，雖孔子、孟子所以告君者，當不是過。使原得志於楚，唐虞三代之治豈難致哉？其中廢而死，命也。雖然，原用而楚興，既廢而削，死而楚亡，則雖弗竟其用，亦非無徵不信者比也。而世徒豔其文，高其節，悲其繾綣不已之忠，抑末矣。世又以原自沉爲輕生以懟君，余考原自懷王初放已作《離騷》，以彭咸自命，然終懷之世不死。頃襄即位，東遷九年不死，《漁父》《懷沙》岌岌乎死矣，而《悲回風》卒章所云，抑不忍遽死。何者？以死悟君，君可以未死而悟，則原固不至於必死，至《惜往日》始畢詞赴淵。其辭曰"身幽隱而備之"，又曰"恐禍殃之有再"，蓋其時讒焰益張，秦患益迫，使原不自沉，固當即死。死等耳，死於讒與死於秦，皆不足悟君，君雖悟，亦且無及，故處必死之地而求爲有用之死，其勢不得不出於自沉，而因而著之曰"介子忠而立枯兮，文君悟而追求"，明揭其死之情，以發其君之悟。嗚呼！若屈子者，但見其愛身憂國、遲迴不欲死之心，未見其輕生以懟君也。吾故曰世未有知屈子者。雖然，其原實始於不知《騷》，蓋《離騷》二十五篇，所以發明己意、垂示後人者，至深切矣。而或眩於章法之變幻，則無以知本旨之所存；昧於字義之深隱，則無以知意理之所在。不能研索融會於文之中，旁搜博攬於文之外，則亦無以知其時地變易，與命意措詞、次第條理之所以然，是以《大招》《招魂》皆以爲非原作，而諸篇之先後亦茫無所考。至其章句之間，或以鹵莽而失之略，或以穿鑿而害其辭，吁可惜哉！予於戊子夏，始發憤論述其書，顧以束於制舉，困於疾病憂患，貧賤奔走，時作時輟，六閱年始成。凡訓詁考證，多前人所未及，而大要尤在權時勢以論其書，融全書以定其篇，審全篇以推其節次句字之義，故雖文之漫衍俶詭，而未始不秩然可尋。雖世之幽略無所考，而懷、襄兩朝遷謫往來，未始不犁然若示諸掌上。其説或不免爲人之所駭，而一求乎心之所安。世之學者，因注以知其文，因文以得其人，則豈惟舒憂娛哀於百世之上，將百世之下聞風者亦有所興起也。

康熙癸巳七月之望，武進蔣驥涑睫序。

——《山帶閣注楚辭》卷首

山帶閣注楚辭後序

〔清〕蔣　驥

余老於諸生，逾三十年。場屋之苦，下第之牢愁，殆與身相終始。年二十三，得頭目之疾，畢生不痊，畏風若刀鋸，凡春花秋月、人世嬉游之事，概不得與。目力久乏，又不能縱情書史，此身塊然如贅疣。自念少時讀書課文，每爲時輩所推嘆，及老猶不廢學，亦雅知自好，不敢有負聖賢，不識何所獲戾而至斯也。生平詩古文詞，時有論撰，經史子集之書，評注者亦不少，率以束於舉業，牽於疾病，未獲成編。獨於《離騷》功力頗深，訂詁之外，益以《餘論》《説韵》若干卷。今雖訖事已久，然偶觀他書，有與《騷》相發明者，未嘗不筆而存之。古云熟處難忘，又云物各從其類，以余窮愁之身而沉没於《騷》，豈不然乎？甲午游京師，有睹是書者，竊議曰：“方今文教大行，苟從事經籍理學及詩章算術，皆可立致青紫。顧窮年畢精爲此凶衰不祥之書，奚取焉？”余是年九月有《書闈卷詩》三十首，其二十二云：“斜日增城虎豹嘷，玉虬蜷局駐靈旄。頻年注《屈》真成讖，贏得江楓識畔牢。”蓋有感而然也。嗚呼！丈夫負七尺之軀，覽千古文章政術，冀少有以自見。位不在己，則與空空無能者等。乃至稠人廣坐，面墙之徒鳴得意，論古今，變白爲黑，俯首唯唯，噤不敢發言。東方朔云“用之則爲虎，不用則爲鼠”，豈不痛哉！況復二豎馮陵，呻吟疾苦，時時閉置學婦容，造物困人，嘻其甚矣。年來精益消亡，病端蜂起，兼之憂患死喪，腐心摧骨，萬念灰冷，雅不喜爲仙佛之逃，《離騷》一編時橫几上，聊以舒憂娛哀云爾。意者澤畔行吟，真所謂凶衰不祥之書耶？抑余頭方數奇，命則處幽，重以累《騷》也？

雍正丁未，涑睫書。

——《山帶閣注楚辭》卷首

屈騷指掌序

〔清〕王鳴盛

吾友晉陵胡文英質餘氏博雅善著書，尤嗜屈《騷》，既斷取《漁父》以上爲正文，復益以《二招》，其餘則置不録。嘗慨王氏逸、洪氏興祖諸注紕扈甚多，即晦翁朱子捃摭雖勤，往往于考據訓詁猶疏，遂手自鈔撮，爲之解誼。食貧居賤，東西游走，輒携行篋中，采剟修改至三四過，稿始具。余讀其書，于地理名物考索最精，不爲空言疏釋，而騷人之旨趣自出，其有刊落舊說、別竪新義者，蓋必稽之往籍、按之目驗而後著之，未嘗苟駁前師譎辭胠說以相詆訐，從來屈注當以此爲第一家，質餘洵所謂好學深思、多聞博物之君子矣。按太史公及劉向論次，屈子于《離騷》外別叙餘篇，不以全書通目爲《騷》也。班氏則以屈子所自著者曰賦，王氏取衆家之依放者盡附之，故題曰《楚辭》。至蕭統始以諸篇皆謂之《騷》，劉勰《辨騷》亦然。此書題署，大氏從蕭、劉氏云。余獨疑質餘曩嘗刊《莊子》矣，兹又將刻《屈騷》行世，夫此二書者，皆余之所篤好，質餘爲人甚修飭，絶不類莊周放曠，而屈大夫者放逐煩懣，詞多鬱伊，若質餘則行高而心寬，伏處自適，彈琴咏歌，其閑居則嘿嘿然，行于道塗則循循然，夫何離憂之有哉？余不知其相感于百世之上者何義也，既爲題其端，又舉以訊之。

乾隆二十六年辛巳夏五月，西莊居士王鳴盛題于京師青棠館。

——《屈騷指掌》卷首

道鄉集序

〔宋〕李　綱

文章以氣爲主，如山川之有烟雲，草木之有英華，非淵源根柢，所蓄深厚，豈易致耶！士之養氣，剛大塞乎天壤，忘利害而外生死，胸中超然，則發爲文章，自其胸襟流出，雖與日月爭光可也。孟軻以是著書，屈原以是作《離騷經》，與夫小辯曲說、緒章繪句以祈悦耳目者，固不可同年而語矣。唐韓愈文章號爲第一，雖務去陳言，不蹈襲以爲工，要之操履堅正，以養氣爲之本。在德宗朝，奏疏論宮市，貶山陽令；在憲宗朝，上表論佛骨，貶潮陽守。進諫陳謀，屢挫不屈，皇皇仁義，至老不衰，宜乎高文大筆佐佑六經，粹然一出於正，使學者仰之如泰山北斗也。道鄉鄒公自其少時處閭里，游庠序，登仕途，其節操風流，已爲有識者之所推許。至元符間，職在諫省，適有椒房之事，抗章陳列，危言鯁論，聳動四方，遠謫萬里。及建中靖國間，召還侍從，又以直道不容于朝，再謫嶺表，而氣不爲之少挫。遇赦得歸，作知恩堂以居，奉其母，友其諸弟，教訓其子姪，欣然不知老之將至。所養如此，故其文章高明閎達，溫厚深醇，追古作者，有黼黻之文，有金石之聲，有菽粟布帛之用，信乎有德之必有言也。其子柄、栩集公平生所爲文，得古律詩、賦、表章、四六、雜著、傳記、序述及紫微制草，合爲四十卷，將鏤板以傳於世，求序於綱，義不得辭，且爲之言曰：國之治亂安危，存乎言而已矣。方嘉祐、治平間，上之所以求言聽納者既盡其道，下之所以獻言開陳者又中於理，上下交而志通，宜乎協氣嘉生，薰爲治平而不可跂及也。其後朝廷議變新法，言不便者接武竄逐，朋黨之論浸興，而士始以言爲諱。自紹聖、元符以來，遂無言者。當時臺諫具員，然類皆毛舉細故以塞責。甚者至於變亂白黑，顛倒是非，投時好以取世資，雖謂之無可也。獨公奮不顧身，犯顏逆鱗，論國事之大者于言路閉塞之時，號鳳鳴朝陽。然遷謫流離，屢瀕于死，而任言責者益自懲艾，不復激昂，習熟見聞，以緘默爲當然。至崇寧、宣和間，則又甚矣。燕山之役，國之大故莫重於此，臺諫熟視，未嘗有一言及之，馴致禍亂，四海橫流。使公是時猶存，居可言之地，其肯保位愛身，不一開口爲社稷生靈之計？雖三尺之童，有以知其必不然也。由是觀之，公之文章垂於後世，誦而讀之者想望風采，其仰慕爲何如哉！

紹興五年歲次乙卯三月二十一日，觀文殿大學士、左銀青光禄大夫李綱謹序。

——《道鄉先生鄒忠公文集》卷首

孫尚書鴻慶集序

〔宋〕周必大

大凡文人才士，少之時屈首受書，未能多閲天下之義理；壯則從事四方，志有所分；及其老也，血氣既衰，聰明隨之。雖有著述，鮮克名家，此古今之通患也。其或軼群邁往，賦才獨異，而復天假之年，磨淬鍛鍊，重之以江山之助，名章雋語少而成，壯而盈，晚而愈精，有若户部尚書晉陵孫公，蓋千萬人中時一遇焉。公生於元豐辛酉，當大觀、政和間，士惟王氏《三經義》《字說》是習，而公博學篤志如韓退之，謂禮部所試可無學而能者。第進士，冠詞科，筆勢翩翩，高出流輩。將及知命，靖康俶擾，爲執法，爲詞臣，旋由瑣闈歷吏、户長貳，連守大邦。其章疏制誥表奏，往往如陸敬輿，明辯駿發，每一篇出，世爭傳誦。紹興而後遭值口語，斥居象郡。久之，歸隱太湖上，捨蠻蜑而狎鷗鷺，去茅葦而友松菊。於是繙北堂萬卷之鈔，袖明光起草之手，默觀物化，吟咏情性。烟波萬頃，納之胸次，風雲變態，日接于前。如是二紀，所得不可勝計，毋怪乎筆端之衮衮也。天門劃開，訴章上達，論撰次對，璽書繼下。年雖耋老，親爲謝表。至於宰執、侍從、臺諫，則人致一啓，各出新意，其用事屬辭，少壯所不逮。又後十載，當孝宗朝，嘗命編類蔡京、王黼等事實上之史官，此與伏生年九十餘詔太常往受《尚書》何異？是豈可以他人老少常理論也哉！歿既一世，其子興國太守介宗以書謂必大曰：“先君文稿中更兵燹，存者無幾，而閩、蜀所刻復雜翟忠惠之文，大懼不足傳信，今定爲四十二卷。其未備者，方裒次外集，爲我序之。”憶乾道丁亥遇公陽羨，公八十有七矣。論文之餘，語及前朝舊事，健論滔滔，如洪河東注，緒言纏纏，如聚繭繅絲，屢更僕不能休。然後知公非特文鋒不可當，而老如趙充國猶善爲兵也。茲幸挂名集端，因具列之。近歲吏部侍郎葛公立方作《韵語陽秋》，載東坡自海南歸，公方髫齔，坡命對"衡門稚子璠璵器"，公應聲云"翰苑仙人錦綉腸"。坡嘆曰："真璠璵也！"以公早慧，固應有此。然坡北歸實靖國辛巳，公已二十一，得非元豐乙丑自便還常，公纔五歲時乎？所記訛耳，鄉人既户傳，亦不得而略也。公諱覿，字仲益，嘗以龍圖閣學士提舉南京鴻慶宮，故自號鴻慶居士云。

慶元五年十一月□日，少傅、觀文殿大學士致仕、益國公周必大序。

——《鴻慶居士文集》卷首

張文靖公文集序

〔宋〕周必大

德之盛者必有言，言之文則行也遠。肇自帝王之世，皋陶邁種德，尹躬享天心，即其人也。昔者孔子定《書》，舉"皋陶矢厥謨"於三謨之首，賡帝之歌至於一再，而《伊訓》《咸有一德》《太甲》上中下千有餘言，并載百篇之中，以其可爲萬世法也。揚雄，漢儒之杰然者，嘗賦《甘泉》，稱頌人主，搜逮索耦，豈無他人？獨曰皋、伊之徒冠倫魁能，其深知聖人之意也歟！後世文士，平居道古今，官達掌制命，論議於侍從，訏謨於廊廟，暇則作爲歌詩以寓比興，體雖不一，要皆出於謨訓。然德有差等，言有精粗，其傳久近亦必隨之。若參知政事毗陵文靖張公，殆有德之言、行遠之文也。初以經明行修發爲詞章，連中科第，馳聲四方。在高宗時爲名御史，掌內外制，遂踐二府。上以端人正士目之，大詔令多出其手。陳善閉邪，拔賢引類，功不少矣。再貳國鈞，垂登宰席，方且逡巡退避，或入侍經筵，或出典大藩。雖權臣專國，勛業不容盡究，而文集五十卷、奏議二十五卷盛行於時。今公之孫户部尚書抑學世其家，數請爲序。某固嘗考公之德，誦公之文，知其學術本原乎皋、伊，謨猷遇合於虞、商，蓋中興人物之冠冕也。敬題卷首，以補任昉《文章緣起》之未備云。公諱守，字子固，一字全真，其出處事業，則有故相張忠獻公誌銘在。

嘉泰二年九月。

——《文忠集》卷五十四

龜巢稿序

〔明〕盧熊

文章與時高下，昔人有是言也。有能處憂患顛沛之中，不爲外物之所摇奪，形於言辭，無戚迫憤懣之病，有異于昔人之言者，惟君子爲能之，吾于子蘭先生之文見之矣。先生蚤有俊譽，嘗爲李晋仲、俞用中諸公所知，生平重然諾，勇于爲義，紬繹經史，作爲文章，咸有根柢，與人論辨亹亹不少休。在鄉里時，請復郄忠公墓，寓吳中，又請作顧元公廟，世俗怵於異端邪説，先生因取經傳之言作《辨惑編》以警之，其襟度磊落，識見雅正，實爲士林所推重。洪武十年冬，先生之子林以郡府所舉至京師，先生以書詒熊曰：“某有舊作，學子王著欲板刻之，乃爲摘數十篇以從其請，子其序之，庶不爲醬蒙矣。”曩先生避兵時，雖漂摇逆旅中，所至人欽其德望，延致恐後，巢室松江之旁，講授之暇，以詩酒自娱。熊托交十五六年，一時倡和若楊維禎廉夫、倪瓚元鎮、顧瑛仲瑛，俯仰之間淪落泉壤。先生年逾八十，歸隱横山，實爲後進之所景慕，其著作有不期於傳而自傳者矣。吾友中書舍人閩人張至道評先生之詩雅正純潔，法度整齊，可與傅與礪相伯仲，識者以爲名言。熊竊窺先生養之厚、氣之充，言行卓卓如此，蓋喜聞道之者，因以冠之篇端。先生姓謝氏，自號龜巢老人，故名其集爲《龜巢稿》云。

范陽盧熊序。

——《龜巢稿》卷首

思軒集序

〔明〕李　本

文以道爲本，以氣爲輔，道明則辭達，氣充則辭壯，二者不備，欲經世而傳遠，得乎？六經之外稱大方家，皆推司馬遷氏。司馬遷於道未明也。其於名物制度與夫天文律曆之類，皆首尾循環，不可究詰，其學可謂博矣，至觀其文，則浩浩乎如長江大河一瀉千里，不亦壯乎？降自唐宋，若韓、柳、歐、蘇諸子，雖各自名家，然皆不出於司馬氏藩閬之外也。國朝文運大興，詞臣輩出。聖祖肇業，若金華宋太史公以文鳴，宣德、正統中，泰和楊文貞諸公復繼以文鳴，近者東壁生輝，詞垣出色，若毗陵王先生，其踵宋、楊諸公而崛起者乎！先生少負敏絶之資，探六藝之蘊，窺道德性命之妙，又能涵養其直大剛方之氣，以其所懷藏際遇于明時，冠鄉榜，魁甲科，入翰林，輔儲闈，陶養成均，黜陟人士，中間形諸製作以潤色太平者，已颯颯乎不可及已，而又發泄其緒餘爲序、記、銘、表、詩、辭，以應人之求，皆有典則矩度。井乎如棋分而局布也，鏘乎如玉奏而金宣也，紛乎如鳥翔而雲馳也，巍巍乎如重峰叠嶂間見層出而不可窮也。嗚呼！若先生之文，其知道養氣者乎？其開闔變化，脱越於司馬氏之家法者乎？先生舊稿甚富，近擇其可傳者，得詩文千有餘篇，既彙粹之，以予托交久而相知深，屬序諸首。昔李漢序韓子之文，取譏當世，而漢之序卒因以傳。予萬不及漢，乃敢僭序先生之文？然因先生之文而得以托名於不朽，其讖與否，吾不得而知也。先生名傲，字廷貴，號思軒，今爲吏部侍郎，有子沂爲祠部郎中，能世其家學云。

成化二十年甲辰九月九日，賜進士出身、資善大夫、南京禮部尚書、前太常少卿、翰林侍讀、直東閣、經筵講官、同修國史西蜀李本序。

——《思軒文集》卷首

思軒文集序

〔明〕徐　瓊

文載乎道，道顯於文，天地之道以懸象流峙之文而顯，聖賢明天地之道以經傳之文而顯，皆至文也。下逮周、程、張、朱以注釋而顯道，董、賈、韓、柳、歐、蘇以製作而顯道，然製作於道未能醇乎醇也。嗚呼！文不顯乎道，烏可謂文哉？今南京吏部尚書王公心能其官，不爲物引，仰觀俯察，博學於文，思聖賢所以明天地之道、諸儒所以發聖賢之言，精以擇之，其於仁義禮知之性、君臣父子兄弟夫婦朋友之倫、天下萬事萬物之理，靡不渙然於胸中，故隨見乎辭，不離乎道。鋪張治道萬言之實，以對清問，有以取進士之及第；剖析仁義萬善之長，以陳經筵，有以沃君心之厭飫。實錄公其筆削，華袞鈇鉞之榮辱以判焉；試士録其鄉書，經義策論之文辭可程焉。國學闡教之條，吏部立例之疏，有以興文教而酌官制之宜；碑銘傳贊之應，序記題跋之遺，有以著功德而黼治平之妙。與凡歌頌揚休，焕乎爲四朝德教之華、天下文明之徵，輔世道如日中天之顯，不有賴於斯文？苟非沉酣經傳注釋之理趣，考究累朝製作之事功而自得之，有是哉？來者觀其言而探其心，斷斷乎信公有實學而有實用也，可以誇多鬥靡之虛文例視哉？瓊忝公斯文之契有年矣，知公惟深。斯集之行，人固所共知，餘不載有補於世之大者，瓊知而遺之，孰從周知公之所以深於道也！於是乎序。

弘治六年歲次癸丑冬十月朔日，賜進士及第、通議大夫、禮部左侍郎、前太常卿、掌國子祭酒事、翰林侍讀學士、經筵官、同修國史金溪徐瓊書。

——《思軒文集》卷首

思軒集後序

〔明〕曾　彥

太宰先生嘗示彥以其所稡《思軒集》，命序其末簡。曩先生任南雍大司成時，彥卒業門下蓋六七載，先生道德之高、文學之粹、教法之嚴，皆冠絕今古，一時英才賴陶養以成就者甚衆。間復發爲文章、形諸詩歌，義精而密，辭確而暢，得之而寶者真若麗金拱璧也，睹之而快者真若景星卿雲也。彥諸生日侍函丈，幸竊窺一二，即手録藏去以爲寵，然未獲見全集也。今先生不鄙示彦，得拜觀之，奚止於在南雍時耶？蓋前任館閣者有焉，今居臺省者有焉，其間多大制作、大議論，上以鳴國家之盛，下以闡天下文明之化，颯颯乎貫道之器也，洋洋乎治世之音也。是宜先生粹而集之，以垂範於將來也。然集必以思名者，蓋道具於心，心職於思，思之不精，道不明也；道之不明，文不醇也。孔孟以上之文，世固無容議矣。唐宋以下，代有作者，然論者率謂韓、柳、歐、蘇爲詞章之文，至論道義之文，必歸之周、程、張、朱，非以其所思之純於道歟？先生揚歷仕途幾五十年，而沉潛於理義之思者，非一朝夕之故。惟其涵養也深，故其發越也宏；其練達也久，故其貯積也富。道宗周、程、張、朱，詞兼韓、柳、歐、蘇，而成一代之製作，即周子所謂"篤其實而藝者書之"也。將來經世傳遠，如李、徐二宗伯之評，誠爲確論，尚奚容彦贅言哉？雖然，昔歐公命曾鞏爲《醒心亭記》，鞏以托名其間爲幸。當時諸生之及門者，今皆散去，獨彦獲踵後塵，來視篆于詞林，以聽教左右，固爲幸矣，而又獲睹斯集之全，且托名於不朽，豈不爲尤幸已乎？故不敢辭蕪陋，謹述其所見聞以復於先生如此，願承教焉。

弘治七年甲寅六月中浣，賜進士及第、南京翰林院侍讀學士、奉直大夫、前太子左諭德兼經筵官、同修國史、門生泰和曾彦謹識。

——《思軒文集》卷末

龍皋文稿序

〔明〕顧　清

龍皋先生陸公殁二十有七年，嗣孫中書舍人弘道以先生遺稿授清，屬爲之序引，將刻梓以傳。未幾清奉旨南歸，因以中輟。其明年，公外孫楊鑨官閩中，力任梓事，公子敬章走雲間來徵言。癸丑歲，清上春官，公及長沙李文正公實主試事，辱公知獎，以有今日，恒恨無以爲報，幸得序公之文，托名不朽，其何説之辭！先生成化初以南畿鄉解第一人及進士第，與吉水一峰羅公、新安篁墩程公并以高才聯名甲第，天下之人仰而望之，若景星威鳳然。既羅公以直言去國，而兩先生歸然翰林，聲實益著。迨孝皇臨御，五六年間，雲有濟而月幾望矣，而降年不永，相繼淪謝，彌綸匡輔之蘊百不一施，向之所仰望而屬心焉者悼惜嗟咨，若喪重寶，而幸其猶有存者，獨文章而已。顧篁墩之文多手自編定，又得門生故吏左右其間，摹印流傳，幾無遺憾。先生著述之富，長沙誌墓以爲數十百卷，固當不下篁墩，而屬纊時諸郎隨侍者幼，散落頗多。其後收拾數年，稍有倫緒，而傳録之間，詩復逸去，今所存者，經筵講義、賦辭銘贊、記叙誌表等文若干篇而已。嗚呼！先生生正統全盛時，誕育四明，兼吳越山川之粹，其所稟不爲不厚，有南樂教諭公以爲之祖，有郎中公以爲之父，家庭德義，其所積不爲不深。居翰林三十年，以方直自持，以名節自砥礪，渟涵蘊蓄，不苟銜泄，其任負不爲不重。既鬱弗宣，而其幸存未泯者又復斬斬若是，則夫表章流布使遺言弗墜，後之尚論者猶有考焉，豈非吾後死者之責哉？於是即其具編稍加詮次，字畫之訛舛者亦從而正之，定爲二十二卷，而虛其左方，且序其所以如此。雖然，干將、莫邪其致用末矣，好之者尚以爲天生神物終必有合而詫其果然，先生之文其爲世貴重，豈止赤堇之銅、若邪之金而已哉？吾意天壞間要必有呵護而寶存之，以效鐔津之遇者。敬章輩方有四方之事，尚廣爲求之，清其執筆以俟。

嘉靖元年歲次壬午冬十一月吉，門生賜進士出身、通議大夫、禮部右侍郎致仕、前詹事府少詹事兼翰林院學士、經筵講官、修國史、華亭顧清謹序。

——《龍臯文稿》卷首

毛古庵先生文集序

〔明〕萬士和

昔者聖人以中庸之道教萬世，而自以爲未能者，曰庸言之信，庸行之謹，必言行相顧而爲君子，然狂者行不掩言，聖人猶取焉。若老聃莊列之徒，駕虛鑿空，以其說馳騖於天下，言者不必行，行者不必言，而大道遂裂。老聃莊列之所以異于狂，與狂之所以異于中庸者，何也？聖人之道，顯而子臣弟友之所求，皆其蹈履之德；微而天地鬼神之所合，皆其制作之原，蓋用其所知所能者以爲言，故爲天下之庸言，狂者未能蹈道履德，而有志於聖人之道德，若曾點浴沂舞雩之樂，宛然萬物一體之念，蓋言雖或違於行，而其不詭于道也，舉是而可進者也。老聃莊列之徒窮極高遠，希覬乎人之所不到，視人倫日用耳目常習之道，皆爲鑿性喪真之具，以仁義禮法燼亂天下，若畢弋罝罘之亂鳥獸然者，雖其中往往有至言，而其矯時病俗，立論之過，其不背於聖人者鮮矣。夷考其徒，卒亦無有蹈其所說者焉。嗟夫！言之易滋蔓也，聖人使人以言行相顧，而聽言觀行猶惓惓致戒于親炙之門人，信若老莊之言，其將何所不至哉？吾讀古庵毛先生之集而有感焉。先生生當弘治、正德之間，篤志好古，自少以事親忠君、仁民愛物爲念。于時先輩學問以繩墨自守，不免徇象執器之病，乃有高明者出曰道非形器也，遂一掃俗學聞見之陋，而專致本然之良知，其言簡易切要，非若駕虛鑿空之談，一時出其門者識見超詣，或有似於狂者之氣象，先生病其事内遺外，不若直内方外敬義夾持之得力也。且夫以知兼行，求識見之頓悟而不掩其言，不若知行并進，着實踐履之尤切於身心也。故于陽明之說，雖心服其高明，然不敢輕變其學以從焉，則先生之自守可知已。今觀其言，若立朝之奏議、家庭之教誨、朋友之講學、有司之論政，自人倫日用之常，以至設施經理之要，蓋皆出於躬行實得，而無一字之侈説參乎其間，循是以往，言行相顧，君子之道可幾矣。先生殁三十年，而門生子弟佩服遺訓，恂恂然不變，其諸實學之徵也與！和少寡昧，不敢爲放言高論，及聞先生之學，意甚鄉往，每以不及見先生爲恨。兹其子訢刻先生之集，以其序屬余。嗚呼！余不及見先生，而得托名於先生之文焉，其亦可以無憾矣。

嘉靖癸亥孟夏，同郡晚生萬士和撰。

——《古庵毛先生文集》卷首

山堂萃稿序

〔明〕唐順之

余讀孔氏《論語》，而見其所稱古之逸民。夫逸之爲言隱也。彼其不擇所事而爲之士師，至於三黜而不肯去，與其斷髮雕體以君長於蠻夷，偃然有南面之尊，可謂漸染於顯榮，而孔子至以匹於讓國窮餓之人，而謂之逸民，何耶？蓋此數人者，其脱然於聲利華寵之外，而一無所緇焉則同也。特其所謂不降不辱者，則心與迹并而易以知；其所謂降而辱者，則心與迹判而難以識耳。今吾侍郎養齋徐公，其可以與於若人之徒歟！嗟乎！士之嗜欲毆諸其中，而紛華蕩乎其守，始進者躁於求，而宦成者固其位，能自脱焉者少矣。公少時則已自致於亨衢，然公淡泊不見可好。其後反求乎理性，精研乎義利，益知自貴而賤物，故雖居高位、享厚禄，而其貌冲然，常若山澤之臞，其家蕭然，常無十金之橐。乞其身，有耄夫之所不能決，而必之以强健之年；砥其節，有寒士之所不能居，而甘之以肉食之後。自是天下知與不知，言清名完行者，莫不翕然歸公。然則公之進而顯也，其心與迹判者耶？其退而隱也，其心與迹并者耶？余幸與公同鄉曲，自蚤歲即知慕公。公爲侍郎，而余適在翰林，方其旅候於隆隆之門，而習見乎炎炎之態，則悶然而返。每一見公，則不知泠然噓我以清風也，而不能去。公還於家，余亦罷歸，又獲從公游。每訪公之廬，但見山窈水迴，老屋數椽，階前鳥雀，鳴聲上下，則不待見公，而已如游於首陽之曲、柳下之鄉，可以使人樂而忘世矣。已而，公出其詩文若干卷曰《山堂萃稿》者示余。余受而讀之，蓋自其平生所爲應酬文字、朋友講學之書，與得歸草堂以後諸詩及謝病諸疏皆在焉。公非如文華之士，刻鏤以爲工者也，而其清遠閑散、耿介獨立之氣，黝乎其淵藏，鏘乎其金鳴，其風旨直與古者逸民《采薇》之歌、直道枉道之數語，歷百世而相上下，則又不必即公之容、望公之廬，而公之爲人固可一撫卷而得之矣。雖然，昔人不云乎：

"身隱矣，焉用文之？"且夫所謂逸民者，方將鳥舉而蟬蛻，惟恐其影響之不幽，而豈蘄之以言語文字行於世也哉？矧公位爲大臣，又當天子嚮意之時，苟少需焉，施功於社稷，波澤乎生民，不難也，公意猶若有不汲汲焉者，而亦何藉於文乎？然而世有不能即公之容、望公之廬者，得其文而讀之，或可以得公之爲人，則夫廉頑而激懦，亦將於是乎在。余既校而正之，以還於公，適會吾同年晋江張侯來守是邦，雅知慕公，欲因公以風乎邦之人，遂刻斯集以傳，俾余爲之題其首。

　　嘉靖辛丑夏五月，同邑後學荆川唐順之應德甫頓首書。

——《山堂萃稿》卷首

白洛原遺稿序
〔明〕皇甫汸

　　《老子》曰"身與名孰親"，又曰"生我名者殺我身"，名之爲累若此，烈士猶務徇之，湮没無稱，每以爲恥，亦其志然哉！若夫以文名世，尤造物所忌，而謗缺因滋。娥媚誨淫於謡諑，雲韶輟響於靡曼。由是高才之士，位不閱於崇品，年不躋於中壽，今昔同慨矣。我友洛原白君，晋陵人也，少挺英資，長鎔偉器，承軒皇於乙丙，躋居士於元和。太傅誕祥於先，中丞嗣美於後，射策發科者凡四世，冠冕佩玉者二十人。苗裔遠溯，洛陽鼎貴，鬱居江左，因號洛原，不忘本也。君精研六典，泛涉九流。三謝蟬聯，獨秀靈運；諸劉紈袴，共推孝綽。擅雕龍之伎，際附鳳之期。嘉靖改元，歲在壬辰，上方右賢左戚，稽古禮文，君釋褐南宮，影纓東省。始隸司徒之門，尋參秩宗之屬。時禮官前後以典章不習，相繼罷譴，厥職惟艱。君草郊廟之儀，條山陵之制。凡所創議，悉當上心，本曹賴以折衷，政府因之爲憲，而君名茂著於闕下矣。海内操觚秉槧之士雲集京邸，君與之討論風雅，譏評甲乙，詩道益振焉。歲在己亥，皇上圖省方之游，允建儲之請，由是膺宮僚之選，簡輔導之任。忌者群起而交攻之，坐不扈駕當外調，而北平之命下矣。量移南詮，僚友猶以私憾中傷之，坐微改官當外調，而河間之命下矣。劇郡兩遷，承明再入，稍署符臺，復僉江臬。坎壈違時，奄忽委化，悲哉！在昔中丞昉石家以治園，霜晨霏霏；擬鄭莊而置驛，星旦繽紛。君復任俠樂施，趨人緩急，里中以翩翩公子稱之，凡舟抵京口，道出閶江，不游白氏園者以欠事負愧，不睹白公子者以俗物興譏，君名聞於海内亦久矣。其奉使也，於秦則炎漢之故都也，周歷三原，極眺二華，尋灞滻之源，踐鄠杜之境；於梁則魏武之肇基也，兔園漸蕪，雀臺亦莽，鄒枚之游已邈，伊洛之軌猶存。由是登太岳以長謡，訪岷山而寄慨，乃遵樊郪、涉湘漢，則嘆曰："此無忘歌風沛上、修功代來時

序跋／集部

619

也。"既又問道於靈鷲，探奇於建陽，謁武夷之居，吊道陵之宅，山川信美，盡發之於詩。其所至必先友名流，秦若王子九思、呂子柟、康子海，梁若崔子銳、高子叔嗣，楚若王子廷陳、廖子道南，豫章若江子以潮，閩中若王子慎中，相與酬贈，咸共嘉賞焉。兼以丁辰中否，動忍既深，牽世播遷，牢愁彌結，由此其工也。今覽集中，調暢朗而思沉，語婉麗而致遠，音和平而易感，旨雋永而難斁，文足闡道圖徽，所得於古人者多矣。元子尚寶君早能纘父之官，晚能修父之業，與其兩弟克承先志，廣葺遺編。同年考功郎宗子相取而芟其繁類，彙其菁英，余見或異同，復加增損，乃得賦若干首，古詩歌行、五七言律、排律、絕句若干首，序記、贊頌、碑銘、表狀、書啓、雜著共若干首，勒成幾卷，題曰《洛原遺稿》，雕木以傳。其題石欄華棟，童時作也。賓王載咏鵝之篇，張儼存賦犬之句，殆性靈天授，妙悟夙成矣。夫造物之於人也，予之以富貴若恒，予之以才藝若吝，故人之生斯世也，求終身尊榮則易，求片言幾道則難。君有言，復有子，可以不朽矣。篋藏鴻寶，家炳鳳毛，使紆朱而草腐，垂白而每生，奚足重哉！余素托金蘭之契，復締絲蘿之好，兹序君集，深有愴焉。蓋余兄子安與君同擢進士，同拜禮官，改宮僚、謫郡倅又同也，同由南部再逐，冠并止於鷹簪，綬不逾於銀艾，而聲名則相伯仲矣。子安年纔五十，君差過三齡，神劍兩埋，白璧雙碎，不重可惜乎！司馬餘風，緬江州之匪謝；虞人藻撰，知長慶之必傳。爲君幸者，將不在斯集乎！將不在斯集乎！

序成於嘉靖丙寅長至日，集成於隆慶丁卯中秋日，吳郡百泉山人皇甫汸子循撰。

——《白洛原遺稿》卷首

洛原白公集序

〔明〕宗　臣

宗子曰：余稽往牘，抽繹千祀，睹于群才，未嘗不廢牘而吁也。昔所稱左、馬、李、杜者，無庸談已，即如我明李、何、徐、鄭、王、康者流，非不矯然英聲、龍翔鳳舉也，乃卒流落偃蹇，不諧于世以死，何問卑卑者哉！乃今睹于白公所爲文詞，則重余嗟慨焉。夫白公者，世之所稱偉人也，太保之孫、中丞之子，又能以其才致青雲、步紫庭，周旋天下之士，唯與其賢豪長者相結，即諸賢豪長者，亦靡不嚮意于公。公雖翶翔文史乎，顧獨喜論天下大計，每及戎事，輒振纓高談，勃勃英氣，人無不悚容而起者。乃晚年更喜騎射，馳騁上下，志在萬里，此豈可與曲士道也！使稍稍大用之，則上之對揚帝謨，下之經綸世業，必有雲流霞布、表著耳目者。顧乃累詘累信，卒汶汶悶悶以没也，斯其志不可傷心流涕哉！君子所謂才者，非徒榮華其言，將以經世而表業也。績業未彰，菫菫焉垂空文以自見，此班生興投筆之嘆，而阮籍有窮途之哭也。天乎天乎！既畀之才，復厄之乎？公之子祠部君與余同舉進士，當是時凡三謁公，會公病，竟不得覿公。公既卒，而祠部君復與余談藝長安邸中，則日觀余以公所撰述者，余章章讀已，章章嘆也，誠傷之矣，誠傷之矣。祠部君因函帙歸余，命余精之而叙焉以傳。稍間輒盡發其所爲詞類，精之得賦八首、五言古詩二十二首、歌行二十四首、五言律詩七十四首、七言律詩五十二首、五言長律九首、五言絕句一十二首、七言絕句二十二首、序記贊跋頌啓共二十八首，固言言殊矣。總之詩不離唐，五言者最乎；序記尺牘，漢唐之軌也，類《國》《左》者數矣；《靈雪》諸賦，則庶幾哉與梁園并藻也。嗟乎！公之所傳于世者如此哉！

　　嘉靖丁巳年秋八月既望，廣陵宗臣撰文。

——《白洛原遺稿》卷首

方山先生文録叙

〔明〕趙時春

　　武進有君子曰方山薛仲常氏，自爲諸生時，從無錫邵文莊公游，其勵志即尚友千古，不與世狎。既而業成均，其司成泰和歐陽文莊公，陽明王先生高第弟子也，以方山子爲良，亟嘉與之。方山子沉毅暢達，績學好問，務求其至。聞陝之涇野吕先生篤信好古，從而請益，以故造詣日進，聞譽日茂，遂魁南宮。出爲邑令，恬静惠愛，與郡殊趨，乃疏改學官，風動江右。久之爲郎，歷試考功，考留都官，自信益篤，弗阿其友，衆始不悦，左斥之爲郡佐。言官建白，復南宮郎。擢浙之按察副使，督治學政，力以其學抗流俗，流俗嘩而攻之，卒賜代。久之，乃兵備鄜延，鄜延地又近邊，士人莫當方山子意者，獨與谿田馬先生及余言，其行役往來必過其廬，聽其持論，侃侃忘疲。及讀其所録文，與其言可校覆也。余乃爲作序曰：君子之有爲，其與流俗果不可強同哉？夫遠謀之於邇言，伸道之於徇情，利己之於便人，守正之於比邪，直節之於枉曲，剛明之於柔佞，誠朴之於矯僞，其是非黑白若畫也，奚其同！好惡異而毀譽生，取捨殊而予奪判，使天下之政皆由是出，治亂之機於斯決焉。吁，可畏哉！君子之不能勝流俗固矣，彼流俗之言有所作爲者也，其身不存則其所作爲者盡去，而君子之道彌光。故君子之勝流俗也，逮其身則人得以享其利而被其德，不幸而爲流俗所蔽，久而其道始明，功業不能逮其身。秦會之曰："異日諸生記事，不過曰天下惜之而已[①]。"惜之而不已，於是乎尚其

---

① 惜之而已，原缺，據《浚谷集》卷八補。

文，此君子之文之所昉與始也。流俗忌之，而終也天下惜之，是非積誠不能也。《易》曰"修辭立其誠"，所以居業也，此其所以朝夕乾乾於兢惕危厲之世與！舉世譽之而不加勸，舉世非之而不加沮，斯亦不足言矣。富貴貧賤，死生之運，其暑寒晝夜之變耳，彼流俗何與於我哉？雖然，不以君子治流俗而以流俗病君子，是必有司之者焉，而果非我之所當與也。以是而修辭，則幾矣。方山子明體適用，守貞達順，功業垂成輒沮，不逮其身，而學者獨錄其文以行於世，其必天下後世有惜之者，而余之言斯信也。試質之諸谿田先生，其以爲何如哉！

嘉靖乙卯臘日，平涼趙時春景仁甫撰。

——《方山先生文錄》卷首

方山先生隨寓錄序

〔明〕黃　佐

方山先生薛君仲常既有《文錄》行于世矣，厥後視師關中，避寇白下，旋歸江左，在處有作，門人弟子輒以次校刻，故曰《隨寓錄》云。吾鄉盧比部傳示海濱，屬余爲序。先是《方山文錄》，馬谿田、歐陽南野、趙浚谷則既序之詳矣，余復何言！憶壬寅、癸卯間，余掌南翰，方山主南考部，率皆閑局，恒相携出郊外覽金陵諸勝，每遇豐草長林，則竟日憩而劇論，一及古今文人，方山輒嚬蹙而言曰："昔人謂文到相如，殆類俳優，詩如李白，亦酒徒耳，何足論哉！"余謂公之文日富矣，乃亦出此言乎？則應余曰："吾非能爲文也，顧以吾性簡拙，多忤於人，其有以文問者，若復辭之，其謂我何！故直據事與理答之，間有幽懷隱衷，時亦自泄，不覺盈紙，非爲文也。"余數取而讀之，見其評隲倫類，闡發幽微，直寫胸中，明白坦易，一如化工玄造，隨物賦形，雖古之名能文者，恐亦有不逮也，豈所養深厚，觸之斯應，淵泉瀚海，出之有本，測之無際，有固然與？余方屬意，將必翊贊勳華，光昭巨典，無何以直道不阿，遂罹竄謫，言官建白，僅得量移。歲丁未，讀禮家居，余嘗一造其廬，黯然相別，距今十有三年，先生竟厄於時，而傳頌景行者則薄於海外矣。至德之光，有道之言，豈能終抑乎哉？余因序斯錄而重爲世道感也。

嘉靖己未仲春既望，泰泉山人黃佐才伯甫撰。

——《方山薛先生全集》卷首

薛方山隨寓錄序

〔明〕何良俊

方山先生詩文集總若干卷，既刻梓以傳矣，茲《隨寓錄》者乃督學浙省與治兵秦中時其所論撰，門弟子隨手輯録，遂亦成帙。先生出以示某，使序之，某卒業以復于先生曰：“先生之文若淵海然，余不得其涯涘，余曷敢序焉，曷敢序焉！”先生曰：“公一時最知文，且素戇直，言不誣，公無辭。”余曰唯唯。余憶辛卯年與先生俱入試于南都，先生爾時名譽藉甚，已震動于都城，南畿人來就試者皆知常州有薛先生善爲古人文，其學無所不窺，南都士莫有能先之者。先生偶知余，過訪焉，交見甚歡也。是年先生與余皆見黜於有司，相繼以拔貢去。繼是先生以甲午舉於鄉，乙未舉會試第二，先生官漸起，天下人皆知有常州薛先生矣。而余屢試不售，遂歸隱東海上，取所藏故書讀之，每晨起誦讀，必至丙夜，游行持卷册，有時顛墜坑岸，蓋欲覽前代餘略以揣摩當世之事，不但爲文詞爾也。如是二十年，復出以干時，又不售，得翰林孔目而南，非其志也。甫三年即罷去，而先生故倦游矣。丁巳春，相見於青溪之上，各出示其所爲文，相顧大笑，先生曰：“公不負余，余亦不負公哉！夫今世所稱最善爲文者，公知之乎？大率有三等：其一喜言理；其二好騁聞見，援引故實，牽合强附，以奇僻爲工；間有不涉二者，能上追《史》《漢》，論事切當情實，慨慷激烈，於時世有關，然合之於道或稍牴牾，余於此三者不能無隘心焉。若其崇奇好怪，務爲晦澀，故滅裂其體，艱深其辭，然要其中之所存，不越常人之見，此又最下劣不足言者。余試舉言理者與公論之，嘗聞古人云文以載道，未聞其必欲援道以爲文也。夫援道以爲文，此之謂挾天子以令諸侯，舉世莫或非之，然道正不須言，不言而道未始不在，苟一涉有言，稍或不合，則毫厘之差而學者承誤襲謬，所謂以學術殺天下者此也。夫道者磅礴混淪，酌之不竭，如群飲於河，由人自取。《詩》曰‘中原有菽，庶民采之’，此之謂也。夫飲河者豈能盡河之水，猶之求道者豈能盡天下之道？《易》曰‘仁者見之謂之仁，智者見之謂之智’，言人之氣有清濁，性有剛柔，各充其量，不能兼也。今序一人之事則曰某事如此是仁也，某事如此是智也，則是聖人許人以各具而今人顧能全體之耶？《易》曰：‘形而上者謂之道，形而下者謂之器。’夫子曰：‘中人以上可以語上也，中人以下不可以語上也。’夫所謂語上云者，道之謂也；語下云者，器之謂也。則是以聖人之門，中人且不得語道，故曰：‘民可使由之，不可使知之。’子貢曰：‘夫子之言性與天道，不可得而聞也。’今贈一人以言則曰如是而謂之性，如是而謂之命，如是而謂之天道，則是其所告語者盡子貢以上人耶？然要之無當於其人，無關於其事，不過取先王芻狗陳之見者，曰是嘗爲神之所憑矣，遂駭然生敬，而不知其故芻狗也。世無尼父，誰爲折衷爲文之弊！余不知其屆矣。”舉手以謝先生，曰：“先生之言，某之心也。”後數日陸祠部五臺過余，偶論及文，余舉似之，五臺曰：“爲文語道，蓋自昌黎公已然矣。”余曰：“公試舉一二。”五臺曰：“如

《原道》《送文暢師序》皆是也。"余曰："嗟嗟五臺！夫文名'原道'，非道曷明！且文暢以浮圖之説與吾儒角立，苟非明吾道以勝之，又將何所言哉！至昌黎其他之文，若《送王含秀才》則近取于醉鄉，《送董邵南》則遠思燕趙悲歌之士，辭意慷慨，令人思奮，豈必盡談空談性、説仁説智哉！夫道若日月然，日月在天，則盡天下之物，凡慘舒榮悴，舉莫能逃其形矣；道在天下，則盡天下之人，凡邪正得失，舉莫能遁其情矣。譬之太史公作《史記》，其序游俠、刺客、四豪諸人，皆直述其事，宛如畫出，而千載之下讀其文者猶可想見其人，然而道固自在合之不合，而醇駁之迹見矣，豈必曰某事合道、某事非道，然後爲得耶？故懸日月以待物，而物形自見，苟一物以一日月照之，日月其晦乎？懸道以待人，而人情自見，苟一人以一道語之，道其裂乎？"五臺曰："道固若是，公無乃稱！"故余因序先生之集，聊復及之。先生之文，談理而不見其迹，引故實皆當於事，上薄《史》《漢》而不詭於道，今具在集中，覽者當自得之。蓋必得先生之意，然後可以讀先生之文。後世有知余二人者，其在斯夫！後世有罪余二人者，其在斯夫！

——《何翰林集》卷九

方山薛先生外録序

〔明〕劉　仕

方山先生薛公既去延慶，延慶之門人弟子録先生歷官公移凡七卷，傳示邊徼，以先生嘗有文録行于世矣，此則爲《外録》云。高陵蕭進士謂余知先生，乃屬序之。余惟古昔傳記中人物，仕而獲行其志者，僅僅可數，其俯仰顧望以至通顯而終其身焉，不克一行其志者，蓋屢屢也，是豈其志弗若哉？凡以富貴聲華陳于前，而得失利害橫于中，轉輾較計以圖遷就，此固其理不勝欲，夫亦其時與勢有不得不然者也。乃今方山先生以豪杰之才，從事聖賢之學，而直以斯道爲己任，處惟其明，出惟其行，而不肯少貶以徇人。自筮仕以至于今，已逾二紀，而立朝不滿旬月，謗忌朋興，偃蹇遷謫，而隨在務行己志，故其歷任公移光明俊偉，皆經綸要略、康濟機宜，凡被治教，咸受殊澤，要非空言無實者比也。昔人謂賈誼雖不至公卿，而所言亦略施行，未爲不遇。今先生歷仕諸處，余聞而未見，但其去延慶之日，余送之郊，見軍民父老號呼攀援，襁屬于道，車不能前，余爲之徘徊慨嘆，宿先生于道旁里舍，此豈聲音笑貌之所能致哉？先是巡撫王公謂先生程朱再出，韓范復來，疏薦于朝，君子以爲公言，忌者乃附和憸人報復，造爲蜚菲，以沮先生之行，謂非吾人之命邪！然則先生雖未究其平生，亦不可謂不行其志矣，其視終身通顯而竟賫其志者，所得爲孰多乎？雖然，范希文有言曰：爲之自我者當如是，其成與敗不計也。先生固以希文自期待者，志之行與不行又奚足論哉？覽是錄者，以是推之，斯得先生之深矣。

嘉靖丙辰春二月朔，前進士、尚書司寇郎、鄜南劉仕謹序。

——《方山薛先生全集》卷首

重刊校正唐荆川文集序

〔明〕王慎中

吳之有文學舊矣。諸樊爲國，斷髮之治未變，蓋方甚陋，而公子札已能盡通《易》《詩》《書》《禮》《樂》六藝之文，以觀於中國，則名卿碩士有愧於其所知，悅其說之博雅而慕之如不及。孔子教於洙泗，來四方之學者，則言偃逾江蹈淮而往游焉，卒以文學列於大賢之科，南方之精華爲之盡發，而孔氏之道資其言之有文以行於遠，至於今爲烈，蓋其盛如此。畫長江大湖以爲國，方地千餘里，林麓川澤之美殆不可數，而光英沖粹之所漸涵磅礴於其間二人而已。雖其甚盛，而亦豈非難哉？吾於二人讀其書、觀其言，尚而友之，而庶幾知其人。於今所見而及與之爲友，又得一人焉，毗陵唐應德也。君於學蓋所謂得其精華，其於言可謂有文而必行於遠者也。其文具在，學者苟讀焉而思，思焉而有以得之，則知其心之所通於季札孰爲淺深，言之所成於子游孰爲先後，有不可得而辨者矣。君仕爲翰林編修，復爲太子司諫，皆以守道直己之志棄去，不啻弊蓰，有吳公子輕千乘之國之節。其文之以禮樂，得言氏之傳，而廉隅操行必謹於一介之取予，剛果自斷，不可以威武利祿誘屈也，尤足以闢夫偷懦憚事、無廉恥而嗜飲食之誚。上下二千餘歲之間，吾謂吳有文學三人焉，不爲過也。季札之生，其國雖尚陋，然先君端委之遺教猶存，而子游得仲尼爲之依歸，其成此非難也，唐君獨起於千載之後，追二人者而與之并，豈不爲尤難哉！君行年四十，其學將進而不止，其爲文將日益富而且精，且予之所見如此，已可傳也。無錫安君如石子介慕君之學，得其所爲詩文彙而刊之，以與同好者共，安君之趣尚如此，豈凡人之所及哉！

嘉靖己酉冬十月望，晉江遵岩居士王慎中思甫序。

——《重刊荆川先生文集》卷首

少南先生文集序

〔明〕陳文燭

此武進少南惲先生文也。先生曾以按察僉憲分鎮沔陽，以福建少參卒於家。余讀先生自誌而哀也。憶不佞爲諸生，年十五六耳，先生試而奇之，謂先方伯公曰：“仲君才，他日必名世。”三十年來未得報先生，而先生之墓宿草矣。先生之子應侯輩授余以先生之遺稿，且囑之序。余不佞受先生國士之遇而未有以報，序何可辭！序曰：昔王道思序唐應德之文，謂吳有文學自諸樊爲國，斷髮之治漸變，至季札盡通《易》《詩》《書》《禮》《樂》之文，觀於中國。孔子設教於洙泗，言偃逾江蹻淮而往游焉，卒以文學列於大賢之科。南方之精華爲之盡發，而孔氏之道資其言之有文以行于遠，至今爲烈，唐子蓋繼于千載之後也。同里薛仲常亦文人，報書于道思曰：公言得毋過耶？古來如陸、謝、江、鮑，赫赫江左，唐子肯儼然居其上哉！其不相下如此。乃觀少南先生，當與唐、薛鼎足矣。華亭有薛岑孫公守沔，沔人祠祀焉，先生爲文吊之，余爲諸生時見而奇之，大都言長民者操下急若束濕，惟武健嚴酷取課最，下浚民膏血實溪壑，比旋而橐隆然崇矣。暗暗胥讒，其何思哉！惟公有實政在沔，而後沔民見思，血食不絕，懷棠勿剪，望峴而泪，皆南國之遺也，公其不忝於前哲乎！語多不能悉記，今集中無此草，則先生之文所遺者多矣。先生自六經之外，非先秦兩漢之書不入於目，故其爲文簡潔俊拔，奇古沉雄，不衍而腴，不飾而精，不雕琢而自工，不繩削而自合。立論若賈太傅誼而寄情八荒之表，叙事若司馬太史遷而漱潤千古之遺。先生爲郎比部時，與濟南李于鱗、太倉王元美、華亭袁履善以古文辭相高，一時聲譽滿西曹，時人謂之西翰林。先生分憲荊西，會承天太守乃湖州人，多智而傲，按臺論罷，乃反噬先生里人有權佞在當路，百計罷先生官，先生誌中所云多文巧宦者其人也。先生歸田後，仰天嘆曰：“身隱矣，焉用文之！”往往與二三同心高會社中，坐花醉月，或至達曙。著作絕少，必不得已而後操染，今其所存亦足傳世矣。或言先生年不上壽，位不上卿，遭讒被廢，有足悲痛。昔人謂：“文章經國之大業，不朽之盛事，年壽有時而盡，榮樂止乎其身，二者必至之常期，未若文章之無窮。”故荊川之文純矣，方山之文達矣，乃少南之振秀，設在孔門，不當列於子游之科乎！惲先生聲施後世矣。

——《惲氏家乘》卷二十

惲少南先生林居集序

〔明〕唐鶴徵

古之命辭也，必有欲發而不可已之意于中而後措之辭，則必抒吾之辭而後足以明吾意。藉令以所藏吾意者而假人爲之辭，其有能明吾意焉者否乎？世之譚藝者率曰先秦兩漢，不知所重於先秦兩漢者惟以其意而爲之辭也，非獨其辭之貴也。不嘗觀之莊、韓、班、馬乎？固先秦兩漢之鼻祖也。《韓子》雖原於道德，曾不借《莊》一語；《漢書》半出《史記》，一經鎔鑄，遂改觀于子長。即左氏內外傳出一人手，辭且迥別。繇斯以譚，苟欲成一家言，則傍人宇下，蹈襲因仍，乃其所痛疾而深絕者也，奈何謂一辭不出先秦兩漢不可言文？于是莊騷太史錯出雜陳，間有不及，則牽意以就辭，真有若乞墦者，東家之餘瀝，西鄰之剩潘，共貯一瓠，施施自誇，曰：此富貴者之至味也。然乎不然乎？要之彼錯出雜陳而牽之就辭，惟其本無意而強借之辭耳。本無意而強借之辭，而命之曰文，然乎不然乎？吾邑惲公少南以丁未登進士第，實譚藝者方熾之時，其拜官爽鳩，又譚藝者所樹標之窟，從之則雖竪稚小夫必相標榜，不從則雖先生長者極口詆訾，當其時若頹波橫流，鮮不溺者。惲公方有意爲文，獨未嘗過其門而染一指也，即譚藝者欲誘之入也，僅曰駸駸乎千年格而已，未深許也。嗟乎！使公而中少無主，則焉有不折而入者乎？既而公以外轉而去，未幾又解組而歸，始得專其精力于文，謂非盡讀古今之書則學不贍，學不贍安能縱吾意之所如；非盡窺古今人之旨則識不高，識不高安能出庸人之習見？故昕夕殫心于載籍，憂娛得失一寄之書，于古今書無所不讀，于古人之旨無所不窺，而後發之文必先有意而後措之辭。凡措之辭必期足以明吾之意，如帙中所載者，卒未嘗有一字一辭之蹈襲因仍，以視世之所謂先秦兩漢或不其然，謂非自成一家言不可也。意公方在仕時，未必無應酬之文，今皆不存，豈公自謂其不足存耶？又焉知天假之年，俾公之學日益贍，見日益高，其文不益有進于今日者耶？公于今人之集號稱博雅者，鑿鑿多所駁正，則知公之學已贍于今之人遠矣。當衆言搖撼中而屹立不移，卒之自成一家言，則知公之識已高於今之人審矣。顧余諓薄，未能深造古人之閫域，未能定公之與古人之用意何如耳。公子應侯，公嘗遣之從余游，茲且刻公之集而示之人，謂余受知于公最深，宜有一言于簡端，余輒爲序其説如此。余之所知公者，雖未敢當今日之士安，而余所不能盡公者，必有後世之子雲矣。

——《惲氏家乘》卷二十

少南先生集序

〔明〕孫慎行

能高文者之不能爲卑飾，亦猶能卑飾者之不能爲高文也。近時力追歐、曾之名作者，唯外大父荆翁若遵巖兩先生。余近見有選今文者，選所尚非是之云也，獨叙陳少華詩文浡然發舒，淵然沉鷙，一何絕類歐、曾哉？余蓋讀竟而後知爲遵巖真當也之卓然者也。金玉在土壤中，光怪固特殊歟！所謂能高文者之不能卑飾，非耶？夫高與卑之差也，何啻黑白反矣，而卑飾者乃好竊名爲高。所謂竊名高者，其于秦漢蓋貌似之而實不然，多諛少擇，柔骨悍辭，徒令淺學者詫慕焉。若奇而精神無所附以達于遠，材之弱也，不又甚哉！故上之不必高文，而下之斷不肯爲卑飾，此亦士之志也。余少聞少南惲先生才敏，從長公游，稍讀其文，若明河之練，灝如也。後與其孫伯生同舉，因盡得先生文，大都根據故實，而道事精詳至不厭，其龐博若谷，藏不可搜，獨不知于古何如耳。若卑飾者之貌秦漢，吾知先生免矣。往外大父與遵岩先生倡明文章，嘗怪世之似秦漢者若擊濕木腐鼓，了無韵節，而世且半信半不信，終不能易彼好嗜者之祈嚮，豈先生師外大父獨信之先耶！人言先生書一再過不忘也，晚十年臥病，未嘗去書，余嘗見殘卷數帙，先生手迹都滿，以終身耽如是，而終不與言秦漢者競一日之聲名，乃知先生果不肯爲飾也。夫夏后氏之璜，殷之犧象，周之罇罍，漢之鐘鼎，亡也久矣，吾實珍之而曾不知贗工之陰笑我也。然而果有真焉，則未嘗不珍也。獲秦漢之真于世，豈直數者之寶乎！彼之窮一生而爲贗古也，誠足笑矣，然吾曾不尋歐、曾之真，即爲秦漢，兩先生之真，即爲歐、曾，而力弘大雅以摧世，靡徒曰古不可爲，是又將生笑于爲卑飾者矣。夫未得吾真則贗者雄張，亦其固然，余蓋不無深感。

——《惲氏家乘》卷二十

賜餘堂集序

〔明〕吴可行

　　蓋嘗稽諸唐陸敬輿之傳矣乎！天植其忠藎之心，而授以匡濟之略，其爲代言奏議之文若天成也者。自唐距今千有餘歲，吾弟吴中行子道出焉，將無似也與哉？敬輿歷官侍從，旋入平章，中困於竇參，竟厄於延齡，而忠州之置終焉矣。子道筮仕詞林，雅稱侍從之職，未得平章之任，而既涉其涯矣，代言未之逮也，而奏議再上，具在集中，視敬輿多寡懸殊，官秩之崇卑、職司之閑劇、去位之蚤暮致然，毋亦有困之尼之者乎！乃其文之天成也，誠似之矣。古昔以文名世者，未易更僕，安得有盡似者！莊宗乎列，而列之朗潔，莊之汪恣，不似也；固因乎遷，而遷之奇峻，固之整密，不似也；柳善乎韓，而韓之綜脱，柳之工刻，不似也；歐納乎曾，而曾之簡委，歐之爾雅，不似也。三蘇父子兄弟自相師友，而明允之蒼鬱，子瞻之條暢，子由之紆折，不似也。彼皆有意於爲文而學之，所謂各極其才之所至，其不似宜也。敬輿根柢乎忠藎，發越乎匡濟，不得已而有言，不經意而言有文矣。漢人稱文似者，不曰揚雄之於相如矣乎！相如禀趫捷之資，揚雄好深湛之思，烏在其相似耶！殆未可與不知言者道也，然猶以文而已。敬輿忠藎之心、匡濟之略，子道有焉。《詩》云“惟其有之，是以似之”，雄與相如之所有未必盡同，故其爲文亦未必盡似。子道未嘗摹擬敬輿之文，而出其所有，不覺其似之真也。且夫文之稱起衰者，豈非變駢儷聲律之習而復先秦西漢之矩矱乎哉！試讀敬輿之文，間作駢儷而其氣愈昌，或類聲律而其辭愈達，即爲先秦西漢者不能超乘而先之也。子道疏正綱常，振法紀，及議郊廟諸篇，比而同之，其似與否豈不知言者所能辨哉？集中詩歌凡若干章，應試應酬之作凡若干首，聊以當敬輿醫方之輯云爾。藉以名世，非子道之意，尤非其所詣極之學也。敬輿自謂上不負天子，下不負所學，偉哉志也！子道從予也久，稔其所志亦如之，此文似之由也。雖然，敬輿救一時之敝，其文劌爽而深爲之慮；子道垂百世之典，其文嚴切而大爲之坊。相似之中，微有不似者焉。敬輿謝客忠州，逾五而歿，弗克俾其儔之釋忌，弗克待其主之召復，而文之用未究也。子道杜門故里，年僅五十有五，則又似之矣。蘇子瞻氏今古號知言者，札獻敬輿奏議於朝，于以自紓其忠藎之心而輔其匡濟之略。子道兹集行矣，予安忍必他時無子瞻氏其人哉！若夫易贊爲宣，則更有所俟矣。

萬曆二十八年歲次庚子孟夏朔日，期親兄可行撰。

——《賜餘堂集》卷首

賜餘堂集叙

〔明〕管志道

吾友晉陵吳學士子道，初以《植綱常第一疏》觸權相江陵，杜闕下幾斃。削籍凡五稔而江陵敗，乃詔復原官，晉秩宮諭，則又以讜論侵閣部大臣，坐是引疾歸里者數年，朝夕以圖書自娛，而扁其堂曰“賜餘”，謂垂絕之餘年皆天所賜云。子道蓋以不怨不尤自砥，而屢推屢壅。後拜南掌院之命，不果行，竟鬱鬱賫志以歿。歿後歲餘，而其仲子孝廉亮哀其生前著述若干卷，命曰《賜餘堂集》。先次其在朝時所作奏疏講章、閣試館課四卷來視，曰：唯先生知吾父居官居鄉心迹，又知吾父之所以爲不朽也，請叙之。余已久謝世文，而念子道立朝則共風波，居里則同薑菲，子道逝矣，闡幽之責奚辭！獨以未睹全集，緩其請。越一年，其所善新安詹淑正持前後集一十四卷傳至，因得其長公後庵先生所弁叙文，擬子道於陸宣公敬輿，爲之大暢。蓋昔之論文者，嘗擬韓子於孟子，擬歐陽子於韓子。愚心旨子道之文，尚未得其所擬，得敬輿之擬而爽然。試玩集中諸作，如奏疏講章則切直中浮忠愛之悃，閣試館課則典麗中饒通達之才，鑿鑿乎蔚有敬輿風軌。其諸詩叙頌記誌表碑銘等作，大都斂霻諤於和平，藏英發於恭遜，婉婉曲中事情，絕無苛怫懏虛之態。辭則信筆所流，不求摹古，而七襄之錦爛然，所謂贍而不稱，詳而有體，非乎？後庵先生狀其未嘗模擬敬輿之文，而出其所有，不覺其似之真，真知言已。先生蓋不徒以其言之似，而以其忠藎之心、匡濟之略相似也，此則子道之所以爲不朽也夫！敬輿不能使竇參之無困，延齡之無厄，忠州之無謫，而能使七年不言之諫官伏闕門而苦靜，至欲裂黃麻以殉之，向微敬輿平日忠誠貫天日，何以感人至此！奏議殆其芻狗歟！維子道之所以不朽，亦不在此十四卷中，吾獨傷叔世之爲竇參、延齡者何多而爲陽子野者何寡也！世人亦但知子道不朽於《植綱常》《正朝建》兩疏耳，豈知不朽之實在陰隲，不在顯名。子道之生平蓋有忠竭於人所莫稱，德施於人所莫報，迹同寧武子之愚，而心難與庸衆人道者，其孰矜而孰白之？子道師事吾婁王相國，友執虞山趙少宰。相國初起，子道投以血誠，有周公迕身之諷，師既振而身入山林矣。少宰中齘，子道殉以去就，有虞卿棄印之風，友既安而骨銷積毀矣。顧安得有以訟忠州別駕之冤訟子道者，是子道之抱屈，尤甚於敬輿也，敬輿訖無怨言，而子道不無微銜於此，此子道之當遜敬輿處，而隱德亦過人遠矣。讀是集者，其毋以語言文字索子道，亦毋以氣節一端盡子道也。

　　萬曆庚子夏四月既望，執友年生古婁管志道識。

——《賜餘堂集》卷首

賜餘堂集序

〔明〕屠　隆

　　論詩文者，先辨其體而後工拙從之。體之用也，各有攸當，弗可溷也。用之香奩則取綺麗，用之齋閣則取雅馴，用之邊塞則取悲壯，用之羈旅則取淒清，用之山林則取閑適，用之朝廟則取莊嚴。隨地布景，因物肖形，古喆匠巨家千秋大業所爲藏名山而副京師者，率不越此。廟堂之作瑰壯若遷，爾雅若固，巨麗若相如，奧博若雄，清綺若陵信，高華若頌説，斧藻皇猷，勒在金石，卓然名世，宜矣。柏梁聯句，媒及於女脣；沉香賦詩，禍釀於飛燕，余以爲非體也。少陵沉雄，多悲惻而含憤；青蓮蕭散，太放曠而不羈。施之廟廊，頗乏和平莊雅。李杜一代宗工尚爾，況下此者哉？余讀晉陵吳太史子道《賜餘堂集》，風格豪宕，不失和平；氣韵清疏，時含莊雅。應制大什，若元老貴臣冠裳珮玉，自然端嚴。其它酬應諸篇，如妃主命婦，袿服艷妝，都無冶態。進良規則永鑒荃宰，譚性命則縷析天人，是寓功德於立言，以經濟爲文字者也，而有本焉。先生德度宏深，風節耿亮，江陵不奔父喪，彝倫攸斁，先生恫之，首抗疏力靜，廷杖削藉。當是時，直聲震天下，與趙汝師齊名，海內呼爲吳趙。今其疏懸諸日月，逮其起廢，荼蓼備嘗，薑桂無改，批鱗之章無歲不上，忌者撼之百端，屹不爲動也。夫徐、庾雖長宮體，性本浮華；燕、許誠擅良工，品俱躁競。獨劉更生論起精忠，陸敬輿文成獻替，先生風骨實類兩公矣。方今朝事多訛，邊烽時警，復隍之戒，識者憂之。世道方賴先生以匡濟，而一旦溘先朝露，汝師亦遂長徂，中外能無云亡之嘆哉！不佞疏謬，猶以薄技辱收先生。往讒人修郤於不佞，袖疏視先生，先生瞋目叱之。彼夫云："公人中龍比，僕亦願拜下風，竊附同調，奈何麾而揶揄我？"先生笑曰："彼儀部君者，寧炙手可熱江陵耶？我何至作君昏黑鬼狐語而強附人爲？"讒夫面若死灰而去。嗟乎！先生不侫知己也。先生令子采于、世于徵不侫序先生集，二子乞言地上，而余將酬恩地下，其又何說之敢辭！先生生丈夫子八，采于業舉鄉賢書，及世于并文藻絕代，其令弟又于則成進士，天才不減兩喆兄，而諸子連翩鵲起未艾。嗟乎！先生偉人大節，位不酬德，未究厥施，固宜其後昌大若此，勾吳氏可復署高陽里矣。

萬曆己亥夏五月，東海友人屠隆緯真父纂并書。

——《賜餘堂集》卷首

莊中孺漆園卮言序

〔明〕黃汝亨

中孺天性樸醇人也，而深于學問之旨，往僅見其業舉一班，摩蕩理境，流囫英藻，壹軌于正，非近世市門奇淫之習，覽之知爲端人。起家浦江令，不侫亨稱鄰子，辱以臭味見推許，每過從論文章，及聞所爲浦邑修舉芟除，益信爲學道愛人之君子。移蘭溪復如是無倦，然尚未睹莊子之全，其爲詩賦古文詞亦未盡見也。頃余歸西湖，而中孺挈其全以相示，若賦若詩，若記、傳、序、贊、表、啓，至公移吏牘，亡所不彙，而中孺之才華學術流布者十七矣。大都抱醇而溯源，深裏而達表，即衆體不同，而不爲詭詞險語，本諸性情而津液于彼我上下之間，其所不能不強爲知，所不知不強爲言，其爲仁人藹如一而已矣。夫鄉者古文之道衰，幾爲冶容奇服者所蠹蝕，自毗陵唐荊川、薛方山二公起接歐、蘇諸大家之脉而繩準其趨。當兹之時，頹波漸下，作者盡如中孺，復何憂哉？莊生有言："卮言日出，和以天倪。"即中孺名位日高，而素位稱物，天倪自在，吾以天倪窺中孺日出而未有窮也，敢謂此卮言盡文之變而且足盡中孺乎哉？夫卮，酒器也，中孺異日者淋漓以出，令觀者如飲海水，即王無功、淳于髡之流，其量易窘也。

乙卯夏五，寓生黃汝亨撰并書。

——《漆園卮言》卷首

止園集自叙

〔明〕吳　亮

《止園集》者，集余通籍以來、歸田以後所著作，及備員柱下所條奏、觀風塞上所陳畫，合爲一函，以備家乘，而余營菟裘曰"止園"，故稱《止園集》云。憶余十歲習爲文章，維時先君子在詞林，服聞庭訓，妄效里鼙，間爲詩歌，不敢令先君子知也。洎十五試有司，首對公車，文譽稍暢。伯兄不禄，爲賦悼亡二十四律，遂亦流傳。余世父太史公有"文章早見風行水"之句，沈中丞純父有"詞賦更聞追六季"之賞，余甚慚其言。辛丑，强而仕，始離鉛槧。初授秘書郎，染翰鳳池，剩有餘暇，於是有草曰《西清》。丙午之役，奉命典中州試，多屬余筆，於是有草曰《程豫》。既蒙恩選，擇爲臺官，朝拜夕奏，無所孫阿，於是有草曰《西臺》。及按節閱邊，塞垣欺蔽之弊力爲剔決，於是有草曰《西陲》。兼攝學政，間課士，於是有草曰《七》。觀風步月，時形感嘆，於是有草曰《出塞》。迨挂冠歸，治園青山門外，邑懷舒嘯，或嘲弄風月，品題花鳥，於是有草曰《園居》。諸公辱在臭味，各有序言，此余集之大較也。余嘗俯仰追維，卮言柔翰借以適興，應酬諸作祇供覆瓿，殊不足當里耳。惟是封事得於風聞，不無過當；執法蘄於斧斷，豈盡協中！嫉惡太嚴，矯枉失正，我且未愜，而謂人能堪乎？宵壬因而側目，債帥爲之腐心。善刀不藏，直木先伐。此余之省躬多愆，而遁世所以不悔也。且先君子珥筆承明，橫經旒厦，觸權抗疏，幾斃杖下。余職在言路，勤於糾逖，橫口所出，有好盡之累。賴主上明聖，及於寬政，僅以微罪免，不膏斧鑕，爲幸良厚，猶不知止，尚復何覬！又余之以止名園，而以止園名吾集之意也。牘具在，將獻余醜，且識余過。若云希志大業，妄意作者，垂青汗于百世，享敝帚以千金，則更非余意矣。嗟嗟！身隱矣，焉用文之！余過矣，余益過矣。

天啓初元辛酉，園居士書于真止堂。

——《止園集》卷首

止園詩序

〔明〕吳宗達

吁嗟乎！人世之役役也，其爲止久矣而不自知也。熱中沾背，狂走東西，徒使松桂笑人，羞與爲伍，皓首流波，究竟茫無所得。若夫締好金張，雍都驄從，温綸厚耤，微竊爲榮，而建竪無聞，長安市兒指目笑之，此夫氣息奄奄，不啻若泉下人，是止者止矣，不止者之止不更甚哉！然安知夫人本自止也？揖讓征誅，等于棋酒，姑置勿論。古今大聖大賢遭時遇主，指不數屈，其沉淪湮抑，更僕未能，天止之矣，人且奈何！乃世道之責，不于庸愚，而于賢智，故其受過獨多，遭會獨苦。天生賢智，若爲庸愚役而又不能滿其意也，人止之矣，我且奈何！唯以我止，而天與人始無權。第有止境，苦無止心；有止心，苦無止韵。吾兄侍御公又若天與人所獨厚者，筮仕清局，以止爲行。一奉簡書，甫行而止，意所不可，即日挂冠，山澤見招，樊籠若脱，視天地間無物爲我有。唯園爲我有，一泉一石，一鳥一花，閑試經綸，悉徵歌咏。蓋謝都俞于虞庭，而賡含鼓于堯壤；蘊少陵之忠愛，而融屈子之惻悽。曲砌層臺，疏篁古木，園之妙無所不備；長歌短什，雅意妍詞，詩之妙亦無所不備。有止心，止境逾寬；有止韵，止心逾適。蓋天與人若共置之于極樂之界，而我復能領取也。嗚呼！觀止矣。雖有金谷平泉之勝、投知結契之篇，吾不欲觀之矣。昔人有詩云“不改清陰待我歸”，又云“主人到老未曾歸”，此止不止之説也。謂余不信，請視斯言。

——《止園集》卷首

初刻制義律言合叙

〔明〕惲應翼

詩以律言爲近體，文以舉業爲時義，皆用取士而唐宋分焉。今制場屋以文取，館閣兼以詩取，蓋合用矣，而先後分，故士方未遇則兼治未遑，既遇而治之亦莽焉耳。又有愚而自用者，塗鴉鳴蛙，曰：吾既以遇矣，獨不能詩乎！孰知詞壇之牛耳，不可以科名執也。世于久以時義顯，乃一舉而遂出其詩之律者合行于世，世之人詫曰：“兹豈兼治先後所以取士者乎？而兼工之乎？”若此也，載以入都，不必散子昂之卷而價重玉琴，不必奏曼倩之牘而譽冠金馬矣。顧不忘一日長乎爾而索叙之。叙曰：近體時義同者四，異者四。八句偶諧，頷尾暎帶，八比皦繹，血脉宣融，其同一也；空實間施，盈虛日月，開混遞變，闔闢乾坤，其同二也；文有結竟，程可占前，詩有餘韵，禄可十後，其同三也；蓄須萬卷而神始腴，筆無一塵而掃始妙，其同四也。義描人吻，以似論工，詩鳴己臆，以婉徵巧，其異一也；名理談義，洙泗則佳，神悟成詩，伊洛則醜，其異二也；黃歌斷竹，詩已權輿，宋相舒荆，義方懸魏，其異三也；詩腸孤發，實繫別才，文格世沿，可模陳語，其異四也。非綺筆鎔裁，錦心匠斫，孰能合其同而同其異哉！大氐世于之作鳳毛燁燁，隼骨胎焉；春葩英英，秋實苞焉。文詩兩工，評言一致，世于信爲才矣。雖然，時義文也，不有文而古者哉；近體詩也，不有詩而選者哉！杜入詩聖而文譽弗揚，韓擅文雄而詩道弗振。予嘗合古今品之，兩善兼稱，千載四賢，陶令、柳侯、王臨川、李北地而已，世于勉乎哉！予固詩窮文窮人也，文既屢北，人以尤吾詩。今世于以文舉矣，行且以詩繼清華之業矣，詩何負于人哉！予藉是微青藍之光，解玄白之嘲，故折屐而爲之叙。

——《觀復庵綺集》卷首

初刻制義律言合叙

〔明〕潘之恒

少從大父交游中知晋陵兩吳太史兄弟也，既而游學晋陵，習吳之多才，元凱一門世濟其美，則又從詞林中知有采于、世于兄弟也。夫簪纓累葉，甲第相望，代有名家，乃若班、蘇二氏照耀史籍，自漢迨今千餘年，僅一再見。肩齊武接，蓋其難哉！辛卯之薦，吳氏聯袂而歌鹿者四人，兄弟也，而采于固褒然矣。庚子復薦三人，兄弟也，而世于始超距。方在初薦，人譽世于能工詩而疑其疏于制義，曰：胡獨遜諸昆也，將力分者無全功。及再舉，人羨世于能制科而疑其浮于道古，曰：胡能超諸昆也，將兼修者鮮專詣。此非惟不知世于，且不知詩與文，或歧而二之矣。夫文生于情，詩以宣情，由内而出，非由外入者也。章句之士恃剽竊以希進取，空橐而借資，什無一二售也。無論詩矣；游閑之士托聲韵以代雉羔，枵腹而侈譚，百無一二真也，無論文矣。故精于文者詩或未暇，而工于詩者文或未純。情有偏重，故技有偏長，善學者兼之而後可語于化，若世于何可易論也？太史公手編天禄石渠，庋之郿架，世于盡發其藏而且面質焉。惲明府遠卿以慧業文人通徹玄解爲之師，時與世于譚出世大事，采于、又于、魯于諸昆窺六藝之奧，探百家之源，法無不備，意靡不新，和璧在庭，隋珠在握，相與淬礪于琳琅圭璋之質。世于之受益也廣，取資也宏，比類也審，致力也勸。于文則博通典麗，用詩人風調而融以體裁；于詩則蘊籍澄泓，用文人精工而歸于和暢。文必合制，詩必諧聲，非是無苟作焉。其却爲藏機，其捷爲末見，即在諸昆，以其所遜，較其所超，且爲之心折矣。試舉今古二筴，竝懸國中，孰得而軒輊之哉？余固曰：若世于何可易論也！余不慧，稱詩無睦耳之譽，修文鮮刮目之賞。世于一語相知，謬許情近，引而定交，且屬予叙。夫以予叙世于文若詩，是矜聾以咸韶，而被瞽以文繡，何當于聲色哉？幸得請質師昆，能無大噱不？

——《觀復庵綺集》卷首

觀復庵續集叙

〔明〕張　燮

昔王筠自詫其家門，謂名德重光，爵位相繼，人人有集。若乃謝氏伯仲，爲烏衣之游，戚戚親姓，此外高流時譽莫敢造門。古今傳之，俱爲盛事。明興，慎簡名器，非若晋宋華胄，便可矯迹升等，故曹貴稍難。比來人倫之盛，則毗陵吳氏擅聲江左，蓋魚鬚之笏世世相傳，至先學士公上章靜時相奪情，直聲震天下，余得其遺稿讀之，至今猶有生氣也。藍田生玉，莫非夜光，別室諸從亦復觸目琳琅，評者謂可方王謝，而名德殆過之矣。世于明府凡再剖符，來爲龍令，其爲治，使敝民望之爲夏日之日，而有韵者披爲春風之風。人居數月，締構大有成緒，案牘餘閑，不廢屬綴，間出諸集示余。余向者往來毗陵道中，聞公鳳窺藻苑，心慕之，今而庇公宇下，邊承傾筐倒屧之歡，乃以睹公之全已。公取材逾廣，筆端搥碎，惟所揮斥而出之，甚工正，如危峰曳日，森壁爭霞，木杪藤垂，罨畫滿眼。每讀一闋，局厚氣完，非尺幅可盡。公之詩在初盛名家間，其于近代類王瑯琊。公之文神骨鄒、枚，而體裁時沿鮑、庾，其于近代似皇甫子循、王稚欽，然公實未嘗與人共生活，所謂有體爲常，政使常有其體也。其急窮交，獎忠赤，錫類友于，解紛排難，又往往于集中見之，誰謂雕蟲技小乎！嘗嘆潘河陽文爛若披錦，與縣花相映帶，而治行寥然；西門鄴令之威、魯中牟之化，而文采了無足紀。詞壇吏績兼之者，是在吳公矣，寧僅爭塵尾作王謝家物哉！余慚公超五里之霧，徒作傭春沙穆，奈何辱季英以定交杵臼間也！

治民張燮紹和拜撰。

——《觀復庵續集》卷首

率道人素草序

〔明〕薛近兗

率道人者，吾友吳太守又于也。又于與余同舉於鄉，已又同官四門，又同西曹郎。每相遇，輒摩古今事，各持所見，砭砭不相下，卒未始不相善也。嘗記一日偕董中翰綸宰、吳太史上于從吳廣文象于飲顯靈宮下，余兩人劇談雄辨，旁若無人，綸宰曰：“夜向深矣，諸羽衣正栩栩蝶夢中，二子寧直驚坐，計闔宮無不震動者。”滿坐大笑。嘻！三子知我者，彼其之子且見以爲狂奴故態，庸詎知非又于無所開吾喙耶！余嘗謂人之生也直，唯又于足以當之，又于亦云寧寬真乞丐，無聽粉骷髏，其率若此。余又嘗舉韓魏公之言，謂吾輩所恃者，公道與神明，又于輒舉張無垢天不必知爲轉語，余應之曰：“天不必知張無垢之見；見可自信薛無垢之天。”夫魏公猶恃公道神明，而率道人并不求天知，余之信即又于之率也，固宜其笑視而莫逆也。又于名家子，志潔而行芳，壯歲成進士，其於吏治恢恢乎有餘地也，稍委蛇，從縣令起家，何患不即至臺省！又于寧乞廣文，而四門，而西曹，一麾出守，此亦率之效矣。嗟乎！廣文四門，一氈獨冷，且也人縱不愛厚利，鮮不愛顯官。又于通籍十許年，由西曹郎出爲太守，倘有幾微顧望，能不貶損以從於時？而又于不改其率，如又于者，可以廉頑而起懦矣。適又于寄所鑄素草若干示余，余率爾爲弁其首。

——《北渠吳氏翰墨志》卷十三

率道人素草叙

〔明〕吳　玄

余不佞何知道乎？余知我率而已。亦何敢率爾爲乎？余率我素而已。鶴不浴而白，梟莫續爲長，其質定也；龍或躍在淵，鴻時漸於陸，其位乘也。顧我若世何，我亦其若我何？世緣幻而我真，世態紛而我一。夫我安能盡如世，世安能盡如我？惟我適其我，世還之世，如是焉耳。竊怪乎幻焉紛焉者，智愚不同禀，窮達不同遭矣。智庸累耶智，胡弗任受智？柳州名溪而托以愚，坡老命子而祝且魯，或樸之示、拙之用矣。愚庸損耶愚，胡弗任受愚？藍田默而諱夫癡，元章贊而逃乎顛，或巧之乞、慧之修矣。達奚負耶達，胡弗任受達？釋不諷乎盡道休官，淮南不咏乎反招隱士，或啖肋薄之觸牴苦之矣。窮奚病耶窮，胡弗任受窮？子雲借客之嘲也以解，昌黎送鬼之窮也以文，或書空怪之捷徑邀之矣。有餘則故矯爲不足，不足又強競爲有餘，然則何居而可？他如親焉避其曀，讎焉宿其怨，妍者掩其好，媸者滅其醜，比之飾其隨爭之。文其激汰矣，怙其驕嗇矣，護其吝，強而匿其忮，弱而秘其求，靡不幻且紛焉。抑何多事也，究可勝道哉！彼裾曳之通、布被之譎、碎首之黨、折齒之恬，我爲世移，聞人不免，況曠里偏場其戔戔者而擾擾乎？余無似，願居材不材之間，遞歷有遇不遇之境。寧畸人無人畔我，我寧過而慕之[1]，毋寧過而托之。顧我安在而率者，是曰率易，曰率略，曰率直，曰率真，總歸之自然。於世安從而素者，是疏就於南也，移雍於北也，署爽於西也，縮符於東也，總聽其自然。在鄉言鄉，在朝言朝，職内言内，職外言外，言其素所率焉者而已。巧而不足，拙而有餘，性也有命焉，余素余命耳。流而爲行，坎而爲止，命也有性焉，余率余性耳。嘗讀香山之詩云：“所禀有巧拙，不可改者性。所賦有厚薄，不可移者命。”又曰：“性命苟如此，反則成苦辛。”能反其所反，則知率其所率，聊以易居士之詩爲率道人之叙云。

————《北渠吳氏翰墨志》卷十三

山居雜著叙

〔明〕吳　亮

余兄弟性簡伉，不善宦，又復疏宕不善家。出則忤世，皆自投進賢之冠；歸則遺世，必各營菟裘之業。然余與世于、又于或初仕，或再仕、三仕而已，其誅一茆，闢三徑，爲高爲下，皆有所因。獨余弟魯于、服于甫對公車，未登仕版，干雲直上，度雪方潔，便悠然有遁思，其所構別業又皆撤荆棘，薙

---

[1] “慕之”，原誤作“暴”，據《率道人素草》卷首殘存序改。

草萊，累土疏泉，牽蘿圍竹，處眾人不必爭之地，任愚公不可幾之功。今且鬱芊成林，翳然有濠濮間想矣。顧余兄弟又未免有室家昏嫁之累，意雖適，神未旺。魯于近喪其耦，自將一雛，翩翩如孤雲野鶴，游心不滓，得趣更深。由是寄情托興，發爲詩文，自有一種超然澹然之韵。讀之如飲清泉，嚼古雪，令人熱心猛氣銷釋殆盡。此則余兄弟所未能，而魯于所獨也。因披《山居雜著》，弁數語以歸之。

止園居士亮采于題於竹香庵。

——《北渠吳氏翰墨志》卷十四

吳文端公集序

〔明〕蔣德璟

余在史局時，鍵户下帷，寡交游，而文端公爲前輩，獨以道義文章見物色，璟愧不敢當也。己巳使歸，惠別兩詩，有"詞林自昔推肝膽，此日論交似有神"之句。公素高介，鮮許可，折節下交，益深國士之感。比公没且七年，而余待罪政地，獲步後塵，每從起居館見公危言正色，多所匡襄，如救畢司徒、易中丞、章李二給諫，止遣内臣總理處分出圍鎮將，請免逮司府官，請薄譴王駙馬，仍留原奏，請止更調兩帥，及密陳委任諸疏揭，皆侃侃執爭，持以定力。上亦多轉圜聽之，公尤倍自刻勵，避嫌若膩。食無重肉，門無雜賓，盡謝一切餽問，其在直退食自公，蕭然若寒素也。與前後諸公處，鹽梅相劑，不競不隨，得則讓名，失即分謗。諸公相信無他腸，而中外亦心服公大節，皆以真君子誦公而不敢有異同之論，以故當軸垂六載，獲上信友，惟公一人。比公去而事益難矣，揆席傳舍，人鮮固志，計新舊餉外加練餉七百餘萬，合之贏二十萬，而兵日益枵，章疏冗沓，數倍於曩，復闢門懸鼓以求，而言亦益放。自余入直，卯入亥出，不暇沐梳，間奉召對，上傳回奏擬諭，退而竣一日百餘之票，以其餘纂備邊策，凛凛懼不支也。念前輩新都、江陵而在，豈遂叢脞至此！即回視公數年前，亦庭徑矣。夫惟明主可與忠言，以先帝神聖，博通今古，矚臣下情僞如觀火，使盡若公進效忠，退寡過，中立無黨，澹泊自將，無不針芥投者，而後知叢脞之弊皆臣子負君父，而非陽九百六之過也。《易》曰"渙其群，元吉"，蘇明允直以絶朋黨解之，不知渙之妙義在乎風行水上，惟風無我，惟水無人，風與水遇而人我忘，則群不渙而自渙矣，豈待絶哉？嗟乎！非公其孰能渙之哉？毛氏釋《詩》，復以風行水爲天地至文，蓋亦得渙之解者。公體備上智，學本六經，出其緒餘，舂容大雅。渙稱光大，其在斯乎！長公中翰以遺命索余序，而公孫守所仍督前諾，余自愧迂謭，不能述公凤期，然幸而附於受知之末，故序次如此。若其詩文，則自揭日月而行，

序跋／集部

637

無藉言矣。

古閩年通家後學蔣德璟拜手謹撰。

——《渙亭存稿》卷首

文端吳先生渙亭存稿序

〔明〕張 瑋

古人以立言次不朽，蓋言者貫道之器，而其人之德與功存乎其間者也。況館閣大臣之文，若奏疏、若箋表、若制敕、若記序、若誌傳文，密勿資之以啓沃，綸綍繇之以出納，社稷賴之以式靈，民物藉之以奠麗，往哲得之以闡揚，後進奉之以訓迪，有倫有脊，爲石爲金，詎非必傳於世，而世亦因言以見其人者哉！如吾郡師相吳文端先生《渙亭存稿》是已。先生以扶輿間氣，挺生於重熙累洽之朝，擢鼎甲，上玉堂，優游詞翰。既而佐銓衡，登政府，則際啓聖興邦之日，拮据時艱，時操切而劑以和平，時囂紛而鎮以恬靜，時營競而持以清介，時爭黨而立以剛方。故其爲文詞旨温雅，象其和平；氣度雍容，象其恬靜；敷陳剴切，象其清介；議論正直，象其剛方。《詩》云“維其有之，是以似之”，易名以端，爲不誣云。嗟乎！今之爲文日趨而下矣，樂恣肆者自以爲長江大河，其失也駁而不醇；好鋪張者自以爲雕龍綉虎，其失也稠而不雅；徵奇怪者自以爲流水高山，別希具眼，其失也牛鬼蛇神而不可以句。先生獨謹嚴正大，不恃豪縱之氣，而特砥其流；不矜追琢之容，而特裁其體；不務恢奇之概，而特安定其詞。正如立廟堂之上，冠冕佩玉，雍容委蛇，未嘗少動聲色，而望者起敬，即者傾心。讀先生之文，當如見其人，亦惟見其人，始知其文耳。且先生道德見於身，事功見於朝廷，而緒餘見之於文，藏諸用，顯諸仁，即文章爲功德而潛闇則人不可及，然後先生之品之端愈可得而見矣。先儒嘗謂君子小人之辨，在進退難易之間。夫易進而難退者，其始必翹然有所托以自見，而終於持禄養、交茅靡而不能振。繇其人非休休斷斷之人，而其爲文亦每蹈前數者之失，無以起衰而傳於後。先生不然，其澹焉泊焉於渙亭也，猶其澹焉泊焉於揆地也，其落落穆穆與朝之士處也，猶其落落穆穆與鄉之人處也。絶凌援，泯尤怨，凛然持其難進易退之節，以飄然於出處。其律己之嚴，直欲追古聖賢所深造，而接物之恕，復能包一世之知愚賢不肖而無所封畛。雖以瑋之拙謹，斤斤一曲，頗無當於大方，而先生獎掖必及焉，是所謂見先生之人而知其文者，莫瑋若也。又私懼後之人見先生之文者，猶未能如見其人也，於是因長君職思之請而有言，敢遂謂斯言足以測斯文萬一耶？

賜進士出身、大中大夫、都察院左副都御史、眷晚生張瑋頓首拜撰。

——《渙亭存稿》卷首

十願齋遺集序

〔明〕薛　寀

　　往者先刑部育我公甚卵愛不肖而重吳先生。其愛不肖，以先母劉安人止遺一雛，不繼嫡，父子相見無雜語；其重吳先生，以先生學識卓而品端。時予武邑經師亦漸若錫，佞主而譽弟子，先生所至肅然，不敢干以詞色。癸丑、甲寅，刑部往浙謝東林前輩吊，命不肖讀書郡城，意在師先生也。已浙行遄歸，未忍久違膝下，故執經之願竟虛。時吾郡士習有二謬戾：講藝必守其至拘，錯趾必趨其至縱。先生正色侃侃，遇狂少年立折其角，而于行文時之波瀲烟靄霏微迢遞，務殫我法之工而兼備古今文之趣。若夫板袍響屧，配青白，引宮羽，規規耳目一夕之娛者，先生弗善也。故予雖未及從先生游，而事先生頗盡敬，一義出，他人或稱祗半，而予輒誦上口，其曲折摩蕩之法似指端螺紋，能一一辨。後追隨二十人中，摹述尤切。迨壬申，予幸釋褐，主武胄鐸，先生與予外父泉與邊公以序貢入都，再試再得沐，御擢首次，京師哄推二邑序貢，遂足冠十五國也。二公所持見尤別，外父謂困諸生久，不應復覬晚達，當從廣文矯厲騰踔，而先生則謂苟可重理鷗絃，何惜一奏！故外父矢不修經生業，亦不旁染山人詞客習，而先生則按式王、唐，亦復揚鑣陶、謝。天祿故人馬君常領袖日延佇一過，四壁之窺片讕躍七尺屏者，咸期此席終先生有也，乃外父冀從青氈奮翅者迄淹頓不振，而先生則假浮光連矗。製錦雪川，不事表襮，迴翔桂嶺，不廢嘯歌，以至麻衣觀主，烈焰投軀，一一有冰雪之餘音、松風之逸吹。益以生平論文之單辭、論學之雜著，于是《十願齋遺集》遂琅琅炳于日星，固有目爭披，而不肖與公之三嗣君，及門下士若孔明、所止昆季，仲達、贊伯各後人，尤當奉爲漆器矣。敬循十願，溯往參末。惟發願不以科第易儒，故垂老臚傳無異壯齡；篹掣不以釋典易聖訓，故濂溪蓮社何殊西竺金臺。不以小利易仁義，不以佻達易雅飭，故文翁謏于程卓，馬糞貴于阮何；不以好修羨干謁，不以盡職羨樞要，故閉門傲其槐柳，誓墓輕夫鼎鐘。不以砥礪效庸碌，不以勇退效貪戀，不以清白效腴民，不以授命效偷生，故蚗志之蟬冕汗浹于二疏，王石之珊瑚氣索于侍中右衛。先生素不佞佛，予安敢援釋證儒！然而有釋氏之十願，故龍藏片片皆旃檀；有先生之十願，故《遺集》絲絲皆心血，雖謂先生乃真儒童再來可也。

　　己亥仲夏，里通家小友薛寀今衲米述。

——《十願齋遺集》卷首

海外遺集後序

〔清〕萬斯同

　　往毗陵吳宗伯公盡節海外之翁洲，先君子爲收其遺文，手鈔成帙，題曰
《海外遺集》。時斯同年方十四，讀其書輒知敬其人，以爲當此之時，宗社喪矣，
區區海外一塊土豈足爲一成一旅之業，而公以八十老人間關從主，卒與此土
同盡，斯其志欲何爲哉？夫亦成仁取義之學講之平日，當見之晚節耳。蓋公
爲諸生時，東林講學之會方興，從顧、高諸公及同里孫文介公日談道德之奧。
已而諸公遞逝，公即代主其席，學益有聞。年垂六十，始得一第，出宰長興，
輒以所學爲治，致忤時左遷。其後自粵西而閩海，自閩海而翁洲，流離瑣尾，
日瀕于死，而公益勵於學，不以憂患而荒。是其一生無日不以學爲事，故當
危難之頃，即能碎首捐軀，無少濡忍，然則公之忠公之學爲之也，豈與世之
徒矜名節激發於一時者比哉？然公之學非但成就一身而已，其家庭師友間更
有異者。往公門人李忠毅公以擊璫死，公友馬文忠公以寇難死，公叔子公介
先生以赴義死，最後公門人錢忠介公又以從亡海外死，公皆爲詩哭之，以不
得死所爲恨，則公之抱斯志久矣，故能從容就義，視死如歸至此，而平日之
志始慰，更以見公之學又有沾濡乎父子朋友也。公之遺文既爲先君子所輯，
其雜記瑣事不可以載集中者，尚數十帙。先君子既歿，斯同寶而藏之，無敢
失墜。竊念公詩文當公之海內，其他片言隻字爲手澤所存者，當歸之其子孫，
忽忽三十年，無由一識其後人以爲恨。乙丑夏留滯燕山，有客顧余逆旅，則
公之季子公及也。相與叙述生平，悲感交集，而公及篤行老成，不墜家學，
惓惓以遺集未盡刻爲念。今年將返里門，終剞劂之事，謂斯同當附一言，因
不揆而書其後，以畢幼時景仰之志云爾。

——《石園文集》卷七

映玉堂集序

〔明〕堵胤錫

　　六經之氣，升爲星雲，沉爲川岳。而其間展思起致，構空生變，渱滌垢
污，宣導閟鬱，入乎渺微之域，蕩乎曠漭之區，開萬物歌哭痛癢之竅者，則
又莫妙於《詩》。蓋《詩》之爲道，該理斁情，類繁而趣一。端愨之士發其性
音，英奇之才振其孤響。以至耽幽習悶者，叩寂寫懷；銜怨輼悲者，循節宣
指。此中流連曲折，一往自深處，彌際兩間，觸境云喻，悠然無窮。作詩人
與解詩人，各各形言影語而不知舞蹈奚自來也。然千百年于茲，有能抉藩莽行，
不寄古人籬下者幾人哉！故仰觀星雲，以爲燦陳流布者之動定不測矣；俯稽
川岳，以爲雄桀奔泄者之高深不測矣。顧於此求詩象，始恍忽得之，何以故？

天之鼓息萬物也以風，地之涵吐萬物也以水，生殺孇□，遞萌遞根。天下文章，活潑無滯則夫《詩》也者。其爲人心之風若水與？爻象不及喻，而《詩》足感之；謨誥不及敕，而《詩》足整之；禮樂刑名不及格，而《詩》足懲且創之。《詩》兼衆長，治身治世，無美弗集。吾故業《詩》，不克深于《詩》，如茲言，徒益厄耳。蚤歲肆心此道，微言奧義，取之藝林，真如拾鮑藩，惜手慎目，嚴并處子，而獨喜哦羽公之文。羽公業《詩》而精於《詩》，所言必鉤詩人及讀詩人之隱心，故余之宗羽公，湛湛十餘年。恒竊謂其言《詩》之文既爾，若以《詩》爲文，當必過是，而羽公出其《映玉堂集》視余，余乃信羽公之果精於《詩》也。歲戊辰，羽公出若椰師門，師之識羽公，以治《詩》耳，而其言曰："必具逸韵傲骨者。"此非別鑒羽公之神而遽知此乎？羽公之詩具在，世且弦誦之無已時，余奚詞以贅美？獨計其一生讀書學古，率於《詩》是發，制行範俗，自初迄終，克踐蔣師之言，不亦偉哉！是故沐其風流，頓歸方雅。余今者亦幸爲若椰師所收，師雖以賞羽公者賞余，而余則甚悲夫業羽公之所業，宗羽公之所宗，乃不足追步前人，何徒侈陳芳躅爲也？嗟乎？羽公之詩具在，以爲星雲可，以爲川岳可，而竟邈乎難即其音容耶？痛簡遺編，鬚眉欲現，浮白呼羽公，羽公當爲我出哉？敬術衷言，緘之長君，續弁簡端，聊志作詩人與解詩人之概。

　　庚辰春仲，姻小弟堵胤錫書於武林署中。

——《映玉堂集》卷首

玄晏齋集序
〔明〕何宗彥

　　古之立言者，言其中所獨得者也，中有獨得則見徹，見徹而後天下事可以迎刃解，是故古人行事肖其言而言肖其中之所有。後世文士聲偶以爲麗，輕艷以爲工，綴拾餕飣以爲富，非不斐然以立言自命，及當大事，竟與昔席所稱説者相背違，何也？中無獨得則神悸而氣奪也。然則文可浮飾而行可襲取與？毗陵孫公生平介立，澹然無好，獨湛精性學有年，以爲言性者莫精于《易》，則玩《易》以證性。内典諸書多與《易》旨合，復旁取之以證《易》。了然徹悟于天人性命之理，而又不落于空幻，惟從君臣、父子、昆弟、夫婦、朋友間一一體驗，見諸行。其所爲《玄晏齋詩文》及《困思抄》《奏議》諸集，沉深融徹，剖前人未剖之秘居多。余交公二十年矣，雖不能窺公之學，然心誠服公，每與知交言或疑信半。歲癸丑，晋貳春卿，攝部務，適有國家大事關宫闈父子之間十餘年不舉者，公毅然力請，間有以奇禍怵公，公請益力，懇惻執政之詞屬而篤，嚴而無所逃，痛切而使人泪漱漱下，竟獲請。此一役也，

序跋／集部

641

非執政不能得之上，非公懇摯不能得之執政，人始服公有用之學，謂余言不阿云。嗟乎！公當力爭時，精誠之極動天動鬼神格祖考，奮不顧身，以弭亂安社稷。古人當大事如公者，詎多見哉！它如黜代庶，釋楚繫，議科場，減貢夷，難以更僕。要之知無不言，言無不盡，昔人所稱進忠若趨利，論政若訴冤，其公之謂與！余數從公廷議，見公侃侃執政前，隨機辯折，執政稍誂，輒以義振之，令人面赧心下，不得不從公。余私詢公何言言中機若此，公謂縈心國事，宵不交睫，反覆思之，心口自相應對，豫蓄以待耳。及詳讀公集，乃知公中有獨得，惟知君父之爲大，而毀譽榮辱得失生死之爲細也。其心洞然，其氣浩然，故其言棘棘然亡所阿邑。曩所云反覆思者，直權詞應余耳。歐陽子謂凡人之情忽近而貴遠，若公之文之行與立朝事業，當遠求之古人中。如以近忽之，請觀茲集，當益信余言之非阿矣。

萬曆乙卯季春，年友弟漢東何宗彥君美題。

——《玄晏齋集》卷首

玄晏齋詩選自序
〔明〕孫慎行

余固陋不能詩文，懶廢不耐爲人詩，惟不能，故應習其不耐爲人也，乃得寬閑自寄而有餘。入仕幾四十年，蓋嘗窮日夜喁喁俯首如課業然，卒于詩愈遠，而其所謂固陋者愈增長，幾自寄者亦多懶廢益至。癸丑春夏，睹時事之阻阨，憤部職之艱難，意有所悵慨，輒題數十句，或數章，不暇日夕喁喁如前課業時，而人視之反以爲固陋若稍汰者然。尋至歸居六七年間，日夕視前更暇，乃更益懶廢，獨所謂悵慨者不復衝于懷而多爲無因之感，寥廓佚宕，久久思之，乃若有發吾藏而鳴吾籟者，卒于古忠臣烈士仙神變化拄地撐天義概，下至當世奇節曠行山野獨行獨慊衷抱，未嘗不時時湊合也，然而固陋不能，其視前更甚未可知，何則？詩有學而吾不能讀墳窺索，詩有律而吾不能引商刻羽，詩有才而吾不能吸風飲露，詩有情有景而吾不能窮山涉水。浮觴落月，終亦成吾懶廢而已。有見而詫者曰：「子多詩如是，奚不一爲人也？」曰：「以曩日夕喁喁而固陋不免，況茲寥廓佚宕而于爲人如堅瓠無當，誰能收之？」因拴歲月，略見數年閉戶中陶然一無關世踪迹，且于前所謂阻阨艱難者，如痛定思痛之人，即寓言重言光景固是不同也。斷自癸丑受事後，而後來一一如年序，亦見余前後之歷云。

晉陵史氏孫慎行題玄晏齋中。

——《玄晏齋詩選》卷首

毗陵管公誠齋賜誠堂集序

〔清〕佚　名

　　孟子言之："誦其詩，讀其書，不知其人，可乎？是以論其世也。"余循覽毗陵管公誠齋《賜誠堂集》，不禁三嘆焉。公在崇禎朝以少詹掌南翰林院事，甲申之變，金陵擁立，遷至少宗伯，行宗伯事，兼纂修《崇禎實錄》總裁。未幾與馬士英牴牾，謝病去。王師下江南，被收，與其子舉人鉉、貢生鍵、諸生鑁死之。乃紀事者所載乙酉南都徇難諸臣，尚書張捷、高倬而下，主事夏允彝等若干人，在籍少詹徐汧等若干人，進士黃淳耀、舉人張錫眉、諸生顧所等，下至賣麵者、賣柴者及百川橋乞兒亦所弗遺，而不及公。先是北都從賊諸臣因闖敗而南，復希進用，中書舍人宗灝其一也。議者欲仿靈武即位故事，以六等定罪，其爲之關通營救者，假纂修實錄宜徵才望，即負纍廢錮者亦宜開一面之網。公持不可，灝銜之，遂詣大軍歸命，乞安撫常州。至則以危言激主兵者逮公，論者謂公之死實灝之修郤，余以爲不然。從來士大夫不幸而遭板蕩陸沉之禍，成仁取義，其藉手於奸慝宵人者比比也。余觀公集中，請恤諡北都徇難范景文以下五十八人、中州徇難呂維祺等一百十六人，又請追諡革除徇節方孝孺以下一百六十人，又請建表忠祠并祀未經議諡及從亡者凡一百二人，又請諡十五朝理學節義事功名臣二十六人，非生平崇尚志節而能然乎？當闖賊入犯，懷宗徇宗廟，公聞警而不即死者，以有金陵也。迨金陵既覆，尚何所望哉？其不恤巢卵而必藉手於奸慝宵人而後抗節致命者，夫亦欲與社稷俱燼焉耳矣，烏在不與徇節諸君子比烈哉！抑余嘗推論之，國家肇造東土，豐芑之澤著於四表，及有明陽九之厄，流氛日熾，海宇毒痡，馴致鍾簴淪亡。世祖章皇帝冲年踐祚，即憫茲殄瘁，命將誓師，爲之削平禍亂，出民湯火而登諸衽席，所謂一戎衣而有天下者也。金陵固懷宗之兄，使如微子東樓之守，其先祀安見不以杞宋視之哉？乃懷宗之儲嫡既至，不思戴之以從人望，而磨滅之幾死，迹其所爲，尚可保其周遺夏肄乎？且專任士英，恣其搜括，致有"掃盡江南錢，填塞馬家口"之謠。士英又薦阮大鋮用事，一時正人皆乞去，己則日雜於宦伶爲樂。迨問罪之師至而欲出奔，豈可得哉？余序公之集而牽連及之，當亦公之志所抑鬱而不言者乎？

——《賜誠堂文集》卷首

周樾林先生稿序

〔明〕薛　寀

　　樾林先生以冰雪雲霞之品，擅冰雪雲霞之才，因吐爲冰雪雲霞之言，沆瀣一泓，綏山萬叠，斤竹志暑，雕薪却寒。毋論作之者具奇慧，即閱之者亦享奇福。今珠源汨之，瞬息枯湮，凡我同人，應嘆風流頓盡矣。次君爾宣暨長孫予甥保明，以先生與予夙有小友之目，病魔書淫，依稀追步，屬爲厘訂而傳之。予謂若先生者，蓋彼蒼縱之以才而成之以骨，洗濯之以時變而曲全之以病者也。士當爲諸生時，入窨室中米鹽，出困有司甲乙，神沮氣索，藝必不工。即工矣，主司或不識。即識矣，不能旁獵千古而暢其胸懷。先生幼鍾世族，瓊膚點漆，乳保嬉娛，便與縹緗爲伍，而又十行俱下，百史供錄，酣恣淋漓，選腴割艷，于是毗陵諸生中始首闢妮古振奇之學，而出就小試亦遂頭頭第一，無敢掣葷經去者矣。名噪者久之，乃開塵壇，闢榛徑，臂鷹紲犬，俯徇獵師。纔登仕版，又有甘陵南北部之戰，士之負時名者不爲東南聲氣之所羅，即爲西北綫索之所掇。先生舊爲貞父黃先生弟子，貞父與涇陽、石帆諸公善，而先生不借幟於道南。後受靜初方給諫暗索之知，靜初以間道偏鋒爲中璫所依托，而先生力却鬱輪袍之援，甘受褫削而不悔，至今諷鹿馬一論，掉臂孤行，滿身是膽，猶令人舌翹而不能下，而況當時乎？再躓再起，獨往獨來，甫陟監司，旋以病廢。歷數先生筮仕及懸車，平干之謠頌，粉署之劻勷，清源如水之曹，荆南蕭霜之署，非不握蘭轉蕙，芬人頰而沁人脾，即一觴一咏中具有古人情性，而屈指歲月，以邑令遘齮齕者十之一，以冷曹酬循良者十之一，以遷客起以監司出者亦十之一，而跋涉修途、鷄聲霜月者且居其三，擁書蔭竹、紅消白墮者固居其五矣。蓋先生有勝情，無濃情；有超骨，無媚骨，亦有清緣，兼有清福，故其集繁重而工麗如是。記予幼時與仲舅氏讀書古廟，先生與二無先生過之，側聆數言，心推淵異。嗣是偕爲諸生，見其霍霍飢鷹，摩天獨運，未嘗不驚而禮之。乙卯以後，晤言少疏，至清源一葉，神京半期，則相與較古於毫芒，探奇於琅笈，落紙屑飛，停杯羹冷。先生嘗命予《南北史鈔序》，予亦稍稍獻其狂言，不謂俱托沉冥，盈盈齋閣，而人琴之痛僅僅付之丹黃箋疏之下也。嗟乎！先生艷同雲霞，清真冰雪，昔有食霞漿而悶者，亟以嵊山之雪沃之，乃克起。先生詩文于吾鄉株守經義時首推博奧，而邇則獺祭競雄，食生不化，尤遜先生爲清馲之最。爾宣、保明英標振發，讀父書而追祖烈，當必有延清飆于縑素，置太傅書於衣帶中而寶持之者，雖以擬瑯琊氏之七葉青緗，何不可？

——《明文海》卷二百五十四

周廷吹嘉魚軒稿序

〔明〕張師繹

　　乙卯仲秋，臨汝環中子操禄命之術，自豫章掠揚子江，薄蘭陵而休糧於建業也。予隱几而歷叩諸名下士，都瞠目不答，第曰："廷吹擧矣。"其爲命也，五星聚於井。亡何，徐俟餘應試至，予告之故，俟餘曰："廷吹舉矣。"曩昔之夜夢一丈夫伏而齧其腦，則廷吹也。亡何竣試事，家冶生過晏黃門，黃門曰："廷吹舉矣，其爲文也麗而則，沉而揚。"雖然，以夢兆則不如禄命之幻，以風檐之一日則又不如雪案之窮年之有據也，是何知廷吹之晚也！廷吹當其爲諸生，聲噪甚，家世鐘鼎，入有園林，出有車舟，而無紈綺氣，亦飲酒，亦讀《離騷》，亦不廢酬應，而無名士氣。折節好讀古人書，禹穴之壞碑，孔壁之蠹簡，無不表章乙正也，而不賦詩，不臧否人物，不挾六博格五，矻矻數束書，管城糜脶，茗碗香爐，反覆上下，不作辛苦倦勤之色，并無文人結習氣。至其爲文，不以佛語和儒書，不以駢語傳國事，不膠古局，不理新聲，兔起鶻落，鳳質龍章，恍忽乎僚之丸，旭之草，聶隱娘、徐夫人之匕首，海内心儀其爲國寶而不能名其所以也。廷吹不嘗校刻《劍俠傳》乎？良鐵之入於地也，土花蝕綉，得土母之神，其氣綮完矣。其烹之也以猛火，其磨蕩之也以飛泉，其佐助之也以生人之爪髮，而又扐拭之華陰之土，然後光芒燭天，承之者無形，入之者無間。相廷吹之文亦若是，則已矣。予與廷吹生同里，肄同經，游處同學，不幸早一日之鳴於文，無所見短長之效。廷吹仰而思，俯而索，精心以極其變，擬議以化其通。其文散見四方之牘者，家傳户誦，而自先中翰捐賓客，不勝紹庭陟降之慕，戢身一青雀舫，往來蘆洲荻渚、古藤垂柳之間，意氣小平，輒拈不律，慨不自得，呼陽侯、宓妃作證明耳，久不向世人求津問渡矣，今所刻諸篇是也。集名"嘉魚軒"者，天中令節，鯉躍入舟。周，姬姓之子孫也，丙爲離火，辰爲蒼龍，象告之矣。予始終不敢言讖緯類乎星卜，敬誦《由庚》《崇丘》之笙詩，彷彿廷吹之代雄。

——《月鹿堂文集》卷三

周廷吹先生文集序

〔明〕惲本初

廷吹先生，不佞本渭陽兄也。本自幼讀書學文於舅氏，從廷吹、廷俞兩兄游，食同肉，飲同酒，臥起同屋，操觚同硯，入試先後同諸生。惟兩兄第去，余不佞困厄不能致身，然四十年來相勞苦同貧賤，故不佞于廷吹先生知最深。先生歿，而其子孫謀壽先生詩文行世，廷俞兄命侄誥、侄孫紹執贄不佞，以請糠秕之導，謂不佞雖不文，知先生莫不佞若也，不佞敬諾不敢辭。序曰：夫文章之道難言矣，其業經國，其事不朽，其誇目甚奢而難擇，其取途甚變而不窮，其是非毀譽各自爲雌黄而不能以相循。故有傳之通邑大都，而反不能名山；有涸思乾慮，人人自以爲大將，而按之無異嚼蠟捕風者。昔人談畫曰："近代高手，無一不肖古人。"夫無一不肖，所以無肖也。昔人談兵曰："運用之妙，存乎一心。"善學者師心不師道。師心云何？師其爲秦漢六朝者，亦師其不爲秦、不爲漢、不爲六朝之心而已矣。韓昌黎之爲文，上窺姚姒，下逮百家，怪怪奇奇，不主故常，而童蒙世儒且爲昌黎不秦不漢，不暢佛理，不玄悟了徹，以爲遺議。夫抉珠襲沫之徒，論事則班馬，非真班馬也；論理則老莊、維摩，非真老莊、維摩也。真爲班馬者無班馬，真爲老莊、維摩者無所爲老莊、維摩也。王衍談老莊，而見縛石勒，請稱帝號；吕惠卿親睹文殊，而灑淚以媚安石，如婦人女子。繇此言之，豈在貌似哉！行乎其所不得不行，而止亦然，則存乎一心之説也。我明著作無慮數十百家，要之造詞紬理，理勝紬事，法因敝而生矯，枉因矯而成過，而余以爲不如因乎其心，無泥格如縛鳥，無詮理如學究，無艱深如小人，無飾裝如紈綺，無稱貸如假面。何則？心之變化，固筆之所不能測，而廷吹先生足以當之。廷吹先生自昔以文學世其家，膏腴之習盡屏，而深沉嗜書，其性之所至，螢燈雪案，有所評點，即寒膚嗛腹，終已不顧。或據高梧，憑芳蘭，選名花，對紅友，四筵獨坐，終以書爲樂，而非此弗樂。而又喜著書，於緑筒丹筒、錦文緹帙，疊床而架屋焉。擇其殊尤絶異，驚彩騰艷，或人所不及睹、睹不及審者，置之縹囊青白袋，歲月龍鱗，示國門傳當世以爲嘗。既一出而冠諸生，再出而成孝廉，三再而成進士。先登人無不披靡廷吹，惟廷吹亦傲然自據千秋之上，以諸君當之，無不弟畜灌夫也者，而先生固不願以功名自掩也。廷吹之爲文，又一出乎其性之所至。書囊既溢，興酣落筆，瞠眸高視，振彩飛烟，畛畛股股，秋秋蹌蹌。或靈高繁重，味腴搴芳，或紆布渾淪，掀雷挾電而莫可禁御。其爲詩亦無意于開元、大曆、建炎、黄初，不襲古人浮濫片語，句規而字萬之，亦不肯爲新聲溪刻、餂餂可厭，新清俊逸，惟吾自言其志而已。夫虞卿窮愁著書，高漸離念久畏約，假擊筑以自見，彼其人其言，皆不得志之所爲。以先生所遇，非不矜且榮也，功名著於縣令，復著于司農，復著於備兵使者，非不偉烈也。即其間稍罹蹭蹬，觸忌諱，三仕三已，命亦未嘗立磨蝎宫也。而其言多慷慨惆懍、瑰瑋怨誹不亂之句，《青塚》《劍俠》諸刻，若大有所不得于心者，一字之發，多令吴雄墮淚。則豈非所稱性之所至，而存乎其心之不可測者耶？憶當年先生被放時，余不佞居潞河，先生征車忽抵旅肆中，見其一燈掀髯，手殘編未卒業，隨與予大呼肆酒，徹夜無所介介。或曰："先生聲氣吴哲，志在德道之林。"予不佞曰："此未足以品先生，先生不受也。風雨晦明而文是好，富貴福澤而書是嗜，絳帳聲歌，絲竹談玄，差無愧于立言君子。"以質之吾兄廷俞，廷俞曰："然然。其弁諸末簡。"

——《静文堂稿》卷首

如此齋詩集序

〔明〕薛　寀

　　夫事功節義，學道者所借境徵心也，而不可謂事功節義之即道。雖然，善學者如胎珠焉，如褐玉焉，襲而藏之，迫而後應，終日示人而無急於自見，與苟且徇人之意如此者，吾悠然神往于其人。溯古今稱詩，未有稱諸葛武侯者。髫時侍先君，王同伯先生吊先大父，而餉先君以武侯集。先君顧寀曰："小子識之，《梁父吟》非侯之詩，而'澹泊寧靜'乃真侯詩也。"寀時瞿然，書紳不敢忘。二無先生出先大父門，固先君所命諸父事之者。二十年耳提札示，耿耿在臆，而未及縱觀其詩。一日出《如此齋集》，命序之。夫無為無欲，厥旨峻深，先生之于道洵赤水之探，其於官乃食果之取，而其詩則真公孫之劍，道子之畫，米元章、石曼卿之書，閃霍上下，平斜偃直，肥瘠濃淡，一一取自心裁，稟其腕律。蓋先生捐一切俗緣之障，而注之於道；亦捐一切理解之縛，而泄之於詩者也。先生當甲子、乙丑間，虎怒蟒嗔，翩翩自遠，故其詩有"卸弦脫軸"之句。當戊辰、己巳間，碩果慰存，芳蘭傷逝，故其詩有"焚香咬菜"之章。既而釋荔服，揚芝旌，督師尋報國之盟，叩洞躡游仙之迹，故其詩有軍書鎮日之焦勞，而亦有蠟屐江風之閑逸。以至咏懷坐忘，謁陵禮岱，幽通蕭穆，往往有一境，輒有一境之手筆以與之配，寓意在非遠非近之間，使才在不露不匿之地。明宗嗣派，不離古人，而亦不泥古人。崇雅黜浮，不俯徇今人，而亦不刻貶。寀謂先生即詩中之諸葛武侯也！俟南陽，俟東吳，俟荊州、成都，俟祁山、五丈原，俟綸巾視師，俟揮食決事，而密窺其神情所屬，終不越"澹泊寧靜"四字。故侯之《出師表》《諭子帖》，固不押韵脚之詩，而侯之生平則不著點畫之文也。先生舉體皆武侯詩，特一斑耳。抑侯時天下趨事功而不知有道，故雖以武侯與關侯之神聖，而天縱妙合，未殫參研之趣。邇則主敬闡于雒閩，良知揭于姚江。道南講席，摧折彌芳，而孫宗伯與先生巍然若魯靈光，扶其後勁，願異日所造有志武侯之志而更深焉者。先生詩不云乎："請觀上達達何事，只在冥冥夜氣時。"寀不肖朽株蛙鼓，何堪作役，惟是俯仰往事，不敢忘先君指示武侯集時。因思先大父壬子春射覆，先生為第一，真不離文字而了達性慧。夫如此品識，斯有如此文字，安得如此文字不遇如此鑒賞！寀自今奉《如此齋集》，方將訂先生于風雨如晦，而尋古今正的所在，其敢以風雅堂一築為足盡緇衣之造也哉！先生倘毋忘其祖父而提示之，一字之師，千秋之契，彈冠振衣，統自詩始矣。

——《毗陵前墦蕩張氏宗譜》卷三

鄭崒陽年兄詩序

〔明〕陳仁錫

余與湛持、崒陽同登天啓壬戌榜，入館讀書。亡何，余以艱去，湛持昌言，留中叵測，崒陽疏救摘其弊，并嚴譴。余既服闋，閱一載餘，丙寅七月，入邸承匱講筵。天大申儆於王恭廠正人屠割，魏忠賢竭土木不休，耽耽立於側，余罔識忌諱，初佯忍之，繼而忿，三而詬誶，最後以不撰寧國敕欲死我三人久矣，是年十月廿日事也。邏者偵邸第里門不得間，嗾誣妖書上元，殺孫文豸、顧同應，立杖斃其友四人。二生皆蘇人，以作策論嘲時瑹刺骨，無贓無證，遽罹梟刑。問所指妖書，韓文公《原道》篇、欽天監《步天歌》而已。逆案中稱羅織冤斬及詞連余三人除名，炳如日星，而其友四人之死，冤哉！亦宜少雪也。嗚呼！乾坤何等時哉！許顯純獄詞成一月餘矣，余在長安咫尺罔聞，知歲將除。循故事，二十八日躡先輩吉服，封館閣中喧甚。俄傳削奪，忽報四蟒玉赤棒大聲，矯傳吏部除名，永不叙用。噫！削奪所同也，除名所獨也，此後兩三人之除名所同也，此日余三人之除名所獨也。三十日，瑹仍致日講年宴，曰：「不發科抄，事秘密，若從乎？」直語其人曰：「無官可削，有死已耳。」於是元旦令走館某脅曰：「已往蘇常逮某某矣。」聞諸某中書云仍馳急報金陵，曰：「繫某同訊矣。」余家人爭就縊，孕者子死腹中，崒陽則向匡廬、羅浮投詩鏡坪，聽天雞之唱曉，遁而肥，何其潔哉！彼必于封館之日絕救疏耳，不發科抄，疑似驚怖，速三人死耳，孰知有嘯傲徜徉詩句壯雪浪者！出國門，崔呈秀領較尉百輩，偕赴潞水，行三百里，漕監遣藍旗白牌環擁余舟，婦人爭投水，余避一小艇，飛騎往來，二更許咨長年數人，始釋。假使太乙峰看雲瀑布泉坐石，其何涉世之波憂患與君同，處憂患與君異，君知天者耶？屈大夫之沉于江也，知無可奈何而安之若命，君知興矣。紅本匿于鎮撫司，聖天子立追出之，復三人官。戊辰初旦，崒陽還次飛來峽，以草莽禮覲明聖，而後喜可知已。初當事傳檄追奪，三人交無以應，始入館不敢請，及余赴補，又不欲請也。悉召里鄰師生保之，巡卒乃退。其退也，徐覽追奪檄文，前列貴官，後頌廠臣，而獄詞首指余與湛持同縣同年，日夜思圖翻局，誓爲謀主，未及崒陽也，于旨始見。噫！豈有獄詞不及而旨及之，未給半通之綸，漫言削奪者？且知兩人同縣同年，不知與崒陽兩世同年，亦疏矣，皆往事不屑論，然余病甚，將分端溪之小隱，終已不言，逆瑹無故梟兩人、斃四人於上元，與以私憾謀殺三詞臣于除夕，孰爲一吐憤懣者！奈何云史？余以史史，君以詩史，固宜并傳。崒陽詩格高妙，而詔獄黃芝歌流傳兌闥，幾以賈禍。危哉！崒陽子之爲詩也。

長洲年弟陳仁錫書。

——《崒陽草堂詩集》卷首

崟陽子詩序

〔明〕陳繼儒

　　子瞻自言平生以口舌得禍，蓋言行俱危，邦有道則可，邦無道則不可。天聾地啞，豈曰侍兒意者文昌之師乎？崟陽子訪予，予嘗以此語薦之，點頭而去。崟陽子初與文殿撰同貶歸，杜門不交當世，而聲名爲中官所憚，物色之無所得，則指爲黨魁，襥奪之。崟陽子嘆曰："不聾不啞之效，見於此矣。"時邐卒布滿吳中，兩尊人命之善晦銷忌，崟陽子乃自佹於訪道之游，時或變形爲漆工，爲冶家傭，爲賣餅，爲賣卜劊牛耳，麻冠纑履，信意所如，野衲道民附而隨之。間逢後學，亦與之發蔀擊蒙，卒不告姓名而去。所至必有詩，詩亦不輕作，往往散見狼藉於古洞絶壁之間，讀者未解其誰何人，誰何語，即崟陽子亦不自解其誰何而來，誰何而止。嘗向匡廬山、羅浮中與風道人談，與鏡坪三老松結遁世之友，曰大隱翁，曰中隱翁，曰小隱翁，錫以嘉名，投詩而別。其詩遠者高清，近者孤冷，星漢冥冥，雲霞采采，或問之盍不操七子之音，置弗答；盍不學虞趙書，置弗答。第嘻咦微笑、瞠目直視而已。崟陽子大約以元魯山詩法、顔魯公書法爲開山祖，如子瞻海外偏愛陶柳詩，其剛介之性情、英特之風格，政絶似之，此非獨謫居後爲然。即在中秘、公車之前，其真氣可掬、高風絶塵皆此類也。士大夫非學道不能當患難，非患難不能驅而入于名山大川之中，非名山大川不能鼓盪筆墨，洗發性靈，拈出一種清玄澹潔之語，移換世人之新手新眼而後始無憾，其崟陽子乎！昔顔魯公好談神仙浮屠之説，多雜見於詩文，元子亦曰："人之貪於權、貪於位、貪於取求積聚，不如貪於道、貪於安閑；人之忍於毒、忍於媚、忍於躁妄惑溺，不如忍於貧、忍於棄廢。"旨哉斯言！甚矣其似今之時，又似我崟陽子也。崟陽子當安閑棄廢之餘，頃已召還禁苑，豈肯學啞學聾，不出長安而取卿相，抑所云邦有道則可爾。若經世之局可觀，便須料理出世法。嬰兒游於頂上，舍利雨於毫端，乃崟陽子學道得力之候也，詩人云乎哉！

　　崇禎元年戊辰中秋日，白石野樵陳繼儒撰。

——《崟陽草堂詩集》卷首

崟陽先生集序

〔明〕黃道周

　　業一而已，聖人修之爲功，異人訶之曰罪。夫業有吉凶，道有誠否，聖賢同居，譬之川岳有等有數，而異人概罪之，故道未有若聖人之正者也。仲尼曰"修辭立其誠"，所以居業也。又曰可大。則賢人之業辭生于誠，誠不易知。聖人立其不易知而修其易知者，吉凶同情，與世共明，謙而居之，謂之賢人。夫使聖人之所修立者，猶存乎辭，雖被以草木，貌以蟲魚，誦以矇瞍，贊以婦人嫗子，其不得不與辭人分罪也明矣。君子出一言，小商大宮，鬼神開音，日月吐光，其初不易知，其終皆易知，故行於當世而定，施於百世而信。自三代而下，凡言論文章足以自著者，未有不本於此也。周公聖人也，鴟鴞東山，仲尼以爲臣誚其君；仲尼聖人也，龜山陵遲，後世以爲不如古人，然且正變無間，名實不失，感者通其神，訛者竊其靈。夫使聖人之誠盡見乎詞，誠然而然之，則史佚、游夏皆將排闥而寢周孔之室，即周孔之才，亦何以屈史佚、服游夏，使伸筆舐墨，稽首而受文章之事乎！故辭者誠之所之也，辭有所言，誠有所不言，聖人立其言之其所不言，賢人立其言之其所以言。女子將嫁，盛容而出，猛將將鬥，解劍而立。劍語於不談，容式於不聞，而見者蕭然疑人疑神，而況於賢人乎？況於賢人之學爲聖人者乎？古之人辭以爲性，誠以爲命，吉凶未分，寂然無聲，一旦業作，如風撼海，素濤以發，紫瀾以出。今之人偶以爲性，才以爲命，雖有其辭，抱絮而行。一旦遇小患害，腸戟手戰，重舌失音。即使數吏扶臂上楮，覓一語斐亹如其平時，亦豈復可冀乎？故業有吉凶而道乃見，道無吉凶而業乃定。吉凶同條，樂患不違，兄有弟啼，況之嬰兒，舉禍福生死不足以嘎其聲而瞋其視，故常以啼笑顧盼報陰陽之和、昌天地之氣。夫相其人，觀其辭，脉脉而來，如循雞羽，咎譽不生，誦巫去灾，囊頭裹陰，非浮非沉，其不足與於斯文可知也。世而無聖人則已，世有聖人者作，將抉河漢以灑清塵，扶日月而行禮樂，取天下大業裂券而定之，則崒陽子其庶乎！崒陽子濯晞貯霞，湛於若否之辨，咎譽功凶無動其中，其業皆易知，皆有不易知。崒陽子其進於誠者夫！崒陽子何罪之有！

　　海表年弟黄道周書。

——《崒陽草堂詩集》卷首

鄭太史遺集序

〔清〕黄　永

　　鄭子材山刻其先太史崒陽先生遺書，凡若干卷。既成，余讀之而痛先生之心，悲先生之遇，而復哀材山之志也。先生少負才名，長矜氣節，晚而被謗以死。死之日，里巷小兒吠聲逐影，惡直醜正，至今無有聲其冤者，以至生平著述淹没不傳。今材山始克彙而刻之，此材山之志所以可哀，而先生之心與其所遇，尤可爲痛且悲也。《易》曰：“同聲相應，同氣相求。”則各從其類也。天地開闢以來，世不能有治而無亂，時不能有君子而無小人，其君子之不容於時而得禍之酷，亦間有如先生而且甚焉者。故有斷其支體、覆其宗族、屠其子孫，至或刊之黨碑、誣之史册、毒之瘴海、投之濁流，度其時未嘗不指君子爲小人，而小人或自以爲君子，其所以蒙天下後世之耳目者不遺餘力矣，乃不旋踵而不能不以君子爲君子、小人爲小人，則亦以其類辨之而已矣。《孟子》曰："觀近臣以其所主，觀遠臣以其所爲主。"匡章通國皆稱不孝，而孟子與之游，又從而禮貌之，天下後世，卒不敢以匡章爲不孝者，則孟子之一言斷之也。先生之時問黃石齋先生何人乎？必曰：君子人也。文湛持先生何人乎？必又曰：君子人也。先生登弟甫釋褐，聞湛持先生之去，毅然出而留之。及先生之得禍也，石齋先生抗疏救之，幾身蹈不測之誅而不悔，湛持先生則孟子所云"其所主"也，石齋先生則"其所爲主"也。或又有爲之說者，曰：庭闈之間，隱微之事，容有天下人所不知而里黨之人知之者，則宗伯孫公何人乎？必又曰：湛持、石齋兩先生者流也，君子人也。宗伯公之于先生出處之際，其或推之、或挽之也，亦已久矣。況又有如馮大司寇鍾華、劉司空念臺、李給諫衡嶠、傅給諫右君、王侍御芳洲，其行誼俱灼然耳目間者，皆以先生之故，或削籍，或棄官，或詔獄，其甘如飴，諸疏俱在，班班可考也。乃其時諸先生之不信，而假一二幺麼下隸之口以莫須有而殺之，彼殺先生者亦止期于可以殺先生則已耳，固不暇問其所以殺之之術之爲工與否也，即何以服天下後世之心哉！然小人之於君子也，仇其人或并錮其書，東坡、山谷諸文爲世大禁，幸也，殺先生者之不知爲此也，先生之完書儼然在焉，而誦之讀之者，猶得從而痛先生之心、悲先生之遇。昔李燮之遇赦而出也，其姊文姬誨之曰："子毋一言加于梁氏，加於梁氏則連主上，禍重至矣。"今先生之死已四十有餘年，材山兄弟不敢一言加於其人，而徒令讀先生之書者痛其心、悲其遇焉，則材山之志其真可哀也已。材山爲先生最幼子，先生之死，材山裁八歲，煢孤，不能自立，不得已而出後于宗人，今又累衣食之資而刻先生之書，材山之志固爲可哀，而先生則可爲有子矣。所刻古今詩若干卷，雜文若干卷，四書、《尚書》講義若干卷。制舉義例不入集，然皆先生見道之語，不可以制舉義觀也。年表誌傳、碑表辨揭之類，則先生之生平及其得禍之本末皆在焉，故并及之。余族父謎庵得交於先生者也，憶余兒時以先生之事問之，曰："余之得交於先生也久，今不敢爲之辨也，然後日必有能辨之者。"嗚呼！其在此也夫，其在此也夫！

康熙歲己未清明前一日，同里後學黃永謹序。

——《崇陽草堂文集》卷首

惲仲昇文集序

〔清〕黃宗羲

舉業盛而聖學亡。舉業之士亦知其非聖學也，第以仕宦之途寄迹焉爾，而世之庸妄者遂執其成説，以裁量古今之學術，有一語不與之相合者，愕眙而視曰：“此離經也，此背訓也。”於是六經之傳註，歷代之治亂，人物之臧否，莫不各有一定之説。此一定之説者，皆膚論瞽言，未嘗深求其故，取證於心，其書數卷可盡也，其學終朝可畢也。雖然，其所假托者朱子也，盍將朱子之書一一讀之乎？夫朱子之教，欲人深思而自得之也。故曰：“若能讀書，就中却有商量。”又曰：“且教學者看文字撞來撞去，將來自有撞着處。”亦思其所謂商量者何物也，撞着者何物也，要知非膚論瞽言可以當之矣。數百年來，儒者各以所長，暴於當世，奈何假托朱子者，取其得朱子之商量、撞着者，概指之爲異學而抹殺之乎？余學于子劉子，其時志在舉業，不能有得，聊備蕺山門人之一數耳。天移地轉，殭餓深山，盡發藏書而讀之，近二十年，胸中窒礙解剝，始知曩日之孤負爲不可贖也。方欲求同門之友，呈露血脉，環顧宇下，存者無幾，突如而發一言，離經背訓之譏，蹄尾紛然。然吾心之所是，證之朱子而合也，證之數百年來之儒者而亦合也。嗟乎！但不合于此世之庸妄者耳。武進惲仲昇，同門友也。壬午見之於京師，甲申見之于武林，通朗靜默，固知蕺山之學者未之或先也。而年來方袍圓頂，叢林急欲得之以張皇其教，人皆目之爲禪學。余不見二十年，未嘗不以仲昇去吾門墻而爲斯人之歸也。今年渡江吊劉伯繩，余與之劇談晝夜，盡出其著撰，格物之解多先儒所未發。蓋仲昇之學務得於己，不求合於人，故其言與先儒或同或異，不以庸妄者之是非爲是非也。余謂之曰：“子之學非禪學也，此世之中而有吾兩人相合，可無自傷其孤另矣。”或者曰：“仲昇既非禪學，彼禪者何急之也？”余曰：“今之禪者，其庸妄亦猶夫今之舉業之士也，惡能爲毫厘之辨哉？其貌是，則是之而已。”然則仲昇之貌，其貌何也？余弗答，因書以爲仲昇文集序。

——《南雷文案》卷一

惲遜庵先生文集序

〔清〕魏　禧

毗陵高士惲遜庵先生有文集若干卷，藏於家。其言學爲一書，在江東閩海，言事爲一書，雜文爲一書，詩爲一書。辛亥，余客毗陵，先生與爲忘年交，出《文集》示余而命之序。惟文章以明理適事，無當於理與事則無所用文，故曰文者載道之器。言事莫尚漢，言理莫尚宋，核事者每謬於理，宗理者迂闊不切事，其實相乖離，其文亦終無有能合者。先生以宋爲體，以漢爲氣，深切明剛，皆足見諸行事，以正人心之惑溺而救國家之敗，此非可以文章求也。然有其志、無其學，有其學、無其識，有其識、無其事，則文皆弗極於工。有志而無學，猶耕者之冀總秲而不菑畬也，是謂虛而不實；有學而無識，猶作室者固垣墉而不牖户也，是謂塞而不通；有識而無事，猶浮海者之望三神山，不至而返也，是謂似而不真。虛而不實者，其文疏，不足以徵事；塞而不通者，其文密，不足以達意；似而不真者，其文疑，不足以適用。天下之文得其一，失其一，故其爲合也甚難，非不知也，才短而學薄，不足於識，不煉於事，志之而弗能故也。先生少負材，四十不遇，受業山陰劉念臺先生之門。世亂，挈其子隱天台山中，揣摩當世之務。適閩，親在行間，歷艱危患難，瀕於九死。其講理也精，煉於事久，是以極微芒得失之數而一著於文章。嗚呼！其不幸不見用，幸而見用，吾不知所成當何如，而徒以文章見，又使不得盡見於世，則亦爲可悲矣乎！先生世變逃乎禪，或者非之，余以爲合義，蓋僧服而蔬食，不交當世者垂三十年。仲子格抗志養親，工於詩而以畫名，余與爲紀群交。先生性岩岩，與人寡合，年逾七十，志不挫，獨好吾兄弟，以爲可與言。雖然，先生高士，非隱者也，是亦惟吾兄弟知之。

——《魏叔子文集外篇》卷八

青巖公詩集序

〔清〕龔百藥

余友青巖楊君仕於閩歸，余得其所爲閩中諸詩讀之，以爲工，既而深惟曰："青巖之詩豈僅工乎哉！是其言幾知道者。"夫詩之在篇章字句間，朝而吟，夕而諷，將智盡能索，雕琢以自表異，所謂工也，末耳。若其人之當身行事有得失，其性情之感於物有所不能自已於中，然後發之言。其發也，美惡判然，遂一定而不可強。《書》曰："詩言志。"詩者志之所之也。子曰："誦詩三百，授之以政，不達，雖多亦奚以爲！"夫六藝之治人一也，故曰道。嗚呼！詩至於道，蓋難言哉！且夫出處士之大節也，《詩》以爲"不素餐兮"，孟子之說詩至"莫非王臣"，則又以爲我獨賢勞也，二者何居？是皆有道焉。君子仕以行其義，是以居官則盡職，功成者身退，夫春生夏長，秋斂冬藏，四時之代序不同，而況於人乎？《四牡》之詩曰"豈不懷歸，王事靡盬，我心傷悲"，既又曰"豈不懷歸，王事靡盬，不遑啓處"，又曰"不遑將父""不遑將母"，末則曰"豈不懷歸，是用作歌"。是詩也，古人君所以勞使臣，設爲其臣之辭，如此其周且至也。繇此觀之，古今爲人臣者之情亦可見矣。彼有坐擁雲霧之勢，保持爵祿，遺其親不顧其身者，夫豈詩人意耶！若青巖之出處不然，則於詩人之意蓋甚有合也。以詩人之意爲詩，於詩何有？或曰：詩不徒以意爲也，有其意矣，貴法；有其法矣，貴善。非歲月與之俱深，不易工矣。嗟乎！此以工言者耳，青巖之詩僅工乎哉！然竊計之其業爲詩，至今垂十七年矣。憶青巖自壬辰釋褐後，已不事制舉業，專爲詩。西曹四年，所著有《燕臺集》

行於世，往時余於都門得見之。是後丙申督學西江，辛丑兵備建南，別凡九年，其詩余總之未見，嘗往來於懷不釋云。及乙巳，青巖以病乞解組歸，則相與唱和甚得。青巖有堂曰"遂初"，因自名其詩曰《遂初詩》也。久之因追論其九年間詩事，青巖曰："嗟乎！吾在西江奔走試十三郡士，及建寧。是時王師北旋，寇起，又有剿寇役，以是不暇爲此，然私心嘗恨之。"壬寅，量移延平，稍暇矣，乃復不能暗於詩，出一編以示余曰："此皆延平署中作也，子盍爲我觀焉！"其詩載居官時一切兵、農、刑獄大政，當時之利弊緩急，皆可考而知也。以至山川溪谷、草木鳥獸方物之奇怪，靡不畢有。代覲入京師，紀其行役往還道路閩燕以萬里焉，又自述其有疾，辭官之日興懷君父，形於涕淚。所列醫經方藥名物詳之，而疾之由則以軍旅，其詩有"干戈露布芻糗，量沙愁思忘寢"之句，讀者爲之憫然。凡此皆其志也，莫不於詩乎見之。故曰：觀青巖之詩，而出處之道得焉矣。《詩》之所謂"不素餐兮""不遑啓處"者，蓋已兼之非耶！余又論詩之體，以爲世降而近，體降而卑，雖唐之初盛，諸人已不如魏漢之作者，又況欲取《三百》而擬之，不已太過乎！然其所謂發情止禮義，則雖千百世不可易也。故曰《三百篇》之意皆可以後人之意得之，以後之體爲之，無他，惟其道焉而已。由今觀之，青巖之詩其知道者哉！青巖詩效法少陵，其編年亦如之。是詩爲壬寅以後作，年凡三，詩若干首。梁溪鄒子流綺過毗陵見之，以入百家詩選中，其評定者則余也，遂爲之序云。

——《安陽楊氏族譜》卷十九

遂初堂文集序

〔清〕余 恂

　　《遂初堂集》者，予同門楊公青巖之所著也。青巖參藩建南，以將母移疾乞歸，歸而構堂三楹，顏曰"遂初"，因以名其集云。甲寅之春，青巖郵寄示予，屬一言弁首。予既讀卒業，則作而嘆曰："如青巖者，始可言遂初也已矣。"青巖以名進士起家，前後服官不逾一紀，而宦轍所至，聲績爛然，皆犖犖在人耳目，不具述也，而即其文辭，知其政事。其治刑西曹也，所上封事奏記皆平反敬忌、哀矜明慎之言。其視學豫章也，所下條教規約，皆端本澄源、道義摩切之旨。及其參藩建南也，所往來符檄文告，又皆焦心蒿目、綢繆補救、悱惻危苦之詞。青巖居一官則盡瘁一官，歷一職則奏效一職，其正言讜論、訏謨辰告，鑿鑿然如黍稷之療饑，纖纊之禦寒，而藥石之發聾起瞶，至今讀其文辭，猶隱然有憂時憫物之心、愛才育賢之念見於行墨而溢於毫楮。勳名既立而褰裳去之，斯不亦釋然而可弛於負擔矣乎？世之沉酣利祿，馳逐榮臕，鐘鳴漏盡而不知止者，固不足道已。其或備員克位，魚魚鹿鹿，無尺寸以自見，而奉身早退，亦復於世何所損益？如青巖者，以言遂初，其誰曰不宜。雖然，凡青巖之所樹立，則皆遂初一念基之也。士大夫服官之時，苟不作遂初之想，則臨大事、決大議，必有所依阿浚溜，遲回却顧，而不能直行其胸臆，豈智有不逮哉？金注者昏而得失之念重也。青巖視一官泛泛若虛舟之相值，進可摧撞而退可卷懷，遂初一念蓄之有素，故能慷慨發皇，無所鯁避，而見諸文辭，皆足以垂金石而懸日月，蓋非欲遂初不能有此政事，非政事不能有此文辭。青巖不忘所自始，而以遂初名其集，職是故歟？予不才，早賦歸來，亦與青巖近似。竊有得於遂初之旨，故因序其集而論之如此。若集中他所撰述，體裁不一，皆醇雅深厚，冲和澹宕，與唐宋諸大家可以方駕齊軌。世多知言之士，固不待桓譚而後知子雲之必傳也。

康熙甲寅花朝，門年眷弟余恂頓首拜題。

——《遂初堂文集》卷首

金闇齋先生集序

〔清〕李　顒

　　有明自東林諸君子倡明理學，培綱常名教之脉，終明之運，節義接踵，無論當時抗節守正，抵逆閹滔天之勢，爲士大夫生色，即夫國破君亡，仗節死義，以及惓念宗國故主，終其身肥遁不渝者，十九皆東林與聞正學之人，以故今時論者或不無以褊心訾議東林學術，而至其節義所在，則未有不心折意傾者。不知東林惟其有真學術，故能發而爲氣節，不然而徒以意氣爲激揚，將不免銳前挫後，此持彼墮，又焉能合志同方，折奸鋒，死國難，守志全操於時異事殊之日，前後數十年如一日，前後數百人如一人哉？毗陵金闇齋先生生東林之鄉，與聞學問之淵源，當明甲申之變，先生奮不顧家，欲爲文謝諸公之爲。既乃絕意世故，究極身心性命之旨，師事湯默齋於宜興，既老而猶孜孜不懈。世謂先生前爲真氣節，後爲真理學，余則謂先生惟其爲真氣節，故能爲真理學，亦惟其爲真理學，故能爲真氣節。故前之所爲，無所爲而爲，後之所爲，雖欲不如是爲而自有所不能已也。不然，以先生高世之才，高世之節，年已逾艾而乃忘形爾我，折節少己之默齋，即此一念，先生之見道明而從義勇，氣節孰真於此，理學又孰真於此哉？嗟乎！世人局外論人，每刻畫東林不已，今觀私淑東林之人風概學術如是，則當日從事切磋之人不從可知哉？余嘗謂有明之季，向非東林以節義一脉振起人心風俗，作一大關楗，則明之末季真奄奄如枯木死灰，闇然無色，而今之論者皆不得其平，故讀闇齋先生之集而不禁感慨及之。若乃先生心術氣誼之詳，則觀先生之言而自可得諸言表，無俟余之曉曉也。先生名敵，字廓明，闇齋其自號也。年七十有六，終於隱居之驥沙。

關中土室病夫李顒題。

——《金闇齋先生集》卷首

金闇齋先生集序

〔清〕朱鳳台

蓋聞道之顯見者謂之文，文固所以明道者也。然而文日益繁而道每日益晦，其在異端曲學，顯然之爲世道人心憂者無論矣。即有高明之士誦法聖賢，而或標竊門户，自立藩籬，堅僻執拗，究卒無裨於身心性命之實得，而措之家國天下，多所窒而鮮所通者，此無他，蓋繇學絶教弛，人心不正，學術無聞。此而求其能卓然特立，實修實證兩無遺憾，迹其言可以昌明絶學，見諸實用，足爲斯世斯民所倚賴者，詎不戞戞乎其難之哉！予友闇齋金先生固所稱豪邁仁毅之姿，而淬勵於聖賢爲人之道，以求實修實證者也。少承尊大人恬默先生庭訓，即究心於性命精微之指，以忠孝節義求志達道爲己任。中年遭家不造，患難坎坷，兢兢於勵節提躬，自出處進退之大以及辭受取與之微，靡不束修砥礪，淬志於成己成物之學。晚歲受業於陽羨湯先生之門，一以主静立人極爲根柢，先生嘗稱其年高而德劭，才大而心虚，有衛武公再見於今之目。故其志益沉，其修彌苦，其行愈切實真摯，而其發爲文章歌咏也，益簡括静穆而可法可傳。早年英才天藻，雄角壇坫，大江南北罕與儔匹，著作累累，幾等身矣。至晚而悉焚舊稿，存什一於千伯，蓋其淵然若谷，實有抑乎其不欲以示人者。先生没後，諸同人彙輯編次，卷分十有二，不佞即爲較訂，鳩工而授之梓。大要言必衷諸學，事必軌諸道，留心於經濟諸實務，往往綜核其源流而條析其實用，其所發明，類欲胥天下而歸於民彝物則之內，而不敢稍有苟且附會於其間，此其求道之切、任道之勇，隨機觸發而未嘗須臾之或離者，以云篤信好學之君子，夫寧有愧歟！後之讀是集者，其亦可慨然想見其爲人。是爲序。

康熙歲次上章執徐圍陽月，眷同學弟朱鳳台書於江上退思堂。

——《金闇齋先生集》卷首

艾庵存稿序

〔清〕惲　向

詩源同而流異矣，以其爲源也異，不害乎其同也，而强欲同之，非吾之所謂同也。鄭漁仲謂樂以詩爲本，詩以聲爲用。古之詩即今之詞曲也，但能誦其文、説其義而不能歌之，幾幾乎其失之矣。夫世儒義理之説日勝而聲歌之學日微,朱子所謂聲歌之和有不可得聞者,此讀詩之所以難也。夫樂之義理,詩與詞是聲歌,猶後世之腔調也。漢世樂府如《朱鷺》《君馬黃》《雉子斑》等曲,其辭皆存而不可讀,想當時自有節拍短長高下,故可合於律呂。後來擬作但咏其名與物,詞雖有倫,恐非樂府之全也。故詩與詞有義理在而聲歌行於其間,此以謂之性情,其濫觴者繇同而異焉可也,而歸源則異而同焉,無不可也。余於詩道躚足三十年,而至於詞則嘯嘯有所不願,豈銅將軍不得唱楊柳岸?抑性之所域,亦賦才固不能兼焉?雲孫黃子沐浴吾里唐薛之鄉,而風雅胡騶騶數千年不墜者也。蓋雲孫以詩歌自雄,自西京逮唐大曆,代有降而體不沿,格有變而才各至,於法不必有增損,而能縱其神解於法之表,其篇如絲如魚,種種蘊籍,而花庵餘字則又如苧蘿村娘子,既貴步響屧廊一派,骨節珊珊,矍不可學,又如王明君越席而起辭漢宮,立馳馬上擁琵琶,驚彩絕艷,又復慨慷悲哀,可歌可涕,詩與詞真可謂有其聲歌與性情者矣。近者大浸稽天,文章聲氣之習吾每冷眼覷之,見其滿體淫艷如陰谷,而察其聲,不故爲烏烏者秦聲,則强爲浩浩者楚聲,不病呻吟,徒爲高山流水所笑,而以吾雲孫當之,抑何其冷冷然也!怨篇清曲,仙詩緩歌,雅有新聲,亦忽忽與誰將西歸相上下,而非徒縱響以騁節也。若夫憐風月,狎池苑,逃離別,叙酬宴,或操南音比於北音,纖密之巧縟於正始,儷彩百事之偶,必且極貌寫物,窮力追新。劉勰曰詩爲樂心,而詩心於是焉在;詞爲樂體,而詞體於是焉在。同異之故,合固雙美,離不兩傷矣。吾嘗聞黃子自言:吾志欲窮聲歌以上於天,差怪汾陽老子徒爾窮奢耳。嗟乎!此亦以微見其志,吾不肯以詞而害志云。黃子者謂吾老祖母爲曾太老姑,我且爲一日長而叙之,然與其兄弟父子俱忘年物外交。

順治甲午上巳,香山六十九歲老人惲向書。

——《艾庵存稿》卷首

艾庵存稿序

〔清〕陳玉璂

唐司空圖著《二十四詩品》,首曰雄渾,而冲淡次之,典雅又次之,終之以流動,可謂精於論詩矣。間嘗評騭唐人詩,其足以當雄渾者捨少陵外無其人,至蘇子瞻之論陶、謝而後獨深許韋、柳,以爲冲淡、典雅、流動三者,惟韋、柳兼之,唐餘子不及,顧於少陵有貶辭。嗚呼!是何捨雄渾而第于三者求之乎?然所爲雄渾者亦不外三者也。苟冲淡而雄渾則不失之淺,典雅而雄渾則不失之拘,流動而雄渾則不失之纖弱,非然而三者之流弊將不可勝詰。今觀少陵之詩所爲,冲淡者、典雅者、流動者莫不具備,而一以雄渾出之,故不能名其何以冲淡,何以典雅,何以流動也,豈非子瞻之於少陵爲失當歟?艾庵先生,今之少陵也，初喜爲王、李，棄之，旋爲錢、劉，爲元、白，棄之，又爲韋爲柳，棄之，今則一於少陵，故其詩之雄渾與少陵等。予嘗謂少陵之所以至於雄渾者，以真氣行乎其間也。苟言忠不能動凡爲臣者之忠，言孝不能動凡爲子者之孝，言敬愛與信不能動凡爲兄弟凡爲朋友者之敬愛與信，皆非真也。惟有真氣而後有真性情，有真性情而後有真士君子，有真士君子而後有真詩。先生爲人渾渾穆穆，以古道自處，自爲諸生以迄舉進士，官部曹，事君奉親，待友接物，無一非誠，而且讀書談道夜以繼日，所爲真士君子非先生誰與歸？孔子曰"有德者必有言"，又曰"誠於中，形於外"，先生又豈徒以詩之比於少陵爲足傳天下後世哉？昔元次山痛風雅淪亡，謂世之作者祇可施閨房，不可以見士君子，故作《篋中集》以返正之。而文中子論詩，必先定其人之品而後論其詩。予不敢擬于文中之列，若品如先生而又以少陵之詩仿次山之集，固吾黨所急推而群奉爲模楷者也。余于先生爲總角交，知先生深，故序之如此。

時戊辰霜降前一日。

——《艾庵存稿》卷首

董御史文集序

〔清〕汪 琬

往時君爲御史，與予及葉尚書子吉、李僉事元仗之屬，凡數輩，聚於京邸，以詩歌古文詞相磨礪，甚樂也。君嘗延合肥龔端毅公宴小閣中，予獨得與焉。三人者促席劇論，上溯掌故之沿革，下及文章之正變，娓娓至丙夜不休，公擊節大喜，爲舉爵無算，肴核俱盡，君出齏籹佐之，酒罷則晝漏上十餘刻矣。當是之時，端毅公以文教主盟於上，予黨數輩復左推右挽其間，故四方人士無不知易農之詩若文者。既而君以直言左官歸里，余亦引疾請告。毗陵距吾地不數舍，顧余僻居山村，音問稀闊，雖一再訪君於虎丘，不復能論文如京邸時矣。去年秋，君便道過余草堂，出其所撰《楊將軍賜物記》，且指且諷，意頗自得。自言病脾不飲，惟數啖其所携藥物而已。余窺君容色甚旺，以爲雖老而未衰也，而君竟以脾疾不起。其孤元起葺君遺集，舜民所訂文十六卷，詩十四卷示余，請序卷首。嗚呼！君之爲學自少博聞縱覽，諸凡杜韓名篇、蘇黃快句，一一成誦在口。尤酷嗜左氏、司馬氏、歐陽氏之文，余在京邸見其所鈔《史記》，勾乙段落，薈蕞文賦，悉井井有法，故其發諸翰墨，或流宕奇肆，或艱深典奧，不名一家。晚歲潛心三禮之學，衆言淆亂，必折而一之；訛謬相承，必厘而正之。未嘗苟同，亦不爲苟異。集中所載經說，猶班班可考。惜乎不假以年而遽止也！余小於君僅一歲，衰疾方甚，下筆不數行，輒頭岑岑欲臥，其能序君之文乎？追維往事，相去幾二十年，端毅公墓木已拱，其他數輩論文京邸者亦十無二三在矣。杯酒笑談之雅，恍焉夢寐，有足慨者，故不辭其孤之請而聊述梗概如此。

康熙丙寅仲秋，堯峰汪琬撰。

——《微泉閣文集》卷首

微泉閣集序

〔清〕錢陸燦

常州董公既坅，余哭其家，爲經紀其喪，其孤元起請余誌其墓，以余交公久，知公深，故不得而辭也。公之坅也，園閣水石、圖書鼎彝之外，篋無遺金，廩無餘粟，惟城西南田幾頃，庇其子若孫以糊其口。喪中元起杖而泣，首議割其所授之產爲剞劂貲，刻《微泉閣集》，始明年。刻既成，元起奉而入吳郡，請汪太史鈍翁先生序之，又紆道來虞山，踵余門言曰："元起聞之先君子，當世文章無出汪太史右者，次則汝師。且今茲之集，吾兄舜民手排纂，皆屬吾師素所評跋，元起之乞序，凜凜然先君子意也。"則余又不得而辭矣。公自登仕版，余每過其京邸。及罷官里居，延主西塾，三十餘年睹記，公蓋無一日不以讀書作文爲事。其作文以讀書爲本，其讀書以治經爲要、其治經尤於三禮爲精，議論剖析，橫竪鈎貫，若欲推而内余胸中者。即其文之著，亦必於此古今典禮衰序沿革爲詳且盡，而贈遺應酬之作厄言日出而已。公一文之成，馳稿視余，論次其首尾段落，與夫作者之旨意之所以然，間以愚見，僭有所更定若干字，公往往持之作竟日喜。前年應楊大將軍請，作《恩賜御書碑記》，自松江遣人至虞山，往回七八百里馳稿視余，論次如前，然後端謹手書，勒之石以去。蓋公不苟作，於其文又論文之合謬信余也如此。余嘗論文者貫道五經爲然，至程、朱諸儒身體力行者而庶幾焉，韓、歐諸公亦托於道以名其文爾。今者重理公集，甚悔其言之失則，何也？夫子所謂郁郁之文，在茲之文，文即禮也，即道也，識大識小，夫子焉不學！學禮也，學道也。自余所睹記，公焚書逸禮盡所手鈔，古史舊章悉因心匠，雄詞奧學上發周孔，下補孔鄭。如集所載論宗法、封建、廟制、鄉飲禮諸經說，及考核《常州府志》文獻數十篇。後有學者能悟，則聖人之心因器而見；後有作者能師，則先王之法隨事可考，詎得謂文之與道爲二，而三代之俗不可復，三代之人材不可興哉？此其讀書之效於文者也。至論次公詩，則尤其讀書之餘緒也。《三百篇》其肄業及之，自漢魏晉六朝到宋元明詩幾數百家言，鈎玄記要，四方學士大夫爭來鈔寫其本。其自作詩以用意爲主，雖五字句作三層轉折，雖數百句作一氣融鑄，一字之帖妥，經數次之竄易，朱黃藍黑，蠅攢蚤蠹，不苟作，不苟傳。然當其一詩之成，馳稿視余，余論次如其文，間以愚見僭有所更定若干字，公亦往往持之作竟日喜。十餘年來唱和篇目具見於集。元起之學成，余解去其西塾，猶諄諄五老會須余以花時往。五老者，史太守樹駿、毛學博重倬、黃比部永、公及燦也。公與學博今皆爲古人矣，顧愁遺余七十六叟誌其墓，又序其文，其能無執筆泫然而流涕矣乎？公諱文驥，字玉虬，號易農。起家進士，由行人司官御史。其爲御史，在臺神羊屈軼，突兀班心，破柱埋輪，誰何不若。行在賜茶徹燭，街騎傳送，標異其隆重。其奉使所在，立奇節，絜佳政。其罷官里居，清望絕特，心趣夐脫，簾閣據几讀書以外，間或招五老中人及其家舜民、賓實輩流傳示其詩文。至其得意賞心，點燈命酒，擊鼓爲節，其爲人不求異于世，亦不苟同于人，具詳余爲公墓誌，不具書。微之之序樂天曰：樂天之官族景行，與予之交分淺深，非叙文之要，故不書。予亦云。子元起，字起男，破産刻公集，海内儒家者流推其孝。其排纂之勞舜民，名元愷。舜民亦慫恿余序，余又喜其刻之成也，又得而辭乎？遂書此以復之云爾。

　　康熙丁卯春二月清明日，虞山同學弟錢陸燦撰。

——《微泉閣文集》卷首

微泉閣遺集序
〔清〕董元愷

　　《微泉閣遺集》者，叔父易農公詩文集也。公自予告歸里，於宅之西偏鑿池得泉，構閣於其上，故以微泉閣名其詩文集。詩十四卷，凡一千二百九十一首；文十四卷，凡一百一十篇，内附經説二十七篇，又修《常州府志》雜著二卷，共三十卷。鈍庵、湘靈兩先生序之詳矣，予小子愷何敢序公集？公集亦何待愷序？獨是公彌留執手，盡舉生平所撰詩文集及《史記》文抄事抄、《漢書》文抄事抄、古詩選、唐詩選百餘卷，又《禮記述疏》四十四卷授之愷，愷拜而受之，編次成集。元起弟竭蹶而錄諸版，越一載告成，顧惟公之生平大節已具愷所撰行狀中，而詩文遺集之表見於世者，其本末可述而志也。公以《詩經》第一舉於鄉，順治己丑成進士，歷官行人、御史，外轉隴右參議，未任。監臨則庚子順天鄉試、甲辰會試、丁未殿試，按部則巡視京通二倉，巡鹽河東，自畿輔而外轄山東、河南、山西、陝西四省。當公在南臺時，不數月章數上，其大者《外轉定於銓衡》《倉米官收官兑》諸疏。其最著者參浙江學臣谷應泰，摘其《明史紀事本末》，謂本朝仗義討賊，轉戰千里，雪前代之耻，應泰猥云賊臣何騰蛟禽之羅公山下，而我師不與焉，遂使我皇上爲明季君臣討賊之大義不白於天下後世。世祖擊節嘉嘆，召對南苑行殿賜茶，會日暮，撤御前金蓮燭，遣衛十二騎送歸，曰：“毋令董御史迷失道。”無何，世祖鼎成，今上即位，不數年章數十上，其大者《急革反坐之法以儆腴民之貪》《補正印之官以遂民生》《立買人之法以杜民害》諸疏。又《核監督收放杜押運停泊》、前後《參訪漕蠹稽核缺額》諸疏。其最著者因變求言,首上《請遵祖法以昭畫一》一疏,謂請敕部院各衙門將見行事例悉照世祖時成法,前之所行而今未行者,應照舊例遵行,今之所行而前未行者,應一切報罷,庶眾論歸于畫一,而興革無不允當矣。凡此俱列國史,集中不具載。公之於詩也,自《十九首》至三唐,摹擬不專一家,在京邸與龔石諸先生宴集,刻燭拈題,歌舞恢笑,雜沓於前,公涉筆已得數紙。及其里居,於月夕花晨好作文字飲,又每以學問難人,人亦以是嫉之。其輶軒所歷,行旅所紀,於山則有八盤、龍門、太華、華不注之奇崛,太行、中條、北邙之鬱紆;於水則有黃河、無定河、江、淮、汾、濟之泱瀁,晋水、趵突泉、百泉、萬泉之淳泓。至於上始皇之陵,尋扶蘇之墓,登易馬城而獨望河套,涉韓侯嶺而三吊淮陰,歷城清照之遺迹,靈壁虞姬之故墳,銅雀荒臺,迷樓舊址,無不憑今吊古,感極悲來。歸毗陵後,上溯京口,下至武林,或放棹石湖,或探梅鄧尉,或浮家婁江、荊溪,酬贈寄送,咏物述懷,一於詩乎寓之。公之於文也,於書無所不讀,架上數萬卷皆丹黃鈎貫,手自校讎,《史記》《漢書》分文與事抄撮成書,《左傳》《國策》《莊子》亦有自注抄本。晚年殫力六經,尤研精三禮,《儀禮》《周禮》據注疏本首尾通涉,而於《禮記注疏》一書,備考大小戴,參以唐宋元明諸儒之説,附以己見。繩頭細書,參伍標駁,每以一二行輒點竄數十百字,凡升降儀節之度數,禘郊嘗社禮樂兵賦喪葬之纖悉,古今之所聚訟者,靡不辨析毫厘,其見於經説諸篇也。宗法廟制之不一,朝服、齋祭冠服、深衣之不同,二禮、九獻、六尊及鄉飲酒旅酬之互異,有辨,有説,有考,有解,有論,十載其二三,餘俱散見述疏中各條下。其修《常州府志》也,小序而外,有宜興、無錫山補注長篇,以補唐凝庵先生所未備。他如記傳碑銘之文,亦不多作。公於詩文之暇,尤好臨池,摹仿家文敏公,點畫波磔無不曲似,四方之人兼金購之者甚眾。康熙壬戌武闈奏對,問侍臣近日善書法者,廷臣以公對,又問其歷官爲人,閣學張公奏曰:“疏散之人,頗能讀書。”集中具載其事。余小子愷故以集中所不及載及其所已載者,摭其大略而述之焉。

康熙歲次丙寅仲冬,從侄元愷拜撰。

——《微泉閣文集》卷首

鄒訏士文集序

〔清〕方孝標

晋江王思道謂吳中數千年傳者三人,子游、季札與唐公應德而已。余覽《毗陵志》,見宋鄒忠公浩,爲毗陵人,以直諫顯哲宗朝。歸講學於道鄉以老,可不謂傳者歟！而思道不及，豈非謂其文章之昭著，有不如唐公者乎？夫文章之與理學孰輕孰重，必有辨者。唐公雖亦以理學名，而文章實勝於理學；忠公雖不以文章著，而理學終勝於文章。余又嘗過毗陵，求子游、季札之墟墓與子孫，憑吊而交遊之，皆不可得。惟忠公之子孫實繁且盛。或曰：“季子封於延，其子孫不在延。子游常熟人，非毗陵人。”然有吳季子之墓，則在延矣，墓在，子孫何往乎？常熟、毗陵在周皆吳地，故子游封吳公，安見其後無居毗陵者乎？豈其代之遠不可稽歟？抑其子孫或有，而不能以功名文采自見，如忠公之子孫歟？然則子孫之文章，固又有益於祖宗之理學如此也。鄒進士祗謨，字訏士，則所謂忠公之子孫也。少負異才，策名而不仕，著書滿天下。始余與論交於長安，見其制舉藝有先正風。及誦毗陵十子之集，乃知訏士詩甚工，而不知其能古文。及見《遠志堂集》，乃又知訏士之古文，在其詩與制舉藝之上。今年相遇於江上，則所著所言，又皆古聖賢修齊治平之理，與《易》象、魯《春秋》之學，志若不止於古文而已者。吾意訏士年方壯，資雖敦敏，何精深博衍至此？及於其篋中，見乃祖父憲副公所注五經諸解，凡數萬言，原本聖學，究極性命，而後悚然知訏士之學之有本。或曰：“以訏士之文章，考訏士之經濟，豈非鼎實棟隆之材？而以司農微議屈，豈不足惜？”然余又竊謂向使訏士不以微議而不仕，則於文章理學未必遑及。即如其祖父憲副公，生萬曆之盛年，筮仕當百易於今日。向使其歷洊大位，則將美田宅、盛僮僕以貽子孫者；或有之而求蘊釀《詩》《書》之澤，以肇子孫，守其規矩，發爲精華，令桑戶甕樞之士，雖窮年皓首而不能并其項背。得失之多少，豈待智者決之！然則訏士之不仕，足慰，不足吊也。惟是，余與訏士又有共勉者焉。夫制舉藝原於古文者也，古文原於理學者也，理學何原乎？體於心用於身者也！《易》之善言文者莫如賁，賁之文至於察時變，化成天下，而其要則在初之“賁其趾”、二之“賁其須”而已。趾者在下，行之象也。須隨頤而動，言之象也。言有物，行有恒，君子自飾其身之道。而文之動天地者，必自此始。言行之外豈更有學哉？夫以季札之知禮知樂，夫子表之曰“賢”，而未嘗許之以“文”；子游之哲，夫子名之曰“文學”，而不列於“德行”。然則孔門之論文者，可知已。若後之論文者，徒非文詞不爲工，而不知身心言行之爲本。則雖能爲唐宋大家之文，則亦唐宋大家之文而已；能爲《史》《漢》之文，則亦《史》《漢》之文而已；能爲《左》《國》之文，則亦《左》《國》之文而已。此王思道之所以輕言春秋兩大賢，而重視當時之文士，奚怪其然哉？古人告朋友以規不以頌，余序訏士之文不徒爲楊詡而必爲規勉之言。如此，則後之有知文者，必謂余之待訏士厚於王公之所以待唐公者也。

——《鈍齋文選》卷一

董文友文集序

〔清〕方孝標

余以詩文求天下士，而於毗陵得一人焉，曰董文友。文友，予友智甫先生之子也，予爲諸生時已知有文友，而後與智甫同舉于鄉，智甫實長余，先余成進士，官湘漢間一小縣，陟虞衡郎，未幾以勤勞死王事。時余在史館，憫智甫之材且老，不獲大用於世以没，而又幸其有子，必能以文章致身，繼厥志也。後遭遠謫，不聞世事，心意文友必已登科爲顯官矣。及來毗陵，見文友蕭然伏環堵，養母教諸弟，著書授徒以爲樂，門下士多有貴者，而文友猶屢試屢擯於有司。因思夫古人之傳述其友之詩文之美，而所居貧困，未嘗不致慨於當世之賢人君子，以爲如斯之才而不能知，知之而不能薦，即不能知之薦之，亦當裕其衣食，寬其租税，使不以飢寒窮約拂亂其心志，而得肆力于詩文之源流，而又不能，此當世賢人君子之耻，非斯人之耻也。若余于今日，則又反是，蓋昔之日以知而薦之者爲知己，今之日以抑而藏之者爲善交，何哉？時爲之也。昔之詩文貴，今之詩文賤也。昔之臚仕榮選必屬知名之士，其見用也速，其成功也易，即不效，而其人苟詩文可稱，上與下亦必推之挽之，寶之惜之，惟恐其績之不成而名之或損。今則不然，售者不必名，名者不必售。即占巍科而侍承明者，亦踽踽如三日婦，或凍餒之不免。餘皆郡縣吏耳，彳亍草間，或四五年，或六七年，不得一官，官矣，簿書期會之迫，寵賂貨賄之章，儇巧舞文者猶冀僥倖於旦暮，而于詩文之士指摘偏苛，故往往見少有志于此者，一嬰世網，輒躑躅至顚敗不得歸，及歸而其人已老且倦，無所成矣。何如有材而不知，知而不薦，得優悠家食，無遲速禍福之可虞，而馳騁乎《三百篇》、《離騷》、樂府、漢魏六朝以至三唐宋元明之大家，而一澤于溫柔敦厚之旨，以爲詩得溯六經以植其本，擷《左》《國》諸史以敷其華，博覽乎天官地利、兵制錢穀、鹽漕水利、禮樂官方、刑法制度之異同，辨晰乎人材之邪正、行事之是非、時之進退、理之存亡、勢之得喪，而一歸於聖人之道以爲文，如吾文友，豈不善歟！獨是智甫廉吏，家甚貧，三吳徵斂尤繁，向所謂飢寒窮約以拂亂其心志者，殆將不免，而文友性豪宕，不言貧，亦無幾微困苦見於顏色，觀其意將必有爲于天下者。毗陵向有十子詩刻，文友其一，今又與龔介眉、鄒訏士互砥礪，爲文章隱然有大家之目，吾願世之于材士者，縱不能推挽寶惜如古之人，亦必少存愛護，令其進而得有成于朝廷，退而得有成于詩文，以垂後世，毋使下之所貴而爲上之所賤，幸甚！吾非能知文友者，然愛其文，故序之，并以告當世之所謂賢人君子者。

——《光啓堂文集》

董文友文集序

〔清〕陳維崧

嘗覽昭明太子《文選》及阮孝緒《七略》諸書，見其甄汰精英，裒次該雅，未嘗不嘆漢魏以來離亂愈多而文章乃大出也。士今日蹂躪戎馬，出入憂患，所謂離亂者非歟？而運丁建安，罕仲宣灞岸之作；時值湘東，寡子山江南之製。意者文章之説，抑尤難之。余友董子文友少負才名，卓犖有奇氣。一日被酒跌蕩，與余放懷述作之事，膝席言曰："咄咄陳生！子桓不云乎：文章經國之大業，不朽之盛事。顧文質異軌，正變殊塗，總極陶冶，未導窾郤，子其爲予言之。"陳生曰："唯唯。僕不幸有犬馬疾。雖然，嘗聞之矣。夫言者心之聲也，其心慷慨者，其言必磊落而英多；其心窾愛者，其言必和平而忠厚。偏俠之人其言狷，誅蕩之人其言靡，誕逸之人其言樂，沉鬱之人其言哀。要而論之，性情之際微矣，是以先王采風輯俗，用以驗士風、考政治，輶軒之美播於郊廟，話言之懌洽於友邦，此文章之所由興也。今者匹婦之致未便經緯，文人之長彌工雕縟。質愿者，風人之義或缺；才麗者，太始之奧已漓。振興而揚厲之，非得淹博閎瑋如子者而誰！"董子謝不敏，因出其生平所著古文詩歌數十萬言，見其賦鑠班馬，詩宗曹謝，記序馳騁徐庾，碑銘上下潘陸，以及表、啓、策、論、令、教、辯、説諸體，靡不犁然畢備。余讀未卒業，爲之太息。夫文友聲名蔚起，稱譽且滿天下，獨與余雅契最厚，知之最深，其爲人豪邁感慨，不可一世。然當其恤交游，急然諾，輒復纏綿婉篤，比於膠漆也。又從其尊公先生宦游江湘，上潯陽，泛洞庭，登仲宣樓，尋昔人作賦處。江山雄秀，士女明媚，發爲撰述，蓋吞若雲夢者十八九曾不芥蒂也。近者歸自襄陽，蓋與二三兄弟闡明藝苑、切磨經術間，又悼同類之蕭朱，慕昔年之廉藺，當筵流涕，對客悲來，余益知其繫心朋友、綣懷倫物者矣，又何怪其鋒刃橫溢，情思悽惻，感動飛沉耶？客曰：是又工倚聲。今夫美人香草屬於君王，比興閨襜奚妨染指，彼夫以香奩、西崑之體目文友者，是豈知吾文友者乎！離亂之人聊寓意焉，君子謂可以觀矣。

——《陳迦陵文集》卷二

正誼堂詩集序

〔清〕謝良琦

往余在金陵論詩，時時聞人稱蘭陵董生云。及今蠡吾彼中，無可與語，縉紳先生之行過是邑者間論詩，則又必稱董生。董生年今三十餘，計其時止逾二十，其詩名已稱于南北若此哉！丁酉來蘭陵，始交董生，然後知董生之才不獨以詩稱，即以詩稱，而南北之稱董生者猶未盡知董生也。竊嘗謂《詩》者，六經之一也，古之聖人憂勞天下，其所爲議道自己者，自天文地志、陰陽曆律、兵農禮樂、教化政刑、工虞水火、麟鳳龜龍、山川原野、四海九州，莫不兼綜條貫，深著其理于事，而顯筆其言于經。至於理有所不及周，事有所不得行，言有所不能盡，然後優游浸漬而發之于詩，故《詩》者六經之一也。《明堂》《清廟》，則將享先王；《天保》《卷阿》，則誦美君父。以至燕饗贈勞，受釐陳戒，或感時念亂之深其旨，或憂讒畏譏之危其辭，或忠臣孝子之自言其情，或野夫游女之自致其思，或征夫思婦之自寫其懷，若此者皆詩之自然者也。聖人以爲言之有不足，故長言之，長言之不足，故嗟嘆之，以爲不如是則言不足以悟，而聞者亦不足以誡，豈曰吾更爲是詩焉以誇示天下後世也哉？降及近代，家各專經，其于先王六經之理已不備，而天下之士莫不人人自有其詩，美人香草競以名篇，感懷吊古率焉寄志。舟車晨暮，親朋會離，文采葩流，枝葉橫溢，然而源流不深，群言淆亂，是尚不知詩之所由始，而遑與論工拙乎！董生天才英發，自其少時書已無所不讀，最後屢舉報罷，尤篤學嗜古不倦，上綜黃虞，下迨昭代，事無巨細，莫不推原所以興衰得失之故，與及門之士相與講習討論，作爲文章，以申先王所以立言垂訓之意，不負于學者之心，而又以其宜于詩者出而爲詩。嗚呼！是豈僅以詩稱名南北者哉！余論詩十年，自以爲庶幾不謬作者，及退而讀古先聖賢之書，乃知向者猶溺于流俗者之所爲，而董生齒少于余，已能先我而得之性情，風雅不失其正若此，此得三百篇之遺而少陵之嗣響者與！董生舊有集行世，今將已未刻合删付梓，余慮世之人猶僅以詩稱董生也，故爲道其所以能爲詩者如此，與天下共見之。

——《正誼堂詩集》卷首

甌香館集序

〔清〕顧祖禹

　　世有獨至之人，而後有獨至之詩。夫得于天者爲性情，出于身者爲行誼。存之爲學識，發之爲文章。性情不真，行誼未篤，而學識未正，徒欲以詩文誇詡天下，天下其許我乎哉！吾友惲叔子，少遭多難，其所閱歷艱危奇變，而卒完我天倫，克返初服。尊君遜庵先生，以積學礪行爲世師表，叔子終身隨侍，視聽嚴慎，不知戶外已更漢魏也，故以叔子之才華，而卒無以自見。周旋定省之暇，以其所得，發爲詩歌，出入騷雅，上下三唐，大都匠心創別之作。不傍籬落，不拾餕飣，吐納六合，俯仰今昔，渾雄雋拔而沉痛。三閭之憂憤乎？柴桑之感嘆乎？杜陵之悲怨乎？余嘗取而讀之，撫卷嘆曰：“此真叔子獨至之詩，而非隨聲附響、自棄性情、强爲嚬笑者矣。”夫鸚鵡之言，獼猴之舞，人無不欣然聽視，而求其改色動容，欲泣欲歌，不能也，何也？以其形似僅存，神理不屬也。詩之爲道亦然。不本之性情，即規模晉魏，仿佛唐人，欲以欺世眩俗，而卒不可得。乃讀叔子詩，忽焉使人凄其流涕，忽焉使人怒髮上指，正如易水一歌，商徵乍更，喜怒頓異者。聽者之性情，不覺移于歌者之性情也。叔子既歷喪亂，少壯時多與畸人俠士游，常奔走千里，恍惚死生，他人色沮神喪，而叔子意氣如常，故其詩中多豪宕感激之什。至于剖析理命，研極淵微，篇中尤多精闢之語，非深山學道人，未易知其所際也。蓋性情真，行誼篤，學識醇，不愧其家傳，故其詩遂至於此也。叔子少棄舉子業，無所事。又傷其家之貧，無以致甘旨于其親也，間繪山水以給旦夕，識者爭欲致之，一幀可易數十緡。既而見虞山王子石谷所畫山水，遂改爲卉草禽魚，神巧幾奪造化，蓋無不出于獨至之心胸也。叔子言貌恂恂，與人接，恒簡靜不發一語，即習與游者，亦不盡知其工于詩乃若此也。夫叔子且不欲以詩名，豈欲以畫名哉？不知叔子之詩，而至欲求叔子于畫，是叔子所遇之窮也夫！

丙寅秋日，宛溪顧祖禹拜撰。

——《甌香館集》卷首

學文堂全集序

〔清〕馮　溥

今舉子第進士後率十年而始得謁于選人，故言者往往以仕路壅塞爲病，此甚不然。孔子曰“學而優則仕”，仕者以行其所學也。漢世朝廷有大政事可疑者，則令公卿以下與博士以經義雜議之。近代士未第時爲制舉家之業，不暇旁及一書，一旦舉于禮部殿試後，畀以民社之責，或有在六曹者，當事有所難決，問以前代之典與所宜行，瞪目咋舌而不知所謂，有志者乃始恨不讀書爲學問，然固有所不暇矣。故其以鹵莽敗者無論，即守繩墨，所至以爲良吏，不過二三十年，退而頑然身與名俱滅也。若今第進士後十年，得以其閑肆力于學，考古今治亂得失之故，上以經術佐天子，而下亦不失以閱覽博物自命作者之林，斯不亦善乎！乃每三年所得士即甚少，猶百五十人，當數載謁選，畀以民社，問以所難決，則猶然無知，鹵莽者既敗，而守繩墨者退而無所聞于後世自若也。蓋其十年之力固或盡之干謁請托奔走勢利之塗，及傲睨鄉曲，以習爲肥家保身之學，而無事且棄之飲食博塞而已，視讀書爲文章，不以爲此經生之事，則曰：“名士之習，吾不暇以爲。”嗟乎！此士負朝廷而非朝廷之負士也。毗陵陳子椒峰，予所取士也，成進士六年，而昨者寄余《學文堂集》，袞然已等于歐陽子、蘇子之多，讀其文則歐陽、蘇子之文也。其學自六經、諸史、百家、曆律、讖緯、當世之時務，以迄稗官小說，無不究其本末，而文自序、記、傳、論、碑版之文，以迄詩賦、小詞，無不各極其致。如是雖古今天下之事當無有難之者，于以服官則無適而非其學之所及至，于以是傳之後世，固不徒爲文章之士而已。夫陳子，毗陵之名族也，少年登高第，使藉家世之餘業，以爲今人之所爲者，所得不倍蓰乎！然陳子視若沙蟲糞土，而自以其十年之力矻矻于學，以能卒有成如是，所謂人之度量相越，豈不遠哉！自是以往，吾誠不知其所止矣。讀之既卒業，喜而書以寄之。

時康熙十二年歲次癸丑仲夏朔日，駢邑易齋馮溥題。

——《學文堂集》卷首

學文堂全集序

〔清〕周亮工

予杜門待罪者九閱月，既不敢出戶，又無從得見一客，惟日手椒峰先生文一編，如見椒峰。予生平謬有詩文之嗜，晚歲交游獨得一椒峰，相顧莫逆。昔年爲《賴古堂文選》，苦卷帙稍隘，不能盡登椒峰之文，然椒峰之文，天下後世莫不知之，固不係于人之選不選。況如予者，尤何足道哉！憶予以公事至姑蘇，道經毗陵，因訪椒峰，于西城則見蘇文忠祠，于東城則見唐荆川先生祠。眉山雖蜀人，乞居常州最久，荆川子孫猶有存者。夫毗陵之人亦多矣，予獨嚮往于二君者，豈非以文章之故哉！眉山不具論，荆川予猶憾其篇什不多，不能成大觀。今讀椒峰集，裒然數十卷，倍于荆川。況椒峰年甚少，其所造更何可量？然多而不工，雖多何益！椒峰莫不根據六經，而出入《左》《國》《史》《漢》，一篇如是，千百篇如是，豈不可駕荆川而上之？説者謂毗陵人文所以甲天下者，以山水之佳也。山最著者曰夫椒，水曰具區。椒峰適家其間，故能匯其精華，發爲滔滔浩浩之文。予以爲不然，嘗笑三蘇出而眉山草木皆枯之説爲妄。夫文章之傳，其人實有所以傳之之故，精氣光怪，或見于當時，或見于後世。昔韓愈得歐陽修而名始彰，司馬相如殁，天子遣使求其遺稿。若椒峰在今日，人人已争構其集，乞其一言以爲榮，豈非文人之傳雖先後不同，莫不有所以傳之之故，而無藉於山川之助耶？《詩》云“鼓鐘于宮，聲聞于外”，又云“鶴鳴于九皋，聲聞于天”，此言其實有諸己之應也。天下後世至遼廓，文人以三寸管，能使至遼廓中若有聲氣相呼吸，此其故惟深於文者能知之。今而後言毗陵之人文者，當以椒峰稱首。雖然，椒峰獨毗陵之人文乎哉！

康熙歲次辛亥仲夏，年家弟周亮工櫟園拜撰。

——《學文堂集》卷首

學文堂文集序

〔清〕儲方慶

《學文堂文集》者，予同年陳椒峰所著之文也。椒峰自未第時，已能留意于古文辭，爲海内所推重，蓋天下皆知有椒峰之文矣。丁未試春官歸，闢其堂之南偏，構書室于其中，而命之曰"學文堂"，以自志也。自是椒峰有所著述，率統而名之曰《學文堂文集》，天下于是又皆知有《學文堂文集》矣。癸丑秋八月，予將謁選于天官，道出毗陵，椒峰辱顧予，因挾其《學文堂文集》以進，而謂予曰："子其爲我序之。且吾之以序請于子者屢矣，而子卒未有以應，豈以吾爲不足與言者耶？抑當世王公大人，下至好古力行之儒，苟有過吾門者，莫不賜之教益，而顧靳于子耶？子其爲我序之。"予俯首而笑，仰而慨然嘆曰："椒峰豈知予哉？"凡吾所以未及爲子序者，亦極難言耳。今椒峰責之深，望之切，是使予終不得隱其情也。憶吾與子成進士之日，大江以南，以文章名當世，無出吾兩人右者。天子不遴選侍從、加意文學則已，天子加意文學，遴選侍從，吾兩人懼不免焉。既而相率出爲外吏，予悒悒不自得也，間從椒峰遊，椒峰輒自奮曰："丈夫亦視自命何如耳。吾兩人惟所學之淺，無以結君相，知故相率爲外吏。今誠得因未及莅政時，益加意于學，以屬其所守。一旦天子登明堂，望雲物，訪古封禪之儀，考定律呂，成一代禮樂，詔天下有能明于五帝三王之道、通古今之宜，可備朝夕顧問者，大吏以聞，而吾兩人以此時衰然蔚爲舉首，不猶愈于嘿嘿致功名者乎！"予聞斯言而壯之。今不過數年，子之學業成就燦然可觀，不廢本末，至于如此之美且大，以視曩所期許，直須時耳，而吾因不能自廣，戚戚終日，無所用其心思，行且與草木同腐，尚安得有所稱說，自比于作者之林乎！吾之未及爲子序者，職是故耳，何椒峰之責之深而望之切也！椒峰又曰："子此行也必爲吏，子以吏行，而吾責之以文，毋乃不相入乎？"噫嘻！斯言過矣，吾豈耽于吏者哉！自吾受職而心已愧之，當世莫不聞也。私念先父母見背，未嘗一日盡人子職。老祖今年九十有二，家貧不能具甘旨，故兄弟相率干君之禄以養其親，吾誠有所不得已于中，靦顏忍耻，就污辱之行而不辭耳，何至放棄詩書，屏絶神智，甘爲人役之不恤，至如子所云耶！子毋言，吾必有以應子之請。既行而後書此二者以告椒峰，曰："是亦可以序子之文矣。"由前之説，可以知子之用力于文者有自來；由後之説，可以知予之不足于文者非爲吏故也。彼夫天下之所以知椒峰者，非吾之所以知椒峰者也。

——《儲遯庵文集》卷二

學文堂文集序

〔清〕魏　禧

　　陳子椒峰既成進士，益好古學，所爲古文日益多，四方士無不誦陳先生文。予過毗陵，椒峰交相得，授館舍，因屬余論定其文而序之。世之成進士者，甫棄帖括則輒爲古文，人亦輒以古文譽之，縉紳先生莫不衷然有文集，蓋百餘年相循成風尚，莫有知其非者。椒峰文成而好學問不倦，宜其日進未有已也。椒峰之論文曰：世人於唐、宋大家學大家，所以終其身不能至。五經而下，秦、漢而上，皆大家所自出，逐其流而遺其源，固未有能達者。椒峰由唐、宋溯秦、漢以上，故其文有源本，格調所成，恢恢乎入古人之室。然吾以爲格調者，文之繪事後素者也。文以意爲先，而一篇必有一意，則能文者夫人而知之。蓋君子之立言，與立身、立事，皆必有其大意。大意既定，則無往不得其意。辟如治軍，汾陽之寬，臨淮之嚴，自決機兩陣，至一令一號，皆終身行其意所獨得，故皆足成功。否則因題命意，緣事以起，論其前後，每自相牴牾，而觀者回惑扞格，無所得其根本。椒峰言依仁義，雖小文雜記，恒取有關勸懲。至其序事之文，凡忠臣、孝子、義士、節婦，耳之所聞，目之所見，必勤勤懇懇，爲文傳之。而其間有難言者，尤必委曲隱紆，求其可傳而後已。嗚呼！椒峰少負文名，早貴，意氣揚揚，揮擲萬物，無不可快所欲言，而顧勤勤於此。古今論詩，貴忠厚惻怛，得《三百篇》之意。夫忠厚惻怛，五經四子之文莫不皆然，豈獨《三百篇》哉！而世人往往以刻薄背義之言，著之文章，求當於目前，而不顧後世之譏議，使見椒峰文，其能無反面而却走也矣？夫不得椒峰之好學問與其意，而徒欲以格調名文章，吾不知其自命於古大家者果何如也。

　　時辛亥長至日，寧都魏禧冰叔撰。

——《學文堂文集》卷首

學文堂集序

〔清〕李鄴嗣

　　古人學射而射成，學劍而劍成，學書而書成，是以必學爲文而後文成。從來文人不易得其學而成，非天有所獨苦之，即有所獨厚之。獨苦之者，謂不牢愁、不激亢不作騷作史，不窮不著書是也。至獨厚之，則在今爲益難，請歷舉其事：家有賢大父、父，得聞庭誥，其難一；里中有先民足爲模楷，其難一；所同席多畏友，益相悱發，其難一；早歲策名，不爲帖義所苦，其難一。適余取毗陵陳椒峰先生集，讀其文，溯其學術所由本，即知所謂獨厚之，即椒峰其一也。椒峰大父大中丞鹿苹公，父比部邰公公，世有文名，椒峰少得其傳，一也；毗陵爲唐荆川先生故里，椒峰少蕭拜祠下，輒思承其俎豆，一也；椒峰矗與同學琅霞、程村、文友三君子相勵志爲古文詞，世稱毗陵四家，一也；椒峰年少起家，未即補吏，因得肆心廣意以自就，一也。椒峰既傳家學，師友淵源，又與以暇日，其爲天所獨厚之若此，而椒峰性澹雅，生平所嗜在讀書，無世家子弟他闒侈華靡之好，足分其所嗜，是以其學上本于六經，次史學、諸經世有用之學，而後學爲唐宋大家文字，聚力湊神，不間寒暑，譬若飛衛之學射，風胡子之學劍，張有道之學書，其一生精妙，畢見于此，而遂轉造其極。然則椒峰之得學，誠天所獨厚之，而其學而得成，則非僅天所獨厚之也，由其學之篤也。但余見近世士大夫一行釋褐，即目謂前進士居然先輩，不復降心，平居惟鹿鹿于多欲，雖有三餘，未嘗及文史。亦有稍能文者，間一操觚，輒衆口交詒，直謂文如太史公，詩爲五言長城，尚不容口，積詒不疑，禍及梨棗，此荆川先生所欲盡付之秦火者也。椒峰自假休沐歸里，更命其讀書之所曰學文堂。雖身爲薦紳先生，而中欿然常若鄉弟子，思更束身言行親長者，得乘其餘益大潭思銳精見諸著作，而椒峰之文遂已傳于天下。其《學文堂集》成，椒峰請當峰文章之伯巨公上流十餘家叙其首，意在觀諸公所論定以自考，而椒峰復從吾友董巽子寄其二集，更屬余叙之。余匿迹甬上，衰放失職之人，不足爲世重輕，而椒峰亦惓惓若此，不忘僻遠，不遺固陋，即此可證椒峰之學矣。雖然，余亦何能文！家有敝廬，在東皋二十里，名曰學樊堂，較諸椒峰所學殊不同。蓋余東洲野人也，知學稼而已矣，知學圃而已矣。

——《杲堂文鈔》卷二

學文堂詩集序

〔清〕謝良琦

論詩者必首《三百篇》，其次唐杜少陵，既已人人知之，人人規摹擬似之弔古、登臨、行役、紀述、燕勞、贈答之各有其情思，皆能得其自然之音響節族秩整不紛亂尤難。陳椒峰先生聞吾言而樂之，相與往復論説，椒峰之言曰：“信哉！詩之難也。不博稽古今之圖史載籍，不能詩；不周知天地山川、陰陽律度、日月星辰、人物事爲之蕃變，不能詩；不經行關塞江河、舟車裘葛，曠覽烟雲草木魚鳥，不能詩；不閲歷浮沉顯晦、榮華知遇、流離憔悴，不能詩。”是説也，余尤樂稱之。椒峰之説以學，吾之説以識，非學無識，非識無學，椒峰與吾議論交相發也。椒峰少年天才飆發，家世貴顯，多藏書。亂離之後，舊時卷帙散失，獨其家完好如故，椒峰因得盡發其所藏，反覆究讀，凡事之見于紀載者，維奇辭奧旨，靡不通達，故其爲詩，一出而爲蒼莽浩蕩之音。其後流連吳越齊魯，泰山、黃河，燕磯、金焦，驚濤駭浪，北遊長安，宮闕車馬臺觀，氣象肅穆，胸懷開朗，鬢眉軒豁呈露，則其爲詩，又出而爲沉雄春雅之音。最後兩射策南宮不第，道途羈旅，飢渴宵行，見月風霜冰雪，少時所讀《國風》、大小《雅》懷人寄遠、憂時憫俗之篇，以及少陵睠懷宗國，每飯不忘君父之意，感動觸發於詩，則其爲詩又直寫胸臆，往往累數百言，其音一歸於沉鬱頓挫，疏密曲折盡致，庶幾古人溫柔敦厚之旨。余嘗與王貽上、董文友論椒峰之詩，以爲椒峰年未三十，其才氣雄放固宜，不應意思安雅沉練遽至此。及觀椒峰論詩，然後知椒峰之致此皆以漸，而其學其識亦由此而深也。椒峰又爲余言：“子所謂自然音響節族，此語似不易到。”余謂椒峰先生殆已能之，特不自知耳。古人教人以繩墨法度，豈有踪迹可尋求乎！先生歸而讀《三百篇》之詩與少陵之詩，又自讀所爲詩，可八九得也。余無以叙椒峰，即以余之論詩與椒峰之論詩者叙之如此。

——《學文堂詩集》卷首

學文堂詩集序

〔清〕黃　永

　　客歲浪走長安，今夏還里，鞭弭甫脱，即就話椒峰齋。椒峰方刻其《學文堂集》凡數十卷，曰：爲余序之。余以詩道之於今日，正盛衰倚伏之際也。明神、熹之間，士子蚤歲受書，風雨呫唔，崇事帖誦，期以取科第爲鄉里交游光寵足矣，間有學爲詩歌古文詞者，父兄誼友或誚讓之。今則少年搖筆，斐然自喜，類不甘僅爲制舉之文，人人争欲爲詩，大約剽竊模擬者多，而浚發性靈者少，故今日之所以盛，今日之所以衰也。猶憶庚寅、辛卯間，余與文友、訏士、公阮、卓人、介眉、椒峰諸子肇舉社事，以古學相勉，旁及詩歌，椒峰年未弱冠，英氣咄咄逼人，每一篇出，同人皆斂手避之。今文友、訏士中年殂謝，諸子或出或處，類皆意氣頹敗，而余尤白髮種種，老病支離，而椒峰所就遂如此。噫！何可畏也！昔南宋劉穆之内總朝政，外治軍旅，内外諸稟，求訴百端，目覽手書，耳聽口答，悉皆瞻舉；裁有閑暇，手自寫書，校定墳籍。椒峰少有大志，其於天文、地志、兵刑、禮樂、河渠、賦役諸大事，莫不講求爛熟，言之娓娓，而賓客輻輳，應酬旁午，以至彈琴、投壺、嬉戲之樂靡所不爲，而發揮性情，跌宕風雅，曾不逾時，哀然成集。竊比于穆之，庶幾近是。椒峰大父中丞公，當寇賊擾攘之時保障全楚，楚人始得保其父母妻子，至今尸祝不衰。尊人邠公先生，余嘗共事西曹，見其忠厚惻怛，每於人之死地而求其生。諺云“根之深者其實遂，膏之沃者其光奕”，椒峰以不世出之才而濟以世德之厚，年少登朝，出其生平所講求者起而措諸事業，成大名，顯當世，固不在乎區區文章之間，然而文章之于天下實非細故。當今聖天子治定功成，必須一代大手筆作爲詩歌黼黻廊廟，將以鏗鏘金石之音挽世之靡靡者而振起之，則椒峰其人乎！

時康熙壬子八月朔三日，書于溪邊小閣。

——《學文堂詩集》卷首

學文堂詩集序

〔清〕陳維崧

每覽《南史》，琅琊王氏自過江以來，人人有集，至七十餘家。徘徊咀賞，絕嘆爲江表門風之盛，無逾此者。嘉隆以來，姿制歇絕，世族溺榮華之途，小儒撮章句之學。家有俊民，粗具音辭，歌謠詞賦，略能上口。或雅有措作，裒錄一集，親懿見之，輒兒啼疾走，以爲此敗類之夫而不祥之器，未嘗不擬爲胡粉剃面、搔首弄姿、輕華狷薄之流也。私計來者，此事便已。邇來士子陶冶性靈，闡味風旨，吳越一區材智輩出，有不讀《華林》《七略》諸書者，則宗黨羞之；有不能爲東晉清談暨南朝艷曲者，清狂不惠之子，則父母聞而訕之。蓋文采風流，官家未有匹婦之致，亞於誼夫。以今視昔，庶幾黃初、天監之初年乎！今年，余以棘人沉頓，讀書家弟椒峰東園。文友董子亦以讀禮暇，時時過從，與吾二人言詩。無何，椒峰《學文堂初集》先成，樂府、選體、歌行，以至五七言近體、絕句，共若干卷。余覽其全集，大約崔俊、沈悱以上人，規模曹、謝，掩映江、鮑，綜薈哲匠，自命作者。余宗獲此，固向者過江諸王所不及也。椒峰家世華要，意氣高壯。蓋崇禎時，叔祖大中丞公開府荊楚上流，異軍蒼頭，斬馘白馬黑山以萬萬計。既已，給鼓吹歸本州。而叔郃公又以通明英博之略，爲興朝豹尾近臣。椒峰即籍貴遊，珥貂蟬，亦宜作景宗競病之詞，擅徐陵雜曲之體，況又夙工楊梅之對，天性雕朗，貫洽百代者乎！余與文友神思危惑，魂魄哀激，謳吟趨艷，秋冬氣多，放廢之人又不自知日暮矣。以觀學文堂一集，獨步江南，相去奚啻莛楹哉！是爲序。

——《學文堂詩集》卷首

邵子湘文集序

〔清〕宋　犖

韋布之士以能文章名海內而余獲交者，得三人焉：一爲侯朝宗，一爲寧都魏叔子，其一則毗陵邵子湘。朝宗同里閈，年長於余，與余爲忘年交。己未，余榷關贛石，始交叔子。二十餘年前，識子湘於黃州，僅得其詩。比開府江右，適子湘亦客遊於此，乃得盡見其所爲文。余學詩頗久，至於論文，竊聞諸先生緒論。朝宗文超軼雄悍，當者辟易，如項王瞋目一呼，樓煩目不能視，手不能發，蓋氣勝也。而或疑其本領淺薄，是非往往失情實。然朝宗古文獨爲於舉世不爲之時，厥功爲鉅。叔子文不名一體，奧衍精卓，切事理。而或者疑鹵莽於經學，又其行文急於見法。子湘之文，立言必依於道，醇而肆，簡潔而雄深，不襲前此之偽秦、漢，亦不爲近日之偽八家。大較英爽颺發不如朝宗，而根柢勝之；明切善議論不如叔子，而舂容勝之。較長絜短，則子湘之文與二子鼎足而傳於後亡疑。嗟乎！朝宗貴公子，早負盛名，中更患難，而竟以諸生苢鬱以死。叔子抗志窮山，晚乃客遊吳、越間，嘗一被徵，托疾堅臥不應，未幾以旅死。今獨子湘在耳。余聞子湘十歲補弟子員，有聲，困躓四十餘年，顧毻毻白矣，乃僅一絓名選人。當代名卿鉅公亡不知子湘者，而子湘瓠落如故。余又以悲三子之不遇也。然有可爲三子幸者，唐以來布衣之士多以詩名，而能文章者少。遠不暇稱引，前明三百年間，風雅一席，山林與薦紳幾於分半。而號稱古文大家，自潛溪至荆川、震川不過十餘輩，而布衣不與焉。山陰徐渭思以古文詞自見，幸而遇袁中郎，身後名驟起，然不久寂然。今其集具在，視潛溪諸先生實覺遠遜，尺牘、題跋亦小有佳致耳。本朝文治五十年於茲，亡論承明之廬，作者相望，即布衣之雄如三子，已足驂驔有明大家矣。而況天下之大，文章如三子而非余所及知者，或更不乏。然則謂本朝文章之盛，即於三子信之。三子顧不重哉！朝宗《壯悔堂集》、魏叔子《文集》久版行於世，子湘今始出其全集謀梓，以序屬余，余乃牽連具論之如此。集有曰《青門簏稿》者，爲詩六卷、文十卷；曰《青門旅稿》者，爲詩二卷、文四卷，合之得二十二卷。余觀朝宗詩，力追北地，而蹊徑未化，叔子雅不以詩名，而子湘之詩卓然名家，《旅稿》古近體益詣妙境，是又二子所瞿然退舍也夫。

——《邵子湘全集》卷首

邵青門山人文集序

〔清〕彭　鵬

僕聞青門山人呼僕爲鐵，青門與僕未謀面，何以知鐵似僕？五金中惟鐵最頑且鈍，不可以文，又不近於文。舉凡天下之至無文者莫鐵若也，今青門果以鐵呼僕，又命僕爲青門山人文集序，是欲於不可以文不近於文者而使之論文，僕即以五金三品論。金銀之氣浮矣濁矣，夜氣何堪以目，鉛錫弱矣，銅雖堅而無濟，色屬而内荏者也。至於鐵，獨不見其鋒、其剛、其芒乎？及鋒而用之，散電其光也，耀雪其質也，神器其截蛟也，文藻其爲龍也。五金皆曰金，經言金剛，乃若刀劍之有剛，鐵耳。剛生金中，百鍊而出，干將、莫邪皆是也。光芒萬丈，李杜之文章也，舉天下之至文者，莫鐵若也，惜乎僕之僅得其頑，僅成其鈍也，惜乎青門之鋒、之剛、之芒而不遇也。雖然，豐城三尺鐵，冲爲牛斗，雷焕拭之以南昌西山土，張華拭之以華陰赤土，拭之斯遇，遇之則知己得一二人足矣。商丘宋先生既爲青門山人序之矣，曰海内布衣能文章者得三人：一爲同里侯朝宗，一爲寧都魏叔子，其一則毗陵邵子湘，即所稱青門山人是也。且謂唐以來布衣多以詩名，而能文章者少，概見前明三百年風雅一席，布衣與縉紳爭長，古文詞獨山陰諸生徐渭耳，身後之名驟起，自袁中郎得之殘編始，今亦寂然。僕見商丘序翻文長集，誠不若青門山人之醇厚沉雄耳。商丘先生知言又知人者也。知言則詖淫邪遁皆所闢，歸於雅馴；知人則浮誇詭隨悉無庸，期於方正。聞青門落落不苟，俯仰不隨時，雅爲商丘所重。商丘常屬撰《宋氏先賢祠碑》，青門以爲代也，請署銜，先生曰："署青門名姓足矣。"若先生者，可謂交布衣而相天下士矣，則亦山人不遇之遇也。朝宗、叔子皆以布衣爲先生許可，遺集末由得。閩人孤陋寡見聞，未能一識天下士，因序《青門集》而生慚愧如此。又生而愚，即使似鐵，亦不過似其頑，成其鈍，而安得如青門之鋒百錬而出吐爲光芒者也。而況垂老且病，并其頑鈍而至於銹乎！今彙次《古愚心言》，存其十一，不祈序而自序者，鐵自知耳。因序《青門集》，而重增感慨如此。《青門籠稿》《旅稿》詩文皆有序，古愚未可與言詩也，題曰《青門山人文集序》。序承命經年，臨池而輟者三，毋曰苟矣，莫捫朕舌。河上翁大敬畏也，青門鑒我矣。青門山人毗陵人，分俸刻其稿者爲武進明府河朔王君似軒元烜，其名也并書之，以爲海内長吏好賢者矜式。

康熙乙亥仲冬。

——《邵子湘全集》卷首

邵子湘文集序

〔清〕王元烜

吾鄉邵學使雪嵐先生操觚槧以進退天下士，極推毗陵邵子湘博學工詩古文辭，爲當代作者，余心識之。會銓宰毗陵，雪嵐祖道里門，顧余曰："不喜君得毗陵，喜君能得邵子耳。"因出一札，介余與邵子交。余之官之明年，邵子始一詣余，余具道神契之素，邵子亦欣然，然落落率不過一再過，署齋茗碗論文而已，余於是知邵子不獨文人，抑且高士。今年將謀梓其全集，屬余序，謝曰：子之文，傳文也，今大中丞宋公嘗序之矣，余則奚敢！亡已，姑與子論文。夫文者，理與氣而已。理爲文之體，氣爲文之用，理與氣相資而文生焉。故天得之而日月所以行，星辰所以列，雷風霜雪雨露之所以震動肅殺而零濡；

地得之而山川以奠，草木以植，烏獸蟲魚含靈蠢動罔不涵泳暢遂，以各適其性，此即天地之文也。聖人得天地之理與氣，以闡天地之秘而爲文，序卦陳疇，詩書禮樂，粲然秩然，帝王之與聖賢遞相授受以發明性道之源流，而後天地之文章益弘麗而不可掩。大哉天地之文乎！至哉聖賢之文乎！秦漢以還，作者日繁，理氣之交，純疵不一。自賈、董、馬、班、劉向、揚雄、王通之徒，下迨唐宋元明諸大家，其文章高下雖若與世遞降，然能各鳴其所得，成一家言，以弗畔於聖人之道，則皆可謂作者矣。下士衷無所得，而竊竊焉求古人於狀貌景響之間，分溝畫塹，曰若者爲秦漢，若者爲八家，剽竊半之，傭販半之。其陋者掇拾一二宋儒語録，衍之成文，而奇詭者則又獵取梵典，吹釋氏之糠粃而揚之以欺世。嗚呼！茲數者皆文之賊也。以是言文，吾無取焉爾。邵子退，余出其文讀之，大柢探源六經，沿委二史，汎瀾唐宋大家，而雄深醇肆兼詣其境，故能馳驟變化以成其家，而無之或畔於道，是殆得理與氣之純而出之，而臻作者之壺奧者與！元明以來莫之或先也。邵子磊落高曠，不隨俗俯仰，與人交不輕合。余既心重其品，而又信其文之必傳，乃割薄俸爲梓《簏稿》若干卷。既成，誦前語附中丞公末簡，且以質之雪嵐先生。

康熙癸酉嘉平月。

——《邵子湘全集》卷首

青門簏稿詩序

〔清〕顧景星

余與子湘別十餘年，今年相遇京師，出所爲戊午以前詩六卷屬余評次，文十卷則先以屬之陸冰脩。余評子湘詩，自漢魏以至李杜三唐不名一體，能鎔液古人之菁英而歸其鑪韝，故其取材也博，其持格也高，其興寄也遠。七古之瀏灘頓挫，七律之蒼秀沉雄，尤冠諸體，詩之必傳無疑也。今海內稱詩家，數年以前爭趨溫李、致光，近又爭稱宋詩。夫學溫李、致光，其流艷而佻；學宋詩，其流里而好盡，二者皆詩之弊也。然且一倡群和，黠者爭改轍而馳之，而子湘斷斷齗齗，卓然於波決瀾倒之日自信不疑。錢牧齋稱震川先生以罷罷舉子羈窮單隻，提三錢雞毛筆，當熏灼四戰之衝，子湘之稱詩亦復類是，故天下皆知重子湘之文，而知其詩者或尠。雖然，此足病子湘乎哉！余嘗謂詩文盛衰之運，譬之寒暑然，往則復，窮則變。更三十年，宋詩之流弊將極，然後窮而思變，而子湘之詩乃大重，而余之言乃信。至於文，冰脩論之當矣，余亦間附數語，以識嚮往云。

康熙己未夏五，蘄州顧景星序。

——《邵子湘全集·青門簏稿》卷首

青門簏稿文序

〔清〕陸嘉淑

己未春，子湘携其文自南來，一日而名動京師，施殿講愚山、王殿讀阮亭諸公皆折節敦布衣交，而王少詹昊廬則延致之書齋，去余寓不數武，得旦夕相見，請其文盡讀之。既卒業，則請益於子湘，曰：“今數十年來能文之家，有不言唐宋八家者乎？”子湘曰：“然。”“於八家中有不專言永叔者乎？”曰：“殆無之。”“然則今之言八家永叔，與嘉隆間言先秦兩漢有以異乎？”曰：“無以異也。”余曰：“固然，然未也。子所謂無以異者，殆謂言人人同也。僕以謂爲文之得失利鈍，爲之似與不似，魯衛之政，殆亦未之或殊也。今之譏嘉隆者，吾惑焉，謂其爲僞秦漢也，既以爲秦漢矣，何以曰僞？夫秦且無論，兩漢之士無不通經術、則古昔、稱先王，不必賈、董、劉更生諸公也。雖杜欽、谷永、匡衡之徒，本非粹然儒者，然其所徵引則六藝之文也，所援據則《詩》《書》之義也，其是非未嘗不依傅於聖人也。其根柢如是，彼八家者得其根柢而不爲姑似之者也。不得其根柢，則爲秦漢而僞，爲八家亦僞，此僕所謂無以異者也。然則爲文當奈何？含咀於詩書六藝，浸淫於子史百家，記事必傳其可信，折衷必本之聖人，則雖爲秦漢可也，爲八家永叔可也，自爲之門戶可也。有摹擬之迹，奉高曾之規矩，不足以爲病也。大放厥辭，捨筏而往，以滋少所見者之怪，亦未可爲非也。故斤斤然守一先生之説，執秦漢以攻後人，操繩尺以論絶塵奔軼之才，此皆小儒齷齪，不足與於斯文矣。今子湘之文固在，班馬之風調與歐曾之榘矱，沛然從吾意而出之，去嘉隆叫囂之習，尤不爲近日空疏囁嚅之態，蓋得其根柢而爲之者，竊以謂有得我心之同然。”子湘躍然曰：“有是哉！子之善言文也，請書以弁吾文。”余曰：“諾。”乃條悉之爲序，且請以正之愚山、阮亭、昊廬諸公。

鹽官同學弟陸嘉淑篡。

——《邵子湘全集·青門簏稿》卷首

青門旅稿詩序

〔清〕李天馥

詩無風尚，而善持風尚者則雖時習遷流，遞相轉變，而仍不失乎詩人正則之旨，猶之善琵琶者，六么散序，各有變調，然從聲既定，其爲轉關者自在也。毗陵邵子湘以詩古文名於時，余間讀所選明四家詩，每就其辨論，窺其指歸，則雖力持其流沫，而要之從聲變律，所稱宮羽相須者不少失焉。今年春，子湘來京師，王公大人爭欲得一見以爲重，子湘乃避居隘巷，獨與愚山、阮亭諸公晨夕倡和，余聞而慕之。近出所爲旅稿詩一卷授余卒讀，抑何清新發越，極揚厲之變而仍不失乎正也。夫宛陵、滄浪別具風采，而要其所趣，則青蓮、少陵各不能外。子湘以和平之情，發七羽之調，高凉峻激，鳶鳴鶴唳，而神雄氣渾，一如龍拏而虎躍者，自非青蓮、少陵不足以狀其所至也。子湘之來，適當盛朝舉賢，徵車坌集，士稍負材藝者，皆思自致青雲，才如子湘顧反不與，宜乎發爲詩歌不無芥蒂，而子湘處之怡然，方日與諸公流連道故，蓋所爲自命者固有在也，子湘豈肯以南山北闕爭得失哉！

康熙己未重九前一日，合肥李天馥撰。

——《邵子湘全集·青門旅稿》卷首

青門旅稿文序

〔清〕王弘撰

世之言文者曰文必有法，夫法何昉乎？豈嘗有懸爲成式，命之曰如是以爲法乎？抑自觀者見之合於道，中於人心，有自然不可易者焉，故以云也。譬之樂然，喉中轉氣，管中轉聲，七均備而一調成，而疾徐舒斂、高下清濁不失其則也。苟無得於聲氣之元，徒求之器與數，猥稱今樂猶古，陋已。毗陵邵君子湘，瓌偉奇逸士也，績學工文，爲宋牧仲中丞公所知。中丞淵雅善鑑拔，以斯道爲任，與子湘爲青雲之交。乙亥秋，以所刻旅稿寄予，曰："子其序之。"子湘著述甚富，此其客遊即次之作，積有六卷，可謂勤矣。予竊慨夫爲文者，日言法而莫知法之本也。雕繪景光，以飾浮采；造綴巧僞，以揚虛聲。不原諸聖賢之旨，無關於前古當今之故。誦習一二家言，句倣字摹，譊譊然詫於人曰法如是，斯文之病也，豈所謂載道者哉！子湘之文華而實，簡鍊詳贍，各盡其致者法也，而根極理道，輔翼風教，喻諸獨而信諸人，則有超於法之表者。韓愈云："其皆醇也，然後肆焉。"孫樵云："人宜一二百言者，能數十言輒盡情狀，至言窮事際，反若有千百言在筆下。"庶足當之矣。迨讀所爲李忠肅公傳，致嘆於烈皇帝之英明而不肯用公策，卒至宗社淪胥，主臣同盡，有不禁愴然而悲者，此尤流俗之文所未有也。并質之中丞，其以予言爲有當乎？

不崋山七十四老人王弘撰序。

——《邵子湘全集·青門旅稿》卷首

青門賸稿序

〔清〕馮　景

予爲古文，蓋學諸青門先生邵子湘，不見垂十年，今春見於吳門使院，道契闊，共晨夕，歡甚。先生視予《青門賸稿》而屬以序。先生之文如《簏稿》《旅稿》前已版行，世之好古文如予者皆爭索而讀之，而《賸稿》則未之見也。予既快先睹，益嘆其文老彌潔，位置當在韓師曾友間，亦說之非阿者也。其以賸名稿何？先生曰："杜子美有云'文章一小技，於道未爲尊'。方吾壯盛時，已苦刺刺不休，今又載之末年，賸矣夫！"予曰："以道言，則文章爲小。然文載道者也，合則傳，離則不傳。子美所云'小技'，殆指雕琢風雲、藻繪月露者，而豈所語於載道之文哉！古之達人，以道養身，而以經世爲緒餘，以文爲贏法。餘也，贏也，皆賸說也。彼且以身生性命，爲天地之委形、委和、委順，而以子孫爲委蛻，其視天地間事事物物，無一而非賸者。然至於載道術而著書，則五千言不爲少，肆其無端崖之辭不爲多，雖謬悠諔詭，猶自以爲不可以已。先生何言謙也！嗚呼！儒者屈首受書，明先王之道，亦欲見諸行事，豈徒著空言云爾哉！既與時違，終已不試，槁項華顛，日冉冉其將盡，乃始大懼，而悉吐其中之所蘊結，蔚然文之，以彰於後世。'在則人，亡則書。'没而不磨，久而愈光，而聲施不朽矣。嘗觀古人爲文，晚益善，韓之潮陽、蘇之海外是也。彼皆積讀書養氣純深之後，而又多歷畏途，如作《易》者有憂患，作《詩》者皆發憤，故可傳也。先生推排人間數十年，蓬累而行，六十後益委懷觀化，發而爲文，經經緯史，要不畔於道，安得不傳！願先生出兹贏餘，以公世人之求，若挹河而取燧也。學先生文者，獨景乎？先生毋賸，先生梓。"先生笑應曰："諾。"遂序而歸之。

——《常郡八邑藝文志》卷六之下

菰米山房詩鈔序

〔清〕楊　椿

　　吾師蔣弱六先生《菰米山房詩鈔》若干卷，先生孫惟梅所輯也。先生年二十餘，即授徒於外，其在先大夫家塾最久。康熙庚申歲，伯兄祖榮、仲兄栴同執經於先生，椿方五齡，時從旁竊聽，先生以爲可教。己巳、庚午間，椿與四弟祖楫、五弟祖粗始受業焉。先生寬而肅，嚴而不苟，於諸弟子督課之爲嚴師，長育之也不啻如賢父兄，以故弟子成就者衆，人人願出先生門下。先生久而欲去也，則相率留之，留之不得，則雖稍緩須臾毋去以爲幸，去則思念之，愈久而愈不能忘，雖其父兄之情亦皆然。先生自幼與先大夫莫逆，在塾時相得尤甚，而先生誨椿兄弟視他弟子爲厚，見於吟詠者亦獨多。辛未秋，先生下第還，留別都中親友"細憶年來歌哭處，秋風秋草總關情"，自言此爲學徒而設，先大夫和云"此日不禁予淚落，三年實望子成名"，主賓師弟之情可見矣。丁丑春，先生會試復至，示椿兄弟"滿鏡風塵殘鬢髮，小樓燈火舊因緣"。小樓，先大夫寓中天遠樓，先生授經處也。先大夫辛未和先生詩

"只是頻年相聚慣，從今誰共坐樓頭"，即此樓矣。庚辰歲，先生課六弟松喬、從子紹曾復於此。將歸，有句云"三庚憑一榻，臨別只依依"。椿兄弟七人，七弟豐貽生最後，不及游先生之門，其六皆先生弟子也，而紹曾以弟子之子亦預列焉。先生後家居，或館於他所，率不久輒見，見則獎掖開發，一如往課業時也。戊戌，椿殿試北上，先生教諭懷寧，適假歸里中，贈椿云："唱驪拂拂好春風，那能尚記相思苦。"其年，椿與四弟同官於朝，常書問起居，不復克再見先生矣。庚子秋，四弟卒，先生在懷寧哭之云："白髮窮途泪，誰知到汝身。清秋無好事，竟日慟斯人。"越三年壬寅，先生以老乞歸，其冬先生亦捐館舍矣。昨歲惟梅以書來，屬先生詩序於椿。未幾惟梅歿，惟梅之子崇烈復以請。憶椿初受業時，年一十有四，先生以國士器之，今先生亡已三十年，先大夫歿三十有七年，椿兄弟及門者皆後先即世，椿耄及無知，暮成何望！欲如曩昔父師兄弟同在一堂之上，邈不可得，敬述先生之教，并先生詩之為椿父子兄弟作者。話言如昨，不禁死生聚散之感，尤不勝自棄之懼焉已。

乾隆十六年歲在辛未秋七月丙子，上距康熙辛未已六十年，同里七十六歲弟子楊椿謹序。

——《孟鄰堂文鈔》卷十三

研堂詩稿序

〔清〕邵長蘅

予杪秋客遊歸，肺病杜門，三徑闃如。忽長須持名紙入，視之則楊子地臣。予夙耳地臣名久，聞其工詩，又工舉業家言，欣然躡履出攝相見。一揖外，楊子出所為《研堂詩稿》示余，余受而陳之几，未暇讀，而與楊子論詩。楊子之言曰："今天下稱詩，慮亡不祧唐而禰宋者。"予曰："然。詩之不得不趨於宋，勢也。蓋宋人實學唐，而能逴逸唐軌，大放厥辭。唐人尚醞藉，宋人喜徑露；唐人情與景涵，才為法斂，宋人無不可狀之景，無不可鬯之情。故負奇之士，不趨宋不足以泄其縱橫馳驟之氣，而逞其贍博雄悍之才，故曰勢也，第學之有善有不善耳。顧近來吾吳詩派則往往喜輕俊婉麗，宗玉溪而稍近元人，譬如吳趨少年輕衫細唾，又如新婦子糚梳，粉白黛綠，百態呈新，而於少陵所謂前輩飛騰、鯨魚碧海者，或未見焉。予心訾之，而未知所以救也。"楊子聞予言而是之。是日卮酒細論，予病亦良已。抵暮別去，乃剪燭讀《研堂詩》，大概生新韻折，不屑屑規模唐宋，亦不隨近今習氣，而能自攄胸臆所欲吐。今代詩人雖多，如楊子者豈易得哉！楊子故世家子，能自刻苦，無綺紈膏粱之習，弱冠補諸生，有聲，屢蹶場屋，而氣逾銳，而伎逾工。予友陳子道柔稱其文珠光玉潔，識者欽為特達之器，而其嶔崎歷落、佗傺感慨不平之鳴，亦時時於詩發之，然則楊子之詩又自有日進益工者，而予序尚非定論也。楊子別後爲古詩一章寄予，有曰："一見能盡言，避席實悚聽。勿愛西崑詞，勿學工餖飣。滔滔看波靡，矯矯回風勁。"又曰："飲我松醪醇，飯我雲子淨。夕陽趣人行，月舸乘逸興。"記爾日情事可念，予每吟諷不自已云。

——《邵子湘全集·青門賸稿》卷四

研堂詩稿跋

〔清〕龔時愷

余與研堂交非泛常比也，研堂與余生同年月，自幼相識。庚午、辛未間，研堂年尚少，即以能詩著稱，鉅公名宿交相推許，故余樂與爲友，幸亦得邀不棄。乙酉同被放，又同屆四十，懸弧之辰彼此以詩酬答，遂於是年臘月共訂諸同志結醉吟詩會，自是往還益密，無越至三日不晤者。每晤則坐必移時，燭必屢跋，僮僕在側，往往觸屏欲睡，而余兩人娓娓不倦，率以爲常。然談詩論文外，概不他及，故研堂歷年所作無不出以見示。今所刻正集十卷，皆向所捧讀者也。戊子歲，余以饑驅浪遊於黔於蜀，已爲最久，而三至西江，前後計一十餘載。今春歸里，自分衰頹，閉門謝客，一過研堂，見先生亦鬚髯盡白，蓋屈指相別已二十七年矣。坐甫定，承以所刊詩集示余，觀其《續稿》《晚稿》及《花外散吟》諸帙，皆別後所作而余未之見者。携歸細讀，嘆其識益高，筆益老，氣格益古，如長松勁柏挺生於高巖絕巘之上，而聲色之動人則又如風濤之可聽、蒼翠之欲滴，再三吟詠，擊節不已，乃知研堂老而好學，以至於此，如夔州以後之杜詩、澹州以後之蘇詩，皆以晚而愈工，其所刻有必傳無疑者。雖其意中亦以不得遇於時偶形諸楮墨，然視掇取青紫而一無表見者，相去何啻什伯邪！猶憶余將出門時，研堂語云："以子之才，恐不免作幕客。"彼時余尚微有不平之意，孰意頻年潦倒，奔走四方，果不得已借以糊口。金綫年年爲他作嫁，自致無成，回憶良友之言，未嘗不通身汗下也。兹喜研堂詩集之成，知其可傳，略叙數語書後，并牽連及之，以志余愧云。

雍正甲寅重九後十日，同學弟龔時愷拜跋。

——《研堂詩稿》卷末

讀孟居文集序

〔清〕莊存與

昌黎韓子曰"觀聖人之道必自孟子始"，又曰"師其意，不師其辭，無難易，惟其是爾"，此韓子所以度越荀、楊而底於醇者乎？而其氣之盛則所謂浩然者非耶？存與得吾師之文而盡讀之，然後嘆曰："誠得孟子、韓子之意，而不惟其辭之似者乎！”夫意之爲言，心與理合者也。辭之善者平正通達，其不善則所謂詖淫邪遁是已。上自六藝，下逮遷、固，流澤漸衰。及唐而韓文公起之，唐宋兩代傳世之作稱八家。嗣是以來，未數數然也。遷、固之所以稱於後世，網羅放失，父子相授而後成，豈一手所獨製哉！三史可與六經相續者在此，而理之不醇，此良史之不免於詆訶也。若乃氣之盛，未有加於司馬子長者。雖然，豪蕩感激有餘而和平雅正不足。今讀先生之作，所謂和平雅正而盛世之高文乎！以此手筆歌頌廟堂，古人所謂“吏部文章”，莫之過也，而仕止府教授，自未仕迄不仕，無一日不鍵戶著書，不求人知，乞文者相踵至，必擇而後與之反覆。讀《孟子》諸作，開示學者，有階可升。疑孟詰孟，諸君子之所未聞也。昌黎先生之後，知孟子者一人而已。先生自記云“乙卯後二年授徒溫州署中”，則存與暨弟培因隨侍先大夫於官署，朝夕親炙於吾師之歲月也。追念疇昔，涕淚潸然，而存與年亦屆七十矣，雖獲聞古文之法於師，而瞻望弗及，衰朽不自振，猥承令孫齊耀之屬而序之，奚足以發揮萬分之一乎！

受業門人莊存與謹序。

——《讀孟居文集》卷首

讀孟居文集序
〔清〕趙懷玉

康熙五十年，先尚書主順天鄉試，同里蔣東委先生實魁其經，一時有得人之慶。先生治經邃於《孟子》，以文章名海內，懷玉髫齔即耳熟焉。乾隆辛巳，懷玉年十五，塾師爲毛先生今吾，陋曹輩墨守制義，獨喜爲古文辭，嘗曰：“始吾雖涉其藩，中歲得蔣先生指授，乃益進，異日繼斯傳者將以屬子。”余時深愧其言。越二年，先生子御史君歸里，御史君宏獎後進，懷玉首以詩文見知，賞奇析疑，言必稱家法，以是雖未及從先生遊，而緒言餘論竊聞久矣。先生初爲文頗夥，晚年自定厪如干首，御史君嘗欲問世而未果，今先生孫齊耀自開封歸，言河南巡撫畢公將資授剞劂，既衰次卷帙，敢以序請。懷玉受而讀之，而知先生之文之工大要歸於絜也。先生汎濫百氏而折衷孟子，於唐宋諸家無專似，凡天下事物之情狀以至一長一技，苟可通其意於立言者，無不探索至再。性矜慎，未嘗苟作，作必有見於中，又數易稿後已，故引喻設義，波瀾疊生，一如人人意中之所欲盡，而不知超心鍊冶，蓄之深而成之如是其難也。官府教授四年即罷歸，年八十餘猶日手一編，寒暑疾病不輟讀，集中《東圃》《惜日》諸篇可以想見其概。夫天既阨窮其境而獨豐之以年，更歷歲月，俾專力致志於一途，雖中人薄蓻猶有表見，矧托文章學術爲性命者，欲其弗傳於後得乎？然則世皆爲先生惜，吾則爲先生慊也。懷玉譾陋寡識，何足與於斯道，以累世通門及生平私淑有在，不敢以不文辭，特念毛先生與御史君已先後殂謝，蔑由起九京而質之，是可慨爾。齊耀，御史君長子，汲汲以繼述爲事，於懷玉交尤厚焉。

乾隆五十三年春二月初吉，鄉後學趙懷玉撰。

——《讀孟居文集》卷首

孟鄰堂文鈔序

〔清〕朱珪

農先先生四世清華，一家先後入翰林者凡七人，先生獨以經史之學迪前昌後，海内推文獻者必曰先生。珪生也晚，選館時先生已登大年，不獲親炙其光輝，幸從長君二思先生稱後進，同官講讀，得其緒論，心嚮往之而未窺其全集也。今年春，先生之孫觀察君自鳳陽守擢荊宜監司，瀕行，出所藏《孟鄰堂文鈔》示予，請爲序，曰：“將以授梓。”珪乃得盡讀先生之文，見其與館閣諸公辯論史志侃侃不阿，與齊次風先生論《周禮》貫串精覈，及經考史論數十篇，皆卓然盤涌正出，非本原深厚，烏能亹亹汨汨，沛乎若決江河而東注也？《惠帝論》言宦寺之禍，《易儲論》辯忠肅之不諫，尤具知人論世之識，可爲作史者法。其他旌淑闡幽之作，皆徵實可傳。然則先生之學，其不愧古之立言者歟！豈徒以鏧悅蟲篆之詞，爲世禪雕龍者誇其焜耀哉！

乾隆五十九年五月初八日芒種節，館後進大興朱珪謹序。

——《孟鄰堂文鈔》卷首

芙航詩襭序

〔清〕查慎行

武進楊子笠乘爲殿撰靜山先生曾孫，觀察秋屏先生之孫，龍門令端木君幼子。龍門抱才小試，中年歿官下。笠乘生半歲而孤，稍長，與諸兄同産儕居，胚胎家學，於書無所不窺，尤耽吟詠，克自樹立，以迄於成。舉康熙丁酉京兆秋試，下第南歸。旋丁嫡母憂，志苦益勵，詩窮益工。余歸田後逢客自毗陵來者，數後來佳士，必首推笠乘。其舅氏茶坪徐君，余好友也，每寸緘往復，亦必極稱笠乘之賢而能文。曾以所著《芙航詩襭》十卷寄示，余既讀其詩，益愛其才，爲題四絶句歸之，末章云：“都序何當重太冲，賞奇兼恐乏司空。把君行卷爲君嘆，可惜不逢潛采翁。”蓋悼竹垞云亡，而余之氣力不足以振起斯人也。壬寅長至後四日，凍雨連宵，余方閉關偃臥，忽聞剥啄聲，則笠乘篷舟相詣，携其詩集，出茶坪手札，叩寂寞之濱而請業焉。茶坪之言曰：

"笠乘家學極有淵源，乞賜以弁語，亦謝朓獎成後進之義。"爰進笠乘而謝之曰：毗陵，今詩國也，子乃近舍鄉賢，遠求野老，吾其何以益子乎？雖然，固不能已於言也。憶自壯年從軍走幕府，申、酉之際拜觀察公於馬前。已而入太學，獲從芝田先生游。晚入史館，於兩先生爲後輩。笠乘之兄若游偕令叔乘萬適欽取至都，復相與執手道舊故。吾生稍晚，獨未識殿撰公耳，而乃今又得笠乘焉。回思四十年來，老成殂謝，典型儼然，喜望族之多才，慶名公之有後，且信茶坪之言之不我欺也，輒次第其語，書之篇端。若以余爲識塗之馬，從而問津焉，則駑駘十駕且不及，其能與一日千里者爲前導乎！愧滋甚已。

海昌初白老友查慎行序。

——《芙航詩襯》卷首

芙航詩襯序

〔清〕惲鶴生

楊子笠乘刻《芙航詩襯》成而屬序於余，其爲之序者皆當代名鉅，足標元晏，余則非其人也，顧以余嘗從事《三百篇》之學，説之業有成稿，似知詩者而命之言，余何以辭！子云："不學詩，無以言。"然則凡立言者不可以不知詩，乃爲詩者顧不知詩之所以爲言，其何以言，其何以詩！夫詩三百篇，無非爲世道人心而作者，一蟲鳥之翔吟，一草花之凋茂，一山川之夷岨，一雨雪之霏零，泛覽之似涉偶然，詳按之實皆有故，故頌其詩而其人可知也，其世可論也，詩非空言已也。蠡吾李恕谷先生嘗謂余云："後儒不知聖經實用，凡遇詩中經濟之言，塗乙之唯恐不盡。如風詩之志時事者，概坐之爲男女情辭；雅詩之紀王迹者，率指之爲燕享送餞。今之舉業治詩家視詩皆無關係之言也，無關係之言亦安取有是言哉！微獨《三百篇》而已，雖漢魏以來詩猶是也。《十九首》寄托深遠，《離騷》之遺，即《羽林郎》《董嬌嬈》諸篇亦皆足以觀世。唐時杜陵稱詩史，爲其不托於空言也。微獨杜陵而已，凡自唐以來名人之有成集者，必皆有因時紀事之詩，而後其詩始免於無關係之言，而後其言也以立。夫自《離騷》、漢魏迄唐人以後，凡爲詩者皆得此意以自立其言，乃言《三百篇》者反深没其義，而僅以爲男女情辭、燕享送餞之用，不亦過乎！然則舉業之詩説行而知言者其鮮矣。"夫今楊子之爲詩也，才力雄獨，思致深細，凡人所常言，麾斥殆盡，雖探奇歷奧，必中繩而應矩，信善於立言者矣。其尤足傳者，集中因時紀事之言，或以爲頡頏元白張王樂府，或以爲追踪杜陵三吏三別，是則固然，然吾以爲詩達於政，能爲人心世道之言者，必能任人心世道之事。風有《相鼠》《兔爰》，雅有《苕華》《菀柳》，楊子之詩，其《三百篇》之遺乎！楊子將嗣其門業，克光先緒，則所以達於政者于是，焉在言云乎哉！敬是以爲贈。

康熙六十一年歲在壬寅季冬月朔，同學惲鶴生序。

——《芙航詩襯》卷首

芙航詩襯序

〔清〕徐永宣

司馬遷謂古詩三千，夫子删之僅存三百。吳與楚大國也，而其詩見遺於輶軒之使，不得列諸十五國，以與邶鄘曹檜小邦齒，卒之《漢廣》載在《周南》，《江漢》載在《大雅》，而子野亦云歌南風，不俟屈宋代興，迺誇惟楚有材也。顧於吳獨無聞焉，當時子言子以文學首聖門，意吳之風宜盛於諸國，而卒無一章以傳後世，或者江山清淑之氣，其發也有遲有速耶？抑或晦於前而昌於後耶？延州來季子觀樂以審音，言之不足而長言之、詠嘆之，千古説詩之鑰於是焉啓，遺風餘韵而於今未泯，然則善詩者莫吾南蘭陵若矣。楊甥笠乘未晬而孤，伯姊楊安人教之讀書，旋舉京兆，所爲詩詭思險語，入長吉而出昌黎。今年冬携吟稿走海昌，請益吾友初白查先生，初白爲序之，且曰“南蘭陵今詩國也”，其矜許誠至矣。夫百庸人譽之不足爲喜，百庸人毁之不足爲戚，以其非定論也。今子之詩鬱爲初白所賞，復張吾鄉闐爲詩國，則此邦之風有以合乎古無疑也。彼昔人所云吳無風者，詎非謬論歟！自維詩教未深，而鈍迂衰老，其愚日甚，笠乘詩脱稿必請予商推，瓦燈熒熒，率至漏盡。凡予幼時竊聞先大夫先師之遺訓，壯而之四方，所得於友朋之考證靡弗語笠乘，笠乘虛心苦志，溯流窮源，無怠以中止，豈惟紹鄉先正之規矩，將有吳國風由此益昌矣。抑猶有進焉者，《記》曰温柔敦厚而不愚，笠乘於初白之詩安其學而信其道，無若舅氏之愚焉，是則予之厚望於笠乘也已。

康熙又壬寅除夕，荼坪老人徐永宣序。

——《芙航詩襯》卷首

薛帷文鈔叙

〔清〕陳世佶

學非難，學而仕之爲難；仕非難，仕而學之爲難。建安七子騁驥驦於千里，仰齊足而并馳。所善揚、班之儔，同時劉、司馬、梁、張、温、賈諸君總統州郡賦政於外，陳氏有精達事機之評，而山陽、北海、東平皆勿之與，此學而仕之難也；唐循吏十有四人，民去愁嘆，就安妥，與漢相埒，乃大曆、貞元間美才輩出，韓、柳、李、皇甫排逐百家，法度森嚴，文完然爲一王法，而韋丹、薛元賞、何易于等政績足述，僅悃愊無華之吏，此仕而學之難也。

子夏曰“仕而優則學，學而優則仕”，信篤論哉！余佐戶部，武進吳恂士以進士官曹司，持論每侃侃不阿，心竊異之。出宰武強，築城之役，民趨事赴功，勸若子來。今調獻令，慈慧寬仁，有愷悌君子之稱，豈非古之所謂循吏者歟！今者以《薛帷文鈔》就正於余，余挑燈讀之終卷，詞旨風骨絕類建安七子，是殆合仕與學而一之者，卜氏二言庶無愧焉。夫學與仕之分，其由來漸矣。執法之吏多近恣睢之習，豈天資刻薄哉！無聖人之經術以自文也；縉紳之儒每多迂疏之誚，豈稟性之柔懦哉！無先王之法律以制事也。我皇上稽古右文，敦崇吏治，文學政術并重，以鼓勵天下之人才，故英賢輩出。恂士文章堪以潤身，政事可以澤物，余知博陳其教，輔和民性，報最咸有實績，所謂儒通文法者即爲吏服雅馴，而是集足以覘恂士平時之夙負與將來之偉績也。恂士勉乎哉！是爲序。

　　海寧陳世倌撰。

——《北渠吳氏翰墨志》卷十八

薛帷文鈔叙
〔清〕沈德潛

　　文章、政治每難相兼，局於藝殖章句者，試諸當官，多退然沮，而可勝繁劇之人則又從事於刀筆筐篋，而不暇以經術潤飾吏治，此政事、文學之判爲兩途，不自今日始也，而吾友吳子恂士獨相濟而兼擅其能。恂士爲諸生時，即以詩古文見稱。其詩多師爲師，而一以東坡爲宗。其文師廬陵、南豐，皆虛與委蛇，神骨相肖，而非若胡寬之營新豐，優孟之儗叔敖，劣得其形似而遂已也。既成進士，官農曹，經理綜核，著賢能聲，而讀書著文仍如諸生時。已而以他人累詿誤，恬然蕭然，益肆力於古不懈。未幾，以大臣薦被召，試而才之，宰河間獻縣，棼糾雜沓，倍於農曹時矣，而恂士於循良報政暇，依前讀書著文。所作詩關心民瘼，得元道州舂陵遺意，古文體俱老成，而論史諸篇有前人意見所未到，識益超卓，學益醇茂也，是可爲大家風格也已。憶歲乙卯，恂士偕倪兄頓塘與予并膺博學鴻詞徵，同舟入都，途中昕夕相與詠歌，并商榷前古世運升降，及人品心術之邪正、辭章經濟之得失，極一時友朋之樂。今相距十有四年，頓塘已成古人，予學業荒落，日就衰老，而恂士以方艾之年顯名政事、文學，俯仰今昔，感羨交并，進而不自已焉，吾不知恂士之所攀躋而遠到者竟何如也。恂士曾祖爲前明相國文端公，功業文行載在史冊。祖檀干先生，考爾琢先生，并以有德有言，見重於世，既已刻其遺籍，流播藝林矣。今恂士惟懼墜前業，務蘄追而從之，即以視王筠之代傳令人，七世有籍，亦無容多讓也。世之讀其集者，尚其遇恂士於《循吏》《文苑》之間。

長洲沈德潛撰。

——《北渠吳氏翰墨志》卷十八

繩庵内外集序

〔清〕錢陳群

　　求木於鄧林，豐尋以往，所見皆樗櫨梲楘也，而工師曰我必得千尋之材，任以桴梁，飾以文采，則參天豫章兼兩而至矣。采玉於于闐、勃律之間，所見皆璆琳琅玕也，而玉人曰我必得徑尺之璧，登以華篋，襲以綈巾，則和朴懸藜，不脛而走矣。爲是言者，以擬國家瑰奇卓越之才應運而出，謀謨廟堂，其視此矣。聖祖十七年，詔内外大臣薦舉博學鴻詞，一時耆舊名宿多出其間。嗣是涵濡浸育，久道化成。逮今上御極之元年，遵奉世宗前詔，復開制科，武進繩庵相公以諸生應試，欽定第一，識者謂制科不數舉，與斯選者，較《春秋》得雋之榜爲難，而冠倫魁能鬱爲選首，又適當龍飛作睹天開景運之初，則尤儒生不世之殊遇也。公既以詩賦通籍，不數年由坊局躋列卿，趨走禁籥，昕夕顧問，公益矢勤慎，上益毗倚之，眷注有加，遂參揆席，屢柄文衡，士之遊其門者，咸以爲斯文之的系在焉。海内想聞風采，亦如鳳皇芝草、景星卿雲，先睹爲快。予曩佐秋官，每直次連茵接席，款語移時，暇輒考評所詣，因得叩其底蘊，則淵泓澄深，未易窺測，大要求其原於經，暢其支於諸史百家，佩實銜華，弸中彪外，蒐羅繁富，歸於雅醇，而制義亦復步趨先正大家，有典有則，故所取士往往稱得人，可知學問無二理，根深者末自遂，積厚者流愈光也。予得謝歸田二十餘年，曾郵寄所刊詩文就正，公嘗寓書謂予："曩者直次倡酬之作何獨遺之，豈不欲某附名以傳耶？"顧余懶不收拾，舊作遺忘，不復記憶，遜謝之而已。客歲祝嘏入京，公出内外集若干卷請予序，予謝不獲，既卒讀，益嘆前此心賞之不虛也。予惟詞科以待天下挺異特達之士，故代不數科，科不數人，乃僂指一科眉目，其克自樹立者亦無幾人。昔韓子兩應詞科，皆不得第，其文亦不載集中，而其《答崔立之書》辭雖過激，獨惜當時不得其人一振此耻耳。抑李翱所云如其有之，雖古人不及者非耶？間嘗與公論爲文大略，極言鄉曲習帖括而眥古學之弊，皆由父兄欲求速化，師弟承襲俗學，罕識葍薈經訓本旨，讀公集者，亦可以知所趨嚮矣。至公自序云"上以志聖人之依歸"，則陳群與同直諸公遭際明盛，耳濡目染，同爲厚幸云。

　　乾隆壬辰清和之吉，香樹同學錢陳群稿，時年八十有七。

——《繩庵内外集》卷首

雲塘文集序

〔清〕李中簡

　　昔人有言，道勝者文不難而自至。竊嘗觀漢董江都、唐陸宣公學術方正，以道事君，故其立言雅正，最稱大醇，而初未嘗有意爲文詞也。至韓昌黎、歐陽文忠、蘇端明則有意爲文矣，而其論國侃侃，排異塞邪，卓然持世道之綱紀，故文章光氣至今不衰。簡自戊辰禮闈受知於相國莘田夫子，遊門墻幾三十年，親炙其言論風施最深且悉。竊見先生居家接物動以禮法，而於事上謀國，尤兢兢一無所苟於其間，顧問奏對，必以正道，窺迎阿順之私未嘗毫髮存於中也。酌理庶務，必以公道，任情偏倚、徇物游移之習所深憎痛絕而不肯蹈也。夙興入署，細檢朱墨，退則接四方賓客之至者，詢問地方民生利病。暇則考前史，讀名臣奏議，至夜分始休，將采嘉猷、積精思以爲進對獻替之本，其於弄筆摛辭非意所屬，直不甚經心及之。或因事有作，隨意揮洒而成，無復誇勝立名之意，然所作旨醇而深，音和而正，即之春容大雅，有俯仰揖讓之容、佩玉鳴鸞之度。彼窮年極意爲文以誇勝立名者，望其後塵莫能追步也，豈非道勝，故其文自至哉！平生良言至計皆由面奏，不形疏牘，所著於篇者亦具見責難陳善之心，其忠愛惓惓，尤在進呈經義保泰一箋，曾蒙嘉賞書屏，無愧大臣格心之道。雖董、陸、韓、歐諸君子之作，又何以加茲！簡陋不能文，謬爲先生所教獎，謂可與言。自念師門恩厚，托同肺腑，願論先生之文，推其本於道者，以敬志先生之懿美，且使簡得附名於大君子之編末以傳。因不俟指揮，輒擬爲序言以進於函丈，先生其首肯否乎？

　　乾隆丁酉仲秋月，門人李中簡謹序。

——《雲塘文集》卷首

茶山詩集序

〔清〕錢陳群

　　詩以言志，志之所在自然呈露，如形聲之於影響，不能自己者。春秋列國名卿各賦詩見志。唐節度使崔鉉年十五，父執韓晉公滉命賦架上鷹，崔應聲呈一絕，滉大喜，曰：“他日位當與我埒。”李公垂諸生時，識者見其閔農詩，驚嘆曰“此人後來必爲宰相”。稼軒於乙丑登第後口占一律，云：“深居判乞過春殘，墨漬青衫尚未乾。曉日忽開三里霧，輕舟竟上九重灘。平生溫飽何求足，畢世聲名欲稱難。更有舊交司戶在，十分春色厚顏看。”後數日同諸生來謁，問就中孰能詩，稼軒退即取詩本就正，予讀至是作，即批云孝廉登上第，無一毫自滿意，他日享盛名、都厚福，詩其左券耶！既奉旨內廷行走，稼軒與予同直觚稜，每御製詩成，得手録恭讀，予愧衰鈍，未能成誦，稼軒心手靈敏，已默識神會矣。自是詩境愈上而詩亦日富。予抱疾旋里，兒子汝誠亦同直禁籥，嘉辰勝地，隨輦矢音，與稼軒師資切劇無虛日。辛巳冬，予以祝釐入朝，蒙恩仍許內直，同事諸老宿頗稱稼軒詩學精進，予笑語諸老曰：篠簜竹箭，成材充貢，見者皆曰是東南之美也。予於其初萌時若蕑若蘆芽，即指之曰是可爲矢爲幹也。予固自知予言之不妄許人也。抑予又觀於水源之深者流必長，河源發崑崙，凡九折而歸於海，不知歷幾千里而後潤物至莫可以涯涘。計今稼軒未五十，遭際明盛，出則皇華四牡，名山巨浸供登涉而益神智者正不可測識；入則濡染天藻，接鈞韶之響，矚星斗之光，視昔人所云"讀萬卷書，行萬里路"者殆又進焉。甲申夏五，稼軒督學吾浙，周歷既遍，少休息於武林行廨，予適至，出二十年來所爲詩二三册，愛其詩境清越奇拔，固得江山之助居多，亦真綷凤具，乃致此耶？因憶疇昔初遇時批答之語，弁其卷爲詩家公案云。

時乾隆乙酉仲秋上澣，香樹居士陳群手稿。

——《錢文敏公全集》卷首

茶山文集序

〔清〕劉　綸

爲今之人而孑孑然號於衆曰："吾將爲古之文。"庸耶？妄耶？庸者貌古，妄者作古，其文奚古之能若！然君子卒不病其庸且妄，而亦曰吾將爲古之文，則又何說！曰：此其道如傳語然，鄉里之子欲適城市者自苦其詀謂啁哳，不得與通也，必求學爲城市語焉。推之自邑而郡，自郡而會而都，莫不如見，何則？所學益通，所傳益廣，古文之學寧獨不然！《易》曰："其旨遠，其辭文。"《論語》曰："辭達而已矣。"《春秋傳》曰："言之無文，行之不遠，皆其說也。"難者曰：爲古之文而切繆引徵，惟古是縛，將轉益其庸而弊之流并不以爲妄。曰：否否。文之真古者，言古人之所言，不爲因；言古人之所不言，不爲創。昔之論文者，其說河漢無極，大端識領要者不越積理養氣。概之要之，是功用之說殆無易乎傳語者也。難者進曰：典謨雅頌，遠矣，文矣，達矣，顧曷以處夫周誥殷盤之聱牙佶屈者乎？曰：政方言之兼收于古訓中者。夫以賢傳翼聖經，什常有五之訛，而以文言臚俗事，百必無一之失。昔樊紹述之文艱澀不可句讀，而昌黎以爲文從字順，各識職。孫可之辨史法亦有直事俚言，特紀前人一時語以立實錄，非謂俚言奇健，能爲史筆精魄云云。譬若都會郡邑中有專采里語以愈著，其遠且文、文且達者所爭在真古、不真古耳，於傳語之義何傷！少司寇茶山錢公心知爲古文之道，其文不肯一字蹈襲古人，而字字能見古人情狀。集中推闡陰陽氣化，如雷雹諸篇既已孤詣絕人，即旁及表章節烈、扶樹名教之作，并多得之。自治秋官讞牘中文叢而體嚴，聲淵然如發金石，匪特懸之都會，有口能頌，雖登清廟明堂，何惡哉！緣屬余導言，辭不獲命，姑操土音相與詀諵唧嘶之，抑不知量之甚也。

時乾隆庚寅孟春月下澣，繩庵居士劉綸拜序。

——《茶山文鈔》卷首

甌北初集序
〔清〕汪由敦

余主庚午京闈，得一五經卷，才氣超軼，兼數人之長，二場所擬詔誥，復極典雅，心知爲才士，亟取入解額。及榜發，則陽湖趙君雲崧也。謁見時布衣徒步，英氣逼人，目光爛爛如岩下電。叩其所學，自秦漢以來詩、古文源流，已皆窺涉津奧，遂延課兩兒子。余筆墨填委時，間亦屬具草。初猶逞趻弨才，不就繩檢，繼乃益肆力於古。嘗見其閱前人集，一過輒不復省視，然其中真氣息、真境地已無不洞燭底蘊。間出一語評騭，輒如鐵鑄，覆按之，卒無以易也。以是所見愈擴，每數日輒獲一進境，昔人所云“三日刮目”，殆無以過之。已而官中書舍人，入直樞要，詔命奏札，援筆立就，無不中竅會，余深倚其佽助。然君不自以爲能，退直之下，益沉思旁訊，以古作者自期。嘗一月中作古文三十餘篇，篇各仿一家，示余，余爲指其派系所自，君輒以爲不謬，每相視而笑。計自庚午冬客余邸，至今七八年，其所進有他人數十年功力所不能及者。余所閱天下士多矣，若其心悟神解、捨筏登岸，則未有如君之捷且易者也。茲裒輯其數年所作詩爲《甌北初集》，乞余弁其簡首。昔歐陽公一見蘇子瞻，即許以出一頭地。度其時坡公所挾，不過如今所傳《初發嘉州》諸什，非有後來奇恣橫絕之觀，然已傾倒若是。蓋珠光劍氣，一見自有不能掩者。君以數年，即足勝人數十年功力，英年苕發，來日方長，勿輟其勤，勿滿其志，吾安能測其所至哉！余屑劣，豈敢以廬陵自命，而君之取益多師，累進益上，則正未可限。他日才益老，學益厚，萬斛之泉不擇地涌出，行將卓然成不朽業，如陳後山所云“一代蘇長公，四海名不已”者，此集猶特其初發嘉州時也。

乾隆二十二年丁丑二月，通家生休寧汪由敦撰。

——《甌北集》卷首

甌北集序
〔清〕袁　枚

晋溫嶠恥居第二流，而耘菘觀察獨自居第三人，意謂探花辛巳，而于詩則推伏余與蔣心餘二人故也。夫以耘菘之才之高，而謙抑若是，疑是讕語，不足信。今年以《甌北集》來索序，擷之衹心餘數行，而他賢不與焉。然後知耘菘于余果有偏嗜耶？抑其詩別有獨詣之境，己不能言，他人不能言，必假余與心餘代爲之言耶？嘻！余與心餘之詩之所以然，俱不能自言也，又烏能言耘菘哉？然去春過南昌，心餘病，握余手，諈諉詩序，一如耘菘。擷卷首一序并無。然後知此二人者，交滿海内，而孤眂隻視，惟余是好。然則余雖衰，殆不許其嘿嘿然竟以不言已也。今夫越女之論劍術曰：“妾非受于人也，而忽自有之。”夫自有之者，非人與之，天與之也。天之所與，豈獨越女哉！以射與羿，弈與秋，聰與師曠，巧與公輸，勇與賁、育，美與西施、宋朝。之數人者，俱不能自言其所以異于衆也。而衆之人，方且彎弓、鬥棋、審音、習斤，學手搏、施朱粉，窮日夜追之，終不克肖此數人于萬一者，何也？耘菘之于詩，目之所寓即書矣，心之所之即録矣，筆舌之所到即奮矣，稗史方言、龜經鼠序之所載，即闌入矣。李衛尉之營陣，隨處可置也；熊宜僚之丸，信手可弄也。而忽正忽奇，忽莊忽俳，忽沉鷙，忽縱逸，忽叩虛而逞臆，忽數典而鬥靡。讀者游心駭目，碌碌然不可見町畦。或且規唐摹宋，千力萬氣以與之角，卒之騏驥追日，未暮而日已在其前。所以然者，又何也？嗚呼！此皆羿與秋、師曠、公輸、賁、育、西施、宋朝之所不能言，而惟越女能言之者也。余之爲耘菘言者，亦止此而已矣。或謂耘菘從征滇，徼官海南、黔中，得江山助，故能以詩豪。余謂不然。世之行萬里、歷險艱者，或十倍焉，而無加於詩如故也。或惜耘菘詩雖工，不合唐格，余尤謂不然。夫詩寧有定格哉？《國風》之格，不同乎《雅》《頌》；皋、禹之歌，不同乎《三百篇》；漢魏六朝之詩，不同乎三唐。談格者，將奚從？善乎楊誠齋之言曰：“格調是空間架，鈍根人最易藉口。”周櫟園之言曰：“吾非不能爲何、李格調以悦世也。但多一分格調者，必損一分性情，故不爲也。”玩此二公之言，益信耘菘之所以長處，余不能言；耘菘之所以短處，余轉能言之。此即耘菘之所以謝却他人，而必呶呶焉以詩序見屬之本意也。

乾隆五十年乙巳夏五，隨園老人袁枚拜序。

——《甌北集》卷首

甌北集序
〔清〕祝德麟

房師趙耘菘先生刻向者所爲詩二十四卷成，名曰《甌北集》，於己亥春郵示。越三年，又益以近藁三卷，命德麟事核讐之役。竊惟先生生平所歷，當其直樞要，遊翰林，致身清華，賡颺盛際，以及謜養歸栖，絜膳之暇歌咏太平，其詩之工且多宜也。若夫出守兩粵，備兵黔中，從軍滇徼，簿書填委，戎馬倥傯，而亦不廢詩，若寢饋之於人有一日不可離者。嗚呼！可謂好之篤、爲之專矣。既三復卒業，客有過余而論先生之詩，余告之曰：“先生之詩茂矣美矣，廣矣大矣。夫其鎔鑄訓典，翔集子史，原本山川，極命草木，先生之閎也；毛嬙、西施去之鉛黛，名葩異萼助之月露，先生之麗也；論世知人，雕繪萬象，依經立義，折服五鹿，先生之辨也；司契因心，鍊剛繞指，彎弓不發，惜墨如金，先生之謹也。其志謙以潔，其辭安以舒，其風骨藻耀而高翔，其神采綺交而脉注，今之作者蓋莫之或及也。”客曰：“今之作者何如？”余曰：“方今矢詩遂歌，雅材輩出，人人握靈蚘之珠，家家抱荆山之璞，然其弊有二：一在好奇，一在鬥靡。好奇者索隱行怪，往塞來連，妃豨膠吻，腐鼠嚇雛，則失之愚也；鬥靡者飣言餖韵，假寵乞靈，樹蘭不芳，刻木無氣，則失之僞也。先生之詩有一於是哉！”客曰：“子得毋獻諛師門乎？夫連城之璧，或指微瑕；千里之駒，亦聞齧足。甌北之詩傳則必傳矣，而亦不無可議者，子何揚榷之甚也？”余請其説。客曰：“甌北之詩好見才。”余曰：“韶濩之樂，不以孤籟成均；富貴之花，不以單跗耀采。先生非好爲馳騁也，博乎文而已。”客曰：“甌北之詩好論駁。”余曰：“孟子之言，盡信書不如無書。莊生之論，以指喻不若非指。先生非好爲攻擊也，主乎理而已。”客曰：“甌北之詩好詼笑。”余曰：“左氏作傳，不盡莊言，東方載牘，善於諧謔。先生非好爲嘲弄也，涉乎趣而已。”客曰：“是則然矣，然甌北之詩雖沿溯乎漢魏、六朝、三唐，而其得力則似專在宋人焉。”余曰：“若子之言，是真非能知先生者。夫詩本性情，不尚流派。學宋人詩者，大率多纖縟滑利之習、粗屬噍殺之音，其於《三百篇》溫柔敦厚之旨或遠焉。今先生之詩具在，子試取而讀之，館閣諸什非《卷阿》之矢音乎？軍旅諸什非《新田》之起興乎？貴西諸什非《四牡》之懷歸乎？歸田諸什非《衡門》之樂饑乎？至於《風雨》以思君子，《伐木》以求友聲，《鶴和》以納規誨，原本《三百篇》，出其和平大雅於群音繁會之日，不斤斤求合古人而自無不合，且有超古人之意表者，何必漢魏、六朝、三唐，又何必不漢魏、六朝、三唐也！”客始不能對，逡巡辟席，曰：“微子之言，無以開鄙人之惑。某雖不敏，願終身而事之。”客既退，敬書所論列者，跋於先生集之後。

乾隆五十年歲在乙巳秋八月既望，受業祝德麟謹序。

——《甌北集》卷首

甌北詩鈔序

〔清〕李保泰

雲崧先生刻其《甌北集》三十三卷成，海内争先快睹，既不脛而走矣。

門下承學士復請先生之詩之論定於當世者并剟厥之，以標向往指示之準。先生重違多士意，裒集編次，得全集十之五而分體錄之，并命保泰繫以言。保泰學殖淺陋，不足知先生之深，而一時巨公長者揚扢先生之詩，弁諸集端者，推挹先生之才之學甚備，保泰何足爲先生言！然先生先後主安定講席數年，保泰得晨夕過從，從容談藝，與聞揚扢之旨，因以窺先生之用心，不直進古人不止也。今夫大輅之不復爲椎輪也，膏粱酒醴之不復茹毛飲血也，上棟下宇之不復穴處也，夫人知之矣。天地之運積而不窮，風氣之新推而日出，試以《三百篇》律漢魏，則漢魏異矣，又以漢魏六朝律唐宋作者，則唐宋又異矣，日月終古，光景常新，新之一言，亦文章氣運之不得不然者也。優孟之似叔敖，虎賁之似中郎，叔敖、中郎卒不可得，使天下相率而爲優孟、虎賁之續，豈待五尺童子而後識其非哉！歷觀前代詩，其卓然能名一家者，莫不各有精神貫注，而面目各不相襲。先生綜括源流，默識神理，大指在自出新意，不斤斤於格調。正如李伯時畫馬，所謂天閑萬廄皆吾師也，而實無一字蹈襲。嘗有論詩三言，曰句中有意，句外有氣，句後有味，亦可知先生詩之所自矣。分體成集，屢見前代王、李諸家，類各爲體，體自爲卷，如墻而進，層見疊出，不回易於耳目之前，而其中得失醇疵毫不能揜，則又有因難見巧者。集中七律尤多，是編持擇特嚴，心之精微，口不能言也。讀者合《甌北全集》觀之，知先生精心孤詣，直躋古作者堂奧。白太傅老嫗能解，蘇長公嬉笑怒罵，當別得之牝牡驪黃外，而於世之譽先生與議先生者均無與也。然非真能讀先生詩者，又鮮不以爲貢諛也夫！

乾隆五十六年歲次辛亥四月望後三日，寶山後學李保泰拜跋。

——《甌北詩鈔》卷首

賴古齋文集序

〔清〕包世臣

予以嘉慶壬戌至常州，先生前卒已四年，而常州人士稱文獻者必首舉先生，以爲樂善疾惡、坊表人倫，多識前言往行，其爲文常依于闡幽顯微，至再至三而不厭，殆荀子所謂君子必好辨者也。予既慕先生之爲人，不及見，因求其書，積數十年不可得。及道光己丑，先生之女夫張君翰風宰館陶，爲先生校刻遺書，予取道過從，因得受而讀之。其詩導源香山而不襲其貌，反覆委縟，必盡其意，長律七古爲尤工；其文則長於記事論説，以達意爲主，而樸直自成體勢，望而知爲有德者之言，足以取信來茲。自唐迄今千餘年，以文名者十數家，以詩名者數十家，并以馳騁變化，成一家之機樞，爲後世法守，而學者耽精疲神於此十數家、數十家者，規榘形模於長短疾徐之間，蓋亦有庶乎維肖者，已而常不足當有識之觀采。夫豈古人不可學，抑爭章句之末者，固未能與於言志載道之大原也耶！故其傑焉者沉研古籍，必比類以吾身所親歷按切，於吾心既了然無所格閡，乃屬辭而注之手，自述所見。其條皅指趣，絕去依傍之迹，而又不至於橫流奔放，則其所詣雖未足與彼十數家、數十家者比，而能使讀者聞其聲，如見其人，則亦足以自植而不朽。故自唐以來，有書傳而不甚著者，又不啻數十百家，先生則其流亞也。先生無子，以從侄爲嗣，説者謂先生忠厚嚴正，既博學雄文，不得於有司，無所設施於世，而天又斬其嗣息耶！然往昔達人如漢之揚子雲，唐之李太白、孟東野，宋之程伯淳，近世之顧亭林，是并文切物理、道周世用，彼蒼蒼之不可知者，何獨至先生而疑之？予少遊大興朱文正公之門，大興實先生尊甫門下士，淵源可溯。予近又與翰風爲至戚，托親串之末屬，故不辭不文而書其梗概，以告觀者。

　　道光九年季夏月朔，安吳後學包世臣撰。

——《賴古齋文集》卷首

洪稚存集序
〔清〕王芑孫

　　嘉慶癸酉，余送少子嘉禄省試，遇亡友稚存之子飴孫於白下，過余言曰："先子之殁也，兩父執分撰志、表，其文非不善也，讀之一似先子素方嚴曲謹者，其神情不類。今先子遺集未有序，願先生用劉元城序《忠肅集》例，略述生平，俾後來者有所想見焉。"又曰："飴孫非久當出爲縣，必在未得官前，先生以序見畀，敢固以請。"語訖叩首。余既答拜報諾，忽忽未暇爲，而飴孫得官入楚，旋殁，不相聞。余侵尋衰病，日甚一日，將何以謝後死之責乎哉！乃卒爲書之曰：稚存爲人，鳶肩强項，面火色，赤髭，氣貌悍堅。善飲噉，有招之食，雖遠必至，至必在他人先。某村距其居二十里，每歲河魨上，君必往食，徒步以返。於酒非大户也，顧喜與客鬥，巨觥样碗無所擇，務以氣懾之。時時取困，他日復然。方荷花時，與同官張船山輩酺飲，解襪入池，没不見頂，坐者駭絶。久之，闑然出水面，蓋少習嬉戲能泅，同官不知也。君難後居家，余過君，遇其鄉人、前泰安守徐君大榕，同飲。余舟泊城外，二君乘月送余，皆健步。余窘不前，君數數過之，挾余行，終不快，發怒負余，二君者遂更相抱持，以及於舟，大笑乃別。徐君性坦率，喜跌宕，而爲吏以强直自表見。君雖不同其通脱，時有似之者，意所一發，迅猛不可回。在揚州，忽思由皖入閩，爲武彝之遊，從余貸金爲道齎。余留君宿，不可，立索金去。旦日迹之，行矣。一日，余偶言：吾先人之喪未赴於某，某自來。語甫及此，君遽曰：“何不遂麾而出之？”其疏於口若是。君病余文太似古人，謂必不似而後可，余韙其言，弗能用。其後君爲古文，多振筆疾書，破去繩尺，所自命者然也。獨所爲駢體文，今世第一。蓋君詞章實足以高天下，誤隨風會，作地理考證之學，世莫辨其疏密。君歿後，館臣修國史，以君入《文苑傳》，固得其真際云。飴孫讀父書，亦以工文稱世。君晚歲事多舛，飴孫能委屈調護，孝子也。其爲縣未久，著聲。異日或有收其藁附於茲集者。余老，恐不能待，姑贅書以俟焉。

——《淵雅堂文續稿》

擬兩晉南北史樂府序

〔清〕管幹珍

呂子曰：“樂之有情，譬若肌膚形體之性情也。”情失則蕩，音必鉅；失則隘，音必小；失則危，音必清；失則煩，音必濁。太鉅、太小、太清、太濁，則必若震霆，若聚蚊，若哀弦，若噪蜩。夫古之爲樂也，有節有侈，有正有淫。陽散則定以陰，陰閉則宣以陽，陰陽滯則爲淫爲侈，陰陽調則爲節爲正。其所以爲淫爲侈者，情之失也；其所以爲節爲正者，情之得也。夫上古之樂，情至而樂興；中古之樂，樂成而情生。是故笙簧琴瑟，樂之器也；詞章譜曲，樂之文也，而皆非其情也。執笙簧琴瑟之所調，詞章譜曲之所著，而強襲焉、吻合焉，以爲是樂也，是情也，人人皆樂，樂幾何不亡耶？夫漢魏晉唐之樂府，樂之糟粕也。當其時之爲之，則皆有情焉。然其文止以述時事，非以叙古人也。叙古難於述時，則以古人之情未必今人之情。以情述情，無過情，無不及情，則古今又未必不相及也。何也？夫人之形骸，肥者、瘠者、高者、矮者、髯者、疾者，肌膚之白者、墨者、赭者，而皆不得以己與也，然其爲情也，則必隨乎其肥瘠高矮髯疾白墨赭者，各自肖而各不相肖，故其爲樂也，可觀、可興、可群、可怨，其爲詞也，可曲、可直、可豐、可廉，皆適如乎其情而止。夫適如其情而止，雖古之樂府可也，況今之樂府乎？夫今之詞章譜曲，所施於笙簧琴瑟之用，而以爲樂府，則樂之名存而樂之實亡矣。然而，吾不以名存實亡而樂府之者何也？夫必漢魏之人之樂府有是題有是篇，而今之人之樂府亦因以有是題有是篇，是無情也，是無樂也。若古無是樂而今樂之，則不必笙簧琴瑟，而詞章譜曲固可以如其情而出之，譬如優孟衣冠以爲樂也。吾不謂然。陶氏之琴無弦，乃真琴聲也。夫今之樂府，鐵崖始之，茶陵繼之，悔庵又繼之。稚存洪子曰：“吾之爲樂府也，祖此矣。”昨歲喜晤洪子，且喜讀洪子之樂府，將以吾之所以論樂府者質之，而未有以間也。今洪子梓其樂府，乞余之序之。余固何以序之，録其將以告洪子者以寄，洪子以爲然否耶？夫清廟之瑟，朱弦而疏越，一唱而三嘆者，有進乎音者矣。洪子年少力學而性情自得，將不徒乎樂之有節無侈、有正無淫已也，異日者且與洪子相遇於無言也。

時乾隆歲次辛卯夏月，松崖學弟管幹珍拜跋。

——《兩晋南北史樂府》卷首

卷施閣文乙集序

〔清〕袁　枚

予幼時讀荀卿子《修身篇》曰：“其爲人也多暇日者，其出人不遠矣。”予嘗執此以觀當世聰明才力之士，其有所成者，皆勤而不暇者也。洪君稚存幼孤，得母夫人訓，自力於學。年未二十，以貧客四方，迄今又二十年。俻書食力之外，即鍵户誦述，研精覃思，過其外者，如無人焉。于經深《春秋》，所著有《春秋三傳古義》《左傳詁》二書；於史精地理，所著有《三國》《東晋》《十六國疆域》三志，刊《史記》以下四史謬誤十二卷，又以宋李繼遷傳國逾百年，而事迹闕略，復成《西夏國志》十六卷；于六書通諧聲，所著有《漢魏音》四卷，外爲詩至二千首，文及雜著數百篇，而所修府州縣志及爲幕府牋奏不與焉。洪君吾不能諒其所至，庶幾可爲無暇日者矣。君善於漢魏六朝之文，每一篇出，世爭傳之。以倦於鈔寫，兹友人爲刊其乙集四卷，以予素嗜其文，因請序于予。予前嘗欲録亡友邵編修荀慈、胡徵君稚威，暨君數人之作，合爲一集，忽忽未暇也。今《玉芝堂集》及君此刻并已刊成，老念藉以稍慰，至其文之淵雅，氣質之深厚，世皆能知之，予不贅述云。

乾隆五十一年歲在丙午花朝日，錢塘袁枚序。

——《卷施閣文乙集》卷首

卷施閣詩集序

〔清〕張遠覽

學使北江先生少孤，其克自樹立，及學之有成，實稟賢母蔣太夫人之教，故其編詩也，以及侍太夫人所作者爲《附鮚軒集》八卷。《漢書·地理志》：會稽鄞縣有鮚埼亭。《南越志》：“巢鮚，長寸餘，大者長二三寸，腹中有蟹子如榆莢，合體共生，俱爲鮚取食。”郭璞《江賦》所謂“璅蛣腹蟹”是也。先生十歲，始就外傅。二十即出授徒，負米所至，皆不越五百里外，一歲必兩歸，以慰太夫人，與莢蟹之早出暮入相類。及奉太夫人諱，讀禮於間門者二年。繼又饑驅四方十年，乃獲升上第，官禁林逾一歲，即持節視學黔中。人欣先生之遇，而不知先生以禄不逮養，每與人言之，輒泣下不止。《爾雅》“卷施草，拔心不死”，先生之名集蓋以此乎？《卷施集》自己亥至癸丑，已得十四卷，門下之士乞刊之于黔中。遠覽在里門日，即受先生之知，今又從官牂柯，先生之所以待遠覽者，未嘗以屬吏視之也。今遠覽行以老乞休矣，先生門下士以遠覽知先生尚深，乞爲序刊詩歲月，因即遠覽之所以知先生者序之。至詩之工拙，世之知先生者甚多，非遠覽之所敢及也。

時乾隆五十九年歲在甲寅新正十日，鎮遠縣知縣、署黎平府下江通判、河南張遠覽謹序。

——《卷施閣詩集》卷首

更生齋詩續集序

〔清〕楊文蓀

我朝二百年來，東南壇坫莫盛於毗陵，而尤以乾隆、嘉慶之際爲最著。《小倉山房詩》所謂“常州星象聚文昌，洪顧孫楊各擅場”者，想見名流輩興，動人歆慕。洪即稚存先生，顧、孫、楊則立方、伯眉、西河、蓉裳諸先生也。蓀弱冠出游，從諸先生後，咸奉手有所受，獨稚存先生先以侍直內廷，繼復遠戍塞外，迨賜環南歸，始獲一識荆州。自是歲必游浙，輒相聚於湖山佳處。猶憶戊辰四月，梅雨浹旬，西湖漲溢，白、蘇堤半在水中。時蓉裳先生方主詁經精舍講席，令子伯虁隨侍，適先生來游，遂下榻於此。蓀於大水中棹小舟赴蓉裳先生之約，喜遇先生，作竟日譚讌。吳江郭頻迦亦在坐，先生諄諄相訂次年同游諸暨之五洩山，頻迦以無濟勝之具辭。詰朝各匆匆別去。逾年，先生遽歸道山，五洩之游竟不果。庚午，晤長君孟慈孝廉，知遺稿尚多，有待剞劂。孟慈服除後，出宰楚中，未幾病歿。諸弟俱幼，不相聞問者二十餘載。茲遇孟慈弟子齡孝廉於倪濂舫糧儲坐中，并詩文續集未刻本俱在焉。糧儲自幼習聞先生之言論，服膺久而弗衰，既得是稿，亟任刊行，因相與商搉讎勘，佐成其事。凡《更生齋詩續集》十卷、《文續集》二卷，附《卷施閣外編》二卷，刻始於己酉四月，蕆工於七月。惟先生謝世迄今四十年，遺書久庋，間有蝕缺訛錯，當時手稿或不盡存，無從以原本校對。乃與子齡商定，凡佚脫殘損之字，胥闕疑待補，不欲憑臆增改。至先生之詩，論者或以爲好奇，不知先生詩於理則醇，於法則正，其用意造句不肯少涉凡近，類於好奇，乃少陵“欲語羞雷同”之意，實非牛鬼蛇神詭誕不經之奇也。蓀十一歲時，見畢秋帆尚書所選《吳會英才集》，即喜讀先生詩，及伯眉先生之峭麗古艷，蓉裳先生之纏綿跌宕，皆朝夕諷誦不去口。今復校刊是編，獲觀著述之全，可爲幸矣。

道光己酉秋七月，海寧楊文蓀識。

——《更生齋詩續集》卷首

更生齋詩續集跋

〔清〕倪良燿

良燿就傅之年，即聞海內有洪稚存先生，士林仰如泰山北斗，不異唐之昌黎，竊已心嚮往之，私冀異日得親炙光儀爲幸。時先生甫自伊犁賜環南歸，將尋山水友朋之樂。乙丑、丙寅間，訪先世父迂存公於大雷岸。世父富藏書，貯江上雲林閣。先生欲有所考訂，輒登閣借閱，留宿讀書堂累日。良燿因得侍聆緒論，喜償夙願。見先生手披口誦，或據案作書，錄新舊諸作，每旦可數十紙。惜童年不解珍弆，隨手散失，至今猶深悔之。己巳，先生歸道山。閱十餘載，而良燿從政粵西，川塗隔越，僅於毗陵友人處索得先生已刻著作若干種讀之，其未刻者，末由見也。友人言先生後起皆好學能文，必能守其遺書，爲之欣慰。迨奉命轉漕三吳，始識喆嗣子齡孝廉，一再往還。今年春，復見於蘇臺，知前冬被鬱攸之警，未刻諸稿固無恙，洵所謂鬼神呵護者耶？越翼日，遂先以《更生齋詩續集》十卷來，則大雷岸訪先世父及雨宿讀書堂之作皆在卷中。蓋先生與先世父京華舊雨，又同出大興朱文正公之門，以學問相契，誠非世俗泛交矣。顧子齡以家事拮据，方奔走於外，未克亟付剞劂。良燿乃力任之，益以《更生齋文續集》《卷葹閣外集》，悉校勘登諸板，然後先生之詩若文無有不刻者矣。先生詩自少壯至晚年，顆若畫一，絕無頹唐之筆，此識者所共見，無庸贅論。前集止於癸亥，今續集起甲子迄己巳，凡六年。刊既成，敬述其緣起，并追憶隅坐隨行時所聞所見者，綴於簡末。

道光己酉夏五月，望江倪良燿謹識。

——《更生齋詩續集》卷末

雲溪樂府自序

〔清〕趙懷玉

延陵在周爲吳小邑，秦屬會稽郡，齊梁以來，人物輩起，帝王名臣、吏治儒林、忠義孝友、節烈高行，卓卓可紀，實於東南稱望郡焉。間嘗觀之，古人有產其地而志乘羞載、鄉里諱稱，推而遠之，若將浼焉者；有非產其地而踪迹所經，論次所及，引而比之，以爲光焉者。無他，直道存而好惡公也。余童時喜聞桑梓軼事，及長，從吾宗秋圃先生遊，先生邑文獻，嘗爲余徵引陳說顛末，顧弇陋不能志憶。今先生已捐館舍，里中耆舊亦復零落，流風餘韵，渺不可得矣。客秋自白門抱疴歸，取前所志憶參諸傳紀，得樂府如干首，遵略前詳後之意，仿比例得書之體，而準乎必恭敬止之心。事之有關名教、有利社稷者入之，即無係於此而可歌可愕、未可輕棄者亦入之，大率專示表彰，微昭炯鑒，以一邑推之天下，期協乎史家勸懲之義而止。夫由周以來，上下千百年，身踐茲土與茲土草木同腐者何限，數典忘祖叩之茫然者又何限，豈非良負於父母之邦哉？故生於斯而工可歌、社可祭，作則於閭鄗，垂教於來茲，鄉先生之責也；生於斯而闡幽芳、發前烈，存心乎繼述，無忝乎先型，後死者之責也。辭之繁蕪、義之挂漏，知者亮否，吾又奚計焉？雲溪爲吾邑之勝，先人之敝廬在，飲食沐浴於此，遂以名。

——《亦有生齋集·文》卷三

亦有生齋集詩序

〔清〕陸繼輅

　　夫恢素抱者極於宏遠，練實學者歸於事功。與世取重，卑論夷夔；許身至愚，亦且方虎。即或勳不勒於彝卣，錫不及於山川，子處無裨於高深，偉行莫施於安治，猶可菰蒲一舸，屢散千金；薑韭百畦，長侔萬戶。鄭莊置送迎之驛，陳登起上下之樓。陋西蜀之王孫，渺南山之處士。固亦門閭通德，身世無懷。何至銷壯心於佔畢，沒奇志於詩書。窮愁著述，下等吳虞；憔悴行吟，降同楚屈。嗚呼，憊矣！同里趙收庵先生，四姓華胄，五陵貴宗。賈生爲洛陽少年，季札是延陵公子。當其百金買劍，八斗量才，讀書穹窿之巔，對策平臺之表，固已氣傾良、樂，塵視鄒、枚。赤旬懾其高名，蒼生隱其遐望。方許歌虞復旦，頌補清風。奚第房中和安世之篇，殿上奏凌雲之賦而已。而乃廿年華省，薇冷蓉枯；再守名區，琴焦鶴瘁。去郡僅一錢之選，閉關仍三徑之荒。彥昇老去，竟事依人；鑿齒歸來，已枯半體。茂此樂天之學，萃爲傳世之書。相如病久，終是文豪；子美官卑，徒成詩史。後有良工，心可知也。若其義抉元要，音均同律，尋繹周、孔，源流曹、馬。感風雨於宵旦，變草木於春秋。淵淵金石之聲，落落星河之色。和鸞翽鳳，有響皆平；方玉圓珠，無詞不潤。則又盛德之元音，非候蟲寒鳥所得方矣。夫京洛冠蓋，半化淄塵，巨川波濤，能傾安楫，何如湖山款其清夢，鷗鷺寫其閑心？一城雲樹，鄉好疑仙；四座樽罍，酒清中聖。上藥製葆苓之籠，輕舠載水木之華。爲得繕性之奧趣，致怡神之妙理哉！彼子房辟穀，示疾於機先；鄴侯還丹，拂衣於事後。猶覺物我之化不純，陶詠之天未暢矣。繼輅偕登濟洛之舟，同住仁親之里。早年侍坐，曾啖牛心；比歲摳衣，常看鶴髮。茲以瑯環善本，副在金庭，鸚鵡華詞，協諸香象，遂令下走，弁以小言。竊幸青慚春卉，願附藍輝；智謝夏蟲，敢同冰語？既激昂其端緒，亦鬱懍其心神。長言善諷，未妨雜以仙心；後起多才，無不拾茲香草。

　　嘉慶二十年小雪前五日，同里後輩陸繼輅。

——《亦有生齋集·詩》卷首

亦有生齋集文序

〔清〕莊炘

吾友趙君億孫，自其年二十許，即習爲古文辭。乾隆壬辰、癸巳間，予在里門，時時與爲切劘。未幾別去，宦遊者三紀，無幾相見。頃歲君以主講席來關中，乃得盡讀其所爲文而爲之序。夫修辭之道有三焉：《書》曰辭尚體要，孔子曰辭達而已矣，揚子雲亦曰事辭稱則經，此學治古文者所當究心也。周秦漢之文，至東京而衰，至六代而敝，蓋已不容不變。唐人之能自樹立者，亦不爲因循，昌黎韓子其最著者。至宋而歐陽子繼之。自時厥後，韓、歐之道如日中天，而明人有以起衰爲己任者，未知其所起何衰，而模範於字句之間以爲古，此與六代之文同爲鞶帨之繡，不過旋其面目而已，而於修辭無與也。然而弇州降心於熙甫，卧子折角於天傭，其風遂以衰息。爰及國朝，而侯、魏、汪、姜諸子者出，皆未嘗蹈襲其失，此摧陷廓清之功不得不歸之兩先生者也。君少壯博極載籍，中歲以後斂其泛濫而深求於經訓及先秦古書，庶幾好學深思、心知其意者，而又服官禁近，多歷年所，其於典章制度、名公卿賢士大夫之議論，皆嘗習熟見聞，發爲文章，循軌知塗，一以韓、歐爲祈嚮，粹然而安雅，淵然而清深，近世作者未之或先也。若夫儷偶之作十有一二，頗疑君既志於古，何以不避輕華？顧君嘗言吾不能離人而立於獨，世方尚此，故亦偶爲之，特難爲工耳。予思前人如柳柳州亦擅斯體，然集中論文之書乃無一字及之，以此知非所措意也。頃者問序於予，抑然自下，若深以覆瓿爲懼者。予數觀其文，講求於修辭之旨不遺餘力矣，且荀卿子不云乎："好書者衆矣，而倉頡獨傳者一也；好稼者衆矣，而后稷獨傳者一也。"推之好樂好義，以及射御，何莫不然！乃君年近七十，又嬰風痺之疾，而於古文辭猶嗜若飲食，專心致志而爲之不已，此誠所謂一者矣，何患無身後名乎？昔揚子雲之書，桓君山以爲必傳，今亦猶是也。因牽連書之，以諗夫讀是編者。

嘉慶十九年八月，同里莊炘。

——《亦有生齋集·文》卷首

亦有生齋集文後序

〔清〕吳育

收庵趙先生既有風淫之疾，歸自關中，以所爲文若干卷屬余排纂類次，且曰："吾乏於才，故不能汪洋恣縱以震耀世之耳目，而謹於律，故頗不失矩度，以蘄合乎古，是吾之所自審，子爲吾序之，毋揭揭於文，言其遇可也。"蓋先生爲恭毅公玄孫，五世以來并歷通顯，年二十餘以詩文翰墨布人口，與郡中洪編修亮吉、孫觀察星衍諸君有七子之目，一時交遊之盛殆遍東南。既而讀書吳郡穹窿山中，纘累代之業，修經世之務，將推而行之，以爲用於天下，而聲望蜚翔，不脛而走。《詩》曰"鶴鳴于九皋，聲聞于天"，自然之效也，然而頃之同輩之士或列翰林，入參侍從，或佐卿曹，出居方面，其次亦爲州縣令，皆有以自達，先生乃獨以乾隆庚子南巡召試授内閣中書，凡二十餘年，始出爲同知青州，雖兩權府事，皆不久即去。旋遭比部君憂歸里，未及有所建白，其所素抱遂鬱而不宣，今復嬰末疾，不復用于世，將僅以文章傳，豈其本志歟！雖然，君子之仕也，行其學也，學不行而志存焉可矣，其所謂志者正己而勿求於人則無怨，非謂其怨人也，怨己焉耳。己且弗怨，而況于人乎？況于天乎？蓋榮辱富貴之權雖懸于天，而己實制之，時而婼婉，己則不然，則見謂孤癖而嫉之；時而峻法，己則不然，則見謂迂闊而嫉之；時而釋老，己則不然，則見謂尚異而嫉之。此皆治其在己，以矯拂乎世俗者也。既矯拂乎世俗，雖有天下之才，尚安用之？故雖阨窮而不憫，老死而不悔，不爲回邪曲從以求理，其志即古之君子皆是也。先生當乾隆季年，困於當路，當路之人以其名高，屢欲收之而不肯顧，以爲行己有方，若苟幸以徼一時之榮，則後世將有不得辭其辱者。徒夭閼而不伸，齟齬而難安，即終身無成，唯勿之有悔焉耳。故休沐之暇獨與二三友生飲酒歌嘯，密爾自娛而已。及當路見法，韓城欲以侍讀擬陪，又爲機庭所阻，而後乃以久次注外，其操可知矣。今讀其文，澹然有自得之致，後之學者知其人論其世，其必有感發以興思，所以自樹者將不在斯文乎！小子何敢頌焉？今既卒業，遂述其後云。

　　嘉慶二十年，吳江後學吳育。

——《亦有生齋集·文》卷末

亦有生齋續集後序

〔清〕吳　育

　　收庵先生生平所著《亦有生齋文集》二十卷、《詩集》三十二卷、《雲溪樂府》二卷、《詞》五卷，都五十九卷，皆已刻。其續集詩文各三卷、年譜二卷，則病中所著。道光十二年，其子祝請李君申耆勘定刻之，并附張夫人《靜馨閣詩》一卷。祝以余嘗爲先生文集後序，更屬余序其後曰：先生詩文格律謹嚴，筆不苟下，而風味盎然溢于辭氣之表，使人讀之津津不倦，則所謂如其人者耳。蓋先生身長不滿六尺，而長鬚髯然，言語泉流，神采風逸，左右顧視，光景照人，蘇齋、詩龕二老嘗以爲有坡公之概，而兩峰山人并爲圖貽之，信不誣也。自關中歸，手足偏廢，人皆謂宜杜門息養，以導天和，庶幾祛沉痼、復舊履，而先生不然，讀書著述勤勤不已。嘗謂人非老死疾困而廢筆墨者，與禽思鳥視何異，故雖在病中，寒宵暑夜，丹黄未嘗去手，凡以詩文請業及求志表傳記者，無不應時撰定，即今所集是矣。尚有《病餘紀述》一書，述往事，思來者，定其目曰述先、述鄉、述俗、述文、述獻、述藝、述交、述歷，惜未成而沒。殆由性情所賦，自載籍而外無所嗜好故也，然亦賴愛賢而有文，扶持出入，色養無方，物累不攖，而良朋萃止，酬嬉如常，其心優游，不致拘閡，故無疾痛慘怛之色，以佚老遂志也。《靜馨閣詩》本不多，當先生在時已亡失過半，亟為附刻，亦先生之意也夫！

吳江吳育。

——《亦有生齋續集》卷末

楊大令倫九柏山房詩集序

〔清〕洪亮吉

余少日在外家讀書，出塾後即喜為詩，語雖不雅馴，然頗不可一世，視外家兄弟之作頗易之，所心折者獨二人，於記誦之學則敬蔣上舍松如，於五七言之詩格律則敬君。松如余外兄子，君又余外姊子也。三人者同志同學，出入亦無不同，大約余氣最盛，松如次之，君議論及處事獨持平。余與松如皆面折之，然卒以君所處為當。後與余同館邗上，又同客京邸，又與余同舉京兆試。君先成進士，越十年君謁選，余已官京師，君又客余邸第。及揀選得廣西，余送君又獨遠，然不十年，君遽以宰荔浦卒於官矣。越一年，君之婦扶櫬歸，余吊之於孫氏，君之婦流涕為余言君官廣西日無日不相憶，臨卒而諄諄欲以詩之序見委也。未幾而君婦復死，君無子，君之弟將梓君遺集，然則余之叙君者容可緩乎！君之詩尤講格律，生平以唐詩人左拾遺杜甫為宗，余每欲廣之，君不以為可也，獨服膺余詩，以為非近人可及。猶憶歲甲午冬仲，余與君及松如吊塾師喪於宜興之豐義鄉，論詩至夜半，忽起拜余，并強君弟子今官甘肅知縣歙金宜者從君後疊拜，宜不從，君大怒責之，尚若昨日事，不知君卒已五年也。去臘松如自江西授徒歸，憔悴黯慘，少余四五歲，鬚鬢更白於余。余延松如飲酒，後復對哭君，然後知三人者鬐齔之交，非後來相識者所可冀及。君詩集外，復有《杜詩箋釋》，生平師法所在。君死而城北放生池及九柏山房之游讌遂絕，或待他日松如復歸，當設一筵於雙池列柏中，誦君生平尤愜心之作以侑酒，不知吾年能待否，君知之而吾不知也。

——《更生齋文續集》卷一

問字堂集序

〔清〕王鳴盛

陽湖孫君淵如寄所刻集，署曰《問字堂》，問字之名，雖未詳所謂，要孫君之意，則主于識字而已。古者依類象形謂之文，其後形聲相益即謂之字。字者，言孳乳而浸多也。自倉頡下至周、秦，字之孳乳已多矣。又更兩漢，逾益多焉。許叔重乃創爲《説文》，屏黜俗字，定從其一，餘爲重文。所定從者，未必盡夫子之古文也。而重文中或云古文，或云籀文，其所定從亦未見其必非古文，何則？一部重文“弎”，而“一”之爲古，尤顯然也。夫學必以通經爲要，通經必以識字爲基，自故明士不通經，讀書皆亂讀，學術之壞敗極矣，又何文之足言哉？天運循環，本朝蔚興，百數十年來，如顧寧人、閻百詩、萬季野、惠定宇，名儒踵相接，而尤幸《説文》之巋然獨存，使學者得所據依，以爲通經之本務。孫君最後出，精鶩八極，耽思旁訊，所問非一師，而總托始於識字，於是一搦管皆與其胸懷本趣相值，洵乎學者之文，迥非世俗之所謂文矣。昔者孔子書六經，左丘明述春秋傳，皆以古文。孔子時，天下皆用籀文，孔子獨違衆而用古文。孔子嘗自稱“好古敏求”，又曰“信而好古”，是一説也；其平日憲章文、武，夢見周公，一則曰“吾從周”，再則曰“吾從周”，是又一説也；二者并行而不相悖也。夫文、武、周公何知後世有籀文哉？獨恨秦火以後，展轉變易，較壁中書，大非其舊。《説文》雖參用秦篆，然其引經，《易》孟氏、《書》孔氏、《詩》毛氏、《禮》、《周官》、《春秋左氏》，皆古文也。陸德明《經典釋文》、孔穎達等《九經正義》，雖去取未盡當，然得者猶大半焉，奈何唐明皇命學士衛包盡改古以從俗？而《開成石經》現在，恐又有改衛包之所未及改者。蓋唐以後之九經又非陸德明、孔穎達等之本，惟《説文》特完，則天之未喪斯文也。好古如孫君，庶足振千百年之墜緒而張之與？韓昌黎文起八代之衰，其名愈，《説文》無此字，新附亦無。然其言曰“凡爲文章，宜略識字”，又曰“羲之俗書趁姿媚”，是亦深有意乎識字者。或曰“君子已孤不更名”，蓋昌黎幼孤故也。好古如孫君，其學進乎古，而又能通于今，然後出其餘事以爲文，信足以卓然名其家者與！予作《尚書後案》，以明漢儒家法，又爲《十七史商榷》，亦謬爲四方君子所許可，獨《蛾術》一編久而未就，繼以雙瞽，自分已成廢疾。幸七十後瞽目復開，方且賈餘勇以竟殘課，戢香甫有條理，孫君集適至，輟一日功，從而誇嘆之如此。

歲在乙卯首春，同學弟西沚居士王鳴盛拜撰，維時行年七十有四。

——《問字堂集》卷首

平津館稿自序

〔清〕孫星衍

予不習篆書，以讀《説文》究六書之旨時時手寫，世人輒索書不止，甚以爲愧。又不習爲古文，但讀諸經注疏、各史傳志，積久記録，有所辨證，未暇讀唐宋人所爲大家文集也。頃亦時爲世人作傳記，始翻閱漢唐碑碣及各名家文集，亦未模仿格律音節，每自嫌文不逮意也。錢少詹大昕嘗愛予文，以身後傳志相屬，没前數日，手書再申其意。王少寇昶見予文，嘗致書云："承示《問字堂集》，微言古義，層見叠出，凡史游所罕詳，侯芭所未議，剔隱鈎沉，宛如創獲，六經以外先秦諸子，皆可因而津逮。固《説文》《釋名》之功臣，亦孔賈經序之後絶無僅有千秋大業，獨尊藝苑，又何讓焉！"他日又云："《岱南閣集》蓋合六經諸子兩漢六朝而兼有之，此如相如列錦纂組，可以救虞文靖淅庵之失，容作弁言。"既而少寇捐館舍，未及作序。阮撫部元嘗令予作文論之，云："侍每言人之不能古文者下筆每成家書案牘文理，或能文之士究心古文，又務以虛矯爲氣、詰屈爲古，議論空而無意以貫之，《文選》中散文固不爾也。八家中蘇東坡筆下無矯作之習，當言而言，當止而止，真有漢人遺法。來文爾雅深厚，氣盛文從，亦猶是也。"三公皆一代撰述名手，弘獎風流，或過其實，所謂文之佳惡當自知之，適滋顔汗耳。始官比部時，在都集十餘年前舊作，刊爲《問字堂稿》。及監司東魯，權臬歷下，又彙諸作爲《岱南閣稿》。負米江浙時，僑居金陵，園有古松，因命其文爲《五松書屋稿》。再官東省，復整新舊諸文，續刊爲《平津館稿》。其已刊石及附刊各書序跋，世人多見之，不復録入。文不足存，故不敢依古人文集分類定卷，僅用懷素叙書引當代名公稱述之例，爲之自叙云爾。

嘉慶十一年歲次丙寅九月二十九日，孫星衍撰於安德使署平津館。

——《平津館文稿》卷首

芳茂山人詩録序

〔清〕唐仲冕

芳茂山人詩録者，孫淵如通奉自録其詩及其弟南麓通守等蒐輯爲十卷者也。通奉雅不欲以詩傳，暮年從友人從臾，選存僅四卷耳，其精嚴若此。蓋通奉專攻考訂，研覈小學，證據古經，非三代兩漢之書不觀也。所著《周易》《尚書》，悉取漢晋以前説，縷列綜貫，不作一杜田語。日與其徒討論金石文字，購宋槧，擇舊書之無傳者，付之剞劂，其於詩古文詞隨手揮應，非篤好也。先是文體華贍，經學勦説居多，鉅人碩儒出，以許鄭爲宗，實事求是，海内老師宿彦大雅博聞之士同聲發明，翕然推獎，庠塾之講貫、孝秀之選舉皆出乎是，天下靡然向風矣，然其弊分文析字，襲簡詭奇，矜一名一畫之奇而失篇章之體要，甚且置五經爲陳言，剽刺汲冢竹書不經之語，以爲新義，其害更甚於荒經蔑古，此詞章撰著之家所由嗤爲贋鼎也。余於二者皆無所得，而通奉許爲通品，相與較量經義，於六書之轉注及張霸之《泰誓》議論亦小有不合，然竊嘆通奉好古有識，其天資學力有大過人者，非膚受皮傅、片接寸附者所可幾及。讀其詩則直追曹劉、鮑謝，次者亦不失爲昌黎、昌谷，與風騷相推激，此真合考訂詞章爲一家而各造其極者也，詩顧可不傳乎哉！通奉長余七日生，近歲同寓金陵，方爲耆英之會，而通奉遽逝。今南麓刻其集以示余，屬爲之序，撫卷披吟，不勝人琴之悲與宿草之感也。通奉者所請二品封隨其尊甫同拜誥命，而尊甫書屏先生年九十餘，矍鑠猶昔，余每一拜謁，輒念九原有知，亦當色喜，序其詩因并及之。

時庚辰首春四日，長沙唐仲冕序。

——《芳茂山人詩録》卷首

教經堂文集序

〔清〕 史兆蘭

歲在辛丑，朱笥河先生自閩歸京，數向余稱海内能文之士，而尚之其一也。不數月先生卒，尚之來京師，余知尚之能文而不知其來，尚之知余爲同學人而不知余之能知尚之也。今年冬，甫與尚之相遇於笥河先生家，兩不相識，先生之次子少白爲兩人通名，始欣然執手，各出其所爲文數篇，余益知尚之能文，而尚之益喜予與同調。越數日，尚之盡出其所爲文若干卷示余，予閱之竟夜，考其生平群居燕處羈愁感嘆，無不寓於其中，又以中正和平，綢繆反復，愈出而愈不射。余於是作而嘆曰：孔子嘗謂“詞達而已矣”。《傳》曰“言者，心之聲也”，是心有所不能已於言者，而後辭以達之、言以聲之也。《易》曰“言之不文，行之不遠”，是有其辭有其言而尤不可以不文也。余嘗竊怪世之易其言者，或有得於心，而徒以鄙俚淺近之詞筆之於書，覘然竊附於能達其心之語而其說不行；或徒事於文，不識古人所以著述之意，而徒以風雲月露之辭自矜綺靡。又或繆轕鈎棘，艱深其辭，至不可句讀以自揜其卑陋，而其辭益險且蕩。於是言與行違，文與學違，而古人所謂達其心之所欲言，與言之可以愈遠而愈新之意，終不可以復合矣。今尚之有志於古，而天性淳美，溫恭愷悌，是其學之有得於心者也；天倫之感觸緒紛來，比事屬辭，克肖其意，是其心之有得於學而能達之於辭者也。是能肆好其風，爾雅其韵，而紛紛郁郁於文章者也，而尚之猶自謂辭尚不足以達意，言不足以動衆，文不足以薄古人涯涘，而揖讓乎堂奥，克虛懷善下，懇懇懃懃詢度諮諏於通人達士，下及一知一解之流，一似竟不自知其已足以行遠者。嗟乎！尚之年尚少，氣正銳，持此志也以往，其尚可量也哉！其尚可量也哉！余故樂與之交，因書其所謂《教經堂文集》之端，以識余兩人相見之難而相得之深也，且以悲不得起笥河先生於九原而聞吾兩人之上下其議論也。

乾隆五十年乙巳，史兆蘭撰。

——《教經堂文集》卷首

教經堂詩集序

〔清〕袁　枚

余與尚之明府素無諧際，去秋董存誠先生携詩一卷見示，余讀之如龍馬騰空過目，雖儇子塾夫未有不悰憚癢心而愕眙視之者也。因加數行墨，志欽挹之忱。今越歲矣，接到明府書及詩一册，胸中若有意推袁而乞序以相發明者。余裁窺半豹，忽降真龍，娕娕然喜不自勝，急取盥誦，其才豪，其力大，其氣厚，其學充，以杜、韓、蘇三家爲歸，而其餘皆無所辟睨。如謝康樂遊山，鑿幽維險，未肯即休；如衛、霍兩將軍出塞窮追沙漠之外，而餘勇猶賈，詩至於斯，美矣備矣，夫復何言！惟是受君諉諉而無一詞以更進，未免忍愧於顏，乃深維而苦思之，於無可規之中强作巵言之獻。昔司空表聖所謂絃外之音、味外之味，似尊集中尚少此境界耶？然而古之詩流不必家家如是，此言一出，恐少陵或有之，而韓、蘇未必不矍然謝不敏也。他日明府功名事畢，到獨樂園掃地焚香而坐，請陶淵明、韋應物爲左右賓，同作晚年之陶寫，或將有感於余言而又泠泠然有虛徐之天籟乎？妄陳穴管，唯君裁之。

隨園八十二歲叟袁枚拜撰。

——《教經堂詩集》卷首

白雲草堂文鈔序

〔清〕任大椿

天下無所以爲古文者，有亦無所以知其文者。世不知之，則俟之來世而已。然古之以古文傳者，并其世嘗得一二知者，非必其能之及之，蓋以學於古者信之耳。雖以學於古信之，既已弗克能之及之矣，能如作者之自道乎？道其己得弗克己出者，以是爲信古并俟諸來世也。余少喜先秦漢魏之書，輒慕之效之，弗能似之。降及六朝唐宋人之文，又慕之效之，弗能似之。晚悟昌黎氏己出之言，力求其己出者，遂信其終不能。此以己之不能冀其有能此者，卒亦罕見意，有信己而不求知于人者，遂弗克見之知之也歟！甲辰夏，始聞阮吾三司寇服膺吕叔訥先生古文，徑訪之，先生以不能謝，余退而自愧其不能於此而見棄也。後數過從，交漸深，又共爲程魚門太史治喪，共經紀其事旬餘日，暇輒以學所得者質之先生，先生深以爲可與論文者，遂得受全集讀之，始恍然於先生之所以爲古文者，有己出之義法耳。今夫義法非一家所創，要非百家所襲，必以己得己出者爲真，否則僞耳。故無義法之病爲蕪庸，爲凌亂，爲剽竊，爲造作，蹈空摭實，互相譏彈，五十步笑百步也。若其義精法熟，言有其物，行有其恒，抑揚有其宜，博約有其旨，其理道不繁而自明，其矩矱不擬而自得，故其出之也，號令不期而中，部伍不期而分，其視無義法者誕先登而傷滅頂者矣。且夫義法之己得而己出也，豈復有先秦漢魏六朝唐宋人在其意中，究即起先秦漢魏六朝唐宋人爲之，亦不得越其範圍，是之謂己得己出。彼夫不能己得，亦何以爲己出！淺夫薄植，妄欲一蹴以幾，無怪其去而千里，亦豈末途問津者所能涉其津涯！惟先生早得其道，以演迤深浸於古人，故其出之也如此，余亦焉窺其所以得者也。余即其所出者言之，一以己出之義法自爲其義法。其凌高秉正，如從日星測圭懸衡而分寸自合也；其逞奇制正，如馳車驟馬盡地之利，如捩柁植檣走風水之便也。重爲嘆曰非有己出之義法，曷至此哉！即其己得者當何如哉！余既深愛先生之文，録而藏之篋中，辱先生以爲知其文，命之爲序。余故弗克能之及之者，即有言，豈如作者自道！顧既辱引之爲知者，亦不能無言也。余之成此九閱月矣，未奉質者，冀有進於前此之言，乃病廢以來閱書終數翻輒心氣耗竭，病復作，自惟弗克能之及之者，其所能知能言亦止此矣，復敢望以得之先生者出之己也乎！即其以是爲信古者，并俟于來世幸已。

　　乾隆乙未長至後一日，幼植弟任大椿拜序。

——《白雲草堂文鈔》卷首

白雲草堂詩鈔序

〔清〕曹仁虎

　　覃懷張文學處見《天平山紀遊》詩，纔讀數行，驚嘆起立；讀數首，疑爲古人，袖之登車。文學至，問之，曰毗陵呂君叔訥爲是詩也。明年癸卯春，君來京，余偕王介子司業、程魚門編修訪之，弗遇。已而魚門偕之來，始得盡讀其詩，而介子所居遠，數相訪不值。最後見君送魚門出京詩，有“官到清班退亦仙”之句，詞垣乞假，不除仕籍。嘆絶，病革猶念君。介子嚴月旦，顧傾倒如此。大抵君詩直舉胸臆空依傍，清雄逸艷，不名一家，心太慧，骨太峻，才太豪，氣太盛，故戊戌以前多有橫溢汗漫處。一變而以古文法馭之，乃更九天九淵，左規右矩，若其靈光宕漾，妙諦一拈，輒有太白、文長未臻之境，而慨然利濟，興復不淺。君以高才負重名，兩試北雍，考官獲佳卷輒疑君，竟不能得之。今秋以成均上舍爲廣文南旋，予亦奉命視學粵東，置酒話別，酒闌燈炧，相對欷歔，因屬序其詩。君來，值上謁陵南巡，千叟宴臨辟雍，高文典册，日揮灑數十萬言，門外車滿，君更以所貽豪舉縱酒徵歌，故序其詩，期以綵鳳還儀，華耀簪筆，舉示之弗當意，乃易稿序締交始末、作者源流，君喜謂能道其真矣。顧其詩尚不盡是，如詠史二百三十章，如遊大梁諸篇，慷慨經濟，言皆指實，其意量直是馬周、張齊賢，向以詩人期之，淺之知君，淺之知詩也。剪燭書成，重加嘆息，惜魚門、介子弗獲相質耳。

乾隆五十一年歲次丙午九月二十五日，習庵弟曹仁虎拜序。

——《白雲草堂詩鈔》卷首

茗柯文編序

〔清〕阮　元

武進張皋文編修，以經術爲古文，於是求天地陰陽消息於《易》虞氏，求古先聖王禮樂制度於《禮》鄭氏，豈托於古以自尊其文歟？又豈迂回其學而好爲難歟？聖人之道在六經，而《易》究其原，《禮》窮其變，知扶陽抑陰之旨，然後交際之必辨其類，議論之必防其流失也。知《經》上下定民志之旨，然後措施必求其實，有裨於治，許與必衷於彝典也。下及《騷》《選》，其支流也。近時《易》學推惠氏棟，《禮》學推江氏永，而二家之文無傳。蓋義之附於經者，內也；義之徵於文者，外也。由內及外，而發揮天人之際，推闡制數之精，其所蘊更宏，其所就更大。惜乎編修之不究其用而遽没也。編修所著書，元爲刊其《周易虞氏義》《虞氏消息》《儀禮圖》。今其友李生甫、張雲藻又爲刊其編年文集爲四卷，而屬序於元，因闡編修之素所持論，俾後之學爲文者決擇焉。若其文之不遁於虛無，不溺於華藻，不傷於支離，則又知言者所共喻也。

嘉慶十四年夏，阮元序。

——《茗柯文編》卷首

重刻茗柯文編序

〔清〕曾國藩

武進張大令式曾，將重刻其曾祖王父皋文先生《茗柯文集》，而以寫本示余，屬爲之序。蓋文章之變多矣。高才者好異不已，往往造爲瑰瑋奇麗之辭，仿效漢人賦頌，繁聲僻字，號爲復古，曾無才力氣勢以驅使之，有若附贅懸瘤，施膠漆於深衣之上，但覺其不類耳。叙述朋舊，狀其事迹，動稱卓絕，若合古來名德至行備於一身，譬之畫師寫真，衆美畢具，偉則偉矣，而於其所圖之人固不肖也。吾嘗執此以衡近世之文，能免於二者之譏實鮮，蹈之者多矣。皋文先生編次七十家賦，評量殿最，不失銖黍，自爲賦亦恢閎絕麗。至其他文，則空明澄澈，不復以博奧自高。平生師友多超特不世之才，而下筆稱述適如其量，若帝天神鬼之監臨，褒譏不敢少溢，何其慎與！自考據家之道既昌，説經者專宗漢儒，厭薄宋世義理、心性等語，甚者詆毀洛閩，披索疵瑕，枝之蒐而忘其本，流之逐而遺其源。臨文則繁徵博引，考一字，辨一物，累數千萬言不能休，名曰漢學。前者自矜創獲，後者附和偏詖而不知返，君子病之。先生求陰陽消息於《易》虞氏，求前聖制作於《禮》鄭氏，辨《説文》之諧聲，剖晰毫芒，固亦循漢學之軌轍，而虛衷研究，絶無陵駕先賢之意；萌於至隱，文詞温潤，亦無考證辨駁之風。盡取古人之長，而退然若無一長可恃。意其蘊蓄者厚，遏而蔽之，能焉而不伐，斂焉而愈光，殆天下之神勇，古之所謂大雅者與！張氏之先，兩世賢母撫孤課讀，一日不能再食，舉家習爲故常。孝友艱苦，遠近嘆慕。自粵賊縱橫，東南糜爛，常、潤等郡室廬蕩然，張氏之窮約，殆有甚於疇昔，書籍刻板皆摧燒，不復可詰矣。余昔讀張氏諸書，既欽其篤行，兹重覽《茗柯文編》，樂其復顯於世也，乃忘其陋而序之。

同治八年十月，湘鄉曾國藩。

——《茗柯文編》卷首

茗柯文補編外編後序

〔清〕陳　善

《茗柯文》四編，武進張皋文師所定，今儀徵相國阮公元已序而刊之矣。尚有遺文若干篇，善藏之篋笥惟謹。去年遊閩，同門友興泉永道富陽周君凱見而欲授之梓人，屬內閣中書光澤高君澍然汰其率爾之作，存若干篇，分補編、外編上下各二卷。或問曰：“兹編皆先生昔時所刪，存之奚爲？”善曰：“唯唯，否否。先生之定前編，時方深造於《易》《禮》之學，將欲鈎深致遠，以立言不朽，故其所撰著僅有存者。若天假之年，使遍觀夫政治之通變，人事之盈虛，物理之揚詡，悦心研慮，發爲文章，則前編尚慮有所汰焉，而況兹編也與？今先生往矣，先生之遺文，不可復睹矣。嗚呼！自宋學興而漢經師之傳晦，先生闡消息於孟氏，紹爲容於徐生，使漢初至今二千一百餘年寖微寖滅之緒大明於時，則先生之文雖有深有淺，有原有委，無往非道之所散見也，可以其緒餘而棄置哉！昔蘇軾云‘歐陽行樂處，草木皆可敬’，草木亦何與人事，而人猶敬之，況先生之道德見於文章者乎？先生之文章，世所共寶，況於親炙之者乎？然則兹編之刻，烏可已哉！後之讀者，由兹編以窺前編之文，則先生體道之精微可見矣；合二編以窺刪存之意，則先生辨道之深嚴亦可知矣。”刻既竟，因書其後，以質之周君。

道光十四年十二月望，仁和陳善。

——《茗柯文補編外編》卷末

拜經堂文集序

〔清〕秦　瀛

武進有玉林臧先生者，通經學古，著書甚富，越今百餘年而得在東。在東承其家學，屏去俗好，不屑蹈常襲故以合於時，而獨與其弟禮堂潛心爲漢儒之學。禮堂殁，在東泫然心傷，丐余爲文傳之。逾數年，在東來京爲今侍郎吳君烜纂《中州文獻考》，余方約其歸江南同修《無錫金匱縣志》，而在東亦尋没，可悲也！學者去聖既遠，百家衆説紛然具陳，苟擇焉不精，則説經而經愈亡。近世承學之士多宗漢學，往往目未睹程、朱之書，厭薄宋儒，指摘其瑕疵以相毁謗，當亦漢儒之所不與也。在東之學師餘姚盧紹弓先生，因主張許叔重、鄭康成諸儒，而其與阮侍郎雲臺書云"程朱於聖門躬行之學爲近"，是其言於宋儒不爲無見。余官京師，在東偕其鄉人惲子居集余邸，其議論有合有不合，而要以古人爲歸，蓋子居爲鄭清如之甥，而在東嘗學於清如，又皆與張皋文爲友，殆其師友之授受切劘有相類者。猶憶紹弓先生老居杭州，余嘗與往還，無何出遊，阻之不獲，而先生竟没於毗陵。身後寥落，生平所手定古本書及其著作皆鬻於他氏，爲之慨然。今在東殁而其子相持《拜經堂文集》乞余序，余故序其文而及之。

時嘉慶二十年仲春，無錫秦瀛序。

——《拜經堂文集》卷首

養一齋文集跋

〔清〕張　式

申耆先生既捐賓客之三年，其友高君式之蒐輯遺文，用活字板印行，叢其生平所作，僅一斑耳。今春，先生之嗣君慰望來虞山，云：將溯皖江訪鄧君守之，先子中年遺棄多其所弄，及主暨陽講席，亦有録棄去者。最後爲黃君仲孫所録，今活字板即黃君録本，益以搜訪遺佚，得一字如一珠，即慶弔酬應瑣屑筆札，罔或捐棄，願得聚諸本纂刻時將鄭重參訂焉。時虞山人知慰望至，求曩所印《養一齋集》不得，席君幼宰至毗陵購得之，并得高君校本，歸而鏤諸板，工既竣，持示余，且曰："悉仍活字本，不更刪纂。子知先生者，盍爲一言？"夫古文之得與失，在其言之誠與僞，有言者之言，能者衆，而有德者之言，間世一出耳。《養一齋集》大而國家典憲，小而事物細微，壹是研窮義根，實事求是，原本乎經術，出入於子史，古人所謂文以載道者不在是與！世之挾先生文爲重者不少，或傳寫舛謬，或他手擬撰，皆不足爲累。若不求立言之本而徒務辭章，其果能托於斯文乎哉！

道光甲辰夏五，勾吳張式書於虞山別業之序和堂。

——清道光刻本《養一齋文集》卷末

養一齋文集序

〔清〕趙振祚

《易傳》有之，形而上者謂之道，形而下者謂之器。《禮傳》有之，德成而上，藝成而下。夫道德與器藝非有二也，聖人之精垂乎制作，學者多習其制作，而明者則能由所習以究其所以制作之原，故曰巧者述之，又曰述者之謂明。言道德而捨器藝，是無徵之學也；玩器藝而忘道德，是偏曲之學也。二者交相爲用，而爲專家之學者其蔽常至於兩相爭，而標榜好名之徒又務各張其幟，決兩家使必不可復合，以盜名於世，由是諸説愈多，聖教愈裂。嗚呼！唯申耆李先生可以平息兩家之訟矣。先生之言曰："爲考證之學者，援文比類，據物索象，迫其説不能自還，則務繁徵博引，以蘄必伸，其蔽也鑿，然而考訂精勤之功不可没也；爲義理之學者，窮理必從其朔，其蔽也或至於窮高極遠而無所薄，然而剖析理欲教人踐履之功不可誣也。歸之大要，皆有功於聖人，聖人則能別黑白而定一尊，求聖人之道者則皆當師尊而信好之，愛敬而獎成之。"故先生之於學，自六經四史、古今異同之説無不博覽，旁及星文曆算地理及他百伎雜藝之流，無不蒐采，故天下之學者鱗集輻輳於先生之門，先生視之皆師友也。水行者妄輪蹄，陸行者皆舟楫，造先生之廬者無不化也。嗚呼！可謂大矣。先生既不爲專家之學，而折衷是非又謙不敢居。生平每有著述，大都隨手散佚。距先生之殁十年，高君式之始蒐輯其遺文，釐爲詩文若干卷，以付之梓。嗚呼！先生之學爲世宗仰，豈藉斯文以傳？顧思其人，愛其樹，雖片楮殘墨猶將寶愛而珍襲之，而忍使之遺佚耶！振祚，先生世家子也，高君以爲足語先生之學，於其集之成也來命序焉，因爲識高君所以蒐輯之意如此。若先生爲學之心，則固與賈董程朱相契合於千載以上，豈與專名一家者論傳不傳哉！謹序其端，以告來者。

咸豐二年七月朔日，後學趙振祚謹序。

——清光緒刻本《養一齋文集》卷首

重刊李申耆先生養一齋文集序

〔清〕湯成烈

吾師申耆先生學通天人，負海内經師人師之望，成烈少時未得執經門下，竊心儀之。道光己丑秋，直隸歸里，側聞風教，嚮慕益甚。庚寅歲，先生來城，同人爲先生六十介壽稱觴于俯雲樓下，成烈得侍末坐，與聞言論，丰采藹然粹然，見乎辭氣。成烈偶出一二語，雅蒙稱許，然未得誦先生之文也。己亥孟夏，開志局于龍城書院，黃南坡太守、王亥坪邑尊延先生總修府縣志，先生引成烈分任纂修事，商訂體例，凡三十二條，于是始見先生筆之謹嚴、文之詳贍焉。先生爲文隨手散佚，絕不存稿，哲嗣偉望鈔録成帙，凡四巨册，以示成烈，曰："此余私自手録，于詩文殆未及半也。"成烈因得而盡讀之。大抵先生之文，於經則襧群聖之微言，不規規於性理之説，而一以禮義爲準；於史則周秦而下治亂所由，兵農禮樂、河漕鹽幣隨事立説，因宜見義，娓娓千百言，以己意爲斷制而必衷于正。其若星曆象數、算術聲律、球圖輿地、氏族譜牒以及一名一物之細，莫不兼綜百家，鉤稽歷代，研精極慮以出之，凡實事必求其是。至於朝廷制度之文宏以麗，鄉閭交際之文和以婉，而友朋投贈之文則腴而摯，莫不性情融怡，事理交暢，由是知先生之學博大精醇，故發之於文，深厚縝密，直逼西京也。于時成烈遂請業于先生，先生因授以作文之法曰："爾平時好覽經史，固能潛心致志，以待他時作用，然必讀諸子百家以輔翼之。《管》《商》《申》《韓》《呂覽》《淮南》《新序》《説苑》各家，不可不玩誦也；賈鼂、董馬、劉揚、班傅、崔蔡之文，不可不肆習也。蓋經以辨道，史以論世，學之既久，而文之氣骨深且厚矣。諸子之書各成一家，其取材也宏，其研思也沉，其使事也博，其騁辭也辯，習之既久，臨文時浩乎沛乎，無不如吾之所欲爲矣。"成烈謹志之，不敢忘。先生既没，門下士編先生文爲《養一齋集》若干卷，以麻沙板印之，今汪叔民司馬所藏本是也。其中有成烈所未見者，體或卑弱猥瑣，且有私意竄改糅雜其間，叔民亦云魚目之混、碔石之錯，決非先生原本，不可不爲之辨也。咸豐初，皖人鄧傅密，亦先生弟子也，携先生少壯及宦游文來，其歸里以後之文，又得江陰夏永曦、郡人薛子衡、黄志述諸弟子校而刊之，今管才叔所藏本是也。諸君子精心校讎，删汰訛僞，始見廬山真面矣。丁丑冬，先生曾孫陽携之來，成烈見之，如坐春風中接見先生顔色而復聆謦欬也。陽纔得龔叔雨學使百番之贈，不足以梓行，成烈糾集同里諸君子鳩貲以付刊，復寓書浙皖宦游諸君子，當必樂助以成其美者。

光緒四年戊寅仲夏，受業湯成烈謹序。

——清光緒刻本《養一齋文集》卷首

李養一先生詩集序

〔清〕黄體芳

國朝文學之盛，發源於康熙，衆匯於乾隆，而推衍於嘉、道之間。余嘗論武進李申耆先生可謂通儒矣。先生弱冠，及盧抱經之門，生平交遊皆一時名宿。若顧氏廣圻、劉氏逢禄、胡氏承珙、莊氏綬甲，覃精經術，校正古書；周氏濟、毛氏嶽生、洪氏飴孫、齮孫，耽研史籍；董氏祐誠、羅氏士琳，旁綜算數；徐氏松，博考方輿；魏氏源、包氏世臣，又復練習憲章，推求利病，窮經世之務。先生周旋其間，各以所學互相質證。諸家顓門絶業，述作孜孜，精詣鴻裁，時尟儔匹。其兼資博採，不名一家，負兼人之才，有具體之實，治爲循吏，教爲名師，殆非先生莫與屬也。先生妙析文理，選集駢體，自秦迄隋，若與近世古文辭家宗旨殊異，然尋繹緒論，於桐城姚氏學行景仰不遑，自居私淑。蓋其爲學博而知要，源流變遷之故辨之最悉，而本末條貫之理又體之最真，非夫專己自炫之徒爭門户、驚聲譽者所得喻也。《養一文集》二十四卷，皆殁後門弟子所搜輯，首賦及詩，而附以詩餘，凡四卷，蓋仿《文選》編次之例。近年常州重刻本始裁出之。先生曾孫陽乞余爲之别刻，乃以賦二首、詩餘三十餘首并附於詩後，題曰《養一先生詩集》，俾與文集并行焉。其詩温雅冲適，多見道之言。余聞先生之教人也，不勸之學詩，病其無實益。今觀集中率係酬應之作，先生固非敝精力以爲詩者，抑余之刻是詩，亦豈謂藉詩以傳先生哉？今江蘇學術，視乾隆、嘉道間稍衰替矣。江陰暨陽書院，先生撰杖都講所也，當日訓詁、詞章、天算、地輿之學，因材而就，濟濟如林。自余視學，下車詢訪，高第弟子則亦零落鮮有存者。比方采録先生及江蘇諸先哲遺文佚事，上之史館，復於江陰别建經古書院，思得如先生其人者，指授術藝，陶冶士林，徐進之本原之學，以備他日國家之用。語曰："經師易遇，人師難遭。"此尤余叙先生詩而低徊不能置者也。

　　光緒八年臘月，瑞安黄體芳叙於江陰督學署之崇素堂。

——清光緒刻本《養一齋詩集》卷首

崇百藥齋詩文集叙
〔清〕董士錫

　　祁生長于余十歲，余十三就外傅時，祁生詩名以滿鄉里，與莊傳永、丁若士、莊叔枝、洪右甫爲友，余時見諸君意氣豪甚，心慕之。稍長，受業于莊達甫徵君，則與叔枝、右甫爲同門，引余而友之，祁生與焉。弱冠入京師，與叔枝同受業于舅氏張皋文編修，而傳永、若士故與余舅氏友，亦引余而友之，祁生又與焉。祁生嘗就阮尚書于杭州，就曾中丞于揚州，又以試禮部妻之京師，後依魏曾容于洛陽，與余遊歷踪迹每相值，所知交亦與余大半同，則余之于祁生其相習爲何如邪！祁生無不學，于文無不工，而體物切情，詩爲尤至，二十年來京師内外、江南北、浙東西寶其寸楮者皆是。近十年致力爲古文，不苟依傍而通達事理，生平貴執之門未嘗踐焉，庭巷無大賈富商迹，室無俗士坐。自以少孤，不及事先恭城君，奉所生林太孺人教甚嚴，時時自言之，故其爲文也洋洋乎如千頃波，而勁氣昭質充然炯然，按之皆有物。其爲詩也，組繪不傷意，琱鍊不傷韵，紆婉不傷氣，志之所之與境之所經皆寓焉，驟觀之，若不知其有爲而言者，油油然蓄，然後出之詩人之內心也。余學爲詩文後于祁生，爲詩不成，棄去爲文，又不工。今年祁生將校其《崇百藥齋集》若干卷刻之，而徵余叙。凡今之俤人詩文者，大都曰是學唐宋誰某。爲詩文者，果先有一古人心中，乃曲爲揣摩以赴其節邪？若曲爲揣摩以赴其節，此其用功甚深，非才力有過人者不能。有過人之才力則固足以自見矣，而廑廑于古人之面貌，是自棄也。然則襲古人之面貌者，其才力必不過人，其揣摩亦必不能曲中其節，何也？才力不至不足以達其性情，而才力之過人者，性情學識又未有不與之交至者也。今置祁生于古人中，固必有其近似者，然切指之曰是似誰某，余不能答，則以其性情、學識、才力之各有所至而知之。祁生集中婁俤傅永、若士、叔枝、右甫，而又爲傅永、叔枝識墓，其推許之者亦各如其性情、學識、才力。夫精粹如傅永，任達如若士，孤狷如叔枝，寬夷如右甫，皆斷然有以自立，祁生之不妄推許，即其詩文可知，是故祁生之詩文可不以叙見，而余之叙之者獨幸祁生之集成，而又悲人事之變遷，如傅永、叔枝、右甫學劭而身不顯，溘然與朝露同盡，而其詩文零落，又不能如祁生、若士之有可傳于後也。述二十年以來交遊之素，有不勝太息累歔而不能自以者矣。

——《齊物論齋文集》卷二

劉禮部集叙

〔清〕魏　源

　　魏源曰：余讀《後漢書·儒林傳》，衛、杜、賈、馬諸君子承劉歆之緒論，創立費、孔、毛、左古文之宗，土苴西京十四博士今文之學，謂之俗儒，廢書而喟。夫西漢經師承七十子微言大義，《易》則施、梁丘、孟、京，皆能以占變知來；《書》則大小夏侯、歐陽、兒寬，皆能以洪範匡世主；《詩》則申公、轅固生、韓嬰、王吉、韋孟、匡衡，皆以三百五篇當諫書；《春秋》則董仲舒、雋不疑之決獄，《禮》則魯諸生、賈誼、韋玄成之議制度，而蕭望之等皆以《論語》《孝經》保傅輔道，求之東京，未或有聞焉。其文章述作，則陸賈《新語》以《詩》《書》說高祖，賈誼《新書》爲漢定制作，《春秋蕃露》、《尚書大傳》、《韓詩外傳》、劉向《五行》、揚雄《太玄》，皆以其自得之學，範陰陽，矩聖學，規皇極，斐然與三代同風，而東京亦未有聞焉。今世言學，則必曰東漢之學勝西漢，東漢鄭、許之學綜六經。烏乎！二君惟六書三禮并視諸經爲閟深，故多用今文家法，別詳《兩漢經師今古文考》。及旁釋《易》《書》《詩》《春秋》，皆創異門戶，左今右古。其後鄭學大行，駁淫遂至《易》亡施、孟、梁丘，《書》亡夏侯、歐陽，《詩》亡齊、魯、韓，《春秋》鄒、夾，《公羊》《穀梁》半亡半存，亦成絕學。讖緯盛，經術卑，儒用絀，晏、弼、蕭、預、謐、頤之徒，始得以清言名理并起持其後。西京微言大義之學墜于東京，東京典章制度之學絶于隋、唐，兩漢故訓聲音之學熄于魏、晋，其道果孰隆替哉！且夫文質再世而必復，天道三微而成一箸。今日復古之要，由故訓、聲音以進于東漢典章制度，此齊一變至魯也；由典章制度以進于西漢微言大義，貫經術、政事、文章于一，此魯一變至道也。清之興二百年，通儒輩出。若所見之世，若所聞之世，若所傳聞之世，則有若顧、江、戴、程、段、莊明三禮六書，閻、陳、惠、張、孫、孔述群經家法，于東京之學，蓋盡心焉。求之西漢賈、董、匡、劉所述，七十弟子所遺，原流本末，其尚盡合乎？其未盡合乎？有潜心大業之士，芘芘然，竺竺然，由董生《春秋》以窺六藝家法，由六藝以求聖人統紀，旁搜遠紹，温故知新，任重道遠，死而後已，雖盛業未究，可不謂明允篤志君子哉！道光十年商横攝提格之歲，既論定武進禮部劉君遺書若干篇爲若干卷，群經家法具在。諸子以源爲能喻其先人之志，復使叙其大都。故箸先王之道偏全同異、艱難絶續者于篇，俾成學治古文之士折其衷。《詩》曰"周道如砥，其直如矢，君子所履，小人所視"，又睪然以睎來者焉。

內閣中書邵陽魏源謹叙。

——《劉禮部集》卷首

古藤書屋文集序

〔清〕方濬頤

予去年以文壽果卿，而果卿即引爲知己，俾其從子敦之持大箸見視，屬爲勘定。寒窗無俚，緗帙雒誦，乃知君才之大、君學之富、君筆之健、君文之雄，合通儒、循吏爲一人，而卓卓乎可以信今而傳後也。君以名孝廉歷宰劇邑，所至民咸化之。又值國家用兵，海上多事，因而審時度勢，酌古準今，先論學校風俗，繼辨名節禮讓倫紀，終談學術，以端爲政之本。治賦六篇，屯田兩策，以權財用之經，皆救時藥石，洞見癥瘕。向使坐言起行，洵乎醫國之聖手哉！其《籌海芻言》與夫滬議、鹽法鈔幣諸議，深悉今日軍政之弊、餉源之竭而痛切言之，經世大文，體用兼備，固不徒以詞句爲工者，而補作永嘉、縉雲諸名人傳以及碑版文字，亦復簡潔不支，動中規矩，蓋由其平日根柢深厚，學養兼到，絶不依門傍户，自成爲一家言，覺《大雲山房文》尚不及兹編之樸茂質實也。予近學操觚，對之却步，每欲贊揚盛美，輒復恧然中止。忽忽數月，春盡夏來，敦之以久病將返雲溪，趣予作序。予既悔仲春往吳門，道毗陵，未獲登堂一敂起居，而猶幸有文字緣得以綴名簡末也。爰書以奉報，他日尚將以拙箸就正有道焉。

——《二知軒文存》卷十五

萬物炊累室類稿序

〔清〕張 謇

光緒初葉，各行省文武大臣，能以採納忠讜、敬禮士大夫著重於海内者，在粵唯張靖達公樹聲，在蘇唯吳武壯公長慶。二公皆廬州人。方其在職，論軍國利害大要，率喜用書，故書數倍多於公牘。於時，張公幕府則有武進何梅孫嗣焜、賀縣于晦若式枚、如皋顧延卿錫爵，吳公幕府則有泰興朱曼君銘盤、江都束畏皇綸、海門周彦昇家禄、閩縣林怡庵葵及謇。幕俸唯粵給較優，若吳公之客月裁三數十金耳。然同時諸人從吳公，自江寧而山東、而朝鮮、而奉天，聚處一軍，以文章義理相切劘，辯難縱橫，意氣激發，極朋友之樂，而未嘗有厭薄之思。武壯、靖達既先後殂謝，當時兩幕之人遂風流雲散，各還鄉里。而謇與梅孫每相遇，從容道故，輒不勝府主醴酒之愴懷。由是以來，垂三十年，如二公者，耳目之前，遽不可遇。即忠規邃識如何梅孫，雅裁贍藻如于晦若，朗朗高趣如顧延卿，瑰奇逸宕如朱曼君，竅竅中理如束畏皇，倜儻有節如周彦昇，清通簡素如林怡庵，求諸今代，亦豈易得？而是七八人者，數其姓名，大半物化，求其當時應用所成厚盈數尺之稿，乃亦不知零落摧燒於何所。間存私作，十不過二三，則豈非人世至可悼嘆之事哉！武進沈君友卿，梅孫鄉人也，與余爲甲午同年，初識於京師，既改河南知縣，旋引疾歸。方友卿作令時，余營通州一隅之實業，屢蹶屢起，及謀教育而事益苦。以一身任書記之役，旁無助者。乙丙之際，海上士夫惕於外侮之日亟，於是謀教育、謀實業者會相望，踵頂相錯，筆舌相磨礱。而友卿亦以是來會，翰札之事，壹以任之。時或商榷異同，更漏數下，車轔轔猶在戶也。既而應大府之辟，遊魯遊粵，踪迹又暌，然每於邸抄中讀嶄新之章奏文字，輒語人：是必出友卿手。於是人人以爲文字之適用於世，莫友卿若。而余設國文專修科於通州，注重於章奏、箋啓、敘記三類，以爲可以盡應世之用，并告友卿，謂當今之世，能造就百數十書記人才，亦識時事業也。頃者友卿復歸，出示近數年間所作，都爲一編，名曰《類稿》。凡在海上者，大都爲余所寓目。其代人章奏及一切文牘凡已宣示者，仿近人薛庸盦《文編》之例，別爲《外編》。夫文采彬郁，語澈中邊，棱棱有鋒而體之以質，友卿之所長也。能以文字概古今之要，通官民之郵，不拘一方，因事異宜，舉世之所重也。以友卿之所長，準舉世之所重，則是編豈非造就書記之資乎？與友卿同縣者尚有屠敬山，孟蒓生、庸生，比於漢季，亦徐、陳、應、劉之選。因叙是編及之，亦以見常州之多才，而俯仰身世之感，亦由之而無窮也已。

宣統三年七月，通州張謇。

——《萬物炊累室類稿》卷首

苔牎拾稿序

〔清〕沈德潛

吾友董子九徵每相見，輒道繼母吳太夫人苦節，謂非母氏幾不能成立，自揹拄家政、葬薶祭祀、教育婚娶，凡所以成先君子未竟志者，無弗周也。又言母氏期望過切，今匏落無成，不能承前人緒業，以慰母氏心，深用愧恨。又言母氏嫻於詩教，左圖右書，如經生然，稱未亡人後不暇從事簡編，而中有感悼，時或托之於言，調膳侍食餘見母氏手迹，謹録而志之，弗敢忘也。暇日手一編示予，係孫明府代爲鑴刻，用以表微闡幽者。予受而讀之竟帙，喟然興曰：“是非尋常詩格，藉爲吟風雪、弄花草之具。節母四十餘年苦心於是見焉，可以風世而厲俗也。”嘗念二南之詩，載婦人女子之賢者，衹及勤儉不妒，家室和平，閔君子之憂勞，循婦德之和敬，不必有奇節高行處人世之極難也，而聖人取之，以爲十五國之風首。今節母之見於詩者，如《葛覃》《卷耳》《采蘋》《采蘩》之外，凡《白華》之孝、《柏舟》之節、《鳲鳩》之仁咸具備焉，而謂不足挽末俗而進於敦厚者耶！惜世無采風之人，不能使之登於天府也。因序而歸之九徵，爲家乘光，俾子孫之念前德者知諷詠而起敬焉。

雍正乙巳仲冬，年家小侄長洲沈德潛拜撰。

——《苔牎拾稿》卷首

晚翠軒遺稿序

〔清〕管世銘

余友董子思駉心牧，由户部員外郎出守廣西之潯州，瀕行，懷其母莊太恭人《晚翠軒遺稿》，泣授世銘曰：“思駉生九歲而孤，撫於母，相依一姊一弟，弟復早殤。吾母冬無絮衣，晝無炊火，瘃口皴指，與姊氏針黹之暇，授思駉幼學諸書，旁及史事，并古今人詩文，講釋大義，恒至夜分，必成誦而後已。思駉既冠，感奮力學，而後令自求師友焉。比思駉倖邀科第，太恭人已前殁，未伸一日禄養。積年，於母氏奩帙掇拾所製五七言古近體詩及古賦、連珠、詩餘共若干首，卷不盈寸，而一生苦節略備。緣母氏存時，雅不欲以言見，違養後更不忍卒讀，雖戚好未嘗出示。顧念思駉既無當代立言之望，以闡母氏之幽光，若母氏之所著而并晦之，則爲疢滋重。今將付剞劂，發此意於簡端，無以易子矣。”余與心牧累世姻舊，自爲諸生以至同官京師，共几硯、均茵席者二十餘年，義不得辭。溯太恭人在里，世銘與心牧年各幼，交未稔，迨以文字相切劘，稱莫逆，太恭人往依女夫莊明府繩祖山西交城官舍，未獲修登堂之敬，而太恭人茹苦教子，通詩文，明大義，固所飫聞。今受遺稿讀之，始知向所欽重於太恭人者，蓋猶僅以尋常節母視太恭人，而未進窺其盡己安命卓識遠鑒，以慈母爲良師，以列女備士大夫之志事，根於至性，發於毫端，如是其純粹而光明、和平而愷惻也。集中五言，如"修名不早立，妻子寒無衾""人生知盡分，豈敢希不朽""白日忽已中，夏綠隤其黃""六翮苟不齊，何以凌長風"，七言如"雪重窗寒剪聲小，官河水乾日一尺"等句，於感逝受遺，銜辛茹蘗，觸緒紛來，而音節蒼涼，詞意凄惻，古人何以過！尤可異者，慘沮之中絶無衰颯氣，如《辛卯感懷》："白頭纖屨憐衰病，紫禁含香恐後時。仰首青雲數行淚，從來天道佑孤兒。"蓋聞心牧鄉試報罷，寄詩慰安之也。後十五年丙午，心牧始舉京兆。又三年己酉，成進士，官户部，而太恭人已前歿。今覆取前詩讀之，則自心牧困躓場屋二十餘年之前，已若燭照數計而逆知心牧之必有今日然者，豈太恭人安貞静壹自信必有獲福於天之理耶？抑心牧髫年早慧，有異常兒，見其微而知其著也？又有句云"一生詞賦慕東征"，知太恭人初心未嘗不願身逮禄養。今心牧以名進士起家，歷望郎，出守劇郡，兩子俱讀書力學，且抱孫，天道之佑孤兒，太恭人前言盡驗，何不使尚留老眼，扶杖含飴，而風木早悲，卒符後時之讖！豈天道固未能盡如人意，佑之於此仍有靳之於彼者，而太恭人亦已先見及之也？世銘以葭莩子弟，自開編莊誦，爲之數日不怡，況心牧親爲腹出之子，幼而鞠養教督，長而慰安期勉，不啻一篇三致意，固宜每一展卷，失聲慟哭，涕泗橫流，幾欲同蓼莪之廢。雖戚好投分二十餘年如世銘者，亦不忍輕出與之共讀，至今日而始令校之而序之也。心牧初名沅，太恭人爲更今名，集中仍其舊名者，重手迹也。

嘉慶三年四月既望，同里姻再侄管世銘謹序。

——《晚翠軒遺稿》卷首

浣青詩草序

〔清〕管世銘

余屢遊京兆，嘗寄食錢尚書文敏公邸第，禮遇甚深。入後閣，謁金夫人，於戚誼爲吾母外妹，則尤子畜之，家事曲折無不悉。女弟浣青氏，以孝慧稱，文敏公屢見之詩文，珍惜出兩公子右，若恨其不爲男子者。已又獲交於浣青季父竹初，爲余道能詩兼熟史事，余心志之。而浣青已從其夫子漫亭崔君官秦中，未嘗聞問也。乙未春，余計偕北行，以族叔校禮闈，格不與試，竹初旋亦報罷，將省浣青而歸。時漫亭已有丈夫子五人，遺書屬延館師，竹初乃邀余往，且曰："崔郎，賢主人；兄女，亦巾幗中士流也。"因治裝偕行。既抵頻陽，長日多暇，竹初倡舉爲詩。時外弟楊子與岑，及竹初兄子味菽先在，益相與張之，每刻燭分題。浣青輒命兒子景儀録韻以入，座未畢賦而浣青詩出焉，必有幽夐之韵、挺特之識，不類尋常閨閤者之所爲，益信竹初前言，而余十數年周旋文敏公門下，猶愧知之不盡者，何浣青之善自韜匿，不欲以工詩著也！乃從竹初乞其全稿讀之，自三唐兩宋以及近代作者，無不出入沾溉，如吳綾越紗、蜀錦西絨，各自成匹，而一軌於性情之正。蓋浣青幼爲文敏公鍾愛，詩法多經口授。其與竹初齒相若，時從問字。漫亭以弱冠登進士，覃心簡籍，夫婦相切劇，亦如賓友，然浣青既擅奇慧，而自在室以迄甥館，風雅獲益，皆不出家庭，可不爲厚幸哉！又，浣青，金之自出，廉使定濤先生之太夫人方、淑人楊，皆有詩集行世，浣青之外曾祖母、外祖母也。杜詩"內外名家流"，浣青之謂耶？其所從來遠矣。

乾隆乙未九月，韜山管世銘拜跋於富平官舍。

——《浣青詩草》卷首

澹韡軒初稿序
〔清〕劉曉華

曉華竊聞年丈張宛鄰先生論詩之旨，以爲詩者思也，苟攖其心，必動乎情，情動則思，思久而情益深。一旦身之所接，目之所見，忽若與吾相感觸，而有以寓其不能言之情。故詩有六義，一曰興。興者，情與辭比者也。情辭比，神理具，鏗鏘以爲音，頓挫以爲節，務有以宣其纏綿鬱積、煩冤悱惻、咄嗟不能已之情，則詩之道畢矣。先生嘗取自漢以來十一朝百七十一家之詩，并無名氏以及樂府歌辭、古歌謠之屬，而第錄之，凡得詩千一百十八首，條述其旨義，開雕以行世，而撮序其大意如此。先生既没，曉華乃從先生仲子仲遠受讀之。又得讀先生所著《宛鄰集》，又先生配湯孺人之詩，以逮仲遠姊弟諸人之論撰焉。蓋惟東京班氏，以叔皮爲父，孟堅、仲叔爲子，惠班爲女，爲古今之最著。厥後晋之左氏、宋之鮑氏，一家僅得一二人。他如江左王、謝諸族，雖號人人有集，而女子之作鮮傳。唐之河南劉氏、扶風竇氏，父子兄弟同時稱詩，而門以內亦無聞。張氏自茗柯、宛鄰兩先生以降，具有專集。聖世文治之隆，積爲一門風雅，述作之盛，至於此極。嗚呼，豈第一家一州之私美而已哉！曉華竊又以爲自今承學之士欲從事於詩者，不可不讀先生所錄古人詩，以得其情辭、神理、音節之所在；即又不可不讀先生一門之詩，以得學古人者情辭、神理、音節之所在。不知古則不得詩所從入，不知今則不得詩所出；不得所從入則矩矱隳，不得所從出則性真澌，均之無與乎溫柔敦厚之教者也。先生遺稿數十萬言，次第刊布，與茗柯先生之書并行。而湯孺人及先生仲女緯青之詩亦皆付刻。兹仲遠又將刻其伯姊孟緹夫人《澹韡軒詩》四卷，附以詞一卷，屬曉華任校勘之役，既又命爲序。曉華固束髮受詩於先大父，迄今未有成就者也，不敢輕有所言，乃即所聞先生論詩之緒言，及私心所景慕者，以復之如此云。

道光庚子十一月朔，武進劉曉華。

——《澹蘜軒初稿》卷首

澹蘜軒初稿後序

〔清〕張紈英

古之學者或優遊而自得，或艱苦而後成，然皆處寬閒之時，資講授之益，故雖質有上下，獲有難易，而及其成功一也。若吾伯姊孟緹之爲詩則不然。姊幼時，先府君恒遠遊，先孺人躬自操作，姊六七歲即能分勞。年及笄，治中饋井井有法，孺人極愛之。然苦家貧，且無暇，未能使讀書也。偶授唐人詩，姊輒好之，然不能時授，乃與仲姊緯青私取唐人詩、宋人詞讀之，初不能辨識文字，數日則恍然如宿習，又數日則窅然通其義，於是盡讀家藏書。凡汲炊、烹飪、洒掃、浣濯、針綫、刀尺，皆置書其旁，且讀且作。仲姊則盡治一日事，俟孺人寢乃讀書達旦，明日治事如故，孺人雖呵禁之，勿輟也。後姊以過勞故，多疾病，恒經月處床褥，然益伏枕讀書。故鏡臺、妝匣、衾枕之畔，皆簡册堆積，至今以爲常。姊嘗言：讀書不得其解，思之竟日夜，倦極酣睡，晨起輒能解，不自知其所由。嘗得句以爲詞也，而不知於調何屬，遍檢舊詞，得一調適合，則大喜，因作成之。初學爲詩，數日乃成一篇，後則一日可成數篇。仲姊亦言：凡讀詩則如身入詩中，爲詩則如心遊身外。身所未歷之境，心能歷之；言所未達之情，心能會之。故其爲詩，多有得之於夢寐者。姊年二十三，府君自中州歸，姊及仲姊皆積稿成帙。府君喟然曰："是皆美才，惜吾奔走風塵，不能親爲指授，負是才矣！"因爲講説大義，姊乃竊喜自負，學亦日進。道光甲申，府君官山東，諸女皆隨侍。定省之際，常論説今古，評騭詩詞以爲樂。而其時仲姊已前卒，府君每以爲恨，以故不敢時時請業，恐觸府君悲。日月不居，府君、孺人相繼棄養，姊復從宦京師，親理内政，三舉子女皆不育，姊弟分散，南北相隔，悲悼慷慨、盛衰離合之感，悉發之於詩。於是詩乃益工，而姊亦將老矣。計自學詩以來，井臼間之，疾病間之，死喪間之，兒女間之，處寬閒之日未能五六年，而又無師友督課之助，徒冥心潛索以幾於成。誠使假以時日，責以專心，其所造詣又當何如？惜乎其未能也！明年爲姊五十初度，仲遠弟取所爲詩删爲四卷、詞一卷刊之。姊之詩視世之爲詩者，或工，或否，非余所敢知，而其爲詩之艱苦勤困若此之甚，恐亦非今之爲詩者所及知也。嗟乎！古有身處富貴而名没不彰者，有貧賤窮困而聲稱不泯者，恒視人之自立焉。詩詞雖小道，其亦猶是耶？獨嘆余之承學易於姊且數倍，而質性愚暗，功力淺薄，因循歲月，迄於無成。展讀此編，不禁愧恨交并，不能自已也。

庚子冬十二月，同懷妹紈英。

——《澹蔛軒初稿》卷末

綠槐書屋詩稿序

〔清〕章岳鎮

綠槐書屋詩者，孫夫人婉紃作也。夫人前館陶令張宛鄰先生女，歸同里孫叔獻。夫人母湯孺人以賢明稱於鄉黨，有才識，善教子女，故四女皆賢，而夫人尤似其母。夫人始歸孫氏，得堂上懽，家之人咸宜之。初從舅官於安徽，舅罷官，適宛鄰先生官館陶，諸女皆隨侍，夫人亦趨省。後舅復官山西，未幾又罷歸，過館陶寢疾，夫人親侍疾。及卒，宛鄰先生爲營斂具，夫人泣白曰："大人固盛德，然送死大事，人子不能自謀，將何以爲人也？"乃盡出衣飾營棺衾，手自檢，一一如禮，宛鄰先生乃割公廨之室，俾爲喪主而自吊之。逾年，宛鄰先生卒於官，夫人乃護靈襯南歸，與弟仲遠同居，爲弟理家事，迄今十餘年，内外井井。夫人守禮而達權，性醇而識敏，行務修己而不加於人，有可以成夫之德而全夫之名者，無不盡也；有可以致益於弟者，無不致也。弟齒最幼，諸姊或長以倍，或十年，或七八年，幼撫之，長教之，故友愛彌篤，而於夫人尤加敬，家之事一決於夫人，嘗數千里走書商榷，夫人裁決多中事理，時人比之魏辛憲英。夫人幼讀書，三十後乃爲五古詩，法陶、阮而得其氣體，愴念先人，慨懷同氣，俯仰身世，悉歌詩以發之，然詞不必顯其意，意不必盡乎詞，蓋其志隱，其思深，故其意菀然而不可竟。自漢以來女子之能詩者，班婕好之悱惻，劉令嫻之婉約，庶幾似之，讀其詩，可以推其性情志節之所在矣。夫人既工詩，又善分隸，傳宛鄰先生北朝書法，然幼習女工，長習婦職，凡井臼米鹽持籌握算之事皆能之而親爲之。余嘗聞鄉先生言文辭非婦人之職，適足以墮正業、長浮靡而已，又言女子以無才爲德，每見銜文辭、逞才智者，咸替其家，蓋以才德兼備之爲難，而古賢女之不可復見也。若夫人者，又何尤焉！夫事有常變而理精，禮有經權而義一，婦人不與外事常也，然詩《葛覃》之序曰"又當輔佐君子求賢審官，知臣下之勤勞"，然則古之所謂賢婦人者，殆非徒勤内職而已也，若夫人者，殆亦變而不失其正者歟！余出於孫氏，與叔獻爲中表昆弟，又與夫人弟仲遠爲道義交，故嘗謁夫人而知其行誼爲最悉，讀其詩，因著其大略以爲之序，後之讀者毋徒以能詩女子目之。

道光乙巳九月，章岳鎮謹序。

——《綠槐書屋詩稿》卷首

鄰雲友月之居詩初稿序

〔清〕張曜孫

紃英，字若綺，先大夫宛鄰先生之季女，母湯宜人。先大夫女子子四：長曰孟緹；次曰緯青，年相若，笄時取家藏書共讀之，其不解者窮日夜以思，輒得解，遂爲詩。先大夫奇之，授以爲詩之法。次曰婉紃，若綺其季也。婉紃幼不爲詩，三十後乃爲之，工五言古詩。若綺幼敏慧，七齡即辨音聲，十歲詠海棠，姊賞其工，遂以爲詩易學也，姊有作亦效爲之。及歸王君，從先大夫官山東，舉子女，事親育子，不暇爲詩。又得聞先大夫之教，知詩之道非苟而已也，遂以爲難而不敢輕作。及歸居常州，王君常客遊，中饋門户米鹽之事，雜然勞瘁，所作益少。然感逝傷離，性情所至，寄於歌詠，沉鬱清迥，纏綿婉約，如其爲人。年四十，復爲古文辭，簡質雅潔，天然雋永，見者皆不之信，以爲出於王君，而王君謝未能也。凡余女兄之所爲，皆出乎天質，類世所云宿慧者。顧吾聞之，"詩者，思也"，思者，志之所發，故曰"在心爲志，發言爲詩"。人有是志，則皆有是思。而明其志以達其思，專其志以壹其思，則有能有不能，此天質之説也。夫至專其志，壹其思，則天下無不可明之理，不可達之事物，而何有於爲詩？由是知詩教之足以通神明，理萬變，達之天下而成化，垂之百世而胥感者，蓋有其本焉。歌詠之工與否，末也。若綺之詩，其工與否不必言，而皆率其性情，抒其懷抱，庶幾有合於詩教之本。他日益進求之，其所至未可知也。緯青早卒，詩曰《緯青遺稿》，孟緹詩詞曰《澹鞠軒稿》，婉紃詩曰《綠槐書屋詩稿》，并已刊行，暇當彙編之，以存先大夫、宜人之教澤焉。

道光二十九年閏四月，陽湖張曜孫。

——《鄰雲友月之居存初稿》卷首

餐楓館文集序

〔清〕張曜孫

先世父皋文先生倡古文，學蓋出於桐城劉海峰，由望溪以追昌黎氏，繼之者惲先生子居、吳先生仲倫，後之爲者遂衆。先大夫與世父同學，曜孫親受法於先大夫，又從從兄彦惟先生得世父緒論及手評乙之書，顧性魯鈍，學力復淺，爲之不能工，益畏而不敢爲，而季姊若綺獨好之。初未見其爲文也，年四十，忽爲文示余，余以爲工，姊未信也。以示姊婿王君，王君亦以爲工，姊曰："爲文若是，其易邪！"余曰："姊初爲詩亦以爲易，後乃知其難。此天質之美，不可棄也，願終學焉。"姊乃益讀書爲文不輟。此卷中《澹鞠軒詩後序》，爲文之第一首也。其後余愧未能，亦稍稍用力，然作輟相間，迄未能工。

今則奔走一官，益不復有讀書之暇。姊今五十，余亦四十二矣，老之將至，學將安成？先大夫、世父之緒，恐將藉姊繼之。校刊是編，不覺怒然生感也。伯姊孟緹嘗輯閨中詩爲《國朝列女詩錄》，若綺爲作傳，先後得若干首，孟緹全書尚未成，先附刊焉。

道光二十九年十二月，同懷弟張曜孫。

——《餐楓館文集》卷首

倩影樓遺稿序

〔清〕魏謙升

《禮記·昏義》云"教以婦德、婦言、婦容、婦功"，四者惟德最難，而言即次於德。漢鄭氏訓"言"爲"辭令"，元都昌陳氏《集説》因之。蓋非徒出言有章，而文詞之工亦賅之矣。陸芝仙女士爲謝嘯林大使之配，著籍陽湖，從宦兩浙。生有清才，自然好學。工爲古今體詩，旁及填詞，皆有法度。嘯林官於杭，其署去余家祇里許，時相過從。一日出示其所著《嘯餘吟草》及《隨宦吟》二種，屬爲點定。余讀之，一往有深情，如桓子野每聞清歌，輒喚奈何。遂題詩卷端云："百篇詩好篝燈讀，窗外西風送莫秋。懷橘家聲餐早潔，頌椒才筆藻非浮。竹松哦句曾從宦，花月填詞可散愁。何幸魚騈駐臣里，酒襟猶自戀杭州。"返其稿，而以余所作《攘臂吟》二卷還質之。不三日，題《浪淘沙》一闋寄還，清思速藻，信未易才。今年首夏，内子周暖姝招芝仙及里中閨秀吳蘋香女兄同過小園，清尊絲竹，常日如年。携扇登致爽臺，坐綠陰中，望湖上夕陽山色，清風徐來，衣袂飄舉。芝仙顧而樂之，謂久别西湖，今日之樂，不可多得。未幾，遂還毗陵，焚稿哭兄，事多拂意，有難以言傳者，深可慨也。余謂若芝仙者，閨房之秀，有林下風，其才其貌，仕女中罕有倫比。女紅中饋，莫不精能，《禮》所云德、容、功者皆備，又不僅辭令之工而已。然杜少陵詩云"文章憎命達"，古來閨媛，才與福每不能兼。惟願芝仙此後之屏棄文字，斂其才華，而自求多福也。

咸豐乙卯重九，錢塘魏謙升撰。

——《倩影樓遺稿》卷首

冷吟仙館詩稿序

〔清〕周天麟

定襄曾大令旭初，出其節母冰如左夫人《冷吟仙館詩》七卷、《詩餘》一卷，問序於余。余與曾君爲世好，雖不文，奚以辭！初余官農曹，吾鄉左巢生先生時以名宿就京秩，學植素豐，兼峙品節。余曾以後輩禮晋謁，得聆言論，心實敬憚之。先生多女公子，皆賢而有才。夫人其季女也，酒漿黹繡外，能讀父書，精繪事，而尤工爲詩詞。其姊芙江夫人歸袁厚庵太史，夫人亦遂歸吟村。吟村洸洸忠義君子也，與余官同曹，居同巷，風雨晦明，過從罔間。方咸、同間，天下多故，吟村酒酣耳熱，縱譚當世事，激昂慷慨，滾滾不肯休。間出其閨中唱和詩見示，又皆琅琅可誦，以是益知夫人之才而賢。迨吟村出守章江，廉明有聲。曾文正公召之戎幕，卒以勞瘁致命於王事，克膺茂典，而余乃以一官奔走於魯衛秦晉之邦，迄無寧日，蓋其間聚散存亡之感，已三十年於茲矣。今吟村不可復作，巢生先生與厚庵亦先後歸道山。回憶春明佳日，二三同志晨夕素心，曾幾何時，遂成疇曩。不謂老成矩矱，猶得於夫人詩中仿佛遇之，又豈非余之幸哉！而既侍其父，復友其夫，又同仕一方，共寮寀於其子，且拭目而觀其治績之成焉，余之老抑又可知矣，此余之所以不能已於言也。夫人早年歷艱苦，故其詩多幽怨，發於真性情，大率清微婉約，出入中晚，而《述祖德》篇風格尤近康樂。至於詞，則清真一派，不讓玉田，皆必傳之作也。因其嗣君旭初之請，謹序而歸之。

　　光緒十年甲申七月八日，石君周天麟拜書於晉陽節署之忠益閣。

——《冷吟仙館詩稿》卷首

古歡室詩詞集序
〔清〕繆荃孫

　　同治初年，荃孫游於湯秋史先生之門，時華陽曾吟村太僕之配左恭人時來湯寓，先生爲荃孫言庚子年誼，兼托葭莩，遂謁恭人於城南。青綾障下，妻聆雅語。諗知恭人有二姊，一適姚，一適袁，均擅詩詞書畫，爲吾鄉盛事。恭人卜居萬里橋西，與浣花草堂相望。老屋數椽，斜枕流水，波聲嗚咽，遙通蜀江，籠竹浮烟，綠陰岑寂。名流勝地，迄今猶形之夢寐。恭人膝下四子五女，鶂雛繞膝，聞者艷之。繼而恭人長婿袁君幼庵入贅，與荃孫序丁酉世昆，英氣妙才，締交不暇。再數年，又見其五婿張君子馥，而三子蜀章亦英英露爽，此皆在蜀時也。洎荃孫官京師，幼安己卯捷，出宰皖省，蜀章己丑捷，子馥壬辰捷，均得京秩，過從尤數。後荃孫與掌院徐相不合，乞祠祿於鍾山，幼庵官懷寧，常通音問。時選《常州詞錄》，而閨秀一門，《紅蕉》《冷雲》兩集未睹全稿，僅從選本錄入，深以爲歉。今春鄂遊，遇幼庵於輪舶，廿年別緒，一旦傾寫。方諗伯淵女士工書畫，善詩詞，有母氏風，旋見視《古歡室全集》，唐音宋派，卓然名家。蓋以冷雲爲之母，紅蕉爲之姑，蜀章、季碩爲之弟妹，家學淵源，流傳有緒，根柢厚而閱歷深，自不同於嚶鳴以爲聲、襞績以爲富者。昔會稽祁氏商夫人眉生有嗣音、雲衣爲姊妹，有弢英、修嫣、湘君爲之女，而《錦囊》《綠窗》等集、《未焚》《寄雲》各草早已流播藝苑。再求之近代，武進張翰風先生之女孟緹有《澹菊軒集》，婉紃有《綠槐書屋集》，若綺有《餐楓館集》，而王氏采蘋、采繁亦各成家。一門之內，風雅相高，上儗祁氏，後先輝映。然以視《古歡》，其家庭唱酬之樂則同，而黻佩相莊，蘭玉競爽，古今才媛不可多得之遇，以一身兼之，則又獨異也。荃孫行年六十，日就衰頹，文采消沉，何足爲斯編冠冕，唯述四十年來離合踪迹，以寄感慨，而《古歡》胚胎前光，獨秀彤史，爰志欽佩，且質之幼庵焉。

光緒甲辰，江陰繆荃孫序於雲自在龕。

——《古歡室詩詞集》卷首

荆川傳稿序

〔明〕孫慎行

國家以時義取士，蓋二百五十年，而稱大家宗盟者四人，震澤王先生、虞山瞿先生是也，吾邑獨得二人：方山先生薛、荆翁先生唐。翁舉尤少年，集中義半係仕後群諸弟子肄業焉，而自爲之以式，即世尤爭傳之。聞方山諸義所傳於世者亦然，蓋學不邃不老則味不長，味不長則不足以厭群情，使不可移易。蓋學之不可以已也如是。翁精心理學，沉酣諸子史百氏，古文辭業上接八大家，而以其餘發之時義，匠心精謹，律韵冲調，其平若規規帖括，而其高乃材人傑士之所不能措手。以大家名者幾百年，徒耳相傳以熟耳，其能學之有得而爲時用者，吾未見其人也。即其初未有得而以娛，於仕後學焉不已者，吾益未見其人也。誦之宛然見聖賢之語氣，而循是以窺索聖賢之精神，直可以終身焉而不厭，歷千萬變化而莫能逾。然則是集也，真六藝之羽翼，非獨一代之楷模已矣。集舊有全刻，其總採諸名公批贊而重爲闡行者，曾孫獻可也；其艾首望洋而略爲序大概者，外孫孫慎行也。

——《荆川傳稿》卷首

管韞山刻時文序

〔清〕周景益

元崔君舉爲王天與作《尚書纂傳後序》有云："場屋之士，決得失於一夫，承訛習舛而無所忌。然如舜禹授受十六字，得徐景說演明之；立政任準牧三事，因陳行之而正釋者之誤。"長老皆言，渡江建學百年間，陳、徐二上舍始發先儒之不及，可見昔人場屋文字，未嘗不以通經學古爲高。今制義肇自前明王、唐、歸、胡、金、陳、章、黃，以及國朝熊、劉諸大家之文，幾於無奇不搜，無美不備。然文章體格有盡而義理日出而不窮，是以李厚庵、韓慕廬、方伯川、望溪諸先生專於義理求勝，復能各開生面，卓然成家，未嘗不謹守傳注而識力透到，往往補傳注之所不及。如"寒碧齋子聞之　謂門弟子"一節題文，見得聖人實爲下學正告，視大注謙字之義爲深廣矣；"自知集子路　宿於石門"一節題文，見得晨門是聖人第一知己，視大注譏字之義爲高遠矣。至《榕村藏稿》《抗希堂稿》，此例尤多，不可枚舉。就令程朱可作，亦必急許其深於經法而捨己以從之，不當以爲與吾前説稍有參差而斥絶之也。夫説經之家，廣爲訓詁、語録，即有卓越之見，而世恒束閣不觀。莫若就人人共業之文，發揮搜剔，使聖賢未泄之蘊、儒先未啓之高，如嶺雲川月，探之不窮；如海鹽山銅，挹之愈出。豈不於經傳爲有功，世道人心爲有益，而制義將自兹不廢哉！吾友管子韞山，詩古文詞皆足名家，而尤深於制藝，艱苦場屋者二十年，通籍後猶講求不輟。其平日嘗持此論，而文不愧其言。己未刻稿共若干首，經余手定者什八九，因以弁言屬余。余交韞山最厚，知韞山最深，義不得而辭。而業散見於各篇之評跋，無取乎詞之贅也。姑櫽括韞山平日論文大旨，標識之於卷首，俾善讀韞山之文者，知其用意之所在，與夫得力之所由，油然勃然，感動激發，必有以論定而位置之也，固不俟余之有言也夫。

乾隆四十六年六月，同里年愚弟周景益序。

——《韞山堂時文初集》卷首

管韞山續刻時文序

〔清〕錢維喬

文章與政事有二道乎？曰有之。其爲文也不軌于理，惟詞華是尚，是無可措諸實用也。古文與今文有二致乎？曰有之。其爲文也揣摩爲工，期弋取科第而止，是言之無物，非古作者之旨也。夫取士以四書文，四書皆聖賢之言，所以垂教萬世，學問經濟備焉，而謂詮發而闡明之無益於身心，可乎？果無益焉，是末流之庸腐而咎不關體製也。謂予不信，請觀吾友韞山之文。韞山始刊其制義，時甫登賢書，諸生佔畢之業爲多。歲乙巳，予以計吏入都，復見其續刻如干首，此韞山通籍後作也。其氣之疏以達，其辭之醇而肆，其取材經史、補益傳疏猶夫前，無事贅述。惟是韞山官農曹，卓然以幹濟稱，而予曩者於韞山之文，見其洞悉人情物理，通達世故，早識爲有用才，非陋儒璑璑可比，則不自今日矣。夫文章爲立言之一端，苟失其所以立言之本，雖祭獺以爲富，點鬼以爲奇，佶屈聱牙以爲奧，貌襲《都》《京》，皮傅沈、宋，奚當于大雅！其既也，如朝槿之萎落焉。若夫題不越乎里塾，譚不外乎老生，而尋常一章一句中有足以發揮事理，攄寫蘊抱，罄其所欲言而行之可遠，又何今之非古乎！韞山既登朝爲經師，如寒士，予宿其齋中，見其辨色起，與生徒孜孜講貫，然後升車趨曹署。古人云坐而言，起而行，韞山殆無愧矣。論者謂士子貢身以八比文，而所以致用不在是，有訾爲可廢者，盍取韞山之文示之？

時乾隆丙午四月，同里年愚弟錢維喬書於董江官舍之小林栖。

——《韞山堂時文二集》卷首

管韞山三刻時文序

〔清〕董思駉

吾友管韞山農部，於甲午、乙巳前後兩梓其文，同里周子宿航、錢子竹初爲之序，世既爭先快睹矣。近日門下士又裒其自丙午至癸丑所作，掇其尤，編爲第三集。韞山雅不欲乞言於鉅公貴人，而以屬思駉。追維獲與韞山論文，稍在宿航、竹初後，而切劚沾丐二十餘年，能言其用意得力之所在，則亦有不得而辭者矣。韞山嘗言傳注解經，終是離而二之，制義代言，直與聖賢爲一，不得不逼入深細。且《章句》《集傳》本以講學，其時今文之體未興，大注極有至理名言而不可入語氣，最宜分別觀之。設朱子之前已有時文，其精審更當不止於是。又嘗言文章境地可到，常若有域焉以限之，惟苦心強力之至者，歲引月伸，晨摩夕蕩，遲之又久，而此域豁然以開。身之遭值，目之俯仰，耳之聽受，莫非吾文之所取資，而字裏行間醇古茂密之氣，仍各視其所養之淺深以爲厚薄。韙哉言乎！非窮理績學實有心得，其能發前人未發之覆至於此極乎？近日時文稍覺不競，由於豪傑之士薄時文而不爲。問其所以薄而不爲，非曰抗心於經，即曰肆力於古。蓋嘗得其所著而讀之矣，搜秦漢之僻書，訂金石之奇字，異同疑似，累千百言而不休，實皆稗販他人以爲己有。孰能如韞山之洞見本原，直攄胸臆，如親承風旨於孔、曾、思、孟，言人之所不能言，而又適如人人意中之所欲出者乎！蒼莽以爲西京，雋永以爲六朝，上下馳騁以爲唐宋，而偏霸者不足於理，修飾者不充於氣，孰能如韞山持論則淺深大小皆宜，前後左右不相悖，搖筆則清深溫醇、雄剛簡切，投之所向，無不如志者乎？韞山於群經并有撰述，古體文字及古近體歌詩亦各成編數寸，顧皆韞而不出，獨出其時文以問世，蓋特以是爲乘韋之先、嚆矢之寓也。後之讀韞山時文者，知韞山固不止於時文，則韞山之全將見，而亦即韞山時文之所以能傳也歟！

乾隆五十有八年歲在癸丑六月，同里硯弟董思駉頓首拜序。

——《韞山堂時文三集》卷首

周宿航制義序

〔清〕管世銘

制義起於近代，抗心希古者，平時多不屑爲，而特降意於場屋，至時而強爲之，輒山野不能入格。其專工帖括者，繩趨軌步，既盡得其曲折，而未嘗沉浸古籍，以恢張而變化之，率皆老生常談，卑無高論，令人厭而思去。是以才高者軼於法，法密者窘於才，二者交譏，實則楚失而齊亦未爲得也。若既擅夫才，又習其法，足以矜能於一世矣，而文家境地所到，又若有域焉以限之。及其限之六七，已足獵高科，收顯譽。惟苦心強力之士進而不已，始克底乎其域，而無毫髮之歉焉。然猶致之於人，而非遇之以天也。必其苦心強力之尤至者，歲引月伸，晨摩夕蕩，遲之又久，而此域豁然以開，清光大來，杳無際極，視昔之與人爭勝者，概吐棄不足復道。身之遭值，目之俯仰，耳之聽受，莫非吾文之所取資，而字裏行間，醇古茂密之氣，仍各視其所養之深淺以爲厚薄。然則自茲以往，安有息肩止足之期哉！周子宿航與余生同里，齒同甲，少同塾，壯同遊，於文至老而同好，互爲師友者二十餘年，每出一篇，必手相論次。後皆得祿以仕，踪迹不合并者十餘年，而貽書相切劘，雖千里猶接席也。兩人爲文，生平未嘗相襲，大率余之文雄，宿航之文雅；余之文健，宿航之文深。論者或莫能優劣，而余文踔厲風發，惟恐人之不知；宿航文樸屬微至，汪洋澹泊，若無意於人之知。此余所以服膺宿航而默愧其弗如者也。至於經營之慘淡、會悟之超曠、卷帙之醞釀、山川之感發，刻畫天地之情狀，囊括古今之變態，意在一雪後來之業此者，勿卑其體格之後起，目爲絕遠於古文而僅域以章句小儒之所可到。吾兩人自信所見同、所歷同，以希鉅公先正則不敢知，而欲更舉平時文字之交增而加之，若不可得。陳思王有言："後世誰相知定吾文者耶？"言知己之貴同時也。余之文宿航既叙而行之矣，則余於宿航之文又烏可以無言也乎！

乾隆五十七年七月既望，同里年愚弟管世銘拜叙。

——《蒙香草堂時文全集》卷首

治經齋文稿序

〔清〕祁寯藻

宋以經義取士，但取疏通經旨而已。明初始創爲八比之式，體例繁密，其意將以此收天下之英雄於彀中，使不得逞其聰明才力，非如式者不錄，故中甲乙科者謂之中式。至我朝沿用不廢，可儀堂俞氏所選百二十名家稿，固其根柢光采過人，其於文理疏密之間，亦未嘗不斷斷也。然則此事乃國家功令，士人拜獻之資，非必藉此要没世名，乃矯激者故爲艱深刻苦不可解之文，否則務爲聲希味淡以自表異，一不得志於有司，輒悻悻不平，雖槁項黃馘，老死布褐，而不自咎其不如式之非，不亦慎哉！武進費畊亭先生爲江南老宿，以四書文名於時。嘉慶己卯會試禮部第一，出爲太守，敭歷監司，所至政聲洋溢，如其文名之盛，惜未竟厥志，遽以病歿。寯藻初與之交，知其文原本經史，極命八家，而又動中矩律，於場屋之命中如矢赴的，百不失一焉。蓋不事艱深刻苦與夫味淡聲希，而以中式爲程者也。通籍後，嘗撰《墨訣》一卷示人，門下士稱極盛，得其一知半解而取科第以去者相環也。嘉道兩朝，京朝談制藝者，先生一人而已。昔韓退之以古文起八代之衰，至以應試之作比之俳優，然其言曰：“既已爲之，則欲有所成就。”是知古之人雖明道篤學，而既已試於有司，則未有不求中其程度以冀得所成就。若先生之文非特成就一己，而復以之成就後進，其亦無戾乎退之之恉矣。令子幼亭太守少失怙，能守其家學，爲貧而仕，不及以科第進。茲重雕印先生《治經齋稿》，以惠士林，乞序於余。余嘗讀先生之母夫人《籌鐙課讀圖》而爲之賦詩，嘆其子能副母教，今於幼亭，又喜其孫之善繼父志也。

同治癸亥嘉平既望，壽陽祁寯藻拜序。

——《治經齋文稿》卷首

六大家文略序

〔明〕顧憲成

二懷蔡伯子敦行嗜古，予雅重焉。一日携《六大家文略》示予，曰：“此吾先孝廉受之荆川先生者也。今將梓而行之，敢乞子題其端！”予曰：“荆川先生之爲斯編也，何以哉？”伯子曰：“以諷世也。世之操觚者甲曰秦，乙曰漢，相與模擬以爲工，工則工矣，徐而求之，果秦乎漢乎否也？果秦乎漢乎，業已非吾本來面目。如其未也，優孟且掩口而笑之矣。先生目擊而有慨焉，故以諷也。”曰：“然則將使人轉而爲韓爲柳、爲歐爲蘇、爲王爲曾乎？”曰：“使人轉而爲韓爲柳、爲歐爲蘇、爲王爲曾，是亦優孟之屬也。”曰：“然則云何？”曰：“夫善爲文者，惟以寫其中之所自得而已矣。是故韓之前不聞有韓，至昌黎作而後有韓；柳之前不聞有柳，至柳州作而後有柳。眉山蘇氏父子兄弟自爲知己，亦各成一家。臨川、南豐翩翩雙美，不相假也，不相掩也。夫善爲文者，惟以寫其中之所自得而已矣，故以諷也。”曰：“大家云何？”曰：“以我役物之謂大，以物役我之謂小。以我役物，是故操縱闔闢，靡不在手。天之高，地之深，萬象之往來，千載之上，千載之下，一切紛馳於寸管，惟其指使。以物役我，是故甲曰秦，吾亦曰秦；乙曰漢，吾亦曰漢。規規焉咀左、馬諸人之粃糠，而冀肖其萬一，譬之剪綵爲花，驟而即之，非不燁燁可觀，徐而玩

728

之，風神色澤索然無有也，奚其文為？"余曰："美哉言乎！深於文矣，不可不表之以詔於世。"伯子曰："佞何知？蓋聞諸先孝廉，先孝廉聞諸荊川先生，荊川先生聞諸六大家。"予曰："若是，即以序斯編也，不亦可乎！"遂次而歸諸伯子。孝廉諱瀛，字汝登，有潛德，門人稱為少山先生。

——《顧端公文集》卷六

六家文略序

〔明〕唐鶴徵

先君子荊川翁既盡取周秦以下諸文，擇其至者為《文編》矣，又於《文編》擇其尤至者為《文略》，其人則自昌黎而下，河東、廬陵、眉山父子、金陵、南豐凡六家，其文則序、記、碑志、書、疏、論、策凡若干篇。夫自東西二京之後，其操觚染翰號稱作者無慮數十百人，而所取僅六家，六家之文毋慮數十百篇，而所取僅於若干，烏足以盡其文哉？夫亦取其至而可法者爾。夫巧心妙手，龍變雲蒸，幻化而不可測，莫文若也。就諸君子而譚，則人各自司造化，必不向如來行處投足。就一家而譚，則篇各自為機杼，必不取已鞢之芻狗而復陳。吾意諸君子且不得先有法於胸中以為之，又烏得擬其法而肖之哉！況是編亦何必盡文之法也！雖然，藝猶藉法以授其巧，獨於文乎！大都智者得其一二而有餘，拙者習其千萬而不足，故夫擬迹而求契，摹象而肖形，是宋人之為楮葉也。鋒殺莖柯，毫芒繁澤，亂之楮葉中而不可別，生色微矣。捨津筏蹊徑之外而求之神理意匠之先，則師文之所以學琴也，所存者不在絃，所志者不在聲，而得之心，應之手已。今之譚藝者，游左、莊之樊而掇其字焉，涉班、馬之波而剽其句焉，天吳紫鳳，紕綴棼錯，號於人曰西京。西京以視六家，不啻鼎彝之於瓦缽磁甌矣。嗚呼！信如是而可以為文也，何以諸君子之才之力不能一出其途而爭勝也？豈其才力盡出今人下哉？必不然矣。才力不出今人下而不為今人之所為，其故可知矣。蓋嘗聞達摩大士之西歸矣，屬其徒自徵所得，多在皮毛肉骨間，最後慧可乃得其髓，正法眼藏因以付之，是得其髓，雖皮毛肉骨無一類焉，迺其人也不得其髓，雖皮毛肉骨無弗類焉，非之非也。然則譚藝者雖字字句句悉左、莊、班、馬，六家終不以其髓易之矣。或曰："何不并左、莊、班、馬而存之？"嗟嗟！法六家正所以法左、莊、班、馬也，心心相授，豈必盡與華嚴一會哉！然則讀是編者，亦求得乎六家之髓而已矣。得六家之髓，則位置開闔，抑揚反覆，一不類焉，謂之一一肖其法焉可也，謂能盡其法之所未至亦可也，何者？此固六家諸君子之所以學左、莊、班、馬也。錫邑蔡公瀛嘗游於先君子之門，頗稱巨子，先君子手是編授之。既而先君子與公相繼淪喪，垂四十年，其子望卿追念父師，

序跋／集部

729

舉是編刻之。嘉靖中嘗以業制舉者，故刻其論、策以行，記、序、碑、志、書、疏未之刻也，迺論、策之梓亦久漫漶，學者爭思見之，而世之作者漸厭彼而趨此，蓋粉黛之色澤可眩目於一時，菽粟之至味固萬古如新也。更得是編而讀之，不憬然覺、幡然改步者，非夫矣。

萬曆辛丑嘉平月，不肖男鶴徵謹書。

——《毗陵唐氏家譜》第二十五冊

文編序
〔明〕唐順之

歐陽子述楊子雲之言曰："斷木爲棋，梡革爲鞠，莫不有法，而況於書乎？"然則又況於文乎？以爲神明乎吾心而止矣，則三三三之畫亦贅矣，然而畫非贅也，神明之用所不得已也。畫非贅，則所謂一與言爲二，二與一爲三，自茲以往，巧歷不能盡，而文不可勝窮矣。文而至於不可勝窮，其亦有不得已而然者乎？然則不能無文，而文不能無法。是編者，文之工匠而法之至也。聖人以神明而達之於文，文士研精于文以窺神明之奧。其窺之也有偏有全，有小有大，有駁有醇，而皆有得也，而神明未嘗不在焉。所謂法者，神明之變化也。《易》曰："剛柔交錯，天文也；文明以止，人文也。"學者觀之，可以知所謂法矣。

嘉靖丙辰夏五月既望，武進唐順之應德甫書。

——《文編》卷首

二妙集序
〔明〕萬士和

天地與人一精神也，天地不言而人代之言，傳天地之精神者人，傳人之精神者言。言有條理脉絡謂之文，韵其文而中於音響謂之詩，詩者文之變，其條理脉絡傳精神於不朽一也。精神在內，不可不同；文詞在外，不必盡同。雖其不同而條理脉絡不失分毫，乃所以爲同也。自有文字以來，凡專門名家，未嘗一一摹擬古人，豈徒不摹擬而已，乃曰汲汲乎陳言之務去，曰文章最忌隨人後，其於古人已言辟之芻狗弗陳也，然而文之條理脉絡高古典雅，視古人如出一轍，良以精神作用千變萬化，不可捉摸，靈光發露，照曜古今，蓋其機神矣，不得於此者，雖依憑假借之工，然而終不近也。造化之生人，面目毛髮無一相似，其生草木也，枝枝葉葉，千態萬狀，然不害其同。刻畫以像人，剪綵以爲花，其有同乎否也？詩自《三百篇》後，變爲離騷，又變爲五言古選，其體不一，而縱橫變化，條理脉絡未之有改，故載其精神以傳，唐人承六朝風雲月露之習，變而爲律，其中卓絕自得者固不乏人，然浸淫花柳，流連景致，於自家性情漸不干涉，故其義淺，其體方，觀者不待終篇，而命詞遣意可以揣而知矣。獨老杜出，讀書萬卷，下筆有神，變化不測，詞格高古，足以軼漢魏而追騷雅，後之談詩者不此之求，猶憑藉於花柳光景之間，而曰此唐句也，甚者倡爲詩有別趣而非關理之説。夫天地間不過一理，理益邃則趣益深，若不關理，則精神既少，意味索然，趣何從生！説者謬妄如是而世踵焉，惑矣。吾師荆川先生學貫天人，博極今古，早歲入翰林時，其詩文猶事摹擬。及其投閑林下二十餘年，收攝精神，涵濡停蓄，道器融液，是雖無意爲詩，而神通聖解，超玄入妙，不煩繩墨，追步作者。嘗曰：詩文俱有丹頭。又曰：作詩文者要得圓機。又曰：學者須先辨雅俗，一入俗語，最不可轉，但得丹頭圓機在手，則不患其不雅。不然，雖極力依仿，愈近愈差，終不免委靡而俗。又曰：文字俱有一脉相傳，韓、歐、蘇、曾輩之傳班、馬，山谷、荆公輩之傳老杜，真親受業弟子，如禪家之正法眼印證不差。余時進曰："所謂丹頭者精神也，圓機者精神之用也，一脉相傳者，傳其精神骨髓也。"先生首肯之，曰："精神骨髓固同，須知其詞語古雅，亦無分毫差却，乃爲盡之。"余因謂天地間只有一精神充滿，仙佛之徒全挾此誇世，雖一技一藝如解牛斫輪，非此則不奇絶。下至妖狐山鬼能作怪幻者，亦是盜此一隙靈光簸弄，不然則泯泯焉爾。"先生曰："得之矣。"先生嘗選漢魏以來古選、歌行、絶句、律詩各若干首，龍溪王氏名之曰《二妙集》，蓋用白沙語，謂其理法俱妙，然要之無二也。集成而世無好者，余嘗過武林，遇上虞徐龍川子，曰："盍刻之以廣其傳？"余曰："如人之不好何？"徐子曰："雖然，姑刻之。"先生於七言律絶揀選尤嚴，余因刻此一種，并增入先生所作，分十二卷，而識昔所聞以題其首，每卷復以鄙見綴一轉語於後，使世之觀者反諸性情之正，以求其所以自得，且一掃談詩者之障礙，庶幾古雅復見於今矣。若曰刻畫爲人，剪綵爲花，以爲自得，非余之敢知也。

————《萬文恭公摘集》卷四

孫宗伯唐詩選序

〔明〕鄭 鄤

《詩》與《禮》、《樂》并學，吾夫子之教也，"興于《詩》，立于《禮》，成于《樂》"，是也。《詩》與《書》并學，孟子之教也，"誦其《詩》，讀其《書》"，所以知人而論世也。《詩》與《春秋》并學，亦孟子之教也，"《詩》亡然後《春秋》作"是也。乃予獨謂《詩》與《易》相表裏，何也？六經垂世先王之志，皆典要之書也，惟《易》不可爲典要而後知天心之至變，惟《詩》不可爲典要而後知人心之至變，故曰："變動不居，周流六虛。"又曰："神而明之，存乎其人。"吾夫子于學《禮》、學《樂》、學《書》、學《春秋》之法不甚詳,而于《詩》一再言之,且舉商與賜之可與言《詩》者爲法,斯亦千古説詩之案已。繼《詩》者莫如《騷》,《騷》無一襲《詩》之語,并未嘗有擬《詩》之意,而人人信爲續《詩》無異詞者,此千古不亡之詩,亦千古不絶之《春秋》也。《春秋》明直道,《詩》實先之,故陳詩觀民風,先王特採之于無意,上與下不必相求而相應,故直道行也。至唐以詩取士,利禄入乎胸中,則先王之志荒矣,然而忠臣孝子之激昂、征夫閨婦之寄托不能已于言,而不能盡之于言,無不可盡之言,而不必人知我之言者皆于是乎在,第貞淫正邪漓于後人之手眼者多矣。孫宗伯淇翁先生舊有《詩》説,謂《詩》亡爲直亡,而慨嘆于靈均之以婉廢,質之千古,可以不惑。近復得選唐詩全帙,鄭受讀之,盡然深感。其選蓋成于逆魏毒焰甫熄之時,昔人云作《易》者其有憂患乎?余亦云選是詩者其有憂患乎?蓋先生生平學問莫深于《易》,《易》爲君子用,不爲小人用;《詩》爲忠孝節義用,不爲匪人用。如先生用《易》而後可以選詩。後有能讀先生之選詩者,即可以知《易》,如是而後可以窮天人之變,而六經聖學亦次第燦然已。卷中若白香山樂府,先生以爲是選詩之原,至李青蓮諸什,直謂詩中之經。此千古特識,知其解者旦暮遇之也。

——《崧陽草堂文集》卷四

唐八家詩鈔序

〔清〕沈德潛

　　唐宋人選唐詩,共得十種,後楊伯謙有《唐詩選》,高廷禮有《唐詩品彙》,又有《正聲》,皆選一代之詩,無鈔大家名家幾人成一集者。國朝王文簡漁洋與林吉人書,欲刻李供奉、杜拾遺、王右丞、孟襄陽、韋左司、柳柳州、韓吏部、李玉溪八家詩,然有其志未果。武進陳生服旃服膺其語,於八家全集中擇其純粹以精者,彙而鎸之,凡後人贋作竄入諸篇,輒從删薙。予一一披覽,知詩人之體格議論、遠神逸韵,千變萬化,鬼出神入,而一歸於正者,罔弗備於斯焉。天空超曠,如飛仙劍俠之莫窮其迹者,李供奉也。拔地倚天,千門萬户,沉鬱頓挫,而動念不忘君國者,杜拾遺也。王右丞之超禪入妙,孟襄陽之清遠閒放,韋左司之冲和自然,柳柳州之清峭俊潔,皆宗陶而各得其性之所近。韓吏部不受李、杜束縛,而自成奇倔。李玉溪難言時事,托爲夫婦男女,纏綿温麗,而時露正旨。八家之詩,洵可概一朝之詩也。服旃以之自課,亦以之行遠。藝林中或喜習專家,或并習八家,用功深者,其收名也遠。習專家者,可成名家;習八家者,何不可成大家?是鈔也,有以補從前選體所無,有以成漁洋未成之志,有以開後來選家搜討之法,斯亦詩壇盛事也矣。

抑予又有爲服旃請者：宋代有蘇子瞻之天才奔放，金銀銅錫，熔冶一爐；陸務觀之志在復讎，古體沉雄，近體工穩；金人有元遺山之遭時變亂，登臨憑弔，聲與泪俱，皆可續八家之後者。付之剞劂，旃其有同心乎？

乾隆己丑仲春，友人沈德潛題於歸愚齋，時年九十有七。

——《唐八家詩鈔》卷首

唐八家詩鈔序

〔清〕莊存與

唐詩選本，自十種詩選後，迄今指不勝屈，而持論嚴正，識別確當，大家、名家正宗接武，原原本本，足爲後學法程者，莫如高氏《品彙》。其餘主初、盛者，卑論中、晚；習中、晚者，又迂視初、盛。入主出奴，意見各執。至竟陵鍾、譚，專選尖刻巧詭之什，而風雅自此遠矣。嗚呼！選家之任，豈不重哉！國朝王阮亭先生，嘗欲選李供奉、杜工部、王右丞、孟襄陽、韋蘇州、韓吏部、柳柳州、李義山八家詩未果。陳生服旃園居多暇，因取八家全集，鈔爲若干卷，將梓以行世，而先郵示余請爲之序。夫有唐一代作者二千二百餘人，詩四萬八千九百餘首，而包涵衆有、上下千古者，此八家爲特著。後之人或宗李、杜，或宗王、孟，或宗韓、李，率皆卓然成家。若捨此他求，所謂聲聞、辟支果，非第一義也。阮亭之選，正以此耳。第八家中有同工處，有獨勝處。青蓮絕句工於浣花，襄陽七言遠遜摩詰，蘇州七律不逮柳州，義山宗法少陵而間有佻薄之作。苟非決擇之精，終未足爲定本。今服旃是鈔，無意見，無附和，就詩論詩，録其上乘，凡一時酬應之篇與夫後人贗附者，不得濫及焉。其用意之精，識別之確，固何如者！吾知是書出，流布藝林，當與廷禮《品彙》《正聲》諸集并垂久遠也已，遂不辭而爲之序。

時乾隆己丑孟春月上浣，武進友人莊存與養恬氏書於後天不老。

——《唐八家詩鈔》卷首

讀雪山房唐詩選序

〔清〕洪亮吉

吾友輯山侍御，深于詩者也，而世不盡知，則以制舉文之工掩之也。侍御又深于論詩者也，而世亦不盡知，則又以論文之精確掩之也。夫侍御之文，風力至天、崇、國初而止，若侍御之詩，則宛然開元、天寶之體格也，大曆、元和之嚴整也。《傳》曰："惟其有之，是以似之。"觀侍御之所選，不可知侍御詩之所自出乎！又嘗論之，王文簡、沈文愨以名工鉅卿，手操選政。文簡則專主神韵，而蹠實或所未暇；文愨則專主體裁，而性情反置不言。其病在于以己律人，又强人以就我。今觀侍御之所選，一人有一人之面目，一人有一人之性情，各不相肖，始各極其工。選一代之詩，而即可爲前古後今之法，蓋善之善者。猶憶己亥、庚子間，余在京師，一日集讀雪山房，與侍御從叔松厓漕督及侍御論詩至夜半，于古體則高、岑、王、李、李、杜、韓、白、錢、劉、韋、柳而外，尤醉心次山；近體則初唐五家、天寶數公、大曆十子之外，以玉溪爲中興，致光爲後勁。三人者意見無一不合，因相視大笑，至酒冰復溫、燭跋屢易乃散。一俯仰間，若昨日事，而二君之没已十數年，二君詩集之刊定又及十年矣。然則余之序兹集者，非特序侍御所選之詩，即爲序侍御之詩可，謂兼序漕督之詩亦無不可也。

嘉慶十三年歲在戊辰春仲，同里洪亮吉叙。

——《讀雪山房唐詩鈔》卷首

讀雪山房唐詩鈔序

〔清〕趙懷玉

《詩》亡，然後《春秋》作，蓋《詩》操勸懲之柄，一代之正變、四方之風化繫焉，故其義與《春秋》相表裏。《三百篇》經宣父釐正，列於六經，漢魏以來人自爲集，而古今之體咸備，稱極盛焉。故言詩者必宗唐，假令擇焉不精，則無以示人趨嚮，是又貴乎選詩者之擷其蘊也。《英靈》《國秀》已有以唐人選唐詩者，繼此而作，代不乏人，見淺見深，要皆得其性之所近，欲求犁然各當於人心者，殆戛戛乎其難之。康熙間，仁廟有《全唐詩》之刻，遂集大成，然披卷若大水之涉，而購書非窮巷所能，迨德清徐侍郎倬續進《全唐詩録》，已簡而便覽矣，讀者猶苦其難竟，此侍御管君輶山又有《唐詩鈔》一編也。君工文，海内傳誦，而尤邃於詩。詩不苟作，作必言之有物，聲情沉鬱，寄托深遠，所謂暢懷舒憤、塞違從正者，實能寢饋唐賢，非徒襲貌似，作優孟衣冠，又非務矜虛響，如琴瑟之專壹而不能終聽也。自公之暇，輒有所鈔，既序其原委，又著爲凡例，以自道其所得，共若干卷，庋之於家，君之子學洛始刻而廣之。於是遺糟粕而咀英華，作者之面目傳，選者之性情亦出，使人繇此進焉，可以端厥趨而無悖乎四始六義之旨矣。余嘗欲哀唐、宋、金、元、明詩，凡有關於懲勸者録之，取亡而不亡之義，曰《五朝詩存》。斯事體大，綆短汲深，日月易逝，遂乖夙願。今讀亡友遺編，不禁感且惡也。

嘉慶十四年歲在己巳，月在己巳，同里趙懷玉撰。

——《讀雪山房唐詩鈔》卷首

讀雪山房唐詩鈔自序

〔清〕管世銘

古今詩體，莫備於唐，而迄無善本。內府《全唐詩》最爲大備，而卷帙浩繁，既不能家有其書，且非善讀者莫知由博返約。諸家甄錄，毋慮數十百種，其氾濫叢雜者置不足論，即所號爲佳選，往往操一律以繩之，合則登，不合即擯，學者得此遺彼，終莫能窺其大全。余自束髮喜讀唐詩，各大家專集而外，自唐人九種，歷宋、明，以至國朝諸名流所纂唐詩各本，靡不畢覽。《英靈》《間氣》，拔三唐之萃矣，而限於時代；《篋中》《才調》，成一家之言矣，而域於方隅。姚氏《文粹》，拘於昭明舊例，不及律詩；荊公《百家》，盡闕李、杜諸公，兼無長幅。自此以下，牴牾益多。篇帙富矣，而沉雄高雅之章，求之而每帙也；持擇嚴矣，而淺易頹唐之作，披之而輒在也，生平嘗積此恨。乾隆乙未，假館秦中，適案頭有徐蕢村侍郎所撰《全唐詩錄》，蓄意抄撮，彙爲此編。不標初盛中晚之名，不設正法眼藏、聲聞、辟支之見，反復玩誦，必求有得於心而後取之。其有未備，則又廣之專集與各家選本，以及詩話、小説、叢書所載，苟有可采，莫不掇拾，意在備一代之大觀，該三百年之正變。或初見輒悦，既而覺其無味者删之；或從前忽遺，久而知其可貴者補之。聞一未見之本，投袂以求；錄一佚出之篇，喜躍彌日。分體編抄，便於誦習。七更寒暑，而去取始不疑焉。共得詩三千九百餘首，犁爲三十四卷。又仿王新城《古詩選》及删定洪氏《唐人萬首絶句》之例，取源流大旨及鄙意之偶有所得者，著爲凡例，分冠於諸體目錄之前，而盡略其圈點評釋，使讀者各以其意求之。雖不敢謂盡有唐詩之勝，而凡爲詩人之所當吟諷及有裨於詩教者，宜無不在。後之君子或更能損益以致其精，而亦必以此爲蓽路藍縷，則唐詩之有善本，實自兹編始也，其不負余七年之意也夫。

乾隆六十年乙卯春，武進管世銘韞山氏叙。

——《讀雪山房唐詩鈔》卷首

七十家賦鈔序

〔清〕康紹鏞

《傳》曰：“不歌而誦謂之賦，登高能賦，可以爲大夫。”言感物造端，材知深美，故可以爲列大夫。蓋賦者，《詩》之諷諫，《書》之反覆，《禮》之博奧，約而精之，以情爲表，以理爲職，以言爲端倪者也。楚人以後，漢臣最工。孝成之世，奏御者千有餘篇，如《藝文志》詩賦略所載者是，而存者不能什一，可嘆也。魏晉宋齊梁陳之士祖述憲章，或托物以貢情，或隱憂而不去，引辭表恉，觸類而發，咸無悖乎六義之意。同年張編修皋文少好《文選》辭賦，嘗屏他務，窮日夜爲之，卒乃歸於治經，然辭賦亦不廢，蓋以爲先士之盛藻、詩人之墜典於是乎存焉，而後之作者志益寡而辭益俳，逐物而不反，難可復理，乃録自屈原、荀卿至於庾信，發其奧趣，備辭賦一家之學。司馬長卿曰：“合綦組以成文，列錦繡以爲質，一經一緯，一宮一商，此賦之迹也。”若賦家之心控引天地，總覽人物，錯綜古今，此得之於内，不可得而言傳，然其所爲《大人賦》，本欲以諷求仙之事，而武帝讀之乃飄飄有凌雲氣、游天地之間意，故揚子雲以爲靡麗之辭，勸百而諷一也。學者由君之論定，踪遺文之逸軌，倘無爲子雲之所譏，則君之所待於後者爾。余爲刻其遺書，并及是編，因序而論之。

道光元年五月，合河康紹鏞序。

——《七十家賦鈔》卷首

駢體文鈔序

〔清〕李兆洛

少讀《文選》，頗知步趨齊、梁，後蒙恩入庶常，臺閣之製，例用駢體，而不能致工。因益搜輯古人遺篇，用資時習，區其鉅細，分爲三編，序而論之曰：天地之道，陰陽而已，奇偶也，方圓也，皆是也。陰陽相并俱生，故奇偶不能相離，方圓必相爲用。道奇而物偶，氣奇而形偶，神奇而識偶。孔子曰：“道有變動，故曰爻；爻有等，故曰物；物相雜，故曰文。”又曰：“分陰分陽，迭用柔剛，故易六位而成章，相雜而迭用。”文章之用其盡於此乎？六經之文，班班具存，自秦迄隋，其體遞變，而文無異名。自唐以來，始有古文之目，而目六朝之文爲駢儷，而爲其學者，亦自以爲與古文殊路。既歧奇與偶爲二，而於偶之中又歧六朝與唐與宋爲三。夫苟第較其字句、獵其影響而已，則豈徒二焉三焉而已，以爲萬有不同可也。夫氣有厚薄，天爲之也；學有純駁，人爲之也。體格有遷變，人與天參焉者也；義理無殊途，天與人合焉者也。得其厚薄純雜之故，則于其體格之變，可以知世焉；于其義理之無殊，可以知文焉。文之體，至六代而其變盡矣。沿其流極而溯之，以至乎其源，則其所出者一也。吾甚惜夫歧奇偶有二之者之毗于陰陽也，毗陽則躁剽，毗陰則沉膇，理所必至也，於相雜迭用之旨，均無當也。

上編著録若干首，皆廟堂之製，奏進之篇，垂諸典章，播諸金石者也。夫拜颺殿陛，敷頌功德，同體對越，表裏詩書，義必嚴以閎，氣必厚以愉，然後緯以精微之思，奮以瑰爍之辭，故高而不槱，華而不縟，雄而不矜，透迤而不靡，馬、班已降，知者蓋希。或猥瑣鋪叙以爲平通，或詰屈彫瑑以爲奇麗，樸即不文，華即無實，未有能振之者也。至於詔令章奏，固亦無取儷詞，而古人爲之，未嘗不沉詳整静，茂美淵懿，訓詞深厚，實見於斯。豈得以唐、宋末流，澆刻浮侈，兼病其本哉？故亦略存大凡，使源流可知耳。

中編著録若干篇，指事述意之作也。或縝密而端愨，或豪侈而詄蕩。蓋指事欲其曲以盡，述意欲其深以婉，澤以比興，則詞不迫切；資以故籍，故言爲典章也。韓非、淮南已導先路，王符、應劭其流孔長，立言之士，時有取焉。然枝葉已繁，或披其本，以仲宣之覃精，而子桓病其體弱，亦學者之通患也。碑志之文，本與史殊體，中郎之作，質其有文，可爲後法，故録之尤備焉。

下編著録若干篇，多緣情托興之作。戰國詼諧辨譎者流，實肇厥端。其言小，其旨淺，其趣博，往往托思于言表，潛神于旨裏，引情於趣外，是故小而能微，淺而能永，博而能檢。就其褊者，亦潤理内苞，秀采外溢，不徒以鏤繪爲工、逋峭取致而已。後之作者，乃以爲游戲，佻側洸蕩，忘其所歸，遂成俳優，病尤甚焉。尺牘之美，非關造作，妍媸雅鄭，每肖其人。齊、梁啓事短篇，藻麗間見，既非具體，無關效法，十而存一，概可知也。

——清光緒刻本《養一齋文集》卷二

皇朝文典叙

〔清〕李兆洛

大圜不言，星雲爛然，實代之言；大方無紀，河嶽迤邐，以爲之紀。其在于人，精者曰文，下挾河嶽，上昭星雲，所以經緯宇宙、炳朗絲綸者也。其儒墨之訓，彫琢之詞，畸人術流之馳説，春女秋士之抽思，皆一花一葉，一翮一蚑，各有可觀，而非其至者矣。拘學之士，閉門距躍，高指月窟，卑銓蟲天，囿於所習，得少自足。或服習卿雲，揚攉燕許，袛襲優冠，競陳芻狗，於朝家寶書鴻典，曾未或窺。是猶不睹建章宮之千門萬户，而妄意蓬室爲璇臺；不聞鈞天廣樂之洞心駭耳，而拊掌巴渝以軒舞也。纍厠庶常，竊抱此愧，間搜司存，冀有採獲。旋出宰邑，斯業廢然，罷官多暇，憶之耿耿。比游維揚，聞此土前輩先有纂集，亟求而觀，巨帙充几，登縣圃而案玉，入鮫淵而數珠矣。就其輯録，小有乖紊，遂加釐次，以類相從，都若干篇，爲七十四卷。羅列務盡，非有取捨，其所未備，俟諸博求。卷之大小不齊，蓋留編續之地焉。其於掌故，以當中郎《獨斷》；資之遣翰，或同伯厚《指南》。豈戴圜履方之倫誇于創見，庶大雅宏達之彦遂其乃心云爾。

嘉慶二十年七月，前翰林院庶吉士李兆洛叙。

——《皇朝文典》卷首

昭代名人尺牘續集序

〔清〕金武祥

　　書牘之精起於晋賢，唐宋元明以來，代多名筆，皆散見諸家叢帖中。國朝海鹽吳氏刻《昭代名人尺牘》，始專以尺牘名，豈非以碑銘傳册意涉矜持，不若尺牘之隨意抒寫、天真流露耶？吳刻在道光初，去今近百年，其間名公鉅卿、文學之士聯翩繼起，間有續刻賡嗣吳氏之志者，或體例未善，或蒐輯未備，真贋莫辨，學者每以爲憾。且石刻名匠罕覯，鉤勒稍未致精，即有貌合神離之弊。近日發明石影秘法，爲古人傳真，惟妙惟肖，轉勝石刻。吾鄉涉園主人博習古今，多識海內舊家名輩，遍徵所藏，編爲續集，石影流布。余家藏昔賢手札亦爲徵集，都凡五百八家，二十有四卷。既以補吳刻所未備，而中興以來采獲尤多。夫世變日亟，名公鉅卿、文學之士所由以功業問學著稱於世者，視昔不同，而其足資後人之取法也彌切。其間微言軼事，兼可爲拾遺補闕之資，況觀於中興諸公當戎馬倥傯間而筆陣整暇如此，尤可以增長道力，則茲編之輯，正不徒以游藝供鑑賞而已！孟子言誦詩讀書，論世知人，其此之謂乎？至於網羅之富，甄擇之精，印刷之美，即以書苑論，亦不刊之本也。印成屬序於余，謹綴簡端，以質當世大雅閎達之彥焉。

　　宣統三年辛亥四月，江陰粟香老人金武祥，時年七十一。

——《昭代名人尺牘續集》卷首

昭代名人尺牘續集序

〔清〕惲彥彬

　　子貢曰："文武之道未墜於地，在人。賢者識其大者，不賢者識其小者，莫不有文武之道焉。"夫朝章國典載在官府，行之有司，歷千百年守而不失，此道之大者無論矣。若夫尺牘則朋輩往來，通訊言事，零縑賸楮，往往易而視之，隨手散棄，不復珍惜。然其中或稱述時事，關於人心風俗、國計民生，足爲後人之所考證、史氏之所據依者不可勝數，豈得謂小道而聽其飽蠹覆瓿乎哉？道光初，海鹽吳氏有《昭代名人尺牘》石刻，流傳宇內，珍若球璧。顧其所集斷代嘉慶，距今已更歷五朝，凡九十餘年矣。此九十年中名公鉅卿、文人學士，以及執一技、精一藝以擅一時之譽者何止數千百人，而咸同間中興諸公互相寓書，或密籌軍事，或商定政策，皆手翰揮灑於戎馬倥傯、軍書旁午之時，彌見緩帶輕裘之度。況自道光以來，海內多事，世變迭更於數十年之中，開千古未有之奇局，生斯世者鱗鴻往復，當必有思深慮遠、憂盛危明之意流露於楮墨之間，非若嘉慶以前優游盛世，尺素所及，僅有相憶加餐之辭也。故有心世道者屢欲廣輯以成續編，而其事繁重，迄今未就。今年春，涉園主人購得咸同間名人所致曾文正公手札百數十通，因益之以江浙兩省舊家所藏各賸牘又千數百通，詳加審定，以西人石印法精印傳布，而屬序於余。余謂孔子大聖，於夏殷之禮皆能言之，而杞宋無徵，則不能無文獻不足之嘆。蓋當時移世易、人往風微之際，而欲撫今追昔，考鏡得失，非旁搜博採則無徵不信，正如治獄者非廣集眾證不能成信讞也。今此編於五朝九十餘年之遺翰彙集成帙，則其中世運之盛衰、政治之通變，若者為禍之所始，若者為罪之所歸，皆可於有意無意之中互相考訂，使當時之功過賢否無可遁形匿影於其間，而千百年後操筆削者得援以為斷，則此叢殘之雜存者何莫非文獻之所在乎？語云：傷心人別有懷抱，吾知讀是編者必將有太息痛恨、感慨嚱吁而不能已者，夫豈如吳氏前編僅足供好古者之賞鑑已哉！

宣統三年成次辛亥閏月，陽湖惲彥彬檽園氏序。

——《昭代名人尺牘續集》卷首

昭代名人尺牘續編跋

〔清〕陶　湘

道光初年，海鹽吳氏有《昭代名人尺牘》之刻，以墨迹雙鈎勒石，名家手澤賴以不湮，洵為藝林傑製。近時坊間出有續編，不滿百家，挂漏草率，殊非完帙。杭州西泠印社本有續刻之舉，因搜羅未備，鑴石維艱，久而未就。江南某故家，其先人久佐曾文正公幕府，集成函牘最夥，身後大半散佚，剔其叢殘，猶存百數十通，乃輾轉以厚值得之。近人如慈谿嚴氏、烏程龐氏、錢塘程氏、施氏收藏名人手札最稱美富，加以吾郡江陰金氏，武進徐氏、莊氏、沈氏、方氏，陽湖史氏、劉氏、汪氏諸舊家所藏，不下千數百家。西泠印社石刻既已中輟，爰商選其已得者，并向諸鑑藏家一一借選，都凡名人五百八十七家，六百九十七通，區為二十四卷。雖未能盡諸家之長，窺手迹之全，而精神、學力、文采所寄於是乎在，況因文見道，知人論世，尤足以裨益智識、發皇翰藻耶？吳刻去今垂百年矣，繼者寂寂，安敢不勉！輒付影印，公諸同嗜。不賢識小，或亦方聞大雅所無譏乎？是集之成，助函牘者慈谿嚴子均義彬，烏程龐萊臣元濟，錢塘程聽彝祖福、施子英則敬，仁和張渭亭繼曾，建德胡幼嘉念修，海鹽張紹蓮思仁，歸安吳著唐曰晁，貴筑楊壽同通，桐城方重審璆德，江陰金湛生武祥，無錫廉惠卿泉，宜興任毓華之驊，武進徐桂珤壽基、黃旭初山壽、莊思緘蘊寬、沈友卿同芳、劉顯卿德孫、方爕尹實穆、翁佩甫振銘、陽湖惲檽園彥彬、汪淵若洵、趙竹君鳳昌、史新銘耜孫、馮曉卿嘉錫、劉述文毅、洪蔭之述祖，及西泠印社諸君子；訂正者陽湖呂蟄盦景端；商榷者陽湖莊心庵賡良、武進李涇騖寶洤、吳縣王冰鐵大炘，及檽園、湛生、聽彝、淵若、竹君、思緘、友卿、燮尹諸先生；校録者陽湖史霱圃寶年；繕寫者武進楊懷仁勵安也。他山之助，贊成斯役，備書之，以志勿諼焉。

宣統三年辛亥秋七月，陽湖陶湘涉園氏跋。

——《昭代名人尺牘續集》卷末

毗陵六逸詩鈔序

〔清〕孫 謓

逸何以名？志隱也。昔顔闔有言，士之被推選膺爵禄者，尊遂矣而形神不全，蓋深有味乎逸也。近代隱君子指不勝屈，然唐有田游品者，高宗幸其第，野服出迎，曰："臣也泉石膏肓，烟霞痼疾。"由此觀之，亦不過與烟波釣徒、江湖散人同一放浪不羈，以成其逸而已。若夫不求聞達，鍵關著述，足以藏名山而傳其人，則雖逸而有不能逸者存焉。晉陵有六逸者，惲子南田、楊子起文、胡子芋莊、陳子道柔、唐子苣野、董子叔魚，生秉穎異，非五經、《史》、《漢》屏不寓目，或豪於酒，或耽於畫，其發抒性靈，著有詩詞古文，最工亦最富。嗟乎！此數君子者使得遇於時，承明著作，以五典爲笙簧，以三墳爲金玉，吾知其所以鼓吹休明者，當與燕許、潘陸後先頡頏，而乃窮愁蕭寂以布衣老，且其所撰述亦僅留斷簡殘編，存什一於千百，此數君子者乃真逸矣。夫表揚幽隱，不忍其人湮没弗彰者，鄉大夫之事也；採輯遺文，使其人有所托以傳於後，苟斯土者之責也。吾友莊君蓀服、徐君學人旁搜六逸生平所著述，而郡憲長壽王公以琴鶴餘閑，手自評騭，出以示余，余喟然曰："此雖逸也，乃正天之愛惜數君子，使之閉户著書，以不朽於人世，其光榮更有過於被推選膺爵禄者，豈僅作烟波釣徒、江湖散人，使千百世後屈指數之，曰古之時有逸如某某其人者乎？"爰取吾友所旁搜而得者，都爲一集而付諸梓。

康熙五十有六年夏五，山陰孫謓叙。

——《毗陵六逸詩鈔》卷首

舊言集序

〔清〕李兆洛

乾隆壬子、癸丑間，將輯郡志，因搜求邦人士詩文小集，悉令送局，以備纂輯《藝文》。予所采得送局者十有餘家，别見他人所采送者亦十餘家，其所未見者且不下百家。或素有詩名而集未行世，或無詩名而其集衰然成帙，大抵名不聞於鄉里十三四，其詩往往清婉可誦，皆百餘年間人耳，而湮没不彰已如此。私擬俟志局之竣，悉取諸集，各選次十一，都爲一編。其後志未及成而輟，典守者不謹，遂星散不可問，意常恨之。夫人不必名家，詞不必極思，爲之者或無意於傳，見之者或不甚相愛，而桑梓之舊風、故老之軼事習俗、今昔之異、人物盛衰之變，每於尋常吟詠仿佛遇之，使人鏘鏘洋洋，悠然以思，忽然以悲，此亦鄉邦文獻所資也。況乎師友之宴語，朋儕親串之周旋，當其綢繆戶庭，契闊風雨，言歡奉手，涉想牽夢，泊乎朝露俄晞，墓草遽宿，暫摹音容，流連未已，忽睹篇翰，如親笑言，詎能不寄永思於遺文，申短懷於往迹者哉！故欲及此暇日，聊追昔遊，凡有所見，隨加詮次，間亦敷求前哲，旁及流聞，旋得旋編，不以前後爲第，所冀來者更引其緒，遂可賡錄，姓名之下略具出處，使其世可論，亦微裨志乘之求也。

道光元年三月。

——清道光刻本《養一齋文集》卷五

鳴秋合籍跋

〔清〕莊炘

往余侍舅氏錢文敏公於京師，時公愛弟竹初先生偕猶子味菽數省視公，同里韞山管君其尊甫與公有連，每應京兆試輒館公邸第。公爲女浣青相攸，得永濟崔曼亭，余之姑子也，既就婚，公留不遣去。此五人者相得甚歡，公休沐之所曰綠雲書屋，昔陳乾齋相國居此，王橫雲尚書所署書也。其東有簃焉曰古青齋，公拜御製題畫詩之賜，敬以名之也。五人恒聚談于此，或鬥險韵、策舊事爲笑樂，浣青亦與焉。庭有老桑，近百餘年物，綠陰㲿㲿然，映蔚一畝，視其景移屋角則知公退朝，至則競就公質疑，及舉所得請甲乙，佳者公頷之，即否亦不之責也，如是以爲常。未幾，曼亭成進士，隨牒陝右，挈浣青以去，餘或奔走衣食及浮湛閭里。至公捐館舍，余方流轉江淮間，居恒抱西州之痛，又念往者戚好讌談之樂爲不可得也。今年十月，余視曼亭于富平官廨，則韞山、味菽咸在，而竹初舅氏際曉東去，余假廄馬疾馳及之于康橋逆旅，絮語竟夕而別。既乃得讀所謂《鳴秋合籍》者，始知諸人文酒之樂無異往時，其或義兼比興而詞致悽惋，則山丘華屋怒乎有餘思焉。嗟乎！自京邸合數年而離，離十餘年而復合，而余與竹初舅氏相見于三千里外，欲求再宿之晤語而不可得。年運而往，晼晚衰落，《詩》言“無幾相見”，豈不信耶？與斯集者復有楊子與岑，於浣青爲從母之子，其稱詩夙爲公所賞擊，若曼亭子雲客幼而能詩，蓋公之風類然也。余感夫會合之難，具書之如此。

時乾隆四十年十一月既望，莊炘景炎甫跋。

——《鳴秋合籍》卷末

鯨華社詩鐘選存序

〔清〕孟昭常

鯨華社詩鐘起辛丑四月，訖癸卯十月，凡四十集。其期會之疏數，賓朋之衆寡，無定形，亦無常主。或一月再三集，或間三四月一集，前集之人與後集不必相謀。蓋同社之中，宦遊四方者什六七，其它或迫於生事，僕僕奔走，或過客儵焉至，止一集輒去。乍歸復出，倏來倏往，其優遊閭巷，無官私之牽率者，無數人焉。癸卯以後不復舉，亦以散者不可猝聚，故莫之止而止也。史子朗存每集必赴，罷輒裒一日所得句，挾以歸，纂次而藏之，都四千餘聯，時時出示同社，共相披覽。想見當時壺觴傾倒，紙筆傳遞，酒痕墨瀋，狼藉几案，夕則燭光熊熊，人影雜遝，相與研精思，角工力，組織錘冶，斧藻神鬼。過後省憶，如游絲之罥浮塵，落月之照斷夢，因指而數之曰："某今在某所，某今爲某事，某也志得，某也意沮，某也病，某也死矣。"乃大嘆惋。或曰："是宜選錄，付石印，令社中人各藏一册，庶幾浮塵斷夢猶可尋覓。"衆皆然之。乃推呂幼舲舍人選其佳者，得九百餘聯，惲季申太守又獨任其印貲之大半，以速其成。惲子季安頗思爲之叙，未及屬稿而歿，至是石印將竟，幼舲自滬寓書於朗存，屬余爲叙，以卒成季安之志。余自辛丑十月始預于會，其後或因事不常赴。癸卯至京師，今年秋得南中書問，呂子少穆、史子皆六相繼徂逝，後十餘日又得季安之赴，既會哭於城南僧寺。越三日，汀州之赴踵至，又哭其兄叔坤焉。一月之中哭少年四人，覺人世恍忽如林花爛漫，風雨驟至則漂墮無迹，悲咤不自勝。及還常州，與朗存語詩鐘舊事，嘆曰："前者已喪丁子旋仲、惲子仲珊、張子仲常，今年連喪四人，比又喪劉子淮生、華子若谿矣。"益相與感喟。嗟乎！逝者如是矣，存者常戚戚爲百年之計。夫文章、道德、政事，擇術不同，其爲銷磨歲月則一。今三年之中，以四十日銷磨於是，而猶留此浮塵斷夢之影迹，顧其它則悠悠忽忽，若飄風過影不可復拾，又何爲者耶？仕宦而達者有人矣，彼其於文章、道德、政事，將皆必有可觀。抑其淪落如余者，志行不可必達，著述不可必傳，而久溷此是非之世，而今而後所以銷磨此歲月者，又何如也？書此以質同社，凡以繫感慨云爾。不然，人或不幸而以詩傳，尚非志士之所屑，而況詩鐘其猶足存邪？

光緒乙巳春二月，庸生孟昭常叙於漚風草堂。

——《鯨華社詩鐘選存》卷首

常州藝文志序

〔清〕盧文弨

文之至者，在乎明義理，達治道，植綱常而維風化。故立言與德、功同爲三不朽之一，雖有高下淺深，然未有離是而可以言文者。大江以南，人文淵藪，毗陵山川明秀，握珠懷玉之士，比肩接踵。其裒然著作，既有“經籍”一門志其目矣，而其長篇短章之散見者，復薈萃爲是編，與夫四方士君子之來仕宦遊處而有作者，亦并入焉。他若登臨遊宴、送別懷人之作，含宮嚼徵，戛玉敲金，亦可以敦氣誼而抒性情，不可廢也，故亦并依前例，擇而載之。

乾隆五十七年歲次壬子九秋朔日，東里盧文弨書於龍城書院。

——《常郡八邑藝文志》卷首

常州藝文志序

〔清〕莊翊昆

郡邑志書，載前人表、論、序、記，誠以有關地方之掌故。凡生民利害、政教得失、時俗盛衰、山川形勝，皆可參考而知也。新修《武陽合志》，其“藝文”一門，止載著作總目，所有序、記等篇，各從門類附注，蓋用宋范成大《吳郡志》之例，而文獻不足，識者惜之。乾隆間，武林盧抱經學士主講龍城，纂定吾常《八邑藝文志》十卷，可謂精且備矣。《府志》失修百有餘年，此稿余珍藏已久，深恐遺佚，因竭盡綿力，措資集成是書，庶使八邑文獻有徵，不獨前賢著作可傳不朽，即抱經學士纂述深意，用以昭示來茲，而余亦藉釋重負。至詩歌詞賦，陳風之所最先，雖卷帙稍多，不嫌繁冗。惟學士纂定此書，今已六十餘年，其間士君子之篇章，豈無卓卓可傳者？余無從採擇，嗣能搜輯成編，續行補入，深有望於後之君子矣。

咸豐九年歲次己未春三月既望，新渠遯叟莊翊昆書於人樹同春書舍，時年七十有七。

——《常郡八邑藝文志》卷首

重刊盧抱經先生常州藝文志序

〔清〕陸鼎翰

自宋石湖范氏《吳郡志》出，凡屬記、序、題詠之篇，分附各門，不立“藝文”，郡邑志乘競仿其例，自餘鴻篇巨製，每有不能盡收之憾，況夫諸家別集汗牛充棟，不能家置一編，使不有抉擇精當，薈萃成書，久且散佚，湮没而無傳，重可慨已。乾隆季年，錢塘盧抱經先生以碩德鴻儒，來主講吾郡龍城書院，當事復延先生纂修《常州府志》。先生首創凡例，改前志《藝文》爲經籍，止載總目，別采郡產諸家別集中有關掌故，與夫前志所錄暨散見於他書者，甄錄而彙編之，其非常產而宦遊有作，亦并入焉，題曰《常州藝文志》，自爲序以弁諸首。郡志纂稿未成，輟於費罄，先生亦旋歸道山。志局既停，此稿後歸莊氏。咸豐己未，新渠先生懼其久而散佚，以聚珍版印行之，增文六十餘首，目錄加"續補"二字，以爲識別。先生原序不言卷數，疑莊氏集印時始釐爲十卷。自卷八至卷十，五七古、律詩序次殽亂，間有複出。七古僅止於元，五、七絕皆缺，蓋非足本也，或亦先生未及審定，志局分纂諸子彙而存之耳。原稿毀於寇亂，聚珍本兵後亦僅存一二而已。莊俊甫先生考證鄉邦文獻，孜孜不倦，嘗欲續修《府志》，屢言於當事，今尚有待，先求是書，暫假公款付之梓，重爲釐訂十二卷。以聚珍本多訛誤，故籍復缺失不多覯，未能悉爲考證，其顯然謬者正之，疑者仍之。刊既成，屬余爲序。余惟郡志之修，越於今幾二百年，其間屢議而未成，中更兵燹，諸家著作幸而存者僅十二三，是書獨得傳於不朽，先生之功鉅矣遠矣。雖然，微新渠先生無以流傳於兵後，復有俊甫先生繼起刊布於海內，不得謂非是書之幸矣。新渠先生既有以補於前，俊甫先生且將重輯《續志》以補於後。異日成書，合先生是編，蔚爲鉅觀，豈僅僅有功於盧氏已哉？

光緒十有六年春三月，陽湖後學陸鼎翰謹序。

——《常郡八邑藝文志》卷首

國朝常州駢體文録叙

〔清〕吳翊寅

吾郡襟江帶湖，居四達之地，山水靈淑，文物清美，自某里開端委之俗，延陵觀禮樂之風，弦歌洋洋，聲教漸被。厥後孫吳纂業，華覈著録，雖蘭臺撰述不登於廣內，茂陵函稿已佚於人間，而輯方志者必舉爲別集之冠，蓋源流若斯其長也。永嘉南度，藻采尤盛，蕭氏父子世嬗文學，昭明詮次總集，裒成鉅觀，上該兩京，下掩六代。家握荊璧，人懷隋珠。瑰耀發於川嶽，涵茹富於淵藪。陶鑄英流，模范藝苑。匪獨商榷衆制、潤色鴻業而已。有唐代興，厥緒未隆。穎士才子，騁俊譽於梁園；綺莊詞人，騰逸韵於霸府。宋元而後，派別遂多，然吾郡駢儷一體溯自開皇，訖乎勝國，歷載綿邈，嗣音寂寥，學者如牛毛，成者如麟角，求其典裁清拔、蔚爲辭宗者，殆亦卒麮。我朝右文，顧彦飆起。或天才艷發，眆孝穆之筆札；或風論雍容，規孟堅之賦頌。英絶領袖，大雅宗仰。亦越乾嘉，體凡數變。卷施之文擷腴於南北二史，步趨齊梁，而平津博麗，好子雲之湛思，此一變也。蘭石之文獵艷於初唐四傑，陵轢江鮑，而萬善雅澹，有蔚宗之遠致，此又一變也。鳳臺之文祖述張、蔡，樹骨先秦；茗柯之文憲章屈、宋，胎息兩漢，此又一變也。昔蕭子顯有言，文無新變，不能代雄，凡此數子體製各殊，縟不傷華，雋不傷雅，皆文章之冠冕、述作之楷模，猶慮承學之士矜其篆刻，飾其聲悗，譬射之失正鵠、御之傷要駕也。李先生申耆、張先生皋文乃各鈔駢賦，勒成一編，被之藝林，家藏其本，所以暉麗萬有、照燭三才，扇先哲之清芬，樹後生之準的，頡頏蕭選，若驂靳焉。於是橫舍響應，才畯鱗集，一時瑰奇者流并奮逸翮、抽妍思、導清原、振芳塵，海內譚士翕然同稱，蓋二百年如一日矣。咸、同之間，吾郡被兵。庾信羈旅，愴搖落於江關；陶潛隱居，憫亂離於井邑。文獻將替，風流稍衰，然一二作者猶能拔奇前修，垂範來葉，飛翰騁藻，斐然可觀，斯亦霑被者深，故流傳者遠也。曩在鄉邦，即雅意蒐輯，恂愁未逮，慭焉於懷。比因校經之暇，與同郡諸賢咨訪故籍，軫耆舊之凋喪，懼遺文之散佚，迺復發篋陳帙，研鉛削槧，遇有采獲，輒加甄錄。敬山孝廉編校既審，里鄔同志樂觀厥成，各分奉金，用付劂氏。雖不敢謂上擬蕭選，而別裁雅俗，則猶李先生《駢鈔》、張先生《賦鈔》志也。夫中郎告逝，虎賁之貌僅存；叔夜云徂，廣陵之散將絕。幸有文字，猶留典刑。然太玄箸經，竟成覆瓿之用；墓草纏宿，不傳鑿楹之書。或巨帙盈尺，飽供蠹餐；或高文碎金，消等螢爝。是則不朽盛業尚待於闡揚，孤行單辭必資於補拾，纂錄之事，其可忽歟！抑吾郡藝文志乘簡略，瑰篇麗製百不一存，所冀來者賡續成集，庶可備延閣之采、副名山之藏云爾。

——《曼陀羅花室文》卷二

國朝常州詞錄序

〔清〕繆荃孫

　　國朝詞家，推吾州為極盛。在昔先路之導，鄒董并稱，以及玉虬、舜民、青門、椒峰，狎主敦盤，同音笙磬。顧矜語性靈，頗流率易，溺情閨闥，亦落猥瑣。沿明季之餘習，猶大雅所弗尚。其年鬱青霞之奇氣，譜烏絲之新製，實大聲宏，激昂善變。梁汾抱范張之友誼，蹈秦柳之茂矩，興往情來，庶幾并驚。他若緯雲、半雪，皆迦陵之連枝；藕漁、漢石，亦彈指之同調。麞彬風雅，輝映一時。紅友詞律，取法唐宋。考調名之新舊，證傳寫之舛訛。辨元人詞曲之分，斥明人自度腔之謬。詞析句讀，不立三等之名；譜填平仄，謹辨四聲之異。句敲字煉，宮鳴商應。倚聲之士，奉為圭臬。雍乾以降，詞學少衰。拾陽羨之餘瀋，儲史同盟；續梁溪之逸響，鄒華競秀。當浙派橫流之時，而有振衣獨立之慨。皋聞晚出，探源李唐。止齋和之，遂臻正軌。極意內言外之旨，推文微事著之原。比傅景物，張皇幽渺。約千篇為一簡，蹙萬里於徑寸。上之則小雅之怨誹，離騷之俶詭。次之亦觸類修罔，感物流連。予懷信芳，結想斯遠，真樂府之揭櫫，詞林之津逮也。子居、季重同學，識其苦心；晉卿、申受及門，演其墜緒。讀江都之續選，具有典型；聆山陽之異議，何損毫末。海內正宗，於斯為盛。淵源授受，師承可表。劉子芙初，微自矜異，清詞麗句，雅近竹屋。兼塘蘭厓，別有宗尚。錫山諸子，生面獨開。寇氛涔棘，水雲特起，旨深而詞婉，神清而色艷。詞人之詞，成項鼎足。篋中偉論，詎同巵言。芬陀秋雅，工力相稱。享年不永，搥骨未堅。但論意味，一時瑜亮。大抵國初宜興、無錫最擅長勝場，嘉道迄今，武、陽尤萃，江陰作者寥寥，靖江只徐時浚一闋而已。荃孫幼時亦頗留意，中年以後，輒復棄去。茲者景仰往哲，手輯斯編，得人四百九十八家，詞三千一百一十闋。前賢貽茲矩矱，後學奉爲斗山。觀風氣之遷移，卜人文之榮悴。不必拾人餘唾，爭詆詞爲小道也。

　　光緒丙申年十一月祀竈日，序於江寧鍾山講舍之飽看山簃。

——《國朝常州詞録》卷首

毗陵詩録序
錢振鍠

　　孔子曰：“君子疾没世而名不稱焉。”人之欲善，誰不如我，鉛槧之家、文章之士必不餘力以護名矣。毗陵詩學，天下之圃田、雲夢也，其成名十數大家已如景星卿月，爲天下所共見，若其淵珠璞玉若存若亡，則又不知其凡幾也。趙子少芬爲《毗陵詩録》，起國初，迄今世，凡有巨集行世者不録，而録其集之未行者與其散佚幸存者，生存者亦弗及焉。不佞爲之嘆曰：“盛哉！趙子之舉也。”夫古之詩人皆君子也，皆有志於没世之名者也，不幸而其名若存若亡，其人亦墮于若有若無之數，豈不悲哉！趙子爲之存其亡，繼其絶，奚啻生死而肉骨！嗚呼！昔之君子穿天出月之思，鑽木鑿井之勤，用力苦而寓意深，固宜獲趙子之報，而趙子之是録亦庶幾慰作者于九原，而使文章之士爲之增氣矣。或者曰是未必傳，則應之曰：“吾與若不既見其傳矣乎？傳一鄉，傳四海，偶然耳。千秋萬世之與百年數十年，又偶然耳。其不幸至于夭閼者，天也，吾烏乎知之！且子不見乎養老慈幼者乎？孰能保老者之不死與幼者之必壽？又不見夫放生者乎？其浮於江湖與天無極者幸也，不幸而遇鈎罾而又絓焉，吾弗知也。子之言怠天下爲善之心，喪古今作者之氣，吾不取。”

　　壬戌春日，錢振鍠序。

——《毗陵詩録》卷首

毗陵詩録跋
史　敬

　　頌其詩，讀其書，此尚論古人者之同情也，而對於一鄉之賢士大夫，其情爲尤切。蓋習聞父老言：其爲人非一，讀其遺著不爲快，至子若孫之於其高曾祖考，則雖得一文一詩而讀之，亦視親其色笑之爲愈。推而至於親戚故舊之賢者，亦莫不然，以是知人之於其高曾祖考、親戚故舊及一鄉之賢士大夫，其愛慕之情亦猶我也，此趙子少芬《毗陵詩錄》之所由輯也。蓋趙子先有《三家詞錄》之刻，三家者，其曾祖趙樹三先生《倚樓詞》、其祖母弟呂曼叔先生《曼香詞》、其外舅方子可先生《句婁詞》也。是皆一鄉之賢士大夫，而爲趙子之高曾祖考、親戚故舊也。乃是刻方竟，遂有《毗陵詩錄》之輯，集人與己之高曾祖考、親戚故舊即一鄉之賢士大夫之詩合爲一編，亦可謂善推其所爲矣。是錄自有清一代迄於今茲，捨生存不錄外，其人其詩苟有可觀，輒爲輯入。方其從事於搜輯也，人之携其高曾祖考或一鄉賢士大夫之稿來訪者踵相接，故未一年而集合者已三百家，得詩凡若干首，都爲八卷。吾知是錄之出，人莫不爭先一睹而欣然色喜，曰某詩某詩爲吾祖某公之作，今乃輯入是錄矣；某爲吾親戚故舊中之賢者，某爲吾鄉賢之表出者，今皆得於是錄中讀其詩矣。故是錄之能繼趙氏《毗陵百家詩》、李氏《舊言集》諸書傳久遠與否，吾姑勿論，其足以慰鄉人士愛厥祖、慕前賢之誠意，則固可以知矣。《傳》曰“人之欲善，誰不如我”，《詩》曰“孝子不匱，永錫爾類”，其是之謂乎！

　　壬戌秋，同里史敬子寬甫跋。

——《毗陵詩錄》卷末

毗陵文錄序
周葆貽

　　吾常自唐荊川後，以古文名者，如邵青門、董文友，在清初負盛名，一時爭相傳播。厥後蔣東委、楊農先并稱。論者謂邵、董規仿古人而迹未化，農先則空所倚傍，辭必己出。蔣氏雖治《孟子》，但取其法度周密；農先治經史，則必究其是非得失，不爲苟同。斯言允矣。迄於乾嘉，孫、洪、莊、劉經術文采，聲施到今。其時錢伯坰從海峰受業，以師説稱誦於惲子居、張皋聞，惲、張遂棄其駢儷考據之學，專治古文。蓋皋聞研精經傳，其學從源而及流，故其言雅而醇；子居泛濫百家，其學由博而反約，故其言峻而能達。陸祁生、董晉卿繼之，軌轍相循，然究其聲容，略不相襲，殆變而不失其正者。道咸之世，海内多故，而自守孤芳，如吳晉望、李申耆，經師人師，爲世宗仰，固不僅以文傳，而黃武香、謝浣村承其遺風，益以所自得屏絕外慕，卓然成家。洪楊之變，曾文正削平大難，人才蔚起，邑中應特徵者，有周韜甫、劉開生、趙惠甫、方元徵諸先生，皆博涉多通，參贊戎幕，經世鉅筆，炳焉稱隆。同光之際，流風餘韵猶有存者，謝鍾英、薛嘉生其尤也。其年輩差後，同人中若呂幼舲、吳孟棐、屠敬山、李經彝、沈友卿諸子，皆績學工文，才氣發越，駸駸乎與七子相頡頏，而予所最心折者，莫如劉子葆真，博大淵深，獨得雄直之氣。曩乎尚已！葆貽不學無文，疏於涉獵，見趙子少芬既成《詩録》，又輯《文録》，輒偉其用力之勤、存心之厚，嚮往深之。吾邑夙稱人文淵藪，隨園謂“星象聚文昌”，定庵謂“名士有部落”，皆推重常州。以有清一代而論，作者如林，後先輝映，昔之散見或未刊布者，今皆彙而存之。是編之出，考尋文獻，矜式典刑，咸取資焉。書垂成，屬予爲序，爰即趙子選輯之意，書以張之。

歲次辛未七月，武進周葆貽企言氏謹序。

——《毗陵文録》卷首

毗陵文録序

沈湛鈞

昔韓仲卿夢烏幘少年，風姿磊落，自稱曹子建，言某有文集在建鄴李氏，懇爲討論是文而序之。仲卿既寤，即與分卷釐訂。袁隨園序《東皋詩存》，稱此事爲“定非虛誕”。夫譙距南陽，地之相去既遠，唐之於魏，世之相隔又後，而千百年間尚能秉氣求之，所感即寤寐以相通，然則文人好名，雖死仍歷久不泯，固邈古已然矣。予先兄孟辭之歿，越今已三十年。予于疇昔之夜，忽夢先兄以刊刻遺文相諉誄，醒而憶及趙子少芬有《毗陵文録》之梓，乃亟取擬李文饒《瑞橘賦》及賈誼《過秦論》二首檢付之。夫先兄與予弱冠時相偕隨宦保陽，課蓮池書院，經古同受知于山長張濂卿先生。比返里，即同掇芹藻。爾時少年氣盛，文場馳驟，振筆疾書，藻思如風起雲涌，詞章詩賦積疊良多，何至僅留此二藝？是有故：一因寓居趙甌北先生舊第時，書室不戒于火，卷籍文帙盡付祖龍；一因析炊後，予即暫寓浙中，家存舊物類多散佚。有此二因，故先兄之文，予均不存。猶幸民國改元，其女綺文自汴歸里，將兄書篋付予，予翻檢遺篋，得此二藝。然則此二藝之輾轉得入予手，安知非先兄冥冥中呵護之靈實式憑焉？斷簡零篇，真如鳳毛麟角，撫今追昔，曷勝唏噓！特是趙子無《文録》之梓，則是區區者亦將奚以存！昔李穆堂先生有言，凡能拾人遺文而代存之者，其功德與哺棄兒、葬枯骨等。故顧俠君刻《元詩選》成，夢見古衣冠者羅拜而去，蓋以表章之力，發幽潛之光，冥漠通誠，古今一轍。今趙子集毗陵數百載文人而表録之，其宅心之厚、蓄德之隆，詎可論量？吾知九原銜感者必不止先兄一人也已。

庚午春日沈湛鈞撰。

——《毗陵文録》卷首

毗陵文録跋

黄 綺

吾邑趙少芬先生，以古稀矍鑠之年，振奮精神，取詩古文辭自勵。又喜搜討邑中先哲鉅儒之詩文，見有散佚於遠處者，必輾轉探訪，羅致而録存之。闡揚黎獻，珍視國粹，其志重可欽也。綺生也晚，未克親炙門墙，十年前已耳熟先生名，及先生所輯《毗陵詩録》出版，風行遐邇，未浹一年，悉已售罄，由知時世雖不古，若而讀書嗜古之士，多有與先生之心相吻合。追念吾邑往昔，科第鼎盛，文章與勳業相為表裹，類皆彪炳於一時，非特惲子居、張皋文之能以《大雲》《茗柯》二集著稱，陽湖派古文為可與桐城相頡頏也。不加搜録，孰傳述之？比年寄迹城垣書肆，得與先生道貌時親，并知搜輯《文録》亦已積有成藁，亟勸之梓行，約各出資之半，以付梁溪剞劂氏。詎郵遞往還，常稽時日，每感印行之不易，逮告厥成，距付印時已閱三載。此書之不易出版，有負讀者預約盛意，實出諸意外，可慨也。虞山毛氏之汲古閣、姑蘇席氏之掃葉山房，先後以精刻古籍蜚聲于明清兩代間，綺殆有此志，而未能之逮，辱承囑役校讎，自愧學殖荒落，亥豕魯魚在所難免。讀者儻弗哂其訛誤而校正之，則幸甚矣。

辛未秋日，同里黄綺謹跋。

——《毗陵文録》卷末

毗陵課藝序

〔清〕譚鈞培

毗陵為江左文物之邦，人才蔚起，冠絶當時，自咸豐初迭遭兵燹，所在殘破，流離轉徙，不獲安居，操觚之士浸以荒廢者有之。收復以來近十年矣，休養生息，涵育薰陶，駸駸乎有復舊之規焉。癸酉冬，余奉命來守是邦，下車伊始，校閲文風，其才情橫溢、見地開拓者，頗不乏人，於是知前人之流風餘韵為未泯也。郡城故有延陵、龍城兩書院，為下帷肄業之所，每月官師兩課，分校而甲乙之，公退之暇，間與諸生講論文體及制行、立身諸大端，誡之曰：吾人讀聖賢書，豈惟是尋章摘句、雕蟲篆刻，以博取科第云爾哉？士先器識而後文藝。器之宏者，所受者大；識之高者，所見者遠。所受者大，所見者遠，然後足以任艱鉅而不疑，一旦得志，舉而措之已耳。否則抱膝長吟，若將終身焉。又況有器識者，其文藝斷無不佳者哉？夫植木於山，蓄鱗於淵，優遊而涵濡之，必有梗楠之質、鯤鯨之鬐，應候而出者，則今日之月課，即謂為諸生發軔之基也可。爰裒集所積，擇其尤雅者，付諸手民。惟期與諸生講求實學，砥礪前修，力追先哲宏規，仰副盛朝雅化之意爾。是為序。

光緒二年歲次丙子仲秋月，知常州府事、黔南譚鈞培撰并書。

——《毗陵課藝》卷首

龍城書院課藝序

〔清〕有　泰

余以乙未歲出守常州，是時馬關約成，朝野動色，東南士大夫深維中外強弱之原，謂非興學以培才，無自振衰而雪恥。郡故有龍城書院，爲武、陽兩邑課士地，昔盧抱經、邵荀慈諸先生嘗講學於是，一時經術文章照耀海内，百餘年來流風漸沫，院宇塵封，有識興嘆。今尚書中丞惲公乃請於大府，遠紹安定之緒，近師文達之規，改設經古精舍，導源於經史、詞章；別設致用精舍，博習乎輿地、算學，延請江陰繆太史筱珊、金匱華拔貢若谿兩先生分主講席，招致生徒肄業其中，廣置圖籍，優予膏火，日有程，月有課，甚盛事也。近復選録課藝，彙爲一編，以經始之初余嘗力贊其成，郵致京師命爲序之。自維學問之道憒無所得，何足以爲序？顧自受代以來備員禁籞，人事俄更，忽忽三載，屬以妖拳債張，激召外釁，浸至九廟震驚，兩宮西狩，臺閣周廬半經兵燹，而回念大江之南比户不驚，師弟一堂，猶得以討論今古，優游著作之林，循覽斯編，未嘗不爲之神往於其間也。今幸和議告成，回鑾載道，學堂之設叠奉明詔，余知常之人士即其已有之成模從而更革之，當視他邑爲倍易，用以開通智識、作育人才，自必有進於是者，豈徒區區文藝之末哉？余拭目望之矣。

時光緒辛丑十月，鐵嶺有泰序。

——《龍城書院課藝》卷首

南華九老會倡和詩序

〔清〕洪亮吉

乾隆十四年，吾鄉莊氏之致仕居里中者凡九人：曰禮部郎中清度，年九十；曰福建按察使令翼，年八十四；曰臨洮府知府祖詒，年八十二；曰黄梅縣知縣、贈文選司主事橒，年六十九；曰密縣知縣、封福建臺灣兵備道歆，年六十六；曰開州知州學愈，年六十三；曰湖南石門縣知縣、封甘肅寧州知州柏承，年六十三；曰射洪縣知縣、贈順天府南路同知大椿，年六十二；曰温處兵備道、封禮部右侍郎柱，年六十，因爲南華九老會，各繫以詩。其宗之年及六十而未預斯會者，復二十一人，各依韻和焉。盛矣哉！非特宗族里鄰之榮，蓋昇平之僅事矣。且數公者既無巧宦之目，仕有廉吏之聲。彈琴之治甫成，抽簪之情已切。其在官也，種秫之田無五十畝；其謝事也，成都之桑少八百株。貴而能貧，知止不殆。此其高致一也。居鄉與人子言孝，與人弟言弟，有公綽之不欲，法嚴平之自然。風貌樸誠，肖其披服。卜商不假之蓋，酷暑而詎張；晏嬰已敝之裘，奇寒而始御，其高致又一也。東西之第匪遙，釣遊之所不乏。葭莊之魚，涉春而已種；蘆墅之菱，經秋而可采。方伯別業，實曰青山；尚書廢園，亦名來鶴。永日永夕，斯陶斯遊。觀邦國之蜡，曳杖而必偕；賽里社之神，聯裾而早集，其高致又一也。維時風俗既淳，里居最樂，盈門頒白之叟，占野屢豐之年。然而刻魚入饌，行于鼎食之家；束脯爲禮，饋彼歲時之會。從大夫之後，亦竟徒行；避長吏之庭，有同由徑。薦紳之讌，市儈不列於筵；士夫之尊，吏胥罕識其面。均得遂彼恬適，享其大年，其高致又一也。家世傳學，則有夏侯；代不曠僚，實惟沈氏。是以隨會既老，燮句嗣而登朝；望之未休，育咸皆成臕仕。門閥之盛，里鄰榮之。而數公者，處貴寵而不矜，與寒素而鈞禮。群從之謹飭者，賜嘉果而必捧；子弟之通脫者，逢乘馬而亦數。此則十室之邑，忠信所存；百年之宗，家法斯在，其高致又一也。予少以孤童，逮承顏色，高山仰止，不去於懷。乃文考欲賦，靈光之殿已頹；孔融成童，老成之人先謝。是可戚矣。石門君孫宇逵，世其家學，早有令聞，懼良會之就湮，遺翰之放失，遂各係以小傳，并索序于余。余惟九世卿族，首數乎甯俞；萬石素風，或衰于石慶。花樹之法，不及于百載；棠棣之碑，僅傳于數紀，皆名宗之所宜鑒也。故原其本末序之，所以紀人瑞之符，亦以垂後來之則云爾。

——《卷施閣文乙集》卷五

南華九老詩序

〔清〕趙懷玉

古者四十强而仕，七十行步不逮則懸車致仕焉。自始宦至於罷政，不過三十年。方其仕也，以故去官，在朝之日恒少。及其老也，朝廷從以乞言，鄉鄰尊爲祭酒，薰陶里俗，昌熾後人，昉於一家，愾乎天下。《論衡》所謂太平之世常壽長，蓋雖王澤之深，而亦恬於榮利之有以養其心，睦乎門庭之有以感其和也。三代以降，知此義者寖尠，門第愈盛則引退愈難，故終西京之世惺惺乎有二疏父子。自唐以來，壽考歸田、優遊倡和者代不乏人，姓非一族，地非一方，史率艷稱，以爲盛事。至宋朱昂兄弟相繼告歸，皆臻眉壽，知府陳堯咨署其居曰"東西致政坊"。明初，吾鄉胡忠安淡歷事六朝，及歸，三弟之年皆逾七十，名其堂曰"壽愷"，説者咸以比烈疏氏矣，然同時族屬未聞別有聞人，又惜當時未嘗詠歌其事。甚矣致壽之難，而壽之萃於一門者尤難也。里中右族首數莊氏，自明中葉即有東西之目，人才科第相望。當乾隆十四年歲在己巳，莊氏之登大年、躋仕籍而退居林下者得九人焉，遂舉南華九老會，各系以詩，歲時宴集，組佩輝映，而族之年逾周甲未與斯會者復有二十一人，咸依韵和其詩，彬彬乎極一時之盛矣。歲月寖久，頗致散佚，鄉里後進有不能舉其名字者，莊君宇逵懼而輯之，各爲小傳，附二十一人於後，而以序誄逯於余。余惟東南多方雅之族，吾郡尤多著姓，然或門基鼎貴而家世無年，名顯當時而澤衰後嗣，豈非高明之家，造物所忌？其先無不危不溢之德以長守之，爲其子孫又不能仰觀堂構，惕然深思，徒以世閥相高，遂至陵夷不可問歟？今莊氏之祚方盛，子弟咸醇謹有法，其薰陶而昌熾當未有艾。吾願是編之出，士大夫咸思止足之義，惇俗尚齒，歌詠田間，而數典忘祖者之各知所愧而交相儆也。九老者，曰禮部郎中清度，年九十；曰福建按察使令翼，年八十四；曰臨洮知府祖詒，年八十二；曰黄梅知縣檖，年六十八；曰密縣知縣歆，年六十六；曰開州知州學愈，年六十三；曰湖南石門知縣柏承，年六十三；曰射洪知縣大椿，年六十二；曰溫處兵備副使柱，年六十。石門君則宇逵之大父云。

——《亦有生齋集·文》卷三

南華九老倡和序

〔清〕左 輔

南華九老，爲禮部郎中莊清度，年九十；福建按察使令翼，年八十四；陝西臨洮府知府祖詒，年八十二；湖北黄梅縣知縣、贈吏部文選司主事檖，年六十九；直隸密縣知縣、封中憲大夫歆，年六十六；開州知州學愈，湖廣石門縣知縣、封奉直大夫柏承，年皆六十三；四川射洪縣知縣、贈奉政大夫大椿，年六十二；浙江溫處兵備道、封資政大夫柱，年六十，前後皆引年致仕。乾隆己巳歲，於里中修香山九老會故事，而其時年滿六十而未入會者復二十一人，皆以詩和附焉。休哉！一門兄弟群從數十人，而皆爲循良，樂恬退，享壽考，舉無骨肉乖離之嫌，死生契闊之傷，衡宇比連，耄耋相望，春秋佳日，陶陶舉觴，詠歌太平，宣暢情性，蓋僅事矣。伊古迄今，公卿大夫士庶多有尊崇名位，娱樂老壽，聯社燕衎，朝野稱榮，然而人不一姓，居不一鄉，規之莊氏，未極盛軌。烏虖！莊氏抑何德而致此與？《老子》曰"治人事天莫若嗇"，嗇謂卑服，卑服謂積德而歸之長生。又曰"不失其所者久，死而不亡者壽"，敬侯忠孝，七世垂則；石君醇謹，諸孫觀法。前導斯後行，善創斯善述，得所久長之説，豈不諒哉！豪家右族炎炎隆隆，富貴參雲，聲勢炙手，聲色狗馬，恣其悁淫，子孫漸被餘風，彌彌滋甚，即至家世頹落無以自存，而猶鑿空構虚，媮樂旦暮，是以目盲耳聾，口爽心狂，神明不固，踏焉身亡，不特夭其身，抑且夭其子孫，不嗇而失所之倡如此其酷也。莊氏之先自鶴溪公起家大參，暨太僕、方伯諸公令德繩繩，不絕志傳，治人事天罔不得所，其身爲不亡矣。夫登高山者，知其基之廣；蔭茂樹者，知其根之深。子孫之壽即祖父之壽，何異兄弟群從數十人而皆爲循良，樂恬退、享壽考也。余雖不獲追隨九老游，而幸及見一二，觀其人言語衣服狀貌，古質樸訥，如鄉里老教書，絕不類貴官長者。今按其子弟，復恂恂抑抑，端雅厚重，有前輩風度，是又能養其德性而壽其神明，則引而長之，寧有既哉！吾友印山既裒集九老倡和詩，又各綜其生平，系之小傳，見諸老之獲福有自，且志世德於不忘，則讀是編者庶幾有所觀法，不徒侈鄉閭之美談，是則印山之志也夫！

丁未仲冬五日，後學左某謹撰。

——《念宛齋文稿》卷五

南華九老倡和詩譜序

〔清〕毛燧傳

莊氏故屬予大母黨，既姑氏歸於莊，季父復娶焉，爲連姻。然生未二歲已喪我大母，先考隨以是年下世，大父以孤露鍵制甚謹，年十三四，不能識其伯叔上下。暨年少長，家益落，無以修歲時存問禮，宗黨內外皆闕如。兼僻處村落，去郡中計五十餘里，故吾年至四十，於莊氏初無所往還也，惟侍大父言次略得其先達數公而已。丙午春，予介錢魯思始識印山，已詢知爲大母黨，益親善。丁巳春，予歸自漢臬，印山出其所輯《南華九老倡和詩譜》以示，閱之，爲夙所聞於大父者得參之一。念九老之集仿於香山，宋之耆英、真率繼之，維時國家大抵重熙累洽，和氣沖溢，搢紳之士類多恬於榮利，淡於進取，勿事機智戕賊天和、感召灾沴，致獲臻於壽考，史因著之，以爲人瑞徵，爲昇平之符驗，而莊氏以一門得之，則尤爲前史所僅見，非香山、洛下之可擬，然無印山爲之傳譜，雖以予之謬托姻末，近在數十里內，猶不能備悉，況其外乎？以是知史職爲甚重，而孝子仁人之用意，其所關於世道人心者不淺也。《記》曰："有善而弗知，不明也；知而弗傳，不仁也。"葛藟思庇其本根，而鼎銘務推揚其先祖之美，繇於天之生物使之一本，而仁民愛物率皆本此而推類也。凡嘉言懿行、吉祥善事，莫非先祖之美，其在譜者，讀其詩，考其事，實覺當年溫藹之致、淳古之氣逼人眉宇，則茲之所以紹承先德而光大其後嗣者，夫豈微哉！按九老中廉使公即爲吾大母嗣父，餘皆不出諸父昆從。其舉會在乾隆之己巳，時大父年已六十，譜中諸公大父必親得其狀貌。又大父嘗述其與莊氏昆仲舉場中謔語，歲月久遠，不復憶其名字，其人或即在譜中，亦未可定。然大父歿年七十九，至是又三十一年，而予與印山、

序跋／集部

晉望中外之誼不殊骨肉。今投老作客，孑然二千里外，顛毛種種，鬢髮無黑，欲求如九老之一堂倡咏，豈復可得！用列叙其先後，後之覽者略其門閥，第尋其離合之迹，亦當興感於盛衰修短之不恒已夫！

——《味蔘文薰》卷之一

棣華館詩課序

〔清〕張曜孫

余自道光癸巳承先大夫命，割宅與姊婿孫叔獻、王季旭同居。余與季旭常出遊，叔獻家居課諸子讀，并女子亦課之，時女甥采蘋、采蘩年十二三，讀書最慧，稍長出塾習女紅，以其暇讀書閨中，而時就叔獻爲講貫。會余臥病里居者四年，授以唐人詩，輒能效爲之，旋學書，篆隸、行草、鐘鼎文皆爲之，又學畫，山水、卉木、禽鳥、蟲魚皆爲之。余喜其敏慧好學，又病中無所事事，日與論詩書讀畫以自遣，諸女之出塾者，皆令督課之。及官武昌，伯姊孟緹自京師先至，乃迎婉紃、若綺來居官舍，見諸女皆長成，學日進，甚樂之，而叔獻、季旭相繼病卒，婉紃、若綺憂傷。若綺奉靈南歸，孟緹旋返京師，余方困於簿書，恒經月不問門內事，偶相對亦戚戚無歡顔，而諸女讀書不輟。逾年，若綺自南來，復與婉紃共課之，於是一庭之內既損米鹽井臼之勞，又無膏粱文綉之好，遂日以詩書爲事，相與礪切義理，陶澤性情，陳說古今，研求事物。凡讀書、作詩文書畫、治女工，皆有定程，而中饋酒漿瑣屑之事，各於其間，爲之不廢，日無曠晷，語無雜言，余偶於宵分得餘隙，共坐棣華館，各出所業，爲品評而指摘之，積三年，得詩二千餘首，擇其略可誦者，命兒子晉禮彙録成册，以寄孟緹於京師，并付塾中諸子觀覽，聊志一時歡輯之雅、諸女力學之勤，差有合於敬姜思善之旨，以屬諸子而慰孟緹焉。客有聞者，多索觀，疲於抄寫，遂付梓匠，詩凡九百六十首，爲十二卷，斷自武昌爲始，前之所作不與焉。以作詩之先後爲次，後有所作，續入之。作者凡六人：采蘋，字澗香，年二十四；采蘩，字筥香，年二十三；采藻，字錡香，年十七，皆姓王氏，太倉人，若綺女也；采藍，字綠香，本若綺第三女，婉紃愛之，撫爲女，從孫氏姓，更名嗣徽，字少婉，年十八，陽湖人；祥珍，字儷之，年二十一，余女也；李孌，字紫畦，光山人，與祥珍同齒，爲余侍婢，皆學於采蘋。棣華館者，武昌官舍之內室，婉紃、若綺譚燕之所，故名。

道光庚戌夏四月，張曜孫。

——《棣華館詩課》卷首

棣華館詩課後序

〔清〕張晉禮

晋禮年十四，先宜人見背，姑母婉紃、若綺夫人撫教之如子，於是兄弟姊妹皆親如同胞。及家君宰武昌，姑母兄弟姊妹皆至，晋禮與兄弟讀書於外，儷之與姊妹讀書於内。每自塾歸，輒見家君課諸姊妹爲詩文書畫，相論説於棣華館中，凡五年，積詩數千首。家君甚樂之，每稱道以屬晋禮之不學。晋禮幼從婉紃姑母之夫孫叔獻先生讀書，與諸姊妹同塾，先生授以《四子書》《毛詩》《禮記》諸經及《昭明文選》，多者五六十行，少者三四十行，諸姊妹讀一二十過即能成誦，晋禮必倍之。姑母復課以先王父館陶君《古詩録》及唐人詩，教以作詩之法，數月即能爲詩。及來武昌，叔獻先生已前卒，未幾若綺姑母之夫王季旭先生又卒，姑母孟緹恭人自京師至，居一年返京師。於是死喪離別之感，幾無以爲解，乃復課諸姊妹讀書爲詩以遣之，而諸姊妹亦勤勤好之以爲樂。是歲李姬來侍家君，性好文翰，家君亦課之，越數日必有所作，伺家君政暇，進而評騭其是非，初或有所塗乙，或改竄二語，後則評點吟誦，讚美而已。初，婉紃姑母從先王父官館陶，庭有古槐，因名所居曰緑槐書屋。適武昌官舍内室舊名緑槐居，家君異其適合，因以居姑母，而名其前室曰棣華館。姑母及諸姊妹多集於此，讀書之聲常徹於廳事，每至夜分不輟，吏役多習聞之以爲奇，於是索詩畫者無虚日。采蘋姊將于歸，因編諸姊妹先後所爲詩請於家君，刪爲十二卷付之梓。晋禮愚魯不文，無能勉從諸姊妹之後，校讀是編，不禁愧恨交併而不能自已也。

道光三十年九月，張晋禮。

——《棣華館詩課》卷首

我儂説詩自序一

〔清〕徐錫我

《説詩》凡八百餘首。其唐七律詩三百首，則始於戊子之孟冬，終於己丑之仲春，從友人静涵蘇子請也。其漢魏詩一百七十首，則請從文子魯齋，始終於辛卯之冬季、壬辰之春季焉。自此而良友聚散，俗緣徽纆，殆無寧晷。每欲即説所未及者，如古逸、六朝，三唐人之五律、五排、五七古、五七絶等體，爲一一補説之，以薈萃成書。顧存諸衷者，又逾一載。癸巳秋八月，因訪舍弟豫青於漢南，至赤夫石泉署，而舍弟已先期訪余入都矣。三年骨肉遠離，數千里相訪，彼此不值，悵嘆可勝道哉！鬱無可遣，爲赤夫補説所未説之詩三百餘首，始於是歲之陽月，終於來年之陬月云。

——《我儂説詩》卷首

我儂説詩自序二

〔清〕徐錫我

匠石運斤，非郢質無以措手。故老子玄言，必俟關門小吏；莊生達語，亦須濠水同人。余丙子遊燕，即定交賈子赤夫、蘇子静涵，風雅契合，既歷有年，往復清談，不啻萬計。後得文子魯齋，性更嗜痂，甘於贈炙。諸宗盟聽評論，至徹夜忘寢。恐緒言微義久而復湮，此己丑歲静涵既有説七律之請，辛卯歲魯齋更有説漢魏之請也。書成之後，蘇、文家有稿本各一，秘之枕中。已而因友及親，由近致遠，轉相鈔録。余遊秦時，屈指布散於京師者已三十餘部，然止七律一體。而漢魏則二子以未有副本，慮因遺失，未易假人也。至癸巳所補，惟留赤夫署中，思一寄静涵、魯齋，筆墨煩多，艱於脱稿，時衒耿耿耳。

————《我儂説詩》卷首

我儂説詩自序三

〔清〕徐錫我

左太冲賦《三都》成，乞序皇甫，一時洛陽因爲紙貴。余竊鄙之，謂君子立言，果有當於不朽大業，雖千古上下，莫非吾徒。必鰓鰓然求知一時漠不相知之當路，而乞其謬贈我以無關痛癢之膚辭，何爲哉？尼父删詩，衹命弟子卜商爲序，蓋有由矣。余懶於結納，捨二三知己外，寥寥寡徒，素不喜攀援巨公作沽名階級，衹自序其説之年月起訖并同學因緣，他無與焉。

————《我儂説詩》卷首

寒塘詩話序

〔清〕蔣汾功

古今説家之作，其昉於《檀弓》乎？韓非氏《説林》、《内》《外儲》亦其選也，顧其文尚矣。漢、魏以下，代有作者，而莫盛於唐人。至宋、元、明而彌侈，其間多寡工拙各殊，要必工焉者然後傳。故古今説家雖衆，而可傳者亦不概見焉。兄紹孟氏博學稽古，舟中枕上書策横陳，飲食必置几案間，其於詩殆有天授，茹古涵今，窮極變怪，而歸於自得。每論詩文及古今時事，談笑風生，慧思捷出，聞者輒爲傾倒。余嘗謂兄盍筆之於書，以貽後人？兄曰“諾”，近乃作爲二書，曰《詩話》，曰《識小》，將以分類課程，與年俱進，草創未及期而兄邃下世矣。悲夫！余與兄幼同居，稍長同塾，嬉戲過從，較群從尤暱，以故知兄特深。兄又體質凝厚，素無羸疾，人皆期以上壽，而僅免於夭死，至今忽忽不信有此事也。兄之子維梅能讀父書，謂是書雖未畢業而文特工，且手澤存焉，不可以無傳也，爰鋟諸木，俾余弁其首。司其事者，斟酌較勘，涑睦弟之力居多。

雍正元年七月，弟汾功東委氏謹書。

——《寒塘詩話》卷首

全唐試律類箋聲調譜跋

〔清〕惲宗和

昔先君子孝廉公與年伯主政錢旡咎類箋全唐試律十卷，康熙乙未秋日刻於都門，以公同好，迄今已四十有七年矣。雍正壬子冬月，秉鐸金壇，閱從前分類箋注，覺未盡善。課士之暇，改正甚多。又標明某二字宜補箋，并宜注出何書。又硃筆批評，寫題某字，切題某字，點題某字，以某意結，頗費苦心。時乾隆丙辰夏日，迄今又二十有六年矣。不肖和備員豐學，數載以來，念手澤之存，繼未竟之志，補箋校訂，不敢憚勞。又念此方之學者平仄多混淆，上下每失粘，皆由不講究聲調之故。因竭力刻《類箋》一書，欲其改陋習，且欲其易知而樂從也。適選拔若金董兄以東魯宋蒙泉先生手訂《聲調彙說》見示，和既卒業，乃怳然有會焉。其說曰："詩本賦、比、興，聲調末也。然末且不知，況其進焉者乎？"又曰："上句平平仄仄仄，下句仄仄仄平平，律詩常調。若仄平仄仄仄，則爲落調矣。蓋下三仄，上必二平也。又平平仄仄平，律詩次句正調。若仄平平仄平，變調而仍律也。若夫仄平仄仄平，則古詩拗調矣。今人之不知此者，皆誤於'一三五不論'之謬說故耳。"其書詳論古體，又專論拗調。和變通其說，引伸觸類，編爲此譜。先將宋先生聲調說載在譜前，不敢掠美，又欲人共信其說而篤守之也。并將徐而庵先生五言排律說列於先。按，徐之書成於康熙壬寅，宋之書成於乾隆丁丑也。次將平仄單對、順逆、虛實，首句起法不同，共編一十六譜，取《類箋》中詩印證之，分析詳明，俾覽者了然心目，知平仄之不可混淆如此，聲調之必宜講究如此，倘人人樂從而頓改失粘之陋習，庶不負昔年箋注批評之苦心與今日重刻校訂之竭力矣。願諸學者共勉之。

乾隆二十六年三月望日，晋陵惲宗和謹識。

——《全唐試律類箋》附録

重刊北江詩話序

〔清〕王國均

大雅不作，古義寖衰，末學膚詞，尠所闡發。求其扶植根柢，陶冶性情，作詩家指南者，百不獲一也。鄉先達洪稚存先生，忠讜偉節，詳載國史，生平著作等身，以詁經輿地之學，爲本朝巨擘，故刊行各種，幾於家有其書。此《北江詩話》六卷，乃晚年手定，刻之者三家：張詩舲中丞、李雲生太守及蜀中周霽堂茂才也。張刻袖珍本止前四卷，李刻僅後二卷，惟周刻爲同里湯秋史比部抄自《卷施閣叢書》中，實爲足本。惜以後進思附青雲，輒加評點於簡端，多繾綣呢齲之辭，而鮮鈎識索鑰之助，遂使讀者有佛頭著穢之憾焉。余維先生立身以忠孝爲大，論學以經史爲宗，論詩以《三百篇》爲主，故於魏晉詩人，獨取陶靖節，以其去古未遠也。盛唐李杜，已視爲詩派之支流。歷宋元明，旁及各家，吞雲夢者八九，目中安有餘子哉？夫不探崑崙之源者，不足與觀水；不登泰岱之巔者，不足與觀山。誦先生之《詩話》，必想見先生之胸襟，而後能知其扶植根柢，陶冶性靈，作詩家之指南者，若是其難能而可貴也。先生曾孫用懃，因原刻體例未合，重加校正，隨全集一并重刊，并乞志其緣起如此，則又孝子慈孫之用心，非尋常刊布古籍者所可同日語也夫。

光緒三年歲次强圉大淵獻陽月，同里後學王國均謹撰。

——《北江詩話》卷首

文翼跋

〔清〕王國棟

予友吳耶谿篤志好學，爲一時所罕覯，而穎悟絕人，尤所難得。其觀書遇疑奧處，往往探賾索隱，發前人所未發。所爲古文、時文，俱深入古人之室，其才如是。道光某年至京師應鄉試，不獲第，遂憤鬱成疾，卒于旅舍，年甫三十有三耳。其事絕可慘，其人真可惜也。耶谿既卒，予俟其喪歸，至其家，謁其尊人西岩先生，并索遺稿，得文若干卷，耶谿自署其稿曰《紹韓書屋文抄》。予抄而存諸篋中，而不知其尚有《文翼》之纂也。《文翼》者，采擷前賢論文諸說，都爲一編，名曰《文翼》，共三卷。雖係纂述前人語言，然頗附己見，且有折中。即以此觀之，亦可見其好學之一斑矣。獨是欲知耶谿有過人之才，不觀其文集，無由知其造就之果何若也。然文集之終刻與否不可知，姑俟諸異日。茲得仲翁先生之友人數輩，先亟賞其《文翼》，爲助剞劂之費，刻于常郡之平易坊。予于是深喜故人撰著已略見端倪矣，不覺破涕而爲笑也。刻既竣，遂書于後云。

道光丙申秋日，新安王國棟跋。

——《文翼》卷末

柳非韓難序

〔清〕張 謇

有文理，有文法。理，文所載也；法，所以成文之理。夫所謂文，如是爲爾矣。理有淺深，法有正變，自淺以之深，由正而盡變。夫所謂學爲文，如是爲爾矣。吾嘗言，天下事萬、物萬而理無二者，象無一者，文之理之不容二，固無疑。法之成文也，非象乎？文體之繁也，則法非一，而不知所以成此法者，自然之理也。吾見大賢盛聖之文，里夫巷婦之文，騷人學子之文，若典謨誥誓，若國風雅頌，若漢以來之策論辭賦，若八股，若其他雜引瑣言，駁矣紛矣，不可方矣，而其所以構之於心而叙之於簡者，若人千態億貌，而頭腹、手足、耳目、口鼻、毛髮之上下位置，萬體一原。蓋法之著而爲象者不能同，而所以成法之理有錯繆是而不可者。今學子習八股之文，謂得其法矣，易而爲策論，師失其所爲教，而弟不知所爲學，此其爲文，毋乃於成法之理未審耶？陽湖趙君長左取柳子厚《非國語》、韓非子《難》數十首，以示爲策論者，曰“法在是”，曰“迹是將可以掩取百家之文”。豈不以是數十首者，其論辯則其理精，其文短則其法明。會理之精，將使之自得於他所學；因法之明，將使之解悟於其所自然耶？意其盛矣。獨柳韓之文、之理與法爲深且變者，是成學之所愜心怡目，而於初造者先淺而深、正而變之程度，或未能贊其力之所能跂，而給其意之所欲求。則趙君之授兹編，當稱可焉而施之也。

光緒癸卯三月，張謇序。

——《柳非韓難》卷首

溪南詞序

〔清〕鄒祇謨

予少習爲詞，每以歐、晏、秦、黃爲正風。最後讀南宋諸家詞，乃知能擺落故態而意氣跌宕者，惟陸務觀爲善；能自道其與馳騁上下者，庶幾子瞻、幼安其人乎？而務觀自序乃云“少有所爲，晚而悔之，然猶未能止”者，何也？豈非樂府歌謠之變，固非此不足以抒永言、發逸思耶？吾友艾庵黃子於文筆無所不工，少爲詩餘，頗有工妙之致。年來縱筆爲詞，嶔崎歷落，洋洋纚纚，有不知其然而然者，余以爲非渭南老人不能如此超逸獨至也。嗟乎！詞雖小道，本乎性情，中乎音節，固有繫乎時與遇者焉。方黃子少時，故有閨房之好，自相唱和，所著小詩流傳里巷間，無不述爲佳事。既而偕其季弟初子，與余輩數人常爲文酒之會，單詞小令悉被管弦，筆墨所至皆有低徊宛轉之思。斯時也，亦可謂極人間之快意矣。未幾而登上第，佐西曹，此樂既不可得，而又以清賦之累，與余等共遭放廢。艾庵遂寄迹戴溪之南，小妻稚子，優游卒歲，機杼之聲與弦誦時相間也。暇則從野夫牧子較量晴雨，間爲小詞，衝胸而出，矢口而成，一再行吟，浩浩乎如出金石，自以爲鈞天廣樂不過如是。此豈務觀所云"漁歌菱唱，不能自止"者歟？昔唐季《花間》諸集流宕可喜，而務觀則謂士大夫無聊所寄。世有能知艾庵者，誦其詞而想見其意，勿以爲僅出於無聊焉，斯可矣。

——《溪南詞》卷首

麗農詞序
〔清〕宗元鼎

憶十年前，鄒子程村游廣陵，與余定交於謝太傅之法雲寺。庭樹婆娑，相對促膝，酒餘，示我詩餘一編，見其寄情綿邈，致語清揚，令人想見風簾霜幕，素蟾初霽，玉杯醽醁，纖手破橙橘香濃時也。庚子秋，鄒子復游廣陵，則高車駟馬，已屬長卿得意後，然不減昔年布衣豪宕。與余步出西郊，登歐陽平山眺望，訪螢苑、鷄臺、九曲池、玉鈎斜故址，憩旗亭小飲。亭有當壚妓，命歌蕭竹屋《蝶戀花》詞"記得來時，買酒朱橋畔。遠樹平蕪空目斷。亂山惟見斜陽半"之句。鄒子悵然者久之。因就奚囊中復出詩餘示余，已梓成帙矣，而屬余序之。夫李白詩文，光焰萬丈，當其坐七寶床，御手調羹，玉妃捧硯，所作《清平調》三詞，遂爲詩餘首唱。鄒子以冠絕人天之才，凡所爲不朽盛事，無不陵轢今古。即詩餘一道，遂已小語曲致，盡態極妍，直可上接青蓮《菩薩鬘》諸調，下睨弁州"鳳凰橋下"諸詞，豈特飛卿以下十八人共作興僂，抑亦南唐而後數百家難矜香艷也。如余者，久臥蓬蒿，志違綺語，鄒子更十年後，征輈所過，如元獻、永叔諸公，或訪余於芙蓉別墅，杯酒道故，別誦新詞，吾知稼軒所言雄深雅健，不讓文章太史公矣。

——《麗農詞》卷首

蓉渡詞序
〔清〕陳玉璂

文友少好爲詞，近復棄去，斷自《滿江紅·述哀》十闋而止。孫無言刻《名家詞》，文友出應其請，而屬予序之。夫詞始於唐，盛於宋，然自樂府變爲趨艷，雜以《捉搦》《企喻》《子夜》《讀曲》之屬，而詞變體之法本此矣。自《毛詩》有藻艷之詞，流爲黃初、建安、齊梁之俳句，以及唐微之、樂天、致光、君平諸君子香奩旖旎之作，而詞言情之法本此矣。自有騷、賦、連珠、七，而詞造語之法本此矣。故知前人雖無詞，其爲詩與文與諸體之所寓，未嘗無近乎詞者。特太白《清平樂》《菩薩蠻》二調顯著爲體，宋人遂多創其格，而詞以名，於是名家者遂不一其人。聞之論詞者，以爲言情者詞之本，使才者詞之變，論誠是矣。然歐陽、蘇、陸之詞，非以才稱者乎？夫詞有宜於言情，有宜於使才，亦視乎相其體爲之，況乎有才而無情，則必流爲粗豪放誕，有情而無才，則必同於婦人女子，二者又未可偏廢也。今觀文友《蓉渡詞》，才情各不相掩，詞雖小道，如文友豈易及哉？予觀文友《正誼堂集》所擬樂府，趨艷、《捉搦》《企喻》《子夜》《讀曲》，以及黃初、建安、齊梁、唐微之、樂天、致光、君平之詩，騷、賦、連珠、七之屬，殆無不備。文友之詞未嘗不寓於其中，然則《蓉渡》一刻，殆亦如宋人創爲一格以名家者乎？予向有《耕烟集》，亦將以應無言，以視《蓉渡》，奚啻莛楹也與！

——《學文堂文集》卷二

學文堂詩餘序

〔清〕任繩隗

宋人詞選，以《草堂》顏其編，説者謂《憶秦娥》《菩薩蠻》兩闋昉於太白，太白詩名《草堂集》，草堂之義，蓋取諸此。然余觀齊梁之月露風雲，陳隋二主之《望江南》《後庭玉樹》，雖未如宋元之按節宮商，櫛比字句，而駸駸乎詞家之嚆矢矣。以爲僅始於太白，或未必然。顧又謂詞者，詩之餘也，大雅所不道也，故六代之綺靡柔曼，幾爲詞苑濫觴。自唐文三變，燕、許、李、杜諸君子變而愈上，遂障其瀾而爲詩。宋人無詩，大家如歐、蘇、黃、秦，不能力追初盛，多淫哇細響，變而愈下，遂泛其流而爲詞。此主乎文章風會言之也。或又以永叔名冠詞壇，當時謗其與女戚贈答，大爲清流所薄；晏元獻天聖間賢輔，乃至以作小詞致譏。此較乎立德與立言重輕之異也。以余衡之，要皆豎儒之論耳。自《三百篇》，未嘗襲卿雲糾縵之歌；《離騷》楚些，不必蹈《關雎》《麟趾》之什。嗣是而誦周詩者，豈見少乎《大風》《天馬》也？推漢魏者，寧庋置乎開府、參軍也？夫詩之爲騷，騷之爲樂府，樂府之爲長短歌，爲五七言古，爲律，爲絶，而至於爲詩餘，此正補古人之所未備也，而不得謂詞劣於詩也。若杜元凱、張茂先、李文饒、文信國諸人皆出入將相，倥傯軍旅，而斐然作述，於今爲昭。安見爲宰相者乃至廢書而仰屋哉？此余決其爲豎儒之論，蓋無疑也。吾友椒峰先生，年弱冠，早已蜚聲宇內，及今成進士，寰海名士從而問業者，車徒輻輳，所寄迹輒復成市。頃出其《學文堂集》數十萬言，中有填詞若干卷，搴英擷實，殆逼《花間》《草堂》而上之。在椒峰視之，固其餘也，在人之視之，亦椒峰之餘也。雖然，椒峰固能出其餘者以冠冕乎天下也哉！異日者於平章之暇，而有所諷述焉，其亦如晏元獻之當國乎？第恐或人者又起而議其後矣，而椒峰之文章事業，夫復何議焉！

宜興任繩隗植齋撰。

蒼梧詞序

〔清〕陳玉璂

余與舜民居同里，同舉孝廉，二十餘年，會晤殊密，歡好甚。數年前，舜民移居青墩，距城五六里許，踪迹稍稍疏，然舜民每入城，必過余談笑。今年春，余偕毛旦齋、龔琅霞二子過青墩。舜民摘園蔬佐酒，茂林修竹間，分韵賦詩。因出《蒼梧詞》，命爲序。越兩月，忽傳舜民就醫來城中，急訪之。見舜民肩背發腫，呻吟轉側，手握白塵尾，坐地上，謂予曰：“《蒼梧詞序》成乎？毋負予也。”予曰：“待秋風時爲之未晚。”未幾，而舜民病益甚，竟不起。嗟乎！舜民而竟如是已乎？爰更反復其詞，擬即述數言，付其孤，一展誦靈幃之側，甫握管而泪涔涔下不可止，又已之。一日，其兄賓實過余，曰：“《蒼梧詞》刻將竟矣，子序勿更緩也。”余翻然曰：人生百年之物，忽忽與腐草同湮没者，何可勝計。舜民能以《蒼梧》一詞，流傳後日，使姓氏不没人間，雖死何恨，而予又奚悲？况舜民之詞，能按古譜，出新意，在所必傳。宋之能詞者六十餘家，如秦少游、高竹屋、姜白石、史邦遠、吳夢窗數子，始可稱以新意合古譜者。楊誠齋論詞六要，一曰按譜，一曰出新意是也。苟不按譜，則歌韵不協；歌韵不協，則凌犯他宮，非復本調。不出新意，則必蹈襲前人，即或煉字換句，而趣旨雷同，其神味亦索然易盡。今觀《蒼梧詞》，既絕此二病，而於秦、史諸家，貫穿變化，別成一家之言，其并傳也奚疑哉？昔曹子建與楊修書云：“丁敬禮嘗作小文，使僕潤色之。僕自以才不過若人，辭不爲也。敬禮謂僕，卿何所疑難？文之佳惡，吾自得之，後世誰相知定吾文者？”予於《蒼梧詞》，所以遲之又久而不敢序者，亦竊謂才不過舜民，今勉爲之，僅免舜民後世誰知之嘆。然而吾文，舜民已不及見，其負吾友也，不可解矣。往者文友作《蓉渡詞》，屬余序未果，至文友歿數月始成。今序《蒼梧》亦然，何於董氏昆季多歉歉也。嗟乎！余與文友、舜民二子，謂百年已分，可長共相保，何圖十數年間，零落殆盡。余也以樗櫟凡材，靦然人世，顛毛種種，無可稱述，其重愧二子，不既多乎？二子有知，應笑予也。

康熙歲次丁卯十月朔日，年眷弟陳玉璂椒峰氏撰。

蒼梧詞選後叙

〔清〕董元名

　　歲丁卯三月，易農叔《微泉閣集》成，余顧舜民弟而嘆，嘆已而泣，泣已而復嘆，曰："嗟乎哉！叔真可謂學者。然亦幸而有弟，而茲集得以不墜于地也。後起者其在君耶？"舜民聞之，愀然不樂，曰："予之功名事業去叔遠甚，予之經學、史學，及詩歌、古文詞亦去叔遠甚，何敢望叔之項背耶？"余應之曰："否否。業不期於全，期於可傳。況叔之所爲經學、史學，及詩歌、古文詞者，弟皆有以相成之，何言難與叔齒也？且於詞之一道尤傑出，曾記阮亭王先生每口口稱晉陵、陽羨，即海内諸名家亦往往不以君詞置陽羨下，而君又行年五十，不可不及強而仕，仕則定須十年，如此者，亦殆將老矣。"舜民愀然愕然曰："微兄言，茲事殆不可緩也。"因即出篋中之已刻未刻者若而篇，其有攬勝紀游，有情無文者，其爲題又若而篇，計日補成之，不三月而付梓。取而讀焉，馴矣，肆矣，向之阮亭先生所謂晉陵、陽羨者，果不虛矣。嗟乎哉！誰料良工苦心，天奪其紀，卒以七月之望，疽發背死。嗚呼，痛哉！一時殘編斷簡，墨汁淋漓，兄弟友朋，哀號凄愴，何暇計有今日出而問諸世哉！乃一字僅存，其媚其孤卒不肯委而棄之也，遂亟請於同年之椒峰先生，曰："此亦何忍没也。"先生不棄，遂揮淚援筆而爲之序，序成而見卷帙之中，或先或後，或繁或簡，多失倫次。同人往往議之，鄒子觀上惜其詞之甚，又爲之請。余應之曰："舜民之於詞學，幾三十年，亦可爲標新領異，月變而歲不同矣。其間篇章之重疊、格調之奇幻，可以軼前賢、跨近代者，何啻盈箱累軸。是集也，但取其生平之所最賞心者存之，或於宮譜淆訛，字句舛裂，與夫事迹諱忌者，姑置之。至其卷帙之長短後先，一一皆生前自爲之，并未用意改竄也。蓋寧略無詳，寧精無雜，業不期於全，期於可傳，是余之志也。夫亦舜民之志也夫？"嗚呼！舜民也而如是耶，亦可哀也已。

——《蒼梧詞》卷首

栩園詞棄稿自序

〔清〕陳聶恒

　　余兒時於故紙中搜得《花間》《草堂》詞，妄以意爲句讀，携之鄉塾，時時竊觀之。客有言之先君子者，先君子知而哂之，然亦弗之止也。已而復以意竊爲之，一二同學少年相傳以口。鄉先生黄艾庵謬許其能，家椒峰先生且爲之序，庚午前所刻是也，而老成之風愧未逮焉。十餘年來，當代之君子薄填詞爲小道，而知其解者益鮮，往往俳優之習，與銅琵琶、鐵綽板交譏。又其甚者，求新不得，而好爲澀體，一物而必異其名，識者笑之。夫古人之詞，即古人之樂府，其宮調雖不傳，而志氣之和平、音節之微婉頓挫，及今猶可知也。情之發也，必有所止，不淫不傷，風人之旨也。吾得之以治其心，則有以清詞之源，不爲物之所役，而優游漸漬，以俟其有成。亦若有數焉存乎其間，似密而疏，似近而遠，而後其於詞也，乃能奄有衆長而去其所短，言人之所不言，而亦可言人之所言。詞，小道也，工之者難蓋如此。工之者方將忘乎人之見，以自樂乎此，雖他途之美，勿與易也。然亦豈有二道乎？是在知其解者而已。余雖力悔前非，學焉猶未逮也。貧賤奔走，風雨寂寥之中，童心不免。而典型凋謝，感慨係之，年來亦絕口不復吟矣。舊稿散失，篋中所餘如干首，閱之如叔子弄環，前因仿佛可記，或亦結習使然。因次其時之先後，彙爲四卷，又以余向者固嘗棄之，題曰《栩園詞棄稿》。而識其緣起如此，以發爲士者之笑云。

　　甲申立秋前五日，毗陵陳聶恒自題於且樸齋。

——《栩園詞棄稿》卷首

亦有生齋詞鈔序

〔清〕周儀暐

　　許慎曰：“詞者，意內而言外也。”夫意本無飾，奚別於中？言必有文，何矜於表？此皆聲韵之流，尊其所學，敷之藻采，托於淵深，設爲大雅之辭，以謝小言之累。學者所尚，莫之取焉。近士不察，限於陳言，目睫共趨，心源莫暢，遂爾濫竽騷雅，塗附宮商。金石匪諧，笙簧乖奏，遠習相沿，不可方矣。同里趙收庵先生家有班㳺之書，早結鄭莊之客。議古石室，澤躬金言。遂著攬其精，誠辭立其要。儲華璧府，備體蘭臺。秘書行處，兼通律度之微；皇雅賡餘，不廢樂章之作。惟其昌明和易，博大高華，揚扢盡神，發揮殊致。不晦理而膠旨，不壞法而詭詞。煌煌乎曲有直材，質有文德。故能日星賦耀，草木宣春。言不病於厄，文不戾於格。薈萃曩作，編録近著，輯爲《亦有生齋詞鈔》四卷。頡頏晏、范，出入秦、蘇。銷稼軒激楚之音，擯夢窗浮懵之色。促拍短吟，長言永嘆，莫不風雨和於節，絲竹赴於心，又何必持言意之畦町，分內外之畛域哉？歲在㳺蒙，日次訾陬，先生攖玄晏之末疾，遂季鷹之歸思。江水乍生，扁舟方至。庭梅晉掌，梁燕迎衣。冠簪問字，偕來通德之門；子姓扶輿，近出柴桑之郭。既拂花而申款，亦撰石而安歌。魚鳥告歡，粉楡入律。儀暐行陪撰杖，職任分釐。猥以菲才，屬之編次。謹抒所見，以著於篇。

　　嘉慶二十年二月，同里後學周儀暐。

——《亦有生齋集·詞》卷首

約園詞稿序

〔清〕金武祥

吾郡趙于岡先生殉庚申之難，特旨褒恤。光緒庚子就所居園旁專祠落成，文孫子耀大令既梓所奉諭旨，并奏疏、行述、哀誄之文爲《專祠録》一卷，復重刊先生所著《約園詞》，以武祥累世有連，屬爲之序。按，先生詞著録於丁杏盦司馬、謝枚如進士所撰詞話及繆筱珊編修所輯《常州詞録》者，僅略見一斑。此本凡十卷，分十集，爲先生自定之本。集各有小序，亦可攷見其生平。嘗謂甌北觀察遺書最富，詞獨無傳。先生爲觀察之孫，仰承家學，各體皆工，而經燹後，僅賸此詞，若留以補家學之缺，歷劫不磨，亦可異矣。詞以約園名者，蓋先生所購謝氏舊園，葺而新之，以奉母，有十二峰二十四景之勝。先生循陔多暇，游藝詩畫，爲風雅主。盍簪題襟，皆當世賢俊。武祥弱冠以前，嘗從許師受業於此園，時時起居先生，猥荷獎異，嘗繪扇題詩以爲貺。迄今流連池館，慨想風徽，益不禁黃壚之感。而崇祠式焕，孫曾踵興，食報且未有艾。循諷斯編，又有足爲先生慰者，爰不辭而叙其梗概如此。

光緒二十六年仲夏月，江陰金武祥謹序。

——《約園詞稿》卷首

留雲借月盦詞序

〔清〕吳唐林

不佞少伏里閈，壯識俊流。嘗於咸豐乙卯夏日，與楊汀鷺、管才叔、趙惠甫、湯伯温輩共集八人，合成一社，拈題鬥韵，刻燭倚聲，即所謂雲溪詞社是也。中更兵燹，人比晨星。望青山而薶愁，過黃壚以感舊。停琴誰仁，散雪重團。劉君光珊系出清門，才如後靳。猥十年以居長，見一士之殊倫。折節登堂，群紀之交情彌篤；出疆載贄，機雲之譽望争傳。幕中愧未入嘉賓，廡下或貽同德耀。周旋最久，倡和時喝。杜少陵之篇章，有詩皆史；谷子雲之筆札，無體不工。而君尤注意於詞，屬定全稿。爰本落葉飛塵之喻，力事校讎；必使量珠稱玉之工，不差銖黍。既已删成四卷，復令贈以一言。竊思吾輩迹踵名賢，當以振敝起衰爲任；交深文字，敢忘多聞直諒之言。每閲近詞，率多頹語。蓋以功名抑塞，不免拔劍斫地之歌；疾病因仍，遂動荷鋪入山之想。不知貧非止境，憂能累心。尚宜曠懷俯順乎人情，庶幾和聲自呈於天籟。即此依紅泛緑，問誰如記室之翩翩；行將刻玉雕瓊，不已勝諸公之袞袞乎？嗟嗟！囊中古錦，自有千秋；眼底浮雲，何堪一映。戲效滑稽之語，以當譅蘇；亦有詅癡之符，誰任梨棗！高文終當覆瓿，漫誇絶代轓軒；美酒可以解酲，借澆佗人塊壘。

光緒十有六年歲在庚寅五月既望，同里吳唐林撰。

——《留雲借月盦詞》卷首

無長物齋詞存叙

〔清〕繆荃孫

同州劉語石先生，叔寶多愁，長卿善病，織天孫之餘錦，爲樂府之指迷，短調長謠，耳之熟矣。光緒乙未，内兄夏閏枝與君結鷗隱詞社，初識面於金閶。維時君賃廡皋春，余亦艤舟唐塢，聞名十載，結契三生。詞社第二集，屺懷、子紱、子純、小坡同集於怡園，余以沈君塘臨黄小松《訪碑讀畫圖》乞題。擊鉢催成，攏弦和訖。齊雲魯雲之并集，今雨舊雨之聯歡。賭唱旗亭，聽黄河之遠上；分豪蘭畹，愧白雪之未諳。適有詞録之徵，大得佗山之助。商量文獻，徵前輩之名篇；往復郵筒，傳近人之軼句。此一時也。洎予移家鍾阜，君亦于役吳興。弁何叠翠，恰兩點以浮眉；苕雪流青，更雙流之漱齒。以爲久居仙境，庶可大暢吟情矣。忽焉赤熛降怒，朱鳥流光。象無齒而焚身，魚在池而殃及。卯金箸饌藜，不同太乙之然；酉穴叢殘書，已爲六丁所攝。莫存幸草，摧盡勞薪。非絳雲之厚藏，天胡此酷；竟青氊之不賸，人更何堪。空收柳子之賀書，難合齊侯之餘燼。此一時也。既而移家黄浦，真草草之勞人；對鏡青絲，漸星星之非我。白楊齋寂，未開稱意之華；黄葉村寒，詎長忘憂之草。又復遠游甬上，近訪曲阿。樹窮枝鳥之栖，途益磨驢之迹。寒江鐙小，雙槳鳴潮，遠道裝輕，一鞭摇雨。名阜勝川以説志，吟朋快友以怡情。綺語未删，和瘦天之秦九；香心欲活，餐飲水之柳詞。此一時也。若乃壞雲自落，海水群飛，虎豹當關，狼狙遍野。蒼鵝出地，逢元二之災年；白雁成謠，罹陽九之厄運。滬上一隅，衣冠萃焉。君雖久客，心實傷盡。相逢舊侶，擊筑銜悲。回首故鄉，栖塵莫問。慷慨月泉之社，弦是哀絲；凄凉麥秀之歌，聲成變徵。寄草窗之隱恨，泪灑滄桑；譜華外之閑情，韵流金石。此一時也。語石曾刻《留雲借月盦詞》八卷，續一卷。今删舊作，復益新篇。五卷編成，示余索序。嗟嗟！同客天涯，偕臻老境。夕陽江上，似燕無家；春雨樓頭，憎雅攪夢。金縷衣之低唱，眉語難逢；鐵綽板之高歌，牙期罕覯。況乎屺懷、子紱，久歸道山；子純、小坡，遠離茂苑。聚散存亡之感，纏綿悱惻之情。靈心獨運，君猶尋炳燭之餘光；繼和未能，我殊愧操觚之率爾。

甲寅人日，江陰繆荃孫叙。

——《無長物齋詞存》卷首

詞選序

〔清〕張惠言

詞者,蓋出於唐之詩人,採樂府之音以製新律,因繫其詞,故曰詞。《傳》曰:意內而言外謂之詞。其緣情造端,興于微言,以相感動。極命風謠里巷男女哀樂,以道賢人君子幽約怨悱不能自言之情,低徊要眇以喻其致。蓋詩之比興,變風之義,騷人之歌,則近之矣。然以其文小,其聲哀,放者爲之或跌蕩靡麗,雜以昌狂俳優。然要其至者,莫不惻隱盱愉,感物而發,觸類條鬯,各有所歸,非苟爲雕琢曼辭而已。自唐之詞人李白爲首,其後韋應物、王建、韓翃、白居易、劉禹錫、皇甫松、司空圖、韓偓并有述造,而温庭筠最高,其言深美閎約。五代之際,孟氏、李氏君臣爲謔,競作新調,詞之雜流由此起矣。至其工者,往往絕倫,亦如齊梁五言,依托魏晋,近古然也。宋之詞家,號爲極盛。然張先、蘇軾、秦觀、周邦彦、辛棄疾、姜夔、王沂孫、張炎,淵淵乎文有其質焉。其盪而不反,傲而不理,枝而不物,柳永、黃庭堅、劉過、吳文英之倫,亦各引一端,以取重於當世,而前數子者,又不免有一時放浪通脱之言出於其間。後進彌以馳逐,不務原其指意,破析乖刺,壞亂而不可紀。故自宋之亡而正聲絕,元之末而規矩隳。以至于今四百餘年,作者十數,諒其所是,互有繁變,皆可謂安蔽乖方,迷不知門户者也。今第錄此篇,都爲二卷,義有幽隱,并爲指發。幾以塞其下流,導其淵源,無使風雅之士懲于鄙俗之音,不敢與詩賦之流同類而風誦之也。

嘉慶二年八月,武進張惠言。

——《詞選》卷首

詞選後序

〔清〕金應珪

《詞選》二卷,吾師張皋文、翰風兩先生之所錄也。夫楚謠漢賦,既殊風雅;齊歌唐律,亦乖蘇李。何者?古愈遠則愈殺,聲彌近則彌悲,此由音調所成,故亦淵源莫二,譬之纂繡異製而合度於鑷,蛾眉各盼而同美於魂。故知法不虛采,神不虛艷,其揆一也。樂府既衰,填詞斯作,三唐引其緒,五季暢其支,兩宋名公尤工此體,莫不飛聲尊俎之上,引節絲管之間。然乃璚樓玉宇,天子識其忠言;斜陽烟柳,壽皇指爲怨曲。造口之壁,比之詩史;太學之詠,傳其主文。舉此一隅,合諸四始,途歸所會,斷可識矣。近世爲詞,厥有三蔽。義非宋玉而獨賦蓬髮,諫謝淳于而唯陳履舄,揣摩床第,污穢中冓,是謂淫詞。其蔽一也。猛起奮末,分言析字,詼嘲則俳優之末流,叫嘯則市儈之盛氣,此猶巴人振喉以和陽春,黽蜮怒嗌以調疏越,是謂鄙詞。其蔽二也。

規模物類，依托歌舞，哀樂不衷其性，慮嘆無與乎情，連章累篇，義不出乎花鳥；感物指事，理不外乎酬應。雖既雅而不艷，斯有句而無章，是謂游詞。其蔽三也。原其所昧，厥亦有由。童蒙擷其粗而失其精，達士小其文而忽其義。故論詩則古近有祖禰，談詞則風騷若河漢，非其惑歟！昔之選詞者，蜀則《花間》，宋有《草堂》，下降元明，種別十數。推其好尚，亦有優劣。然皆雅鄭無別，朱紫同貫，是以乖方之士罔識別裁。蓋折楊皇華，概而同悅；申椒蕭艾，雜而不芳。今欲塞其岐途，必且嚴其科律。此詞選之所以止於一百十六首也。先生以所托既末，知音蓋希，雖復辟彼窔窏，且擬棄諸巾篋。珪竊不敏，以爲先路有覺，來哲難誣，昭明之選不興，則六代文賦宗風蓋息乎！乃校而刻之，序其後云爾。

嘉慶二年八月日，歙金應珪。

——《詞選》卷末

南小令宮調譜序

〔明〕蔣　孝

九宮十三調者，南詞譜也。國風鄭衛之變，而南宮北里競爲靡曼。開元、天寶之間，妙選梨園法曲，溫、李之徒，始著《金荃》等集。至宋則歐、蘇大儒每每留意聲律，而行家所推詞手，獨云黃九、秦七，是則聲樂之難久矣。完顏之世，有董解元者，以北曲擅場，騷人墨客一時宗尚，類能抒思發聲，下至優倡賤工，亦皆通曉其義。於是樂府之家有門戶、有體式、有格勢、有劇科、有辭調、有引序。作者非是莫宗，歌者非是不取，以故音韵之學行於中州。南人善爲艷詞，如花底、黃鸝等曲，皆與古昔媲美，然宗尚源流，不如北詞之盛。故人各以耳目所見，妄爲述作，遂使宮徵乖誤，不能比諸管弦，而諧聲依永之義遠矣。余當鉛槧之暇，因思大雅不作，而樂之所生皆由人心，古之聲詩，即今之歌曲也。昔二南、國風出於民俗歌謠，而南風擊壤之詠，實彰韶濩之治，是烏可以下俚淫艷廢哉！適陳氏、白氏出其所藏《九宮》《十三調》二譜，余遂輯南人所度曲數十家，其調與譜合及樂府所載南小令者，彙成一書，以備詞林之闕。嗚呼！世無倫曠，則古樂之興廢不可知。苟得其人，則由粗及精，固可以上求聲氣之元，又安知不有神解心悟，因牛鐸而得黃鐘者耶？是集也，余實有俟於陳採，以充清廟明堂之薦，彼訾以爲惱湮心耳之具者，斯下矣。

嘉靖歲在己酉冬十月既望，毗陵蔣孝著。

——《舊編南九宮譜》卷首

銅虎媒傳奇序

〔清〕沈受宏

嗟乎！吾讀《銅虎媒》而有感也。天下之風俗有大悖於古者三：其公卿甘卑辱而無名節，其士好徵逐而無品行，其胥吏爭侈大而求上人，此三者，世運之所以升降，陰陽、君子小人之所以消長也，而《銅虎媒》以傳奇能言之，所謂言之者無罪而聞者足以戒歟？嘗聞諸父老，言疇昔盛時，舉甲科者皆有自尊重之心，以體貌相接，以門地相上，非衣冠之類不通問，不列坐，不與爲婚姻，非有公事不干州郡，偶一至焉，州郡之吏役卻立左辟，奉言語，候色笑，如事其主。今則不然，公卿居鄉既失勢，視勢之所在降而與交，不問僕隸卑賤，同姓者序宗族、稱兄弟，異姓者結爲姻婭友朋，往來接杯酒爲歡，有事則身爲捍蔽，書簡交於公庭，雖抗鄉里清論不顧。又聞昔者士既入鄉校，閉門誦讀，以功名自勵，月有會，日有課，推文章爲甲乙，出則峨冠舄履，高視闊步，道路人爲辟易。鄉里有大利害，則相約肅衣冠謁有司於庭，有司降座以迎，秉義持法，抗直言之，有司俯首聽，則揖而退。今則不然，士之知讀書爲文章者十不得二三，其餘強預戶外事，競錐刀之末利，遇人鬥爭獄訟，委身爲謀主，弄筆墨、倚口舌以干官府，俯伏跪堦下，代人質辨，或爲有司嫚罵，不以爲恥。又聞昔之胥吏衣服有制，不敢以紈綺爲飾，有事達鄉縉紳，叩首旁立庭堦下，與僕輩爲伍，主人立堂上與語，唯諾惟謹，語畢，叩首以出。入諸生家，不敢升堂，垂兩手不敢爲拱揖禮。道遇衣冠人，趨走屏息道畔，視其過乃行。其名列優娼隸卒中，人且羞與之齒。今則不然，胥吏用事於官，操擅威柄，張皇聲勢，居巨室大廈，壯麗如官府，子弟僕從、車馬服飾炫煇赫奕於道，四方珍美技巧之物歸於其家，一筵之饌破中人十家之產，召致優伶妓女，冠蓋滿座，皆其親暱，頌大名、譽盛德不衰。嗟乎！今天下風俗蓋如此。《銅虎媒》者，蒼梧生爲桂季而作也，然於三者之情狀道之盡矣。蒼梧生以孝廉負憂世之心，托於傳奇而發之，因桂季而傳柏之爲吏者，因柏而傳蒲戎之爲縉紳者，又因柏、因桂而傳戎方之爲諸生者，聲音笑貌無一不畢具焉。吾謂桂季之事小而三者之俗大，雖謂《銅虎媒》之專爲此三者之人而作，何不可也！昔祝欽明爲八風之舞，搖頭轉目，備諸醜態，而盧藏用曰祝公五經掃地矣。夫祝欽明之爲此者，以自爲之而不覺耳，使其見人爲之則亦當面熱內慚，忧惕而不敢寧矣。今《銅虎媒》之劇，較八風之舞爲尤甚，而天下爲此三者之人眾矣，亦猶祝欽明之自爲之而不覺也。使其得《銅虎媒》而觀之，將必指之曰某人何人也而如此爲也，不惟指之，且相與罵之。既而自思之，又必曰吾亦無乃類於此也，則庶其面熱內慚忧惕而不敢寧焉，其所爲不少瘳乎！蒼梧生自毗陵移書來，曰子爲我序，遂書此以問蒼梧生。

——《白漊先生文集》卷一

碧落緣傳奇序

〔清〕錢維喬

《碧落緣》奚爲作也？曰：吾烏知其奚爲而作哉！無已，其求之古人聖人之論詩也，曰哀而不傷，曰可以怨。史遷之傳三閭也，曰怨誹而不亂。嗚呼！其在怨與哀之間乎？天地之大也，春夏生長，秋冬肅殺，無可憾也，然而有非時之寒燠，霜之隕也，草之殺也，孤臣孽子、勞人思婦觸之而生憂，遭之而隕涕者有矣，惟曰怨咨，是天可以怨也。人情有所鬱結憂憤于其中，而又幽汶隱曲無可告訴，不得已從而嗟嘆之，嗟嘆之不足而長言之，長言之不足而反覆三致意焉。故離騷者，離憂也，離則未有不憂者也，皆本于怨而發者也，本于怨而善言其怨者也。怨之甚而哀生，哀之釀而怨甚，古之人亦問之于天而已，烏知夫辭之奚從哉！是故其人子虛亡是，則蘭茝荃蕙昭其潔也；其辭齎咨涕洟，則雷雨猿狖助其悲也；其事幽誕幻渺，則閶風白水寄其憂思而惝恍也。其情則不平而得其平也，其旨則聖賢可以怨而不失之亂之義也。其知者以爲是有所不得已也，其不知者則曰姑妄言之而妄聽之而已矣。

——《竹初文鈔》卷一

鸚鵡媒傳奇序

〔清〕錢維喬

竹初居士既成《碧落緣傳奇》之逾月，愀然而悲，喟然而嘆曰："嗟乎！情之不可以已也如是。"夫天地吾不知其於何闢也，人類吾不知其於何生也，飛走鳴逐、跂行喙息之屬，吾不知其於何延延而不絕也。夫有運動，即有知覺，知覺者，其情之端乎？情之大在忠義孝烈，可以格天地、泣鬼神，回風雨、薄日月；而小之在閨房燕昵、離合欣戚之間，用不同而其專於情一也。武昌之石，何以凝然而化？華山之棺，何以欻然而開？韓朋之冢上，何以木連枝而鳥并栖？是故情之至也，可以生而死之，可以死而生之，可以人而物之，可以物而人之，此《鸚鵡媒》一劇所以捉管而續吟也。鸚鵡媒者，其事本諸般陽生《聊齋志異》，而益以渲染成之。或有疑其幻者，則夫蜀魄夢魂至今不絕，又況千年化鶴，七日爲虎，漆園蝶栩，槐安蟻封，天下境之屬於幻者多矣，何不可作如是觀耶？臨川曰"第云理之所必無，安知情之所必有"，信已。

——《竹初文鈔》卷一

乞食圖傳奇序

〔清〕錢維喬

曩于都門見張夢晉美人、花鳥各一幀，筆墨秀潤，髣髴六如，題款規橅松雪翁，亦頗與唐類。乃嘆兩人同里友善，才藝頡頏，今販夫牧竪咸知有唐解元，而靈則舉其名字，士林有茫然者。嗟乎！文人之傳亦有幸有不幸歟？考《明史》，靈之名僅附見于唐寅傳，外此有閻起山《二科狂簡志》，以靈居桑悅之次，又王穉登《丹青志》載之。間又閱黃周星《張靈崔瑩合傳》，則其事尤足悲也。夫靈一狂生耳，于瑩未嘗問名納采，有蹇修片言之訂，揆諸禮瑩無可死。然語有之，女爲悅己者容，瑩以憐才慷慨一念之誠，至流離挫折，歷存亡而不改其志，亦人所難能者。昔文君心悅長卿，蹢躅奔之行，史遷特津津述其事；文姬三適之婦，徒以家風淹雅，蔚宗登之列女傳中。豈不以女而才，才而失所偶，其殷憂感憤與士不遇略同。若必繩以婚姻之常，拘拘禮節，則摽梅求吉、芄吠懷春、靜女城隅、狂且溱洧，聖人當早刪而不存，何以爲風雅濫觴哉！又況瑩之死雖非禮，而不病于貞也。推按餘閑，偶填傳奇一種，倘他日播之優孟，則人以知唐者知張，或亦闡幽之一道。至于易死爲生，謬加完合，則筆端幻境，夫亦詞人常技，妄言而妄聽之，識者當不予哂。

——《竹初文鈔》卷一

玉獅堂傳奇十種總序

〔清〕俞　樾

潛翁陳君負幹濟之才，筮仕吾浙，浮沉下僚，溫溫無所試，乃以聲律自娛，所著傳奇五種：曰《仙緣記》，曰《蜀錦袍》，曰《燕子樓》，曰《海虯記》，曰《梅喜緣》。雖詞曲小道，而於世道人心皆有關係，可歌可泣，卓然可傳。余尤喜其《蜀錦》《海虯》二種，音節蒼涼，情詞宛轉，視尤西堂《黑白衛》等四種、吳石渠《綠牡丹》等四種，可以頡頏其間矣。乾隆四十六年，巡鹽御史伊公伊齡阿奉敕於揚州設局，修改曲劇，四年而事竣。從事局中者，有淮北分司張輔、經歷查建珮、大使湯維鏡諸人。使君生其時，與其役，得其釐正音節之得失，考訂事迹之異同，豈出張、查諸人下哉！何至一官落托，徒以引商刻羽，一倡三嘆，自鳴其得意也。然詞曲之工，則人所共賞矣，陽春白雪，必有知音，勿如陳子昂之碎琴於市上也。

光緒戊子長夏，曲園居士俞樾序。

——《玉獅堂傳奇十種》卷首

品花寶鑒自序

〔清〕陳　森

余前客都中，館於同里某比部宅，曾爲《梅花夢傳奇》一部，雖留意於詞藻，而未諧於聲律，故未嘗以之示人。比部賞余文曲而能達，正而能雅，而又戲而善謔，遂屢囑余爲説部，可以暢所欲言，隨筆抒寫，不愈於倚聲按律之必落人窠臼乎！時余好學古文詩賦歌行等類，而稗官一書心厭薄之。及秋試下第，境益窮，志益悲，塊然魂礧於胸中而無以自消，日排遣於歌樓舞榭間，三月而忘倦，略識聲容伎藝之妙，與夫性情之貞淫、語言之雅俗、情文之真偽。間與比部品題梨園，雌黃人物，比部曰："余屬君之所爲小説者，其命意即在乎此，何不即以此輩爲之？如得成書，則道人所未道也。"余亦心好之，遂竊擬之，始得一卷，僅五千餘言，而比部以爲可，并爲之點竄斟酌。繼復得二三卷，筆稍暢，兩月間得卷十五。借閱者已接踵而至，繕本出，不復返，嘩然謂新書出矣。繼以羈愁潦倒，思室不通，遂置之不復作。明年，有粤西太守聘余爲書記，偕之粤，歷遊數郡間，山水奇絕，覺生平所習之學皆稍進。亦嘗遊覽青樓戲館間，而殊方異俗，鮮稱人意。一二同遊者亦木訥士，少宏通風雅主人，從政無暇，此書置之敝簏中八年之久，蟫蝕過半，余亦幾忘之矣。及居停回都，又携余行，勸余再應京兆試。粤境皆山谿幽阻，水道如蛇盤蚓曲，風雪阻舟，迤邐沙石間，日行一二里、二三里不等。居停遂督余續此書甚急，幾欲刻期而待。自粤興安縣境至楚武昌府境，舟行凡七十日，白晝人聲喧雜，不能構思，夜闌人静，秉燭疾書，共得十五卷。及入長江，風帆便利，過九江，抵金陵，鄉心縈夢，不復能作矣。至都已七月中旬，檢出時文試帖等略一翻閱。試事畢，康了如故，年且四十餘矣，豈猶能如青青子衿，日事咕嗶耶？固知科名之與我風馬牛也。貧乏不能自歸，仍依居停而客焉。有農部某君，十年前即見余始作之十五卷，今又見近續之十五卷，甚嗜之，以爲功已得半，棄之可惜，屬余成之，且日來曉曉，竟如師之督課。余喜且憚，於臘底擁爐挑燈，發憤自勉，五閱月而得三十卷，因以告竣。又閱前作之十五卷，前後舛錯，復另易之。首尾共六十卷，皆海市蜃樓，羌無故實。所言之色，皆吾目中未見之色；所言之情，皆吾意中欲發之情；所寫之聲音笑貌、妍媸邪正，以至狹邪、淫蕩、穢褻諸瑣屑事，皆吾私揣世間所必有之事。而筆之所至，如水之過峽，舟之下灘，驥之奔泉，聽其所止而休焉，非好爲刻薄語也。至於爲公卿，爲名士，爲俊優、佳人、才婢、狂夫、俗子，則如干寶之《搜神》、任昉之《述異》，渺茫而已。噫！此書也固知離經畔道，爲著述家所鄙，然其中亦有可取，是在閱者矣。曠廢十年而功成半載，固知精於勤而荒於嬉，遊戲且然，況正學乎？某比部啓余於始，某太守勖余於中，某農部成余於終，此三君者，於此書實大有功焉。倘使三君子皆不好此書，則至今猶如天之無雲，水之無波，樹之無風，而紙之無字，亦安望有此灑灑洋洋、奇奇怪怪五十餘萬言耶？脱稿後爲序其顛末如此。天上瓊樓，泥犁地獄，隨所位置矣。

　　石函氏書。

　　　　　　　　　　　　　　——《品花寶鑒》卷首

品花寶鑒序

〔清〕幻中了幻居士

余謂遊戲筆墨之妙，必須繪形繪聲。傳真者能繪形，而不能繪聲；傳奇者能繪聲，而不能繪形，每爲憾焉。若夫形聲兼繪者，余於諸才子書，并《聊齋》《紅樓夢》外，則首推石函氏之《品花寶鑑》矣。傳聞石函氏本江南名宿，半生潦倒，一第蹉跎，足迹半天下。所歷名山大川，聚爲胸中丘壑，發爲文章，故邪邪正正，悉能如見其人，真說部中之另具一格者。余從友人處多方借抄，其中錯落，不一而足。正訂未半，而借者踵至，雖欲卒讀，幾不可得。後聞外間已有刻傳之舉，又復各處探聽，始知刻未數卷，主人他出，已將其板付之梓人，梓人知余處有抄本，是以商之於余，欲卒成之。即將所刻者呈余披閱，非特魯魚亥豕，且與前所借抄之本少有不同。今年春，愁病交集，恨無可遣，終日在藥爐茗碗間消磨歲月，頗覺自苦，聊借此以遣病魔。再三校閱，刪訂畫一，七越月而刻成。若非余舊有抄本，則此數卷之板，竟爲爨下物矣。至於石函氏，與余未經謀面，是書竟賴余以傳，事有因緣，殆可深信。嘗讀韓文，云"大凡物不得其平則鳴"，又云"擇其善鳴者而假之鳴"。余但取其鳴之善，而欲使天下之人皆聞其鳴，借紙上之形聲，供目前之嘯傲。鏡花水月，過眼皆空；海市蜃樓，到頭是幻。又何論夫形爲誰之形，聲爲誰之聲，更何論夫繪形繪聲者之爲何如人耶？世多達者，當不河漢余言。

是爲序。幻中了幻居士。

——《品花寶鑒》卷首

官場現形記序

〔清〕歐陽淦

官之位高矣，官之名貴矣，官之權大矣，官之威重矣，五尺童子，皆能知之。古之人，士農工商，分爲四民，各事其事，各業其業，上無所擾，亦下無所爭。其後選舉之法興，則登進之途雜，士廢其讀，農廢其耕，工廢其技，商廢其業，皆注意於"官"之一字。蓋官者，有士農工商之利，而無士農工商之勞者也。天下愛之至深者，謀之必善；慕之至切者，求之必工。於是乎有脂韋滑稽者，有夤緣奔競者，而官之流品，已極紊亂。限資之例，始於漢代，定以十算，乃得爲吏，開捐納之先路，導輸助之濫觴。所謂"衣食足而知榮辱"者，直是欺人之談。歸罪孝成，無逃天地。夫振飢出粟，猶是游俠之風；助邊輸財，不遺忠愛之末。乃至行博弈之道，擲爲孤注；操販鬻之行，居爲奇貨，其情可想，其理可推矣。沿至於今，變本加厲，凶年飢饉，旱乾水溢，皆得援救助之例，邀獎勵之恩；而所謂官者，乃日出而未有窮期，不至充塞宇宙不止。朝廷頒汰淘之法，定澄敍之方；天子寄其耳目於督撫，督撫寄其耳目於司道，上下蒙蔽，一如故舊。尤其甚者，假手宵小，授意私人，因苟且而通融，緣賄賂而解釋，是欲除弊而轉滋之弊也，烏乎可？且昔亦嘗見夫官矣，送迎之外無治績，供張之外無材能，忍飢渴，冒寒暑，行香則天明而往，稟見則日昃而歸，卒不知其何所爲而來，亦卒不知其何所爲而去。袁隨園之言曰："當其雜坐戲謔、欠伸假寐之時，即鄉城老幼毀肢折體而待訴之時也；當其修垣轅、治供具之時，即胥吏舞文匿案而逞權之時也。"怵目惕心，無過於此。而所謂官者，方鳴其得意，視爲榮寵。其爲民作父母耶？抑爲督撫作奴耶？試取問之，當亦啞然失笑矣。不寧惟是。田野不闢，訟獄不理，則置諸不問；應酬或缺，孝敬或少，則與之爲難：大府以此責下吏，下吏以此待大府。《論語》曰："上有好者，下必有甚焉者矣。"《易》曰："上行下效，捷於影響。"執是言也，官之所以爲官者，殆可想像得之。暴秦之立法也，并禁腹誹；有宋之覆國也，以廢清議。若官者，輔天子則不足，壓百姓則有餘。以其位之高，以其名之貴，以其權之大，以其威之重，有語其後者，刑罰出之，有誚其旁者，拘繫隨之。明達之士豈故爲寒蟬仗馬哉？懾之於心，故慎之於口耳。其意若曰："是固可以賈禍者。我既不係社稷之輕重，亦無關朝廷之安危。官雖苛暴，而無與我之身家；官雖貪黷，而無與我之貲產。則亦聽之而已矣，又何必拂其心而攖其怒乎？"於是官之氣愈張，官之焰愈烈。羊狠狼貪之技，他人所不忍出者，而官出之；蠅營狗苟之行，他人所不屑爲者，而官爲之。下至聲色貨利，則嗜若性命；般樂飲酒，則視爲故常。觀其外，偭規而錯矩；觀其內，逾閑而蕩檢。種種荒謬，種種乖戾，雖罄紙墨不能書也。得失重，則妒忌之心生；傾軋甚，則睚眥之怨起。古之人，以講學而分門戶，以固位而立黨援，比比然也。而官則或因調換而齟齬，或因委署而齮齕，所謂投骨於地，犬必爭之者是也。其柔而害物者，且出全力以搏之，設深心以陷之，攻擊過於勇夫，蹈襲逾於強敵，宜其知己知彼，百戰百勝矣，而終不免於報復者，子輿氏曰："殺人父者，人亦殺其父；殺人兄者，人亦殺其兄。"《戰國策》曰："螳螂捕蟬，不知黃雀之在其後。"即此類也。天下可惡者莫若盜賊，然盜賊處暫而官處常；天下可恨者莫若仇讐，然仇讐在明而官在暗。吾不知設官分職之始，亦嘗計及乎此耶？抑官之性有異於人之性，故有以致於此耶？國衰而官強，國貧而官富。孝弟忠信之舊，敗於官之身；禮義廉恥之遺，壞於官之手。而官之所以爲人詬病，爲人輕褻者，蓋非一朝一夕之故，其所由來者漸矣。南亭亭長有東方之諧謔與淳于之滑稽，又熟知夫官之齷齪卑鄙之要凡，昏瞶糊塗之大旨，欲提其耳，則彼方如巢、許之掩之而走；欲唾其面，則彼又如師德之使其自乾。因喟然嘆曰："昔嚴介溪敬禮能作古文之人，人或訝之，介溪愀然曰：

'我輩他日定評，在其筆下。'是知古今來大奸大惡，天變不足畏，人言不足恤，而惟竊竊焉以身後爲憂，是何故哉？蓋猶未忘'耻'之一字也。佛家之論因果，曰過去，曰未來，曰現在。過去之耻，固若存而若亡；未來之耻，亦可有而可無；而現在之耻，則未有不思浣濯之以滌其污，彌縫之以泯其迹者。且夫訓教者，父兄之任也；規箴者，朋友之道也；諷諫者，臣子之義也；獻進者，矇瞽之分也。我之於官，既無統屬，亦鮮關係，惟有以含蓄蘊釀存其忠厚，以酣暢淋漓闡其隱微，則庶幾近矣。"窮年累月，殫精竭神，成書一帙，名曰《官場現形記》。立體仿諸稗野，則無鈎章棘句之嫌；紀事出以方言，則無詰屈聱牙之苦。開卷一過，凡神禹所不能鑄之於鼎，溫嶠所不能燭之以犀者，無不畢備。曹孟德得陳琳檄而愈頭風，杜子美對《張良傳》而浮大白，讀是編者，知必有同情者已。

光緒癸卯中秋後五日，茂苑惜秋生。

——《官場現形記》卷首

官場現形記序

〔清〕連夢青

昔孔子作《春秋》而亂臣賊子懼，孔子曰："知我者，其惟《春秋》乎？罪我者，其惟《春秋》乎！"大聖人以教世爲心，固不避宵小輩大奸慝之仇之也，而壹意孤行，爲若輩繪影繪聲，定一不磨之鐵案；不但今日讀之，奉爲千秋公論，即若輩當日讀之，亦色然神驚，而私心沮喪也。嗚呼！文字之感人也深矣，而今日繼起者果誰乎？老友南亭亭長乃近有《官場現形記》之著，如頰上之添毫，纖悉畢露，如地獄之變相，醜態百出。每出一紙，見者拍案叫絕。熟於世故者皆曰："是非過來人不能道其隻字。"而長於鑽營者則曰："是皆吾輩之先導師。"知者見知，仁者見仁。入鮑魚之肆，而不自知其臭，其斯之謂乎？夫今日者，人心已死，公道久絕。廉耻之亡於中國官場者，不知幾何歲月。而一舉一動，皆喪其羞惡之心，幾視天下卑污苟賤之事，爲分所應爲。寵祿過當，邪所自來，竟以之興廢立篡竊之禍矣。戊戌、庚子之間，天地晦黑，覺羅不亡，殆如一綫。而吾輩不畏强禦，不避斧鉞，筆伐口誅，大聲疾呼，卒伸大義於天下，使若輩凜乎不敢犯清議。雖謂《春秋》之力至今存可也，而孰謂草茅之士不可以救天下哉？《官場現形記》一書者，新學家所謂若輩之內容，而論世者所謂若輩之實據也。僕嘗出入卑鄙齷齪之場，往來奔競夤緣之地，耳之所觸，目之所炫，五花八門，光怪萬狀，覺世間變幻之態，無有過於中國官場者。而口呐呐不能道，筆蕾蕾若鈍椎，胸際穢惡，腕底牢騷，嘗苦一部《廿四史》不知從何處說起。今日讀南亭之《官場現形記》，不覺喜曰：

是不啻吾意中所出。吾一生歡樂愉快事，無有過於此時者。蓋吾輩嫉惡之性，有同然者也。嗟嗟！神禹鑄鼎，魑魅夜哭；溫嶠燃犀，魍魎避影。中國官場，久為全球各國不齒於人類。而若輩窮奇渾沌，跳舞拍張，方且謂行莫予泥，令莫予違，一若睥睨自得也者。而不意有一救世佛焉，為之放大千之光，攝世界之影，使一般之蠕蠕而動、蠢蠢以爭者，咸畢現於菩提鏡中，此若輩意料所不到者也。然而存之萬世之下，安知不作今日之《春秋》觀？而今日之知我罪我，則我又何所計及乎？是為序。

——《官場現形記》卷首

776

刻中唐詩序

〔明〕薛應旂

移齋蔣子惟忠得中唐人詩十二家，刻成，語薛子序之。薛子曰：文章與時高下，而聲音與政相通，詩固聲之成音而盡文章之變者也。古昔盛時，行人采之，太史陳之，以觀民風、察治忽，而季札、趙孟亦因之以論世觀人，是蓋言之不可以已者也。自《三百篇》後，漢魏六朝代有作者，唯唐以之設科，士類興起。迨至中葉，沉涵超悟，舒愫發情，不靡不弱，宛然真切，而三百年污隆升降之會，一諷詠而可得矣。雖其人品造詣不能皆同，而言有可取，固不當以人而廢。矧其間若獨孤常州者，尚德藝經，立憲誠世，深爲梁肅、崔祐甫諸人之所揖讓，刻諸吾郡，固亦甘棠之遺音也。蔣子杜門自修，考業尚友，其爲是也，又豈將止於詩學而已哉！余故樂爲之序。

嘉靖庚戌春二月既望，外方山人薛應旂。

——《中唐十二家詩集》卷首

中唐詩序

〔明〕蔣　孝

《詩》者，六經之一。《離騷》繼風雅之變，而五七言之體興焉。衰正異裁，今古殊調，《三百篇》之義其失已久；至於模寫物類，攄發志意，則未嘗不本之性情。禮失而求諸野，然則古人之篇詠亦未可盡廢也。予性嗜古人書，見書輒手録，以故家多書。乃者獲尋舊業，因讀開元以後諸詩，遂掇數家授梓，以贍口實。是雖不能窺望六義，而格深律正，所以寄幽人貞士之懷，以發其憂沉鬱抑之思者，蓋已妙具諸品矣。嗚呼！士君子不能以道自致，而竊附於古人，不能根極理要，而取古人之文詞，則先儒所謂文詞而已者，陋矣。雖然，一觴一詠於十畝之間，斯亦足以内觀性情，而樂乎天倪。是則詩人之助爲多，不誠愈於"猶賢乎己"者哉！是集也，自儲光羲以下凡若干人，古今以爲中唐詩云。

嘉靖庚戌春三月，毗陵後學蔣孝書。

——《中唐十二家詩集》卷首

明世學山自序

〔明〕鄭 梓

道，心理也，言以聲夫心也。心有殊識，則言有殊聲。六經，聖人心聲之精卓乎夐矣。厥後百家者言雖不能盡不詭于道，而吐露心所獨得，庶幾聖人之一支。譬之太山，聖人登之而小天下者也，支之分爲徂徠，爲梁父，爲雲門。環齊魯而山者不知其幾，擬之天關、日觀，不啻拳石，然層岡疊嶂，橫青簇黛，拱揖左右，各擅其勝，以成太山之奇觀，未必不于諸山乎資之也。是故百家者言，聖人不廢，以道亦有在焉爾。孔子曰：多聞，擇其善而從之。夫聖人之能擇，固以從道也，而有不自多聞中來邪！書之有集，蓋多聞之資也。割截句語則斷裂無取，剽拾稗野則訛誕不經，蹈襲故常則罔日新益，楮敝木災，學者奚補！予乃上溯洪武創業，下逮嘉靖中興，賢士大夫所論撰，歲累手録，會萃成帙，每一展而讀之，真如發秦漢之封，磨嶧陽之碑，金繩玉簡，光輝照目而草木生文。蓋天地古今萬物之理咸備，昔之未始聞而今始得聞者，我國家文獻之盛有如此夫！謹鐫模以傳，名曰《明世學山》，志景行也。學者埽除茅塞，躐級雲根，則翔千仞而覽八極，要不難馴致者，豈惟一簣土已哉！若徒騁博炫能，則是學山而不至于山者作之志荒矣。原隨所得爲編，先後罔次，書僅五十種而目列千文，來未艾也。

嘉靖歲在甲寅秋九月重陽日，武進鄭梓序。

——《明世學山》卷首

毗陵伍氏合集序

〔清〕萬之蘅

顧亭林有言"詩不必人人皆作"，誠有見。夫世之爲詩者，酬應牽率，剿説雷同，終卷無一領悟語，否則取青配白，誇多鬥靡，徒粉飾於聲調字句之間。若是者總無與於風雅，不如其不作也。乃有善寫襟懷，取諸靈府，資風雲月露以爲性情，法古大家名家之篇什以爲矩矱，真所謂得乾坤之清氣者。已不數數覯，而萃於一門，父兄子弟間轉相師法，日有課，月有詠，不淆惑於時風衆派，尤難之難者。今得之於吾友毗陵伍君青望既庭，暨其哲嗣康伯、穎少，可謂盛矣。余之交青望也，方從史蒙溪先生遊，青望亦以其詩質於先生，已而識其弟既庭，時康伯才總角，穎少從師授句讀耳。既庭作詩稍後，而出語輒穎異。丙戌、丁亥間，余與里中諸君結雙溪吟社，青望、既庭以隔一衣帶水不獲與，而分題酬唱，必以郵筒相寄。既先生赴道山，青望客山左，余旅食於郡城，既庭時時邀余止宿其家，兩人連榻，一燈青熒，談藝恒至丙夜。猶憶庚子之冬，將逼歲除矣，余適病目，止酒擁衾臥，既庭被酒，談諧風生，余爲之窮古今之正變，剖析源流，區分派別，上下其議論，至相説以解處，余不覺起坐，既庭酒亦醒，而鄰雞已三唱矣，遂一笑而罷。嗚呼！光景如昨日事耳，而豈知距既庭之殁迄今又十年所邪！康伯、穎少承其家學，復接吾輩緒論，勇於爲詩，若飢渴之於飲食，不肯少輟，每一詩成，必就余論定而後入稿。今年夏，康伯以青望《艤舟亭詩集》、既庭《秋水亭詩鈔》、穎少《磊軒小稿》暨其所作《蓉湖吟稿》謁余，索余一言爲序。余惟青望之詩婉而多風，既庭則蹕踖自喜，康伯、穎少并以風調、風格自見，皆余素稔者。日月逾邁，荏苒數十年來，余與青望鬢髮蒼浪，非復曩時吟興。康伯、穎少年少氣鋭，使爲之不已，其造詣詎可量哉！而尤惜既庭之中道而殁，未竟厥學也。試以質之青望，其以吾言爲何如邪！

乾隆癸丑上元後六日，荆溪萬之蘅撰。

——《毗陵伍氏合集》卷首

武進莊少宗伯遺書序

〔清〕魏　源

嘗讀《韓詩外傳》之言曰："儒者需也，千舉萬變，其道不窮，六經是也。無類之説，不形之行，不贊之辭，君子慎之。若夫君臣之義，父子之親，夫婦之别，朋友之序，則日切磋而不舍也。"《春秋蕃露》之言曰："能説鳥獸之類者，非聖人所欲説也。聖人所欲説，在於説仁義而理之，知其分科條别貫所附，明其義之所審，勿使嫌疑而已。不然傳於衆辭，觀於衆物，説不急之言而以惑後進者，君子所甚惡也。夫義出於經傳，經傳大本也，棄營勞心，苦志盡情，頭白齒落，不合自録。於虖！爲師者可無慎耶！"夫韓傅、董生處西漢之初而其言若是。又嘗讀《漢書藝文志》曰："古之學者耕且養，三年而通一經，存其大體，玩經文而已。是故用力少而畜德多，三十而五經立也。後世經傳既已乖離，博學者又不思多聞闕疑之義，而務碎義逃難，便辭巧説，破壞形體。説《堯典》五字之文，至二三萬言，後進彌以馳逐。故幼童守一義，白首而後能言。安其所習，毁所不見，終以自蔽，此學者大患也。"徐幹《中論》曰："六籍者，群聖相因之書也，其人雖亡，其道猶存。今之學者勤心以取之，亦足以到昭明而成博達矣。凡學者大義爲先，物名爲後，大義舉而名物從之。鄙儒之博學也，務於物名，詳於器械，考於訓詁，摘其章句，而不能通其大義所極，以獲先王之心，此無異女史誦詩、内豎傳令也。故使學者勞思慮而不知道，費日月而無成功，故君子必擇師焉。"夫班、徐二子生東漢之世，而其言又若是。清之有天下，開四方獻書之途，廣文學登進之路，磨厲大江南北言游文學之風，刮除明季虚誣鄉壁虚造之習，巷説户誦，景合雲集，百餘年間，以經學名家者先後凡數十輩。武進莊方耕先生，以經學傅成親王於上書房十有餘年，講幄敷陳，茹吐道誼，子姓錄其書爲《周易象義》《尚書既見》《尚書説》《詩説》《春秋正辭》《周官記》若干卷。沕乎董江都之對天人，粹乎匡丞相之明禮制，鬱乎劉中壘之陳今古，未嘗支離鈲析，如韓、董、班、徐四子所譏，是以世之爲漢學者罕稱道之。烏虖！公所爲真漢學者庶其在是，所異於世之漢學者庶其在是。其在《易》曰"童觀，小人無咎，君子吝"，言賢者識其大，不賢者識其小，致遠恐泥，是以君子不爲焉。公又精通鐘律，不由師傅，神契圭合，匪道匪藝，勿可得而詳云。

後學邵陽魏源撰。

——《味經齋遺書》卷首

趙甌北全集序

〔清〕恒　訓

書有刻板自五代馮道始，歷宋元明以迄於今，學者便焉，然往往有散亡之恨。歷考載志所登著作家數，類多購其書而不得，蓋已付之劫灰矣。我國家值粵匪之亂，毒流寰宇，竄及四川，烽烟蹂躪，又典籍之一劫也。澤坡軍門素嫻韜略，陷陣登先，擒其渠帥，蕩平餘孽。既已助成中興之功，而遂終軍弱冠之志矣，遂乃懸車息影，肆志藝林，癖嗜古書，過於趙壁。夫自左氏、屈子以文章自爲一家，而實附經而立。自時厥後，漢魏六朝，作者如林，支分派別，雖其學各有淵源，要皆變化馳騁，銜華佩實，洵乎學者之山淵矣。至於麟經而後，歷代史書汗牛充棟，卷帙浩繁，讀者幾難遍識。《札記》一書，貫串史乘，薈萃成編，俾上下數千年瞭如指掌。他如《叢考》《雜記》《詩鈔》等類，皆足廣見聞而資諷詠。至《皇朝武功紀盛》一編，其中廟謨將略，以及地方形勢，頗爲詳盡，實足爲行軍考鏡之資而補史傳所不足，則甌北之有功來學豈淺鮮哉！澤坡憫其板之燬也，乃募其全集，而與《漢魏六朝百三名家》先後付之手民，以公諸世。嗚呼！以周勃、霍光之賢，雖有勳伐而不好儒術。今澤坡軍門獨於承平之暇，投戈講藝，與其弟心舫刺史搜尋殘簡，朝夕研求，訓課子侄，且公梨棗，嘉惠士林，豈不彬彬乎古儒將風哉！板既成，囑序於余。余不敏，何敢妄贅簡端，然又恐吾友之美弗彰，因不揣鄙陋而爲之序。

光緒三年歲次丁丑十月既望，詁亭恒訓書於成都軍署。

——《甌北全集》卷首

甌北全集跋

〔清〕楊柄鋥

蓋聞學必兼資文武，而後可爲千古之鴻材；識必操縱經權，而後可成一朝之駿業。學不充者才不達，識不遠者業不崇，歷覽載籍，不數數遘也。陽湖趙甌北先生幼負異稟，早馳文譽。乾隆庚午舉順天，授中書，入直軍機，爲傅文忠、汪文端所倚重。每扈從行在，應奉文字，觸手千言，倚馬可待。後成進士，進呈居一甲第一，而韓城王文端公杰居第三，純皇帝謂國朝陝西無以第一人舉者，遂與文端互易，而先生之材已默契帝心矣。授職編修，任撰文，纂《通鑑集覽》。尋授鎮安知府，以經術飾其吏治，鎮民悅服。時官軍征緬，詔赴滇營贊軍務，而經略即傅文忠公也。先擬大軍由戛鳩江一路進，提督五福由普洱一路進。先生按圖審視，力呈曰："圖中戛鳩與普洱相距不過三寸，實則四千里而遙，兩軍聲息不通，危道也。明將軍之不返，由不得猛密消息。"文忠問計安出，先生曰："欲渡戛鳩，則偏師宜由蠻暮直下老官屯，造舟以通往來，庶兩軍可以接應。"其後戛鳩之兵多遭瘴癘，獨阿文成公江東一軍得完，以舟迎文忠，同敗賊於蠻暮，全師而歸，先生贊畫之力也。事竣，擢廣州監司，量移貴西兵備，親老乞養歸。遇臺灣林爽文之亂，閩督李侍堯邀先生偕行。時鎮臣柴大紀守城，食匱，以易子析骸入告。上憐臺民困守，飛諭護民內渡。李公折閱，以示先生，先生曰："廷寄斷不可發。柴總兵久思內渡，一棄城則鹿耳門不守，全臺休矣。大兵繼至，無門而入，海疆尚可問乎！急宜封還此旨。"癸午，接追還前旨之諭，李公膺殊賞，而大將軍福安康始得由鹿耳門進兵破賊。當事欲奏起先生，而年已六十一矣，固辭歸里。觀其滇、閩從戎，知先生遠謀碩畫，制變沉機，實根柢於全史，至古今武案，尤如成竹在胸，操縱在手，爲不可及也。歸途遍遊武夷、甌越諸山水，集名流酬唱。歌詩與蔣心餘、袁簡齋齊名。八十餘重赴鹿鳴，賜三品服，海內望若景星慶雲焉。先生少窺中秘之富，壯馳戎馬之場，其著《廿二史札記》《皇朝武功紀盛》《陔餘叢考》《簷曝雜記》《詩鈔》《詩話》《甌北》諸集，皆出於讀書得間、躬親閱歷之言。時而柏梁視草、天祿校書，時而戎幄籌兵、奇謀載筆，於本朝儒林、文苑傳中，定可高樹一幟矣。澤坡軍門得其全集舊本，重付手民以廣之，屬贅一言於簡末。愚以年老目瞶，雖未能罄其底蘊，而早知先生崇論宏議於乾嘉間獨出一時，迥非雕蟲奏計、刻鵠言工者所可同日而語也。謹綜其生平事略以歸之。

鄧睒楊柄鉦謹跋。

——《甌北全集》卷首

洪北江先生遺集序

〔清〕恩　錫

　　自古文章之士，未有不本於經術。司馬相如、楊子雲皆西漢文士，而相如《凡將篇》有功小學，子雲則訓纂《方言》，長於古訓，《太玄》之作合於卦氣，是經術文章未嘗歧而二之也。至范史始分儒林、文苑爲二。自是以後，治樸學者拾鄭、孔之餘唾，鶩詞華者獵齊、梁之浮艷，經術文章，歧而爲二，而學問之事亦少衰矣。我朝正學昌明，人文蔚起，江南尤其淵藪，儒林、文苑代有其人。乾嘉間，諸老輩各樹壇坫，後先相望，而常州之學尤甲海內，如張氏惠言之治鄭、虞《易》，劉氏逢祿之治公羊《春秋》，皆卓然一家之言也。然文章經術二者難兼，開諸家之先，而兼擅其勝者，其洪北江先生乎？先生少孤力學，自爲諸生時，其詩文已風行海內。及居朱竹君學使幕府，與邵二雲、王伯申諸先生交，乃更從事諸經正義及《説文》《玉篇》之學，而詩文益日以進。已而入玉堂，直三天，奉使黔中，觀山川之雄秀，覽人物之瑰奇，詩文益恣肆有奇氣。嘉慶初，先生上成邸書，極言時事，直聲動天下，仁廟嘉其愚直，遣戍才百日，即手詔釋歸。自此優游家術，研精撰述，所著凡二百六十餘卷，詩文集外，有《春秋左傳詁》、《公穀古義》、《六書轉注録》、補三國等《疆域志》及《乾隆府廳州縣圖志》諸書，蓋先生於聲音訓詁及古今地理之學，尤所長也。統觀先生之書，洵乎經術文章，兩擅其勝者矣。然全書未盡刊行，其已刊版者，又以粵賊之亂焚燬，海內承學之士以不得見先生之書爲恨。先生曾孫彥哲大令議先以詩文集在鄂刊刻，以衍先澤而惠來學。昌黎云“固宜長有人，文章紹編剗”，其大令之謂乎？余素與大令交，樂觀厥成，不揣僭妄，書數語於簡端，并望此後踵而成之。其從前已刊諸種，次第補刊，即從前所未刊，如《公穀古義》《比雅》《四史發伏》之類，亦蒐訪得之，付諸剞劂，傳播藝林，則尤海內學者所引領企望者也。

光緒三年歲次丁丑秋八月，蘇完恩錫書於蘇州藩署之貞白堂。

——《洪北江全集》卷首

平津館叢書序

〔清〕孫星衍

叢書之興，其來久矣。左古鄖肇其規橅，陶南村拓其體製。自斯以降，踵事日繁。觀夫通四部之區畛，貫九流之出入，收如聚族，得比連茹，有便訪求，無虞散失，其爲用也不誠善歟！然而苞羅既富，鑒別斯難，或真贗互陳，雅俗并列，武夫雜乎瑜瑾，莊語溷於俳優。或未逢善本，偶據誤書，篇卷不完，文句多舛。凡彼數端，良非一概。夫利病者事，神明者人，豈云匯刊必遜單行也？僕家守傳書，身窺秘籍，少耽覃涉，長歷宦遊，恒購買於賈人，每假鈔於好事。見聞頗夥，録略粗周，加以耻説收藏，樂爲流布，時從鉛槧之間，輒有棗棃之役。其鉅編問世，自作部居，而小裒貽人，更圖收拾。遂沿故事，別彙新書。就中大較，可得而言已。若其宋槧孤留，名鈔僅見。道宮探閟，洋舶徵奇。乃幾佚而復存，庶經幽而彌顯。亦有訛替相仍，殘餘莫悟。乍多方以補全，迄累勘而訂正。於焉汗簡，奚啻積薪！又若漢代師傳，隋朝著録。賴援引於前賢，俾鉤稽於今日。條舉件繫，掇拾綴連。便等碎金，何嫌屑玉！事有殊科，理無異致。一經一史，亦墨亦儒。至於無用之説，不急之辨，均歸陶汰，靡使廁廁。自甲到癸，終始十集。最目具詳，叙例咸備。聊署平津之館，敢縣咸陽之門！唯大雅君子相與覽察焉。

嘉慶十七年太歲壬申正月下澣，陽湖孫星衍撰。

——《平津館叢書》卷首

重刻平津館叢書序

〔清〕閔萃祥

嘗讀漢以來史志書目，以證其書之傳於今者蓋十不能一二，其傳者固見爲可傳，而不傳者豈皆不足傳與？抑由不得其人以傳之耳。不得其人則輾轉訛舛，漸失其真，寖至於殘闕敗壞，而水火兵災又交厄其間，遂一廢不可復善乎？太史公之言曰"藏之名山，傳之其人"，誠有見夫傳之者難也。我朝稽古右文，廣開四庫，遺書大出，於是海内通儒益務考據之學，搜羅秘逸，是正訛誤，往往彙成巨帙，刊布於世。在乾嘉之時爲極盛，若陽湖孫淵如先生所輯《平津館叢書》其一也。先生沉潛經學，泛濫百家，又富於收藏，篤嗜比勘，雖歷官中外，殆不稍輟，而於表彰遺逸、獎掖後進，汲汲惟恐不及，聞有善本必多方求致之，故凡箸録莫不美善，而自撰集者尤精確不易，如《尚書今古文注疏》一書積二十餘年之力而後成，其專心致志，類可見已。且其所薈萃，一以有資於學藝爲宗，迴非他家叢書取盈卷帙者比，宜乎四海風行，不脛而走。乃自粵匪之亂，故家典籍被燬無遺，是書舊板遂不可復問，書亦尟有傳者。迄今承平二十年來，學者慨慕其書，輒以不得一見爲憾。烏乎！書之不傳，患在不得其人，乃既得其人而傳亦不能久，是人力不足恃也。雖然，亦何嘗不恃乎人力！往者已矣，顧來者何如耳。古吳朱君槐廬雅好刊布書籍，頃蒐集顧亭林先生遺書彙刻成帙，復見是書之傳不絕如縷，爲之悉心覆校，付工重鐫，以永其傳，俾作與述者之精心不致湮没，其意良美，其功亦甚偉。藏事寓書於余，屬爲序。余喜是書之將佚而復傳，益信人力爲可恃，而嘆史公所謂傳之其人者，如朱君斯無愧爾，故樂爲序之。

光緒十一年歲在乙酉秋八月，華亭閔萃祥書於止止山房。

——《平津館叢書》卷首

珍執宦遺書序

〔清〕李兆洛

兆洛自交若士、申受兩君，獲知莊氏之學。莊氏學者，少宗伯養恬先生啓之，猶子大令葆琛先生廣之者也。宗伯如泰山洪河，經緯大地，而龍虎出沒，風雲自從；大令如窮島極徼，宙合未通，而奇險所闢，跬步皆實，蓋有積精致神之詣焉。繼又得交宗伯之孫卿珊，得盡窺所著造，伏而讀，仰而思，累月日，乃曉然有會于讀經之法與讀書之法。經爲聖言，聖人之心，同天地，實有見于其心，然後可以爲言。宋諸子以常人之心即聖人之心。夫常人之心，不學不慮之良心也，聖人之心，則有學有慮之心，學與慮而後同于天地也。孟子曰"聖而不可知之謂神"，神者，天也。由宗伯之書，足以窺聖人之學、聖人之慮有如此者。書乃古人之言，子曰"信而好古"，又曰"多聞，擇其善者而從之"，又曰"好古敏以求之"。信而從，在乎擇，擇而求，貴乎敏，擇焉者，必非聖賢之志不敢存，敏焉者，必深造自得資深而逢其源。大令則可謂擇而敏者矣。宗伯諸書，文孫卿珊已刻之，未竟而歿；大令之書，次子稚葆曾刻《夏小正》數種，未卒業。今幼子邠農盡以付梓，書幾百卷，不能竟刻，多刊序例，使讀者可尋繹，又合他文及詩爲遺集，并刊焉。爲莊氏學者，于此可以得其大凡矣，而若士、申受、卿珊、稚葆皆已歿，不及與校訂之役，甚可悼也。則邠農之勤勤刻是書者，誠不可緩矣。若士、申受所著《公羊》之說，多本宗伯。卿珊搜覽漢學，亦能紬繹先生之旨。稚葆沉默如先生，思究《古文甲乙篇》終始補成之，而未及竟。皆傑然自立於學者，後之聞而興者能無望乎！

道光十有七年春三月，李兆洛序。

——《珍執宦遺書》卷首

拾遺補藝齋遺書序

〔清〕李兆洛

勵學之士自立於道藝，而求以副其心之所知，酬其力之所能，其志致豈不宏且遠哉！涉其藩矣，未造其閫；循其麓矣，未躋其巔。知之既真，其自期待又厚，不肯得少而足，復不肯襲取衒飾以自誣，謂優游玩索，徐當自至，日力正有餘耳，而天不假年，中道淹忽，凡所未就，一朝委之，此與負才而不能竟其用者何以異，亦君子所爲浩嘆者也。吾友卿珊莊君，少宗伯方耕先生之孫，山陽訓導開美先生之子，而大令珍藝先生之從子也。承其家學，盡能通之，斐然有著述之志。五十五而歿，歿十一年，而君之子潤盡奉其所著遺稿，乞余爲理而刊之。其書之粗就者曰《尚書考異》、曰《釋書名》二種而已，餘皆首尾不能完具。所爲古文幾百篇，亦叢殘不成篇帙，稍稍詮次而成是編。憶與卿珊聚首時，每抗論當世績學之士述造所得，其致功之門徑、詣力之深淺，銖分而寸計之，莫不洞其得失，纚纚有條理，以爲將來當集其大成，爲本朝一代粹學之薈。尤爲珍藝先生所愛重，凡所著述，常與上下其議論而資其欨焉。方耕先生遺書皆未刻，君始爲次第刊之，僅成一二種而君死矣。此編區區，何足以盡君之學，亦何足以見君之志致所謂宏且遠者，而不能不藉是以傳君也，可哀也哉！吾黨少俊而夭折者多，有如江安甫、金朗甫、皋文先生，俱爲刻其未成之書以傳其學。然安甫、朗甫年才弱冠，而卿珊已逾強仕，不可謂無年，徒以奔走衣食，日月耗於道途，自恃壯盛，欲得衣食足而後畢力於此，此日足可惜，安能待來兹！此則不能不爲君深憾者也。殘稿中其有端緒可尋者尚十之三四，潤若能引其餘緒，通其條貫，上以繼先人之志，而下亦足以自成其業，談遷、彪固，彼獨何人，於潤有厚望焉。

　　道光戊戌，李兆洛撰。

——《拾遺補藝齋遺書》卷首

董方立遺書序
〔清〕張成孫

　　吾友董方立既死之七年，其兄子詵痛其志之盛而年之嗇也，編其遺書《割圜連比例術圖解》三卷、《橢圜求周術》一卷、《斜弧三邊求角補術》一卷、《堆垛求積術》一卷、《三統術衍補》一卷、《水經注圖説殘稿》四卷、文甲集二卷、文乙集二卷、《蘭石詞》一卷，屬余校而刻之。方立性沉毅好學，精敏過人，於書之外無所嗜，於世之書無不讀，一二過輒得其旨。始工爲漢魏六朝文，繼通數理輿地之學。既乃討論經國治世之原、今古變遷之迹，根究大道而以用世自期，齎志宏遠，不永其年，所可傳者僅止於是，爲可悲也。余年十四，始識子詵，方立年二十，共几席治經史，交相得也。既二年，各以衣食奔走四方。歲甲戌，三人者同遊青浦，方立學以成。一歲，復別去。戊寅，余遊京師，方立以子詵官兵曹，先在京師，其學益進。越五歲而余南歸，又一歲而方立死矣。余小於子詵二歲，而長方立二年，學不逮其十之一，然以所志同，所趨同，每與晤聚，未嘗不以道相期，未嘗不以所學互相質，凡余之交，未有如子詵、方立之最先而最相知也。憶客京師時，所居隔遠，旬日始得見，方立方解割圜、圖《水經》、考輿地、治典禮，每謂余曰："史自班固以後，蕪穢甚矣。綱領不得，何以挈其要！繁雜不袪，何以信其事！各志之紕繆舛錯爲尤甚，吾欲通其例穿貫之，竊以諸志自任，吾子能爲其他乎？"余大其志而謝不敏。嗚呼！忽忽又數年矣，余茫乎無所成，方冀方立書成而得觀焉，乃竟促其年而徒使余得序是編也。嗚呼！可哀也已。雖然，世之强毅敏達者豈少哉！或誘於勢利而志不專，或競淹博而術不正，及其既老始悔，欲有所爲，精力已竭，則吾又幸方立之得有是編，世之人猶可見其一二也。年，天也；學，人也。有其志，有其學，其於人也盡矣，其於天，雖聖賢何敢必！然則方立之死，吾何尤焉！方立之僅以是編傳，吾何尤焉！刻竟序之，以歸子誐，子誐其無傷也。

道光九年夏四月，張成孫序。

——《董方立遺書》卷首

漢堂類稿序

〔清〕馮　煦

辛亥而後，予始交荆遺於淞西。淞西萬人海耳，泰東西僑者蠅逐蟻附，匯居其間。乾坤既毀，四方冠蓋亦翩然來止，皆自署爲逸民傳中人，而星初露晚，車騎雜遝，酒食徵逐，甚囂塵上。荆遺獨蟄居斗室中，日手一編，與古人相酬對，或爲詩歌，以寫其憤世嫉俗之懷。嘗有句云“直道已隨三代盡，太平應俟再生逢”，可以哀其志矣。間與予輩三數人商榷文史，出入玄釋，視世間可喜可愕事如浮雲變滅，曾不一嬰其慮，見者亦不知爲三事大夫也。尤邃於史，成隋以前《平議》若干卷，洞見癥結，能發前人未發之覆，而是非得失必持其平，亦不爲刻深奇衺之論震俗而弋名，其視劉知幾氏未知何如。若遠而而農，近而竹汀、西莊，則正無庸多讓也。詩尤深造，隱秀似義山，真摯似務觀，并世稱詩者率出荆遺下，而荆遺初不屑屑自襮矣。識略通敏，究心當世之務，恥爲無用。嘗欲得所籍手，攄其中之所蘊，以濟時變，數從東諸侯游，皆賓禮之，甚至而迴翔幕府，鬱在群碎，亦無有真知荆遺者。於楚一知蘄州，於湘一署提學使，并能舉其職，未久解去。他所任務亦精練中樞，要不爲利回威疚，異於今之從政者。方荆遺之在楚也，楚之疆吏負宙合重望，號羅禮天下士，士之趨之者如水歸壑，然其性傲而忮，傲則陵物，忮則不容物，其有學識卓犖、才足經世者不惜千里以招之，而隱揣其臧否之見，存則陽禮而陰拒，或瑣瑣以簿書期會撓亂之、摧抑之，卒不使之得大展其用，至逡巡以去，若荆遺者亦其一也。戊午，予有《江蘇通志》之役，敦荆遺相助，强而後可，而訂正義例，芟蕪補漏，精敏絶倫，予深服之，而荆遺遽以疾卒，海內失一通材，匪獨予之失所助也。初荆遺嘗以其所著屬予爲序，予諾之而未有以應也。荆遺既没之三歲，其兄子摺臣觀察刻《漢堂類稿》成，復敦宗君耿吾來督序，予不忍孤荆遺宿諾也，乃舉荆遺學術之大凡，與其才足用世而世無能用其才者以復。摺臣且以報荆遺九原，不知有當於萬一否邪。

壬戌閏五月，金壇馮煦。

——《漢堂類稿》卷首

藥盦醫學叢書序

蔣維喬

惲子鐵樵，生同里，中年同傭書海上。其治文學也，銳而入，顯而出，鍥而不捨，堅而不屈，必期有所獲而後已。鐵樵素知醫而口不及醫，余亦不知其能醫也。既而余北遊，與鐵樵別七八年。偶返滬，則鐵樵已離其傭書生活，以醫著聞，屢愈險症，名噪一時。余亦勿爲意，以爲儒而醫者向多有之，特所謂儒醫或較勝於時醫耳。去歲余倦遊返滬，閉戶讀書，端居多暇，鐵樵以所著《藥盦醫學叢書》示余。余讀之，乃大驚異。蓋我國二千年來之醫學晦盲否塞，後世之著述汗牛充棟，愈解釋愈支離，醫學之爲人詬病久矣。鐵樵於古代醫經乃能直探其本，以系統方法爲之爬梳整理，如撥雲霧而睹青天。不但知醫者讀之有所遵循，即不知醫者讀之亦能了了，如數家珍，其識力之超卓爲何如哉！鐵樵著作之已出版者，爲《群經見智錄》《傷寒論研究》《脉學發微》《溫病明理》《保赤新書》《生理新語》六種。《群經見智錄》，所以解釋《内經》也。《内經》文字純是玄學，而滿紙陰陽甲子，尤使人迷惘，鐵樵則由《易》理以悟《内經》，而知五行六氣皆本乎四時，五行實爲四時之代名詞，甲子非爲紀數，乃所以齊不齊。此皆古今註釋家所未夢見，得鐵樵之説，則《内經》初非神秘而人人可讀矣。《傷寒論研究》，所以解釋仲景之《傷寒論》也。《傷寒論》之精要處在六經，而自來解釋六經者穿鑿附會，不得要領，遂致全書亦模糊影響。鐵樵則悟六經爲人身病狀之轉變，不可以臟腑牽強配合，明乎此，則傷寒奥義迎刃而解，而亦人人可讀矣。《脉學發微》，乃言切脉法者。人身疾病由於血行之不調，故中西醫皆首重切脉，然西醫切脉僅以表測其跳動之遲數，中醫切脉則有大小、浮沉、滑濇等種種分別，更有虛實、動靜、有胃、無胃諸分別，然神而明之存乎其人，自來教者學者均無一定之規矩，是則有脉而無學也。鐵樵則能本其學力經驗，一一爲之界説。所謂好學深思，心知其意，方能爲淺見寡聞道者非歟！《溫病明理》，所以明溫病傷寒之辨別，兩症相似而不同，乃自古醫家紛爭糾結，不可解決之問題也。鐵樵則以明察之識、敏銳之筆，將前此所有糾紛一掃而空之，爲學者闢一光明平坦之途。自云著此書時，爲之提筆四顧，爲之躊躇滿志，誠哉斯言也！《保赤新書》，乃兒科所有事也。治病以兒科爲最難。鐵樵此書首詳胎教以爲本，而於種痘、痧疹、驚風，皆以淺顯之文達精奥之理，不特爲兒科之圭臬，亦家庭婦女人人可解之書也。《生理新語》，融會中西生理而作者也。中醫之銅人圖，臟腑部位亦多錯亂，有何生理學可言！然其說理恒有精到處，而爲西醫所不及者，其故安在，殊難索解。鐵樵則悟古人所言生理，重在形能氣化，故部位不確而説理則真，於是此千古疑案乃可下判斷矣。余對于醫學之觀念屢有變遷，少時亦偶閱醫書，以性不甚近，輒止，但身弱多病，遍嘗藥味，某病宜某藥，約略知之。及後涉躐科學，則偏信西醫而輕視中醫。未幾何時，見親友中往往有西醫束手之症，而爲中醫治愈者，於是稍稍傾向中醫，以爲中醫學理雖不精，而所用藥物草木之質爲多，較之西藥多取於金石者，於血肉之軀爲宜。倘能將本草所列要藥，用化學分析之，定其效用，於中醫前途必大放異彩。余之見解如此，及觀鐵樵之書，乃恍然於中醫亦有至精至確之學理。嗟呼！凡百學術技藝，其能流傳數千年而不絕者，必有其不可磨滅者在。是在有心人不憚煩勞，以科學方法從而整理之耳，固不獨醫學爲然也。雖然，二千餘年來醫界不乏才智傑出之人，何以整理醫書必待鐵樵而始成功，鐵樵豈異人歟？曰鐵樵之能臻此絶詣，於時代亦有關係焉。今日東西大通，有西方之醫典可供參考，有東醫之著作可以取材，鐵樵固不無憑藉焉。然今日我國之醫者衆矣，名家亦輩出矣，而曾無一人能從事於此。獨讓鐵樵成功，何哉？曰非有鐵樵之鋭而入，顯而出，鍥而不捨、堅而不屈之精神，決不能有所獲也。是則鐵樵之成功，夫豈易言哉！

戊辰長夏，蔣維喬叙於因是齋。

——《因是子文集》卷五

周易象義，〔明〕唐鶴徵撰，明萬曆三十五年唐氏純白齋刻本

像象管見，〔明〕錢一本撰，《江蘇文庫・文獻編》影印明萬曆三十二年刻本

易學圖説會通，〔清〕楊方達撰，清乾隆復初堂刻本

周易輯説存正，〔清〕楊方達撰，清乾隆復初堂刻本

周易析疑，〔清〕張蘭皋撰，《四庫全書存目叢書》影印清乾隆九年梅花書屋刻本

周易淺釋，〔清〕潘思榘撰，影印《文淵閣四庫全書》本

周易虞氏義，〔清〕張惠言撰，《續修四庫全書》影印清嘉慶八年阮氏琅嬛仙館刻本

周易鄭荀義，〔清〕張惠言撰，《續修四庫全書》影印清道光元年合河康氏刻本

易義別録，〔清〕張惠言撰，《皇清經解》本

易緯略義，〔清〕張惠言撰，《續修四庫全書》影印清道光元年合河康氏刻本

孫氏周易集解，〔清〕孫星衍撰，《續修四庫全書》影印清咸豐五年南海伍崇曜刻
《粵雅堂叢書》本

周易遵述，〔清〕蔣本撰，《四庫未收書輯刊》影印清道光十年王氏信芳閣活字本

易卦圖説，〔清〕胡嗣超撰，《江蘇文庫・文獻編》影印清道光十七年香雪齋刻本

尚書彙纂，〔清〕陸士楷撰，《江蘇文庫・文獻編》影印清康熙六十一年光裕堂重
刻本

尚書約旨，〔清〕楊方達撰，《四庫全書存目叢書》影印清乾隆刻本

尚書通典略，〔清〕楊方達撰，《四庫全書存目叢書》影印清乾隆刻本

尚書今古文注疏，〔清〕孫星衍撰，《續修四庫全書》影印清嘉慶二十年孫氏冶城
山館刻《平津館叢書》本

尚書今古文集解，〔清〕劉逢禄撰，《續修四庫全書》影印清光緒十四年南菁書院
刻《皇清經解續編》本

禹貢便蒙，〔清〕張鉞撰，清道光十四年荆花書屋刻本

詩傳闡，〔明〕鄒忠胤撰，明崇禎刻本

詩經副墨，〔明〕陳組綬撰，《四庫全書存目叢書》影印明末光啓堂刻本

毛詩説，〔清〕莊有可撰，《續修四庫全書》影印民國二十四年商務印書館印抄本

詩經逢原，〔清〕胡文英撰，《四庫未收書輯刊》影印清乾隆刻本

毛詩通議，〔清〕胡文英撰，《江蘇文庫・文獻編》影印清乾隆五十三年刻本

詩經申義，〔清〕吳士模撰，《江蘇文庫・文獻編》影印清光緒十七年澤古齋重刻本

唐荆川先生編纂左氏始末，〔明〕唐順之撰，明嘉靖四十一年刻本

春秋義補註，〔清〕楊方達撰，《四庫全書存目叢書》影印清乾隆復初堂刻本

春秋小學，〔清〕莊有可撰，《續修四庫全書》影印民國二十四年商務印書館影印本

春秋正辭，〔清〕莊存與撰，《續修四庫全書》影印清道光七年寶研堂刻《味經齋遺書》本

春秋左傳詁，〔清〕洪亮吉撰，《續修四庫全書》影印清光緒四年授經堂刻本

儀禮圖，〔清〕張惠言撰，《續修四庫全書》影印清嘉慶十年刻本

周官記，〔清〕莊存與撰，《續修四庫全書》影印清嘉慶八年味經齋刻道光七年增修匯印《味經齋遺書》本

周官指掌，〔清〕莊有可撰，《續修四庫全書》影印清道光刻本

周禮醫官詳説，〔清〕顧成章撰，清光緒十九年鉛印本

禮記集説，〔清〕莊有可撰，《江蘇文庫・文獻編》影印民國二十四年上海商務印書館影印原稿本

禮樂通考，〔清〕胡掄輯，《四庫全書存目叢書》影印清乾隆十四年藜照軒刻本

弟子職箋釋，〔清〕洪亮吉撰，《四庫未收書輯刊》影印清光緒三年授經堂刻本

樂書內編，〔清〕張宣猷、〔清〕鄭先慶撰，《四庫全書存目叢書》影印清康熙刻本

論語發疑，〔清〕顧成章撰，清光緒十八年木活字本

四書典制彙編，〔清〕胡掄輯，清雍正十年藜照軒刻本

學庸竊補，〔清〕陳孚纂輯，清乾隆十五年刻本

孝經集注，〔清〕陸遇霖撰，清刻本

孝經彙纂，〔清〕孫念劬撰，《四庫未收書輯刊》影印清嘉慶四年強恕堂刻本

吳下方言考，〔清〕胡文英撰，《續修四庫全書》影印清乾隆四十八年留芝堂刻本

五經文字偏旁考，〔清〕蔣騏昌撰，《四庫未收書輯刊》影印清乾隆刻本

六書轉注録，〔清〕洪亮吉撰，《洪北江全集》本

古今韵略，〔清〕邵長蘅撰，《四庫未收書輯刊》影印清康熙三十五年宋犖刻本

漢魏音，〔清〕洪亮吉撰，《續修四庫全書》影印清乾隆五十年刻本

諧聲譜，〔清〕張惠言撰，《續修四庫全書》影印民國二十三年葉景葵影印本

增廣英字指南，〔清〕楊勛撰，清光緒二十五年商務印書館鉛印本

通鑑綱目集覽正誤，〔明〕陳濟撰，明宣德四年張輔刻、成化六年陳鑑重修本

甲子會紀，〔明〕薛應旂撰，明刻本

宋元通鑑，〔明〕薛應旂撰，《四庫全書存目叢書》影印明嘉靖四十五年自刻本

憲章録，〔明〕薛應旂撰，《四庫全書存目叢書》影印明萬曆二年平湖陸光宅刻本

兩朝憲章録，〔明〕吳瑞登撰，《四庫全書存目叢書》影印明萬曆二十二年光州儒學刻本

讀通鑑綱目條記，〔清〕李述來撰，《續修四庫全書》影印清嘉慶七年初刻本

西史綱目，〔清〕周維翰撰，清光緒二十七年經世文社石印本

皇朝武功紀盛，〔清〕趙翼撰，《甌北全集》本

三國職官表，〔清〕洪飴孫撰，《續修四庫全書》影印清道光二年李兆洛刻本

皇明繩武編，〔明〕吳瑞登撰，《四庫全書存目叢書》影印明萬曆刻本

軍興本末紀略，〔清〕謝蘭生撰，《四庫未收書輯刊》影印清同治十一年木活字本

淮軍平捻記，〔清〕周世澄撰，《續修四庫全書》影印清同治刻本

武陽團練紀實，〔清〕莊毓鋐輯，《中國地方志集成·江蘇府縣志輯》影印清光緒十四年活字本

崇陵傳信錄，〔清〕惲毓鼎撰，《續修四庫全書》影印上海圖書館藏稿本

歷代史纂左編，〔明〕唐順之輯，《四庫全書存目叢書》影印明嘉靖四十年胡宗憲刻本

南北史鈔，〔明〕周詩雅輯，《四庫全書存目叢書》影印明崇禎五年刻本

廿二史札記，〔清〕趙翼撰，《續修四庫全書》影印清嘉慶五年湛貽堂刻本

四史發伏，〔清〕洪亮吉撰，《四庫未收書輯刊》影印清光緒八年小石山房刻本

荊川先生右編，〔明〕唐順之輯，〔明〕劉曰寧補，《四庫全書存目叢書》影印明萬曆三十三年南京國子監刻本

萬曆疏鈔，〔明〕吳亮輯，《續修四庫全書》影印明萬曆三十七年刻本

諫垣奏草，〔明〕毛憲撰，《四庫禁毀書叢刊補編》影印明嘉靖十七年刻本

玄晏齋奏議，〔明〕孫慎行撰，《四庫禁毀書叢刊》影印明崇禎刻《玄晏齋集》本

度支奏議，〔明〕畢自嚴撰，《續修四庫全書》影印明崇禎刻本

撫吳疏草，〔明〕張國維撰，《四庫禁毀書叢刊》影印明崇禎刻本

趙恭毅公自治官書類集，〔清〕趙申喬撰，《續修四庫全書》影印清雍正五年何祖柱懷策堂刻本

念宛齋官書，〔清〕左輔撰，清道光元年刻本

盧鄉公牘，〔清〕莊綸裔撰，清末鉛印本

毗陵科第考，〔清〕趙熙鴻等編，清同治七年刻本

毗陵鄉貢考，〔清〕林梅等編，清光緒十年刻本

武陽德政錄，〔清〕溫鳳樓輯，清同治六年刻本

武陽官書錄，〔清〕武陽志書局輯，清光緒六年刻本

吳中水利全書，〔明〕張國維輯，明崇禎九年刻本

常州武陽水利書，〔清〕王銘西撰，清同治十三年刻本

芙蓉湖修堤錄，〔清〕陳鎬修，清光緒三十四年木活字本

黃天蕩修堤錄，〔清〕李毓華輯，清光緒七年刻本

黃天蕩修堤續錄，〔清〕姚信輯，清光緒七年刻本

陽江舜河水利備覽，〔清〕胡景堂輯，《中國水利志叢刊》影印清光緒十四年木活字本

皇明三元考，〔明〕張弘道、張凝道輯，《四庫全書存目叢書》影印明刻本

皇明名臣琬琰錄，〔明〕徐紘輯，《常州先哲遺書》本

逝世編，〔明〕吳亮輯，明萬曆刻本

名世編，〔明〕吳亮輯，《四庫全書存目叢書》影印明天啟四年刻本

皇明輔世編，〔明〕唐鶴徵輯，明崇禎十五年毗陵陳氏刻本

憲世編，〔明〕唐鶴徵輯，明萬曆四十二年刻本

事編內篇，〔明〕孫慎行撰，《四庫全書存目叢書》影印明崇禎十一年孫士元刻本

毗陵人品記，〔明〕毛憲撰，〔明〕吳亮增補，《續修四庫全書》影印明萬曆刻本

桑梓潛德錄，〔清〕劉芳等輯，清光緒六年木活字本

桑梓潛德續錄，〔清〕畢應箕等輯，清光緒六年木活字本

桑梓潛德三錄，〔清〕湯成烈等輯，光緒六年木活字本

武陽庚申忠義錄，〔清〕湯成烈輯，民國四年鉛印本

武陽庚申貞烈錄，〔清〕湯成烈輯，民國四年鉛印本

清代毗陵名人小傳，張惟驤輯，民國三十三年鉛印本

思賢錄，〔明〕謝應芳編，清光緒十年木活字本

龜巢先生崇祀錄，〔清〕謝蘭生輯，《中華歷史人物別傳集》影印清道光木活字本

毗陵胡氏家集，〔明〕胡瀧編，明嘉靖二十二年胡頤刻、萬曆三十二年胡公瑜等
重校本

懷忠錄，〔清〕湯成烈編，《中華歷史人物別傳集》影印清咸豐四年刻本

舜山是仲明先生年譜，〔清〕張敬立編，《北京圖書館藏珍本年譜叢刊》影印清光
緒十三年嘉興金吳瀾木活字本

明唐荊川先生年譜，唐鼎元編，民國二十八年鉛印本

安陽楊氏族譜，清同治十二年木活字本

武進西蓋趙氏族譜，清光緒十二年木活字本

武進鄒氏家乘，清光緒十四年木活字本

史氏族譜，清光緒十九年木活字本

惲氏家乘，民國六年刻本

毗陵王氏宗譜，民國十年木活字本

常州觀莊趙氏支譜，民國十七年木活字本

武進西營劉氏家譜，民國十八年鉛印本

武進青山門趙氏支譜，民國十七年鉛印本

伍氏宗譜，民國十八年木活字本

夫椒許氏世譜，民國三十年木活字本

毗陵前墳蕩張氏宗譜，民國三年木活字本

毗陵唐氏家譜，民國三十七年鉛印本

北渠吳氏翰墨志，清光緒五年木活字本

下浦陸氏藝文志，清光緒十八年木活字本

三國疆域志補注，〔清〕謝鍾英撰，《四庫未收書輯刊》影印清光緒刻本

東晉疆域志，〔清〕洪亮吉撰，《洪北江全集》本

十六國疆域志，〔清〕洪亮吉撰，《洪北江全集》本

梁疆域志，〔清〕洪齮孫撰，清道光十五年江陰刻本

乾隆府廳州縣圖志，〔清〕洪亮吉撰，《洪北江全集》本

（咸淳）重修毗陵志，《續修四庫全書》影印明初刻本

大德毗陵志輯佚（外四種），〔元〕周惟良修，〔元〕文志仁纂，楊印民輯校，鳳
凰出版社 2013 年版

（成化）重修毗陵志，《四庫全書存目叢書》影印明成化刻本

（正德）常州府志續集，《中國史學叢書》影印明正德刻本

（萬曆）常州府志，明萬曆刻本

（康熙）常州府志，清康熙刻本

（萬曆）武進縣志，明萬曆刻本

（康熙）武進縣志，《江蘇歷代方志全書》影印清康熙刻本

（乾隆）武進縣志，《江蘇歷代方志全書》影印抄本

（乾隆）陽湖縣志，《江蘇歷代方志全書》影印清乾隆刻本

（道光）武進陽湖合志，光緒十二年木活字本

（光緒）武進陽湖縣志，清光緒五年刻本

武陽志餘，《江蘇歷代方志全書》影印清光緒十四年木活字本

常州賦，〔清〕儲邦慶編注，清光緒四年刻本

重刻高山志，〔明〕顧世登、〔明〕顧伯平輯，〔明〕惲應翼重輯，〔清〕吳鏞續，民國二十六年木活字本

重修馬迹山志，〔清〕許棫纂，《江蘇文庫·史料編》影印清光緒六年木活字本

毗陵忠義祠錄，〔明〕葉夔輯，《四庫全書存目叢書》影印清鈔本

武進天寧寺志，濮一乘纂修，《中國佛寺志叢刊》影印民國三十七年鉛印本

孫氏祠堂書目，〔清〕孫星衍撰，清光緒十年德化李盛鐸木犀軒刻本

平津館鑒藏書籍記，〔清〕孫星衍撰，《續修四庫全書》影印清道光二十年陳宗彝獨抱廬刻本

廉石居藏書記，〔清〕孫星衍撰，清道光十六年江寧陳宗彝刻本

毗陵經籍志，〔清〕盧文弨撰，繆氏藕香簃抄本

沈信卿先生文集·荇梧軒文存，沈恩著浮著，薛冰整理，鳳凰出版社 2015 年版

金石續編，〔清〕陸耀遹撰，《續修四庫全書》影印清同治十三年毗陵双白燕堂刻本

金石萃編補正，〔清〕方履籛撰，《續修四庫全書》影印清光緒二十年石印本

百磚考，〔清〕呂佺孫撰，《湉喜齋叢書》本

律身規鑒，〔明〕胡潑撰，明萬曆十一年刻本

讀書札記，〔明〕徐問撰，明嘉靖刻本

讀書續記，〔明〕徐問撰，明嘉靖刻本

薛子庸語，〔明〕薛應旂撰，《續修四庫全書》影印明隆慶刻本

唐荊川先生編纂諸儒語要，〔明〕唐順之輯，《四庫全書存目叢書》明萬曆三十年吳達可刻本

唐荊川先生編纂諸儒語要，〔明〕唐順之輯，明萬曆三十九年黃一騰刻本

電記，〔明〕錢一本撰，《四庫全書存目叢書》影印明萬曆四十一年刻本

正蒙集說，〔清〕楊方達撰，《續修四庫全書》影印清乾隆復初堂刻本

志學階梯，〔清〕孫念劬撰，《江蘇文庫·文獻編》影印清嘉慶三年刻本

全人矩矱，〔清〕孫念劬撰，《藏外道書》影印清道光刻本

孔子集語，〔清〕孫星衍輯，《續修四庫全書》影印清嘉慶二十年冶城山館刻本

人範須知，〔清〕盛隆撰，《江蘇文庫・文獻編》影印清同治二年石竹山房刻本

維摩室遺訓，〔清〕莊受祺撰，民國二年刻本

諸子文粹，〔清〕李寶洤輯，清光緒二十三年商務印書館鉛印本

莊子獨見，〔清〕胡文英評釋，清乾隆十六年三多齋刊本

唐荆川先生纂輯武編，〔明〕唐順之撰，明萬曆曼山館刻本

經武勝略，〔明〕莊應會撰，明刻本

孫子集解，〔清〕顧福棠撰，清光緒二十六年木活字本

衛生易簡方，〔明〕胡濙撰，明嘉靖四十一年太醫院刻本

妙一齋醫學正印種子編，〔明〕岳甫嘉撰，明崇禎九年岳虞巒杭州重刻本

本草彙箋，〔清〕顧元交撰，《歷代本草精華叢書》影印清康熙十五年龍耕堂刻本

醫經允中，〔清〕李熙和撰，清雍正七年克復堂刻本

福幼編，〔清〕莊一夔撰，清刻本

遂生編，〔清〕莊一夔撰，清刻本

本草述鈎元，〔清〕楊時泰撰，《四庫未收書輯刊》影印清同治十一年活字本

本經疏證，〔清〕鄒澍撰，《續修四庫全書》影印清道光二十九年刻本

本經序疏要，〔清〕鄒澍撰，《續修四庫全書》影印清道光二十九年刻本

保嬰易知錄，〔清〕吳寧瀾撰，清嘉慶十七年汪和鼎刻本

素問釋義，〔清〕張琦撰，《四庫未收書輯刊》影印清道光十年宛隣書屋刻本

產孕集，〔清〕張曜孫撰，清同治七年蘊璞齋刻本

雙梧書屋醫學讀書志，〔清〕曹禾撰，清光緒九年章同壽抄本

醫醇賸義，〔清〕費伯雄撰，清光緒三年刻本

診餘舉隅錄，〔清〕陳廷儒撰，清光緒二十四年鉛印本

醫悟，〔清〕馬冠群撰，《四庫未收書輯刊》影印清光緒十九年活字本

本草便讀，〔清〕張秉成撰，清光緒二十二年毗陵張氏刻本

成方便讀，〔清〕張秉成撰，民國二十二年千頃堂書局石印本

醫學篇，〔清〕曾懿撰，《古歡室全集》本

割圜連比例術圖解，〔清〕董方立撰，《董方立遺書》本

堆垛求積術，〔清〕董方立撰，《董方立遺書》本

三統術衍補，〔清〕董方立撰，《董方立遺書》本

咏梅軒仰觀錄，〔清〕謝蘭生撰，《酌古準今》本

畫筌析覽，〔清〕湯貽汾撰，清嘉慶十九年刻本

讀畫輯略，〔清〕陳焜撰，《文藝叢刻》本

毗陵畫徵錄，李寶凱輯，民國二十二年鉛印本

研守堂印譜，〔清〕吳一諤篆刻，清嘉慶十年鈐印本

鐵如意齋印存，〔清〕張學瀛篆刻，清光緒二十二年鈐印本

金剛經彙纂，〔清〕孫念劬撰，《續藏經》本

般若心經彙纂，〔清〕孫念劬撰，《續藏經》本

宗統編年，〔清〕紀蔭編纂，《續藏經》本

新刊唐荆川先生稗編，〔明〕唐順之撰，明萬曆九年茅氏文霞閣刻本

堯山堂外紀，〔明〕蔣一葵編，明萬曆三十四年刻本

陔餘叢考，〔清〕趙翼撰，《續修四庫全書》影印清乾隆五十五年湛貽堂刻本

曉讀書齋雜録，〔清〕洪亮吉撰，《續修四庫全書》影印清道光二十二年刻本

炙硯瑣談，〔清〕湯大奎撰，《四庫未收書輯刊》影印清乾隆五十七年趙懷玉亦有生齋刻本

合肥學舍札記，〔清〕陸繼輅撰，《續修四庫全書》影印清光緒四年興國州署刻本

遯齋偶筆，〔清〕徐崑撰，《筆記小説大觀》本

巽繹編，〔清〕楊望秦撰，《江蘇文庫·史料編》影印清光緒二年刻本

毗陵見聞録，〔清〕湯健業撰，《江蘇文庫·史料編》影印清道光元年刻本

説蠡，〔清〕吳堂撰，清嘉慶六年瞻在樓刻本

翼駉稗編，〔清〕湯用中撰，《江蘇文庫·史料編》影印清同治八年刻本

山帶閣注楚辭，〔清〕蔣驥撰，《江蘇文庫·文獻編》影印清雍正五年刻本

屈騷指掌，〔清〕胡文英撰，《續修四庫全書》影印清乾隆五十一年刻本

文恭集，〔宋〕胡宿撰，影印《文淵閣四庫全書》本

古靈先生文集，〔宋〕陳襄撰，宋紹興刻本

道鄉先生鄒忠公文集，〔宋〕鄒浩撰，明成化六年刻本

梁溪先生文集，〔宋〕李綱撰，清刻本

鴻慶居士文集，〔宋〕孫覿撰，《常州先哲遺書》本

毗陵集，〔宋〕張守撰，影印《文淵閣四庫全書》本

渭南文集，〔宋〕陸游撰，宋嘉定十三年刻本

文忠集，〔宋〕周必大撰，影印《文淵閣四庫全書》本

蛟峰集，〔元〕方逢辰撰，明天順七年刻弘治十六年陳渭補修本

滋溪文稿，〔元〕蘇天爵撰，清抄本

龜巢稿，〔明〕謝應芳撰，《常州先哲遺書》本

黃文簡公介庵集，〔明〕黃淮撰，《四庫全書存目叢書》影印民國二十七年永嘉黃氏排印《敬鄉樓叢書》本

楊文敏公集，〔明〕楊榮撰，明正德十年刻本

龍溪陳先生文集，〔明〕陳昭撰，《明別集叢刊》影印明正統五年雲間顧氏刻本

雙崖文集，〔明〕周忱撰，《四庫未收書輯刊》影印清光緒四年山前崇恩堂刻本

思軒文集，〔明〕王僎撰，《續修四庫全書》影印明弘治刻本

龍皋文稿，〔明〕陸簡撰，《四庫全書存目叢書》影印明嘉靖元年楊籠刻本

容春堂集，〔明〕邵寶撰，明正德、嘉靖間遞修本

古庵毛先生文集，〔明〕毛憲撰，《四庫全書存目業書》影印明嘉靖四十一年毛訢刻本

山堂萃稿，〔明〕徐問撰，《四庫全書存目叢書》影印明嘉靖二十年張志選刻崇禎十一年徐邦式重修本

白洛原遺稿，〔明〕白悦撰，《四庫全書存目叢書》影印明隆慶元年刻本

張水南文集，〔明〕張袞撰，《四庫全書存目叢書》影印明隆慶刻本

重刊荆川先生文集，〔明〕唐順之撰，明萬曆元年純白齋刻本

方山先生文録，〔明〕薛應旂撰，《四庫全書存目叢書》影印明嘉靖三十三年東吳書林刻本

方山薛先生全集，〔明〕薛應旂撰，《續修四庫全書》影印明嘉靖刻本

何翰林集，〔明〕何良俊撰，《四庫全書存目叢書》影印明嘉靖四十四年何氏香嚴精舍刻本

萬文恭公摘集，〔明〕萬士和撰，《四庫全書存目叢書》影印明萬曆二十年素履齋刻本

林居集，〔明〕惲紹芳撰，《四庫未收書輯刊》影印清鈔本

賜餘堂集，〔明〕吳中行撰，《四庫全書存目叢書》影印明萬曆二十八年吳亮、吳奕等刻本

漆園卮言，〔明〕莊起元撰，《四庫全書存目叢書》影印明萬曆刻本

止園集，〔明〕吳亮撰，《江蘇文庫·史料編》影印明天啓刻本

顧端公文集，〔明〕顧憲成撰，明崇禎刻本

觀復庵綺集，〔明〕吳奕撰，《故宮珍本叢刊》影印明末刻本

觀復庵祺集，〔明〕吳奕撰，《故宮珍本叢刊》影印明末刻本

觀復庵續集，〔明〕吳奕撰，《故宮珍本叢刊》影印明末刻本

山居雜著，〔明〕吳兖撰，明崇禎刻本

玄晏齋文抄，〔明〕孫慎行撰，《四庫禁毀書叢刊》影印明崇禎刻《玄晏齋集》本

玄晏齋詩選，〔明〕孫慎行撰，《四庫禁毀書叢刊》影印明崇禎刻《玄晏齋集》本

泆亭存稿，〔明〕吳宗達撰，明崇禎延陵吳職思清畏堂刻本

映玉堂集，〔明〕蔣煜撰，明崇禎十二年蔣氏刻本

月鹿堂文集，〔明〕張師繹撰，《四庫未收書輯刊》影印清道光六年蝶花樓刻本

静文堂稿，〔明〕周詩雅撰，明崇禎刻本

崒陽草堂詩集，〔明〕鄭鄤撰，明崇禎刻本

崒陽草堂文集，〔明〕鄭鄤撰，《四庫禁毀書叢刊》影印民國二十一年活字本

賜誠堂文集，〔明〕管紹寧撰，清光緒三年刻本

黄漳浦集，〔明〕黄道周撰，清道光九年刻本

文水李忠肅先生集，〔明〕李邦華撰，《四庫禁毀書叢刊》影印清乾隆七年徐大坤刻本

知希庵稿，〔明〕惲厥初撰，《明別集叢刊》影印民國二十八年顧氏抄本

十願齋遺集，〔明〕吳鍾巒，清康熙刻本

石園文集，〔清〕萬斯同撰，《四明叢書》本

方孝標文集，〔清〕方孝標，石鍾揚、郭春萍校點，黄山書社 2007 年版

南雷文案，〔清〕黄宗羲撰，《四部叢刊》影印清康熙刻本

魏叔子文集外篇，〔清〕魏禧撰，《續修四庫全書》影印清康熙間易堂刻《寧都三魏全集》本

金閶齋先生集，〔清〕金敞撰，《清代詩文集彙編》影印清康熙三十九年刻本

于清端政書，〔清〕于成龍撰，影印《文淵閣四庫全書》本

遂初堂文集，〔清〕楊兆魯撰，清康熙刻本

醉白堂文集，〔清〕謝良琦撰，清光緒十九年刻本

光啓堂文集，〔清〕方孝標撰，《續修四庫全書》影印清刻本

湯子遺書，〔清〕湯斌撰，清康熙四十二年王廷燦刻本

堯峰文鈔，〔清〕汪琬撰，《四部叢刊》影印清林佶寫刻本

陳迦陵文集，〔清〕陳維崧撰，《四部叢刊》影印清患立堂刻本

正誼堂文集，〔清〕董以寧撰，《清代詩文集彙編》影印清康熙刻本

正誼堂詩集，〔清〕董以寧撰，《清代詩文集彙編》影印清康熙刻本

微泉閣文集，〔清〕董文驥撰，《清代詩文集彙編》影印清康熙二十五年刻本

甌香館集，〔清〕惲格撰，《清代詩文集彙編》影印清道光十八年蔣光煦刻二十四年補遺本

邵子湘全集，〔清〕邵長蘅撰，《清代詩文集彙編》影印清康熙毗陵邵氏青門草堂刻本

艾庵存稿，〔清〕黃永撰，清康熙二十七年刻本

學文堂集，〔清〕陳玉璂撰，《四庫全書存目叢書補編》影印清康熙刻本

學文堂文集，〔清〕陳玉璂撰，《常州先哲遺書》本

學文堂詩集，〔清〕陳玉璂撰，清康熙刻本

儲遯庵文集，〔清〕儲方慶撰，清刻本

呆堂文鈔，〔清〕李鄴嗣撰，《四明叢書》本

西堂雜組，〔清〕尤侗撰，清康熙二十五年刻本

白漊先生文集，〔清〕沈受宏撰，清學易堂刻本

孟鄰堂文鈔，〔清〕楊椿撰，《續修四庫全書》影印清嘉慶二十四年楊魯生刻本

研堂詩稿，〔清〕楊維坤撰，《清代詩文集彙編》影印清乾隆刻本

讀孟居文集，〔清〕蔣汾功撰，《清代詩文集彙編》影印清嘉慶二十五年陽湖蔣氏十二研齋刻本

柳南文鈔，〔清〕王應奎撰，《清代詩文集彙編》影印清乾隆虞山王氏刻本

介石堂文集，〔清〕郭起元撰，《清代詩文集彙編》影印清乾隆刻本

寶奎堂集，〔清〕陸錫熊撰，《續修四庫全書》影印道光二十九年陸成沅刻本

芙航詩襭，〔清〕楊士凝撰，《清代詩文集彙編》影印清清康熙六十一年刻乾隆四十一年增修本

繩庵內外集，〔清〕劉綸撰，《清代詩文集彙編》影印清乾隆三十九年用拙堂刻本

雲塘文集，〔清〕程景伊撰，《清代詩文集彙編》影印清乾隆四十八年武進程氏活字本

茶山文鈔，〔清〕錢維城撰，《續修四庫全書》影印清乾隆四十一年眉壽堂刻本

竹初文鈔，〔清〕錢維喬撰，《續修四庫全書》影印清嘉慶刻本

甌北集，〔清〕趙翼撰，《甌北全集》本

甌北詩鈔，〔清〕趙翼撰，《甌北全集》本

賴古齋文集，〔清〕湯修業撰，《清代詩文集彙編》影印清道光九年張氏刻本

擬兩晉南北史樂府，〔清〕洪亮吉撰，清乾隆三十六年刻本

卷施閣文乙集，〔清〕洪亮吉撰，《續修四庫全書》影印清光緒三年洪氏授經堂刻《洪北江全集》增修本

卷施閣詩集，〔清〕洪亮吉撰，《續修四庫全書》影印清光緒三年洪氏授經堂刻《洪北江全集》增修本

更生齋文甲集，〔清〕洪亮吉撰，《續修四庫全書》影印清光緒三年洪氏授經堂刻增修本

更生齋文乙集，〔清〕洪亮吉撰，《續修四庫全書》影印清光緒三年洪氏授經堂刻增修本

更生齋文續集，〔清〕洪亮吉撰，《續修四庫全書》影印清光緒三年洪氏授經堂刻增修本

更生齋詩續集，〔清〕洪亮吉撰，《續修四庫全書》影印清光緒三年洪氏授經堂刻增修本

亦有生齋集，〔清〕趙懷玉撰，《清代詩文集彙編》影印清道光元年刻本

亦有生齋續集，〔清〕趙懷玉撰，《清代詩文集彙編》影印清道光十二年刻本

問字堂集，〔清〕孫星衍撰，《孫淵如先生全集》本

平津館文稿，〔清〕孫星衍撰，《孫淵如先生全集》本

芳茂山人詩録，〔清〕孫星衍撰，《平津館叢書》本

淵雅堂文續稿，〔清〕王芑孫撰，《續修四庫全書》影印清嘉慶刻《淵雅堂全集》本

思適齋集，〔清〕顧千里撰，《續修四庫全書》影印清道光二十九年上海徐渭仁刻本

念宛齋文稿，〔清〕左輔撰，《清代詩文集彙編》影印清道光元年刻本

教經堂文集，〔清〕徐書受撰，《清代詩文集彙編》影印清乾隆刻本

教經堂詩集，〔清〕徐書受撰，《清代詩文集彙編》影印清乾隆刻本

白雲草堂文鈔，〔清〕吕星垣撰，《清代詩文集彙編》影印清嘉慶八年刻本

白雲草堂詩鈔，〔清〕吕星垣撰，《清代詩文集彙編》影印清嘉慶八年刻本

茗柯文編，〔清〕張惠言撰，清光緒七年刻本

茗柯文補編外編，〔清〕張惠言撰，清道光陳善刻本

萬善花室文藁，〔清〕方履籛撰，清道光十年刻本

拜經堂文集，〔清〕臧庸撰，《續修四庫全書》影印民國十九年宗氏石印本

養一齋文集，〔清〕李兆洛撰，《續修四庫全書》影印清道光刻本

養一齋文集續編，〔清〕李兆洛撰，《續修四庫全書》影印清道光刻本

養一齋文集，〔清〕李兆洛撰，清光緒四年重刻本

味蓼文藁，〔清〕毛燧傳撰，《清代詩文集彙編》影印清嘉慶十六年刻本

劉禮部集，〔清〕劉逢禄撰，《續修四庫全書》影印清道光十年思誤齋刻本

丹棱文鈔，〔清〕蔣彤撰，《常州先哲遺書》本

淳則齋文鈔，〔清〕洪齮孫撰，清鈔本

齊物論齋文集，〔清〕董士錫撰，《續修四庫全書》影印清道光二十年江陰暨陽書院刻本

章圃文蜕，〔清〕姜曾撰，《清代詩文集彙編》影印清同治三年刻本

二知軒文存，〔清〕方濬頤撰，《續修四庫全書》影印清光緒四年刻本

古藤書屋集，〔清〕湯成烈撰，清鈔本

薆園文鈔，〔清〕楊金監撰，清光緒十六年楊氏世承堂活字本

緑漪草堂文集，〔清〕羅汝懷撰，《續修四庫全書》影印清光緒九年羅式常刻本

曼陀羅花室文，〔清〕吳翊寅撰，《清代詩文集彙編》影印清光緒十九年至二十年
廣州廣雅書局刻本

復堂文續，〔清〕譚獻撰，《清代詩文集彙編》影印清光緒二十七年刻《刻鵠齋叢書》本

藝風堂文外集，〔清〕繆荃孫撰，《續修四庫全書》影印清宣統二年刻民國二年印本

萬物炊累室類稿，〔清〕沈同芳撰，清宣統三年中國圖書公司鉛印本

漢堂文鈔，〔清〕李寶洤撰，民國鉛印本

名山文約，錢振鍠撰，民國木活字本

因是子文集，蔣維喬撰，稿本

苔牕拾稿，〔清〕吳永和撰，《清代詩文集彙編》影印清康熙五十七年刻雍正三年
印本

晚翠軒遺稿，〔清〕莊德芬撰，《清代閨秀集叢刊》影印清嘉慶五年刻本

浣青詩草，〔清〕錢孟鈿撰，《清代閨秀集叢刊》影印清乾隆刻本

澹菊軒初稿，〔清〕張𦀖英撰，《陽湖張氏四女集》本

緑槐書屋詩稿，〔清〕張綸英撰，《陽湖張氏四女集》本

鄰雲友月之居存初稿，〔清〕張紈英撰，《陽湖張氏四女集》本

餐楓館文集，〔清〕張紈英撰，清道光刻本

倩影樓遺稿，〔清〕陸蒨撰，《清代閨秀集叢刊》影印清同治二年皖南洪氏刻本

冷吟仙館詩稿，〔清〕左錫嘉撰，《清代詩文集彙編》影印清光緒十七年定襄官署
刻本

古歡室詩詞集，〔清〕曾懿撰，《古歡室全集》本

荊川傳稿，〔明〕唐順之撰，民國三十七年鉛印本

韞山堂時文初集二集三集，〔清〕管世銘撰，清光緒六年湖南書局刻本

蒙香草堂時文全集，〔清〕周景益撰，清末刻本

治經齋文稿，〔清〕費庚吉撰，清同治二年刻本

文苑英華，〔宋〕李昉編，明隆慶元年刻本

文編，〔明〕唐順之編，明嘉靖三十五年刻本

明文海，〔清〕黃宗羲編，清鈔本

唐八家詩鈔，〔清〕陳明善輯，清乾隆三十四年刻本

讀雪山房唐詩鈔，〔清〕管世銘輯，清光緒十二年刻本

七十家賦鈔，〔清〕張惠言撰，《續修四庫全書》影印清道光元年合河康氏家塾刻本

皇朝文典，〔清〕李兆洛撰，清嘉慶二十年刻本

昭代名人尺牘續集，〔清〕陶湘輯，《近代中國史料叢刊續編》影印刷清宣統三年
石印本

毗陵六逸詩鈔，〔清〕莊令輿、〔清〕徐永宣輯，清康熙五十六年敬義堂刻本

鳴秋合籟，〔清〕錢維喬輯，清乾隆刻本

棣華館詩課，〔清〕張晉禮輯，清道光三十年刻本

鯨華社詩鐘選存，〔清〕孟昭常輯，清光緒三十一年石印本

常郡八邑藝文志，〔清〕盧文弨輯，《續修四庫全書》影印清光緒刻民國十二年重印本

國朝常州詞録，〔清〕繆荃孫輯，清光緒二十二年雲自在龕刻本

國朝常州駢體文録，〔清〕屠寄輯，《續修四庫全書》影印清光緒十六年廣東刻本

毗陵詩録，趙震輯，民國鉛印本

毗陵文録，趙震輯，民國鉛印本

毗陵課藝，〔清〕譚鈞培輯，清光緒三年常州宏文堂刻本

龍城書院課藝，〔清〕華世芳、〔清〕繆荃孫輯，清光緒二十七年木活字本

寒塘詩話，〔清〕蔣鴻翮撰，《清代詩話珍本叢刊》影印清雍正六年寒三草堂刻本

全唐試律類箋，〔清〕惲鶴生、〔清〕錢人龍編，清乾隆二十六年春橋書屋刻本

北江詩話，〔清〕洪亮吉撰，《洪北江全集》本

清詩話三編，張寅彭選輯，上海古籍出版社 2014 年版

文翼，〔清〕吳鋌撰，清鈔本

柳非韓難，〔清〕趙保静撰，清光緒二十九年刻本

中國近代文論選，郭紹虞、羅根澤主編，人民文學出版社 1959 年版

溪南詞，〔清〕黃永撰，《中華再造善本》影印清康熙孫氏留松閣刻《國朝名家詩餘》本

麗農詞，〔清〕鄒祇謨撰，《國朝名家詩餘》本

學文堂詩餘，〔清〕陳玉璂撰，《常州先哲遺書》本

蒼梧詞，〔清〕董元愷撰，清康熙二十六年刻本

栩園詞棄稿，〔清〕陳聶恒撰，清康熙四十三年陳氏且樸齋刻本

約園詞稿，〔清〕趙起撰，清光緒二十六年刻本

留雲借月盦詞，〔清〕劉炳照撰，《清代詩文集彙編》影印清光緒十九年陽湖劉氏刻二十一年續刻本

無長物齋詞存，〔清〕劉炳照撰，《清代詩文集彙編》影印民國三年吳興劉承幹刻本

詞選，〔清〕張惠言輯，《宛鄰書屋叢書》本

舊編南九宮譜，〔明〕蔣孝撰，《玄覽堂叢書》影印明嘉靖刻本

玉獅堂傳奇十種，〔清〕陳烺撰，清光緒刻本

品花寶鑒，〔清〕陳森撰，《古本小説集成》影印清幻中了幻齋刻本

官場現形記，〔清〕李寶嘉撰，清光緒三十年鉛印本

永樂大典，影印明嘉靖鈔本

中唐十二家詩集，〔明〕蔣孝輯，明嘉靖刻本

明世學山，〔明〕鄭梓輯，明嘉靖三十三年鄭梓刻本

毗陵伍氏合集，〔清〕伍宇昭輯，民國二十四年鉛印本

味經齋遺書，〔清〕莊存與撰，《江蘇文庫·文獻編》影印清道光陽湖莊氏寶研堂刻本

　甌北全集，〔清〕趙翼撰，清光緒三年滇南唐氏刻本

洪北江全集，〔清〕洪亮吉撰，清光緒三年授經堂刻本
平津館叢書，〔清〕孫星衍撰，清光緒十一年吳縣朱氏槐廬家塾刻本
珍埶宦遺書，〔清〕莊述祖撰，清嘉慶、道光間武進莊氏脊令舫刻本
拾遺補藝齋遺書，〔清〕莊綏甲撰，清道光刻本
董方立遺書，〔清〕董祐誠撰，清同治八年刻本
漢堂類稿，〔清〕李寶洤撰，民國鉛印本